lex:tra

Bachem / Hamblock

Wörterbuch Recht

lex:tra

Walter Bachem / Dieter Hamblock

Wörterbuch **Recht**

Deutsch | Englisch
Englisch | Deutsch

3., aktualisierte Auflage

Cornelsen

Verlagsredaktion: Christine Schlagmann
Umschlaggestaltung: Cornelsen Verlag Design
Layout und technische Umsetzung: Text & Form, Karon / Düsseldorf

Informationen über Cornelsen Fachbücher und Zusatzangebote:
www.cornelsen.de/berufskompetenz

3. Auflage

Druck: Druckhaus Thomas Müntzer, Bad Langensalza

ISBN 978-3-589-24055-5

Inhalt gedruckt auf säurefreiem Papier aus nachhaltiger Forstwirtschaft.

Vorwort

Das vorliegende Fachwörterbuch ist als alltäglicher Begleiter für all diejenigen gedacht, die im Beruf oder Studium englischsprachige Rechtstexte sicher erfassen bzw. rechtsverbindlich verfassen wollen. Es ist das Ergebnis langjähriger lexikographischer Arbeit und basiert auf einem Korpus von mehr als 100.000 Lexemen. Seine ca. 27.000 ausgangssprachlichen Einträge in jede Richtung sowie die deutlich größere Anzahl zielsprachlicher Lösungen sind einem breiten Spektrum fachsprachlicher Texte entnommen. Die für beide Sprachen ausgewerteten Textsorten umfassen mündliche Äußerungen (wie Verhöre oder Zeugenaussagen), Fachzeitschriften, Formulare, Gesetzestexte, Kleingedrucktes, Satzungen, Urteilssammlungen, Verordnungen, Versicherungspolicen sowie Verträge aller Art.

Mit Hilfe der elektronischen Datenverarbeitung war es möglich, noch wenige Wochen vor dem Erscheinungsdatum zahlreiche Neologismen aufzunehmen und damit dem rapiden Wachstum des juristischen Fachwortschatzes Rechnung zu tragen. Andererseits ergab die Auswertung fachsprachlicher Texte relativ hohe Rekurrenzwerte bei bestimmten allgemeinsprachlichen Lexemen und Verbindungen, insbesondere solcher aus dem Bereich der Umgangssprache sowie viele bildhafte Wendungen. Es würde den Gebrauchswert eines Fachwörterbuchs deutlich schmälern, wollte man auf diese im Umfeld der Rechtssprache angesiedelten allgemeinsprachlichen Elemente verzichten.

Für den Benutzer wird ein Wörterbuch erst dann interessant, wenn es ihm mehr als lexematische Einzellösungen bietet. So haben die Autoren bei der Erfassung authentischer Äußerungen auch kontextuelle und kotextuelle Merkmale berücksichtigt. Dabei ging es ihnen weniger um ausgefallene idiomatische Wendungen als vielmehr um authentische Kollokationen, wie sie in fachsprachlichen Texten immer wieder vorkommen. Die drei Kollokationsebenen Nomen + Verb/Adjektiv/Präpositionalphrase erwiesen sich in diesem Zusammenhang als besonders produktiv. Gleichzeitig reflektiert die stark variierende Anzahl der Einträge, die sich in einigen Fällen über mehrere Spalten und Seiten erstrecken können, den Grad ihrer Systembedeutung und ihrer Frequenz im aktuellen Rechtsverkehr.

Ein weiterer Grund für die verhältnismäßig großzügige Ausstattung einiger Wortfelder liegt darin, dass sich viele Einzelbegriffe in der jeweiligen Zielsprache in mehrere (hier numerisch angeordnete) Bedeutungsträger aufspalten, die ihrerseits wiederum spezifische Kollokationen nach sich ziehen bzw. bevorzugen. Der Umfang vieler Stichwortgruppen hat schließlich aber auch mit dem Bemühen der Verfasser zu tun, für einen Begriff oder eine Wendung gleich mehrere, semantisch äquivalente Übersetzungslösungen anzubieten. Dadurch soll der Benutzer zum Gebrauch stilistischer Varianten und letztlich zur konzept- und kontextadäquaten Rezeption und Produktion von Rechtstexten angeregt werden.

Die Verfasser möchten an dieser Stelle allen Freunden, Kollegen und Mitarbeitern danken, die zum Gelingen dieses Projekts beigetragen haben, allen voran Kornelia Kramer, die das amorphe Material aufnahm und in der Anfangsphase aufbereitete sowie in der Schlussphase in eine wörterbuchgerechte Form brachte. Sodann gilt unser Dank Karin Bachem und Barbara Hamblock für unverzichtbare Beiträge während der redaktionellen Zwischenphase sowie Nicole Frings und Sebastian Petereit für wichtige redaktionelle Arbeiten. Schließlich danken wir Norbert Brauner für wertvolle Anregungen aus dem Bereich des Polizeirechts, James Bean und William Walker für Hilfestellungen in Bezug auf das amerikanische Recht sowie Mark Adamson und David Talbot für entsprechende Beiträge aus dem englischen Recht. Nicht zuletzt danken wir den Teilnehmern unserer fachsprachlichen Seminare an der Ruhr-Universität Bochum für ihre vielfältigen Anregungen, Fragen und Vorschläge.

Bochum, im Mai 2004

Walter Bachem
Dieter Hamblock

Vorwort zur 3. Auflage

Die zunehmende Bedeutung internationaler rechtlicher Beziehungen spiegelt sich in einer Vielzahl von Begriffen und Wendungen, die in der Vergangenheit auf nationale Rechtssysteme beschränkt waren, inzwischen jedoch auch im grenzüberschreitenden Rechtsverkehr an Relevanz gewonnen haben. Diese Tatsache sowie die erhöhte Bedeutung von Rechtsgebieten wie zum Beispiel Europarecht, Familienrecht, Patentrecht, Umweltrecht und Verkehrsrecht haben dazu geführt, dass der Umfang dieses Wörterbuchs nunmehr auf 30.000 ausgangssprachliche Einträge in jede Richtung erweitert werden musste. Nicht zuletzt geht eine erhebliche Anzahl von Neueinträgen auf positive Rückmeldungen und wertvolle Anregungen aus dem Kreis unserer Benutzer/innen an Hochschulen, in Anwaltskanzleien und Übersetzungsbüros zurück.

Bochum, im März 2008

Walter Bachem
Dieter Hamblock

Erläuterungen für Benutzer

Anordnung

Die Stichwörter sind streng nach dem Alphabet angeordnet. Dabei ergibt sich das Hierarchieprinzip Nomen, Verb, Adjektiv, Adverb, Präposition, Konjunktion.

Für das Stichwort gilt folgende Anordnung:

1. Nomen: **Recht** *nt*
2. Präposition + Nomen: **von Rechts wegen**
3. Nomen + präpositionale Verbindung: **Recht auf Klageerhebung**
4. Wendungen: **alle Rechte vorbehalten**
5. Kollokation Nomen + Verb: **Recht verwirken**
6. Kollokation Adjektiv + Nomen: **unveräußerliches Recht**
7. Komposita: **Rechtsverletzung**

Die Anordnung im englisch-deutschen Teil erfolgt analog zu der hier erläuterten Sequenz.

Stichwort

Jedes Stichwort ist beim Ersteintrag definiert nach Wortart bzw. Genus. Verben sind als transitiv, intransitiv, reflexiv und präpositional gekennzeichnet. Im Weiteren wird das Stichwort durch den Anfangsbuchstaben abgekürzt. Bei Komposita wird der Stichwortbestandteil durch einen senkrechten Strich angezeigt.

Bedeutungsunterschiede

Die zielsprachlichen Lösungen sind nach ihrer Bedeutung angeordnet und durch Ziffern gekennzeichnet. Eine Zuordnung des Verwendungsbereichs erfolgt zudem in vielen Fällen durch einen Verweis in Kursivschrift und runder Klammer.

Zeichen

~ Die Tilde vertritt ein vorhergehendes Wort oder eine vorhergehende Wortgruppe.

↘ Der „Pfeil“ verweist auf ein Stichwort mit denselben und ggf. weiteren zielsprachlichen Lösungen.

[ ] Eckige Klammern mit der Länderabkürzung geben den geografischen Verwendungsbereich eines Begriffs an.

/ Der Schrägstrich dient der Zusammenfassung von semantisch identischen Wörtern und Wendungen in Ausgangs- und Zielsprache.

Orthografie und Trennungen

Maßgebend für Rechtschreibung und Trennungen der englischen Einträge war die Schreibweise in *Collins Dictionary of the English Language*. Spezifisch amerikanische Begriffe werden in amerikanischer Schreibweise dargestellt.

Verzeichnis der Abkürzungen

A	Österreich/Austria
adj	Adjektiv/adjective
adv	Adverb/adverb
AG	Aktiengesellschaft/public limited company
CAN	Kanada/Canada
CH	Schweiz/Switzerland
conj	Konjunktion/conjunction
coll	umgangssprachlich/colloquial
D	Deutschland/Germany
d.h.	das heißt/that is
etc.	usw./and others
etw.	etwas/something
EU	Europäische Union/European Union
f	Femininum/feminine
fig	bildlich/figurative
frz.	französisch/French
GB	Großbritannien/Great Britain
GmbH	Gesellschaft mit beschränkter Haftung/private limited company
HV	Hauptversammlung/(annual) general meeting
IRL	Irland/Eire
jd	jemand/someone
jdm	jemandem/someone
jdn	jemanden/someone
jds	jemandes/someone's
lat.	lateinisch/Latin
m	Maskulinum/masculine
n	Nomen/noun
nt	Neutrum/neuter
obs.	veraltet/obsolete
OHG	Offene Handelsgesellschaft/general partnership
os.	sich/oneself
pej	pejorativ/pejorative
pl	Plural/plural
prep	Präposition/preposition
prov.	Sprichwort/proverb
Scot.	Schottland/Scotland
so.	jemand/someone
sth.	etwas/something
US	Vereinigte Staaten/United States
v/i	intransitives Verb/intransitive verb
v/prep	präpositionales Verb/prepositional verb
v/refl	reflexives Verb/reflexive verb
v/t	transitives Verb/transitive verb

v/ti	transitives und intransitives Verb/transitive and intransitive verb
Vers.	Versicherungswesen/insurance
z.B.	zum Beispiel/for instance

Deutsch – Englisch

A

ab 1. Januar 1. as from 1 January; 2.with effect from 1 January; **a. 18 Jahren** from 18 years onwards
abändern *v/t* 1. to alter; 2. *(Text)* to revise; 3. *(Gesetz)* to amend; 4. *(teilweise)* to modify
Abänderung *f* 1. amendment; 2. revision; 3. alteration; 4. *(teilweise)* modification; **die A. des Abkommens tritt in Kraft** the amendment of the convention takes effect
Abänderungs|antrag *m* proposed amendment; **~ einbringen** to table an amendment; **A.befugnis** *f* power to amend; **A.-klage** *f* 1. application for variation of an order *[GB]*; 2. petition to modify a judgment *[US]*
Abandon *nt* abandonment, relinquishment; **A.frist** *f* period allowed for abandonment; **a.ieren** *v/t* to abandon/relinquish; **A.klausel** *f* abandonment clause
abbau|en *v/t* *(Beschränkungen)* to relax; **A.recht** *nt* mining right
abbedingen *v/t* to contract out (of sth.)
abberuf|en *v/t* 1. *(Amt)* to remove (from office); 2. *(entlassen)* to dismiss; **A.ung** *f* dismissal
abbestell|en *v/t* to cancel; **A.ung** *f* cancellation
abbild|en *v/t* to reproduce; **A.ung** *f* reproduction
abbrechen *v/t* to break off
abbrennen *v/t* to burn down
Abbruch *m* 1. *(Beziehungen)* breaking off; 2. *(Bauwerk)* demolition; **A. der Schwangerschaft** abortion
abbruch|reif *adj* *(baufällig)* dilapidated; **A.verfügung** *f* demolition order
abbuchen *v/t* to debit
Abbuchung *f* debit; **A.sermächtigung** *f* direct debit mandate
Abbüßen einer Straftat *nt* serving one's sentence
abdecken *v/t* to cover
abdingbar *adj* subject to dispositon by the parties, not mandatory
Abdruck *m* reprint; **a.en** *v/t* to reprint
aberkennen *v/t* to deprive/revoke
Aberkennung *f* revocation, deprivation; **A. der bürgerlichen Rechte** deprivation of civil rights
aberratio ictus *(lat.)* failure of the criminal act
Abfall *m* ↘ **Müll** waste, refuse, garbage *[US]*, trash *[US]*; **gefährlicher A.** hazardous waste; **A.beseitigung** *f* waste/refuse disposal; **A.wirtschaft** *f* waste management
abfällig *adj* *(Bemerkung)* derogatory
Abfangen *nt* *(Post etc.)* interception; **a.** *v/t* to intercept
abfassen *v/t* to draw up/draft
abfinden *v/t* to pay off, to settle
Abfindung *f* 1. *(Vergleich)* accord and satisfaction, settlement; 2. *(Arbeitsverhältnis)* termination payment; **A. von Gläubigern** arrangement with creditors
freiwillige Abfindung ex gratia payment; **vergleichsweise A.** arrangement
Abfindungs|anspruch *m* indemnity claim; **A.erklärung** *f* general release; **A.summe** *f* amount of compensation; **A.vergleich** *m* arrangement, composition; **A.vertrag** *m* settlement agreement; **A.zahlung** *f* payment in (full) settlement
abführ|en *v/t* to transfer/pay; **A.ung** *f* transfer, payment
Abgabe *f* *(Steuer)* levy; **A. einer Erklärung** making a declaration; **~ Rechtssache an das zuständige Gericht** transfer of a case to the competent court; **~ Versicherung** affirmation; **~ eidesstattlichen Versicherung** affirmation in lieu of an oath
Abgabefrist *f* deadline (for filing)
Abgaben *pl* duties; **A. erheben** to levy duties; **A.ordnung** *f* tax code
Abgaberecht *nt* revenue law
ABGB (Allgemeines Bürgerliches Gesetzbuch) *[A]* Austrian civil code
Abgasnorm *f* exhaust emission standard
abgeben *v/t* to surrender
abgekartet *adj* collusive, concerted
abgelaufen *adj* *(Pass)* expired
abgelegen *adj* remote
abgelt|en *v/t* to discharge; **A.ung** *f* discharge
abgemacht *adj* agreed
Abgeordnete(r) *f/m* member of parliament; **A.nimmunität** *f* parliamentary privilege
abgesehen von *prep* save for

A

abgesichert *adj (Kredit)* collateralized *[US]*, securitized *[GB]*; **vertraglich a.** secured by contract
abgeurteilt *adj (rechtskräftig)* convicted
abgrenz|en *v/t* to demarcate; **A.ung** *f* demarcation
abhalten *v/t* 1. *(abschrecken)* to deter; 2. *(Veranstaltung)* to hold
abhanden kommen *adj* to be lost
Abhandenkommen *nt* loss
abhängig von *adj* dependent on, subject to, conditional/contingent (up)on
Abhängige *pl* dependants; **A.r** *m* dependant
Abhängigkeit *f* 1. dependence; 2. *(z.B. Sucht)* dependency; **A.sverhältnis** *nt* state of dependence
abheb|en *v/t (Geld)* to withdraw; **A.ung** *f* withdrawal
abhelfen *v/t* to relieve/redress/remedy
Abhilfe *f* remedy, relief, redress, interlocutory revision; **A. gewährend** remedial; **A. schaffen** to redress/remedy; **A.gesuch** *nt* petition for relief
abhol|en *v/t* to collect; **A.gebühren** *f* collection charges; **A.ung der Ware** *f* collection of the goods
abhören *v/t* to bug/tap; **A. von Telefongesprächen** *nt* telephone tapping, wiretapping
Abhör|gerät; A.vorrichtung *nt/f* bugging/surveillance device
Abkomme ↘ **Abkömmling**
Abkommen *nt* agreement, treaty, convention; **dieses A. tritt am Tage seiner Unterzeichnung in Kraft** the present agreement shall come into force on the date of signing; **unter ein A. fallen** to be subject to a convention
Abkömmling *m* descendant; **A.e des Erblassers** descendants of testator; **~ eines Dritten** third-party descendants; **~ in gerader Linie** descendants in direct line
Abkunft *f* 1. origin; 2. descent
abkürz|en *v/t (Text)* to abbreviate; **A.ung** *f* abbreviation
Ablauf *m* 1. *(Gültigkeit)* expiration *[US]*, expiry *[GB]*; 2. termination; **bei A. von** at the expiration of; **der A. wird gehemmt** *(Verjährung)* time ceases to run; **nach A. von** after (the) expiration of; **vor A.** prior to expiry
Ablauf der Frist expiration/expiry of the period; **~ Kündigungsfrist** expiration/expiry of the period; **~ Pacht** expiration/expiry of the lease; **A. einer Police** expiration/expiry of a policy; **A. der Strafzeit** expiration/expiry of the prison sentence; **~ Verjährungsfrist** expiration/expiry of the limitation period; **A. eines Vertrages** termination of a contract
Ablaufdatum *nt* date of expiration *[US]*/of expiry *[GB]*, expiration/expiry date
ablaufen *v/t* to lapse/terminate/expire; **A.** *nt* lapse, expiration *[US]*, expiry *[GB]*
Ablaufhemmung *f* 1. suspension of expiration of prescription; 2. tolling of the statute of limitations *[US]*
Ableben *nt* death
ablehnen *v/t* to repudiate/refuse/reject
Ablehnung *f* 1. repudiation, refusal, rejection; 2. *(Richter)* challenge; **A. ohne Angabe von Gründen** rejection without giving reasons, challenge for cause; **A. (eines Richters) wegen Befangenheit** challenge (of a judge) on the grounds of bias; **A. eines Geschworenen** challenge of a juror, objection to a juror; **A. der Haftung** disclaimer of liability; **~ Verantwortung** rejection of responsibility
allgemeine Ablehnung blanket refusal; **unbegründete A.** unfounded rejection
Ablehnungs|bescheid *m* notice of rejection; **A.recht** *nt* right of refusal
Ablenkungsmanöver *nt* red herring *(fig)*
ableugnen *v/t* to deny; **eidlich a.** to deny on oath
Ableugnung *f* denial
abliefern *v/t* to surrender/deliver
Ablieferung *f* 1. *(Waren)* delivery; 2. *(Dokumente)* surrender; **A.spflicht** *f* 1. obligation to deliver, 2. obligation to surrender; **A.sschein** *m* delivery note
ablösen *v/t* 1. *(Dienst)* to relieve; 2. *(Hypothek)* to redeem/repay
Ablösung *f* 1. relief; 2. redemption; **A.srecht** *nt* right of redemption
abmachen *v/t* to agree/stipulate
Abmachung *f* agreement; **außergerichtliche A.** out-of-court settlement; **vertragliche A.** contractual stipulation
abmahnen *v/t* 1. to warn; 2. *(Mitarbeiter)* to caution
Abmahnung *f* 1. caution; 2. warning; 3. legal letter, warning notice: **A.sfrist** *f* period of warning; **A.sschreiben** *nt* 1. written caution; 2. warning notice
abmark|en *v/t* to mark the boundary; **A.ung** *f* marking the boundary

abmeld|en *v/t* to cancel; **A.ung** *f* cancellation

Abnahme *f* 1. *(Prüfung)* acceptance, inspection; 2. *(Ware)* delivery; **A. der Ware** acceptance of goods

Abnahme|bescheinigung; A.protokoll *f/nt* certificate of inspection; **A.verzug** *m* default in taking delivery

abnehmen *v/ti* 1. to accept/inspect; 2. to take delivery

Abnehmer *m* buyer

abnorm *adj* 1. abnormal; 2. anomalous

abnutzen *v/t* to (be subject to) wear and tear

Abnutzung *f* wear and tear; **gewöhnliche A.** normal wear and tear; **A.s- und Verschleißerscheinungen** *pl* wear and tear

Abonn|ement *nt* subscription; **A.ent** *m* subscriber; **a.ieren** *v/t* to subscribe

Abort *m* miscarriage

abraten *v/t* to advise against

Abrechnung *f* settlement; **A.stag** *m* settlement day; **A.szeitraum** *m* accounting period

Abrede *f* understanding, accord, agreement; **etwas in A. stellen** to deny sth.

abriegel|n *v/t* to cordon/seal off; **A.ung** *f* cordon, cordoning off

Abrogation *f* abrogation

Abruf *m* call; **auf A.** 1. on call; 2. *(Geld)* at call

Absage *f* cancellation, refusal

Absatz *m* 1. clause, section, paragraph, sub-paragraph; 2. *(Verkauf)* sales

abschaff|en *v/t* 1. to abolish; 2. *(aufheben)* to repeal; 3. *(allmählich)* to phase out; **A.ung** *f* 1. abolition; 2. repeal

abschätzen *v/t* to estimate/evaluate/value/appraise/assess

Abschätzung *f* appraisal, assessment, valuation; **A. des Risikos** risk evaluation; **A. durch einen Sachverständigen** valuation by an expert

Abschätzungsklausel *f* *(Vers.)* appraisal clause

Abschiebehaft *f* detention prior to deportation

abschieben *v/t* to deport

Abschiebung *f* deportation; **A. von Ausländern** deportation of aliens; **A.shaft** *f* detention prior to deportation

Abschlag *m* discount, rebate

abschlägig *adj* negative; **a. bescheiden** to refuse; **a. beschieden werden** to meet with a refusal

Abschlagszahlung *f* part(ial)/down/interim payment, payment on account

abschließen *v/t* 1. *(Vertrag)* to enter into, to conclude; 2. *(beenden)* to conclude/finalize; 3. *(Ausbildung, Projekt usw.)* to complete

Abschluss *m* 1. conclusion; 2. completion; **A. auf Termin** time contract; **A. des Verfahrens** close of proceedings; **A. eines Vertrages** conclusion of a contract, entering into an agreement; **nach A. des Vertrages** after conclusion of the contract

Abschluss|freiheit *f* freedom to contract; **A.jahr** *nt* contract year; **A.ort** *m* place of contracting; **A.prüfer** *m (Bilanz)* auditor; **A.prüfung** *f* 1. *(Bilanz)* audit(ing); 2. *(Schule)* school-leaving examination; **A.termin** *m* completion date; **A.vollmacht** *f* authority to conclude a contract; **A.zahlung** *f* final instalment; **A.zeugnis** *nt* school-leaving certificate *[GB]*, high school diploma *[US]*; **A.zwang** *m* obligation to conclude a contract

Abschnitt *m* *(Gesetz, Vertrag)* paragraph, section, chapter

abschrecken *v/t* to act as a deterrent, to deter; **a.d** *adj* deterrent

Abschreckung *f* deterrence; **A.smittel** *nt* deterrent; **A.stheorie** *f* theory of deterrence

abschreibbar *adj* *(Steuer)* depreciable

abschreiben *v/t* 1. to copy; 2. *(teilweise)* to write down; 3. *(voll)* to write off

Abschreibung *f* 1. depreciation, write-down; 2. write-off; **A. auf Anlagevermögen** depreciation of fixed assets; **~ Betriebsanlagen** depreciation of plant and equipment; **~ den Wiederbeschaffungswert** depreciation of replacement value

außerplanmäßige Abschreibung unscheduled depreciation; **lineare A.** straight-line depreciation; **A.sfreibeträge** *pl* writing-down allowances

Abschreibungserlös(e) *m/pl* proceeds resulting from depreciation

Abschrift *f* copy; **A. einer Urkunde** copy of a deed

Abschrift anfertigen to make a copy; **eine A. beglaubigen** to certify a copy; **die Übereinstimmung der A. mit dem Original bestätigen** to certify the conformity of the copy with the original

amtliche Abschrift official copy; **beglaubigte A.** certified copy; **notariell ~** nota-

A

rized copy *[US]*/notarially attested copy; **gleichlautende A.** true/conformed *[US]* copy
Abschrifterteilung *f* furnishing a copy
abschwören *v/t* 1. *(Schuld)* to deny; 2. *(Verbrechen)* to abjure/renounce
abseh|bar *adj* *(Zeit)* foreseeable; **a.en von** *v/prep* to refrain from, to dispense with; **A.en von Strafe** *nt* exemption from punsihment
absend|en *v/t* to send/post/mail/dispatch; **A.er** *m* sender; **A.etag** *m* date of mailing; **A.ung** *f* mailing, posting
absetzbar *adj* (*Steuer*) allowable, deductible; **nicht a.** non-allowable; **steuerlich a.** tax-deductible
absetzen *v/t* 1. *(Steuer)* to deduct; 2. *(Tagesordnung etc.)* to remove
Absetzung *f* 1. *(Steuer)* deduction; 2. *(Amt)* dismissal; **A. eines Termins** cancellation of a date
absichern *v/t* 1. to secure; 2. (*Risiko*) to cover
Absicherung *f* securitization
Absicht *f* intent, intention; **betrügerische A.** intent to deceive; **in betrügerischer A. handeln** to act with intent to deceive
böse Absicht malice; **ausdrückliche ~** *(Tötung)* express malice; **in böser A.** with malice aforethought; **gesetzgeberische A.** legislative intent; **verbrecherische A.** criminal intent
absichtlich *adj* deliberate, intentional, wilful; *adv* knowingly, on purpose
Absichtserklärung *f* letter of intent, declaration of intent(ion)
absitzen *v/t* *(Strafe)* to serve
absondern *v/t* to segregate/separate/set aside/sever
Absonderung *f* preferential treatment; **A.sgläubiger** *m* preferential creditor; **A.srecht** *nt* preferential right
absperren *v/t* to cordon/seal off
Absprache *f* 1. collusion, understanding, accord, agreement; 2. *(Kartellrecht)* concerted action; **A. bei Angebotsabgabe** collusive tendering; **A. zwischen Anklage und Verteidigung** plea bargaining; **heimliche A.** collusive agreement; **wettbewerbsschädigende A.** anti-competitive agreement
absprechen *v/t* *(Recht)* to deny/disallow
abstammen *v/i* to descend (from)
Abstammung *f* descent; **A. in gerader Linie** lineal descent; **~ der Seitenlinie** collateral descent
eheliche Abstammung legitimate descent
Abstand *m* 1. distance; 2. *(Abstandnahme)* desistence, forbearance; **A. nehmen von** to desist/refrain from; **in regelmäßigen Abständen** at regular intervals
Abstands|summe *f* premium; **A.zahlung** *f* release payment
abstellen *v/t* *(Störung)* to remedy/abate
abstimmen *v/i* 1. *(Wahl)* to vote; 2. to coordinate/reconcile
Abstimmung *f* 1. vote; 2. understanding; **A. durch Handheben** vote by show of hands; **geheime A.** secret ballot
abstrakt *adj* abstract
Abstraktion *f* abstraction; **A.sprinzip** *nt* *(Vertragsrecht)* abstraction principle
abstreiten *v/t* *(bestreiten)* to disclaim/deny/contest/dispute
absuchen *v/t* to search
abteilen *v/t* to sever
Abteilung *f* department, division, section; **A.sgericht** *nt* divisional court; **A.skostenrechnung** *f* departmental costing
Abtötung der Leibesfrucht *f* feticide
abtragen *v/t* to pay off
abträglich *adj* detrimental
abtreib|en *v/t* to abort; **A.ung** *f* abortion, termination of pregnancy
abtrenn|en *v/t* to sever; **A.ung** *f* severance
abtret|bar *adj* assignable; **a.en** *v/t* 1. to assign; 2. *(aufgeben)* to relinquish; **A.ende(r)** *f/m* assignor
Abtretung *f* assignment, cession; **A. des Anspruchs** assignment of the claim; **A. der Ersatzansprüche** assignment of claims for damages; **~ Forderung** assignment of the claim; **A. von Gehaltsansprüchen** assignment of salary claims; **A. eines Herausgabeanspruchs** assignment of a claim for return/surrender/restitution; **A. auf Grund rechtlicher Verpflichtungen** subrogation; **A. von Versorgungsansprüchen** assignment of maintenance claims, ~ pension entitlements; **A. an Zahlungs statt** cession in lieu of payment
Abtretungs|anzeige *f* notice of assignment; **A.empfänger(in)** *m/f* assignee; **A.erklärung** *f* declaraton of assignment; **beglaubigte A.erklärung** certified assignment; **A.gläubiger(in)** *m/f* as-

signee; **A.urkunde** *f* deed of assignment; **A.vertrag** *m* contract of assignment

aburteil|en *v/t* to sentence/convict; **A.ung** *f* sentencing, conviction

abverlangen *v/t* to demand

abwäg|en *v/t* to weigh/consider; **A.ung** *f* consideration; **unter ~ ...** taking into account ...

abwälzen *v/t* 1. *(Kosten)* to pass on; 2. *(Verantwortung)* to shift

abwandel|n *v/t* to modify; **A.ung** *f* modification

abwarten *v/t* to await

Abwasser *nt* waste water, sewage; **A.beseitigung** *f* sewage disposal

abwechselnd *adj* alternate

Abwehr *f* defence; **A. eines Anspruchs** rebuttal of a claim; **A. einer Gefahr** warding off a danger; **a.en** *v/t* to ward off/avert

abweichen *v/i* 1. to differ/diverge/deviate; 2. *(Gerichtsentscheidung)* to overrule; 3. *(Meinung)* to dissent; **A. von der Wahrheit** departure from the truth; **a.d** *adj* dissenting

Abweichung *f* derogation, discrepancy, divergence, deviation; **bei A.en** if discrepancies arise; **in A. von Art. 1** in derogation of Art. 1; **~ hiervon** notwithstanding this

Abweichung aus Billigkeitsgründen deviation on grounds of equity; **A. von der Norm** departure from the norm; **~ Vertragsbedingungen** deviation from the terms of a contract; **A. einer Zeugenaussage** discrepancy in the deposition of a witness

abweisen *v/t* 1. to reject; 2. *(Klage)* to dismiss; 3. *(Anspruch)* to repudiate/disallow/dismiss; **etw. kostenpflichtig a.** to dismiss sth. with costs; **~ als rechtlich unbegründet a.** to dismiss sth. on a point of law

Abweisung *f* 1. rejection, repudiation; 2. *(Klage)* dismissal; **A. der Klage** dismissal of the claim; **A.sbegehren** *nt* motion to dismiss, demurrer *[US]*

abwend|en *v/t* to avert/stave off/avoid/prevent; **A.ung** *f* avoidance

abwerten *v/t* to devalue

Abwertung *f* devaluation; **A.sklausel** *f* devaluation clause

abwesend *adj* absent; **A.e(r)** *f/m* absentee

Abwesenheit *f* absence; **in A.** in absentia *(lat.)*; **~ des/der ...** in the absence of; **~ des/der Angeklagten** reo absente, absente reo *(lat)*; **eigenmächtige A.** absence without leave

Abwesenheits|pfleger(in) *m/f* curator for an absent person; **A.pflegschaft** *f* curatorship for an absent person; **A.urteil** *nt* judgment in absentia *(lat.)*; **A.verfahren** *nt* proceedings against an absentee; **A.vermutung** *f* presumption of absence

abwickeln *v/t* to wind up

Abwickler *m* liquidator; **gerichtlich bestellter A.** liquidator appointed by the court

Abwicklung *f* winding up; **A. von Schadensfällen** settlement of accident claims

abzahlen *v/t* to redeem, to pay off (in instalments)

Abzahlung *f* paying off

Abzahlungs|geschäft *nt* instalment business; **A.gesetz** *nt* Hire Purchase Act *[GB]*; **A.kredit** *m* instalment credit; **A.plan** *m* instalment plan; **A.schuld** *f* instalment debt; **A.vertrag** *m* hire purchase agreement, credit sale agreement

abzeichnen *v/t* to initial

abzieh|bar *adj* deductible; **a.en** *v/ti* to deduct

abzins|en *v/t* to deduct unaccrued interest; **A.ung** *f* deduction of unaccrued interest

Abzug *m* deduction; **nach A. von** after deduction of; **in A. bringen** to deduct; **steuerliche A.skosten** allowable deductions

abzüglich *prep* less

achten *v/t* to respect

ächten *v/t* to proscribe/outlaw

achtlos *adj* careless

Ächtung *f* proscription

Achtung der Menschenrechte *f* respect for human rights

Adäqu|anz *f* adequate causation; **a.at** *adj* adequate

Adhärenz *f* adherence

Adhäsions|verfahren *nt* adhesive procedure/proceedings; **A.vertrag** *m* adhesion contract

Adjudi|kation *f* adjudication; **a.zieren** *v/t* to adjudicate

adoptieren *v/t* to adopt

Adoption *f* adoption; **A.sbeschluss** *m* adoption order; **A.sverfahren** *nt* adoption proceedings

Adoptiv|eltern *f* adoptive parents; **A.kind** *nt* adopted/adoptive child

A

Adressat *m* addressee, consignee
Adress|e *f* address; **a.ieren** *v/t* to address/direct
Advokat *m* advocate; **A.ur** *f* advocacy
Affekt *m* (uncontrollable) impulse; **A.-handlung** *f* act committed in the heat of passion
Affidavit *m* affidavit
affirmativ *adj* affirmative
Agent *f* agent; **A.entätigkeit** *f* intelligence operation
Agentur *f* agency; **A.vertrag** *m* agency agreement
Agio *nt* premium
Agrarrecht *nt* agricultural law
ahnd|en *v/t* to punish; **A.ung** *f* punishment
akkordieren *v/t* to agree
akkreditier|en *v/t* 1. *(Völkerrecht)* to accredit; 2. *(Akkreditiv)* to open a credit; **A.ung** *f* 1. accreditation; 2. opening of a (letter of) credit
Akkreditiv *nt* (letter of) credit (L/C); **unwiderrufliches A.** irrevocable letter of credit
Akt *m* act, deed
Akte *f* 1. file, record; 2. *(Gesetz)* act; **zu den A.n** to be filed
Akten anfordern to ask for the files; **zu den A. einreichen** to submit for insertion in the files; **A. einsehen** to inspect files
Akten|anforderung *f* request for files, order/writ of certiorari *(lat.)*, writ of error coram vobis *(lat.)*, invocation of papers *[US]*; **A.auszug** *m* abstract of record; **A.-einsicht** *f* inspection of files/records, access to records; **~ gewähren** to lay files open to inspection
aktenkundig *adj* on record; **a. sein** to be on record
Aktenlage *f* record as it stands, status of the case; **nach A. entscheiden** to decide on the record
Akten|versendung *f* forwarding of records; **A.vorlage an ein höheres Gericht** *f* certiorari *(lat.)*
Aktenzeichen *nt* file/reference number; **ein A. angeben** to quote a reference number
Aktie *f* share *[GB]*, stock *[US]*
Aktiengesellschaft (AG) *f* public limited company (plc) *[GB]*, (open) corporation *[US]*
Aktien|gesetz *nt* Companies Act *[GB]*; **A.kaufvertrag** *m* share purchase agreement; **A.recht** *nt* company law
Aktienübertragung *f* transfer of shares; **A.surkunde** *f* deed of transfer
Aktien|zertifikat *nt* share/stock certificate; **A.zuteilung** *f* allotment of shares/stocks
Aktionär *m* shareholder, stockholder; **A.s-klage** *f* shareholders'/stockholders' action
Aktiva *pl* *(Bilanz)* assets
Aktiv|legitimation *f* right to sue; **A.saldo** *m* credit balance
Akzept *nt* acceptance; **A.ant** *m* acceptor; **a.ieren** *v/t* to accept
Akzess|ion *f* accession; **A.orietät** *f* accessoriness; **a.orisch** *adj* criminally involved as an accessory
akzidentiell *adj* accidental
Alarm *m* alarm, alert; **A.anlage** *f* burglar alarm
aleatorisch *adj* aleatory
alias alias, also known as (aka)
Alibi *nt* alibi; **ein A. anfechten** to contest an alibi; **den A.nachweis erbringen** *m* to prove one's alibi
Alimente *pl* alimony, aliment *[Scot.]*, maintenance; **A.nbeschluss** *m* affiliation order
alimentieren *v/t* to fund
Alkohol *m* alcohol; **A.einfluss** *m* influence of alcohol; **A.schmuggler** *m* bootlegger; **A.sünder am Steuer** *m* drunken driver; **A.test** *m* breath test; **A.testgerät** *nt* breathalyser; **A.verbot** *nt* ban on alcohol
Allein|auftrag *m* exclusive order; **A.berechtigung** *f* exclusive authority; **A.besitz** *m* sole possession; **A.eigentum** *nt* sole ownership; **A.eigentümer(in)** *m/f* sole owner/proprietor; **A.entscheidungsrecht** *nt* sole right of decision; **A.erbe** *m* sole heir; **A.gebrauch** *m* exclusive use; **A.händler** *m* sole trader; **A.herstellungsrecht** *nt* monopoly of production; **A.inhaber** *m* sole holder; **A.pacht** *f* sole tenancy; **A.recht** *nt* exclusive right; **A.schuldner** *m* sole debtor; **A.sorge** *f* sole custody
alleinstehend *adj* single
Alleinver|kaufsrecht *nt* exclusive selling right; **A.schulden** *nt* sole fault; **A.treter** *m* sole agent; **A.tretung** *f* sole agency; **A.tretungsrecht** *nt* sole power of representa-

tion, sole/exclusive proxy; **A.tretungsvereinbarung** *f* exclusive agreement; **A.trieb** *m* concession, exclusive sale

allgemein *adj* general; **A.e Geschäftsbedingungen (AGB)** terms and conditions; **A.es Bürgerliches Gesetzbuch (ABGB)** *[A]* Austrian civil code; **A.heit** *f* general pubic; **A.verfügung** *f* general disposition; **A.wohl** *nt* common weal, public good

Allzuständigkeit *f* comprehensive jurisdiction

Alter *nt* age; **erwerbsfähiges A.** employable age; **heiratsfähiges A.** marriagable age; **zurechnungsfähiges A.** age of responsibility

alternativ *adj* alternative; **A.anklage** *f* alternative charge; **A.antrag** *m* alternative motion; **A.vermächtnis** *nt* alternative legacy

Alters|erfordernis *f* age requirement; **A.grenze** *f* age limit; **A.rente; A.ruhegeld** *f/nt* old-age pension; **A.stufe** *f* age bracket; **A.versorgung** *f* provision for (one's) old age

Alt|last *f* contaminated land/soil; **A.verbindlichkeit** *f* existing liability

ambulant *adj* 1. *(Krankenhaus)* out-patient; 2. *(Gewerbe)* itinerant

Amnestie *f* amnesty; **a.ren** *v/t* to grant an amnesty

Amnäsie *f* amnesia

Amok *m* amok; **A.lauf** *m* running amok

Amortis|ation *f* amortization; **a.ieren** *v/t* amortize

Amt *nt* office; **kraft seines A.es** by virtue of his office; **von A.s wegen** ex officio *(lat.)*; **A. für Verbraucherschutz** Office of Fair Trading *[GB]*; **A. bekleiden** to hold office; **jdn aus dem A. entfernen** to remove so. from office

amtieren *v/i* to act (in an official capacity)

amtlich *adj* official

Amts|akten *pl* official files; **A.anklage** *f* ex officio charge; **A.anmaßung** *f* false/fraudulent assumption of authority; **A.anwalt** *m* official solicitor; **A.arzt** *m* medical officer of health (MOH) *[GB]*, medical referee *[US]*; **A.befugnis** *f* official powers

amtsbekannt *adj* known to the authorities

Amts|beleidigung *f* insulting a public official; **A.bereich** *m* jurisdiction; **A.bezeichnung** *f* official title/designation; **A.bezirk** *m* administrative district; **A.blatt** *nt* official gazette/journal; **A.dauer** *f* term of office; **A.delikt** *m* misdemeanour; **A.eid** *m* oath of office; **A.ermittlung** *f* official investigation; **A.fähigkeit** *f* eligibility for office; **A.geheimnis** *nt* official secret

Amtsgericht *nt* local court, magistrates' court *[GB]*, sheriff's court *[Scot]*, district court *[US]*; **zuständiges A.** competent magistrates' court

Amts|gewalt *f* official power; **A.haftung** *f* liability of an official, public liability; **A.handlung** *f* official act

Amtshilfe *f* administrative assistance/aid; **A. leisten** to provide administrative assistance; **A.ersuchen** *nt* letters rogatory

Amts|inhaber *m* office holder; **A.kaution** *f* official fidelity guarantee; **A.kenntnis** *f* official knowledge; **A.missbrauch** *m* abuse of authority, misdemeanour; **A.mündel** *m* ward of court; **A.organ** *nt* official organ; **A.periode** *f* term of office; **A.person** *f* official; **A.pflegschaft** *f* ex officio curatorship

Amtspflicht *f* official duty; **A.verletzung** *f* malpractice/malfeasance in office, breach of public duty, violation of official duty

Amts|prinzip *nt* principle of ex officio proceedings; **A.register** *nt* official register

Amtsrichter *m* district judge, magistrate *[GB]*; **besoldeter A.** stipendiary magistrate *[GB]*

Amts|sache *f* official business; **A.siegel** *nt* official seal; **A.sprache** *f* official language; **A.träger(in)** *m/f* official, office-holder; **A.übernahme** *f* assumption of office; **A.unterschlagung** *f* misappropriation in an official capacity, malversation; **A.vergehen** *nt* malfeasance (in office); **A.verschwiegenheit** *f* official secrecy; **A.vollmacht** *f* official power(s)

Amtsvormund *m* public/official guardian; **A.schaft** *f* ex officio guardianship

Amts|walter *m* administrator; **A.weg** *m* official channels

Amtszeit *f* tenure, period/term of office

analog anwenden *adj* to apply analogously

Anbau *m* 1. *(Gebäude)* annex(e); 2. *(Vorgang)* extension; **a.en** *v/t* to build on/annex

anbei *adv* herewith

anberaumen *v/t* to schedule/fix

in Anbetracht dass considering that, whereas
anbiet|en *v/t* 1. to offer; 2. (*Zahlung, Leistung*) to tender; **A.ungspflicht** *f* obligation to treat
anbringen *v/t* to affix/attach (to)
Ander|depot *nt* trust deposit; **A.konto** *nt* nominee/client/fiduciary/trust account
ändern *v/t* 1. to change; 2. to alter/modify/vary; 3. *(Gesetz)* to amend
Änderung *f* 1. change; 2. alteration, modification; 3. amendment; **Ä.(n) vorbehalten** subject to change/alterations; **Ä. eines Patents** amendment of a patent; **Ä. der Satzung** modification of the articles of association; **Ä. des Wohnsitzes** change of residence; **bauliche Ä.** structural alteration, **nachträgliche Ä.** later alteration; **wesentliche Ä.** material change
Änderungs|bescheid *m* amending decision; **Ä.beschluss** *m* amending order; **Ä.kündigung** *f* notice of termination pending a change of contract; **Ä.verbot** *nt* prohibited alterations; **Ä.vorbehalt** *m* reservation of the right of modification
anderweitig *adj* elsewhere, otherwise
andeuten *v/t* to imply
andien|en *v/t* to offer/tender; **A.ung** *f* offer, tender
androhen *v/t* to threaten
Androhung *f* threat; **bei A. einer Freiheitsstrafe** under penalty of punishment; **~ Geldstrafe** under penalty of a fine
sich aneignen *v/refl* to appropriate; **~ rechtswidrig a.** to appropriate unlawfully, to misappropriate
Aneignung *f* appropriaton; **unerlaubte A.** taking without the owner's consent (twoc); **widerrechtliche A.** misappropriation; **A.srecht** *nt* right of appropriation
Anerbieten *nt* offer
anerkannt *adj* recognized
anerkennen *v/t* 1. to acknowledge/recognize; 2. *(Schuld)* to admit; 3. *(Steuer)* to allow; **nicht a.** 1. to repudiate; 2. to disallow
Anerkenntnis *nt* recognition, acknowledgement; **A. der Haftung** acknowledgement of liability; **A.urteil** *nt* judgment by confession, decree by consent
Anerkennung *f* 1. recognition, acknowledgement; 2. admission; 3. allowance; **A. eines Anspruchs** allowance of a claim; **A. und Vollstreckung eines ausländischen Urteils** recognition and enforcement of a foreign judgment; **A.serklärung** *f* declaration of acknowledgment
Anfall *m* accrual, incidence; **A. des Nachlasses an den Staat** escheat *(lat.)*; **A. eines Rechts** accrual of a right
anfallen *v/i* to accrue; **a.d** *adj* accruing
anfällig *adj* prone, sensitive, susceptible, vulnerable
Anfang *m* commencement; **von A. an** ab initio *(lat.)*; **~ nichtig** void ab initio *(lat.)*
anfangen *v/ti* to commence
Anfangs- initial; **A.bedingungen** *pl* initial conditions; **A.tag** *m* starting day; **A.termin** *m* starting date
anfechtbar *adj* defeasible, (a)voidable, controversial; **A.keit** *f* defeasibility, voidability, contestability
anfechten *v/t* 1. *(Anspruch)* to challenge/dispute; 2. *(Urteil)* to appeal; 3. *(Willenserklärung)* to contest; **A.der** *m* appellant
Anfechtung *f* 1. rescission, avoidance; 2. *(Zeuge)* challenge; **A. einer Anordnung** appeal against an order; **A. wegen falscher Darstellung von Tatsachen** rescission for misrepresentation; **~ Irrtums** avoidance on the ground(s) of error
anfechtungsberechtigt *adj* entitled to appeal; **A.er** *m* person entitled to appeal
Anfechtungs|erklärung *f* notice of avoidance; **A.frist** *f* time limit for avoiding; **A.gegner** *m* respondent; **A.grund** *m* ground for avoidance, cause for rescission; **A.klage** *f* 1. *(Ehe)* action for nullification; 2. *(Urteil)* action to set aside; 3. *(Willenserklärung)* action for avoidance; **A.recht** *nt* right of rescission; **A.verfahren** *nt* appellate proceedings
anfordern *v/t* to demand
Anforderung *f* requirement, request, demand; **auf A.** on demand; **~ von** at the request of; **den A.en entsprechen** to comply with the requirements; **A. auf Grund der Beweislast** standard of proof; **gesetzliche A.en** statutory requirements
Anfrage *f* inquiry; **auf Ihre A.** in answer to your inquiry
anfragen *v/i* to inquire
anfügen *v/t* to attach
anführen *v/t* 1. *(Gründe)* to set forth/adduce; 2. *(zitieren)* to quote/cite
Anführer *m* principal; **A. einer Bande** ringleader
Anführung *f* citation

Angabe *f* declaration; **unter A. von** stating; **falsche A.** misrepresentation
Angaben *pl* information, particulars; **A. zur Person** personal data; **~ Sache** statement concerning the case as such; **ohne nähere A. zu machen** without giving particulars; **sachdienliche A.** pertinent information; **sich widersprechende A.** conflicting statements; **unrichtige A.** false information; **~ A. machen** to misrepresent; **wesentliche A.** material representations; **zweckdienliche A.** pertinent information
angeben *v/t* to state
angeblich *adj* purported, putative, supposed, alleged
Angebot *nt* 1. offer; 2. *(mit Preisangabe)* quotation; 3. *(Vorschlag)* proposal; **A. der Leistung** offer of performance; **A. solange Vorrat reicht** offer subject to availability; **A. widerrufen/zurücknehmen**; to revoke an offer
bedingtes Angebot conditional offer; **unverlangtes A.** unsolicited offer; **verbindliches A.** firm/valid offer
Angebots|nehmer(in) *m/f* offeree; **A.preis** *m* offer price; **A.schreiben** *nt* proposal document
angebracht *adj* proper, appropriate
angeheiratet related by marriage
Angehörige(r) *f/m* 1. *(Verwandte(r))* relative, dependant; 2. *(Mitglied)* member; **nächste(r) A.(r)** next of kin
angeklagt *adj* charged, on trial; **a. werden wegen** to be charged with
Angeklagte(r) *f/m* accused, defendant, indictee; accused after committal for trial *[GB]*; **A., der aus der Untersuchungshaft vorgeführt wird** prisoner at the bar
Angeklagten freisprechen to acquit the accused, to find for the defendant; **A. verteidigen** to defend so. against a charge
Angeld *nt* deposit, down payment
Angelegenheit *f* matter, case, business, concern, affair; **eine A. gütlich regeln** to settle a matter amicably; **jds A.en besorgen** to attend to so.'s affairs; **streitige A.** contentious matter
Angelschein *m* fishing licence
angemeldet *adj* registered
angemessen *adj* adequate, proper, reasonable, appropriate; **A.heit** *f* appropriateness, sufficiency
angeschlossen *adj* affiliated
Angeschuldigte(r) *f/m* 1. defendant, accused; 2. (*der Beschuldigte, gegen den die öffentliche Klage erhoben ist*) accused prior to committal *[GB]*
angesehen *adj* reputable; **a. sein** to be of good standing
angestellt *adj* employed
Angestellte|(r) *f/m* salaried employee; **A. auf Lebenszeit** permanent employee; **leitender A.r** executive; **einem A.n kündigen** to give an employee notice
Angestellten|bestechung *f* bribing (of) an employee; **A.verhältnis** *nt* employment
angetrunken *adj* drunk
angewachsen *adj* accrued
angewiesen (auf) *adj* dependent (on)
angleichen *v/t* to adjust/harmonize
Angleichung *f* adjustment, alignment, approximation, harmonization; **A. der Rechtsvorschriften** approximation/harmonization of legislation
angreif|en *v/t* 1. to attack/assail; 2. *(tätlich)* to assault; **A.er** *m* attacker, assailant
angrenzen *v/i* to adjoin, to be contiguous to, to border on; **a.d** *adj* neighbouring, adjacent, adjoining
Angrenzer *m* abutter
Angriff *m* 1. aggression; 2. attack, assault; **gewaltsamer A.** violent attack; **tätlicher A.** assault
Angriffs|handlung *f* act of agression; **A.-krieg** *m* war of aggression; **A.waffe** *f* offensive weapon
anhaftend *adj* appurtenant (to)
Anhalt für den Verdacht *m* indication of suspicion
Anhalte- und Durchsuchungsbefugnis *f* power of stop and search *[UK]*/frisk *[US]*
anhalten *v/t* to stop; **a.d** *adj* continuing
Anhalterecht *nt* right of stoppage (in transit)
Anhaltspunkt *m* lead, clue
Anhang *m* appendix, supplement, codicil, schedule
anhängen *v/t* to append; **jdm etw. a.** to frame so.
Anhänger *m* trailer
Anhängeverfahren *nt* supplementary proceedings
anhängig *adj* pending, pendente lite *(lat.)*; **A.keit** *f* pendency
anheim fallen *adv* to escheat/devolve; **a. stellen** to suggest; **jdm etwas a. stellen** to leave sth to so.'s discretion

A

anheuer|n *v/ti* to hire, to sign up; **A.ung** *f* hiring, signing up
anhören *v/t* to grant a hearing, to hear; **A.** *nt* hearing
Anhörung *f* hearing; **A. von Sachverständigen** hearing of experts; **A. vertagen** to adjourn the hearing; **öffentliche A.** public hearing
Anhörungs|recht *nt* right to be heard; **A.-termin** *m* date of hearing
Ankauf *m* purchase; **a.en** *v/t* to purchase/buy
Ankäufer *m* purchaser, buyer
Ankerrecht *nt* anchorage
anklagbar *adj* indictable
Anklage *f* 1. charge, prosecution; 2. *(schriftlich)* indictment *[GB]*, presentment *[US]*; 3. *(formlos)* accusation; **A. wegen Betruges** charge of fraud, fraud charge; **~ Mordes** charge of murder, murder charge; **~ Spionage** spy(ing) charge
die Anklage kann nicht aufrechterhalten werden the charge cannot stand; **sich zur A. äußern** to plead; **gegen jdn A. erstatten** to press charges against so.; **A. erheben** to prefer charges, to indict; **A. fallen lassen** to drop the charge; **von einer A. freisprechen** to acquit so. of a charge; **unter A. stehen** to be on trial, ~ charged; **~ stellen** to arraign/charge/indict; **sich wegen einer A. verantworten** to answer a charge; **A. verlesen** to read the indictment; **A. verwerfen** to throw out a charge *[GB]*; **A. zurücknehmen** to drop the charge
Anklage- accusatorial
Anklagebank *f* dock; **auf der A. sitzen** to be in the dock
Anklagebehörde *f* prosecution (service), Director of Public Prosecutions (DPP) *[GB]*, district attorney *[US]*; **oberste A.** Crown Prosecution Service (CPS) *[GB]*
Anklageerhebung *f* bringing/preferring a charge, preferment of a charge
anklagefähig *adj* indictable
anklagen *v/t* to charge/indict/prosecute; **jdn a.** to bring a charge against so.
Anklagepunkt *m* charge, count (of a charge/indictment)
Ankläger *m* (public) prosecutor, prosecuting counsel, counsel for the prosecution
Anklageschrift *f* (bill of) indictment, charge, presentment *[US]*
Anklagevertreter(in) *m/f* prosecuting counsel, counsel for the prosecution, (public) prosecutor
ankündigen *v/t* to announce
Ankündigung *f* announcement, notice, **vorherige A.** advance notice
Anlage *f* 1. enclosure, attachment; 2. *(Neigung, Begabung)* disposition; **als A. beigefügte Urkunde** enclosed document
Anlage|güter *pl* fixed assets; **A.vermögen** *nt* assets
Anlass *m* occasion, cause; **aus A.** on the occasion of; **ohne allen A.** for no reason at all; **A. geben zu** to give rise to; **jdm ~** to give so. occasion to; **begründeter A.** good cause
anleg|en *v/t* to invest; **A.er** *m* investor; **A.ung** *f* investment
in Anlehnung an *f* in conformity with
Anleihe *f* bond, debenture; **A.kapital** *nt* debenture capital
Anleitung *f* 1. *(Verleiten)* incitement; 2. instruction(s); **A. zu einer Straftat** incitement to commit a crime
anliegend *adj* *(Grundstück)* lying by; **a. erhalten Sie** enclosed please find
Anlieger *m* abutter, abutting/adjoining owner, resident; **frei für A.** open to residents
Anlieger|grundstück *nt* adjoining property; **A.staat** *m* bordering state; **A.verkehr** *m* *(Schild)* residents only
anlocken *v/t* to entice
anmahn|en *v/t* to remind; **A.ung** *f* reminder
sich etw. anmaßen *v/refl* to arrogate sth. to os.
Anmaßung *f* usurpation (of office)
Anmelde|datum *nt* registration/filing date; **A.frist** *f* time for (making an) application, time allowed for registration; **A.gebühr** *f* application/registration fee
sich anmelden *v/refl* to register; **~ polizeilich a.** to register with the police
Anmeldepflicht *f* notification requirement; **a.ig** *adj* subject to compulsory registration, notifiable
Anmelder *m* registrant, applicant
Anmeldeschluss *m* closing date for applications, deadline for registration
Anmeldung *f* notification, registration; **A. eines Anspruchs** filing (of) a claim; **~ Rechts** filing (of) a right/title; **~ Warenzeichens** registration of a trademark
Anmeldungs|frist *f* period for filing an

application; **A.pflicht** *f* registration requirement

Annahme *f* 1. *(Vermutung)* presumption, assumption; 2. *(Entgegennahme)* receipt, acceptance; 3. *(Entschließung)* adoption; **A. eines Angebotes** acceptance of an offer; **~ Auftrags** acceptance of an order; **A. der Erbschaft** acceptance of the inheritance; **A. an Erfüllungs statt** acceptance in lieu of performance; **A. an Kindes statt** adoption; **A. der Leistung** acceptance of the performance; **A. an Zahlungs statt** acceptance in lieu of payment

Annahme ablehnen to refuse acceptance; **irrige/irrtümliche A.** erroneous assumption

Annahme|erklärung *f* declaration of acceptance; **A.fall** *m* exceptional case; **A.frist** *f* period for acceptance; **A.genehmigung** *f* permission to accept; **A.verhältnis** *nt* adoptive relationship; **A.verweigerung** *f* refusal of acceptance, ~ to accept; **A.verzug** *m* default of acceptance; **A.vollmacht** *f* power of acceptance, power to accept

annehm|bar *adj* acceptable; **a.en** *v/t* 1. *(entgegennehmen)* to accept; 2. *(vermuten)* to assume; 3. *(Entschließung)* to adopt; **A.ende(r)** *f/m* acceptor

Annex *m* annex

annullier|bar *adj* voidable; **a.en** *v/t* to annul/nullify/cancel/quash/avoid; **A.ung** *f* annulment, cancellation, rescission

anonym *adj* anonymous

anordnen *v/t* 1. *(regeln)* to rule; 2. *(richterlich)* to decree/order/direct; 3. *(beauftragen)* to enjoin

Anordnung *f* 1. order, decree; 2. (*behördlich*) directive; **auf A. von** on the order of; **A. von Amts wegen** ex officio *(lat.)* order; **A. der Durchsuchung** search warrant; **A. öffentlicher Fürsorge** care order; **A. des Getrenntlebens** separation order; **A. eines Haftprüfungstermins** habeas corpus *(lat.)*; **A. des Richters** order of the judge; **A. der Zwangsverwaltung eines Grundstücks** writ of elegit *(lat.)*

die Anordnung des dinglichen Arrests erwirken to obtain a writ of attachment; **einer A. Folge leisten; nachkommen** to comply with an instruction/order; **A. treffen** to make an order

einstweilige Anordnung interim/provisional order; **gerichtliche/richterliche A.** court/judicial order; **gesetzliche A.** statutory order

anpassen *v/t* to adapt/adjust

Anpassung *f* adaptation, adjustment; **A.sbeihilfe** *f* adjustment aid

anprangern *v/t* to pillory

Anrainer *m* abutter

anrech|enbar *adj* allowable, chargeable; **a.nen** *v/t* to deduct, to take into account

Anrechnung *f* taking into account; **A. einer Gegenforderung** set-off; **A.szeit** *f* qualifying period

Anrecht *nt* interest, entitlement, right; **A. des Erben auf das Urheberrecht** heir's title to a copyright, reversionary right; **A. haben auf** to be entitled to; **sicher begründetes A.** vested interest

Anreiz *m* inducement, incentive

anrüchig *adj* ill-reputed

anrufen *v/t* to invoke

Anrufung *f* submission; **A. der Schiedsstelle** recourse to arbitration

Ansammlung *f* 1. *(Geld)* accrual; 2. *(Menschen)* gathering, assembly; **unerlaubte A.** unlawful assembly

ansässig *adj* resident; **A.er** *m* resident

Ansatz *m* *(Schätzung)* estimate

anschaffen *v/t* to acquire

Anschaffung *f* acquisition; **A.skosten** *pl* acquisition costs

Anschein *m* semblance, appearance; **allem A. nach** in all probability; **auf den ersten A.** prima facie *(lat.)*; **A. erwecken** to suggest

anscheinend *adj* apparent

Anscheins|beweis *m* prima facie *(lat.)* evidence; **A.gefahr** *f* prima facie *(lat.)* danger; **A.vollmacht** *f* ostensible authority

Anschlag *m* plot, assassination attempt; **A. verüben** to make an assassination attempt; **A. anzetteln** to devise a plot

anschließend *adj* subsequent

Anschluss *m* 1. connection; 2. *(Verfahren)* joinder; **A.berufung; A.revision** *f* cross-appeal; **A.verfahren** *nt* subsequent proceedings; **A.vertrag** *m* follow-up agreement; **A.zone** *f (Seerecht)* contiguous zone

Anschrift *f* address; **ladungsfähige A.** address for service

jdn anschuldigen wegen *v/t* to charge so. with, to accuse so. of

A

Anschuldigung *f* charge, accusation; **falsche A.** false accusation; **schwere A.en gegen jdn erheben** to bring serious charges against so.

anschwärz|en *v/t* to disparage/slander; **A.ung** *f* 1. libel, slander; 2. *(Konkurrent)* trade libel

ansehen *v/t* to regard/consider

Ansehen *nt* standing, reputation; **ohne A. der Person** irrespective of a person's status

Ansehung *f* regard, respect; **in A. von** in view of

ansetzen *v/t* 1. to calculate; 2. *(Termin)* to schedule/appoint/fix

Ansicht *f* opinion; **zur A.** on approval; **A. des Gerichts** opinion of the court; **sich jds A. anschließen** to concur in so.'s opinion

Ansichtssache *f* matter of opinion

Anspannung *f* strain

Anspielung *f* hint, innuendo

Anspruch *m* claim, right, title; **der A. ist erloschen** the claim has become extinct

Anspruch auf bevorrechtigte Befriedigung prior claim to satisfaction; **~ Eigentum** title to land; **~ Einräumung des Nießbrauchs** claim to grant of usufruct; **~ Erfüllung** claim to performance; **~ Ersatz** claim to compensation; **~ Grund eines Gesetzes** claim under an act; **A. dem Grund nach anerkennen** to admit a claim on its merits; **A. aus unerlaubter Handlung** claim in tort; **A. auf Herausgabe** claim to restitution; **~ Nebenleistung** accessory claim; **~ Rentenzahlung** claim to payment of a pension; **~ Schaden(s)ersatz** claim/entitlement to damages; **~ Unterhalt** claim to maintenance; **A. aus Vermächtnis** claim arising out of an estate; **~ dem Versicherungsvertrag** claim arising out of the contract of insurance; **~ einem Vertrag** claim under a contract; **A. auf Vertragsänderung** claim to charge of contract

Anspruch ableiten to derive a claim; **A. abtreten** to assign a claim; **A. abwehren** to refute a claim; **A. anerkennen** to recognize a claim; **A. anmelden** to file a claim; **A. aufrechterhalten** to sustain a claim; **A. ausschließen** to exclude a claim; **A. befriedigen** to satisfy a claim; **A. begründen** to substantiate a claim; **A. bestreiten** to deny a claim; **A. durchsetzen** to enforce a claim; **A. erheben** to file/enter/prefer a claim; **A. geltend machen** to assert/lodge a claim; **A. gerichtlich geltend machen** to sue upon a claim; **A. glaubhaft machen** to establish a claim; **A. haben auf** to be entitled to; **A. nachweisen** to substantiate a claim; **A. sichern** to secure a claim; **einem A. stattgeben** to admit/sustain a claim; **auf einen A. verzichten** to waive a claim; **A. vorbringen** to advance a claim; **A. zurückweisen** to reject/repudiate a claim; **A. als unbegründet zurückweisen** to reject a claim as unfounded

abhängiger Anspruch dependent claim; **älterer A.** prior claim; **ausgeschiedener A.** divisional claim; **bedingter A.** contingent claim; **begründeter A.** substantiated claim; **berechtigter A.** justified claim; **billiger A.** equitable claim; **deliktischer A.** tortious claim; **dinglicher A.** right in rem *(lat.)*; **fälliger A.** matured claim; **geldwerter A.** pecuniary claim; **gesetzlicher A.** statutory claim; **klagbarer A.** cause of action; **obligatorischer A.** chose in action; **possessorischer A.** possessory claim; **rechtsgültiger A.** valid claim; **mehrere Gattungen umfassender A.** generic claim; **unbegründeter A.** unfounded claim; **vermögensrechtlicher A.** pecuniary claim; **nicht ~ A.** non-pecuniary claim; **vertraglicher A.** contractual claim; **verwirkter A.** stale claim; **vollstreckbarer A.** enforceable claim; **vorgehender A.** prior claim; **vorrangiger A.** prior claim; **wohlerworbener A.** vested right; **zivilrechtlicher A.** civil claim; **zweifelhafter A.** doubtful claim

Ansprüche *pl* claims; **A. Dritter** third-party claims; **A. auf Schaden(s)ersatz** claims to compensation; **A. sichern** to secure claims; **weitergehende A.** further claims

Anspruchs|abtretung *f* assignment of a claim; **A.art** *f* type of claim; **A.begründung** *f* 1. justification of a claim; 2. *(Vers.)* proof of a claim

anspruchsberechtigt *adj* entitled, eligible; **A.e(r)** *f/m* (rightful) claimant, beneficiary, person entitled to a claim

Anspruchs|berechtigung *f* validity of/ eligibility for/entitlement to a claim; **A.-durchsetzung** *f* enforcement of a claim; **A.erhebung** *f* presentation of a claim; **A.grundlage** *f* basis of claim; **A.häufung** *f*

multiplicity of claims; **A.inhaber(in)** *m/f* claimant; **A.konkurrenz** *f* concurrence of claims; **A.regulierung** *f* claim settlement; **A.steller** *m* claimant; **A.übergang** *m* devolution of claims; **A.verjährung** *f* limitation/barring of claims; **A.verwirkung** *f* forfeiture (of a claim); **A.verzicht** m waiver (of a claim)

anspruchsvoll *adj* demanding

Anstalt *f* ↘ **Strafvollzugsanstalt** establishment, institution

Anstalt des öffentlichen Rechts public-law institution; **geschlossene A.** psychiatric institution; **öffentlich-rechtliche A.** public-law institution

Anstaltsunterbringung *f* committal to an institution

Anstand *m* decency, propriety; **A.sgefühl** *nt* sense of deceny; **A.spflicht** *f* moral duty

anstelle von *prep* in lieu of

anstellen *v/t* to employ

Anstellung *f* employment; **feste A.** regular employment

Anstellungs|bedingungen *pl* terms/conditions of employment, ~ service; **A.betrug** *m* employment fraud; **A.verhältnis** *nt* employment; **A.vertrag** *m* contract of employment

Anstieg *m* increase; **A. der Kriminalität** increase in crime

anstift|en *v/t* 1. *(Meineid)* to suborn; 2. *(Verbrechen)* to abet; 3. *(aufwiegeln)* to incite/instigate; **A.er** *m* 1. suborner; 2. abetter, abettor; 3. instigator

Anstiftung *f* incitement, instigation; **A. zum Aufruhr** incitement to sedition; **~ Meineid** subornation of perjury; **A. zu grundloser Prozessführung** barratry *[US]*; **A. zum Verbrechen** instigation to commit a crime; **~ Völkerhass** incitement to racial hatred

Anstoß *m* offence; **A. erregen** to cause offence; **A. nehmen** to take offence; **an etw. A. nehmen** to take exception to sth.

anstößig *adj* indecent, offensive

anstrengen *v/t* *(Prozess)* to institute/initiate

Anteil *m* 1. share, portion; 2. *(Schaden)* quantum *(lat.)*; **gleiche A.e** equal shares

anteilig *adj* pro rata *(lat.)*

Anteilinhaber *m* shareholder

anteils|berechtigt *adj* entitled to a share; **A.eigner** *m* shareholder *[GB]*, stockholder *[US]*

Anti|chrese *f* Welsh mortgage; **A.diskriminierung** *f* affirmative action; **A.diskriminierungsgesetz** *nt* anti-discrimination act

Antrag *m* application, proposal, submission, request, petition, bill, motion

auf Antrag at the instance of, (up)on application; **~ von** at the request of; **~ eigenen A.** proprio motu *(lat.)*; **~ besonderen A.** at the special request of; **~ nur einer Partei** ex parte *(lat.)* application

Antrag auf Abweisung der Klage motion to dismiss the claim; **~ Anberaumung eines Termins** application for a trial date; **~ Aufhebung der Immunität** motion to lift immunity; **~ Aussetzung eines Schiedsspruchs** motion for vacation of an award; **~ einen Beschluss im Büroweg** application for a decision in chambers; **~ Beugehaft gegen zahlungsunwilligen Vollstreckungsschuldner** judg(e)ment summons; **~ Einstellung des Verfahrens** application to stay proceedings; **~ Eintragung** application for registration; **~ Entmündigung** petition in lunacy; **~ Erlass einer einstweiligen Verfügung** petition for an injunction; **~ Eröffnung des Konkursverfahrens** petition in bankruptcy; **A. zur Geschäftsordnung** motion on a point of order; **A. auf Haftentlassung** petition for release from custody; **~ Konkurseröffnung** petition in bankruptcy; **~ Konkurseröffnung stellen** to file a petition in bankruptcy; **~ Liquidation** winding-up petition; **~ Nachprüfung** petition for revivor *(lat.)*; **~ Scheidung** divorce petition; **~ Verfahrenseinstellung** application to drop a case; **~ Verfolgung** petition for prosecution; **~ Vertagung** motion for adjournment; **~ Vollstreckungsaufschub** petition for a reprieve; **~ Wiederaufnahme eines ruhenden Verfahrens** bill of revivor *(lat.)*; **~ Zulassung der Berufung** petition for leave to appeal

Antrag ablehnen to refuse an application; **A. annehmen** to pass a motion **A. begründen** to substantiate an application; **A. einbringen** to table a motion; **A. einreichen** to file an application; **einem A. stattgeben** to sustain a motion; **A. stellen** to make an application; **A. unterstützen** to second a motion; **A. zurücknehmen** to withdraw a motion; **A. zurückweisen** to reject a motion

A

Antragender *m* applicant
antragsberechtigt *adj* entitled to file an application; **A.e(r)** *f/m* person entitled to file an application
Antrags|delikt *nt* offence requiring a request for prosecution from the victim; **A.erfordernis** *f* application requirement; **A.formular** *nt* application form; **A.frist** *f* period for filing applications, deadline for applications; **A.gegner(in)** *m/f* 1. defending party; 2. *(Scheidung)* respondent; **a.gemäß** *adj* as applied for; **A.recht** *nt* right of application; **A.rücknahme** *f* withdrawal of an application
Antragssteller(in) *m/f* 1. applicant, proponent; 2. *(Anspruch)* claimant; 3. petitioner; 4. *(Prozess)* mover, moving party
Antragsstellung *f* application
Antwort *f* answer, reply; **die A. abwarten** to await the reply; **a.en** *v/i* to answer/reply
anvertrauen *v/t* to entrust
anwachsen *v/i* to accrue
Anwachsung *f* accrual, accretion; **A.srecht** *nt* jus accrescendi *(lat.)*, right to accruals
Anwalt *m* solicitor *[GB]*, barrister (at law) *[GB]*, attorney (at law) *[US]*, counsel, advocate, lawyer
Anwalt des Beklagten counsel for the defendant; **A. der Gegenpartei** counsel for the opposing party; **A. vor höheren Gerichten** barrister *[GB]*; **A. des Klägers** counsel for the plaintiff; **A. der Krone** QC (Queen's Counsel) *[GB]*; **A. für Steuersachen** tax attorney; **A. der Verteidigung** defence counsel, counsel for the defence
als Anwalt auftreten to appear as counsel; **einen A. beauftragen** to retain an attorney; **A. mit der Vertretung beauftragen** to brief a solicitor; **A. bestellen** to mandate a lawyer; **A. bevollmächtigen** to give a lawyer power of attorney; **A. mandieren** to retain a lawyer; **A. nehmen** to retain a lawyer; **durch einen A. vertreten sein** to be legally represented; **als A. zugelassen werden** to be called to the Bar *[GB]*
klägerischer Anwalt counsel for the plaintiff; **prozessbevollmächtigter A.** solicitor of record, counsel retained, attorney of record *[US]*
Anwältin *f* woman lawyer
Anwalts|assistent *m* paralegal; **A.beruf** *m* legal profession; **A.büro** *nt* lawyer's/law *[US]* office, chambers
Anwaltschaft *f* bar association, Law Society *[GB]*, the Bar *[GB]*; **zur A. zulassen** to call to the bar
Anwalts|gebühren *pl* legal/lawyer's fees; **A.gehilfe** *m* lawyer's clerk; **A.gutachten** *nt* counsel's/legal opinion
Anwaltshonorar *nt* retainer, legal/lawyer's fees; **zusätzliches A.** refresher
Anwaltskammer *f* Bar Association *[US]*, Bar Council *[GB]*, Inns of Court *[GB]*, Law Society *[GB]*
Anwalts|kosten *f* lawyer's fees; **A.liste** *f* list of solicitors; **von der ~ streichen** to disbar; **A.notar** *m* notary-advocate; **A.praxis** *f* law practice; **A.prozess** *m* litigation with necessary representation by lawyers; **A.referendar** *m* articled clerk; **A.robe** *f* lawyer's robe; **A.stand** *m* legal profession; **A.tag** *m* lawyers' congress; **A.tätigkeit** *f* advocacy; **A.verein(igung)** *m/f* lawyers' association, Faculty of Advocates *[Scot.]*; **A.vorschuss** *m* retainer; **A.wechsel** *m* change of attorney; **A.zulassung** *f* practising certificate; **A.zwang** *m* mandatory representation by a lawyer
Anwartschaft *f* 1. expectancy; 2. *(Erbrecht)* remainder; **bedingte A.** contingent remainder
Anwartschafts|berechtigter *m* remainderman; **A.recht** *nt* remainder, right to a future interest, contingent right; **A.zeit** *f* qualifying period
anweisen *v/t* to instruct/order/direct/brief; **A.der** *m* principal
Anweisung *f* instruction, order, direction, mandate; **A. eines übergeordneten Gerichts an ein untergeordnetes Gericht** writ of mandamus *(lat.)*
auf Anweisung|(en) warten to await instructions; **verbindliche A.** binding order; **A.sempfänger** *m* agent
anwendbar *adj* applicable; **A.keit** *f* applicability
anwenden *v/t* to apply
Anwendung *f* application; **A. von Gewalt** use of force; **A. eines Rechts** application of a law; **A. gesetzlicher Vorschriften** application of statutory provisions
Anwendung finden to apply; **entsprechende A. finden** to apply mutatis mutandis *(lat.)*; **A. fordern** to demand that sth. be applied

Anwendungsbereich *m* scope/sphere of application; **persönlicher A.** personal sphere of application; **räumlicher A.** geographical sphere of application; **sachlicher A.** relevant sphere of application
Anwendungsgebiet *nt* field of application
anwerb|en *v/t* to recruit; **A.ung** *f* recruitment
Anwesen *nt* premises, property
anwesend *adj* present; **A.e** *pl* those present; **A.er** *m (Unbeteiligter)* innocent bystander
Anwesenheit *f* presence
Anwohner *m* resident
anzahlen *v/t* to pay down
Anzahlung *f* deposit, down payment; **eine A. einbüßen/verwirken** to forfeit a deposit
anzapfen *v/t* to tap; **A. von Telefonleitungen** *nt* wire-tapping
Anzeige *f* 1. *(StR)* charge; 2. *(Benachrichtigung)* advice note, notice, notification; **A. des Versicherungsfalls** notification of a claim
Anzeige erstatten to lay an information, to file a complaint *[US]*; **gegen jdn ~** to report so. to the police, ~ the authorities, to lay an information against so.; **A. machen** to notify (so. of sth.)
anonyme Anzeige anonymous complaint; **mündliche A.** oral notification; **schriftliche A.** notification in writing; **unterbliebene/unterlassene A.** failure to notify/disclose
Anzeigeerstatter *m* private prosecutor
anzeigen *v/t* 1. *(StR)* to report; 2. *(benachrichtigen)* to inform/advise/notify
Anzeigepflicht *f* obligation/duty to notify, disclosure requirement; **A. des Anweisungsempfängers** payee's duty to notify; **~ Finders** finder's duty to notify; **A. bei Fund** duty to report finds, **A. des Nießbrauchers** usufructuary's duty to notify; **~ Verkäufers** seller's duty to notify; **~ Vorerben** prior heir's duty to notify; **A. verletzen** to breach the duty to report
anzeigepflichtig *adj* notifiable, reportable
anzuwenden *adj* applicable
anzweifeln *v/t* to doubt
Appellationsgericht *nt* court of appeal, appellate court
Approbation *f* licence to practise; **jdm die A. entziehen** to revoke so.'s licence to practise
Äquivalenz *f* equivalence; **Ä.prinzip** *nt* equivalence principle; **Ä.theorie** *f* equivalence theory
Arbeit *f* work; **zumutbare A.** reasonable work
arbeiten *v/i* to work
Arbeiter(in) *m/f* worker; **A. wieder einstellen** to reinstate a worker
angelernte(r) Arbeiter(in) semi-skilled worker; **ungelernte(r) A.** unskilled worker
Arbeitgeber *m* employer; **A.haftpflichtversicherung** *f* employers' liability insurance
Arbeitnehmer|(in) *m/f* employee; **A.erfindung** *f* employee's invention; **A.freibetrag** *m* earned income relief; **A.haftung** *f* employee's liability; **A.überlassung** *f* temporary hire of an employee; **A.überlassungsgesetz** *nt* temporary employment act; **A.überlastung** *f* excessive workload
Arbeits|amt *nt* Job Centre *[GB]*; **A.antritt** *m* commencement of work; **A.ausfall** *m* loss of man/working hours; **A.beanspruchung** *f* workload
Arbeitsbedingungen *pl* working conditions; **tarifvertraglich vereinbarte A.** terms of employment agreed in a collective agreement
Arbeitsbelastung *f* workload, pressure of work
Arbeits|berechtigung *f* work permit; **A.-bereitschaft** *f* readiness to work; **A.beschaffungsmaßnahme** *f*; **A.beschaffungsprogramm** *nt* job creation scheme; **A.bescheinigung** *f* certificate of employment; **A.einkommen** *nt* earned income; **A.erlaubnis** *f* work permit, green card *[US]*
Arbeitseinstellung *f* 1. *(Schließung)* shutdown; 2. *(Streik)* stoppage, strike
arbeitsfähig *adj* employable
Arbeitsfähigkeit *f* ability to work, fitness for work; **jds A. beeinträchtigen** to impair so.'s ability to work
Arbeitsförderung *f* employment promotion
Arbeitsgericht *nt* industrial/employment tribunal; **A.sbarkeit** *f* industrial jurisdiction
Arbeits|gesetzgebung *f* industrial legislation; **A.jahr** *nt* working year; **A.kampf** *m* industrial dispute; **A.konflikt** *m* industrial conflict; **A.kräfte** *pl* labour (force);

A

A.leistung *f* performance; **A.lohn** *m* wage
arbeitslos *adj* unemployed, jobless, out of work; **A.e(r)** *f/m* unemployed person
Arbeitslosen|geld *nt* unemployment benefit; **A.hilfe; A.unterstützung** *f* unemployment support; **A.versicherung** *f* unemployment insurance
Arbeits|losigkeit *f* unemployment; **A.mittel** *pl* tools of the trade; **A.papiere** *pl* employment papers; **A.pause** *f* rest period, (work) break; **A.pensum** *nt* workload, work schedule; **A.pflicht** *f* obligation to work; **A.platz** *m* 1. job; 2. place of work; **A.prozess** *m* working process; **A.recht** *nt* industrial relations law
Arbeitsschutz *m* industrial safety, health and safety engineering (HSE); **A.bestimmungen** *pl* health and safety engineering (HSE) regulations; **A.gesetz** *nt* Factory Act *[GB]*, Health and Safety at Work Act *[GB]*; **A.gesetze** *pl* industrial safety legislation
Arbeits|stelle *f* place of employment; **A.tag** *m* working day
arbeitsunfähig *adj* incapacitated
Arbeitsunfähigkeit *f* disability, inability to work, unfitness to work; **A.sbescheinigung** *f* sick note
Arbeits|unfall *m* accident at work, industrial/occupational accident; **A.unfallversicherung** *f* workmen's compensation insurance; **A.verbot** *nt* prohibition of employment; **A.vergütung** *f* remuneration for labour/work; **A.verhältnis** *nt* employment; **~ auflösen** to terminate the contract of employment
Arbeitsvertrag *m* contract of employment/service, employment contract; **befristeter A.** fixed-term contract of employment; **A.sbedingungen** *pl* terms/conditions of employment
Arbeitsverweigerung *f* refusal to work; **beharrliche A.** persistent refusal to work
Arbeitswoche *f* working week
Arbeitszeit *f* hours of work, working hours, working time; **gleitende A.** flex(i)-time, flexible working hours; **A.ausfall** *m* loss of working hours; **A.nachweis** *m* time sheet/slip; **A.ordnung** *f* regulations governing working time; **A.rechtsgesetz** *nt* working times act; **A.richtlinie** *f* working time directive
Arbeits|zeugnis *nt* employer's reference; **A.zwang** *m* compulsory work
Arbitrage *f* *(Schlichtung)* arbitration
Architekt *m* architect
Archiv|ar *m* recorder; **A.e** *pl* archives
Ärgernis *nt* nuisance, annoyance; **Ä. abstellen** to abate a nuisance; **Ä. erregen** to give offence; **öffentliches Ä.** public nuisance
Arglist *f* malice; **A.einrede** *f* plea of fraud, exceptio doli *(lat.)*
arglistig *adj* fraudulent, malicious, with malice aforethougt
arglos *adj* innocent, unsuspecting
Argument *nt* argument; **A.ation** *f* reasoning
arm *adj* poor, indigent
Armenanwalt *m* counsel for the party on legal aid
Armenrecht *nt* legal aid; **im A.** in forma pauperis *(lat.)*; **A.sverfahren** *nt* legal aid proceedings; **A.szeugnis** *nt* legal aid certificate *[GB]*
Armut *f* poverty, indigence; **A.szeugnis** *nt* *(Prozesskostenhilfe)* legal aid certificate *[GB]*, certificate of entitlement to legal aid
arrangieren *v/t* to arrange, to make arrangements
Arrest *m* 1. *(Person)* arrest, apprehension, taking into custody, detention; 2. *(Sachen)* attachment; **A. aufheben** to set aside the attachment
dinglicher Arrest attachment, seizure (of assets/property), distraint; **offener A.** non-custodial confinement, open prison; **persönlicher A.** arrest
Arrest|antrag *m* application for an arrest warrant; **A.befehl** *m* arrest warrant; **A.beschluss** *m* writ of attachment; **A.gläubiger** *m* attaching creditor; **A.kläger** *m* plaintiff in attachment proceedings; **A.pfandrecht** *nt* attachment lien; **A.pfändung** *f* attachment of a claim; **A.schuldner** *m* respondent in arrest proceedings; **A.urteil** *nt* judgment in attachment proceedings; **A.verfahren** *nt* attachment proceedings; **A.vollziehung** *f* execution of an arrest warrant; **A.zelle** *f* detention cell
Artikel *m* article, item
Arznei(mittel) *f/nt* (pharmaceutical) drug; **A.haftung** *f* liability of the drug manufacturer
Arzt *m* medical doctor, physician; **A. hinzuziehen** to consult a doctor; **behan-**

delnder A. doctor in charge of treatment; **A.haftung** *f* medical liability; **A.haftungsprozess** *m* medical liability case/proceedings
ärztlich *adj* medical
Arztrecht *nt* medical law
Asperationsprinzip *nt* principle of asperity
Asservat *m* exhibit; **A.enkammer** *f* storeroom for (court) exhibits; **A.enkonto** *nt* suspense account
Assisengericht *nt* (court of) assizes *(obs.)*
Assozi|ation *f* association; **a.ieren** *v/t* to associate
Asyl *nt* asylum; **A. gewähren** to grant asylum
Asylant *m* asylum-seeker
Asyl|antrag *m* application for asylum; **~ stellen** to seek/claim/apply for asylum; **A.berechtigung** *f* right of asylum; **A.bewerber(in)** *m/f* asylum-seeker; **A.recht** *nt* 1. law of asylum; 2. *(Anspruch)* right of asylum/sanctuary; **A.suchender** *m* asylum-seeker; **A.verfahren** *nt* asylum proceedings
Atten|tat *nt* assassination (attempt); **A.täter** *m* assassin
Attest *nt* certificate, testimonial; **ärztliches A.** medical certificate; **a.ieren** *v/t* to certify
audiatur et altera pars *(lat.)* let the other party also be heard
aufbewahren *v/t* to retain/keep
Aufbewahrung *f* safekeeping; **A.sfrist** *f* retention/safekeeping period; **A.sgebühr** *f* safekeeping fee/charge; **A.sort** *m* place of safekeeping
aufbrauchen *v/t* to exhaust
aufbringen *v/t* 1. *(Geld)* to raise; 2. *(Schiff)* to capture
Aufbringung *f* 1. raising; 2. capture; **A.s- und Beschlagnahmeklausel** *f* free of capture and seizure clause
aufbrummen *v/t* *(coll)* to impose
aufdeck|en *v/t* to uncover/disclose/detect; **A.ung** *f* disclosure, exposure, detection
aufeinander folgend *adj* consecutive
Aufenthalt *m* 1. *(Wohnung)* residence, abode; 2. sojourn; **A. ändern** to change one's residence; **dauerhafter A.** permanent residence; **ohne festen A.** of no fixed abode; **gewöhnlicher A.** usual abode; **kurzfristiger/langfristiger A.** short/long stay; **letzter A.** last address; **vorübergehender A.** temporary residence
Aufenthalts|bescheinigung *f* residence certificate; **A.beschränkung** *f* residence restriction; **A.erlaubnis; A.genehmigung** *f* residence permit; **A.gestattung** *f* temporary residence permit; **A.ort** *m* place of residence, abode, whereabouts; **gewöhnlicher ~** usual place of residence; **A.papiere** *f* residence papers
Aufenthaltsrecht *nt* 1. *(Anspruch)* right of residence/abode; 2. residence law; **a.lich** in terms of residence law
Aufenthaltsverbot *nt* residence ban
auferleg|en *v/t* to impose, to mete out, to enjoin; **A.ung** *f* imposition
Auffahrunfall *m* rear-end collision
Auffang|tatbestand *m* omnibus clause; **A.vorschrift** *f* catch-all/omnibus provision
Auffassung *f* understanding
auffliegen *v/i* *(coll)* to be caught
auffordern *v/t* to demand
Aufforderung *f* demand; **zahlbar bei A.** payable on demand; **A. zur Begehung eines Verbrechens** incitement to commit a crime; **~ Gewalt** incitement to commit acts of violence; **A. zu Straftaten** incitement to commit punishable acts; **A. zum Ungehorsam** incitement to disaffection; **A. zur Zahlung** demand for payment; **einer A. nachkommen** to accede to/comply with a demand; **schriftliche A.** demand in writing
Aufführung von Revisionsrügen *f* specification of errors
Aufführungsrechte *pl* stage rights
Aufgabe *f* 1. *(Verzicht)* abandonment, surrender; 2. *(Arbeit)* task; **A. eines Anspruchs** disclaimer; **A. des Eigentums** surrender of ownership/property; **A. eines Rechts** relinquishment of a right; **~ Rechtsanspruchs** abandonment of a claim; **A.n und Befugnisse des Verwalters** duties and powers of the administrator; **A.n des Vormunds** duties of the guardian; **A. wahrnehmen** to carry out a task
hoheitsrechtliche Aufgabe government function; **öffentliche A.** public function
Aufgabenkreis *m* remit, area of responsibility
aufgeben *v/t* 1. *(Dokumente)* to surrender; 2. *(Recht)* to relinquish/waive; 3. *(verlassen)* to abandon

A

Aufgebot *nt* 1. citation; 2. *(Behörde)* pubic notice; 3. *(Ehe)* banns, notice of (intended) marriage; **A. des Hypothekenbriefs** public notice of mortgage deed; **A. der Nachlassgläubiger** public notice for creditors of an estate; **A.sverfahren** *nt* public notice procedure
Aufgeld *nt* premium
aufgeschoben *adj* deferred
aufhebbar *adj* voidable
aufheben *v/t* 1. *(Beschränkungen)* to lift; 2. *(Urteil)* to overturn//quash/set aside; 3. *(Gesetz)* to repeal/abrogate; 4. *(Vertrag)* to revoke/rescind
Aufhebung *f* 1. *(Gesetz)* repeal; 2. *(Vertrag)* rescission; 3. *(Urteil)* reversal, setting aside; **gerichtliche A. der Adoption** revocation of the adoption order; **A. der Beschlagnahme** replevin; **A. einer Dienstbarkeit** extinguishment of an easement; **A. der Ehe** annulment of marriage; **~ Erbfolge** disentailment; **~ ehelichen Gemeinschaft** judicial separation; **A. des Haftbefehls gegen Sicherheitsleistung** release on bail; **A. der Pfändung** release from distraint; **A. eines Schiedsspruchs** vacation of an award; **~ Urteils** reversal of a judgment; **~ Vertrags** cancellation of a contract (by mutual consent)
auf Aufhebung klagen to sue for avoidance; **Aufhebungs|anspruch** *m* claim to avoidance; **A.klage** *f* action for avoidance; **~ erheben** to bring an action for avoidance; **A.klausel** *f* defeasance clause; **A.recht** *nt* right of rescission; **A.urteil** *nt* reversing judgment; **A.vertrag** *m* termination agreement
aufhetzen *v/t* to incite
Aufhetzung *f* incitement; **A. zum Rassenhass** incitement to racial hatred
aufklären *v/t* to clear up/detect
Aufklärung *f* detection; **A.spflicht** *f* duty of disclosure; **A.squote; A.srate** *f* clear-up/detection rate
aufkommen *v/i* to accrue; **a. für** to be responsible for; **A.** *nt* accrual
aufkündigen *v/t* to give notice (of termination)
Auflage *f* 1. *(Bedingung)* stipulation, condition; 2. *(Belastung)* charge, obligation, burden; **mit einer A. beschwert** encumbered with a charge; **A. erfüllen** to meet a conditon; **A.n machen** to impose conditions
auflassen *v/t* to convey
Auflassung *f* conveyance (of land), closing of title; **A. des Grundstücks** conveyance of the property
Auflassungs|eintrag *m* entry of conveyance; **A.klausel** *f* habendum *(lat.)*/conveyance clause; **A.urkunde** *f* deed of conveyance; **A.vollmacht** *f* power of conveyance; **A.vormerkung** *f* caution/priority notice of conveyance
jdm auflauern *v/i* to wait in ambush for so.
Auflauf *m* riotous assembly
auflaufen *v/i* to accrue; **A.** *nt* accrual
Auflieger *m* semi-trailer
auflösbar *adj* terminable
auflösen *v/t* 1. to dissolve/annul/terminate; 2. to wind up/liquidate; **sich a.** to dissolve
Auflösung *f* 1. dissolution; 2. rescission, annulment; 3. liquidation; **A. der Ehe** dissolution of marriage; **~ Vereins** dissolution of the associaton; **~ Verlöbnisses** dissolution of the engagement; **~ Vertrags** rescission/annulment of the contract
Auflösungs|beschluss *m* dissolution order; **A.klage** *f* petition for dissolution; cancellation agreement, dissolution contract
Aufmerksamkeit *f* attention; **mangelnde A.** lack of attention
Aufnahme *f* admission; **A. der Niederschrift** taking (of) the minutes; **A.stopp** *m* *(Einwanderung)* ban on immigration
aufnehmen *v/i* to admit
aufrech|enbar *adj* offsettable; **a.nen** *v/t* to set off/offset
Aufrechnung *f* set-off, offset; **A. mit einem Anspruch** setting off (of) a claim, offsetting against a claim
Aufrechnungs|anspruch *m* set-off claim; **A.befugnis** *f* right of set-off; **A.einrede** *f* defence of set-off; **A.recht** *nt* right of set-off, **A.verbot** *nt* prohibition to set off
aufrechterhalt|en *v/t* to maintain/sustain; **A.tung** *f* maintenance, preservation
aufreizen *v/t* to incite
Aufreizung *f* incitement; **A. zum Rassenhass** incitement to racial hatred
Aufruf *m* proclamation; **A. von Zeugen** calling of witnesses
aufrufen *v/t* to summon
Aufruhr *m* disorder, riot, insurrection,

fracas; **A. und innere Unruhen** riot and civil commotion
Aufrührer *m* rioter
aufrührerisch *adj* seditious, riotous
aufschieben *v/t* 1. to defer/postpone; 2. (*vertagen*) to adjourn; **a.d** *adj* dilatory, suspensive
Aufschiebung *f* postponement
Aufschlag *m* surcharge
aufschlüssel|n *v/t* to break down/itemize; **A.ung** *f* breakdown, itemization
Aufschub *m* 1. deferment; 2. *(Respekttage)* grace; 3. postponement, respite; 4. *(Vollstreckung)* reprieve; 5. delay; **A. der Urteilsverkündung** deferment of sentence; **~ Vollstreckung** stay of execution
Aufschub bewilligen to grant a respite; **jdm A. gewähren** *(Respekttage)* to allow so. a period of grace
Aufseher(in) *m/f* guard, warder
aufsetzen *v/t* to draw up
Aufsicht *f* supervision, surveillance; **staatliche A.** government(al)/state supervision
Aufsichts- supervisory; **A.beamte(r)** *f/m* inspector, supervisor; **A.behörde** *f* inspectorate, regulatory authority/body, regulator, watchdog; **A.gewalt** *f* supervisory power(s); **A.organ** *nt* supervisory body; **A.person** *f* supervisor; **A.pflicht** *f* legal duty to supervise, duty of supervision, supervisory duty; **~ verletzen** to be in breach of one's supervisory duty
Aufsichtsrat *m* supervisory board, board of (non-executive) directors, ~ trustees
Aufsichtsrats|mitglied *nt* director, board member, member of the supervisory board; **A.sitzung** *f* supervisory board meeting; **A.tantiemen** *pl* directors' emoluments; **A.vorsitzender** *m* chairman (of the board of directors)
Aufspaltung *n* splitting; **A. in Teilklagen** splitting a cause of action
Aufsichts|recht *nt* right of supervision; **A.-stelle** *f* supervisory body
aufspüren *v/t* to track down/trace/detect
aufstachel|n *v/t* to incite; **A.ung** *f* incitement
Auf|stand *m* insurgency; **a.ständisch** *adj* insurgent; **A.ständischer** *m* insurgent
Aufstellung *f* schedule
aufteilen *v/t* to divide up/apportion/parcel out
Aufteilung *f* division, allocation, apportionment; **A. im Innenverhältnis** equitable apportionment; **A. des Vermögens** allocation of the estate
anteilmäßige Aufteilung pro-rata *(lat.)* apportionment
Auftrag *m* 1. *(Anwalt)* brief, mandate; 2. *(Ware)* contract, order; 3. *(Konstruktion)* commission; **aus dem A.** ex contractu *(lat.)*; **im A.** on behalf of, by order of; **~ und für Rechnung** by order and for account of; **namens und ~** in the name and on behalf of; **A. auf Abruf** option order
Auftrag ausführen/durchführen to execute an order; **sich um Aufträge bewerben** to solicit orders; **A. erteilen** to place an order, to award a contract; **A. stornieren** to cancel/rescind an order; **A. verbuchen** to book an order; **A. vergeben** to award a contract
fester Auftrag firm order; **auf Widerruf gültiger A.** open order; **öffentlicher A.** 1. government contract; 2. *(z.B. Beförderungspflicht)* public service obligation
Auftrag|geber(in) *m/f* principal; **A.nehmer(in)** *m/f* contractor
Auftrags|annahme *f* acceptance of an order; **A.arbeit** *f* commissioned/contract work; **A.bestätigung** *f* confirmation of an order; **A.eingang** *m* receipt of order; **A.erledigung** *f* execution of an order; **A.erteilung** *f* placing of an order, award of contract; **A.formular** *nt* order form; **A.gegenstand** *m* item ordered; **A.mörder** *m* hired killer; **A.recht** *nt* law of mandate; **A.schein** *m* order form; **A.vergabe** *f* award of contract; **A.verhältnis** *nt* agency; **A.wert** *m* contract value
auftragswidrig *adj* contrary to instructions
auftreten *v/i* to appear; **persönlich a.** to appear in person
Auftrittsrecht *nt* *(Anwalt/Gericht)* right of audience
Aufwand *m* expenditure(s), expense(s), cost(s); **A. für Strom, Gas und Wasser** utility costs/expenses; **betrieblicher A.** operating costs
Aufwandsentschädigung *f* expenses, expense allowance
aufweisen *v/t* to show signs (of)
aufwenden *v/t* to expend
Aufwendung *f* expenditure; **notwendige A.** necessary expenditure(s); **A.en** *pl* expenditures, expenses(s), outlay; **laufende ~** current expenditures

Aufwendungs|ersatz; A.erstattung *m/f* reimbursement/refund of expenses
aufwert|en *v/t* to revalue; **A.ung** *f* revaluation
aufwiegel|n *v/t* to incite; **A.ung** *f* incitement
aufzeichnen *v/t* to record
Aufzeichnung *f* record; **A.spflicht** *f* duty to keep records
aufzwingen *v/t* to impose
Augenschein *m* inspection; **in A. nehmen** to inspect; **richterlicher A.** judicial inspection
augenscheinlich *adj* manifest, apparent
Augenschein|nahme *f* inspection; **~ am Tatort** inspection of the scene of crime; **A.sbeweis** *m* ocular evidence
Augenzeuge *m* eyewitness; **A.nbericht** *m* eyewitness account
Auktion *f* auction; **A.ator** *m* auctioneer; **a.ieren** *v/t* to sell by auction
aus ex *(lat.)*
ausbedingen *v/t* 1. to stipulate; 2. *(Recht)* to reserve; **sich etw. a.** to reserve the right to sth.
Ausbedingung *f* 1. condition, stipulation; 2. *(Vorbehalt)* reservation
ausbesser|n *v/t* to repair; **A.ung** *f* repair
Ausbeute *f* yield; **a.n** *v/t* to exploit
Ausbeutung *f* exploitation; **A. von Minderjährigen** exploitation of minors; **A.slizenz** *f* licence to exploit
ausbezahl|en *v/t* to pay off; **A.ung** *f (Partner/Erben)* buying off
ausbiet|en *v/t* to call for bids; **A.er** *m* auctioneer; **A.ung** *f* calling for bids
ausbilde|n *v/t* train; **A.r** *m* instructor
Ausbildung *f* (vocational) training, apprenticeship; **seine A. abschließen** to complete one's training; **angemessene A.** appropriate training; **juristische A.** legal training
Ausbildungs|kosten *pl* training costs; **A.stand** *m* level of training; **A.verhältnis** *nt* apprenticeship, traineeship; **A.vertrag** *m* articles of indenture, training contract
ausbleiben *v/i* to fail to appear, to be absent
Ausbleiben *nt* failure to appear, non-appearance, absence; **A. der Zahlung** default of payment; **A. eines Zeugen** default by a witness
Aus|brecher *m* escaped prisoner; **A.bruch** *m* escape, jailbreak
ausbürger|n *v/t* to expatriate; **A.ung** *f* expatriation
Ausdruck *m* term; **A. der Rechtssprache** legal term
ausdrücklich *adj* explicit, express
auseinander *adv* apart; **a.setzen** *v/t* to divide/partition; **sich a.** *v/refl* to separate
Auseinandersetzung *f* 1. *(Streit)* dispute; 2. *(Verteilung)* distribution, partition, apportionment; **vermögensrechtliche A.** apportionment of assets and liabilities
Auseinandersetzungs|anspruch *m* claim to a distribution quota; **A.beschluss** *m* order of distribution; **A.bilanz** *f* final balance sheet; **A.guthaben** *nt* final balance; **A.klage** *f* action for a share in the distribution quota
Ausfall *m* 1. loss; 2. *(Maschine)* breakdown; **A.bürgschaft** *f* indemnity; **A.bürgschaftserklärung** *f* letter of indemnity
ausfallen *v/i* to fail
Ausfall|haftung *f* contingent liability; **A.zeit** *f* 1. time(s) of absence; 2. *(Maschine)* downtime
ausfertigen *v/t* 1. *(Kopie)* to engross/execute; 2. *(Pass)* to issue
Ausfertigung *f* 1. engrossment, copy; 2. issue; **in doppelter A.** in duplicate; **~ dreifacher A.** in triplicate; **zweite A. einer Klage** concurrent writ
ausfindig machen *adj* to locate/trace
Ausflüchte machen *pl* to prevaricate, to give an evasive reply
ausfolgen *v/i* to deliver, to hand over
jdn ausforschen *v/t* to sound so. out
Ausforschung *f* investigation, questioning; **A.sbeweis** *m* exploratory evidence
ausfragen *v/t* to question/interrogate
Ausfuhr *f* ↘ **Export** export(ation)
ausführbar *adj* feasible, practicable; **A.keit** *f* feasibility
Ausfuhr|bestimmungen *pl* export regulations; **A.bewilligung** *f* export licence; **A.bürgschaft** *f* export credit guarantee
ausführen *v/t* 1. to export; 2. *(Gerichtsbeschluss)* to execute, to carry out; 3. *(Gesetz)* to implement
Ausfuhr|erlaubnis; A.genehmigung *f* export licence/permit; **A.kennzeichen** *nt* export numberplate
ausführlich *adj* detailed
Ausfuhr|lizenz *f* export licence; **A.nachweis** *m* export certificate; **A.sperre** *f* export ban, embargo

Ausführung *f* execution, implementation; **bei der A.** in the act; **in A. von** pursuant to
Ausführung von Arbeiten execution of work; **A. des Auftrags** execution of the order; **A. von Dienstleistungen** performance of services; **A. einer Straftat** commission of a criminal act; **A. des Verkaufs** execution of the sale
zur Ausführung bringen to implement
mangelhafte Ausführung defective workmanship
Ausführungen *pl* pleadings, submissions
Ausführungs|anweisung *f* implementing instruction; **A.behörde** *f* executive authority; **A.beschluss** *m* executory decision; **A.bestimmung** *f* implementing provision; **A.frist** *f* period for execution; **A.gesetz** *nt* implementing act; **A.verordnung** *f* implementing regulation/decree, statutory instrument; **A.vorschrift** *f* implementing provision
Ausfuhrverbot *nt* export ban/prohibition/embargo
ausfüllen *v/t* to fill in *[GB]*/out *[US]*
Ausgabe *f* issue; **A. von Schuldverschreibungen** issue of debentures
Ausgabe(n) *f/pl* expenditure(s), expense(s)
Ausgabebedingungen *pl* terms of issue
abzugsfähige Ausgaben allowable expenses; **außerplanmäßige A.** unbudgeted expenditure(s)
Ausgaben|beleg *m* expense voucher; **A.erstattung** *f* reimbursement of expenses
Ausgabepreis *m* issue price
Ausgang *m* result, outcome; **A. eines Prozesses/Rechtsstreits** outcome of a lawsuit
Ausgangs|sperre; A.verbot *f/nt* curfew
ausgeben *v/t* to spend/expend; **sich a. als** *v/refl* to pose as
ausge|bildet *adj* qualified; **a.dehnt** *adj* extensive; **a.fallen** *adj* cancelled; **a.fertigt** *adj* executed; **a.händigt** *adj* handed over
schlecht ausgehen *v/i* to turn out badly
Ausgehverbot *nt* curfew
ausge|liehen *adj* on loan; **a.macht** *adj* agreed, arranged
ausgenommen *adv* excepted, exempt, except (for), saving
ausgeschlossen *adj* excluded
Ausgesetztsein *nt* exposure
ausgewogen *adj* balanced; **A.heit** *f* balance, equilibrium
ausgezeichnet *adj* *(Preis)* priced, marked
Ausgleich *m* balance, compensation; **A. in Geld** pecuniary compensation; **zum A. eines Kontos** in (full) settlement of an account; **~ einer Rechnung** in (full) discharge of a bill; **angemessener A.** reasonable compensation
ausgleichen *v/t* to compensate (for), to make good, to set off, to offset; **a.d** *adj* compensatory, balancing
Ausgleichs|abgabe *f* countervailing levy; **A.anspruch** *m* equalization claim; **A.berechtigter** *m* indemnitee; **A.betrag** *m* balance; **A.entschädigung** *f* compensation; **A.fonds** *m* compensation fund; **A.forderung** *f* compensation claim; **A.haftung** *f* contributory liability; **A.klausel** *f* compensation clause; **A.leistung** *f* compensatory payment
Ausgleichspflicht *f* duty to compensate, liability for compensation; **a.ig** *adj* liable for compensation; **A.iger** *m* person liable for compensation
Ausgleichs|rente *f* compensatory pension; **A.schuld** *f* equalization charge; **A.zahlung** *f* compensatory payment
Ausgleichung *f* settlement; **a.sberechtigt** *adj* entitled to compensation; **A.sbetrag** *m* amount of compensation; **A.spflicht** *f* liability for compensation
ausgliedern *v/t* to hive off
ausgrenzen *v/t* to exclude
ausgründen *v/t* to hive off
aushändig|en *v/t* to surrender/deliver, to hand over; **A.ung** *f* surrender, delivery, handing over; **gegen ~** (up)on delivery
Aushang *m* public notice
Aushebung von Verbrechern *f* round(ing)-up of criminals
Aushilfs|arbeit *f* casual work; **A.arbeiter(in)** *m/f* casual worker; **A.kräfte; A.personal** *pl/nt* temporary staff/workers; **A.tätigkeit** *f* casual work
aushöhl|en *v/t* to erode/undermine; **A.ung** *f* erosion, undermining
ausklagen *v/t* to (seek to) recover by litigation
Auskommen *nt* subsistence, livelihood
Auskunft *f* information, disclosure; **A. erteilen** to provide information; **A. verweigern** to refuse to disclose/divulge information; **sachdienliche A.** pertinent information
Auskünfte *pl* information

Auskunftei *f* credit (enquiry) agency, private detective agency
Auskunfts|anspruch *m* right to be informed; **A.ersuchen** *nt* letters rogatory, request for information; **A.klage** *f* action to obtain information; **A.person** *f* informant
Auskunftspflicht *f* disclosure requirement, duty to provide information; **a.ig** *adj* liable to disclose, ~ furnish/provide information
Auskunftsrecht *nt* right to be informed
Auskunftsverweigerung *f* refusal to disclose; **A.srecht** *nt* privilege of non-disclosure, right to withhold information, ~ remain silent
Auslage *f* outlay, expenditure(s)
Auslagen *pl* expenses, outlay, expenditure(s); **bare A.** cash outlay; **erstattungsfähige A.** reimbursable expenses; **tatsächlich entstandene A.** expenditures actually incurred; **A.erstattung** *f* reimbursement of expenses
Auslageschrift *f* patent specification
im/ins Ausland abroad; **im A. wohnhaft** resident abroad
Ausländer *m* alien, foreigner; **A. mit Wohnsitz im Inland** resident alien; **staatenloser A.** stateless alien; **unerwünschter A.** undesirable alien
Ausländer|amt; A.behörde *nt/f* aliens department; **A.gesetz** *nt* aliens act; **A.zentralregister** *nt* central register of aliens
ausländisch *adj* alien, foreign
Auslands|aufenthalt *m* stay abroad; **A.delikt; A.(straf)tat** *nt/f* offence committed abroad; **A.schutzbrief** *m* international travel insurance cover; **A.wohnsitz** *m* residence abroad
auslass|en *v/t* to leave out/omit; **A.ung** *f* omission
auslaufen *v/i* to expire; **A.** *nt* expiration *[US]*, expiry *[GB]*
auslegen *v/t* 1. to interpret/construe; 2. *(vorschießen)* to advance (as a loan); **eng a.** to interpret restrictively, to construe narrowly; **falsch a.** to misconstrue/misinterpret
Auslegung *f* construction, interpretation; **einschränkende A.** restrictive interpretation; **gültige A.** valid interpretation; **normative A.** normative interpretation; **sinngemäße A.** interpretation by analogy; **strenge A.** strict interpretation; **weite A.** broad interpretation; **wörtliche A.** literal interpretation; **zweckmäßige A.** purposive construction
Auslegungs|bestimmung *f* interpretation clause; **A.frage** *f* question of construction; **A.regel** *f* rule of construction/interpretation; **allgemeine ~** general rule of construction/interpretation; **A.sache** *f* matter of interpretation
Ausleihe *f* lending, loan
ausleihen *v/t* to lend; **sich etw. a.** *v/refl* to borrow sth.
ausliefern *v/t* 1. *(Ware)* to deliver; 2. *(Person)* to extradite
Auslieferung *f* 1. delivery; 2. extradition
Auslieferungs|antrag *m* application for extradition; **A.begehren; A.ersuchen** *nt* request for extradition; **A.beschluss** *m* writ of extradition
Auslieferungshaft *f* detention prior to extradition; **A.befehl** *m* arrest warrant pending extradition
Auslieferungs|schein *m* delivery note; **A.übereinkommen** *nt* extradition agreement/treaty; **A.verbot** *nt* extradition ban; **A.verfahren** *nt* extradition proceedings; **A.vertrag** *m* extradition treaty
auslob|en *v/t* to offer (as a reward), to promise as a prize; **A.ung** *f* (public) offer/promise of a reward
auslösch|en *v/t* to delete/expunge; **A.ung** *f* deletion
auslos|en *v/t* 1. *(Lotterie)* to draw lots; 2. *(einlösen)* to redeem; **A.ung** *f* 1. draw; 2. redemption
Ausmaß *nt* scope, extent; **im erforderlichen A.** to the extent necessary
Ausnahme *f* 1. exception; 2. *(Befreiung)* exemption; **A.n von der dreißigjährigen Frist** exceptions to the 30-year limitation period; **mit A. des Obengesagten** save as aforesaid; **A. von der Regel** exception to the rule; **~ Schriftform** exception to the written form
Ausnahme|bestimmung *f* exempting provision; **A.bewilligung** *f* dispensation, exceptional leave; **A.fall** *m* exceptional case; **A.genehmigung** *f* exemption permit; **A.gesetz** *nt* emergency act
Ausnahmeregelung *f* exempting provision; **unter eine A. fallen** to come under an exempting provision, ~ a statutory exemption
Ausnahme|verfügung *f* exempting order;

A.vorschriften *pl* exceptional provisions; **A.zustand** *m* state of emergency; **~ verhängen** to declare a state of emergency
ausnehmen *v/t* to exempt
ausnutzen *v/t* to use/exploit
Ausnutzung *f* utilization, exploitation; **A. des Rechtsweges** exhaustion of legal remedies; **A. eines Abhängigkeitsverhältnisses** exploitation of a state of dependence; **A. einer Amtsstellung** exploitation of an official position
missbräuchliche Ausnutzung abuse
ausrauben *v/t* to rob
Ausrede *f* excuse, pretext
Ausreise|pflicht *f* duty to leave the country; **A.visum** *nt* exit visa
ausru|fen *v/t* to proclaim; **A.ung** *f* proclamation
Aussage *f* evidence, testimony, deposition, statement; **ich bleibe bei meiner A.** I abide by what I have said; **A. unter Eid** deposition, statement on oath; **A. eines Sachverständigen** expert testimony
Aussage bekräftigen to affirm a deposition; **freiwillige A. machen** to volunteer to give evidence; **A. verweigern** to refuse to give evidence; **A. widerrufen** to retract a statement
eidliche Aussage deposition/testimony on oath, sworn testimony; **nichteidliche/ unbeeidigte/uneidliche A.** unsworn statement/testimony; **falsche ~ A.** false unsworn testimony not on oath; **~ A. vor Gericht** falsa demonstratio *(lat)*; **~ schriftliche A.** written testimony; **sich widersprechende A.n** conflicting statements
Aussage|erpressung *f* extortion of a statement; **A.genehmigung** *f* permission to give evidence; **A.kraft** *f* significance, probative strength
aussagen *v/t* to make a statement, to give evidence, to testify; **falsch a.** to give false evidence; **schriftlich a.** to make a written statement
Aussage|pflicht *f* duty to give evidence; **A.protokoll** *nt* deposition
Aussageverweigerung *f* refusal to give evidence, ~ testify
Aussageverweigerungsrecht *nt* right to remain silent; **A. eines Ehegatten** marital privilege; **berufliches A.** professional privilege
Aussagewert *m* evidentiary value
Ausschank *m* sale of alcoholic beverages for consumption on the premises; **A. lizenz** *f* liquor licence; **A.zeiten** *pl* licensing hours
ausscheiden *v/ti* to leave
ausschlagen *v/t* 1. to turn down/decline; 2. *(Recht)* to waive/disclaim
Ausschlagung *f* 1. non-acceptance; 2. waiver, disclaimer; **A. einer Erbschaft** disclaimer of an inheritance; **A. eines Vermächtnisses** disclaimer of a legacy
Ausschlagungs|frist *f* waiver period; **A.-recht** *nt* jus deliberandi *(lat.)*
ausschließen *v/t* 1. to bar/disqualify/preclude; 2. *(Möglichkeit)* to rule out/exclude
ausschließlich *adj* excluding, exclusive
Ausschließlichkeit *f* exclusiveness, exclusivity; **A.sklausel** *f* exclusive clause; **A.s-recht** *nt* exclusive right; **A.svertrag** *m* exclusive contract
Ausschließung *f* exclusion, preclusion; **A. der Öffentlichkeit** excluding the public (from the courtroom); **A. eines Rechts** exclusion of a right
Ausschließungs|grund *m* ground(s) for exclusion; **A.recht** *nt* right of exclusion
Ausschluss *m* exclusion, preclusion; **unter A. von** to the exclusion of; **A. aus der Anwaltschaft** disbarment; **A. unbekannter Berechtigter** exclusion of unknown obligees, ~ undisclosed obligees; **unter A. der Gefahr** without risk; **A. des allgemeinen Gerichtsstandes** exclusion of jurisdiction; **A. eines Gesellschafters** expulsion of a partner; **A. der Gewährleistung** exclusion of warranty, caveat emptor *(lat.)*; **A. unbekannter Gläubiger** exclusion of unknown creditors; **A. der Haftung** exclusion of liability; **A. jeder Haftung** no recourse, exclusion of any liability; **A. der Öffentlichkeit** excluding the public (from the courtroom); **unter ~** in camera *(lat.)*; **A. des Rechtsweges** no recourse to the courts of law; **unter ~** without possible recourse to legal action, ousting the jurisdiction of a court; **A. der Sachmängelhaftung** non-warranty clause; **A. jeder Sachmängelhaftung** with all faults; **A. vom Stimmrecht** suspension of voting rights; **A. von Störern** expulsion of troublemakers; **A. des Vorsatzes** exclusion of intent
Ausschlussfrist *f* limitation of a claim, time of preclusion, preclusive period;

A. für Wandelung cut-off period for recission
Ausschluss|klausel *f* exclusion clause; **A.-recht** *nt* right of exclusion; **A.urteil** *nt* exclusory judgment
ausschöpf|en *v/t* to exhaust; **A.ung** *f* exhaustion
ausschreiben *v/t* to invite tenders, to advertise, to solicit bids
Ausschreibung *f* invitation to tender; **begrenzte A.** limited submission
Ausschreibungs|frist *f* deadline for tenders; **A.schluss** *m* closing date for tenders; **A.verfahren** *nt* bidding/tendering procedure
Ausschreitung *f* violence, riot
Ausschuss *m* board, commission, committee; **A. zur Gewährung der bedingten Haftentlassung** parole board; **~ Untersuchung polizeilicher Vergehen** Police Complaints Board *[GB]*
ausschütt|en *v/t* *(Dividende)* to distribute; **A.ung** *f* distribution
außen *adv* outside
Außenprüfung *f* *(Bilanz)* external audit
Außenstände *pl* receivables, accounts receivable; **nicht beitreibbare A.** bad debts; **zweifelhafte A.** doubtful debts
Außenverhältnis *nt* external relationship, relation to third parties
außer *prep* save
Außerachtlassen *nt* disregard
außer|ehelich *adj* extramarital, illegitimate; **a.gerichtlich** *adj* extrajudicial, out of court; **a.gesetzlich** *adj* outside the law, illegal
Außerkraftsetzung *f* abrogation
außer|ordentlich *adj* extraordinary; **a.-planmäßig** *adj* unscheduled; **a.stande** *adj* unable
Äußerung *f* statement, utterance; **ehrenrührige/herabsetzende Ä.** disparaging statement
Äußerungstheorie *f* doctrine of utterance
außervertraglich *adj* extracontractual
aussetzen *v/t* 1. suspend/stay/defer; 2. *(Kind, Tier)* to abandon
Aussetzung *f* suspension, stay, deferment, adjournment; **A. der Bewährung** suspended sentence, suspension of sentence on probation; **A. eines Kindes** abandoning a child; **A. des Strafrestes bei lebenslanger Freiheitsstrafe** suspension of the remainder of a sentence (in case of life imprisonment); **~ Strafverfahrens** suspension of criminal proceedings; **A. der Strafvollstreckung** stay of execution; **A. eines Termins** adjournment of a hearing; **A. des Verfahrens** stay of proceedings; **A. der Verkündigung des Urteils** deferment of the pronouncement of the judgment; **~ Zwangsvollstreckung** suspension of execution
Aussetzungsbeschluss *m* suspension order
aussondern *v/t* to segregate
Aussonderung *f* 1. assertion of rights of ownership; 2. *(Eigentum)* segregation
Aussonderungs|anspruch *m* claim for recovery from a bankrupt's estate; **A.gläubiger** *m* creditor entitled to recovery; **A.-recht** *nt* right of recovery; **A.verfahren** *nt* segregration proceedings
Ausspähung *f* espionage; **landesverräterische A.** treasonable espionage
aussperr|en *v/t* to lock out; **A.ung** *f* lockout
aussprechen *v/t* *(Verwarnung)* to issue
Ausspruch *m* award; **A. im Schiedsverfahren** arbitration award; **gerichtlicher A.** court award
Ausstand *m* strike; **in den A. treten** to (go on) strike
ausstatt|en *v/t* to endow; **A.ung** *f* endowment
ausstehen *v/i* to be owed; **a.d** *adj* owing
ausstellen *v/t* to issue; **A.** *nt (Dokument)* issue
Aussteller *m* issuer, drawer, maker
Ausstellung *f* issue, drawing; **A. einer Urkunde** execution of a document; **A.stag** *m* date of issue
Aussteuer *f* dowry
Aussteuerung *f* 1. disqualification; 2. *(Versicherung)* termination
ausstreich|en *v/t* to delete; **A.ung** *f* deletion
Austausch *m* exchange; **A. von Lizenzen** cross-licensing; **a.bar** *adj* exchangeable; **a.en** *v/t* to exchange; **A.geschäft** *nt* barter transaction
austragen *v/t* *(Streit vor Gericht)* to litigate
austreten *v/i* to resign/withdraw
Austritt *m* resignation, withdrawal; **A.serklärung** *f* notice of withdrawal; **A.srecht** *nt* right of withdrawal
ausüben *v/t* 1. *(Amt)* to hold; 2. *(Beruf)* to

practise; 3. *(Macht/Recht)* to exercise; 4. *(Pflicht)* to perform; **a.d** *adj* practising
Ausübung *f* exercise; **A. des Ermessens** exercise of discretion; **A. einer Erwerbstätigkeit** gainful employment; **A. der Gerichtsbarkeit** exercise of jurisdiction; **~ verbotenen Prostitution** exercise of prohibited prostitution; **A. eines Rechts** exercise of a right; **A. der elterlichen Sorge** exercise of parental custody; **A. der Verfügungsgewalt** exercise of discretion; **A. des Wahlrechts** exercise of the right to vote
verbotene Ausübung prohibited exercise
Ausübungsermächtigung *f* authorized exercise
Ausverkauf wegen Geschäftsaufgabe close-out *[US]*/closing-down *[GB]*/ distress sale
Auswahl *f* selection; **A. der Geschworenen** jury selection; **A. durch Vormundschaftsgericht** appointment by guardianship court; **A.verfahren** *nt* selection procedure
auswander|n *v/i* to emigrate; **A.ung** *f* emigration
auswärtig *adj* non-resident
auswechs|eln *v/t* to exchange; **A.lung** *f* exchange
als letzter Ausweg *m* as a last resort
Ausweichen *nt* evasion; **a.d** *adj* evasive
Ausweis *m* 1. proof (of identity), evidence; 2. *(Personalausweis)* identity card; **amtlicher A.** *(Berechtigung)* official permit
ausweisen *v/t* 1. to identify/reveal; 2. *(abschieben)* to deport; 3. *(vertreiben)* to expel; **sich a.** *v/refl* to identify oneself
Ausweiskontrolle *f* identity check
ausweislich *adv* as evidenced by
Ausweis|papier *nt* identity paper; **A.pflicht** *f* duty/obligation to carry identity papers
Ausweisung *f* deportation, expulsion
Ausweisungs|befehl; A.beschluss *m* deportation/expulsion order; **A.befehl erlassen** to make an expulsion order; **A.-verfahren** *nt* deportation proceedings
auswert|en *v/t* to evaluate; **A.ung** *f* evaluation
sich auswirken auf *v/refl* to affect; **~ nachteilig a.** to affect adversely/prejudicially
Auswirkung *f* effect, impact
auszahl|en *v/t* to pay out/disburse; **A.ung** *f* disbursement, payout
Auszubildende(r) *f/m* trainee
Auszug *m* 1. *(Text)* extract, summary, excerpt; 2. *(Grundbuch)* abstract (title); **A. aus dem Handelsregister** excerpt from the commercial register; **~ Strafregister** excerpt form the register of previous convictions
Auto *nt* car; **A.diebstahl** *m* car theft; **A.-fahrer** *m* (car) driver, motorist; **A.falle** *f* radar/speed trap; **A.kennzeichen** *nt* registration number
Automat *m* slot/vending machine; **A.enmissbrauch** *m* misuse of slot/vending machines
autonom *adj* autonomous; **A.ie** *f* autonomy
Autopsie *f* autopsy, post-mortem
Autor *m* author; **A.enrecht** *nt* copyright
autorisier|en *v/t* to authorize; **A.ung** *f* authorization
Auto|strich *m* curb-crawling; **A.unfall** *m* motoring accident
Avis *m* advice note; **a.ieren** *v/t* to advise, to give notice of
Axiom *nt* axiom

B

Bagatell- petty
Bagatell|betrag *m* small sum; **B.delikt** *nt* petty/summary offence; **B.kriminalität** *f* petty crime; **B.sache** *f* petty case, summary offence; **B.sachen** *pl* small claims; **B.schaden** *m* minor damage; **B.strafsache** *f* summary offence; **B.vergehen** *m* minor offence
Bahn *f* railway *[GB]*, railroad *[US]*; **B.übergang** *m* grade *[US]*/level crossing; **B.verkehr** *m* railway traffic
Bande *f* gang
Banden|bildung *f* formation of gangs; **B.-diebstahl** *m* gang theft; **schwerer ~** gang robbery; **B.hehlerei** *f* gang receiving (of stolen goods); **B.kriminalität** *f* gang crime; **B.mitglied** *nt* member of a gang
Bank *f* bank; **B.akzept** *nt* banker's acceptance; **B.bürgschaft** *f* bank guarantee; **B.-einlage** *f* bank deposit; **B.geheimnis** *nt* banking secrecy, banker's discretion; **B.-gesetzgebung** *f* banking legislation; **B.-konto** *nt* bank account; **B.note** *f* banknote
Bankomat *m* cash dispenser, cashpoint, automated teller machine (ATM)

B

Bankrecht *nt* banking law
bankrott *adj* bankrupt; **B.** *m* bankruptcy, insolvency; **betrügerischer B.** fraudulent bankruptcy; **B.eur** *m* defaulter, bankrupt (person)
Bann *m* ban; **B.kreis** *m* protected zone; **B.meile** *f* parliamentary zone, security zone *(around parliament or government buildings)*; **B.ware** *f* contraband
bar *adj* (in) cash
Bar|abgeltung *f* cash settlement; **B.ablösung** *f* cash redemption; **B.ausgleich** *m* cash settlement; **B.auslagen** *pl* out-of-pocket expenses, cash outlay; **B.geld** *nt* cash; **B.kauf** *m* cash purchase; **B.leistung** *f* cash benefit; **B.scheck** *m* open check *[US]*/cheque *[GB]*; **B.vermögen** *nt* cash assets; **B.wert** *m* cash value; **B.zahlung** *f* cash payment, payment in cash; **B.-zahlungspreis** *m* cash price
Basis *f* basis
Bau *m* building, construction; **B.amt** *nt* planning department; **B.antrag** *m* building/planning application; **B.artgenehmigung** *f* type approval
Bauaufsicht *f* building inspection; **B.sbeamter** *m* building inspector; **B.sbehörde** *f* building inspectorate
Bau|behörde *f* building/planning authority; **B.beschränkungen** *pl* planning restrictions; **B.bewilligung** *f* planning permission; **B.dispens** *m* waiver of planning restrictions
bauen *v/t* to build
Bau|erlaubnis *f* planning permission; **B.erschließung** *f* site development; **B.-erschließungsgebiet** *nt* development zone; **B.erwartungsland** *nt* development land
baufällig *adj* dilapidated, derelict; **B.keit** *f* state of disrepair
Bau|gefährdung *f* causing danger during construction; **B.genehmigung** *f* planning (and building) permission/consent; **B.gesetz** *nt* building act; **B.gesetzbuch** *nt* building (and planning) code; **B.gewerbe** *nt* building trade; **B.grenze** *f* building line; **B.grundstück** *nt* plot; **B.gutachter** *m* surveyor; **B.haftpflicht** *f* builder's liability; **B.herr** *m* principal; **B.konzession** *f* ↘ **B.genehmigung; B.kosten** *pl* contruction costs; **B.landsache** *f* building land case
Bauleistung *f* building/construction work; **B.sabnahmebescheinigung** *f* certificate of acceptance
Bau|leitplan *m* zoning/development plan; **B.lichkeit** *f* building; **B.linie** *f* building line
Baum *m* tree
Bau|nutzungsverordnung *f* building use decree; **B.ordnung** *f* building code *[US]*, building/construction regulations; **örtliche ~** building by-law; **B.ordnungsrecht** *nt* building law; **B.planungsrecht** *nt* planning law; **B.polizei** *f* building inspectorate, building control department; **B.prozess** *m* construction case; **B.recht** *nt* construction law, planning and building laws and regulations
Bauspar|darlehen *nt* building society loan; **B.kasse** *f* building society *[GB]*, savings and loan assosication *[US]*; **B.-vertrag** *m* building society (savings) contract
Baustellenverordnung *f* site ordinance
Bau|träger *m* builder, principal; **B.überwachung** *f* building control/inspection; **B.unternehmer** *m* building contractor; **B.verbot** *nt* contruction ban
Bauvertrag *m* building contract; **B.srecht** *nt* building contract law
Bauvorschrift *f* building regulation; **B.en** *pl* planning regulations
Bauwerk *nt* edifice, structure
beabsichtigen *v/i* to intend
beacht|en *v/t* to comply with; **nicht b.** to disregard; **B.ung** *f* compliance
Beamten|haftung *f* liability of a civil servant; **B.recht** *nt* civil service law; **b.-rechtlich** in terms of civil service law
Beamter *m* civil servant, public official
Beamtin *f* female civil servant
beanspruchen *v/t* to claim
Beanspruchung *f* 1. *(Belastung)* load; 2. strain, stress, force; **höchst zulässige B.** maximum permissible load/stress
beanstand|en *v/t* to complain (of), to object to/query; **B.ung** *f* complaint, objection, query
beantrag|en *v/t* to apply for, to file an application for; **B.ung** *f* application
beantwort|en *v/t* to answer/reply; **B.ung** *f* answer, reply
beaufsichtig|en *v/t* to supervise; **B.ung** *f* supervision, surveillance
beauftragen *v/t* 1. to mandate/instruct; 2. *(Anwalt)* to retain/brief; 3. *(ernennen)* to appoint; 4. *(Projekt)* to commission

Beauftragte(r) *f/m* 1. agent, mandatary; 2. *(Vertreter)* proxy, representative
Beauftragung *f* 1. mandate; 2. brief(ing); 3. commission; **B. zur Vertretung vor Gericht** brief *[GB]*
bebauen *v/t* to build on
Bebauung *f* construction work; **B.splan** *m* development/zoning plan
Bedachter *m* beneficiary, legatee; **testamentarisch B.** beneficiary under a will
Bedarf *m* needs, requirements; **B.serfüllung** *f* meeting the requirements; **B.sgüter** *pl* commodities, consumer goods
bedenk|en *v/t* to consider, to provide for; **B.en** *pl* misgivings; **b.lich** *adj* questionable
bedeuten *v/t* to mean; **b.d** *adj* important, relevant
Bedeutung *f* 1. meaning, sense; 2. relevance, importance; 3. *(Tragweite)* significance; **rechtliche B.** legal significance; **b.slos** *adj* irrelevant, unimportant
Bediensteter *m* employee
Bedienung *f* operation; **B.sanweisungen** *pl* operating instructions
bedingen *v/t* to stipulate
bedingt *adj* conditional (on/upon); **auflösend b.** subject to a resolutory condition
Bedingt|geschäft *nt* conditional transaction; **B.lieferung** *f* sale on approval
Bedingung *f* condition, stipulation, term, proviso; **unter der B., dass** provided/on condition that; **zu gleichen B.en** on equal terms; **B. der Strafbarkeit** condition of punishability
auflösende/resolutive Bedingung resolvent condition; **aufschiebende/suspensive B.** suspensive condition, condition precedent; **ausdrückliche B.** express condition; **gegenseitige B.en** mutual conditions; **günstige B.** favourable condition; **zwingend notwendige B.** indispensable condition; **rechtliche B.** legal condition; **sittenwidrige B.** contra bonos mores *(lat.)* condition; **stillschweigende B.** implied condition; **übliche B.en** usual terms (u.t.); **unerlässliche B.** condition sine qua non *(lat.)*; **wesentliche B.** essential condition
Bedingungen abändern to amend the terms; **B. einhalten** to comply with the terms; **B. erfüllen** to meet the conditions; **B. vereinbaren** to agree terms
allgemeine Bedingungen *(Kleingedrucktes)* terms and conditions
bedingungs|feindlich *adj* not subjected to a condition; **b.los** *adj* unconditional
bedroh|en *v/t* to menace/threaten; **B.ung** *f* menace, threat
bedürfen *v/i* to need/require
Bedürfnis *nt* need, requirement, want; **B.-prüfung** *f* means test
Bedürfnisse *pl* needs, requirements, necessaries; **B. befriedigen** to satisfy needs; **persönliche B.** personal needs
bedürftig *adj* indigent, poor; **B.e(r)** *f/m* indigent/needy person; **B.keit** *f* indigence, poverty; **B.keitsschwelle** *f* standard of need
beeid|en *v/t* to confirm on oath; **b.et** *adj* sworn; **b.igen** *v/t* 1. to swear in, to administer an oath; 2. *(versichern)* to affirm on oath; **B.igung** *f* 1. swearing in, administration of an oath; 2. *(Versicherung)* affirmation on oath
beeinflussen *v/t* to influence
Beeinflussung *f* influence; **B. von Zeugen** tampering with witnesses; **sittenwidrige B.** improper influence; **unzulässige B.** inadmissible influence
beeinträchtig|en *v/t* to affect adversely, to impair; **b.t** impaired
Beeinträchtigung *f* 1. impairment, detriment; 2. *(Störung)* nuisance; **B. der Arbeitsfähigkeit** impairment of the ability to work; **~ Erwerbsfähigkeit** impairment of earning capacity; **B. einer Dienstbarkeit** infringement of an easement; **B. der persönlichen Freiheit** invasion of personal liberty; **~ Grunddienstbarkeit** infringement of easement, **B. von Interessen** impairment of interests; **B. der Rechte** impairment of rights
dauernde Beeinträchtigung permanent impairment; **rechtswidrige B.** unlawful impairment; **B.sgrad** *m* degree of impairment
beenden *v/t* to conclude/finish/terminate
beendigen *v/t* to terminate
Beendigung *f* termination; **bei B.** upon termination; **B. des Arbeitsverhältnisses** termination of (the contract of) employment; **~ Besitzes** termination of possession; **~ Dienstverhältnisses** termination of employment; **~ Güterstandes** termination of the conjugal property regime; **~ Mietverhältnisses** termination of tenancy; **~ Nießbrauchs** termination of usufruct; **B. der Tat** completion of the crime; **B. des Vertrags** termination of contract

B

B

beerben *v/t* to succeed to, to inherit from
beerdigen *v/t* to bury
Beerdigung *f* burial, funeral; **B.skosten** *pl* funeral expenses
befähig|en *v/prep* to enable; **b.t** *adj* eligible
Befähigung *f* capability, eligibility, qualification; **B.snachweis** *m* certificate of proficiency/qualification
befangen *adj* biased, prejudiced; **B.heit** *f* bias, prejudice
sich befass|en mit *v/refl* to deal with; **mit etw. b.t sein** to be concerned with sth.
Befehl *m* command, order; **B. verweigern** to refuse to obey an order; **richterlicher B.** court order
befehlen *v/t* to command/order
Befehls|befugnis; B.gewalt *f* power of command; **B.missbrauch** *m* abuse of authority; **B.notstand** *m* acting under orders; **B.recht** *nt* right of command; **B.-verweigerung** *f* refusal to obey orders
befinden *v/ti* to adjudge/find; **B.** *nt* opinion
befolg|en *v/t* to comply with, to obey/observe; **B.ung** *f* compliance, observance
beförder|n *v/t* 1. to carry/convey/transport; 2. *(Position)* to promote; **B.ung** *f* 1. carriage, conveyance, transport(ation); 2. promotion
Beförderungs|bedingungen *pl* conditions of carriage; **B.frist** *f* period allowed for transport; **B.leistung** *f* performance of transport services; **B.pflicht** *f* public service obligation (PSO); **B.unternehmen** *nt* carrier; **B.vertrag** *m* contract of carriage/transport(ation); **B.vorschriften** *pl* forwarding instructions
befracht|en *v/t* to ship; **B.er** *m* shipper
Befrachtung *f* shipping; **B.svertrag** *m* contract of affreightment, charter party
befrag|en *v/t* to question/interrogate; **B.ung** *f* questioning, interrogation
befrei|en *v/t* 1. *(freilassen)* to liberate/ release; 2. *(ausnehmen)* to exempt; **b.t** *adj* exempt
Befreiung *f* 1. *(Freilassung)* liberation, release; 2. *(Ausnahme)* dispensation, exemption; 3. *(Entlastung)* discharge
Befreiungs|anspruch *m* right of exemption/indemnity; **B.gründe** *pl* grounds for exemption; **B.vorbehalt** *m* conditional discharge
befriedigen *v/t* to satisfy
Befriedigung *f* satisfaction; **B. eines Anspruchs** satisfaction of a claim; **B. von Bedürfnissen** satisfaction of needs; **~ Gläubigern** satisfaction of creditors
Befriedigung verlangen to demand satisfaction
teilweise Befriedigung satisfaction in part
Befriedigungsrecht *nt* right of satisfaction
befrist|en *v/t* to set a time limit, to fix a deadline; **b.et** *v/t* limited (in time), restricted
Befristung *f* time limit/restriction
Befugnis *f* power(s), authority; **B.se des Eigentümers** powers of the owner; **B. zur Geschäftsführung** managerial authority; **B. delegieren** to delegate one's authority; **B.se überschreiten** to act ultra vires *(lat.)*
gesetzliche Befugnis statutory power(s)
befugt *adj* authorized
Befund *m* 1. report; 2. findings; **ärztlicher B.** medical report
befürwort|en *v/t* to advocate/approve/endorse/support; **B.er(in)** *m/f* advocate, supporter; **B.ung** *f* approval
begebbar *adj* negiotable; **nicht b.** non-negotiable
begehen *v/t* to commit; **B.** *nt* commission; **B. durch Unterlassen** commission by omission
begehren *v/t* to petition
Begehung *f* commission; **B. der Handlung** commission of the act; **gemeinschaftliche B.** joint commission; **B.sdelikt** *nt* punishable offence
Beginn *m* 1. beginning, commencement; 2. *(Vertrag)* entrance; **B. der Gewährfrist** commencement of the warranty period; **~ Rechtsfähigkeit** commencement of legal capacity; **B. des Verfahrens** commencement of proceedings; **~ Vertrages** commencement of contract
beginnen *v/ti* to begin/commence
beglaubig|en *v/t* to attest/authenticate/certify; **notariell b.** to notarize; **b.t** *adj* certified, authenticated
Beglaubigung *f* certification, authentication, attestation; **B. einer Abschrift** certification of a copy; **~ Unterschrift** certification of a signature
amtliche/behördliche Beglaubigung official certification/authentication; **notarielle B.** notarial certification, notarization;

öffentliche B. public certification/authentication

Beglaubigungs|klausel *f* attestation clause; **B.vermerk** *m (Revision)* auditor's opinion

begleichen *v/t* to discharge/pay/settle

Begleichung *f* discharge, payment, settlement; **vollständige B.** discharge in full

Begleit|brief; B.schreiben *m/nt* covering letter; **B.kriminalität** *f* accompanying crime; **B.papiere** *pl* accompanying documents; **B.umstände** *pl* attendant/surrounding circumstances

begnadigen *v/t* to pardon/reprieve

Begnadigung *f* pardon, reprieve; **B.sakt** *m* act of clemency; **B.sgesuch** *nt* petition for clemency; **B.srecht** *nt* prerogative of mercy

begreiflich *adj* comprehensible

begrenz|en *v/t* to limit/restrict; **b.t** *adj* limited, restricted

Begrenzung *f* limitation, restriction; **B. des Eigentums** limitation of ownership

Begriff *m* 1. *(Vorstellung)* concept, notion; 2. term; **juristischer B.** legal term

begrifflich *adj* notional, conceptual

Begriffsbestimmung *f* definition

begründ|en *v/t* 1. *(errichten)* to constitute; 2. *(erklären)* to justify/substantiate, to give reasons for; **b.et** *adj* justified; **rechtlich b.et** legally justified

Begründung *f* 1. *(Errichtung)* formation, foundation; 2. *(Erklärung)* justification, reasons, grounds, basis; **B. des Antrags** reasons for the application; **B. einer Entscheidung** reasons for a decision; **B. eines Rechts** creation of a title; **~ Urteils** grounds for a judgment; **B. der Vormerkung** grounds for priority notice; **B. des Wohnsitzes** setting up a home

schlüssige Begründung cogent reasons; **vertretbare B.** tenable argument

Begründungsfrist *f* time for stating reasons

begünstigen *v/t* 1. *(StR)* to aid and abet; 2. to benefit

Begünstige(r) *f/m* 1. *(StR)* accessory (after the fact), abettor; 2. *(ZR)* beneficiary, nominee

Begünstigung *f* 1. aiding and abetting; 2. preferential treatment; **B. im Amt** connivance (by officials or a public body); **B.sklausel** *f* benefit clause; **B.svertrag** *m* beneficial contract

begutacht|en *v/t* to appraise/examine/survey; **B.ung** *f* appraisal, expert's opinion; **kaufmännische ~** commercial assessment

Behältnis *nt* container, vessel, receptacle

behandeln *v/t* treat; **gleich b.** to treat equally; **unterschiedlich b.** to discriminate; **vertraulich b.** to treat as confidential

Behandlung *f* treatment; **bevorzugte B.** preferential treatment; **diskriminierende B.** discriminatory treatment; **entwürdigende B.** humiliating treatment; **fachgerechte B.** competent treatment; **medizinisch fehlerhafte B.** medical malpractice; **ungleiche B.** discrimination; **unsachgemäße B.** improper use

behaupten *v/t* to allege/assert/aver/claim/contend/maintain

Behauptung *f* allegation, assertion, averment, claim, contention; **B. einer Partei vor Gericht** allegation, contention, submission

Behauptung aufstellen ↘ **behaupten**

beleidigende Behauptung defamatory statement; **ehrenrührige B.** libel, slander; **negative B.** negative averment; **unbewiesene B.** unproved claim

beheb|bar *adj* rectifable, remediable; **b.en** *v/t* to rectify/remedy

Behebung *f* remedying, rectification; **B. eines Mangels** remedying (of) a defect

beheimatet *adj* resident

Behelf *m* makeshift

beherbergen *v/t* to accommodate

Beherbergung *f* accommodation, lodging; **B.sbetrug** *m* accommodation fraud; **B.svertrag** *m* accommodation contract

beherrschen *v/t* to control/dominate

Beherrschung *f* control, domination; **B.svertrag** *m* contract of control/dependency, control agreement

behindern *v/t* to impede/obstruct/hinder

behindert *adj* handicapped; **geistig/seelisch b.** mentally handicapped; **körperlich b.** disabled

Behinderte(r) *f/m* disabled/handicapped person

Behinderung *f* 1. obstruction, hindrance; 2. *(rechtlich)* impediment; 3. *(körperlich)* disability, handicap; **B. der Justiz/Rechtspflege** obstruction of the course of justice; **B. des öffentlichen Verkehrs** obstruction of the traffic; **B. des Wettbewerbs** restraint of competition

vorsätzliche Behinderung wilful obstruction
Behörde *f* (public) authority, government agency; **durchführende/vollziehende B.** executive authority; **kommunale B.** local authority; **maßgebende/zuständige B.** authority in charge; **nachgeordnete B.** subsidiary authority; **öffentliche B.** public authority; **unterstellte B.** subordinate authority
behördlich *adj* official
Beiakte *f* supplementary file
beibehalt|en *v/t* to retain; **B.ung** *f* retention
beibringen *v/t* to adduce/furnish/produce/submit
Beibringung *f* production, submission; **B.sfrist** *f* deadline for submissions
beiderseitig *adj* mutual, reciprocal
beidrücken *v/t* 1. *(Siegel)* to affix; 2. *(Stempel)* to impress
Beifahrer(in) *m/f* passenger
beifüg|en *v/t* to attach/append/enclose; **B.ung** *f* enclosure, attachment
beigeordnet *adj* associate(d); **B.er** *m* associate
Beihilfe *f* 1. grant (-in-aid), allowance, assistance, aid; 2. *(Verbrechen)* aiding and abetting, abettal; **B. zum Selbstmord** assisted suicide; **B. durch Unterlassung** assistance by (way of) omission
Beihilfe leisten to aid and abet
Beiladung *f* 1. summons; 2. *(unter Strafandrohung)* subpoena
Beilage *f* attachment, enclosure
beilegen *v/t* 1. to attach/enclose; 2. *(Streit)* settle
Beilegung *f* settlement, adjustment, arrangement; **B. einer Streitigkeit** dispute settlement; **B. im Wege des Vergleichs** composition
friedliche Beilegung peaceful settlement; **gütliche B.** amicable/out-of-court settlement; **schiedsgerichtliche B.** settlement by arbitration
beinhalten *v/t* 1. to comprise/contain/include; 2. *(bedenken)* to imply
beiordn|en *v/t* to assign; **B.ung** *f* assignment (as counsel)
jdm beipflichten *v/i* to concur with so.
Beirat *m* advisory board/committee
Beischlaf *m* sexual intercourse; **B. zwischen Verwandten** sexual intercourse between relatives; **außerehelicher B.** extramarital intercourse
im Beisein von *nt* in the presence of
beiseite schaffen *adv* to remove secretly
Beiseiteschaffen *nt* removing by stealth, secrect removal; **B. von Beweismitteln** secret removal of evidence
Beisitzer(in) *m/f* juror, associate/puisne judge, assessor, judge assisting the presiding judge
Beispiel *nt* instance, example; **zum B.** e. g. (exempli gratia) *(lat.)*, for example/instance; **b.los** *adj* unprecedented
Beistand *m* 1. aid, assistance; 2. *(Person)* assistant, (legal) adviser, counsel, legal representative; **B. bestellen** to appoint a counsel; **B. leisten** to render assistance
anwaltlicher Beistand counsel; **gegenseitiger B.** mutual assistance
Beistand|schaft *f* assistance; **B.spakt** *m* mutual assistance pact; **B.spflicht** *f* duty to render assistance
beistehen *v/i* to support/second
Beitrag *m* contribution; **B. leisten** to contribute; **Beiträge der Gesellschafter** partners' contributions
beitragen *v/ti* to contribute
Beitrags|bemessungsgrenze *f* contribution assessment ceiling; **B.leistung** *f* contribution(s)
Beitragspflicht *f* obligation to contribute; **b.ig** *adj* liable to pay contributions, contributory; **B.ige(r)** *f/m* person liable to pay a contribution, contributor
Beitragszahlung *f* contribution payment
beitreib|bar *adj* collectible, recoverable; **b.en** *v/t* to recover/collect
Beitreibung *f* recovery, collection; **B. von Forderungen** collection of debts; **B.sverfahren** *nt* collection procedure
beitreten *v/i* to accede/join
Beitritt *m* accession; **B.sland** *nt (EU)* accession/acceding country; **B.surkunde** *f* instrument of accession; **B.svertrag** *m* treaty of accession
beiwohn|en *v/i* to cohabit; **B.ung** *f* cohabitation; **B.ungspflicht** *f* duty to cohabit
bejahen *v/t* to answer in the affirmative
bekämpf|en *v/t* to fight; **B.ung** *f* fight
bekannt *adj* known; **allgemein b.** of common knowledge; **b. geben/machen** 1. *(Gesetz)* to promulgate; 2. to announce/publicize
Bekanntgabe *f* announcement, notification; **öffentliche B.** public notice

Bekanntmachung *f* 1. publication, announcement, public notice; 2. *(Gesetz)* promulgation; **amtliche B.** official announcement; **gerichtliche B.** court notice; **öffentliche B.** public announcement
Bekanntmachungspflicht *f* disclosure requirement
bekennen *v/t* to own up to/admit/confess; **sich schuldig b.** *v/refl* to plead guilty
Bekenntnis *nt* 1. *(Schuld)* admission, confession; 2. *(Religion)* denomination; **B.-freiheit** *f* freedom of religious belief
beklagt sued; **B.e(r)** *f/m* 1. *(Klage)* defendant; 2. *(Berufung, Revision)* respondent
bekräftigen *v/t* to (re)affirm/confirm/corroborate; **eidlich b.** to affirm on oath
Bekräftigung *f* affirmation, corroboration; **B. an Eides Statt** affirmation in lieu of oath; **B.seid** *m* assertory/confirmatory oath; **B.sformel** *f* words of affirmation
Bekundung *f* testimony, deposition
Belang *m* concern, relevance, importance, significance; **nicht von B.** immaterial, irrelevant; **von B. sein** to matter; **öffentlicher B.** matter of public concern
belang|bar *adj* actionable, suable, liable (to proceedings); **b.en** *v/t* to sue
belanglos *adj* irrelevant, immaterial; **B.igkeit** *f* irrelevance
Belangung *f* 1. *(ZR)* legal action; 2. *(StR)* prosecution
belasten *v/t* 1. *(Grundstück)* to encumber/mortgage; 2. *(StR)* to charge; 3. *(belasten)* to incriminate; **hypothekarisch b.** to mortgage; **sich selbst b.** *v/refl* to incriminate os.
belastend *adj* incriminating, incriminatory, inculpatory
belastet *adj* encumbered, mortgaged
belästigen *v/t* to harass/molest; **b.d** *adj* offensive
Belästigung *f* nuisance, harrassment, annoyance, molestation; **rechtserhebliche B.** actionable nuisance; **schwere B.** stalking; **sexuelle B.** sexual harassment
Belastung *f* 1. *(Grundstück)* encumbrance, mortgage; 2. *(StR)* charge; **B. von Geschäftsanteilen** encumbrance of shares; **dingliche B.** encumbrance; **unzumutbare B.** unreasonable burden
Belastungs|material *nt* incriminating evidence; **B.zeuge** *m* witness for the prosecution
Beleg *m* 1. evidence, proof; 2. *(Quittung)* receipt, voucher; **B. vorlegen** to furnish evidence; **b.bar** *adj* evidentiary
belegen *adj* situate; *v/t (beweisen)* to document/prove/substantiate
Beleg|enheit *f* locus rei sitae *(lat.)*; **B.-schaft** *f* payroll, staff, workforce, labour force
Belegung *f* *(Nachweis)* verification
belehren *v/t* to advise/caution/direct/instruct
Belehrung *f* advice, caution, direction, instruction; **falsche B.** misdirection; **rechtliche B.** *(Rechtsbehelfsbelehrung)* cautioning
Belehrungspflicht *f* obligation to caution
beleidigen *v/t* to insult; **b.d** *adj* offensive, defamatory
Beleidigung *f* insult, defamation, libel, slander; **wechselseitig begangene B.** trading insults; **schwere B.** gross insult; **tätliche B.** assault
Beleidigungsklage *f* action for defamation
beleih|bar *adj* eligible to serve as security; **b.en** *v/t* to lend against security; **B.ung** *f* lending against security
beleumundet *adj* reputed; **übel b.** ill-reputed
Belieben *nt* discretion; **in jds B.** at so.'s discretion; **nach B.** discretionary; **~ des Gerichts** as the court may see fit
Beliehene(r) *f/m* borrower
belohn|en *v/t* to reward; **B.ung** *f* reward; **~ aussetzen** to offer a reward
bemängeln *v/t* to criticize, to find fault with
Bemerkung *f* remark; **B. des Richters bei Prozessende** obiter dictum *(lat.)*
abfällige Bemerkung derogatory remark; **beiläufige B.en des Richters** *(im Gegensatz zu ratio decidendi)* obiter dicta *(lat.)*; **eine dementsprechende B.** a remark to that effect
bemessen *v/t* 1. to assess; 2. *(zusprechen)* to award
Bemessung *f* 1. assessment; 2. award; **B.s-grundlage** *f* assessment basis
Bemühung *f* effort
benachbart *adj* adjoining, adjacent, neighbouring
benachrichtigen *v/t* to notify/advise; **schriftlich b.** to notify in writing
Benachrichtigung *f* notification, notice, advice; **B.sschreiben** *nt* advice note; **B.s-verfahren** *nt* notification procedure

B

benachteilig|en *v/t* to discriminate against; **b.t** *adj* adversely affected, disadvantaged
Benachteiligung *f* discrimination, prejudice
benannt *adj* aforesaid; **B.e(r)** *f/m* nominee
beneficium *(lat.)* benefice
Benehmen *nt* 1. *(Verhalten)* conduct, behaviour; 2. *(Rücksprache)* consultation; **im B. mit** in consultation with; **Ärgernis erregendes B.** disorderly conduct; **ungebührliches B.** misconduct, conduct unbecoming
benenn|en *v/t* to name/nominate; **B.ung** *f* naming; **~ von Zeugen** naming of witnesses
benötigen *v/t* to need/require
benutzen *v/t* to use/utilize; **missbräuchlich b.** to abuse/misuse
Benutzer *m* user; **gutgläubiger B.** user in good faith
Benutzung *f* use, utilization; **B. der Erfindung** use of the invention; **B. eines Grundstücks** use of a plot of land
alleinige Benutzung sole/exclusive use; **gewöhnliche B.** ordinary use; **missbräuchliche B.** misuse, improper/abusive use; **öffentliche B.** public use; **ordnungsgemäße B.** proper use; **widerrechtliche B.** illicit use
Benutzungsrecht *nt* right to use
beobacht|en *v/t* observe; **B.ung** *f* observation
beraten *v/i* *(Rat geben)* to advise/counsel; **sich b.** *v/refl* to confer/deliberate; **sich anwaltschaftlich b. lassen** to take legal advice; **b.d** *adj* advisory
Berater *m* consultant, adviser; **B. des Amtsrichters** magistrates'/justice's clerk; **juristischer B.** legal adviser; **B.vertrag** *m* consultancy contract
Beratung *f* 1. *(Rat geben)* counselling; 2. *(besprechen)* deliberation; **sich zur B. zurückziehen** to retire (for deliberation)
Beratungs|ausschuss *m* advisory board; **B.leistung** *f* consultancy service; **B.organ** *nt* consultative body; **B.tätigkeit** *f* consultancy; **B.vertrag** *m* consultancy contract
berauben *v/t* to rob
berauschen *v/t* to intoxicate; **b.d** *adj* intoxicating
berechn|en *v/t* to evaluate; **b.et** *adj* 1. *(in Rechnung gestellt)* billed, charged; 2. calculated
Berechnung *f* assessment, calculation, computation, evaluation
berechtigen *v/t* 1. *(Person)* to authorize/entitle; 2. *(Sache)* to justify
berechtigt *adj* 1. authorized, eligible, entitled; 2. justified; **b. sein zu** *adj* to be entitled to; **dinglich b.** entitled in rem *(lat.)*
Berechtigte(r) *f/m* entitled party/person, beneficiary, eligible person; **dinglich B.** person entitled in rem *(lat.)*; **unbekannter B.** unknown claimant; **b.weise** *adv* justifiably
Berechtigung *f* 1. *(Person)* eligibility, entitlement, right; 2. *(Sache)* justification; **B.snachweis** *m* eligibility requirement; **B.sschein** *m* certificate of eligibility
Bereich *m* *(Geltungsbereich)* scope, purview
bereichern *v/t* to enrich; **sich b.** *v/refl* to enrich os.
Bereicherung *f* enrichment; **grundlose/ungerechtfertigte B.** unjust(ified) enrichment; **rechtswidrige B.** unlawful enrichment
Bereicherungs|absicht *f* intention to enrich os.; **B.anspruch** *m* claim on account of unjust enrichment; **B.klage** *f* action for unjust enrichment, ~ on the grounds of unjust enrichment
Bereit|halten; B.stellung *nt/f* provision
bereuen *v/t* to repent/regret
Bergbauunternehmen *nt* mining company
bergen *v/t* 1. *(Person)* to rescue; 2. *(Sachen)* to salvage
Berg|recht *nt* mining law; **B.schaden** *m* subsidence
Bergung *f* 1. rescue (operation); 2. salvage; **B.srecht** *nt* right of salvage; **B.sschaden** *m* salvage loss; **B.svertrag** *m* salvage contract
Bergwerk *nt* mine
Bericht *m* report; **B. erstatten; b.en** *v/t* to report; **B.erstatter(in)** *m/f* reporter; **B.erstattung** *f* reporting
berichtigen *v/t* 1. *(korrigieren)* to correct/rectify; 2. *(Gesetz)* to amend; 3. *(beheben)* to adjust
Berichtigung *f* 1. correction, rectification; 2. amendment; 3. adjustment; **B. der Gesellschaftsschulden** adjustment of company/partnership debts; **B. eines Urteils** rectification of a judgment
Berichtigungs|anspruch *m* claim for rec-

tification; **B.protokoll** *nt* rectifying minutes
berichtspflichtig *adj* required to report
Berichtszeitraum *m* reporting period
Berliner Testament mutual/reciprocal will (of spouses)
Berner Übereinkunft *(Copyright)* Berne Convention
berüchtigt *adj* notorious, ill-reputed
berücksichtigen *v/t* to consider, to take into consideration
Berücksichtigung *f* consideration; **unter B. von** considering; **~ aller Umstände** having considered all (the) facts and circumstances; **B. der Interessen** consideration of interests; **gebührende B.** due consideration
Beruf *m* 1. *(akademischer B.)* profession; 2. *(Berufung)* vocation; 3. *(Tätigkeit)* job; 4. *(Handwerk)* trade; **von B.** by trade
berufen *adj* competent
berufen *v/t* 1. to appoint; 2. *(Gremium)* to empanel; **sich b. auf** *v/refl* to cite/invoke, to refer to
beruflich *adj* professional, vocational
Berufs|bezeichnung *f* job description; **B.-freiheit** *f* freedom of occupation, ~ to choose an occupation; **B.genossenschaft** *f* mutual indemnity (risk) association; **B.-gericht** *nt*; **B.kammer** *f* professional/disciplinary tribunal; **B.geheimnis** *nt* professional secret; **B.haftpflichtversicherung** *f* (statutory) industrial accident insurance scheme, professional indemnity insurance; **B.haftung** *f* professional liability; **B.gruppe** *f* professional group; **B.ordnung** *f* professional code of conduct; **B.recht** *nt* law of profession(s)
Berufsrichter(in) *m/f* professional/salaried judge, stipendiary magistrate *[GB]*
Berufs|unfähigkeit *f* occupational disability; **B.verband** *m* professional association/society; **B.verbot** *nt* prohibition to practise; **B.verbrecher** *m* professional criminal; **B.vergehen** *nt* professional misconduct/malpractice
Berufswahl *f* choice of occupation/career; **B.freiheit** *f* freedom of occupational choice, freedom to choose a profession
Berufszeuge *m* convenient witness
Berufung *f* 1. *(Amt)* appointment; 2. *(gegen ein Urteil)* appeal; **B. der Mitgliederversammlung** convocation of the general meeting; **sich der B. anschließen; B. einlegen** to (lodge an) appeal; **der B. stattgegeben** to uphold an appeal; **B. verwerfen** to quash an appeal; **B. zulassen** to allow an appeal; **B. zurückweisen** to dismiss/reject an appeal
Berufungs|- appellate; **B.antrag** *m* petition for appeal; **B.ausschuss** *m* review board; **B.beklagte(r)** *f/m* appellee, respondent; **B.einlegung** *f* lodging (of) an appeal; **B.entscheidung** *f* appellate decision
berufungsfähig *adj* appealable
Berufungs|frist *f* time for appeal; **B.führer** *m* appellant; **B.gegner** *m* appellee, respondent; **B.gericht**; **B.kammer** *nt/f* court of appeal, appellate court; **B.gerichtsbarkeit** *f* appellate jurisdiction; **B.gründe** *pl* grounds for appeal; **B.instanz** *f* appellate instance; **B.kläger** *m* appellant; **B.recht** *nt* right of appeal; **B.-richter(in)** *m/f* appellate judge; **B.sache** *f* case on appeal; **B.schrift** *f* notice of appeal; **B.stelle** *f* board of appeals; **B.urteil** *nt* judgment on appeal; **B.verfahren** *nt* appellate procedure/proceedings; **B.verhandlung** *f* appellate hearing; **B.zulassung** *f* leave to appeal
beruhen auf *v/i* to be based on
berühm|en to assert; **B.ung** *f* assertion
berühren *v/t* to affect/touch
Besatzungs|macht *f* occupying power; **B.-recht** *nt* law of occupation
beschädig|en *v/t* to damage; **b.t** *adj* damaged; **B.te(r)** *f/m* aggrieved party
Beschädigung *f* damage; **B. öffentlicher Denkmäler** defacing (of) public monuments; **B. von Sachen** property damage
böswillige Beschädigung malicious damage; **mutwillige B.** vandalism; **vorsätzliche B.** wilful damage
beschaffen *v/t* to procure
Beschaffenheit *f* 1. quality; 2. *(Bau)* state of repair; **mangelhafte B.** defective quality
Beschaffung *f* procurement; **B.skriminalität** *f* drug-related crime(s); **B.srisiko** *nt* procurement risk; **B.svertrag** *m* procurement contract
beschäftig|en *v/t* to employ; **b.t** *adj* employed; **bei jdm ~ sein** to be in so.'s employ; **B.te(r)** *f/m* employee
Beschäftigung *f* 1. employment, engagement; 2. *(Tätigkeit)* occupation; **befristete B.** temporary employment; **unbefristete B.** permanent employment, tenure

B

Beschäftigungs|hindernis *nt* impediment to employment; **B.nachweis** *m* certificate of employment; **B.verbot** *nt* employment ban; **B.verhältnis** *nt* employment

Bescheid *m* 1. *(Entscheidung)* decision, order, ruling; 2. *(Mitteilung)* notification; **abschlägiger B.** negative decision; **endgültiger B.** final decision, decree absolute; **schriftlicher B.** written notification; **vorläufiger B.** provisional decision, decree nisi *(lat.)*

bescheiden *v/t* to notify

bescheinigen *v/t* to attest/certify

Bescheinigung *f* 1. *(Vorgang)* attestation, certification; 2. *(Zeugnis)* certificate; **B. ausstellen** to issue a certificate; **B. beibringen** to furnish evidence, to submit a certificate

amtliche Bescheinigung official certificate; **notarielle B.** notary's certificate; **vorläufige B.** interim certificate

beschenk|en *v/t* to donate; **B.te(r)** *f/m* donee

beschimpf|en *v/t* to abuse; **B.ung** *f* abuse, abusive language

Beschlag *m* confiscation; **in B. nehmen** to confiscate

Beschlagnahme *f* attachment, confiscation, seizure, sequestration; **B. von Forderungen** attachment of debts; **B. durch Pfändungs- und Überweisungsbeschluss** attachment of debts by garnishee order; **~ Wegnahme** actual seizure; **B. und Zwangsvollstreckung** attachment and execution

Beschlagnahme aufheben to lift an attachment

gerichtliche Beschlagnahme court-ordered sequestration; **rechtswidrige B.** unlawful seizure

Beschlagnahme|anordung *f* writ of sequestration; **B.bescheid** *m* notice of distraint; **B.beschluss** *m* attachment order; **b.fähig** *adj* attachable; **B.freiheit** *f* exemption from attachment and seizure

beschlagnahmen *v/t* to attach/confiscate/distrain/impound/levy/requisition/seize/sequestrate

Beschlagnahme|recht *nt* right of seizure; **B.verfügung** *f* attachment/confiscatory/distraint order

beschleunig|en *v/t* to accelerate; **b.t** *(Verfahren)* summary; **B.ung** *f* acceleration

beschließen *v/t* to decide/hold/rule

Beschluss *m* 1. decision, (court) order, ruling, verdict; 2. *(Abstimmung)* resolution; **durch B.** by order of the court; **es ergeht folgender B.** be it resolved, it is ordered and decreed as follows, it is hereby ordered and adjudged; **B. auf einseitigen Antrag** ex parte order; **B. über die Aufhebung des Haftbefehls** release order; **B. im Bürowege** order in chambers; **B. über die Eröffnung des Konkursverfahrens** order of adjudication in bankruptcy; **B. der Gesellschafter** partners' resolution; **B. auf Grund der Zustimmung der beschwerten Partei** consent order; **~ Wiederaufnahme des Verfahrens** order of revivor *(lat.)*

Beschluss aufheben to set aside an order; **B. durchführen** to implement an order; **B. erlassen** to make an order; **B. fassen** to decide

gerichtlicher Beschluss court order; **gültiger B.** definitive order; **rechtskräftiger B.** final ruling; **zwingender B.** peremptory order

beschluss|fähig *adj* quorate; **B.fähigkeit** *f* quorum; **B.unfähigkeit** *f* lack of quorum; **B.fassung** *f* adoption of a resolution; **B.verfahren** *nt* court decision by vote (without hearing)

Beschlüsse *pl* decisions; **B. durchführen** to carry out decisions

beschränk|en *v/t* to limit/restrict; **b.end** *adj* restrictive; **b.t** *adj* limited, restricted

Beschränkung *f* limitation, restriction; **ohne jede B.** without let or hindrance; **B. eines Anspruchs** narrowing of a claim; **B. der Haftung** limitation of liability, limited liability; **B. eines Rechts** limitation of a right; **B. der Vertragsfreiheit** limitation of freedom to contract; **~ Vertretungsmacht** limited power of agency; **~ Zuständigkeit** limitation of jurisdiction

Beschränkungen auferlegen to impose restrictions; **B. aufheben** to lift restrictions; **gesetzliche B.** statutory restrictions

beschreiben *v/t* to describe

Beschreibung *f* description; **B. der Pacht-/Mietsache** description of the lease

beschuldigen *v/t* to accuse/blame/incriminate; **b.d** *adj* accusatory, incriminatory

beschuldigt werden *adj* to be accused

Beschuldigte|(r) *f/m* 1. accused, defendant, person charged; 2. *(Verdächtiger)* suspect; **B.nvorladung** *f* summoning (of) the accused

Beschuldigung *f* accusation; **falsche B.** false accusation; **grundlose B.** unfounded accusation

Beschwer *f* gravamen *(lat.)*

Beschwerde *f* 1. complaint, grievance; 2. *(Berufung)* appeal; **einer B. abhelfen; B. abstellen** to remedy a grievance; **B. einlegen/erheben/führen** 1. to (lodge an) appeal; 2. to complain,to file a complaint; **B. unterdrücken** to suppress a complaint; **B. verwerfen** to dismiss an appeal; **B. vorlegen** to submit a complaint

begründete Beschwerde substantial complaint; **einfache B.** ordinary appeal; **sofortige B.** immediate appeal; **staatsrechtliche B.** *[CH]* constitutional complaint

Beschwerde|ausschuss *m* grievance committee; **B.belehrung** *f* instructions concerning an appeal; **B.berechtigte(r)** *f/m* 1. appellant; 2. aggrieved person, complainant; **B.brief** *m* letter of complaint; **B.einlegung** *f* 1. appeal, lodging (of) an appeal; 2. filing (of) a complaint; **B.entscheidung** *f* decision on appeal

beschwerdefähig *adj* appealable

Beschwerde|frist *f* time for appeal; **B.führer(in)** *m/f* 1. appellant; 2. complainant; **B.gegenstand** *m* cause for complaint; **B.gegner** *m* appellee, respondent; **B.gericht** *nt* appellate court/division; **B.grund** *m* grievance, reason for complaint; **B.instanz** *f* appellate instance, court of appeal; **B.kammer** *f* appellate division, court of appeal; **B.kommissar** *m* ombudsman; **B.recht** *nt* right of appeal; **B.rücknahme** *f* 1. withdrawal of an appeal; 2. withdrawal of a complaint; **B.schrift** *f* notice of appeal; **B.stelle** *f* complaints department; **B.verfahren** *nt* 1. appeal procedure; 2. grievance procedure; **B.weg** *m* appeal

sich beschweren *v/refl* to complain

beschwert aggrieved; **B.e(r)** *f/m* aggrieved party

beschwichtigen *v/t* to appease

beschwindeln *v/t* to defraud/cheat

beschwören *v/t* to swear (to sth.), to affirm on oath

besehen seen; **wie b.** as seen

beseitigen *v/t* to abate/eliminate/remove/remedy

Beseitigung *f* abatement, elimination, removal, remedy; **B. von Rechtsmängeln** removing defects of title; **B. einer Störung** abatement of a nuisance

Beseitigungs|anspruch *m* right to abatement of a nuisance, ~ termination of a tortious act; **B.- und Unterlassungsanspruch** right to have an act terminated and prohibited; **B.verfügung** *f (Abrissverfügung)* condemnation order

besetz|en *v/t* 1. *(Fabrik, Haus, usw)* to occupy, to take possession of; 2. *(Stelle)* to fill; **B.ung** *f* occupation

besicher|n *v/t* to collateralize *[US]*/securitize *[GB]*; **B.ung** *f* collateralization *[US]*, securitization *[GB]*

Besicht *f* inspection, examination; **auf B. kaufen** to buy subject to inspection; **ohne B. kaufen** to buy sight unseen

besichtigen *v/t* to inspect/view/examine

Besichtigung *f* inspection, viewing, examination; **ohne B.** sight unseen; **B. des Tatorts** viewing the scene of the crime

gerichtliche Besichtigung judicial inspection; **unverbindliche B.** free inspection

Besichtigungs|bericht *m* inspection report; **B.protokoll** *nt* record of inspection

besiegel|n *v/t* to (affix a) seal; **B.ung** *f* sealing, affixing a seal

Besitz *m* 1. possession, occupancy; 2. *(Anteil)* holding; **B. und Gebrauchsvorteile** possession and enjoyment; **im vollem B. seiner geistigen Kräfte** of sound mind and memory, in (full) possession of one's faculties; **B. im Rechtssinn** legal possession; **B. ohne Rechtstitel** naked possession

Besitz aufgeben to surrender possession; **B. entziehen** to dispossess/oust/eject; **B. ergreifen** to take possession; **B. erlangen** to gain/obtain possession; **B. erwerben** to acquire possession; **etw. in B. nehmen** to take possession of something; **jdn im B. stören** to trespass on so.'s possession; **B. verlieren** to lose possession; **B. verschaffen** to give possession; **aus dem B. vertreiben** to oust/eject/dispossess; **wieder in B. nehmen** to repossess; **B. wiedererlangen** to recover possession

abgeleiteter Besitz derivative possession; **ausdrücklicher B.** exclusive possession; **bestrittener B.** adverse possession; **fehlerhafter B.** adverse/faulty possession;

B

fiktiver B. fictitious possession; **fingierter B.** fictitious possession; **fortwährender B.** continuous possession; **geduldeter B.** tenancy at will; **gemeinschaftlicher B.** joint possession; **gutgläubiger B.** bona-fide possession; **mittelbarer B.** indirect possession, possession in law; **rechtlicher B.** lawful possession; **rechtswidriger B.** adverse/unlawful possession; **redlicher B.** possession in good faith, bona-fide possession; **reiner B.** naked possession; **tatsächlicher B.** actual possession; **treuhänderischer B.** fiduciary possession; **unbefugter B.** unauthorized possession; **ungestörter B.** quiet (enjoyment of) possession; **unmittelbarer B.** actual/direct possession; **unrechtmäßiger/widerrechtlicher B.** unlawful possession; **wohlerworbener B.** vested rights

Besitz|anspruch *m* possessory claim/title, claim for possession; **B.antritt** *m* entering into/taking possession, **B.aufgabe** *f* surrender of possession; **B.dauer** *f* period of occupancy; **B.diener** *m* possessor's agent, possessory servant, custodian, caretaker; **B.einräumung** *f* granting of possession; **B.einweisung** *f* writ of possession, livery of seisin

besitzen *v/t* to hold/occupy/possess; **treuhänderisch b.** to hold on trust

Besitzentziehung *f* dispossession, ejection, ejectment, divestment, ouster; **widerrechtliche ~** unlawful dispossession; **B.sanspruch** *m* dispossession claim; **B.s-klage** *f* action for ejectment

Besitzer(in) *m/f* 1. *(Wohnung)* occupier; 2. holder, possessor, occupant; **B. auf Lebenszeit** holder for life; **B. einer Sache** possessor of a thing

angrenzender Besitzer neighbouring occupier; **bösgläubiger B.** holder in bad faith, mala-fide holder; **früherer B.** previous occupier/occupant; **gutgläubiger B.** holder in good faith; **mittelbarer B.** indirect possessor; **nicht berechtigter B.** adverse possessor; **prekarischer B.** occupant at will; **rechtmäßiger B.** lawful holder/occupier/occupant; **treuhänderischer B.** holder on trust; **unmittelbarer B.** direct holder

Besitz|ergreifung *f* occupation, taking possession; **B.erlangung** *f* entering into possession; **B.ermittelung** *f* determination of possession; **B.erwerb** *m* obtaining possession; **B.gegenstand** *m* possession; **B.genuss** *m* enjoyment of possession; **B.-institut** *nt* possessory agreement; **B.-klage** *f* possessory action, writ of entry; **B.konstitut** *nt* constructive possession; **B.mittelverhältnis** *nt* bailment; **B.mittler** *m* bailor; **B.nachfolger** *m* subsequent holder/possessor; **B.nachweis** *m* proof of possession; **B.nahme** *f* taking possession, occupation, seizure; **B.pfand** *nt* possessor's/possessory lien; **B.recht** *nt* right of possession, possessory right

besitzrechtlich *adj* possessory

Besitz|schutz *m* protection of possession; **B.stand** *m* 1. status of possession; 2. *(Recht)* vested rights; **B.steuer** *f* property tax; **B.-störer** *m* trespasser

Besitzstörung *f* trespass, civil nuisance; **B.sanspruch** *m* claim based on trespass, claim arising out of trespass, trespass claim; **B.sklage** *f* action of trespass

Besitz|titel *m* possessory title; **B.tum** *nt* possession, estate; **B.übergang; B.übertragung** *m/f* transfer of possession; **B. urkunde** *f* title deed, document of title; **B.veränderung** *f* change of occupancy/possession; **B.verlust** *m* loss of possession/property; **B.vermutung** *f* constructive possession; **B.vorenthaltung** *f* ouster; **B.wechsel** *m* change of occupancy/possession; **B.wille** *m* intent(ion) to possess; **B.zeit** *f* time of occupancy

besold|en *v/t* to remunerate/pay; **b.et** *adj* 1. salaried; 2. *(Richter)* stipendiary *[GB]*; **B.ung** *f* salary, remuneration, stipend

Besonderheit *f* special feature

besorgen *v/t* to procure

Besorgnis *f* apprehension; **B. der Befangenheit** fear of partiality

Besorgung *f* commission, procurement

Besserung *f* improvement, betterment

bestallen *v/t* to appoint

Bestallung *f* appointment; **B.surkunde** *f* letter(s) of appointment

Bestand *m* holdings, stock in hand, inventory; **B. aufnehmen** to take stock

Bestands|aufnahme *f* stocktaking, inventory; **B.kraft** *f* authority, force of an administrative decision; **B.prüfung** *f* inventory audit; **B.verzeichnis** *nt* inventory (list)

Bestandteil *m* (constituent) part, component, part and parcel; **B. des Vertrages**

(constituent) part of the contract; **wesentlicher B.** essential/integral part

bestätig|en *v/t* 1. to confirm/corroborate; 2. *(Wechsel)* to endorse; 3. *(Dokument)* to certify; 4. *(Urteil)* to confirm/uphold; **hierdurch wird b.t** this is to certify

Bestätigung *f* 1. confirmation, corroboration, acknowledgment; 2. endorsement; 3. certification; **B. des Urteils** confirmation of the judgment; **B. der Zeugenaussage** corroboration of a witness; **eidliche B.** confirmation on oath; **gerichtliche B.** judicial confirmation; **rückseitige B.** endorsement; **schriftliche B.** written confirmation

Bestätigungs|anzeige *f* notice of confirmation; **B.brief** *m* letter of confirmation; **b.fähig** *adj* confirmable; **B.patent** *nt* confirming patent; **B.recht** *nt* right of approval; **B.schreiben** *nt* letter of acknowledgment/confirmation; **B.vermerk** *m* 1. attestation; 2. *(Bilanz)* auditor's opinion

bestatt|en *v/t* to bury; **B.er** *m* undertaker; **B.ungsfeier** *f* funeral

bestechen *v/t* to bribe; **sich b. lassen** to take a bribe

bestechlich *adj* open to bribery, venal, corruptible; **B.keit** *f* corruptibility, venality

Bestechung *f* bribery, bribing, corruption, graft; **aktive B.** bribing; **passive B.** bribetaking

Bestechungs|geld *nt* bribe money; **B.versuch** *m* attempted bribery

bestehen *v/i* to exist; **b. aus** to consist of; **B.** *nt* existence; **b. bleiben** to continue; **b.d** *adj* existing, in esse *(lat.)*

bestellen *v/t* 1. *(Ware)* to order; 2. *(Dienstleistung)* to commission; 3. *(ernennen)* to appoint

Besteller(in) *m/f* principal, customer, buyer

bestellt *adj* 1. ordered; 2. commissioned; **gerichtlich b.** court-ordered; **ordnungsgemäß b.** duty appointed

Bestellung *f* 1. order; 2. appointment; **B. einer Hypothek** execution and registration of a mortgage; **B. eines Schiedsrichters** appointment of a referee; **B. einer Sicherheit** collateralization *[US]*, securitization *[GB]*; **B. eines Verteidigers** appointment of a defence counsel; **B. des Vormunds** appointment of the guardian; **~ Vorstandes** appointment of the management board

Bestellung stornieren to rescind an order

verbindliche Bestellung firm order

besteuer|bar *adj* taxable; **b.n** *v/t* to tax; **b.t** *adj* taxed; **B.ung** *f* taxation

bestimm|bar *adj* determinable, ascertainable; **b.en** *v/t* 1. to determine/fix; 2. *(Termin)* to appoint; **b.t** *adj* 1. fixed; 2. appointed; **soweit nichts anderes ~ ist** unless otherwise provided

Bestimmtheit *f* certainty; **B.sgrundsatz** *m* principle that administrative decisions should be definite and unambiguous

Bestimmung *f* 1. provision, stipulation, term; 2. *(Urteil)* decision, ruling; 3. *(Vorschrift)* regulation; 4. *(Feststellung)* determination; **gemäß den nachstehenden B.en** as hereinafter provided; **vorbehaltlich anderslautender B.en** except as otherwise provided; **~ der B.en** subject to the terms

Bestimmung durch einen Dritten determination by a third party; **B. einer Frist** fixing (of) a deadline; **B. der Gegenleistung** determination of consideration; **B. durch Los** determination by lot; **gemäß den B.en des Vertrages** pursuant to the stipulations of the contract; **B. des Wertes** determination of value; **B. der Zuständigkeit** jurisdictional ruling; **B. treffen** to stipulate

abweichende Bestimmung diverging provision; **besondere B.** special provision; **bestehende B.en** prevailing provisions, provisions in force; **eindeutige B.** explicit provision; **einleitende B.en** preamble, prelims; **gegenteilige B.** stipulation to the contrary; **mangels gegenteiliger B.** in the absence of any provision to the contrary; **gesetzliche B.** statutory provision, provision of law; **subsidäre B.en** subordinate provisions; **zwingende B.en** mandatory provisions

Bestimmungen des Vertrags; vertragliche B. contractual provisions, provisions of the contract

bestimmungs|gemäß *adj* in accordance with the terms; **B.zweck** *m* intended use

bestrafen *v/t* 1. to punish/penalize; 2. *(StR)* to sentence

Bestrafung *f* punishment; **von einer B. absehen** to refrain from punishment; **sich der B. aussetzen** to be liable to punishment

Bestreben *nt* endeavour; **in dem B.** desiring

B

Bestrebung *f* endeavour; **staatsfeindliche B.en** subversive activities
bestreitbar *adj* challengeable, contestable
bestreiten *v/t* 1. to challenge/contest/deny/dispute/repudiate; 2. *(Kosten)* to defray
Bestreiten *nt* challenge, denial, repudiation, traverse; **B. der Echtheit einer Urkunde** impeachment of a document; **~ Identität** plea of diversity; **B. einzelner Klagebehauptungen** special denial; **B. auf Grund von Nichtwissen** plea of ignorance; **B. der Schlüssigkeit** plea in demurrer; **~ Schuldverpflichtung** plea of onerari no *(lat.)*
allgemeines Bestreiten general denial/traverse; **formelles B.** negative averment; **substantiiertes B.** special traverse
Bestreitung *f* *(Kosten)* defrayal
Besucher *m* visitor
Besuchs|erlaubnis *f* visitor's pass; **B.recht** *nt* 1. visiting rights; 2. *(Kinder)* (right of) access to the children; **B.verbot** *nt* ban on visits; **B.visum** *nt* visitor's visa
Betätigung *f* occupation, activity; **politische B.** political activity
betäuben *v/t* to stun/narcotize
Betäubungsmittel *nt* narcotic (drug), narcotic agent; **B.delikt** *nt* drug offence; **B.-gesetz (BtMG)** *nt* controlled substances act, drugs/narcotics act
beteiligen *v/t* to involve; **sich b.** *v/refl* 1. *(Vorgang)* to participate; 2. *(Kapital)* to acquire/take an interest
beteiligt *adj* involved; **b. sein** to participate, to be a party (to sth.); **an etw. b. ~** *(StR)* to be complicit in sth.
Beteiligt|e(r) *f/m* participant, party involved; **die B.en** those involved
Beteiligung *f* 1. involvement, participation; 2. interest, share; **B. am Gewinn** profit-sharing, share in the profits; **B. zur Hälfte** half-share; **B. am Schaden(s)ersatz** champerty *[US]*
Beteiligung erwerben to acquire an interest
angemessene Beteiligung fair share; **beherrschende B.** controlling interest; **persönliche B.** personal participation; **stille B.** dormant partnership interest
Beteiligungs|gesellschaft *nt* affiliated company; **B.kapital** *nt* equity capital; **B.-recht** *nt* right of participation
beteuern *v/t* to affirm/assert/protest
Beteuerung *f* affirmation, assertion, protestation; **B. unter Eid** assertory oath; **eidesstattliche B.** solemn affirmation
betiteln *v/t* to entitle
Betracht *m* consideration; **außer B.** not in consideration; **in B.** in consideration; **~ ziehen** to consider, to take into consideration
betrachten *v/t* to consider; **b. als** to deem
beträchtlich *adj* considerable, substantial
Betrachtung *f* consideration
Betrag *m* amount, quantum *(lat.)*, sum; **B. des Schaden(s)ersatzes** quantum of damages; **B. angeben** to state the amount
anteiliger Betrag pro-rata amount; **ausstehender B.** amount owing; **eingeklagter/strittiger B.** amount in dispute; **fälliger B.** amount due; **hinterlegter B.** deposited amount; **überfälliger B.** overdue amount; **vereinbarter B.** agreed amount, agreed qantum (of damages)
anfallende Beträge accruing amounts
betragen *v/i* to amount to, to add up to
Betragen *nt* conduct, behaviour; **ungebührliches B.** conduct unbecoming
betrauen *v/t* to entrust
Betreff *m* reference
betreffen *v/t* to concern, to pertain to; **b.d** *adj* concerning, with reference to
betreffs *prep* concerning, with reference to
betreiben *v/t* to conduct/operate/pursue
Betreiben *nt* operation; **auf B. von** at the instigation/behest of
Betreiber *m* operator
betreten *v/t* to enter
Betreten *nt* entry, entering; **B. bei Strafe verboten** trespassers will be prosecuted; **B. verboten** no trespassing; **unbefugtes/widerrechtliches B.** trespass(ing)
betreu|en *v/t* to take care of; **B.er(in)** *m/f* *(Vormundschaft)* custodian; **B.ung** *f* care, maintenance, supervision
Betrieb *m* 1. *(Unternehmen)* business, enterprise, firm, company; 2. *(Betreiben)* operation; 3. *(Fabrik)* plant; **B. aufnehmen** to commence trading; **B. einstellen** to close down
aktiver Betrieb going concern; **gewerblicher B.** 1. commercial undertaking; 2. manufacturing facility/plant; **öffentlicher B.** public-sector enterprise; **selbstständiger B.** independent operation
Betriebsangehörig|e(r) *f/m* employee, staff member; **B.keit** *f* staff membership

Betriebs|ausgabe *f* operating expenditure/cost(s); **B.einnahme** *f* operating income/receipts; **B.erlaubnis** *f* operating licence; **B.geheimnis** *nt* company secret; **B.jahr** *nt* working year; **B.kosten** *f* operating costs; **B.prüfung** *f* audit; **B.rat** *m* works council; **B.risiko** *nt* 1. *(technisch)* operational hazard; 2. *(wirtschaftlich)* business risk; **B.satzung** *f* company statutes; **B.sicherheit** *f* safety at work; **B.störung** *f* breakdown, stoppage; **B.übergang; B.übertragung** *m/f* transfer of a company/enterprise

betriebsunfähig *adj* inoperable, not in working order, ~ operating condition; **B.keit** *f* inoperability

Betriebs|unfall *m* industrial accident, accident at work; **B.vereinbarung** *f* works/shop agreement; **B.verfassung** *f* works constitution

Betriebsverfassungs|gesetz (BtVG) *nt* industrial constitution act, employee representation act; **B.recht** *nt* employee representation law

Betriebsvermögen *nt* company/business assets, business capital

betroffen *adj* affected, concerned; **nachteilig b.** adversely affected; **B.e(r)** *f/m* party concerned

Betrug *m* fraud, deceit; **B. begehen** to commit fraud

betrügen *v/t* to defraud/cheat *(coll)*

Betrüger|(in) *m/f* swindler; **b.isch** *adj* fraudulent, deceptive

Betrugs|absicht *f* fraudulent intent; **B.-handlung** *f* fraudulent act

betrunken *adj* drunk, intoxicated; **b. machen** to intoxicate; **B.e(r)** *f/m* drunk, intoxicated person

betteln *v/i* to beg; **B.** *nt* begging

Bettler *m* beggar

Beuge|haft *f* coercive detention; **B.mittel** *nt* means of coercion, coercive measure; **B.-strafe** *f* coercive penalty

beurkunden *v/t* to authenticate/certify/(place on) record

beurkundet *adj* recorded; **notariell b.** recorded by a notary

Beurkundung *f* authentication, certification, recording; **B. des Vertrages** certification of a contract

Beurkundung annehmen to accept certification

gerichtliche Beurkundung judicial certification; **notarielle B.** notarization, notarial certification/recording

Beurkundungs|befugnis *f* power of certification; **B.gebühren** *pl* notary's fees; **B.gesetz** *nt* certification/authentication act

beurlaub|en *v/t* to grant leave, to suspend; **B.ung** *f* leave, suspension

beurteilen *v/t* to judge/assess/appraise; **falsch b.** to misjudge

Beurteilung *f* appraisal, assessment, opinion, judgment; **abweichende B.** dissenting judgment; **B.sspielraum** *m* scope, discretionary powers

Beute *f* loot; **B.recht** *nt* right of capture

bevollmächtigen *v/t* to authorize/empower

bevollmächtigt *adj* authorized; **nicht b.** unauthorized; **ordnungsgemäß b.** duly authorized

Bevollmächtigte(r) *f/m* authorized representative, attorney (in fact), proxy, (authorised) agent

Bevollmächtigung *f* authorization

Bevormundung *f [CH]* ↘ **Entmündigung**

bevorrechtig|en *v/t* to privilege; **b.t** *adj* privileged, preferential; **B.ung** *f* privilege

bevorzug|en *v/t* to prefer; **b.t** *adj* preferred, preferential, privileged; **B.ung** *f* preferential treatment

bewaffnet *adj* armed

bewahren *v/t* to keep

Bewährung *f* 1. *(Urteil)* suspended sentence; 2. *(Haftentlassung)* probation; **auf B. entlassen** to release on probation; **B. gewähren** to suspend a sentence; **unter B. stellen** to put on probation

Bewährungs|auflagen *pl* conditions of probation; **B.frist** *f* period of probation; **B.helfer** *m* probation officer *[GB]*, parole officer *[US]*; **B.hilfe** *f* probation service; **B.strafe** *f* suspended sentence; **B.zeit** *f* period of probation

Beweggrund *m* motive; **niedere Beweggründe** base motives

beweglich *adj* movable, tangible

Bewegung *f* movement; **B.sfreiheit** *f* freedom of movement

Beweis *m* 1. proof, evidence; 2. *(Aussage)* testimony, evidence; **mangels B.es** for lack of evidence, failing proof; **B. des ersten Anscheins** prima-facie evidence; **bis zum B. des Gegenteils** in the absence of proof to the contrary; **keine Spur eines**

B

B.es not a shred of evidence; **zum B. dafür** in witness whereof
Beweis anbieten to offer to furnish evidence; **B. anführen** to adduce proof; **B. antreten** to furnish evidence/proof; **als B. beschlagnahmen** to confiscate as evidence; **B. erbringen** to furnish evidence/proof, to produce evidence, to prove one's case; **B. liefern** to supply proof, to furnish evidence
abgeleiteter Beweis intrinsic evidence; **ausreichender B.** sufficient evidence; **dokumentarischer B.** documentary evidence/proof; **durchschlagender B.** conclusive evidence; **eindeutiger B.** proof positive; **gerichtsmedizinischer B.** forensic evidence; **mittelbarer B.** circumstantial evidence; **mündlicher B.** oral testimony, parol evidence; **rechtserheblicher B.** material evidence; **sachdienlicher B.** relevant evidence; **schlüssiger B.** conclusive evidence; **schriftlicher B.** evidence/proof in writing; **stichhaltiger B.** conclusive evidence; **unmittelbarer B.** direct evidence; **unwiderlegbarer B.** incontrovertible/irrefutable evidence; **unzulässiger B.** inadmissible evidence; **zugelassener B.** admissible evidence; **zwingender B.** conclusive/compelling evidence
Beweis|angebot *nt* offer to furnish evidence; **B.antrag** *m* motion to take evidence; **B.antritt** *m* submission of evidence; **B.anzeichen** *nt* piece of evidence
Beweisaufnahme *f* hearing of the evidence, taking of evidence; **in die B. eintreten** to start hearing the evidence; **B. schließen** to close the case; **B.protokoll** *nt* transcript of the testimony
beweisbar *adj* provable, verifiable
beweisen *v/t* to prove, to furnish evidence, to establish/demonstrate
Beweis|erhärtung *f* corroborating evidence; **B.erhebung** *f* hearing of (the) evidence; **B.ermittlungsverfahren** *nt* evidentiary procedure; **(schriftlich vorgelegte) B.fragen** *pl* interrogatories *[US]*; **B.führung** *f* presentation of the evidence, marshalling/production of evidence; **B.führungslast** *f* burden/onus of proof; **B.gegenstand** *m* exhibit, piece of evidence, corpus delicti *(lat.)*; **B.kette** *f* chain of evidence; **B.kraft** *f* probative force/value
beweiskräftig *adj* conclusive, probative, evidential, evidentiary
Beweislage *f* body of evidence
Beweislast *f* burden/onus of proof, burden of evidence; **B. für Rechtsmängel** burden of proof for defects in title; **B. bei Unmöglichkeit** burden of proof for impossibility (of perfomance); **B. umkehren** to shift the burden of proof; **B.umkehr** *f* reversal of the burden of proof; **B.verschiebung** *f* shifting (of) the burden of proof
Beweismangel *m* lack of evidence
Beweismaterial *nt* evidence; **B. sammeln** to collect/gather evidence; **B. sicherstellen** to secure evidence; **B. unterschieben** to plant evidence; **B. unterschlagen** to suppress evidence; **B. widerlegen** to refute evidence
erhärtendes Beweismaterial corroborating evidence; **schriftliches B.** written evidence; **umfangreiches B.** ample evidence; **unzulässiges B.** inadmissible evidence; **widersprüchliches B.** conflicting/contradictory evidence
Beweismittel *nt* evidence, proof; **als B. zulassen** to admit in evidence; **primäres B.** primary evidence; **zugelassenes B.** admissible evidence
Beweis|not *f* lack of evidence; **B.pflicht** *f* duty to furnish evidence; **B.protokoll** *nt* transcript of the evidence; **B.recht** *nt* law of evidence; **B.regeln** *pl* rules of evidence
beweissicher *adj* tamper-proof
Beweissicherung *f* preservation of evidence, recording/safeguarding of evidence; **zur B. beschlagnahmen** to seize as evidence
Beweissicherungs|antrag *m* application for the preservation of evidence; **B.verfahren** *nt* proceedings for the preservation of evidence, procedure concerning the preservation of evidence, preservation of evidence procedure; **vorgerichtliches ~** pre-trial discovery *[US]*
Beweisstück *nt* exhibit, corpus delicti *(lat.)*; **zugelassenes B.** admissibe evidence
Beweis|umkehrung *f* shifting the burden of proof; **B.unterschlagung** *f* concealing/suppression of evidence; **B.verfahren** *nt* hearing of (the) evidence; **B.wert** *m* probative value; **B.würdigung** *f* assessment/consideration of (the) evidence

Bewerb|er(in) *m/f* applicant; **B.ung** *f* application
bewert|bar *adj* assessable, appraisable; **b.en** *v/t* to assess/appraise
Bewertung *f* assessment, appraisal, valuation; **B. des Schadens** damage assessment; **B.sfreiheit** *f* valuation privilege; **B.sgesetz** *nt* valuation law; **B.sgutachten** *nt* valuation appraisal; **B.svorschriften** *pl* valuation rules
bewiesen *adj* proved, proven; **unwiderlegbar b.** proved beyond doubt
bewilligen *v/t* 1. to grant/allow; 2. *(Haushaltsmittel)* to appropriate
Bewilligung *f* 1. grant, allowance, award; 2. *(Haushaltsmittel)* appropriation; **B. des Armenrechts** granting (of) legal aid
Bewilligungs|bescheid *m* decision on an application for grant-in-aid; **B.verfahren** *nt* licensing procedure
bewirken *v/t* to effect
bewirten *v/t* to entertain
bewirtschaft|en *v/t* to manage/operate/run; **B.ung** *f* operation, management
Bewirtung *f* entertainment
bewohnbar *adj* habitable, fit for habitation; **B.keit** *f* fitness for habitation
bewohn|en *v/t* to inhabit/occupy; **B.er(in)** *m/f* inhabitant, resident, occupier, occupant
bewusst *adj* conscious, aware
bewusstlos *adj* unconscious; **B.igkeit** *f* unconsciousness
Bewusstsein *nt* awareness, consciousness; **im B. der Folgen** being fully aware of the consequences
Bewusstseins|lücke *f* blackout *(coll)*; **B.störung** *f* mental disturbance; **B.trübung** *f* impaired awareness, confusion of the mind
bezahlen *v/t* to pay/defray; **sofort b.** to pay instantly
bezahlt *adj* paid(-up)
Bezahlung *f* payment, pay, remuneration, disbursement; **gegen B.** against payment
Bezahlung nach Erfolg payment by results; **~ Leistung** payment upon performance; **B. einer Schuld** satisfaction of a debt; **B. von Schulden** settlement of debts; **B. unter Vorbehalt** payment under protest
sofortige Bezahlung prompt payment; **vollständige B.** payment in full
bezeichne|n *v/t* to denote; **b.nd** *adj* significant; **umstehend b.t als** herein(after) referred to as
Bezeichnung *f* designation, description; **B. der Erfindung** designation of the invention
geschützte Bezeichnung proprietary designation; **handelsübliche B.** trade description; **kurze B.** short title
bezeugen *v/t* to attest/testity/give testimony/witness
Bezeugung *f* witnessing, attestation; **zur B. dessen** in witness whereof
bezichtigen *v/t* to accuse; **sich selbst b.** *v/refl* to incriminate os.
Bezichtigung *f* accusation
beziehbar *adj* ready for ocupancy; **sofort b.** vacant possession
beziehen *v/t* to obtain; **sich b. auf** *v/refl* to refer to
Beziehung *f* relation(ship), connection; **außereheliche B.en** extramarital relations; **eheliche B.en** marital relations; **geschlechtliche B.en** sexual relations; **schuldrechtliche B.en** relations pursuant to the law of contract
beziehungsweise *adv* respectively
beziffern *v/t* to quantify
Bezirk *m* district; **B.sgericht** *nt* district court *[US]*
Bezogener *m* *(Wechsel)* drawee
Bezug *n* 1. reference; 2. *(Erwerb)* procurement; **in/unter B. auf** with reference to; **B. nehmen auf** to refer to; **B. von Sachen** procurement of goods
Bezüge *pl* emoluments, remuneration, earnings; **pfändbare B.** garnishable earnings; **wiederkehrende B.** recurring income
bezüglich *prep* in respect of
Bezugnahme *f* reference; **B. auf** reference to; **unter B. auf** with reference to; **B. auf die Eintragungsbewilligung** reference to the authorization for registration
bezugs|berechtigt *adj* *(Vers.)* entitled to/eligible for benefits; **B.größe** *f* benchmark/reference figure; **B.recht** *nt* (stock) option, subscription right
bezweifeln *v/t* to doubt
BGB-Gesellschaft non-trading partnership
auf Biegen und Brechen *n* *(coll)* by hook or by crook *(coll)*
biet|en *v/t* 1. to offer; 2. *(Ausschreibung)* to bid; **B.er** *m* bidder; **B.ungsgarantie** *f* performance bond

B

Bigami|e *f* bigamy; **B.st** *m* bigamist
Bilanz *f* balance sheet, accounts; **B. fälschen** to cook the books *(coll)*; **B.delikt** *nt* balance sheet offence; **manipulierte B.en** forged accounts; **B.frisur** *(coll)* window dressing
Bilanz|prüfer *m* auditor; **B.prüfung** *f* audit; **B.recht** *nt* accounting law
Bild *nt* 1. picture, pictorial representation; 2. *(Vorstellung)* image
bilden *v/t* to form
Bildung *f* formation; **B. bewaffneter Gruppen** formation of armed gangs; **B. einer kriminellen Vereinigung** formation of a criminal association; **~ terroristischen Vereinigung** formation of a terrorist association
billig *adj* 1. *(Recht)* equitable; 2. *(Preis)* cheap
billigen *v/t* 1. to approve; 2. *(Parlament)* to ratify; **stillschweigend b.** to acquiesce (in)/condone
billigerweise *adv* equitably, in equity
Billigkeit *f* equity; **aus Gründen der B.** for reasons of equity
Billigkeits|anspruch *m* equitable/equity claim, claim in equity; **B.entscheidung** *f* equitable decision, decision ex aequo et bono *(lat.)*; **B.erwägungen** *pl* equitable considerations; **B.gründe** *pl* reasons of equity; **aus B.gründen** for reasons of equity; **B.haftung** *f* liability in equity, equitable liability; **B.klage** *f* equity action
Billigkeitsrecht *nt* equity (law), law of equity; **auf dem B. beruhend** equitable; **nach B.** in equity
Billigkeits|verfahren *nt* equity proceedings; **B.verpflichtung** *f* equitable obligation
Billigung *f* approval, endorsement; **stillschweigende B.** tacit approval, acquiescence
binden *v/t* to bind/tie; **sich b.** *v/refl* to commit os.
bindend *adj* binding, firm; **nicht b.** not binding
Bindung *f* commitment; **rechtliche B.** legal commitment; **vertragliche B.** contractual commitment
Bindungswirkung *f* binding effect
binnen *prep* within, in
Binnen|beziehung *f* internal relationship; **B.gewässer** *pl* inland waters
Binsenwahrheit *f* truism
bisherig *adj* existing
Bitte *f* request; **letztwillige B.** dying request
bitten *v/t* to ask/request
Bitt|schrift *f* petition; **B.steller** *m* petitioner
Blankett *nt* blanket, specimen, blank; **B.gesetz** *nt* blanket/omnibus act, enabling statute; **B.vorschrift** *f* blanket/enabling/outline provision
blanko *adj* blank
Blanko|geschäft *nt* blank transaction; **B.indossament** *nt* blank endorsement; **B.vollmacht** *f* carte blanche *(frz.)*; **B.wechsel** *m* blank bill; **B.zession** *f* blank transfer
Blasphemie *f* blasphemy
Blatt *nt* sheet
Blitzschlag *m* (stroke of) lightning
Blut *nt* blood; **B.alkoholgehalt** *m* blood alcohol level; **B.fehde** *f* blood feud; **B.probe** *f* blood sample; **B.rache** *f* vendetta; **B.schande** *f* incest; **b.schänderisch** *adj* incestuous; **B.schuld** *f* blood guilt
blutsverwandt *adj* related by blood, consanguineous, **B.e** *f* blood relations; **B.schaft** *f* blood relationship, consanguinity
Bluttat *f* bloody deed
Boden *m* soil, land, ground; **B.bewirtschaftung** *f* cultivation; **B.ertrag** *m* crop yield; **B.erzeugnisse; B.früchte** *pl* produce of the soil, fructus naturales *(lat.)*; **B.kredit** *m* mortgage loan, loan secured on land; **B.nutzung** *f* use of the soil; **B.recht** *nt* land law; **B.rente** *f* ground rent; **B.schätze** *pl* natural resources; **B.verkehr** *m* land transactions; **B.verunreinigung** *f* pollution of the soil; **B.wert** *m* land value
bona fides *(lat.)* good faith
Bonifikation *f* bonus, allowance
bonifizieren *v/t* to grant a bonus
Bonität *f* creditworthiness, credit/financial standing, credit rating; **schwache B.** poor credit rating
Bonus *m* bonus
Bordarrest *m* arrest on board ship
Bordell *nt* brothel; **B.bezirk** *m* red light district
Bordkonossement *nt* on-board bill of lading
Börse *f* stock exchange
Börsen|gang *m* going public, initial public offering (IPO); **B.gesetz** *nt* stock ex-

change act; **B.preis** *m* stock exchange price; **B.recht** *nt* stock exhange law
bösgläubig *adj* mala fide *(lat.)*, in bad faith; **B.keit** *f* bad faith, mala fides *(lat.)*
böswillig *adj* fraudulent, malicious, malevolent; **B.keit** *f* malice, malevolence
Botschaft *f* embassy
Boykott *m* boycott; **b.ieren** *v/t* to boycott
Brachialgewalt *f* brute force
Branche *f* line of business, industry
Brand *m* fire, conflagration; **B.diebstahl** *m* theft committed during a fire; **B.gefahr** *f* fire risk; **B.schaden** *m* fire damage/loss; **B.stifter** *m* incendiary, fire raiser/arsonist
Brandstiftung *f* arson; **B. mit Todesfolge** arson resulting in death; **einfache B.** simple arson; **fahrlässige B.** arson caused by negligence, negligent arson; **(besonders) schwere B.** aggravated arson
Brandursache *f* cause of the fire
Brauch *m* usage, custom; **internationaler B.** international usage
Brauchbarkeit *f* usefulness; **B. beeinträchtigen** to impair the usefulness
Brennholzrecht *nt* estovers
brevi manu traditio *(lat.)* transfer of title by constructive delivery
Brief *m* letter; **eingeschriebener B.** registered letter
Brief|geheimnis *nt* secrecy of correspondence, postal secrecy; **B.grundschuld** *f* certified land charge; **B.hypothek** *f* certified/registered mortgage; **B.sperre** *f* stoppage of mail; **B.verkehr** *m* correspondence; **B.-wechsel** *m* correspondence, exchange of letters; **B.zensur** *f* postal censorhip
Bringschuld *f* debt lying in render, debt payable to the creditor
Bruch *m* 1. *(Schaden)* breakage; 2. breach, violation, infringement; **B. des Amtsgeheimnisses; B. der Amtsverschwiegenheit** breach of official secrecy
Bruch|schaden *m* breakage; **B.teil** *m* fraction, fractional part
Bruchteils|eigentum *nt* fractional ownership; **B.eigentümer** *m* part-owner; **B.gemeinschaft** *f* community of part-owners
Bruder *m* brother; **leiblicher B.** full brother; **B.mord** *m* fratricide
brutto *adj* gross; **B.einkommen** *nt* gross income/receipts
Buch *nt* book, ledger; **B. führen** to keep accounts
Buch|belastung *f* encumbrance; **B.eigentum** *nt* registered ownership; **B.einsicht** *f* inspection of books
buchen *v/t* to book
Buch|ersitzung *f* acquisition by prescription; **B.forderung** *f* outstanding account, account receivable; **B.forderungen** *pl* receivables, accounts receivable
Buchführung *f* bookkeeping, accounting, accountancy; **B.spflicht** *f* duty to keep accounts; **B.svorschriften** *pl* accounting rules
Buch|geld *nt* book money; **B.gewinn** *m* book profit; **B.gläubiger** *m* book creditor; **B.grundschuld** *f* registered land charge; **B.halter** *m* accountant, bookkeeper; **B.haltung** *f* accounting, accountancy, bookkeeping; **B.hypothek** *f* registered mortgage; **B.prüfer** *m* auditor; **B.prüfung** *f* audit; **B.schuld** *f* stated liabilities
Buchstabe *m* letter; **B. des Gesetzes** letter of the law
buchstäblich *adj* literal
Buch|verlust *m* accounting loss; **B.wert** *m* book value
Budget *nt* budget; **B.recht** *nt* budget law
Bund *m* 1. association, federation; 2. *(Bundesregierung)* federal government
Bundes|amt *nt* federal agency/department; **B.anstalt** *f* federal agency; **B.anwalt** *m* United States Attorney *[US]*; **B.anwaltschaft** *f* federal prosecution department; **B.anzeiger** *m* federal gazette, gazette of the federal ministry of justice; **B.arbeitsgericht** *nt* federal labour court
Bundesaufsicht *f* federal supervision; **B.samt** *nt* federal supervisory office, ~ regulator's office
Bundes|baugesetz *nt* federal building act; **B.behörde** *f* federal authority; **B.datenschutzgesetz** *nt* federal data protection act
Bundesdisziplinar|hof *m* federal disciplinary tribunal; **B.recht** *nt* federal disciplinary law
Bundes|finanzhof (BFH) *m* federal fiscal court; **B.gebiet** *nt* federal territory
Bundesgericht *nt* federal court; **oberstes B.** supreme federal court; **B.shof (BGH)** *m* federal high court of justice
Bundesgesetz *nt* federal act/law; **B.blatt** *nt* federal law gazette, law gazette of the federal ministry of justice
Bundesgesetzgebung *f* federal legislation;

B

konkurrierende B. concurrent legislative jurisdiction of Bund und Länder

Bundes|justizministerium (BJM) *nt* federal ministry of justice, Justice Department *[US]*; **B.kartellamt** *nt* federal cartel office, federal office of fair trading; **B.kriminalamt (BKA)** *nt* federal bureau of investigation, ~ criminal investigation department; **B.land** *nt* land, federal state; **B.minister der Justiz** 1. federal minister of justice; 2. *(Amt)* federal ministry of justice

Bundesnotar|kammer *f* federal association/chamber of notaries; **B.ordnung** *f* federal regulations for notaries

Bundes|organ *nt* federal organ; **B.patentgericht** *nt* federal patent court; **B.personalausweis** *m* (federal) identity card; **B.-präsident** *m* federal president; **B.recht** *nt* federal law

Bundesrechtsanwalts|kammer *f* federal bar association; **B.ordnung** *f* federal regulations for solicitors

Bundes|republik *f* federal republic; **B.richter(in)** *m/f* federal judge; **B.sozialgericht** *nt* federal social security tribunal; **B.staat** *m* federal state; **B.strafregister** *nt* federal criminal records register

Bundesverfassung *f* federal constitution; **B.sgericht (BverfG)** *nt* federal constitutional court

Bundesverwaltungsgericht *nt* federal administrative court

Bundes|wehr *f* federal army; **B.zwang** *m* enforcing federal decisions on the Länder

Bürge *m* surety, guarantor, bailor; **B.n stellen** to stand bail/security; **selbstschuldnerischer B.** primarily liable guarantor

bürgen *v/i* to guarantee, to stand bail/security, to vouch for

Bürger *m* citizen

Bürgerliches Gesetzbuch (BGB) *nt* German civil code

bürgerlich-rechtlich civil(-law)

Bürgermeister(in) *m/f* mayor(ess)

Bürger|pflicht *f* civic duty; **B.rechte** *pl* civil rights

Bürgschaft bond, guarantee, security, surety(ship); **B. leisten** to stand security: **selbstschuldnerische B.** absolute guarantee/suretyship; **solidarische B.** joint and several suretyship

Bürgschafts|erklärung *f* surety bond, declaration of guarantee/suretyship; **B.leistung** *f* provision of security, bail; **B.nehmer** *m* bailee; **B.schein** *m* surety bond; **B.schuld** *f* secured debt; **B.vertrag** *m* surety contract

Buße *f* 1. penance; 2. *(Geldstrafe)* penalty, fine

Bußgeld *nt* penalty, fine; **B. verhängen** to (impose a) fine

Bußgeld|bescheid *m* penalty notice, notice of a fine; **B.katalog** *m* list of penalties; **B.-sache** *f* summary offence; **B.stelle** *f* fixed-penalty office; **B.verfahren** *nt* penalty/summary proceedings

C

Campingfahrzeug *nt* recreational vehicle *(RV)*

casus belli *(lat.) (Kriegsfall)* case of war

causa *(lat.)* cause

cessio *(lat.)* assignment; **c. legis** *(lat.)* assignment by operation of the law

charter|n *v/t* to charter; **C.vertrag** *m* charter party

chief prosecutor Chefankläger(in) *m/f*

clausula rebus sic stantibus *(lat.)* as things stand clause

Computer *m* computer; **C.betrug** *m* computer fraud; **C.sabotage** *f* computer sabotage; **C.straftat(en)** *f/pl* computer crime

contra against, versus *(lat.)*; **c. legem** *(lat.)* against the law

corpus delicti *(lat.)* corpus delicti

culpa in contrahendo *(lat.)* negligence in contracting

D

dadurch *adj* thereby

Dafürhalten *nt* opinion, view

Damnationslegat *nt* civil-law legacy

Damnum *nt* *(lat.)* discount, loss

darin *adj* therein

darlegen *v/t* 1. *(erklären)* to explain/set forth/demonstrate; 2. *(sagen)* to state/submit; 3. *(behaupten)* to allege

Darlegung *f* 1. explanation; 2. statement,

submission; **D. der Ansprüche des Klägers** statement of the claimant's case; **D. des Falls** statement of the case; **unter D. der Tatsachen** setting forth the facts, **kurze D.** summary statement

Darlegungs|last *f* onus of presentation; **D.-pflicht** *f* obligation to present the case to the court

Darlehen *nt* loan; **D. und Hypotheken** loans and mortgages; **D. mit einer Laufzeit von** loan with a term of; **D. gegen Pfandbestellung** loan against collateral

Darlehen absichern to collateralize/securitize a loan; **D. aufnehmen** to raise a loan; **D. geben** to grant a loan; **D. kündigen** to cancel a loan; **D. tilgen** to redeem a loan

abgeschriebenes Darlehen amortized loan; **befristetes D.** term loan; **besichertes D.** collateralized/securitized loan; **eingefrorenes D**. frozen loan; **gesichertes D.** secured loan; **hypothekarisches D.** mortgage loan; **kündbares D.** loan subject to notice; **nachrangiges D.** junior loan; **tilgungsfreies D.** interest-only loan; **unbefristetes D.** undated loan; **ungesichertes D.** unsecured loan; **unkündbares D.** irredeemable loan; **unverzinsliches D.** interest-free loan; **vertragliches D.** contractual loan; **verzinsliches D.** interest-bearing loan

Darlehens|antrag *m* loan application; **D.bedingungen** *pl* loan terms; **D.besicherung** *f* collateralization, securitization; **D.-betrag** *m* principal; **D.bürgschaft** *f* loan guarantee; **D.geber** *m* lender; **D.geschäft** *nt* lending (transaction); **D.gewährung** *f* granting a loan; **D.hypothek** *f* mortgage loan; **D.nehmer(in)** *m/f* borrower; **D.-schuld** *f* debt under a loan; **D.summe** *f* principal; **D.vereinbarung** *f* loan agreement; **D.versprechen; D.zusage** *nt/f* promise to grant a loan; **D.vertrag** *m* loan contract; **D.zinsen** *pl* credit interest

Darleiher *m* lender

darstellen *v/t* to constitute/represent; **falsch d.** to misrepresent, to give a false account of

Darstellung *f* 1. representation, description; 2. *(Aussage)* statement; **D. des Sachverhalts** brief, statement of the case; **~ Tatbestands; D. der Tatsachen** statement of the facts

falsche/unrichtige Darstellung misrepresentation; **umfassende D.** comprehensive description

dartun *v/t* to show

darüber hinaus *adv* over and above that, beyond that

das heißt i. e. (id est), to wit (obs.)

Daseins|mittelpunkt *m* centre of one's/so.'s existence; **D.vorsorge** f provision for one's/so.'s livelihood

Daten *pl* data; **D. abrufen** to retrieve data; **D. erfassen** to collect data; **D. löschen** to erase data; **D. über Einzelpersonen unterhalten** to maintain data on individuals; **D. übertragen** to transmit data

personenbezogene Daten personal data

Daten|abgleich *m* collation/comparison of data; **D.abruf** *m* data/information retrieval; **D.bank** *f* database; **D.erfassung** *f* data collection; **D.geheimnis** *nt* data secrecy; **D.missbrauch** *m* misuse of data; **D.nutzung** *f* use of data; **missbräuchliche ~** improper use of data

Datenschutz *m* data protection; **D.aufsichtsbehörde** *f* data protection authority; **D.beauftragte(r)** *f/m* 1. data protection officer; 2. *(Bund)* federal commissioner for data protection

Datenschützer(in) *m/f* data watchdog *(coll)*

Datenschutzgesetz *nt* Data Protection Act *[GB]*, Privacy Act *[US]*

Daten|träger *m* data carrier; **D.veränderung** *f* change of data; **D.verarbeitung** *f* data processing; **elektronische ~ (EDV)** electonic data processing (EDP); **D.verkehr** *m* data flow/transmission(s); **grenzüberschreitender ~** transborder data flow; **D.verlust** *m* data loss; **unerklärlicher ~** line gremlin *(coll)*; **D.zugriff** *m* data retrieval

datier|en *v/t* to date; **nicht d.t** *adj* undated

bis dato *adv* to date

Datum *nt* date; **D. des Inkrafttretens** *(Gesetz)* effective date; **angegebenes D.** stated date; **gleichen D.s** of the same date; **nach dem heutigen D.** after today's date

Datums|angabe *f* date; **D.stempel** *m* date stamp

Dauer *f* 1. length of time, duration, term; 2. *(Fortbestehen)* continuance; **D. der Betriebszugehörigkeit** length of service; **~ Freiheitsstrafe** length of custodial sentence; **~ Haftung** indemnity period; **~ Jugendstrafe** length of juvenile sentence; **D. eines Miet-/Pachtverhältnisses** ten-

D

ancy; **~ Mietvertrages** duration/term of lease; **D. des Patents** duration of the patent; **während der ~ Prozesses** pendente lite (*lat.*), pending the action *[GB]*/lawsuit *[US]*; **D. der Unterbringung** *(z.B. Psychatrie)* length of commitment; **D. des Verfahrens** duration of proceedings; **D. der Verpflichtung** duration of the commitment; **D. des Vertrages** duration of contract

Dauer|arbeitslosigkeit *f* long-term unemployment; **D.arbeitsverhältnis** *nt* permanent employment; **D.arrest** *m* custody for an indefinite time; **D.auftrag** *m* *(Bank)* standing order; **D.belästigung** *f* ongoing nuisance; **D.beschäftigung** *f* lifetime employment; **D.delikt** *nt* offence of a continuing nature

dauerhaft *adj* 1. lasting; 2. *(Güter)* durable

Dauer|invalidität *f* permanent disability; **D.lehen** *nt* permanent lease; **D.mandat** *nt* *(Anwalt)* permanent power of attorney; **D.miete** *f* permanent tenancy; **D.mieter(in)** *m/f* lifetime tenant

dauernd *adj* permanent

Dauer|nutzungsrecht *nt* 1. *(Pacht)* (registered) perpetual lease; 2. *(Nießbrauch)* permanent right of use/usufruct; **D.pflegschaft** *f* permanent curatorship; **D.regelung** *f* permanent arrangement/settlement; **D.schaden** *m* 1. long-term/permanent damage; 2. *(Person)* permanent disability/injury

Dauerschuld *f* permanent debt; **D.verhältnis** *nt* continuous obligation

Dauer|straftat *f* continuing crime/offence; **D.treuhand** *f* permanent trust; **D.-verfügung** *f* permanent injunction; **D.-vertrag** *m* 1. continuing agreement; 2. lifetime contract; **D.vollmacht** *f* permanent power of attorney; **D.wirkung** *f* long-term effect; **D.wohnberechtigte(r)** *f/m* person entitled to permanent residence; **D.wohnrecht** *nt* right of permanent residence, permanent dwelling right, lifetime right of residence; **D.wohnsitz** *m* permanent residence; **D.zustand** *m* permanent state of affairs

davon *adj* thereof

davonkommen *v/i* to get off; **glimpflich d.** to get off lightly

dazu *adj* thereto

dazwischenkommen *v/i* to supervene

de facto *(lat)* in fact

de jure *(lat.)* in law

Debet *nt* debit

Debitor *m* debtor

debitum *(lat.)* debit

Deckadresse *f* accommodation/assumed address

decken *v/t* 1. to cover; 2. *(Schaden)* to make good

Deckname *m* assumed name, alias, pseudonym

Deckung *f* (insurance) cover *[GB]*/coverage *[US]*; **D. ablehnen** to disclaim liability

ausreichende Deckung sufficient cover(age); **keine D.** *(Konto)* no funds (N/F); **ungenügende D.** insufficient funds (I/F); **vorläufige D.** provisional cover(age)

deckungsgleich *adj* *(übereinstimmend)* concurring, concurrent

Deckungs|handlung *f* *(Verheimlichung)* cover-up; **D.klausel** *f* cover(age) clause; **D.schutz** *m* cover(age); **~ gewähren** to provide cover(age); **D.summe** *f* sum insured; **vorläufige D.zusage** cover(age) note

defekt *adj* defective, faulty; **D.** *m* defect, flaw

defini|eren *v/t* to define; **D.tion** *f* definition; **d.torisch** *adj* by definition

Defizit *nt* deficit, shortfall

Defraudant *m* defrauder, embezzler

De-jure-Anerkennung *f* de jure recognition

deklatorisch *adj* declarative

Dekret *nt* decree, order; **d.ieren** *v/t* to decree/order

Delegation *f* delegation

delegier|en *v/t* to delegate; **D.te(r)** *f/m* delegate

Delegierung *f* delegation; **D. der Gesetzgebungsgewalt** delegation of legislative power(s)

Delinquent(in) *m/f* offender, delinquent

Delikt *nt* 1. offence, wrong; 2. *(StR)* crime, criminal offence; 3. *(ZR)* tort, civil wrong, tortious act; **D.e am Menschen** offences against the person

Delikt begehen to commit an offence

erfolgsqualifiziertes Delikt crime aggravated by a subsequent event; **fiskalisches D.** tax offence; **geringfügiges D.** petty offence; **schweres D.** serious crime; **zivilrechtliches D.** actionable tort

Delikt|anspruch *m* claim in tort; **d.fähig** *adj* capable of tortious liability; **D.fähigkeit** *f* responsibility for torts, criminal capacity, capacity for tortious liability; **D.haftung** *f* liability in tort, tortious liability
deliktisch *adj* in tort, tortious
Delikt|klage *f* tort action; **D.recht** *n* law of torts; **D.statut** *nt* torts act; **D.täter(in)** *m/f* tortfeasor
Delinquent(in) *m/f* offender, delinquent
Dementi *nt* denial, disclaimer
dementieren *v/t* to deny; **d. lassen** to issue a denial
dementsprechend *adj* corresponding
Demenz *f* dementia
Demonstrant(in) *m/f* demonstrator
Demonstration *f* demonstration; **D. zerstreuen** to disperse a demonstration; **D.srecht** *nt* right to demonstrate
demonstrieren *v/ti* to demonstrate
demütigen *v/t* to humiliate; **d.d** *adj* humiliating
Demütigung *f* humiliation
demzufolge *adv* 1. *(auf Grund dessen)* owing to which; 2. *(laut dem)* according to which
Denaturalis|ation *f* denaturalization; **d.ieren** *v/t* to denaturalize
denkbar *adj* conceivable
Denunz|iant(in) *m/f* informer, denunciator *[US]*; **D.iation** *f* informing, denunciation; **d.ieren** *v/t* to inform against/on, to denounce
deponier|en *v/t* to deposit; **D.ung** *f* lodgement, deposition
Deportation *f* deportation
Deputat *nt* allowance in kind
deregulier|en *v/t* to deregulate; **D.ung** *f* deregulation
Dereliktion *f* dereliction
derelinquieren *v/t* to abandon ownership
Derivat *nt* derivate; **d.iv** *adj* derivative
Derog|ation *f* derogation; **d.ieren** *v/t* to annul in parts
derzeit present, current
Design|ation *f* designation; **d.ieren** *v/t* to designate; **d.iert** *adj* designate
Desinformation *f* disinformation
Deszendent(in) *m/f* descendant
detaillieren *v/t* to state particulars
Detektei *f* detective agency, firm of (private) investigators
Detektiv(in) *m/f* 1. detective, private investigator; 2. *(Zivilfahnder)* plain-clothes policeman
deuten *v/t* to construe/interpret
Deutung *f* construction, interpretation
Devisen *f* foreign currency
Dezern|at *nt* 1. department, division, section; 2. *(Polizei)* squad; **D.ent(in)** *m/f* head of department
Dictum *nt* *(beiläufige Äußerung)* obiter dictum *(lat.)*
Dieb *m* thief; **die kleinen D.e hängt man, die großen lässt man laufen** *(prov.)* little thieves are hanged, but great ones escape; **als D. verurteilt werden** to be convicted as a thief; **kleiner D.** petty thief
Diebes|falle *f* thieves' snare; **D.gut** *nt* stolen goods/property, loot; **d.sicher** *adj* thief-proof, theft-proof, burglar-proof
Diebstahl *m* theft, larceny *[US]*, robbery; **D. geistigen Eigentums** plagiarism; **D. einer Erfindung** piracy of an invention; **D. geringwertiger Sachen** pilferage; **D. im Wiederholungsfall** repeat theft
gemeinschaftlich begangener Diebstahl jointly committed theft; **bewaffneter D.** armed robbery; **einfacher D.** petty larceny/theft, simple larceny; **geistiger D.** plagiarism, piracy; **qualifizierter D.** aggravated theft; **räuberischer D.** theft accompanied by the use/threat of force; **schwerer D.** aggravated/grand theft, aggravated robbery, grand larceny
wegen Diebstahls angeklagt sein to be indicted for theft; **jdn des D.s beschuldigen** to charge so. with theft
Diebstahl|sdelikt *nt* larceny (offence); **D.sicherung** *f (Kfz)* anti-theft device; **D.svorsatz** *m* intent to commit theft; **D.versicherung** *f* insurance against theft, burglary insurance; **D.vorsatz** *m* animus furandi *(lat.)*
dien|en *v/i* to serve; **D.er(in)** *m/f* servant; **d.lich** *adj* useful, conducive
Dienst *m* 1. service; 2. *(Beruf)* duty; **jdm einen D. erweisen** to do so. a favour; **D. leisten** to render a service; **sich zum D. melden** to report for duty; **entgangener D.** service (hours) lost
öffentlicher Dienst public service
Dienst- oder Arbeitsverhältnis *nt* service or employment contract
dienst|älter *adj* senior; **D.alter** *nt* length of service
Dienstaufsicht; D.sbehörde *f* supervisory

authority; **D.sbeschwerde** *f* complaint against a public official, disciplinary complaint; **D.sverfahren** *nt* disciplinary proceedings
Dienstbarkeit *f* servitude, easement; **D. ausüben** to exercise one's right of easement; **negative D.** negative easement; **persönliche D.** personal servitude
Dienstberechtigte(r) *f/m* person entitled to service(s)
Dienst|bezüge *pl* pay, emoluments; **D.eid** *m* oath of office; **D.erfindung** *f* employee invention; **D.erfüllung** *f* performance of service; **D.gebrauch** *m* official use; **D. geheimnis** *nt* official secret; **D.grad** *m* rank; **höherer ~** higher rank; **D.handlung** *f* official act; **pflichtwidrige ~** official act in breach of duty; **D.herr(in)** *m/f* principal, master, employer; **öffentlicher ~** public employer; **D.leister(in)** *m/f* service provider/renderer
Dienstleistung *f* service; **D. erbringen** to render a service; **persönliche D.en** personal services
Dienstleistungs|abkommen *nt* service agreement; **D.betrieb** *m* service-rendering enterprise; **D.freiheit** *f* freedom to render services; **D.gewerbe** *nt* service industry; **D.pflicht** *f* duty to render a service; **D.unternehmen** *nt* service company; **D.vertrag** *m* contract for services, service agreement
dienstlich *adj* official
Dienst|marke *f* service badge/mark; **D.ordnung** *f* service regulations; **D.pflicht** *f* official duty; **D.pflichtverletzung** *f* infringement of official duties; **D.recht** *nt* civil service law; **D.sache** *f* official business; **D.siegel** *nt* seal of office, official seal; **D.stelle** *f* agency; **D.stellung** *f* official position; **D.strafe** *f* disciplinary penalty; **D.strafgericht** *nt* disciplinary tribunal
dienstunfähig *adj* unfit for service; **D.keit** *f* unfitness for service
Dienst|unfall *m* accident sustained on duty, industrial accident; **D.vereinbarung** *f* works agreement; **D.vergehen** *nt* 1. neglect of duty; 2. disciplinary offence, malfeasance; **D.verhältnis** *nt* employment; **~ eingehen** to enter into a contract of service; **D.verhinderung** *f* prevention from work; **D.versäumnis** *nt* neglect of duty; **D.verschaffungsvertrag** *m* contract for the procurement of services; **D.verschwiegenheit** *f* official secrecy
Dienstvertrag *m* service contract, contract of service; **D.srecht** *nt* service contract law; **D.sverletzung** *f* breach of contract of service
Dienst|vorgesetzte(r) *f/m* superior; **D.vorschrift** *f* service regulation; **D.vorschriften** *pl* official regulations
Dienstweg *m* official channels; **auf dem D.** through official channels; **D. einhalten** to go through channels
dienstwidrig *adj* contrary to regulations; **D.keit** *f* irregularity
Dienst|zeit *f* 1. hours of service; 2. years of service; **D.zeugnis** *nt* testimonial
Dietrich *m* skeleton key, picklock
diffamieren *v/t* to defame/calumniate; **jdn d.** to blacken so.'s name; **d.d** *adj* 1. defamatory, injurious; 2. *(mündlich)* slanderous; 3. *(schriftlich)* libellous
Diffamierung *f* defamation, calumny, slander, libel
Differenz *f* difference; **d.ieren** *v/t* to differentiate; **D.ierung** *f* differentiation
Digest digest
dilatorisch *adj* dilatory
diligentia quam in suis *(lat.)* due diligence
Ding *nt* thing; **krumme D.er machen/drehen** *coll* to do sth. dodgy *(coll)*
dingen *v/t* to hire
dingfest *adj* behind bars; **jdn d. machen** to put so. behind bars, to arrest so., to take so. into custody
dinglich *adj* real, in rem *(lat.)*
Diplomat *m* diplomat; **d.isch** *adj* diplomatic
Diplom|dolmetscher(in) *m/f* certified interpreter; **D.übersetzer(in)** *m/f* certified translator
Direktion *f* management; **D.srecht** *nt* right to issue instructions
Direktive *f* directive
Direktor *m* manager, director; **geschäftsführender D.** chief executive officer (CEO), managing director; **stellvertretender D.** deputy manager
Direktorat; Direktorium *nt* directorate, executive board, board of management
Dirne *f* prostitute
Diskont *m* discount; **d.ieren** *v/t* to discount
diskreditieren *v/t* to discredit

diskret *adj* 1. *(unauffällig)* discreet; 2. *(vertraulich)* confidential
Diskretion *f* discretion; **strengste D. wahren** to exercise strict discretion
diskriminieren *v/t* to discriminate; **d.d** *adj* discriminatory; **nicht d.** non-discriminatory
Diskriminierung *f* discrimination; **positive D.** positive discriminiation *[GB]*, affirmative action *[US]*; **D.sverbot** *nt* discrimination ban
Dispens *m* exemption, dispensation; **d.ieren** *v/t* to dispense/excuse; **jdn von etw. ~** to excuse so. from sth.
Disposition *f* 1. *(Veranlagung)* disposition; 2. arrangement; 3. *(Verfügung)* disposal; **jdn/etw. zu seiner D. haben** to have so./sth. at one's disposal; **zur D. stehen** to be available
Dispositions|befugnis *f* power of control; **D.grundsatz** *m* principle of party disposition; **D.maxime** *f* maxim of party dispositon
dispositiv *adj* non-mandatory, optional; **D.normen** *pl* optional rules
Disqualifikation *f* disqualification; **D. wegen Missachtung der Regeln** disqualification for disregarding the rules
disqualifizieren *v/t* to disqualify
Disput *m* dispute
Dissens *m* dissent, dispute
Distanzdelikt *nt* offence committed under a different jurisdiction
Disziplin *f* discipline
Disziplinar|ausschuss *m* disciplinary board/committee/panel; **D.befugnis** *f* disciplinary power(s); **D.behörde** *f* disciplinary authority; **D.gericht** *nt* disciplinary court/tribunal; **D.gerichtsbarkeit** *f* disciplinary jurisdiction; **D.gewalt** *f* disciplinary authority/power(s)
disziplinarisch *adj* disciplinary
Disziplinar|kammer *f* disciplinary division; **D.maßnahme** *f* disciplinary action/measure; **D.ordnung** *f* disciplinary code; **D.recht** *nt* disciplinary law; **D.sache** *f* disciplinary case; **D.strafe** *f* disciplinary punishment; **D.untersuchung** *f* disciplinary investigation; **D.verfahren** *nt* disciplinary hearing/proceedings, departmental trial *[US]*; **~ einleiten** to institute disciplinary proceedings; **D.vergehen** *nt* disciplinary offence; **D.vorgesetzte(r)** *f/m* superior
disziplinlos *adj* undisciplined, disorderly, unruly
DNA-Analyse *f* genetic fingerprinting, DNA analysis; **DNA-Identitätsfeststellung** *f* establishment of identity through DNA testing
Doktor der Rechte Doctor of Laws (LL.D.)
Dokument *nt* document, instrument; **d.arisch** *adj* documentary; **D.ation** *f* documentation; **verfahrenseinleitende D.e** initiating papers; **d.ieren** *v/t* to document
Dolchstoß *m* stab (wound)
dolmetschen *v/t* to interpret
Dolmetscher(in) *m/f* interpreter; **vereidigte(r) D.** sworn interpreter
dolos *adj* malicious; *adv* with criminal intent
Dolus *m* *(lat.)* 1. *(Arglist)* malice; 2. *(Vorsatz)* intent; **D. eventualis** *m* contingent intent
Domäne *f* domain
Domizil *nt* domicile; **D.land** *nt* country of domicile
Doppelbesteuerung *f* double taxation; **D.sabkommen** *nt* double taxation treaty
Doppel|ehe *f* bigamy, bigamous marriage; **D.staatler(in)** *m/f* dual national; **D.staatsangehörigkeit** *f* dual nationality; **D.verfolgungsverbot** *nt* prohibition of double jeopardy; **D.wohnsitz** *m* dual residence; **D.zuständigkeit** *f* double competence/jurisdiction
Dossier *nt* dossier, file
Dot|ation *f* *(regelmäßiges Einkommen)* endowment; **d.ieren** *v/t* to endow; **D.ierung** *f* endowment
drakonisch *adj* draconian, harsh
drangsalieren *v/t* to plague/harass
drastisch *adj* drastic
Drauf|gabe *f* deposit, earnest; **D.geld** *nt* premium, earnest money
Drei|monatseinrede *f* three months' plea; **D.teilung der Straftaten** *f* triple classification of offences
dringlich *adj* urgent; **D.keit** *f* urgency
Dringlichkeits|antrag *m* urgency motion; **D.fall** *m* urgent case; **D.klausel** *f*; urgency clause; **D.stufe** *f* priority rating; **D.verfahren** *nt* summary procedure/proceedings
Dritt|anspruch *m* third-party claim; **D.begünstigte(r)** *f/m* third-party beneficiary; **D.eigentümer(in)** *m/f* third-party

owner; **D.erwerber(in)** *m/f* third-party purchaser
Dritte(r) *f/m* third party; **gutgläubiger D.** innocent third party, third party acting in good faith; **unschuldiger D.** innocent bystander
Dritt|geschäft *nt* third-party transaction; **D.gläubiger(in)** *m/f* third-party creditor; **D.haftung** *f* third-party liability; **D.klage** *f* action brought by a third party; **D.land** *nt* third country; **D.mittel** *pl* outside funding, third-party funds
Drittschaden *m* third-party damage; **D.s-liquidation** *f* settlement of third-party damage
Dritt|schuldner(in) *m/f* garnishee; **D.-schutz** *m* third-party cover(age); **D.staat** *m* third country; **sicherer ~** safe third country; **D.vermögen** *nt* third-party assets; **D.verpfändung** *f* garnishment; **D.verwahrung** *f* escrow
Drittwiderspruch *m* third-party opposition; **D.sklage** *f* action in replevin, interpleader, third-party counterclaim proceedings
Drittwirkung *f* effect on a third party; **mittelbare D.** indirect effect on a third party
Droge *f* drug
Drogen|abhängige(r) *f/m* drug addict; **D.-abhängigkeit** *f* drug addiction; **D.benutzer(in)** *m/f* drug user; **D.dezernat** *nt* *(Polizei)* drug squad; **D.fahnder(in)** *m/f* drug squad officer; **D.handel** *m* drug trafficking/trade; **D.händler** *m* drug trafficker; **D.konsum** *m* drug-taking; **D.missbrauch** *m* drug abuse; **D.sucht** *f* drug addiction; **D.süchtige(r)** *f/m* drug addict; **D.strich** *m* drug-related prostitution
Drohbrief *m* threatening letter
drohen *v/i* to threaten; **d.d** *adj* 1. *(Person)* threatening; 2. *(Gefahr)* impending, imminent
Drohgebärde *f* threatening gesture
Drohung *f* threat(s), menace(s); **als D.** in terrorem *(lat.)*; **D. für Leib und Leben** threat to life and limb; **gewaltsame/tätliche D.** assault; **versteckte D.** veiled threat
drosseln *v/t* to curb/restrict/reduce
Drucksache *f* printed matter
dubios *adj* dubious, doubtful
dulden *v/t* to suffer/tolerate; **stillschweigend d.** to acquiesce (in)/connive (at)
Duldung *f* toleration, acquiescence, sufferance; **D.einer rechtswidrigen Handlung** connivance
Duldungs|bescheid *m* sufferance note; **D.-pflicht** *f* obligation to tolerate; **D.prokura** *f* agency by estoppel; **D.vollmacht** *f* authority by estoppel
Dunkelziffer *f* estimated number of undetected/unreported cases
Duplik *f* rejoinder
Durchfahrts|recht *nt* transit right, right of passage/way; **D.verbot** *nt* ban on through traffic
durchfechten *v/t* to fight sth. through (to the end), ~ through the courts
Durchfuhr *f* transit
durchführbar *adj* feasible; **D.keit** *f* feasibility
durchführen *v/t* to carry out/implement; **d.d** *adj* implementary, executive
Durchführung *f* implementation, execution; **D. eines Auftrags** execution of an order; **~ Gesetzes** implementation of a law; **zur D. kommen** to come into force
Durchführungs|abkommen *nt* implementing agreement; **D.anordnung** *f* implementing order; **D.befugnis** *f* implementing power(s); **D.bestimmungen** *pl* implementing provisions/regulations; **D.gesetz** *nt* implementing act; **D.verordnung** *f* executive decree/order; **D.vorschrift** *f* implementing/implementation rule
Durchgangs|recht *nt* *(Wegerecht)* right of way; **D.verkehr** *m* through traffic
Durchgriff *m* enforcement of liability; **D.s-haftung** *f* direct liability
durchkalkulieren *v/t* to cost
durchkommen *v/i* *(Antrag, Gesetz)* to be carried/enacted/passed, to pass
Durchschrift *f* copy
durchsetzbar *adj* enforceable; **nicht d.** unenforceable; **D.barkeit** *f* enforceability
durchsetzen *v/t* to enforce/assert
Durchsetzung *f* enforcement; **D. eines Anspruchs** enforcement of a claim; **~ Rechts** enforcement of a right
Durchsicht *f* inspection; **zur D. vorlegen** to submit for inspection
durchsuchen *v/t* to search
Durchsuchung *f* search; **D. und Beschlagnahme** search and seizure; **körperliche D.** body search
Durchsuchungs|befehl *m* search warrant;

D.befugnis *f* power(s) of search; **D.beschluss** *m* search order; **D.recht** *nt* right of search; **D.vollmacht** *f* power(s) of entry and search; **D.zeuge** *m* witness to a search

Dürftigkeitseinrede *f* plea of insufficient assets

E

echt *adj* authentic, genuine

Echtheit *f* authenticity, genuineness; **E. einer Unterschrift** authenticity of a signature; **~ Unterschrift nachprüfen** to ascertain the authenticity of a signature; **~ Urkunde** genuineness of a document

Echtheit von etw. feststellen to authenticate sth.

Echtheits|beweis *m* proof of authenticity; **E.zeugnis** *nt* certificate of authenticity

Edikt *nt* edict

Effekt *m* effect, result, outcome; **E.en** *pl (Wertpapiere)* securities; **E.enliste** *f* list of personal items/belongings **e.iv** *adj* effective

Ehe *f* marriage, matrimony, wedlock; **E. aufheben/auflösen/scheiden** to annul/dissolve a marriage; **E. eingehen/schließen** to marry, to enter into a marriage

anfechtbare Ehe voidable marriage; **freie E.** common-law marriage; **nichtige E.** void marriage; **vollzogene E.** consummated marriage; **wilde E.** cohabitation; **zerrüttete E.** broken marriage; **unheilbar ~** marriage which has broken down irretrievably

eheähnlich *adj* living together as husband and wife

Ehe|aufgebot *nt* banns; **E.aufhebung** *f* annulment/dissolution of marriage; **E.aufhebungsgrund** *m* ground for the annulment of marriage; **E.auflösung** *f* dissolution of marriage; **E.berater** *m* marriage counsellor; **E.betrug** *m (Vortäuschen einer Ehe)* jactitation of marriage

ehebrechen *v/i* to commit adultery

Ehebrecher *m* adulterer; **E.in** *f* adulteress

ehebrecherisch *adj* adulterous

Ehe|bruch *m* adultery; **E.dauer** *f* duration of marriage; **E.dispens** *m (Befreiung von Eheverboten)* marriage licence

ehefähig *adj* marriageable

Ehefähigkeit *f* capacity for marriage; **E.szeugnis** *nt* certificate of no impediment; **~ für Ausländer** certificate of no impediment for aliens

Ehefrau *f* wife; **misshandelte ~** battered wife

Ehegatte *m* spouse, marital partner; **geschiedener E.** divorced spouse; **überlebender E.** surviving spouse

Ehegatten *pl* spouses, husband and wife; **E.erbvertrag** *m* contract of succession between spouses; **E.pflichtteil** *m* compulsory portion for spouses; **E.testament** *nt* mutual will of spouses

Ehe|gemeinschaft *f* conjugal community; **E.gesetz** *nt* marriage act; **E.güterrecht** *nt* marriage property law, matrimonial property regime; **E.herstellungsklage** *f* petition for restitution of conjugal rights

Ehehindernis *nt* impediment to marriage; **absolutes E.** absolute impediment; **gesetzliches E.** legal impediment; **unheilbares E.** diriment impediment

Eheleute *pl* spouses, husband and wife

ehelich *adj* 1. matrimonial, conjugal, marital; 2. *(in der Ehe gezeugt)* legitimate; **e.en** *v/t* to marry/wed; **E.erklärung** *f* declaration of legitimacy; **E.keit** *f* legitimacy; **E.keitsanfechtung** *f* denial of legitimacy

Ehe|mann *m* husband; **E.mündigkeit** *f* capacity to marry, marriageable age; **E.name** *m* married name; **E.nichtigkeit** *f* nullity of marriage; **E.nichtigkeitsgrund** *m* diriment impediment; **E.nichtigkeitsklage** *f* petition to annul a marriage; **E.nichtigkeitsurteil** *nt* decree of nullity; **E.partner** *m* spouse; **E.prozess** *m* matrimonial case; **E.recht** *nt* matrimonial law; **E.sache** *f* matrimonial cause

Ehescheidung *f* divorce; **E.santrag** *m* petition for a divorce; **E.sgesetz** *nt* Matrimonial Causes Act *[GB]*; **E.sgrund** *m* ground for divorce; **E.sklage** *f* petition for a divorce; **~ einleiten** to institute divorce proceedings

Ehe|schließung *f* marriage; **E.stand** *m* 1. matrimony, marital status, wedlock; 2. *(Frau)* coverture; **E.störung** *f (durch Dritte)* interference with a marital relationship; **E.streitigkeit** *f* matrimonial dispute; **E.verbot** *nt* restraint of marriage; **E.verfehlung** *f* matrimonial offence;

E.vermittlung *f* marriage-broking; **E.versprechen** *nt* promise of marriage; **E.vertrag** *m* contract of marriage, marriage contract, matrimonial property agreement; **E.wohnung** *f* matrimonial home; **E.zeit** *f* period of marriage; **E.zerrüttung** *f* irretrievable breakdown
Ehrabschneider(in) *m/f* slanderer, calumniator
Euer Ehren *(Anrede)* Your Honour/Lordship *[GB]*
ehrenamtlich *adj* honorary; **e. tätig sein** to serve in an honorary capacity
Ehreneintritt *m* act of honour
Ehrengericht *nt* *(Ärzte, Rechtsanwälte etc.)* disciplinary tribunal
bürgerliche Ehrenrechte civil rights
ehrenrührig *adj* defamatory
Ehrenwort *nt* 1. word of honour; 2. *(Gefangener)* parole; **E. brechen** to break one's parole
ehrlich *adj* honest; **E.keit** *f* honesty
Ehrverletzung *f* 1. insult, defamation; 2. *(schriftlich)* libel; 3. *(mündlich)* slander
Eichamt *nt* Office of Weights and Measures *[GB]*, Bureau of Standards *[US]*
eichen *v/t* to standardize/calibrate
Eid *m* oath; **den E. ersetzende Bekräftigung** affirmation in lieu of oath; **an E.es Statt** in lieu of an oath
Eid ablegen to swear (to sth.), to take an oath; **jdm den E. abnehmen** to administer an oath to so.; **unter E. aussagen** to testify on oath, to depose; **durch E. bekräftigen** to affirm on oath; **E. brechen** to break an oath; **E. leisten/schwören** to swear (to sth.); **unter E. stehen** to be on (under) oath
assertorischer Eid assertory oath; **fahrlässiger E.** oath by negligence; **promissorischer E.** promissory oath
Eidbrüchige(r) *f/m* perjurer
Eides|abnahme *f* administration of an oath; **E.belehrung** *f* caution concerning an oath; **E.delikt** *nt* offence of false swearing; **e.fähig** *adj* eligible for taking an oath (before the court); **E.formel** *f* wording of the oath; **e.gleich** *adj* solemn; **E.helfer** *m* compurgator; **E.leistende(r)** *f/m* oathmaker, affiant *[US]*; **E.leistung** *f* swearing/taking an oath; **E.pflicht** *f* duty to take the oath
eidesstattlich *adj* in lieu of an oath
Eidesverletzung *f* violation of an oath
eidlich *adj* on oath
eigen *adj* own
Eigen- oder Fremdkapital *nt* own or borrowed capital
Eigenart *f* peculiarity; **persönliche E.** idiosyncrasy
Eigenbedarf *m* personal needs/requirement(s); **E.sklage** *f* action for own use; **E.skündigung** *f* notice on the grounds of self-possession
Eigen|behalt *m* retention; **E.besitz** *m* possession as of right, exclusive/proprietary possession; **E.besitzer(in)** *m/f* owner-occupier; **E.betrieb** *m* owner-operated municipal enterprise; **E.gebrauch** *m* own/personal use; **unrechtmäßiger ~** conversion; **E.gefahr** *f* personal/owner's risk; **E.geschäft** *nt* transaction on one's own account; **E.haftung** *f* owner's liability; **E.handel** *m* trading on one's own account
eigenhändig *adj* *(Unterschrift)* holographic, by one's hand, manu propria *(lat.)*
Eigen|händler *m* sole trader; **E.heim** *nt* owner-occupied house, privately owned house/residence; **E.kapital** *nt* equity capital; **E.macht** *f* interference with the possession of another; **verbotene ~** unlawful interference with the possession of another, private nuisance; **e.mächtig** *adj* acting without proper authority; **E.mächtigkeit** *f* arbitrary act; **E.name** *m* proper name; **E.nutz** *m* 1. own/personal profit; 2. self-interest
Eigenschaft *f* quality, attribute, capacity, property; **charakteristische E.en des Musters** *(Musterschutz)* design requirements; **in amtlicher E.** in an official capacity; **in seiner E. als** in his capacity of; **wesentliche E.** essential quality; **zugesicherte E.** warranted quality
Eigenschaftszusicherung *f* quality assurance, warranty of assured quality
eigen|sinnig *adj* wilful; **e.ständig** *adj* autonomous; **e.tlich** *adj* proper
Eigentum *nt* 1. ownership; 2. *(Objekt)* property; **E. nach Bruchteilen** tenancy in common; **E. an einem Grundstück** ownership of land, title to land; **erbrechtlich beschränktes ~** fee tail; **erbrechtlich uneingeschränktes ~** fee simple; **E. zur gesamten Hand** joint tenancy/ownership; **E. der öffentlichen Hand** public property; **E. an der Sache** title to tangible property; **~ beweglichen Sachen** personal

property, chattels; **~ unbeweglichen Sachen** title to real estate; **~ an der Ware** title to the goods

Eigentum abtreten to assign property; **E. auflassen** to convey a property; **E. belasten** to encumber/charge a property; **E. beschlagnahmen** to seize property; **uneingeschränkt als E. besitzen** to own outright; **E. erwerben** to acquire title (to sth.); **E. konkretisieren** to appropriate goods; **E. pfänden** to distrain property; **E. übertragen** 1. to convey ownership; 2.*(Grundeigentum)* to convey title to land; **E. veräußern** to dispose of/sell property; **E. verletzen** to trespass upon so.'s property; **E. verschaffen** to procure title; **sich das E. vorbehalten** to reserve title (to sth.)

mit Rechtsmängeln behaftetes Eigentum bad title; **belastetes E.** encumbered property; **beschränktes E.** restricted ownership; **einwandfreies E.** clear title; **erbrechtlich ~** fee tail, estate in tail; **fremdes E.** third-party property; **geistiges E.** intellectual property; **im gemeinsamen E.** jointly owned; **gemeinschaftliches E.** 1. communal property; 2. joint ownership; **gesamthänderisches E.** joint tenancy; **gewerbliches E.** proprietary right; **herrenloses E.** abandoned property; **lastenfreies E.** 1. unencumbered property; 2. clear title; **öffentliches E.** 1. public ownership; 2. public property; **persönliches E.** personal belongings/property, private property; **rechtmäßiges E.** good title; **sichergestelltes E.** recovered property; **treuhänderisches E.** trust property; **unbeschränktes E.** fee simple, absolute/outright ownership; **unbestreitbares E.** good title; **unvollständiges E.** imperfect title; **vermutliches E.** reputed ownership; **versicherbares E.** insurable property; **volles E.** good title

Eigentümer *m* proprietor, owner; **E. zu Bruchteilen** tenant in common; **E. zur gesamten Hand** joint tenants; **E. im Innenverhältnis** equitable owner; **E. auf Lebenszeit** owner for life

alleiniger Eigentümer sole owner; **augenscheinlicher E.** reputed owner; **derzeitiger E.** present owner; **eingetragener E.** owner of record, registered owner; **früherer E**. previous owner; **gutgläubiger E.** bona-fide owner; **mutmaßlicher E.** putative owner; **rechtlicher E.** legal owner; **rechtmäßiger E.** lawful/rightful owner; **treuhänderischer E.** fiduciary owner; **unumschränkter E.** absolute owner; **verfügungsbefugter E.** owner authorized to dispose; **allein ~ E.** sole and unconditional owner; **vermutlicher E.** putative owner; **wirklicher E.** true owner; **wirtschaftlicher E.** beneficial/equitable owner

Eigentümer|-Besitzer-Verhältnis *nt* owner-possessor relationship; **E.grundschuld** *f* owner's land charge; **E.haftung** *f* owner's liability; **E.hypothek** *f* owner's mortgage

Eigentümer|in *f* proprietress; **E.nießbrauch** *m* owner's right of usufruct; **E.rechte** *pl* owner's rights; **E.teilhypothek** *f* partial mortgage for the benefit of the owner; **E.wechsel** *m* change of owner(ship)

Eigentums|anspruch *m* title to property, right of ownership; **E.aufgabe** *f* 1. abandonment of a property; 2. relinquishment of title; **E.beeinträchtigung** *f (Grundstück)* trespass; **E.beschränkung** *f* restriction of title; **E.delikt** *nt* property offence; **E.erwerb** *m* acquisition of title/property; **abgeleiteter/derivativer ~** derivative acquisition of title; **gutgläubiger ~** bona fide acquisition of title; **originärer/ursprünglicher ~** original acquisition of title; **E.feststellungsklage** *f* title suit, action for a declaratory judgment on ownership; **E.feststellungsverfahren** *nt* title proceedings; **E.fiktion** *f* fiction of title; **E.freiheitsklage** *f* action for abatement; **E.folge** *f* devolution of title; **E.herausgabeanspruch** *m* claim (by the owner) for the return of property; **E.kriminalität** *f* property crime; **böswillige E.leugnung** slander of title; **E.nachweis** *m* 1. proof of ownership, title record; 2. *(Auszug)* abstract of title

Eigentumsrecht *nt* 1. title, proprietary right, fee simple; 2. *(ohne Rechtsmängel und Belastungen)* marketable title; **E. an Grundbesitz** title to land

dingliches Eigentumsrecht absolute title; **geistiges E.** intellectual property right; **verbrieftes E.** chartered title

Eigentums|schutz *m* protection of property; **E.störung** *f* actionable/private nuisance, trespass; **E.streitigkeit** *f* property dispute

Eigentumstitel *m* title; **abgeleiteter E.** derivate title; **fehlerhafter E.** imperfect title
Eigentumsübergang *m* transfer of ownership/title, devolution of ownership
Eigentumsübertragung *f* transfer of property/title, conveyance; **E.sverfahren** *nt* conveyancing
Eigentums|umschreibung *f* conveyancing; **E.urkunde** *f* document of title, title deed; **E.ursprung** *m* root of title; **E.vergehen** *nt* offence against property; **E.verletzung** *f* trespass, violation of property rights; **E.verlust** *m* loss of ownership; **E.-vermutung** *f* presumption of ownership/title; **E.verzicht** *m* relinquishment of ownership/ title
Eigentumsvorbehalt *m* reservation of ownership/title, retention of ownership *[US]*, ~ title; **unter E.** with reservation of title
Eigentumsvorbehalts|kauf *m* conditional sale; **E.klausel** *f* reservation/retention of title clause; **E.register** *nt* retention of title register
Eigentums|wechsel *m* change of ownership; **E.wohnung** *f* condominium (apartment) *[US]*, freehold flat *[GB]*, owner-occupied flat
eigenverantwortlich *adj* having sole responsibility; **E.keit** *f* sole responsibility
Eigen|verbrauch *m* own/personal consumption; **E.wechsel** *m* promissory note (P/N); **E.wert** *m* intrinsic value
sich eignen *v/refl* to lend itself (to sth.)
Eigner *m* owner, proprietor
Eignung *f* 1. *(Sache, Personen)* suitability; 2. *(Zweckdienlichkeit)* fitness (for the purpose); 3. *(Wählbarkeit)* eligibility; 4. *(Examen)* qualification; 5. *(Personen)* aptitude; **E. für Wohnzwecke** fitness for habitation; **fachliche E.** professional qualification(s)
Eignungs|klausel *f* eligibility clause; **E.-prüfung** *f* aptitude/fitness test
Eilverfahren *nt* summary proceedings
Einantwortungsurkunde *f [A]* ↘ **Erbschein**
einäscher|n *v/t* to cremate; **E.ung** *f* cremation
Einbauten *pl* fixtures and fittings; **~ durch Mieter** tenant's improvements
einbegriffen *adj* included
einbehalt|en *v/t* 1. to retain, to keep back; 2. *(abziehen)* to deduct; 3. *(Steuer)* to withhold; **E.ung** *f* 1. retention; 2. deduction; 3. withholding
einberufen *v/t* 1. *(Versammlung)* to convene/convoke; 2. *(Militär)* to draft/conscript; **E.e(r)** *f/m* conscript, draftee *[US]*
Einberufung *f* 1. convocation; 2. draft; **E.s-bescheid** *m* call-up/draft *[US]* order
einbezahl|en *v/t* to pay in; **e.t** *adj* paid-up
einbeziehen *v/t* to include/incorporate
Einbeziehung *f* inclusion; **unter E.** including, inclusive of; **stillschweigende E.** tacit inclusion
einbrechen *v/i* to break in(to), to break and enter/burgle
Einbrecher|(in) *m/f* burglar, housebreaker; **E.alarm** *m* burglar alarm
einbringen *v/t* 1. *(Geld)* to contribute; 2. *(Gesetzentwurf)* to introduce; 3. *(Rendite)* to yield; 4. *(Antrag)* to table/move
Einbringung *f* 1. contribution; 2. introduction; **E. eines Gesetzentwurfes** introduction of a bill
Einbruch *m* break-in, breaking and entering, burglary, housebreaking
Einbruchs|diebstahl *m* burglary; **E.dezernat** *nt* burglary squad, property crime unit; **E.serie** *f* spate of burglaries; **e.sicher** *adj* burglar-proof, tamper-proof; **E.sicherung** *m* burglar alarm; **E.versuch** *m* attempted burglary
einbürger|n *v/t* to naturalize; **E.ung** *f* naturalization; **E.ungsurkunde** *f* certificate of naturalization
Einbuße *f* impairment, loss
einbüßen *v/t* 1. to lose; 2. *(Recht)* to forfeit
Eindämmung *f* containment; **E.spolitik** *f* policy of containment
eindeutig *adj* unambiguous, clear, unequivocal
eindringen *v/i* 1. *(stören)* to intrude; 2. *(auch sexuell)* to penetrate; 3. *(mit Gewalt)* to enter by force
Eindringen *nt* 1. intrusion; 2. penetration; 3. entering; **E. in die Privatsphäre** invasion of privacy; **gewaltsames E.** forced/forcible entry
Eindringling *m* intruder, trespasser
Eindruck *m* impression
Einelternfamilie *f* single-parent family
einfach *adj* easy, simple
Einfahrt *f* 1. *(Grundstück)* entrance; 2. *(Einfahren)* entry
Einfall *m* *(Eindringen)* incursion, invasion

Einfamilienhaus *nt* single-family house, detached house *[GB]*
Einfluss *m* influence; **ungebührlicher E.** undue influence; **E.bereich** *m* sphere of influence
einfordern *v/t* to claim/demand
Einforderung *f* claim, demand; **E. von Zahlungen** demand for payment
einfried|en *v/t* *(Land)* to enclose; **E.ung** *f* enclosure
einfrieren *v/t* 1. to freeze; 2. *(Vertrag)* to suspend; 3. *(Projekt)* to shelve
einfügen *v/t* *(Klausel)* to insert/incorporate
Einfügung *f* insertion, incorporation
Einfuhr *f* ↘ **Import** import(ation); **E.abgabe** *f* import duty/levy; **E.bescheinigung** *f* import certificate; **E.bestimmungen** *pl* import regulations
einführen *v/t* 1. to import; 2. to introduce/adopt
Einfuhr|genehmigung *f* import licence; **E.kontingent** *nt* import quota; **E.lizenz** *f* import licence
Einführung *f* introduction; **E.sgesetz** *nt* introductory act
Einfuhrzoll *m* import duty/levy
Eingabe *f* petition, application; **E.frist** *f* period for filing a petition
Eingang *m* 1. *(Erhalt)* receipt; 2. *(Zugang)* entrance; **E.sdatum** *nt* date of receipt; **E.sformel** *f* preamble; **E.skorb** *m* *(Büro)* in-tray; **E.sstempel** *m* date stamp; **E.svermerk** *m* notice of receipt
ein|gebürgert *adj* naturalized; **e.gedrückt** *adj* dented
eingehen *v/i* 1. *(Risiko)* to incur; 2. *(Verpflichtung)* to enter into/undertake
Eingehung der Ehe *f* contracting a marriage
ein|gemeinden *v/t* to incorporate within a municipality; **e.geschlossen** *adj* included; **e.geschränkt** *adj* restricted; **e.geschrieben** *adj* registered; **e.gestanden** *adj* admitted, self-confessed
Eingeständnis *nt* admission, confession
ein|gestehen *v/t* to admit/acknowledge; **e.getragen** *adj* registered, incorporated; **nicht ~** unincorporated, unregistered
Eingeweihte(r) *f/m* insider
Eingewöhnungszeit *f* settling-in period
eingezahlt *adj* paid-up
eingreifen *v/i* 1. to interfere/intervene; 2. *(übergreifen)* to encroach (upon)
Eingreifen *nt* intervention, interference, action; **gerichtliches E.** judicial intervention; **sofortiges E. ist erforderlich** immediate action is required
Eingreiftruppe *f* *(Polizei)* flying/riot squad
Eingriff *m* 1. interference, intervention; 2. *(Übergriff)* encroachment, intrusion; **E. in die persönliche Freiheit** encroachment on (so.'s) personal liberty; **~ Rechte anderer** encroachment on others' rights
enteignender Eingriff expropriatory intervention; **enteignungsgleicher E.** inverse condemnation; **restriktiver E.** government interference
Eingriffe *pl* acts of intervention
Eingriffs|befugnisse *pl* powers of intervention; **E.ermächtigung** *f* power to intervene; **E.klausel** *f* intervention clause; **E.verwaltung** *f* executive administration
Einhalt *m* check; **E. gebieten** to put a stop (to sth.)
einhalten *v/t* *(befolgen)* to observe/comply with/abide by/adhere to/keep
Einhaltung *f* *(Befolgung)* observance, adherence (to), compliance (with); **E. eines Abkommens** adherence to an agreement, ~ a convention; **E. einer Bedingung** compliance with a condition; **~ Frist** meeting a deadline; **E. der Kündigungsfrist** complying with the period of notice; **E. von Verpflichtungen** meeting (of) commitments; **E. eines Vertrages** adherence to a contract; **E. der Vorschriften erzwingen** to enforce compliance with the provisions
Einhegungsrecht *nt* right of enclosure
einheimisch *adj* domestic, indigenous, local
Einheit *f* 1. unit, entity; 2. *(Einheitlichkeit)* unity; **E. der Rechtsordnung** unity of the legal system; **wirtschaftliche E.** economic unit
einheitlich *adj* uniform, standard; **E.e Europäische Akte** Single European Act
Einheitlichkeit *f* uniformity; **E. der Rechtsanwendung** uniformity in the application of the law; **~ Rechtsprechung** consistency of case law
Einheits|bedingungen *pl* standard conditions; **E.bewertung** *f* standard evaluation; **E.mietvertrag** *m* standard (form) lease; **E.privatrecht** *nt* harmonized private law; **E.satz** *m* flat/standard rate; **E.strafe** *f* standard penalty; **E.vertrag** *m* standard

form contract; **E.wert** *m* rateable/taxable value

einig *adj* in agreement

sich einigen *v/refl* to agree, to reach agreement; **~ außergerichtlich e.** to settle out of court; **~ gütlich e.** to settle amicably

Einigkeit *f* agreement

Einigung *f* 1. *(Übereinstimmung)* agreement, consensus 2. *(Regelung)* settlement; **außergerichtliche E.** out-of-court settlement; **dingliche E.** settlement in rem *(lat.)*; **gütliche E.** amicable settlement

E

Einigungs|angebot *nt* offer to settle; **E.mangel** *m* lack of agreement; **offener ~** overt lack of agreement; **versteckter ~** covert lack of agreement; **E.stelle** *f* conciliation committee/board; **E.verfahren** *nt* conciliation proceedings; **E.vertrag** *m* Unification Treaty

einklagbar *adj* actionable, enforceable, suable *[US]*; **nicht e.** non-actionable, unenforceable; **E.keit** *f* enforceability, suability *[US]*

einklagen *v/t* to sue for

Einklagung *f* action; **E. der Vertragserfüllung** action for performance of contract

einklammern *v/t* to bracket

Einklang *m* accord, agreement, harmony; **in E. bringen** to harmonize/reconcile; **~ stehen mit** to be in accordance with

Einkommen *nt* 1. *(Lohn)* income; 2. *(Einnahmen)* revenue(s); **E. aus selbstständiger Arbeit** self-employed income; **E. mit Quellenbesteuerung** income which is taxed at source; **E. vor Abzug der Steuern** pre-tax income; **berufliches E.** earned income; **nicht erarbeitetes E.** unearned income; **steuerpflichtiges E.** taxable income

einkommens|abhängig *adj* 1. income-related; 2. *(Beihilfe)* means-tested; **E.einbuße** *f* loss of income/earnings; **E.gefälle** *nt* income/pay differential, disparity of incomes; **E.gruppe** *f* income bracket; **E.pfändung** *f* attachment of earnings

Einkommensteuer *f* income tax; **E.behörde** *f* Inland Revenue Department *[GB]*, Internal Revenue Service (IRS) *[US]*; **E.bemessungsgrundlage** *f* income tax base; **E.bescheid** *m* income tax assessment; **E.erklärung** *f* income tax return; **E.gesetz** *nt* Income Tax Act *[GB]*; **E.hinterziehung** *f* income tax evasion; **E.prüfer** *m* tax inspector

Einkommensstufe *f* income bracket

Einkünfte *pl* income, revenues, emoluments; **E. aus nicht selbstständiger Arbeit** income from employment; **~ Vermietung und Verpachtung** income from rental and leasing; **~ gewerbsmäßiger Unzucht** immoral earnings; **entgangene E.** loss of earnings; **unerwartete E.** windfall profits

Einlage *f* deposit, invested capital

sich einlassen *v/refl* 1. *(Zivilprozess)* to enter an appearance, to make a statement; 2. *(Strafprozess)* to defend a case, to plead (to a charge)

Einlassung *f* 1. *(Zivilprozess)* (entering an) appearance; 2. *(Strafprozess)* defence, pleading (to a charge); **E. zur Hauptsache** plea on the merits of the claim; **~ Sache** plea on the substance of a claim

bedingte Einlassung conditional appearance; **bei nicht erfolgter E.** in case of default (of appearance)

Einlassungsfrist *f* period for filing a defence

einleg|en *v/t* 1. *(Beschwerde usw.)* to file/lodge; 2. *(Anlage)* to invest/deposit; **E.er** *m* investor, depositor

Einlegung *f* lodging, filing; **E. der Berufung** lodging an appeal; **E. eines Rechtsbehelfs** lodging a legal remedy; **E. einer Verfassungsbeschwerde** filing a constitutional complaint

einleiten *v/t* 1. to introduce; 2. to commence/initiate; 3. *(Verfahren)* to institute; **e.d** *adj* preliminary, opening

Einleitung *f* 1. introduction; 2. initiation; **E. eines Rechtsstreites** instituting (of) legal proceedings; **~ Strafverfahrens** instituting (of) criminal proceedings; **E. einer Untersuchung** opening of an investigation; **E. des Verfahrens** commencement of proceedings

Einleitungs|beschluss *m* decision to institute proceedings; **E.formel** *f* *(Urkunde)* caption, preamble

einliefern *v/t* to commit

Einlieferung *f* committal; **E. in das Gefängnis** committal to prison; **E.sbefehl** *m* committal order/warrant

einliegend *adj* enclosed

einlochen *v/t* *(coll)* to nick *(coll)*

einlösbar *adj* convertible, redeemable; **E.keit** *f* convertibility, redeemability

einlösen *v/t* to redeem/discharge

Einlösung *f* redemption, discharge; **E.sfrist** *f* redemption period; **E.sklausel** *f* redemption clause; **E.srecht** *nt* right of redemption
einmalig *adj* non-recurrent
Einmanngesellschaft *f* sole trader
sich einmischen *v/refl* to intervene/interfere
Einmischung *f* interference, intervention; **unbefugte E.** unauthorized intervention
Einmütigkeit *f* consensus ad idem *(lat.)*, unanimity
Einnahme|(n) *f/pl* receipt(s), revenue(s); **E.quelle** *f* source of income
einräumen *v/t* 1. *(zugestehen)* to acknowledge/admit/concede; 2. *(gewähren)* to allow/grant
Einräumung *f* concession, allowance; **E. eines Rechts** granting (of) a right
einrechn|en *v/t* to allow for/include; **E.ung** *f* inclusion
Einrede *f* plea, defence, demurrer, exception; **E. der mangelnden Aktivlegitimation** plea that the plaintiff is not the proper party; **~ Arglist** plea on the grounds of malice; **~ Erfüllung** plea in discharge; **~ mangelnden Geschäftsfähigkeit wegen Geisteskrankheit** plea of insanity; **E. ohne Leugnung des Klageanspruchs** confession and avoidance; **E. der mangelnden Passivlegitimation** plea that the defendant is not the proper party; **~ mangelnden Prozessfähigkeit** plea of lack of capacity to sue and be sued; **~ Rechtshängigkeit** plea of pendente lite *(lat.)*; **~ Rechtskraft** plea of res judicata *(lat.)*; **~ Unzulässigkeit** equitable estoppel; **~ Unzurechnungsfähigkeit** plea of insanity, ~ lack of capacity; **~ Unzuständigkeit** plea of want of jurisdication; **~ Verjährung** plea that the claim is statute-barred; **~ Veröffentlichung** plea of prior publication; **E. des nicht erfüllten Vertrages** plea of non-performance, defence of lack of performance; **E. der Verurteilung in gleicher Sache** autrefois convict
Einrede erheben to enter a plea; **E. geltend machen** to put in a plea; **E. vorbringen** to plead in defence
absolute/peremptorische/rechtsausschließende Einrede peremptory plea; **aufschiebende/dilatorische E.** dilatory plea; **begründete E.** good defence; **prozesshindernde E.** plea in bar of trial, (legal) objection/demurrer to an action; **rechtshindernde E.** plea in law; **unbegründete E.** unfounded plea; **unzulässige E.** improper plea
einredebehaftet *adj* subject to a plea/defence
einreich|en *v/t* to submit/present/file/lodge; **E.er** *m* presenter
Einreichung *f* presentation, submission, filing; **E. eines Antrags** filing (of) an application; **E. einer Klage** filing (of) an action, institution of an action; **E. von Schriftsätzen** submission of pleadings **E. einer Strafanzeige** laying (of) an information, bringing (of) a criminal charge; **~ Urkunde** exhibition of a document
Einreichungs|datum *nt* filing date; **E.termin** *m* deadline for applications
Einreise *f* entry; **unerlaubte E.** illegal immigration
Einreise|beschränkungen *pl* measures restricting entry; **E.dokumente** *pl* entry documents; **E.erlaubnis** *f* entry permit; **E.karte** *f* landing card; **E.sichtvermerk; E.visum** *m/nt* entry visa
einrichten *v/t* to set up/establish
Einrichtung *f* 1. *(Institution)* establishment, institution, organization; 2. *(Wohnung)* (fittings and) furnishings; 3. *(Ausstattung)* fixtures and fittings; 4. *(Eröffnung)* opening; **gemeinnützige E.** non-profit-making institution; **mildtätige E.** charity; **soziale E.en** social facilities; **überstaatliche E.** supranational institution; **zwischenstaatliche E.** international institution
Einrichtungsgegenstände *pl* fixtures and fittings
Einsatz *m* 1. *(Verwendung)* use, employment, deployment; 2. *(Aktion)* assignment, operation 3. *(Risiko)* risk; 4. *(Wette)* stake; **unter E. aller zur Verfügung stehenden Mittel** using all the available means; **verdeckter E.** undercover operation
Einsatz|besprechung *f* briefing; **e.fähig** *adj* 1. *(Maschinen)* operational, in (good) working condition; 2. *(Person)* fit for employment, able-bodied; **E.kommando** *nt* task force; **E.leiter** *m* head of operations; **mobiles E.kommando (MEK)** mobile intervention squad; **schneller E.verband** rapid reaction force; **E.zentrale** *f (Polizei)* incident room

E

Einschaltung *f* recourse; **ohne E.** without recourse (to)
einschätzen *v/t* to assess/appraise/evaluate/estimate
Einschätzung *f* assessment, appraisal, evaluation, opinion; **richterliche E.** judicial assesment
einschenken *v/t* to pour out; **zu wenig e.** to give short measure
sich einschiffen *v/refl* to embark
Einschiffung *f* embarkation; **E.shafen** *m* port of embarkation
Einschläferungsverfügung *f* *(Tiere)* destruction order
einschlägig *adj* pertinent, relevant
einschleus|en *v/t* 1. to smuggle in; 2. to infiltrate; **E.ung** *f* smuggling in
einschließen *v/t* to include; **stillschweigend e.** to imply
einschließlich *prep* inclusive (of), including; **bis e.** until and including
Einschluss *m* inclusion; **mit E. von** including
sich einschmeicheln *v/refl* to ingratiate os. (with so.)
einschneidend *adj* drastic, far-reaching, profound, radical
einschränken *v/t* 1. *(reduzieren)* to reduce/curtail/cut; 2. *(beschränken)* to curb/limit/restrict; 3. *(Vorbehalt)* to qualify; **e.d** *adj* restrictive
Einschränkung *f* 1. *(Beschränkung)* limit, restraint, restriction; 2. *(Vorbehalt)* reservation; 3. *(Kürzung)* reduction; **ohne E.** without reservation; **E. der Freiheit** curtailment/restriction of freedom; **E. von Grundrechten** restriction of civil liberties; **E. des Wettbewerbs** restraint of trade
Einschreibebrief *m* registered letter; **E. mit Rückschein** recorded-delivery letter
sich einschreiben *v/refl* to register/enrol; **E.** *nt* registered letter; **~ mit Rückschein** recorded-delivery letter
Einschreibung *f* enrolment, registration
einschreiten *v/i* 1. to intervene; 2. *(gerichtlich)* to proceed, to take legal steps; 3. *(Maßnahmen ergreifen)* to take action; 4. *(unberechtigt)* to interfere; **E.** *nt* intervention
einschüchtern *v/t* to intimidate
Einschüchterung *f* intimidation; **E.sversuch** *m* attempt to intimidate
Einschuss *m* bullet hole, point of entry
einsehen *v/t* 1. *(Akten)* to inspect; 2. *(begreifen)* to understand/see/realize
einseitig *adj* unilateral; **E.keit** *f* one-sidedness
einsend|en *v/t* to send in; **E.er** *m* sender
einsetzen *v/t* 1. *(ernennen)* to appoint; 2. *(einfügen)* to insert; 3. *(ins Leben rufen)* to set up/establish
Einsetzung *f* 1. appointment; 2. institution, establishment, setting up; **E. eines Ersatzerben** substitution of an heir; **E. der Geschworenen** empanelling (of) the jury; **E. eines Nacherben** nomination of a subsequent heir; **~ Testamentvollstreckers** appointment of an executor
gegenseitige Einsetzung mutual appointment
Einsicht *f* 1. inspection, examination; 2. *(Verständnis)* insight, understanding; **zur E. von** for the inspection of; **E. in die Akten** inspection of the files; **~ Bücher** inspection of the books
zur Einsicht ausliegen to be open for inspection; **E. gewähren** to allow inspection; **E. haben/nehmen** to inspect; **zur E. vorlegen** to submit for inspection
mangelnde Einsicht lack of understanding
einsicht|ig *adj* understanding; **E.nahme** *f* inspection
Einsichts|fähigkeit *f* capacity to understand; **E.recht** *nt* right of inspection
einspar|en *v/t* to save; **E.ung** *f* savings
einsperren *v/t* to imprison, to take into custody, to put behind bars, to incarcerate
Einsprache *f [CH]* ↘ **Einspruch**
einsprechen *v/t* to oppose
Einspruch *m* 1. objection, defence; 2. *(Patentrecht)* opposition; 3. *(Rechtsmittel)* appeal, motion *[US]*, demurrer; **E. des Freispruchs in gleicher Sache** autrefois acquit
Einspruch einlegen to enter a caveat, to object, to file/lodge an objection; **E. erheben** to oppose/object; **einem E. stattgeben** to allow an appeal; **dem E. wird nicht stattgegeben** objection overruled; **E. verwerfen** to overrule an objection; **E. zurücknehmen** to withdraw an objection; **E. zurückweisen** to dismiss an objection
begründeter Einspruch well-founded objection; **zulässiger E.** admissible opposition

Einspruchs|begründung *f* argument in support of an objection; **E.einlegung** *f* notice of opposition, lodging (of)/filing (of) an objection; **E.erhebende(r)** *f/m* objector; **E.erwiderung** *f* rejoinder to an objection, counterstatement in opposition proceedings; **E.frist** *f* deadline for filing an objection; **E.recht** *nt* veto, right to object; **E.verfahren** *nt* opposition proceedings

einspurig *adj* single-lane

Einstands|kosten *pl* prime cost(s); **E.wert** *m* value at cost

einstehen für *v/i* 1. *(ZR)* to be liable for; 2. *(StR)* to answer for

Einsteigedieb *m* *(Fassadenkletterer)* cat burglar

einstellen *v/i* 1. *(beschäftigen)* to engage/employ/hire/recruit; 2. *(beendigen)* to discontinue/cease/terminate; 3. *(aufgeben)* to abandon/drop; 4. *(schrittweise)* to phase out; 5. *(aussetzen)* to stay/suspend

Einstellung *f* 1. *(Anstellung)* hiring, employment; 2. *(Aussetzung)* stay, suspension; 3. *(Aufgabe)* abandonment; **E. unbegründeter Anzeigen** dropping of ill-founded charges; **E. des Ermittlungsverfahrens** nolle prosequi *(lat.)*; **~ Verfahrens** 1. *(Strafprozess)* dismissal of criminal proceedings, withdrawal of prosecution; 2. *(Zivilprozess)* stay of proceedings, abatement of action; **E. der Zwangsvollstreckung** stay of execution

einstweilige Einstellung (provisional) stay of proceedings; **vorläufige E.** suspension

Einstellungs|bedingung *f* condition of employment; **E.bescheid** *m* stoppage order; **E.beschluss** *m* order to stay proceedings, decision to drop charges, dismissal of the charge, order to dismiss a case; **E.schreiben** *nt (Ernennung)* letter of appointment; **E.verfügung** *f* writ of supersedeas *(lat.)*, nolle prosequi *(lat.)*; **E.vertrag** *m* contract of employment

Einstiegsdroge *f* (soft) precursor drug

einstimmig *adj* unanimous; **E.keit** *f* unanimity

einstuf|en *v/t* to classify; **E.ung** *f* classification, categorization; **~ als kein Sicherheitsrisiko** security clearance

einstweilig *adj* temporary, provisional, interim, interlocutory

Eintausch *m* exchange, barter, swap; **im E. gegen etw.** in exchange/return for sth.; **E.wert** *m* trade-in value

Eintrag *m* 1. *(Buch usw.)* entry; 2. *(Führerschein)* endorsement

eintragen *v/t* to enter/register, to make an entry

einträglich *adj* remunerative, lucrative, profitable

Eintragung *f* registration, entry, entering, recording; **E. einer Belastung** *(Grundbuch)* registration of a (land) charge; **E. im Grundbuch** entry in the land (charges) register; **~ Handelsregister** entry in the register of companies, company registration; **E. einer Hypothek** registration of a mortgage; **E. in ein Register** registration **E. des Urteils** entry of judgment

der Eintragung bedürfen to require registration; **E. berichtigen** to correct an entry; **E. löschen** to delete an entry; **nachträgliche E.** subsequent entry; **unrichtige E.** false entry

Eintragungs|antrag *m* application for registration; **E.beschluss** *m* registration order; **E.bewilligung** *f* authorization for registration; **E.buch** *m* register; **E.fähigkeit** *f* registrability; **E.gebühr** *f* registration fee; **E.hindernis** *nt* bar to registration; **E.nummer** *f* registration number

eintragungspflichtig *adj* subject to registration

Eintragungs|verfahren *nt* registration procedure; **E.voraussetzungen** *pl* registration requirements; **E.zwang** *m* compulsory registration

eintreib|bar *adj* collectible, recoverable; **E.barkeit** *f* recoverability; **e.en** *v/t* to collect/recover; **E.ung** *f* collection, recovery; **~ von Schulden** recovery of debts

eintreten *v/i* 1. *(entstehen)* to arise, 2. *(Haftung)* to accrue; 3. *(Ereignis)* to occur, to supervene; **e. für** to advocate

Eintreten *nt* 1. *(Ereignis)* occurrence, incidence, event; 2. *(Befürwortung)* advocacy; 3. admission, entry

Eintritt verboten *m* no entry; **E. der Bedingung** occurrence of the event; **nach dem E. des Erbfalles** after the death of the testator; **E. des schädigenden Ereignisses** occurrence of loss; **~ die Klage begründenden Ereignisses** occurrence of the cause of action; **bei E. der Fälligkeit** at maturity; **E. höherer Gewalt** occurrence of force majeure; **bei ~** in the

E

event of force majeure; **E. in Rechte** subrogation; **E. der Rechtsfolgen** occurrence of the legal consequences; **~ Rechtshängigkeit** occurrence of pendency; **nach ~ Rechtshängigkeit** on occurrence of pendency; **~ Rechtskraft** *(Entscheidung)* date on which a decision becomes final; **E. des Schadensfalls** occurrence of loss; **~ Unfalls** occurrence of the accident; **E. der Verjährung** commencement of the limitation period; **E. des Versicherungsfalls** occurrence of the event insured, ~ contingency; **~ Verzuges** occurrence of default; **bei E. der Volljährigkeit** on reaching majority, ~ coming of age

Eintritts|alter *nt* age at entry; **E.dingungen** *pl* entry terms; **E.recht** *nt* right of entry

Einvernahme *f* interrogation, questioning

Einvernehmen *nt* understanding, agreement; **im beiderseitigen/gegenseitigen E.** by mutual consent; **geheimes E.** collusion

einvernehmlich *adj* amicable; *adv* by mutual consent

einverstanden *adj* agreed; **e. sein** to agree (to)

Einverständnis *nt* accord, agreement, consent, approval; **im E. mit** in agreement/consultation with

beiderseitiges Einverständnis mutual agreement; **geheimes E.** collusion, secret agreement; **in geheimem E. mit jdm handeln** to collude with so.; **mündliches E.** oral consent; **schriftliches E.** written consent; **stillschweigendes E.** tacit agreement/consent

Einwand *m* objection, defence, plea, demurrer; **ohne E.** without demur; **E. der Arglist** defence of malice; **~ Nichtigkeit** plea of nullity; **~ unzulässigen Rechtsausübung** plea of estoppel; **~ Rechtskraftwirkung** plea of res judicata *(lat.)*; **~ mangelnden Schlüssigkeit** demurrer

Einwand entkräften to refute an objection; **E. erheben/machen** to raise an objection, to demur; **E. vorbringen** to file an objection

berechtigter Einwand good defence; **rechtshemmender E.** estoppel; **schikanöser E.** vexatious plea

Einwander|er *m* immigrant; **e.n** *v/i* to immigrate

Einwanderung *f* immigration

Einwanderungs|beschränkungen *pl* immigration restrictions; **E.gesetze** *pl* immigration laws; **E.sperre; E.verbot** *f/nt* ban on immigration

einwandfrei *adj* faultless; **juristisch e.** legally correct/watertight

Einweg|flasche *f* disposable bottle; **E.spritze** *f* disposable syringe

einweisen *v/t* 1. *(Anstalt)* to commit; 2. *(Unterweisung)* to instruct/brief

Einweisung *f* 1. committal; 2. instruction, briefing; **E.sbeschluss; E.sverfügung** *m/f* committal order

einwenden *v/t* to object/plead

Einwendung *f* exception, objection, defence, plea; **E. der Nichtigkeit** plea of nullity; **~ mangelnden Schlüssigkeit** demurrer

rechtliche Einwendung objection on a point of law; **rechtshemmende E.** estoppel, plea by way of traverse; **rechtsvernichtende E.** plea in bar, plea by way of confession and avoidance; **unzulässige E.** inadmissible objection; **verzögernde E.** dilatory plea

Einwendungen erheben/vorbringen to raise objections

einwilligen *v/t* to consent/agree

Einwilligung *f* consent, agreement; **mit E.** with so.'s consent; **ohne E.** without consent

Einwilligung des Ehegatten consent of the spouse; **E. der Eltern des Kindes** parental consent; **E. des Kindes** consent of the child; **~ gesetzlichen Vertreters** consent of the legal representative; **E. einholen** to obtain consent; **E. verweigern** to withhold consent

ausdrückliche Einwilligung express approval; **elterliche E.** parental consent; **fehlende E.** absent consent; **mutmaßliche E.** presumed consent; **stillschweigende E.** acquiescence, implied/tacit consent

Einwilligungs|alter *nt* *(Ehe, Sexualverkehr)* age of consent; **E.erklärung** *f* declaration of consent; **E.pflicht** *f* duty to consent; **E.vorbehalt** *m* reservation of consent

einwirken *v/i* to influence/affect

Einwirkung *f* influence; **E. Dritter** influence of third parties

Einwohner(in) *m/f* inhabitant, resident;

E.meldeamt *nt* residents' registration office
Einwurf *m* objection
einzahl|en *v/t* to pay in/deposit; **E.er** *m* depositor; **E.ung** *f* inpayment, deposit
Einzel|abrede *f* special agreement; **E.anspruch** *m* individual claim; **E.befugnis** *f* individual authority; **E.besitzverhältnis** *nt* several tenancy; **E.ermächtigung** *f* individual authorization **E.fall** *m* special case; **E.fallentscheidung** *f* individual decision; **E.fallprüfung** *f* individual case study; **E.fallrecht** *nt* case law; **E.firma** *f* sole trader, single proprietorship; **E.gänger(in)** *m/f* loner; **E.haft** *f* solitary confinement; **E.haftung** *f* personal liability
Einzelhandel *m* retail trade; **E.sgeschäft** *f* retail outlet/shop/store
Einzelhändler *m* retailer
Einzel|heit *f* detail; **E.en** *pl* particulars; **~ der Schriftsätze** particulars of the pleadings
Einzelkaufmann *m* sole trader, single proprietor
einzeln *adj* single, individual, separate
Einzel|person *f* individual; **E.prokura** *f* sole power of attorney; **E.rechtsnachfolge** *f* single succession
Einzelrichter(in) *m/f* judge sitting alone; **E. ohne Öffentlichkeit** judge in chambers
Einzelschuld *f* single/several debt; **E.ner** *m* several/sole debtor; **E.verhältnis** *nt* single/several debt
Einzel|teil *nt* part; **E.treuhänder** *m* sole trustee; **E.unternehmen; E.unternehmung** *nt/f* sole trader; **E.vermächtnis** *nt* specific legacy; **E.vermächtnisnehmer(in)** *m/f* sole legatee; **E.vertrag** *m* sole agreement; **E.vertretung; E.vertretungsmacht** *f* sole agency; **E.vollmacht** *f* sole power of attorney, ~ authority; **E.vormund** *m* sole guardian; **E.zelle** *f* oneman cell; **E.zwangsvollstreckung** *f* individual enforcement/execution
einziehbar *adj* 1. *(beitreibbar)* collectible, recoverable; 2. *(konfiszierbar)* seizable
einziehen *v/t* 1. *(Gelder)* to collect/recover; 2. *(beschlagnahmen)* to seize; 3. (*Nachlassgut*) to escheat
Einziehung *f* 1. collection, recovery; 2. seizure; **E. von Außenständen** collection of accounts receivable; **E. des Besitzes** dispossession; **~ Erbscheins** revocation of the probate; **E. von Forderungen** collection of receivables, ~ accounts receivable; **E. des Führerscheins** forfeiture of the driving licence; **~ Vermögens** confiscation of property
Einziehungs|befugnis *f (Konto)* direct debit mandate; **E.beschluss** *m* collection order; **E.ermächtigung** *f* authority to collect
Einziehungs|recht *nt* right of recovery; **E.-verfahren** *nt* collection procedure; **E.verfügung** *f* confiscation/sequestration order; **E.vollmacht** *f* power of collection
Einzug *m* collection
Einzugs|ermächtigung *f (Konto)* direct debit mandate; **E.gebiet** *nt* catchment area; **E.verfahren** *nt* direct debit(ing)
einzwängen *v/t* to constrain/constrict
Elektrizitätsentziehung *f* abstraction of electricity
Elementarereignis *nt* act of God
Elend *nt* hardship
elterlich *adj* parental
Eltern *f* parents; **an E. Statt** in loco parentis *(lat.)*; **getrennt lebende E.** parents living apart
Eltern|mord *m* parenticide; **E.pflicht** *f* parental duty; **E.pflichtteil** *m* compulsory portion of a parent; **E.recht** *nt* parents' right
Elternteil *m* parent; **alleinerziehender E.** single parent; **nicht sorgeberechtigter E.** parent not having the care and custody of a child; **unterhaltpflichtiger E.** parent obliged to provide maintenance
Elternvermögen *nt* parents' assets
Emanzipation *f* emancipation
Embargo *nt* embargo; **E. aufheben** to lift an embargo; **E. verhängen** to impose an embargo
Emigrant(in) *m/f* emigrant
Emigr|ation *f* emigration; **e.ieren** *v/i* to emigrate
Emission *f* 1. *(Dokument)* issuance; 2. *(Wertpapier)* issue; 3. *(Umwelt)* emission; **E. von Schuldverschreibungen** issue of debentures; **E.shandel** *m* emissions trading; **E.szertifikat** *nt* waste emissions certificate
Empfang *m* receipt, reception; **zahlbar bei E.** payable on receipt
Empfang bestätigen to acknowledge receipt; **in E. nehmen** to accept; **E. quittieren** to receipt

empfangen *v/t* to receive
Empfänger(in) *m/f* recipient, receiver, transferee; **E. einer Jahresrente** annuitant
Empfangnahme *f* receipt, acceptance
Empfängnis *f* conception
Empfangs|anzeige *f* notice of receipt; **E.-bekenntnis** *nt* acknowledgement of receipt
empfangsberechtigt *adj* authorized to receive; **E.e(r)** *f/m* beneficiary, authorized recipient
Empfangs|berechtigung *f* authorization to receive; **E.bescheinigung; E.bestätigung** *f* acknowledgement of service, receipt; **E.bevollmächtigte(r)** *f/m* authorized recipient; **E.datum** *nt* date of receipt; **E.schein** *m* receipt; **E.zuständigkeit** *f* competence to receive
empfehl|en *v/t* to recommend; **E.ung** *f* recommendation
End|alter *nt* *(Lebensvers.)* age of maturity; **E.bescheid** *m* final decision; **E.betrag** *m* (grand) total
Ende *nt* termination; **E. des Mietverhältnisses** termination of tenancy; **E. und Verlängerung der Pacht** termination and renewal of lease
end|en *v/i* to terminate; **e.gültig** *adj* 1. final; 2. *(Urteil)* absolute; **e.igen** *v/ti* to cease
End|termin *m* deadline; **E.urteil** *nt* definitive/final decision; **E.verbraucher(in)** *m/f* end user
Energie *f* energy; **elektrische E.** electrical energy
Energie|haftungsrecht *nt* energy liability law; **E.lieferungsvertrag** *m* energy supply contract; **E.recht** *nt* energy law; **E.versorgungsunternehmen (EVU)** *nt* energy-supply company, public utility
Engpass *m* bottleneck
Enklave *f* enclave
sich entäußern *v/refl* to alienate
Entäußerung *f* alienation
entbehrlich *adj* dispensable, unnecessary
entbind|en *v/t* to discharge/release/relieve; **E.ung** *f* discharge, release, dispensation
entdeck|en *v/t* *(aufdecken)* to detect; **E.ung** *f* detection
enteignen *v/t* to expropriate/condemn *[US]*
Enteignung *f* 1. expropriation, condemnation *[US]*; 2. *(Grundbesitz)* compulsory purchase
Enteignungs|anordnung; E.verfügung *f* compulsory purchase order; **E.bescheid** *m* notice of expropriation; **E.beschluss** *m* 1. expropriation/condemnation *[US]* order; 2. *(gegen Entschädigung)* compulsory purchase order; **E.gesetz** *nt* Compulsory Purchase Act *[GB]*; **E.recht** *nt* right of expropriation, eminent domain
enterb|en *v/t* to disinherit; **E.ung** *f* disinheritance
entfällt *v/i* *(Formular)* not applicable
entfalten *v/t* to develop
Entfaltung *f* development; **E. seiner Persönlichkeit** development of one's personality
entfernen *v/t* to remove/oust ; **unerlaubtes E. vom Unfallort** *n* hit-and-run offence, failure to stop after an accident
Entfernung *f* 1. distance; 2. removal, ouster; **E. aus dem Amt** removal from office, dismissal; **aus kurzer E.** at close range; **unerlaubte E.** absence without leave (AWOL)
Entfremdung *f* 1. estrangement; 2. *(Eherecht)* alienation of affections
entführ|en *v/t* to abduct/kidnap/hijack; **E.er(in)** *m/f* abductor, kidnapper, hijacker
Entführung *f* abduction, kidnapping, hijack(ing); **E. Minderjähriger** abduction of minors
entgangen *adj* *(Gewinn)* lost
entgegen|gesetzt *adj* counter-, opposite, reverse; **e.halten** *v/t* to reply
Entgegen|haltung *f* reply, rejoinder; **E.-nahme** *f* receipt, acceptance
entgegen|nehmen *v/t* to accept; **e.stehend** *adj* adverse; **e.wirken** *v/i* to counteract/thwart
entgegnen *v/t* to reply/retort
Entgegnung *f* 1. replication; 2. *(Duplik)* rejoinder
Entgelt *nt* consideration, compensation, remuneration; **als E. für** as consideration for; **E. für Leistungen** remuneration for services rendered; **~ Schaden** compensation for damage; **angemessenes E.** adequate remuneration; **übliches E.** standard/usual remuneration; **vereinbartes E.** agreed consideration
entgelten *v/t* to remunerate/compensate
entgeltlich *adj* for (valuable) consideration

enthaft|en *v/t* to release (so.) from liability; **E.ung** *f* release from liability
sich enthalten *v/refl* to abstain
Enthaltsamkeit *f* abstinence
Enthaltung *f* abstention
enthaupt|en *v/t* to behead/decapitate; **E.ung** *f* 1. beheading, execution; 2. *(Unfall)* decapitation
entheben *v/t* to relieve
enthüllen *v/t* to disclose/divulge/reveal/expose
Enthüllung *f* disclosure, revelation, exposure; **E. vertraulicher Informationen** disclosure of confidential information; **E.sjournalismus** *m* investigative journalism
Entkommen *nt* escape; **e.** *v/i* to escape
entkräft|en *v/t* to invalidate/refute; **E.ung** *f* invalidation, refutation
entkriminalisier|en *v/t* to decriminalize; **E.ung** *f* decriminalization
entlarv|en *v/t* to reveal; **E.ung** *f* detection
entlassen *v/t* 1. *(Stellung)* to dismiss/sack *(coll)*; 2. *(Haft)* to release; 3. *(Verantwortung)* to discharge/release; **fristlos e.** to dismiss (so.) without notice
Entlassung *f* 1. dismissal, sacking *(coll)*; 2. release; 3. discharge, removal, **E. aus dem Amt** removal from office; **~ der Haft** release from custody; **~ der Haftung** release from liability; **~ einer Verbindlichkeit** discharge from an obligation; **E. des Vormunds** discharge of the guardian
bedingte Entlassung conditional release; **fristlose E.** dismissal without notice, instant dismissal; **gerechtfertigte E.** fair dismissal; **unbeschränkte E.** absolute discharge; **(sozial) ungerechtfertigte E.** unfair dismissal; **vorläufige E.** suspension; **ohne vorzeitige E.** *(StR)* without parole
Entlassungs|abfindung *f* severance/redundancy pay(ment); **E.beschluss** *m* order of dismissal; **E.entschädigung** *f* compensation for dismissal; **E.geld** *nt* redundancy/severance pay; **E.grund** *m* cause/ground/reason for dismissal; **E.schein** *m* certificate of discharge; **E.verfahren** *nt* dismissal procedure(s)
entlasten *v/t* to discharge/relieve/exonerate; **sich e.** *v/refl* to clear/exonerate os.; **e.d** *adj* exonerating
Entlastung *f* 1. *(Verdacht)* exoneration; 2. *(Entlasten)* relief; 3. discharge; 4. *(Freisprechen)* exculpation; **E.santrag** *m* petition for discharge; **E.sbeweis** *m* exonerating evidence; **E.szeuge** *m* defence witness, witness for the defence
entlegen *adj* remote; **E.heit** *f* remoteness
entleih|en *v/t* to borrow; **E.er(in)** *f/m* borrower
entlohnen *v/t* to remunerate/pay
Entlohnung *f* remuneration, pay(ment); **E. von Dienstleistungen** remuneration for services rendered
entmündigen *v/t* to place (so.) under the control of a guardian, ~ guardianship; **jdn e.** to declare a person legally incapable
Entmündigte(r) *f/m* person deprived of legal capacity, ~ under guardianship
Entmündigung *f* legal incapacitation, deprivation of legal capacity
Entmündigungs|antrag *m* petition in lunacy; **E.beschluss** *m* order certifying so. legally incapable, ~ of guardianship; **E.verfahren** *nt* lunacy proceedings
Entnahme *f* withdrawal, drawings; **E. von Körperorganen** removal of organs (of the body); **E.recht** *nt (Teilhaber)* drawing right
entnehmen *v/t* to withdraw
jdn entrechten *v/t* to deprive so. of his rights
Entrechtung *f* deprivation of rights
entricht|en *v/t* to pay/defray; **E.ung** *f* payment, defrayal
entschädigen *v/t* 1. to indemnify/compensate; 2. *(rückerstatten)* to reimburse
Entschädigung *f* 1. compensation, damages, indemnification, restitution, indemnity; 2. reimbursement; **E. in Geld** pecuniary compensation; **E. für Rechtsverlust** compensation for loss of a right; **~ Rufschädigung** stigma damages; **~ immateriellen Schaden** solace; **~ Verdienstausfall** compensation for loss of earnings
Entschädigung beanspruchen to claim compensation; **E. zuerkennen/zusprechen** to award compensation
angemessene Entschädigung fair and reasonable compensation; **billige E.** fair compensation; **einmalige E.** lump-sum compensation; **freiwillige E.** ex-gratia payment; **vertraglich vereinbarte E.** liquidated damages; **volle E.** full compensation

E

Entschädigungs|anspruch *m* claim for compensation/damages; **E.antrag** *m* petition for compensation; **e.berechtigt** *adj* eligible for compensation; **E.fonds** *m* compensation fund; **E.gericht** *nt* claims tribunal; **E.last** *f* indemnification charges; **E.leistung** *f* indemnification, compensation; **E.pflicht** *f* duty to pay compensation, liability for compensation; **e.pflichtig** *adj* liable for compensation; **E.recht** *nt* right to compensation; **E.stelle** *f* claims department; **E.summe** *f* damages, quantum (of damages); **E.vereinbarung** *f* compensation agreement; **E.verfahren** *nt* compensation proceedings; **E.zahlung** *f* compensation/compensatory payment

Entscheid *m* decision, ruling

entscheiden *v/t* 1. to decide/hold/rule; 2. *(ZR)* to adjudicate/(ad)judge; **schiedsrichterlich e.** to arbitrate

entscheidend *adj* decisive, crucial, conclusive

Entscheidung *f* 1. decision, ruling; 2. adjudication; **E. nach Aktenlage** decision on the records; **~ Gutdünken** discretionary decision; **E. über die Kosten** decision on costs; **E. durch den Richter** judicial decision/ruling; **E. des Vormundschaftsgerichts** decision by the guardianship court

Entscheidung der unteren Instanz abändern to modify/reverse the decision of the lower court; **E. anfechten** to challenge a decision; **E. aufheben** to quash a decision; **E. aufrechterhalten** to uphold a decision; **E. begründen** to substantiate a decision; **E. fällen/treffen** to make a decision, to rule/decide; **E. verkünden** to pronounce a judgment; **E. mit Gründen versehen** to state the reasons for the decision; **E. vertagen** to postpone a decision; **zur E. vorlegen** to submit for decision

abschließende Entscheidung final decision; **abweichende E.** dissenting decision; **abweisende E.** dismissal; **angefochtene E.** decision appealed against; **aufgehobene E.** decision set aside; **behördliche E.** official decision; **beschwerdefähige E.** appealable decision; **bindende E.** binding decision; **einschlägige E.** *(Präzedenzfall)* precedent; **~, aber nicht bindende E.** persuasive authority; **nicht in der Sache selbst ergehende E.** non-substantive decision; **erstinstanzliche E.** decision at first instance; **freie E.** discretion; **gerichtliche E.** judgment, order, court ruling, court/judicial decision; **~ überprüfen** to reconsider a decision; **maßgebliche E.** (binding) precedent, ruling case; **nachträgliche E.** subsequent decision; **rechtskräftige E.** final decision; **richterliche E.** judicial decision; **sachliche E.** objective decision; **schiedsgerichtliche E.** arbitration award; **schriftliche E.** decision in chambers; **mit Gründen versehene E.** reasoned decision; **vorläufige E.** 1. interlocutory decision; 2. *(Scheidung)* rule nisi *(lat.)*; **wegweisende E.** landmark decision

Entscheidungs|befugnis *f* 1. decision-making power(s); 2. jurisdiction, authority to adjudicate; **E.begründung** *f* reasons/grounds for a decision; **e.erheblich** *adj* relevant; **E.erheblichkeit** *f* relevance; **E.findung** *f* decision-making process; **richterliche ~** judicial decision-making process; **E.freiheit** *f* discretion, freedom of decision; **E.gewalt** *f* decision-making power(s); **E.grund** *m (Urteil)* ratio decidendi *(lat)*; **E.prozess** *m* decision-making process; **E.recht** *nt* right to make a decision, jurisdiction; **E.sammlung** *f* casebook, law reports; **kommentierte ~** casebook

entschieden *adj* decided, determined; **noch nicht e.** pending

sich entschließen *v/refl* to decide/resolve

Entschließung *f* decision, resolution; **E.santrag** *f* motion

Entschluss *m* decision, determination, resolution

entschuldbar *adj* excusable, pardonable; **E.keit** *f* excusability

entschulden *v/t* *(Grundbesitz)* to disencumber

entschuldigen *v/t* to excuse/condone; **sich e.** *v/refl* to apologize

Entschuldigung *f* apology, excuse; **E.sgrund** *m* excuse; **E.sschreiben** *nt* letter of apology

Entschuldung *f* disencumbrance, debt relief, remission of debt(s)

entsend|en *v/t* to despatch; **E.estaat** *m* sending state

entsiegel|n *v/t* to unseal, to break the seal; **E.ung** *f* unsealing

Entsorgung *f* disposal; **E. von Schmutzwasser** disposal of waste water
Entsorgungs|nachweis *m* disposal document; **E.pflicht** *f* disposal requirement; **E.vertrag** *m* disposal agreement
entsprechen *v/i* 1. to conform (to); 2. *(gleichkommen)* to match; 3. *(nachkommen)* to comply (with); 4. *(übereinstimmen)* to correspond (to), to be in accordance with
entsprechend *adv* accordingly; *adj* corresponding, analogous; *prep (übereinstimmend, gemäß)* in conformity/compliance with, pursuant to
Entsprechendes gilt *nt* this shall apply analogously
Entsprechung *f* analogy, correspondence
entstammen to descend (from)
Entstehen *nt* origin
entstehen *v/i* 1. to come into being, to emerge/originate; 2. *(Kosten, Verluste, Schäden)* to be incurred; 3. *(auftreten)* to arise (from); 4. *(erwachsen)* to accrue
Entstehung *f* 1. emergence, coming into existence; 2. *(Anspruch, Recht)* accrual; **E. eines Anspruchs** accrual of a claim; **E. des Klageanspruchs** accrual of the cause of action; **E. eines Rechts** accrual of a right; **E. des Schadens** occurrence of loss
entstellen *v/t* to distort/disfigure/deface
Entstellung *f* distortion; **E. von Tatsachen** misrepresentation of facts; **E. der Wahrheit** distortion of the truth
körperliche Entstellung disfigurement
Entstrickung *f* release from attachment
enttarn|en *v/t* to expose/uncover, to reveal the identity of; **E.ung** *f* uncovering
entwaffn|en *v/t* to disarm; **E.ung** *f* disarmament
entweichen *v/i* to escape
entweih|en *v/t* to profane/desecrate; **E.ung** *f* profanation, desecration
entwenden *v/t* to steal/purloin/pilfer/misappropriate
Entwendung *f* theft, pilferage; **E.sschaden** *m* theft
entwerfen *v/t* to draft/outline
Entwicklung *f* development
entwidm|en *v/t* to withdraw from public use; **E.ung** *f* withdrawal from public use
Entwöhnung *f* weaning, curing; **E.sbehandlung; E.skur** *f* withdrawal cure, anti-addiction course/treatment
Entwürdigung *f* humiliation
Entwurf *m* draft, outline; **im E.** in draft form; **E. eines Abkommens** draft convention
entziehen *v/t* to deprive/divest/withdraw; **sich e.** *v/refl (Flucht)* to abscond
Entziehung *f* deprivation, divestment, revocation, withdrawal; **E. des Besitzes** dispossession; **E. der bürgerlichen Ehrenrechte** deprivation of civil rights; **E. elektrischer Energie** abstraction of electricity; **E. der Fahrerlaubnis** suspension/withdrawal of the driving licence, disqualification from driving; **E. des Grundbesitzes** dispossession**; E. Minderjähriger** *(früher: Kindesraub, Kindesentziehung)* abduction of minors; **E. der Rechtsfähigkeit** deprivation of legal capacity; **E. einer Sache** withdrawal of a thing; **E. der Staatsangehörigkeit** deprivation of citizenship; **E. eines Vermächtnisses** ademption; **E. der Vertretungsmacht** revocation of agency, ~ power of attorney; **~ Vollmacht** withdrawal of authority, revocation of the power of attorney; **E. des Wahlrechts** disenfranchisement
Entziehungs|anstalt *f* (drug) rehabilitation centre, withdrawal clinic; **E.kur** *f* withdrawal cure; **E.recht** *nt* power of revocation
entziffern *v/t* to decipher
Entzug *m* withdrawal; **E. der Fahrerlaubnis** disqualification from driving; **E.serscheinung** *f* withdrawal symptom
erachten to hold/deem; **E.** *nt* view, opinion
Erb|abfindung *f* settlement of an inheritance; **E.anfall** *m* accrual of an inheritance; **E.anfallsteuer** *f* inheritance tax; **E.anspruch** *m* claim to an inheritance; **E.anteil** *m* share in the estate, portion of the inheritance
Erban|wärter *m* expectant heir; **E.wärterin** *f* expectant heiress; **E.wartschaft** *f* estate in expectancy
Erb|auseinandersetzung *f* distribution of the estate; **E.ausschlagung** *f* disclaimer of an estate; **E.aussicht** *f* expectancy
Erbbau *m* building on leasehold property; **E.berechtigte(r)** *f/m* leasehold tenant; **E.recht** *nt* leasehold law; **E.zins** *m* ground rent
erbberechtig|t *adj* entitled to inherit; **E.te(r)** *f/m* person entitled to inherit; **E.ung** *f* title to an estate

Erbbesitz *m* hereditament
Erbe *m* heir, inheritor, beneficiary, devisee; *nt* inheritance, legacy, estate; **E. des restlichen Grundbesitzes; ~ Restnachlasses** residuary devisee/legatee; **E. mütterlicherseits** heir in the maternal line; **E. und Rechtsnachfolger** heirs and assigns
Erbe antreten to enter upon an inheritance; **E.n einsetzen** to appoint an heir; **kein E. hinterlassen** to die intestate; **auf ein Erbe verzichten** to renounce an inheritance

E

alleiniger Erbe sole heir; **eingesetzter E.** appointed heir; **gesetzlicher E.** statutory heir, heir at law; **leiblicher E.** heir of the body; **mutmaßlicher E.** heir presumptive; **rechtmäßiger E.** rightful heir; **testamentarischer E.** testamentary heir
Erbeinsetzung *f* appointment of an heir
erben *v/t* to inherit
Erben|bescheinigung *f [CH]* ↘ **Erbschein**; **E.gemeinschaft** *f* community of heirs, joint heirs; **E.haftung** liability of heirs; **unbeschränkte ~** unlimited liability of heirs; **E.mehrheit** *f* plurality of heirs
Erb|erschleichung *f* legacy hunting; **e.fähig** *adj* capable of inheriting; **E.fähigkeit** *f* capacity to inherit; **E.fall** *m* succession
Erbfolge *f* descent; **E. nach Stimmen** succession per stirpes *(lat.)*
gesetzliche Erbfolge intestate/statutory succession; **gewillkürte E.** wilful succession; **testamentarische E.** testamentary succession; **vorweggenommene E.** anticipated succession
Erb|folgerecht *nt* right of succession; **E.gang** *m* succession; **E.gangsbeurkundung** *f* ↘ **Erbschein**; **E.gut** *nt* heriditament, inherited property
sich erbieten *v/refl* to offer
Erbin *f* heiress, inheritrix
erbitten *v/t* to seek
Erb|krankheit *f* hereditary disease; **E.lasser** *m* testator, decedent; **E.lasserin** *f* testatrix; **e.lich** *adj* hereditary; **E.linie** *f* line of succession; **E.masse** *f* estate; **E.nachweis** *m* proof of inheritance; **E.pacht** *f* leasehold, copyhold, hereditary tenancy; **E.pächter** *m* leaseholder; **E.pachtrecht** *nt* leasehold law; **E.pachtvertrag** *m* leasehold contract; **E.pachtzins** *m* ground rent
Erbrecht *nt* law of succession; **gesetzliches E.** law of intestate succession; **testamentarisches E.** law of testamentary succession
Erbrechtsklage *f* action on a claim to succession
erbringen *v/t* 1. *(Nachweis)* to adduce/render; 2. *(Leistung)* to perform; 3. *(Rendite)* to yield; **E. von Dienstleistungen** *nt* rendering of services, **E. des Nachweises** production/rendition of proof
Erbringer von Dienstleistungen *m* service provider/renderer
Erbringung *f* performance; **E. einer Dienstleistung** rendering of a service; **~ Handlung** performance of an action; **~ Leistung** rendering (of) a service
Erbschaft *f* inheritance, estate; **E. antreten** to enter upon an inheritance; **E. ausschlagen** to renounce one's interest in an estate; **E. erschleichen** to obtain an inheritance by fraud; **angefallene E.** accrued inheritance
Erbschafts|anfall *m* accrual of an inheritance; **E.angelegenheit** *f* inheritance case; **E.annahme** *f* acceptance of an inheritance; **E.anspruch** *m* claim to an estate; **E.anteil** *m* share of the estate; **E.antritt** *m* entry upon an inheritance; **E.anwärter** *m* expectant heir; **E.ausschlagung** *f* refusal to accept an inheritance, renunciation of inheritance; **E.besitzer(in)** *m/f* person possessing part or all of deceased's estate (under a claim of title as heir); **E.erwerber(in)** *m/f* purchaser of an inheritance as a whole; **E.gegenstand** *m* item of the deceased's estate; **E.gläubiger** *m* creditor of the estate; **E.kauf** *m* purchase of an accrued inheritance; **E.klage** *f* inheritance (recovery) action/suit, action for recovery of an inheritance; **E.masse** *f* estate
Erbschaftssache *f* *(Anfechtung des Testaments)* probate (case); **E.n** *pl* probate matters
Erbschafts|steuer *f* death/estate duty, inheritance tax; **E.streit** *m* litigation about an inheritance; **E.teilung** *f* partition of the estate; **E.übergang** *m* devolution of the estate; **E.verfahren** *nt* probate proceedings; **E.vermögen** *nt* estate, inherited assets; **E.verwalter** *m* executor, administrator of an estate; **E.verwalterin** *f* administratrix; **E.verwaltung** *f* administration of an estate; **E.zeugnis** *nt* ↘ **Erbschein**
Erbschein *m* (grant of) probate, certificate

of inheritance; **E.verfahren** *nt* probate proceedings

Erbschleicher *m* legacy hunter; **E.streit(igkeit)** *m/f* inheritance dispute; **E.stück** *nt* heirloom

Erbteil *nt* share of the estate; **angewachsener E.** accrued share of the estate; **gesetzlicher E.** legal portion, share under an intestacy, intestate share

Erbteilserhöhung *f* increase in the portion of an estate

Erb|teilung *f* partition of an estate; **E.unfähigkeit** *f* incapacity to inherit; **e.unwürdig** *adj* unworthy of inheriting; **E.-unwürdigkeit** *f* unworthiness to inherit; **E.vergleich** *m* inheritance settlement; **E.-vermutung** *f* presumption of inheritance; **E.vertrag** *m* contract of inheritance/succession

Erbverzicht *m* relinquishment/renunciation of an inheritance, waiver of hereditary titles, release of an expectancy *[US]*; **E.vertrag** *m* agreement by which an inheritance is renounced

Erb|zins *m* ground rent; **E.zuwachs** *m* accretion by inheritance

erdrossel|n *v/t* to strangle; **E.ung** *f* strangulation

sich ereignen *v/refl* to occur

Ereignis *nt* occurrence, event; **E. mit überholender Kausalität** supervening cause/event

besonderes Ereignis special event; **schädigendes E.** damaging event; **unabwendbares/zufälliges E.** fortuitous event; **ungewisses E.** contingency; **unvorhergesehenes E.** unforeseen event; **versichertes E.** insured event

ererbt *adj* hereditary

erfahr|en *adj* experienced; **E.ung** *f* experience

erfass|en *v/t* to cover; **E.ung** *f* coverage, registration, inclusion

erfind|en *v/t* to invent; **E.er(in)** *m/f* inventor

Erfindung *f* invention; **E. zum Patent anmelden** to apply for a patent on an invention

Erfolg *m* success; **keinen E. haben** to fail

erfolg|en *v/i* to be effected; **e.los** *adj* unsuccessful

Erfolgs|abwendungspflicht *f* duty to prevent the effect; **E.anteil** *m* share in the success; **E.delikt** *nt* objective crime, offence connected by causation to a previous offence; **E.eintritt** *m* event of success; **ungewisser ~** uncertain event of success; **E.haftung** *f* strict liability; **E.honorar** *nt* contingency/contingent/success fee, champerty *[US]*; **E.ort** *m* place of performance

erforderlich *adj* required, requisite; **e. machen** to entail; **E.keit** *f* necessity

erfordern *v/t* to require/necessitate

Erfordernis *nt* requirement, necessity; **unbedingtes E.** absolute necessity; **verfassungsmäßiges E.** constitutional requirement

erfüllen *v/t* 1. *(Auflage)* to comply with/discharge/execute; 2. *(Anspruch)* to satisfy/meet; 3. *(Pflicht)* to perform/fulfil

Erfüllung *f* 1. fulfilment, discharge, compliance, execution; 2. satisfaction; 3. performance; **E. eines Abkommens** implementation of an agreement; **~ Anspruchs** satisfaction of a claim; **E. der Bedingungen** compliance with the terms (and conditions); **E. einer Bedingung** satisfaction of a condition, compliance with a condition; **~ Forderung** satisfaction of a claim; **~ Garantiepflicht** performance of a guarantee obligation; **~ Pflicht** discharge of a duty; **E. eines Schiedsspruchs** performance pursuant to an award; **E. einer Verpflichtung** discharge of an obligation; **E. des Vertrags** performance of the contract; **E. Zug um Zug** simultaneous performance

auf Erfüllung klagen to sue for specific performance

im Wesentlichen dem Vertrag entsprechende Erfüllung substantial performance; **mangelhafte E.** defective performance; **restlose E.** full performance; **späte E.** delayed performance; **teilweise E.** part(ial) performance; **unterbliebene E.** failure to perform; **vergleichsweise E.** accord and satisfaction; **vertragsgemäße/vertragsgetreue E.** specific performance, performance pursuant to the contract

Erfüllungs|angebot *nt* tender of performance; **E.annahme** *f* acceptance of performance; **E.anspruch** *m* claim to performance; **E.betrug** *m* fraud in the performance; **E.frist** *f* time for performance; **E.gehilfe** *m* vicarious agent; **E.-geschäft** *nt* transaction to perform a

E

contract; **e.halber** *adv* in performance of; **E.hindernis** *nt* impediment to performance; **E.klage** *f* action for (specific) performance; **E.ort** *m* 1. *(Leistungsort)* place of performance; 2. *(Lieferort)* place of delivery; 3. *(Zahlungsort)* place of payment; **E.tag** *m* date of performance, completion date; **E.übernahme** *f* vicarious performance; **E.vereitelung** *f* frustration of contract; **E.verweigerung** *f* refusal to discharge a performance, repudiation (of contract)

E

ergänzen *v/t* 1. to complement/supplement; 2. *(Gesetz)* to amend; **e.d** *adj* 1. supplemental, supplementary; 2. *(untergeordnet)* auxiliary
Ergänzung *f* 1. supplement; 2. *(Gesetz)* amendment; **in E. von** supplementary to; **E. eines Urteils** amendment of a judgment
Ergänzungs|abgabe *f* special/supplementary levy; **E.bescheid** *m* supplementary ruling; **E.bestimmungen** *pl* supplementary provisions; **E.eid** *m* suppletory oath; **E.gesetz** *nt* amending act; **E.pfleger** *m* special curator/guardian; **E.pflegschaft** *f* special curatorship; **E.recht** *nt* amending law; **E.richter** *m* substitute judge; **E.urteil** *nt* supplementary ruling; **E.vorlage** *f* amending bill
sich ergeben *v/refl* *(folgen)* to ensue/result (from), to be a consequence of
Ergebnis *nt* 1. result, outcome; 2. profit(s)
ergehen *v/i* *(Urteil)* to be rendered
ergo *adv* *(lat.)* therefore
ergreifen *v/t* 1. *(Person)* to apprehend/capture; 2. *(Besitz)* to seize
Ergreifung *f* 1. apprehension, capture; 2. seizure; **E. des Besitzes** taking possession; **E.sort** *m* place of apprehension
Erhalt *m* receipt; **e.en** *v/t* to obtain/receive
Erhaltung *f* conservation, preservation, maintenance
Erhaltungs|auflage *f* *(Gebäude)* preservation order; **E.aufwand; E.kosten** *m/pl* maintenance costs/expense; **E.maßnahme** *f* conservation measure; **E.pflicht** *f* preservation duty; **E.zustand** *m* state of repair
erhängen *v/i* to hang; **E.** *nt* hanging
erhärten *v/t* to confirm/corroborate; **e.d** *adj* corroborative
Erhärtung *f* confirmation, corroboration
erheben *v/t* to impose
erheblich *adj* 1. relevant, considerable, substantial; 2. *(wesentlich)* material
Erhebung *f* 1. *(Ermittlung)* collection, survey; 2. *(Abgaben)* levying; **E. einer Beschwerde** lodging (of) a complaint; **E. der Klage** instituting (of) proceedings; **E. einer Steuer** levying a tax
Erhebungs|verfahren *m* collection method; **E.zeitraum** *m* collection period
erhöh|en *v/t* to increase/raise; **E.ung** *f* increase, rise
Erholungs|gebiet *nt* recreation area; **E.-heim** *nt* rest/convalescent home
erinnern *v/t* to remind; **sich e.** *v/refl* to remember/recollect
Erinnerung *f* 1. memory; 2. *(Mahnung)* reminder
Erinnerungs|lücke *f* partial amnesia; **E.-verlust** *m* amnesia; **E.wert** *m* sentimental value
erkannt *adj* *(Urteil)* held, ruled
erkennbar *adj* discernible, noticeable
erkennen *v/t* 1. to realize/recognize/perceive; 2. *(Urteil)* to hold/find/adjudicate
Erkenntnis *f* 1. realization; 2. decision, finding; **E. des Gerichts** findings of the court
Erkenntnis|stand *m* status of the investigation; **E.verfahren** *nt* contentious proceedings; **E.vermögen** *nt* cognitive faculty; **E.wert** *m* evidentiary value
Erkennung auf Buße *f* award of an administrative fine
Erkennungsdienst *m* (police) records department, identification service; **E.beamter** *m* forensic officer
erklären *v/t* 1. to declare/state; 2. to explain; **eidlich e.** to declare on oath; **etw. für rechtmäßig e.** to legitimize sth.; **sich für (nicht) schuldig e.** to plead (not) guilty; **für ungültig e.** to declare void; **~ unwirksam e.** to set aside; **e.d** *adj* explanatory
Erklärung *f* 1. declaration, statement, pronouncement; 2. explanation; 3. *(schriftl. unter Eid)* affidavit; **E. auf dem Sterbebett** dying declaration
Erklärung abfassen to draft a declaration; **E. abgeben** to make a declaration/statement
amtliche Erklärung official declaration/statement; **begründete E.** reasoned statement; **belastende E.** incriminating statement; **eidesstattliche E.** declaration

in lieu of oath, affirmation; **eidliche E.** affidavit, sworn declaration, statement on oath; **freiwillige E.** voluntary statement; **mündliche E.** parol statement; **rechtsgeschäftliche E.** act in law; **schriftliche E.** declaration in writing, written statement; **~ abgeben** to depose

erklärungs|bedürftig *adj* requiring further explanation; **E.empfänger** *m* addressee; **E.irrtum** *m* mistake in the utterance; **E.pflicht** *f* duty to make a declaration; **E.termin** *m* deadline for making a declaration

erkrank|en *v/i* to fall ill, to become sick; **E.ung** *f* illness, sickness

sich erkundigen *v/refl* to inquire, to make inquiries

Erkundigung *f* inquiry

erlangen *v/t* *(erwerben)* to acquire/obtain/gain

Erlangung *f* gain, recovery; **E. des Besitzes** obtaining (of) possession; **E. durch Betrug** obtaining through fraud; **E. der Kenntnis** obtaining (of) knowledge; **E. von Schaden(s)ersatz** recovery of damages

Erlass *m* 1. act, edict; 2. *(amtl. Verfügung)* decree, order; 3. *(Erlassen)* issuance; 4. *(Entbindung von einer Verpflichtung)* waiver, abatement, release; 5. *(Schulden)* remission; **E. eines Gesetzes** enactment/promulgation of a law, issuance of a law *[US]*; **E. der Haftung** waiver of liability; **~ Reststrafe** remission of the remaining sentence; **~ Schuld** waiver of a debt; **~ Strafe** remission of the sentence; **E. des Urteils** entry of judgment; **E. einer Verfügung** issue of a writ; **~ einstweiligen Verfügung** grant of an injunction

Erlass herausgeben to issue a decree

amtlicher Erlass official decree

erlassen *v/t* 1. to issue/render/order; 2. *(befreien)* to release (from), to dispense (from), to let off/remit; 3. *(Gesetz)* to pass/enact

Erlassung *f* remission, waiving

Erlass|vergleich *m* composition by waiver; **E.vertrag** *m* release agreement

erlauben *v/t* 1. to permit/allow; 2. *(zulassen)* to admit

Erlaubnis *f* 1. authority, leave, permission, licence; 2. *(schriftlich)* permit; **ohne E.** unauthorized; **E. einholen** to seek (and obtain) permission; **die E. erlischt** the permit shall expire; **E. erwirken** to obtain permission; **E. verweigern** to refuse permission

elterliche Erlaubnis parental consent; **gerichtliche E.** leave of court

Erlaubnis|antrag *m* application for a permit; **E.pflicht** *f* statutory permission; **e.-pflichtig** *adj* subject to licensing; **E.schein** *(Führerschein)* permit; **E.scheininhaber(in)** *m/f* permit holder; **E.vorbehalt** *m* reservation with regard to granting permission

erlaubt *adj* permitted, permissible, allowable, lawful

erläutern *v/t* to explain; **e.d** *adj* explanatory

Erläuterung *f* explanation, gloss; **E.swerk** *nt* commentary

Erlebensfallversicherung *f* endowment insurance

erledigen *v/t* to dispose of, to settle/arrange

Erledigung *f* disposal, discharge, handling; **E. einer Beschwerde** adjustment of a complaint; **E. von Formalitäten** compliance with formalities; **E. eines Rechtsstreites** settlement of a legal dispute

außergerichtliche Erledigung out-of-court settlement; **gütliche E.** amicable settlement; **vollständige E.** final settlement

Erleichterung *f* relief, easing; **E. der Bedingungen** easing of terms; **E. gewähren** to grant relief

erleiden *v/t* to suffer/sustain

Erlös *m* proceeds (of a sale), profit, gain; **E.-abführungsverpflichtung** *f* obligation to transfer proceeds

erloschen *adj* *(z. B. Anspruch)* extinct

erlöschen *v/i* to expire/lapse

Erlöschen *nt* discharge, expiration, expiry, lapse, extinction; **E. eines Anspruchs** lapse of a claim; **E. der Dienstbarkeit** extinguishment of the servitude; **~ Forderung** discharge of the debt; **E. einer Grunddienstbarkeit** extinguishment of an easement; **~ Hypothek** discharge of a mortgage; **E. eines Patents** expiry/lapse of a patent; **~ Pfandrechts** discharge of a lien; **~ Schuldverhältnisses** discharge of a debt; **~ Urheberrechts** lapse of copyright; **E. von Verbindlichkeiten** discharge of liabilities; **E. eines Vertrags** lapse of a contract; **E. der Vollmacht** expiry of the power of attorney

E

E

erlösen *v/t* to redeem
ermächtig|en *v/t* to enable/authorize/empower; **e.t** *adj* authorized
Ermächtigung *f* authorization, power; **E. erteilen** to confer powers (on so.)
allgemeine Ermächtigung blanket authority, **besondere E.** special authority; **gesetzliche E.** statutory power(s); **richterliche E.** judicial authority; **uneingeschränkte E.** full authority
Ermächtigungs|gesetz *nt* enabling act/statute; **E.schreiben** *nt* letter of authority
ermahn|en *v/t* to admonish/caution/enjoin/warn/reprimand; **E.ung** *f* admonition, warning, reprimand
ermangeln *v/t* to lack
Ermangelung *f* lack; **in E. von** for lack/want of, failing, in the absence of; **~ des Gegenbeweises** in the absence of proof to the contrary
ermäßig|en *v/t* to reduce; **E.ung** *f* reduction
Ermessen *nt* discretion; **dem E. überlassen; in das E. gestellt** discretionary; **in jds E.** at the discretion of so.; **im E. des Gerichts** at the discretion of the court
eigenes Ermessen ausüben to exercise one's discretion; **nach eigenem E. für richtig halten** to think fit; **~ handeln** to exercise/use one's discretion; **im E. liegen von** to lie within so.'s discretion; **in jds E. stellen** to leave it to so.'s discretion
alleiniges Ermessen sole discretion; **billiges E.** equitable discretion; **freies E.** discretion; **gerichtliches E.** discretion of the court; **nach billigem E.** as appears just; **~ freiem E.** at one's (own) discretion; **~ pflichtgemäßem E.** according to one's best judgment; **pflichtgemäßes E.** due assessment of the circumstances; **rechtliches E.** legal discretion; **richterliches E.** judicial discretion; **uneingeschränktes E.** absolute discretion
Ermessens|akt *m* act of discretion; **E.ausübung** *f* exercise of discretion; **E.befugnis** *f (Ermessensfreiheit)* discretionary power(s); **E.bereich** *m* scope of discretion; **E.entscheidung** *f* discretionary decision; **E.fehler** *m* abuse of discretion; **E.frage** *f* question of discretion; **E.freiheit** *f* discretionary powers, discretion; **E.handlung** *f* act of discretion; **E.missbrauch** *m* abuse of discretion; **E.recht** *nt* discretionary power(s); **E.spielraum** *m* scope of discretion; **E.überschreitung** *f* exceeding one's discretionary powers; **E.vorschrift** *f* discretionary rule
ermitteln *v/t* 1. to inquire/investigate; 2. *(feststellen)* to establish/ascertain; 3. *(berechnen)* to calculate
Ermittlung *f* inquiry, investigation; **E.(en)** criminal investigation; **E. der Eigentumsverhältnisse an Grundbesitz** search of title; **polizeiliche E.** police investigation; **verdeckte E.** covert investigation
Ermittlungen von Amts wegen official investigations; **E. anstellen** to investigate; **E. einleiten** to institute investigations
Ermittlungs|akten *pl* files of the enquiry, investigation records; **E.beamter** *m* investigator, investigating officer; **E.befugnis** *f* power of investigation; **E.behörde** *f* investigating authority; **E.ergebnis** *nt* result of the investigation; **E.kommission** *f* fact-finding delegation; **E.maßnahmen** *pl* investigative measures; **E.pflicht** *f* duty to investigate; **E.richter** *m* examining magistrate *[GB]*; **E.tätigkeit** *f* investigation; **E.verfahren** *nt* committal/investigative/preliminary proceedings; **~ einleiten** to initiate investigative proceedings
ermöglichen *v/t* to enable
ermord|en *v/t* to murder; **der/die E.ete** murdered person, murder victim; **E.ung** *f* murder
ermutigen *v/t* to encourage
ernannt *adj* appointed, designate; **E.e(r)** *f/m* appointee
ernennen *v/t* to appoint/nominate/designate
Ernennung *f* designation, appointment
Ernennungs|befugnis; E.recht *f/nt* power(s) of appointment; **E.urkunde** *f* letter(s) of appointment
erneuern *v/t* to renew
Erneuerung *f* renewal; **E. eines Vertrags** renewal of a contract; **E.sschein** *m (Vers.)* renewal slip
erniedrigen *v/t* to humiliate; **e.d** *adj* humiliating
Erniedrigung *f* humiliation
ernst *adj* serious; **E.** *m* seriousness; **e.lich** *adj* serious
Ernte *f* 1. *(Ertrag)* crop; 2. *(Vorgang)* harvest; **e.n** *v/t* to harvest
eröffnen *v/t* 1. *(mitteilen)* to disclose; 2. *(in die Wege leiten)* to institute; 3. *(Gebäude)* to open/inaugurate

Eröffnung *f* 1. disclosure; 2. opening, inauguration; **E. durch ein anderes Gericht** institution of proceedings by another court; **E. des Insolvenzverfahrens** institution of insolvency proceedings; **~ Hauptverfahrens** opening of the trial; **~ Konkursverfahrens** institution of bankruptcy proceedings; **~ Testaments durch das Nachlassgericht** probate; **~ Verfahrens** institution of proceedings; **~ Vergleichsverfahrens** institution of composition proceedings

Eröffnungs|antrag *m* petition to institute proceedings; **E.beschluss** *m* committal order, order committing so. for trial, committal for trial; **E.bilanz** *f* opening balance; **E.gebot** *nt* opening bid; **E.protokoll** *nt (Erbschaft)* probate proceedings; **E.sitzung** *f* opening session; **E.verfahren** *nt* committal proceedings

erörter|n *v/t* to debate/discuss; **E.ung** *f* discussion, interlocutory matter

erpressen *v/t* to blackmail/extort, to hold to ransom

Erpresser|(in) *m/f* extortionist, blackmailer; **E.brief** *m* blackmail letter; **e.isch** *adj* extortionate

Erpressung *f* blackmail, extortion, demanding with menaces; **E. im Amt** extortion by a public official; **E. einer Aussage** extortion of a statement; **E. eines Geständnisses** extraction of a confession under duress

räuberische Erpressung demanding with menaces, blackmail with violence; **schwere E.** aggravated extortion

Erpressungsversuch *m* attempted blackmail

Erprobung *f* trial

Erregung *f* incitement, provocation; **E. eines öffentlichen Ärgernisses** causing a public nuisance, indecent exposure, disorderly conduct

erreich|en *v/t* to reach/achieve/attain; **E.ung** *f* attainment

errichten *v/t* to establish/form, to set up

Errichtung *f* formation, establishment, foundation; **E. einer Gesellschaft** company formation; **E. eines Testaments** making a will

error in persona *(lat.)* case of mistaken identity

Ersatz *m* 1. *(Mensch)* substitute; 2. *(Gegenstand)* replacement; 3. *(Tätigkeit)* substitution; 4. *(Entschädigung)* compensation, indemnification, indemnity; 5. *(Erstattung)* reimbursement, refund; **zum E. verpflichtet** liable to provide compensation/indemnity

Ersatz von Aufwendungen compensation for expenses; **E. des Schadens** indemnification; **E. einer Wertminderung** compensation for loss of value

Ersatz leisten to compensate; **E. liefern** to provide compensation; **E. verlangen** to demand damages

Ersatz|anspruch *m* claim for compensation/damages; **E.aufwand** *m* replacement expenditure; **e.berechtigt** *adj* entitled to compensation/damages; **E.berechtigte(r)** *f/m* person entitled to compensation/damages; **E.erbe** *m* substitute heir; **E.erbfolge** *f* reversionary succession; **e.fähig** *adj* replaceable; **E.fahrzeug** *nt* substitute vehicle; **E.forderung** *f* claim for compensation; **E.freiheitsstrafe** *f* imprisonment in lieu of a fine, ~ in default of payment, satisfaction of a fine by serving time; **E.geldstrafe** *f* fine in lieu of a custodial sentence; **E.geschworene(r)** *f/m* substitute juror; **E.haftung** *f* substitute liability; **E.leistung** *f* compensation, indemnification; **E.leistungspflicht** *f* duty to provide compensation; **E.lieferung** *f* substitute consignment; **E.mann** *m* substitute; **E.nacherbe** *m* substitute reversionary heir; **E.nacherbfolge** *f* substitute succession

Ersatzpflicht *f* duty to provide compensation, liability to pay damages; **e.ig** *adj* liable to indemnify, ~ to pay damages, ~ for damages; **E.ige(r)** *f/m* person liable to provide compensation

Ersatz|richter *m* substitute judge; **E.schöffe** *m* substitute lay assessor; **E.strafe** *f* substitute penalty; **E.summe** *f* amount of compensation; **E.testamentsvollstrecker** *m* substitute executor; **E.unterkunft** *f* alternative accommodation; **E.urkunde** *f* substitute document; **E.verbindlichkeit** *f* substitute liability; **E.vermächtnis** *nt* substitute legacy; **E.vornahme** *f* substitute performance; **e.weise** *adv* as a substitute

erscheinen *v/i* to appear

Erscheinen *nt* appearance, attendance; **E. vor Gericht** appearance in court, court attendance; **E. von Zeugen** attendance of witnesses

E

persönliches Erscheinen personal appearance
Erscheinung *f* appearance; **E.sbild** *nt* image
nicht erschienen *adj* *(Gericht)* defaulting
erschieß|en *v/t* to shoot; **E.ungskommando** *nt* firing squad
erschlagen *v/t* to slay
erschleichen *v/t* to obtain surreptitiously; **E.** *nt* obtaining surreptitiously, illegal acquisition; **~ von Leistungen** obtaining (of) services surreptitiously
erschließ|en *v/t* to develop; **E.ung** *f* development
erschöpfen *v/t* to exhaust
Erschöpfung *f* exhaustion; **E. des Rechtsweges** exhaustion of remedies; **E.seinrede** *f* plea of exhaustion of remedies
erschrecken *v/t* to scare/frighten
erschweren *v/t* to aggravate/compound; **e.d** *adj* aggravating
erschwert *adj* aggravated
Erschwerung *f* aggravation
erschwindeln *v/t* to obtain (sth.) by fraud
ersetzen *v/t* 1. to replace/substitute; 2. *(an die Stelle treten von)* to supersede; 3. *(entschädigen)* to compensate, to make amends (for loss or injury); 4. *(erstatten)* to reimburse/refund
Ersetzung *f* replacement; **E.sbefugnis** *f* right to offer alternative performance
ersichtlich *adj* apparent, evident
ersitzbar *adj* prescribable
ersitzen *v/t* to prescribe, to acquire by prescription, ~ adverse possession
Ersitzung *f* prescription, usucaption; **sich auf E. berufen** to plead prescription
Ersitzungs|besitz *m* adverse possession; **E.eigentum** *nt* title by prescription; **E.frist** *f* period of prescription; **E.recht** *nt* title by prescription
erstatten *v/t* to reimburse/refund/repay
Erstattung *f* refund, reimbursement, restitution; **E. einer Anzeige** laying an information; **E. des Kaufpreises** refund of the purchase price; **E. von Kosten** refund
Erstattungs|anspruch *m* claim to restitution/reimbursement; **E.berechtigte(r)** *f/m* person entitled to a refund; **E.bescheid** *m* notice of restitution; **E.beschluss** *m* restitution order, order to refund; **E.betrag** *m* amount (to be) refunded
erstattungsfähig *adj* refundable; **nicht e.** non-refundable
Erstattungs|forderung *f* demand for restitution, **E.gesetz** *nt* Recovery of Public Funds Act *[GB]*; **E.pflicht** *f* duty to refund; **e.pflichtig** *adj* reimbursable; **E.verfahren** *nt* reimbursement proceedings
Erst|ausfertigung *f* original; **E.begünstigte(r)** *f/m* primary beneficiary; **E.berechtigung** *f* first title; **E.bescheid** *m* first ruling; **E.beschwerde** *f* initial complaint
ersteh|en *v/t* to buy; **E.er** *m* buyer
erstell|en *v/t* to make/produce; **E.ung** *f* 1. *(Anfertigung)* production; 2. *(Gebäude)* building, construction, erection
Ersterwerb *m* first-time acquisition; **E.er(in)** *m/f* first-time buyer
Erst|gebot *nt* first bid; **E.gebrauch** *m* first use; **E.geburtsrecht** *nt* primogeniture; **E.gericht** *nt* court of the first instance; **E.hypothek** *f* first/senior mortgage; **E.instanz** *f* first instance; **e.instanzlich** *adj* at first instance
sich erstrecken *v/refl* to comprise/cover; **~ auf** to extend/apply to
Erstreckung *f* extension
erstreiten *v/t* to recover
Erst|richter *m* trial judge; **E.schrift** *f* original; **E.schuldner(in)** *m/f* primary debtor; **E.täter(in)** *m/f* first-time offender; **E.verpflichtete(r)** *f/m* primarily liable party; **E.versicherer** *m* ceding insurer; **E.verstoß** *m* first offence; **E.zulassung** *f* year of registration
ersuchen *v/t* to request; **E.** *nt* request; **auf jds E.** at so.'s request; **e.d** *adj* precatory
erteilen *v/t* to confer/grant
Erteilung *f* grant; **E. des Erbscheines** grant of probate; **E. einer Genehmigung** granting (of) a licence; **E. eines Patents** granting (of) a patent; **E. einer Prokura** granting (of) power of procuration; **E. des Schlussworts an den Angeklagten** allocution; **E. einer Vollmacht** conferring power of attorney; **E. eines Zeugnisses** issue of a certificate
Erteilungsverfahren *nt* *(Patent)* granting procedure
Ertrag *m* 1. *(Gewinn)* earnings, return, yield; 2. *(Erlös)* proceeds; **e.reich** *adj* profitable; **E.swert** *m (Mietobjekt)* rental value
erwachsen *v/i* to accrue; **E.e(r)** *f/m* adult
erwägen *v/t* to consider/weigh
Erwägung *f* consideration; **rechtliche E.**

legal consideration; **nach wohlwollender E.** after due consideration

erwähnen *v/t* to mention

oben erwähnt above-mentioned (a/m); **unten e.** mentioned below; **zuvor e.** aforementioned

Erwähnung *f* mention(ing), reference

erwarten *v/t* to await/expect

Erwartung *f* expectation; **e.sgemäß** *adv* duly

sich erweisen *v/refl* to prove; **sich als wahr e.** to prove true

erweislich *adj* demonstrable

erweitern *v/t* to extend/enlarge

Erweiterung *f* extension, enlargement; **E. der Haftung** extension of liability

Erwerb *m* acquisition, purchase; **E. durch Ersitzung** acquisition by prescription; **E. eines Rechts** acquisition of a right

bedingter Erwerb conditional acquisition; **derivativer E.** derivative acquisition; **gutgläubiger/redlicher E.** acquisition in good faith, bona-fide acquisition; **originärer E.** original acquisition; **unentgeltlicher E.** gratuitous acquisition

erwerben *v/t* to acquire; **betrügerisch e.** to obtain by fraud

Erwerber(in) *m/f* acquiror, purchaser, alienee; **bösgläubiger E.** acquiror in bad faith; **gutgläubiger E.** acquiror in good faith

Erwerbs|berechtigte(r) *f/m* authorized acquiror; **E.betrieb** *m* commercial enterprise/undertaking; **E.einkommen** *nt* earned income; **E.fähigkeit** *f* earning capacity; **E.geschäft** *nt* commercial transaction/undertaking; **E.gesellschaft** *f* trading company; **e.los** *adj* unemployed; **E.lose(r)** *f/m* unemployed person; **E.losigkeit** *f* unemployment; **E.minderung** *f* diminution of earnings; **E.preis** *m* purchase price; **e.tätig** *adj* gainfully employed

Erwerbstätigkeit *f* gainful employment/occupation; **E. ausüben** to be in gainful employment; **angemessene E.** adequate employment; **selbstständige E.** self-employment

erwerbsunfähig *adj* disabled; **E.keit** *f* occupational disability

Erwerbs|unzucht *f* prostitution; **E.verhältnis** *nt* employment

Erwerbung *f* acquisition

erwidern *v/t* to answer/reply/retort

Erwiderung *f* reply, rejoinder; **E. des Beklagten** rejoinder (of/by the defendant); **~ Klägers** replication (of/by the plaintiff)

Erwiderungs|frist *f* time for reply; **E.recht** *nt* right of reply; **E.schrift** *f* answering brief

erwiesen *adj* proved, proven *[US] [Scot.]*; **als e. ansehen** to consider proved

erwirken *v/t* to obtain/secure/effect

erwürg|en *v/t* to choke/strangulate; **E.ung** *f* strangulation

erzeug|en *v/t* 1. to produce/manufacture; 2. *(Elektrizität)* to generate; 3. *(verursachen)* to cause; **E.er(in)** *m/f* 1. producer, manufacturer; 2. generator

Erzeugnis *nt* product; **einheimisches E.** indigenous product

Erzeugung *f* production

erziehen *v/t* to educate

Erzieher(in) *m/f* educator, parent

Erziehung *f* education

Erziehungs|beistand *m* educational supervisor; **E.berechtigte(r)** *f/m* parent; **E.-geld** *nt* educational allowance; **E.gewalt** *f* parental authority/control; **E.heim** *nt* borstal *[GB]*; **E.hilfe** *f* tuition assistance; **E.kosten** *f* cost of upbringing; **E.maßregel** *f* disciplinary measure for juvenile delinquents; **E.pflicht** *f* educational duty; **E.recht** *nt* right of education, ~ care and custody; **elterliches ~** parental right of education; **E.urlaub** *m* parental leave, maternity/paternity leave

erziel|en *v/t* to attain; **E.ung** *f* attainment

erzwingbar *adj* enforceable

erzwingen *v/t* 1. to enforce, to obtain by force; 2. *(Nötigung)* to extort

Erzwingung *f* 1. enforcement; 2. extortion; **E. der Aussage** extortion of evidence

Erzwingungs|geld *nt* *(Gericht)* contempt fine; **E.haft** *f* coercive detention, confinement for contempt; **E.strafe** *f* contempt fine

es sei denn, dass *conj* unless

etwaig(e) *adj* any

Euro *m* euro

Europa *nt* Europe

europäisch *adj* European

Europäische Grundrechtscharta European Charter of Human Rights; **E.r Haftbefehl** European arrest warrant; **E. Kommission für Menschenrechte; E. Menschenrechtskommission** European Human Rights Commission;

E

E

E. Menschenrechtskonvention European Convention on Human Rights
Europäischer Gerichtshof European Court of Justice; **~ für Menschenrechte** European Court of Human Rights; **E. Wirtschaftsraum** European Economic Area (EEA)
Europäisches Rechtshilfeabkommen European Convention on Mutual Assistance in Criminal Matters
Europarecht *nt* European (Union) law
Euthanasie *f* euthanasia, mercy killing
evakuier|en *v/t* to evacuate; **E.ung** *f* evacuation
Eventual|anspruch *m* contingent claim; **E.antrag** *m* alternative petition; **E.aufrechnung** *f* cautionary setting-off; **E.fall** *m* contingency; **E.forderung** *f* contingent claim; **E.haftung** *f* contingent liability
Eventualität *f* contingency
Eventual|verbindlichkeit; E.verpflichtung *f* contingent liability; **E.versicherung** *f* contingent policy; **E.vorsatz** *f* contingent intent
eventuell *adj* possible, contingent
evident *adj* evident
ex lege *(lat.)* by law
ex nunc *(lat.)* from now
ex tunc *(lat.)* from then
exceptio doli *(lat.)* plea of fraud
Exekution *f* execution; **E.skommando** *nt* firing squad; **E.srecht** *nt* right of execution
Exekutiv|e; E.gewalt *f* executive power; **E.order** *f* executive order; **E.organ** *nt* executive organ; **E.recht** *nt* executive right
exekutorisch by way of execution
Exhibitionis|mus *m* exhibitionism; **E.t** *m* exhibitionist
exhumier|en *v/t* to exhume/disinter; **E.ung** *f* exhumation
Exil *nt* exile
Existenz|minimum *nt* subsistence level/minimum; **E.mittel** *nt* means of subsistence
Exitus *m* exitus, death, demise
exklusiv *adj* exclusive; **E.recht** *nt* exclusive right; **E.vertrag** *m* exclusive contract
Exkulpation *f* exculpation; **E.sbeweis** *m* exculpatory/exonerating evidence
exkulpieren *v/t* to exculpate/exonerate; **e.d** *adj* exculpatory
Exmission *f* ↘ **Zwangsräumung** *f*; **E.sverfahren** *nt* eviction proceedings
expatriier|en *v/t* to expatriate; **E.ung** *f* expatriation
Expertise *f* expert's report, expert opinion
explodieren *v/i* to explode
Explos|ion *f* explosion; **E.ivstoff** *m* explosive
Export *m* ↘ **Ausfuhr** export(s)
Export|erstattung *f* export restitution; **E.genehmigung** *f* export permit; **E.handel** *m* export trade
exportieren *v/t* to export
Export|lizenz *f* export licence; **E.vertrag** *m* export contract
expressis verbis *(lat.)* express(ly)
exterritorial *adj* extraterritorial; **E.ität** *f* extraterritoriality
extrem *adj* extreme
Extrem|fall *m* extreme case; **E.ismus** *m* extremism; **E.ist(in)** *m/f* extremist; **e.istisch** *adj* extremist
Exzess *m* excess

F

Fabrik *f* factory, works, plant
Fabrikat *nt* product, manufacture
Fabrikations|fehler *m* manufacturing defect; **F.geheimnis** *nt* secret of manufacture; **F.nummer** *f* serial number
Fabrik|gelände *nt* factory site/premises; **F.verkauf** *m* factory outlet; **F.ordnung** *f* factory regulations
Fach *nt* subject, field
Fach|anwalt *m* specialized solicitor, lawyer specializing in ...; **~ für Steuerrecht** tax lawyer; **F.arbeiter(in)** *m/f* skilled worker; **F.arzt** *m* specialist, consultant; **F.aufsicht** *f* specialist supervision; **F.ausdruck** *m* technical term; **f.gemäß** *adj* competent, workmanlike; **F.gericht** *nt* tribunal; **F.gutachten** *nt* expert opinion/report; **F.hochschule** *f* polytechnic, college; **F.kenntnis** *f* expert knowledge; **f.kundig** *adj* competent, informed, skilled; **F.mann** *m* expert; **f.männisch** *adj* professional; **F.richtung** *f* subject area; **F.übersetzer(in)** *m/f* specialized translator; **F.wissen** *nt* expertise
Factoring *nt* factoring; **F.vertrag** *m* factoring contract
fähig *adj* able, capable, competent

Fähigkeit *f* 1. ability, capability, competence; 2. eligibility; **F. zum Richteramt** eligibility to act as a judge
berufliche Fähigkeit professional ability; **rechtliche F.** legal capacity; **verminderte geistige F.** impaired mental power
fahnden *v/i* to investigate/hunt/search
Fahnder(in) *m/f* investigator
Fahndung *f* investigation, hunt, search; **jd ist zur F. ausgeschrieben** a warrant for so.'s arrest has been issued; **F. auslösen nach** to put out an alert for
Fahndungs|aktion *f* search operation; **F.-computer** *m* police computer; **F.datei** *f* wanted file, criminal names' index; **F.-dienst** *m* CID *[GB]*; **F.ersuchen** *nt* request for information about wanted persons/items; **F.foto** *nt* mug-shot *(coll)*, photo of a wanted person; **F.kartei** *f* wanted persons file; **F.leiter(in)** *m/f* chief investigator; **F.liste** wanted (persons) list
Fahnen|eid *m* oath of allegiance; **F.flucht** *f* desertion; **F.flüchtiger** *m* deserter
Fahr|anfänger(in) *m/f* learner driver; **F.-ausweis** *m* ticket
Fahrbahn *f* 1. carriageway, roadway; 2. road surface; 3. *(Fahrspur)* lane; **von der F. abkommen** to come/run off the road; **plötzlich auf die F. laufen** to make a dash into the road; **einspurige F.** single-lane carriageway; **unebene F.** uneven/bumpy road; **verengte F.** narrow road
Fahrbahn|markierung *f* carriageway marking; **F.rand** *m* kerb; **F.schwelle** *f* speed bump, sleeping policeman *[GB]*
fahrbar *adj* movable, mobile
Fahr|berechtigung *f* driver's license *[US]*, driving licence *[GB]*; **ausländische F.** foreign driver's license, ~ driving licence; **F.bereitschaft** *f* motor pool
Fahren *nt* driving; **F. unter Alkoholeinfluss** driving under the influence of alcohol; **F. ohne Fahrerlaubnis** 1. driving without a licence; 2. *(nach Führerscheinentzug)* driving (a motor vehicle) while/when disqualified; **F. im Zustand der Trunkenheit** drunk driving**,** driving while intoxicated *[US]*
grob fahrlässiges/rücksichtsloses Fahren reckless driving; **zu schnelles F.** speeding; **unvorsichtiges F.** careless driving
fahren *v/i* 1. *(Fahrgast)* to go; 2. *(Fahrer)* to drive; 3. *(Zweirad)* to ride
fahren *v/t* 1. *(lenken)* to drive; 2. *(befördern/mitnehmen)* to take; **gegen etw. f.** to crash into sth.; **falsch f.** *(Geisterfahrer/in)* to drive against the traffic; **unfallfrei f.** to have a clean driving record; **ungleichmäßig f.** to drive erratically
Fahrer(in) *m/f* 1. driver; 2. *(Motorrad)* rider; **betrunkene(r) F.** drunk driver; **flüchtiger F.** hit-and-run driver; **rücksichtslose(r) F.** dangerous driver; **nicht versicherter F.** uninsured driver; **zweiter F.** co-driver
Fahrerflucht *f* hit-and-run offence; **F. begehen** to abscond after a traffic accident
Fahrerlaubnis *f* driving licence *[GB]*, driver's license *[US]*, permission to drive; **F. auf Probe** probationary driving licence; **jdm die F. entziehen** to disquality so.; **F. vorläufig entziehen** to withdraw the driving licence for a limited period, to suspend the driving licence, ~ driver's license; **F. versagen** to refuse (to issue) a driver's license, ~ driving licence
Fahrerlaubnisentzug *m* suspension of the driving licence
Fahrgeld *nt* fare; **F.hinterziehung** *f* fare dodging
Fahrgemeinschaft *f* car/motor pool, ride-sharing (agreement) *[US]*
Fahrgestellnummer *f* chassis number, vehicle identification number (VIN)
Fahrkarte *f* ticket; **ungültige F.** invalid ticket
Fahrkarten|automat *m* ticket machine; **F.-betrug** *m* ticket fraud; **F.kontrolleur** *m* ticket inspector
Fahrkosten *pl* travelling expenses, travel costs; **F. erstatten** to reimburse travel costs; **F.zuschuss** *m* travelling allowance
fahrlässig *adj* negligent, careless; **grob f.** grossly negligent; **kriminell f.** criminally negligent; **leicht f.** careless
Fahrlässigkeit *f* 1. *(ZR)* negligence; 2. *(StR)* criminal negligence, recklessness; 3. *(Nachlässigkeit)* carelessness; **bewusste F.** wilful negligence; **gewöhnliche F.** ordinary negligence; **grobe F.** gross negligence, recklessness; **leichte F.** ordinary negligence; **medizinische F.** medical negligence; **mitursächliche F.** contributory negligence; **rechtserhebliche F.** actionable negligence; **schuldhafte F.** culpable negligence; **strafbare F.** criminal negligence; **zurechenbare F.** *(Haftung für fremdes Verschulden)* imputed negligence

Fahrlässigkeits|delikt *nt* negligence offence, tort of negligence, offence committed through negligence; **F.grad** *m* degree of negligence; **F.klausel** *f* negligence clause
Fahrnis *f* personal property, chattels, movables; **F.pfändung** *f* levy of execution
Fahrrad|diebstahl *m* bicycle theft; **F.helm** *m* bicycle helmet; **F.streife** *f* bicycle patrol
Fahrsicherheit *f* 1. road safety, safe driving; 2. *(Auto)* roadworthiness
Fahrstreifen *m* lane; **F. wechseln** to change lanes

F

durchgehender Fahrstreifen through lane; **verengter F.** narrow lane
Fahrstreifen|markierung *f* lane marking; **F.wechsel** *m* lane change; **~ ohne Blinkzeichen** unsignalled lane change
Fahrt *f* 1. journey, ride, trip; 2. *(Schiff)* voyage; 3. *(Kfz)* drive
fahrtauglich *adj* 1. *(Person)* fit to drive; 2. *(Kfz)* roadworthy
Fahrtauglichkeit *f* 1. fitness to drive; 2. roadworthiness
Fahrtdauer *f* journey time
Fährte *f* trace, trail, track; **falsche F.** red herring *(coll)*; **jdn auf eine ~ locken** *(fig)* to throw so. off the scent *(fig)*; **auf der falschen F. sein** *(fig)* to be on the wrong track *(fig)*
Fahrten|buch *nt* logbook, driver's record book; **F.schreiber** *m* tachograph
Fahrtüchtigkeit *f* fitness to drive
Fahrtunterbrechung *f* break, interruption; **kurze F.** stopover
fahruntüchtig *adj* 1. *(Person)* unfit to drive; 2. *(Kfz)* not roadworthy
Fahruntüchtigkeit *f* unfitness to drive; **absolute F.** absolute unfitnes to drive; **relative F.** relative unfitness to drive
Fahrverbot *nt* driving ban, disqualification, loss of driving licence; **gegen jdn ein F. verhängen** to impose a driving ban on so., to disqualify so. from driving
befristetes Fahrverbot suspension of a driving licence; **gesetzlich vorgesehenes F.** statutory disqualification
Fahrverhalten *nt* road behaviour; **aggressives F.** aggressive driving
Fahrvorschriften *pl* driving regulations
Fahrweise *f* driving; **gefährdende/gefährliche F.** dangerous driving
Fahrzeug *nt* vehicle; **F. beschlagnahmen** to confiscate a vehicle; **F. führen** to drive a vehicle
fahrfähiges Fahrzeug roadworthy vehicle; **gewerblich genutztes F.** commercial vehicle; **liegen gebliebenes F.** stranded/broken-down vehicle; **unfallbeteiligtes F.** vehicle involved in an accident; **verdächtiges F.** suspicious vehicle; **nicht zugelassenes F.** unlicensed vehicle
Fahrzeug|abnahme *f* M.O.T. (Ministry of Transport) test *[GB]*; **F.brief** *m* vehicle title document; **F.diebstahl** *m* vehicle taking; **schwerer ~** aggravated vehicle taking; **F.führer(in)** *m/f* vehicle driver; **F.halter(in)** *m/f* vehicle/car owner, registered owner/keeper/user of a car, ~ of a motor vehicle; **~ ermitteln** to ascertain the vehicle owner
Fahrzeug|identifizierungsnummer *f* vehicle identification number (VIN); **F.kolonne** *f* convoy; **F.kontrolle** *f* vehicle check; **F.nummer** *f* vehicle registration number; **F.papiere** *pl* vehicle documents, registration papers; **F.sicherstellung** *f* securing a vehicle; **F.überprüfung** *f* M.O.T. (Ministry of Transport) test *[GB]*; **F.verkehr** *m* vehicular traffic; **F.versicherungspapiere** *pl* vehicle insurance papers; **F.zulassung** *f (Schein)* road licence
Faksimile *nt* facsimile; **F.unterschrift** *f* facsimile signature
Faktor *m* factor; **zusätzlicher F.** contributory factor; **F.entgelt** *nt* factor's compensation
Faktur|a *f* invoice, bill; **f.ieren** *v/t* to invoice/bill
Fakultät *f* faculty; **juristische F.** faculty of law, law school *[US]*
fakultativ *adj* optional
Fall *m* 1. *(Rechtssache)* case, matter; 2. *(Präzedenzfall)* precedent; 3. *(Angelegenheit, Umstand)* circumstance, instance, case; 4. *(Sturz)* fall; **für den F.** in the event of; **im F.e von** in case of; **~ vorliegenden F.** in the case at hand; **von F. zu F.** as the case may be
Fall von höherer Gewalt case of force of majeure; **im F.e der Kündigung** in case of notice; **~ des Todes** in the event of death; **F. von Trunkenheit am Steuer** drink-and-drive case
Fall abschließen to close a case; **F. absetzen** to strike off a case; **F. wieder aufrollen** to reopen a case/file; **F. bearbeiten** to handle a case, to work on a case; **von F. zu F. entscheiden** to decide each case as

it arises; **F. erledigen** to dispose of a case; **F. gerichtlich geltend machen** to refer a case to a court; **F. konstruieren** to construe a case; **ein F. tritt ein** a case arises; **F. übernehmen** to take on a case; **F. (vor Gericht) verhandeln** to hear/try a case; **seinen F. selbst verteidigen** *(Gericht)* to conduct one's own case; **F. vertreten** to conduct the case; **seinen F. vortragen** to plead one's case; **F. zusammenfassen** *(Richter)* to sum up the case

aufgeklärter Fall solved case; **betreffender/einschlägiger F.** case in point; **schwebender F.** pending case; **besonders schwerer F.** severe case; **strittiger F.** case at issue, matter in dispute; **unerledigter F.** unsettled case; **ungeklärter F.** open case; **vorliegender F.** case at issue

Fallbeispiel *nt* case in point

Falle *f* trap; **F. stellen** to set a trap

fallen lassen *v/t* *(aufgeben)* to drop/give up/discontinue/abandon

fällen *v/t* *(Urteil)* to give/deliver/pass/reach

Fall|frist *f* set period; **F.grube** *f* pit(fall)

fällig *adj* due, owing, payable; **f. werden** to fall due

Fälligkeit *f* maturity; **bei F.** at maturity; **vor F.** prior to maturity

Fälligkeits|anspruch *m* maturity claim; **F.datum** *nt* date of maturity, due date; **F.klausel** *f* acceleration clause; **F.tag** *m* date/day of maturity, accrual/expiry date; **F.termin** *m* (date of) maturity; **F.wert** *m* maturity value

Fall|recht *nt* case law, law of precedent; **F.sammlung** *f* casebook, list of cases; **F.studie** *f* case study

falsch *adj* 1. *(verkehrt)* wrong; 2. *(unzutreffend)* false; 3. *(hinterhältig)* two-faced; 4. *(unecht)* fake; 5. *(irrig)* erroneous; 6. *(unaufrichtig)* false

Falsch|anzeige; F.aussage *f* false accusation/testimony; **uneidliche F.aussage** *(Zeugen, Sachverständige)* unsworn false statement; **jdn zur F.aussage verleiten** to persuade so. to give false evidence; **F.belehrung** *f* misdirection; **F.beratung** *f* false advice; **F.beurkundung** *f* false certification/documentation; **F.bezeichnung** *f* misnomer; **~ von Waren** false trade description; **F.buchung** *f* false entry

Falschdarstellung *f* misrepresentation, falsa demonstratio *(lat.)* unsworn false testimony; **fahrlässige F.** negligent misrepresentation; **unwissentliche F.** innocent misrepresentation; **wissentliche F.** fraudulent misrepresentation

Falscheid *m* false oath

fälschen *v/t* 1. *(nachahmen)* to fake; 2. *(Abrechnung, Bilanz, Urkunde)* to falsify; 3. *(Bericht, Rechnungen)* to tamper with; 4. *(Münzen)* to counterfeit; 5. *(Unterschrift, Urkunde)* to forge; 6. *(Nahrungsmittel)* to adulterate

Fälschen und in Umlaufbringen *nt* forgery and uttering

Fälscher *m* forger, counterfeiter

Falsch|fahrer(in) *m/f* ghost driver; **F.geld** *nt* counterfeit/false money; **~ in Umlauf bringen** to put counterfeit money into circulation; **F.information** *f* false/wrong information

fälschlich *adj* falsely

Falsch|lieferung *f* mistaken delivery; **F.meldung** *f* hoax; **F.münze** *f* counterfeit coin; **f.münzen** *v/t* to counterfeit; **F.münzer** *m* counterfeiter; **F.münzerei** *f* counterfeiting; **F.parker(in)** *m/f* parking offender; **F.spieler** *m* card sharper

Fälschung *f* 1. *(Gegenstand)* forgery, counterfeit, fake; 2. *(Darstellung)* fabrication, falsification; **F. beweiserheblicher Daten** falsifying (of) relevant evidence; **F. von Urkunden** forgery of documents

Falschurkunde *f* forged document

Falsifikation *f* falsification

falsus procurator *(lat.)* unauthorized agent

Faltblatt *nt* leaflet

Familie *f* family; **F. mit nur einem Elternteil** single-parent family

Familien|angehörige(r) *f/m* family member; **nächste(r) ~** next-of-kin; **F.angehörige** *pl (Kinder)* dependants; **F.angelegenheit** *f* family case; **F.beihilfe** *f* family allowance; **F.betrieb** *m* family firm; **F.buch** *nt* genealogical register, family record/register; **F.diebstahl** *m* theft by a member of the family; **F.fürsorge** *f* family welfare; **F.gericht** *nt* family division/court; **F.gesellschaft** *f* family concern/company; **F.gesetz** *nt* family act; **F.gesetzbuch** *nt* family code; **F.hilfe** *f* family allowance/support; **F.leben** *nt* family life; **F.mitglied** *nt* member of the family; **F.name** *m* family name/surname; **F.pflege** *f* family welfare; **F.recht** *nt* family law, law of domestic relations *[US]*; **F.rechtler(in)** *m/f* lawyer specializing in family law;

f.rechtlich *adj* family-law; **F.rechtssache** *f* family case; **F.richter** *m* familiy court judge; **F.sache** *f* domestic cause; **F.stand** *m* marital status; **F.unterhalt** *m* family support; **F.unternehmen** *nt* family firm; **F.-verhältnisse** *pl* domestic background; **zerrüttete ~** breakdown of a family; **F.-vorstand** *m* head of household, ~ the family; **F.wohnsitz** *m* family residence; **F.zusammenführung** *f* family reunion, reuniting divided families

Fang|frage *f* loaded question; **F.gründe** *pl* fishing grounds; **F.prämie** *f* bounty; **F.-schaltung** *f* call tracing, interception circuit; **F.schuss** *m* coup de grace *(frz.)*

F

Farb|schmiererei *f* graffiti; **F.sprüher** *m* graffiti sprayer

Faser *f* fibre

Fassadenkletterer *m* cat burglar

fassen *v/t* 1. *(ergreifen)* to catch; 2. *(festnehmen)* to apprehend/seize; 3. *(enthalten)* to contain/hold

Fassung *f* 1. draft; 2. *(Abfassung)* drafting; 3. *(Gesetz)* version; 4. *(Ausdrucksweise)* wording; **die deutsche F. ist verbindlich** the German version shall be binding; **geltende/verbindliche F.** authoritative version; **vollständige F.** full version

Faust *f* fist; **die F. ballen** to clench one's fist; **mit der F. schlagen** to punch

Faust|feuerwaffe *f* handgun; **F.pfand** *nt* pawn/pledge; **F.pfandgläubiger** *m* pawnee/pledgee; **F.pfandrecht** *nt* law of pawn; **F.recht** *nt* law of the jungle; **~ ausüben** to take the law into one's own hands; **F.-regel** *f* rule of thumb

federführend *adj* leading, managing, in charge

Federführung *f* coordination, overall control; **unter der F. von** under the overall control of; **F. innehaben** to lead-manage

Fauxpas *m* gaffe, blunder; **F. begehen** to put one's foot in it *(coll)*

Fehde *f* feud

Fehl|alarm *m* false alarm; **F.anzeige** *f* 1. nil return; 2. *(Formular)* not applicable; **F.betrag** *m* deficiency, shortfall, deficit, missing sum; **F.beurteilung** *f* misjudgment; **F.darstellung** *f* misrepresentation; **schuldlose ~** innocent misrepresentation

Fehlen *nt* 1. *(Person)* absence; 2. lack; **häufiges F. am Arbeitsplatz** absenteeism; **F. der Gegenleistung** absence of consideration; **~ Geschäftsgrundlage** lack of the basis of a transaction; **~ gesetzlichen Grundlage** lack of legal basis; **F. wegen Krankheit** sick leave; **F. der Vollendung** lack of completion

unentschuldigtes Fehlen absence without leave (AWOL)

fehlen *v/i* to lack, to be absent; **f.d** *adj* missing, lacking, deficient

Fehlentscheidung *f* wrong decision

Fehler *m* 1. *(Irrtum)* error, mistake, slip-up *(coll)*; 2. *(Mangel)* defect, flaw; 3. *(schlechte Eigenschaft)* fault; **F. des Gerichts** judicial error; **F. im Rubrum** defect in title; **F. in der Sache** defect in rem; **mit F.n behaftet** defective; **F. arglistig verschweigen** to conceal a defect fraudulently

innerer Fehler inherent vice; **offenkundiger F.** patent defect; **verborgener F.** latent defect

fehlerhaft *adj* 1. imperfect; 2. *(Ware)* defective; 3. *(Besitz, Vertrag)* faulty; 4. *(unrichtig)* incorrect

Fehler|haftigkeit *f* 1. defectiveness; 2. faultiness; 3. incorrectness; **F.quote** *f* error rate

Fehl|gebrauch *m* wrong use; **F.geburt** *f* miscarriage; **F.gehen der Tat** *nt* failure of the criminal act; **F.konstruktion** *f* faulty construction; **F.leistung** *f* defective performance; **F.menge** *f* deficiency, shortfall; **F.schluss** *m* wrong conclusion; **F.schuss** *m* miss; **F.spruch** *m* judicial error; **F.urteil** *nt* 1. miscarriage of justice; 2. *(falsche Beurteilung)* misjudgment; **F.verhalten** *nt* misconduct, inappropriate behaviour, misdemeanour, misbehaviour; **öffentliches ~** public misconduct

Feier *f* ceremony; **religiöse F.** religious ceremony

Feiertag *m* bank holiday; **gesetzlicher F.** statutory/public *[GB]*/legal *[US]* holiday; **kirchlicher F.** church holiday

feige *adj* cowardly

feilbieten; feilhalten *v/t* to offer for sale

Feind *m* enemy; **F.eshandlung** *f* hostile act; **F.esstaat** *m* hostile state; **f.selig** *(Zeuge)* hostile

Feld *nt* field; **F.beschädigung** *f* damage to crops; **F.diebstahl** *m* theft of crops; **F.jäger** *pl* military police

Feme|gericht *nt* kangaroo court, vehmic court; **F.mord** *m* secret murder, sectarian killing

Ferien *f* 1. holidays, vacation; 2. *(Gericht, Parlament)* recess; **F.kammer** *f (Gericht)* vacation *[GB]*/recess *[US]* court

fern *adj* remote; **F.bleiben** *nt* absence; **unentschuldigtes ~** 1. *(Dienst)* absence without leave (AWOL); 2. *(Schule)* truancy; **F.e** *f* remoteness; **f.er** *adv* further

Fernmelde|geheimnis *nt* secrecy of telecommunications; **F. recht** *nt* law governing telecommunications

Fern|schreiben *nt* telex; **f.schriftlich** *adj* by telex

Fernseh|recht *nt* television law; **F.überwachungsanlage** *f* closed-circuit television (CCTV)

Fern|sprecher *m* telephone; **F.sprechgeheimnis** *nt* secrecy of telecommunications

Fern|straße *f* trunk road; **F.wirkung** *f* remote effect

fertig *adj* ready

fertigen *v/t* to make/manufacture/produce

Fertigstellung *f* completion

Fertigstellungs|anzeige *f* notice of completion; **F.pflicht** *f* duty to complete; **F.-termin** *m* date of completion

Fertigung *f* production, manufacture; **F.s-fehler** *m* defect due to workmanship

fesseln *v/t* 1. *(Tau)* to bind/tie (up); 2. *(Handfesseln, Fußschellen)* to fetter/shackle; 3. *(Handschellen)* to handcuff; 4. *(Ketten)* to chain (up)

fest *adj* 1. firm, fixed; 2. *(unbeweglich)* stationary

festgefahren *adj* 1. *(Kfz)* stuck; 2. *(Situation)* deadlocked

Festgenommene(r) *f/m* arrested person, detainee

festgeschrieben *adj* fixed; **gesetzlich f.** fixed by law/statute, statutory

festhalten *v/t* 1. to grab/seize; 2. *(gefangen halten)* to detain/hold

Festhalten *nt* *(Zurückhalten)* retention; **F. am Vertrag** abiding by the contract

festhalten an *v/i* to adhere to, to abide by

Festhalterecht *nt* citizen's arrest

festlegen *v/t* 1. *(aufstellen, formulieren)* to lay down; 2. *(bestimmen)* to set/fix/determine; 3. *(genau angeben)* to define/specify; 4. *(vertraglich)* to stipulate 5. *(vorschreiben)* to prescribe, to provide for; **anteilig f.** to allocate/allot; **etw. testamentarisch f.** to specify sth. in a will; **vertraglich f.** to stipulate by contract

Festlegung *f* determination;

Festnahme *f* arrest, apprehension; **F. auf Grund eines Haftbefehls** arrest under a warrant, execution of an arrest warrant; **F. wegen Nichtbezahlens eines Bußgeldes/Strafbefehls** arrest for default; **F. auf frischer Tat** apprehension in the act

sich der Festnahme entziehen to abscond from justice; **~ widersetzen** to resist arrest

rechtlich abgesicherte Festnahme lawful arrest; **vorläufige F.** temporary/provisional detention, summary arrest; **wahllose F.** random detention; **widerrechtliche F.** unlawful detention

Festnahme|anordnung *f* warrant of arrest; **F.ersuchen** *nt* request for an arrest; **F.nachweis** *m* custody record; **F.recht für jedermann** *nt* citizen's arrest

festnehmen *v/t* to arrest/apprehend/detain; **jdn vorläufig f.** to take so. into (temporary) custody, to detain so.

festsetzen *v/t* 1. to fix/determine; 2. *(Vertrag)* to stipulate; 3. *(Datum)* to appoint; 4. *(Wert)* to evaluate; 5. *(Schaden)* to assess; 6. *(Vorschrift)* to prescribe

Festsetzung *f* 1. *(Vereinbarung)* stipulation; 2. *(Feststellung, Bestimmung)* determination; 3. *(Beiträge, Schadensbetrag)* assessment; **F. der Entschädigung** determination of damages; **~ Prozesskosten** taxing of costs; **F. des Schadensersatzes** assessment of damages; **F. von Zwangsgeld** fixing an administrative fine

gerichtliche Festsetzung judicial determination

feststellbar *adj* ascertainable, determinable, identifiable

feststellen *v/t* 1. *(Identität, Tatbestand)* to establish/determine; 2. *(Aussage)* to declare/state; 3. *(ermitteln)* to ascertain, to find out; 4. to assess; 5. *(gerichtlich)* to find

Feststellung *f* 1. determination; 2. *(Aussage)* declaration, statement; 3. *(Tatsache)* establishment, ascertainment; **F. des Alkoholgehalts** determination of alcoholic content; **F. der Angemessenheit** ascertainment of reasonableness; **F. des Anspruchs** determination of a claim; **F. der Anwesenheit** record of attendance; **F. des Aufenthaltsorts** determination of so.'s address; **F. der Echtheit** authentication, verification; **~ Nichteignung** disqualification (from); **~ Personalien**

F

identification; **F. des Rechtsanspruchs** proof of title; **~ Sachverhalts** establishment/finding of the facts; **~ Schadens** determination of loss; **~ Tatbestandes** establishment of the facts; **F. der Vaterschaft** affiliation

einleitende Feststellung|en preliminary statements; **rechtliche F.** legal finding; **rechtskräftige F.** final decision; **richterliche F.** judicial finding

Feststellungs|anspruch entitlement to a declaratory judgment; **F.beamter** *m* appraiser; **F.befund** *m* official findings; **F.-bescheid** *m (Steuer)* assessment; **F.interesse** *nt* legal interest in obtaining a declaratory judment; **F.klage** *f* action for a declaratory judgment, declaratory action; **F.streit** *m* declaratory proceedings; **F.urteil** *nt* declaratory judgment; **~ über Patentnichtigkeit** declaratory judgment that patent is invalid; **F.verfahren** *nt* declaratory proceedings; **F.verjährung** *f* limitation of prescription; **F.widerklage** *f* declaratory cross-petition; **F.wirkung** *f* declaratory effect; **F.zeitpunkt** *m* time of determination; **F.zwischenurteil** *nt* declaratory interlocutory order

ins Fettnäpfchen treten *nt* *(coll)* to put one's foot in it *(coll)*

Feuer *nt* fire; **F. fangen** to catch fire; **F. legen** to set fire to; **F. löschen** to extinguish a fire, to put out a fire

Feuer|bestimmungen *pl* fire regulations; **f.fest** *adj* fireproof; **F.gefahr** *f* fire hazard/risk; **f.hemmend** *adj* fire-resistant **F.löscher** *m* fire extinguisher; **F.melder** *m* fire alarm; **F.schaden** *m* fire damage/loss, damage caused by fire; **F.schutz geben** *m* to provide cover; **F.schutzbestimmungen** *pl* fire regulations; **F.treppe** *f* fire escape; **F.versicherung** *f* fire insurance; **F.wehr** *f* fire brigade; **F.werk** *nt* (display of) fireworks; **F.werkskörper** *m* firecracker

Fideikommiss *nt* entail, estate in fee tail; **F. auflösen** to break an entail

Fiduziar *m* trustee, fiduciary; **f.isch** *adj* fiduciary

Figur *f* *(Person)* build, figure

Fiktion *f* fiction; **F. des Zugangs** fiction of accrual

juristische Fiktion legal fiction; **F.stheorie** *f* theory of legal fiction

fiktiv *adj* fictitious

Filiale *f* branch

Filmrechte *pl* film rights

Final- final

Finanz|amt *nt* Inland Revenue (IR) *[GB]*, Internal Revenue Service (IRS) *[US]*; **F.-anspruch** *m* financial claim; **F.gericht** *nt* financial/fiscal court, court of exchequer; **F.gerichtsbarkeit** *f* fiscal court jurisdiction; **F.gesetz** *nt* finance act

finanziell *adj* financial

finanzieren *v/t* fo finance/fund

Finanzierung *f* funding; **F.svereinbarung** funding agreement

Finanz|ordnung *f* financial regulations; **F.recht** *nt* fiscal law

Findelkind *nt* foundling

Finder *m* finder; **F.lohn** *m* finder's reward

Fingerabdruck *m* fingerprint; **F. nehmen** to fingerprint (so.); **genetischer F.** genetic fingerprint

fingier|en *v/t* 1. *(vortäuschen)* to feign/pretend, 2. *(fälschen, nachahmen)* to fake

fingiert *adj* bogus, fictitious

Firma *f* firm, company; **eingetragene F.** registered firm

Firmen|eintragung *f* company registration; **F.mantel** *m* shell company; **F.recht** *nt* company law; **F.register** *nt* register of companies; **F.siegel** *nt* company seal; **F.-sitz** *m* registered/corporate office, company headquarters; **F.vermögen** *nt* company assets; **(immaterieller) F.wert** goodwill

firmieren *v/i* to trade under the firm of

Fischerei|abkommen *nt* fisheries agreement; **F.pachtvertrag** *m* fishing lease; **F.-recht** *nt* fishing right

Fiskus *m* treasury, inland revenue, tax authorities

Fixerstube *f* shooting gallery *(coll)*

Fixum *nt* fixed amount/sum

Flächen|baunutzungsplan *m* zoning plan; **F.bombardement** *nt (Völkerrecht)* carpet bombing; **F.nutzungsgesetz** *nt* Town and Country Planning Act *[GB]*; **F.nutzungsgesetz** *nt* Zoning Law *[US]*; **F.nutzungsplan** *m* development/zoning plan; **F.stilllegung** *f* set-aside scheme; **F.-tarifvertrag** *m* union agreement

Flagge *f* flag; **billige F.** flag of convenience (FOC)

Flaggen|missbrauch *m* flag misuse, misuse of a flag; **F.verunglimpfung** *f* defamation of a flag

in flagranti ertappt werden to be caught in the (very) act, ~ red-handed
flegelhaft *adj* loutish *(coll)*
Flucht *f* escape, flight; **auf der F.** on the run, at large
Flucht|auto *nt* getaway car; **F.fahrzeug** *nt* escape vehicle; **F.gefahr** *f* risk of flight, danger of absconding; **F.helfer(in)** *m/f* accomplice in an escape; **F.hilfe** *f* escape aid, aiding and abetting an escape
flüchtig *adj* fugitive, at large, escaped; **F.e(r)** *f/m* fugitive, absconder
Flüchtling *m* refugee, escapee; **F.slager** *nt* refugee camp
Fluchtlinie *f* building line
Flucht|mittel *nt* means of escape; **F.verdacht** *m* suspicion that so. might abscond, apprehension/suspicion of absconding; **F.versuch** *m* attempted escape, escape attempt; **F.weg** *m* escape route
Flug *m* flight; **F.blatt** *nt* pamphlet, flyer; **F.begleiter(in)** *m/f* flight attendant; **F.-preis** *m* air fare
Flur|bereinigung *f* land consolidation, reallocation of land; **F.schaden** *m* damage to agricultural land; **F.stück** *nt* plot
Folge *f* consequence, result; **F. des Unfalls** result of the accident; **F. leisten** to comply with; **F. sein von** to be consequent on
direkte/unmittelbare Folge immediate consequence; **strafrechtliche F.** penal consequence
Folge- consequential
Folge|ermittlungen *pl* follow-up inquiries/investigation (of crimes); **F.kosten** *pl* follow-up costs; **F.lasten** *pl* subsequent costs
folgen *v/i* 1. to follow; 2. to result
Folgenbeseitigungsanspruch *m* claim to remedial action, ~ nullify consequences
folgend *adj* ensuing, subsequent; **im F.en** *nt* hereinafter; **~ genannt ...** hereinafter referred to as …
Folge|prozess *m* follow-up trial; **F.recht** *nt* 1. right to follow the asset, droit de suite *(frz.)*; 2. right of stoppage (in transit)
folgern *v/t* to conclude/deduce/infer/gather
Folgerung *f* conclusion, deduction, inference
Folge|sachen *pl* ancillary proceedings; **F.-schaden** *m* consequential damage/loss; **F.schreiben** *nt* follow-up letter; **F.vertrag** *m* follow-up contract; **F.wirkung** *f* consequential effect

Folter *f* torture; **f.n** *v/t* to torture
Fonds *m* fund
förderlich *adj* conducive (to)
fordern *v/t* 1. *(verlangen)* to demand; 2. *(beanspruchen, kosten)* to claim
fördern *v/t* to encourage/support/sponsor
Förderung *f* sponsorship; **F. sexueller Handlungen Minderjähriger** encouraging (of) sexual acts of minors; **F. der Prostitution** encouraging (of) prostitution
Forderung *f* 1. *(Wunsch)* demand; 2. *(Anspruch)* claim, debt; **F. in unbestimmter Höhe** unliquidated claim; **F.en** *pl (Bilanz)* accounts receivable; **~ aus Lieferungen und Leistungen** trade accounts receivable
Forderung abgelten to discharge a debt; **F.en abschreiben** to write off debts; **zweifelhafte F. abschreiben** to write off a doubtful claim; **F. abtreten** to assign a claim; **F. nicht anerkennen** to disallow a claim; **F. anmelden** to file a claim; **F. aufrechterhalten** to insist on a claim; **F. belegen** to prove/support a claim; **F. bestreiten** to contest a claim; **F. durchsetzen** to enforce a claim; **F. einklagen** to sue for a debt, to litigate a claim; **F. beim Konkursverwalter einreichen** to lodge a proof of debt with the official receiver; **F. eintreiben/einziehen** to collect a debt; **einer F. entgegentreten** to refute a claim; **F. erfüllen** to meet a claim; **F. erlassen/fallen lassen** to abandon/relinquish/remit/waive a claim; **F. geltend machen** to file a claim; **F. gerichtlich geltend machen** to prosecute a claim; **von einer F. Abstand nehmen** to abandon/relinquish/waive a claim; **F. pfänden** to arrest a claim; **F. regulieren** to settle a claim; **F. in Abrede stellen** to repudiate a claim; **F. verrechnen** to offset a claim; **F. stunden** to defer a claim; **F. übertragen** to assign a claim; **F. verbriefen** to confirm a claim in writing; **auf eine F. verzichten** to waive/relinquish a claim; **F. zurückweisen** to repudiate/turn down a claim
abgetretene Forderung assigned debt; **abtretbare F.** assignable claim; **ältere F.** anterior claim; **anerkannte F.** recognized claim; **im Feststellungsverfahren ~;** **ausgeklagte F.** judgment debt; **aussonderungsfähige F.** claim of exemption;

F

bedingte F. contingent claim; **begründete F.** legitimate claim; **beitreibbare F.** recoverable/enforceable claim; **berechtigte F.** justified/equitable claim; **bestrittene F.** disputed claim; **betagte F.** stale claim; **bevorrechtigte F.** 1. *(Nachlass)* privileged debt; 2. *(Konkurs)* preferential claim; **einklagbare F.** enforceable claim; **fällige F.** due debt, matured claim; **faule F.en** bad debts; **fingierte F.** bogus claim; **gegenwärtige und zukünftige F.en** debts owing and accruing; **geldwerte F.** monetary/pecuniary claim; **gepfändete F.** garnished debt; **gesicherte F.** secured claim; **dinglich gesicherte F.** debt secured in rem; **hypothekarisch gesicherte F.** mortgage debt; **gesperrte F.** barred debt; **nicht nachweisbare F.** nonprovable claim; **offene F.** outstanding claim; **rückständige F.** debt in arrears; **schuldrechtliche F.** contractual claim; **strittige F.** litigious claim; **titulierte F.** enforceable claim, judgment debt; **unbedingte F.** noncontingent claim; **unberechtigte/unbegründete F.** unfounded/unsubstantiated claim; **uneinbringliche F.en** bad debts, uncollectibles; **unpfändbare F.en** ungarnishable debts; **unverzinsliche F.** passive debt; **verbriefte F.** bonded claim/debt; **verjährte F.** statute-barred claim; **verzinsliche F.** interest-bearing debt, active debt; **vollstreckbare F.** enforceable claim; **vorrangige F.** preferential claim; **zivilrechtliche F.** civil claim

Forderungs|abtretung *f* assignment of a claim; **~ in stiller Form vornehmen** to operate on a non-notification basis; **F.anerkennung** *f* recognition of a claim; **F.anmeldung** *f* filing (of) a claim; **F.arrest** *m* order of attachment for debts; **F.befriedigung** *f* settlement of a claim; **vergleichsweise ~** compounding of claims; **f.berechtigt** *adj* eligible; **F.berechtigte(r)** *f/m* obligee, rightful claimant; **F.einziehung** *f* debt collection; **F.erlass** *f* relinquishment of a claim; **F.fälligkeit** *f* maturity of a claim; **F.gläubiger(in)** *m/f* garnisher; **F.inhaber(in)** *f* holder of a claim; **F.kauf** *f* purchase of accounts receivable; **F.klage** *f* action for recovery of a debt; **F.nachweis** *m* proof of claim

Forderungs|pfandgläubige(r) *f/m* garnisher; **F.pfandrecht** *nt* right of attachment; **F.pfändung** *f* (equitable) garnishment, attachment; **~ durchführen** to garnish; **F.pfändungsbeschluss** *f* garnishee order; **F.pfändungsverfahren** *nt* garnishee proceedings

Forderungs|recht *nt* right to claim; **F.sicherung** *f* securitization; **F.stundung** *f* respite; **F.surrogat** *f* substitute claim; **F.tilgung** *f* settlement of a claim, redemption; **F.übergang** *m* assignment by operation of the law, transmission of claims, subrogation; **gesetzlicher ~** statutory assignment of a claim; **F.überhang** *f* net receivables; **F.übernahme** *f* assumption of debt; **F.übernehmer(in)** *f* assign(ee); **F.übertragung** *f* assignment of a claim; **F.verkauf** *f* factoring; **F.verletzung** *f* breach of an obligation; **positive ~** breach of contract; **F.vermächtnis** *nt* bequest of a claim; **F.verzeichnis** *f (Konkurs)* schedule of a bankrupt's estate; **F.verzicht** *m* remission/waiver of a claim; **F.verzichtsklausel** *f* waiver clause

forensisch *adj* forensic

forfaitier|en *v/t* to forfeit; **F.ung** *f* forfeiture

Form *f* 1. form; 2. formalities; **F. der Anfechtung** form of avoidance; **~ Geltendmachung** form of claim; **~ Klage** form of action

in öffentlich beglaubigter Form attested by a public notary; **~ gehöriger F.** in due form; **gesetzliche F.** statutory form; **notarielle F.** notarial form; **in schriftlicher F.** in writing; **vorgeschriebene F.** prescribed form

formal *adj* formal, technical

Formal|beleidigung *f* verbal insult; **F.delikt** *nt* technical offence; **F.einwand** *m* technical traverse, special exception, objection on a point of order

Formalie *f* formality; **F.n** *pl* formalities

Formalität *f* formality; **ohne F.en** summarily

formalrechtlich *adj* in accordance with the letter of the law

Formalvertrag *m* pro-forma/standard contract

Form|änderung *f* change of form; **F.blatt** *nt* form; **F.brief** *m* standard letter

Formel *f* formula

formell *adj* formal, procedural; **f. und materiell** in form and in fact, ~ adjective and substantive law

Form|erfordernis *nt* formal/technical requirement; **F.fehler** *m* defect of form, formal defect, procedural irregularity; **f.frei** *adj* informal; **F.freiheit** *f* informality, freedom of form; **f.gerecht** *adj* in due form; **f.gültig** *adj* valid as regards form; **F.kaufmann** *m* statutory trader, merchant by legal form

förmlich *adj* in due form; **F.keit** *f* formality

form|los *adj* informal; **F.mangel** *m* lack of legal form, insufficiency/deficiency of form; **F.sache** *f* formality, technicality

Formular *nt* form; **F. ausfüllen** to fill in *[GB]*/out *[US]* a form; **F.buch** *nt* book of precedents; **F.vertrag** *m* pro-forma/standard(-form) contract

formulier|en *v/t* to word/phrase, to draw up; **F.ung** *f* wording, phrasing

Form|verletzung *f* non-compliance with the formalities; **F.vorschrift** *f* formal requirement; **F.wechsel** *m* change of form; **f.widrig** *adj* not in compliance with formalities, irregular, contrary to form; **F.-zwang** *m* mandatory compliance with formalities

Forst|amt *nt* forest authority; **F.aufseher** *m* forest inspector; **F.aufsicht** *f* forest inspectorate; **F.behörde** *f* Forestry Commission *[GB]*; **F.recht** *nt* forest law; **F.-schaden** *m* forest damage

fortan *adv* henceforth

Fort|bestand *m* continued existence; **f.bestehen** *v/i* to continue; **F.bestehen** *nt* continuation, continued existence; **~ des Vertrags** continuation of the contract; **~ des Rechtsverhältnisses** continuation of the legal relationship; **f.bestehend** *adj* continuing

Fort|bildung *f* further training; **F.bleiben** *nt* non-attendance; **F.dauer** *f* continuation; **f.fahren** *v/i* to proceed; **F.fall** *m* cessation; **f.führen** *v/t* to continue; **F.führung** *f* continuation; **F.gang** *m* continuance; **f.gelten** *v/i* to continue to be valid; **F.geltung** *f* continuing validity; **f.gesetzt** *adj* continued, continuing; **f.laufend** *adj* consecutive, continuous; **F.schaffen** *nt* 1. removal; 2. *(widerrechtlich)* asportation; **f.setzen** *v/t* to continue

Fortsetzung *f* continuation; **F. eines Rechtsstreits** continuation of a legal dispute; **F. des Verfahrens** continuation of the proceedings; **F.sklausel** *m* renewal clause; **F.s-zusammenhang** *m* continuation of an offence

Fortwirken *nt* continual effect

Forum *nt* forum, panel

Foto *nt* photo(graph), shot; **F.montage** *f* photo montage

Fötus *m* foetus

Fracht *f* 1. *(Ladung)* cargo, freight, load; 2. *(Gebühr)* carriage, freight(age); **F. zahlt Empfänger** freight forward (frt. fwd.), carriage forward (carr. fwd., c/f); **F. bezahlt** carriage paid (c/p, cge. paid); **F. vorausbezahlt** freight prepaid (frt. ppd.)

Fracht löschen to discharge cargo; **F. umschlagen** to handle freight/cargo; **F. zusammenstellen** to consolidate shipments, to group freight

Fracht|abschluss *m* freight fixing; **F.anspruch** *m* freight claim; **F.aufschlag** *m* freight surcharge; **F.aufseher(in)** *m/f* cargo superintendent; **F.bedingungen** *pl* freight terms; **F.beförderung** *f* carriage of goods; **F.brief** *m* 1. waybill (WB), freight note; 2. *(Bahn)* railroad bill of lading, railroad waybill; **F.bündelung** *f* freight consolidation; **F.charter** *f* charter party (C/P); **F.dampfer** *m* cargo vessel; **zusätzliche F.deckungsklausel** institute cargo clause; **F.eigner** *m* cargo owner; **F.-eingangsbenachrichtigung** *f* landing notice; **F.empfänger** *m* consignee; **F.-empfangsbescheinigung** *f* freight receipt

Frachter *m* cargo vessel, freighter

Fracht|erstattung *f* refund of freight charges; **f.- und spesenfrei** *adj* freight and charges prepaid

Fracht|führer(in) *m/f* carrier, haulage contractor; **F.klausel** *f* carrier clause; **F.-pfandrecht** *nt* cargo/carrier's lien

Fracht|garantie *f* freight guarantee; **F.gebühr** *f* freight/carriage (charge); **F.- und Liegegeld** *nt* freight and demurrage; **F.gewerbe** *nt* carrying trade; **F.gut** *nt* cargo; **F.gutsendung** *f* consignment; **F.inhaber** *m* cargo owner; **F.konsortium** *nt* cargo syndicate; **F.konto** *nt* carriage/freight *[US]* account; **F.kontrakt** *m* freight contract; **F.kontrolleur** *m* tally clerk

Frachtkosten *pl* freight (charges), freightage; **F. und Löschungskosten** *pl* freight and landing charges; **F.kostenausgleich** *m* equalization of freight rates

Fracht|liste *f* cargo list, tally; **F.lohn** *m* cartage; **F.makler(in)** *m/f* freight broker; **F.nachlass** *m* freight absorption, rebate of freight; **F.nachnahme** *f* carriage forward (carr. fwd., c/f); **F.papier** *nt* 1. shipping/transport document; 2. *(Konnossement)* bill of lading (B/L); **F.police** *f* cargo policy; **F.rabatt** *m* freight absorption/rebate; **F.recht** *nt* carriage of goods law; **F.schaden** *m* damage in transit; **F.schiff** *nt* cargo vessel; **F.sendung** *f* consignment; **F.spediteur** *m* cargo agent, (freight) forwarder; **F.stundung** *f* freight deferment, deferral of freight payments; **F.tarif** *m* freight rate; **~ mit ausgeschlossenem Risiko** *m* conditional rate; **F.umschlag** *m* freight handling; **F.unternehmen** *nt* haulage contractor, carrier, haulier, freight corporation *[US]*; **F.vergütung** *f* reimbursement of freight; **F.verkehr** *m* goods traffic; **F.vermerk** *m* freight clause

Fracht|versicherer *m* cargo underwriter; **F.versicherung** *f* freight/cargo insurance; **F.versicherungspolice** *f* cargo policy

Fracht|vertrag *m* freight contract, contract of carriage, charter party; **F.vorschuss** *m* freight prepaid (frt. ppd.); **F.zettel** *m* waybill; **F.zuschlag** *m (Güterstau)* congestion charge; **F.zustellung** *f* cartage

Frage *f* 1. *(Äußerung)* question; 2. *(Problem)* problem, issue, question; **F. aufwerfen** to raise a question; **in F. stellen** to challenge/question; **F. zulassen** to allow a question

entscheidungserhebliche Frage relevant issue; **juristische F.** legal question; **materiell-rechtliche F.** question of substantive law; **offene F.** moot point; **schwebende F.** pending question; **schwierige F.** vexed question; **strittige F.** question in point

fragen *v/t* to ask/inquire/question

Frage|bogen *m* questionnaire; **F.recht** *nt* right to ask questions; **F.steller(in)** *m/f* questioner

fraglich *adj* 1. *(fragwürdig)* questionable; 2. *(betreffend)* in question, concerned

fraglos *adv* unquestionably, indisputably

fragwürdig *adj* dubious, shady, questionable

Franchise *f* 1. *(Lizenz)* franchise; 2. *(Ausnahmegenehmigung)* exemption; **F.geber** *m* franchisor, franchiser; **F.klausel** *f* franchise clause; **F.nehmer** *m* franchisee; **F.vertrag** *m* franchise/franchising agreement

frankieren *v/t* to frank/prepay

Frau *f* woman; **alleinstehende F.** single woman; **berufstätige F.** working woman; **geschiedene F.** divorced woman, divorcee; **ledige F.** unmarried woman; **unverheiratete F.** unmarried woman

Frauen|handel *m* trafficking in women; **F.haus** *nt* women's refuge, refuge for battered women

frei *adj* 1. free, unrestricted; 2. *(verfügbar)* available; 3. *(kostenlos)* free (of charge); 4. *(Arbeit)* off duty; 5. *(Platz)* vacant; **f.-beruflich** *adj* freelance

Freibetrag *m* personal tax allowance, tax-free allowance, exemption; **F. für niedriges Einkommen** small-income allowance; **~ Einkünfte aus beruflicher Tätigkeit** earned-income allowance; **~ ungewisse Forderungen** doubtful debt reduction; **~ Lebensversicherungen** life-insurance relief *[GB]*; **pauschaler F.** *m* flat exemption; **persönlicher F.** *m* personal allowance/exemption; **F.sgrenze** *f* deduction limit

Freibeweis *m* moral/informal evidence

freibleibend *adj* 1. *(Änderungen vorbehalten)* subject to alterations without notice; 2. *(Angebot)* without engagement/obligation, all rights reserved, subject to prior sale

Freibrief *m (Urkunde)* charter; **jdm einen F. für etw. ausstellen** to give so. carte blanche to do sth.

Freier *m (coll) (Prostitution)* punter *(coll)*

Freiflächen und Grünanlagen *pl* open-space areas

Freigabe *f* 1. *(Veröffentlichung)* release, declassification; 2. *(Bewirtschaftung)* decontrol, deregulation; 3. *(gesperrte Gelder)* unblocking; 4. *(Pfandgegenstand)* replevin; 5. *(Wohnung)* derequisition; 6. *(Genehmigung)* clearance; **F.verfügung** *f* replevin

Freigang *m (Häftling)* day-release (of a prisoner for work)

freigeben *v/t* 1. *(Veröffentlichung)* to release/declassify; 2. *(Bewirtschaftung)* to decontrol/deregulate; 3. *(gesperrtes Konto)* to unblock/deblock; 4. *(Pfandgegenstand)* to replevin; 5. *(Wechselkurse)* to float; 6. *(Wohnung)* to derequisition

Freigelassene(r) *f/m* released person

Freigrenze *f (Steuer)* exemption limit

freihändig *adv* by private contract/treaty

Freiheit *f* freedom, liberty; **F. der Berufsausübung** freedom of occupation; **~ Be-**

rufswahl freedom to choose one's profession; **F. des Güterverkehrs** freedom of transport; **F. der Meere** freedom of the seas; **~ Meinungsäußerung** freedom of speech; **~ Person** personal freedom; **F. von Strafverfolgung** immunity from prosecution; **F. des Wettbewerbs** free competition; **F. der Willenserklärung** freedom in the development of an informed opinion; **F. des Zahlungsverkehrs** freedom of financial transaction

bürgerliche Freiheit civil liberty; **persönliche F.** personal freedom; **unternehmerische F.** free enterprise

Freiheits|beraubung *f* 1. false arrest/imprisonment, unlawful detention; 2. deprivation of liberty; **F.beschränkung** *f* restriction of freedom, restraint; **F.charta** *f* charter of liberties; **F.delikt** *nt* offence against personal liberty; **F.entziehung; F.entzug** *f/m* detention, imprisonment, arrest, incarceration

Freiheitsstrafe *f* custodial/prison sentence, imprisonment; **zur Bewährung ausgesetzte F.** suspended sentence; **F. verbüßen** to serve one's sentence; **kurze F.** short prison sentence; **lebenslange/lebenslängliche F.** life sentence; **teilverbüßte F.** partly-served sentence

Freijahr *nt* year of grace

freikaufen *v/t* to ransom

Freiland *nt* open land; **F.haltung** *f* free-range farming; **F.hühner** *pl* free-range chickens

freilassen *v/t* to set free/release, to discharge (from prison)

Freilassung *f* release; **bedingte F.** conditional release; **unbedingte F.** unconditional release

Freiraumklausel *f* clear space clause

Freisetzen *nt* release

Freisprecheinrichtung *f* hands-free kit/set

freisprechen *v/t* 1. to acquit; 2. *(entlasten)* to exonerate/discharge

Freisprechung *f* 1. acquittal, discharge; 2. *(Entlastung)* exoneration; 3. *(Lehrling)* release

Freispruch *m* (judgment of) acquittal, acquittance, verdict of not guilty; **F. aus Mangel an Beweisen** discharge for lack of evidence; **F. wegen erwiesener Unschuld** honourable acquittal

auf Freispruch plädieren to plead for an acquittal

Freistätte *f (Zufluchtsort)* sanctuary

freistellen *v/t* 1. *(befreien)* to release (from); 2. *(ausnehmen)* to exempt (from)

Freistellung *f* 1. release; 2. exemption; **F. von der Arbeit** release from work; **F. eines Gemeinschuldners** discharge of a bankrupt; **F. von Haftung** exemption from liability

Freistellungs|anspruch *m* indemnity claim, right of indemnity/recourse; **F.bescheid** *m (Steuer)* notice of exemption, ~ non-liability for tax; **F.klausel** *f* exemption clause; **F.verfahren** *nt* exemption proceedings; **F.verfügung** *f* exemption order; **F.voraussetzung** *f* exemption requirement

Freitod *m* suicide

freiwillig *adj* voluntary

sich freizeichnen *v/refl* to exclude one's liability, to contract out, to stipulate an exemption

Freizeichnung *f* contracting out, agreed exemption from liability

Freizeichnungs|grenze *f (Vers.)* free average, franchise; **F.klausel** *f* 1. *(Garantie)* non-warranty clause; 2. *(Abrechnung)* saving errors and omissions (SEAO); 3. *(Vers.)* exclusion/memorandum (excepted perils) clause; 4. *(Völkerrecht)* opt-out clause; 5. *(Havarie)* average clause

Freizeit *f* leisure (time); **F.arrest** *m* weekend arrest; **F.gestaltung** *f* leisure time activity

freizügig *adj* free to move, unrestricted; **F.keit** *f (Wahl des Wohnorts)* freedom of movement

fremd *adj* 1. foreign, alien; 2. third-party

Fremd|besitz *m* possession for another, possession as a bailee; **F.besitzer(in)** *m/f* possessor as a bailee; **F.e(r)** *f/m* alien; **F.einwirkung** *f* outside/external influence; **F.enfeindlichkeit** *f* xenophobia; **F.enpass** *m* aliens/Nansen passport, passport for stateless persons; **F.enpolizei** *f* aliens office/department; **F.enrecht** *nt* aliens law; **F.haftung** *f* third-party liability; **F.kapital** *nt* outside capital; **F.land** *nt* foreign country; **F.leistung** *f* third-party performance; **F.schaden** *m* third-party damage; **F.verschulden** *nt* responsibility of a third party

Freudenhaus *nt* brothel

Freundschaftsvertrag *m* treaty of friendship

F

Frevel *m* 1. outrage; 2. *(Religion)* sacrilege
Freveltat *f* outrage; **F. begehen** to commit an outrage
Frieden *m* peace; **F. und Freiheit** peace and liberty; **öffentlicher F.** public peace
Friedens|bruch *m* breach of the peace; **f.gefährdend** endangering the peace; **F.-pflicht** *f* obligation to keep the (public) peace; **F.richter** *m* justice of the peace (JP); **F.vertrag** *m* peace treaty
Friedhof *m* cemetery, graveyard; **F.sschändung** *f* desecration of a cemetery
frisieren *v/t (coll)* to fiddle *(coll)*
Frist *f* 1. *(Zeitspanne)* (period of) time, time limit/period; 2. *(Zeitpunkt)* deadline; **F. zur Klageerhebung** time for commencement of action
Frist ausschöpfen to exhaust the time period; **F. bestimmen** to fix a deadline; **F. bewilligen/einräumen** to grant a respite; **F. einhalten** to meet the deadline; **F. festsetzen** to fix a deadline; **F. gewähren** to grant a respite; **F. hemmen** to suspend the running of the period; **F. setzen** to fix a deadline; **F. verlängern** to extend the time limit; **F. versäumen** to fail to meet a deadline **F. wahren** to observe a deadline; **angemessene F.** reasonable time; **gesetzliche F.** statutory period/time; **präklusive F.** absolute deadline
Frist|ablauf *m* lapse/expiry of time; **F.aufschub** *m* respite; **F.beginn** *m* beginning of the period; **F.bestimmung** *f* suspension of the time limit; **F.bewilligung** *f* granting (of) a respite; **F.einhaltung** *f* meeting (of) the deadline; **F.ende** *nt* time limit; **f.gemäß; f.gerecht** *adv* in due time, within the period stipulated; **F.gesuch** *nt* application for a respite; **F.igkeit** *f* maturity; **f.los** *adj* instant, without notice; **f.mäßig** in due time; **F.setzung** *f* fixing (of) a time limit; **F.tag** *m* day of respite; **F.überschreitung** *f* exceeding (of) the deadline; **F.unterbrechung** *f* interruption of the period; **F.verlängerung** *f* extension (of time), respite; **F.verlängerungsantrag** *m* request for an extension; **F.versäumnis** *nt* failure to meet the deadline, default (in respect of time); **F.-wahrung** *f* compliance with the deadline, ~ time limit
frontal *adj* head-on; **F.zusammenstoß** *m* head-on collision
Frucht *f* fruit
Früchte *pl* fruits, benefits; **F. einer Sache** fruits of a thing; **F.ziehung** *f* collecting the fruits and benefits
Frucht|genuss *m* enjoyment of fruits and benefits; **F.ziehung** *f* collecting the fruits and benefits
früher *adj* previous, former
frühestens *adv* no earlier than, at the earliest
führen *v/t* to conduct
Führen *nt* conduct; **F. eines (Kraft)Fahrzeugs** driving a vehicle; **F. einer nicht genehmigten Schusswaffe** carrying an unregistered weapon; **F. eines Titels** use of a title
Führerausweis *m [CH]* ↘ **Fahrberechtigung; Fahrerlaubnis; Führerschein**
Führerschein *m* driving licence *[GB]*, driver's license *[US]*; **F. beschlagnahmen** *(ohne Einverständnis des Betroffenen)* to confiscate the driving licence; **F. sicherstellen** *(mit Einverständnis des Betroffenen)* to secure the driving licence
Führerschein|entzug *m* disqualification from driving; **f.frei** *adj* exempt from the obligation to have a driving licence; **F.-pflicht** *f* obligation to have and carry a driving licence
Führung *f* 1. management; 2. *(Benehmen)* conduct, behaviour; **F. der Geschäfte** management; **F. eines Namens** use of name; **F. des Prozesses** conduct of the case; **F. eines Rechtsstreits** conduct of a legal dispute; **F. von Waffen** carrying arms
Führungs|aufsicht *f* 1. supervision of conduct; 2. *(Bewährungsstrafe)* probationary supervision; **F.befugnis** *f* managerial authority; **F.zeugnis** *nt* certificate of good conduct; **polizeiliches ~** police clearance certificate
Fund *m* find, finding
Fund|büro *nt* lost-property office; **F.diebstahl** *m* larceny by finder; **F.eigentum** *nt* title by discovery; **F.recht** *nt* law concerning lost property; **F.sache** *f* 1. found object; 2. *(Fundbüro)* piece of lost property; **nicht abgeholte ~** unclaimed found property; **F.unterschlagung** *f* wrongful appropriation of something found, larceny by finder
fungibel *adj* fungible
Funktion *f* function; **amtliche F.** official capacity; **bestimmungsgemäße F.** intended function

Furcht *f* fear
fürchten *v/t* to fear
Fürsorge *f* 1. care; 2. assistance, relief; 3. social service(s), welfare; **von der F. leben** to live on social security; **F. treffen für** to make provision for
Fürsorge|bestimmungen *pl* welfare provisions; **F.kind** *nt* child in care; **F.pflicht** *f* 1. *(Arbeitgeber)* employer's duty of care; 2. duty to give (social and medical) assistance; **F.prinzip** *nt* welfare principle; **F.-verfahren** *n* care proceedings
Fürsprache *f* plea, intercession
Fürsprech(er,erin) *m/f [CH]* ↘ **Anwalt** *m* lawyer
Fürsprecher(in) *m/f* *(fig.)* advocate
Fusion *f* merger; **F.skontrolle** *f* control of mergers; **F.sverbot** *nt* prohibition of mergers
Fuß *m* foot; **zu F.** on foot; **sich auf freiem F. befinden** *(Ausbrecher)* to be at large; **auf freien F. setzen** to release/discharge
Fuß|abdruck *m* footprint; **F.fesseln** *pl* shackles; **elektronische ~** electronic tags
Fußgänger|(in) *m/f* pedestrian; **F.ampel** *f* pedestrian traffic lights; **F.übergang; F.-überweg** *m* pedestrian crossing; **~ mit Ampel** *m* pelican crossing; **F.zone** *f* pedestrian precinct *[GB]*/mall *[US]*
Fußstreife *f* 1. foot patrol, beat; 2. *(Person)* beat/foot officer; **F. gehen** to walk the beat

G

Gabe *f* donation, gift
Galgen *m* gallows; **G.frist** *f* 1. stay of execution, reprieve; 2. *(fig)* final respite; **jdm eine ~ einräumen** to grant so. a reprieve; **G.humor** *m* gallows humour
Gang *m* 1. *(Gangart)* walk, gait, way of walking, pace; 2. *(Verlauf)* course; 3. *(Ablauf)* process; 4. *(eingefriedeter Weg)* passageway; 4. *(Laden, Lager)* aisle; **G. der Rechtspflege** course of justice; **~ Verhandlung** course of trial
in Gang kommen to get under way; **im G.e sein** to be under way, ~ in progress
gangbar *adj* 1. *(begehbar)* passable; 2. *(Lösung, Weg)* practicable, feasible, viable, workable
gängig *adj* 1. *(üblich)* common, prevalent; 2. *(Umlauf)* current; 3. *(gut verkäuflich)* in demand, popular, sal(e)able
Gangster *m* gangster; **G.bande** *f* gang/band of criminals; **G.boss** *m* gangland boss
Ganove *m* crook *(coll)*
ganz oder teilweise *adv* in whole or in part
Gänze *f* entirety; **in seiner/ihrer G.** in its entirety
Ganztagsarbeit *f* full-time work
Garageneinfahrt *f* drive(way)
Garant *m* 1. guarantor, warrantor; 2. *(Effekten, Vers.)* underwriter; 3. *(fremde Schuld)* surety; **G.enpflicht** *f* 1. guarantor's liability/obligation
Garantie *f* 1. guarantee, warranty; 2. *(Zusicherung)* undertaking; 3. *(Bürgschaft)* surety; **auf G.** under guarantee
Garantie eines Bauunternehmers construction bond; **G. der Herstellerfirma** manufacturer's guarantee; **G. für Rechtsmängel** warranty of title; **G. auf Schadloshaltung** indemnity bond
Garantie aufheben to cancel a guarantee; **G. ausschließen** to exclude a warranty; **G. läuft aus** guarantee expires/runs out; **G. in Anspruch nehmen** to raise claims under a guarantee, to enforce a g.; **G. übernehmen** to assume a guarantee; **G. für jdn übernehmen** to vouch for so.; **persönlich für etw. G. übernehmen** to enter into one's own recognizance; **für jds Verhalten G. übernehmen** to vouch for so.'s good conduct; **G. zurückziehen** to withdraw a guarantee
abgelaufene Garantie expired guarantee; **ausdrückliche G.** express warranty; **institutionelle G.** institutional guarantee; **staatliche G.** government guarantee; **stillschweigende G.** implied guarantee; **unbedingte G.** unconditional guarantee; **vertragliche G.** contractual guarantee/warranty
Garantie|abkommen *nt* guarantee agreement, covenant of warranty; **G.änderung** *f* variation of guarantee; **G.anspruch** *m* warranty claim; **seiner G.ansprüche verlustig gehen** to lose one's rights under a guarantee; **G.arbeiten** *pl* warranty work; **G.ausschluss** *m* exclusion of warranty; **G.bedingungen** *pl* terms of guarantee; **G.begünstigte(r)** *f/m* beneficiary under

a guarantee; **G.dauer** *f* duration of guarantee, guarantee period; **G.einschränkungen** *pl (Formular)* fine print; **G.empfänger(in)** *m/f* warrantee; **G.erklärung** *f* warranty, guarantee bond, letter of indemnity; **G.forderung** *f* guarantee claim; **G.frist** *f* guarantee/warranty period; **G.geber** *m* 1. guarantor, warrantor; 2. underwriter; **G.gemeinschaft** *f* joint guarantors; **G.geschäft** *nt* guarantee/indemnity transaction; **G.gewährung** *f* granting (of) a guarantee; **G.haftung** *f* liability under a guarantee; **G.inanspruchnahme** *f* service under a guarantee; **G.-inhaber(in)** *m/f* warrantee; **G.klausel** *f* guarantee/warranty clause; **G.konsortium** *nt* underwriting syndicate, underwriters; **G.leistung** *f* performance pursuant to a guarantee; **G.lohn** *m* guaranteed minimum wage; **G.nehmer(in)** *m/f* beneficiary under a guarantee; **einer G.pflicht nachkommen** *f* to implement a guarantee; **G.preis** *m* guaranteed price

garantieren *v/t* to guarantee/warrant/undertake

Garantie|rücklage *f* contingency reserve; **G.schein** *m* certificate of guarantee/warranty; **G.schreiben** *nt* letter of indemnity; **G.schuldner(in)** *m/f* guarantor; **G.sicherheit** *f* guarantee collateral; **G.umfang** *m* extent/scope of warranty; **G.vereinbarung** *f* indemnity contract, del credere agreement *[GB]*; **G.verletzung** *f* breach of guarantee/warranty

Garantieverpflichtung *f* obligation under a guarantee/warranty, indemnity/surety bond; **eine G. eingehen** to enter into a guarantee, ~ surety bond; **aus einer G. entlassen** to release from a guarantee; **einer G. nachkommen** to implement/honour a guarantee

Garantieversicherung *f* guarantee insurance, warranty policy, fidelity insurance *[US]*; **G.versprechen** *nt* warranty promise; **gegenseitiges ~** mutual guarantee; **G.-vertrag** *m* contract of guarantee/indemnity; **G.vertreter(in)** *m/f (Kommissionär)* del credere agent; **G.verzicht** *m* disclaimer of warranty; **G.vorschrift** *f* warranty provision; **G.wartung** *f* maintenance under a warranty; **G.wechsel** *m* security bill; **G.zeit** *f* guarantee/warranty period; **G.-zusage** *f* guarantee/warranty commitment; **betriebliche G.zusagen** factory guarantee policies; **G.- und Gewährleistungszusage** *f* warranty assurance

hinter schwedischen Gardinen *(fig)* behind bars

Gas *nt* gas; **G.anschluss** *m* gas mains; **schädliche G.ausströmung** emission of noxious gases; **G.austritt** *m* gas leak(age); **G.hahn** *m* gas tap; **G.leitung** *f* gas mains/pipe; **G.pedal** *nt* accelerator (pedal); **G.pistole** *f* gas pistol; **G.rechnung** *f* gas bill; **G.vergiftung** *f* gas poisoning; **G.zähler** *m* gas meter

Gasse *f* alley(-way)

Gast *m* guest, visitor; **G. in einer Stadt sein** to be a visitor to a city; **ungeladener G.** uninvited guest, gatecrasher *(coll)*

Gast|arbeiter(in) *m/f* guest/foreign/immigrant worker; **G.aufnahmevertrag** *m* contract of accommodation; **G.dozent(in)** *m/f* guest/visiting lecturer; **G.freundschaft** *f* hospitality; **G.geber(in)** *m/f* host, hostess;**G.land** *nt* host country; **G.-recht** *nt* right to hospitality; **~ missbrauchen** to abuse so.'s right to hospitality

Gaststätte *f* public house, inn, tavern, restaurant; **brauereieigene G.** tied (public) house

Gaststätten|betrieb *m* catering establishment; **G.erlaubnis** *f* licence to operate a restaurant/public house/inn; **G.gesetz** *nt* Licensing Act *[GB]*; **G.gewerbe** *nt* catering trade; **G.- und Beherbergungsgewerbe** *nt* hotel and catering trade; **G.inhaber(in)** *m/f* landlord, publican; **G.recht** *nt* catering law; **G.verbot** *nt* prohibition to enter licensed premises; **G.wesen** *nt* catering industry, hotels and restaurants

Gastwirt *m* publican, landlord, innkeeper; **G.in** *f* landlady; **auf Kosten des G.s** on the house; **konzessionierter G.** licensed victualler *[GB]*; **G.schaft** *f* public house, pub, inn, saloon *[US]*; **G.shaftung** *f* liability of the innkeeper, publican's liability

Gatte *m* husband, spouse; **Gattin** *f* wife, spouse; **überlebender G.** surviving spouse

Gattung *f* 1. *(Biologie)* species; 2. *(Literatur, Kunst)* genre; 3. *(Art, Sorte)* kind, type

Gattungs|begriff *m* generic term; **G.anspruch** *m* generic claim; **G.kauf** *m* purchase by description; **G.schenkung** *f* generic donation; **G.schuld** *f* 1. obligation in kind; 2. obligation to supply unascertained/generic goods; **G.vermächtnis** *nt* general/unspecified legacy; **beschränk-**

tes ~ demonstrative legacy; **G.ware(n)** *f/pl* unascertained/fungible/generic goods

Gauner *m* crook, cheat, swindler; **G.ei** *f* racket, swindle

geächtet *adj* outlawed

Gebaren *nt* 1. behaviour, 2. practice

Gebäude *nt* building, edifice; **G. abreißen** to demolish a building; **G. errichten** to erect a building; **G. schätzen** to rate a building

baufälliges Gebäude dilapidated building; **gewerblich genutztes G.** commercial/industrial building; **schlüsselfertiges G.** turnkey building; **unter Denkmalschutz stehendes G.** listed building; **leer stehendes G.** vacant building

Gebäude|abnahme *f* final architect's certificate; **G.abschätzer** *m* building surveyor; **G.abschreibung** *f* depreciation of buildings; **G.besitzer(in)** *m/f* property owner; **G.bestand** *m* housing stock, stock of buildings; **G.bewirtschaftung** *f* housing/property management; **G.eigentum** *nt* property ownership; **G.eigentümer(in)** *m/f* property owner; **G.ertragswert** *m* annual value of buildings; **G.erweiterung** *f* extension; **G.haftung** *f* 1. property/house owner's liability; 2. occupier's liability; **G.-kosten** *pl* building occupancy expenses; **G.modernisierung** *f* property redevelopment/refurbishment; **G.plan** *m* floor plan; **G.sanierung** *f* building renovation; **G.schaden** *m* damage to a building, structural/property damage; **G.steuer** *f* property tax; **G.übereignung** *f* conveyance/transfer of property; **G.unterhaltung** *f* maintenance (and upkeep) of a building; **G.veräußerung** *f* sale of property; **G.versicherung** *f* building insurance; **G.wert** *m* property value; **G.wertermittlung** *f* determination of the property value; **G.zustand** *m* condition/state of a building

Geber(in) *m/f* donor

Gebiet *nt* 1. territory, 2. *(fig.)* field

gebieten *v/t* 1. to command, 2. *(erfordern)* to require

Gebiets|ansässige(r) *f/m* resident; **G.anspruch** *m* territorial claim; **G.einheit** *f* territorial unit; **G.herrschaft; G.hoheit** *f* territorial sovereignty; **G.körperschaft** *f* 1. territorial entity; 2. territorial/regional authority, regional corporation; **G.statut** *nt* lex territorialis *(lat.)*

geboren *adj* born; **g.e** née *(frz.)*

Gebot *nt* 1. command, order; 2. *(Angebot)* offer; 3. *(Anordnung)* precept; 4. *(Versteigerung)* bid; **gegen ein G. verstoßen** to break a rule

geboten *adj* due, appropriate

Gebotszeichen *nt* mandatory sign

Gebrauch *m* 1. use; 2. *(Gewohnheit)* usage, custom, practice; 3. *(Umgang)* handling; **außer G.** out of use; **~ kommen** to fall into disuse/desuetude; **späteren G. ausschließen** to bar/exclude later use; **G. machen von** to make use of, to avail os. of

bestimmungsgemäßer Gebrauch contractual/intended use; **bestimmungswidriger G.** misuse; **gemeinschaftlicher G.** joint use; **gewöhnlicher G.** ordinary use; **öffentlicher G.** public use; **rechtmäßiger G.** lawful use; **sachgemäßer G.** proper use; **üblicher G.** accepted usage; **unbefugter G.** unauthorized use; **~ (des Fahrzeugs)** taking without the owner's consent (twoc), joyriding; **unsachgemäßer G.** improper use; **vertragsmäßiger G.** contractual use; **widerrechtlicher G.** unlawful use

gebräuchlich *adj* 1. *(verbreitet)* common (practice); 2. *(gewöhnlich)* usual, customary

Gebrauchs|anmaßung *f* 1. unauthorized use, 2. *(gesetzwidrig)* illicit use; **G.anweisung** *f* instructions for use; **G.befugnis** *f* authority to use; **G.diebstahl; G.entwendung** *m/f* larceny/theft for temporary use; **G.entzug** *m* deprivation of use; **g.-fähig** *adj* serviceable, in working order; **G.fähigkeit** *f* serviceability; **G.muster** *nt* utility patent; **G.musterschutz** *m* protection of registered designs; **G.überlassung** *f* transfer for use; **G.wert** *m* utility value; **G.zweck** *m* intended use;

gebraucht *adj* 1. *(Besitzerwechsel)* second-hand; 2. used

Gebrechen *nt* ailment; **geistiges G.** mental illness; **körperliches G.** physical ailment

gebrechlich *adj* 1. ailing, 2. *(Alter)* infirm

Gebrechlichkeit *f* infirmity; **G.spflegschaft** *f* curatorship due to infirmity

Gebühr *f* fee, charge; **gegen eine G.** for a fee; **G. erheben** to levy a charge, to charge a fee; **ärztliche G.** medical fee

gebühren *v/i* to be due; **g.d** *adj* 1. due, proper; 2. *(passend)* fitting, appropriate

G

Gebühren|erhebung levying of charges; **G.erstattung** *f* refund of charges; **G.forderung** *f* demand for charges; **g.frei** *adj* free of charge, toll-free; **G.freiheit** *f* exemption from charges; **G.hinterziehung** *f* evasion of charges; **G.ordnung** *f* scale of charges/fees, schedule of fees, tariff; **g.-pflichtig** *adj* subject to charges, chargeable, subject to a fee; **G.rechnung** *f* bill of costs; **G.satz** *m* tariff; **G.tabelle** *f* table of charges/costs, scale of fees, fee scale; **G.-überhebung** *f* excessive rates; **G.vereinbarung** *f* agreement on fees; **G.verzeichnis** *nt* table of charges, schedule of fees; **G.vorschuss** *m (Anwaltshonorar)* retainer; **G.zahlung** *f* payment of charges

gebunden *adj* tied, bound; **an etw. g. sein** to be bound by sth.; **vertraglich g. sein** to be bound by contract

Geburt *f* birth; **G.enbuch** *m* register of births

Geburts|datum *nt* date of birth; **G.land** *nt* native country; **G.name** *m* name at birth; **G.urkunde** *f* birth certificate

Gedächtnis *nt* memory; **G.fehler** *m* lapse of memory; **G.lücke** *f* gap in one's memory; **G.schwund** *m* loss of memory, amnesia; **G.störung** *f* partial amnesia

Gedanke *m* thought; **G.nfreiheit** *f* freedom of thought

gedeckt *adj (Vers.)* covered

Gedinge *nt* piecework, contract labour

geeignet *adj* eligible, suitable; **G.heit** *f* suitability

Gefahr *f* 1. danger, hazard; 2. *(Vers.)* peril, risk; **auf eigene G.** 1. at owner's risk; 2. at one's own risk/peril; **G. für die Allgemeinheit** public danger; **~ Leib und Leben** danger to life and limb; **G. einer erneuten Verurteilung** double jeopardy; **G. im Verzug** imminent danger, periculum in mora *(lat.)*

Gefahr abwenden to avert a danger; **G. geht über** risk passes; **für die G. haften** to bear the risk; **G. laufen** to run the risk; **G. verschulden** to cause danger

akute Gefahr imminent danger; **drohende/gegenwärtige G.** imminent danger; **erkennbare G.** discernible risk; **gemeine G.** common danger; **persönliche G.** personal risk; **unabwendbare G.** unavoidable danger; **versicherte G.** insured risk

gefährden *v/t* to endanger/jeopardize/imperil

Gefährdung *f* endangerment, endangering; **G. des Eigenkapitals** overgearing; **~ Gemeinwohls** public threat; **G. der öffentlichen Ordnung** endangering peace and public order; **~ Sicherheit** endangering security; **G. des Straßenverkehrs** endangering road traffic

abstrakte Gefährdung abstract danger; **erhebliche G.** considerable danger

Gefährdungs|delikt *nt* 1. strict liability tort; 2. strict liability offence; **G.haftung** *f* strict/absolute liability

Gefahren *pl* perils; **G.abwehr; G.abwendung** *f* avoiding/averting a danger, accident prevention; **G.erhöhung** *f* increase of risk; **G.klasse** *f* risk category; **G.klausel** *f* perils clause; **G.quelle** *f* source of danger; **G.stelle** *f* danger spot; **G.übergang** *m* passing of risk; **G.übernahme** *f* assumption of risk; **G.verhütung** *f* accident prevention; **G.zone** *f* danger zone; **G.zulage** *f* danger money

gefahrgeneigt *adj* accident-prone

gefährlich *adj* dangerous, hazardous

Gefahr|stoffe *pl* dangerous/hazardous substances; **G.tragung** *f (Vertrag)* bearing of the risk; **G.übergang** *m* transfer of risk

Gefälligkeit *f* 1. favour; 2. *(Entgegenkommen)* accommodation; 3. act of courtesy

Gefälligkeits|abrede *f* accommodation agreement; **G.adresse** *f* accommodation address; **G.akzept** *nt* accommodation acceptance; **G.girant** *m* accommodation endorser; **G.verhältnis** *nt* courtesy relationship; **G.vertrag** *m* accommodation agreement; **G.wechsel** *m* accommodation bill

gefangen *adj* 1. captured, caught; 2. imprisoned; **g. halten** to imprison

Gefangene(r) *f/m* 1. prisoner, prison inmate; 2. captive, 3. detainee

Gefangenen|anstalt *f* penitentiary *[US]*, prison; **G.arbeit** *f* convict labour; **G.aufseher** *m* prison guard; **G.aussage** *f* prisoner's statement/evidence; **G.austausch** *m* exchange of prisoners; **G.befreiung** *f* rescue of prisoners; **G.lager** *nt* prison camp; **G.meuterei** *f* prison mutiny

Gefangennahme *f* 1. *(Festnahme)* arrest; 2. *(Ergreifung)* apprehension, capture; 3. imprisonment

Gefangenschaft *f* 1. captivity; 2. *(Eingesperrtsein)* confinement

Gefängnis *nt* prison, jail, gaol, custodial

facility, penitentiary *[US]*; **G.aufseher(in)** *m/f* prison warder; **G.ausbruch** *m* jailbreak; **G.direktor(in)** *m/f* prison governor *[UK]*/warden *[US]*; **G.insasse** *m* prisoner, prison inmate; **G.ordnung** *f* prison rules; **G.personal** *nt* prison staff; **G.revolte** *f* prison mutiny; **G.strafe** *f* prison/jail/custodial sentence; imprisonment; **G.wärter(in)** *m/f* prison warder

gefügig *adj* 1. *(zugänglich)* amenable; 2. *(unterwürfig)* submissive

gegebenenfalls *adv* 1. as the case may be; 2. if need be; 3. where/if applicable; 4. where appropriate

Gegebenheiten *pl* facts, circumstances

gegen *prep* 1. *(Prozess)* versus (v.) *(lat.)*; 2. against

Gegen|abrede *f* mutual understanding; **G.angebot** *nt* counter-offer; **G.anklage** *f* counter-charge; **G.anspruch** *m* counterclaim; **G.antrag** *m* countermotion; **G.-aussage** *f* counterstatement, testimony to the contrary; **G.beschuldigung** *f* recrimination; **G.beweis** *m* proof/evidence to the contrary, counter-evidence, evidence in rebuttal; **G.bürge** *m* counter-surety

Gegend *f* area; **die G. nach dem Verbrecher absuchen** to search the area for the criminal

Gegen|darstellung *f* counter-statement, opponent's version of events; **G.demonstration** *f* counter-demonstration; **G.-dienst** *m* reciprocal favour; **G.einrede; G.einwand** *f/m* counterplea; **G.erklärung** *f* rejoinder, counter-statement; **G.forderung** *f* counter-demand, counterclaim, cross-claim; **G.gutachten** *nt* counter-opinion; **G.klage** *f* 1. counter-charge; 2. cross-action, cross-suit, cross-petition; **G.kläger(in)** *m/f* 1. counterclaimant; 2. cross-petitioner; **G.leistung** *f* 1. consideration; 2. service in return; **als ~ für** in return for; **geldwerte ~** valuable/pecuniary consideration; **G.maßnahme** *f* counter-measure; **G.partei** *f* opposite/adverse party; **G.recht** *nt* adverse title; **im G.satz zu** *m* unlike; **G.seite** *f* 1. opposing party; 2. opposite side

gegenseitig *adj* mutual, reciprocal

Gegenseitigkeit *f* reciprocity, mutuality; **auf G.** mutual; **G. gewähren** to grant reciprocal treatment; **G. verbürgen** to guarantee reciprocity

Gegenseitigkeits|abkommen *nt* reciprocity agreement; **G.geschäft** *nt* reciprocal transaction; **G.gesellschaft** *f* mutual/friendly society; **G.klausel** *f* reciprocity clause; **G.versicherung** *f* mutual insurance; **G.vertrag** *m* reciprocal contract

Gegenspionage *f* counterespionage

Gegenstand *m* 1. thing, object; 2. article; 3. (*Thema)* subject (-matter); 4. res *(lat.)*; **G. der Gesellschaft** object(s) of the company; **G. des öffentlichen Interesses** matter of public interest; **G. der Klage** subject of the action; **G. des Vergehens** corpus delicti *(lat.)*; **~ Vertrages** subject of the contract

geschuldeter Gegenstand owed item; **haftender G.** liable item; **körperlicher G.** corporeal item; **versicherter G.** risk

immaterielle Gegenstände incorporeal things

gegenständlich *adj* concrete

gegenstands|los *adj* 1. immaterial; 2. nugatory; 3. irrelevant; 4. *(Anspruch)* unfounded; 5. *(Beschwerde)* groundless; **G.-wert** *m* value of the item

Gegen|stimme *f* vote against; **G.stück** *nt* counterpart

Gegenteil *nt* 1. contrary; 2. opposite; **g.ig** *adj* opposite; **G.sbeweis** *m* evidence to the contrary

gegenüber *prep* vis-à-vis; **g.stellen** *v/t* to confront

Gegenüberstellung *f* 1. identification parade, 2. confrontation; **polizeiliche G.** identity parade, line-up *[US]*

Gegen|verkehr *m* oncoming traffic, **G.verpflichtung** *f* counter-obligation; **G.vorbringen** *nt* replication; **G.vormund** *m* supervisory co-guardian; **G.vorstellung** *f* remonstrance

Gegenwart *f* present; **in G. von** in the presence of; **~ jds G.** in so.'s presence; **G.s-wert** *m* present value

gegenwärtig *adj* current, present

Gegenwehr *f* resistance

Gegenwert *m* equivalent value, consideration; **entsprechender G.** adequate consideration; **gleicher G.** equivalent; **hinreichender G.** sufficient consideration

gegenzeichn|en *v/t* to countersign; **G.ung** *f* countersignature

Gegenzeug(e/in) *m/f* witness for the opposing party, ~ other side

Gegner(in) *m/f* 1. opponent; 2. opposing/adverse party; 3. adversary

G

gegnerisch *adj* 1. opposing; 2. opposite; 3. adversary
Gehalt *nt* salary; **G. beziehen** to draw a salary
gehalten sein *adj* to be bound
Gehalts|abtretung *f* salary assignment; **G.-abzug** *m* payroll deduction; **G.anspruch** *m* salary claim; **G.empfänger(in)** *m/f* salary earner; **G.exekution** *f* garnishment of salary claims; **G.forderung** *f* salary claim; **G.fortzahlung** *f* salary continuation; **G.-liste** *f* payroll; **G.nachzahlung** *f* back pay; **G.pfändung** *f* salary attachment, attachment of earnings; **G.rückstände** *pl* 1. salary arrears; 2. accrued salary; **G.stufe** *f* salary bracket; **G.tarif** *m* salary/pay scale; **G.vorschuss** *m* salary advance; **G.zahlung** *f* salary payment; **G.zulage** *f* bonus
geheim *adj* 1. secret; 2. confidential; **streng g.** 1. top secret; 2. strictly confidential
Geheim|abkommen *nt* secret agreement; **G.dienst** *m* secret service
Geheimhaltung *f* secrecy; **jdn zur G. verpflichten** to enjoin so. to secrecy; **G.s-pflicht** *f* 1. obligation to maintain secrecy; 2. employee's obligation of confidentiality
Geheimnis *nt* secret; **jdm ein G. anvertrauen** to confide a secret to so.; **G. verraten** to betray a secret; **illegales G.** illegal secret
Geheimnis|enthüllung *f* disclosure of secrets; **G.träger(in)** *m/f* official sworn to secrecy; **G.verletzung** *f* violation of secrecy; **G.verrat** *m* 1. treason; 2. offence under the Official Secrets Act *[GB];*
Geheim|polizei *f* secret police; **G.rat; G.-rätin** *m/f* privy councillor; **G.vertrag** *m* secret treaty; **G.wahl** *f* secret ballot
auf jds Geheiß *nt* at so.'s behest
gehemmt *adj* inhibited
Gehilfe *m* 1. *(Erfüllungsgehilfe)* vicarious agent; 2. assistant; 3. *(StR)* aider and abettor, accessory, accomplice; **G. des Gerichts** *(Sachverständiger)* amicus curiae *(lat.) [US]*
Gehör *nt* *(Anhörung)* hearing; **rechtliches G.** fair hearing; **richterliches G.** right to be heard in court
gehorchen *v/t* to obey; **nicht g.** to disobey
gehören zu *v/i* to adhere to
gehörig *adj* 1. due; 2. proper
gehorsam *adj* obedient
Gehorsam *m* obedience; **jdm G. schulden** to owe so. obedience; **G. verweigern** to refuse to obey
absoluter Gehorsam total obedience
Gehorsams|pflicht *f* duty to obey; **G.verweigerung** *f* insubordination, disobedience
Gehweg *m* 1. pavement, sidewalk *[US]*; 2. footpath
Geisel *f* hostage; **jdn als G. nehmen** to take so. hostage; **G.nahme** *f* hostage-taking; **Geiselnehmer(in)** *m/f* hostage-taker
Geist des Gesetzes *m* spirit of the law; **nach dem ~, nicht nach seinem Buchstaben gehen** to go by the spirit rather than the letter of the law
Geisterfahrer(in) *m/f* ghost driver *[US]*
geistesabwesend *adj* absent-minded
geistesgestört *adj* 1. *(leicht)* mentally disturbed; 2. *(stark)* mentally deranged, demented; **G.e(r)** *f/m* person of unsound mind, mentally disturbed/deranged person; **G.heit** *f* mental derangement, dementia *(lat.)*
geisteskrank *adj* 1. mentally ill, of unsound mind; 2. *(wahnsinnig)* insane; **G.e(r)** *f/m* 1. mentally ill person; 2. lunatic, insane peson; **G.heit** *f* 1. mental illness; 2. insanity, lunacy; 3. dementia *(lat.)*
geistesschwach *adj* mentally deficient
Geistes|schwäche *f* 1. mental deficiency; 2. imbecility; **G.störung** *f* mental disorder, mental disturbance/derangement; **G.tätigkeit** *f* mental activity; **G.verfassung** *f* frame/state of mind; **G.zustand** *m* mental state/condition
geistlich *adj* 1. *(Beistand, Einstellung)* spiritual 2. *(Kirche)* ecclesiastical, clerical; 3. *(Amt)* religious; **G.er** *m* 1. clergyman, priest, chaplain, cleric
geladen werden *adj* *(Gericht)* to be summoned (to appear in court)
Geladene(r) *f/m* summoned person
Gelände *nt* 1. land, 2. *(Gebiet)* area; 3. *(Grundstück)* ground(s); 4. *(Bau)* site
gelangen *v/i* to reach, to come (in)to
Geld *nt* money; **in G. umsetzen** to convert into money
anvertrautes Geld entrusted money; **bares G.** cash; **falsches G.** counterfeit money; **heißes G.** hot money; **verwendetes G.** used money
Geld|abfindung *f* pecuniary compensation; **G.automat** *m* cash machine/dispenser,

cashpoint, automated teller machine (ATM); **G.beihilfe** *f* financial assistance; **G.bereitstellung** *f* appropriation of funds; **G.betrag** *m* sum/amount of money; **zugesprochener ~** money award; **~ der Forderung** amount of the claim; **G.bewilligung** *f* allocation of funds; **G.börse** *f* purse; **G.buße** *f* penalty, fine; **~ verhängen** to fine; **G.einziehung** *f* collection of money; **G.entschädigung** *f* pecuniary compensation, satisfaction; **G.-entwertung** *f* devaluation; **G.fälschung** *f* counterfeiting; **G.forderung** *f* pecuniary/money claim; **G.institut** *nt* financial institution; **G.leistung** *f (Vers.)* cash benefit

geldlich *adj* monetary, pecuniary

Geld|mangel *m* lack of funds; **G.mittel** *nt* funds; **G.quelle** *f* source of money; **G.-rente** *f* annuity; **G.rückgabegarantie** *f* money-back guarantee; **G.schrank** *m* safe; **G.schrankknacker** *m (coll)* safe-blower; **G.schuld** *f* monetary debt; **G.-schuldner(in)** *m/f* person owing money; **G.sorte** *f* currency; **G.spende** *f* donation

Geldstrafe *f* fine, penalty; **G. auferlegen** to (impose a) fine; **mit einer G. belegen** to fine/mulct; **G. erlassen** to remit a fine; **G. festsetzen** to fix a fine; **G. verhängen** to (impose a) fine; **jdm zu einer G. verurteilen** to fine so.

Geld|übergabe *f* transfer of money; **G.unterschlagung** *f* peculation; **G.verleih** *m* moneylending; **G.verleiher** *m* moneylender; **wucherischer ~** *m* loan shark; **G.-vermögen** *nt* financial assets; **G.wäsche** *f* money-laundering; **G.wäschegesetz** *nt* money-laundering act; **G.wert** *m* monetary/cash value; **g.wert** *adj* pecuniary; **G.zahlung** *f* payment of money; **G.zuwendung** *f* cash allowance

gelegen *adj* 1. situate(d), located; 2. *(günstig)* convenient; **G.heit** *f* 1. opportunity, 2. occasion; **G.heits-** occasional

Gelegenheits|arbeit *f* casual/occasional job; **G.arbeiter** *m* 1. casual worker; 2. odd-job man; **G.beschäftigung** *f* casual employment; **G.dieb(in)** *m/f* opportunist thief; **G.diebstahl** *m* occasional theft; **G.einkünfte** *pl* occasional income; **G.geschenk** *nt* occasional gift; **G.gesellschaft** *f* 1. joint venture 2. ad-hoc company; **G.täter(in); G.verbrecher(in)** *m/f* infrequent offender

Geleit *nt* escort; **freies/sicheres G.** safe conduct; **G.brief** *m* letter of safe conduct; **G.schutz** *m* (police) escort; **G.zug** *m* convoy

gelernt *adj* 1. trained; 2. *(Arbeiter)* skilled

gelesen und genehmigt *adj* read and approved

Geliebte(r) *f/m* lover

geliefert *adj* delivered

geloben *v/t* 1. to vow/pledge; 2. to promise

Gelöbnis *nt* 1. vow, pledge; 2. promise

gelten *v/i* 1. to apply/obtain; 2. to be valid; 3. to be in effect/force; 4. to be in operation; **entsprechend g.** to apply mutatis mutandis *(lat.)*

geltend *adj* 1. valid; 2. effective, in force; **g. machen** 1. to claim/assert; 2. to contend/submit; 3. to plead; **etw. gerichtlich ~** to assert a claim in court

Geltendmachung *f* 1. *(Anspruch, Recht)* claim, assertion; 2. enforcement; **G. eines Anspruchs** assertion of a claim; **gerichtliche ~** legal action to enforce a claim; **G. eines Rechts** assertion of a right; **G. des Zeugnisverweigerungsrechts** plea of privilege

gerichtliche Geltendmachung judicial assertion

Geltung *f* 1. *(Gültigkeit)* validity; 2. *(Gesetz)* (legal) force; **G. haben** to be in force; **zur G. bringen** to assert

Geltungs|bereich *m* 1. scope, ambit; 2. purview, jurisdictional sphere; **~ des Gesetzes** purview of the act; **G.dauer** *f* time/period of validity; **G.gebiet** *nt* purview

Gelübde *nt* vow; **G. ablegen** to take a vow

Gemarkung *f* (local) district

gemäß *prep* 1. in accordance with; 2. pursuant to; 3. subject to; **g. § 216** pursuant to § 216

in Gemäßheit *f* in accordance with

gemein *adj* 1. common; 2. mean; 3. *(pej.)* nasty

Gemeinde *f* 1. *(Bewohner)* community; 2. municipality; 3. *(Kirche)* parish; 4. *(Behörde)* local authority/government; **G.abgaben** *pl* local rates; **G.beamter** *m* local government officer; **G.behörde** *f* local authority; **G.betrieb** *m* municipal enterprise, local authority enterprise; **G.bezirk** *m* 1. borough; 2. local authority district; **G.-eigentum** *nt* municipal property; **G.gericht** *nt* local court; **G.ordnung** *f* 1. municipal regulations; 2. local government

G

code; **G.rat** *m* 1. *(Institution)* borough/local/district council; 2. *(Person)* district councillor; **G.rätin** *f* district councillor; **G.recht** *nt* local government law; **G.satzung** *f* municipal statutes; **G.steuer** *f* local/municipal tax; **G.verband** *m* local government association; **G.verfassung** *f* municipal constitution; **G.vermögen** *nt* municipal property; **G.verordnung** *f* municipal ordinance; **G.verwaltung** *f* local administration

Gemein|gebrauch *m* (unrestricted) public use/access; **G.gefahr** *f* common danger

gemeingefährlich *adj* dangerous to the public, constituting a public danger; **G.keit** *f* public danger

G

Gemein|gläubiger *m* common/general creditor; **G.gut** *nt* 1. common/public property; 2. public domain; **G.interesse** *nt* public interest; **G.kosten** *pl* overheads

gemeinnützig *adj* 1. non-profit(-making); 2. charitable; 3. in the public interest; **G.keit** *f* public interest

gemeinsam *adj* 1. common; 2. joint; **g. und einzeln** *adv* jointly and severally

gemeinschädlich *adj* detrimental to the public interest

Gemeinschaft *f* community, association; **G. zur gesamten Hand** ↘ **Gesamthandsgemeinschaft**; **eheliche G.** conjugal community; **G.er** *m* associate; **g.lich** *adj* 1. joint; 2. common; 3. *(Haftung)* joint and several

Gemeinschafts|aufgabe *f* public task; **G.besitz** *m* joint possession; **G.beteiligung** *f* joint interest; **G.einrichtung** *f* public facility; **G.gut** *nt* community property; **G.haft** *f* joint confinement; **G.organ** *nt* community organ; **G.recht** *nt* Community law *[EU]*, European Union law; **G.unternehmen** *nt* joint venture; **G.vertrag** *m* joint contract; **G.wohnung** *f* shared flat

Gemeinschuldner *m* 1. common debtor; 2. undischarged bankrupt

Gemeinwohl *nt* 1. public welfare; 2. public interest

genehmigen *v/t* 1. to authorize, 2. to approve/permit, 3. *(erlauben)* to sanction; 4. *(amtlich)* to license; **amtlich g.** to license

genehmigt *adj* 1. approved; 2. authorized

Genehmigung *f* 1. approval, permission; 2. *(Einwilligung, Zustimmung)* consent; 3. *(Bewilligung, Ermächtigung)* authorization; 4. *(Zustimmung)* assent; **mangels G.** in the absence of permission; **G. des Gerichts** leave of court

Genehmigung einholen to seek (and obtain) permission; **G. erteilen** to grant permission; **G. verweigern** to refuse permission; **zur G. vorlegen** to submit for approval; **G. widerrufen** to revoke permission

amtliche/behördliche Genehmigung official authorization; **ausdrückliche G.** express permission; **mit freundlicher G. von** by kind permission of; **gerichtliche G.** leave of court; **staatliche G.** government approval; **stillschweigende G.** tacit approval; **vorherige G.** prior approval

Genehmigungs|antrag *m* application for a permit; **g.bedürftig** *adj* subject to approval/permission, requiring official approval; **G.behörde** *f* authorizing body, licensing authority; **G.bescheid** *m* notice of approval; **G.erfordernis** *f* licensing requirement; **g.frei** *adj* not subject to licensing; **G.pflicht** *f* licensing requirement; **g.pflichtig** *adj* subject to approval; **G.schreiben** *nt* letter of approval; **G.stelle** licensing authority; **G.urkunde** *f* instrument of approval; **G.verfahren** *nt* licensing procedure, licensure *[US]*

Geneigtheit *f* *(Bereitwilligkeit)* willingness, inclination

General|abtretung *f* general assignment; **G.agentur** *f* general agency; **G.amnestie** *f* general amnesty; **G.anwalt** *m* solicitor/advocate general; **G.bevollmächtigte(r)** *f/m* general agent; **G.bundesanwalt** *m* federal attorney general, Attorney General *[US]*; **G.klausel** *f* blanket/comprehensive/omnibus clause, catch-all provision; **G.konsul** *m* consul general; **G.konsulat** *nt* consulate general; **G.prävention** *f* general deterrence; **G.prokurator** *m [A]* attorney general *[US]*, Director of Public Prosecutions (DPP) *[GB]*; **G.sekretär(in)** *m/f* secretary general; **G.staatsanwalt** *m* Director of Public Prosecutions *[GB]*; **g.überholen** *v/t* to recondition/overhaul; **G.unternehmer** *m* general contractor; **G.verpfändung** *f* floating charge; **G.versammlung** *f* general meeting/assembly; **G.vertrag** blanket contract; **G.vertreter(in)** *m/f* general agent; **G.vertretung** *f* general/exclusive/sole agency; **G.vollmacht** *f* general/full power of attorney

Genesung *f* convalescence, recovery; **G.s-urlaub** *m* convalescent leave
Genfer Konvention Geneva Convention; **G. Welturheberrechtsabkommen** World Copyright Convention
genießen *v/t* to enjoy
Genosse *m* member
Genossenschaft *f* cooperative society, co-op; **eingetragene G. (e. G.)** registered cooperative society
Genossenschafts|bank *f* cooperative bank; **G.gesetz** *nt* cooperative societies act; **G.-recht** *nt* law of cooperative societies; **G.-register** *nt* register of cooperative societies; **G.verband** *m* association of cooperative societies; **G.versammlung** *f* general meeting of cooperative society members; **G.-vertrag** *m* articles/deed of association
Genozid *m* genocide
Gentechnik *f* genetic engineering
genügen *v/t* to suffice; **g.d** *adj* sufficient
Genugtuung *f* 1. satisfaction; 2. amends; 3. redress; **für etwas G. leisten** to make amends for sth.
Genus *m* *(lat.)* kind, type; **G.kauf** *m* sale of unascertained goods, ~ by description; **G.sachen** *pl* 1. fungibles; 2. unascertained goods; **G.schuld** *f* unascertained debt
Genuss *f* 1. use; 2. enjoyment; 3. consumption; **in den G. von etw. kommen** 1. *(Rente, Prämie)* to be in receipt of; 2. *(Nutznießung)* to enjoy sth., to benefit from sth.; **ungestörter G.** undisturbed enjoyment
Genussrecht *nt* right of enjoyment; **G.-schein** *m* option warrant, participating certificate
genutzt *adj* used
gepfändet *adj* 1. attached; 2. distrained; **fruchtlos g.** 1. nulla bona *(lat.)*; 2. not satisfied
Gepflogenheit *f* 1. *(Verfahrensweise)* (standard) practice; 2. *(Gewohnheit)* habit; 3. *(Brauch, Sitte)* custom, tradition, usage
geprüft *adj* 1. tested; 2. examined
Gerätschaft *f* equipment
Geräusch *nt* noise
gerecht *adj* equitable, just, fair
gerechtfertigt *adj* justifiable; **sittlich g.** morally justifiable
Gerechtigkeit *f* 1. justice; 2. fairness; **G. in der Sache selbst** substantive justice
jdn der Gerechtigkeit ausliefern to bring so. to justice; **jdm G. widerfahren lassen** to do so. justice; **ausgleichende G.** compensatory justice; **materielle G.** substantive justice
natürliches Gerechtigkeits|empfinden natural sense of justice; **G.sinn** *m* sense of justice
geregelt *adj* 1. settled, 2. arranged
Gericht *nt* 1. court (of law), law court, court of justice; 2. tribunal; 3. bench; 4. *(Gebäude)* courthouse *[US]*; **bei G.** in court; **bei G. anhängig** pending; **vor G.** before the court; **G. für Bagatellsachen** small claims court; **G. erster Instanz; G. des ersten Rechtszugs** court of first instance; **G. zweiter Instanz** court of appeal, appellate court; **G. der belegenen Sache** forum rei sitae *(lat.)*; **G. für Strafsachen höherer Ordnung** Crown Court *[GB]*; **~ seerechtliche Streitigkeiten** admiralty court; **~ Wettbewerbsbeschränkungen** Restrictive Practices Court *[GB]*; **G. mit Zuständigkeit für Geldansprüche aus Vertrag/Delikt bis zu bestimmter Grenze (zw. $ 200 und $ 1000)** small claims court *[US]*
das Gericht entscheidet über den Antrag the court decides the motion; **~ gab dem Antrag statt** the court sustained the motion; **~ hält eine Sitzung ab** the court is sitting; **~ hat entschieden** the court has decided; **~ ist von der Entscheidung abgewichen** the decision is overruled; **~ ist überzeugt** the court is satisfied
Gericht anrufen 1. to go to law; 2. to have recourse to the court; **vor G. anwesend sein** to attend court; **~ auftreten** to appear in court; **~ aussagen** to testify in court, to give evidence; **jdn ~ bringen** 1. to take so. to court, 2. *(StR)* to bring so. to trial; **~ erscheinen** to appear before the court, ~ in court; **~ gehen** to go to court; **~ geltend machen** to assert in court; **~ klagen** to sue; **jdn ~ laden** to summon so. to appear before the court; **~ plädieren** to plead in court; **zu G. sitzen** to sit in judg(e)ment; **vor G. stehen** to be on trial; **wegen etw. ~ stehen** to be on trial for sth.; **~ stellen** to put on trial; **das G. überzeugen** to satisfy the court; **sich vor G. verantworten müssen** to stand trial; **jdn vor G. verklagen** to sue so.; **jdn ~ vertreten** to represent so. in court; **etw. an ein anderes G. verweisen**

G

to refer sth. to another court; **dem G. vortragen** to submit to the court

höheres Gericht superior court; **innerstaatliches G.** domestic court; **nachgeordnetes G.** subordinate court; **niedriges G.** magistrates'/sheriff *[Scot]* court; **ordentliches G.** court of general jurisdiction, ordinary court; **zuständiges G.** competent court

gerichtet auf *adj* directed at

gerichtlich *adj* 1. judicial; 2. legal; 3. forensic; 4. per curiam *(lat.)*; **g. und außergerichtlich** judicial and extrajudicial

Gerichts- legal; **G.akten** *pl* court files/record; **G.assessor(in)** *m/f* junior judicial officer

G

Gerichtsbarkeit *f* jurisdiction; **ausschließliche G.** exclusive jurisdiction; **freiwillige G.** non-contentious jurisdiction; **konkurrierende G.** concurrent jurisdiction; **ordentliche G.** ordinary jurisdiction; **streitige G.** contentious jurisdiction, jurisdiction over litigated matters

Gerichts|befehl *m* 1. court order; 2. writ; 3. mandate; **g.bekannt** *adj* known to the court; **G.bekanntmachung** *f* court notice(s); **G.beschluss** *m* court order, order of the court, judicial order/decree, court decision; **G.bezirk** *m* 1. circuit; 2. jurisdiction; 3. judicial district; **G.diener** *m* bailiff *[US]*, (court) usher *[GB]*; **G.dolmetscher(in)** *m/f* court interpreter; **G.entscheidung** *f* court/judicial decision; **angefochtene ~** decision appealed; **G.ferien** *pl* court recess; **G.gebäude** *nt* courthouse *[US]*;G**.gebrauch** *m* judicial custom; **G.gebühren** *pl* court fees; **G.gutachter** *m* amicus curiae *(lat.) [US]*; **g.hängig** *adj* pending (in court); **G.hof** *m* law court, court of justice; **oberster ~** supreme court; **G.hoheit** *f* jurisdiction; **G.instanz** *f* instance; **G.kanzlei** *f* court registry; **G.kasse** *f* court cashier; **G.kosten** *pl* court fees, costs; **G. kostengesetz** *nt* costs act; **G.kostenvorschuss** *m* advance on costs; **g.kundig** *adj* 1. known to the court; 2. notorious; **G.medizin** *f* forensic medicine; **G.mediziner(in)** *m/f* 1. forensic scientist; 2. *(Tod)* coroner, crowner *[Scot.]*; **g.medizinisch** *adj* forensic; **g.notorisch** *adj* 1. notorius; 2. known to the court; **G.ordnung** *f* 1. rules of the court; 2. system of judicature; **G.organisation** *f* court organisation; **G.ort** *m* venue; **G.periode** *f* law term, session; **G.polizei** *f* court police; **G.präsident(in)** *m/f* presiding judge; **G.praxis** *f* judicial custom; **G.protokoll** *nt* court stenographer's transcript; **G.referendar(in)** *m/f* judicial trainee; **G.reporter** *m* legal correspondent; **G.saal** *m* courtroom; **G.sachverständiger** *m* court-appointed expert; **G.schranke** *f* bar; **G.schreiber** *m* 1. court stenographer; 2. clerk of the court; **G.sitzung** *f* 1. court session; 2. court hearing; **G.sprache** *f* language of proceedings; **G.sprengel** *m* jurisdictional district; **G.spruch** *m* judg(e)ment

Gerichtsstand *m* venue, place of jurisdiction, forum; **G. des Begehungsortes** jurisdiction based on the place where the offence was committed; **G. im Inland** domestic venue; **ausschließlicher G.** exclusive venue; **dinglicher G.** forum rei sitae *(lat.)*; **vereinbarter/vertraglicher G.** stipulated venue, forum contractus *(lat.)*; **G.sklausel** *f* venue clause; **G.svereinbarung** *f* venue agreement

Gerichts|tafel *f* court notice board; **G.tag** *m* day of hearing; **G.termin** *m* 1. day/date of the trial; 2. *(ZR)* day/date of hearing; **G.urkunde** *f* court document; **G.urteil** *nt* 1. judg(e)ment; 2. *(StR)* sentence; 3. *(ZR)* court award; **G.verfahren** *nt* 1. judicial/legal/court proceedings; 2. *(StR)* trial; 3. *(System)* judicial procedure; **ein ~ gegen jdn einleiten** 1. to institute legal proceedings against so.; 2. *(ZR.)* to litigate against so.; **G.verfassung** *f* judicature; **G.verhandlung** *f* 1. proceeding *[US]*/proceedings *[GB]*, 2. *(ZR)* hearing; 3. *(StR)* trial; **der ~ beiwohnen** to attend court; **G.verwaltung** *f* court administration; **g.verwertbar** *adj* relevant; **G.vollzieher(in)** *m/f* bailiff, officer of the court, sheriff's officer; **G.vorsitzende(r)** *f/m* presiding judge; **auf dem G.weg** through the courts; **G.wesen** *nt* judiciary, judicial system; **G.zuständigkeit** *f* jurisdiction

geringfügig *adj* 1. negligible, insignificant; 2. minor, slight; 3. *(Bagatelle)* petty; **G.keit** *f* insignificance

Geruch *m* smell; **übler/unangenehmer G.** nauseating/offensive smell; **G.sbelästigung** *f* olfactory nuisance

Gerücht *nt* rumour; **~en zufolge** rumour has it that …

gesamt *adj* entire

Gesamt|akt *m* total act; **G.ausgleich** *m* settlement in full; **G.betrag** *m* sum total; **G.bürgschaft** *f* joint guarantee; **G.entschädigung** *f* total compensation; **G.erbe** *m* 1. sole heir; 2. universal heir; **G.gewicht** *nt* total load; **G.gläubiger(in)** *m/f* joint (and several) creditor; **G.gläubigerschaft** *f* joint and several creditors; **G.-grundschuld** *f* total land charge; **G.gut** *nt* 1. joint (marital) property; 2. common property; **G.haftung** *f* joint (and several) liability; **G.hand** *f* joint title; **G.händer** *pl* joint holders

gesamthänderisch *adj* joint

Gesamthands|besitz *m* joint possession; **G.eigentum** *nt* joint ownership; **G.eigentümer** *pl* joint owner; **G.gemeinschaft** *f* community of joint owners; **G.vermögen** *nt* joint assets

Gesamt|heit *f* entirety; **G.hypothek** *f* blanket mortgage; **G.masse** *f* total estate; **G.nachfolge** *f* universal succession; **G.-nachfolger(in)** *m/f* universal successor; **G.nachlass** *m* total estate; **G.nutzung** *f* joint use; **G.preis** *m* total price; **G.prokura** *f* blanket power of procuration

Gesamtrechts|nachfolge *f* universal succession; **G.nachfolger(in)** *m/f* universal sussessor

Gesamtschuld *f* 1. joint obligation; 2. joint (and several) debts; **G.ner** *pl* joint (and several) debtors; **G.ner(in)** *m/f* joint debtor; **g.nerisch** *adj* jointly and severally liable, solidary; **G.verhältnis** *nt* solidarity

Gesamtstrafe *f* 1. compound/cumulative sentence; 2. concurrent sentence; **G.nbildung** *f* cumulation of sentences

Gesamt|summe *f* sum total; **G.verantwortung** *f* overall responsibility; **G.verbindlichkeit** *f* joint liabilities; **G.verlust** *m* total loss; **G.vermächtnis** *nt* total legacy; **G.vermächtnisnehmer(in)** *m/f* universal legatee; **G.vermögen** *nt* total assets; **G.-vertrag** *m* joint contract; **G.vertretung** *f* comprehensive agency; **G.vollmacht** *f* comprehensive power of attorney; **G.vollstreckung** *f* comprehensive execution; **G.-vollstreckungsverfahren** *nt* comprehensive execution proceedings; **G.vorsatz** *m* overall intent; **G.wert** *m* total value; **G.-würdigung** *f* overall consideration

geschädigt *adj* 1. aggrieved; 2. injured

Geschädigte(r) *f/m* 1. aggrieved party; 2. injured party

Geschäft *nt* 1. *(allgemein)* business; 2. *(Vorgang)* transaction; **G. abschließen** to enter into a transaction; **G. abwickeln** to wind up a business; **G. aufgeben** to close down *[GB]*/out *[US]*; **G. ausüben** to carry on a trade; **G. besorgen** to effect a transaction; **G. betreiben** to run/conduct a business, to carry on a trade; **G. eingehen** to enter into a transaction; **G. wiederaufnehmen/wiedereröffnen** to resume business

auf Treu und Glauben abgeschlossenes Geschäft bona-fide *(lat.)* transaction; **bedingungsfeindliches G.** absolute/unconditional transaction; **schwebendes G.** pending transaction; **sittenwidriges G.** transaction contra bonos mores *(lat.)*; **sonstige G.e** other transactions; **unerlaubtes/verbotenes G.** illicit/illegal transaction/business; **wucherähnliches G.** usurious transaction

geschäftlich *adj* commercial, mercantile

Geschäfts- und Verfahrensordnung *f* rules of order and procedure

Geschäfts|abschluss *m* business contract; **G.adresse** *f* business address; **G.anteil** *m* interest; **G.aufgabe** *f* abandonment of a business; **G.bedingung(en)** *f/pl* terms and conditions; **allgemeine ~** (general) terms and conditions; **G.befugnis** *f* managerial authority; **G.beginn** *m* commencement of trading; **G.bericht** *m* report; **G.besorgung** *f* agency; **entgeltliche ~** agency effected for a consideration; **G.besorgungsvertrag** *m* agency contract, contract of agency; **G.betreiber(in)** *m/f* operator; **G.betrieb** *m* commercial operation; **G.bezeichnung** *f* trade name; **G.briefe** *pl* commercial correspondence; **G.bücher** *pl* books (of account); **G.einstellung** *f* closing-down, closure

geschäftsfähig *adj* legally capable, competent; **G.e(r)** *f/m* (legally) capable person; **beschränkt ~** person of limited (legal) capacity

Geschäftsfähigkeit *f* 1. legal/contractual capacity, capacity to contract; 2. competence; **beschränkte G. Minderjähriger** limited capacity to contract of minors, limited contractual capacity of minors; **in der G. beschränkt sein** to have limited capacity

Geschäftsfrau *f* feme sole (trader)

Geschäftsführer(in) *m/f* manager(ess); **G. ohne Auftrag** manager without mandate
Geschäfts|führung *f* management; **~ ohne Auftrag** management without mandate; **G.gang** *m* course of business; **ordentlicher ~** ordinary course of business
Geschäftsgebaren *nt* business practices; **betrügerisches G.** fraudulent practices; **unlauteres G.** dishonest practices
Geschäfts|geheimnis *nt* trade secret; **G.-gewinn** *m* operating profit; **G.grundlage** *f* basis of a transaction; **G.guthaben** *nt* business assets; **G.herr(in)** *m/f* principal; **G.jahr** *nt* financial/business/trading year; **G.kapital** *nt* capital; **G.kosten** *pl* operating costs; **G.leiter(in)** *m/f* manager(ess); **G.leitung** *f* management; **G.mann** *m* trader; **G.ordnung** *f* 1. rules of procedure; 2. standing rules/orders; 3. rules and regulations; **zur ~** on a point of order; **G.partner(in)** *m/f* business partner; **G.-praktiken** *pl* business practices; **G.praxis** *f* commercial practice; **G.prüfung** *f* audit; **G.räume** *pl* business premises; **G.raum-miete** *f* rent for business premises; **G.ri-siko** *nt* commercial risk; **G.schädigung** *f* 1. trade libel; 2. conduct injurious to the interests of a company; **G.schulden** *pl* trade debts; **G.sinn** *m* business acumen; **G.sitz** *m* place of business; **G.stelle** *f* 1. *(Gericht)* administrative office; 2. agency; 3. *(Amt, Dienststelle)* bureau; **G.tätigkeit** *f* business activity; **G.unfähige(r)** *f/m* incapable person; **G.unfähigkeit** *f* incapacity to contract; **G.unterbrechung** *f* interruption of business; **G.unterlagen** *pl* business records; **G.unternehmung** *f* 1. commercial undertaking; 2. *(Firma)* commercial enterprise; **G.veräußerung** *f* sale of a business; **G.verfahren** *nt* trade process; **G.verhältnis** *nt* commercial relationship; **G.verkehr** *m* commercial transactions; **elektronischer ~** electronic transaction(s); **G.verlauf** *m* course of business; **G.verlust** *m* (trading) loss; **G.-vermögen** *nt* business assets; **G.verpflich-tungen** *pl* business commitments; **G.ver-teilung** *f (Gericht)* assignment of actions; **(immaterieller) G.wert** goodwill
geschäftsfähig *adj* 1. legally capable; 2. capable of contracting; **beschränkt/nicht voll g.** of limited capacity
geschäftsführend *adj* managing
geschäftsunfähig *adj* incapable of contracting, legallly incapable
geschehen *v/i* to happen/occur
Geschenk *nt* present, gift
geschieden *adj* divorced; **G.e(r)** *f/m* divorcee
Geschlecht *nt* 1. sex; 2. gender
Geschlechts|krankheit *f* venereal disease (VD); **G.teile** *pl* genitals, private parts; **G.verkehr** *m* sexual intercourse
Geschmack *m* taste
Geschmacksmuster *nt* registered design; **G.eintragung** *f* registration of a design; **G.rolle** *f* register of designs; **G.schutz** *m* protection of registered designs
Geschoss *nt* 1. *(Kugel)* bullet; 2. *(Wurfgeschoss)* missile; **G.bahn** *f* trajectory; **G.-hagel** *m* hail of bullets
geschuldet *adj* owed
geschützt *adj* *(Marken)* proprietary; **ur-heberrechtlich g.** copyrighted
Geschwindigkeit *f* speed; **überhöhte G.** excessive speed; **zulässige G.** permissible speed
Geschwindigkeits|begrenzung; G.be-schränkung *f* speed limit; **G.kontrolle** *f* speed check; **G.übertretung** *f* exceeding the speed limit; **G.vorschriften** *pl* speed restrictions
Geschwister *pl* sisters and brothers
Geschworene *pl* jury; **G.(r)** *f/m* juror, member of the jury
Geschworenen|ablehnung *f* objection to the jury, challenging the jury; **G.bank** *f* jury box; **G.beeinflussung** *f* tampering with jurors; **G.bestechung** *f* bribing jurors; **G.gericht** *nt* jury trial; **G.liste** *f* 1. jury list/panel; **die ~ aufstellen** to empanel a jury; **G.prozess** *m* jury trial, trial by jury; **G.spruch; G.urteil** *m/nt (StR)* verdict; **G.verfahren** *nt* trial by jury
gesehen *adj* seen; **wie g.** as seen
Gesellschaft *f* 1. society; 2. company, corporation *[US]*; **G. auf Gegenseitigkeit** mutual society; **G. mit beschränkter Haftung (GmbH)** private limited company (Ltd) *[GB]*, close(d) corporation *[US]*; **G. bürgerlichen Rechts (GbR)** civil-law/non-trading partnership; **G. öffentlichen Rechts** statutory company/corporation; **G. auf Widerruf** revocable partnership
Gesellschaft abwickeln/auflösen to wind up a company; **G. ausgliedern** to hive off a company; **G. eintragen** to in-

corporate/register a company; **G. errichten/gründen** to form a company

abhängige Gesellschaft dependent company; **angegliederte G.** affiliated company; **beherrschende G.** controlling company; **beteiligte G.** participating company; **börsennotierte G.** quoted *[GB]*/listed *[US]* company; **gemeinnützige G.** friendly society; **konzessionierte G.** chartered company; **kündbare G.** partnership at will; **öffentlich-rechtliche G.** corporation under public law; **nicht rechtsfähige G.** unincorporated society; **stille G.** dormant partnership

Gesellschafter(in) *m/f* 1. partner; 2. shareholder; **G. kraft Rechtsscheins** partner by estoppel; **ausscheidender G.** withdrawing/outgoing partner; **geschäftsführender G.** managing partner; **neu eintretender G.** incoming partner; **persönlich haftender G.** fully liable partner; **stiller G.** dormant partner; **vorgeblicher G.** ostensible partner

Gesellschafter|anteil *m* partner's interest; **G.beschluss** *m* partners' resolution; **G.versammlung** *f* 1. partners' meeting; 2. shareholders' meeting; **G.vertrag** *m* articles of association

Gesellschafts|anteil *m* partnership interest; **G.eigentum** *nt* company property; **G.firma** *f* corporate name; **G.form** *f* form of business organization; **G.gewinn** *m* company/corporate *[US]* profit(s); **G.gründer** *m* company promoter; **G.gründung** *f* company formation, establishment of an association; **G.kapital** *nt* 1. corporate capital; 2. capital stock; **G.konkurs** *m* involuntary liquidation; **G.mittel** *pl* company/corporate *[US]* funds; **G.recht** *nt* company law; **G.register** *nt* register of companies (and partnerships); **G.satzung** *f* company/corporate statutes *[US]*; **G.schuld** *f* company/corporate *[US]* debts; **G.sitz** *m* registered office *[GB]*, domicile of the corporation *[US]*; **G.verbindlichkeiten** *pl* 1. company/corporate *[US]* liabilities; **G.vermögen** *nt* 1. company/corporate *[US]* assets; 2. partnership property; **G.versammlung** *f* 1. (annual) general meeting; 2. partners' meeting; **G.vertrag** *m* 1. articles of association/partnership; 2. *(vor Gründung)* memorandum of association; **G.zweck** *m* objects of the company

Gesetz *nt* 1. law; 2. *(Gesetzbuch)* statute book; 3. *(Vorlage)* bill; 4. *(nach Verabschiedung)* statute, act; 5. *(Regel, Satzung)* rule; **G. und Recht** law and order; **kraft G.es** by operation of the law; **nach G. und Recht** in accordance with the law; **im Sinne des G.es** in the sense of the law

Gesetz ändern to amend an act; **G. annehmen** to pass a law; **G. anwenden** to apply the law; **G. aufheben** to repeal an act, ~ a law; **G.e aufheben** to overturn/repeal legislation; **G. auslegen/deuten** to construe a law; **G. beachten** to comply with a law; **G. zur Durchführung bringen** to enforce a law; **G. einbringen** to introduce/table a bill; **G. einhalten** to comply with a law; **zum G. erklären** to enact; **G. erlassen** to enact a law; **mit dem G. in Konflikt geraten** to have a brush with the law; **G. novellieren** to amend a law; **G. außer Kraft setzen** to repeal a law; **G. in Kraft setzen** to put a law into force; **G. übertreten** to contravene a law; **G. umgehen/unterlaufen** to circumvent a law; **G. verabschieden** to pass a bill/law; **G. verkünden** to promulgate a law; **G. verletzen; gegen ein G. verstoßen** to infringe a law, to be in breach of a law; **G. werden** to be enacted, to become law

aufhebendes Gesetz repealing act; **befristetes G.** temporary statue; **bestehendes G.** existing law; **geltendes G.** law in force; **rückwirkendes G.** retroactive law; **ungeschriebenes G.** unwritten law; **zwingendes G.** mandatory statute, binding law

Gesetzblatt *nt* law/legal gazette

Gesetzbuch *nt* statute book; **bürgerliches ~ (BGB)** civil code

Gesetzentwurf *m* bill; **der G. ging durch** the bill was passed; **G. ändern** to amend a bill

Gesetzes|analogie *f* legal analogy; **G.änderung** *f* amendment; **G.anwendung** *f* application of a law; **G.aufhebung** *f* repeal of a law; **G.auslegung** *f* interpretation of a statute; **G.beschluss** *m* legislation act; **G.bestimmung** *f* provision of a law, legal provision; **G.bruch** *m* infringement/breach of the law; **G.fiktion** *f* legal fiction; **G.form** *f* statutory form; **G.formel** *f* enacting clause; **G.hüter** *m* law enforcement officer; **G.initiative** *f* legislative initiative; **G.kodex** *m* code of law; **G.kollision** *f*

G

conflict of laws; **G.kommentar** *m* legal commentary; **G.konkurrenz** *f* concurrence/overlapping of laws; **G.korrektur** *f* amendment; **G.kraft** *f* force of law, legal force; **G.lücke** *f* loophole in the law; **G.-novelle** *f* amendment; **G.novellierung** *f* amendment; **G.recht** *nt* enacted/statute/statutory law; **G.sammlung** *f* statute book *[GB]*, statutes at large *[US]*; **G.text** *m* text of the act; **G.titel** *m* title of the act; **G.treue** *f* compliance with the law; **G.übertretung** *f* infringement of the law; **G.umgehung** *f* evasion of the law; **G.verabschiedung** *f* enactment (of a bill); **G.verkündung** *f* promulgation of a law; **G.verletzung** *f* infringement/violation of a law; **G.verordnung** *f* ordinance; **G.verstoß** *m* offence in law; **G.vollzug** *m* law enforcement; **G.vorbehalt** *m* legal reservation/proviso; **G.vorlage** *f* bill, draft (of a law); **G.vorschrift** *f* statutory provision; **G.-werk** *nt* code of law; **G.wortlaut** *n* wording of the act; **g.widrig** *adj* illegal

Gesetzgeber *m* legislator, legislature

Gesetzgebung *f* legislation, lawmaking; **G. des Bundes** federal legislation; **arbeitsrechtliche G.** industrial legislation; **ausschließliche G.** exclusive legislation; **delegierte G.** delegated legislation; **inländische/innerstaatliche G.** domestic legislation; **konkurrierende G.** concurrent legislation; **nachgeordnete/untergeordnete G.** subordinate legislation; **rückwirkende G.** retroactive legislation

Gesetzgebungs|akt *m* legislative act, act of legislation; **G.befugnis** *f* legislative authority/power(s); **G.funktion** *f* legislative function; **G.kompetenz** *f* legislative authority/competence; **G.notstand** *m* legislative state of emergency; **G.organ** *nt* legislative organ; **G.recht** *nt* legislative authority; **G.verfahren** *nt* legislative procedure/process; **G.zuständigkeit** *m* legislative competence

gesetzeswidrig *adj* 1. illegal; 2. *(unrechtmäßig)* unlawful; **G.keit** *f* 1. illegality; 2. unlawfulness

gesetz|gebend; g.geberisch *adj* legislative

gesetzlich *adj* 1. statutory; 2. legal; 3. *(rechtmäßig)* lawful, legitimate

Gesetzlichkeit *f* legality; **G.sprinzip** *nt* legality principle

gesetzlos *adj* lawless; **G.e(r)** *f/m* outlaw; **G.igkeit** *f* lawlessness

gesetzmäßig *adj* 1. legal; 2. *(rechtmäßig)* lawful, legitimate, in accordance with the law; **G.keit** *f* 1. legality; 2. lawfulness

Gesetznovellierung *f* amendment

gesetzwidrig *adj* 1. illegal, illicit; 2. unlawful, contrary to the law; **G.keit** *f* 1. illegality; 2. unlawfulness

gesichert *adj* secured; **dinglich g.** secured in rem *(lat.)*

Gesichtspunkt *m* 1. aspect; 2. point of view

Gesinnung *f* (basic) conviction(s); **G.stat** *f* crime of conviction; **G.stäter** *m* perpetrator for ideological reasons

gesondert *adj* separate

Gespräch *nt* talk, conversation; **G.snotiz** *f* memo

gestalten *v/t* 1. to shape/form; 2. to arrange/organize/structure

Gestaltung *f* 1. formation; 2. arrangement, structure; **G. von Rechtsverhältnissen** arrangement of legal relations

Gestaltungs|klage *f* 1. action for a change of legal relationships; 2. action for the modification of rights; **G.recht** *nt* dispositive right; **G.urteil** *nt* judgment altering a legal relationship

geständig *adj* (self-)confessed

Geständnis *nt* 1. *(Strafprozess)* confession; 2. *(Zivilprozess)* admission; **G. ablegen** to make a confession; **G. erpressen** to extort a confession; **G. widerrufen** to retract a confession

erzwungenes Geständnis forced confession; **gerichtliches G.** confession in court; **qualifiziertes G.** qualified confession; **umfassendes G.** full confession

Geständniserpressung *f* extortion of a confession

gestatten *v/t* to permit/allow

Gestattung *f* 1. permission; 2. licence; **G. verweigern** to refuse permission; **G.svertrag** *m* licensing agreement

gestehen *v/t* 1. *(StR)* to confess, to own up (to sth.); 2. *(ZR)* to admit

Gestehungs|kosten *pl* prime/production cost(s); **G.preis** *m* cost price

Gestellung *f* provision

gestohlen *adj* stolen

gestorben *adj* deceased

gestört *adj* disturbed; **psychisch g.** psychologically/mentally disturbed, ~ unbalanced

Gesuch *nt* 1. petition; 2. request; 3. *(Gericht)* application; **G. ablehnen** 1. to refuse a petition; 2. to refuse an application; **G. befürworten** to support a petition; **G. bewilligen** to grant an application; **G. einreichen** to present a petition

Gesuchsteller(in) *m/f* petitioner

gesucht *adj* wanted; **steckbrieflich g.** wanted by the police

Gesuchte(r) *f/m* wanted person

gesund *adj* healthy; **geistig g.** sound of mind

Gesundheit *f* health; **jds G. verletzen** to injure so.'s health

Gesundheits|amt *nt* local health authority; **G.attest** *nt* health certificate; **G.behörde** *f* public health authority; **G.gefährdung** *f* health hazard/risk; **g.gefährdend** *adj* harmful; **G.pass** *m* health certificate; **G.-schaden; G.schädigung** *m/f* damage to so.'s health; **g.schädigend** *adj* harmful, health-endangering; **G.schutz** *m* health protection; **G.störung** *f* ill health; **G.-überwachung** *f* sanitary control; **G.vorschriften** *pl* health/sanitary regulations; **G.zeugnis** *nt* health certificate; **einwandfreies ~** clean bill of health; **G.zustand** *m* state of health

Getränk *nt* beverage, drink; **alkoholisches G.** alcoholic drink; **geistiges G.** intoxicating liquor

Getränkeausschank *m* sale of beverages; **G. genehmigung** *f* liquor licence, licence to sell ales, beers, wines, spirits and intoxicating liquors *[GB]*

getrennt *adj* separate (and apart); **g. lebend** living separate (and apart)

Getrenntleben *nt* living (separate and) apart; **einvernehmliches G.** consensual separation; **gerichtlich gestaltetes G.** judicial separation

Gewähr *f* guarantee, warranty; **mit G.** warranted; **ohne G.** without recourse, sans recours *(frz.)*; **G. übernehmen** to warrant; **stillschweigende G.** implied warranty

gewähren *v/t* 1. to allow/grant, 2. to accord

Gewährfrist *f* guarantee/warranty period

gewährleisten *v/t* to guarantee/warrant

Gewährleistende(r) *f/m* guarantor, warrantor

Gewährleistung *f* warranty, guarantee; **G. durchschnittlicher Qualität** warranty of merchantability, ~ merchantable quality; **G. für Rechtsmängel** warranty of title

Gewährleistung ausschließen to exclude a warranty; **G. übernehmen** to warrant

ausdrückliche oder stillschweigende Gewährleistung warranty express or implied; **gesetzliche G.** statutory warranty; **stillschweigende G.** implied warranty

Gewährleistungs|anspruch *m* warranty claim; **G.ausschluss** *m* warranty exclusion, caveat emptor *(lat.)*; **G.bestimmungen** *pl* warranty terms; **G.bruch** *m* breach of warranty; **G.fall** *m* warranty claim; **G.fehler** *m* redhibitory defect; **G.-frist** *f* warranty period; **G.haftung** *f* liability for breach of warranty; **G.klage** *f* redhibitory action, action under a warranty; **G.klausel** *f* warranty clause; **G.-mangel** *m* redhibitory defect; **G.pflicht** *f* obligation under a warranty, warranty obligation; **G.prozess** *m* warranty case/proceedings; **G.recht** *nt* producer's liability, warranty law; **G.regel** *f* warranty rule; **G.risiko** *nt* warranty risk; **G.vertrag** *m* warranty contract

Gewahrsam *m* 1. *(Verwahrung)* safekeeping; 2. *(Person)* custody, detention; **im G. haben** to have custody (of sth.); **in G. nehmen** to take into custody, to detain; **amtlicher G.** official custody; **polizeilicher G.** police custody; **vorläufiger G.** preventive detention

Gewahrsams|bruch *m* breach of custody; **G.inhaber** *m* 1. custodian; 2. occupier, occupant; **G.zelle** *f* detention cell

Gewährs|mangel *m* defect covered by a warranty; **G.mann** *m* 1. informant; 2. warrantor; **G.pflicht** *f* warranty; **G.träger** *m* warrantor

Gewährung *f* grant(ing); **G. eines Anspruchs** granting (of) a claim; **G. einer Ausgleichszahlung** compensatory award; **G. von Freibeträgen** granting of allowances; **G. des Stimm-/Wahlrechts** enfranchisement; **~ Unterhalts** granting of maintenance; **G. eines Vorrechts** granting of a privilege

Gewährvertrag *m* contract of indemnity

Gewalt *f* 1. *(Macht)* power; 2. *(Gewaltanwendung)* violence; 3. *(Zwang)* force; **G. anwenden** to use/apply force; **G. innehaben** to hold power

ausführende Gewalt executive power; **elterliche G.** parental power; **gesetzgebende G.** legislative power; **höhere G.** act of God, force majeure *(frz.)*, vis major *(lat.)*;

G

körperliche G. physical force; **nackte G.** brute force; **oberste G.** supreme authority; **öffentliche G.** public authority; **rechtsprechende/richterliche G.** judicial power; **sexuelle G.** sexual violence; **tätsächliche G.** actual force; **unwiderstehliche G.** irresistible force; **väterliche G.** parental authority; **verfassungsmäßige G.** constitutional authority; **vollziehende G.** executive power

Gewalt|akt *m* act of violence; **G.androhung** *f* threat of violence; assault; **unqualifizierte ~** common assault; **G.anwendung** *f* use of force; **angemessene ~** proportionate/reasonable force; **G.bereitschaft** *f* willingness to use violence/force; **G.darstellung** *f* representation of violence; **G.delikt** *nt* violent crime; **G.freiheit** *f* non-violence; **G.enteilung; G.entrennung** *f* separation of powers; **G.kriminalität** *f* violent crime; **g.los** *adj* non-violent; **G.potenzial** *nt* potential for violence; **g.sam** *adj* violent; **G.tat** *f* act of violence; **G.täter** *m* violent criminal; **g.tätig** *adj* violent; **G.tätigkeit** *f* (act of) violence; **G.verbrechen** *nt* violent crime, crime of violence; **G.verzicht** *m* renunciation of the use of force; **G.video** *nt* violent video, video nasty *(coll)*

Gewässer *nt* waters; **G.verunreinigung** *f* pollution of waters

Gewehr *nt* gun, rifle

Gewerbe *nt* 1. trade; 2. business; 3. industry; **G. ausüben/betreiben** to carry on a trade; **ambulantes G.** itinerant trade; **anmeldepflichtiges G.** trade subject to compulsory registration; **dienstleistendes G.** service; **konzessioniertes G.** licensed trade

Gewerbe|anmeldung *f* registration of a business; **G.aufsicht** *f* 1. industrial/factory inspection; 2. trade inspection; **G.befugnis; G.berechtigung** *f* licence to trade, trading licence; **G.betrieb** *m* business enterprise, commercial undertaking; **G.erlaubnis** *f* licence to trade; **G.ertrag** *m* business income, income from commercial operations; **G.freiheit** *f* freedom to set up in business, ~ of trade; **G.gericht** *nt* industrial court; **G.grundstück** *nt* commercial site; **G.kapital** *nt* business capital; **G.konzession** *f* trading licence, licence to trade; **G.ordnung** *f* trade regulations; **G.recht** *nt* law on trade and industry; **G.schein** *m* trading licence, licence to trade; **G.steuer** *f* 1. commercial rates; 2. trade tax; **G.tätigkeit** *f* commercial activity; **G.treibende** *pl* tradespeople; **G.treibende(r)** *f/m* businessman, businesswoman, trader; **G.zulassung** *f* licence to trade; **G.zweig** *m* 1. branch of industry; 2. trade

gewerblich *adj* 1. commercial; 2. industrial

gewerbs|mäßig *adj* 1. commercial, on a commercial basis; 2. professional; **G.unzucht** *f* prostitution

Gewerkschaft *f* trade union *[GB]*, labor union *[US]*; **bergrechtliche G.** mining company

Gewerkschafts|mitglied *nt* union member; **G.recht** *nt* trade union law; **G.vertreter** *m* union representative

Gewicht *nt* weight; **g.en** *v/t* to weight; **G.ung** *f* weighting

gewillkürt *adj* by choice

Gewinn *m* 1. *(Ertrag)* profit(s); 2. *(Zugewinn)* gain; 3. *(Investition)* return; 4. *(Bezüge)* earnings, emoluments; 5. *(Vorteil)* benefit; **G. aus der Veräußerung von Vermögen** capital gain; **G. vor Steuern** earnings before tax; **G.- und Verlustrechnung** *f* profit and loss account

Gewinn abwerfen to yield a profit; **am G. beteiligt sein** to (have a) share in the profit(s); **G. erzielen** to make a profit; **mit G. verkaufen** to sell at a profit

ausgeschütteter Gewinn distributed profit; **ausgewiesener G.** declared/posted profit; **buchmäßiger G.** book profit; **einbehaltener/thesaurierter G.** retained earnings; **entgangener G.** loss of earnings; **steuerpflichtiger G.** taxable earnings; **unerlaubter G.** illicit profit(s); **unerwarteter G.** windfall profit; **wucherischer G.** usurious profit

Gewinnabführung *f* profit transfer; **G.svertrag** *m* profit transfer agreement

Gewinn|abschöpfung *f* skimming off (of) profits; **G.anspruch** *m* claim to a share in the profit(s); **G.anteil** *m* profit share; **g.anteilberechtigt** *adj* entitled to a share in the profit(s); **G.anteilschein** *m* dividend warrant; **G.aufschlag** *m* mark-up; **G.ausfall** *m* loss of profits; **G.ausschüttung** *f* distribution of profits, profit distribution; **G.berechtigung** *f* 1. participating rights; 2. entitlement to a share in the profit(s); **g.berechtigt** *adj* entitled to a share in the profit(s); **g.beteiligt** *adj* participating, profit-sharing; **G.beteiligung** *f* profit-sharing; **~ des Anwalts** champerty *[US]*; **g.bezogen** *adj* profit-related; **G.bezugsrecht** *nt* right to share in the profits; **g.bringend** *adj* 1. remunerative; 2. profit-sharing; **G.einbehaltung** *f* retention of earnings; **G.entgang** *m* loss of profits; **G.entnahme** *f* withdrawal of profits; **G.ergebnis** *nt* result(s); **G.ermittlung** *f* determination of profits; **G.-erzielung** *f* profit-making (objective); **G.herausgabe** *f* surrender of profits; **G.marge** *f* profit margin, margin of profit; **G.rechnung** *f* profit and loss account; **G.schwelle** *f* break-even point; **G.spanne** *f* ↘ **G.marge**; **G.streben** *nt* pursuit of profits; **G.teilung** *f* profit-sharing; **G.-überschuss** *m* surplus; **G.verschleierung** *f* concealment of profits; **G.verteilung** *f* profit distribution, distribution of profits; **G.verwendung** *f* profit appropriation, appropriation of profits; **gesetzliche ~** statutory profit appropriation; **G.vortrag** *m* surplus brought forward; **G.zurechnung** *f* allocation of profits

Gewinnung *f* 1. production; 2. *(Rohstoff)* extraction; **G. von Bodenbestandteilen** production of minerals; **G.skosten** *f* production costs

Gewissen *nt* conscience; **g.haft** *adj* conscientious; **G.sbisse** *pl* pangs of conscience; **G.sentscheidung** *f* decision made on the grounds of conscience; **G.sfreiheit** *f* freedom of conscience; **aus G.s-gründen** on the grounds of conscience; **G.skonflikt** *m* inner conflict; **G.snot; G.snotstand** *f/m* moral dilemma; **G.s-pflicht** *f* moral duty; **G.ssache** *f* matter of conscience; **G.szwang** *m* moral constraint

Gewissheit *f* certainty; **sich G. verschaffen** *(Richter)* to satisfy os.

gewogen *adj* weighted

Gewohnheit *f* 1. *(Tradition)* custom, usage; 2. *(individuell)* habit; 3. *(Verfahrensweise)* practice

Gewohnheits|dieb *m* habitual thief; **g.mäßig** *adj* habitual; **G.recht** *nt* 1. *(Einzelfall)* established/customary right; 2. *(Rechtssystem)* common/customary law; **g.rechtlich** *adj* common-law, according to customary law; **G.rechtssatz** *m* customary rule of law; **G.täter** *m* habitual offender; **G.trinker** *m* habitual drunkard; **G.verbrecher(in)** *m/f* persistent/habitual offender, ~ criminal

gewöhnlich *adj* usual, customary

gewünscht *adj* desired

gezahlt *adj* paid

gezeichnet *adj* 1. signed; 2. *(Spuren)* marked; 3. *(Wertpapier)* subscribed

gezwungen *adj* forced

Gier *f* greed

Gift *nt* poison; **G. beibringen** to administer poison; **G.beibringung** *f* administering (of) poison; **g.ig** *adj* poisonous; **G.-mord** *m* murder by poisoning

Gilde *f* guild, corporation

Girant *m* endorser; **G. aus Gefälligkeit** accommodation endorser

Giratar *m* endorsee

girier|bar *adj* endorsable, negotiable; **g.en** *v/t* to endorse/negotiate; **G.ung** *f* negotiation, endorsement

Giro *nt* endorsement

hinter Gittern *pl* behind bars

Glaube *m* faith, belief; **böser G.** 1. bad faith, mala fides *(lat.)*; 2. malice; **guter G.** good faith, bona fides *(lat.)*; **~ des Nießbrauchers** usufructuary's good faith

glauben *v/t* to believe

Glaubens- und Gewissensfreiheit *f* freedom of conscience and belief

Glaubens|freiheit *f* freedom of belief/faith/religion; **G.gemeinschaft; G.richtung** *f* 1. *(Gruppe)* religious community; 2. *(Konfession)* religious denomination

glaubhaft *adj* credible; **g. machen** to substantiate (by prima facie evidence)

Glaubhaftigkeit *f* credibility

Glaubhaftmachung *f* substantiation (by prima facie evidence), preliminary proof; **G. eines Anspruchs** substantiation of a claim

Gläubiger(in) *m/f* creditor, obligee; **G. befriedigen** to satisfy a creditor; **G. hinhalten** to put off creditors; **bevorrechtigter G.** preferred creditor; **unbekannter G.** unknown creditor

Gläubiger|abfindung *f* settlement with one's creditors; **G.anfechtung** *f* challenging (of) creditors; **G.antrag** *m* creditors' petition; **G.aufgebot; G.aufruf** *nt/m* public notice to all creditors; **G.befriedigung** *f* satisfaction of creditors; **G.begünstigung; G.bevorzugung** *f* preferential treatment of creditors; **G.benachteiligung** *f* fraudulent trading; **G.ermittlung** *f* identification of creditors; **G.gemeinschaft** *f* community of creditors; **G.mehrheit** *f* plurality of creditors; **G.rang** *m* ranking of creditors; **G.recht** *nt* creditors' right; **G.schädigung** *f* prejudicial treatment of creditors; **G.-schutz** *m* protection from creditors; **~ beantragen; auf ~ klagen** to file for protection from creditors, **~** Chapter 11 *[US]*; **G.vergleich** *m* composition in bankruptcy, arrangement with creditors; **G.versammlung** *f* meeting of creditors; **G.vertreter** *m* creditors' representative; **G.verzeichnis** *nt* schedule of creditors; **G.verzug** *m* creditors' default

G

Gläubigerin *f* creditress
glaubwürdig *adj* credible; **G.keit** *f* credibility
gleich *adj* equal; **g. bleibend** *adj* constant; **g. lautend** *adj* of the same tenor
gleichartig *adj* 1. similar; 2. analogous; **G.keit** *f* similarity
gleichbedeutend *adj* equivalent
Gleichbehandlung *f* equal treatment, non-discrimination
Gleichbehandlungs|prinzip *nt* principle of equal treatment; **G.richtlinie** *f* equal treatment guideline, directive
gleichberechtigt *adj* having equal rights
Gleichberechtigung *f* equal rights, equality; **G.sgesetz** *nt* equality act
gleichbleibend *adj* unchanging, constant
Gleiche(r) *f/m* peer
gleichgestellt *adj* 1. equal-ranking; 2. *(rechtlich)* equal before the law
Gleichgewicht *nt* 1. balance; 2. equilibrium; **g.ig** *adj* balanced
Gleichheit *f* equality; **G. vor dem Gesetz** equality before the law
Gleichheitsgrundsatz *m* principle of equality
gleichmachen *v/t* to level
gleichmäßig *adj* 1. uniform; 2. regular, even; **G.keit** *f* uniformity
gleichordnen *v/t* to coordinate
gleichrangig *adj* equal-ranking, equal in rank
gleichschalt|en *v/t* to bring into line; **G.ung** *f* enforced conformity
Gleichschrift *f* copy, duplicate
gleich|setzen *v/t* to equate; **g.stehen** *v/i* to rank equal; **g.stellen** *v/t* to put on a par
gleichwertig *adj* 1. equivalent; 2. of equal value; **G.keit** *f* equivalence
gleichzeitig *adj* 1. simultaneous; 2. contemporaneous; **G.keit** *f* 1. simultaneity; 2. contemporaneity
Gleitklausel *f* escalator clause
Glied *nt* 1. limb; 2. member
gliedern *v/t* 1. to arrange/structure; 2. to classify
Gliederung *f* 1. arrangement, structure; 2. classification
Gliederverlust *m* loss of limbs
global *adj* 1. global; 2. comprehensive; **G.abkommen** *nt* omnibus agreement; **G.deckung** *f (Vers.)* comprehensive cover(age); **G.entschädigung** *f* lump-sum indemnification; **G.genehmigung** *f* general/comprehensive permit; **G.zession** *f* general/blanket assignment
Glücksspiel *nt* 1. *(allgemein)* gambling; 2. gamble; **G. betreiben** to gamble; **unerlaubtes/verbotenes G.** illicit gambling
GmbH ↘ **Gesellschaft mit beschränkter Haftung**
GmbH-Recht *nt* law of private limited companies
Gnade *f* 1. *(Nachsicht)* mercy, clemency; 2. pardon; **G. vor dem Recht ergehen lassen** to temper justice with mercy
Gnaden|akt *m* 1. act of mercy/clemency; **G.erweis** *m* pardon; **G.frist** *f* days of grace, grace period, period of grace, (temporary) reprieve; **G.gesuch** *nt* plea/petition/appeal for clemency; **G.instanz** *f* board of pardons; **G.recht** *nt* prerogative of mercy; **G.stoß** *m* coup de grace *(frz.)*; **auf dem G.weg** by pardon
Gold *nt* gold; **G.- und Silbersachen** *pl* gold and silver items
Gotteslästerung *f* blasphemy
Grab *nt* grave; **G.schändung** *f* desecration/defilement of a grave
Grad *m* degree; **G. der Beweislast** standard of proof; **~ Fahrlässigkeit** degree of negligence; **~ Verwandtschaft** degree of relationship; **G. des Verschuldens** degree of fault
akademischer Grad academic degree
Grafschaftsgericht *nt* County Court *[GB]*
Gratifikation *f* gratuity, bonus, ex gratia *(lat.)* payment
gratis *adj* free of charge, gratuitous
Gräueltat *f* atrocity, outrage
grausam *adj* cruel; **G.keit** *f* (act of) cruelty; **seelische ~** mental cruelty
gravamen *nt* *(lat.)* complaint

gravierend *adj* 1. grave, serious; 2. severe
greifen *v/i* 1. *(ergreifen)* to grab/grip; 2. *(Maßnahme)* to take effect; 3. *(Gesetz, Vorschrift)* to apply; **g. zu** *(fig.)* to resort to; **zu etw. g.** *(Pistole)* to reach for
Gremium *nt* body; **beratendes G.** advisory body; **beschlussfähiges G.** quorum
Grenze *f* 1. border, frontier; 2. *(Grundstück)* boundary; **obere G.** ceiling
grenzen an *v/prep* to border on, to be adjacent to
Grenz|fall *m* borderline case; **G.feststellungsklage** *f* action to establish a boundary line; **G.linie** *f* boundary line; **G.situation** *f* borderline situation; **G.stein** *m* boundary stone; **G.streitigkeit** *f* boundary dispute; **g.überschreitend** *adj* cross-border, transborder; **G.überschreitung** *f* crossing (of) the border; **G.verkehr** *m* cross-border traffic; **G.verletzung** *f* violation of the frontier; **G.wert** *m* limit; **G.zeichen** *nt* boundary mark
Griff *m* 1. grip, hold; 2. *(Knauf)* handle; 3. *(Pistole)* butt; **G. nach der Droge** turning/taking to drugs; **etw. in den G. bekommen** *(fig.)* to gain control of sth., ~ the upper hand of sth.; **etw. im G. haben** to have sth. under control
grob *adj* gross
gröblich *adj* gross
Größe *f* size; **vorschriftsmäßige G.** prescribed size
Groß|einsatz *m* large-scale operation; **G.fahndung** *f* large-scale manhunt; **G.händler** *m* wholesaler; **G.handel** *m* wholesale trade
Grund *m* 1. *(Veranlassung)* reason, ground; 2. *(Ursache)* cause; **auf G. von** because of, by reason of, on the grounds of; **aus wichtigem G.** for a major reason; **~ gekündigt** dismissed for a good reason; **im G.e** to all intents and purposes; **ohne G.** without cause; **dem G.e nach** on the merits
Grund zur Annahme reason to assume/believe; **~ Beschwerde** cause for complaint; **~ Besorgnis** cause for concern **G. und Boden** real estate, realty *[US]*, land; **eigener ~** freehold property; **~ und alles, was damit verbunden ist** land and permanent attachments thereto; **zu G.e legen** to base
ausreichender Grund sufficient reason; **ausschlaggebender G.** decisive reason; **gewichtiger G.** good reason; **hinreichender G.** sufficient reason; **stichhaltiger G.** good reason; **triftiger G.** good cause; **überzeugender G.** convincing reason; **verfahrenstechnischer G.** procedural reason; **wichtiger G.** good cause; **zwingender G.** compelling reason
Grund|abtretung *f* surrender of land; **G.akte** *f* master file; **G.arbeitszeit** *f* basic working hours; **G.bedarf; G.bedürfnisse** *m/pl* basic needs/requirements; **G.bedingung** *f* fundamental/main condition, main prerequisite; **G.begriff** *m* basic concept
Grundbesitz(ung) *m/f* real estate, realty *[US]*, property; **G. belasten** to encumber an estate; **G. entschulden** to disencumber an estate; **G. parzellieren** to break up an estate; **belasteter G.** encumbered estate; **freier G.** freehold (property); **gepachteter G.** leasehold property; **öffentlicher G.** common land; **unter Zwangsverwaltung stehender G.** requestered estate; **g.end** *adj* land-owning
Grundbesitzer(in) *m/f* landowner, property owner; **abwesender/nicht ortsansässiger G.** absentee landlord
Grundbuch *nt* land (charges) register, register of titles; **im G. eingetragen** registered in the land charges register; **etw. in das G. eintragen** to enter sth. in the land charges register
Grundbuch|abschrift *f* abstract from the land (charges) register, ~ of title; **G.amt** *nt* land registry (office); **G.auszug** *m* abstract of title, ~ from the land (charges) register; **G.berichtigung** *f* rectification of the land (charges) register; **G.bescheinigung** *f* land certificate; **G.blatt** *nt* land (charges) register folio; **G.einsicht** *f* inspection of the land (charges) register; **G.eintragung** *f* entry in the land (charges) register; **G.löschung** *f* cancellation/deletion of an entry in the land (charges) register; **G.ordnung** *f* land charges registration act; **G.recht** *nt* law of real estate, property law; **G.register** *nt* land charges register; **G.registerkosten** *f* land charges register costs; **G.umschreibung** *f* transfer of title in the land (charges) register
Grunddienstbarkeit *f* easement, landed/real servitude; **G. bestellen** to grant an easement

G

Gründe *pl* reasons; **G. für die Aufhebung eines Schiedsspruchs** grounds for overturning an award; **aus datentechnischen G.n** for reasons of data protection; **unter Angabe der G.** stating reasons; **G. vorbringen** to advance reasons; **schwerwiegende G.** grave reasons

Grundeigentum *nt* real estate, realty *[US]*, property; **G. und bewegliche Sachen** land and chattels

Grundeigentümer *m* property owner, landed proprietor, fee owner *[US]*

Grundeigentumsurkunde *f* land certificate

G

gründen *v/t* 1. to establish/form/found/set up; 2. *(jurist. Person)* to incorporate

Gründer *m* 1. founder; 2. *(durch Unterstützung)* promoter; 3. *(jurist. Person)* incorporator

Grunderwerb *m* acquisition of land/property; **G.ssteuer** *f* land purchase tax; **G.ssteuergesetz** *nt* land purchase tax act, land acquisition tax

Grund|freiheit *f* 1. basic freedom; 2. civil liberty; **G.gesetz** *nt* 1. (federal) constitution, Basic Law; **G.kapital** *nt* starting capital; **G.lage** *f* basis; **gesetzliche ~** legal basis; **vertragliche ~** contractual basis; **G.last** *f* land charge, encumbrance; **G.leistung** *f (Vers.)* flat-rate/standard benefit; **G.lohn** *m* basic wage; **g.los** *adj (Behauptung)* unfounded; **G.miete** *f* ground rent; **G.ordnung** *f* constitution; **G.pacht** *f* 1. land lease; 2. ground rent; **G.pächter** *m* leaseholder

Grundpfand *nt* (real estate) mortgage; **G.besteller** *m* mortgagor; **G.brief** *m* mortgage bond; **G.forderung** *f* mortgage claim; **G.gläubiger** *m* mortgagee; **G.recht** *nt* 1. lien on property, 2. mortgage; **G.schuld** *f* mortgage debt; **G.schuldner** *m* mortgagor; **G.sicherheit** *f* mortgage security

Grundprinzip *nt* basic principle

Grundrecht *nt* constitutional right

Grundrechts|katalog *m* list of civil rights; **G.verletzung** *f* violation of civil liberties

Grundrechte *pl* civil rights/liberties

Grundrente *f (Bodenrente)* ground rent

Grundriss *m* ground/floor plan

Grundsatz *m* principle, maxim, tenet; **G. der Gegenseitigkeit** reciprocity principle; **G.entscheidung; G.urteil** *f/nt* leading decision; **G.frage** *f* basic/fundamental question, question of principle

Grundsätze *pl* principles; **billigkeitsrechtliche G.** principles of equity; **moralische G.** ethical principles

grundsätzlich *adj* basic, fundamental

Grundschuld *f* land charge, charge on land, encumbrance, mortgage; **G. bestellen** to take out a mortgage; **G. eintragen (lassen)** to register an encumbrance, ~ a land charge; **G. löschen** to extinguish a land charge; **G.bestellungsurkunde** *f* mortgage deed; **G.brief** *m* land charge certificate; **G.forderung** *f* claim arising from a land charge

Grundsteuer *f* property tax, land tax *[US]*

Grundstück *nt* 1. plot/piece of land; 2. property; **G. des Berechtigten** dominant tenement; **das G. betreffend** touching and concerning the land; **dinglich mit dem G. verbunden** running with the land

Grundstück abschätzen to value land; **G. auflassen** to convey a property; **G. belasten** to encumber a property; **G. freigeben** to disencumber a property; **G. übereignen** to transfer a property; **G.e vereinigen** to join properties

angrenzendes Grundstück adjoining/adjacent property; **befriedetes G.** enclosed property; **belastetes G.** encumbered property; **mit einer Grunddienstbarkeit ~** servient tenement; **hypothekarisch ~ G.** mortgaged property; **dienendes G.** servient tenement; **eigengenutztes G.** owner-occupied property; **eingefriedetes G.** enclosed property; **voll erschlossenes G.** fully developed property; **fremdes G.** property of another; **gemeinschaftliches G.** joint property; **herrenloses G.** property in abeyance; **herrschendes G.** dominant tenement; **landwirtschaftliches G.** agricultural property; **verlassenes G.** vacant possession

Grundstücks|anlieger *m* abutter; **G.auflassung** *f* conveyance (of property), transfer of ownership; **G.belastung** *f* encumbrance (on land/real property *[US]*); **G.besitz** *m* possession of real estate; **G.besitzer** *m* occupier of property; **G.eigentum** *nt* 1. freehold estate; 2. property/land ownership; 3. title to land; **G.eigentümer(in)** *m/f* 1. property/land owner, owner of real estate; **G.eigentumsurkunde** *f* title deed; **G.erwerb** *m* acquisition of property; **G.geschäft** *nt* property transaction; **G.größe** *f* size of the property; **G.kauf** *m* purchase of property; **G.kaufvertrag** *m* contract/agreement for the sale of property; **G.klage** *f* property suit; **G.last** *f* encumbrance; **G.miteigentümer(in)** *m/f* co-owner of real property; **~ nach Bruchteilen** tenant(s) in common; **G.nießbrauch** *m* usufruct of land; **G.nutzung** *f* use of land; **G.pacht** *f* land lease; **G.parzelle** *f* plot/parcel of land; **G.räumungsklage** *f* action for (re)possession; **G.recht** *nt* 1. property law, law of property; 2. land law; **G.rechte** *pl* interest in land; **G.teilung** *f* partition of land; **G.überlassung** *f* surrender of property; **G.übertragung** *f* transfer of property/title; **G.unterlagen** *pl* title deeds; **G.veräußerung** *f* alienation/sale of property; **G.verkehr** *m* property transactions; **G.vermessung** *f* surveying a property; **G.verpfändung** *f* mortgaging of property; **G.wert** *m* property value; **G.zubehör** *nt* fixture(s), appurtenances (to land); **G.zusammenlegung** *f* consolidation of two or more plots of land

Gründung *f* 1. foundation, formation; 2. *(durch Unterstützung)* promotion; 3. *(jurist. Person)* incorporation; **G.sfreiheit** *f* freedom to form a company; **G.skonsortium** *nt* foundation syndicate; **G.sschwindel** *f (Scheingründung)* fictitious foundation (of a company); **G.surkunde** *f* 1. foundation charter; 2. *(Kapitalgesellschaft)* memorandum of association *[GB]*, deed/certificate of incorporation *[US]*; **G.sversammlung** *f* promoters' meeting; **G.svertrag** *m* memorandum of association

Grundvermögen *nt* real estate, realty *[US]*, landed property

Gruppe *f* group; **G.nvergewaltigung** *f* gang rape; **G.nklage** *f* class action

gültig *adj* effective, valid, in force; **allgemein g.** of general validity; **g. ab** effective from; **g. bleiben** to remain in force

Gültigkeit *f* validity, legal force; **rückwirkend G. erlangen** to attain legal force with retroactive effect; **G. verlängern** to extend/renew the validity; **G. verlieren** to expire, to become invalid, to cease to be effective, ~ in force

Gültigkeits|bereich *m* scope (of application); **G.dauer** *f* period of validity; **~ eines Patents** life of a patent; **~ Vertrags** life/term of a contract; **G.erklärung** *f* validation; **G.vermutung** *f* presumption of validity

Gunst *f* 1. favour; 2. benefit; **zu G.en von** in favour of; **~ seinen G.en** in his favour; **im Zweifel ~ jds G.en entscheiden** to give so. the benefit of the doubt

Gut *nt* 1. *(Vermögensgegenstände)* property, assets, effects; 2. *(Landgut)* (agricultural) estate, farm; **eingebrachtes G.** *(Ehe)* dowry; **heimgefallenes G.** escheat; **herrenloses G.** derelict property; **öffentliches G.** public property

Gutachten *nt* expert opinion, expertise; **G. einholen** to seek/request an opinion; **G. erstatten** to furnish an opinion; **ablehnendes G.** adverse opinion; **ärztliches/medizinisches G.** medical opinion; **schiedsrichterliches G**. arbitrament

Gutachter(in) *m/f* 1. expert; 2. *(Wert)* assessor; 3. *(Haus)* surveyor; **G. heranziehen** to consult an expert

Gutdünken *nt* discretion; **nach G.** discretionary; **nach G. des ...** at the discretion of ...

Güte *f* 1. quality, grade; 2. amicableness, kindness; **handelsübliche G. und Beschaffenheit** merchantable quality (and condition); **minderwertige G.** inferior quality; **G.antrag** *m* petition for an amicable settlement

Güter *pl* 1. goods, commodities; 2. assets; **G.abwägung** *f* weighing of (the) pros and cons; **G.austausch** *m* exchange of goods; **G.beförderung** *f* transport(ation) of goods; **G.beförderungsvertrag** *m* contract for the carriage of goods

Gütergemeinschaft *f* community of goods, joint marital property; **eheliche G.** (conjugal/marital) community of interests

Güter|kraftverkehr *m* road haulage; **G.pflegschaft** *f* property curatorship

Güterrecht *nt* property law, law of property; **eheliches/gesetzliches G**. (statutory) law of matrimonial property; **immaterielles G.** intangible property right; **vertragliches G.** matrimonial property regime

Güterrechts|register *nt* matrimonial property register; **G.vereinbarung** *f* matrimonial property agreement; **G.verhältnis** *nt* matrimonial property relation

Güter|schutz *m* protection of goods; **G.-stand** *m* property regime; **ehelicher/gesetzlicher ~** matrimonial property regime; **G.trennung** *f* separation of property
Güte|stelle *f* conciliation board; **G.verfahren** *nt* conciliatory proceedings; **G.-verhandlung** *f* conciliatory hearing
Gutglaubenserwerb *m* acquisition in good faith, bona-fide acquisition
gutgläubig *adj* bona fide *(lat.)*, in good faith, innocent
Guthaben *nt* 1. assets; 2. *(Konto)* credit (balance); **gesperrtes G.** frozen assets
gutheißen *v/t* to approve of, to sanction
gütlich *adj* amicable, out-of-court
gut|machen *v/t* to make good, to indemnify; **g.sagen** *v/t* to stand bail/security
Gutschein *m* voucher, coupon
gutschreiben *v/t* to credit
Gutschrift *f* 1. *(Konto)* credit entry/item; 2. *(Gutschriftanzeige)* credit note
Gutsherr *m* landlord

G

H

Haager Internationaler Gerichtshof Hague Tribunal, International Court of Justice; **H. Konventionen** Hague Conventions; **H. Landkriegsordnung (HLKO)** Hague Land Warfare Convention; **H. Regeln** Hague rules
Haarspalterei *f* hair-splitting
Hab und Gut *nt* goods and chattels, (personal) belongings
Habe *f* property, belongings, possessions, effects; **bewegliche/fahrende H.** movables, chattels; **persönliche H.** personal effects; **keine pfändbare H.** nulla bona *(lat.)*; **unbewegliche H.** real estate, realty *[US]*
Habeaskorpusakte *f* Habeas Corpus Act *[GB]*
Haben *nt* 1. *(Konto)* credit; 2. *(Bilanz)* assets; **H.anzeige** *f* credit advice; **H.buchung** *f* credit entry; **H.zins** *m* credit interest
Habgier *f* greed, covetousness, cupidity
Habseligkeiten *pl* personal belongings
Hader *m* quarrel
Hafen *m* port, harbour; **H.abgaben** *pl* port charges, harbour dues; **H.amt** *nt* port authority; **H.konnossement** *nt* port bill of lading
Haft *f* detention, imprisonment, arrest, custody, confinement; **in H.** under arrest, in custody; **H. anordnen** to remand so. in custody; **H. antreten** to begin to serve a prison sentence; **jdn aus der H. entlassen** to release so. from prison; **in H. nehmen** to take so. into custody; **in die H. zurückgesandt werden** to be remanded in custody
Haft|anordnung *f* committal/arrest warrant, remand order; **verlängerte H.anordnung** detainer; **H.anstalt** *f* detention centre, prison; **H.antrag** *f* application for custody; **~ stellen** to apply for custody; **H.aufhebung** *f* release from custody; **H.aufschub** *m* postponement of a prison sentence, stay of imprisonment; **H.aussetzung** *f* parole, suspended prison sentence
haftbar *adj* liable; **beschränkt h. sein** to have limited liability; **einzeln h.** severally liable; **gemeinsam h.** jointly liable; **gesamtschuldnerisch/gesamtverbindlich h.** jointly and severally liable; **jdn h. machen** to hold so. liable; **für etwas h. sein** to be liable for sth.; **persönlich h. sein** to be personally liable; **primär h.** liable in the first degree; **solidarisch h.** jointly and severally liable; **strafrechtlich h.** criminally liable; **subsidiär h.** liable in the second degree; **unmittelbar h.** directly liable
Haftbarkeit *f* liability
Haftbefehl *m* arrest warrant, justice's/bench/detention warrant, order/warrant of arrest, warrant to arrest so., bench warrant; **H. für Person, die eine Geldstrafe nicht bezahlt hat** commitment warrant
Haftbefehl ausfertigen/erlassen to issue an arrest warrant; **jdn mit H. suchen** to have a warrant out for so.'s arrest; **H. vollstrecken** to execute an arrest warrant; **gültiger H.** valid warrant; **unerledigter H.** unexecuted warrant; **H.santrag** *m* application for a warrant of arrest
Haftbeschwerde *f* complaint against an order for arrest, complaint of wrongful arrest, appeal against remand in custody, writ of habeas corpus *(lat.)*
Haftdauer *f* 1. term of imprisonment; 2. time of detention

haften *v/i* to be liable (for), to incur a liability; **bedingt h.** to be contingently liable; **einzeln h.** to be severally liable; **persönlich h.** to be personally liable; **solidarisch h.** to be jointly and severally liable; **selbstschuldnerisch h.** to be liable as principal debtor; **unbeschränkt h.** to be fully liable

haftend *adj* liable, answerable

Haftende(r) *f/m* liable party/person, obligor; **beschränkt H.** *(KG)* limited partner; **persönlich H.** personally liable person; **selbstschuldnerisch H.** directly suable debtor; **unbeschränkt H.** *(KG)* general partner

Haftentlassung *f* discharge from prison, release from custody; **H. gegen Sicherheitsleistung** release on bail; **H.sbeschluss** *m* order for release from custody

Haftentschädigung *f* compensation for wrongful imprisonment

haftfähig *adj* fit for a custodial sentence

Haft|fähigkeit *f* fitness for a custodial sentence; **H.fortdauer** *f* extended remand, remand in custody; **H.freistellung** *f* indemnity; **H.grund** *m* reason/ground(s) for so.'s arrest; **H.kaution** *f* bail

Häftling *m* 1. detainee, prisoner; 2. prison inmate; **H. auf der Anklagebank** prisoner at the bar; **H.sverlegung** *f* transfer of prisoners

Haftpflicht *f* (legal) liability; **H. des Arbeitgebers** employer's liability; **~ Besitzers eines Grundstücks** occupier's liability; **H. für Fahrlässigkeit** liability in tort for negligence; **H. des Frachtführers** carrier's liability; **~ Herstellers** manufacturer's liability; **~ Verursachers** civil liability of the polluter

jdn von einer Haftpflicht befreien to discharge so. of a liability; **sich gegen eine H. versichern** to insure os. against third-party risks

allgemeine Haftpflicht public/general liability; **beiderseitige H.** cross liability; **beschränkte H.** limited liability; **gesetzliche H.** statutory/public liability; **mittelbare H.** secondary liability; **solidarische H.** joint and several liability; **unbeschränkte H.** unlimited liability; **vertragliche H.** contractual liability; **wechselseitige H.** cross liability

Haftpflicht|anerkenntnis *f* liability bond; **H.anspruch** *m* liability claim; **H.anteil** *m* proportion of liability; **H.ausschluss** *m* non-liability; **H.gesetz** *nt* Public Liability Act *[GB]*

haftpfichtig *adj* to be liable/accountable (for); **jdn h. machen** to hold so. liable; **H.e(r)** *f/m* liable party/person

Haftpflicht|klage *f* third-party complaint; **H.mindestgrenze** *f* minimum liability; **H.police** *f* third-party policy; **H.prozess** *m* liability case; **H.risiko** *nt* third-party risk; **H.umfang** *m* liability cover(age); **H.verbindlichkeiten** *pl* liabilities for third-party risks; **H.versicherer** *m* liability/third-party insurer

haftpflichtversichert *adj* covered by liability insurance, insured against third-party risks

Haftpflichtversicherung *f* 1. (personal) liability insurance; 2. third-party insurance; **H. für Anwälte** legal malpractice insurance; **H. der freien Berufe** malpractice insurance, professional liability insurance; **H. mit Vollkaskoversicherung** fully comprehensive insurance

allgemeine Haftpflichtversicherung general/public liability insurance; **gesetzliche H.** statutory third-party insurance; **öffentlich-rechtliche H.** public liability insurance

Haftprüfung *f* writ of habeas corpus *(lat.)*, judicial review of remand (in custody), ~ an arrest

Haftprüfungs|gericht *nt* remand court; **H.termin** *m* date of review of the remand order; **H.verfahren** *nt* habeas corpus *(lat.)* proceedings, remand proceedings, review of a pretrial order for committal to custody; **im ~ vorgeführt werden** to appear on remand

Haft|raum *m* (detention/prison) cell; **H.recht** *nt* law of arrest; **H.richter(in)** *m/f* committing magistrate; **H.sache** *f* arrest case; **H.strafe** *f* custodial sentence; **~ verbüßen** to serve a custodial sentence; **H.summe** *f* guaranteed amount; **h.unfähig** *adj* unfit for a custodial sentence; **H.unfähigkeit; H.untauglichkeit** *f* unfitness to be kept in prison on health grounds, ~ serve a prison sentence

Haftung *f* 1. *(ZR)* liability, accountability; 2. *(StR)* responsibility; **H. einer Aktiengesellschaft** corporate liability; **H. des Arbeitgebers** employer's liability; **H. für Arbeitsunfälle** liability for industrial accidents; **H. des Besitzers** occupier's liability; **~ redlichen Besitzers** liability of the bona fide *(lat.)* holder; **H. für Dritte** vicarious liability; **H. gegenüber Dritten** third-party liability; **H. der Eltern** parental liability; **H. des Erben** heir's liability; **H. für den Erfüllungsgehilfen** vicarious liability; **~ Fahrlässigkeit des Erfüllungsgehilfen** sole actor doctrine; **H. des Gastwirtes** publican's liability; **H. für vertragsgemäßen Gebrauch** warranty of fitness for contractual use; **~ den Gehilfen** vicarious liability; **H. der Gesellschafter** partners' liability; **H. des Grundstückseigentümers** occupier's liability; **H. des Herstellers** manufacturer's liability; **beschränkte ~ Käufers** seller's limited liability; **H. für Mängel** liability for defects; **H. bei Mitverschulden** liability for contributory negligence; **H. des Nießbrauchers** usufructuary's liability; **H. gegenüber der Öffentlichkeit** public liability; **H. des Prüfers** auditor's liability; **H. bei Personen- und Sachschaden** liability for personal injury and property damage; **H. für Rechtsmängel** liability for defects in law; **~ Sachmängel** liability for defects in rem *(lat.)*; **~ Schaden** liability for loss; **~ Schaden(s)ersatz** liability for damages; **H. des Schenkers** donor's liability; **~ Spediteurs** carrier's liability; **~ Verkäufers** seller's liability; **H. für Verkehrssicherheit** occupier's liability; **~ den Verrichtungsgehilfen** vicarious liability, respondeat superior *(lat.)*; **H. bei Verschulden** liability for culpable negligence; **H. ohne Verschulden** strict liability; **H. für eigenes Verschulden** liability for own fault; **~ fremdes Verschulden** vicarious liability; **H. aus dem Vertrag** contractual liability; **H. des Vormundes** guardian's liability, **~ Wiederverkäufers** reseller's liability; **H. für Zahlungsfähigkeit** liability for insolvency

Haftung ablehnen 1. to deny responsibility; 2. to disclaim/repudiate liability; **H. ausschließen** to exclude liability; **von der H. befreien** to exempt from liability; **H. beschränken** to limit liability; **H. erlassen** to disclaim liability; **H. erweitern** to extend liability; **H. nachweisen** to establish liability; **H. setzt ein Verschulden voraus** liability is based on fault; **H. übernehmen** to accept/assume liability; **H. gemeinsam übernehmen** to assume a liability jointly

arbeitsrechtliche Haftung industrial liability; **außervertragliche H.** non-contractual liability; **beschränkte H.** limited liability; **deliktische H.** liability in tort, tortious liability; **dingliche H.** liability in rem *(lat.)*; **erweiterte H.** extended liability; **gesamtschuldnerische H.** joint and several liability; **gesetzliche H.** statutory/public liability; **persönliche H.** personal liability; **solidarische H.** joint and several liability; **stellvertretende H.** vicarious liability; **strafrechtliche H.** criminal responsibility; **strenge H.** strict liability; **subsidiäre H.** liability in the second degree; **unbedingte H.** strict lability; **unbeschränkte H.** unlimited liability; **verschuldensunabhängige H.** liability without fault, strict liability; **vertragliche H.** contractual liability; **vorvertragliche H.** pre-contractual liability; **weitergehende H.** extended liability; **zivilrechtliche H.** civil liability

Haftungs|sabgrenzung *f* demarcation of liability; **H.ablehnung** *f* denial of liability; **H.ablehnungserklärung** *f* disclaimer of liability; **H.anspruch** *m* liability claim; **H.ansprüche Dritter** *pl* third-party liability claims; **H.anteil** *m* share in the liability; **H.ausschließungsklausel** *f* disclaimer clause

Haftungsausschluss *m* disclaimer/exclusion of liability, exemption from liability; **~ für leicht verderbliche Waren** memorandum clause; **H.klausel** *f* disclaimer clause, non-liability clause

Haftungs|befreiung *f* exemption from liability; **H.begrenzung** *f* limitation of liability; **H.begrenzungsklausel** *f* clause restricting liability; **H.bescheid** *m* notice of liability; **H.beschränkung** *f* limitation of liability; **H.beschränkungsklausel** *f* exemption clause; **H.bestimmungen** *f* liability provisions; **H.dauer** *f* indemnity period; **H.durchgriff** *m* 1. enforcement of liability; 2. *(Kapitalgesellschaft)* piercing the corporate veil *[US]*; **H.erweiterung** *f* extension of liability; **H.fähigkeit** *f* liability; **H.folge** *f* ranking of liabilities; **H.freiheit** *f* exemption from liability; **H.freistellung** *f* indemnity (against liability), exemption from liability; **H.freistellungsklausel** *f* indemnity clause;

H.freizeichnung *f* contracting out of liability; **H.freizeichnungsklausel** *f* warranty disclaimer, non-liability clause; **H.frist** *f* liability period; **H.grenze** *f* limitation of liability; **H.grundsätze** *pl* principles of liability; **H.höchstbetrag** *m*; **H.höchstgrenze** *f* maximum liability; **H.kapital** *nt* equity capital; **H.klage** *f* liability action; **H.klausel** *f* liability clause; **H.minderung** *f* reduction of liability; **H.obergrenze** *f* aggregate limit of liability; **H.obligo** *nt* commitment under a liability; **H.ordnung** *f* liability ranking; **H.pflicht** *f* statutory liability; **H.privileg** *nt* liability privilege; **H.quote** *f* liable quota; **H.recht** *nt* law of liability; **H.risiko** *nt* liability, third-party risk; **H.schaden** *m* liability loss; **H.schuldner(in)** *m/f* indemnitor, person held liable; **H.summe** *f* 1. amount guaranteed; 2. *(Vers.)* liability cover(age); **H.system** *nt* liability system; **H.träger(in)** *m/f* liable party; **H.übergang** *f* transfer of liability; **H.übernahme** *f* assumption of liability; **H.übernahmevertrag** *m* assumption of liability agreement; **H.umfang** *m* extent of liability; **H.verbindlichkeiten** *pl* (contingent) liabilities; **wechselseitiges H.verhältnis** cross liability; **H.verzicht** *m* waiver of liability; **H.zeitraum** *m* liability period

Haft|urlaub *m* parole; **H.verkürzung** *f* reduced sentence; **H.verschonung** *f* conditional discharge, exemption from imprisonment, refraining from enforcement of arrest; **~ gegen Sicherheitsleistung** granting (of) bail; **H.vollzug** *m* execution of a prison sentence; **H.voraussetzung** *f* grounds for arrest; **H.zeit** *f* 1. term of imprisonment, 2. time of detention

halb *adj* half; **h.amtlich** *adj* semi-official; **H.bruder** *m* half-brother; **H.schwester** *f* half-sister; **H.erzeugnisse** *pl* semi-finished goods, semi-manufactured goods; **H.geschwister** *pl* half-brothers and sisters; **H.tagskraft** *f* part-time worker, part-timer

Halde *f* dump, stockpile; **auf H. nehmen** to stockpile

Hälfte *f* half

haltbar *adj* 1. tenable; 2. durable, hard-wearing, lasting, non-perishable

Haltbarkeit *f* 1. *(Lagerfähigkeit)* shelf life; 2. *(Lebensdauer)* durability

Halten *nt* 1. stopping; 2. *(Tiere)* keeping

halten *v/t* to hold/keep; **h. für** to deem; **für angemessen h.** to deem fit and proper; **~ tunlich h.** to think fit

sich halten an *v/refl* to adhere to, to abide by; **~ an jdn h.** *(Schadenersatz)* to have recourse to so.

Halter(in) *m/f* holder, registered user/owner, owner; **H. eines Kfz** registered vehicle owner; **H.haftung** *f* liability of the (registered) owner/user

Halteverbot *nt* no stopping; **absolutes H.** no-stopping zone; **eingeschränktes H.** no-waiting zone

Haltung *f* 1. *(Benehmen)* behaviour; 2. *(Einstellung)* attitude; **abwartende H.** policy of wait and see; **feindliche H.** hostile attitude; **unnachgiebige H.** unyielding attitude

Hand *f* hand; **an H. von** on the basis of; **aus erster H.** (at) first hand; **~ zweiter H.** (at) second hand; **unter der H.** privately, unofficially, secretly; **~ verkaufen** to sell privately, ~ by private treaty; **zu Händen von** attention of (attn.), care of (c/o); **zur gesamten H.** jointly (and severally)

in jds Hände fallen to fall into so.'s hands

freie Hand haben to have a free hand; **in andere Hände übergeben** to change hands; **jdm freie H. lassen** to leave it to so.'s discretion; **öffentliche H.** state, public sector, central government, local government; **in öffentlicher H.** in public ownership; **tote H.** dead hand, mortmain; **in andere Hände übergehen** to change hands

Hand|akte *f* reference file; **H.buch** *nt* manual, handbook

Handel *m* trade, commerce; **illegaler H. mit illegalen Einwanderern** illegal trade in immigrants

in den Handel kommen to be put on the market, to come on the market; **H. rückgängig machen** to call off a bargain, to rescind a contract; **H. treiben** to trade

ambulanter Handel itinerant trade; **amtlicher H.** official trading; **erlaubter H.** lawful trade; **lauterer H.** fair trading; **rechtswidriger H.** illicit trade; **unerlaubter H.** unlawful trade

handelbar *adj* negotiable, marketable; **H.keit** *f* negotiability

Handeln *nt* action, acting; **H. auf Befehl** acting under orders; **~ eigene Gefahr** acting at one's own risk; **H. für einen anderen** acting for another (party)

H

fahrlässiges Handeln acting negligently; **grob fahrlässiges H.** gross negligence; **gemeinsames H.** common/concerted/joint action; **gutgläubiges H.** acting in good faith; **rechtswidriges H.** acting unlawfully; **vorausschauendes H.** acting with foresight

handeln *v/i* 1. to act; 2. to trade; **rechtswidrig h.** to act unlawfully; **vorsätzlich h.** to act wilfully

Handelsabkommen *nt* trade agreement; **H. abschließen** to conclude a trade agreement

Handels|agent *m* commercial agent; **H.berechtigung** *f* licence to trade; **H.beschränkungen** *pl* 1. trade restrictions; 2. *(Wettbewerbsbeschränkungen)* restraint of trade; **H.betrieb** *m* trading firm/company; **H.bezeichnung** *f* trade name; **H.brauch** *m* commercial/trade/mercantile custom, trade usage; **H.bücher** *pl* books of account; **h.einig** *adj* in agreement; **H.erlaubnis** *f* trading licence; **H.firma** *f* trading firm; **H.frau** *f* businesswoman, female sole trader; **H.freiheit** *f* freedom of trade; **H.gebrauch; H.gepflogenheit** *m/f* ↘ **Handelsbrauch**; **H.genossenschaft** *f* trading cooperative

Handels|gericht *nt* commercial court; **H.gerichtsbarkeit** *f* commercial jurisdiction; **H.geschäft** *nt* 1. commercial transaction; 2. trading enterprise; **H.gesellschaft** *f* trading company; **offene H.gesellschaft (OHG)** general partnership; **H.gesetzbuch** *nt* commercial code, code of commercial law, Uniform Commercial Code (UCC) *[US]*; **H.gewerbe** *nt* trade; **~ betreiben** to trade; **H.gewinn** *m* trading profit; **H.innung** *f* corporation of traders; **H.kammer** *f* chamber of commerce; **H.kauf** *m* commercial sale; **H.konzession** *f* trading licence, licence to trade; **H.makler(in)** *m/f* broker; **H.marine** merchant navy; **H.marke** *f* trademark, brand; **H.name** *m* trade name; **H.papier** *nt* negotiable instrument; **H.praktiken** *pl* trade practices; **H.rechnung** *f* commercial invoice; **H.recht** *nt* commercial/mercantile/trading law, law merchant, lex mercatoria *(lat.)*; **H.register** *nt* commercial/companies register, Registrar of Companies *[GB]*; **ins ~ eintragen** to register/incorporate; **H.richter** *m* commercial judge; **H.sache** *f* commercial case; **H.schiffsfahrtsgesetz** *nt* Merchant Shipping Act *[GB]*; **H.schuld** *f* commercial debt; **H.sitte** *f* commercial/trade/mercantile custom, trade usage; **H.spanne** *f* margin of profit; **h.üblich** *adj* customary (in the trade), usual in commercial practice, in accordance with trade usage; **H.unternehmen** *nt* trading enterprise; **H.verkehr** *m* trade, commerce; **H.vertrag** *m* commercial treaty; **H.vertreter(in)** *m/f* commercial representative/agent; **H.vertretervertrag** *m* agency contract; **H.vollmacht** *f* commercial power; **H.vorschriften** *pl* commercial regulations; **H.ware** *f* merchandise; **H.wechsel** *m* trade acceptance; **H.wert** *m* commercial/trade value

handeltreibend *adj* trading

Hand|fesseln *pl* manacles; **H.feuerwaffe** *f* handgun; **H.geld** *nt* earnest money; **h.geschrieben** *adj* hand-written

handgreiflich *adj* violent; **h. werden** to become violent; **H.keit** *f* scuffle, violence

Handhabe *f* tangible/hard-and-fast evidence

handhaben *v/t* 1. to handle; 2. to manage/operate

Handhabung *f* handling, administration, manipulation, management; **H. der Rechtsprechung** administration of justice; **unsachgemäße H.** improper handling/application/use

Handlanger *m* 1. helper, assistant; 2. *(Hilfsarbeiter)* handyman, labourer

Händler(in) *m/f* trader, dealer; **H.haftung** *f* trader's/seller's liability; **H.vertrag** *m* dealership contract

Handlung *f* act, action, deed, transaction; **H. begehen/vornehmen** to commit an act; **sich einer H. enthalten; H. unterlassen** to refrain from committing an act

betrügerische Handlung fraudulent act; **böswillige H.** malicious act; **einseitige H.** unilateral act; **fahrlässige H.** negligent act; **feindliche H.** hostile act; **gerichtliche H.** judicial act; **konkludente H.** implied act; **kriegerische H.** act of war; **mutwillige H.** wilful act; **offenkundige H.** overt act; **rechtsgestaltende H.** operative act; **rechtswidrige H.** unlawful act; **richterliche H.** judicial act; **schädigende H.** injurious/damaging act; **schuldhafte H.** culpable act; **sexuelle H.** sexual act; **strafbare H**. criminal offence, punishable act; **unerlaubte H.** tort, tortious act;

unzüchtige H. act of indecency; **öffentliche ~** *[A]* act of public indecency; **verbotene H.** forbidden act; **vorsätzliche H.** wilful act; **widerrechtliche H.** unlawful act; **willkürliche H.** arbitrary act

Handlungen *pl* acts; **H. und Unterlassungen** acts and omissions/forbearances; **H. vornehmen** to perform acts; **grob anstößige und belästigende H.** acts of gross indecency; **exhibitionistische H.** exhibitionist acts; **unzüchtige H.** illicit sexual acts, obscene acts

Handlungs|bevollmächtigte(r) *f/m* authorized agent; **H.ermessen** *nt* discretion (to act); **h.fähig** *adj* capable of acting; **H.-fähigkeit** *f* capacity to act; **H.freiheit** *f* freedom of action; **volle ~ haben** to have full discretion (to act); **H.gehilfe** *m* 1. commercial assistant, 2. agent; **H.haftung** *f* strict liability for acts endangering public safety; **H.lehre** *f* doctrine of criminal responsibility; **H.pflicht** *f* duty to act; **h.unfähig** *adj* incapable of acting; **H.unfähigkeit** *f* incapacity to act; **H.vollmacht** *f* power to act, power of attorney, proxy; **H.weise** *f* conduct; **rechtswidrige ~** unlawful conduct

Handschellen *pl* handcuffs; **jdm H. anlegen** to handcuff so.; **mit H. gefesselt** handcuffed

Hand|schein *m* promissory note (P/N); **H.schenkung** *f* donation by manual delivery, spontaneous manual gift; **H.schlag** *m* handshake; **H.schreiben** *nt* handwritten letter; **H.schrift** *f* handwriting; **h.schriftlich** *adj* handwritten; **H.schuhehe** *f* proxy marriage; **H.taschenraub** *m* handbag snatching; **H.verkauf** *m* executed sale; **H.-waffe** *f* handgun

Handwerk *nt* (handi)craft, trade; **H. betreiben** to ply a trade; **H.er** *m* craftsman

Handwerks|betrieb *m* handicraft business; **H.innung** *f* craft guild; **H.kammer** *f* chamber of handicrafts; **H.ordnung** *f* handicrafts code; **H.rolle** *f* register of craftsmen

Handzeichen *nt* 1. *(Abstimmung)* show of hands; 2. *(Verkehr)* hand signal

Hang *m* disposition, propensity; **H.täter** *m* habitual criminal

harmonisieren *v/t* to harmonize

Harmonisierung *f* harmonization; **H. der Steuern** fiscal harmonization

hart *adj* *(Strafe)* stiff, harsh

Härte *f* hardship, severity; **H. mildern** to mitigate a hardship; **besondere H.** exceptional/special hardship; **soziale H.** social hardship; **unbillige/ungebührliche H.** undue hardship; **unzumutbare H.** unreasonable hardship; **~ darstellen** to constitute unreasonable hardship

Härte|ausgleich; H.beihilfe *m/f* hardship allowance, financial equalization in case of hardship; **H.fall** *m* hardship case; **H.-fonds** *m* hardship fund/relief; **H.klausel** *f* hardship clause; **H.regelung** *f* settlement of hardship cases; **H.zulage** *f* hardship allowance

Hass *m* hatred, hate; **tief verwurzelter H.** ingrained hate; **rassistische H.post** racist hate mail; **H.verbrechen** *nt* hate crime

Häufung von Vergehen *f* plurality of offences

Haupt *nt* head; **H.agentur** *f* general agency; **h.amtlich** *adj* full-time; **H.anklagepunkt** *m* main charge; **H.anliegen** *nt* main concern; **H.anmeldung** *f (Patentrecht)* main/parent application; **H.anspruch** *m* main claim; **H.auftragnehmer** *m* general contractor; **H.belastungszeuge** *m* principal witness for the prosecution; **H.beruf** *m* regular profession; **h.beruflich** *adj (Richter)* stipendiary; **H.beschäftigung** *f* chief occupation; **H.buch** *nt* ledger; **H.erbe** *m* principal heir; **H.forderung** *f* main/principal claim; **H.geschäftsführer(in)** *m/f* chief executive (officer) (CEO), general manager; **H.gesellschafter(in)** *m/f* chief partner; **H.gläubiger(in)** *m/f* chief creditor; **H.inhalt** *m* gist; **H.kläger(in)** *m/f* chief plaintiff; **H.kommissar** *m (Polizei)* chief inspector/superintendent; **H.last tragen** *f* to bear the brunt; **H.mangel** *m* chief defect; **H.mietvertrag** *m* master rental agreement; H**.nahrungsmittel** *nt* staple food; **H.patent** *nt* original patent; **H.pflicht** *f* primary obligation; **H.prozess** *m* main trial; **H.prüfer** *f (Patentrecht)* chief examiner; **H.punkt** *m* head; **H.-punkte eines Vertrages** heads of (an) agreement; **H.recht** *nt* prevailing right

Hauptsache *f* main issue, cause of action; **in der H. entscheiden** to decide on the merits of a case; **zur H. verhandeln** to try a case on its merits

Haupt|klage *f* main hearing; **H.schöffe** *m* jury foreman; **H.schuld** *f* primary obligation; **H.schule** *f* secondary modern

H

school; **H.schuldner(in)** *m/f* principal debtor; **H.sitz** *m* head office, headquarters; **~ des Verkäufers** seller's head office

Haupttäter(in) *m* principal offender/culprit, principal (in the first degree), ring leader; **H.- und Mittäter** principal and his accomplice(s)

Haupt|unternehmer *m* general contractor; **H.ursache** *f* main cause; **H.veranlagung** *f* *(Steuer)* general assessment; **H.verantwortung** *f* chief responsibility; **H.verdächtige(r)** *m/f* prime suspect; **H.verfahren** *nt* 1. principal hearing; 2. *(Strafprozess)* main trial/proceedings; **H.verhandlung** *f* main hearing, trial

Hauptversammlung *f* (annual) general meeting (AGM); **H.sbeschluss** *m* resolution of the annual general meeting

H

Haupt|vertrag *m* original contract; **H.verwaltung** *f* headquarters, head office; **H.-wache** *f* main police station; **H.wohnsitz** *m* main domicile, ~ place of residence; **H.-zeuge** *m* key witness; **H.zweck** *m* primary purpose

Haus *nt* 1. house. 2. *(Gebäude)* building, 3. *(mit Nebengebäuden)* premises; **bewohntes H.** occupied house; **frei stehendes H.** detached house; **leer stehendes H.** vacant house

Haus durchsuchen to search a house

Haus|anbau *m* extension; **H.anwalt** *m* company lawyer; **H.apparat** *m* *(Telefon)* extension; **H.arbeit** *f* household work; **H.arrest** *m* 1.house arrest; 2. *(Kinder)* grounding; **~ haben** to be under house arrest; **H.arzt** *m* family doctor

Hausbesetz|er *m* squatter; **H.erszene** *f* squatting fraternity *(coll)*; **H.ung** *f* squatting

Hausbesitz|brief *m* title deed(s); **H.er(in)** *m/f* home-owner, occupier of a house; **H.erhaftpflicht** *f* occupier's liability

Haus|bewohner(in) *m/f* 1. occupant of a house; 2. *(Mieter)* tenant; **H.detektiv(in)** *m/f* store detective; **H.diebstahl** *m* burglary, stealing from premises; **H.durchsuchung** *f* search of a house, house search; **H.durchsuchungsbefehl** *m* search warrant; **H.eigentum** *nt* home ownership

Häusermakler(in) *m/f* estate agent *[GB]*, real estate agent *[US]*, realtor *[US]*

Haus|erwerb *m* house purchase; **H.frau** *f* housewife

Hausfrieden *m* domestic peace; **H. stören** to disturb the domestic peace; **H.sbruch** *m* unlawful entry, trespass(ing)

Haus|gebrauch *m* domestic use; **H.gemeinschaft** *f* occupants of a house, community of residents, household; **H.genosse** *m* fellow-tenant

Haushalt *m* 1. household; 2. budget; **H. genehmigen** to approve the budget; **getrennten H. führen** to maintain separate households; **abgesonderter/getrennter H.** separate household/housekeeping

Haushalts|angehörige(r) *f/m* member of the household; **H.befugnisse** *pl* budgetary powers; **H.besteuerung** *f* taxation of households; **H.bewilligung** *f* budget appropriation; **H.einkommen** *nt* household income; **H.führung** *f* housekeeping; **doppelte ~** running two households, double household; **H.gegenstand** *m* household item; **H.gegenstände** *pl* household effects, household articles; **H.-geräte** *pl* domestic appliances; **H.gesetz** *nt* Finance Act *[GB]*; **H.kosten** *pl* household costs; **H.mittel** *pl* budget funds, appropriations; **~ bewilligen** to grant appropriations; **H.plan** *m* budget; **H.recht** *nt* budget law; **H.trennung** *f* separation of households; **H.versicherung** *f* domestic/household insurance; **H.vorstand** *m* head of the household; **H.zugehörigkeit** *f* membership of a household

hausieren *v/i* to hawk/peddle; **H.** *nt* peddling; **H. verboten!** no hawkers!

Hausierer(in) *m/f* peddler *[GB]*, pedlar *[US]*, hawker, doorstep salesman/saleswoman

Hausierschein *m* peddler's licence *[GB]*, pedlar's license *[US]*

Hausjurist *m* in-house lawyer, company lawyer/secretary

häuslich *adj* domestic

Hausmüll *m* domestic/residential waste

Hausordnung *f* rules of the house, house rules

Hausrat *m* household effects, home/household contents; **H.versicherung** *f* home/household contents insurance *[GB]*, home owner's insurance *[US]*

Haus|recht *nt* domiciliary rights, domestic authority; **~ verletzen** to trespass; **H.-stand** *m* household; **H.strafe** *f* internal penalty; **H.streit** *m* domestic brawl/dispute/disturbance; **H.türgeschäft** *nt* doorstep sale; **H.türwiderruf** *m* cancel-

lation of a doorstep sale; **H.verbot** *nt* ban on entering a house; **H.verwalter** *m* caretaker, property manager; **H.verwaltung** *f* property management, management of a tenement; **H.wand beschmieren** *f* to daub the wall of a house; **H.wirt** *m* landlord; **H.wirtin** *f* landlady
Haut *f* skin; **H.abschürfung** *f* graze; **H.farbe** *f* skin colour; **H.kontakt** *m* physical contact
Havarie *f* average, loss at sea; **frei von H.** free from average; **große H.** general average; **kleine H.** particular average
Havarie|agent *m* average adjuster; **H.attest** *nt* certificate of average; **H.bestimmungen** *pl* rules for average; **H.gutachten** *nt* damage survey; **H.klausel** *f* average clause; **H.regelung** *f* average adjustment; **H.sachverständiger** *m* average adjuster; **H.schadensaufstellung** *f* statement of average
havariert *adj* sea-damaged
Havariezertifikat *nt* certificate of average
Hebe|gebühr *f* collection fee; **H.recht** *nt* right to levy tax(es); **H.satz** *m* collection rate
Heckenschütze *m* sniper *(pej.)*
Hehler(in) *m/f* 1. receiver/handler of stolen goods, fence *(pej.)*; 2. *(Personenhehlerei)* accessory after the fact; **der H. ist schlimmer als der Stehler** *(prov.)* the fence is worse than the thief *(prov.)*
Hehlerei *f* handling/receiving (of) stolen goods; **gewerbsmäßige H.** receiving of stolen goods for gain
Hehlerware *f* stolen goods
heil *adj* whole, intact, uninjured
Heilbehandlung *f* medical/therapeutic treatment
heilen *v/t* to cure/remedy
Heilfürsorge *f* medical care; **H.verfahren** *nt* medical/therapeutic treatment
Heilung *f* cure; **H. von Formfehlern; H. des Formmangels** curing of formal defects; **H. der Nichtigkeit** curing (of) nullity; **H. fehlerhafter Rechtsgeschäfte** rectification of faulty transactions; **H. von Rechtsmängeln** curing of defects of title
Heim *nt* home, institution, hostel
Heimarbeit *f* teleworking; **H.er(in)** *m/f* teleworker, outworker; **H.sschutz** *m* protection of homeworkers
heimatlos *adj* homeless, expatriate
Heimat|recht *nt* right of domicile; **H.-schein** *m* certificate of nationality; **H.-staat** *m* state of origin, native country; **H.vertriebene** *pl* displaced persons
Heimbewohner(in) *m/f* resident (in a home)
Heimfall *m* escheat, reversion, devolution; **H. durch Erbschaft** devolution; **H. an den Staat** escheat
heimfallen *v/i* to revert
Heimfalls|anspruch reversionary claim; **H.klage** *f* writ of escheat; **H.klausel** *f* reversion clause; **H.recht** *nt* right of reversion/escheat, reversionary right
Heim|fürsorge *f* residential care; **H.gegangene(r)** *f/m* the deceased; **H.kinder** *pl* children in care
heimlich *adj* 1. secret, hidden, surreptitious, covert, clandestine; 2. *(unerlaubt)* collusive; **H.keit** *f* secrecy, stealth
Heimschaffung *f* repatriation
Heimtück|e *f* malice, perfidy; **h.isch** *adj* malicious, perfidious, insidious
Heirat *f* marriage; **h.en** *v/t* to marry
Heirats|abfindung *f* marriage settlement; **H.alter** *nt* 1. *(zulässiges Alter)* marriageable age; 2. age at marriage; **H.antrag** *m* proposal, offer of marriage; **H.erlaubnis** *f* marriage licence, licence/permission to marry; **h.fähig** *adj (Frau)* nubile; **H.fähigkeit** *f* marriageable age; **H.gut** *nt (Frau)* dowry, (marriage) portion; **H.-mindestalter** *nt* minimum age for marriage; **H.register** *nt* register of marriages, **H.schein** *m* marriage certificate; **H.-schwindler** *m* marriage impostor; **H.urkunde** *f* marriage certificate, certificate of marriage; **H.vermittler(in)** *m/f* marriage broker; **H.vermittlung** *f* marriage brokerage; **H.vertrag** *m* marriage contract; **H.zuschuss** *m* marriage allowance
heißen *v/ti* 1. to be called; 2. to call; 3. to order
helfen *vIi* to help/assist,/aid (and abet)
Helfer(in) *m/f* assistant, helper
Helfershelfer(in) *m/f* 1. accessory, aider and abettor, accessory before the fact; 2. accessory after the fact, accomplice
hemmen *v/t* 1. *(behindern)* to hinder/obstruct/impede/inhibit; 2. *(zeitweilig)* to suspend; 3. *(Prozess)* to estop
Hemmnis *f* impediment, hindrance
Hemmschwelle *f* inhibition level
Hemmung *f* 1. inhibition, restraint; 2. *(Be-*

denken) scruple; **H. der Ersitzung** suspension of the period of prescription; **H. des Laufes einer Frist** suspension of the running of time; **H. der Verjährung** suspension of the statute of limitation; **H.s-gründe** *pl (Verjährung)* impediments
hemmungslos *adj (skrupellos)* unscrupulous
Henker *m* hangman, executioner; **H.s-mahlzeit** *f* last meal
herablassend *adj* condescending, patronizing
herabsetzen *v/t* 1. to reduce/decrease; 2. *(Strafe)* to commute/decrease; 3. *(verächtlich machen)* to disparage/detract
Herabsetzung *f* 1. reduction, abatement; 2. commutation; 3. *(Verunglimpfung)* disparagement, defamation, smear *(coll)*; **H. des Kaufpreises** reduction of the purchase price; **H. von Mitbewerbern** disparagement of competitors; **H. des Schaden(s)ersatzes** reduction of damages; **H. der Strafe** reduction/commutation of the sentence; **~ Ware eines Konkurrenten** slander of goods
herabstufen *v/t* to demote/downgrade
Heranwachsende(r) *f/m* adolescent
heranzieh|en *v/t* to enlist; **H.ung** *f* enlistment
herausfordern *v/t (provozieren)* to provoke
Herausgabe *f* 1. *(Besitzübertragung)* surrender, restitution; 2. *(Rückgabe)* return, restoration; 3. *(Aushändigung)* delivery; **H. eines Gegenstandes** restitution of an item; **H. eines Kindes** surrender of a child; **H. der Sache** restitution of the item concerned; **H. beschlagnahmter Sachen** restitution of confiscated items; **vorläufige H. gepfändeter Sachen an den Eigentümer** replevin; **H. von Urkunden** delivery of documents; **H. der Ware** surrender of the goods
auf Herausgabe klagen to replevin, to bring on action of detinue; **H. verlangen** to claim possession
Herausgabe|anspruch *m* right to possession, claim for restitution/return/surrender; **~ bei Zahlungsverzug** claim for restitution in the event of default; **H.klage** *f* action to recover possession, replevin, action in detinue, ~ for possession, ~ the recovery of goods, ~ the return of property; **H.pflicht** *f* obligation to surrender possession; **H.schuldner** *m* person liable to surrender; **H.verweigerung** *f* refusal to surrender
herausgeben *v/t* 1. *(Besitz übertragen)* to surrender/restitute; 2. *(aushändigen)* deliver; 3. *(zurückgeben)* to return/restore
Herausgeber(in) *m/f (Publikation)* editor
jdn heraus|pauken *(coll)* to get so. off the hook *(coll)*; **h.pressen; h.quetschen** *v/t (Informationen)* to extract *(coll);* **sich h.reden** *v/refl* to talk one's way out of it; **mit etw. h.rücken** *v/i (coll)* to come out with sth.; **H.setzung** *f (Mieter)* eviction; **sich h.stellen** *v/refl* to appear/emerge/transpire; **h.verlangen** *v/t* to reclaim, to claim back; **sich h.winden** *v/refl* to wriggle out (of sth.)
herbei|führen *v/t (nach sich ziehen)* to entail/cause, to bring about; **H.führung** *f* causation, initiation; **~ einer Straftat** initiation of a crime
herein|legen *v/t* to take in; **H.nahme** *f* taking in; **h.nehmen** *v/t* to take in; **H.-nehmer(in)** *m/f* taker, acceptor
Hergang *m* course of events
hergestellt *adj* produced, manufactured
Herkommen *nt* ancestry, descent
herkömmlich *adj* traditional, customary
Herkunft *f* origin
Herkunfts|bescheinigung *f* certificate of origin; **H.bezeichnung** *f* mark of origin; **H.land** *nt* country of origin; **H.nachweis** *m* proof of origin; **H.ort** *m* place of origin; **H.zeugnis** *nt* certificate of origin
herleiten *v/t* to derive
Herleitung *f* derivation; **H. eines Anspruchs** derivation of a claim
herrenlos *adj* unclaimed, ownerless, abandoned, derelict
Herrschaft *f* domination, power, control
Herrschafts|ausübung *f* exercise of control; **H.bereich; H.gebiet** *m/nt* sovereign territory; **H.gewalt** *f* power of control; **H.- und Verfügungsgewalt** power of control and disposition; **H.recht** *nt* right of ownership; **H.vertrag** *m (Unternehmen)* contract of control
herrschen *v/i* 1. to control/dominate/rule; 2. to prevail; **h.d** *adj* 1. dominant; 2. *(vorherrschend)* prevailing
Herrscher *m* ruler
her|rühren *v/i* to come from; **h.stammen** *v/i* to come/originate from; **h.stellen** *v/t* to manufacture/produce/make; **H.stellen** *nt* production

Hersteller(in) *m/f* producer, manufacturer; **H.garantie** *f* manufacturer's warranty; **H.haftung** *f* product/manufacturer's liability

Herstellung *f* production, manufacture, manufacturing; **H. von Falschgeld** production of counterfeit money

Herstellungs|fehler *m* manufacturing/manufacturer's fault; **H.gemeinkosten** *pl* manufacturing overheads; **H.klage** *f* action for specific performance; **H.kosten** *pl* manufacturing/production costs; **H.lizenz** *f* manufacturing licence; **H.recht** *nt* manufacturing right(s); **H.vertrag** *m* production contract, contract of manufacture

Herumstehen *nt* loitering (with intent)

sich herumtreiben *v/refl* to loiter

heruntersetz|en *v/t* to reduce; **H.ung** *f* reduction

herunter|stufen *v/t* 1. *(niedriger einstufen)* to downgrade; 2. *(Personal)* to demote; **h.gekommen** *adj* run-down; **h.wirtschaften** *v/t* to run down

hervorrufen *v/t* to give rise to

Hetze *f* incitement, instigation

gegen jdn hetzen *v/t* to stir up hatred against so.

Hetzer|ei *f* malicious agitation, rabble-rousing; **h.isch** *adj* inflammatory, slanderous

Hetz|jagd; H.kampagne *f* 1. *(Minderheiten)* hate campaign; 2. *(Rufschädigung)* smear campaign; **H.rede** *f* inflammatory speech

Heuer *f* pay, wages; **H.vertrag** *m* ship's articles

HGB (Handelsgesetzbuch) *nt* German commercial code

Hieb *m* *(Schlag)* blow;

hieb- und stichfest *adj* conclusive, irrefutable

Hieb- und Stoßwaffen *pl* cutting and thrust weapons, side arms

jdm einen Hieb versetzen to deal so. a blow, to punch so.

Hierarchie *f* hierarchy

hierauf *adv* hereon

hierdurch *adv* hereby, herewith; **h. wird bekannt gemacht** notice is hereby given; **~ bescheinigt** this is to certify

hiermit *adv* herewith, hereby

hiesig *adj* local

Hilfe *f* help, aid, assistance; **H. zur Erziehung** educational assistance, tuition assistance *[US]*; **H. anbieten** to offer assistance; **H. leisten** to render assistance; **um H. rufen** to call for help

finanzielle Hilfe financial assistance; **gebundene H.** tied aid; **juristische H.** legal assistance

Hilfeleistung *f* help, assistance; **unterlassene H.** failure to come to the rescue, ~ render assistance (in an emergency), ~ to come to so.'s aid

Hilfestellung *f* assistance

hilflos *adj* helpless; **jdm h. ausgeliefert sein** to be at the mercy of so.

Hilflosigkeit *f* helplessness

Hilfs|anspruch *m* *(Patentrecht)* alternative claim, **H.antrag** *m* 1. motion for relief, precautionary motion, pleading in the alternative, alternative pleading *[US]*; 2. *(ZP)* subsidiary motion; **h.bedürftig** *adj* helpless, in need of assistance; **H.bedürftiger** *m* indigent person; **H.bedürftigkeit** *f* helplessness; **H.beweismittel** *nt* auxiliary evidence; **H.einwendung** *f* substitute plea; **H.geschworene(r)** *f/m* deputy juror; **H.gutachten** *nt* second opinion; **H.leistung** *f* assistance; **H.maßnahme** *f* remedial/relief measure; **H.person** *f* auxiliary person; **H.richter(in)** *m/f* assistant judge; **H.schöffe** *m* deputy/reserve juror, deputy lay judge; **H.tatsache** *f* accessory fact; **H.vorbringen** *nt* alternative submission(s); **H.werk** *nt* relief organisation; **H.widerklage** *f* precautionary cross-petition

Himmel *m* sky; **unter freiem H.** open-air

hinaufsetzen *v/t* to increase, to mark up

hinaus|laufen *v/t* to amount to; **h.schieben** *v/t* to postpone/defer/delay; **H.-schiebung** *f* postponement, deferment; **H.weisung** *f* eviction; **h.werfen** *v/t* to dismiss/throw out/sack *(coll)*; **H.wurf** *m* dismissal, sack *(coll)*

im Hinblick auf *m* in view of, with regard to

hindern *v/t* 1. to hinder/impede/obstruct/hamper; 2. *(abhalten)* to prevent/stop

Hindernis *nt* 1. hindrance, impediment, obstacle, bar; 2. *(Straßenverkehr)* obstruction; **gesetzliches H.** statutory impediment/bar; **rechtliches H.** legal impediment

Hinderung *f* impediment, hindrance, estoppel

H

jdn hineinziehen *v/t* to implicate/involve so. (in sth.)
hinfällig *adj* 1. *(unwirksam)* invalid; 2. *(Klausel)* void
Hingabe *f* surrender, delivery; **H. an Erfüllungs Statt** accord and satisfaction, delivery in full discharge, transfer in lieu of performance; **~ Zahlungs Statt** surrender in lieu of payment
hinhalten *v/t* to delay, to put off; **h.d** *adj* dilatory
Hinhaltetaktik *f* delaying action/tactics
hinlänglich *adj* sufficient, adequate
Hinnahme *f* acceptance; **stillschweigende H.** acquiescence
hinnehmen *v/t* 1. to put up with; 2. *(stillschweigend)* to acquiesce (in)/condone; **als selbstverständlich h.** to take for granted

H

hinreichend *adj* sufficient, adequate
hinrichten *v/t* to execute, to put to death
Hinrichtung *f* execution; **H.sbefehl** *m* death warrant
Hinsicht *f* respect, regard; **in jeder H.** to all intents and purposes; **~ materieller H.** on the merits of the case; **~ rechtlicher und tatsächlicher H.** in fact and in law; **h.lich** *prep* concerning, with respect/regard to, regarding, in terms of
Hintansetzung *f* disregard
hinter *prep* behind
Hinterbliebene(r) *f/m* (surviving) dependant, survivor
Hinterbliebenen|bezüge *pl* surviving dependants' benefits; **H.rente** *f* survivor's pension; **H.versicherung** *f* insurance for surviving dependants; **H.versorgung** *f* provision for surviving dependants
Hintergedanke *m* ulterior motive
hintergehen *v/t* 1. to be unfaithful, to deceive; 2. *(Gesetz)* to circumvent
Hinterhalt *m* ambush; **in einen H. geraten** to be ambushed
hinterhältig *adj* underhand, devious, shifty *(coll)*
hinterlassen *v/t* to leave/bequeath; **H.schaft** estate, inheritance
Hinterlassung *f* bequest
hinterlegen *v/t* to deposit/lodge, to place in escrow
Hinterleger *m* depositor, bailor
Hinterlegung *f* deposit, bailment, **H. bei Gericht** lodgment; **H. von Wertpapieren** deposit of securities; **gerichtliche H.** deposit in court
Hinterlegungs|gelder *pl* monies paid in escrow; **H.gericht** *nt* depositary court; **H.ordnung** *f* court deposit regulations; **H.ort** *m* place of deposit; **H.pflicht** *f* obligatory deposit; **H.schein** *m* certificate of deposit (C/D); **H.stelle** *f* place of deposit, depository; **H.summe** *f (Gericht)* sum paid into court; **h.fähig** *adj* eligible to serve as collateral; **h.unfähig** *adj* not depositable, ~ suitable for deposit; **H.urkunde** *f* certificate of deposit; **H.verfügung** *f* lodgment order; **H.vertrag** *m* contract of deposit; **H.zeit** *f* term/period of bailment
Hinterlieger(in) *m/f* owner of rear property
Hinterlist *f* deceit, duplicity; **h.ig** *adj* deceitful, insidious
Hintermann *m* 1. *(Wechsel)* subsequent endorser; 2. person pulling the strings *(coll)*, brains (behind an operation), person acting behind the scenes, ringleader
Hintertürchen *nt* *(fig)* loophole
hinterziehen *v/t* 1. to defraud/embezzle; 2. *(Steuern)* to evade
Hinterziehung *f* 1. defraudation, embezzlement; 2. *(Steuern)* evasion; **H. von Steuern** evasion of taxes
hinweg|sehen *v/i* to overlook/ignore; **sich über etw. h.setzen** *v/refl* to disregard
Hinweis *m* hint, indication, clue, lead; **H. aus der Bevölkerung** tip-off *(coll)*; **kein H. auf Gefahrgut und dessen Bezeichnung** no reference to hazardous cargo and its designation; **jdm einen H. geben** to tip so. off
hinweisen *v/i* to indicate, to point out (to); **h. auf** to refer (to)
Hinweis|pflicht *f* duty to warn; **H.schild** *nt* sign
hinziehen *v/t* *(verzögern)* to protract
hinzu|fügen *v/t* to add; **H.fügung** *f* addition; **h.rechnen** *v/t* to add/include; **H.rechnung** *f* addition, inclusion; **h.ziehen** *v/t* to consult
Hinzuziehung *f* consultation; **unter H. einer Person** after consulting a person; **H.sklausel** *f* consultation clause
Hoch- und Tiefbau *m* structural and civil engineering
Hochachtung *f* esteem
Hochhaus *nt* high-rise building, tower block
hochjubeln *v/t* to hype (up)

Hochschulabsolvent(in) *m/f* university graduate
Hochschule *f* university, college; **H.gesetz** *nt* university and college act; **H.rahmengesetz** *nt* basic university act; **H.recht** *nt* law of academic institutions; **H.reife** *f* qualification for university
Hochsee *f* high seas, ocean; **H.fischerei** *f* deep-sea fishing
Hochsicherheitsgefängnis *nt* high-security prison
Hochstap|elei *f* swindle, confidence trick; **H.ler(in)** *m/f* con-man, confidence trickster, swindler
Höchst|alter *nt* maximum age; **H.betrag** *m* maximum amount; **H.betragshypothek** *f* maximum mortgage; **H.dauer** *f* maximum duration; **H.freibetrag** *m* maximum allowance; **H.geschwindigkeit** *f* maximum speed; **zulässige ~** speed limit; **H.grenze** *f* maximum limit; **h.persönlich** *adv* personally; **H.preis** *m* maximum price; **H.stimmrecht** *nt* maximum voting right; **H.strafe** *f* maximum penalty
Hochverrat *m* (high) treason; **wegen H.s anklagen** to impeach
Hochverräter *m* traitor; **h.isch** *adj* treasonable
Hochverratsprozess *m* trial for treason
Hochwasser|schaden *m* flood damage; **H.versicherung** *f* flood insurance
Höflichkeit *f* politeness, courtesy; **H.sbesuch** *m* courtesy call; **H.sformel** *f (Brief)* complimentary close
Höhe *f* amount, extent; **in voller H.** to the full amount; **H. der Gefängnisstrafe** term of imprisonment; **~ Geldbuße** amount of fine; **H. des Schadens** amount of loss, extent of damage; **~ (zugesprochenen) Schadenersatzes** quantum/amount of damages; **H. der Strafe** level of punishment; **H. des Streitwertes** amount in controversy, value of the matter in dispute
Hoheit *f* 1. sovereignty; 2. supreme authority; **h.lich** *adj* sovereign
Hoheits|akt *m* act of state, sovereign act; **H.befugnis** *f* sovereign power; **H.bereich** *m* jurisdiction; **H.gebiet** *nt* (sovereign) territory; **im ~ eines Staates** within the territory of a state; **H.gewalt** *f* sovereign power, sovereignty; **H.gewässer** *nt* territorial waters; **außerhalb der ~** outside territorial waters; **H.handlung** *f* sovereign act, act of state; **H.recht** *nt* sovereign right; **H.träger** *m* organ of sovereign power; **H.verletzung** *f* violation of sovereign rights; **H.zeichen** *nt* national emblem
Höhergruppierung *f* upgrading
höher|rangig *adj* supreme; **h.stehend** *adj* higher-ranking, superior
holografisch *adj* holographic
Holschuld *f* debt lying in prender
Holz *nt* wood, timber, lumber *[US]*; **H.entnahmerecht** *nt* estovers
Homosexu|alität *f* homosexuality; **h.ell** *adj* homosexual
Honorar *nt* 1. fee, charge, remuneration; 2. *(Autor)* royalty; **H. liquidieren** to charge a fee; **ärztliches H.** medical fee; **erfolgsbezogenes H.** *(Anwalt)* contingent fee *[US]*
Honorar|abrede; H.vereinbarung *f* agreement on fees, fee arrangement; **H.festsetzung** *f* determination of fees; **H.vertrag** *m* fee contract; **H.vorschuss** *m* 1. fee paid in advance; 2. *(Anwalt)* retaining fee, retainer
honorieren *v/t* to honour
Hörensagen *n* hearsay; **vom H.** by hearsay
hörig *adj* dependent
horten *v/t* to hoard
Hotel *nt* hotel; **H.aufnahmevertrag** *m* hotel accommodation contract; **H.ordnung** *f* hotel regulations
humanitär *adj* humanitarian
Hund *m* dog; **H. ausführen** to walk the dog; **H. auf jdn hetzen** to set a dog on so.; **angeleinter H.** dog on a lead; **herrenloser H.** stray dog
Hunde|besitzer(in) *m/f* dog owner; **H.haftpflichtversicherung** *f* dog owner's liability insurance; **H.halter(in)** *m/f* keeper of a dog, dog owner; **H.halteerlaubnis** *f* dog licence; **H.hütte** *f* kennel; **H.leine** *f* dog lead/leash; **H.marke** *f* dog tag; **H.rasse** *f* breed of dog; **H.steuer** *f* dog licence
Hungerstreik *m* hunger strike
Hürde *f* barrier, obstacle
Hure *f* whore, prostitute
sich hüten *v/refl* to beware of
Hüter(in) *m/f* keeper, guardian; **H. des Gesetzes** guardian/custodian of the law
Hypothek *f* mortgage, hypothec *(Scot.)*, encumbrance; **frei von H.en** unencumbered, free from encumbrances
Hypothek ablösen to redeem a mortgage; **H. aufnehmen** to mortgage; **etw. mit**

H

einer H. belasten to encumber/mortgage sth.; **mit einer H. belastbar** mortgageable
Hypothek bestellen to create a mortgage; **H. eintragen** to register a mortgage; **H. löschen** to cancel a mortgage; **H. im Grundbuch löschen lassen** to cancel a mortgage in the land register; **H. tilgen** to redeem a mortgage
eingetragene Hypothek registered *[GB]*/ recorded *[US]* mortgage; **erstrangige H.** senior mortgage; **nachrangige H.** junior mortgage; **tilgungsfreie H.** interest-only mortgage; **überfällige H.** defaulted mortgage; **variable H.** variable mortgage
Hypothekar|darlehen; H.kredit *nt/m* mortgage loan; **h.isch** *adj* by way of mortgage
Hypotheken|ablösung *f* redemption of a mortgage, **H.anleihe** *f* mortgage loan; **H.belastung** *f* mortgage charge, encumbrance (by mortgage); **H.bestellung** *f* creation of a mortgage; **H.bestellungsurkunde** *f* mortgage deed; **H.bewilligung** *f* grant of mortgage; **H.brief** *m* mortgage bond; **~ erteilen** to issue a mortgage bond; **H.darlehen** *nt* mortgage loan; **H.forderung** *f* mortgage debt; **h.frei** *adj* unencumbered; **H.gläubiger(in)** *m/f* mortgagee, mortgage creditor, chargee; **H.klage** *f* foreclosure action; **H.kredit** *m* mortgage loan; **H.löschung** *f* cancellation of the mortgage; **H.pfandbrief** *m* mortgage bond/debenture; **H.rang** *m* ranking of mortgages; **H.register** *nt* Land Charges Register *[GB]*; **H.schuld** *f* mortgage debt, encumbrance; **H.schuldner(in)** *m/f* mortgagor; **H.schuldverschreibung** *f* mortgage bond; **H.tilgung** *f* mortgage redemption, redemption of a mortgage; **H.übernahme** *f* acceptance of a mortgage; **H.urkunde** *f* mortgage deed; **H.zinsen** *pl* mortgage interest; **H.zwangsvollstreckung** *f* foreclosure

I

Ideal|konkurrenz *f* *(Tateinheit)* concurrence of offences (in one act); **I.verein** *m* non-trading society
ideell *adj* notional
Identifikationsausweis *m* ID card
identifizier|bar *adj* identifiable; **i.en** *v/t* to identify, to establish the identity of; **I.ung** *f* identification
Identität *f* identity; **I. nachweisen** to establish so.'s identity; **seine I. offenbaren** to reveal one's identity; **~ verheimlichen** to conceal one's identity
Identitäts|feststellung *f* identification; **I.-irrtum** *m* case of mistaken identity; **I.-nachweis** *m* proof of identity; **I.papier** *nt* ID card; **I.täuschung** *f* impersonation, imposture
ignorieren *v/t* to ignore
illegal *adj* illegal, illicit, unlawful, contrary to the law; **I.ität** *f* 1. *(Gesetzwidrigkeit)* illegality; 2. unlawfulness
illegitim *adj* 1. *(unehelich)* illegitimate; 2. *(unrechtmäßig)* unlawful; 3. *(nicht berechtigt)* wrongful; **I.ität** *f* illegitimacy
Illiquidität *f* illiquidity, shortage of liquid assets
Image *nt* image; **I. eines anderen beschädigen** to damage so.'s image
Imitation *f* 1. imitation; 2. *(Fälschung)* counterfeit
immanent *adj* inherent
Immaterial|gut *nt* incorporeal good; **I.-güter** *pl* intangible assets, intangibles, incorporeal things; **I.güterrecht** *nt* 1. intellectual property law, law of incorporeal things; 2. intangible property rights, **I.-schaden** *m* nominal damage
immateriell *adj* intangible, immaterial, incorporeal
Immatrikul|ation *f* enrolment, registration; **sich i.eren** *v/refl* to enrol/register
Immigrant *m* immigrant
Immissionen *pl* noxious substances
Immissionsschutz *m* protection against noxious substances
Immobiliar|arrest *m* attachment of property; **I.klage** *f* action concerning property, ~ real estate; **I.kredit** *m* loan secured by property; **I.schaden** *m* property damage; **I.sicherheit** *f* security backed by real estate; **I.vermögen** *nt* real estate, realty *[US]*; **I.(zwangs)vollstreckung** *f* execution on real estate
Immobilie *f* property; **I.n** *pl* real estate, realty *[US]*, immovables, real property
immun *adj* immune
Immunität *f* immunity, privilege; **unter die I. fallend** privileged
Immunität der Beisitzer/Richter judicial

immunity; **I. von der Gerichtsbarkeit** immunity from jurisdiction
Immunität aufheben to lift so.'s immunity; **I. genießen** to enjoy immunity; **I. gegen gerichtliche Verfolgung genießen** to be immune from legal proceedings; **I. gewähren** to grant immunity
absolute Immunität absolute immunity; **diplomatische I.** diplomatic immunity/privilege; **~ genießen** to enjoy diplomatic immunity; **gerichtliche I.** immunity from prosecution; **parlamentarische I.** parliamentary immunity; **strafrechtliche I.** immunity from criminal jurisdiction; **zivilrechtliche I.** immunity from civil jurisdiction
Immunitäts|gesetz *nt* immunity statute; **I.klausel** *f* immunity clause; **I.verletzung** *f* breach of immunity/privilege
Impfpass *m* vaccination card
Impfpflicht *f* compulsory vaccination, **i.ig** *adj* liable to vaccination
Impf|schaden *m* adverse effect of vaccination; **I.schein** *m* certificate of vaccination; **I.stoff** *m* vaccine
Impfung *f* vaccination, inoculation
Imponderabilien *pl* imponderables, imponderabilia *(lat.)*
Import *m* ↘ **Einfuhr** 1. import, importation; 2. *(Menge)* imports
Import|abgabe *f* import duty; **I.eur** *m* importer; **I.genehmigung** *f* import licence; **I.stopp; I.verbot** *m/nt* import ban, ban on imports; **I.zoll** *m* import duty
Impressum *nt* imprint
Impugnationsklage *f* action to oppose enforcement
Impuls *m* impulse
in dubio pro reo *(lat.)* giving the accused the benefit of the doubt
in flagranti *(lat.)* in the act, red-handed, flagrante delicto *(lat.)*
in natura *(lat.)* in kind
Inangriffnahme *f* tackling sth.
Inanspruchnahme *f* 1. utilization; 2. *(Verwendung)* use; 3. *(Zuflucht)* recourse, resort; **I. der Gerichte** recourse to the courts of law; **I. einer Garantie** claiming (sth.) under a guarantee/warranty
Inaugenscheinnahme *f* inspection, examination; **richterliche I.** judicial survey
Inbegriff *m* essence, embodiment; **i.en** *adj* 1. included, inclusive; 2. *(stillschweigend)* implicit, implied
Inbesitzhalten *nt* *(Miet- oder Pachtvertrag)* holding over
Inbesitznahme *f* 1. (taking) possession, repossession, occupation; 2. *(Beschlagnahme)* seizure, distress; 3. appropriation; **unerlaubte I.** unlawful occupation
Inbetriebsetzung *f* putting into operation
Inbrandsetzen *nt* arson, setting fire (to sth.)
Incoterms *pl* incoterms (international commercial terms)
Indemnität *f* indemnity, exemption from criminal responsibility: **I.sbrief** *m* letter of indemnity
Index *m* index; **gewichteter I.** weighted index; **I.klausel** *f* escalator clause; **I.rente** *f* index-linked pension
Indiskretion *f* indiscretion
Individual|abrede *f* private agreement; **I.anspruch** *m* private claim; **I.beschwerde** *f* individual application; **I.eigentum** *nt* 1. *(Prinzip)* private ownership; 2. *(Objekt)* private property; **I.haftung** *f* several/personal liability; **I.recht** *nt* personal right; **I.schutz** *m* personal protection; **I.-veranlagung** *f* separate taxation; **I.vertrag** *m* contract between individuals
Individuum *nt* individual, private person; **verdächtiges I.** suspicious individual
Indiz *nt* indicator, pointer
Indizien|beweis *m* circumstantial/presumptive/inferential evidence; **I.kette** *f* chain of circumstantial evidence; **I.prozess** *m* case based on circumstantial evidence, presumptive case
Indiztatsache *f* evidentiary fact
indossabel *adj* endorsable, negotiable
Indossament *nt* endorsement; **I. ohne Gewähr/Haftung/Obligo** endorsement without recourse; **I. nach Protest** endorsement supra protest; **beschränktes I.** restricted endorsement
Indossamentshaftung *f* endorser's liability
Indossant *m* endorser; **nachfolgender I.** subsequent endorser; **vorgehender I.** previous endorser
Indossatar *m* endorsee
indossier|bar *adj* endorsable; **i.en** *v/t* to endorse
Indossier|er *m* endorser; **I.ung** *f* endorsement
Industrie *f* (branch of) industry; **I.- und Handelskammer (IHK)** chamber of industry and commerce

Industrie|abwässer *pl* industrial effluents, ~ waste water; **I.gebiet** *nt* industrial estate
industriell *adj* industrial
Industriepraktiken *pl* industrial practices; **I.spionage** *f* industrial espionage; **I.unternehmen** *nt* industrial company
infam *adj* infamous, vicious; **I.ie** *f* infamy
Informant(in) *m/f* informant, informer, grass *(coll)*
Information *f* information; **I.(en) preisgeben** to disclose information
falsche Information wrong information, misinformation; **sachdienliche I.** pertinent/relevant information; **unbestätigte I.** unconfirmed information
Informationen *pl* information; **I. abgleichen** to collate information; **sich I. beschaffen** to gather information; **~ verdeckt beschaffen** to gather information covertly; **I. preisgeben** to divulge information
personenbezogene Informationen person-related information; **überzeugende I.** compelling intelligence
Informations|beschaffung *f* obtaining (of) information; **I.freiheit** *f* freedom of information; **I.gebot; I.pflicht** *nt/f* duty to furnish information, disclosure duty/requirement; **I.quelle** *f* source of information/intelligence; **I.recht** *nt* right to make inquiries, ~ be informed, ~ obtain information
informieren *v/t* to inform/brief; **form- und fristgerecht i.** to give fair notice
unbefugte Ingebrauchnahme taking without the owner's consent (TWOC)
Ingerenz *f* legal duty to intervene and remove a source of injury or damage
Ingewahrsamnahme *f* detention
Inhaber(in) *m/f* 1. *(Besitzer)* possessor; 2. *(Eigentümer)* owner, proprietor; 3. *(Wohnung)* occupant, occupier; 4. *(Wechsel, Vollmacht)* holder; 5. *(Scheck)* bearer; **an den I. zahlbar** payable to bearer; **I. des Grundpfandrechts** mortgagee; **I. eines Rechts** holder of a right; **I. einer Vollmacht** holder of a power of attorney, proxyholder; **I. eines Warenzeichens** proprietor of a trademark; **~ Wechsels** holder of a bill of exchange
bösgläubiger Inhaber holder in bad faith, mala-fide holder; **eingetragener I.** registered proprietor; **faktischer I.** de-facto holder; **gegenwärtiger I.** current holder; **gutgläubiger I.** holder in good faith, bona-fide holder; **legitimer/rechtmäßiger I.** lawful holder, holder in due course; **nachfolgender I.** subsequent holder
Inhaber|grundschuld *f* land charge; **I.klausel** *f* bearer clause; **I.marke** *f* proprietary brand; **I.papier** *nt* negotiable instrument; **I.police** *f* bearer policy; **I.scheck** *m* bearer cheque; **I.schuldverschreibung** *f* bearer bond; **I.wechsel** *m* promissory note (P/N); **I.zertifikat** *nt* bearer warrant
inhaftieren *v/t* 1. *(in Haft nehmen)* to take into custody, to imprison/jail; 2. *(in Haft halten)* to hold in custody, to detain
inhaftiert sein *adj* to be in custody; **I.e(r)** *f/m* detainee
Inhaftierung *f* 1. imprisonment, incarceration, confinement; 2. detention, custody; 3. *(Einweisung)* committal; **vorbeugende I.** preventive detention; **vorläufige I.** (temporary) detention
Inhalt *m* 1. content(s); 2. *(Text)* tenor; **mit dem I., dass ...** to the effect that ...; **wesentlicher I.** tenor, gist; **falsche I.sangabe** incorrect description of contents, misdescription; **i.sgleich** *adj* of the same tenor
Initialien *pl* initials
Initiative *f* initiative
Initiativ|gesetzesvorlage *f* private member's bill *[GB]*; **I.recht** *nt* right to initiate legislation
Inkasso *nt* collection; **I.agent** *m* collecting agent; **I.akzept** *nt* acceptance for collection; **I.auftrag** *m* order for collection; **I.beauftragte(r)** *f/m* debt collector, (authorized) collecting agent; **I.büro** *nt* collection agency; **I.dienst** *m* collection service; **Inkassogebühr** *f* collection charge; **I.mandat** *nt* authority to collect; **I.spesen** *pl* collection charges; **I.vollmacht** *f* collecting power(s)
Inkaufnahme *f* acceptance
inkognito *adv* anonymous
inkompatib|el *adj* incompatible; **I.ilität** *f* incompatibility
inkompet|ent *adj* incompetent; **I.enz** *f* incompetence
inkonsequ|ent *adj* inconsistent; **I.enz** *f* inconsistency
Inkorpor|ation *f* incorporation; **i.ieren** *v/t* to incorporate

Inkraft|bleiben *nt* remaining in force; **I.-setzen; I.setzung** *nt/f* enactment, putting into force, implementation; **I.treten** *nt* coming into force/effect; **I.tretungsklausel** *f* enacting clause
inkriminieren *v/t* to incriminate
Inlands- domestic
Inländer *pl* national, resident; **I.diskriminierung** *f* discrimination of residents; **I.-privilegierung** *f* preferential treatment of residents
inländisch *adj* domestic
Inlands|tat *f* crime committed within the domestic jurisdiction; **I.wechsel** *m* domestic bill of exchange
inliegend *adj* enclosed, attached
innehaben *v/t* 1. to possess; 2. *(Wohnung)* to occupy; 3. *(Amt)* to hold; **I.** *nt* 1. possession; 2. occupancy, occupation; 3. *(Amt, Grundbesitz)* tenure
Innengesellschaft *f* undisclosed partnership
Innen|minister *m* minister of the interior, Home Secretary *[GB]*, Secretary of the Interior *[US]*; **I.ministerium** *nt* Home Office *[GB]*, Interior Department *[US]*
Innenverhältnis *nt* internal relationship
inner|betrieblich *adj* internal, in-house; **i.-europäisch** *adj (EU)* intra-European; **i.-gemeinschaftlich** *adj (EU)* intra-Community
inner|halb *prep* within; **i.orts** *adv* in a built-up area; **i.staatlich** *adj* domestic, national, internal
innewohnend *adj* intrinsic, inherent
Innung *f* craft guild
inoffiziell *adj* inofficial, unofficial, off the record
Inquisition *f* inquisition; **I.sverfahren** *nt* inquisitional proceedings/procedure
Inrechnungstellung *f* invoicing, billing
Insasse *m* 1. occupant; 2. *(Fahrgast)* passenger; 3. *(Anstalt)* inmate; 4. *(Heimbewohner)* resident
Insassen|unfallschutz *m* passenger accident cover(age); **I.unfallversicherung** *f* passenger accident insurance; **I.versicherung** *f* passenger insurance
insbesondere *adv* especially, in particular
Inser|at *nt* advertisement; **I.ent** *m* advertiser; **i.ieren** *v/t* to advertise
Insich|geschäft *nt* acting as principal and agent, self-contracting, self-dealing; **I.prozess** *m* inter-se proceedings
Insider|handel *m* insider dealing; **I.recht** *nt* law on insider dealings
Insinu|ation *f* insinuation; **i.ieren** *v/t* to insinuate
insolvent *adj* insolvent
Insolvenz *f* 1. *(früher: Konkurs)* bankruptcy; 2. insolvency; **I. anmelden** to file a petition in bankruptcy; **i.anfällig** *adj* insolvency-prone; **I.antrag** *m* petition in bankruptcy; **~ stellen** to file a petition in bankruptcy; **I.betrug** *m (früher: Konkursbetrug)* bankruptcy fraud; **I.delikt** *nt* insolvency offence; **I.gericht** *nt* insolvency court; **I.gesetz** *nt* insolvency act; **I.-gläubiger** *m* insolvency creditor; **I.masse** *f* insolvency assets; **I.ordnung** *f* insolvency rules; **I.plan** *m* insolvency scheme; **I.recht** *nt* insolvency law; **I.straftat** *f* bankruptcy offence; **I.verfahren** *nt* insolvency proceedings; **I.verfahrenseröffnung** *f* commencement of insolvency proceedings; **I.verwalter(in)** *m/f (früher: Konkursverwalter(in))* receiver (in bankruptcy), administrator; **I.verwaltung** *f (früher: Konkursverwaltung)* receivership
insoweit *adv* insofar as
Inspekteur *m* inspector
Inspektion *f* 1. inspection; 2. *(Auto)* service (check); **I. durchführen** to service (a car)
Inspektor *m* inspector
inspizieren *v/t* to inspect/check/examine
Installationen und Einbauten *pl* fixtures and fittings
instand halten *adj* to maintain; **i. setzen** to repair
Instandhaltung *f* maintenance, upkeep; **I.skosten** *pl* maintenance costs; **I.svertrag** *m* maintenance contract
Instandsetzung *f* 1. repair; 2. renovation, restoration; 3. reconditioning; **I.sarbeiten** *pl* repairs; **I.skosten** *pl* repair costs; **I.svertrag** *m* repair contract
Instanz *f* 1. agency, authority; 2. *(Gericht)* instance; **I.en überspringen** to leapfrog; **erste I.** court of first instance, nisi prius *(lat.) [US]*; **höchste/letzte I.** court of last instance/resort; **höhere I.** higher court
Instanzen|weg *m* 1. *(Dienstweg)* official channels; 2. *(Gericht)* stages of appeal; **I.-zug** *m* stages of appeal
Institut *nt* institute; **gerichtsmedizinisches I.** *nt* forensic/crime *[US]* lab(oratory)

IJ

Institution *f* institution; **öffentliche I.** public institution; **staatliche I.** government institution
institutionell *adj* institutional
instruieren *v/t* 1. to instruct; 2. *(Anwalt)* to brief
Instruktion *f* 1. instruction, direction; 2. brief(ing)
Instrument *nt* instrument; **I.arium** *nt* set of instruments
Insubordination *f* insubordination
Integr|ation *f* integration; **i.ieren** *v/t* to integrate
Integrität *f* integrity; **körperliche I.** physical integrity
Intensivstation *f* intensive care unit
Interaktion *f* interaction
Interesse *nt* 1. interest; 2. concern; **I. der Allgemeinheit** public interest; **im I. des Mandanten** in the client's interest
jds Interessen beeinträchtigen to impair so.'s interests; **I. wahren** to safeguard interests; **jds I. wahrnehmen** to represent so.'s interests
allgemeines Interesse public interest; **rechtlich anerkanntes I.** legal interest; **berechtigtes I.** justifiable/legitimate interest; **gemeinsames I.** common interest; **lebenswichtige I.n** vital interests **im öffentlichen I.** in the public interest, for the public benefit, ~ common good; **öffentliches I.** public interest; **positives I.** positive interest; **rechtliches I.** legal/lawful interest; **überwiegendes I.** overriding interest; **versicherbares I.** insurable interest; **wesentliches I.** substantial interest; **widerstreitende I.n** conflicting interests; **wirtschaftliches I.** economic interest
Interessen|abwägung *f* weighing of interests; **I.ausgleich** *m* reconciliation of interests; **gemeinsame I.beziehung** *(Vertrag)* privity; **I.gemeinschaft** *f* community of interests; **I.gruppe** *f* interest/pressure group; **I.kollision; I.konflikt** *m/f* conflict of interests; **I.sphäre** *f* sphere of interest
Interessent *m* interested party
Interessen|verband *m* pressure group; **I.verknüpfung** *f* joining of interests; **I.-wahrnehmung** *f* safeguarding of interests
Interimsabkommen *nt* interim agreement
international *adj* international
Internationale Handelskammer International Chamber of Commerce
Internationaler Gerichtshof International Court of Justice (ICJ); **I. Militärgerichtshof** International Military Tribunal; **I. Verband zum Schutz gewerblichen Eigentums** International Union for the Protection of Industrial Property
Internationales Büro für geistiges Eigentum International Bureau of Intellectual Property; **I. Institut für Vereinheitlichung des Privatrechts** International Institute for the Unification of Private Law; **I. Kriegsverbrechertribunal** International War Crimes Tribunal
internationalisieren *v/t* to internationalize
intern|ieren *v/t* to detain/intern; **I.ierte(r)** *f/m* detainee, internee; **I.ierung** *f* detention, internment
interpell|ieren *v/i* to interpellate; **I.ant** *m* interpellator
Interpellation *f* interpellation; **I.srecht** *nt* right of interpellation
Interpret|ation *f* interpretation, construction; **i.ieren** *v/t* to interpret/construe
Interven|ient *m* intervening party, intervener; **i.ieren** *v/i* to intervene/intercede
Intervention *f* 1. intervention, intercession; 2. *(Einmischung)* interference; **I.sklage** *f* action of replevin/intervention; **I.srecht** *nt* right of intervention
Interzession *f* intercession, pledge for the debt of another person; **I.sverbot** *nt* exclusion of suretyship
Intestat *nt* intestacy
Intestats|erbe *nt* heir by intestate succession; intestate successor, heir-at-law; **I.erbfolge** *f* intestate succession; **I.nachlass** *m* intestate estate
Intim|bereich *m* private parts; **I.sphäre** *f* privacy; **I.verkehr** *m* sexual intercourse
Intrig|ant(in) *m/f* schemer; **I.e** *f* intrigue, (secret) plotting; **i.ieren** *v/i* to plot
Invalide *m* disabled person; **I.nrente** *f* disability pension
Invalidität *f* disability, disablement, invalidity; **dauernde I.** permanent disablement; **vollständige I.** total disablement; **vorzeitige I.** premature disablement
Invaliditäts|grad *m* degree of disablement; **I.rente** *f* disablement/disability pension; **I.versicherung** *f* disability insurance
Inventar *nt* inventory, stock(s); **lebendes I.** livestock; **totes I.** dead stock, fixtures and fittings

IJ

inventarisieren *v/t* to take stock
Inventarverzeichnis *nt* inventory
Inventur *f* stocktaking, inventory-taking
Inverkehrbringen *nt* putting into circulation; **I. von Falschgeld** uttering (of) counterfeit money
Inverzugsetzung *f* demand for overdue payment/ performance, giving notice of default
investier|en *v/t* to invest; **I.ung** *f* investment
Investigationsrecht *nt* right of investigation
Investition *f* investment
Investitions|güter *pl* capital goods; **I.haushalt** *m* capital budget; **I.kredit** *m* investment loan; **I.rechnung** *f* capital expenditure account; **I.zuschuss** *m* capital grant
Investment *nt* investment; **I.gesellschaft** *f* investment company
invitatio ad offerendum *(lat.)* invitation to tender
Inzest *m* incest
ipso jure *(lat.)* by act of law
irreführen *v/t* 1. to mislead; 2. *(täuschen)* to deceive; 3. *(unrichtig angeben)* to misrepresent; **i.d** *adj* 1. misleading; 2. deceptive
Irreführung *f* deceit, deception; **I. über die Herkunft der Waren** fraudulent passing off (of) the merchandise; **I. durch Vorspiegelung falscher Tatsachen** *(Vertragsrecht)* fraudulent misrepresentation
irreleiten *v/t* to lead astray, to mislead
irrelev|ant *adj* irrelevant, immaterial; **I.anz** *f* irrelevance
irren *v/i* to err; **I.anstalt** *f* mental home/ hospital/institution, lunatic asylum
irreversibel *adj* non-reversible, irreversible
irrig *adj* erroneous, mistaken
Irr|läufer *m* *(Urkunde)* misrouted document, **I.sinn** *m* insanity
Irrtum *m* mistake, error; **I. über die Person** error in personam *(lat.)*, mistaken identity; **~ die Strafbarkeit** error concerning the punishability of the act; **~ eine Tatsache** factual error
sich im Irrtum befinden to labour under a misapprehension, to be mistaken; **I. richtig stellen** to rectify an error
Irrtümer vorbehalten saving errors, errors excepted; **I. und Auslassungen vorbehalten** saving errors and omissions, errors and omissions excepted (E.O.E.)
gemeinsamer Irrtum *(Vertrag)* common mistake; **offenbarer I.** apparent error; **rechtlicher I.** error/mistake in law; **relevanter I.** relevant error; **sachlicher I.** factual error; **wesentlicher I.** major error
irrtümlich *adj* erroneous, mistaken; *adv* in error, by mistake; **jdn i. halten für** to mistake so. for
Irrtums|anfechtung *f* avoidance on account of a mistake; **I.vorbehalt** *m* proviso concerning errors, clause reserving errors
Isolationshaft *f* solitary confinement
isolier|en *v/t* to isolate; **I.haft** *f* solitary confinement
Ist|einnahmen *pl* actual receipts; **I.stunden** *pl* actual manhours
iura *(lat.)* laws
ius *(lat.)* law; **i. civile** *(lat.)* civil law; **i. dispositivum** *(lat.)* dispositve law; **i. gentium** *(lat.)* law of nations, public international law; **i. privatum** *(lat.)* private law; **i. publicum** *(lat.)* public law; **i. sanguinis** *(lat.)* law of the blood; **i. soli** *(lat.)* law of the soil
iustitia *(lat.)* justice
iustitium *(lat.)* act of justice

IJ

J

Ja yes; **mit J. antworten** to answer in the affirmative; **J.stimme** *f (Parlament)* aye *[GB]*; **J.wort** *nt* consent
Jagd *f* 1. *(Verfolgung)* chase, pursuit; 2. hunt(ing); **J. pachten** to rent a hunting ground; **J. verpachten** to let a hunting ground; **hohe J.** big-game hunting; **niedere J.** small-game hunting
Jagdausübung *f* hunting; **J.sberechtigte(r)** *f/m* holder of a hunting licence/permit; **J.sberechtigung** *f* hunting licence/ permit
jagd|bar *adj* in season; **J.behörde** *f* hunting authority
jagdberechtig|t *adj* licensed to hunt; **J.-te(r)** *f/m* holder of a hunting licence/permit; **J.ung** *f* hunting licence/permit, permission to hunt, authorization to hunt
Jagd|beschränkung *f* hunting restriction; **J.bezirk** *m* hunting district; **J.erlaubnis** *f* hunting licence/permit, permission to

hunt; **J.erlaubnisschein** *m* hunting licence/permit; **J.frevel** *m* poaching; **J.gehege** *nt* game preserve; **J.gesetz** *nt* game/hunting law; **J.haftpflichtversicherung** *f* hunting liability insurance; **J.inhaber(in)** *m/f* hunt proprietor; **J.ordnung** *f* hunting regulations; **J.pacht** *f* lease of a hunting ground, game tenancy; **J.pächter(in)** *m/f* game tenant; **J.recht** *nt* hunting/game law; **J.revier** *nt* hunting ground, hunt; **J.schaden** *m* damage caused by hunters/hunting; **J.schein** *m* hunting licence/permit, game licence, **sich einen ~ beschaffen** to take out a game licence; **J.schonzeit** *f* closed season (for game); **J.steuer** *f* tax on hunting; **J.unfallversicherung** *f* insurance against hunting accidents; **J.verbot** *nt* ban on hunting; **J.vergehen** *nt* game trespass; **J.vorschriften** *pl* hunting regulations; **J.wild** *nt* game; **J.wilderei** *f* poaching; **~ begehen** to poach; **J.zeit** *f* hunting/open season

Jahr *nt* year; **J. und Tag** year and a day; **pro J.** per year, per annum *(lat.)*

Jahres|abonnement *nt* annual subscription; **J.abrechnung; J.abschluss** *f/m* annual accounts/statement; **J.abschlussprüfung** *f* annual audit; **J.arbeitsverdienst** *nt* gross annual earnings; **J.ausgleich** *m* annual wage-tax adjustment; **J.beitrag** *m* annual contribution; **J.bericht** *m* annual report; **J.betrag** *m* annual amount/sum; **J.bilanz** *f* annual balance sheet; **J.einkommen** *nt* annual income; **J.frist** *f* one-year period; **binnen ~** within one year; **J.gebühr** *f* annual fee/charge; **J.gehalt** *nt* annual salary; **J.gewinn** *m* profit for the year; **J.hauptversammlung** *f* annual general meeting (AGM); **J.miete** *f* annual rent; **J.prämie** *f (Vers.)* annual premium, **J.rate** *f* annual instalment; **J.rente** *f* annuity; **J.rentenempfänger(in)** *m/f* annuitant; **J.schluss** *m* close of the year; **J.überschuss** *m* annual surplus; **J.urlaub** *m* annual leave/holiday(s); **J.zeit** *f* season; **j.zeitlich** *adj* seasonal; **J.zins** *m* annual interest, interest per annum; **J.zuschuss** *m* annual grant

Jahrgang *m* age group/cohort

jährlich *adj* annual

je nachdem as the case may be

jeweilig *adj* respective

jeweils *adv* at the time

jetzt *adv* now; **von j. ab** from now on, henceforth

Journal *nt* journal, ledger

Journalist(in) *m/f* journalist; **freier J.** freelance journalist

Jubiläum *nt* anniversary, jubilee; **J.szuwendung** *f* anniversary bonus

judikatorisch *adj* judicial

Judikatur *f* judicature, case law

judizieren *v/t* to adjudicate, to administer/dispense justice

Jugend *f* youth, juveniles

Jugend|amt *nt* youth welfare office, ~ department; **J.arbeitsschutz** *m* protection of minors in employment, ~ at work; **J.arbeitsschutzgesetz** *nt* youth employment act; **J.arrest** *m* detention of juvenile delinquents, juvenile custody/detention; **J.arrestanstalt** *f* community home *[GB]*, (youth) attendance centre; **J.fürsorge** *f* youth welfare; **j.gefährdend** *adj* (morally) harmful to juveniles/minors; **J.gefängnis** *nt* prison for juvenile delinquents

Jugendgericht *nt* juvenile court; **J.sgesetz** *nt* Juvenile Court Act *[GB]*; **J.sverfahren** *nt* juvenile court proceedings

Jugendgewahrsam *m* youth custody

Jugend|hilfe *f* youth welfare; **J.kammer** *f* juvenile division/court; **J.kriminalität** *f* juvenile delinquency, **J.liche(r)** *f/m* juvenile, adolescent, young person; **J.pflege** *f* youth welfare, **J.recht** *nt* law on juveniles and adolescents, **J.richter(in)** *m/f* juvenile court judge, judge/magistrate of a juvenile court *[GB]*; **J.sachen** *pl* cases before the juvenile courts; **J.schöffe** *m* juror in a juvenile case; **J.schöffengericht** *nt* juvenile court with lay assessors; **J.schutz** *m* protection of children and adolescents, ~ children and young persons; **J.schutzgesetz** *nt* Protection of Young Persons Act *[GB]*; **J.staatsanwalt** *m* prosecutor in a juvenile court; **J.strafanstalt** *f* remand centre/home, community home (for young offenders) *[GB]*, reformatory *[US]*, house of correction *[US]*, young offenders' institution *[GB]*, institution for youthful offenders *[US]*, borstal, prison for juvenile offenders

Jugend|strafe *f* sentence for juvenile delinquents; **J.strafkammer** *f* criminal division for juvenile delinquents; **J.strafrecht** *f* juvenile penal law; **J.straftäter(in)** *m/f* young offender; **J.straftaten** *pl* juvenile

delinquency; **J.strafverfahren** *nt* proceedings in a juvenile court; **J.strafvollzug** *m* execution of a sentence passed by a juvenile court, ~ juvenile court sentences, penal detention of young persons
Jugendwohlfahrt *f* youth welfare
Junktim *n* mutual condition; **J.klausel** *f* reciprocal clause, package deal clause
Jura *pl* law(s); **J.student(in)** *m/f* law student; **J.studium** *nt* law course/studies
juridisch *adj* juridical
Jurisdiktion *f* jurisdiction
Jurisprudenz *f* jurisprudence
Jurist(in) *m/f* counsel, lawyer, legal expert
Juristen|ausbildung *f* legal training; **J.jargon** *m* legal jargon, legalese *(coll)*; **J.laufbahn** *f* legal career; **J.sprache** *f* language of the law, legal language, legalese *(coll)*
Juristerei *f* jurisprudence
Juristin *f* female lawyer
juristisch *adj* juridical, legal; **sich j. beraten lassen** to take legal advice
Jury *f* jury, panel of jurors; **nicht entscheidungsfähige J.** hung jury
justiziab|el *adj* capable of being adjudicated, litigable, justiciable, actionable; **J.ilität** *f* capacity of being adjudicated
Justiziar *m* company/in-house lawyer, legal adviser
Justitium *nt* suspension of the administration of justice
Justiz *f* 1. *(Gerichtsbarkeit)* justice; 2. *(Gerichtswesen)* judicature, judiciary; 3. *(Justizverwaltung)* administration of justice; **der J. überstellen** to commit so. for trial
Justizangestellte(r) *f/m* court employee/clerk; **J.apparat** *m* legal machinery, machinery of justice; **J.ausbildung** *f* legal training; **J.ausschuss** *m* legal committee; **J.beamte(r)** *m* judicial officer, officer of the court, court clerk; **J.behörde** *f* judicial authority; **J.beitreibungsordnung** *f* court-fee collection ordinance; **J.gewährungsanspruch** *m* right of recourse to a court, ~ to have justice administered; **J.-gewalt** *f* judicial power; **J.irrtum** *m* miscarriage of justice; **J.konflikt** *m* conflict of laws; **J.minister(in)** *m/f* Lord Chancellor *[GB]*, minister of justice, Attorney General *[US]*; **J.ministerium** *nt* Lord Chancellor's Department *[GB]*, Department of Justice *[US]*; **J.mord** *m* judicial murder; **J.personal** *nt* legal personnel; **J.pflege** *f* administration of justice; **J.-pfleger(in)** *m/f* paralegal; **J.reform** *f* legal/judicial reform; **J.senator** *f (Berlin, Hamburg, Bremen)* minister of justice; **J.skandal** *m* travesty of justice; **J.verwaltung** *f* judicial authority; **J.verwaltung** *f* court administration; **J.verweigerung** *f* denial of justice; **J.vollzugsanstalt (JVA)** *f* prison, jail, correctional/penal institution, penitentiary *[US]*; **J.vollzugsbeamter** *f/m* prison officer; **J.wachtmeister** *m* tipstaff, court officer, bailiff, court sergeant

K

Kadi *m* *(coll)* judge; **zum K. gehen** to go to court
kaduzieren *v/t* to declare forfeited
Kaduzierung *f* forfeiture, cancellation; **K. von Aktien** forfeiture of shares; **K.sverfahren** *nt* procedure for the forfeiture of shares
kahl pfänden *adj* to seize all assets by execution
Kahlpfändung *f* seizure of all the debtor's goods, attachment and sale of all goods
Kalamität *f* 1. *(Schwierigkeit)* predicament; 2. *(Unglück)* calamity; **jdn in K.en bringen** to get so. into trouble
Kalender *m* calendar; **K.jahr** *nt* calendar year; **K.monat** *m* calendar month; **K.tag** *m* calendar day
Kalkulation *f* 1. estimate, calculation; 2. *(Kostenrechnung)* costing, cost-accounting
Kalkulations|fehler; K.irrtum *m* miscalculation; **K.zeitraum** *m* accounting period; **K.zuschlag** *m* mark-up
kaltblütig *adj* cold-blooded, in cold blood
jdn kaltmachen *v/t (coll)* to bump so. off *(coll)*, to do so. in *(coll)*
Kalt|miete *f* rent exclusive of heating; **k.-schnäuzig** *adj* callous; **K.wetterzuschlag** *m* cold weather allowance
Kammer *f* 1. *(Gericht)* division, chamber; 2. professional association; **K. für Handelssachen** commercial chamber; **mit der Rechtssache befasste K.** chamber hearing the case
Kämmer|ei *f* treasurer's/budget office; **K.er** *m* treasurer, finance officer

Kammer|gericht *nt* *(obs.)* supreme court; **K.jäger(in)** *m/f* pest controller; **K.vorsitzende(r)** *f/m* presiding judge; **K.zugehörigkeit** *f* chamber of commerce membership

Kampf|handlungen *pl* hostilities; **K.hund** *m* fighting dog; **K.richter** *m* referee, umpire; **K.sportarten** *pl* martial arts

Kanalisation *f* *(Abwässerbeseitigung)* sew(er)age

Kandidat|(in) *m/f* 1. candidate; 2. *(Bewerber)* applicant; **K.en aufstellen** to nominate a candidate; **K.enliste** *f* list of candidates; **K.ur** *f* 1. candidacy; 2. application

kandidieren *v/i* to stand/run (for sth.)

Kann|bestimmung *f* permissive/optional provision; **K.kaufmann** *m* optionally registrable trader; **K.leistung** *f (Vers.)* discretionary benefit; **K.vorschrift** *f* discretionary regulation/provision/clause, optional/permissive provision

K

kanon|isch *adj* canonical; **K.ist** *m* canonist, canon lawyer

Kanzlei *f* 1. *(Anwalt)* firm of lawyers, law firm; 2. *(Kanzlei)* lawyers' office, chambers; 3. *(Gericht)* court office

Kapazität *f* 1. *(Fachgröße)* (leading) authority, expert; 2. capacity; **mit voller K. arbeiten** to operate at full capacity; **unausgelastete K.** idle capacity; **K.sauslastung** *f* capacity utilization

kapern *v/t* to capture/seize

Kapital *nt* 1. capital; 2. *(Kredit)* principal; 3. *(Vermögen)* assets; **K. aufbringen; K. beschaffen** to provide/raise capital; **K. einbringen** to contribute capital; **K. erhöhen** to increase the capital stock; **K. aus etw. schlagen** to capitalize on sth.

amortisiertes Kapital redeemed capital; **angelegtes K.** invested capital; **eingezahltes K.** paid-up capital; **genehmigtes K.** authorized capital; **gezeichnetes K.** subscribed capital; **haftendes K.** risk capital; **totes K.** idle capital; **gesetzlich vorgeschriebenes K.** statutory capital

Kapital|abfindung *f* financial indemnity; **K.abgabe** *f* capital levy; **K.ablösung** *f* capital redemption

Kapitalanlage *f* capital investment; **K.betrug** *m* investment fraud; **K.gesellschaft** *f* investment company/trust, mutual fund *[US]*, unit trust *[GB]*; **K.vertrag** *m* investment contract

Kapital|anleger *m* investor; **K.anteil** *m* share; **K.anteilsschein** *m* share *[GB]*/ stock *[US]* certificate; **K.aufbringer** *m* provider of capital, investor; **K.aufbringung** *f* provision of capital; **K.aufwand; K.aufwendungen** *m/pl* capital expenditure(s); **K.ausstattung** *f* capitalization

Kapital|basis *f* capital base; **K.bedarf** *m* capital requirements; **K.bereitstellung; K.beschaffung** *f* provision of capital; **K.-berichtigung** *f* capital adjustment; **K.besitz** *m* capital holding; **K.beteiligung** *f* equity participation; **K.betrag** *m* capital sum, principal; **K.bilanz** *f* balance on capital account; **K.dienst** *m* capital service; **K.einbringung** *f* capital contribution; **K.einkünfte** *pl* investment/unearned income; **K.einlage** *f* capital investment; **K.-einschuss** *m* capital injection; **K.einzahlung** *f* capital input; **K.entnahme** *f* withdrawal of capital; **K.ertrag** *m* investment income, return on investment; **K.geber** *m* investor

Kapitalgesellschaft *f* 1. (joint-)stock company *[GB]*, corporation *[US]*; 2. *(GmbH)* (private) limited company *(Ltd) [GB]*, close(d) corporation *[US]*; 3. *(AG)* public limited company (plc) *[GB]*, open corporation *[US]*

Kapital|gewinn *m* capital gain; **K.güter** *pl* capital goods; **k.isieren** *v/t* to capitalize; **K.isierung** *f* capitalization; **K.kosten** *f* cost of capital; **K.lebensversicherung** *f* endowment insurance; **K.markt** *m* capital market; **K.mehrheit** *f* majority of shares; **K.rendite** *f* return on equity (ROE), ~ capital employed; **K.sammelstelle** *f* deposit-taking institution; **K.schutzvertrag** *m* capital protection agreement; **K.steuer** *f* capital levy; **K.transfer** *m* capital transfer; **K.veräußerungsgewinn** *m* capital gain; **K.verbindlichkeit** *f* capital liability

Kapitalverbrechen *nt* capital crime, felony *[US]*

Kapitalverkehr *m* capital transactions; **K.s-steuer** *f* capital transfer tax

Kapital|vermögen *nt* capital assets; **K.verwendung** *f* capital appropriation; **K.verzinsung** *f* interest on capital employed, return on investment; **K.wert** *m* capital value; **K.zeichnung** *f* subscription of capital; **K.zuwachs** *m* capital gain; **K.zuwachssteuer** *f* capital gains tax (CGT)

Kapitulation *f* capitulation, surrender; **bedingungslose K.** unconditional sur-

render; **K.sbedingungen** *pl* surrender terms
Kapsel *f* capsule
kaputt *adj* broken, out of order; **k. gehen** to break down; **k. schlagen** to smash to bits/pieces
Kapuze *f* hood
Karabiner *m* carbine
Karenz *f* *(Vers.)* qualifying/waiting period; **K.entschädigung** *f* waiting allowance; **K.urlaub** *m* leave without pay; **K.vereinbarung** *f* restraint agreement; **K.zeit** *f* *(Arbeitsrecht)* waiting period
kariert *adj* checked
karitativ *adj* charitable
Karte *f* map
Kartei *f* (card) index, file
Kartell nt 1. cartel, pool, trust; 2. restrictive agreement *[GB]*, agreement/combination in restraint of trade *[US]*; **K.abkommen; K.absprache** *nt/f* cartel agreement; **K.amt; K.behörde** *nt/f* cartel authority/office, Office of Fair Trading (OFT) *[GB]*, Monopolies and Mergers Commission (MMC) *[GB]*, Antitrust Division *[US]*; **K.anmeldung** *f* registration of a cartel; **K.aufsicht** *f* 1. supervision of cartels; 2. cartel-supervising authority; **K.entflechtung** *f* decartelization
Kartellgericht *nt* cartel court, Restrictive Practices Court *[GB]*
Kartellgesetz *nt* cartel act, Restrictive Trade Practices Act *[GB]*, Sherman Act *[US]*; **K.e; K.gebung** *pl/f* legislation against monopolies, antitrust laws *[GB]*/ legislation *[US]*
Kartell|klage *f* monopoly charge *[GB]*, antitrust suit *[US]*; **K.recht** *nt* cartel law; **k.rechtlich** *adj* in terms of cartel law; **K.register** *nt* register of cartels; **K.senat** *m* cartel division; **K.strafe** *f* cartel penalty; **K.verbot** *nt* prohibition of restraints of trade; **K.vereinbarung** *f* price-fixing agreement, restrictive trade agreement; **K.verfahren** *nt* monopoly charge, antitrust proceedings/suit *[US]*; **K.verstoß** *m* antitrust violation; **K.vertrag** *m* cartel agreement; **K.vorschriften** *pl* cartel regulations, antitrust provisions *[US]*
Karteninhaber(in) *m/f* cardholder
Karzer *m* lockup
kaschieren *v/t* to conceal, to cover up
Kaserne *f* barracks; **K.narrest** *m* confinement to barracks
Kasko|police *f* 1. *(Kfz)* comprehensive insurance policy; 2. *(Flugzeug, Schiff)* hull policy; **K.versicherer** *f* hull underwriter; **K.versicherung** *f* 1. comprehensive insurance; 2. hull insurance
Kassation *f* quashing (of a decision), annulment, reversal; **K.sgericht** *nt* court of appeal
Kasse *f* 1. *(Barmittel)* cash (on hand); 2. *(Ladenkasse)* till, checkout, cashpoint; **gegen K.** for cash; **netto K.** net cash; **K. gegen Dokumente** cash against documents (CAD); **~ Faktura** cash against invoice; **~ Verladungsdokumente** cash against shipping documents; **öffentliche K.** treasury
Kassen|arzt; K.ärztin *m/f* panel/registered doctor; **als K. zugelassen sein** to be admitted to the register
Kassen|aufnahme *f* cash audit; **K.ausgangsbuch** *nt* cash disbursement journal; **K.automat** *m* cash dispenser; **K.beamter** *m* teller, cashier; **K.beleg** *m* sales slip, cash voucher; **K.bericht** *m* 1. cash statement; 2. treasurer's report; **K.bestand** *m* cash in hand, cash balance; **K.bilanz** *f* cash account(s); **K.bon** *m* receipt, sales slip; **K.buch** *nt* cash journal; **K.defizit** *nt* cash deficit; **K.eingänge** *pl* cash receipts; **K.fehlbetrag** *m* cash deficit/short *[US]*; **K.führer** *m* 1. treasurer; 2. cashier; **K.gebarung** *f* cash management; **K.geschäft** *nt* cash transaction; **K.guthaben** *nt* cash balance; **K.kredit** *m* cash advance; **K.lage** *f* cash position; **K.leistung** *f* *(Vers.)* (medical) benefits; **K.kontrolle** *f* cash audit; **K.mittel** *nt* cash funds
Kassenpatient(in) *m/f* health service patient *[GB]*, Medicare/Medicaid patient *[US]*
Kassen|pfändung *f* levying upon cash funds; **K.prüfer** *m* auditor; **K.quittung** *f* receipt; **K.rabatt** *m* cash discount; **K.raub** *m* bank robbery/raid; **K.revision** *f* cash audit; **K.revisor** *m* cash auditor; **K.saldo** *m* cash balance; **K.scheck** *m* bank cheque; **K.schein** *m* 1. certificate of deposit; 2. *(Schatzanweisung)* treasury bill/ note; **K.schlager** *m* money-spinner; **K.stelle** *f* cashier's office; **K.sturz machen** *m* *(coll)* to cash/tally up; **K.überschuss** *m* cash surplus; **K.verkehr** *m* cash transaction; **K.vorschuss** *m* cash advance; **K.wart** *m* *(Verein)* treasurer; **K.zettel** *m* sales slip

Kassiber *m* (smuggled) prison message
kassier|en *v/t* 1. *(Urteil)* to reverse/quash, to set aside; 2. *(Geld)* to cash/collect; **K.er** *m* 1. cashier, teller; 2. *(Verein)* treasurer
Kasuist|ik *f* 1. case law; 2. casuistry; **k.isch** *adj* casuistic
Katalog *m* catalog *[US]*, catalogue *[GB]*
Kataster *m/nt* 1. *(Grundbuch)* land register; 2. (cadastral) survey; **K.amt** *nt* land registry; **K.auszug** *m* abstract from the cadastral survey, cadastral abstract; **K.-buch** *nt* cadastral register, land survey register, lot book; **K.plan** *m* cadastral survey; **K.wert** *m* property value
Katastrophe *f* catastrophe, disaster
Katastrophen|deckung *f* *(Vers.)* calamity cover(age); **K.einsatz** *m* emergency mission; **K.gebiet** *nt* disaster area; **k.geschädigt** *adj* disaster-stricken; **K.hilfe** *f* disaster/calamity relief; **K.risiko** *nt* disaster/catastrophe hazard; **K.rückversicherung** *f* catastrophe reinsurance; **K.schutz** *m* disaster/emergency services; **K.versicherung** *f* catastrophic hazard insurance
Katzenauge *nt* reflector, cat's eye
Kauf *m* 1. purchase, emption; 2. sale; 3. *(günstig)* bargain; **K. auf Abzahlung** hire purchase *[GB]*, purchase on deferred terms *[US]*; **K. unter Ausschluss jeglicher Gewährleistungsansprüche** sale with all faults; **K. nach Beschreibung** sale by description; **K. unter Eigentumsvorbehalt** conditional sale; **K. ohne Gewähr** sale with all faults; **K. gegen Kasse** cash purchase; **~ Kredit** credit purchase, purchase on account; **K. nach Muster/Probe** sale by sample; **K. auf Probe** sale or return, memorandum sale, sale on approval; **~ Raten** hire purchase *[GB]*, purchase on deferred terms *[US]*; **~ eigene Rechnung** purchase for own account; **~ fremde Rechnung** purchase on third account; **Kauf mit Rückgaberecht/Umtauschrecht** 1. sale or return; 2. *(Kommissionsverkauf)* memorandum sale; **K. mit Vorbehalt** conditional sale; **K. auf Zeit** forward purchase; **~ Ziel** credit sale
Kauf bricht nicht Miete sale subject to existing tenancies; **K., wie es steht und liegt** sale with all faults
Kauf abschließen to complete/effect a purchase/sale; **K. rückgängig machen; vom K. zurücktreten** to cancel/repudiate/rescind a purchase, ~ sale, to withdraw from a purchase/sale; **etwas billigend in K. nehmen** to connive at sth.
Kauf|abschluss *m* conclusion of a sale/bargain; **K.absicht** *f* intention to buy; **k.-ähnlich** *adj* quasi-purchase; **K.angebot** *nt* offer to buy; **K.anwärter(in)** *m/f* prospective buyer; **K.anwartschaft** *f* option; **K.anreiz** *m* incentive to buy; **K.auftrag** *m* purchase order; **~ mit Preisbegrenzung** *m* stop order; **K.brief** *m* contract/bill/deed of purchase, ~ sale; **K.datum** *nt* purchase date
kaufen *v/t* to buy/purchase; **gutgläubig k.** to buy in good faith; **spontan k.** to buy on impulse; **unbesehen kaufen** to buy (sight) unseen
Kaufen *nt* buying; **spontanes K.** impulse buying
Kaufentgelt *nt* purchase consideration
Käufer(in) *m/f* buyer, purchaser, vendee *[US]*; **K. trägt die Gefahr** sale at buyer's risk; **bösgläubige(r) K.** male-fide *(lat.)* buyer; **gutgläubige(r) K.** bona-fide *(lat.)* buyer; **mittelbare(r) K.** *(Produzentenhaftung)* subpurchaser; **umsichtige(r) K.** discriminating buyer; **ungenannte(r) K.** undisclosed buyer; **K.pflicht** *f* buyer's duty
Kauf|frau *f* businesswoman; **K.gegenstand** *m* item purchased; **K.geld** *nt* purchase money; **K.geschäft** *nt* sale
Kaufgesetz *nt* Sale of Goods Act *[GB]*
Kaufhaus *nt* department store; **K.detektiv(in)** *m/f* store detective; **K.konzern** *m* (department/retail) stores group
Kauf|kraft *f* purchasing/spending power; **K.kurs** *m* buying rate
käuflich *adj* 1. for sale; 2. *(bestechlich)* bribable, corrupt, venal; **K.keit** corruptibility, venality
Kaufmann *m* trader, merchant, businessman; **selbstständiger K.** sole/self-employed trader
kaufmännisch *adj* commercial, mercantile
Kaufmanns|eigenschaft *f* merchant status; **K.gericht** *nt* commercial court; **K.-stand** *m* business community
Kauf|miete *f* hire purchase; **K.option** *f* buyer's option; **K.preis** *m* purchase/sales price; **~ entrichten** to pay the purchase price; **K.recht** *nt* 1. *(Kaufrechtsanspruch)* right of purchase, purchase option; 2. *(Kaufrechtsordnung)* law on sales, sales law, law of emption; **K.sache** *f* item pur-

K

chased; **K.steuer** *f* purchase/sales tax; **K.urkunde** *f* deed of sale; **K.vereinbarung** *f* purchase agreement

Kaufvertrag *m* bill/contract of sale, contract for sale *[US]*, purchase/sales agreement; **K. ohne Eigentumsvorbehalt** unconditional sale; **K. unter Eigentumsvorbehalt** conditional sale

Kaufvertrag abschließen to conclude a contract of sale; **vom K. zurücktreten** to rescind a sale, ~ a contract of sale

zu erfüllender Kaufvertrag executory sale; **erfüllter K.** executed sale; **K.srecht** *nt* law of emption

Kaufzwang *m* obligation to buy; **kein/ohne K.** no obligation to buy

kausal *adj* causal, causative; **k. bedingt** consequential; **K.haftung** *f* liability for the consequences

Kausalität *f* causality, causation; **überholende K.** intervening causation; **K.svermutung** *f* presumption of causation

Kausal|itätskette *f* chain of causation; **K.-zusammenhang** *m* chain of causation, causal connection; **den ~ unterbrechen** to break the chain of causation

Kautel *f* proviso

Kaution *f* 1. *(Sicherheitsleistung)* guarantee, security, surety; 2. *(StR)* bail; 3. *(Haftungsversprechen)* bond; 4. *(hinterlegte Sicherheit)* (security) deposit; **gegen K.** 1. against security; 2. on bail

Kaution einbüßen to forfeit a security; **jdn gegen K. freilassen** to release so. on bail; **K. stellen** to put up/provide/stand bail; **K. verfallen lassen** *(bei Nichterscheinen vor Gericht)* to forfeit/jump bail

Kautions|erklärung *f* surety bond; **k.fähig** *adj* eligible to stand bail; **K.leistung; K.stellung** *f* providing/provision of bail, ~ security; **K.verpflichtung** *f (Vers.)* fidelity guarantee/bond; **gegen ein K.versprechen freigelassen werden** to be released on one's own recognizance

Kavaliersdelikt *nt* trivial/petty offence

etwas im Keim ersticken *m* to nip sth. in the bud

Kennkarte *f* identity card

kenntlich *adj* identifiable; **K.machung** *f* identification

Kenntnis *f* 1. *(allg.)* knowledge; 2. *(Gericht)* cognizance; 3. *(Kenntnisnahme)* notice; **in K.** cognizant (of); **nach meiner K.** to the best of my knowledge

Kenntnis des Gerichts judicial cognizance/knowledge, knowledge of the court, judicial notice; **K. der Nichtigkeit** cognizance of nullity; **~ Sachlage** knowledge of the facts

zur Kenntnis bringen 1. to bring to the notice of; 2. *(offiziell)* to notify; **K. erhalten (von)/erlangen** 1. to learn/hear, to become aware (of); 2. to become cognizant (of); **K. geben** to notify; **K. von etw. haben** to be congnizant of sth.; **zur K. nehmen** 1. to take notice (of sth.); 2. *(Gericht)* to take cognizance (of); **K.se preisgeben** to disclose information; **in K. setzen** to notify

tatsächliche Kenntnis *(Rechte Dritter)* actual notice; **unterstellte K.** imputed knowledge; **gesetzlich ~ ; vermutete K.** constructive notice; **vermutliche K.** presumptive knowledge; **zurechenbare K.** *(Rechte Dritter)* imputed knowledge, constructive/imputed notice

Kenntnisnahme (des Gerichts) *f* cognizance, taking of (judicial) notice; **zu Ihrer K.** for your information

Kennzeichen *nt* 1. (distinguishing) feature, characteristic; 2. *(Kfz)* numberplate *[GB]*, registration plate, license plate *[US]*; 3. *(Gütezeichen)* hallmark; 4. logo, label, brand; 5. *(Merkmal)* mark; **amtliches K.** license plate (number) *[US]*, numberplate, registration/licence number; **besonderes K.** distinctive/identifying mark; **persönliches K.** *(Kfz)* personalized registration number, ~ numberplate

Kennzeichen|diebstahl *m* theft of numberplates; **K.missbrauch** *m* using false or forged numberplates

kennzeichnen *v/t* to mark; **k.d** *adj* distinctive

Kennzeichnung *f* identification

Kennzeichnungs|pflicht *f* labelling requirement; **K.recht** *nt* labelling law; **K.-vorschriften** *pl* labelling provisions

Kerker *m* dungeon

Kern *m* core; **K.energie** *f* nuclear energy; **k.technisch** nuclear

Kette *f* chain

Ketten|arbeitsvertrag *m* contract for several consecutive periods of employment; **K.brief** *m* chain letter; **K.vertrag** *m* automatically renewable contract

Keule *f* club, cudgel

Kfz *nt* motor vehicle, car; **K. aufbrechen** to break into a car

Kfz|-Brief *m* title document, certificate of title/ownership *[US]*; **K.-Dieb** *m* car thief; **K.-Diebstahl** *m* vehicle taking, auto theft *[US]*, vehicle larceny *[US]*; **K.-Haftpflichtversicherung** *f* third-party (motor) vehicle insurance; **K.-Halter(in)** *m/f* registered car owner; **K.-Schein** *m* vehicle registration document/licence; **K.-Steuer** *f* motor (vehicle) tax, road tax, vehicle excise duty; **K.-Totalschaden** *m* write-off; **K.-Verschiebung** *f* vehicle trafficking; **K.-Versicherung** *f* auto/vehicle insurance, motor (car) insurance; **K.-Verwahrort für abgeschleppte Fahrzeuge** *m* car pound; **K.-Zulassungsstelle** *f* vehicle registration office (VRO) *[GB]*, motor vehicle license bureau *[US]*

Kiesgrube *f* gravel pit

Kilometergeld *nt* mileage allowance

K

Kind *nt* 1. child; 2. *(Kleinkind)* infant; **K. annehmen** to adopt a child; **K. betreuen** to look after a child

angenommenes Kind adopted child; **eheliches K.** legitimate child; **gemeinschaftliches K.** joint child; **nichteheliches K.** illegitimate child; **unterhaltsberechtigtes K.** child entitled to maintenance

kindbezogen *nt* child-related

Kinder *pl* children; **K. des Erblassers** testator's children

Kinder|anwalt *m* counsel for the child/children; **K.aussagen** *pl* children's depositions; **K.beihilfe** *f* child benefit; **K.betreuung** *f* child care; **K.bett** *nt* cot, crib *[US]*; **K.geld** *nt* child benefit; **K.handel** *m* trade in children; **k.los** *adj* childless; **K.mord** *m* infanticide; **K.mörder(in)** *m/f* child murderer/murderess; **K.raub** *m* kidnapping of children; **K.schutz** *m* child protection; **K.schutzverfahren** *nt* child protection proceedings; **K.schänder** *m* child abuser/molester, p(a)edophile; **K.-zulage** *f* child benefit

Kindes|alter *nt* childhood, infancy; **K.annahme** *f* adoption; **K.aussetzung** *f* abandoning (of) a child; **K.entführung; K.-entziehung** *f* abduction of a child, child abduction, kidnapping; **K.interessen** *pl* child's interests; **~ berücksichtigen** to consider the child's interests; **K.misshandlung** *f* child abuse; **K.mord** *m* infanticide; **K.raub** *m* kidnapping, child snatching; **K.tötung** *f* infanticide; **K.unterhalt** *m* child maintenance; **K.unterhaltsgesetz** *nt* Child Maintenance Act *[GB]*; **K.unterschiebung** *f* substitution of a child; **K.vermögen** *nt* child's assets, children's property; **K.wohl** *nt* child's welfare

kindgemäß *adj* suitable for children

Kindschaft *f* parent and child relation

Kindschafts|recht *nt* law of parent and child; **K.sache** *f* parent and child case; **K.-sachen** *pl* child custody cases, actions involving parent-child relationships

Kindstod *m* infant death; **plötzlicher K.** *(Krippentod)* sudden infant death syndrome, cot death

Kinnhaken *m* knock on the chin

Kirche *f* church

Kirchen|diebstahl *m* theft from a church; **K.recht** *nt* canon law; **K.schändung** *f* desecration/profanation of a church, sacrilege; **K.steuer** *f* church tax; **K.vertrag** *m* concordat

klagbar *adj* actionable, suable, enforceable, recoverable; **K.keit** *f* actionability, suability

Klage *f* (legal) action; **K. auf Anerkennung der Vaterschaft** paternity suit; **~ Aufhebung der Ehe** petition for annulment of marriage; **~ Aufhebung des Vertrags** petition for rescission of contract; **~ Besitzeinräumung** claim for possession; **K. wegen Besitzstörung** trespass action; **K. aus Eigentum** action based on ownership; **K. auf Eigentumsverschaffung** action to gain title; **~ Herausgabe** action for restitution/possession; **~ Naturalerfüllung** action for specific performance; **K. in Prozessstandschaft** representative action; **K. auf Rückgabe** claim for restitution; **~ Schaden(s)ersatz** action for damages, damages suit; **~ Unterhalt** maintenance suit; **~ Unterhalt für einen nichtehelichen Lebensgefährten** palimony suit; **~ Unterlassung** prohibitory action; **K. wegen Ursprungstäuschung; ~ Warenzeichenmissbrauchs** passing-off action; **K. auf Vertragserfüllung** action for specific perfomance; **K. wegen Vertragsverletzung** action for breach of contract; **K. auf Wandelung** redhibitory action; **K. wegen unlauteren Wettbewerbs** action on the grounds of unfair competition; **K. auf Wiedereinräumung des Besitzes**

action for replevin; **~ Wiederherstellung der ehelichen Gemeinschaft** petition for the restitution of the conjugal community; **~ Zahlung** action for the recovery of money

von einer Klage absehen to refrain from taking legal action; **K. abweisen** to dismiss an action, ~ a case; **K. kostenpflichtig abweisen** to dismiss a case with costs; **K. als unbegründet abweisen** to dismiss a case as being unfounded; **~ unzulässig abweisen** to dismiss an action, ~ a case, to set aside a claim; **K. anerkennen** to admit a claim; **K. anfechten** to contest an action; **K. anstrengen** to institute (legal) proceedings; **K. beantragen** to file a suit; **K. begründen** to substantiate a claim; **sich bei einer K. beteiligen** to be party to a suit; **mit einer K. drohen** to threaten to take legal action; **mit seiner K. durchkommen** to succeed in an action; **sich auf die K. einlassen** to defend a case; **K. einreichen/erheben (gegen)** to bring an action (against), to file/lodge a claim/suit (against), to institute proceedings; **K. fallen lassen** to drop an action; **K. ist gegeben; ~ zulässig** the action lies; **~ unzulässig** the action does not lie; **einer K. stattgeben** to find against the defendant, to allow the complaint, to uphold a suit; **K. stützen auf** to base a claim on; **K. substantiieren** to substantiate a claim; **K. unterlassen** to refrain from taking action, ~ legal steps; **auf eine K. verzichten** to waive the right to take legal action; **K. nicht zulassen** to nonsuit; **K. zurücknehmen** to withdraw a suit, to drop an action; **K.n zusammenfassen** to consolidate actions; **K. zustellen** to serve a writ

anhängige Klage pending action; **deliktische K.** tort action; **dingliche K.** action in rem *(lat.)*; **frivole/mutwillige/schikanöse K.** vexatious litigation/action, frivolous ~; **hypothekarische K.** foreclosure suit; **negatorische K.** action for an injunction; **öffentliche K.** criminal charge; **petitorische K.** petitory action; **possessivische K.** possessory action; **schuldrechtliche K.** action in personam *(lat.)*, ~ ex contractu *(lat.)*; **unzulässige K.** inadmissible action; **zivilrechtliche K.** civil action; **zusätzliche K.** supplementary action

Klage|abweisung *f* dismissal of (an) action, judgment against the plaintiff, nonsuit; **~ auf Grund einer Sachentscheidung** dismissal (of action) on the merits; **K.änderung** *f* 1. amendment of action/claim; 2. *(Schriftsatz)* amendment of pleadings; **K.androhung** *f* threat of legal action/proceedings; **K.ankündigung** *f* notice of action

Klageanspruch *m* cause of action, claim; **K. ist begründet** the action lies; **K. entsteht** the right of action accrues

Klage|anstrengung *f* bringing/instituting (of) an action; **K.antrag** *m* plaintiff's application, motion in court (for judgment), petition, demand for relief; **unbezifferter ~** unliquidated claim for relief; **K.antwort** *f* defendant's plea; **K.beantwortung** *f* statement of defence, defence answer, answer to a complaint *[US]*; **~ bestreiten** to join issue upon the defence; **K.befugnis** *nt* right to sue, right of action; **(nicht) privilegierte ~** (non-)privileged right of action

Klagebegehren *nt* (plaintiff's) claim, prayer for relief, relief sought; **dem K. entsprechen** to find for the plaintiff

Klage|begründung *f* particulars of a claim, statement/substantiation of claim; **K.behauptung** *f* assertion, allegation (of a claim/right); **k.berechtigt** *adj* entitled to sue; **K.berechtigung** *f* entitlement to sue; **K.betrag** *m* amount in controversy; **K.einlassung** *f* (entering of) appearance; **K.einreichung** *f* filing (of) a claim, ~ an action; **K.ergänzung** *f* supplemental complaint; **K.erhebung** *f* filing/commencement of an action, institution of (legal) proceedings; **K.erweiterung** *f* extension of the (plaintiff's) claim; **K.erwiderung** *f* defendant's plea, statement of defence; **K.erzwingungsverfahren** *nt* enforcement of public prosecution proceedings

klagefähig *adj* suable

Klagefrist *f* period for bringing an action, ~ filing a claim

Klagegegenstand *m* cause/subject matter of the action; **vorgebrachter K.** alleged cause of action

Klagegrund *m* 1. cause/ground of (an) action; 2. grievance; **berechtigter K.** clear/good title

Klagen *nt* taking legal action

klagen *v/i* to take legal action, to sue/proceed, to go to court, to institute proceedings; **auf etwas k.** to sue for sth.; **k. und verklagt werden** to sue and be sued

Klagenhäufung *f* joinder/consolidation of actions, composite claim; **objektive K.** joinder of causes of action; **subjektive K.** joinder of parties

Klagepartei; Klägerpartei *f* *(Zivilprozess)* plaintiff

Klagepunkt *m* particular of a complaint

Kläger(in) *m* 1. plaintiff, suitor *[US]*, pursuer *[Scot.]*; 2. *(Schiedsverfahren)* claimant; 3. *(Ehescheidung)* petitioner; **K. nach Armenrecht** plaintiff entitled to legal aid, party suing in forma pauperis *(lat.)*; **K. in Prozessstandschaft** nominal plaintiff; **~ für einen Minderjährigen** *(Prozesspfleger)* next friend

wo kein Kläger ist, ist auch kein Richter *(prov.)* without complaint, there is no redress

K

Kläger|(in) abweisen to nonsuit a plaintiff; **als K. auftreten** to appear as plaintiff; **zugunsten des K.s entscheiden** to find for the plaintiff; **für den K. erscheinen** to appear for the plaintiff

Klagerecht *nt* right to bring an action/suit, ~ sue

Klägergerichtsstand *m* plaintiff's venue

Klage|rubrum *nt* title of an action; **K.rücknahme** *f* withdrawal of an action, discontinuance (of action), abandonment of action; **K.sache** *f* action

Klageschrift *f* statement of claim, bill of complaint, (com)plaint; **K. einreichen/zustellen** to file/serve a complaint

Klage|veranlassung *f* cause of action; **K.-verbindung** *f* joinder of actions; **unzulässige ~** misjoinder of actions; **K.verfahren** *nt* litigation, proceedings; **K.verjährung** *f* limitation of action; **K.verzicht** *m* waiver of action, plaintiff's waiver; **K.voraussetzungen** *pl* prerequisites for taking legal action; **K.vorbringen** *nt* allegation of facts, pleading; **K.welle** *f* spate of litigation

Klageweg *m* litigation, recourse to law; **auf dem K.** by way of legal action, by instituting legal proceedings; **den K. beschreiten** to take legal action, to resort to litigation

Klage|zulassung *f* allocatur *(lat)*; **K.zurücknahme** *f* withdrawal of an action; **K.-zurückweisung** *f* dismissal of an action, nonsuit; **K.zustellung** *f* service of (the) action/writ

klären *v/t* to clear up/clarify

Klarierung *f* clearance

Klarstellung *f* clarification

Klärung *f* 1. clarification; 2. inquiry; **bis zur weiteren K. der Sache** pending further inquiries

Klasse *f* 1. *(Waren)* class, grade; 2. category, order; 3. *(Gehalt, Steuer)* bracket; **anwendungsbezogene K.** *(Patentrecht)* utility-oriented class; **K.njustiz** *f* class justice

Klassifikation *f* classification

klassifizier|bar *adj* classifiable; **k.en** *v/t* to classify/group; **K.ung** *f* classification

klauen *v/t (coll)* to pilfer/pinch/swipe/filch/nick *(coll)*

Klausel *f* 1. clause, provision, stipulation; 2. *(Vorbehalt)* proviso; 3. *(Bedingung)* condition; **K. hinsichtlich des Gerichtsstands** jurisdictional/venue clause; **K. über die Haftung für versteckte Mängel** latent-defect(s) clause; **K. frei von besonderer Havarie** free-of-particular average clause; **K. über Kollisionen bei beiderseitigem Verschulden** both-to-blame collision clause; **K. hinsichtlich der Schiedsgerichtsbarkeit** arbitration clause; **K. für Seeschadensversicherung** institute cargo clause; **K. über den Selbstbehalt** co-insurance clause; **K. eines Vertrages** contract clause

Klausel auslegen to construe a clause; **K. einsetzen** to insert a clause

bedingte Klausel conditional clause; **in Arglist eingefügte K.** fraudulent clause; **einschränkende K.** restrictive clause; **handelsübliche K.** customary clause; **salvatorische K.** saving/escape clause, separability clause; **zwingende K.** mandatory clause/provision

Klebstoff *m* glue

Kleiderordnung *f* dress code

Klein|arbeit *f* painstaking work; **K.betrieb** *m* small enterprise; **K.- und Mittelbetriebe** *pl* small and medium-sized enterprises (SMEs); **K.bus** *m* minibus; **K.darlehen** *nt* personal loan; **K.diebstahl** *m* petty theft, pilferage; **K.gedrucktes** *nt* fine *[US]*/small *[GB]* print; **K.geld** *nt* (small) change; **K.gewerbe** *nt* small-scale trade; **K.händler(in)** *m/f* retailer; **K.kaufleute** *pl* small traders; **K.kredit** *m* personal loan; **K.-kriminalität** *f* petty/low-level crime; **K.-schaden** *m* minor damage/loss; **K.taxi** *nt* minicab; **K.transporter** *m* van, pickup; **K.unternehmen** *nt* small business/enterprise; **K.verdiener(in)** *m/f* low-income earner

Kleptoman|e *m* kleptomaniac; **K.ie** *f* kleptomania

Klient(in) *m/f* client; **K.el** *nt* clientele

Knast *m (coll)* jail, prison, clink *(coll)*; **K.-bruder** *m (coll)* jailbird *(coll)*

Knebel *m* gag; **k.n** *v/t (Presse)* to gag; **K.ungsvertrag** *m* tying/onerous contract

Kneipenschlägerei *f* pub brawl

Kniescheibe *f* kneecap; **K. durchschießen** to kneecap (so.)

Knöllchen *nt (coll)* (parking) ticket

Knüppel *m* 1. club, cudgel; 2. *(Polizei)* truncheon

Koalition *f* 1. *(Arbeitsrecht)* association; 2. *(Politik)* coalition; **K.sfreiheit** *f* freedom of association

Kodex *m* (moral) code

Kodifikation *f* codification

kodifizier|en *v/t* codify; **K.ung** *f* codification

Kodizill *nt* codicil

Kognat *m* cognate

Kognition *f* cognition

Kohabit|ation *f* cohabitation; **K.spflicht** *f* duty to cohabit; **k.ieren** *v/i* to cohabit

kollationieren *v/t* to collate/compare

Kollege *m* colleague, fellow employee/worker

kollegial *adj* cooperative

Kollegial|behörde *f* board, authority; **K.gericht** *nt* panel of judges, divisional court; **K.organ** *nt* collegial board/organ

Kollektiv *nt* collective; **K.beleidigung** *f* collective defamation/libel, defamation of a particular group; **K.besitz** *m* joint ownership; **K.delikt** *nt* crime committed by a group, collective crime; **K.eigentum** *nt* joint/public ownership; **K.frachtbrief** *m* blanket waybill; **K.geldstrafe** *f* combined fine; **K.haftung** *f* collective/joint liability; **K.handlungsvollmacht; K.prokura** *f* joint power of attorney; **K.klage** *f* class/joint action; **K.klagerecht** *nt* law of group action; **K.lebensversicherung** *f* group life insurance; **K.marke** *f* collective mark; **K.schuld** *f* collective guilt; **K.strafe** *f* collective punishment; **K.unfallversicherung** *f* collective accident insurance; **K.-verantwortung** *f* collective/joint responsibility; **K.verhandlungen** *pl (Arbeitsrecht)* collective bargaining; **K.vertrag** *m* collective bargaining agreement; **K.versicherung** *f* blanket/group insurance; **K.-vollmacht** *f* joint power of attorney

kollidieren (mit) *v/i* 1. to collide (with); 2. to conflict (with), to be in conflict (with); 3. to crash (into); 4. *(störend einwirken)* to interfere (with); **k.d** *adj* conflicting

Kollision *f* 1. collision, crash; 2. *(Patentrecht)* interference; 3. conflict; **K. zwischen zwei Rechten** conflict between two laws

Kollisions|klausel *f* collision clause; **K.-normen** *pl* conflict/choice of law rules, conflicting rules; **K.ort** *m* crash site; **K.-patent** *nt* interfering/collision patent; **K.-recht** *nt* law of conflict of laws; **K.regeln** *pl* conflict/collision rules; **K.risiko** *nt* collision risk

Kollusion *f* collusion

Kolonne *f (Polizei usw.)* convoy (of vehicles)

Kommandit|aktionär(in) *m/f* limited liability shareholder; **K.beteiligung** *f* participation in a limited partnership; **K.gesellschaft (KG)** *f* limited partnership

Kommandit|ist(in) *m/f* limited/dormant/silent partner, partner with limited liability; **K.kapital** *nt* limited liability capital

Kommentar *m* 1. *(Stellungnahme)* opinion, statement, comment; 2. *(Text)* commentary

kommerzialisier|en *v/t* to commercialize; **K.ung** *f* commercialization

kommerziell *adj* commercial

Kommissar *m* commissioner; **K.iat** *nt (Polizei)* 1. *(Amt)* superintendent's office; 2. *(Amtsbereich)* superintendent's department

kommissarisch *adj* 1. *(beauftragt)* on commission; 2. *(einstweilig)* temporary

Kommission *f* commission, consignment; **auf K.** on consignment, sale or return; **K. einsetzen** to set up/appoint a commission; **in K. geben** to consign; **~ liefern** to supply sth. on a sale or return basis; **~ nehmen** to take sth. on a commission basis; **~ verkaufen** to sell on a commission/consignment basis

Kommissionär *m* 1. commission agent; 2. *(Verkaufsagent)* factor; 3. *(Empfänger)* consignee; **K.spfandrecht** *nt* factor's lien

K

Kommissions|basis *f* consignment basis; **auf ~** on a consignment basis; **K.geschäft** *nt* transaction on a consignment basis; **K.gut** *nt* consignment goods; **K.kauf** *m* purchase on commission; **K.verkauf** *m* sale on a consignment basis; **K.vertrag** *m* consignment contract; **K.ware** *pl* consignment goods

Kommittent *m* consignor, principal

Kommorient *m* person dying at the same time as another

kommunal *adj* municipal, local

Kommunal|abgaben *pl* local/municipal rates, ~ taxes; **K.aufsicht** *f* supervision of local authorities (by the state); **K.beamter** *m* local government officer; **K.behörde** *f* local (government) authority; **K.gesetz** *nt* local government statute, bylaw; **K.obligation** *f* local government stock/bond; **K.recht** *nt* local government law, municipal law; **K.verfassung** *f* local government statutes; **K.verwaltung** *f* local government (administration); **K.wahlrecht** *nt* local government election law

K

Kommune *f* local authority/government, municipality

Kommunikations|freiheit *f* freedom of communication; **K.weg** *m* channel of communication

Kompensation *f* compensation, indemnification, trade-off

Kompensations|anspruch *m* compensation/indemnification claim; **K.einrede** *f* plea of retorsion; **K.geschäft** *nt* barter transaction; **K.privileg** *nt* offset privilege; **K.zahlung** *f* compensation payment

kompensieren *v/t* 1. *(entschädigen)* to compensate (so. for sth.), to indemnify (so.); 2. *(ausgleichen)* to set off/offset/counterbalance

kompetent *adj* competent

Kompetenz *f* 1. *(Befähigung)* competence; 2. *(Zuständigkeit)* jurisdiction, competence; 3. *(Befugnis)* authority, responsibility; **K. zum Abschluss von Verträgen** *(Völkerrecht)* treaty-making powers; **seine K.en überschreiten** to exceed one's powers, to commit an ultra vires act

Kompetenz|abgrenzung *f* delimitation of powers; **K.artikel** *m* objects clause; **K.bereich** *m* sphere of jurisdiction/responsibility; **K.delegation** *f* delegation of authority/responsibility; **K.kompetenz** *f* competence for jurisdictional allocation; **K.konflikt; K.streitigkeit** *m/f* jurisdictional conflict, conflict of competence; **K.norm** *f* jurisdictional norm; **K.überschreitung** *f* acting ultra vires *(lat.)*, exceeding one's competence/powers; **K.übertragung** *f* transfer of competence; **K.verteilung** *f* allocation of competences

Komplementär|(gesellschafter) *m* general partner; **K.anteil** *m* general partner's interest; **K.güter** *pl* complementary goods

Komplize *m* accomplice, joint offender

Komplott *nt* plot, conspiracy; **K. schmieden** to plot/conspire, to hatch a plot; **K. vereiteln** to foil a plot

Komponente *f* component, element, part

Kompositversicherer *m* composite insurer

Kompromiss *m* compromise; **K. schließen** to reach a compromise

kompromiss|bereit *adj* willing to compromise; **k.los** *adj* 1. uncompromising; 2. *(uneingeschränkt)* unqualified, unconditional; **K.losigkeit** *f* intransigence; **K.vorschlag** *m* compromise proposal

jdn kompromittieren *v/t* to compromise so., to expose so.'s reputation to risk; **sich k.** *v/refl* to compromise os., to put os. in a compromising position; **k.d** *adj* compromising

Kondiktion *f* action for restitution

Kondition *f* condition; **K.en** *pl* conditions, terms (and conditions); **zu den üblichen ~** on the usual terms; **~ erfüllen** to comply with conditions; **~ festsetzen** to stipulate terms; **K.skauf** qualified sale

Kondolenz *f* condolence; **K.brief** *m* letter of condolence/sympathy

jdm kondolieren *v/i* to pay one's condolences to so., to offer so. one's sympathies

Kondominium *nt* joint sovereignty

Konferenz *f* conference; **K. einberufen** to convene a conference

Konfession *f* faith, (religious) belief, denomination

Konfiskation *f* confiscation, seizure, sequestration; **K.sverfügung** *f* confiscation/sequestration order

konfiszier|en *v/t* to confiscate/seize/sequestrate; **K.ung** *f* confiscation, seizure, sequestration

Konflikt *m* conflict, dispute; **K. beilegen** to settle a dispute

Konflikt|begrenzung *f* conflict containment; **K.beilegung** *f* conflict resolution/settlement; **K.beratung** *f* conflict counselling; **K.bereinigungsgespräch** *nt* conciliatory talk; **K.herd** *m* focus of conflict; **K.lage** *f* conflict situation; **K.kommission** *f* grievance committee; **K.parteien** *pl* parties to a conflict; **K.regelung** *f* conflict resolution, settlement of a conflict; **K.stoff** *m* cause of conflict; **K.vermeidung** *f* conflict prevention

Konföderation *f* confederation

konform *adj* in conformity with

Konfront|ation *f* confrontation; **k.ieren** *v/t* to confront

Konfusion *f* 1. *(Verwirrung)* confusion; 2. *(Schuldrecht)* merger/confusion of rights

Kongress *m* congress

konkludent *adj* implied, conclusive

Konklusion *f* conclusion

Konkordat *nt* concordat

konkret *adj* concrete, real, tangible

konkretisier|en *v/t* *(Güter)* to appropriate; **K.ung** *f* appropriation; **~ der Ware** appropriation of the (contract) goods

Konkubinat *nt* cohabitation

Konkurrent|(in) *m/f* competitor, rival; **K.enklage** *f* action taken by a competitor

Konkurrenz *f* 1. *(Gesetz)* concurrence, conflict; 2. *(Wettbewerb)* competition; **K. von Straftaten** relationship between several offences committed by one act or a series of acts; **unlautere K.** unfair competition; **K.erzeugnis** *f* competing product

konkurrenzfähig *adj* competitive

Konkurrenz|firma *f* competing/rival firm; **K.kampf** *m* competition; **K.klausel** *f* non-competitive clause, restrictive covenant, covenant in restraint of trade, restraint of competition clause; **K.tätigkeit** *f* competitive activity; **K.unternehmen** *nt* competing enterprise; **K.verbot** *nt* prohibition of competition, ban on competition, agreement in restraint of trade; **K.vereinbarung** *f* restrictive covenant

konkurrieren *v/i* to compete/rival; **k.d** *adj* 1. *(Ansprüche usw.)* concurrent, concurring; 2. *(Gesetze)* concurrent, conflicting; 3. competitive, competing

Konkurs *m* bankruptcy; **K. abwenden** to avoid bankruptcy; **K. anmelden** to declare os. bankrupt, to file a petition in bankruptcy; **in K. gehen/geraten; K. machen** to go bankrupt

betrügerischer Konkurs fraudulent bankruptcy; **freiwilliger K.** voluntary bankruptcy; **zwangsweiser K.** involuntary bankruptcy

Konkurs|abwendung *f* avoidance of bankruptcy; **K.abwickler(in)** *m/f* liquidation/administration of a bankrupt's estate; **K.androhung** *f* bankruptcy notice; **~ mit Zahlungsaufforderung** judgment summons; **K.anfechtung** *f* rescission of bankruptcy; **K.anmeldung** *f* filing (of) a bankruptcy petition, ~ a petition in bankruptcy; **K.antrag** *m* bankruptcy petition, petition in bankruptcy; **K.aufhebung** *f* discharge in bankruptcy, annulment of an adjudication of bankruptcy; **K.ausfallgeld** *nt* substitute insolvency pay; **K.beendigung** *f* termination of bankruptcy proceedings; **K.beschluss** *m* receiving order; **gerichtlichen ~ fassen** to make a receiving order; **K.delikt** *nt* bankruptcy offence, (act of) fraudulent bankruptcy; **K.einstellung** *f* stay of bankruptcy proceedings; **K.erklärung** *f* bankruptcy notice, declaration of bankruptcy; **jdm die ~ zustellen** to serve so. a bankruptcy notice

Konkurseröffnung *f* adjudication of bankruptcy, receiving order, commencement of bankruptcy proceedings; **K. beantragen** to file a petition in bankruptcy

Konkurseröffnungs|antrag *m* bankruptcy petition, petition in bankruptcy; **~ der Gläubiger** creditors' petition; **K.beschluss** *m* winding up/adjudication/receiving *[GB]* order, order in bankruptcy

Konkursforderung *f* claim in bankruptcy, ~ against a bankrupt's estate, provable claim; **K. anmelden** to lodge/file a proof of debt (in bankruptcy), ~ bankruptcy claim; **bevorrechtigte K.** preferential debt; **nachrangige K.** deferred debt; **gewöhnliche K.** ordinary debt

Konkursgericht *nt* bankruptcy court

Konkursgläubige(r) *f/m* creditor in bankruptcy, ~ of a bankrupt; **bevorrechtigte(r) K.** preferential creditor; **nicht ~** ordinary creditor (in bankruptcy)

Konkurs|grund *m* reason for opening bankruptcy proceedings; **K.handlung** *f* act of bankruptcy; **K.masse** *f* bankrupt's estate; **K.ordnung** *f* bankruptcy regulations, Bankruptcy Act *[GB]*, Chandler Act *[US]*; **K.quote** *f* bankruptcy dividend;

K.recht *nt* bankruptcy law, law of bankruptcy; **K.richter(in)** *m/f* bankruptcy court judge, judge in a bankruptcy court, registrar *[GB]*/referee *[US]* in bankruptcy; **K.sache** *f* bankruptcy case; **K.schuld** *f* debt owing from a bankrupt's assets; **K.schuldner(in)** *m/f* (adjudicated) bankrupt, bankruptcy debtor; **~verzeichnis** *nt* list of adjudicated bankrupts; **K.straftat** *f* bankruptcy offence; **K.tabelle** *f* schedule of (the bankrupt's) creditors, list of creditors' claims

Konkursverfahren *nt* bankruptcy proceedings, proceedings in bankruptcy; **K. aufheben** to discharge a bankrupt; **gegen jdn ein K. einleiten** to institute bankruptcy proceedings against so., to have a receiving order made against so.; **K. einstellen** to discontinue bankruptcy proceedings; **K. eröffnen** to institute bankruptcy proceedings, to grant a receiving order

K

Konkurs|vergehen *nt* bankruptcy offence; **K.vergleich** *m* composition in bankruptcy; **K.verkauf** *m* sale of goods from the bankrupt's assets; **K.verschleppung** *f* (criminal) delay in filing a bankruptcy petition

Konkursverwalter(in) *m/f* official receiver *[GB]*, receiver *[US]*, administrator/receiver in bankruptcy proceedings; **endgültige(r) K.** trustee in bankruptcy *[GB]*

Konkursverwaltung *f* receivership, administration of a bankrupt's estate; **K.svorrechte** *pl* rights giving a prior claim to satisfaction

Konkursverwertung *f* disposal of assets from the bankrupt's estate

Konnivenz *f* connivance

Konnossement *nt* bill of lading (B/L); **K. ohne Vorbehalt** clean bill of lading; **laut K.** as per bill of lading; **K. ausstellen** to make out a bill of lading

echtes/reines Konnossement clean bill of lading; **unreines K.** dirty/foul bill of lading

Konossements|bedingungen *pl* terms of the bill of lading; **K.garantie** *f* letter of indemnity; **K.klausel** *f* bill of lading clause

Konsens *m* consensus, unanimity; **K. ist herbeigeführt** a consensus was reached; **k.pflichtig** *adj* subject to approval; **K.prinzip** *nt* principle of unanimity

Konsensualvertrag *m* consensual agreement

Konservierungsstoffe *pl* preservatives

Konsign|ator *m* consignor; **K.ation** *f* consignment

Konsignations|verkauf *m* sale on a consignment basis, consignment sale; **K.vertrag** *m* contract of consignment; **K.ware** *pl* consignment goods

Konsolidation *f* 1. consolidation; 2. *(Sachenrecht)* merger of rights in one hand

konsolidier|en *v/t* to consolidate/fund; **K.ung** *f* consolidation

Konsorte *m* associate, syndicate member

Konsortial|anteil; K.beteiligung *m/f* share (in a syndicate); **K.führer(in)** *m/f* lead-manager (of a consortium); **K.geschäft** *nt* underwriting, (syndicate) transaction; **K.kredit** *m* syndicated credit; **K.mitglied** *nt* syndicate member; **K.provison** *f* underwriter's commission; **K.system** *nt* (*Vers.*) syndicate system; **K.verpflichtung** *f* underwriting commitment; **K.vertrag** *m* consortium/underwriting agreement; **k.iter** *adv* by way of syndicate, jointly

Konsortium *nt* consortium, syndicate

Konspir|ation *f* conspiracy, plot; **k.ativ** *adj* clandestine; **k.ieren** *v/i* to conspire/plot

konstatieren *v/t* to state

sich konstituieren *v/refl* to constitute os.; **k.d** *adj* constituent

konstituiert *adj* constituted; **ordnungsgemäß k.** duly constituted

Konstitution *f* constitution; **K.alismus** *m* constitutionalism

konstitutiv *adj* constitutive; **K.wirkung** *f* legal effect of a judgment in creating rights and duties

konstruieren *v/t* to design/construct

Konstruktion *f* construction, design

Konstruktions|fehler *m* construction flaw; **K.merkmal** *nt* design feature

Konsul *m* consul

Konsular|abkommen *nt* consular treaty/agreement; **K.beamter** *m* consular official; **K.faktura** *f* consular invoice; **K.gericht** *nt* consular court/tribunal; **k.isch** *adj* consular; **K.recht** *nt* consular law; **K.vertrag** *m* consular treaty/convention; **K.vertreter** *m* consular representative; **K.vertretung** *f* consular representation

Konsulat *nt* consulate

Konsulats|sichtvermerk *m* consular visa; **K.vertrag** *m* consular treaty

Konsultation *f* consultation
Konsultations|pflicht *f* mandatory consultation; **K.verfahren** *nt* consultation proceedings/procedure
konsultieren *v/t* to consult
Konsum *m* consumption; **K.ent(in)** *m/f* consumer; **K.gewohnheiten** *pl* consumer habits; **K.güter** *pl* consumer goods
Kontakt *m* contact; **K.aufnahme** *f* establishment of contact, entering into contact; **K.mann** *m* contact; **K.pflege** *f* maintenance of good relations; **K.sperre** *f* incommunicado confinement, ban on visits and letters
Kontamination *f* contamination
Konten|bereinigung *f* adjustment of accounts; **K.inhaber(in)** *m/f* account holder; **K.saldo** *m* balance; **K.sperre** *f* freezing of accounts
Konterbande *f* contraband
Kontiguitätszone *f* contiguous zone
Kontingent *nt* 1. quota; 2 *(Gruppe)* contingent; **k.ieren** *v/t* to fix a quota; **k.iert** *adj* subject to a quota
Kontingents|menge *f* quota volume; **K.zuweisung** *f* allocation of a quota
Konto *nt* account; **K. anlegen** to open an account; **K. auflösen** to close an account; **K. belasten** to debit an account; **auf ein K. einzahlen** to pay into an account; **K. pfänden** to attach an account; **K. prüfen** to audit an account; **K. sperren** to freeze an account; **auf einem K. verbuchen** to enter in an account
gemeinsames Konto joint account; **gesperrtes K.** frozen account; **laufendes K.** current account; **überzogenes K.** overdrawn account; **umsatzloses K.** inactive account; **zweckgebundenes K.** earmarked account
Konto|abtretung *f* assignment of an account; **K.auszug** *m* statement of account, account statement; **K.bewegung** *f* account movement/transaction; **k.führend** *adj* account-keeping; **K.gebühren** *pl* account-keeping charges; **K.gutschrift** *f* credit (to an account); **K.inhaber(in)** *m/f* account holder; **K.korrent** *m* current account; **K.korrentvorbehalt** *m* current account reservation; **K.pfändung** *f* garnishment/attachment of an account; **K.spesen** *pl* bank charges; **K.überziehung** *f* overdraft; **K.vertrag** *m* account contract
kontradiktorisch *adj* contentious
Kontrahent(in) *m/f* 1. opposing/adversary party; 2. contractor, contracting party
kontrahieren *v/t* to contract; **mit sich selbst k.** to contract with os.
Kontrahierung *f* entering into a contract; **K.sfreiheit** *f* freedom to contract, **K.szwang** *m* obligation to (enter into a) contract
Kontrakt *m* contract; **k.bestimmt** *adj* contractual; **k.brüchig** *adj* in breach of contract; **k.gebunden** *adj* bound by contract; **K.frist** *f* period of contract
Kontrasignatur *f* counter-signature
Kontroll|abschnitt *m* counterfoil, control slip; **K.ausschuss** *m* supervisory committee; **K.befugnisse** *pl* supervisory powers; **K.behörde** *f* supervisory authority
Kontrolle *f* 1. surveillance, control; *2. (Buchführung)* audit; 3. *(Überprüfung)* check, inspection, supervision; 4. *(Überwachung)* monitoring; **außer K.** out of control; **unter K.** under control
Kontrolle von Unternehmenszusammenschlüssen merger control
etw. unter Kontrolle bringen to get a grip on sth.; **K.n durchführen** to carry out checks; **unter K. halten** to hold in check; **K. verlieren** to lose control; **intensive K.** in-depth check
Kontrollgang *m* 1. round; 2. *(Polizei)* patrol
kontrollieren *v/t* 1. to control; 2. to check/inspect; 3. *(überwachen)* to supervise/monitor
Kontroll|instanz; K.organ *f/nt* monitoring/control body; **k.pflichtig** *adj* subject to control; **K.recht** *nt* right of control; **~ der Gesellschafter** right of control of shareholders/partners; **K.schein** *m (LKW)* check certificate
Kontroverse *f* controversy; **K. beilegen** to settle a controversy
Kontumaz *f* contumacy, default, failure to appear in court
kontumazial *adj* contumacious; **K.urteil** *nt* default judgment; **K.verfahren** *nt* 1. default proceedings, proceedings in the absence of the defendant; 2. *(StR)* trial in the absence of the accused
Konvaleszenz *f* convalescence
Konvent *m* *(Versammlung)* convention
Konvention *f* convention, treaty; **K. zum Schutz der Menschenrechte** Convention for the Protection of Human Rights (and Fundamental Freedoms)

Konventional|scheidung *f* divorce by mutual consent; **K.strafe** *f* (contractual/ fixed) penalty, penalty for breach of contract; **K.zinsen** *pl* stipulated interest

Konvergenz *f* convergence

Konversion *f* conversion

Konversions|anleihe *f* conversion loan; **K.guthaben** *nt* conversion balance; **K.-recht** *nt* right of conversion

Konvertibilität *f* convertibility

konvertier|bar *adj* convertible; **nicht k.** non-convertible; **k.en** *v/t* to convert; **K.ung** *f* conversion; **K.ungsrisiko** *nt* conversion risk

konzedieren *v/t* to concede

Konzentration *f* 1. concentration; 2. *(Unternehmenszusammenschluss)* merger; **K.skontrolle** *f* merger control

Konzept *nt* concept, draft

Konzern *m* group, trust *[US]*, concern; **K.-geschäftsbericht** *m* consolidated report; **K.gesellschaft** *f* company of the same group; **K.gewinn- und Verlustrechnung** *f* consolidated profit and loss statement; **K.recht** *nt* company law relating to groups; **K.vereinbarung** *f* group agreement

Konzertierungsverfahren *nt* conciliation procedure

Konzession *f* charter, concession, franchise *[US]*, licence (to operate); **K. beantragen** to apply for a licence; **K. entziehen** to disenfranchise, to withdraw a licence; **K. erhalten** to obtain a licence; **K. erteilen** to grant a licence

Konzessionär *m* concessionaire

Konzession|ensystem *nt* franchise system; **k.ieren** *v/t* to license, to grant a concession, to franchise *[US]*; **K.ierung** *f* licensing, licensure *[US]*

Konzessions|abgabe *f* royalty; **K.einnahmen** *pl* royalties; **K.entziehung; K.entzug** *f/m* cancellation/revocation/withdrawal of a licence; **K.erteilung** *f* granting (of) a licence, licensing, licensure *[US]*, franchising *[US]*; **um ~ bitten** to apply for a licence; **K.gebühr** *f* licence/concession fee; **K.gesuch** *nt* application for a concession/licence; **K.inhaber(in)** *m/f* concessionaire, franchisee, holder of a concession/licence, licensee, franchise owner *[US]*; **K.pflicht** *f* obligation to obtain a licence; **K.system** *nt* licensing/ franchising system; **K.urkunde** *f* charter; **K.vergabe** *f* licensing, licensure *[US]*; **K.verlängerung** *f* renewal of a licence; **K.vertrag** *m* licensing agreement/contract

konzipieren *v/t* to draft

Kooperation *f* cooperation; **K.sabkommen; K.svereinbarung** *nt/f* cooperation agreement

kooptieren *v/t* to co-opt

Kopf *m* 1. head; 2. *(Überschrift)* head; **auf dem K.** upside down; **pro K.** per head, per capita *(lat.)*; **~-Einkommen** *nt* income per head of population, per capita income; **führender K.** mastermind

Kopf|geld *nt* reward paid for the capture of a criminal; **K.geldjäger** *m* bounty hunter; **K.steuer** *f* capitation/poll tax; **K.stütze** *f* headrest, head restraint; **K.verletzung** *f* head injury

Kopie *f* copy; **K. für sich behalten** to retain one copy; **beglaubigte K.** certified copy; **k.ren** *v/t* to copy

Koppelungs|geschäft *nt* tie-in transaction; **K.verkauf** *m* tie-in sale; **K.vertrag** *m* tie-in agreement

Körper *m* body; **K. verletzen** to cause physical injury, to cause/inflict bodily harm

körper|behindert *adj* (physically) disabled; **K.behinderte(r)** *f/m* disabled person; **K.behinderung** *f* disability; **K.beschädigung** *f* physical injury; **k.lich** *adj* physical, corporeal; **K.schaden** *m* personal injury; **lebenslänglicher ~** permanent disability

Körperschaft *f* body corporate, corporation, corporate entity; **K. ohne Erwerbscharakter** non-profit-making corporate body; **K. des öffentlichen Rechts; öffentlich-rechtliche K.** public(-law) corporation, statutory body, corporation under public law; **K. im Rechtssinn** de-jure corporation; **privatrechtliche K.** private-law corporation, corporation under private law

Körperschaftssteuer *f* corporation tax, corporate income tax; **K.befreiung** *f* exemption from corporation tax; **K.erklärung** *f* corporation tax return

Körperverletzung *f* bodily/personal/physical injury/harm, assault (and battery), battery; **K. im Amt** bodily harm/injury caused by an officer of the law; **K. mit Todesfolge** assault resulting in death; **K. durch Unfall** accidental injury

Körperverletzung begehen to cause injury; **K. erleiden** to sustain an injury; **wegen K. klagen** to sue for personal injury; **K. zufügen** to occasion actual bodily harm

einfache Körperverletzung actual bodily harm (ABH); **fahrlässige K.** (bodily) injury/harm caused by negligence, negligently caused bodily harm; **gefährliche/schwere K**. grievous/serious bodily harm *[GB]*, serious bodily injury, aggravated battery *[US]*, mayhem *[US]*; **vorsätzliche K.** wounding with intent, criminal assault; **~ schwere K.** maliciously inflicted grievous bodily harm, assault with intent to cause grievous bodily harm/injury; **K.sdelikt** *nt* offence against the person

Korporation *f* corporation

korrespektiv *adj* reciprocal

Korrespondenz *f* correspondence; **K.anwalt** *m* lawyer acting as agent (for another lawyer); **K.geheimnis** *nt* secrecy/privacy of correspondence

korrigieren *v/t* to correct

korrumpieren *v/t* to corrupt

Korruption *f* corruption, bribery

Kost *f* food, board; **K. und Logis** board and lodging

kostbar *adj* valuable, precious; **K.keit** *f* precious object

Kosten *pl* 1. expense(s), cost(s); 2. *(Belastung)* charges; **abzüglich K.** less charges; **auf K. von** at the expense of; **ohne K.** free of charge

Kosten und Gefahren costs and risks; **K. des Haushalts** household cost(s); **K. der Hinterlegung** deposit cost(s); **K. des Rechtsstreits** cost(s) of litigation; **K. der Rechtsverfolgung** legal costs; **K. des Verfahrens** cost(s) of the proceedings; **~ vor dem Prozessgericht** cost(s) of the trial; **K. der Versteigerung** auction costs; **~ Verwaltung** administrative cost(s)

Kosten ermitteln to ascertain the costs; **K. ersetzen/erstatten** to refund/reimburse costs; **K. festsetzen** *(Gerichtskosten)* to tax (the) costs; **K. niederschlagen** to waive cost(s); **K. tragen** to bear the cost(s); **K. ganz oder teilweise tragen** to defray all or part of the cost(s); **K. sind von der unterlegenen Partei zu tragen** costs are to be defrayed by the losing party; **K. übernehmen** to take over the cost(s), to defray costs; **K. umlegen auf** to apportion expenses to; **jdn zu den K. verurteilen** to order so. to pay (the) costs; **K. vorschießen** to advance costs

anfallende Kosten accruing costs; **angefallene K.** accrued costs; **anteilige K.** prorated costs; **außergerichtliche K.** extra-judicial costs; **einmalige K.** nonrecurring costs; **eintreibbare/erstattungsfähige K.** recoverable costs; **vom Prozessgegner zu erstattende K.** costs recoverable from the unsuccessful party; **mit großen K.** at great expense; **laufende K.** current costs; **veranschlagte K.** estimated costs; **verschiedene K.** sundry expenses

Kosten|anordnung *f* order concerning costs; **K.anschlag** *m* estimate; **K.auferlegung** *f* order to pay costs; **K.aufgliederung** *f* breakdown of costs; **K.aufteilung** *f* allocation of costs; **K.aufwand** *m* expenditure(s); **K.beamter** *m* taxing officer; **K.-belastung** *f* cost burden; **K.deckungsprinzip** *nt* principle of cost recovery; **K.degression** *f* economies of scale; **K.-eintreibung** *f* collection of costs; **K.entscheidung** *f* decision concerning costs, costs order, court order as to costs; **K.-erlass** *m* waiver of costs; **K.erstattung** *f* cost refund, refund/reimbursement (of costs); **K.erstattungsanspruch** *m (Prozesspartei)* entitlement to costs, claim of a party to payment of his/her costs (of the proceedings); **K.festsetzung** *f (Gericht)* taxation/taxing of costs; **K.festsetzungsbeschluss** *m* order for costs, cost award; **k.frei** *adj* free of charge; **K.freiheit** *f* exemption from costs; **K.gesetz** *nt* court costs act; **K.haftung** *f* liability for costs

kostenlos *adj* free of charge

Kosten|miete *f* economic rent, cost-covering rent; **K.niederschlagung** *f* waiver of costs; **K.ordnung** *f* court costs rules, scale of costs; **K.pauschale** *f* all-inclusive costs; **K.pflicht** *f* liability to pay the costs; **k.pflichtig** *adj* liable to pay the costs, with costs; **K.preis** *m* cost price; **K.rechnung** *f* bill of costs, ex parte costs; **K.-recht** *nt* law on costs; **K.schuldner(in)** *m/f* party liable to pay costs; **K.spezifizierung** *f* breakdown of costs; **K.stellenrechnung** *f* departmental costing; **K. teilungsvertrag** *f* shared-cost contract; **K.titel** *m* cost taxation order; **K.träger** *m*

1. cost unit; 2. funding body; **K.tragung** *f* taking over of costs; **K.tragungspflicht** *f* duty to pay costs; **K.übernahme** *f* assumption of costs, agreement to cover costs; **K.umlage** *f* apportionment of costs, cost allocation; **K.urteil** *nt* judgment concerning costs; **K.verfahren** *nt* cost proceedings; **K.verzeichnis** *nt* bill of costs; **K.voranschlag** *m* estimate (of costs); **verbindlicher ~** firm estimate (of costs); **K.vorschuss** *m* 1. advance; 2. *(Anwalt)* retainer

Kost|geld *m* board; **K.gänger; K.nehmer** *m* paying guest/boarder; **K.geber** *m* person offering board and lodging

Kotflügel *m* mudguard *[GB]*, fender *[US]*

Kraft *f* force; **in K. bleiben** to remain in effect/force; **außer K. (gesetzt)** in abeyance; **in K. sein** *(gelten)* to be in force; **zeitweilig außer K. sein** to be in abeyance; **außer K. setzen** 1. to repeal/abrogate/overrule; 2. *(zeitweilig)* to suspend/rescind; **in K. setzen** to put into effect; **wieder ~** to reinstate; **außer K. treten** to become ineffective, to cease to be in force, to expire/terminate; **in K. treten** to come into effect/force/operation, to take effect

rückwirkende Kraft retroactive effect

kraft *prep* by virtue/operation of

Kraftfahrer(in) *m/f* driver, motorist

Kraftfahrzeug *nt* motorcar, motor vehicle; **K. abmelden** to deregister a motor vehicle; **K. anmelden** to register a motor vehicle; **K. führen** to drive a motor vehicle

Kraftfahrzeug|anmeldung *f* motor vehicle registration; **K.brief** certificate of title to a motor vehicle, motor vehicle registration book *[GB]*, motor vehicle registration *[US]*; **K.eigentümer(in)** *m/f* vehicle owner; **K.führer(in)** *m/f* driver; **K.haftpflicht** *f* motor vehicle third-party liability; **K.haftpflichtversicherung** *f* third-party insurance; **K.halter(in)** *m/f* registered vehicle owner/user; **K.papiere** *f* motor vehicle documents; **K.schein** *m* motor vehicle (registration) certificate; **K.steuer** *f* motor vehicle excise duty; **K.unfall** *m* motor vehicle accident; **K.verkehr** *m* (vehicular) traffic; **K.versicherung** *f* car insurance, motor vehicle insurance; **~ mit Schadenfreiheitsrabatt** motor insurance with a no-claim(s) bonus; **K.zulassung** *f* motor vehicle licensing, car *[GB]*/automobile *[US]* registration; **K.zulassungsstelle** *f* motor vehicle licensing office

kraftlos *adj* *(ungültig)* invalid, void; **für k. erklären** to declare invalid

Kraftloserklärung *f* invalidation, forfeiture, declaration of nullity, cancellation; **K. der Vollmachtsurkunde** invalidation of a document conferring authority

Kraftlosigkeit *f* nullity

Kraft|rad *nt* motorcycle, motorbike; **K.verkehr** *m* road traffic

Kralle *f* *(Falschparker)* clamp; **K. anbringen** to clamp (a vehicle)

krank *adj* sick; **k. feiern** *(blaumachen)* to fake/feign illness, to skive off work *(coll)*; **sich k. melden** to report sick; **jdn k. schreiben** to issue so. with a sick note, to put so. on the sick list; **psychisch k.** mentally ill

Kranke(r) *f/m* sick person

Kranken|behandlung *f* medical treatment; **K.fürsorge** *f* medical care; **K.geld** *nt* sickness benefit/pay

Krankenhaus *nt* hospital; **ins K. kommen** to be taken to hospital; **geschlossenes K.** secure hospital

Krankenhaus|aufnahme *f* admission to a hospital, hospitalization; **K.einweisung** *f* committal to (a) hospital, hospitalization

Kranken|kasse *f* health insurance (scheme); **K.pflegepersonal** *nt* nursing staff; **K.schein** *m* health insurance certificate/card; **K.schwester** *f* nurse; **staatlich geprüfte ~** state-registered nurse; **K.urlaub** *m* sick leave

Krankenversicherung *f* health insurance (scheme); **gesetzliche K.** statutory health insurance (scheme)

Krankenwagen *m* ambulance; **K. anfordern** to send for/call an ambulance

Krankheit *f* sickness, illness, disease; **wegen K. beurlaubt sein** to be on sick leave

angeborene Krankheit congenital disease; **ansteckende K**. contagious disease; **meldepflichtige K.** notifiable disease; **psychische K.** mental illness; **schwerwiegende K.** severe illness

Krankheits|attest *nt* medical certificate; **K.fall** *m* case of sickness; **K.urlaub** *m* sick leave

Krankmeldung *f* reporting sick, sick note

Kranksein vortäuschen *nt* to malinger

Kranzgeld *nt* breach of promise award

Kratz|spur *f* scratch mark; **K.wunde** *f* scratch

Krawall *m* riot, civil commotion

Kredit *m* 1. credit, loan; 2. *(Vorschuss)* advance; **K. aufnehmen** to raise a credit/loan; **K. gewähren** to grant a credit/loan; **auf K. kaufen** to buy on credit; **~ verkaufen** to sell on credit

gebundener Kredit tied loan; **ungedeckter K.** unsecured credit/loan

Kredit|abkommen *nt* credit agreement; **K.antrag** *m* credit/loan application; **K.-aufnahme** *f* borrowing; **K.auftrag** *m* mandate to provide credit for a third-party; **K.auskunft** *f* credit information, status inquiry, trade reference; **K.auskunftei** *f* credit rating/inquiry agency; **K.-bedingungen** *pl* credit terms; **K.betrag** *m* principal; **K.betrug** *m* credit fraud; **K.-brief** *m* letter of credit (L/C); **K.bürgschaft** *nt* credit guarantee; **K.erleichterung** *f* easing of credit terms

kreditfähig *adj* creditworthy

Kredit|geber(in) *m/f* lender; **K.gewährung** *f* lending; **K.grenze** *f* credit line, loan ceiling; **K.institut** *nt* credit institution

kreditieren *v/t* to credit

Kredit|karte *f* credit card; **K.kartenbetrug** *m* credit card fraud; **K.kauf** *m* credit sale; **K.konditionen** *pl* credit terms; **K.-laufzeit** *f* duration of credit; **K.nehmer(in)** *m/f* borrower

Kreditoren *pl* creditors

Kredit|risikoabsicherung *f* factoring, non-recourse financing; **K.schädigung** *f* damage to so.'s financial reputation; **K.sicherheit** *f* credit security, collateral *[US]*; **K.sicherung** *f* securitization/collateralization (of a credit); **K.staffelung** *f* staggering of credit; **K.status** *m* credit standing; **K.tilgung** *f* loan repayment; **K.verein** *m* loan society; **K.verkauf** *m* credit sale; **K.vermittler** *m* money broker; **K.vermittlung** *f* arranging a credit; **K.vermittlungsvertrag** *m* money brokerage agreement; **K.verpflichtung** *f* lending obligation; **K.-vertrag** *m* loan contract/agreement; **K.-wucher** *m* usury; **k.würdig** *adj* creditworthy; **K.würdigkeit** *f* creditworthiness; **K.zinsen** *pl* credit interest; **K.zusage** *f* credit acceptance

Kreis *m* district, county; **K.gericht** *nt* district court; **K.verkehr** *m* roundabout, rotary *[US]*

Kreuzung *f* crossroads, crossing, junction

Kreuzverhör *nt* cross-examination; **jdn ins K. nehmen** to cross-examine so.

Kriechspur *f* crawler lane

Krieg *m* war

Kriegsdienst *m* military service; **K.verweigerer** *m* conscientious objector; **K.verweigerung** *f* conscientious objection

Kriegs|entschädigung *f* war indemnity; **K.ereignisse** *pl* events of war; **K.erklärung** *f* declaration of war; **K.fall** *m* casus belli *(lat.)*; **K.gefangener** *m* prisoner of war; **K.gericht** *nt* court martial; **jdn vor ein ~ stellen** to court-martial so.; **K.opfer** *nt* war victim; **K.recht** *nt* martial law; **K.schaden** *m* war damage; **K.straftat; K.verbrechen** *f/nt* war crime; **K.verbrecher** *m* war criminal; **K.verbrechertribunal** *nt* War crimes tribunal; **K.zustand** *m* state of war

Kriminal|aktenhaltung *f* Criminal Record Office *[GB]*; **K.beamte(r)** *f/m* CID officer *[GB]*

Kriminalistik *f* criminology

Kriminalität *f* crime, delinquency; **K. in den Innenstädten** inner-city crime; **grenzüberschreitende K.** cross-border crime; **organisierte K.** organized crime; **schwere K.** serious crime

Kriminalitäts|brennpunkt *m* crime hotspot; **K.vorbeugung** *f* crime prevention

Kriminal|kommissariat *nt* CID unit *[GB]*; **K.polizei** *f* Federal Bureau of Investigation (FBI) *[US]*, Criminal Investigation Department (CID) *[GB]*, crime squad; **K.sache** *f* criminal case; **K.statistik** *f* crime figures; **K.strafe** *f* sentence (for a crime); **K.technik** *f* forensic science; **k.-technisch** *adj* forensic

kriminell *adj* criminal

Kriminologie *f* criminology

Krise *f* crises; **k.nanfällig** *adj* prone to crises

Kritik *f* criticism; **abfällige K.** adverse criticism

Kronanwalt *m* attorney/solicitor general, Queen's Counsel (QC) *[GB]*; **K. werden** to take silk *[GB]*

Kronrat *m* Privy Council (PC) *[GB]*

Kronzeuge *m* Queen's *[GB]*/state's *[US]* evidence; **als K. auftreten** to turn King's/Queen's/state's evidence; **K.nregelung** *f* regulation concerning persons who turn King's/Queen's/state's evidence

K

kulant *adj* accommodating
Kulanz *f* courtesy, ex gratia *(lat.)*; **K.leistung** *f* gesture of goodwill; **K.regulierung** *f (Vers.)* ex gratia/settlement payment; **K.zahlung** *f* courtesy payment
Kulturerbe *nt* cultural heritage
Kumulation *f* accumulation; **K.sprinzip** *nt* accumulation principle
kumul|ativ *adj* cumulative; **k.ieren** *v/t* to accumulate
Kumulierung *f* accumulation; **K. von Ämtern** accumulation of offices
kündbar *adj* terminable, redeemable, subject to notice; **jederzeit k.** terminable at will; **K.keit** *f* 1. terminability; 2. *(Anleihe)* redeemability
Kunde *m* customer, client
Kunden|beschwerde *f* customer complaint; **K.gelder** *pl* clients' moneys/funds; **K.kreis** *m* 1. clientele; 2. *(Geschäftswert)* goodwill; **K.stamm** *m* established clientele; **K.werbung** *f* canvassing, soliciting of customers
Kundgebung *f* demonstration
kundig *adj* skilful
kündigen *v/ti* to give (so.) notice (of termination), to terminate/cancel; **form- und fristgerecht k.** to give fair notice; **fristlos k.** to terminate without notice; **ordnungsgemäß k.** to give due notice; **schriftlich k.** to give notice in writing
Kündigung *f* 1. notice (of termination); 2. *(durch Vermieter)* notice to quit, termination; 3. *(Entlassung)* dismissal; 4. *(Kraftloserklärung)* cancellation; 5. *(Völkerrecht)* denunciation; 6. *(Kapital, Kredit)* calling in, recall; **im Falle der K.** if notice is given; **nach Eingang der K**. on receipt of notice
Kündigung bei Berufsunfähigkeit termination due to disability; **K. durch Gesellschafter** termination of the partnership by a partner; **K. wegen höherer Gewalt** cancellation on the grounds of force majeure *(frz.)*; **K. aus wichtigem Grund** termination for a valid reason; **K. einer Hypothek** 1. *(durch Gläubiger)* calling in the mortgage debt; 2. *(durch Schuldner)* (giving) notice of redemption of the mortgage debt; **K. des Mietvertrags** cancellation of the tenancy; **K. durch Pfändungspfandgläubiger** termination by execution creditor; **~ den Vermieter** (landlord's) notice to quit; **K. eines Vertrages** notice to terminate a contract, cancellation/rescission of a contract
Kündigung aussprechen to give notice; **K. erhalten** to be given notice, ~ the sack *(coll)*
außerordentliche Kündigung exceptional dismissal; **fristlose K.** 1. instant/summary dismissal; 2. termination without notice; **ordentliche K.** due notice; **(sozial) ungerechtfertigte K.** unfair dismissal; **vertragsgemäße K.** notice as per contract; **vierteljährliche K.** three months' notice; **vorzeitige K.** premature dismissal; **~ einseitige K. des Vertrages** premature unilateral termination of the contract; **willkürliche K.** arbitrary dismissal
Kündigungs|einspruch *m* protest against dismissal, complaint of unfair dismissal *[GB]*; **K.entschädigung** *f* compensation for loss of employment
Kündigungsfrist *f* period/term of notice; **K. bei Grundstücken** period of notice to terminate a lease (of land); **K. einhalten** to observe the period of notice; **angemessene K.** reasonable period of notice; **gesetzliche K.** statutory period of notice; **vereinbarte K.** stipulated period of notice
Kündigungs|grund *m* reason(s) for termination/dismissal, ground for giving notice, ~ for dismissal; **K.klausel** *f* 1. termination clause; 2. *(Völkerrecht)* denunciation clause; **K.pflicht** *f* duty to give notice of termination; **~ des Gläubigers** creditor's right of cancellation
Kündigungsrecht *nt* right to give notice, ~ of notice, ~ to terminate (a contract), ~ of cancellation; **K. des Bestellers** customer's right of cancellation; **K. und Kündigungsschutz des Mieters** tenant's right of notice and protection against eviction
Kündigungsschreiben *nt* *(Arbeitgeber)* letter of dismissal, notice of termination of employment
Kündigungsschutz *m* 1. *(Arbeitnehmer)* protection against unfair dismissal, ~ (unlawful) dismissal, security of tenure; 2. *(Mieter)* protection against eviction; **unter K. stehende(r) Mieter(in)** statutory tenant; **K.gesetz** *nt* termination of employment act
Kündigungsverbot *nt* prohibition of dismissal

Kund|machung *f* notice; **K.schaft** *f* customers, clientele; **k.tun** *v/t* to make manifest
künftig *adv* henceforth
Kunstfehler *m* (case of) malpractice; **ärztlicher K.** medical malpractice/error
Kupon *m* coupon
Kuppelei *f* procuration, procuring, pandering; **K. betreiben** to procure
Kuppler *m* pander, procurer; **K.in** *f* procuress, panderess
Kuratel *f* tutelage, trusteeship, guardianship
Kurator *m* curator, trustee, administrator
Kuratorium *nt* board of trustees/governors
Kurs *m* 1. *(Devisen)* rate of exchange; 2. *(Fahrtrichtung)* course; **K.abweichung** *f* deviation from the course; **K.treiberei** *f* *(Börse)* market rigging
Kurve *f* curve; **scharfe K.** sharp curve/turn; **unübersichtliche K.** blind corner
kurz *adj* brief, short; **bis vor k.em** until recently
Kurz|arbeit *f* short-time work(ing); **K.arbeiter(in)** *m/f* short-time worker; **K.arrest** *m* (short-term) detention
Kürze *f* brevity; **in K.** in the near future
kürzen *v/t* to reduce/curtail/abridge
Kurz|fassung *f* abridged version, summary; **k.fristig** *adj* at short notice, short-term; **k.lebig** *adj* short-lived; **K.parker(in)** *m/f* short-stay parker; **K.schrift** *f* shorthand
Kürzung *f* 1. *(Etat, Gehalt)* cut; 2. *(Bericht, Buch)* abridgement; 3. *(Arbeitszeit, Gehalt)* reduction
Küste *f* coast, shore; **außerhalb der K.** offshore
Küsten|gewässer *nt* coastal waters; **K.polizei** *f* coastguard; **K.schutz** *m* coastal protection; **K.verschmutzung** *f* coastal pollution; **K.wachschiff** *nt* coastguard vessel
Kustos *m* guardian, custodian, curator

L

labil *adj* *(psychisch)* unstable
Lackschaden *m* paint damage
Ladehemmung *f* jam
laden *v/t* *(vorladen)* to summon/cite, to serve a summons
Laden *m* shop, store; **L.dieb** *m* shoplifter; **L.diebstahl** *m* shoplifting; **~ begehen** to shoplift; **L.einbruch** *m* shopbreaking, smash-and-grab raid; **L.geschäft** *nt* retail outlet; **L.inhaber(in)** *m/f* shopkeeper; **L.-kasse** *f* till; **L.lokal** *nt* shop premises
Ladenschluss *m* shop closing time; **L.gesetz** *nt* shop closing act, hours of trading act; **L.zeit** *f* closing time; **L.zeiten** *pl* shop closing hours
Lade|schein *m* manifest; **L.verzeichnis** *nt* cargo list, manifest
lädieren *v/t* to injure/hurt
Ladung *f* 1. cargo, freight; 2. *(Vorladung)* summons (to appear), writ of process; 3. *(Klageschrift mit Prozessladung)* writ of summons; 4. *(Munition)* round; **L. zur mündlichen Verhandlung** notice of hearing; **L. unter Strafandrohung** *(Gericht)* subpoena *[US]*; **L. zum Termin** notice of trial; **L. von Zeugen** summoning of witnesses; **L. durch öffentliche Zustellung** public citation, summons by publication
Ladung ergehen lassen to issue a summons; **trotz L. nicht erscheinen** to fail to answer a summons, to be in contempt of court; **~ erschienen** contumacious; **einer L. Folge leisten** to answer a summons; **L. zustellen** to serve a summons
Ladungs|buch *nt* cause book; **L.diebstahl** *m* stealing goods from vehicles; **L.frist** *f* 1. period of summons; 2. notice of appearance; **L.gesuch** *nt* request for summons; **L.manifest** *nt* manifest; **L.papiere** *pl* cargo documents; **L.pfandrecht** *nt* cargo lien, lien on cargo; **L.schreiben** *nt* writ of summons; **L.verzeichnis** *nt* (cargo) manifest; **L.zustellung** *f* service of (a writ of) summons
Lage *f* position, situation; **nach L. des Falles** on the merits of the case, as the case may be
Lage bereinigen to remedy the situation; **nach L. der Akten entscheiden** to decide on the records; **in der L. sein** to be in the position; **L. stabilisieren** to stabilize the situation
rechtliche Lage legal position
Lage|besprechung *f* briefing; **L.meldung** *f* situation report; **L.plan** *m* survey map
Lager *nt* 1.warehouse; 2. stock(s); 3. (prison) camp, detention camp; **geheimes L.** stash; **L.geschäft** *nt* warehousing (operation); **L.halter(in)** *m/f* warehouse keeper; **L.halterpfandrecht** *nt* warehouseman's

lien; **L.ort** *m* place of storage; **L.pfandschein** *m* warehouse warrant; **L.schaden** *m* damage to cargo; **L.schein** *m* warehouse warrant

Lagerung *f* storage, storing, warehousing

Lagervertrag *m* contract of storage

Lagezentrale *f* control room/centre

lahm legen *v/t* 1. to paralyze; 2. *(Verkehr)* to bring to a standstill

Laie *m* *(Nichtfachmann)* layman

Laien|beisitzer(in) *m/f* lay assessor; **L.richter(in)** *m/f* lay judge *[US]*/magistrate *[GB]*

lallend *adj* *(Sprache)* slurring

Land *nt* 1. land; 2. *(Boden)* soil; **des L.es verweisen** to deport; **kriegführendes L.** belligerent country

Land|abfindung *f* compensation for land; **L.beschaffung** *f* land procurement; **L.beschaffungsverfahren** *nt* land procurement proceedings; **L.besitz** *m* 1. possession/holding of land; 2. *(Eigentum)* land ownership; **L.besitzer(in)** *m/f* 1. occupier of land; 2. *(Eigentümer)* landowner

Landeerlaubnis *f* landing permission

L

Landes|amt *nt* state office; **L.arbeitsgericht** *nt* employment appeal court, regional industrial tribunal; **L.bauordnung** *f* state building code; **L.behörde** *f* state authority; **L.ebene** *f* state level; **L.fahndung** *f* statewide search; **L.gesetz** *nt* state statute; **L.gesetzgebung** *f* state legislation; **L.hoheit** *f* state autonomy; **L.justizverwaltung** *f* state administration of justice; **L.kriminalamt** *nt* state bureau of criminal investigation; **L.polizei** *f* state police force; **L.recht** *nt* state law; **L.sozialgericht** *nt* state social security tribunal, regional social insurance appeals tribunal; **l.üblich** *adj* customary in a country; **L.verfassung** *f* state constitution; **L.verfassungsgericht** *nt* state constitutional court; **L.verordnung** *f* state ordinance; **L.verrat** *m* treason; **L.verräter** *m* traitor; **L.verwaltungsgericht (LVG)** *nt* state administrative court; **L.verweisung** *f* expulsion (of an alien); **l.weit** *adj* nationwide, statewide

Land|frachtvertrag *m* contract of carriage by land; **L.frieden** *m* public peace; **L.friedensbruch** *m* breach of the public peace, civil disorder; **L.gang** *m* shore leave; **L.gericht (LG)** *nt* district/regional court; **L.gut** *nt* landed estate; **L.kreis** *m* rural district, county; **L.krieg** *m* land warfare

Landpacht *f* land tenure, agricultural lease; **L.gesetz** *nt* farm tenancies act; **L.vertrag** *m* farm lease, agricultural tenancy agreement

Land|parzelle *f* parcel of land; **L.recht** *nt* common law, law of the land

Landschafts|pflege *f* landscape conservation; **L.planung** *f* town and country planning; **L.schutz** *m* rural conservation; **L.schützer(in)** *m/f* conservationist; **L.schutzgebiet** *nt* conservation area, nature reserve

Land|schenkung *f* grant of land; **L.straße** *f* country road, highway; **L.streicher(in)** *m/f* vagabond, vagrant, tramp; **L.streicherei** *f* vagrancy; **L.tag** *m* state parliament; **L.vermessung** *f* land survey

Landwirtschaft *f* agriculture, farming; **l.lich** *adj* agricultural

Landwirtschafts|gericht *nt* agricultural tribunal; **L.kammer** *f* chamber of agriculture; **L.recht** *nt* farm law

Langfinger *m* *(coll)* pickpocket

lang|fristig *adj* long-term, on a long-term basis; **l.jährig** *adj* long-standing; **l.wierig** *adj* protracted, dilatory

Langzeit|arbeitslose(r) *f/m* long-term unemployed person; **L.auswirkung** *f* long-term effect

Lärm *m* noise; **ruhestörender L.** noise disturbance

lärm|beeinträchtigt *adj* disturbed by noise; **L.beeinträchtigung** *f* noise disturbance; **L.bekämpfung** *f* noise abatement; **L.belästigung** *f* noise pollution; **l.dämpfend** *adj* noise-reducing; **l.empfindlich** *adj* sensitive to noise; **L.entstehung** *f* generation of noise; **L.kulisse** *f* background noise; **L.pegel** *m* noise level

Lärmschutz|bereich *m* low-noise area; **L.wall** *m* noise-abating embankment; **L.wand** *f* noise barrier

Last *f* 1. *(Belastung)* burden, onus; 2. *(Hypothek)* charge, encumbrance; 3. *(Ladung)* load; **jdm etw. zur L. legen** to accuse so. of sth., to charge so. with sth.; **zulässige L.** permissible/safe load

Lasten *pl* charges, encumbrances; **zu L.** at the expense of; **~ jds L. gehen** to be chargeable to so.; **öffentliche L.** public charges

Lastenausgleich *m* equalization of burdens; **L.sabgabe** *f* equalization of burdens levy

lasten|frei *adj* *(unbelastet)* unencumbered; **L.übergang** *m* transfer of encumbrances
Laster *nt* vice; **L.höhle** *f* den of iniquity *(coll)*
läster|n *v/i* to slander/defame; **L.ung** *f* slander, defamation, calumny
lästig *adj* annoying, onerous, burdensome
Lastschrift *f* debit (entry), debit advice; **L.anzeige** *f* debit note; **L.verfahren** *nt* direct debiting
latent *adj* latent
auf der Lauer liegen *f* to lie in wait
Lauf *m* course; **L. der Frist** running of the period/term; **~ Frist hemmen** to suspend the running of the period; **~ Gerechtigkeit** course of justice; **L.bahn** *f* career
Laufzeit *f* 1. *(Vers.)* term, life; 2. duration, period of validity; **L. eines Abkommens** duration of an agreement; **~ Darlehens** maturity of a loan; **L. der Hypothek** term of the mortgage; **L. des Mietvertrages** term of the tenancy; **L. der Versicherung** life of the policy; **L. des Vertrags** life of the contract; **L. eines Wechsels** term of a bill
Lausch|angriff *m* wiretapping/bugging operation; **l.en** *v/i* to eavesdrop (on so.)
laut *prep* per, pursuant/according to, in accordance with
lauten *v/i* to read; **wie folgt l.** to read as follows
Lauterkeit *f* honesty; **L. im Wettbewerb** fair competition, **L.sregeln** *pl* standards of fair trading
Lautstärke *f* volume
Leasing *nt* leasing; **L.geber(in)** *m/f* lessor; **L.nehmer(in)** *m/f* lessee; **L.vertrag** *m* contract of lease
Leben *nt* life; **jdm nach dem L. trachten** to be out to kill so.; **öffentliches L.** public life
getrennt leben *v/i* to live apart
Lebend|e(r) *f/m* living person; **unter L.en** inter vivos *(lat.)*; **L.gewicht** *nt* live weight; **l.ig** *adj* alive
Lebens|alter *nt* age; **L.bedarf; L.bedürfnisse** *m/pl* essential needs, necessities of life; **~ gefährden** to endanger the necessities of life; **L.bereich** *m* personal sphere; **persönlicher ~** private sphere; **L.dauer** *f* 1. duration, life; 2. *(Nutzungsdauer)* useful life; **L.erfahrung** *f* knowledge of life, (life) experience; **L.erwartung** *f* expectation of life; **mittlere ~** average expectation of life; **l.fähig** *adj* viable; **L.fremdversicherungsvertrag** *m* contract on the life of a third party; **L.führung** *f* conduct; **L.führungsschuld** *f* criminal conduct
Lebensgefahr *f* danger to life and limb; **unter L.** at the risk of one's life; **in L. sein** *(Patient)* to be in a critical condition
lebensgefährlich *adj* life-threatening, critical
Lebensgefährt|e *m* partner, common-law husband, cohabitee; **L.in** *f* cohabitee, common-law wife
Lebensgemeinschaft *f* conjugal life, partnership; **eheliche L.** marital cohabitation, conjugal community; **~ wiederherstellen** to resume marital cohabitation; **nichteheliche/lebenspartnerschafliche L.** civil partnership
Lebens|grundlage *f* basis of existence, **L.haltung** *f* standard of living; **L.haltungskosten** *pl* cost of living; **L.hilfe** *f* counselling; **L.jahr** *nt* age; **~ vollenden** to reach the age of …; **L.lage** *f* situation (in life); **l.lang** *adj* for life, lifelong; **l.länglich** *adj* life(time), lifelong, for life; **L.-längliche(r)** *f/m* lifer *(coll)*, prisoner for life; **L.lauf** *m* curriculum vitae (CV) *(lat.)*, resumé *[US]*
Lebensmittel *pl* food(s), foodstuffs; **L.fälschung** *f* adulteration of food; **L.gesetz** *nt* food/foodstuffs act; **L.kennzeichnung** *f* food labelling
Lebensmittelpunkt *m* centre of life
Lebensmittel|recht *nt* law relating to foodstuffs, ~ to food processing and distribution; **L.überwachung** *f* control of food hygiene; **L.verfälschung** *f* adulteration of food; **L.vergiftung** *f* food poisoning; **L.verkauf** *m* sale of foodstuffs; **L.zusatzstoff** *m* food additive
lebens|müde *adj* weary of life; **L.partner(in)** *m/f* civil partner, common-law spouse; **eingetragene(r) ~** registered civil partner; **L.partnerschaft** *f* civil partnership; **eingetragene ~** registered civil partnership; **L.recht** *nt* right to life; **L.-rente** *f* life annuity; **L.risiko** *nt* risk to life; **L.standard** *m* standard of living; **L.-stellung** *f* tenure (for life); **L.umstände** *pl* personal circumstances
Lebensunterhalt *m* livelihood, living; **L. sichern** to secure one's livelihood; **seinen L. verdienen** to earn one's livelihood

eheliche Lebensverhältnisse marital/ conjugal life
Lebensvermutung *f* presumption of life
Lebensversicherung *f* life insurance; **L. auf Gegenseitigkeit** mutual life insurance; **~ den Todesfall** whole-life insurance, ordinary life insurance *[US]*
abgekürzte Lebensversicherung *(auf Todes- und Erlebensfall)* combined life and endowment insurance
Lebensversicherungs|prämie *f* life insurance premium; **L.vertrag** *m* life insurance policy/contract; **~ abschließen** to take out a life insurance policy
Lebenswandel *m* conduct, (way of) life; **ehrloser L.** dishonourable (way of) life; **unsittlicher L.** immoral (way of) life
Lebensweg *m* career
Lebenszeit *f* lifetime; **auf L.** for life; **~ ernannt** appointed for life; **zu L.en von** during the life of
ledig *adj* single, unmarried; **L.e** *f* unmarried woman, feme sole
leer stehend *adj* vacant

L

legal *adj* legal, lawful; **L.definition** *f* statutory definition; **L.enteignung** *f* compulsory purchase (by operation of law)
Legalis|ation *f* legalization, authentication; **l.ieren** *v/t* to legalize/authenticate
Legalität *f* legality, lawfulness; **außerhalb der L.** outside the law; **L.skontrolle** *f* legality check; **L.sprinzip** *nt* principle of mandatory prosecution
Legal|servitut *f* easement, (statutory) servitude; **L.zession** *f* assignment by operation of law
Legat *nt* legacy, bequest, devise; **L. aussetzen** to grant a legacy
Legats|aussetzung *f* granting (of) a legacy; **l.berechtigt** *adj* beneficially entitled; **L.entziehung** *f* ademption, revocation of a legacy; **L.verfall** *m* lapsing of a legacy
Legatar *m* legatee, devisee
legis actio *(lat.)* action of the law
legislativ *adj* legislative; **L.e** *f* legislative body, legislature
Legislaturperiode *f* legislative period/term
legitim *adj* legitimate
Legitimation *f* 1. *(Ehelichkeitserklärung)* legitimation; 2. identification; **L. durch nachfolgende Ehe** legitimation by subsequent marriage; **L. nichtehelicher Kinder** legitimation of illegitimate children
Legitimations|papier *nt* promissory note payable to bearer, non-negotiable document of title; **L.übertragung** *f* proxy statement; **L.urkunde** *f* document of title
legitimieren *v/t* to legitimate/authorize; **sich l.** *v/refl* to show proof of identity, to identify os.
legitimiert *adj* authorized, entitled; **aktiv l.** entitled to sue; **passiv l.** capable of being sued
Legitim|ierung *f* legitimation, proof of identity; **L.ität** *f* legitimacy
Lehr|befähigung *f* teaching qualification; **L.berechtigung** *f* authorization to teach
Lehre *f* 1. doctrine; 2. *(Erfahrung)* lesson; **herrschende L.** prevailing doctrine
Lehr|freiheit *f* freedom of teaching; **L.herr** *m* master (of an apprentice); **L.ling** *m* apprentice, trainee; **L.tätigkeit** *f* teaching; **L.verpflichtung** *f* obligation to teach; **L.vertrag** *m* training/apprenticeship contract, contract of apprenticeship, indenture (of apprenticeship)
Leib *m* body
Leibes|erben *pl* heirs of the body; **L.frucht** *f* foetus, unborn child; **L.strafe** *f* corporal punishment; **L.visitation** *f* body search; **sich einer ~ unterziehen müssen** to have to undergo a body search
Leib|gedinge *nt* life endowment; **l.lich** *adj* natural; **L.rente** *f* (life) annuity; **L.rentenvertrag** *m* annuity contract; **L.wächter(in)** *m/f* bodyguard
Leiche *f* (dead) body, corpse; **L. im Keller haben** *(fig)* to have a skeleton in the closet *(fig)*
Leichen|ausgrabung *f* exhumation; **L.beschauer(in)** *m/f* coroner, medical examiner *[US]*; **L.bestatter** *m* undertaker; **L.diebstahL; L.entwendung** *m/f* body snatching; **L.fledderei** *f* stealing from the dead; **L.fund** *m* discovery of a dead body; **L.halle** *f* mortuary, morgue; **L.öffnung** *f* post-mortem (examination), autopsy; **L.raub** *m* body snatching; **L.sack** *m* bodybag; **L.schändung** *f* desecration of a dead body, ~ corpse, necrophilia; **L.schau** *f* 1. coroner's inquest, post-mortem (examination); 2. *(innere)* autopsy; **L.schauhaus** *nt* mortuary, morgue; **L.starre** *f* rigor mortis *(lat.)*; **L.teile** *pl* body parts; **L.tuch** *nt* pall; **L.verbrennung** *f* cremation; **L.wagen** *m* hearse; **L.zug** *m* funeral procession
leicht *adj* minor, petty; **l.fertig** *adj* careless, frivolous, thoughtless, negligent;

L.fertigkeit *f* recklessness, frivolity, negligence; **l.gläubig** *adj* credulous; **L.gläubigkeit** *f* credulity; **L.sinn** *m* imprudence; **L.verletzte(r)** *f/m* slightly injured person

Leiharbeit *f* subcontracted labour; **L.er(in); L.nehmer(in)** *m/f* agency/subcontracted worker, loaned employee, temp *(coll)*; **L.sfirma** *f* temporary employment agency; **L.sverhältnis** *nt* temporary employment

Leihe *f* loan; **l.n** *v/t* 1. to lend/loan; 2. *(Geld)* to advance

Leih|frist *f* lending period; **L.gabe** *f* loan; **L.gebühr** *f* hiring/rental charge; **L.haus** *nt* pawnshop, pawnbroker's shop; **L.mutter** *f* surrogate mother; **L.schein** *m* pawn ticket; **L.schwangerschaft** *f* surrogate pregnancy; **L.vertrag** *m* loan/hire contract; **L.wagen** *m* hire(d)/rental car; **L.wagenunternehmen** *nt* car rental firm/company; **l.weise** *adv* on loan; **L.zeit** *f* lending period; **L.zins** *m* interest on loans

Leim *m* glue

Leine *f* *(Hund)* lead, leash

leisten *v/t* to effect/render/perform/accomplish/achieve

Leistung *f* 1. performance, service; 2. *(Vers.)* benefit; 3. accomplishment, achievement; **L. durch einen Dritten** performance by a third party; **L. an Erfüllungs Statt** performance in lieu of payment; **L. und Gegenleistung** performance and counter-performance; **L. des vertraglich Geschuldeten** specific performance; **L. nach Todesfall** benefit(s) after death; **L. Zug um Zug** simultaneous performance

Leistung bewirken; L. erbringen to effect performance; **L. beziehen** to draw a benefit; **L. fordern** to demand performance; **sich der L. entziehen** to evade performance; **L. stunden** to owe a service; **L. verlangen** to demand performance; **L. versprechen** to promise performance; **L. verweigern** to refuse performance; **L. zusichern** to assure performance

gebührende Leistung due performance; **geldwerte L.** cash benefit; **geschuldete L.** performance owed; **vertraglich ~** contractual performance; **unentgeltliche L.** gratuitous performance; **unmögliche L.** impossible performance; **vereinbarte L.** agreed performance; **versprochene L.** promised performance; **vertragsgemäße L.** contractual performance; **wiederkehrende L.** recurrent performance

Leistungen *pl* *(Vers.)* benefits; **L. im Krankheitsfall** sickness allowance *[US]*/benefits *[GB]*; **zu erbringende L.** services to be provided; **kindbezogene L.** child benefits

Leistungs|anspruch *m* benefit claim, entitlement to benefits; **L.anstalt** *f* provider of benefits, funding body; **L.aufforderung** *f* notice to complete; **L.austausch** *m* exchange of goods and services; **L.berechtigung** *f* entitlement to benefits, eligibility for benefits; **L.bereich** *m* scope of benefits; **L.bescheid** *m* benefit notice; **L.beurteilung; L.bewertung** *f* performance assessment/rating; **L.bezug** *m* receipt of benefits; **L.empfänger(in)** *m/f* beneficiary, recipient of benefits; **L.entgelt** *nt* consideration, compensation (for services rendered); **L.erfüllung** *f* discharge by performance; **L.erschleichung** *f* obtaining benefits by artifice; **l.fähig** *adj* *(Gerät)* high-performance; **L.fähigkeit** *f* capacity, ability to pay; **L.fall** *m* benefit case; **L.fähigkeit** *f (Mensch)* capability; **L.freiheit** *f* exemption from performance; **L.frist** *f* period for performance; **L.garantie** *f* performance guarantee/warranty; **L.gefahr** *f* performance risk; **L.gegenstand** *m* object of performance; **L.hindernis** *nt* disincentive; **~ bei Vertragserfüllung** frustration of contract; **L.klage** *f* action for performance, ~ an affirmative judgment/satisfaction; **L.kondition** *f* condition of performance; **L.kontrolle** *f* efficiency check; **L.kürzung** *f* cut in benefits; **L.missbrauch** *m* benefit abuse; **L.nachweis** *m* proof of payment; **L.ort** *m* place of performance

Leistungspflicht *f* obligation to pay, ~ perform a contract; **L. nur gegen Aushändigung** duty to perform only upon delivery; **vertragliche L.** contractual duty to perform; **l.ig** *adj* liable to perform

Leistungs|schuldner(in) *m/f* obligor; **L.schutzrecht** *nt (Urheberrecht)* ancillary copyright; **L.störung** *f* defective/impaired performance (of a contract), impairment of performance; **L.träger** *m* 1. service renderer; 2. funding body; **L.umfang** *m* scope of benefits; **L.unterlassung** *f* failure to render performance; **L.urteil** *nt* affirmative judgment imposing an obligation, judgment granting affirmative relief; **L.versprechen** *nt* promise to render performance

Leistungsverweigerung *f* refusal to perform; **L. und Aufwendungsersatz** refusal to perform and compensation for expenses; **L. wegen grober Unbilligkeit** refusal to perform due to gross inequity
Leistungsverweigerungsrecht *nt* right to refuse to perform, ~ withhold performance
Leistungs|verzögerung; L.verzug *f/m* delay in performance; **L.wettbewerb** *m* *(Ausschreibung)* competition; **L.zeit** *f* (agreed) time for performance; **L.zulage** *f* performance bonus
leiten *v/t* to conduct; **l.d** *adj* managerial, leading, in charge
Leitfall *m* test/leading case
Leiter *m* head, director, manager; **L. einer Nachbarschaftshilfe** neighbourhood warden; **L. der Verkehrsabteilung** head of the traffic section
Leit|linie *f* 1. guideline; 2. *(Fahrbahnrand)* side-of-pavement line; **L.satz** *m* basic/guiding principle
Leitung *f* 1. *(Betrieb)* management; 2. *(Organisationen)* running; 3. *(Schule)* headship; 4. *(Gas, Wasser)* main, pipe; **L.smast** *m* pylon; **L.snetz** *nt* *(Strom)* grid; **L.swasser** *nt* tap/mains water
lenken *v/t* to steer/guide
Lenker *m* *(Fahrrad)* handlebar; **L.bescheinigung** *f* *[A]* ↘ **Fahrerlaubnis; Führerschein**
Lenkrad *nt* steering wheel; **L.sperre** *f* steering lock
Lenkung *f* 1. *(Auto)* steering; 2. guidance; **L.sverwaltung** *f* administrative planning
Lenkzeit *f* driving time; **gesetzlich vorgeschriebene L.** statutory driving time
Lesart *f* reading, interpretation
leserlich *adj* legible
Lesung *f* reading; **L. eines Gesetzentwurfes** reading of a bill; **erste L.** first reading
Letzt|begünstigte(r) *f/m* ultimate beneficiary; **L.entscheidungsrecht** *nt* right of ultimate decision; **l.genannt** *adj* last-named; **l.instanzlich** *adj* of last instance; **l.willig** *adj* testamentary, by testament/will
leugnen *v/t* to deny/repudiate; **L.** *nt* denial
Leumund *m* repute, reputation; **einwandfreier L.** good repute; **schlechter L.** ill repute
Leumunds|beweis *m* character evidence; **L.zeuge** *m* character witness; **L.zeugnis** *nt* certificate of good conduct, character reference, attestation of good character
lex *(lat.)* law; **l. mercatoria** commercial law, law merchant
liberalisier|en *v/t* to liberalize/deregulate; **L.ung** *f* liberalization, deregulation
Licht *nt* light; **L.recht** *nt* right to light; **L.-verhältnisse** *pl* lighting conditions
Liebesgabe *f* charitable gift
Liebhaber *m* lover, admirer; **L.wert** *m* sentimental/collector's value
Lieferant *m* supplier
Liefer|anweisung *f* delivery order; **L.bedingungen** *pl* terms of delivery, delivery terms; **L.datum** *nt* date of delivery; **L.fähigkeit** *f* ability to deliver; **~ vorbehalten** delivery subject to the availability of goods; **L.frist** *f* delivery deadline/period; **~ verlängern** to extend the delivery period; **L.garantie** *f* guarantee of supply; **L.-kaution** *f* delivery bond; **L.klausel** *f* delivery clause
liefern *v/t* 1. *(beliefern)* to supply; 2. *(zustellen)* to deliver
Liefer|preis *m* contract price; **L.schein** *m* delivery note; **L.umfang** *m* scope of supply
Lieferung *f* 1. supply, purveyance; 2. delivery; 3. *(Ladung)* consignment; **bei L. zu bezahlen** payable on delivery
Lieferungen *pl* supplies
Lieferungsannahme *f* acceptance of delivery
Liefer|vertrag *m* 1. sales contract; 2. supply/supplier contract, 3. contract to deliver; **L.verzug** *m* default/delay in delivery; **L.zeit** *f* time of delivery, delivery time; **L.zusage** *f* promise to deliver
Liegenschaft *f* real estate, realty *[US]*, (real) property; **L.srecht** *nt* law on real estate, land law; **L.sverwaltung** *f* estate agency
Liegezeit *f* *(Schiff)* lay days
Linderung *f* easing, relief; **L. der Not** relief of distress
Linie *f* line; **gelbe L.** *(Baustelle)* flat traffic delineator
Linienflug *m* scheduled flight; **L.verkehr** *m* scheduled air services
links *adj* left; **L.abbiegespur** *f* left-turn lane; **L.kurve** *f* left-hand turn
Lippenbekenntnis *nt* lip-service; **L. ablegen** to pay lip-service

Liquidation *f* winding up, liquidation; **L. durch Gerichtsbeschluss** winding-up by court order

in Liquidation gehen to go into liquidation; **freiwillige L.** voluntary liquidation

Liquidations|antrag *m* petition for liquidation, winding-up petition; **L.beschluss** *m* 1. winding-up resolution; 2. *(Gericht)* winding-up order; **L.erlös** *m* winding-up proceeds; **L.forderung** *f* claim in winding-up proceedings; **L.masse** *f* assets of a company in the process of liquidation; **L.quote** *f* liquidating dividend; **L.verfahren** *nt* liquidation proceedings; **L.verkauf** *m* sale of bankruptcy assets; **L.vorschriften** *pl* winding-up rules; **L.wert** *m* liquidation value

Liquidator *m* liquidator, receiver; **gerichtlich bestellter L.** official receiver

liquid|e *adj* liquid, solvent; **l.ieren** *v/t* *(Firma)* to liquidate, to wind up; **L.ität** *f* liquidity, solvency

List *f* cunning

Liste *f* list, roll; **lange L. von Vorstrafen** lengthy criminal record; **von der L. streichen** to strike off the list; **L.npreis** *m* list price

Literatur *f* literature; **unzüchtige L.** obscene literature

lizensier|en *v/t* to license/franchise; **L.ung** *f* licensing, franchising, licensure *[US]*

Lizenz *f* licence, franchise; **L. an einem Patent** licence under a patent

Lizenz erteilen to license/franchise, to grant a licence; **L. erwerben** to acquire a licence

einfache Lizenz non-exclusive licence; **unentgeltliche L.** royalty-free licence

Lizenz|abgabe *f* licence fee, royalty; **L.abkommen** *nt* licensing agreement; **~ auf Gegenseitigkeit** cross-licence agreement; **L.bau** *m* construction under licence; **L.bewilligung; L.einräumung** *f* licensing, licensure *[US]*; **L.einnahmen** *pl* royalties; **L.entziehung; L.entzug** *f/m* revocation of a licence; **L.fertigung** *f* manufacture under licence; **L.geber(in)** *m/f* licensor, franchisor; **L.gebühr** *f* licence fee, royalty; **L.gewährung; L.vergabe** *f* licensing, licensure *[US]*; **L.inhaber(in); L.nehmer(in)** *m/f* licensee, franchisee; **l.pflichtig** *adj* subject to licence; **L.recht** *nt* 1. licensing law; 2. (right) to use a licence; **L.verlängerung** *f* renewal of a licence; **L.vertrag** *m* licensing agreement/contract; **L.verwertung** *f* exploitation of a licence; **L.vorschrift** *f* licensing requirement

lockern *v/t* to relax

Lockerung *f* relaxation; **L. des Verbots** relaxing (of) the ban; **L.smaßnahmen** *pl* measures easing restrictions

Lock|spitzel *m* agent provocateur *(frz.)*; **L.vogel** *m* decoy

Lohn *m* 1. wage(s), pay; 2. *(Verdienst)* earnings; 3. *(Vergütung)* remuneration; **ortsüblicher L.** local wage(s)

Lohn|abkommen *nt* wage agreement; **L.abrechnung** *f* wage statement; **L.abtretung** *f* wage assignment, assignment of wages; **L.abzug** *m* payroll deduction; **L.anspruch** *m* wage claim; **L.auftrag** *m* commission order; **L.ausfall** *m* loss of earnings/wages; **L.entschädigung** *f* compensation for lost earnings; **L.einbehaltung** *f* withholding of wages; **L.empfänger(in)** *m/f* wage earner; **L.erhöhung** *f* wage increase; **L.forderung** *f* wage claim/demand; **L.fortzahlung (im Krankheitsfall)** *f* wage continuation; **L.gleitklausel** *f* escalator clause; **L.klasse** *f* wage bracket; **L.liste** *f* payroll; **L.nebenkosten** *pl* ancillary wage costs, wage incidentals

Lohnpfändung *f* attachment/garnishment of earnings; **L.sbeschluss** *m* attachment of earnings order, garnishment of wages order

Lohnschlichtung *f* wage arbitration

Lohnsteuer *f* income tax; **L.ausgleich** *m* annual adjustment of income tax; **L.haftung** *f* liability for income tax; **L.karte** *f* income/wage tax card; **l.pflichtig** *adj* liable for wage tax

Lohn|tarif *m* wage/pay scale; **L.unterschiede** *pl* wage differentials; **L.veredelung** *f* contract processing; **L.vereinbarung** *f* wage agreement; **L.zahlung** *f* wage payment

Lokal *nt* premises

Lokal|augenschein *m* on-site inspection; **L.behörde** *f* local authority; **L.termin** *m* 1. viewing the scene (of the crime), court visit to the scene of a crime; 2. court visit to the location of a dispute

Lokogeschäft *nt* spot transaction

Lombardkredit *m* collateral loan

Los *nt* lot

löschen *v/t* 1. to extinguish/obliterate, to

L

strike out; 2. *(tilgen)* to delete/erase/cancel/expunge

Löschen *nt* 1.deletion, cancellation; 2. *(Bankkonto)* closing; 3.*(Eintragung)* deletion; 4. *(Firma)* striking off; 5. *(Schulden)* repayment

Löschung *f* 1. *(Tilgung)* deletion, cancellation; 2. obliteration, extinguishment; **L. einer Dienstbarkeit** cancellation of an easement; **~ Eintragung** cancellation of an entry; **~ Grundschuld** cancellation of a land charge; **~ Hypothek** cancellation of a mortgage; **~ Marke** cancellation of a trademark

Löschungs|anrecht *nt* *(Grundbuch)* cancellation privilege; **L.anspruch** *m* right of cancellation, ~ to have an entry expunged from a register; **L.antrag** *m* 1. *(Grundbucheintrag)* memorandum of satisfaction; 2. *(Patent)* application for revocation; **L.anzeige** *f* notice of cancellation; **L.bewilligung** *f* 1. approval of cancellation; 2. *(Grundbucheintrag)* satisfaction/release *[US]* of a mortgage; **L.klage** *f* petition to cancel an entry, action for cancellation; **L.vermerk** *m* cancellation note, ~ entry in the land register, notice of cancellation; **L.vormerkung** *f* cautionary entry to ensure future cancellation; **L.vorschriften** *pl* cancellation provisions

Lösegeld *nt* ransom (money); **jdn gegen L. festhalten** to hold so. to ransom; **L. fordern** to demand a ransom; **L.forderung** *f* ransom demand

loskaufen *v/t* to ransom

sich von etw. lossagen *v/refl* to renounce sth.

Lösung *f* 1. *(Problem)* solution; 2. cancellation; **L. vom Vertrag** cancellation/termination of the contract

Lösungsmittel *nt* solvent; **L.missbrauch** *m* solvent abuse

Lotterie *f* lottery; **unerlaubte L.** illegal lottery

Lotterleben *nt* slovenly lifestyle

Lotto *nt* lottery, numbers game

loyal *adj* loyal; **L.itätseid** *m* oath of allegiance

Lücke *f* 1. gap; 2. *(Auslassung)* omission; 3. *(Formular)* blank; **L. im Gesetz** loophole in the law

lückenlos *adj* 1. complete, 2. *(Alibi)* cast-iron

Luft *f* air; **L.fahrt** *f* aviation; **L.fahrzeug** *nt* aircraft; **L.frachtführer** *m* air carrier; **L.-hoheit** *f* air sovereignty, sovereignty over air space; **L.pirat** *m* hijacker; **L.piraterie** *f* hijacking; **L.raum** *m* air space; **L.raumüberwachung** *f* air traffic control; **L.-recht** *nt* air (traffic) law

Luftverkehr *m* air traffic

Luftverkehrs|abkommen *nt* air transport agreement; **L.gesetz** *nt* air traffic act; **L.-verwaltung** *f* Civil Aeronautics Board (CAB) *[US]*, Civil Aviation Authority (CAA) *[GB]*

Luft|verschmutzer *m* air polluter; **L.verschmutzung** *f* air pollution

Lüge *f* lie

lügen *v/i* to lie; **jdn L.n strafen** to give so. the lie

Lügen|detektor *m* lie detector, polygraph; **L.geschichte** *f* made-up story, concoction; **l.haft** *adj* fabricated

Lügner|(in) *m/f* liar; **l.isch** *adj* mendacious

Lumpengesindel *nt* *(pej.)* riffraff *(pej.)*

Lunte riechen *f* *(coll)* to smell a rat *(coll)*

Lust *f* pleasure, delight, joy; **L.mord** *m* sex murder, sexually motivated murder; **L.-mörder** *m* sex killer/murderer

lynch|en *v/t* to lynch; **L.justiz** *f* lynch/mob law

M

M&S-Reifen *m* M&S/winter tyre, mud/slush and snow tyre

Machenschaften *pl* practices, machinations; **betrügerische M.** fraudulent practices; **etw. durch ~ erwirken** to obtain sth. by fraudulent practices; **dunkle M.** sinister machinations; **illegale M.** illegal machinations; **üble M.** evil machinations; **unlautere M.** sharp practices; **verbrecherische M.** criminal practices

Macht *f* power; **M. geht vor Recht** *(prov.)* power is a law unto itself *(prov.)*, might is right *(prov.)*; **M. ausüben** to exercise power; **M. ergreifen** to seize power

kriegführende Macht belligerent power; **vertragschließende M.** signatory power

Macht|ausübung *f* exercise of power; **M.befugnis** *f* power, authority; **M.bereich** *m* jurisdiction; **M.missbrauch** *m* abuse of power

Mädchen|handel *m* white slave trade; **M.-name** *m* maiden name
Magistrat *m* *(Stadtverwaltung)* municipal council
Mahn|antrag *m* application for an order for payment of a debt; **M.bescheid** *m* default summons, writ for payment, judgment note; **~ erlassen** to issue a default summons; **M.brief; M.schreiben** *m/nt* warning/collection/dunning letter, reminder
mahnen *v/t* to remind/warn
Mahn|frist *f* deadline for payment; **M. gebühr** *f* dunning charge; **M.mal** *nt* memorial; **M.ung** *f* 1. *(Zahlungserinnerung)* reminder; 2. *(Zahlungsaufforderung)* demand/request for payment; 3. *(Ermahnung, Abmahnung)* warning; **M.verfahren** *nt* default action/proceedings; **auf dem Wege des M.verfahrens** by judgment note; **gerichtliches M.** judicial dunning procedure; **M.wesen** *nt* dunning
Makel *m* blemish, stigma; **jdm haftet ein M. an** so.'s reputation is tarnished; **m.los** *adj* unblemished, untarnished
Makler(in) *m/f* broker; **M.abschluss** *m* brokerage contract; **M.gebühr; M.lohn; Mäklerlohn; M.provision** *f/m/f* brokerage, broker's commission; **M.vertrag** *m* brokerage agreement/contract
Mammutverfahren *nt* mammoth trial
Mandant(in) *m/f* client
Mandat *nt* 1. *(Anwalt)* brief; 2. mandate; **M. niederlegen** to cease to act for a client, to withdraw from a case
Mandatar *m* mandatory
Mandats|ausübung *f* exercise of a mandate; **M.entzug** *m* termination of a mandate; **M.niederlegung** *f* withdrawal from a case; **M.verlust** *m* loss of a client
mandier|en *v/t* to brief/retain; **M.ung** *f* retaining (of) a lawyer
Mangel *m* 1. *(Fehler)* fault, defect, flaw; 2. *(Fehlen)* lack; 3. *(Unzulänglichkeit)* shortcoming; **aus M. an** for lack of; **M. an Beweisen** lack of proof/evidence; **mit allen Mängeln** with all faults
Mangel der Gegenleistung failure of consideration; **M. an Geld** lack of money; **M. im Recht** defect of title; **Mängel der Sache** defects; **M. an Sorgfalt** want of diligence, lack of (proper) care; **~ Urteilsvermögen** lack of judgment; **M. der Vertretungsmacht/Vollmacht** lack of authority (to represent); **M. des Willens** absence of intention
einem Mangel abhelfen; M. beheben to remedy a defect; **M. anzeigen** to notify a defect; **Mängel beseitigen** to remedy/eradicate defects; **~ geltend machen** to assert defects; **M. heilen** to remedy a defect; **M. rügen** to complain about a defect
anhaftender Mangel inherent defect; **baulicher M.** structural defect; **behebbarer M.** remediable defect; **zur Wandelung berechtigender M.** redhibitory defect; **erkennbarer M.** patent defect; **festgestellter M.** discovered defect; **geheimer M.** hidden/invisible/latent defect; **geistiger M.** mental deficiency; **innerer M.** intrinsic defect; **körperlicher M.** physical defect; **offener/offensichtlicher M.** apparent/patent defect; **unbehebbarer M.** irremediable defect; **verborgener/versteckter M.** latent defect; **vorhandener M.** existing defect; **wesentlicher M.** material defect
Mängel|anzeige *f* notice of defect; **M.ausschluss** *m* caveat emptor *(lat.)*; **M.beseitigung** *f* *(Werkvertrag)* removal/remedying of defects; **M.einrede** *f* plea that the goods are defective
Mangel|folgeschaden *m* consequential harm caused by a defect; **m.frei** *adj* free of defect(s), flawless
Mängelgarantie *f* warranty for defects
Mängelgewähr *f* express warranty; **ohne M.** with all faults; **M.leistung** *m* warranty (for defects)
mangelhaft *adj* 1. defective, faulty, imperfect; 2. *(unzureichend)* insufficient
Mängelhaftung *f* seller's warranty, liability for defects; **stillschweigende M.** implied warranty
Mangelhaftigkeit *f* defectiveness
Mängel|heilung *f* remedying (of) a defect; **M.klage** *f* action for breach of contract; **M.liste** *(Mietsache)* schedule of plights
mangeln *v/i* to lack
Mängelrüge *f* complaint, notice of a defect; **M. geltend machen** to lodge/file a complaint; **unverzügliche M.** immediate notice of defect
mangels *prep* for want/lack of, in the absence of
Mangelschaden *m* deficiency loss

Mängelvermutung *f* presumption of defects
Manifest *nt* 1. *(Liste)* manifest; 2. *(Programm)* manifesto
Manipulation *f* manipulation
Manko *nt* shortage, deficiency; **M.haftung** *f* liability for deficiencies/shortages
Mantel|abtretung *f* blanket assignment; **M.gesetz** *nt* omnibus act; **M.kauf** *m* purchase of goodwill; **M.police** *f* comprehensive policy; **M.tarifvertrag** *m* industry-wide/skeleton/umbrella wage agreement; **M.vertrag** *m* skeleton agreement
Marihuana *nt* marijuana
Marke *f* 1. *(Produkt)* brand, label, trademark; 2. *(Zeichen)* mark; **M. und Aussehen** type and appearance; **beschreibende M.** descriptive mark; **eingetragene/geschützte M.** registered trademark; **weiße M.** no-name brand, white product; **zusammengesetzte M.** composite mark
Marken|abkommen *nt* trademark agreement; **M.anmeldung** *f* trademark registration; registration of a trademark; **M.-artikel; M.erzeugnis** *m/nt* proprietary/branded article; **M.eingriff** *m* trademark infringement; **M.eintragung** *f* trademark registration; **M.gesetz** *nt* trademarks act; **M.inhaber(in)** *m/f* trademark proprietor/owner; **registrierte(r) ~** registrant; **M.-kennzeichnung** *f* branding; **M.piraterie** *f* brand name piracy, trademark piracy; **M.recht** *nt* 1. trademark law, law on trademarks; 2. title to a trademark; **M.-rechte** *pl* trademark rights; **M.register** *nt* register of trademarks; **M.schutz** *m* protection of trademarks; **M.verletzung** *f* infringement/misappropriation *[US]* of a trademark; **M.ware** *f* branded/proprietary goods; **M.zeichen** *nt* trademark
markieren *v/t* to mark
Markierung *f* marking; **M. von Fahrstreifen** traffic lane marking; **M. überfahren** *(Verkehr)* to cross the marking
Markt *m* market; **M. beherrschen** to dominate the market; **auf den M. bringen** 1. *(einführen)* to launch; 2. *(vermarkten)* to market
Markt|absprache *f* market-sharing agreement; **M.aufteilung** *f* market sharing; **M.aufteilungsabsprache** *f* market-sharing agreement; **M.beherrschung** *f* market domination; **M.beherrschungsvermutung** *f* presumption of a dominant market position; **M.missbrauch** *m* market abuse; **M.missbrauchsverbot** *nt* prohibition of market abuse; **M.monopol** *nt* market monopoly; **M.ordnung** *f* market regime; **M.preis** *m* market price; **M.recht** *nt* law concerning markets; **M.stand** *m* market stall; **m.üblich** *adj* customary; **M.verbot** *nt* prohibition to sell; **M.wirtschaft** *f* market economy
Martinshorn *nt* police siren
Maschendraht *m* wire mesh; **M.zaun** *m* wire-netting fence
Maschinen|park *m* machinery; **M.schaden** *m* machine failure
Maske *f* 1. *(ganzer Kopf)* hood; 2. *(Gesicht)* mask
maskiert *adj* masked, disguised
Maß *nt* measure, degree
Masse *f* 1. mass; 2. *(Menge)* bulk; 3. *(Menschenmenge)* crowd; 4. *(Vermögen)* estate, assets; **mangels M.** 1. no funds, for lack of assets; 2. *(nach Konkursanmeldung)* return unsatisfied
Masse|anspruch *m* *(Konkursrecht)* preferential claim; **M.forderung** *f* claim on the estate; **M.gläubiger(in)** *m/f* ordinary/unsecured creditor, creditor entitled to a claim on the estate
Massen|auffahrunfall *m* pile-up; **M.ausbruch** *m* mass jailbreak; **M.grab** *nt* mass grave; **M.klage** *f* class action; **M.kriminalität** *f* mass crime; **M.ladung** *f* bulk cargo; **M.mord** *m* mass murder; **M.mörder** *m* mass murderer, serial killer; **M.-mörderin** *f* mass murderess; **M.schlägerei** *f* brawl; **M.tierhaltung** *f* battery farming, intensive livestock farming; **M.unfall** *m* multiple smash-up, pile-up; **M.verfolgung** *f* mass persecution; **M.verhaftungen** *pl* mass arrests; **M.verhalten** *nt* crowd behaviour; **M.vernichtungswaffen** *pl* weapons of mass destruction (WMD); **M.versammlung** *f* rally, mass meeting
Masse|schulden *pl* *(Konkurs)* preferential debts (of the estate); **M.verwalter(in)** *m/f* administrator (of an estate), receiver; **M.-verwaltung** *f* administration of the bankrupt's estate, receivership
nach Maßgabe von *f* in accordance with, pursuant/subject to, under the terms of
maßgeblich *adj* 1. *(Recht)* governing; 2. *(verbindlich)* authoritative; 3. *(wesentlich)* major

M

Mäßigkeit *f* moderation, restraint
Maßnahme *f* 1. measure, move; 2. *(Schritt)* step; **M. zur Erhaltung der Mietsache** measure to maintain the leased/rented property; **~ Gefahrenabwehr** preventive measure
behördliche Maßnahme administrative measure; **diskriminierende M.** discriminatory measure; **einstweilige M.** interim measure; **entwürdigende M.** degrading measure; **geeignete M.n** appropriate measures/steps; **gesetzgeberische M.** legislative measure; **notwendige M.** necessary measure; **polizeiliche M.** police action; **verdeckte M.** covert measure; **vorbeugende M.** preventive measure; **vorläufige M.** provisional measure; **vorsorgliche M.** precautionary measure
Maßnahmen *pl* measures, steps; **M. ergreifen** to take measures/steps/action; **disziplinarische ~** to take disciplinary measures; **M. unterlassen** to fail to take action
gerichtliche Maßnahmen court action; **~ ergreifen** to take legal actions; **hoheitliche M.** acts of state; **vorbeugende M**. precautionary measures, preventive steps; **vorsorgliche M. für Minderjährige** precautionary measures for minors; **Wettbewerbsbeschränkende M.** restrictive practices
Maßregel *f* rule, regulation
maßregeln *v/t* to reprimand/discipline
Maßregeln der Besserung und Sicherung *pl* measures of rehabilitation and security, ~ for the prevention of crime and reformation of offenders
Maßregelung *f* reprimand, disciplinary measure
Maßregelungs|klausel *f* stipulation prohibiting company penalties after strikes; **M.verbot** *nt* prohibition of company penalties
Material *nt* 1. material; 2. *(Unterlagen)* documents; 3. *(Beweis)* evidence; **anstößiges M.** offensive material; **entlastendes M**. exonerating evidence; **neues M.** fresh evidence; **rassistisches M.** racially offensive material; **rollendes M.** *(Bahn)* rolling stock
Material|anforderung *f* material(s) requisition; **M.ermüdung** *f* material fatigue; **M.fehler** *m* defect(s) in material
Materie *f* subject matter
materiell *adj* substantive; **m.-rechtlich** *adj* substantive, on its merits
Mauer *f* wall; **gemeinsame (Grenz)M.** party wall
Maulkorb *m* muzzle; **M.erlass** *m* decree muzzling freedom of speech; **M.gesetz** *m* law muzzling freedom of speech
Maut *f* toll; **M.brücke** *f* toll bridge; **M.-recht** *nt* tollage; **M.stelle** *f* toll booth; **M.stelle** *f* tollgate; **M.straße** *f* toll road
Maximal|forderung *f* maximum claim; **M.schaden** *m* maximum damage
maximieren *v/t* to maximize
Mediation *f* mediation; **M.sverfahren** *nt* mediation proceedings
Mediator(in) *m/f* mediator
Medien *pl* media; **M.freiheit** *f* freedom of the media; **M.recht** *nt* media law
Medikament *nt* drug; **rezeptfreies M.** over-the-counter drug; **verschreibungspflichtiges M.** prescription-only drug; **M.eneinnahme** *f* taking of drugs; **M.enmissbrauch** *m* abuse of pharmaceutical drugs
gerichtliche Medizin forensic medicine
Meer *nt* sea, high seas
Meeres|boden *m* seabed, ocean floor; **M.-freiheit** *f* freedom of the seas; **M.ökologie** *f* marine ecology; **M.verschmutzung** *f* marine pollution; **M.völkerrecht** *nt* international maritime law
Megafon *nt* loudhailer
Mehr|anspruch *m* additional claim; **M.arbeit** *f* additional work; **M.aufwand; M.-aufwendung(en)** *m/f* additional expenditure(s); **M.ausgabe** *f* extra expense; **M.belastung** *f* additional charge/burden; **m.deutig** *adj* ambiguous; **M.deutigkeit** *f* ambiguity; **M.ehe** *f* polygamous marriage; **M.erlös** *m* additional receipts; **M.-ertrag** *m* surplus; **m.fach** *adj* multiple
Mehrfach|besteuerung *f* multiple taxation; **M.lizenz** *f* multiple licence; **M.-stichprobe** *f* multiple random sample; **M.stichprobenprüfung** *f* multiple sampling inspection; **M.täter(in)** *m/f* multiple offender
Mehrfamilienhaus *nt* multiple dwelling
Mehrgebot *nt* *(Auktion)* higher bid
Mehrheit *f* majority, plurality; **M. der Erben** plurality of heirs; **M. von Forderungen** plurality of claims; **~ Gläubigern** plurality of creditors; **M. der Stimmen** majority/plurality of votes

M

arbeitsfähige Mehrheit working majority; **knappe M.** narrow majority; **qualifizierte M.** qualified majority

Mehrheits|beschluss *m* majority decision; **durch ~** by majority vote; **M.beteiligung** *f* majority interest; **M.entscheid** *m* majority decision; **M.entscheidung** *f (Geschworene)* majority verdict; **M.grundsatz** *m* principle of majority rule; **M.votum** *nt* majority opinion

Mehr|kosten *pl* additional costs; **m.malig** *adj* repeated; **m.seitig** *adj* multilateral; **m.spurig** *adj (Verkehr)* multi-lane; **M.staatler** *m* multiple national; **M.täterschaft** *f* perpetration of an offence by several offenders

Mehrweg|flasche *f* returnable/reusable bottle; **M.verpackung** *f* reusable packaging

Mehrwert *m* added value

Mehrwertsteuer *f* value-added tax (VAT); **m.befreit; m.frei** *adj* exempt(ed) from VAT, zero-rated; **M.befreiung** *f* zero rating, exemption from value-added tax; **M.bemessungsgrundlage** *f* VAT base; **M.richtlinie** *f (EU)* VAT Directive; **M.rückvergütung** *f* value-added tax rebate; **M.veranlagung** *f* value-added tax assessment

Mehrzahl *f* majority

meid|en *v/t* to avoid; **M.ung** *f* avoidance

Meineid *m* perjury; **auf M. steht Gefängnis** perjury is punishable by imprisonment; **jdn zum M. anstiften/verleiten** to suborn so. to commit perjury; **M. leisten/schwören** to perjure os.

Meineidige(r) *f/m* perjurer

Meinung *f* opinion; **nach M. des Gerichts** in the opinion of the court; **M. abgeben** to render an opinion; **anderer M. sein** to differ

abweichende Meinung *(Richterkollegium)* dissenting opinion; **einstimmige M.** unanimous opinion; **herrschende M.** prevailing view; **öffentliche M.** public opinion; **übereinstimmende M.** consensus of opinion

Meinungsäußerung *f* expression of opinion; **freie M.** free expression of opinion

Meinungs|freiheit *f* freedom of opinion/speech; **M.monopol** *nt* institutional monopoly; **M.streit** *m* controversy; **M.verschiedenheit** *f* disagreement; **M.verschiedenheiten** differences of opinion; **~ gütlich beilegen** to settle disputes amicably

Meist|begünstigungsklausel *f* most-favoured nation clause; **M.gebot** *nt* highest bid; **m.gesucht** *adj* most wanted

Meister *m* 1. master (craftsman); 2. champion

Melde|amt; M.behörde *nt/f* registration office/authority; **M.bestimmungen** *pl* registration rules; **M.formular** *nt* registration form; **M.frist** *f* deadline/time for registration; **M.geheimnis** *nt* confidentiality of registration office data; **M.gesetz** *nt* registration act; **M.pflicht** *f* reporting requirement

melden *v/t* to report; **sich m.** *v/refl* to report/register, to come forward; **~ arbeitslos m.** to sign on at the labour exchange

Meldepflicht *f* compulsory/mandatory registration; **polizeiliche M.** obligation to register with the police

meldepflichtig *adj* notifiable

Melde|register *nt* register of residents; **M.schein** *m* certificate of registration; **M.schluss** *m* closing date, deadline; **M.stelle** *f* registration office

Meldung *f* 1. *(Benachrichtigung)* notification; 2. *(Bericht)* report; 3. *(Nachricht)* message; **M. machen über** to report about; **dienstliche M.** official report/notification; **polizeiliche M.** police report; **unterlassene M.** failure to report

Meldungen und Auskünfte reports and disclosures

Menge *f* quantity

Mensch *m* human being

Menschen *pl* people; **M.ansammlung** *f* (riotous) assembly, gathering; **M.handel** *m* slave trade, trafficking in human beings; **M.kette** *f* human chain; **M.leben** *nt* human life; **M.menge** *f* gathering; **aufgebrachte ~** mob; **M.raub** *m* kidnapping; **erpresserischer ~** kidnapping for ransom; **M.recht** *nt* human right(s)

Menschenrechts|erklärung *f* declaration of human rights; **M.gesetz** *nt* Human Rights Act *[GB]*; **M.konvention** *f* Human Rights Convention; **M.verletzung(en)** *f/pl* human rights abuse, violation of human rights

menschen|unwürdig *adj (Behausung)* unfit for human habitation; **M.verstand** *m* human understanding; **gesunder ~** common sense; **M.würde** *f* human dignity

Menschlichkeitsverbrechen *nt* crime against humanity
mental *adj* mental; **M.reservation** *f* mental reservation
merkantil *adj* mercantile
Merk|blatt *nt* (explanatory) leaflet; **m.lich** *adj* noticeable
Merkmal *nt* feature; **besonderes M.** distinctive/identifying mark, ~ feature; **charakteristisches M.** characteristic feature; **persönliches M.** individual characteristic
Messer *nt* knife; **jdn mit einem M. bedrohen** to hold so. at knife-point; **für ihn wird schon das M. gewetzt** the knives are out for him *(coll)*; **M. ziehen** to draw a knife
Messer|stecher(in) *m/f* knifer *(coll)*; **M.stecherei** *f* knifing; **M.stich** *m* 1. stab; 2. *(Wunde)* stab wound
Metageschäft *nt* joint venture
Methode *f* method; **M.nlehre** *f* methodology
Meuchel|mord *m* (cowardly) assassination, insidious murder; **M.mörder** *m* assassin
Meuter|ei *f* *(Gefängnis)* prison riot/mutiny; **M.er** *m* mutineer; **m.n** *v/i* to mutineer
Miene *f* (facial) expression; **gute M. zum bösen Spiel machen** *(prov.)* to grin and bear it *(prov.)*
Miet- und Pachtverhältnis *nt* tenancy
Miet|ablösung *f* 1. money; 2. commutation of rent; **M.abtretung** *f* assignment of rent/lease; **M.anpassung** *f* rent review; **M.anpassungsklausel** *f* rent escalator clause; **M.aufhebung** *f* termination of tenancy; **M.aufkündigung** *f* notice to quit; **M.ausfall** *m* loss of rent; **M.ausfallwagnis** *nt* risk of loss of rent; **M.bedingungen** *pl* 1. *(Gegenstand)* terms of hire; 2. *(Wohnung)* terms of tenancy; **M.besitz** *m* tenancy, leasehold; **M.bindung** *f* rent restriction; **M.dauer** *f* 1. term of tenancy; 2. rental period
Miete *f* 1. *(Betrag)* rent; 2. *(Mietverhältnis)* tenancy; 3. *(bewegliche Sachen)* hire, rental; **zur M.** on hire
Miete schuldig bleiben to be in arrears with one's rent; **M. stunden** to grant a rent respite; **zur M. wohnen** to live in rented accommodation
angemessene Miete fair rent; **aufgelaufene M.** accrued rent; **fällige M.** rent arrears/due, delinquent rent *[US]*; **freie M.** uncontrolled rent; **gebundene M.** controlled rent; **ortsübliche M.** local rent; **rückständige M.** rent arrears; **überhöhte M.** exorbitant rent; **vereinbarte M.** agreed rent; **zu zahlende M.** rent due
Miet|einnahmen *pl* rental receipts; **M.einzug** *m* rent collection
mieten *v/t* to hire/rent/charter
Mieter(in) *m/f* 1. *(Wohnung)* tenant; 2. *(Kfz)* hirer; 3. *(Pacht)* leaseholder; 4. *(Leasing)* lessee; 5. charterer; **M. hinauswerfen** to evict a tenant; **M. kündigen** to give a tenant notice (to quit)
alleinige(r) Mieter(in) sole tenant; **ausziehende(r) M.** outgoing tenant, **einziehende(r)/neue(r) M.** incoming tenant
Mieter|belästigung *f* harassment of a tenant; **M.bund** *f* tenants' association; **M.haftpflichtversicherung** *f* tenant's liability insurance; **M.haftung** *f* tenant's liability
Miet|erhöhung *f* rent increase; **M.ermäßigung** *f* remission of rent
Mieterrechte *pl* tenant's rights
Mieterschutz *m* 1. protection of tenants; 2. security of tenure; 3. *(Mietpreisbindung)* rent restriction *[GB]*; **M.gesetz** *nt* Landlord and Tenant Act *[GB]*
Miet|erstattung *f* rent rebate; **M.ertrag** *m* rental income; **M.ertragswert** *m* rental value
Mietervereinigung *f* tenants' association
Miet|fahrzeug *nt* rental vehicle; **M.festschreibung** *f* rent freeze; **M.freigabe** *f* deregulation of rents; **M.gebühren** *pl* *(bewegliche Sache)* rental fees, hire charges; **M.gegenstand** *m* leased/rented property, ~ item; **~ unbenutzbar machen** to render premises/property unusable; **M.geld** *nt* rent; **M.grundstück** *nt* leasehold plot; **M.höhe** *f* amount of rent; **M.inkasso** *nt* collection of rents; **M.kauf** *n* hire purchase; **M.kaufvertrag** *m* hire purchase agreement; **M.kaution** *f* rent deposit, security for rent, key money *[GB]*; **M.kostenzuschuss** *m* rent allowance; **M.kündigung** *f* notice to quit, ~ of termination of tenancy; **M.laufzeit** *f* term of tenancy/lease; **M.nachlass** *m* rent rebate; **M.partei** *f* tenant
Mietpreis *m* rent; **M.bindung** *f* rent control; **M.erhöhung** *f* rent increase; **M.stopp** *m* rent freeze

Miet|räume *pl* rented premises; **M.recht** *nt* law of tenancy, ~ landlord and tenant; **M.-richtsatz** *m* reference rent; **M.rückstand** *m* rent arrears *[GB]*, delinquent rent *[US]*; **M.sache** *f* 1. leased property; 2. rented item; 3. *(Gericht)* landlord and tenant case; **M.schuld** *f* rent arrears; **M.shaus** *nt* tenement, apartment house *[US]*; **M.-sicherheit** *f (Kaution)* (rent) deposit; **M.-spiegel** *m* rental table, representative list of rents; **M.streitigkeit** *f* tenancy/rent dispute, landlord-tenant dispute; **M.vereinbarung** *f* tenancy agreement
Mietverhältnis *nt* 1. tenancy; 2. lease; **bedingtes M.** contingent tenancy; **befristetes M.** fixed-term/limited tenancy; **jederzeit kündbares M.** tenancy at will; **dem Mieterschutz unterliegendes M.** protected tenancy; **stillschweigend verlängertes M.** tenancy at sufferance
Mietverlängerung *f* renewal of a tenancy
Mietvertrag *m* 1. contract of tenancy, tenancy agreement, lease; 2. *(bewegliche Sache)* rental agreement; 3. *(gewerblich genutzte Räume)* commercial lease; **gemeinsamer M. von Ehegatten** joint tenancy of spouses; **M. abschließen** to sign a lease; **jederzeit kündbarer M.** tenancy at will
Miet|vorauszahlung *f* advance on the rent; **M.wagen** *m* hired/rented car; **M.-wert** *m* rental/letting value; **M.wohngrundstück** *nt* leasehold residential property; **M.wohnung** *f* rented flat/apartment *[US]*; **M.wucher** *m* usurious/rack rent, rackrenting; **M.zeit** *f* term/period of tenancy/lease, tenancy; **M.zins** *m* rent; **vereinbarter ~** agreed rent; **M.zuschuss** *m* rent subsidy
verstecktes Mikrofon bug *(coll)*
mild *adj* *(Strafe)* lenient
Milde *f* clemency; **M. walten lassen** to be lenient
mildern *v/t* to mitigate/extenuate; **m.d** *adj* mitigating, extenuating
Milderung *f* mitigation, extenuation; **M. der Strafe** mitigation of punishment; **M. eines Urteils** moderation of a judgment; **M.sgrund** *m* ground for mitigation/clemency, mitigating circumstance
mildtätig *adj* charitable; **M.keit** *f* charity
Milieu *nt* scene; **in einem M. verkehren** to move in certain circles; **m.geschädigt** *adj* maladjusted
Militär *nt* military, armed forces; **M.behörde** *f* military authority; **M.dienst** *m* military service; **M.gefängnis** *nt* military prison; **M.gericht** *nt* military tribunal, court martial; **vor ein ~ gestellt werden** to be court-martialled; **M.gerichtsbarkeit** *f* military jurisdiction; **M.gesetzbuch** *nt* military code
militärisch *adj* military
Militär|kennzeichen *nt* military registration plate; **M.polizei** *f* military police; **M.richter** *m* court martial judge; **M.staatsanwalt** *m* judge advocate; **M.strafgesetzbuch** *nt* military penal code; **M.strafrecht** *nt* military penal law; **M.verwaltung** *f* military administration
Millionenschaden *m* damage running into millions
Milzbrand *m* anthrax
minder *adj* minor; **m.bemittelt** *adj* poor, less well-off
Minderheit *f* minority
Minderheiten|rechte *pl* rights of minorities, minority rights; **M.schutz** *m* protection of minorities
minderjährig *adj* minor, underage; **m. sein** to be underage; **M.ge(r)** *f/m* minor, underage person; **M.keit** *f* infancy, minority
Minderkaufmann *m* small trader, nonregistrable merchant
mindern *v/t* 1. to reduce/lessen/diminish; 2. *(Wert)* to depreciate
Minderung *f* 1. reduction, deduction; 2. *(Beeinträchtigung, Schaden)* impairment; **M. der Erwerbsfähigkeit** impairment of earning capacity; **M. des Kaufpreises** reduction of the purchase price
Minderungsklage *f* action to reduce the price, redhibitory action
minderwertig *adj* inferior; **M.keit** *f* inferiority
Minderwertigkeits|gefühl *nt* feeling of inferiority; **M.komplex** *m* inferiority complex
Mindest|abstand *m* minimum distance; **M.anforderungen; M.erfordernisse** *pl* minimum requirements; **M.bedingungen** *pl* minimum conditions; **M.betrag** *m* minimum amount; **M.einkommen** *nt* minimum income
mindestens *adv* at least
Mindest|gebot *nt* reserve bid; **M.geschwindigkeit** *f* minimum speed; **M.in-**

M

formation *f* minimum information; **M.-kapital** *nt* minimum capital; **M.lohn** *m* minimum wage; **M.maß an Gewalt** *nt* minimum use of force; **M.mitglieder-(zahl)** *pl/f* minimum membership; **M.-preis** *m* minimum price; **M.rentenalter** *nt* minimum retiring age; **M.strafe** *f* minimum sentence; **M.stundenlohn** *m* minimum hourly rate of pay; **M.trennungsdauer** *f* minimum length/period of separation; **M.urlaub** *m* minimum holiday; **gesetzlicher ~** statutory minimum holiday; **M.versicherungssumme** *f* minimum sum insured; **M.zahl** *f* minimum number; **beschlussfähige ~** quorum

Ministerium *nt* ministry, department

Misch- composite; **M.ehe** *f* mixed marriage; **M.ling** *m* half-breed; **M.verwaltung** *f* administration by interlocking authorities

missachten *v/t* 1. *(ignorieren)* to disregard; 2. *(Gesetz, Regel)* to flout

Missachtung *f* 1. *(ignorieren)* disregard; 2. *(Ungebühr)* contempt; 3. *(Nichtbefolgung)* non-compliance; **M. des Gerichts** contempt of court; **M. eines Verbots** disregard of a prohibition; **M. einer gerichtlichen Verfügung** breach of a court order

missbillig|en *v/t* to disapprove of, to object to; **M.ung** *f* disapproval

Missbrauch *m* 1. abuse; 2. *(falsche Anwendung)* misuse, improper use; **M. von Alkohol** alcohol abuse; **M. im Amt; M. der Amtsgewalt** abuse of official powers, ~ authority, misfeasance; **M. von Ausweispapieren** misuse of identity papers; **M. im Beruf** professional malpractice; **M. der Disziplinargewalt** abuse of disciplinary authority; **M. des Ermessens; ~ der Ermessensfreiheit** abuse of discretion, ~ discretionary powers; **M. von Macht** abuse of power; **~ Notrufen** causing false alarms; **M. eines Rechts** abuse of a right **M. von Scheck- und Kreditkarten** misuse of cheque and credit cards; **~ Schutzbefohlenen** abuse of charges; **~ Titeln, Berufsbezeichnungen und Abzeichen** misuse of titles, professional names and symbols; **M. der Vertretungsmacht** abuse of authority (to represent another)

sexueller Missbrauch sexual abuse; **~ von Jugendlichen** sexual abuse of juveniles; **~ von Kindern** sexual abuse of children, indecent acts with children; **~ von Kindern mit Todesfolge** sexual abuse of children resulting in death; **~ von Schutzbefohlenen** sexual abuse of charges; **~ widerstandsunfähiger Personen** sexual abuse of persons unable to resist

missbrauchen *v/t* 1. to abuse; 2. *(missbräuchlich anwenden)* to misuse

missbräuchlich *adj* abusive, improper

Missbrauchs|aufsicht *f* supervision to prevent abuse, control of abusive practices; **M.prinzip** *nt (Kartellrecht)* principle of abuse; **M.regelung** *f* regulation to prevent abuse; **M.verbot** *nt* prohibition of restrictive practices; **M.verfahren** *nt (Kartellrecht)* abuse proceedings; **M.verfügung** *f* decree on abusive practices

missdeut|en *v/t* to misinterpret/misconstrue; **M.ung** *f* misinterpretation, misconstruction

Misse|tat *f* wrongdoing, misdeed, wrongful act, misdemeanour; **M.täter(in)** *m/f* wrongdoer

Miss|fallen *nt* disapproval; **M.geschick** *nt* misadventure; **m.handeln** *v/t* 1. to abuse/maltreat; 2. to misuse; **m.handelt** *adj (Person)* battered

Misshandlung *f* abuse, maltreatment, ill-treatment; **M. der Ehefrau** wife-battering; **M. des Ehegatten** ill-treatment of a spouse; **M. von Kindern** child abuse; **~ Schutzbefohlenen** ill-treatment of charges

körperliche Misshandlung physical abuse, battering; **vorsätzliche ~** premeditated physical abuse

Misshandlungsverbot *nt* prohibition of (child) abuse

Misskredit *m* disrepute; **in M. bringen** to discredit; **~ geraten** to become discredited

Missstand *m* grievance, nuisance; **einem M. abhelfen** to redress a grievance; **M. abstellen/beseitigen** to remedy a grievance, to abate a nuisance

Misstrauen *nt* distrust; **m.** *v/i* to mistrust/distrust

misstrauisch *adj* suspicious, distrustful, mistrustful

Miss|verhalten *nt* misconduct; **M.verhältnis** *nt* disproportion; **m.verständlich** *adj* ambiguous, misleading; **M.verständnis** *nt* misunderstanding; **m.verstehen** *v/t* to misunderstand/mistake

Mitangeklagte(r) *f/m* co-accused, co-defendant

Mitarbeit *f* collaboration, cooperation
Mitarbeiter(in) *m/f* colleague, contributor; **freier M.** freelance; **leitender M.** executive
Mit|autor *m* co-author; **M.beklagte(r)** *f/m* co-defendant; **m.benutzen** *v/t* to use jointly, to share (the use of); **M.benutzer** *pl* joint users; **M.benutzung** *f* joint use; **m.berechtigt** *adj* jointly entitled; **M.berechtigung** *f* joint entitlement; **M.beschuldigte(r)** *f/m* co-defendant; **M.besitz** *m* joint possession/tenancy; **m.besitzen** *v/t* to possess jointly; **M.-besitzer(in)** *m/f* joint holder
Mitbestimmung *f* co-determination; **betriebliche M.** worker participation; **paritätische M.** equal representation
Mitbestimmungs|gesetz *nt* codetermination act, worker participation act; **M.-recht** *nt* right of co-determination
mitbestraft *adj* subsumed in another sentence
Mit|beteiligte(r) *f/m* 1. *(Komplize)* accomplice; 2. interested party; **M.beteiligung** *f* participation; **M.bewerber(in)** *m/f* fellow-applicant; **M.bewohner(in)** *m/f* 1. fellow occupant/resident; 2. *(Wohngemeinschaft)* flatmate *[GB]*; **M.bürge** *m* joint guarantor; **M.bürger(in)** *m/f* fellow citizen; **M.bürgschaft** *f* co-suretyship, joint guarantee; **M.eigentum** *nt* co-ownership, ownership in common, joint ownership; **~ nach Bruchteilen** (co-)ownership in fractional shares; **M.eigentümer(in)** *m/f* co-owner, joint owner
Miterbe *m* joint heir, co-inheritor; **pflichtteilsberechtigter M.** co-heir entitled to a compulsory portion; **M.ngemeinschaft** *f* joint heirs, community of heirs
Miterbe *nt* co-inheritage, co-inheritance
Miterbin *f* co-interitrix
Mitfahrer(in) *m/f* passenger; **M.parkplatz** *m* commuter car park
Mitfahrgelegenheit *f* lift, ride *[US]*
mitführen *v/t* *(Papiere, Waffen)* to carry
Mit|garant *m* fellow guarantor/underwriter; **M.gefangene(r)** *f/m* fellow prisoner; **M.-gefühl** *nt* sympathy; **sein ~ ausdrücken** to express one's sympathy
etw. mitgehen lassen *v/i* *(coll)* to pinch sth. *(coll)*, to walk off with sth. *(coll)*
Mit|gesellschafter *m* fellow partner; **M.-gift** *f* dowry, marriage portion, dot; **M.-gläubiger(in)** *m/f* fellow creditor
Mitglied *nt* member; **M. kraft Amtes** ex officio member; **M. auf Lebenszeit** life member; **M. einer Nachbarschaftshilfe** neighbourhood warden
beratendes Mitglied advisory member; **zahlendes M.** paying member
Mitglieder *pl* members; **nur für M.** members only; **erschienene M.** members present
Mitglieder|haftung *f* members' liability; **M.rechte** *pl* members' rights; **M.versammlung** *f* members' meeting; **M.zahl** *f* number of members, membership
Mitgliedsbeitrag *m* membership dues/subscription
Mitgliedschaft *f* membership
Mitgliedschafts|pflichten *pl* membership duties; **M.rechte** *pl* members'/membership rights; **M.zwang** *m* compulsory membership
mithaft|en *v/t* to be jointly liable; **M.tung** *f* secondary/joint liability
Mithilfe *f* assistance; **unter jds M.** with the aid/assistance of so.
mithören *v/t* 1. *(zufällig)* to overhear; 2. *(zweiter Telefonhörer)* to listen in
Mitinhaber(in) *m/f* co-proprietor, co-owner; **M. einer Lizenz** co-licensee; **M. eines Patents** co-patentee
Mitkläger(in) *m/f* 1. *(ZR)* joint plaintiff; 2. *(StR)* joint prosecuting party
mitmachen *v/i* 1. *(teilnehmen)* to join, to take part/follow; 2. *(erleiden)* to go through
Mitmieter(in) *m/f* joint tenant
Mitnahme *f* removal
mitnehmen *v/t* to take along; **jdn (im Kfz) m.** to give so. a lift
Mit|pächter *m* 1. co-tenant; 2. co-lessee; **M.reisende(r)** *f/m* fellow passenger
Mitschuld *f* 1. *(ZR)* contributory negligence; 2. *(StR)* complicity; 3. *(allg.)* share of the blame; **M.ige(r)** *f/m* 1. *(Komplize)* accomplice; 2. *(Helfershelfer)* accessory
Mitschuldner|(in) *m/f* joint debtor, co-debtor; **einzelner M.** several debtor
Mitsprache *f* say (in the matter); **M.recht** *nt* right of codetermination
Mittag *m* noon, lunchtime, midday
Mittäter(in) *m/f* accomplice, accessory, joint offender/perpetrator, co-principal, principal in the second degree; **M.schaft** *f* joint commission of a crime, complicity; **~ abstreiten** to deny complicity

mitteilen *v/t* to inform/communicate/notify/advise

mitteilsam *adj* communicative, forthcoming

Mitteilung *f* notice, notification, advice; **M. der Unzustellbarkeit** return of nihil *(lat.)*; **M. zustellen** to serve a notice

amtliche Mitteilung official notice; **mündliche M.** oral notification, **öffentliche M.** public announcement; **sachdienliche M.** pertinent information; **schriftliche M.** notification in writing; **unbefugte M.** unauthorized disclosure; **vertrauliche M.** confidential information/communication

Mitteilungs|blatt *nt* (official) gazette; **m.-freudig** *adj* forthcoming; **M.pflicht** *f* disclosure requirement, duty of disclosure, duty to report

Mittel *nt/pl* 1. *(Geld)* means, funds, resources; 2. *(Haushalt)* appropriations; 3. *(Hilfsmittel)* remedy; 4. *(Vorrichtung)* device, appliance; **M. und Wege** ways and means; **M. unterschlagen/zweckentfremden** to misappropriate/embezzle funds

anregendes Mittel stimulant; **berauschendes M.** drug, intoxicant; **bewährtes M.** proven remedy; **durch geeignete M.** by appropriate means; **letztes M.** last resort; **schmerzlinderndes M.** palliative; **schmerzstillendes M.** painkiller; **unzulässige M.** inadmissible means; **zweckgebundene M.** earmarked funds

mittel|bar *adj* mediate, indirect; **m.fristig** *adj* medium-term

mittellos *adj* destitute, impecunious; **M.igkeit** *f* 1. lack of funds/means; 2. *(Armut)* poverty, destitution

mittels *prep* by means of

Mittelsmann *m* middleman, intermediary

Mittel|streifen *m* central reservation *[GB]*, median *[US]*; **M.verwendung; M.zuweisung** *f* appropriation of funds

Mit|unternehmer *m* joint contractor; **m.-unterschreiben** *v/t* to sign jointly; **M.unterschrift** *f* joint signature; **M.unterzeichner(in)** *m/f* co-signatory; **M.urheber** *m* co-author; **M.urheberschaft** *f* co-authorship; **Mitursache** *f* contributory factor, concurrent cause; **m.verantwortlich** *adj* jointly responsible; **M.verantwortung** *f* joint responsibility; **M.verfasser** *m* co-author; **m.verklagen** *v/t* to sue jointly; **M.vermächtnis** *nt* joint legacy

Mitverschulden *nt* 1. *(Unfall)* contributory *[GB]*/comparative *[US]* negligence; 2. partial blame; **M. des Geschädigten/Verletzten** contributory negligence

mit|versichern *v/t* to co-insure; **M.versicherer** *m* co-insurer; **M.versicherte(r)** *f/m* co-insured party; **M.versicherung** *f* co-insurance

Mitverteidiger(in) *m/f* additional defence counsel

mitverursach|end *adj* contributory; **M.ung** *f* contributory causation

Mit|verwaltung *f* joint administration; **M.vormund** *m* joint guardian; **M.vollstrecker(in)** *m/f* co-executor

mitwirken *v/i* to cooperate/contribute; **m.d** *adj* contributory

Mitwirkung *f* participation, cooperation; **M. anderer Behörden** cooperation with other authorities; **M. des Bestellers** cooperation with the customer; **M. zur Einziehung** cooperation in the recovery of debts; **M. des Gegenvormundes** cooperation of the controlling/supervisory guardian

Mitwirkung verweigern to refuse cooperation

unterlassene Mitwirkung failure to cooperate

mitwirkungs|bedürftig in need of cooperation; **M.pflicht** *f* duty to cooperate; **~ beider Ehegatten** duty of both spouses to cooperate; **M.recht** *nt* right to participate, participatory right

Mitwissen *nt* privity, knowledge, having secret knowledge

Mitwisser(in) *m/f* 1. *(Beteiligter, Mitinteressent)* privy (person); 2. *(Vertrauter)* confidant(e); 3. *(Mitschuldiger)* accessory; **M.schaft** *f* privity; **er wurde wegen ~ angeklagt** he was charged with being an accessory (to the crime)

Mit|zeichner *m* co-subscriber, co-underwriter; **M.zeichnung** *f* co-subscription, joint subscription; **M.zessionär** *m* co-assignee

Mobiliar *nt* 1. *(beweglich)* furnishings, furniture, chattels; 2. *(beweglich und unbeweglich)* fixtures and fittings; **M.eigentum; M.vermögen** *nt* personal effects/property; **M.erbe** *m* heir to a personal estate; **M.hypothek** *f* chattel mortgage;

M.klage *f* action of replevin; **M.pfand** *nt* chattel pledge; **M.pfandrecht** *nt* lien on chattels; **M.pfändung** *f* seizure of chattels; **M.sicherheit** *f* chattel mortgage; **M.vollstreckung** *f* seizure and sale of movable property; **M.zwangsvollstreckung** *f* execution levied on movable goods

Mobilien *pl* (goods and) chattels, movables, movable property

möbliert *adj* furnished

Modalität *f* modality

Modellschutz *m* protection of registered designs

Möglichkeit *f* 1. *(Realisierbarkeit)* possibility; 2. *(Gelegenheit)* opportunity; 3. *(Ereignis)* contingency, eventuality

Mohn *m* poppy

Monopol *nt* monopoly; **M.missbrauch** *m* monopoly abuse

montieren *v/t* to mount/assemble/fit

Moral *f* 1. *(Ethik)* morals; 2. *(Disziplin)* morale; **keine M. haben** to have no morals

Moratorium *nt* moratorium

M

Mord *m* murder, (culpable) homicide *[US]*; **M. aus Eifersucht** jealousy killing; **wegen M. angeklagt** charged with murder

aufgeklärte Mord|e murder clear-ups; **geplanter/vorsätzlicher M.** premeditated/first-degree *[US]* murder; **ungelöster M.** unsolved murder

Mordanklage *f* murder charge; **M. erheben** to lay a murder charge (against so.); **unter M. stehen** to be charged with murder

Mordanschlag *m* 1. attempted murder, murder attempt; 2. *(Attentat)* assassination attempt; **einem M. entgehen** to escape an assassination attempt

Mord|dezernat *nt* homicide department, **M.drohung** *f* death threat, threat against so.'s life

morden *v/t* to murder

Mörder *m* 1. murderer, killer; 2. *(Attentäter)* assassin; **M. dingen** to hire a murderer; **gedungener M.** hired killer

Mord|fall *m* murder case; **M.kommission** *f* murder squad, homicide squad/division *[US]*; **M.komplott** *nt* conspiracy to murder; **M.lust** *f* bloodlust; **M.opfer** *nt* murder victim; **M.prozess** *m* murder trial; **M.serie** *f* string of murders, killing spree

Mordverdacht *m* suspicion of murder; **in M. geraten** to become a murder suspect; **unter M. stehen** to be under suspicion of murder, ~ suspected of murder

Mord|verdächtige(r) *f/m* murder suspect; **M.versuch** *m* 1. attempted murder; 2. *(Attentat)* assassination attempt; **M.vorsatz** *m* intention to murder; **M.waffe** *f* murder weapon

frühe Morgenstunden small hours

Motiv *nt* motive; **ohne erkennbares M.** without any apparent motive

motivieren *v/t* to motivate/induce

Motivirrtum *m* error in motivation

Motor *m (Kfz)* engine; **frisierter M.** souped-up engine; **M.haube** *f* bonnet, hood *[US]*

Müll *m* ↘ **Abfall** waste, refuse, garbage *[US]*, trash *[US]*; **M. abladen verboten** *(Schild)* no tipping

Müll|abfuhr *f* waste/refuse/garbage collection; **M.entsorgung** *f* waste disposal; **M.kippe** *f* waste disposal site, refuse dump; **wilde ~** illegal disposal site; **M.verbrennung** *f* waste incineration

Mündel *nt* ward; **M. unter Aufsicht des Gerichts** ward of court; **M.geld** *nt* trust money, money held in trust (for a ward); **M.vermögen** *nt* ward's assets

mündig *adj* of age; **m. werden** to come of age; **M.keit** *f* full age, majority

mündlich *adj* oral, verbal, parol

Mündlichkeit *f* orality, oral presentation; **M.sgrundsatz; M.sprinzip** *m/nt* principle of orality

Mundraub *m* theft of food/foodstuffs (for personal consumption), petty theft

jdn mundtot machen *adj* to silence so.

Mund-zu-Mund-Beatmung *f* mouth-to-mouth resuscitation, kiss of life

Munition *f* ammunition; **scharfe M.** live ammunition; **M.sfund** *m* ammunition find

Münzdelikt *nt* coinage offence

Münze *f* coin; **in M.n** in specie *(lat.)*; **M.n fälschen** to counterfeit coins

Münz|fälschung *f* counterfeiting (of) coins; **M.verbrechen; M.vergehen** *nt* coinage offence, counterfeiting (of) coins

Mussbestimmung *f* mandatory provision

Muster *nt* pattern, sample, specimen; **M.klage** *f* class-action lawsuit; **M.mietvertrag** *m* standard tenancy agreement; **M.prozess** *m* test case; **M.schutz** *m* protection of registered designs; **M.unter-**

schrift *f* specimen signature; **M.verfahren** *nt* test case; **M.vertrag** *m* standard contract; **M.vertragsbedingungen** *pl* standard terms of contract
mutmaß|en *v/t* to presume/conjecture/surmise; **m.lich** *adj* presumed, suspected, presumptive, putative; **M.ung** *f* presumption, speculation, conjecture
Mutter *f* mother; **M. und Tochter** *(Unternehmen)* parent and subsidiary; **werdende M.** expectant mother
Mutter|firma; M.gesellschaft *f* parent (company); **M.mal** *nt* birthmark, mole; **M.mord** *m* matricide; **M.schaft** *f* motherhood, maternity
Mutterschafts|beihilfe *f* 1. maternity allowance/benefit(s) *[GB]*; 2. *(einmalig)* maternity grant *[GB]*; **M.geld** *nt* maternity benefit(s); **M.urlaub** *m* maternity leave
Mutter|schutz *m* maternity protection; **M.sprache** *f* mother tongue
Mutwillen *m* malice, mischief; **aus reinem M.** out of pure malice
mutwillig *adj* 1. *(vorsätzlich)* wilful; 2. *(rücksichtslos)* wanton; 3. *(böswillig)* malicious; 3. *(übermütig)* mischievous

N

nach *prep* *(gemäß)* according/pursuant to, in accordance with
nachahmen *v/t* 1. to imitate/copy, 2. *(unerlaubt)* to pirate
Nachahmung *f* imitation, fake *(coll)*; **N. und Ausbeuten fremder Leistung** imitation and exploitation of third-party contributions; **N. eingetragener Warenzeichen** imitation of registered trademarks; **N.stäter(in)** *m/f* copycat offender/criminal
Nachanmeldung *f* 1. supplementary registration; 2. *(Patentrecht)* subsequent application
Nacharbeitungskosten *pl* rework costs
Nachbar *m/f* neighbour; **unmittelbarer N.** next-door neighbour
Nachbar|eigentümer(in) *m/f* adjacent owner; **N.grundstück** *nt* adjacent/neighbouring property; **N.recht** *nt* law concerning neighbours
Nachbarschaft *f* 1. neighbourhood; 2. *(Nähe)* vicinity; **gute N. pflegen** to keep up good neighbourly relations
Nachbarschaftsklage *f* (legal) action against a neighbour
Nachbar|staat *m* neighbouring state; **N.-widerspruch** *m* opposition (lodged) by a neighbour; **N.zaun** *m* neighbour's fence
Nachbau *m* imitation, copy, reproduction; **unerlaubter N.** unlicensed reproduction
nachbauen *v/t* to imitate/copy/reproduce
Nachbaulizenz *f* construction licence
nachbearbeiten *v/t* to rework
Nach|bearbeitungskosten; N.besserungskosten *pl* cost of rework
Nach|behandlung *f* follow-up treatment; **N.besitzer(in)** *m/f* subsequent occupier/holder
nachbessern *v/t* 1. to remedy a defect; 2. *(Vertrag)* to amend
Nachbesserung *f* 1. remedying (of) a defect; 2. subsequent improvement
Nachbesserungs|anspruch *m* liability to remedy a defect; **N.frist** *f* period for remedying defects; **N.kosten** *pl* rework costs; **N.pflicht** *f* 1. duty to remedy defects; 2. *(Werkvertrag)* contractor's obligation to remedy a defect
nachbestell|en *v/t* to reorder; **N.ung** *f* repeat/follow-up order
nachbezahlen *v/t* to pay arrears
nachbild|en *v/t* to copy/reproduce; **N.ung** *f* 1.copy, reproduction, replica; 2. *(Fälschung)* counterfeiting
Nachbürge; Nachbürgin *m/f* collateral surety/guarantor
Nachbürgschaft *m* collateral guarantee
nachdatieren *v/t* to postdate/backdate
Nachdruck *m* reprint, reproduction; **n.en** *v/t* to reprint/reproduce; **N.recht** *nt* copyright
Nacheid *m* oath (administered) after a statement
Nacheile *f* *(Polizeirecht)* pursuit; **N.recht** *nt* right of pursuit
nachentricht|en *v/t* to pay subsequently; **N.ung** *f* subsequent payment; **~ von Beiträgen** retroactive payment of contributions
Nacherbe; Nacherbin *m/f* reversionary heir; **N. und Ersatzerbe** reversionary heir and substitute heir
Nacherben|einsetzung *f* appointment of a reversionary heir; **N.recht** *nt* right of a reversionary heir

N

Nacherb|folge *f* reversionary (testate) succession; **N.schaft** *f* 1. reversion; 2. estate of a reversionary heir, ~ in expectancy
Nach|erfüllung *f* subsequent performance; **N.erhebung; N.feststellung** *f* additional/subsequent assessment; **N.erwerber** *m* subsequent acquiror
Nachfahre *m* descendant
Nachfolge *f* succession; **n.berechtigt** *adj* entitled to succession; **N.firma** *f* successor firm; **N.gesellschaft** *f* successor company; **N.haftung** *f* secondary liability; **n.nd** *adj* following, subsequent; **N.recht** *nt* right of succession
Nachfolger(in) *m/f* successor
nachfordern *v/t* to demand sth. in addition
Nachforderung *f* supplementary/additional claim, additional demand
Nachforderungs|bescheid *m* *(Steuer)* notice of deficiency; **N.klage** *f* action for further payment
nachforschen *v/t* to inquire
Nachforschung *f* 1. inquiry; 2. *(Polizei)* investigation; 3. *(Suche)* search (for); **N.en anstellen** to investigate, to make inquiries
Nachfrage *f* demand
Nachfrist *f* respite, extension, period of grace; **N. setzen** to grant an extension, ~ a respite; **N.setzung** *f* granting a respite
Nach|gebühr *f* surcharge, excess postage; **N.genehmigung** *f* subsequent permit; **n.-geordnet** *adj (Behörde)* subordinate
nachgewiesen *adj* proven; **n.ermaßen** *adv* as has been proved/shown
nachgiebig *adj* compliant; **N.keit** *f* compliance
Nachhaftung *f* secondary/subsequent liability
nach|haken *v/i* to dig deeper *(coll)*; **n.haltig** *adj* lasting, sustained
im Nachhinein in retrospect
nach|hinken *v/i* to lag (behind); **n.holen** *v/t* *(aufholen)* to make up; **etw. ~** to catch up on sth.
Nach|indossament *nt* subsequent/post-maturity endorsement; **N.kaufgarantie** *f* availability guarantee
Nachkomme *m* descendant
Nachkommen *pl* offspring, issue; **ohne N.** without issue; **N.schaft** *f* offspring, issue
Nachkömmling *m* descendant
Nachlass *m* 1. (deceased's) estate, assets under a will, estate of the decedent, inheritance; 2. *(Rabatt)* discount; **N. abwickeln** to wind up the estate; **N. auseinandersetzen** to settle an estate; **N. geht über auf jdn** the estate devolves upon so; **N. gewähren** to grant a discount; **N. sichern** to preserve the estate; **N. teilen** to partition the estate; **N. verwalten** to administer an estate
beweglicher Nachlass personal estate; **getrennter N.** several inheritance; **herrenloser N.** vacant succession; **liquider N.** solvent estate; **persönlicher N.** personal estate; **reiner N.** clear residue; **restlicher N.** residuary estate; **steuerpflichtiger N.** taxable estate; **unbeweglicher N.** immovable estate; **treuhänderisch verwalteter N.** trust estate
Nachlass|abwicklung *f* administration of an estate; **N.auseinandersetzung** *f* partition of an estate; **N.besitz** *m* possession of an estate
nachlassen *v/t* 1. *(vererben)* to bequeath/leave; 2. *(Schulden)* to remit
Nachlass|forderung *f* claim on behalf the estate; **N.gegenstand** *m* inherited item; **N.gegenstände** *pl* items constituting the estate; **N.gericht** *nt* probate court, principal probate registry *[GB]*, surrogate's court *[US]*; **N.gläubiger(in)** *m/f* creditor of the estate; **N.haftung** *f* liability of the estate
nachlässig *adj* negligent
Nachlässigkeit *f* negligence; **grobe N.** gross negligence; **sträfliche N.** criminal negligence
Nachlass|inventar *nt* inventory of an estate; **N.konkurs** *m* bankruptcy of the estate; **N.liquidierung** *f* winding up of the estate; **N.masse** *f* estate assets; **N.ordnung** *f* probate code, statute of distributions *[US]*; **N.pacht** *f* reversionary lease; **N.pfändung** *f* attachment of the estate; **N.pfleger(in)** *m/f* administrator/curator (of the estate); **N.pflegschaft** *f* administration/curatorship of the estate; **N.recht** *nt* probate law; **N.regulierung** *f* settlement of the estate; **N.richter** *m* probate judge; **N.sache** *f* probate case; **in der ~ ...** in the matter of the estate of ...; **N.sachen** *pl* probate cases/matters
Nachlassschuld *f* debt of the estate; **N. en** *pl* debts of the estate; **N.ner** *m* debtor of the estate
Nachlass|sicherung *f* measures to preserve

the estate; **N.spaltung** *f* splitting of an inheritance, division of an estate; **N.steuer** *f* inheritance tax, estate duty; **N.teilung** *f* distribution of the estate; **N.übernahme** *f* assumption of succession; **N.unterlagen** *pl (Bank)* probate book; **N.unterschlagung** *f* expilation; **N.verbindlichkeit** *f* liability arising from the estate; **N.verbindlichkeiten** *pl* liabilities of the estate, ~ arising from an inheritance; **N.verfahren** *nt* probate proceedings; **N.vergleich** *m* voluntary partition; **N.vermögen** *nt* estate assets; **N.versteigerung** *f* succession sale, auction of the estate assets; **N.verteilung** *f* distribution of the estate; **N.veruntreuung** *f* subtraction of legacy; **N.verwalter(in)** *m/f* administrator of the deceased's *[GB]*/ decedent's *[US]* estate, estate executor; **N.verwaltung** *f* administration of the estate; **N.verzeichnis** *nt* inventory of the estate; **N.wert** *m* value of the estate

Nachleistung *f* subsequent performance

nachliefer|n *v/t* to supply subsequently; **N.ung** *f* subsequent supply

nachmachen *v/t* to copy/imitate

Nach|mann *m (Wechsel)* subsequent endorser; **N.mieter** *m* subsequent tenant

Nachnahme *f* cash *[GB]*/collect *[US]* on delivery (C.O.D.)

Nachname *m* surname, family/last *[US]* name

Nachpächter *m* new tenant

nachpfänd|en *v/t* to levy again; **N.ung** *f* second levy/distress

nachprüfbar *adj* verifiable; **N.keit** *f* verifiability

nachprüfen *v/t* 1. to (re-)examine/check; 2. *(gerichtl. Entscheidung)* to review; 3. *(Richtigkeit bestätigen)* to verify

Nachprüfung *f* 1. examination; 2. verification; 3. review; **N. der Unterlagen** check of the documents; **gerichtliche/richterliche N.** judicial review

Nachprüfungs|recht right of review; **N.-verfahren** *nt* 1. review proceedings; 2. review procedure; 3. judicial review

nachrangig *adj* inferior

üble Nachrede slander, defamation, libel

nachreichen *v/t* to file subsequently

Nachricht *f* information, notice; **unterstellte/vermutete N.** constructive notice

Nachrichten|dienst *m (Geheimdienst)* intelligence service; **N.sperre** *f* news ban/ blackout/embargo

Nach|schaden *m* consequential damage; **N.schau** *f* inspection

nachschieben *v/t* to submit later; **N.** *nt* subsequent submission; **~ von Gründen** subsequent submission of reasons

nachschießen *v/t* to pay later

Nachschlüssel *m* duplicate/skeleton key; **N.diebstahl** *m* theft by using false keys

jdm nachschnüffeln *v/i* to spy on so.

Nachschuss *m* subsequent/additional contribution, ~ payment; **N.haftung** *f* liability to make further contributions; **N.pflicht** *f* duty to make further contributions; **n.pflichtig** *adj* liable to make further contributions; **N.zahlung** *f* payment of subsequent contributions

Nachsend|eanschrift *f* forwarding address; **N.eantrag** *m* application to have one's mail forwarded; **N.ung** *f* forwarding

Nachsicht *f* leniency; **N. gewähren** *(Steuerrecht)* to grant an extension of time; **n.ig** *adj* lenient

gerichtliches Nachspiel 1. legal consequences; 2. *(Nachfolgeprozess)* court sequel

nächst *adj* next; **n.berechtigt** *adj* next entitled, ~ in order of entitlement

nachstehend *adj* hereinafter; **n. aufgeführt** shown below; **n. bezeichnet als** … hereinafter referred to as …

jdm nachstellen *v/i* to stalk so.

nachstellig *adj (Hypothek)* junior

nachsuchen *v/i* to ask for/request

Nacht *f* night; **N.- und Nebelaktion** *f* cloak-and-dagger operation; **N.arbeit** *f* night work

Nachtat *f* subsequent offence

Nachtdienst *m* night duty

Nachteil *m* 1. disadvantage, detriment (to), drawback; 2. prejudice; **ohne N. für** without prejudice to; **zu jds N.** to so.'s detriment/disadvantage; **zum N. von** to the detriment of; **~ anrechnen** to count against

nachteilig *adj* 1. *(schädlich)* prejudicial, detrimental, harmful, 2. *(ungünstig)* disadvantageous

Nachtfahrverbot *nt* ban on night driving

Nachtrag *m* 1. *(Gesetz)* amendment; 2. *(Anhang)* annex; 3. *(Ergänzung)* supplement; 4. *(Testament)* codicil; 5. *(Urkunde)* rider; 6. *(Zusatz)* addendum *(lat.)*; **N. zu einer Police** *(Vers.)* endorsement on a policy

nachtragen *v/t* to add/supplement
nachtragend *adj* unforgiving
nachträglich *adj* 1. later, subsequent; 2. *(verspätet)* belated; 3. *(zusätzlich)* supplementary
Nachtrags|anklage *f* supplementary charge; **N.gesetz** *nt* amendment, amending act; **N.klage** *f* supplementary action/complaint; **N.verfügung** *f* subsequent order
Nachtruhe *f* night's rest; **N. einhalten** to keep the night's rest; **N. stören** to disturb the night's rest
Nachtzeit *f* night-time
Nach|unternehmer(in) *m/f* subcontractor; **N.veranlagung** *f* subsequent assessment; **N.verfahren** *nt* ancillary proceedings; **N.vermächtnis** *nt* reversionary legacy; **N.vermächtnisnehmer** *m* reversionary legatee
nachversicher|n *v/t* to take out subsequent insurance; **N.ung** *f* subsequent insurance
Nach|versteuerung *f* retrospective taxation; **N.wahl** *f* by-election
Nachweis *m* 1. evidence, proof; 2. *(nähere Begründung)* substantiation; **mangels N.** in the absence of evidence/proof, failing proof; **zum N. von** in proof of
Nachweis der Anspruchsberechtigung proof of entitlement; **~ Bedürftigkeit** proof of need; **~ Echtheit** proof of authenticity; **N. des Eigentumsrechts** proof of title; **N. behaupteter Eigenschaften** *(Werbung)* advertising substantiation; **N. der Eignung** proof of competency; **bis zum N. des Gegenteils** in the absence of proof to the contrary; **N. der Identität** proof of identity; **N. einer Konkursforderung** proof in bankruptcy; **N. eines Rechts** proof of a right; **N. des eingetretenen Schadens** proof of loss; **~ Todes** proof of death; **N. der Ursprungseigenschaft** *(EU)* proof of originating status; **~ Vertretungsbefugnis** proof of authority; **~ Zustellung** proof of service
Nachweis benötigen to require proof; **N. erbringen** to prove, to furnish evidence; **der N. ist einwandfrei erbracht** satisfactory proof has been furnished
nachweisbar *adj* 1. *(Irrtum)* demonstrable; 2. *(Schuld)* provable; 3. *(urkundlich)* on record; **N.keit** *f* provability
nachweisen *v/t* 1. to prove/demonstrate, to furnish proof, to produce evidence; 2. *(näher begründen)* to substantiate; 3. *(Anspruch, Echtheit)* to establish
nachweislich *adj* provable
Nachweispflicht *f* duty to furnish evidence, ~ to produce supporting documents
Nachwirkung *f* after-effect
nachzahlen *v/t* 1. to pay retrospectively; 2. *(Rückstände)* to pay arrears; 3. *(Gehalt, Pension)* to make a back payment
Nachzahlung *f* 1. *(Rückstände)* payment of arrears; 2. subsequent payment; 3. *(rückwirkend)* retrospective payment; 4. *(Gehalt, Pension)* back payment
Nähe *f* vicinity, proximity; **aus nächster N.** at close range; **in der N. von** 1. in the vicinity/proximity of; 2. adjacent to
sich nähern *v/refl* to approach/advance
Nahrungsmittel *pl* foods, foodstuffs; **N. fälschen** to adulterate foods
Nahrungsverweigerung *f* hunger strike
Name *m* name; **im N.n des Gesetzes** in the name of the law; **~ von** on behalf of, in the name of; **N. des Kindes** name of the child
einen anderen Namen annehmen to assume a new name; **~ guten N. haben** to have a good reputation
angenommener Name assumed name; **falscher N.** 1. alias; 2. false identity; **unter falschem N.n** under a false name; **gesetzlich geschützter N.** proprietary name; **vollständiger N.** full name
namenlos *adj* anonymous
namens *prep* on behalf of
Namens|änderung *f* change of name; **N.führung** *f* use of a name; **falsche ~** using/bearing a false name; **N.missbrauch** *m* abuse of a name; **N.papier** *nt* registered instrument; **N.recht** *nt* right to use/bear a name; **N.schutz** *m* legal protection of names; **N.unterschrift** *f* full signature; **N.verzeichnis** *nt* list of names
namentlich *adj/adv* by name
namhaft machen *adj* to name; **N.machung** *f* identification, naming
nämlich *adv* id est (i. e.), that is to say, namely
Nämlichkeit *f* identity; **N. sichern** to ensure identification
Nämlichkeits|bescheinigung; N.zeugnis *f/nt* certificate of identification; **N.mittel** *pl* means of identification
Narbe *f* scar; **voller N.n** scarred
Narkotikum *nt* narcotic, drug

N

nasciturus *m (lat.)* unborn child
überfrorene Nässe black ice
National|feiertag *m* national holiday; **N.-flagge** *f* national flag; **amerikanische ~** Stars and Stripes; **britische ~** Union Jack; **N.hymne** *f* national anthem
Natur *f* nature
Natural|ausgleich *m* compensation in kind; **N.entlohnung** *f* payment in kind; **N.erfüllung** *f* specific performance; **in N.ien bezahlen** to pay in kind
Naturalis|ation *f* naturalization; **n.ieren** *v/t* to naturalize; **N.ierung** *f* naturalization
Natural|leistung; **N.lohn** *f/m* payment in kind; **N.obligation** *f* imperfect obligation; **N.pacht** *f* share-cropping; **N.restitution** *f* 1. compensation/restitution in kind; 2. *(Vertragsbruch)* specific performance; **N.tausch** *m* barter; **N.vergütung** *f* payment in kind
Natur|erbe *nt* natural heritage; **N.ereignis** *nt* *(höhere Gewalt)* force majeure *(frz.)*, act of God; **N.katastrophe** *f* natural disaster
natürlich *adj* natural
Natur|recht *nt* 1. natural law; 2. law of nature; **N.schutz** *m* (nature) conservation, protection of nature, preservation of natural beauty; **N.schützer(in)** *m/f* conservationist; **N.schutzgebiet** *nt* nature reserve, conservation area
neben *prep* 1. next to; 2. apart from
Nebenabrede *f* collateral/subsidiary agreement; **N.n zu einem Vertrag** supplements to an agreement
nebenan *adv* adjoining, adjacent, next-door
Neben|anspruch *m* 1. secondary/accessory claim; 2. *(Patentrecht)* independent claim; **N.antrag** *m* secondary petition; **N.bemerkungen** *pl* obiter dicta *(lat.)*; **N.-beruf; N.beschäftigung** *m/f* secondary occupation; **N.bestimmung** *f* incidental provision, collateral clause; **N.bezüge** *pl* fringe benefits; **N.bürge; N.bürgschaft** *m/f* collateral surety; **N.einkommen; N.einkünfte** *nt/pl* extra income; **N.erwerb** *m* secondary occupation; **N.folge** *f* incidental consequence; **N.folgen** *pl* 1. secondary consequences; 2. *(StR)* incidental (legal) consequences; **N.forderung** *f* subsidiary claim; **N.frage** *f* side/collateral issue; **N.-gebäude** *nt* adjoining/adjacent building, annex, outhouse (adjoining a farm), outbuilding; **N.gesetz** *nt* supplementary statute; **N.intervenient** *m* intervening party; **N.intervention** *f* 1. third-party intervention, joinder of parties; 2. *(vom Beklagten geltend gemacht)* interpleader by counterclaim *[US]*; **N.klage** *f* accessory prosecution, civil action incidental to criminal proceedings; **N.kläger(in)** *m/f* private/accessory prosecutor, joint plaintiff; **N.klausel** *f* negative pledge clause; **N.kosten** *pl* ancillary costs, incidental expenses; **N.leistung** *f* 1. ancillary/collateral performance; 2. *(des Arbeitgebers)* fringe benefit; **N.linie** *f (Familie)* sideline, collateral line; **N.partei** *f* subsidiary party; **N.pflicht** *f* accessory/secondary obligation; **N.prozess** *m* ancillary suit; **N.recht** *nt* subsidiary/ancillary right; **n.-sächlich** *adj* negligible, immaterial, incidental; **N.sächlichkeit** *f* irrelevancy; **N.sicherheit** *f* secondary security; **N.-schaden** *m (unbeabsichtigt)* collateral damage; **N.schuldner** *m* co-debtor; **N.sicherheit** *f* collateral security; **wie n.-stehend** *adj* as per margin; **N.strafe** *f* secondary/additional/supplementary penalty; **N.straße** *f* side street; **N.tat** *f* accessory/incidental offence; **N.täter(in)** *m/f* independent offender; **N.tätigkeit** *f* supplementary job; **N.umstand** *m* incidental circumstance; **N.umstände** *pl* collateral circumstances; **N.ursache** *f* secondary cause; **N.verdienst** *m* incidental/subsidiary earnings; **N.vereinbarung** *f* collateral covenant, supplementary stipulation; **N.-verfahren** *nt* 1. interlocutory proceedings; 2. *(außerhalb der Streitverhandlung)* collateral proceedings; **N.verpflichtung** *f* subsidiary obligation; **N.versprechen** *nt* accompanying promise; **N.vertrag** *m* 1. subsidiary/collateral contract, 2. *(Untervertrag)* subcontract; **N.vormund** *m* co-guardian; **N.vormundschaft** *f* joint guardianship; **N.wirkung** *f* side effect; **N.wohnsitz** *m* second home
negativ *adj* adverse, negative; **N.attest** *n* clearance certificate, negative certification, local authority certificate of clearance; **N.beweis** *m* negative evidence; **N.-verpflichtung** *f* 1. negative covenant; 2. *(Bank)* covenant against encumbrances
negatorisch *adj* prohibitive
negieren to negate
negoziabel; negoziierbar negotiable, transferable

Negoziierung *f* negotiation, transfer
nehmen *v/t* *(Anwalt)* to consult
Nehmer *m* taker, buyer
neigen zu *v/i* to tend to, to be prone to
Neigung *f* inclination, propensity, disposition; **kriminelle N.** criminal disposition
Nenn|betrag *m* nominal amount; **N.kapital** *nt* nominal capital; **N.wert** *m* nominal/face value
Nepp *m* rip-off *(coll)*
Nerven|arzt *m* neurologist; **N.belastung** *f* nervous strain; **N.beruhigungsmittel** *nt* sedative, tranquillizer; **N.heilanstalt** *f* mental/psychiatric hospital; **N.krankheit** *f* mental illness/disorder; **N.leiden** *nt* nervous condition/disorder; **N.schaden** *m* mental injury; **N.schock** *m* mental shock; **N.schwäche** *f* nervous debility; **N.zusammenbruch** *m* nervous breakdown
nervös *adj* jumpy
netto *adv* net; **N.betrag** *m* net amount; **N.einkommen; N.einkünfte** *nt/pl* net earnings; **N.erlös** *m* net proceeds; **N.einnahmen** *pl* net receipts; **N.lohn** *m* net wage(s); **N.schaden** *m* net loss; **N.vermögen** *nt* net assets; **N.wert** *m* net value
neu *adj* 1. new; 2. *(Patentrecht)* novel; **n. fassen** *(Vertrag)* to redraft/revise

N

Neu|anschaffung *f* new acquisition; **N.bau** *m* 1. newly built house; 2. *(im Entstehen)* house under construction; **N.bausiedlung** *f* new housing estate; **N.-bewertung** *f* revaluation, new valuation; **N.erwerb** *m* new acquisition; **N.fassung** *f* revised version; **N.festsetzung** *f* reassessment; **N.heit** *f* novelty
Neuheits|beweis *m* proof of novelty; **N.-mangel** *m* lack of novelty; **n.schädlich** *adj* detrimental as to novelty; **N.wert** *m* novelty value
Neu|regelung *f* revision; **N.schnee** *m* fresh snow
neutral *adj* neutral; **N.ität** *f* neutrality; **N.itätsbruch** *m* breach of neutrality; **N.itätsverletzung** *f* violation of neutrality
Neu|veranlagung *f* new assessment; **N.-verhandlung** *f* *(Gericht)* retrial; **N.verschuldung** *f* new borrowing; **N.vertrag** *m* new/revised contract; **N.wertversicherung** *f* replacement value insurance; **N.-zulassung** *f* new registration
nicht|berechtigt *adj* ineligible; **n.ehelich** *adj* extra-marital; **n.gewerblich** *adj* non-commercial; **n.öffentlich** *adj* in camera *(lat.)*; **n.wirtschaftlich** *adj* noneconomic
Nicht|abgabe *f* failure to submit; **N.abnahme** *f* refusal to take delivery; **N.achtung** *f* non-observance, non-compliance; **~ des Gerichts** contempt of court; **n.-amtlich** *adj* inofficial; **N.anerkennung** *f* 1. *(Anspruch)* disallowance, disavowal; 2. *(Schuld)* repudiation; 3. *(Völkerrecht)* non-recognition; **~ einer Schuld** repudiation of a debt; **N.angabe** *f* non-declaration; **N.anlegen des Sicherheitsgurtes** *nt* seat belt offence; **N.annahme** *f* non-acceptance; **N.ansässige(r)** *f/m* non-resident (person); **N.anwendbarkeit** *f* non-applicability; **N.anwendung** *f* non-application; **N.anwesenheit** *f* absence; **N.anzeige** *f* failure to inform/report, non-disclosure; **~ von Hochverrat** misprision of treason; **~ von Straftaten** misprision; **N.ausführung** *f* non-execution; **N.auslieferung** *f* non-extradition; **N.aussage** *f* failure to give evidence; **N.ausübung** *f* failure to exercise, non-exercise; **N.beachten der Vorfahrt** *nt* failure to give way; **N.beachtung** *f* non-observance, non-compliance, failure to comply; **~ des Gesetzes** failure to observe the law; **N.-beantwortung** *f* failure to answer/reply; **N.befolgung** *f* non-observance, non-compliance; **~ einer richterlichen Anordnung** constructive contempt; **N.beitritt** *m* non-joinder; **N.beiwohnung** *f* *(Ehe)* non-access; **N.benutzung** *f* non-use, disuse, non-utilization; **N.benutzungsklausel** *f* *(Immobilie)* vacancy clause
nichtberechtigt *adj* unauthorized, ineligible; **N.e(r)** *f/m* unauthorized person, non-entitled party
Nicht|berücksichtigung *f* disregard; **N.-berufsunfall** *m* non-occupational accident; **N.besicherungsklausel** *f* negative pledge; **N.bestehen** *nt* non-existence; **N.bestreiten** *nt* non-denial, non-contention, admission; **N.bezahlen** *nt* non-payment; **n.bindend** *adj* non-binding; **N.-durchsetzbarkeit** *f* non-enforceability; **N.ehelichkeit** *f* illegitimacy; **N.einhaltung** *f* non-compliance, non-observance; **~ der Spielregeln** foul play; **~ einer vertraglichen Zusicherung** breach of warranty; **N.einigung** *f* failure to agree; **N.einklagbarkeit** *f* non-enforceability; **N.einlas-**

sung *f* non-appearance; **N.einlösung** *f* 1. non-redemption; 2. *(Wechsel)* dishonouring; **N.einmischung** *f* non-interference, non-intervention; **N.eintritt** *m* non-occurrence; **N.einwilligung** *f* non-compliance; **N.erbringung** *f (Leistung)* default

Nichterfüllung *f* 1. failure to perform, default, non-performance; 2. *(Vertrag)* breach of contract; **N. der Unterhaltspflicht** non-support; **~ Vertragspflichten** non-compliance with one's contractual obligations; **N. einer Pflicht** failure to perform a duty, non-feasance, neglect of duty

für Nichterfüllung haften to be liable for non-performance; **teilweise N.** partial non-performance

Nicht|erhebung *f* remission, exemption; **N.eröffnung des Konkursverfahrens mangels Masse** *f* open insolvency

Nichterscheinen *nt* failure to appear, non-attendance, non-appearance, default; **bei N.** in case of default; **N. vor Gericht** default of appearance; **vorsätzliches ~** contempt of court

Nicht|erschöpfung des innerstaatlichen Rechtsweges *f* non-exhaustion of domestic remedies; **N.erwerbstätige** *pl* persons not gainfully employed; **bei N.gefallen Geld zurück** money-back guarantee, satisfaction or money back; **N.haftung** *f* exemption from liability, non-liability

nichtig *adj* void, null and void; **n. machen** to nullify; **für n. erklären** to declare void, to annul/nullify

Nichtigerklärung *f* declaration of nullity, invalidation, annulment, avoidance; **~ einer Ehe** annulment of a marriage, decree of nullity *[GB]*

Nichtigkeit *f* nullity; **N. eines Rechtsgeschäfts** nullity of a transaction; **~ Vertrages** invalidity/voidness of a contract; **bedingte N.** voidability; **heilbare N.** curable nullity; **teilweise N.** partial nullity

Nichtigkeits|abteilung *f* revocation division; **N.antrag** *m* 1. *(Ehe)* nullity petition; 2. *(Patentrecht)* application for revocation; **N.bescheinigung** *f* certificate of forfeiture; **N.beschwerde** *f* 1. appeal on the grounds of nullity; 2. *(Patentrecht)* nullity appeal; **N.einrede** *f* plea of nullity, ~ in abatement (of nullity); **N.entscheidung** *f* decision on a plea of nullity; **N.-erklärung** *f* 1. nullification, rescission, declaration of nullity; 2. *(Patentrecht)* revocation; 3. *(Urteil)* reversion of a sentence; **N.grund** *m* 1. ground for nullity; 2. *(Patentrecht)* ground for revocation; **N.-klage** *f* 1. action for annulment; 2. *(Eherecht)* petition for nullity; 3. *(Patentrecht)* revocation action; **N.klausel** *f* nullity/cancellation clause; **N.prozess** *m* nullity proceedings/suit; **N.senat** *m (EU Patentamt)* nullity board; **N.urteil** *nt (Eherecht)* decree of nullity; **N.verfahren** *nt* 1. nullity proceedings; 2. *(Patentrecht)* revocation proceedings

Nicht|jurist(in) *m/f* non-lawyer; **N.kaufmann** *m* non-trader; **N.kenntnis** *f* ignorance, lack of knowledge; **schuldhafte ~** constructive notice; **N.leistung** *f* failure to perform; **bei ~** on default; **N.offenbarung** *f* non-disclosure; **n.öffentlich** *adj* 1. *(Gericht)* in camera *(lat.)*, in chambers; 2. private, behind closed doors; **N.pfändbarkeit** *f* immunity from attachment; **N.-schuldigerklärung** *f* plea of not guilty; **N.schuldvermutung** *f* presumption of innocence; **n.sdestoweniger** *adv* notwithstanding; **N.sesshafte(r)** *f/m* homeless person, person of no fixed abode; **N.sesshaftigkeit** *f* vagrancy; **n.streitig** *adj* non-contentious; **N.übereinstimmung** *f* non-conformity; **~ mit dem Muster** non-conformity with the sample; **N.übergabe** *f* non-delivery; **N.übertragbarkeit** *f* non-transferability, non-negotiability; **N.übertragung** *f* non-assignment; **N.unterzeichner** *m* non-signatory; **N.unterzeichnerstaat** *m* non-signatory state; **N.ursprungsware** *f* non-originating product; **N.verantwortlicher** *m* non-responsible part; **N.verantwortlichkeit** *f* unaccountability; **N.veräußerung** *f* non-alienation; **N.vereidigung** *f* non-administration of an oath; **N.verfolgung** *f* non-prosecution; **N.verfügbarkeit** *f* unavailability; **N.verlängerung** *f* non-renewal; **N.vermögensschaden** *m* non-pecuniary damage; **~ durch Verlust eines Familienangehörigen** bereavement damages *[GB]*; **N.verwirkung** *f* non-forfeiture; **N.vertragsgemäßheit** *f* non-conformity with the contract; **N.vertragsstaaten** *pl* non-contracting states; **N.vollstreckbarkeit** *f* non-enforceability; **N.vollziehung** *f (Ehe)* non-consummation;

N.vorhandensein *nt* non-existence; **N.vorbestrafte(r)** *f/m* person without criminal record; **N.wählbarkeit** *f* ineligibility; **N.weitergabevertrag** *m* non-proliferation treaty; **N.widerspruch** *m* non-objection; **N.wissen** *nt* ignorance; **mit ~ bestreiten** to plead ignorance
Nichtzahlung *f* non-payment; **bei N.** upon default, in default of payment; **~ einer Geldstrafe** in default of payment of a fine
Nichtzulassung *f* non-admission; **N. als Nebenkläger** non-admission of a joint plaintiff; **N.sbeschwerde** *f* appeal against denial of leave to appeal
Nichtzurechenbarkeit eines Schadens *f* remoteness of damage
Nichtzuständigkeit *f* incompetence
Nichtzutreffendes streichen *nt* *(Formular)* delete as appropriate
Nichtzustellung *f* non-delivery
sich niederlassen *v/refl* 1. *(Firma)* to establish os.; 2. *(Wohnsitz)* to take up one's residence
Niederlassung *f* 1. (business) establishment; 2. place of business; 3. taking up of residence; **N. als Anwalt** setting up as a lawyer; **freie N.** freedom of establishment
Niederlassungs|abkommen *nt* treaty on business establishments; **N.beschränkung** *f* restriction on the establishment of a business; **N.bestimmungen** *pl* establishment provisions; **N.freiheit** *f* freedom of establishment; **N.ort** *m* place of establishment; **N.recht** *nt* right of establishment
niederlegen *v/t* 1. to lay down; 2. *(aufgeben)* to resign; 3. *(deponieren)* to deposit; **schriftlich n.** to put down in writing
Niederlegung der Arbeit *f* 1. cessation of work; 2. *(Streik)* industrial action; **N. eines Amtes** resigning an office
niederschießen *v/t* to gun down
niederschlagen *v/t* 1. *(einstellen)* to quash (the proceedings); 2. *(Gebühr)* to abate; **jdn n. (und berauben)** to mug so. *(coll)*
Niederschlagung *f* 1. suppression; 2. *(Erlassung)* remission; 3. *(Verfahren)* quashing; **N. einer Gebühr** abatement of a fee; **N. von Strafverfahren** quashing of criminal proceedings
niederschreiben *v/t* to write down, to record (in writing)
Niederschrift *f* *(Protokoll)* record(s), minutes; **N. eines Vertrages** memorandum; **N. aufnehmen** to take minutes; **in die N. aufnehmen** to enter in the minutes
gemeinsame Niederschrift joint minutes; **gerichtliche N.** court record(s); **notarielle N.** notarial record(s); **wortgetreue N.** verbatim record
niederträchtig *adj* contemptible, despicable
niedrig *adj* *(Motiv)* base
Niemandsland *nt* no-man's land, terra nullius *(lat.)*
Nießbrauch *m* 1. usufruct; 2. *(lebenslänglich)* life interest; **N. an einer Erbschaft** usufruct of a deceased's estate; **N. auf Lebenszeit** lifetime usufruct; **N. an Rechten** usufruct in intangibles, ~ choses in action; **N. an Sachen** usufruct in intangible property; **N. an einem Vermögen** usufruct of an estate; **~ einer Versicherungsforderung** usufruct in an insurance claim; **mit einem N. belastetes Vermögen** property encumbered with a usufruct
Nießbrauch bestellen to create a usufruct; **lebenslanger N.** lifetime usufruct
Nießbrauch|bestellung *f* grant of usufruct; **N.er(in)** *m/f* 1. beneficiary under a usufruct, usufructuary; 2. life tenant; **N.recht** *nt* right of usufruct, usufructuary right; **lebenslängliches ~** life tenancy/tenure
nivellieren *v/t* to level, to even out
nominal *adj* nominal; **N.betrag** *m* nominal sum; **N.kapital** *nt* nominal capital; **N.lohn** *m* money wage; **N.wert** *m* par/nominal/face value; **N.zins** *m* nominal interest
nominell *adj* nominal
nominier|en *v/t* to nominate; **N.te(r)** *f/m* nominee
Norm *f* 1. standard, norm; 2. *(Rechtsregel)* rule (of law); **anerkannte N.en** established standards; **zwingende N.** binding norm
normal *adj* normal
Normal|arbeitszeit *f* regular working hours; **N.lohn** *m* standard wage; **N.maß** *nt* standard measure; **N.preis** *m* standard price; **N.satz** *m* standard rate; **N.verfahren** *nt* standard procedure
normativ *adj* normative; **N.bedingungen** *pl* standard conditions; **N.bestimmungen** *pl* standard provisions

N

normen *v/t* to standardize
Normen festlegen *pl* to set standards
Normen|ausschuss *m* standards committee; **N.disrepanz** *f* discrepancy between rules; **N.häufung** *f* plurality of rules; **N.- und Typenkartell** *nt* standardization cartel, agreement on standards and types; **N.kollision** *f* collision between rules, conflict of laws; **N.kontrolle** *f* judicial review; **N.kontrollklage** *f* voidance petition; **N.kontrollverfahren** *nt* judicial review procedure; **N.prüfung** *f* judicial review of a legal norm
Normgröße *f* standard size
Normung *f* standardization
normwidrig *adj* non-standard
Not *f* 1. need, want, poverty, distress; 2. *(Notlage)* emergency; **aus N.** from necessity; **finanzielle N.** financial hardship
Notar|(in) *m/f* notary (public); **beglaubigender N.** attesting notary; **beurkundender N.** recording notary
Notaranderkonto *nt* solicitor's trust account
Notariat *nt* 1. notariate; 2. *(Amt)* notaryship; 3. *(Kanzlei)* notary's office
Notariats|akt *m* notarial act; **N.gebühren** *pl* notarial fees; **N.protokoll** *nt* notarial record; **N.siegel** *nt* notary's seal; **N.urkunde** *f* notarial instrument; **N.vertrag** *m* notarial deed
notariell *adj* notarial
Notar|kammer *f* chamber of notaries; **N.-siegel** *nt* notary's seal
Not|behelf *m* stopgap (measure), makeshift; **N.bestellung** *f* emergency appointment; **N.betrug** *m* petty fraud committed for reasons of distress, ~ on grounds of indigency; **N.bremse** *f* emergency brake; **N.dienst** *m* emergency service; **n.dürftig** *adj* makeshift, stopgap; **N.entwendung** *f* petty theft committed (for reasons of distress); **N.fall** *m* case of need, emergency; **N.flagge** *f* distress flag; **N.frist** *f* (statutory) deadline *[GB]*, peremptory term *[US]*; **N.fristzeugnis** *nt* certificate of absence of appeal; **n.gedrungen** *adv* of necessity; **N.gesetzgebung** *f* emergency legislation; **N.haltebucht** *f* emergency lay-by; **N.hilfe** *f* emergency relief; **N.hilfepflicht** *f* duty to render assistance in (times of) need
notieren *v/t* to note/record
Notifikation *f* notification, notice; **N.s-pflicht** *f* duty to notify
notifizier|en *v/t* to notify; **N.ungsbogen** *m* notification sheet
nötig *adj* necessary; **wenn n.** if need be
nötigen *v/t* to coerce/compel/force; **n.-falls** *adv* if necessary, in case of need
Nötigung *f* 1. coercion, duress, undue influence; 2. *(Einschüchterung)* intimidation; **durch N.** under duress; **N. im Amt** coercion by a public official; **N. zur Unzucht** indecent assault
Not|lage *f* distress, emergency, plight, predicament, emergency situation; **n.leidend** *adj* needy, indigent, **N.lüge** *f* white lie; **N.maßnahme** *f* emergency measure
notorisch *adj* notorious
Not|recht *nt* emergency legislation; **N.ruf** *m* emergency call; **N.schlachtung** *f* emergency cull/slaughter; **N.signal** *nt (Schiff)* distress signal; **N.situation** *f* emergency situation
Notstand *m* 1. necessity; 2. *(öffentliches Recht)* (state of) emergency; **N. erklären** to declare/proclaim a state of emergency; **innerer N.** national emergency; **öffentlicher N.** public emergency; **strafrechtlicher N.** necessity in criminal law
Notstands|bestimmungen *pl* emergency provisions; **N.gebiet** *nt* distressed/disaster area; **N.gesetz** *nt* emergency act, Emergency Powers Act *[GB]*; **N.gesetze**; **N.gesetzgebung** *f* emergency legislation; **N.klausel** *f* emergency clause; **N.maßnahmen** *pl* emergency measures; **N.verfassung** *f* emergency constitution; **N.vorlage** *f* emergency bill
Not|testament *nt* emergency/nuncupative will; **N.verkauf** *m* emergency/forced sale; **N.verordnung** *f* emergency decree; **N.weg** *m* emergency exit
Notwehr *f* 1. justifiable defence, (right of) self-defence, privilege of self-defence; 2. *(StR)* plea of self-defence; **in N. handeln** to act in self-defence
Notwehr|exzess; N.überschreitung *m/f* excess of justifiable defence; **N.recht** *nt* right of self-defence
notwendig *adj* necessary, requisite; **n. machen** to necessitate/require
Notwendigkeit *f* necessity, need; **dringende N.** urgent need
Notzucht *f* rape; **N. mit Todesfolge** rape resulting in death; **N.versuch** *m* attempted rape
notzüchtigen *v/t* to rape

Notzuständigkeit *f* emergency jurisdiction
Novation *f* novation, substitution; **N.svertrag** *m* substituted contract
Novelle *f* amendment, amending law
novellier|en *v/t* *(Gesetz)* to amend; **N.ung** *f* amendment, amending legislation
nüchtern *adj* sober; **n. werden** to sober (up)
null und nichtig *adj* null and void
nulla poena sine lege *(lat.)* no punishment without law
Null|satz *m* *(Steuer)* zero rate of duty; **N.-tarif** *m (öffentl. Verkehrsmittel)* free transport; **N.tarifierung** *f* zero-rating
nullum crimen *(lat.)* no crime
Nummer *f* number; **laufende N.** consecutive number
nummerieren *v/t* to number
Nummernschild *nt* *(Kfz)* numberplate *[GB]*, license plate *[US]*
Nurnotar *m* notary who does not practise advocacy
nuscheln *v/i* to mumble
Nutzanwendung *f* practical application
nutzbar *adj* useful; **N.keit** *f* usefulness; **N.-machung** *f* utilization
nutzbringend *adj* useful, profitable
nutzen *v/t* to use; **etw. n.** to make use of sth.
Nutzen *m* 1. *(Nützlichkeit)* utility; 2. *(Vorteil)* benefit, advantage, profit; **zum N. von** for the benefit of; **~ allgemeinen N.** for the general benefit; **~ gemeinsamen N.** for the joint benefit
von Nutzen sein to be of use; **N. ziehen aus** to derive a benefit from
Nutzen-Kosten-Analyse *f* cost-benefit analysis
Nutzer *m* user
Nutz|fahrzeug *nt* commercial vehicle; **N.-fläche** *f* usable floor space; **N.grenze** *f* break-even point; **N.last** *f* payload; **~ des Anhängers** trailer payload; **~ des Zugfahrzeugs** payload of the towing vehicle
nützlich *adj* useful, of use, beneficial; **N.-keit** *f* usefulness
Nutznießer(in) *m/f* usufructuary, beneficiary
Nutznießung *f* use, usufruct; **N.srecht** *nt* beneficial/usufructuary right
Nutzschwelle *f* break-even point
Nutztiere *pl* farm animals
Nutzung *f* use, utilization; **N. des Eigentümers** beneficial use; **N. eines Grundstücks** use of (a plot of) land
Nutzung ziehen to derive benefits; **~ aus** to benefit from
alleinige Nutzung sole use, exclusive use; **eigene N.** own use; **gemeinsame N.** joint use; **gewerbliche N.** commercial use; **ordnungsgemäße N.** proper use; **ungestörte N.** quiet enjoyment; **zulässige N.** fair use
Nutzungs|änderung *f* change of utilization/use; **N.anspruch** *m* beneficiary claim; **N.ausfall** *m* loss of use; **N.befugnis** *f* right of (beneficial) use, usufructuary right; **n.berechtigt** *adj* entitled to use; **N.berechtigte(r)** *f/m* person entitled to use; **N.berechtigung** *f* entitlement to use; **N.beschränkung** *f* restrictive covenant; **N.dauer** *f* useful life; **betriebsgewöhnliche ~** ordinary useful life; **N.entgang** *m* loss of use; **N.entgelt** *nt* consideration for use; **N.entschädigung** *f* compensation for (loss of) use; **N.interesse** *nt* beneficiary interest; **N.pfandrecht** *nt* Welsh mortgage
Nutzungsrecht *nt* 1. use, right of use/usufruct, usufructuary right; 2. *(Urheberrecht)* licence; **gemeinschaftliches N. an Grundbesitz** right of common; **N. an fremdem Grundstück** profit à prendre *(frz.)*; **~ der Sache** usufructuary right in a thing; **~ unbeweglichem Vermögen** usufruct of immovable property
Nutzungs|überlassung *f* surrender of the use and benefit (of sth.); **N.untersagung** *f* restraint of use; **N.vergütung** *f* compensation for use; **N.verhältnis** *nt* owner-user relationship; **zeitlich begrenztes ~** periodic tenancy; **N.verlust** *m* loss of use; **N.vertrag** *m* contract for the transfer of use and enjoyment; **N.wert** *m* utility/useful value; **N.zeitraum** *m* period of use
Nutzwert *m* utility value

O

Obacht *f* attention, care
Obdach *nt* shelter, lodging
obdachlos *adj* vagrant; **O.e(r)** *f/m* homeless person, drifter, vagrant; **O.enasyl** *nt*

refuge for homeless persons, night shelter; **O.enheim; O.enunterkunft** *nt/f* shelter/hostel for the homeless; **O.igkeit** *f* homelessness

Obduktion *f* post-mortem (examination), autopsy; **O. vornehmen** to conduct a post-mortem

obduzieren *v/t* to carry out a post-mortem (on), ~ an autopsy

oben *adv* above, hereinbefore; **o.erwähnt; o. genannt** *adj* above-mentioned, aforesaid

Ober|anspruch *m* overriding claim; **O.aufseher(in)** *m/f* 1. superintendent, supervisor; 2. *(Gefängnis)* head warden; **O.aufsicht** *f* supervision; **O.bundesanwalt; O.bundesanwältin** *m/f* chief federal public attorney; **O.gericht** *nt* higher court; **O.gesellschaft** *f* principal company; **O.-grenze** *f* ceiling, upper limit; **O.hand** *f* upper hand; **~ behalten** to retain the upper hand; **O.haus** *nt* House of Lords *[GB]*; **O.herrschaft; O.hoheit** *f* sovereignty, supremacy; **O.inspektor(in)** *m/f* chief inspector; **O.körper** *m* trunk, upper part of the body

Oberlandesgericht (OLG) *nt* supreme higher regional court, ~ state court, regional appeal court

Ober|staatsanwalt; O.staatsanwältin *m/f* attorney general *[US]*, Director of Public Prosecutions (DPP) *[GB]*, senior public prosecutor; **O.verwaltungsgericht** *nt* administrative appeals tribunal, higher administrative court

Obhut *f* 1. *(Fürsorge)* care, charge; 2. *(Verwahrung)* custody; **sich in jds O. befinden** to be in so.'s care/charge; **jdn bei jdm in O. geben** to place so. in so.'s care

in Obhut nehmen to take into custody

Obhuts|haftung *f* custodial liability; **O.-pflicht** *f* duty of care, ~ to exercise proper care

Objekt *nt* 1. object, thing; 2. *(Immobilie)* property; **o.iv** *adj* objective; **O.ivität** *f* objectivity; **O.schutz** *m* protection of buildings/property, facility security

obliegen *v/i* to lie on, to be the duty of, ~ incumbent on so.

Obliegenheit *f* obligation, incumbency, responsibility, duty; **gesetzliche O.** statutory duty; **O.sverletzung** *f* infringement/breach of an obligation, neglect of duty

Obligation *f* 1. obligation; 2. *(Wertpapier)* bond, debenture; **nicht einklagbare O.** unenforceable obligation; **mündelsichere O.en** orphan and widow's stocks; **unkündbare O.** irredeemable bond

Obligationenrecht *nt* law of contract

obligatorisch *adj* compulsory, obligatory, mandatory

Obligo *nt* engagement, commitment, liability; **ohne O.** without recourse/prejudice

Obmann *m* 1. *(Geschworene)* foreman; 2. *(Betrieb)* shop steward

Obrigkeit *f* (public) authority, authorities

Observanz *f* observance

Observation *f* surveillance, stakeout; **grenzüberschreitende O.** cross-border observation; **offene O.** overt surveillance; **verdeckte O.** covert surveillance; **O.skräfte** *pl* surveillance personnel

observieren *v/t* to watch/tail, to work a stakeout; **jdn o. lassen** to put a tail on so., ~ so. under surveillance, to have so. observed

obsiegen *v/i* to prevail (over/against), to be successful

Obstruktion *f* obstruction

obszön *adj* obscene; **O.ität** *f* obscenity

obwalten *v/i* to prevail

Ödland *nt* wasteland

offen *adj* open; **o. lassen** *v/t* to leave in abeyance, ~ open; **o. legen** *v/t* to disclose/reveal/divulge; **o. stehend** *adj* *(Schuld)* outstanding, owing; **o.bar** *adj* apparent, evident

offenbaren *v/t* to disclose/reveal/manifest

Offenbarung *f* revelation, disclosure; **eidliche O.** disclosure on oath

Offenbarungseid *m* oath of disclosure/manifestation *[US]*, admission of bankruptcy; **O. leisten** to declare os. bankrupt, to swear an oath of disclosure

Offenbarungs|pflicht *f* disclosure requirement, duty to disclose, ~ of disclosure; **O.verfahren** *nt* supplementary proceedings; **O.versicherung** *f* statutory declaration of disclosure

Offene Handelsgesellschaft (OHG) partnership

offenkundig *adj* 1. obvious, manifest, patent; 2. *(Vergehen)* flagrant; 3. *(Lüge)* blatant; **o. sein** to be common knowledge; **O.keit** *f* obviousness

Offenlegung *f* disclosure, revelation, discovery; **O. von Beteiligungen** declaration of interests; **~ Informationen** disclosure

of information; **~ Patentakten** disclosure of patent documents; **O. des Schuldnervermögens** discovery of a debtor's property; **O. von Urkunden** disclosure of documents
teilweise Offenlegung partial disclosure; **O.sfrist** *f* disclosure period/requirement
offensichtlich *adj* obvious
Offensichtlichkeitsprüfung *f* *(Patentrecht)* examination for obvious deficiencies
öffentlich *adj* 1. public; 2. *(Gericht)* in open court; **nicht ö.** *(Gericht)* in camera *(lat.)*/chambers
Öffentlichkeit *f* (general) public; **nicht für die Ö. (bestimmt)** off the record; **Ö. der Rechtsprechung** administration of justice in open court
Öffentlichkeit ausschließen to exclude the public; **Ö. einer Versammlung herstellen** to make a meeting public; **Ö. scheuen** to shun publicity; **an die Ö. treten** to come forward, to go public (with sth.); **Ö. wiederherstellen** to readmit the public; **die breite Ö.** the general public, the public at large
Öffentlichkeits|grundsatz; Ö.prinzip *m/nt* principle of public trial
öffentlich-rechtlich *adj* public-law, under public law

O

Offer|ent *m* offeror; **o.ieren** *v/t* to offer, to tender; **O.te** *f* offer, tender
Offizial|delikt *m* indictable offence; **O.-klage** *f* public prosecution; **O.maxime** *f* accusatory principle, principle of ex officio *(lat.)* proceedings; **O.verfahren** *nt* ex officio *(lat.)* proceedings; **O. verteidiger(in)** *m/f* court-appointed defence counsel, ~ counsel for the defence; **O.verteidigung** *f* official defence
offiziell *adj* official
Offizier *m* officer
offiziös *adj* semi-official
Öffnungszeiten *pl* opening hours, hours of business
öfter(s) *adv* on occasion, once in a while, now and then
Ohn|macht *f* faint(ing); **o.mächtig** *adj* unconscious; **~ werden** to faint, to pass out
jdn übers Ohr hauen *nt (coll)* to rip so. off *(coll)*
ohrenbetäubend *adj* deafening, ear-splitting
Ohrenzeuge *m* ear-witness, hearsay/auricular witness
Ohrfeige *f* smack, slap (in the face); **O. bekommen** to get a slap in the face; **jdm eine O. geben/verpassen** to slap so. in the face
ohrfeigen *v/t* to slap (so.) in the face
Okkup|ant *m* occupant, occupier; **O.ation** *f* occupation; **o.ieren** *v/t* to occupy
Ökokriminelle(r) *f/m* environmental vandal
ökologisch *adj* ecological
Öl *nt* oil; **Ö.lache** *f* oil spill; **Ö.pest** *f (Meer)* tanker spill; **Ö.verschmutzung** *f* oil pollution
Ombuds|frau *f* ombudswoman; **O.mann** *m* ombudsman
Omnibus *m* 1. *(Stadtverkehr)* bus; 2. *(Überlandverkehr)* coach; **O.verkehr** *m* 1. bus service; 2. coach service
Onkelehe *f* cohabitation of an elderly couple
Operation *f* operation; **O. durchführen** to conduct an operation; **O.snarbe** *f* operation scar; **O.ssaal** *m* operating room *[US]*/theatre *[GB]*
operieren *v/ti* 1. to operate; 2. to proceed; **vorsichtig o.** to proceed carefully
Opfer *nt* victim; **O. der Gewalt** victim(s) of violence; **O. des Straßenverkehrs** road traffic victim, victim of a road accident; **O. einer Vergewaltigung** rape victim; **~ Sache werden** to fall victim to sth.
Opfer|betreuung *f* victim care/support; **O.entschädigung** *f* crime victims compensation; **O.entschädigungsgesetz (OEG)** *nt* crime victims compensation act
opfern *v/t* to sacrifice
Opferschutz *m* protection of victims
Opium *nt* opium; **O.sucht** *f* addiction to opium
Oppon|ent *m* opponent; **o.ieren** *v/i* to oppose
Opportunitätsprinzip *nt* principle of discretionary prosecution
Opposition *f* opposition
Optant *m* person exercising an option
optieren *v/i* to opt/elect; **für etw. o.** to opt for sth.
Option *f* option, right of first refusal; **O. ausüben** to exercise an option
Options|anleihe *f* option bond; **O.ausübung** *f* exercise of an option; **O.berech-**

tigte(r) *f/m* optionee; **O.frist** *f* option period; **O.klausel** *f* option clause; **O.nehmer(in)** *m/f* taker of an option; **O.recht** *nt* option, preemptive right; **~ auf Kauf eines Grundstücks** option to purchase land; **~ ausüben** to exercise an option; **O.vertrag** *m* option agreement; **O.zeit** *f* option period

ordentlich *adj* 1. ordinary, regular; 2. *(Mensch, Zimmer)* tidy, neat, orderly

Order *f* order; **zahlbar an O.** payable to order; **an O. lauten** to be made to order

Order|klausel *f* order clause; **O.papier** *nt* instrument to order; **O.scheck** *m* order check *[US]*/cheque *[GB]*

ordnen *v/t* 1. *(in Ordnung bringen)* to put sth. in order, to sort sth. out; 2. *(sortieren)* to arrange sth.

Ordner *m* *(Veranstaltung)* steward, marshal

Ordnung *f* order; **O. ist das halbe Leben** *(prov.)* tidiness is half the battle *(prov.)*; **öffentliche O.** public order; **~ stören** to cause a disturbance

Ordnungs|amt *nt* health, safety and public order office; **O.behörde** *f* 1. regulatory authority; 2. police authority; **o.gemäß** *adj* due, proper, orderly, according to the rules; **O.haft** *f* confinement for contempt of court; **o.halber** *adv* as a matter of form, for the sake of form; **O.hüter** *m* law enforcement officer, custodian of the law; **O.mäßigkeit** *f* propriety, conformity with regulations; **O.maßnahme** *f* measure to maintain order; **O.recht** *nt* public order law; **O.ruf** *m* call to order; **~ bekommen** to be called to order; **O.strafe** *f* 1. administrative penalty/fine; 2. penalty for contempt of court; **O.vorschriften** *pl* administrative rules

ordnungswidrig *adj* disorderly, contrary to regulations, irregular; **O.keit (OWI)** *f* summary/minor offence, public order offence; **O.keitengesetz** *nt* public order offences act

Organ *nt* 1. organ; 2. body; **amtliches O.** official organ; **ausführendes O.** executive organ; **beratendes O.** consultative/advisory body; **gesetzgebendes O.** legislative organ; **nachgeordnetes O.** subordinate organ; **rechtsprechende O.e** judiciary; **staatliches O.** state/government agency

Organ|entnahme *f* organ removal; **O.freiheit** *f* *(Arbeitsrecht)* freedom of association; **O.gesellschaft** *f* subsidiary (of a group); **O.haftung** *f* liability of public bodies, ~ executive organs; **O.igramm** *nt* organizational chart

Organisation *f* organization

Organisations|gewalt *f* organizational power; **O.klausel** *f* *(Gewerkschaftszwang)* closed shop clause, union membership clause; **O.recht** *nt* law concerning organizations; **O.verbrechen** *nt* crime committed by an organization

organisieren *v/t* 1. to organize; 2. *(Gewerkschaft)* to unionize

Organismus *m* organism

Organ|klage *f* 1. action against a public body; 2. intra-company legal action; **O.schaft** *f* inter-company relations; **O.schaftsvertrag** *m* contract between group subsidiaries; **O.spende** *f* organ donation; **O.spender(in)** *m/f* organ donor; **O.streit** *m* litigation between two public bodies; **O.streitverfahren** *nt* court proceedings between administrative bodies; **O.vertrag** *m* control agreement, contract of control

sich orientieren *v/refl* to orient(ate) os.

Orientierung *f* orientation; **zu Ihrer O.** for your guidance/information; **O. verlieren** to lose one's bearings

Orientierungs|punkt *m* landmark; **O.sinn** *m* sense of direction

Original *nt* 1. original; 2. *(Dokument)* master copy; **O. oder beglaubigte Abschrift** original or certified copy; **O.ausführung** *f* original document; **O.testament** *nt* original will; **O.urkunde** *f* original document

originär *adj* original

Ort *m* 1. place, location, situs *(lat.)*; 2. *(Unfall, Verbrechen)* scene, site, spot; **vor O.** at the scene, on the spot; **O. des Aufpralls** point of impact; **O. der Erfüllung** place of performance; **~ Handlung** scene of the offence; **~ Leistung** place of performance; **O. des Schiedsverfahrens** venue of arbitration; **O. der Tat; O. des Verbrechens** scene of crime; **an den ~ zurückkehren** to return to the scene of the crime; **an O. und Stelle** 1. on the spot; 2. *(Gebäude)* on the premises

am angegebenen Ort *(Buch)* loco citato (loc. cit.) *(lat.)*; **höheren O.es** higher up *(coll)*

orten *v/t* to locate

örtlich *adj* local; **Ö.keit** *f* locality; **mit den**

O

Ö.keiten vertraut sein to be familiar with the area
genaue Ortsangabe exact location
ortsansässig *adj* local, resident; **O.e(r)** *f/m* (local) resident
Orts|ausgang *m* end of a built-up area; **O.-behörde** *f* local authority; **O.besichtigung** *f* local inspection, inspection of the crime scene; **~ vornehmen** to visit the scene (of the crime)
Ortschaft *f* 1. place, locality; 2. village, town; **geschlossene O.** built-up/restricted area
Orts|eingang *m* beginning of a built-up area; **o.fremd** *adj* non-local; **O.fremde(r)** *f/m* stranger; **O.gebrauch** *m* local custom/usage; **O.gericht** *nt* local court; **O.gesetz** *nt* local authority ordinance, bylaw *[GB]*; **O.polizei** *f* local police; **O.-polizeibehörde** *f* local police authority; **O.recht** *nt* local law; **O.satzung** *f* local statutes; **O.schild** *nt* place name sign; **O.-termin** *m* hearing at the site; **o.üblich** *adj* locally customary; **O.üblichkeit** *f* local custom; **O.verkehr** *m* local traffic; **O.verwaltung** *f* local administration; **O.wechsel** *m* change of locality; **O.zeit** *f* local time; **O.zuschlag** *m* local allowance/weighting

O

P

Pacht *f* 1. *(Pachtbesitz)* leasehold; 2. *(Pachtverhältnis)* lease, 3. (ground) rent; **P. auf Lebenszeit** lifetime lease
in Pacht geben to rent out; **etw. zur P. haben** to have sth. on lease; **in P. nehmen** to rent
Pacht|bedingungen *pl* terms of lease; **P.-besitz** *m* leasehold possession; **P.besitzer** *m* leaseholder; **P.dauer** *f* period of lease; **P.-einnahmen** *pl* rental receipts
pachten *v/t* to hire/rent
Pacht|gebiet *nt* leasehold area; **P.gegenstand** *m* leased property; **P.grundstück** *nt* leasehold/leased property
Pächter(in) *m/f* 1. *(Immobilie)* leaseholder, tenant; 2. *(Gegenstand)* lessee; **lebenslänglicher P.** life tenant
Pacht|recht *nt* 1. law of lease; 2. lessee's right(s); **P.rückstände** *pl* rent arrears; **P.-verhältnis** *nt* tenancy, lease, (land) tenure; **P.verlängerung** *f* renewal of the lease; **P.vertrag** *m* (contract of) lease, (leasehold) tenancy agreement; **P.wert** *m* rental value; **P.zahlung** *f* rent payment; **P.zeit** *f* time of lease; **P.zins** *m* rent; **P.zinserhöhung** *f* rent increase; **P.zinsforderung** *f* rent demand
Päckchen *nt* package, packet, small parcel; **kleines P. mit Drogen** sachet, bindle
pactum *(lat.)* treaty
Pädophiler *m* paedophile
Pandekten *pl* pandects
Panne *f* breakdown; **P. haben** to break down, to be stranded
panschen *v/t* *(alkoholisches Getränk)* to adulterate
Panzerglass *nt* bullet-proof glass
Panzerung *f* armour
Papier *nt* 1. paper; 2. document; **P.e** *pl* documents; **aufenthaltsrechtliche ~** residence documents
Paradebeispiel *nt* case in point, prime example
Paragraf *m* paragraph, clause, section, article; **P.enreiter** *m (coll)* pedant
parallel *adj* parallel
Paraph|e *f* initials; **p.ieren** *v/t* to initial; **P.ierung** *f* initialling of a treaty
Parentel *f* descendants
pari *adv* par; **über p.** above par; **unter p.** below par; **zu p.** at par; **P.tät** *f* parity, equality; **p.tätisch** *adj* equal, on ~ terms
Park|ausweis *m* parking permit; **P.beschränkungen** *pl* parking restrictions; **P.bucht** *f* parking bay, lay-by; **P.en mit Parkscheibe** *nt* disk parking; **falsches P.en** illegal parking; **P.gebühr** *f* parking fee; **P.haus** *nt* multi-storey car park; **P.kralle** *f* wheel clamp, Denver boot *[US]*; **P.lücke** *f* gap between parked cars; **P.möglichkeiten** *pl* parking facilities; **P.-platz** *m* parking lot, car park; **P.scheibe** *f* parking disk; **P.schein** *m* car park ticket; **P.streifen** *m* lay-by; **P.sünder(in)** *m/f* parking offender; **P.uhr** *f* parking meter; **P.verbot** *nt* 1. no parking (zone); 2. parking ban; **im ~ stehen** to be parked illegally; **P.verstoß** *m* parking offence; **P.-vorschriften** *pl* parking regulations
Parlament *nt* parliament; **P.arier(in)** *m/f* parliamentarian; **p.arisch** *adj* parliamentary; **P.sanklage** *f* impeachment; **P.snötigung** *f* coercion of a legislative body

Partei *f* party; **P. im Armenrecht** pauper, legally aided person
Partei|en belehren to caution the parties; **P. ergreifen** to take sides; **P. nehmen für/gegen jdn to** side with/against so.
abgewiesene Partei dismissed/nonsuited party, unsuccessful plaintiff; **antragstellende P.** applicant; **arme P.** pauper; **beklagte P.** defendant; **beschwerte P.** aggrieved party; **beteiligte P.** party involved; **betreibende P.** prosecuting party; **eigentliche P.** proper party; **erschienene P.** appearing party; **geladene P.** summoned party; **klägerische P.** suing party; **prozessführende P.** litigant; **säumige P.** defaulting party; **die streitenden P.en** the opposing parties; **unterlegene P.** unsuccessful party; **vertragsbrüchige P.** party in breach of contract; **vertragschließende P.** contracting party
Partei|abrede *f* agreement by the parties; **P.antrag** *m* ex-parte application; **P.behauptung** *f* allegation; **P.betrieb** *m* principle of party prosecution; **P.eid** *m* suppletory oath; **P.einvernahme** *f* hearing of a party; **P.enfinanzierung** *f* financing of political parties; **p.fähig** *adj* capable of being a party (to a dispute); **P.fähigkeit** *f* capacity of being a party (to a dispute), admissibility as a party in court; **P.handlung** *f* act of a party; **p.isch** *adj* partisan, partial, biased; **P.lichkeit** *f* bias; **P.vernehmung** *f* interrogation of the parties in court, ~ a party; **P.verbot** *nt* proscription of a party; **P.verrat** *m* prevarication, double-crossing; **P.vorbringen; P.vortrag** *nt/m* statement/submission by a party; **P.wechsel** *m* substitution of a party during court proceedings; **P.wille** *m* intention of a party; **P.zustellung** *f* service of documents by a party
Partialschaden *m* partial loss
Partie *f* parcel, lot
partiell *adj* partial
Partikularrecht *nt* special law
Partner(in) *m/f* partner
Partnerschaft *f* partnership; **gleichgeschlechtliche P.** homoerotic marriage
Partnerschafts|abkommen *nt* partnership agreement; **P.vertrag** *m* partnership contract
Partnertausch *m* partner swapping
Parzelle *f* parcel (of land), plot (of land), lot, piece of land, (fractional) tract of land
parzellieren *v/t* to divide up into (separate) plots/lots, to parcel (out)
Pass *m* passport; **abgelaufener P.** expired passport
blinder Passagier stowaway
Passant(in) *m/f* passer-by
Pass|behörde *f* passport office; **P.besitzpflicht** *f* duty to carry a passport; **P.ersatz** *m* substitute/emergency passport; **P.-fälschung** *f* passport forgery
Passierschein *m* pass, permit
Passinhaber(in) *m/f* passport holder
passiv *adj* passive; **P.a** *pl (Bilanz)* liabilities; **P.legitimation** *f* capacity to be sued, right to be a legitimate defendant, ~ answer a complaint as the competent party; **P.masse** *f* liabilities; **P.posten** *m* debit item
Pass|kontrollbeamter; P.kontrollbeamtin *m/f* immigration officer; **P.mitführungspflicht** *f* duty to carry a passport; **P.vergehen** *nt* passport offence
Pate *m* godfather, godparent; **P.nschaft** *f* sponsorship
Patent *nt* (letters) patent; **P. anfechten im Zuge einer P.eingriffsklage** to contest a patent by an infringement suit; **zum P. angemeldet** patent pending; **P. anmelden** to register a patent; **P. auf eine Erfindung anmelden** to apply for a patent on an invention; **P. erhalten** to take out a patent; **P. erteilen** to issue a patent
älteres Patent prior patent; **mangelhaftes P.** defective patent; **nichtiges P.** invalid patent; **verfallenes P.** lapsed patent
Patent|amt *nt* Commissioner of Patents *[US]*, Patent Office *[GB]*; **P.anmelder** *m* patent applicant; **P.anmeldung** *f* patent application, application for a patent; **P.-anspruch** *m* patent claim; **P.antrag** *m* patent application; **P.anwalt; P.anwältin** *m/f* patent advocate/lawyer *[GB]*/attorney *[US]*/agent *[GB]*; **P.ausübung** *f* exercise of a patent; **P.begehren** *nt* patent claim; **P.bemühung** *f* arrogation of a patent; **mangelnde P.beschreibung** defective specifications; **P.besitzer(in)** *m/f* patentee; **P.dauer** *f* life of a patent, patent term; **P.einspruch** *m* opposition to a patent; **P.einspruchsverfahren** *nt* patent opposition proceedings; **P.entziehung** *f* revocation of a patent; **P.erschleichung** *f* obtaining a patent surreptitiously;

P.erteilung *f* grant(ing) of a patent, patent grant; **p.fähig** *adj* patentable, capable of being patented; **P.fähigkeit** *f* patentability; **~ verneinen** to deny patentability; **P.gebühren** *pl* patent charges; **P.gericht** *nt* patents court; **P.gesetz** *nt* patent act
patentier|bar *adj* patentable; **P.barkeit** *f* patentability; **p.en** *v/t* to patent
Patent|inhaber(in) *m/f* patentee, patent holder, owner of a patent; **P.klage** *f* patent action; **P.lizenz** *f* patent licence; **P.löschung** *f* cancellation of a patent; **P.nichtigkeitsklage** *f* plea of nullity; **P.prozess** *m* patent proceedings; **P.recht** *nt* 1. patent law; 2. patent right; **P.rechtsstreit** *m* patent litigation; **P.rolle** *f* register of patents, patent register; **P.schrift** *f* patent specification; **P.schutz** *m* patent protection, protection by dint of patent registration; **P.urkunde** *f* letters patent; **P.verfahren** *nt* patent proceedings; **anhängiges ~** patent(s) pending; **P.verlängerung** *f* renewal of a patent; **P.verletzung** *f* patent infringement; **P.versagung; P.verweigerung** *f* refusal of a patent; **P.verwertung** *f* exploitation of a patent; **P.werber(in)** *m/f* potential patentee
Patient(in) *m/f* patient
Patin *f* godmother, godparent
Patrimonialgericht *nt* patrimonial court; **P.sbarkeit** *f* patrimonial jurisdiction
Patrimonium *nt* patrimony
Patron(in) *m/f* patron, sponsor, protector; **P.at** *nt* patronage, sponsorship; **P.atserklärung** *f* comfort letter
Patrone *f* cartridge
pauschal *adj* overall; **P.abfindung** *f* lump sum settlement/compensation; **P.basis** *f* lump-sum basis; **P.betrag** *m* lump-sum; **P.e** *f* 1. lump-sum; 2. flat rate; **P.entgelt** *nt* lump-sum renumeration; **P.entschädigung** *f* lump-sum settlement/compensation; **P.preis** *m* (all-)inclusive price; **P.satz** *m* flat rate; **P.tarif** *m* flat rate; **P.versicherung** *f* blanket insurance; **P.vertrag** *m* all-inclusive contract; **P.wert** *m* overall value; **P.zahlung** *f* lump-sum payment
Penner *m* *(coll)* vagrant, tramp
Pension *f* (old-age) pension; **P.är(in)** *m/f* (old-age) pensioner, senior citizen, retiree *[US]*
pensionier|en *v/t* to pension off; **p.t** *adj* retired; **P.ung** *f* retirement; **~ aus gesundheitlichen Gründen** retirement on medical grounds
Pensions|alter *nt* retirement/pension age; **P.anspruch** *m* pension entitlement, right to a pension; **P.anwartschaft** *f* pension expectancy; **p.berechtigt** *adj* entitled to a pension; **P.berechtigung** *f* pension entitlement; **P.bezüge** *pl* retirement benefits; **p.fähig** *adj* pensionable; **P.versicherung** *f* retirement insurance
peremptorisch *adj* peremptory, strict
Person *f* 1. person; 2. party; **pro P.** per capita *(lat.)*; **P., die einen Wagen für eine Spritztour benutzt hat** joyrider; **P. ohne festen Wohnsitz** person with/of no fixed abode; **jdn zur P. vernehmen** to question so. about his identity
abhängige Person dependant; **abzuschiebende P.** deportee; **ältere P.** elderly person; **amtsbekannte Person** old offender; **bedachte P.** beneficiary (under a will); **nachfolgend bezeichnete P.** person hereinafter referred to; **illegal eingereiste P.** illegal alien/immigrant; **geeignete P.** suitable person; **juristische P.** distinct legal entity, juristic/juridical/artificial person; **~ des Privatrechts** legal entity under private law; **~ des öffentlichen Rechts** legal entity under public law; **natürliche P.** natural person; **unbekannte P.** unknown person; **unerwünschte P.** persona non grata *(lat.)*; **verdächtige P.** suspect, suspicious person; **vermisste P.** missing person; **für die zuständige P.** *(Referenz)* to whom it may concern
persona non grata *(lat.)* persona non grata *(lat.)*
Personal *nt* staff, personnel, employees; **P.akte** *f* personal records/file/dossier; **P.aufwendungen** *pl* personnel costs; **P.ausweis** *m* identity card; **P.ausweispflicht** *f* duty to carry an identity card; **P.firma; P.gesellschaft** *f* partnership; **P.haft** *f* detention; **P.handelsgesellschaft** *f* partnership; **P.hoheit** *f* ultimate jurisdiction for appointments
Personalien *pl* personal data/details; **P. aufnehmen** to take down the particulars; **P. feststellen** to establish the particulars; **jds ~** to establish so.'s identity
Personal|itätsprinzip *nt* principle of personality; **P.kredit** *m* personal/fiduciary loan; **P.rat** *m* staff council; **P.union** *f* personal union; **P.versammlung** *f* staff meet-

ing; **P.vertretung** *f* staff representation, personnel committee
Personen|beförderung *f* carriage/conveyance of passengers, passenger transport(ation); **P.beförderungsentgelt** *nt* fare; **P.beförderungsgesetz** *nt* passenger transport act; **P.beförderungsrecht** *nt* law concerning passenger transport(ation); **P.beförderungsvertrag** *m* contract to carry passengers; **P.durchsuchung** *f* frisking, search, patting-down; **P.feststellung** *f* identification; **P.feststellungsverfahren** *nt* identification procedure; **P.firma** *f* unincorporated enterprise; **P.gesellschaft** *f* unincorporated company; **rechtsfähige ~** incorporated company; **P.gruppe** *f* group of persons; **P.handelsgesellschaft** *f* trading firm, trading partnership; **P.hehlerei** *f* harbouring a criminal; **P.kraftwagen** *m* passenger car; **P.kreis** *m* group of persons; **P.recht** *nt* law concerning persons; **P.schaden** *m* physical/personal injury; **P.schutz** *m* protection of persons; **P.sorge** *f* care and custody; **P.stand** *m* civil/marital/family/personal status
Personenstands|änderung *f* change of civil status; **P.buch; P.register** *nt* register of births, deaths and marriages *[GB]*, ~ marriages and burials *[US]*; **P.fälschung** *f* fraudulent alteration of civil status; **P.gesetz** *nt* civil status act; **P.klage** *f* action concerning civil status; **P.recht** *nt* law of civil status; **P.urkunde** *f* certificate of civil status
Personen|tarif *m* passenger fare; **P.überprüfung** *f* vetting, screening, background check; **P.verband; P.zusammenschluss; P.vereinigung** *m/f* association (of persons); **P.verkehr** *m* passenger traffic; **P.versicherung** *f* personal insurance; **P.verwechslung** *f* mistaken identity
persönlich *adj* personal, private; **P.keit** *f* personality
Persönlichkeits|entwicklung *f* development of personality; **P.mangel** *m* personality defect; **P.recht** *nt* right of privacy/personality; **P.schutz** *m* protection of personality; **P.verletzung** *f* violation of personal rights
pervers *adj* perverse
Petent *m* petitioner
Petition *f* petition
Petitions|ausschuss *m* committee on public petitions; **P.recht** *nt* right of petition
petitorisch *adj* petitionary
Petitum *nt* petition, prayer, request, demand
Pfand *nt* 1. pawn, pledge, security, collateral; 2. *(Leergut)* deposit; **P. auslösen/einlösen** to redeem a pawn; **vertragliches P.** contractually agreed lien
Pfand|abstand *m* return unsatisfied, certificate of nulla bona *(lat.)*; **P.auslösung** *f* redemption of a pawn/pledge
pfändbar *adj* leviable, distrainable, attachable; **P.keit** *f* attachability
Pfand|besitzer *m* pawnee, pledgee; **P.besteller** *m* pawnor, pledgor; **P.bestellung** *f* pawning, pledging; **P.brief** *m* (mortgage) bond, debenture; **P.briefanstalt** *f* mortgage bond institution; **P.einlösung** *f* redemption of a pawn/pledge
pfänden *v/t* to levy/sequestrate/distrain/seize/attach
Pfand|entstrickung *f* release from a lien, misappropriation of goods under attachment; **P.erstreckung** *f* extension of a lien; **P.flasche** *f* return(able) bottle; **P.forderung** *f* mortgage claim, claim secured by a pledge; **P.freigabe** *f* release from a lien; **P.geber(in)** *m/f* pawnor, pledgor; **P.gegenstand** *m* pledged item; **P.gläubiger(in); P.halter(in); P.inhaber(in)** *m/f* pledgee, pawnee, lienor, lienholder; **P.haft** *f* attachment; **P.haus** *nt* pawnshop; **P.herausgabe** *f* surrender of a pledge; **P.hinterlegung** *f* deposit of a pledged item; **P.kehr** *f* unlawful recovery of pledged items; **P.leihanstalt** *f* pawnshop; **P.leihe** *f* pawnbroking; **P.leiher** *m* pawnbroker; **P.missbrauch** *m* abuse of a pawn/pledge; **P.nehmer** *m* pledgee, pawnee
Pfandrecht *nt* (right of) lien; **P. des Frachtführers** carrier's lien; **~ Gastwirtes** publican's lien; **~ Vermieters** landlord's lien
Pfandrecht bestellen to create a lien; **erweitertes P.** extended lien; **gesetzliches P.** statutory lien; **kaufmännisches P.** commercial lien; **nachrangiges P.** junior lien; **vertragliches P.** contractual lien; **P.sübergang** *m* transfer of lien
Pfand|reife *f* maturity of a chattel mortgage; **P.rückgabe** *f* return of a pledged item; **P.sache** *f* pledged item; **P.schein** *m* pawn ticket; **P.schuldner** *m* pawnor, pledgor; **P.siegel** *nt* bailiff's stamp/seal

Pfändung *f* levy of execution, distraint, seizure, attachment; **fruchtlose P.; P.s-versuch erfolglos** *m* nulla bona *(lat.)*, no goods

Pfändungs|anordnung *f* writ of fieri facias *(lat.)*; **P.anzeige** *f* notice of execution; **P.befehl; P.beschluss** *m* attachment/garnishee order, distress warrant; **P.freigrenze** *f* limit of exemption from execution; **P.gläubiger** *m* attaching/execution creditor; **P.pfand** *nt* distraint pledge; **P.-schuldner** *m* distrainee, execution debtor; **P.schutz** *m* exemption from execution/distraint; **P.verfügung** *f* garnishee order, distress warrant; **P.verkauf** *m* execution/distress sale

Pfand|unterschlagung *f* conversion of a pledge for own use; **P.urkunde** *f* letter of hypothecation; **P.verfall** *m* forfeiture of pledged property, foreclosure; **P.verkauf** *m* distress sale; **P.verschleppung** *f* unlawful removal of a pledged/pawned item; **P.versteigerung** *f* auction of distrained goods; **P.verstrickung** *f* attachment under a lien; **P.verwahrung** *f* custody of pledged/pawned goods; **P.verwirkung** *f* forfeiture of pledged/pawned goods

Pflege *f* 1. care, nursing; 2. *(Kfz)* maintenance; **P.befohlener** *m* ward (of court); **P.eltern** *f* foster parents; **P.familie** *f* foster family; **P.kind** *nt* foster child; **P.mutter** *f* foster mother

pflegen *v/t* to take care of, to nurse, to look after

Pflege|r *m* 1. *(Vormund)* guardian; 2. *(Nachlass)* trustee; 3. *(Kustos)* curator; 4. *(Aufseher, Wächter)* custodian; 5. *(Krankenpfleger)* male nurse; **P.recht** *nt* law on nursing care; **P.vater** *m* foster father; **P.-versicherung** *f* nursing-care insurance

Pflegling *m* ward (of court)

Pflegschaft *f* 1. *(Aufsicht, Obhut)* custody; 2. *(Vormundschaft)* guardianship, tutelage; 3. *(Nachlass)* trusteeship; 4. curatorship

Pflicht *f* duty, obligation; **P. erfüllen** to discharge a duty; **P.en übernehmen** to assume duties; **~ verletzen** to neglect one's duties

ausdrückliche Pflicht express obligation; **eheliche P.** conjugal/marital duty; **gesetzliche P.** statutory duty; **rechtliche P.** legal duty; **sittliche P.** moral duty; **stillschweigende P.** implied obligation; **vertragliche P.** contractual obligation/duty

Pflicht|angabe *f* statutory declaration; **p.-bewusst** *adj* conscientious

Pflichten *pl* obligations; **P.enkollision** *f* conflict of duties, clash of responsibilities

Pflichtexemplar *nt* statutory copy; **p.gemäß** *adj* in accordance with one's duties

Pflichtteil *m* statutory/compulsory portion; **P.anspruch** *m* entitlement to a statutory portion; **P.berechtigte(r)** *f/m* person entitled to a statutory portion; **P.beschränkung** *f* limitation of the statutory portion; **P.ergänzungsanspruch** *m* right to augmentation of the compulsory/statutory portion; **P.recht** *nt* right to a statutory portion

Pflicht|verletzung *f* neglect/breach/dereliction of duty, misfeasance; **gröbliche ~** gross dereliction of duty; **P.versäumnis** *nt* neglect of duty; **P.versicherung** *f* statutory insurance; **P.verstoß** *m* violation of duty; **P.verteidiger(in)** *m/f* court-appointed counsel; **p.widrig** *adj* in breach of one's duties/duty; **P.widrigkeit** *f* breach of duty

Pfründe *f* sinecure

Phantasiemarke *f* arbitrary mark

Phantom|schmerz *m* phantom limb pain; **P.zeichnung** *f* identikit, photofit picture

Pirat *m* 1. pirate; 2. *(Flugzeug)* hijacker; **P.erie** *f* piracy

Pistole *f* pistol

plädieren *v/i* to plead, to sum up

Plädoyer *nt* plea, pleading(s), summing up

Plagi|at *nt* plagiarism; **P.ator** *m* plagiarist; **p.ieren** *v/t* to plagiarize

Plakette *f* badge

Plan *m* plan, scheme; **P.feststellung** *f* project approval; **P.feststellungsverfahren** *nt* planning procedure; **P.stelle** *f* established post

Planung *f* planning

Planungs|amt *nt* planning department, **P.-behörde** *f* planning authority; **P.recht** *nt* planning law; **P.vorschriften** *pl* planning regulations

Plastikhandfessel *f* plastic handcuffs

Plazet *nt* approval, assent, consent

Platzgeschäft *nt* spot contract, local transaction

pleite *adj (coll)* bust *(coll)*; **P.** *f* failure, bankruptcy; **P.geier** *m (fig)* threat of bankruptcy

Plenum *nt* plenum, plenary session, general assembly

plombieren *v/t* to seal
Plünder|er *m* pillager, looter; **p.n** *v/t* to loot/plunder; **P.ung** *f* looting, plundering
pönal|isieren *v/t* to penalize; **P.ie** *f* penalty
Police *f* (insurance) policy; **P.ninhaber** *m* policyholder
Politesse *f* traffic warden, meter maid *(coll) [US]*
Politik *f* 1. *(allg.)* politics; 2. *(spezielle Vorgehensweise)* policy
politisch *adj* political
Polizei *f* police (force); **jdn bei der P. anzeigen** to report so. to the police; **von der P. festgenommen werden** to be arrested by the police; **sich der P. stellen** to give os. up to the police; **jdn der P. übergeben** to give so. into the custody of the police; **von der P. verhört/vernommen werden** to be questioned by the police, to help the police with their inquiries
Polizei|anordnung *f* police order; **P.aufgebot** *nt* police detachment; **P.aufsicht** *f* police supervision; **unter ~ stehen** to have to report (regularly) to the police; **P.beamter** *m* police officer; **P.beamtin** *f* woman police officer; **P.behörde** *f* police authority; **P.gewahrsam** *m* police custody; **P.griff** *m* arm-lock, wristlock; **P.helfer** *m* auxiliary police officer; **P.kette** *f* police cordon; **P.knüppel** *m* truncheon; **P.kommissar(in)** *m/f* police inspector; **P.ordnung** *f* police regulations; **P.präsident(in)** *m/f* chief of police, chief constable; **P.präsidium** *nt* police headquarters; **P.razzia** *f* police raid; **P.recht** *nt* police law; **P.revier** *nt* police station; **P.schutz** *m* police protection; **unter ~ stellen** to place under police protection; **P.spitzel** *m* 1. police informer; 2. undercover agent; **P.staat** *m* police state; **P.streife** *f* police patrol; **P.stunde** *f* (statutory) closing time; **P.verfügung** *f* police order; **P.verordnung** *f* police ordinance; **P.verwaltung** *f* police administration; **P.verwaltungsgesetz** *nt* police administration act
Polizist *m* policeman, police officer, police constable; **P.in** *f* policewoman
Polygamie *f* polygamy
Popularklage *f* taxpayer's suit
Pornograf|ie *f* pornography; **p.isch** *adj* pornographic
Porogation *f* prorogation
Position *f* position
positiv *adj* positive
possessorisch *adj* possessory
Post *f* 1. post office; 2. postal service, mail (service); **mit getrennter P.** under separate cover; **ausgehende P.** outgoing mail; **eingehende P.** incoming mail; **p.alisch** *adj* postal; **P.anschrift** *f* postal address; **P.anweisung** *f* money order; **P.betrug** *m* postal fraud; **P.diebstahl** *m* mail theft; **P.einlieferungsschein** *m* postal receipt
Posten *m* 1. *(Stelle)* post, position; 2. *(Bilanz)* item
Post|geheimnis *nt* secrecy of mail, postal secrecy; **P.gesetz** *nt* postal services act; **p.lagernd** *adv* poste restante *(frz.)*, to be called for, general delivery *[US]*; **P.leitzahl** *f* postcode *[GB]*, ZIP code *[US]*; **P.ordnung** *f* postal regulations; **P.privileg** *nt* postal privilege; **P.sperre** *f* suspension of mail; **P.stempel** *m* postmark; **P.übersendung** *f* conveyance by mail/post
Postulat *nt* demand, postulate; **P.ionsfähigkeit** *f* right of audience, capacity to conduct a case in court
postulieren *v/t* to postulate/demand/claim
Post|vergehen *nt* postal offence; **P.vollmacht** *f* authority to accept mail; **p.wendend** *adv* by return of post/mail; **P.zensur** *f* postal censorship; **P.zustellung** *f* postal delivery; **P.zustellungsurkunde** *f* postal certificate of delivery
potenziell *adj* potential, possible
Potestativbedingung *f* potestative condition
Präambel *f* preliminaries, prelims *(coll)*, preamble, recitals
praescriptio *(lat.)* prescription
Prägesiegel *nt* embossed seal
Präjudiz *nt* (judicial) precedent, leading case, prejudice, preliminary judgment, prejudication; **P.ienrecht** *nt* case law, law of precedent; **P.wirkung** *f* prejudicial effect
präjudizieren *v/t* to prejudge (a case), to pass a preliminary judgment (on sth.); **p.d** *adj* prejudicial
präkludieren *v/t* to preclude/bar/foreclose
Präklus|ion *f* bar, preclusion, foreclosure; **P.ivfrist** *f* deadline
Praktik *f* practice(s); **P.ant(in)** *m/f* trainee, intern; **P.en** *pl* practices; **missbräuchliche ~** abusive practices
praktizieren *v/t* to practise; **freiberuflich p.** to freelance

Prälegat *nt* preferential legacy
Präliminarien *pl* preliminaries, prelims *(coll)*
Prämie *f* premium, bonus
Pranger *m* pillory; **jdn an den P. stellen** to pillory so.
Prärogativ *f* prerogative
präsid|ieren *v/t* to preside; **P.ium** *nt* presiding committee, executive board, presidium
Präsumption *f* presumption, assumption
Prätendent *m* pretender
Prävarikation *f* prevarication
Prävent|ion *f* prevention; **p.iv** *adj* preventive
Praxis *f* 1. practice; 2. *(Erfahrung)* practical experience
Präzedenz *f* precedence
Präzedenzfall *m* (judicial) precedent; leading case/decision; **sich über einen P. hinwegsetzen** to overrule a precedent; **P. schaffen** to set a precedent; **maßgeblicher P.** leading case
Präzedenzrecht *nt* case law
Preis *m* 1. *(Belohnung)* prize, award; 2. *(Kaufpreis)* price, cost, rate, tariff; **überhöhter P.** excessive price; **ungerechter P.** unjustified price
Preisabrede *f* price-fixing agreement; **P.angabe** *f* pricing; **P.ausschreiben** *nt* competition; **P.bindung** *f* control of prices, price fixing, price control, price maintenance; **~ der zweiten Hand** retail price maintenance; **P.empfehlung** *f* price recommendation; **unverbindliche ~** recommended price; **P.festsetzung** *f* price fixing
Preisgabe *f* disclosure, surrender, abandonment; **P. von Staatsgeheimnissen** disclosure of official secrets
preisgeben *v/t* 1. *(enthüllen)* to reveal/disclose/divulge; 2. *(aufgeben)* to abandon/relinquish, to give up
Preis|gleitklausel *f* escalator clause; **P.kartell** *nt* price ring/cartel; **P.treiberei** *f* deliberate overcharging, forcing-up of prices; **P.verstoß** *m* pricing offence; **P.wucher** *m* profiteering
Prellerei *f* making off without payment
Prellung *f* bruise
Presse *f* press; **der P. mitteilen** to release to the press
Presse|delikt *nt* offence by press publication; **P.erklärung** *f* press release; **P.freiheit** *f* freedom of the press; **P.geheimnis** *nt* press privilege; **P.gesetz** *nt* press act; **P.knebelung** *f* gagging (of) the press; **P.mitteilung** *f* press release; **P.recht** *nt* press law; **P.stelle** *f* press office; **P.vergehen** *nt* press offence; **P.verlautbarung** *f* press release; **P.zensur** *f* press censorship
prima-facie-Beweis *m* prima-facie evidence
Primat *m* primacy
Prinzip *nt* principle, doctrine
Prinzipal *m* principal, employer
prinzipiell *adj* fundamental; *adv* 1. *(aus Prinzip)* on principle, 2. *(im Prinzip)* in principle
Prinzipien *pl* principles
Priorität *f* priority, precedence
Prioritäts|anspruch *m* prior/senior claim; **P.gläubiger** *m* preferential creditor; **P.prinzip** *nt* principle of priority; **P.recht** *nt* preference, senior right; **P.zession** *f* prior assignment
Prise *f* prize
privat *adj* private, personal; **P.angelegenheit** *f* private matter; **P.anschrift** *f* private address; **P.autonomie** *f* private autonomy; **P.besitz** *m* private property; **P.detektiv** *m* private detective; **P.eigentum** *nt* 1. private property; 2. private ownership; **P.entnahmen** *pl* private withdrawals; **P.geheimnis** *nt* personal secret; **P.gewässer** *nt* private waters; **P.insolvenz** *f* private insolvency
privatisieren *v/t* to privatize, to transfer to private ownership
Privatisierung *f* privatization, denationalization, transfer to private ownership
Privatklage *f* *(Strafverfahren)* private prosecution; **P. erheben** to bring a private prosecution
Privatklage|delikt *m* offence liable to private prosecution; **P.verfahren** *nt* private-law/civil proceedings
Privatkläger(in) *m/f* *(Strafverfahren)* private prosecutor
Privatperson *f* private person
Privatrecht *nt* private law; **formelles P.** formal private/adjective law; **internationales P.** international private law; **materielles P.** material private law, substantive private law
privatrecht|lich *adj* private-law; **P.sordnung** *f* system of private law; **P.sweg** *m* recourse to civil courts

Privatsphäre *f* private life, privacy; **in jds P. eindringen** to invade so.'s privacy
Privat|stiftung *f* private foundation; **P.-straße** *m* private road; **P.verfahren** *nt* private-law proceedings; **P.vermögen** *nt* personal/private assets; **P.versicherung** *f* private insurance; **P.versicherungsrecht** *nt* law on private insurance; **P.wohnung** *f* private dwelling
Privileg *nt* privilege, special right; **p.ieren** *v/t* to (grant a) privilege
Proband(in) *m/t* probationer
Probe *f* 1. *(Muster)* sample, specimen; 2. *(Prüfung)* test, trial; **auf P.** on approval; **P.fall** *m* test case; **P.kauf** *m* sale on approval; **P.nahme** *f* sampling; **P.vertrag** *m* tentative agreement; **P.zeit** *f* probation period
Problem *nt* problem; **juristisches P.** legal problem
Produkt *nt* product; **mangelhaftes P.** defective/faulty product; **P.haftung** *f* product/manufacturer's liability; **P.haftungsfall** *m* product liability case; **P.haftungsgesetz** *nt* product/manufacturer's liability act; **P.haftungsklage** *f* product liability action/suit
Produktiv|kapital *nt* productive capital; **P.-vermögen** *nt* earning/productive assets
Produkt|mängel *pl* product defects; **P.piraterie** *f* product piracy
Produzent *m* producer, manufacturer; **P.enhaftung** *f* product/producer's/manufacturer' liability
produzieren *v/t* to produce/manufacture
Prognose *f* prognosis, prediction
Proklam|ation *f* proclamation; **p.ieren** *v/t* to proclaim
Prokura *f* corporate power of attorney, power of procuration, proxy; **per P.** per pro, per procurationem (p.p.) *(lat.)*; **P. erteilen** to confer power of procuration (on so.)
Prokurator *m* procurator, proctor
Prokurist(in) *m/f* authorized signatory
Prolongation *f* renewal, prolongation, extension; **P.srecht** *nt* right of renewal
prolongieren *v/t* to prolong/extend/renew
Promille *f* per mille; **P.grenze** *f* (legal) blood alcohol limit, per mil limit; **weit über der ~ liegen** to be way over the limit
Promo|tion *f* awarding (of) a doctorate; **p.vieren** *v/t* to obtain a doctorate
promulgieren *v/t* to promulgate
Propaganda *f* propadanda
Properhändler *m* trader on own account
Proponent *m* proposer
proportional *adj* proportional, proportionate, pro rata
Proporz *m* proportional representation (PR)
pro rata pro rata
Prorogation *f* prorogation (of jurisdiction)
Proskription *f* proscription
Prospekt *nt* prospectus; **P.haftung** *f* prospectus liability
Prostituierte *f* prostitute
Prostitution *f* prostitution; **P.sgesetz** *nt* prostitution act
Protektorat *nt* protectorate
Protest *m* protest; **P. mangels Annahme** protest for non-acceptance; **~ Zahlung** protest for non-payment
Protest demonstrieren/erheben to protest; **P.anzeige** *f* notice of protest
protestieren *v/i* to protest/remonstrate/object
Protokoll *nt* 1. report; 2. *(Gerichtsverhandlung)* record/transcript (of proceedings); 3. *(Sitzung)* minutes; 4. *(Polizei)* statement; 5. *(Völkerrecht)* protocol; **für das P.** for the record
ins Protokoll aufnehmen to put on record; **P. führen** to keep the minutes; **etw. zu P. geben** 1. *(Polizei)* to say sth. in a statement (to the police); 2. to have sth. recorded; **~ im P. vermerken** to have sth. recorded in the minutes
Protokollant(in) *m/f* 1. *(Gerichtsverhandlung)* clerk of the court; 2. *(Sitzung)* keeper of the minutes
Protokoll|führer(in) *m/f* recording clerk, recorder; **P.führung** *f (Gericht)* recording (of) the proceedings
protokollier|en *v/t* to take (down) the minutes/statements, to record/minute; **P.ung** *f* keeping (of) the minutes
Provision *f* commission, factorage, brokerage
provisorisch *adj* provisional, makeshift
Provo|kation *f* provocation; **p.zieren** *v/t* to provoke
Prozedur *f* procedure, process
Prozess *m* 1. *(StR)* trial; 2. *(ZR)* action; 3. *(Rechtsfall)* court case; 4. *(ziv. Rechtsstreit)* litigation; 5. *(Verfahren)* proceed-

ings; 6. *(Klage)* (law)suit; 7. *(Vorgang)* process; 8. *(Vorgehensweise)* procedure; **P. anstrengen** to proceed/litigate, to file a lawsuit, ~ an action *[US]*; **P. gegen jdn anstrengen** to bring an action against so., to institute legal proceedings against so.; **P. betreiben** to litigate; **P. einleiten** to institute legal proceedings; **P. führen** to litigate; **P. gewinnen** to win a case; **P. verlieren** to lose a case; **P. verschleppen** to protract an action

anhängiger Prozess pending suit; **schikanöser P.** vexatious suit; **zivilrechtlicher P.** action

Prozess|akte *f* case record(s)/file(s); **P. akten** *pl* proceedings, files of the proceedings; **P.anwalt; P.anwältin** *m/f* trial lawyer, barrister *[GB]*; **P.auftakt** *m* commencement of proceedings; **P.befugnis** *f* entitlement to sue; **P.behauptung** *f* allegation, proposition; **P.beitritt** *m* intervention; **P.beteiligte(r)** *f/m* counsel, attorney; **P.betrug** *m* deceitful plea, malicious use of process, collusion; **P.bevollmächtigte(r)** *f/m* counsel, attorney of record *[US]*; **P.dauer** *f* duration of proceedings/trial; **P.eid** *m* oath in litem *(lat.)*; **P.eröffnungsbeschluss** *m* decision to proceed to the main trial; **p.fähig** *adj* capable of suing, fit to plead, entitled to plead/sue; **P.fähigkeit** *f* capacity to sue (and to be sued); **p.führend** *adj* litigant, conducting a case; **P.führende(r)** *f/m* litigant

PQ

Prozessführung *f* conduct of a trial/case, litigation

Prozessführungs|befugnis *f* standing to sue; **P.recht** *nt* right to sue and be sued; **~ für Aktivprozesse** right to sue; **~ für Passivprozesse** right to be sued

Prozess|gebühr *f* general fee for court proceedings; **P.gegner** *m* adverse/opposing party; **P.gericht** *nt* trial court; **P.handlung** *f* procedural act of a party, step in the proceedings; **P.hilfe** *f* legal aid; **P.hindernis** *nt* impediment/bar to an action

prozessieren *v/i* to litigate/sue, to institute proceedings, to file a lawsuit, ~ an action *[US]*; **P.** *nt* litigation

Prozesskosten *pl* 1. legal costs/charges, cost of proceedings/litigation; 2. *(von unterliegender Partei an obsiegende Partei zu erstatten)* taxation fee; **P. festsetzen** to tax the costs; **P.hilfe** *f* legal aid, green form scheme *[GB]*; **~ zubilligen** to allow legal aid

Prozess|lage *f* stage of proceedings; **P.liste** *f* table of cases; **P.mandat** *nt* brief; **P.ordnung** *f* rules of practice, court rules, code of procedure; **P.partei** *f* party (to a dispute), litigant party, party to the proceedings; **aktive ~** litigant, litigator; **P.pfleger(in)** *m/f* guardian ad litem *(lat.)*, litigation friend; **P.praxis** *f* court practice; **P.recht** *nt* adjective/procedural law, law of procedure; **P.risiko** *nt* risk of litigation; **P.sache** *f* cause, case; **P.schriftsätze** *pl* pleadings; **P.stadium** *nt* stage of proceedings; **P.standschaft** *f* representative action, standing to sue; **P.sucht** *f* litigiousness; **p.süchtig** *adj* litigious; **P.termin** *m* date of hearing/trial; **P.trennung** *f* severance of action; **p.ual** *adj* procedural; **p.unfähig** *adj* incapable of suing, unfit to plead; **P.unfähigkeit** *f* procedural incapacity; **P.urteil** *nt* judgment on procedural grounds; **P.verbindung** *f* joinder of actions; **P.vergleich** *m* settlement of an action, consent judgment, court settlement; **P.verlauf** *m* course of proceedings; **P.verschleppung** *f* delaying (of) proceedings, protracting (of) a lawsuit, dilatory methods; **P.vertreter(in)** *m/f* counsel; **P.vertretung** *f* representation in court; **P.verzicht** *m* waiver of action; **P.vollmacht** *f* mandate, power of attorney (for legal proceedings); **P.voraussetzung** *f* procedural requirement; **P.vorbereitung** *f* preparation of a case

prüfen *v/t* *(Bilanz)* to audit/test/inspect/review/investigate/examine/verify

Prüfer(in) *m/f* 1. tester; 2. inspector; 3. *(Bilanz)* auditor

Prüfgutachen *nt* auditor's opinion

Prüfling *m* candidate, examinee

Prüfung *f* 1. *(Bilanz)* audit; 2. examination; 3. check, inspection; 4. test, trial; **materielle P.** material examination

Prüfungs|ausschuss *m* board of examiners; **P.behörde** *f* examining authority; **P.bericht** *m* audit report, auditor's opinion; **P.ordnung** *f* examination regulations; **P.pflicht** *f* duty to inspect; **P.protokoll** *nt* inspection records; **P.recht** *nt* right of inspection; **richterliches ~** right of judicial review; **P.vermerk** *m* *(Bilanz)* auditor's opinion

Prügel|ei *f* brawl, punch-up; **p.n** *v/t* to

beat/whip/flog; **P.strafe** *f* corporal punishment, whipping

Pseudonym *nt* pseudonym

Psych|e *f* psyche, mind; **P.iatrie** *f* 1. psychiatry; 2. psychiatric hospital; **p.isch** *adj* psychic

Psychopath|(in) *m/f* psychopath; **P.ie** *f* psychopathy; **p.isch** *adj* psychopathic

Psychose *f* psychosis

publik *adj* public, generally known

Publikum *nt* audience, public; **P.sgesellschaft** *f* open corporation *[US]*, public limited company (plc) *[GB]*

Publizität *f* publicity, public disclosure; **negative P.** adverse publicity

Publizitäts|pflicht *f* disclosure requirement; **P.prinzip** *nt* principle of public disclosure

Puff *m (coll)* brothel, whorehouse

sich die Pulsader aufschneiden *f* to slash one's wrists

Pumpgewehr *nt* pump-action gun

Punkt *m* 1. point, count; 2. *(Verkehrszentralregister)* penalty point; **strittiger P.** point at issue; **toter P**. *(Ermittlungen)* deadlock

Punkt|ation *f* draft contract; **P.esystem** *nt* points system for traffic offences; **p.uell** *adj* selective

Pupille *f* pupil; **erweiterte P.** dilated pupil; **P.nreaktion** *f* pupillary response

putativ putative; **P.notstand** *m* imaginary necessity/emergency; **P.notwehr** *f* imaginary self-defence

Putsch *m* putsch, coup, coup d'état *(frz.)*

putschen *v/i* to carry out a putsch

Q

Qual *f* *(Martyrium)* ordeal

quäl|en *v/t* 1. *(jdm zusetzen)* to pester; 2. *(misshandeln)* to torture; 3. *(peinigen)* to torment; **q.end** *adj* agonizing; **Q.erei** *f* cruelty, torment, ordeal

Qualifikation *f* 1. qualification; 2. *(Eignung)* eligibility; **Q. für ein Amt** eligibility for (an) office; **berufliche Q.** professional/job qualification; **fachliche Q.** professional qualification

Qualifikations|freiheit *f* freedom to construe; **Q.nachweis** *m* proof/verification of qualification(s); **Q.profil** *nt (Arbeitnehmer)* qualification profile

qualifizier|en *v/t* to qualify; **etw. als etw. ~** *(klassifizieren)* to qualify sth. as sth.; **jdn für etw. ~** *(befähigen)* to qualify so. for sth.; **sich ~** *v/refl* to qualify, to become eligible(for); **q.t** *adj* 1. *(Arbeitskraft)* skilled; 2. *(Straftat)* aggravated; 3. *(Geständnis, Mehrheit)* qualified

Qualifizierung *f* qualification; **berufliche Q.** occupational qualification

Qualität *f* quality; **Q. laut Besicht** quality subject to approval; **~ Muster** quality as per sample

ausgesuchte Qualität choice quality; **erstklassige Q.** prime quality; **gute Q. und Beschaffenheit** good merchantable quality and condition; **handelsübliche Q.** merchantable/standard quality; **minderwertige Q.** inferior quality; **unzureichende Q.** unsatisfactory quality; **vereinbarte Q.** stipulated quality; **zugesicherte Q.** assured/warranted quality

Qualitäts|abweichung *f* deviation from quality; **Q.arbeit** *f* quality workmanship; **Q.beanstandung** *f* notice of defect in quality; **Q.bescheinigung** *f* certificate of quality; **Q.beurteilung** *f* quality rating/assessment; **Q.bezeichnung** *f* designation of quality; **Q.fehler** *m* defect of quality; **Q.klasse** *f* grade; **Q.kontrolle** *f* quality control; **Q.mangel** *m* defect of quality, defective quality; **Q.marke** *f* mark of quality; **Q.minderung** *f* deterioration in quality, impairment of quality; **Q.niveau** *nt* quality level; **Q.norm** *f* quality standard; **Q.produkt** *nt* high-grade product; **Q.sicherung (QS)** *f* quality assurance (QA); **Q.siegel** *nt* seal of quality; **Q.überwachung** *f* quality control; **Q.vorschrift** *f* quality specification; **Q.zeichen** *nt* certification *[US]*/quality mark; **Q.zeugnis** *nt* certificate of quality; **Q.zusicherung** *f* quality assurance

quanti|fizierbar *adj* quantifiable; **q.fizieren** *v/t* to quantify; **etw. ~** to put a figure to sth.; **q.tativ** *adv* in terms of quantity; **Q.tätsmangel** *m* defect as to quantity

Quarantäne *f* quarantine; **Q. aufheben** to lift the quarantine; **aus der Q. entlassen** to discharge from quarantine; **unter Q. stellen** to put in/under quarantine, to quarantine

Quarantäne|attest *nt* bill of health; **Q.bestimmungen** *pl* quarantine regulations; **Q.prüfung** *f* quarantine inspection; **Q.station** *f* quarantine ward; **Q.verletzung** *f* infringement/breach of quarantine regulations
Quartier *nt* quarters, accommodation
Quasi|delikt *nt* quasi-tort; **Q.geld** *nt* quasi-money; **q.gerichtlich** *adj* quasi-judicial; **Q.kontrakt** *m* quasi-contract; **q.öffentlich** *adj* quasi-public; **Q.splitting** *nt* splitting of spouses' future pension rights; **q.vertraglich** *adj* quasi-contractual
Queen's Counsel werden to take silk *[GB]*
Quelle *f* 1. source, origin; 2. *(Belegstelle)* authority; **aus amtlicher Q.** from an official source; **~ guter Q.** on good authority
Quellenabzug *m* 1. withholding; 2. *(Steuer)* deduction at source
Quellenabzugssteuer *f* withholding tax; **~ erheben** to tax at source; **Q.verfahren** *nt* withholding scheme, pay-as-you-earn system (PAYE) *[GB]*, pay-as-you-go system *[US]*
Quellen|angabe *f* citing of sources; **Q.besteuerung** *f* taxation at source; **Q.staat** *m* source country; **Q.steuer** *f* tax deducted at source, withholding tax
queng|elig *adj* whining, whinging; **Q.elei** *f* whining
Querele *f* argument
Querschnitt *m* cross-section
Querula|nt *m/f* 1. querulous/litigious person, troublemaker, griper *(coll)*; 2. *(Prozesshansel)* vexatious litigant; **q.torisch** *adj* vexatious
Querverweis *m* cross-reference
Quetsch|ung *f* crushing; **Q.wunde** *f* contusion
quittieren *v/t* 1. to receipt/acknowledge; 2. *(Dienst)* to quit
Quittung *f* receipt; **gegen Q.** against (a) receipt, on production of a receipt; **Q. aufheben** to retain a receipt; **Q. ausstellen** to make out a receipt; **Q. erteilen** to issue a receipt
löschungsfähige Quittung 1. statutory receipt; 2. *(Grundbuch)* deed of release; **ordnungsgemäße Q.** proper receipt
Quittungsinhaber(in) *m/f* receipt holder
Quorum *nt* quorum; **Q. bilden** to form a quorum
Quote *f* 1. *(Menge)* quota; 2. *(Zuteilung)* allocation; 3. *(Anteil)* proportion, rate; **verbindliche Q.** mandatory quota
Quoten|regelung *f* 1. quota system/regime; 2. *(Minderheiten, Frauen)* positive discrimination *[GB]*, affirmative action *[US]*; **Q.überprüfung** *f* quota review; **Q.vereinbarung** *f* quota agreement; **Q.verteilung** *f* distribution according to quotas; **Q.vorrecht** *nt* quota preference; **Q.zuteilung** *f* quota allocation, allocation of quotas
Quotient *m* quotient
quotier|en *v/t* to allocate/allot; **Q.ung** *f* quotation

R

Rabulist *m* hair-splitter, equivocator, pettifogger; **r.isch** *adj* hair-splitting, equivocating, pettifogging
Rache *f* revenge, vengeance; **R.akt** *m* act of revenge
Radar|falle *f* radar trap; **R.kamera** *f* radar/speed camera
Rädelsführer(in) *m/f* ringleader
radfahren *v/i* to cycle; **R.** *nt* cycling; **R. verboten** no cycling
Radikal|er *m* radical; **R.ismus** *m* radicalism
Radweg *m* cycle path
Radio *nt* wireless; **r.aktiv** *adj* radioactive
Raffgier *f* greed; **r.ig** *adj* money-grubbing
raffiniert *adj* sophisticated
Rahmen *m* scope, framework, outline; **im R. von** within the framework/scope of; **~ des Abkommens** under the agreement; **R. des Gesetzes** scope of the law
rechtlicher Rahmen legal framework; **zeitlicher R.** time frame
Rahmen|abkommen *nt* umbrella/skeleton agreement; **R.bedingungen** *pl* outline conditions; **gesetzliche ~** legal framework; **R.gesetz** *nt* skeleton law, omnibus act *[US]*; **R.gesetzgebung** *f* framework/skeleton legislation; **R.kompetenz** *f* general jurisdiction; **R.police** *f* master policy; **R.recht** *nt* skeleton law; **R.richtlinie** *f* outline directive; **R.tarif** *m* *(Lohn)* skeleton wage agreement; **R.vertrag** *m* skeleton contract; **R.vorschriften** *pl* general/outline regulations, ~ provisions

rammen *v/t* to ram
Ramschverkauf *m* jumble *[GB]*/rummage *[US]* sale
Rand *m* margin
randalier|en *v/i* to go on the rampage; **R.er(in)** *m/f* rioter, hooligan
Rand|bemerkung *f* 1. marginal note; 2. *(Richter)* obiter dictum *(lat.)*; **R.bezirk** *m* outskirts; **R.gebiet** *nt* fringe area; **R.staat** *m* border state; **R.stein** *m* kerb *[GB]*, curb *[US]*; **R.streifen** *m (Autobahn)* (hard) shoulder
Rang *m* 1. *(Reihenfolge)* rank, order; 2. *(Sachenrecht)* priority; 3. *(Stellung)* rank, status, position; **R. einer Forderung** rank of a debt; **~ Hypothek** rank of a mortgage; **R. des Pfandrechts** rank of the lien
im Rang gleichstehen to be equal-ranking; **gleichen R. haben** to be equal-ranking; **im R. nachstehen** to rank after; **~ vorgehen** to have priority (over sth.)
rang|älter *adj* senior; **r.gleich** *adj* equal-ranking, of equal rank
älterer Rang prior rank
Rang|abzeichen *nt* badge of rank; **R.änderung** *f* change of rank/priority; **R.bestimmung** *f* ranking; **~ von Gläubigern** marshalling of creditors; **R.folge** *f* order of rank, sequence of priority; **~ der Gläubiger** ranking of creditors
Rang|ordnung *f* ranking, precedence; **~ von Pfandrechten** ranking of liens; **R.-rücktritt** *m (Grundbuch)* postponement of priority; **R.rücktrittserklärung** *f* deed of postponement; **R.stelle** *f* rank; **R.-stellenvermerkung** *f* priority note; **R.-unterschied** *m* difference in status; **R.verhältnis** *nt* priority; **~ von Grundstücksbelastungen** order of priorities of encumbrances; **R.vorbehalt** *m* reservation of rank/priority; **R.vormerkung** *f (Grundbuch)* priority caution
Ränke schmieden *pl* to intrigue
Rasse *f* race; **ohne Rücksicht auf die R.** irrespective of race
Rassen|diskriminierung racial discrimination; **R.frage** *f* race issue; **R.gesetzgebung** *f* racial legislation; **R.hass** *m* racial hatred; **R.hetze** *f* incitement to racial strife; **R.krawall** *m* race riot; **R.trennung** *f* racial segregation; **R.verfolgung** *f* racial persecution; **R.vorurteil** *nt* racial prejudice
Rassis|mus *m* racism; **r.tisch** *adj* racist
Rasterfahndung *f* computer search
Rat *m* 1. advice, counsel; 2. *(Versammlung)* council; **R. einholen** to seek advice; **juristischer R.** legal advice
Rate *f* 1. *(Anteil)* rate; 2. *(Teilbetrag)* instalment; **mit einer R. im Rückstand sein** to be in arrears with an instalment; **überfällige R.** past-due instalment; **vereinbarte R.n** agreed instalments
Raten|bedingungen *pl* hire purchase terms; **R.geschäft** *nt* hire purchase transaction; **R.kauf** *m* hire purchase, instalment buying; **R.kaufvereinbarung; R.kaufvertrag** *f/m* hire-purchase agreement
Ratenzahlung *f* instalment, payment in instalments; **R.sgesetz** *nt* Hire Purchase Act *[GB]*
Ratgeber *m* advisor, counsellor
Ratifi|kation *f* ratification; **R.kationsurkunde** *f (Völkerrecht)* instrument of ratification; **r.zieren** *v/t* to ratify; **R.zierung** *f* ratification
rationalisieren *v/t* to rationalize/streamline
rationell *adj* efficient, economical
Rationierung *f* rationing
ratsam *adj* advisable, expedient
Rat|sausschuss *m* council committee; **R.schlag** *m* piece of advice; **R.sentscheidung** *f (EU)* council decision; **R.suchende(r)** *f/m* person seeking advice
Raub *m* robbery; **R. mit Todesfolge** robbery resulting in death; **schwerer R.** aggravated robbery
Raub|bau *m* wasteful exploitation; **R.-druck** *m* pirated edition
rauben *v/t* to rob, to commit robbery; **jdm etw. r.** to rob so. of sth.
Räuber *m* robber; **r.isch** *adj* predatory
Raub|gut *nt* stolen goods, loot; **R.mord** *m* murder in conjunction with robbery; **R.-mörder** *m* robber committing murder; **R.straftat** *f* robbery
Raubüberfall *m* 1. robbery, stick-up, mugging, hold-up, 2. *(Geldtransport)* raid; **bewaffneter R.** armed robbery, stick-up; **schwerer R.** aggravated robbery
Raubzug *m* raid
Rauch *m* smoke; **R.belästigung** *f* nuisance caused by smoke; **R.entwicklung** *f* build-up of smoke
Raucher|ecke *f* smokers' corner; **R.zone** *f* smoking area

Rauch|glocke *f* pall of smoke; **R.melder** *m* smoke alarm/detector; **R.verbot** *nt* ban on smoking **R.vergiftung** *f* smoke poisoning

Rauf|bold *m* thug; **R.erei** *f* brawl, scuffle; **R.handel** *m* affray, brawl

Raum *m* 1. space, room; 2. *(Gebiet)* region, area; 3. *(Inhalt)* volume, capacity; **r.sparend** *adj* space-saving; **gewerbliche Räume** commercial/industrial premises

rechtsfreier Raum legal vacuum; **umbauter R.** enclosed/walled-in space

Raumaufteilung *f* floor plan

räum|en *v/t* 1. to evict/dispossess; 2. *(ausräumen)* to clear; 3. *(verlassen)* to vacate/quit/leave; 4. *(vor Ablauf des Miet- oder Pachtvertrages)* to surrender; **R.lichkeiten** *pl* rooms, premises

Raummiete *f* rent

Raumordnung *f* regional planning/development, town and country planning

Raumordnungs|behörde *f* (regional) planning authority; **R.gesetz** *nt* planning act; **R.politik** *f* regional planning policy; **R.verfahren** *nt* planning procedure

Raumplanung *f* town and country planning

Räumpflicht *f* 1. duty to quit premises; 2. *(Schnee)* duty to clear the footpaths

Räumung *f* 1. eviction, dispossession; 2. *(Ausziehen)* vacation; 3. *(Lager)* clearance; 4. *(Stadt)* evacuation; 5. *(Zwangsräumung)* eviction, dispossession; **auf R. klagen** to sue for possession; **zur R. zwingen** to evict

Räumungs|anordnung *f* eviction/dispossession/repossession order; **R.anspruch** *m* right to have premises vacated, claim for vacation of premises, claim to possession; **R.aufschub** *m* stay of eviction; **R.befehl; R. beschluss** *m* eviction/repossession/dispossession order, order for possession *[GB]*; **R.frist** *f* deadline for vacating premises; **R.gläubiger** *m* ejector; **R.klage** *f* action for possession/ejectment *[US]*/eviction *[US]*, eviction/dispossession proceedings; **R.schuldner** *m* person to be evicted; **R.schutz** *m* protection against eviction; **R.titel** *m* eviction/dispossession/repossession order; **R.urteil** *nt* judgment for dispossession/possession *[GB]*/eviction *[US]*; **R.verfahren** *nt* eviction/dispossession/repossession proceedings; **R.verzug** *m* delay in vacating premises

Rausch *m* intoxication; **r.erzeugend** *adj* intoxicating

Rauschgift *nt* narcotic drug; **mit R. handeln** to traffic in drugs

Rauschgift|dezernat *nt* drug/narcotics *[US]* squad; **R.entzug** *m* drug withdrawal; **R.fahnder(in)** *m/f* drug squad officer, narcotics agent *[US]*; **R.handel** *m* drug trafficking; **R.händler(in)** *m/f* drug trafficker/dealer/pedlar/pusher *(coll)*; **R.kriminalität** *f* drug-related crime; **R.ring** *m* drug(s) ring; **~ sprengen** to break up a drug(s) ring; **R.schmuggel** *m* drug smuggling, smuggling of narcotics; **R.spürhund** *m* sniffer dog; **R.straftat** *f* offence committed under the influence of drugs; **R.sucht** *f* drug addiction; **r.süchtig** *adj* addicted to drugs; **R.süchtige(r)** *f/m* drug/narcotics *[US]* addict; **R.vergehen** *nt* drugs offence

Rausch|mittel *nt* intoxicant, intoxicating drug; **R.tat** *f* 1. offence committed in a state of intoxication; 2. offence of intoxication

Rausschmeißer *m* bouncer *(coll)*

Razzia *f* police raid, crackdown, swoop, roundup

reagieren *v/i* to react/respond

Reaktion *f* reaction, response; **R.szeit** *f* 1. reaction time; 2. *(Anhalteweg)* thinking distance; 3. *(Straßenverkehr)* reaction time

Reaktoranlagen *pl* reactor facilities

real *adv* in real terms

Real|akt *m* physical act; **R.einkommen** *nt* real income; **R.erlös** *m* net proceeds; **R.ien** *pl* real estate, realty; **R.injurie** *f* assault; **R.isationswert** *m* realization value; **r.isierbar** *adj* feasible, viable; **r.isieren** *v/t* to implement/realize, to put into practice; **R.kauf** *m* executed sale/purchase; **R.konkurrenz** *f* accumulation/concurrence of offences; **in ~ mit** in conjunction with; **R.kredit** *m* collateral loan; **R.last** *f* (permanent) land charge, encumbrance; **R.rechte** *pl* real estate rights, rights attached to land *[GB]*, ~ real property *[US]*; **R.statut** *nt* lex rei sitae *(lat.)*; **R.teilung** *f* division of land/property; **R.vermögen** *nt* realty; **R.vertrag** *m* executed contract; **R.wert** *m* real value

Rebellion *f* rebellion, revolt

Rechenfehler *m* mathematical error

Rechenschaft *f* account; **R. ablegen/geben über** to account for; **jdn (für etw.)**

zur R. ziehen to call so. to account (for sth.)
Rechenschafts|bericht *m* 1. annual report; 2. *(Kontostand)* statement of account; **R.legung** *f* rendering (of) an account; **R.legungspflicht** *f* accountability; **r.pflichtig** *adj* accountable
recherchieren *v/t* to investigate
rechnen *v/i* to reckon/calculate; **falsch r.** to miscalculate; **mit etw. r.** to reckon with/expect sth.
Rechnung *f* 1. account, bill; 2. *(Waren)* invoice; 3. calculation; **auf R. von** on account of; **~ eigene R.** on one's own account; **~ jds R. und Gefahr** on so.'s account and at so.'s risk
Rechnung nicht anerkennen to disallow an invoice; **R. ausstellen** to make out an invoice: **vorläufige ~** to make out a proforma invoice; **in R. stellen** to bill/invoice; **R. tragen** to consider; **auf eigene R. verkaufen** to sell on/one's own account
aufgeschlüsselte Rechnung itemized bill; **ausstehende R.** outstanding account; **detaillierte R.** itemized account/bill; **fällige R.** outstanding account; **fingierte R.** pro-forma account/invoice; **laufende R.** current account; **offene R.** outstanding/unsettled account, unpaid invoice; **quittierte R.** receipted bill
Rechnungs|abschluss *m* accounts; **R.abteilung** *f* invoice department; **R.betrag** *m* amount invoiced; **R.betrug** *m* fraudulent billing; **R.einheit** *f* unit of account; **R.einzugsverfahren** *nt* direct debiting (system)
Rechnungslegung *f* accounting
Rechnungslegungspflicht *f* duty to render accounts; **R. des Vormundes** *f* obligation of the guardian to deliver an account
Rechnungslegungsvorschriften *pl* accounting rules
Rechnungs|posten *m* item of a bill; **R.-preis** *m* invoice price
Rechnungsprüfer *m* auditor; **satzungsmäßiger R.** statutory auditor; **vereidigter R.** certified public accountant *[US]*
Rechnungsprüfung *f* audit(ing) (of accounts); **R. und Rechnungsabnahme** audit(ing) and acceptance; **innerbetriebliche R.** internal audit
Rechnungsprüfungsamt *nt* audit office
Rechnungs|stelle *f* billing department; **R.steller** *m* originator; **R.stellung** *f* billing; **R.zeitraum** *m* accounting period
Recht *nt* 1. claim, title; 2. *(Anrecht)* interest (in); 3. *(objektiv)* law; 4. *(subjektiv)* right; **alle R. vorbehalten** all rights reserved; **aus eigenem R.** in one's own right, sui juris *(lat.)*; **kraft R.** as of right; **mit welchem R.?** by what right?; **von R.s wegen** by rights/law, as of right; **zu R.** rightly
Recht zur Abtrennung right to sever; **R. auf Akteneinsicht** right to inspect the files; **~ Arbeit** right to work; **~ Aufenthalt** right of residence; **~ Auskunft** right to be informed; **~ Auskunfterteilung** 1. right to be informed; 2. *(Prozessrecht)* right of discovery; **~ vorzugsweise Befriedigung** right to preferential satisfaction; **~ Benutzung** right to use; **R. der Berufsfreiheit** freedom to choose an occupation; **R. auf Besitz** possessive right, right/law of possession; **R. zum Besitz** possessory title; **R. zur Besitzaufgabe** right to abandon possession; **R. der Beweisführung** law of evidence; **R. auf Bildung** right to education
recht und billig *adj* equitable, just and equitable
Recht des Dritten third-party right; **R. auf Eheschließung** right to marry; **~ Einsichtnahme** right to inspect; **R. des Erfüllungsortes** lex loci contractus *(lat)*; **R. auf etw.** right to sth.; **R. an einer Forderung** title to a claim; **R. auf Freizügigkeit** freedom of movement; **R. an einem Gegenstand** title to a thing; **R. auf (rechtliches) Gehör** right to be heard (in court); **R. des Gerichtsstandes** lex fori *(lat.)*; **R. und Gesetz; ~ Ordnung** law and order; **R. an einem Grundstück** title to a property; **~ Grundbesitz** interest in land; **R. der unerlaubten Handlung** law of tort, tort law; **R. des Heimatlandes** lex patriae *(lat.)*; **R. auf Hinzuziehung eines Verteidigers** right to counsel; **R. der Kapitalgesellschaften** company law; **R. auf Klageerhebung** right to sue; **~ Leistung** title to performance; **~ ungestörte Nutzung** right of quiet enjoyment; **R. an der Sache; ~ Sachen** right in rem *(lat)*; **R. der belegenen Sache** lex situs *(lat.)*; **~ beweglichen Sachen** law of chattels; **R. auf Schadenersatz** right to recover damages; **R. der Schuldverhältnisse** law of

obligations/contract; **R. auf Unterhalt** right of support; **~ Verweigerung der Aussage** right to remain silent; **R. zum Verkauf** right to sell; **R. zur Vervielfältigung** copyright; **R. an der Ware** title to the goods; **R. des Widerrufs** right of revocation; **R. zur Wiedereinreise** right of re-entry; **R. des Wohnsitzes** law of domicile; **R. auf Zutritt** right of access

Recht abtreten to assign a right; **sich ein R. anmaßen** to arrogate a right; **R. anmelden** to claim title (to sth.); **R. anwenden** to apply the law; **R. aufgeben** to abandon/surrender/waive/relinquish a right; **R. aufheben** to abolish a right; **R. ausschließen** to exclude/bar a right; **R. ausüben** to exercise a right; **jds R.e beeinträchtigen** to encroach upon so.'s rights; **R. begründen** to substantiate a right; **auf einem R. beharren/bestehen** to insist on a right; **R. bekommen** to get one's rights; **R. beschränken** to restrict a right; **R. beugen** to pervert the course of justice; **R. durchsetzen** to enforce the law

Recht einräumen/erteilen to grant a right; **für R. erkennen** to adjudge/find/hold; **R. erwerben** to acquire a right; **R. geltend machen** to assert a right; **R. genießen** to enjoy a right; **R. haben** to be entitled (to); **R. handhaben** to handle the law; **R. herleiten** to derive a right; **zu seinem R. kommen** to get justice; **R. löschen** to extinguish a right; **R. missbrauchen** to abuse a right; **auf ein R. pochen** to insist on a right; **im R. sein** to be within one's rights; **R. sprechen** to adjudicate/judge, to mete out/dispense/administer justice; **jds R. streitig machen** to dispute so.'s claim/title

Recht übertragen to confer a right; **in nationales R. umsetzen** to translate into national law; **einem R. unterliegen** to be subject to a law; **R. verdrehen** to twist the law; **R. verleihen** to grant a right, to vest a right (in so.), to confer a right (upon so.); **R. verletzen** to infringe a right; **eines R.es verlustig gehen; R. verwirken** to forfeit a right; **auf ein R. verzichten** to waive a right; **sich ein R. vorbehalten** to reserve a right; **R. wahrnehmen** to use a right

abdingbares Recht disposable right; **abgeleitetes R.** derived right; **absolutes R.** absolute right; **abstraktes R.** abstract right; **akzessorisches R.** accessory right; **alleiniges R.** sole right; **allgemeines R.** common law; **älteres R.** senior/prior right; **anwendbares R.** applicable/governing law; **anzuwendendes R.** applicable law; **ausländisches R.** foreign law; **ausschließliches R.** exclusive right; **bedingtes R.** conditional right; **beschränktes R.** restricted right; **besonderes R.** special right; **bestehendes R.** existing right; **bindendes R.** binding law; **bürgerliches R.** civil law; **nach deutschem R.** under German law; **dingliches R.** right in rem *(lat.)*, property right; **unbeschränktes ~** absolute right in rem *(lat.)*; **dispositives R.** flexible law

eheliches Recht conjugal/marital right; **einklagbares R.** enforceable right; **einschlägiges R.** pertinent law; **ersessenes R.** prescriptive right; **erworbenes R.** 1. acquired right; 2. *(Vers.)* accrued right; **europäisches R.** European law; **formelles R.** adjective law; **nach geltendem R.** under the law as it stands, ~ in force; **geltendes R.** law in force, law of the land, established law; **gemeinsames R.** common law; **geschriebenes R.** statutory law; **gesetzliches/gesetztes R.** statutory law; **gleiches R. für alle** equal rights for all; **immaterielles R.** intangible right; **inländisches R.** domestic law; **innerstaatliches R.** *(EU)* national law; **institutionelles R.** institutional law; **internationales R.** international law; **kanonisches R.** canon law; **kodifiziertes R.** codified/statute law

lebenslängliches Recht life interest; **nach materiellem R.** (up)on the merits (of the case); **materielles R.** substantive law; **nationales R.** national/domestic law; **natürliches R.** natural law; **objektives R.** objective right; **öffentliches R.** public law; **originäres R.** inherent right; **persönliches R.** private/personal law; **positives R.** positive law; **possessorisches R.** possessory right; **privates R.** private law; **relatives R.** relative right; **römisches R.** Roman law; **sachliches R.** substantive law; **staatliches R.** public law; **stärkeres R.** paramount title; **subjektives R.** subjective right; **subsidiäres R.** subsidiary right

übertragbares Recht transferable right;

R

unabdingbares R. inalienable right; **unantastbares R.** indefeasible right/inviolable right; **uneingeschränktes R.** absolute right; **ungeschriebenes R.** unwritten law; **unveräußerliches R.** inalienable right; **unverjährbares R.** unprescriptible right; **unverletzliches R.** inviolable/indefeasible right; **unvollkommenes R.** imperfect right; **veräußerliches R.** alienable right; **verbindliches R.** binding law; **verbrieftes R.** vested/chartered right; **verfassungsmäßiges R.** constitutional right; **verpfändetes R.** mortgaged right; **wohlerworbenes R.** duly acquired right, vested right; **zukünftiges R.** future right; **zwingendes R.** mandatory/binding law

Rechte *pl* rights; **R. Dritter** third-party rights; **R. des Käufers** buyer's/purchaser's rights; **R. und Pflichten** rights and duties/obligations; **~ aus dem Vertrag** contractual rights and obligations; **R. an Sachen** rights in rem *(lat.)*; **R. des Wohnungseigentümers** home owner's rights; **R. schützen** to safeguard rights

absolute Rechte absolute rights; **dingliche R.** rights in rem *(lat.)*; **gesetzliche R.** statutory rights; **gleiche R.** equal rights; **politische R.** civil rights; **sämtliche R.** all rights; **sonstige R.** other rights; **soziale R.** social rights; **staatsbürgerliche R.** civil rights; **wirtschaftliche R.** commercial rights

rechtens *adv* by rights, lawfully

rechtfertigen *v/t* 1. to justify; 2. *(begründen)* to warrant; 3. *(verteidigen)* to vindicate

Rechtfertigung *f* 1. justification; 2. vindication; **R.sgrund** *m* ground of justification; **absoluter ~** absolute privilege

Rechthaber|(in) *m/f* self-opinionated person, dogmatist; **r.isch** *adj* self-opinionated

rechtlich *adj* 1. legal, in law; 2. *(rechtmäßig)* lawful; **r. und tatsächlich** in law and in fact

rechtlos *adj* without any rights; **R.igkeit** *f* lawlessness

rechtmäßig *adj* legal, lawful, legitimate, rightful; **R.keit** *f* 1. legality, lawfulness; 2. *(Legitimität)* legitimacy

Rechts- legal

Rechts- und Sachmängelgewähr *f* warranty of title and quality

Rechts|abteilung *f* legal department; **R.-abtretung** *f* assignment of a right; **R.akt; R.akte** *m/f* legal act; **R.amt** *nt* legal department; **R.analogie** *f* legal analogy; **R.änderung** *f* change of law; **R.angelegenheit** *f* legal matter; **R.angleichung** *f* harmonization of laws/legislation; **R.ansicht** *f* legal opinion

Rechtsanspruch *m* legal claim, title (to); **R. gerichtlich durchsetzen** to assert a legal right through the courts; **aus etw. einen R. ableiten** to use sth. to establish a legal right

Rechtsanwalt *m* 1. solicitor, advocate, lawyer, attorney (at law) *[US]*; 2. *(vor höherem Gericht)* barrister *[GB]*; **R. des Angeklagten** counsel for the defendant; **~ Beklagten** counsel for the defendant; **R. vor höheren Gerichten** barrister *[GB]*; **R. des Klägers** counsel for the plaintiff

Rechtsanwalt beiordnen to assign a counsel; **R. mandieren** to retain a counsel; **sich durch einen R. vertreten lassen** to be represented by a lawyer; **plädierender R.** barrister-at-law *[GB]*, advocate *[Scot]*

Rechtsanwältin *f* lawyer, solicitor *[GB]*, attorney *[US]*; **R. vor höheren Gerichten** barristress *[GB]*, woman barrister *[GB]*

Rechtsanwalts|anderkonto *nt* solicitor's trust account *[GB]*; **R.chaft** *f* the legal profession; **R.gehilfe** *m* paralegal *[US]*; **R.kammer** *f* Law Society *[GB]*, Bar Council *[GB]*/Association *[US]*; **R.kanzlei** *f* law firm/partnership; **R.sozietät** *f* law firm/partnership, firm of solicitors *[GB]*, barristers' chambers *[GB]*

Rechts|anwendung *f* application of the law; **R.argument** *nt* point of law; **R.auffassung** *f* legal opinion, interpretation of the law; **R.aufsicht** *f* legal/judicial supervision; **R.ausführungen** *pl* legal arguments/submissions; **R.auskunft** *f* information on a point of law; **R.auslegung** *f* legal interpretation; **R.ausschuss** *m* judicial/legal committee; **R.ausübung** *f* exercise of a right; **missbräuchliche ~** abuse of a (legal) right; **R.basis** *f* legal basis; **R.-begehren** *nt* petition; **R.begriff** *m* concept of law, legal concept

rechtsbegründend *adj* constitutive

Rechtsbehelf *m* recourse, remedy, appeal, legal remedy/redress; **R. nach Billigkeit** equitable relief; **R.e erschöpfen** to exhaust the remedies; **außergerichtlicher R.** extrajudicial remedy; **gerichtliche R.e**

judicial remedies; **innerstaatliche R.e** domestic remedies

Rechtsbehelfsbelehrung *f* advice on applicable (legal) remedies

Rechtsbeistand *m* 1. *(Anwalt)* counsel; 2. legal assistance

Rechtsbelehrung *f* 1. information on available legal remedies; 2. *(bei Festnahme)* caution; **R. der Geschworenen** directions; **~ Schöffen** *(durch Richter im Schwurgerichtsverfahren)* direction to a jury (on points of law) *[GB]*, charge to a jury *[US]*; **unrichtige ~** misdirection

Rechtsberat|er *m* legal adviser; **R.ung** *f* legal advice; **R.ungsunternehmen** *nt* law consultancy (firm); **R.ungsstelle** *f* law centre, legal aid centre

Rechtsbeschwerde *f* appeal on a point of law; **R. in Bußgeldsachen** appeal against a fine; **R. einlegen** to appeal on a point of law

Rechtsbeschwerde|frist *f* deadline for appeals; **R.verfahren** *nt* appellate procedure, proceedings on appeals on points of law

Rechts|besitz *m* naked possession; **R.besitzer(in)** *m/f* holder of a title; **R.beständigkeit** *f (Patent)* validity; **R.beugung** *f* miscarriage/perversion of (the course of) justice; **~ begehen** to pervert the course of justice; **R.bewusstsein** *nt* sense of right and wrong; **R.beziehung** *f* 1. legal relationship; 2. *(Vertragsparteien)* privity of contract; **R.bindungswille** *m* intention to create legal relations; **R.brauch** *m* legal custom; **R.brecher(in)** *m/f* lawbreaker; **R.bruch** *m* breach of (the) law, infringement

R

Recht|schaffenheit *f* uprightness; **R.schöpfung** *f* law-making

Rechts|denken *nt* legal thinking; **R.dezernat** *nt* legal department; **R.dogma** *f* legal dogma; **R.durchsetzung** *f* 1. *(Privatperson)* prosecution of a claim; 2. *(Staat)* law enforcement; **R.einheit** *f* legal uniformity; **R.eintritt** *m* subrogation of rights; **R.einwand** *m* objection, demurrer (at law); **~ erheben** to demur; **R.empfinden** *nt* sense of justice; **R.entscheid** *m* legal decision; **R.entwicklung** *f* legal development of the law

rechtserheblich *adj* material, relevant (to the issue), legally relevant; **R.keit** *f* relevance in law

Rechtserwerb *m* acquisition of a right/title

Rechtsetzung *f* lawmaking; **R.sorgan** *nt* lawmaking organ

Rechtsexperte *m* legal expert

rechtsfähig *adj* (legally) capable, judicable, having legal capacity

Rechtsfähigkeit *f* legal capacity; **R. entziehen** to deprive so. of his/her legal capacity; **R. erlangen** to acquire legal capacity

Rechts|fall *m* law case; **R.fehler** *m* error in law; **R.figur** *f* legal concept; **R.fiktion** *f* legal fiction; **R.findung** *f* legal finding, judicial ruling; **~ behindern** to obstruct the course of justice; **R.folge** *f* legal consequence; **R.folgerung** *f* legal conclusion; **R.form** *f* legal form/structure; **~ von Unternehmen** form of business organization; **R.fortbildung** *f* development of the law; **R.frage** *f* question/point of law, legal question; **R.friede** *m* public peace; **R.früchte** *pl* usufruct of a right; **R.gang** *m* legal proceedings; **R.garantie** *f* legal guarantee, warranty of title; **R.gebiet** *nt* field of law; **R.gedanke** *m* legal concept; **R.gefühl** *nt* sense of justice; **R.gelehrte(r)** *f/m* lawyer, legal scholar, jurist; **R.gemeinschaft** *f* legal community; **R.genuss** *m* enjoyment of a right

Rechtsgeschäft *nt* (legal) transaction, act; **R. unter Lebenden** transaction inter vivos *(lat.)*; **R. von Todes wegen** transaction mortis causa *(lat.)*

Rechtsgeschäft beurkunden to authenticate a (legal) transaction; **R. vornehmen** to enter into a transaction

absolutes Rechtsgeschäft indefeasible legal transaction; **anfechtbares R.** (a)voidable transaction; **notariell beurkundetes R.** notarized transaction; **dingliches R.** transaction in rem *(lat.)*; **einseitiges R.** unilateral transaction; **fiduziarisches R.** fiduciary transaction; **nichtiges R.** void transaction; **schuldrechtliches R.** contractual transaction; **sittenwidriges R.** transaction contra bonos mores *(lat.)*, unethical transaction; **unerlaubtes R.** illicit transaction; **unwirksames R.** void (and voidable) transaction; **unzulässiges R.** inadmissible transaction; **verdecktes R.** covert transaction

rechtsgeschäftlich *adj* contractual

Rechts|geschichte *f* legal history; **R.gespräch** *nt* plea bargaining; **r.gestaltend** *adj* constitutive; **R.gestaltung** *f* lawmaking; **R.gestaltungsklage** *f* action to change the legal status; **R.gewohnheit** *f* legal custom; **R.gleichheit** *f* equality before the law

Rechtsgrund *m* legal reason/ basis, cause in law, legal cause (of action)

Rechtsgründe *pl* legal reasons

Rechtsgrund|lage *f* legal/statutory basis

Rechtsgrundsatz *m* legal maxim/principle, principle of law; **bestehender R.** established principle of law

rechtsgültig *adj* lawful, legally binding/ valid, valid in law; **für r. erklären** to validate; **R.keit** *f* (legal) validity, validity in law

Rechtsgut *nt* object of legal protection, legally protected right

Rechtsgutachten *nt* 1. legal opinion; 2. *(Rechtsanwalt)* counsel's opinion; **R. einholen** to seek/take a legal opinion

Rechtsgutverletzung *f* violation of a legally protected matter

Rechtshandlung *f* legal act

rechtshängig *adj* pending, sub judice *(lat.)*; **R.keit** *f* pendency

Rechtshilfe *f* legal assistance, relief; **R. in Strafsachen** mutual assistance in criminal matters; **~ Zivilsachen** mutual assistance in civil matters; **im Wege der R. Zeugen vernehmen** to take evidence on commission

Rechtshilfe|abkommen *nt* agreement providing for mutual judicial assistance; **R.ersuchen** *nt* 1. *(an ausländische Gerichte)* letters of request; 2. *(im Inland)* request for judicial assistance; 3. *(StR)* request for mutual assistance, letters rogatory; **internationales ~** International Letter of Request (ILOR)

Rechts|hindernis *nt* legal impediment; **R.inhaber** *m* holder of a right; **R.inhaberschaft** *nt* proprietorship; **R.institut** *nt* legal institution; **R.irrtum** *m* error in law, judicial error, mistake of law

Rechtskraft *f* legal force; **R. des Urteils** legal force of a verdict; **R. erlangen** to come into force, to become final and absolute; **R. haben** to be final and absolute; **R. verleihen** to make final and absolute

rechtskräftig *adj* final (and conclusive), final and absolute, non-appealable; **r. werden** to come into force

Rechts|kraftzeugnis *nt* certificate of indefeasibility; **r.kundig** *adj* versed in law; **R.lage** *f* legal situation/position; **nach der (gegenwärtigen) ~** as the law stands; **aktuelle ~** current legal position; **R.lehre** *f* jurisprudence; **R.lücke** *f* gap in the law

Rechtsmangel *m* defect in title, bad title; **R. heilen** to cure a defect in title

mit Rechtsmängeln behaftetes Eigentum bad title

Rechtsmängel|gewähr; R.haftung *f* (liability arising from) warranty of title

Rechtsmedizin *f* forensic science/medicine; **R.er** *m* forensic scientist; **r.isch** *adj* forensic

Rechts|methodologie *f* legal methodology; **R.missbrauch** *m* 1. abuse of (legal) right; 2. abuse of the law

Rechtsmittel *nt* (right) of appeal, remedy; **ein R. betreffend** appellate; **R. sind erschöpft** remedies have been exhausted; **R. ist zulässig** an appeal lies

innerstaatliche Rechtsmittel ausschöpfen to exhaust local judicial remedies; **R. einlegen** to (lodge an) appeal; **R. gegen eine gerichtliche Entscheidung einlegen** to appeal against a court decision, to file an appeal against a judgment; **einem R. stattgeben** to allow/grant/uphold an appeal; **~ unterliegen** to be subject to an appeal; **R. verwerfen** to dismiss an appeal; **auf ein R. verzichten** to acquiesce in a decision; **R. zurücknehmen** to withdraw an appeal; **R. zurückweisen** to reject an appeal

ordnungsgemäß eingelegtes Rechtsmittel duly made appeal

Rechtsmittel|antrag *m* appellant's motion, application to institute appeal proceedings; **R.begründung** *f* grounds for appeal; **R.behörde** *f* board of appeal; **R.belehrung** *f* instructions about a person's right to appeal; **R.einlegung** *f* lodging (of) an appeal; **R.entscheidung** *f* decision on appeal; **r.fähig** *adj* appealable, reviewable; **R.frist** *f* period allowed for (filing an) appeal; **~ ist abgelaufen** the time for appeal has elapsed; **~ verlängern** to extend the time for appeal; **R.gebühr** *f* appeal fee; **R.gericht** *nt* court of appeal, appellate court; **R.instanz** *f* court of appeal, appellate court/ instance; **~ sein für** to have appellate jurisdiction over; **R.kläger(in)** *m/f* appellant;

R.richtlinien *pl* appeal rules; **R.schrift** *f* petition for review, notice of appeal; **R.-verfahren** *nt* appeal/appellate proceedings/procedure, proceedings on appeal; **R.verzicht** *m* waiver of the right of appeal, ~ to file an appeal; **R.weg** *m* appellate procedure; **R.zulassung** *f* leave to appeal

Rechtsnachfolge *f* succession in title, legal succession; **R.r(in)** *m/f* assignee, successor (in title)

Rechtsnachteil *m* prejudice, legal detriment/disadvantage/prejudice; **ohne R.** without prejudice to the rights (of)

Rechts|norm *f* legal norm/rule, rule of law; **geltende ~** law of the land; **R.ordnung** *f* legal system/order; **R.persönlichkeit** *f* legal person/personality, body corporate; **eigene ~** distinct legal entity; **volle ~ besitzen** to possess full juridical personality; **R.pflege** *f* administration of justice; **in den Gang der ~ eingreifen** to impede the course of justice; **R.pfleger(in)** *m/f* clerk of the court, magistrates' clerk, paralegal, registrar, judicial officer; **R.pflicht** *f* legal obligation/duty; **R.pflichtverletzung** *f* infringement of legal duties; **R.philosophie** *f* legal philosophy; **R.politik** *f* legal policy

Rechts|position *f (rechtliche Stellung)* legal status; **R.positivismus** *m* legal positivism; **R.praxis** *f* legal practice; **R.reform** *f* legal reform; **R.sache** *f* legal matter; **R.satz** *m* legal provision/maxim

rechtsprechend *adj* judicial

Rechtsprechung *f* 1. administration/dispensation of justice; 2. *(Gerichtsbarkeit)* jurisdiction; 3. *(Gerichtsentscheidung)* judicial decision, (court) ruling; 4. *(Rechtsspruch)* adjudication; 5. *(Vorentscheidung)* legal precedent(s); **nach der R.** according to court rulings; **R.organ** *nt* court

Rechtsschein *m* ostensible entitlement; **R.sanspruch** *m* colourable title; **R.svollmacht** *f* agency by estoppel

Rechtsquellen *pl* sources of (the) law, legal sources, authorities

Rechtsreferendar|(in) *m/f* trainee lawyer; **seine R. zeit ableisten** to be under articles, ~ articled

Rechts|reform *f* law reform

Rechtssache *f* case, legal matter; **R. einer Kammer zuweisen** to assign a case to a court; **anhängige R.** pending case; **vorliegende R.** case before the court

Rechtssatz *m* rule of law, legal rule

Rechtsschein *m* prima facie *(lat.)*/ostensible existence of a legal situation; **R.vollmacht** *f* authority by estoppel

Rechtsschöpfung *f* lawmaking

Rechtsschutz *m* legal protection/redress, judicial relief; **R. genießen** to be protected by law; **gerichtlicher R.** legal remedy/redress, relief; **vorläufiger R.** temporary relief

Rechtsschutz|begehren *nt* petition for relief by the court; **R.versicherung** *f* legal liability/protection/expenses insurance, ~ cover, litigation insurance

Rechts|setzung *f* lawmaking; **R.sicherheit** *f* certainty of justice/the law, legal certainty/security, law and order; **R.sprache** *f* language of the law, legalese *(coll.)*; **R.-sprichwort** *nt* legal proverb; **R.spruch** *m* award, ruling, adjudication

Rechtsstaat *m* state governed by the rule of law; **r.lich** *adj* constitutional, in accordance with the rule of law; **R.lichkeit** *f* due process, rule of law

Rechts|stand *m* legal status; **R.standpunkt** *m* legal viewpoint; **R.status** *m* legal status; **R.stellung** *f* legal position; **~ als Flüchtling** refugee status

Rechtsstreit *m* lawsuit, litigation, legal action/dispute/battle; **R. beilegen** to settle the dispute; **R. führen** to litigate; **anhängiger R.** pending litigation/action/suit; **anderweitig ~** lis alibi pendens *(lat.)*; **bürgerlicher R.** civil action

Rechtsstreitigkeiten *pl* lawsuits, litigation, legal disputes

Rechts|subjekt *nt* legal subject/personality; **R.system** *nt* legal system; **R.theorie** *f* legal theory

Rechtstitel *m* legal title; **sich ohne R. ansiedeln** to squat

fehlerhafter Rechtstitel defective title; **hinreichender R.** good title; **mangelhafter R.** bad title; **ruhender R.** dormant title; **zweifelhafter R.** doubtful title

Rechtstitelüberprüfung *f (Grundstück)* investigation of title [GB], title search [US]

Rechts|träger *m* 1. holder of a right; 2. *(jurist. Person)* legal entity; **R.übergang** *m* transfer of a right, subrogation, devolution of title; **~ eines Patents** transfer of a patent; **R.übertragung** *f* assignment of a right, transfer of rights; **R.übertretung** *f* infringement of a right; **r.unerheblich** *adj* irrelevant, immaterial; **r.unfähig** *adj* incapacitated, (legally) incapable; **R.unfähigkeit** *f* legal incapacity; **r.ungültig** *adj* (legally) invalid, void; **R.unkenntnis** *f* ignorance of the law; **r.unkundig** *adj* ignorant of the law; **R.unsicherheit** *f* legal uncertainty

rechts|unwirksam *adj* invalid, void, ineffective, of no legal force; **r.verbindlich** *adj* binding in law, (legally) binding, with legally binding effect; **R.verbindlichkeit** *f* legal force; **R.verdreher(in)** *m/f* prevaricator, legal eagle *(coll)*, pettifogger, Philadelphia lawyer *[US]*; **R.verdrehung** *f* prevarication, pettifogging; **R.vereinheitlichung** *f* harmonization of laws; **R.verfahren** *nt* legal procedure; **in einem ordentlichen ~** by due process of law; **R.verfolgung** *f* 1. prosecution of an action; 2. *(StR)* prosecution; **R.verfolgungskosten** *pl* cost(s) of prosecution; **R.vergleichung** *f* comparative law

Rechtsverhältnis *nt* 1. *(allg.)* legal relationship/relations; 2. *(Vertrag)* privity; **R. begründen** to establish a legal relationship

bestehendes Rechtsverhältnis existing legal relations; **erloschenes R.** extinct legal relations; **vertragsähnliches R.** quasi-contractual relationship

Rechtsverkehr *m* legal relations; **im R.** for legal purposes; **internationaler R.** international legal relations

Rechtsverletz|er *m* wrongdoer; **R.ung** *f* 1. infringement of rights; 2. *(StR)* violation of the law; 3. wrongdoing

Rechtsverlust *m* loss/forfeiture of a right

Rechtsvermutung *f* legal presumption, presumption of law; **R. des aufrechten Patentbestands** presumption of patent validity; **unwiderlegbare R.** irrebuttable presumption; **widerlegbare R.** rebuttable presumption

Rechts|verordnung *f* ordinance, regulation, statutory instrument *[GB]*/order, rule *[US]*, decree; **R.verstoß** *m* breach of the law; **R.vertreter(in)** *m/f* legal representative; **R.verweigerung** *f* denial of justice; **R.verwirkung** *f* 1. forfeiture of a right; 2. estoppel; **~ geltend machen** to estop; **R.verzicht** *m* waiver (of a right/title), disclaimer (of a right), (legal) proviso; **R.vorbehalt** *m* legal reservation, reservation of a right; **R.vorgänger** *m* predecessor in title, legal predecessor

Rechtsvorschrift|(en) *f/pl* legal provision(s); **R.en über Preise** pricing regulations

Rechts|vorteil *m* legal benefit; **R.wahl** *f* choice of law; **R.wahlklausel** *f* choice-of-law clause

Rechtsweg *m* legal process, recourse to the law/courts, litigation, course of law, judicial process; **auf dem R.** by legal procedure, by recourse to legal action

Rechtsweg ausschließen to oust the jurisdiction of a court; **R. beschreiten** to go to law, to resort to litigation, to have recourse to the law

ordentlicher/vorgeschriebener Rechtsweg due process of law, recourse to the courts of ordinary jurisdiction

Rechtsweg|entscheidung *f* decision as to the course of justice; **R.garantie** *f* guarantee of access to the courts

rechtswidrig *adj* unlawful, illegal; **R.keit** *f* wrong, unlawfulness, illegality

rechtswirksam *adj* effective (in law), legally effective; **R.keit** *f* lawfulness, legal effect

Rechtswirkung *f* legal effect/consequence

Rechtswissenschaft *f* law, jurisprudence; **r.lich** *adj* juristic

Rechts|wirkung *f* legal effect; **R.wohltat** *f* legal benefit; **~ des Zweifels** benefit of the doubt; **R.wörterbuch** *nt* law/legal dictionary; **R.zug** *m* stages of appeal, instances; **R.zustand** *m* legal state/situation; **R.zuständigkeit** *f* jurisdiction

rechtzeitig *adj* in due time

Rede *f* speech; **öffentliche R.** public address

Redefreiheit *f* freedom of speech

reden *v/t* 1. to speak; 2. *(ohne Vorbereitung)* to extemporize

redlich *adj* honest, straight *(coll)*; **R.keit** *f* honesty, integrity, good faith

Reduktion *f* reduction

Reeder|ei *f* shipping company; **R.haftung** *f* shipowner's liability

Referent(in) *m/f* 1. *(Berichterstatter/in)* reporter; 2. *(Sachbearbeiter/in)* head of section; **persönliche(r) R.** personal assistant

Referenz *f* reference, testimonial; **über jdn R.en einholen** to obtain references

R

on so.; **R.anforderung** *f* request for a reference
referieren über *v/t* to report on
Reflexbewegung *f* reflex action
Reform *f* reform; **R.gesetz** *nt* reform act; **r.ieren** *v/t* to reform
Regel *f* rule; **in der R.** as a rule; **R. der Präjudizienbindung** stare-decisis *(lat.)* rule; **von einer R. abweichen** to deviate from a rule; **gegen eine R. verstoßen** to breach/infringe a rule; **feststehende R.** standing rule
Regel|bedarf *m* regular demand; **R.betrag** *m* standard amount; **R.fall** *m* normal case; **r.mäßig** *adj* regular; **R.mäßigkeit** *f* regularity
regeln *v/t* 1. to put in order; 2. *(Gesetz)* to regulate; 3. *(Vergleich)* to adjust/settle/arrange; **einvernehmlich/gütlich r.** to settle amicably; **gesetzlich r.** to regulate by law; **neu r.** to revise; **vertraglich r.** to stipulate by contract
Regel|satz *m* *(Sozialhilfe)* standard rate; **R.strafe** *f* normal penalty
Regelung *f* 1. regulation; 2. *(Beilegung)* adjustment, arrangement, settlement; **R. von Beschwerden** adjustment/settlement of claims; **R. eines Rechtsstreites** settlement of a dispute, dispute settlement; **R. treffen** to make an arrangement
abweichende Regelung diverging provision; **außergerichtliche R.** out-of-court settlement; **befriedigende R.** satisfactory settlement; **einvernehmliche R.** amicable settlement; **ergänzende R.** supplementary provision; **fallweise R.** ad hoc *(lat.)* arrangement; **gerichtliche R.** court settlement; **gesetzliche R.** statutory provision; **gütliche R.** amicable settlement; **rechtliche R.** legal provision; **vergleichsweise R.** composition; **vertragliche R.** settlement by contract; **vorläufige R.** provisional arrangement
Regelungen *pl* provisions; **gesetzliche R.** statutory provisions
Regel|unterhalt *m* standard maintenance payments; **r.widrig** *adj* irregular, against the rules; **R.widrigkeit** *f* irregularity
regennass *adj* *(Straße)* rain-slickened
Regie *f* control; **R.betrieb** *m* state-controlled enterprise
Regierung *f* government, administration *[US]*; **gegen eine R. hetzen** to agitate against a government
rechtmäßige Regierung legitimate government; **vertragschließende R.** contracting government
Regierungs|aufsicht *f* governmental supervision; **R.beamte(r)** *f/m* government official; **R.chef(in)** *m/f* head of government; **R.erlass** *m* government decree/notice *[GB]*; **R.gewalt** *f* executive power; **R.handlung** *f* act of government; **R.organ** *m* government agency; **R.vereinbarung** *f* intergovernmental agreement; **R.vertreter** *m* government representative; **R.vorlage** *f* government bill *[GB]*
Region *f* region; **r.al** *adj* regional; **R.alplanung** *f* regional planning
Register *nt* register, registry; **R. für Grundstücksbelastungen** Land Charges Register *[GB]*
etw. zum Register anmelden to file sth. for registration; **R. einsehen** to inspect the register; **R. führen** to keep the register; **etw. im R. löschen** to delete sth. in the register, to deregister sth., to strike sth. off the register
Register|abschrift *f* copy from a register; **R.auszug** *m* abstract from a register; **R.behörde** *f* registrar; **R.einsicht** *f* inspection of a register; **R.eintragung** *f* entry in the register; **R.führer** *m* registrar, recorder; **R.gebühr** *f* registration fee; **R.gericht** *nt* court of registration, registration court; **R.pfandrecht** *nt* registered lien; **R.sache** *f* registry court case; **R.vorschrift** *f* registration rule
Registratur *f* registration department
registrier|en *v/t* to register/enter/record; **r.pflichtig** *adj* to be subject to registration; **r.t** *adj* registered, on record; **R.ung** *f* registration
reglementier|en *v/t* to regulate; **R.ung** *f* regulation
Regress *m* recourse, redress; **ohne R.** no/without recourse, sans recours *(frz.)*; **R. geltend machen; R. nehmen** to seek recourse/redress; **jdn in R. nehmen** to have recourse against so.
Regressanspruch *m* right of recourse, recourse claim, claim for compensation; **R. geltend machen** to seek redress; **R. gerichtlich geltend machen** to seek redress in court
Regress|forderung *f* recourse claim; **R.haftung** *f* liability to recourse; **R.klage** *f* recovery suit; **R.klage** *f* action for recourse;

r.los *adj* non-recourse; **R.nehmer** *m* person seeking recourse; **R.pflicht** *f* liability to recourse/compensation; **r.pflichtig** *adj* liable to recourse; **R.recht** *nt* right of recourse; **R.schuldner** *m* indemnitor; **R.urteil** *nt* judgment over *[US]*; **R.verzicht** *m* waiver of recourse; **R.verzichtsvereinbarung** *f* knock-for-knock agreement

Regularien *pl* regulations

regulier|en *v/t* 1. to regulate; 2. *(Forderung)* to settle/adjust

Regulierung *f* regulation, settlement, adjustment; **R. eines Schadens** loss adjustment; **R. ohne Anerkennung einer Rechtspflicht** *(Vers.)* settlement without prejudice

Rehabilit|ation *f* 1. rehabilitation; 2. *(Ruf)* vindication; **r.ieren** *v/t* 1. to rehabilitate; 2. *(Urteil)* to overturn a conviction; **R.ierungsantrag** *m* application for discharge

reibungslos *adj* trouble-free, smooth

Reife *f* maturity

Reifen *m* tyre; **platter R.** flat tyre; **R.profil** *nt* (tyre) tread

Reihe *f* 1. series; 2.sequence, order, succession; **der R. nach** in turn, successively

Reihenfolge *f* sequence, order, succession, turn; **R. der Eintragungen** order of registration; **~ Forderungen** ranking of claims

absteigende Reihenfolge descending order; **aufsteigende R.** ascending order; **umgekehrte R.** reverse order

Reihenhaus *nt* terraced *[GB]*/row *[US]* house

rein *adj* 1. pure; 2. *(unverfälscht)* unadulterated

Rein|einkommen *nt* net income; **R.erlös** *m* net proceeds; **R.ertrag; R. gewinn** *m* net profit; **R.fall** *m* failure, flop; **R.heitsgebot** *nt* beer purity law; **R.heitskriterien** *pl* purity criteria; **R.schrift** *f* fair copy; **R.verdienst** *m* net earnings; **R.vermächtnis** *nt* residuary gift; **R.vermögen** *nt* net assets

jdn von etw. reinwaschen *v/t* to clear so. of sth.

Reise *f* trip; **R.ausweis** *m* travel document; **R.beginn** *m* commencement of travel; **R.-beschränkungen** *pl* travel restrictions; **R.bestimmungen** *pl* travel regulations; **R.entschädigung** *f* travel allowance; **R.-gepäckversicherung** *f* baggage/luggage insurance; **R.geschwindigkeit** *f (Auto)* cruising speed; **R.gewerbe** *nt* itinerant trade; **R.gewerbetreibende(r)** *f/m* itinerant trader, peddler *[US]*, pedlar *[GB]*

Reisekosten *pl* travelling expenses; **R. erstatten** to reimburse travelling expenses; **R.abrechnung** *f* note of travelling expenses; **R.pauschale** *f* travelling allowance

Reise|papiere *pl* travel documents; **R.pass** *m* passport; **R.recht** *nt* travel law; **R.route** *f* itinerary; **R.unfallversicherung** *f* traveller's accident insurance; **R.veranstalter** *m* tour operator; **R.versicherung** *f* travel insurance; **R. vertrag** *m* travel contract; **R.vertragsrecht** *nt* travel contract law

Reißwolf *m* shredder

Reklamation *f* complaint, claim; **R. ablehnen** to reject a claim; **R. anerkennen** to recognize a claim; **berechtigte R.** legitimate complaint

reklamieren *v/t* 1. *(sich beschweren)* to complain; 2. *(zurückfordern)* to reclaim

Rekonstruktion *f* reconstruction

Rekta|indossament *nt* restrictive endorsement; **R.klausel** *f* non-negotiable clause; **R.papier** *nt* non-negotiable instrument

relevan|t *adj* relevant, pertinent, material; **R.z** *f* relevance

Religion *f* religion

Religions|ausübung *f* practice of religion; **R.freiheit** *f* freedom of belief/worship/religion, religious freedom; **R.gemeinschaft** *f* religious community; **R.recht** *nt* law of religious organization; **R.unterricht** *m* religious education/instruction; **R.zugehörigkeit** *f* religious affiliation

Rembours *m* documentary acceptance

Remittent *m* transferor

Rendite *f* return (on investment)

Rennwett- und Lotteriesteuer *f* betting and lottery tax

renovieren *v/t* to renovate/refurbish

Renovierung *f* renovation, refurbishment; **R.sarbeiten** *pl* renovation work; **R.skosten** *pl* cost(s) of renovation

rentabel *adj* profitable

Rentabilität *f* profitability; **R.sberechnung** *f* cost-benefit analysis; **R.sgrenze; R.sschwelle** *f* break-even point

Rente *f* 1. pension; 2. *(Leibrente)* annuity; **R. mit unbestimmter Laufzeit** contingent annuity; **R. auf den Überlebensfall** reversionary annuity; **~ verbundene Leben** annuity on joint lives

ablösbare Rente redeemable annuity; **dynamische R.** index-linked pension;

jährliche R. annuity; **lebenslängliche R.** life annuity; **staatliche R.** state pension
Rentenablösung *f* commutation of a pension
Rentenalter *nt* retirement/pensionable age; **R. festsetzen** to determine the pensionable age; **gesetzliches R.** statutory pension age
Renten|anpassung *f* pension adjustment; **R.anspruch** *m* pension claim/entitlement; **R.anwartschaft** *f* pension expectancy; **R.bemessungsgrundlage** *f* pension computation base; **r.berechtigt** *adj* pensionable; **R.bescheid** *m* notice of pension; **R.empfänger(in)** *m/f* pensioner/annuitant; **R.fonds** *m* pension fund; **R.gesetz** *nt* Pensions Act *[GB]*; **R.inhaber(in)** *m/f* *(Wertpapier)* bondholder; **R.nachzahlung** *f* payment of pension arrears; **r.pflichtig** *adj* pensionable; **R.recht** *m* law governing pensions; **R.schein** *m* bond certificate
Rentenversicherung *f* pension scheme *[GB]*, retirement *[US]*/pension insurance; **gesetzliche R.** statutory pension insurance; **private R.** private pension scheme; **R.sträger** *m* pension insurance scheme
Rentenzahlung *f* pension payment
Rentner(in) *m/f* pensioner
Reparationen *pl* reparations
Reparatur *f* repair; **gewöhnliche R.en** ordinary repairs; **größere R.en** major repairs
Reparatur|auftrag *m* repair contract; **r.bedürftig** *adj* in need of repair, in a state of disrepair; **R.gegenstand** *m* item (to be) repaired; **R.vertrag** *m* contract for repairs, repair contract
reparieren *v/t* to repair; **nicht mehr zu r. sein** to be beyond repair
Repetitor *m* coach; **R.ium** *nt* coaching
Replik *f* reply; **R. und Duplik** reply and rejoinder
Repräsentat|ion *f* representation; **R.ionsaufwand** *m* entertainment expense(s); **r.iv** *adj* representative
Repressalie *f* reprisal, retaliation
Repress|ion *f* repression; **r.iv** *adj* repressive
requi|rieren *v/t* to requisition; **R.sition** *f* requisitioning
reservatio mentalis *(lat.)* mental reservation
Reserve *f* reserve; **R.n angreifen** to draw on the reserves; **ausgewiesene R.n** *(Bilanz)* declared reserves
Resolution *f* resolution
Resonanz *f* resonance; **R.delikt** *nt* copycat offence/crime
resozialisier|en *v/t* to rehabilitate; **R.ung** *f* rehabilitation, social adjustment
Respekt *m* respect; **r.los** *adj* disrespectful; **R.tage** *f (Wechsel)* days of grace
Ressentiment *nt* resentment, prejudice
Ressort *nt* department, field of responsibility
Ressourcen *pl* resources
Rest *m* rest, remainder, residue; **der R. ist eine reine Formalität** the rest is a pure formality
Restant *m* defaulter, delinquent debtor
Restbetrag *m* remainder, balance (of an amount)
Reste *pl* 1. *(Überreste)* remains; 2. *(Restposten)* remnants
restitutio in integrum *(lat.)* restoration to the previous condition
Restitution *f* restitution
Restitutions|anspruch *m* claim for restitution; **R.klage** *f* action for restitution; **R.recht** *nt* law of restitution
Rest|laufzeit *f* remaining life; **R.nachlass** *m* residual/residuary estate; **R.nutzungsdauer** *f* remaining useful life; **R.posten** *pl* remnants
restriktiv *adj* restrictive
Rest|saldo *nt* remaining balance; **R.schuld** *f* balance due, residual debt; **R.strafe** *f* remaining sentence, remainder of a sentence; **R.summe** *f* remainder, balance; **R.vermögen** *nt* residuary assets; **R.wert** *m* 1. residual/residuary value; 2. *(Schrottwert)* scrap value; **R.zahlung** *f* payment of the balance
Resüm|ee *nt* résumeé *(frz.)*; **r.ieren** *v/t* to sum up
Retentionsrecht *nt* right of retention
Retorsion *f* retaliation; **R.s-** retaliatory
Retrofizierung *f* retrofication; **R.sprozess** *m* retrofication proceedings
Retroze|dent *m* retrocedent; **r.dieren** *v/t* to retrocede; **R.ssion** *f* retrocession
Rettung *f* rescue, salvage
Rettungs|aktion *f* rescue operation; **R.dienst** *m* rescue service; **R.hubschrauber** *m* air ambulance; **R.kosten** *pl* salvage costs; **R.mannschaft** *f* rescue party; **R.-**

R

sanitäter(in) *m/f* paramedic; **finaler R.-schuss** fatal shot fired (by the police) in an emergency situation; **R.wagen** *m* ambulance

Reue *f* repentance; **tätige R.** active repentance

Reu|geld *nt* forfeit money, late fee; **r.mütig** *adj* remorseful, repentant

Revalierung *f* indemnification; **R.sklage** *f* indemnity action

Revers *m* written undertaking

Revier *nt* police station/district *[US]*

Revindi|kation *f* revindication; **r.zieren** *v/t* to revindicate

revisibel *adj* liable to revision

Revision *f* 1. appeal (on a point of law), (judicial) review; 2. *(Bilanz)* audit(ing); **sich der R. anschließen** to lodge a cross-appeal; **R. einlegen; in die R. gehen** to appeal (on a point of law), to lodge an appeal; **einer R. stattgeben** to uphold an appeal; **die R. verwerfen; ~ zurückweisen** to dismiss the appeal; **R. für zulässig erklären; R. zulassen** to grant leave to appeal (on a point of law), to allow an appeal; **R. zurückweisen** to dismiss an appeal

betriebsinterne Revision internal audit(ing)

Revisions|abteilung *f* auditing department; **R.antrag** *m* notice of appeal (on a point of law), notice for judgment in an appeal on a point of law; **R.begründung** *f* statement of grounds for appeal; **R.beklagte(r)** *f/m* respondent; **R.beschluss** *m* writ of certiorari *(lat.)*; **R.einlegung** *f* lodging (of) an appeal; **R.entscheidung** *f* appellate decision (on a point of law); **R.-frist** *f* time for lodging an appeal; **R.gericht** *nt* court of appeal, ~ last resort, appellate/appeal court; **R.grund** *m* ground for appeal, error; **absoluter ~** fundamental/automatic error; **R.instanz** *f* appellate instance, court of last resort; **R.kläger(in)** *m/f* appellant (in a court of last resort); **R.klausel** *f* re-opener clause; **R.recht** *nt* 1. right of judicial review; 2. law of judicial review; **R.schrift** *f* notice of appeal; **R.verfahren** *nt* appellate proceedings, proceedings on appeal; **R.vorlage** *f* case stated; **R.zulassung** *f* leave to appeal (on a point of law)

Rezept *nt* prescription; **R. ausstellen** to make out a prescription

Rezept|gebühren *pl* prescription charges; **r.pflichtig** *adj* prescription-only, obtainable only on prescription; **nicht r. pflichtig** over-the-counter (OTC)

rezipro|k *adj* reciprocal; **R.zität** *f* reciprocity; **R.zitätsklausel** *f* reciprocity clause

richten *v/t* to judge/adjudicate/adjudge, to sit in judgment

Richter|(in) *m/f* judge, justice; **R.** *pl* judiciary; **R. und Anwälte** the Bench and the Bar; **R. eines** County Court *(ZR)* circuit judge *[GB]*; **~** Crown Court *(StR)* circuit judge *[GB]*; **R. auf Lebenszeit** judge for life; **~ Probe** judge on probation

Richter ablehnen to challenge a judge; **zum R. ernannt werden** to be appointed judge

beisitzender Richter associate judge; **dienstältester R.** senior judge; **vorsitzender R.** presiding judge; **ehrenamtlicher R.** lay judge, **einfacher R. am** High Court *(im Ggs. zum Lord Chancellor, Lord Chief Justice, President of Family Division)* puisne judge *[GB]*; **erkennender R.** trial judge; **nebenamtlicher R. auf Zeit** recorder *[GB]*; **vorsitzender R.** presiding judge/magistrate; **zuständiger R.** judge in charge of a case

Richter|ablehnung *f* challenging (of) a judge, rejection of a trial judge; **R.amt** *nt* 1. *(untere Gerichte)* magistracy *[GB]*; 2. judicial office, judgeship, justiceship; **R.-amtsbefähigung** *f* eligibility to serve as a judge; **R.anklage** *f* impeachment of a judge; **R.bank** *f* the bench; **R.bestechung** *f* bribing (of) a judge; **R.kollegium** *nt* the bench; **r.lich** *adj* judicial; **R.privileg** *nt* judicial privilege; **R.recht** *nt* judge-made law; **R.schaft** *f* the bench; **R.spruch** *m* court ruling; **R.stand** *m* judiciary, the bench; **R.zimmer** *nt* judge's chambers

Richtgeschwindigkeit *f* recommended maximum speed

richtig stellen *v/t* to rectify/correct

Richtigbefund *m* certificate of correctness; **nach R.** if verified

Richtigkeit *f* correctness, accuracy; **für die R. der Abschrift** copy certified correct; **R. und Vollständigkeit** accuracy and completeness; **R. einer Aussage bezweifeln** to challenge the accuracy of a statement

Richtlinie *f* 1. guideline; 2. *(Anweisung)* directive; **R.n für das Strafmaß** sentencing guidelines; **richterliche R. für polizeiliche Vernehmung und Anzeigenerstat-**

tung Judges' Rules *[GB]*; **R. erlassen** to issue a directive; **R. in nationales Gesetz umsetzen** to incorporate a directive in national law; **europäische R.** European directive; **R.n** terms of reference; **standesrechtliche ~** professional standards
Richtpreis *m* recommended price
Richt|ung *f* direction, tendency, trend; **R.-wert** *m* benchmark
handelsübliche Risiken customary risks; **technische R.** engineering contingencies
Risiko *nt* risk, peril, hazard; **auf eigenes R.** at one's own risk
Risiko abwägen to calculate a risk; **R. ausgleichen** to offset a risk; **sich am R. beteiligen** to share in the risk; **ein R. durch Versicherung decken** to cover a risk by insurance; **R. eingehen** to run a risk; **R. enthalten** to involve a risk; **R. tragen** to bear the risk
erhöhtes Risiko *(Vers.)* aggravated risk; **gefährliches R.** *(Vers.)* substandard risk; **ungedecktes R.** uncovered risk; **versicherbares R.** insurable risk
Risiko|abwägung *f* risk evaluation; **R.abwälzung** *f* shifting of risk; **R.aufklärung** *f* risk disclosure; **R.aufschlag** *m* danger money; **R.ausschlussklausel** *f* expected-perils clause; **R.ausgleich** *m* compensation of risks; **R.bewertung** *f* risk assessment; **R.klausel** *f* perils clause; **R.lebensversicherung** *f* term insurance; **r.reich** *adj* risky; **R.träger** *m* risk bearer; **R.übernahme** *f* assumption of risk; **R.versicherung** *f* risk insurance, contingency policy; **R.verteilung** *f* spreading of risks
riskieren *v/t* to risk
Robe *f* *(Anwalt, Richter)* robe, gown
Rotlicht|bezirk *m* red-light district; **R.verstoß** *m* traffic light offence
Routine *f* routine; **R.überprüfung** *f* routine check
Rubrik *f* head
Rubrum *nt* *(lat.)* 1. rubric, heading; 2. *(Urteil)* caption, recitals, title reference
Rück|abtretung *f* retrocession, reassignment; **R.auflassung** *f* reconveyance; **R.-bürge** *m* counter-surety; **R.bürgschaft** *f* counter-surety; **r.datieren** *v/t* 1. to antedate/backdate; 2. *(rückerstatten)* to repay/refund/reimburse
Rückerstattung *f* 1. reimbursement, refund, repayment; 2. *(Rückgabe)* return, restitution; **R. der Kosten** reimbursement of costs; **R. vorausbezahlter Miete** refund of prepaid rent; **R. von Vermögen** restitution of property
Rückerstattungs|anspruch *m* claim for reimbursement/restitution, restitution/refund claim; **R.beschluss** *m* restitution order; **R.garantie** *f* repayment guarantee; **R.pflicht** *f* duty to refund/restitute; **r.-pflichtig** *adj* liable to make restitution; **R.verfahren** *nt* restitution proceedings
Rückfahrt *m* return journey/trip
Rückfall *m* *(StR)* recidivism, relapse; **bei R.** in case of recidivism, in the event of a second offence; **R. in das gleiche Delikt** relapse into the same type of crime; **R.-delikt** *nt* recidivist offence; **~ begründen** to substantiate an offence involving relapse into crime; **R.diebstahl** *m* second offence of theft, recidivous theft; **R.kriminalität** *f* recidivism
rückfällig *adj* recidivist, re-offending, recidivous; **r. werden** to become recidivous, to relapse; **R.e(r)** *f/m* recidivist, previously convicted person; **R.keit** *f* recidivism
Rückfall|kriminalität *f* recidivism; **R.strafe** *f* penalty in case of recidivism; **R.tat** *f* repeated offence; **R.täter(in)** *m/f* recidivist, second offender
Rückforderung *f* reclamation, demand for the return; **R. der Kaufsache** reclamation of the goods sold
Rückforderungs|anspruch *m* claim for the return; **R.recht** *nt* right to reclaim (sth.); **~ des Hinterlegers** depositor's right to reclaim (sth.)
Rückfrage *f* further inquiry
Rückgabe *f* return, restitution, restoration; **R. der Geschenke** return of gifts; **~ der Mietsache** return of the rented item; **~ des Eigentums** restitution of property; **~ von Gegenständen** restitution of items
Rückgabe|ort *m* place of restitution; **R.-pflicht** *f* duty of restitution; **~ des Nießbrauchers** usufructuary's duty of restitution; **R.recht** *nt* right to return goods
rückgängig machen *adj* 1. *(Auftrag)* to cancel; 2. *(Entscheidung)* to annul; 3. *(Vertrag)* to rescind
Rückgängigmachung *f* 1. annulment; 2. cancellation; 3. rescission; **R. des Vertrags** rescission of the contract; **R. wegen Gewährleistungsbruch** rescission for breach of warranty

Rückgewähr *f* return, restitution, repayment; **R.anspruch** *m* claim to restitution
Rückgewinnungsanlage *f* recycling plant
Rückgriff *m* recourse (to); **R. mangels Annahme** recourse for want of acceptance
Rückgriffs|anspruch *m* claim under a right of recourse; **R.forderung** *f* claim under a right of recourse; **R.forderung** *f (Wechselrecht)* recourse claim; **R.haftung** *f* liability on recourse; **R.recht** *nt* right of recourse
Rückhalt *m* support, backing
Rückkauf *m* 1. redemption, buy(ing) back buy-back, repurchase; 2. *(Lebensvers.)* surrender
Rückkaufs|berechtigung *m (Vers.)* surrender privilege; **R.recht** *nt* right of redemption/repurchase; **R.vereinbarung** *f* repurchase agreement; **R.wert** *m* 1. redemption value; 2. *(Vers.)* surrender value
Rücklage *f* 1. *(Ersparnisse)* savings; 2. *(Reserve)* reserve fund, reserve(s); **R. für Ersatzbeschaffung** reserves for replacements; **~ Wertminderung** reserves for depreciation
in der Satzung festgelegte Rücklage reserves pursuant to the articles; **freie R.** uncommitted reserves; **gesetzliche R.** statutory reserves; **offene R.** open reserves; **stille R.** undisclosed reserves
Rücklagen *pl* reserves; **R. für Gewährleistungsansprüche** warranty reserves; **gesetzliche R.** statutory reserves; **zweckgebundene R.** appropriated reserves; **R.bildung** *f* creation of reserves
Rücknahme *f* 1. taking back; 2. *(Äußerung)* retraction; 3. *(Gesetz)* repeal; 4. *(Klage)* withdrawal; 5. *(Rückkauf)* buyback; 6. *(Widerruf)* revocation; **R. der Anklage** withdrawal of the charge; **~ Berufung** withdrawal of the appeal; **~ Erlaubnis** revocation of the licence; **~ Klage** withdrawal/abandonment of the action; **~ Kündigung** withdrawal of notice; **R. eines Rechtsmittels** withdrawal of remedy; **R. und Widerruf** withdrawal and revocation; **R.anspruch** *m* revocatory claim; **R.recht** *nt* right to return (sth.)
Rückruf *m (Waren)* recall; **R.aktion** *f* recall action
Ruck|sack *m* rucksack, backpack *[US]*
Rückseite *f* reverse (side)
Rück|schlag *m* setback, relapse; **R.schluss** *m* inference
Rücksicht *f* regard, consideration; **mit R. auf** having regard to, taking into account; **ohne R. auf** irrespective of, not taking into account
Rücksicht nehmen to consider; **R. nehmen auf** to take sth. into consideration, to make allowance for
Rücksicht|nahme *f* consideration; **r.slos** *adj* inconsiderate, reckless; **R.slosigkeit** *f* recklessness, lack of consideration
Rücksprache *f* consultation; **R. nehmen mit** to consult/confer/check (with)
Rückstand *m* arrears, backlog; **in R. kommen** to get into arrears
Rückständ|e *pl* 1. arrears; 2. *(Substanzen)* residues; **r.ig** *adj* in arrears
Rückstau *m* tailback
Rückstellungen *pl* provisions; **R. für Eventualverbindlichkeiten** provisions for contingent liabilities
Rückstrahler *m (Kfz)* reflector
Rückstufung *f (Gehalt)* downgrading
Rücktritt *m* 1. withdrawal; 2. *(Amt)* resignation, retirement; 3. rescission; **R. wegen Nichterfüllung** rescission on the grounds of non-performance; **R. vor Reisebeginn** cancellation prior to the date of travel; **R. vom Versuch** abandoning (of) an attempt, ~ of intent (to commit a crime), ~ the attempt to commit an offence; **~ Vertrag** cancellation/repudiation/rescission of contract
Rücktritt anbieten to tender one's resignation; **turnusmäßiger R.** retirement by rotation
Rücktritts|berechtigte(r) *f/m* party entitled to terminate a contract; **R.frist** *f* period allowed for cancellation; **R.gesuch** *nt* offer of resignation; **~ einreichen** to hand in one's resignation; **R.grund** *m (Vertrag)* ground for rescission; **R.klage** *f* rescissory action; **R.klausel** *f* escape/cancellation/opt-out clause
Rücktrittsrecht *nt* right of cancellation/rescission; **gesetzliches R.** statutory right of cancellation; **vereinbartes R.** stipulated right of cancellation
Rücktrittsvorbehalt *m* reservation of the right to cancel/rescind
rückübereign|en *v/t* to reconvey/retransfer/reassign; **R.ung** *f* reconveyance, retransfer, reassignment
rückvergüt|en *v/t* to refund/repay/reimburse; **R.ung** *f* refund, repayment, reimbursement

rückvermiet|en *v/t* to re-let; **R.ung** *f* re-letting
rückversicher|n *v/t* to reinsure; **R.ung** *f* reinsurance; **R.ungsvertrag** *m* contract of reinsurance
Rück|verweisung *f* recommittal; **r.wärts fahren** *adj* to reverse; **r.wirkend** *adj* retrospective, retroactive; **R.wirkung** *f* retroactive force/effect
rückzahlbar *adj* repayable
Rückzahlung *f* 1. repayment, refund; 2. *(Rückerstattung)* reimbursement; 3. *(Tilgung)* redemption; **R. einer Hypothek** redemption of a mortgage
Rückzahlungs|anspruch *m* repayment claim; **R.bedingungen** *pl* terms of repayment; **R.frist** *f* time for repayment; **R.klausel** *f* repayment clause; **R.pflicht** *f* obligation to reimburse/refund; **R.wert** *m* redemption value
Ruf *m* 1. name; 2. *(Ansehen)* reputation; 3. *(Leistung in der Vergangenheit)* record; 4. *(Firma)* standing; **jdn in schlechten R. bringen** to give so. a bad name
Ruf|bereitschaft *m* standby duty; **R.mord** *m* character assassination; **R.schädigung** *f* damage to so.'s reputation, defamation, injurious falsehood
Rüge *f* 1. rebuke; 2. *(Verweis)* reprimand; **R. der Unzuständigkeit** jurisdictional plea; **R.frist** *f* time-limit for a claim
rügen *v/t* to object/reprimand
Ruhe *f* peace, quiet; **R. und Ordnung** public peace
Ruhe|gehalt *nt* (retirement) pension; **R. bei Dienstunfähigkeit** disability pension; **R.gehaltsanspruch** *m* pension entitlement; **R.geld** *nt* (retirement) pension; **~ beziehen** to draw a pension
ruhen *v/i* to be in abeyance: **R.** *nt* suspension; **R. von Leistungen** *(Vers.)* suspension of benefits; **R. des Strafverfahrens** suspension of the prosecution; **~ Verfahrens** stay/suspension of proceedings; **R. der Verjährung** suspension of the (period of) limitation
Ruhepause *f* rest (period), break
Ruhestand *m* retirement; **im R. (i. R.)** retired; **vorzeitig in den R. treten** to take early retirement, to retire prematurely
Ruhestands|alter *nt* retirement age; **R.verhältnis** *nt* retirement
Ruhestörer *m* rioter
Ruhestörung *f* disturbance of the (public) peace, breach of the peace, disturbance; **nächtliche R.** (creating a) night-time disturbance; **öffentliche R.** disturbance of the peace
Ruhe|tag *m* day off; **R.zeit** *f* rest period; **~ für Kraftfahrzeugführer** rest period for drivers; **R.zone** *f* rest area
ruinös *adj* 1. ruinous; 2. *(Wettbewerb)* cut-throat
Rumpf *m* *(Körper)* trunk, dismembered body; **R.belegschaft** *f* core workforce
Rundbrief *m* 1. circular, newsletter; 2. *(Umlauf)* round robin
Runde machen *f* *(Polizei)* to be on one's beat
Runderlass *m* circular order
Rundfunk *m* radio; **R.durchsage** *f* radio announcement
Rundschreiben *nt* circular
Rüpel *m* lout, yob *(coll) [GB]*; **r.haft** *adj* loutish
Ruß *m* soot
Rüstung *f* armament(s); **R.skontrolle** *f* arms control
Rüttelschwelle *f* rumble strip *[GB]*, jiggle bar *[US]*

S

Sabotage *f* sabotage; **S. begehen** to sabotage, to perform an act of sabotage; **S. treiben** to practise sabotage; **S.akt; S.handlung** *m/f* act of sabotage; **S.tätigkeit** *f* sabotage
Sabot|eur *m* saboteur; **s.ieren** *v/t* to sabotage
Sach|antrag *m* substantive motion; **S.aufruf** *m* calling (of) the case; **S.bearbeiter(in)** *m/f (Behörde)* official in charge; **S.bereich** *m* field, sphere
Sachbeschädigung *f* property damage, criminal damage *[GB]*/mischief *[US]*, (criminal) damage to property, malicious damage *[US]*; **S. begehen** to commit an act of vandalism, to vandalize; **mutwillige S.** vandalism
Sach|bezüge *pl* remuneration in kind; **S.darstellung** *f* statement of the facts
sachdienlich *adj* relevant, pertinent; **S.keit** *f* expediency, pertinency
Sache *f* 1. thing, res *(lat.)*; 2. *(Fall)* case,

cause; **in der S. selbst** (up)on the merits; **in der S. Kurz gegen Lang** in the case of/ in re *(lat.)* Kurz versus Lang; **in eigener S.** on one's behalf; **zur S. gehörig** pertinent

einer Sache abträglich sein to be detrimental to sth.; **zur S. ausführen** to plead on the merits of the case; **sich zur S. äußern** to refer to the merits of the case; **S. herausgeben** to surrender a thing; **zur S. kommen** to come to the point; **S. verhandeln** to hear a case; **zur S. vernommen werden** to be questioned; **S. verweisen** to remit a case

anhängige Sache pending case; **belegene S.** situated property; **beschlagnahmte S.** attached property; **bewegliche S.n** chattels, movables; **eingebrachte S.n** contributed items; **entschiedene S.** res judicata *(lat.)*; **fremde S.** third-party property; **gepfändete S.** sequestered item; **geringwertige S.** item of minor value; **geschuldete S.** owed item; **gestohlene S.** stolen item; **herrenlose S.** 1. ownerless item; 2. *(Immobilie)* derelict property; **öffentliche S.** public case; **streitbefangene S.** pending case; **nicht streitige S.** noncontentious case; **unbewegliche S.** immovable property; **unveräußerliche S.** inalienable property; **vermachte S.** bequeathed item; **vertretbare S.n** fungible goods; **vorliegende S.** case in hand

Sach|eigentum *nt* property ownership; **S.einlage** *f* investment in kind

Sachen *pl* things; **abhanden gekommene S.** lost articles/items

Sachenrecht *nt* real law, law of property

Sach|entscheidung *f* decision on the merits of the case; **S.frage** *f* question of merit; **S.gebiet** *nt* field, sphere; **s.gemäß** *adj* appropriate, proper; **S.güter** *pl* material goods; **(tatsächliche) S.herrschaft** possession; **rechtliche ~** ownership; **S.kapital** *nt* real capital; **S.kenntnis** *f* expert knowledge; **S.kunde** *f* expert knowledge, knowledge of the facts; **s.kundig** *adj* competent, skilled; **S.lage** *f* facts and circumstances, factual position; **nach ~ entscheiden** to decide on the merits of the case; **S.legitimation** *f* authority to claim/ sue; **S.leistung** *f* payment/benefit(s)/performance in kind; **S.leistungsvertrag** *m* contract for the supply of goods and services; **s.lich** *adj* factual, objective

Sach|mangel *m* (material) defect, fault; **verborgene S.mängel** hidden defects; **S.mängelansprüche** *pl* claims based on defects; **S.mängelhaftung** *f* liability for defects

Sach|schaden *m* property damage; **S.schuld** *f* obligation in kind; **S.urteil** *nt* judgment on the merits of a case

Sachverhalt *m* facts and circumstances, statement of the facts, facts of the matter/ case; **S. klären** to clarify matters

Sach|vermögen *nt* tangible assets; **S.versicherung** *f* non-life insurance; **S.verstand** *m* expert knowledge

sachverständig *adj* expert, competent

Sachverständig|e(r) *f/m* 1. (technical) expert, specialist; 2. *(Gericht)* amicus curiae *(lat.)* *[US]*; **~ als Zeuge** expert witness; **S.en beiziehen** to consult an expert

amtlicher Sachverständiger official expert; **beeidigter S.** sworn expert; **gerichtlich bestellter S.** court-appointed expert

Sachverständigen|aussage *f* expert testimony; **S.bericht** *m* expert opinion; **S.beweis** *m* evidence submitted by an expert; **S.eid** *m* oath sworn by an expert; **S.gebühr** *f* expert's fee; **S.gutachten** *nt* expertise, expert opinion/report; **S.urteil** *nt* judgment on the merits of the case; **S.vergütung** *f* expert's fee

Sach|verwalter *m* administrator, trustee; **S.vortrag** *m* submission(s), averment; **S.wert** *m* material value, value of an action/object; **S.zusammenhang** *m* factual connection; **S.zuwendung** *f* allowance in kind

Saison *f* season; **S.arbeitskräfte** *pl* seasonal workers; **s.bereinigt** *adj* seasonally adjusted; **S.kennzeichen** *nt* seasonal numberplate

Saldo *m* balance

Samen|bank *f* sperm bank; **S.spender** *m* sperm donor; **künstliche S.übertragung** artificial insemination

Sammel- composite; **S.einbürgerung** *f* group naturalization; **S.klage** *f* class/group action, class action suit *[US]*; **S.klausel** *f* omnibus clause; **S.vermögen** *nt* combined assets; **S.werk** *nt* compilation

im Sande verlaufen *m* to come to nothing

sanier|en *v/t* to rescue; **S.ung** *f* reorganization, redevelopment

Sanktion *f* sanction; **S.en verhängen** to

impose sanctions; **strafrechtliche S.** criminal sanction; **s.ieren** *v/t* to sanction

Satz *m* *(Gebühren)* rate

Satzung *f* statutes, constitution, charter; **S. der Gesellschaft** articles of association/ incorporation *[US]*

Satzungs|änderung *f* amendment of the statutes; **S.autonomie** *f* freedom to make statutes; **S.befugnis** *f* statutory power(s); **S.berichtigung** *f* amendment of the statutes; **S.bestimmung** *f* statutory provision; **s.gemäß** *adj* statutory, according to the statutes/articles, in accordance with the articles (of association); **S.recht** *nt* statutory law, statute law (of corporations and local authorities); **S.verletzung** *f* infringement of the statutes

säumig *adj* dilatory, remiss, defaulting, in default; **S.keit** *f* dilatoriness

Säumnis *f* delay, default; **S.strafe** *f* default fine; **S.urteil** *nt* default judgment; **S.verfahren** *nt* default proceedings; **S.zuschlag** *m* default penalty

schaden *v/t* 1. to damage; 2. to harm

Schaden *m* 1. damage, loss; 2. harm; 3. prejudice; 4. *(Verletzung)* injury; **zum S. von** to the prejudice/detriment/disadvantage of; **S. stiftend** damaging

für sämtliche daraus entstehende Schäden for all damages arising therefrom

Schaden abdecken to cover a loss; **S. abfinden** to adjust/settle a claim; **S. abschätzen** to assess the loss/damage; **den ~ auf** to estimate/put the damage at; **S. abwenden** to avert/prevent a damage, ~ loss; **S. anmelden** to give notice of a claim; **für den S. aufkommen** to pay for the loss; **S. bei der Versicherung anmelden** to file a claim with the insurance company; **S. erleiden** to suffer/sustain a loss; **S. ersetzen** to indemnify; **S. festsetzen** to assess the loss/damage; **S. feststellen** to ascertain the damage; **S. wieder gutmachen** to make good/remedy the damage; **für den S. haften** to be liable for the loss; **S. nachweisen** to furnish evidence of damage/loss; **S. regulieren** to adjust a claim; **S. tragen** to bear the loss; **S. verursachen** to occasion a loss, to cause damage; **S. zufügen** to inflict damage/injury, to harm

absichtlich herbeigeführter Schaden wilful damage; **in Geld abzulösender S.** constructive loss; **allgemeiner S.** general damages; **besonderer (oder konkreter) S.** special damages; **unmittelbar drohender S.** imminent damage; **eingetretener/ entstandener S.** loss/damage incurred, ~ sustained; **einklagbarer S.** actionable loss; **erheblicher S.** major loss; **äußerlich erkennbarer S.** visible damage; **äußerlich nicht erkennbarer S.** concealed damage; **erlittener S.** loss/damage sustained; **erstattungsfähiger S.** recoverable/reimbursable damage; **geringfügiger S.** minor loss; **nicht wieder gutzumachender S.** irreparable loss/damage; **ideeller S.** non-pecuniary damage; **immaterieller S.** immaterial loss, intangible damage; **materieller S.** actual loss; **mittelbarer S.** indirect loss/damage, consequential damage; **nachgewiesener S.** substantiated loss; **seelischer S.** mental anguish, nervous shock; **tatsächlicher S.** actual damage; **unerheblicher S.** minor/negligible damage; **unmittelbarer S.** direct loss; **unregulierter S.** unadjusted/unsettled damage; **unwiderbringlicher S.** irreparable damage/harm; **vermeidbarer S.** avoidable loss; **schuldhaft verursachter S.** culpable damage

Schaden|abteilung *f* *(Vers.)* claims department; **S.anzeige** *f* *(Vers.)* notice of claim

Schaden(s)ersatz *m* indemnification, (compensatory) damages, compensation (for damages); **S. wegen Annahmeverweigerung** damages for non-acceptance; **S. für Folgeschäden** consequential/special damages; **~ Spätfolgen** remote damages; **S. des Verkehrswertes** commercial indemnity; **S. wegen Nichterfüllung** damages for non-performance; **S. für Rufschädigung** stigma damages

Schaden(s)ersatz aberkennen to disallow compensation; **S. ausschließen** to exclude any claim for damages; **S. einklagen** to sue for damages; **S. erhalten** to recover damages; **auf S. erkennen** to award damages; **S. fordern/verlangen/geltend machen** to claim damages; **auf S. klagen** to sue for damages; **S. leisten** to indemnify; **jdn auf S. in Anspruch nehmen** to claim damages from so.; **~ verklagen** to sue so. for damages; **S. zahlen** to pay damages; **S. zubilligen/zusprechen/zuerkennen** to award damages

ausgleichender Schaden(s)ersatz com-

S

pensatory damages; **allgemeiner S.** general damages; **feststellungsbedürftiger S.** unliquidated damages; **symbolischer S.** nominal/notional damages; **vereinbarter S.** agreed damages; **der Höhe nach unbestimmer S.** unliquidated damages; **zivilrechtlicher S.** civil damages

Schaden(s)ersatzanspruch *m* claim for damages; **S. aus unerlaubter Handlung** claim in tort; **S. anerkennen** to admit a claim; **S. einklagen** to sue for damages; **deliktischer S.** claim in tort

Schaden(s)ersatz|berechtigter *m* indemnitee, party entitled to damages; **S.betrag** *m* quantum of damages; **S.forderung** *f* claim for damages; **S. wegen Fahrlässigkeit** claim for negligence, negligence claim; **S.jäger** *m* bounty hunter; **S.klage** *f* action for damages; **~ wegen Nichterfüllung** action for non-performance; **~ einreichen** to bring an action for damages; **S.leistung** *f* indemnity, indemnification; **~ gerichtlich anordnen** to make a compensation order

Schaden(s)ersatzpflicht *f* duty to pay damages, liability for damages; **~ des Hinterlegers** depositor's duty to pay damages; **~ des Vermieters** landlord's duty to pay damages; **s.ig** *adj* liable for damages; **~ige(r)** *f/m* party liable for damages

Schaden(s)ersatzrecht *nt* law of damages

Schaden(s)ersatz|summe *f* amount/quantum of damages; **S.urteil** *nt* (damage) award; **S.zahlung** payment of damages

Schaden|feststellung *f* assessment of damage; **S.freiheitsrabatt** *m* no-claim(s) bonus; **S.freude** *f* malicious joy, gloating

Schadens|abfindung; S.abgeltung *f* indemnification; **S.abteilung** *f (Vers.)* claims department; **S.abwälzung** *f* redistribution of loss; **S.abwendungspflicht** *f* duty to prevent a loss; **S.abwicklung** *f* claims adjustment; **S.anzeige** *f* notice of loss; **S.aufstellung** *f* statement of damages; **S.ausgleich** *m* compensation for damage, claims settlement; **S.bearbeiter(in)** *m/f* claims/loss adjuster; **S.bearbeitungskosten** loss adjustment expenses; **S.begrenzung** *f* damage limitation; **S.begutachtung** *f* loss appraisal; **S.bemessung; S.beurteilung** *f* damage/loss assessment; **S.beseitigung** *f* removal of a damage; **S.besichtigung** *f* damage survey; **S.eintritt; S.entstehung** *m/f* incidence/occurrence of damage, ~ loss; **S.ereignis** *nt* damaging event; **S.ermittlung** *f* ascertainment of damage

Schadensfall *m* 1. case of damage; 2. *(Vers.)* claim; **im S.** in the event of damage; **S. melden** to report a loss/damage, to enter/file a claim

Schadens|feststellung *f* loss assessment; **S.haftung** *f* liability for a claim; **deliktische ~** liability in tort; **S.höhe** *f* amount of loss, quantum (of damages); **S.meldung** *f* notice of loss; **S.minderungspflicht** *f* duty to reduce the damage; **S.nachweis** *m* proof of loss/damage; **S.prüfung** *f* damage survey; **S.regulierer** *m* claims adjuster; **S.regulierung** *f* claims adjustment; **~ durch die Versicherung** claims adjustment by the insurance (company); **S.schätzung** *f* loss assessment/appraisal, appraisal of the damage/loss; **S.summe** *f* amount of loss; **S.umfang** *m* extent of loss; **S.ursache** *f* cause of damage/loss; **S.verhütung** *f* prevention of damage/loss; **S.versicherung** *f* insurance against loss; **S.verursachung** *f* perpetration of damage; **S.wiedergutmachung** *f* indemnification; **vorsätzliche S.zufügung** malicious damage

schadhaft *adj* defective, faulty

schädige|n *v/t* 1. to damage/impair/harm/injure; 2. to prejudice; **S.r** *m* damaging party, tortfeasor, wrongdoer

Schädigung *f* injury, damage, detriment, prejudice; **S. jds Interessen** injury to so.'s interests; **vorsätzliche S.** wilful damage; **S.sabsicht** *f* intent to cause damage, actual malice

schädlich *adj* 1. injurious, damaging; 2. detrimental; 3. *(Substanz)* harmful, noxious

schadlos *adj* without damage, unharmed; **s. halten** to indemnify, to hold harmless

Schadlos|bürgschaft *f* indemnity; **S.haltung** *f* indemnity, recourse, indemnification, compensation; **S.haltungserklärung** *f* letter of indemnity; **S.stellung** *f* indemnification

Schadstoff *m* harmful/noxious substance; **S.belastung** *f* pollution; **S.e** *pl* pollutants

Schalldämpfer *m* silencer

Schamgefühl *nt* sense of shame

schänden *v/t* 1. *(entweihen)* to desecrate/defile; 2. *(Kinder)* to abuse; 3. *(Ruf)* to dishonour; 4. *(verächtlich machen)* to discredit

Schandfleck *m* disgrace, blot (on the landscape)
schändlich *adj* *(niederträchtig)* disgraceful, shameful; **S.keit** *f* shameful/ignominious deed
Schandtat *f* abomination, iniquity
Schändung *f* defilement, desecration
Schank|erlaubnis; S.konzession *f* liquor licence, licence to sell alcohol, publican's licence; **S.gesetze** *pl* licensing laws *[GB]*; **S.zeiten** *pl* licensing hours
Scharfschütze *m* *(Polizei)* marksman
Schärfungsgründe *pl* aggravating circumstances
Schatz *m* treasure
schätzen *v/t* to appraise/assess/estimate/rate/value
Schatzfund *m* treasure trove
Schätzung *f* assessment, valuation, estimate, evaluation, appraisal; **gutachtliche S.** expert appraisal; **vorsichtige S.** conservative estimate
Schätzwert *m* assessed/estimated value
Schaufenstereinbruch *m* smash-and-grab raid
Schaulustiger *m* onlooker
Schauprozess *m* show trial
Scheck *m* check *[US]*, cheque *[GB]*; **S. sperren** to stop a cheque; **bestätigter S.** certified cheque; **gekreuzter S.** crossed cheque
Scheck|aussteller(in) *m/f* drawer/maker of a cheque; **S.betrug** *m* cheque fraud; **S.empfänger(in)** *m/f* payee; **S.fälschung** *f* forging (of) a cheque, cheque forgery; **S.heft** *nt* cheque book; **S.inhaber(in)** *m/f* bearer (of a cheque); **S.karte** *f* cheque (guarantee) card; **S.kartenmissbrauch** *m* cheque card abuse; **S.nehmer(in)** *m/f* payee; **S.sperre** *f* stopping (of) a cheque
scheiden *v/t* to divorce; **sich s. lassen** to get a divorce, ~ divorced
Scheidung *f* divorce, dissolution of marriage; **S. in beiderseitigem Einverständnis** divorce by mutual agreement
Scheidung beantragen to petition/sue *[US]* for a divorce; **S. begehren** to seek a divorce; **S. einreichen** to start divorce proceedings, to file a petition for divorce; **in eine S. einwilligen** to agree to a divorce; **auf S. erkennen** to grant a divorce; **~ klagen** to petition for a divorce; **in S. leben** to be divorced
Scheidungs|antrag; S.begehren *m/nt* petition for a divorce, divorce petition; **S.-beklagte(r)** *f/m* respondent (in divorce proceedings); **S.grund** *m* ground(s) for divorce; **S.klage** *f* petition for a divorce, divorce petition; **~ einreichen** to file a divorce petition; **S.kläger(in)** *m/f* petitioner (for a divorce); **S.prozess** *m* divorce proceedings/suit; **S.recht** *nt* divorce law; **S.richter(in)** *m/f* divorce judge
Scheidungsurteil *nt* decree of divorce, divorce decree; **endgültiges/rechtskräftiges S.** decree absolute; **vorläufiges S.** decree nisi *(lat.)*
Scheidungs|vereinbarung *f* divorce settlement; **S.verfahren** *nt* divorce proceedings; **S.widerklage** *f* cross-petition for a divorce
Schein|argument *nt* spurious argument; **S.asylant(in)** *m/f* bogus asylum seeker; **S.ehe** *f* sham/fictitious marriage, marriage of convenience; **Scheinerbe** *m* presumptive heir; **S.firma** *f* dummy corporation *[US]*, fictitious firm; **S.forderung** *f* fictitious claim; **S.gebot** *nt* sham bid; **S.gefahr** *f* apparent danger; **S.-geschäft** *nt* dummy/sham transaction; **S.gesellschaft** *f* dummy corporation; **S.gewinn** *m* fictitious profit; **S.grund** *m* specious reason; **S.handlung** *f* fictitious act; **S.heirat** *f* sham/fictitious marriage; **S.kauf** *m* simulated purchase; **S.prozess** *m* mock trial; **S.sitz** *m* sham domicile; **S.-tatbestand** *m* ostensible facts; **S.tod** *m* apparent death; **s.tot** *adj* apparently dead; **S.urteil** *nt* sham judgment; **S.vertrag** *m* fictitious contract; **S.vollmacht** *f* ostensible/apparent authority, ~ power of attorney
Scheinwerfer *pl* headlights
Scheitern *nt* failure; **S. der Ehe** irretrievable breakdown (of marriage)
scheitern *v/i* 1. to break down; 2. *(Prozess)* to fail
Schengener Durchführungsübereinkommen *nt* Schengen implementation agreement
schenk|en *v/t* to donate, to make a gift; **S.er(in)** *m/f* donor, giver
Schenkung *f* gift, donation; **S. unter Auflage** qualified donation; **S. unter Lebenden; S. zu Lebzeiten** lifetime gift, gift inter vivos *(lat.)*; **S. auf den Todesfall; S. von Todes wegen** gift mortis causa *(lat.)*, testamentary gift

Schenkung machen to donate, to make a donation/gift; **S. widerrufen** to revoke a gift

bedingte Schenkung qualified donation; **bedingungslose/vorbehaltlose S.** outright gift; **letztwillige/testamentarische S.** testamentary gift

Schenkungs|absicht *f* intention to donate; **S.anfechtung** *f* avoidance of a gift; **S.annahme** *f* acceptance of a gift; **S.empfänger(in)** *m/f* donee; **S.geber(in)** *m/f* donor; **S.steuer** *f* gift tax, capital transfer tax *[GB]*; **S.verbot** *nt* prohibition to donate; **S.vermutung** *f* presumption of a donation; **S.versprechen** *nt* promise to make a gift; **S.vertrag** *m* contract of donation, covenant; **s.weise** *adv* by way of gift/donation

Schickschuld *f* debt/obligation to be discharged by remittance

Schieber *f* *(Drogen, Waffen)* trafficker; **S.geschäft** *nt* racket

schiedlich *adv* by arbitration

Schieds|abkommen; S.abrede *nt/f* arbitration agreement/clause; **S.antrag** *m* request for arbitration

Schiedsgericht *nt* court of arbitration, (arbitration) tribunal, arbitration court; **S. für Mietstreitigkeiten** rent tribunal

schiedsgerichtlich *adj* arbitral, by arbitration

Schiedsgerichts|barkeit *f* arbitration, arbitral jurisdiction; **S.hof; S.instanz** *m/f* court of arbitration; **S.klausel** *f* arbitration clause; **S.ordnung** *f* rules of arbitration; **S.vereinbarung** *f* arbitration agreement; **S.verfahren** *nt* arbitration (proceedings)

Schieds|gutachten *nt* arbitrator's award; **S.gutachter** *m* adjudicator, certifier; **S.hof** *m* court of arbitration, arbitration tribunal; **S.klausel** *f* arbitration clause; **S.kommission** *f* arbitration commission; **S.mann** *m* arbitrator; **S.ordnung** *f* rules of arbitration; **S.recht** *nt* law of arbitration; **S.richter** *m* arbitrator, arbiter, referee; **durch ~ entscheiden (lassen)** to arbitrate; **S.richtervergütung** *f* arbitrator's fee; **S.spruch** *m* (arbitrator's/arbitral) award, arbitrament, judgment; **~ aufheben** to set aside an award; **S.stelle** *f* board of arbitration, arbitration board; **~ anrufen** to have recourse to arbitration; **S.urteil** *nt* arbitrator's award; **S.vereinbarung** *f* arbitration agreement; **S.verfahren** *nt* arbitration proceedings; **S.verfahrensordnung** *f* code of arbitral procedure; **S.vergleich** *m* settlement in arbitration proceedings; **S.vertrag** *m* arbitration agreement

Schieß|befehl *m* shoot-to-kill order; **S.erei** *f* shooting (incident)

Schiff *nt* ship, vessel; **S. mit Beschlag belegen** to arrest a ship; **S.befrachtungsvertrag** *m* charter party, contract of affreightment

Schifffahrt *f* shipping, navigation

Schifffahrts|abkommen *nt* navigation treaty; **S.gericht** *nt* naval court; **S.gesetz** *nt* navigation act; **S.recht** *nt* navigation law; **S.vertrag** *m* navigation treaty

Schiffs|befrachter *m* charterer; **S.befrachtungsvertrag** *m* charter party; **S.brief** *m* ship's passport; **S.frachtbrief** *m* bill of lading (B/L); **S.gläubiger** *m* ship's creditor; **S.hypothek** *f* ship mortgage; **S.mietvertrag** *m* charter party; **S.pass** *m* ship's passport; **S.pfandbrief** *m* bottomry bond; **S.pfandrecht** *nt* maritime lien; **S.register** *nt* ships' register; **S.verkehr** *m* navigation; **S.zusammenstoß** *m* collision (at sea)

Schikan|e *f* chicanery, vexation; **s.ieren** *v/t* to victimize/harass; **s.ös** *adj* vexatious

schilder|n *v/t* to describe, to give an account of; **S.ung** *f* description, account

Schirmherr|(in) *m/f* sponsor, patron; **unter der S.schaft von** *f* under the patronage/auspices of, sponsored by

Schläfer *m* *(Terrorismus)* sleeper

Schlag *m* blow, punch

Schlagbaum *m* barrier

schlagen *v/t* to hit/knock

Schläger *m* thug; **S.bande** *f* gang of thugs; **S.ei** *f* brawl, affray, fight; **~ unter Betrunkenen** drunken brawl

Schlag|ring *m* knuckleduster; **S.stock** *m* truncheon

schlecht *adj* *(Qualität)* inferior, poor

Schlecht|erfüllung *f* defective performance; **S.erstellung** *f* discrimination; **S.leistung** *f* insufficient performance

Schleichhandel *m* illicit trade, smuggling

Schlepper *m* people smuggler, smuggler of illegal immigrants, trafficker in human beings

Schleppnetzfahndung *f* police dragnet search

Schleuser *m* ↘ **Schlepper**

schlicht|en *v/t* to arbitrate/mediate, to settle amicably; **S.er(in)** *m/f* 1. conciliator, mediator; 2. *(durch Schiedsspruch)* arbitrator; **S.ung** *f* conciliation , arbitration, mediation, settlement

Schlichtungs|ausschuss *m* grievance committee; **S.kammer** *m* conciliation board; **S.stelle** *f* arbitration board, board of arbitration; **S.vereinbarung** *f* conciliation agreement **S.verfahren** *nt* arbitration proceedings, conciliation procedure; **S.-versuch** *m* attempt to reach an amicable settlement

schließen *v/t* 1. *(schlussfolgern)* to infer (from sth.); 2. *(Vertrag)* to conclude

Schließung *f* closure; **S. einer Ehe** contraction of a marriage; **S. eines Vertrags** conclusion of a contract

Schloss *nt* lock; **hinter S. und Riegel setzen** to put under lock and key

Schlupfwinkel *m* hideout

Schluss *m* 1. termination, end, close; 2. *(Schlussfolgerung)* conclusion, inference; **S.akte** *f* final act; **S.antrag** *m* final submissions; **S.bericht** *m* final report; **S.bestimmung** *f* final provision; **S.bestimmungen** *pl* final clauses; **S.folgerung** *f* inference, conclusion; **S.termin** *m* deadline

schlüssig *adj* conclusive; **S.keit** *f* conclusiveness

Schluss|klausel *f* concluding clause; **S.-plädoyer** *nt* summation *[US]*, summing up *[GB]*; **S.urteil** *nt* final judgment; **S.-verhandlung** *f* final hearing; **S.verteilung** *f* final distribution; **S.vortrag** *m* summation *[US]*, summing up *[GB]*, closing statement(s)

Schmäh|schrift *f* libellous publication; **S.ung** *f* calumny, vilification

schmäler|n *v/t* to reduce; **S.ung** *f* reduction

Schmerz *m* pain (and suffering); **S.(en) zufügen** to inflict pain; **seelischer S.** mental anguish

schmerzen *v/i* to be painful

Schmerzensgeld *nt* damages/compensation for pain and suffering, solatium *(lat.)*

Schmiergeld *nt* bribe (money); **S.fonds** *m* slush fund

Schmuggel *m* smuggling

schmuggeln *v/t* to smuggle

Schmuggelgut; S.ware *nt/f* contraband

Schnee *m* snow; **S.räumpflicht** *f* duty to remove snow; **S.verwehung** *f* snowdrift

Schnell|gericht *nt* police court, court of summary jurisdiction; **S.verfahren** *nt* summary proceedings

Schock *m* shock; **seelischer S.** psychological shock

Schöffe *m* 1. juror, lay magistrate; 2. *(nur bei Strafsachen)* lay assessor

Schöffen *pl* jury; **S.gericht** *nt* magistrates' court; **S.liste** *f* 1. list of jurors; 2. panel of lay assessors

Schonfrist *f* period of grace

Schranke *f* *(im Gerichtssaal)* bar

Schreckschuss *m* alarm shot; **S.pistole** *f* pistol for blanks

Schrecksekunde *f* moment of shock

Schreib|en *nt* writing, letter; **amtliches ~** official letter; **S.er** *m* writer, author; **S.fehler** *m* clerical error; **S.tischtäter(in)** *m/f* mastermind (behind a crime)

Schrift *f* writing, publication; **pornografische S.en** obscene writings; **S.form** *f* written form; **S.führer** *m* secretary; **S.-gutachten** *nt* graphologist's opinion; **S.-leiter** *m* editor; **s.lich** *adj* written, in writing; **S.lichkeit** *f* written form; **S.probe** *f* handwriting specimen; **S.sachverständiger** *m* handwriting expert, graphologist; **S.satz** *m* written pleadings/statement of the case, brief *[US]*; **~ einreichen** to submit a written statement/brief, to file a pleading; **S.steller** *m* writer, author; **S.-stück** *nt* written statement, document, bill; **S.tum** *nt* publications; **S.verkehr** *m* correspondence

Schritt *m* step, measure; **einleitender S.** first step; **geeignete S.e** appropriate steps; **gerichtliche S.e** legal action; **~ ergreifen** to take legal steps, to institute (legal) proceedings

Schul|abgänger(in) *m/f* school-leaver; **S.aufsicht** *f* school inspectorate; **S.behörde** *f* education authority; **S.besuch** *m* school attendance

Schuld *f* 1. fault, guilt, blame; 2. liability, obligation; 3. debt; **S. anerkennen** to acknowledge a debt; **seine S. bekennen** to admit one's guilt; **S. begleichen** to pay a debt; **S. begründen** to create an obligation; **S. bezahlen** to pay a debt; **S. eingehen** to incur a debt; **S. eintreiben** to collect/recover a debt; **S. erlassen** to remit a debt; **jdm die S. an einer Sache geben** to blame so. for sth.; **S. haben; s. sein** to be to blame, ~ at fault; **S. übernehmen**

to assume a debt; **S. zurückzahlen** to pay off a debt
dingliche Schuld real obligation; **durch eigene S.** through one's own fault
ausstehende Schuld|en outstanding debts; **beitreibbare S.** recoverable debt; **nicht bezahlte S.** unpaid debt; **fällige S.** due debt; **nachrangige/vorrangige S.** junior/senior debt(s); **uneinbringliche S.en** bad debts; **verjährte S.** barred debt; **verwirkte S.en** stale debts; **zweifelhafte S.en** doubtful debts
Schuld|anerkenntnis *f* 1. certificate of indebtedness, IOU (I owe you); 2. admission of guilt, confession, plea of guilty; **S.arrest** *m* detention for debt; **S.aufhebungsgrund** *m* lawful excuse; **S.aufnahme** *f* borrowing; **S.ausschließungsgrund** *m* lawful excuse, reason for exoneration; **S.ausschluss** *m* exemption from liability; **S.beitreibung** *f* collection of debts; **S.bekenntnis** *nt* acknowledgment of guilt; **S.beweis** *m* proof of guilt, inculpatory evidence; **S.bewusstsein** *nt* sense of guilt; **S.buch** *nt* land charges register
Schulden *pl* debts, liabilities; **S. anhäufen** to rack up debts; **in S. geraten** to run into debts; **S. machen** to run up/incur debts; **S. tilgen** to repay debts; **S. übernehmen** to take over debts
schulden *v/t* to owe
Schulden|abkommen *nt* arrangement with creditors; **S.ablösung** *f* redemption of debts; **S.aufnahme** *f* borrowing; **S.dienst** *m* debt service; **S.erlass** *m* remission of debts; **s.frei** *adj* unencumbered; **S.haftung** *f* liability for debts; **S.regulierung** *f* settlement of debts; **S.rückzahlung; S.tilgung** *f* repayment/redemption of debts; **S.übernahme** *f* assumption of debts
Schuldersetzung *f* novation
schuldfähig *adj* criminally responsible; **S.keit** *f* criminal responsibility; **verminderte ~** diminished responsibility
Schuld|frage *f* question of guilt; **S.geständnis** *nt* admission/plea of guilt; **s.haft** *adj* culpable
schuldig *adj* guilty; **nicht s.** not guilty; **für s. befinden** to convict; **jdn für ~** to find so. guilty; **sich s. bekennen/erklären** to plead guilty, to enter a plea of guilty; **s. sein** to be guilty; **jdm etw. s. sein** to owe so. sth.; **jdn s. sprechen** to find/pronounce so. guilty, to convict so.; **~ wegen etw. s. sprechen** to convict so. of sth.
Schuldig|e(r) *f/m* culprit, guilty person/party, party at fault; **S.erklärung** *f* guilty plea; **S.sprechung** *f* conviction
Schuld|klage *f* action for recovering debts; **s.los** *adj* innocent, not guilty, blameless
Schuldner(in) *m/f* debtor, liable party, obligor; **gutgläubiger S.** bona-fide debtor; **säumiger S.** defaulting debtor; **zahlungsunfähiger S.** insolvent debtor; **S.verzeichnis** *nt* register of debtors; **S.verzug** *m* default (of the debtor)
Schuld|recht *nt* law of obligations/contract; **s.rechtlich** *adj* contractual
Schuld|schein *m* promissory note (P/N), I. O. U. (I owe you); **S.spruch** *m* guilty verdict, conviction, verdict of guilty; **~ aufheben** to reverse a conviction; **S.titel** *m* instrument of indebtedness; **S.übernahme** *f* assumption of debts; **S.umwandlung** *f* debt conversion/rescheduling, conversion of a debt, novation
schuldunfähig *adj* criminally incapable; **S.keit** *f* criminal incapacity; **verminderte ~** diminished criminal incapacity
Schuld|urkunde *f* debt certificate; **S.verhältnis** *nt* obligation; **vertragliches ~** contractual obligation; **S.vermutung** *f* presumption of guilt; **S.verpflichtung** *f* obligation; **S.verschreibung** *f* bond, debenture *[GB]*, debenture bond *[US]*; **~ auf den Inhaber** bearer bond; **S.versprechen** *nt* promise to pay; **S.vertrag** *m* contract for a debt; **S.zinsen** *pl* interest on debts
Schul|ordnung *f* school regulations; **S.pflicht** *f* compulsory education; **S.versäumnis** *nt* truancy; **S.zeugnis** *nt* school certificate
Schürfrecht *nt* mining right
Schuss|abgabe *f* discharge (of a shot); **S.waffe** *f* gun; **S.waffen** *pl* firearms; **S.waffengebrauch** *m* use of firearms
Schutz *m* protection; **zum eigenen S.** in self-defence; **S. gewerblicher Bezeichnungen** protection of trademarks; **S. des Eigentums** protection of property; **S. der Grundrechte** protection of constitutional rights; **~ Intimsphäre** protection of privacy; **zum S. von Leib und Leben** for the protection of life and limb
Schutz gewähren to afford protection

schutz|bedürftig *adj* requiring protection; **S.befohlene(r)** *f/m* ward (of court), charge; **S.begehren** *nt* application for protection; **S.behauptung** *f* lie to cover oneself; **S.bereich** *m* scope of protection; **S.bestimmung** *f* protective clause/provision

schützen *v/t* to protect/safeguard/guard (against); **patentrechtlich s.** to patent; **urheberrechtlich s.** to copyright

Schutz|frist *f* term of protection; **S.gebühr** *f* token fee; **S.geld** *nt* protection money; **S.gelderpressung** *f* protection/extortion racket; **S.geleit** *nt* safe conduct, escort; **S.gewahrsam; S.haft** *m/f* protective custody; **S.maßnahmen** *pl* safety/precautionary measures; **S.pflicht** *f* duty to protect; **S.recht** *nt* proprietary right; **s.würdig** *adj* works of protection

schwächen *v/t* to impair

schwanger *adj* pregnant

schwängern *v/t* to impregnate

Schwangerschaft *f* pregnancy; **S. abbrechen** to abort, to terminate a pregnancy; **S.sabbruch** *m* termination of pregnancy, abortion

Schwängerung *f* impregnation

Schwarz|arbeit *f* illicit work, moonlighting *(coll)*; **S.fahren** *nt (ohne Fahrschein)* fare-dodging *(coll)*; **S.fahrer(in)** *m/f* fare dodger *(coll)*; **S.geld** *nt* illegal earnings; **S.handel** *m* black market, illicit trade; **S.händler** *m* black marketeer; **S.-kauf** *m* illicit purchase

in der Schwebe *f* in abeyance, abeyant

schwebe|n *v/i* to be in abeyance; **s.nd** *adj* pending, abeyant; **S.zustand** *m* abeyance

S

Schweige|n *nt* silence; **s.n** *v/i* to remain silent; **S.geld** *nt* hush money; **S.pflicht** *f* duty of secrecy, professional discretion, confidentiality; **ärztliche ~** medical confidentiality; **S.recht** *nt* right of silence, ~ to remain silent

Schwelle *f* *(Fahrbahn)* hump, sleeping policeman *(coll)*

schwer *adj* 1. heavy; 2. *(z. B. Straftat)* serious, grievous, severe, aggravated; **minder s.** less grave

schwer|behindert; s.beschädigt *adj* severely disabled; **S.behindertengesetz** *nt* Disabled Persons Act *[GB]*; **S.beschädigte(r)** *f/m* severely disabled person

Schwere *f* gravity; **S. der (Straf)Tat** gravity of the crime

Schwer|verbrecher *m* felon; **s.wiegend** *adj* grave

Schwester *f* sister; **S.gesellschaft** *f* affiliated company

Schwiegereltern *pl* parents-in-law

Schwindel *m* swindle; **S.firma** *f* bogus firm; **S.unternehmen** *nt* fraudulent undertaking, bogus company

Schwindler *m* crook, fraudster, confidence trickster

schwören *v/t* to swear, to take an oath; **s., die reine Wahrheit zu sagen, nichts zu verschweigen und nichts hinzuzufügen** to swear to tell the truth, the whole truth and nothing but the truth; **falsch s.** 1. to swear falsely; 2. *(Meineid)* to perjure os.

Schwund *m* *(Verlust)* waste, loss

Schwur *m* oath, vow; **vorsätzlich falscher S.** perjury

Schwurgericht *nt* crown court *[GB]*; **S.sverfahren** *nt* trial by jury

See *f* sea(s), ocean; **S.beförderungsvertrag** *m*; **S.frachtvertrag** *m* ocean transport contract, charter party; **S.gericht** *nt* admiralty court

seelisch *adj* mental, emotional

See|pfandrecht *nt* maritime lien; **S.räuber** *m* pirate; **S.räuberei** *f* piracy; **S.recht** *nt* maritime law; **S.schaden** *m* average, loss at sea; **S.schiedsgericht** *nt* admiralty court; **S.schiff** *nt* ocean-going vessel; **S.-testament** *nt* nautical will; **S.verkehr** *m* maritime traffic; **S.versicherer** *m* marine insurer; **S.versicherung** *f* marine insurance; **S.versicherungspolice** *f* marine policy

sehbehindert *adj* visually impaired

Seite *f* 1. side; 2. *(Buch)* page

Seiten|abstand *m* lateral distance/clearance; **S.linie** *f* sideline; **S.sprung** *m* extramarital affair, fling *(coll)*; **S.verwandter** *m* collateral relative

Sektion *f* 1. *(Abschnitt)* section; 2. *(Medizin)* dissection, autopsy

Selbst|anklage *f* self-incrimination; **S.anzeige** *f* voluntary declaration; **~ erstatten** to come forward; **S.auskunft** *f* voluntary disclosure; **S.behalt** *m (Vers.)* retention, excess; **S.bekenntnis** *nt* self-confession; **S.beschränkung** *f* self-restraint; **S.bestimmung** *f* self-determination; **sexuelle ~** sexual self-determination; **S.bestimmungsrecht** *nt* right of self-determination; **S.beteiligung** *f (Vers.)* retention, excess; **S.bezichtigung** *f* self-incrimination; **S.fahrer** *m* owner-driver; **S.gefährdung** *f* self-endangering; **s.gerecht** *adj* self-righteous; **S.gerechtigkeit** *f* self-righteousness; **s.haftend** *adj* liable for os.; **S.hilfe** *f* self-redress, self-help; **zur ~ greifen** to take the law into one's own hands; **S.hilferecht** *nt* right of self-redress; **S.justiz** *f* taking the law into one's own hands, vigilantism; **S.kontrahent** *m* self-contracting party; **S.kontrahieren** *nt* acting as principal and agent; **S.kontrolle** *f* self-control; **S.kosten** *pl* own/prime cost(s)

Selbstmord *m* suicide; **S. begehen** to commit suicide

Selbstmörder *m* suicide; **s.isch** *adj* suicidal

Selbstmordversuch *m* attempted suicide

selbstschuldnerisch *adj* directly liable

selbstständig *adj* self-employed; **S.e(r)** *f/m* self-employed person; **S.keit** *f* self-employment

Selbst|tötung *f* suicide; **S.veranlagung** *f (Steuer)* self-assessment; **S.verantwortung** *f* own responsibility

Selbstverschuld|en *nt* own fault; **wenn S. vorliegt** if the claimant is at fault; **s.et** *adj* through one's own fault

Selbstversenkung *f* scuttling

Selbst|verstümmelung *f* self-mutilation; **S.verteidigung** *f* self-defence

Selbstverwaltung *f* autonomy; **S.skörperschaft** *f* autonomous corporation; **S.sorganisation der Anwälte** *f* Bar Association *[US]*/Council *[GB]*, Law Society *[GB]*

Selbstzweck *m* end in itself

selten *adj* rare; **S.heitswert** *m* scarcity value

Senat *m* senate, division, appellate court; **S.spräsident** *m* presiding judge

Sendung *f* 1. shipment, consignment; 2. *(Radio, Fernsehen)* broadcast, transmission

Sequest|er *m* sequestrator, official receiver; **S.ration** *f* sequestration, receivership; **s.rieren** *v/t* to sequestrate; **S.ervermögen** *nt* sequestrated property

Serie *f* series

Serien|auffahrunfall *m* multiple pile-up; **S.mörder(in)** *m/f* serial killer; **S.täter(in)** *m/f* serial offender

Servitut *nt* servitude, easement

sesshaft *adj* settled; **nicht s.** of no fixed abode

Sexual|delikt *nt* sexual offence; **S.strafrecht** *nt* criminal law on sexual offences; **S.täter(in)** *m/f* sexual offender; **S.verbrechen** *nt* sex crime, sexual offence; **S.verbrecher** *m* sex fiend

sexuell *adj* sexual

Sicherheit *f* 1. security; 2. *(physisch)* safety; **S. am Arbeitsplatz** safety at work; **S. im Straßenverkehr** road safety; **S. und Ordnung** law and order; **~ wiederherstellen** to restore law and order

Sicherheit bestellen to furnish security; **als S. dienen** to serve as security; **S. gefährden** to endanger the safety (of sth.); **S. gewähren** to secure; **S. leisten** to furnish security, to stand bail (for so.)

dingliche Sicherheit security in rem *(lat.)*, real security; **öffentliche S.** public safety; **~ und Ordnung** law and order; **persönliche S.** personal security

Sicherheits|abstand *m* safe distance; **S.-alarm** *m* security alarm; **S.anforderungen** *pl* safety requirements; **S.arrest** *m* preventive custody; **S.belange** *pl* security interests; **S.bescheid** *m* security clearance; **S.beschlagnahme** *f* seizure for security; **S.bestimmung** *f* safety regulation; **S.bügel** *m* safety bar; **S.bühne** *f* safety work platform; **S.dienst** *m* intelligence service; **S.fahrgastzelle** *f* occupant safety cell; **S.garantie** *f* security/safety guarantee; **S.gewahrsam** *m* preventive detention; **S.gurt** *m* seat/safety belt; **S.hinterlegung** *f* security deposit; **S.hinweis** *m* safety sign; **S.inspektion** *f* safety inspection; **S.klappe** *f* safety valve; **S.klausel** *f* escape clause; **S.kontrolle** *f* security check; **S.kräfte** *pl* security (staff)

Sicherheitsleistung *f* 1. security deposit, bond; 2. *(StR)* bail; **gegen S.** by way of security, on bail; **S. bei Gericht** judicial bond; **S. für Prozesskosten** security for costs; **S. im Zivilprozess** civil bail

Sicherheitsleistung ablehnen to refuse bail; **S. anordnen** to grant bail; **gegen S. auf freien Fuß gesetzt werden** to be released on bail; **S. verfallen lassen** to abscond bail

Sicherheits|maßnahme *f* safety/security measure; **S.normen** *pl* safety standards; **S.organ** *nt* law enforcement agency; **S.-polster** *nt* safety cushion; **S.spielraum** *m*

safety margin; **S.verwahrung** *f* preventive custody; **S.vorkehrung** *f* security/safety precaution; **S.vorschriften** *pl* safety regulations; **S.wächter(in)** *m/f* security guard

sichern *v/t* 1. to secure, to furnish/provide security; 2. *(absichern)* to protect/safeguard; **dinglich s.** to securitize/ collateralize/mortgage

sicherstell|en *v/t* 1. *(absichern)* to secure; 2. *(beschlagnahmen)* to impound/seize; 3. *(garantieren)* to safeguard/guarantee; 4. *(sich vergewissern)* to ensure; 5. *(Diebesgut)* to recover; 6. *(in Gewahrsam nehmen)* to confiscate; **S.ung** *f* 1. safeguarding; 2. *(Beschlagnahme)* seizure, taking into custody

Sicherung *f* 1. *(Sicherheitsleistung)* provision of security; 2. *(Schutzvorrichtung)* safety catch; 3. *(Strom)* fuse; **S. der Ansprüche** securing of claims; **S. des Unfallortes** securing the scene of the accident

Sicherungs|abtretung *f* assignment by way of security, ~ for security; **S.beschlagnahme** *f* attachment by way of security; **S.eigentum** *nt* ownership by way of security; **S.eigentümer** *m* owner of a collateral; **S.geber** *m* party furnishing security, mortgagor; **S.gegenstand** *m* collateral; **S.grundschuld** *f* collateral land charge; **S.gut** *nt* mortgaged property, property serving as security; **S.haft** *f* preventive detention, remand (in custody); **S.hypothek** *f* collateral mortgage; **~ des Bauunternehmers** contractor's collateral mortgage; **S.klausel** *f* safeguarding clause; **S.maßnahme** *f* safeguard; **S.nehmer** *m* secured party, mortgagee; **S.recht** *nt* right of protection, charging lien; **S.schein** *m* security note

sicherungsübereign|en *v/t* to assign as security; **s.et** *adj* pledged (as security); **S.ung** *f* collateral assignment, assignment by way of security; **~ aufheben** to release from trust; **S.ungsvertrag** *m* 1. *(Dokument)* bill of sale *[GB]*, trust receipt *[US]*; 2. *(Vereinbarung)* security agreement

Sicherungs|überprüfung *f* 1. security vetting; 2. *(physisch)* safety check; **S.verfahren** *nt* attachment/confinement proceedings; **S.verwahrung** *f* preventive detention/custody, extended sentence of imprisonment; **S.vollstreckung** *f* provisional attachment; **S.vorkehrungen** *pl* security provisions; **S.vorrichtung** *f* safety device; **S.zession** *f* fiduciary assignment

Sicht *f* sight; **bei S.** at sight; **auf kurze S.** in the short term; **~ lange S.** in the long run; **nach S.** after sight; **zahlbar bei S.** payable at sight

Sicht|behinderung *f* obstruction of visibility; **S.einlage** *f* sight/demand deposit; **S.tage** *pl* days of grace; **S.verhältnisse** *pl* visibility; **S.wechsel** *m* sight draft

Siegel *nt* seal; **S. anbringen** to affix a seal; **S. brechen** to break a seal

siegeln *v/t* to seal, to affix a seal

Siegel|abdruck *m* imprint of a seal; **S.abnahme** *f* removal of a seal; **S.bruch** *m* breaking (of) a seal; **S.ung** *f* sealing; **~ der Urkunde** sealing (of) the deed

Signatar *m* signatory; **S.staat** *m* signatory state

signieren *v/t* to sign

simultan *adj* simultaneous; **S.haftung** *f* simultaneous liability; **S.zulassung** *f* simultaneous admission

Sinn *m* sense, meaning; **S. des Gesetzes** spirit/meaning of the law; **im S.e des Gesetzes** within the meaning of the law, as defined by the act

Sinn|gehalt *m* tenor; **s.gemäß** *adj* analogous, corresponding

Sippe *f* extended family

sistier|en *v/t* 1. *(festnehmen)* to detain/arrest; 2. *(Vollstreckung)* to suspend/stay; **S.ung** *f* stay (of execution), suspension

Sitte *f* custom, mores *(lat.)*; **gegen die guten S.** contra bonos mores *(lat.)*; **~ verstoßen** to be contra bonos mores *(lat.)*

Sitten|gesetz *nt* moral law; **S.losigkeit** *f* immorality; **S.polizei** *f* vice squad; **S.strolch** *m (obs.)* sex fiend; **S.verstoß** *m* infringement of ethical principles; **s.widrig** *adj* contra bonos mores *(lat.)*, unethical, immoral, contrary to public policy; **S.widrigkeit** *f* violation of bonos mores *(lat.)*, unconscionability

Sittlichkeit *f* decency; **wider die S.** immoral; **öffentliche S.** public decency

Sittlichkeits|delikt *nt* indecent assault, sexual offence; **S.verbrechen** *nt* sex crime; **S.verbrecher** *m* sex fiend

Situation *f* situation

Sitz *m* 1. chair; 2. registered office; 3. *(Unternehmen)* headquarters, head office; **S. der Gesellschaft; ~ des Unternehmens** company headquarters, registered office

S

eingetragener Sitz *(Gesellschaft, Verein)* registered office; **juristischer S.** registered office
Sitzstreik *m* sit-down strike
Sitzung *f* 1. meeting, sitting; 2. *(Gericht)* session, hearing; **in öffentlicher S.** in open court; **S. unter Ausschluss der Öffentlichkeit** hearing in camera; **die S. ist eröffnet** the court is in session
Sitzung abhalten to sit; **S. anberaumen** to fix a date for the hearing; **in geheimer S. beraten** to sit in camera *(lat.)*; **S. einberufen** to convene a meeting; **S. eröffnen** to open a meeting, **S. leiten** to preside; **S. unterbrechen** to adjourn the hearing
außerordentliche Sitzung extraordinary meeting; **öffentliche S. des Gerichtshofes** public sitting of the court
Sitzungs|bericht *m* *(Gerichtsverhandlung)* written proceedings; **S.geld** *nt* attendance money/allowance; **S.niederschrift** *f* minutes of the meeting/proceedings; **S.pause** *f* recess; **S.periode** *f* session; **S.protokoll** *nt* 1. minutes of the meeting; 2. *(Gerichtsverhandlung)* minutes of the proceedings; **S.saal** *m* courtroom; **S.schluss** *m* close of the meeting; **S.verlauf** *m* proceedings
Sklave *m* slave; **S.rei** *f* slavery
Skonto *nt* discount
Skrupel *m* scruple; **s.los** *adj* unscrupulous
Sodomie *f* sodomy, buggery
Solawechsel *m* promissory note (P/N)
Solidar- joint and several; **S.bürgschaft** *f* joint und several guarantee; **S.haftung** *f* joint and several liability; **s.isch** *adj* solidary; **S.ität** *f* solidarity; **S.verbindlichkeit** *f* joint and several liability; **S.verpflichtung** *f* joint and several obligation
Soll *nt* debit (side); **S.kaufmann** *m* trader registrable by law; **S.vorschrift** *f* mandatory provision
solven|t *adj* solvent; **S.z** *f* solvency, ability to pay
Sonder|abgabe *f* special levy; **S.abmachung** *f* separate agreement; **S.angebot** *nt* special offer; **S.auftrag** *m* special order; **S.bedingungen** *pl* special terms; **S.bestimmung** *f* special provision; **S.ermächtigung** *f* special authorization; **S.fall** *m* special case; **S.genehmigung** *f* special permission/authorization; **S.gericht** *nt* special tribunal; **S.gerichtsbarkeit** *f* special jurisdiction; **S.gesetz** *nt* special statute; **S.gesetzgebung** *f* special legislation; **S.gut** *nt (bei Gütergemeinschaft)* separate property; **S.gutachten** *nt* minority report; **S.honorar** *nt* special fee; **~ für den Anwalt** refresher; **S.leistung** *f* additional performance; **S.müll** *m* hazardous waste; **S.(rechts)nachfolge** *f* subrogation; **S.(rechts)nachfolger** *m* subrogee; **S.nutzung** *f* special use; **S.recht** *nt* special right/privilege; **S.regelung** *f* special arrangement; **S.schutz** *m* special protection; **S.status** *m* special status; **S.statut** *nt* special statute; **S.vereinbarung** *f* special agreement; **S.verfahren** *nt* special proceedings; **S.vergütung** *f* bonus; **S.vermächtnis** *nt* specific legacy; **S.vermögen** *nt* special fund, separate assets; **S.vertrag** *m* special contract; **S.vollmacht** *f* special authority; **S.vorschrift** *f* special provision; **S.vorteil** *m* special advantage; **S.zahlung** *f* special payment; **S.zulage** *f* special bonus, salary differentials; **S.zustellung** *f* special service
Sonntags|arbeit *f* Sunday work(ing); **S.arbeitsverbot** *nt* prohibition of Sunday work; **S.fahrverbot** *nt* prohibition of driving on Sunday
sonstig *adj* other
Sorge *f* 1. *(Sorgerecht)* custody, care; 2. *(Befürchtung)* concern; **elterliche S.** parental care; **gemeinsame S.** joint custody; **s.berechtigt** *adj* entitled to custody; **~ sein** to have custody; **S.berechtigte(r)** *f/m* person entitled to custody, person having custody (of a child)
sorgen *v/i* to take care of, to provide (for)
Sorgepflicht *f* duty of care, custodial duty
Sorgerecht *nt* right to custody (of children), custody; **S. beantragen** to apply for custody; **S. für die Kinder erhalten** to be awarded custody of the children; **gemeinsames S.** joint custody; **S.sentscheidung** *f* custody order; **S.sverfahren** *nt* child care proceedings, custody proceedings
Sorgfalt *f* prudence, diligence, care, circumspection; **mit der erforderlichen S.** with due care; **ohne die nötige S.** without due care; **S. eines ordentlichen Kaufmanns** due diligence; **S. üben** to take care
angemessene Sorgfalt due diligence, reasonable care; **ausreichende S.** sufficient

S

care; **äußerste S.** utmost care; **besondere S.** special care; **erforderliche/gebührende S.** due diligence; **mangelnde S.** insufficient care, want of care; **notwendige/verkehrsübliche S.** due diligence, due care and attention; **zumutbare S.** reasonable care

sorgfältig *adj* diligent, careful

Sorgfaltsmaßstab *m* standard of care

Sorgfaltspflicht *f* duty of care; **vertragliche S.** contractual duty of care; **S.verletzung** *f* negligence

sorgfaltswidrig *adj* negligent, careless

souverän *adj* sovereign; **S.** *m* sovereign

Souveränität *f* sovereignty; **S.itätakt** *m* sovereign act, act of state; **S.itätrecht** *nt* sovereign right

Sozial|abgaben; S.beiträge *pl* social security contributions/tax *[US]*; **S.amt** *nt* social service(s) department; **S.arbeiter** social worker; **S.einrichtung** *f* welfare institution; **S.fürsorge** *f* welfare, public assistance; **S.gericht** *nt* social security tribunal; **S.gerichtsbarkeit** *f* jurisdiction concerning social security disputes; **S.gesetz** *nt* welfare act; **S.gesetzbuch** *nt* social security code; **S.gesetzgebung** *f* welfare legislation; **S.hilfe** *f* welfare, public assistance, supplementary benefit *[GB]*; **S.klausel** *f* hardship/protection clause (in favour of the tenant); **S.kontrakt** *m* social compact/contract

Sozialleistungen *pl* social security benefits; **freiwillige S.** fringe benefits; **gesetzliche S.** statutory social security benefits

Sozialleistungs|anspruch *m* benefit claim; **S.missbrauch** *m* benefit abuse

Sozial|mieter(in) *m/f* council house tenant *[GB]*, receiver of housing benefit *[GB]*, Section 8 tenant *[US]*, subsidized tenant *[US]*; **S.partner** *pl* employers and employees, management and labour; **S.plan** *m* redundancy *[GB]*/severance *[US]* scheme; **S.recht** *nt* welfare law, social security law, social legislation; **S.rente** *f* state pension *[GB]*, basic pension; **S.richter** *m* social security tribunal judge; **S.staat** *m* welfare state; **S.station** *f* health and advice centre; **S.verhalten** *nt* social behaviour

Sozialversicherung *f* national insurance (N.I.) *[GB]*

Sozialversicherungs|abgabe; S.beitrag *f/m* social security contribution, national insurance contribution *[GB]*; **S.anspruch** *m* social security claim; **S.ausweis** *m* National Insurance card *[GB]*; **S.beiträge** National Insurance Contributions (NIC) *[GB]*; **S.gesetz** *nt* social security insurance act, National Insurance Act *[GB]*, Federal Insurance Contribution Act *[US]*; **S.leistung** *f* social security insurance benefit; **S.recht** *nt* social security law; **S.träger** *m* social security insurance scheme

Sozial|wohnung *f* council house/flat *[GB]*, (housing) project *[US]*; **S.zulage** *f* welfare bonus

Sozietät *f* partnership, association; **S.svertrag** *m* partnership agreement

Sozius *m* partner

Spanner *m (coll)* peeping Tom, voyeuristic prowler

Sparbuch *nt* passbook

spar|en *v/t* to save; **S.er** *m* saver

Spar|guthaben *nt* savings (deposit); **S.kasse** *f* savings bank; **S.konto** *nt* savings/deposit account; **S.vertrag** *m* savings agreement

Spediteur *m* forwarder

Spedition *f* forwarding company, forwarder; **S.svertrag** *m* forwarding contract

Speichelprobe *f* saliva sample

speicher|n *v/t* to save; **S.ung** *f* storage; **~ von Daten** storage of data

Spende *f* donation, voluntary contribution

Sperrbezirk *m* prohibited/no-go area

Sperre *f (Polizei)* roadblock; **S. verhängen über** to place a ban on

sperren *v/t* 1. *(Scheck)* to stop; 2. *(Konto)* to freeze

Sperr|gebiet *nt* prohibited/no-go area; **S.klausel** *f* restrictive clause; **S.konto** *nt* blocked/frozen account; **S.stunde** *f* curfew; **S.ung** *f* 1. stoppage; 2. freezing

Spesen *pl* expenses; **S. absetzen** to deduct expenses; **S.rückerstattung** *f* reimbursement of expenses

Spezial|gebiet *nt* special field; **S.gesetz** *nt* special statute; **S.vollmacht** *f* special power(s); **S.wissen** *nt* expert knowledge

Spezies|kauf *m* sale of specific goods; **S.schuld** *f* specific obligation; **S.vermächtnis** *nt* specific legacy

Spezifi|kation *f* specification; **s.zieren** *v/t* to specify; **S.zierung** *f* specification

Spiegelglasversicherung *f* plate-glass insurance

auf dem Spiel stehen *nt* to be at stake; **abgekartetes S.** put-up job *(coll)*
Spiel|hölle *f* gambling den; **S.raum** *m* leeway; **S.schuld** *f* gambling debt(s); **S.- und Wettschulden** *pl* gaming and betting debts; **S.vertrag** *m* gambling contract; **S.-zeug** *nt* toy; **S.zeugwaffe** *f* toy gun/weapon
Spion|(in) *m/f* spy; **S.age** *f* espionage; **S.a-geabwehr** *f* counter-intelligence; **s.age-verdächtig** *adj* suspected of espionage
Spitzel *m* informer
spitzfindig *adj* over-subtle; **S.keit** *f* sophistry
Sprache *f* language; **einer S. kundig sein** to be proficient in a language
Sprachregelung *f* official version
Sprechanlage *f* *(Haustür)* intercom
Sprecher *m* spokesman, spokesperson; **S.in** *f* spokeswoman, spokesperson
Sprengel *m* district
Sprengstoff *m* explosive; **mit S.en umgehen** to handle explosives; **S.spürhund** *m* explosives-sniffing dog
Spritztour mit fremdem Kfz *f* joyride, joyriding
Spruch *m* award, verdict, ruling, judgment; **S.körper** *m* panel of judges; **S.richter(in)** *m/f* trial judge
Sprungrevision *f* leapfrog(ging) appeal
Spur *f* 1. trace, track; 2. *(Fahrbahn)* lane; **in der S. bleiben** to stay in lane; **S. verfolgen** to follow a lead; **falsche ~** to be on the wrong track; **S. wechseln** *(Fahrbahn)* to change lanes
heiße Spur hot trail
Spuren von Gewalteinwirkung *pl* signs of violence; **S. sichern** to preserve traces; **S. verwischen** to remove traces; **S.sicherung** *f* 1. preserving traces, collecting/securing (of) evidence; 2. *(Dezernat)* forensic department
Spürhund *m* sniffer/tracker dog
Staat *m* state; **ausländische S.en** foreign states; **S.enhaftung** *f* liability of states
staatenlos *adj* stateless; **S.e(r)** *f/m* stateless person; **S.igkeit** *f* statelessness
staatlich *adj* governmental, public
Staats|akt *m* act of state; **S.amt** *nt* public office; **S.angehörige(r)** *f/m* 1. citizen, subject; 2. *(Inländer/in)* national; **britischer ~** citizen of the United Kingdom; **S.angehörigkeit** *f* citizenship, nationality; **doppelte ~** dual nationality; **S.anwalt; S.anwältin** *m/f* (public) prosecutor, prosecuting counsel, district attorney *[US]*; **oberster ~** Lord Advocate *[GB]*; **S.anwaltschaft** *f* prosecution (service), Crown Prosecution Service (CPS) *[GB]*, Director of Public Prosecutions (DPP) *[GB]*; **zuständige ~** prosecuting authority in charge; **S.aufsicht** *f* government supervision
Staatsbürger *m* citizen; **S.schaft** *f* citizenship; **die deutsche ~ besitzen** to have German citizenship
staatseigen *adj* state-owned; **S.tum** *nt* 1. government property; 2. public ownership
Staats|erbrecht *nt* escheat; **S.gebiet** *nt* state territory; **S.gefährdung** *f* endangering the state; **S.geheimnis** *nt* state/official secret; **S.gerichtshof** *m* constitutional senate; **S.gewalt** *f* governmental authority; **S.grenze** *f* state border; **S.haftung** *f* government liability; **S.hoheit** *f* sovereignty; **S.kasse** *f* public treasury, government's coffers, public purse, treasury; **auf S.kosten** at public expense; **S.macht** *f* state power; **S.notstand** *m* national emergency; **S.ordnung** *f* system of government; **S.organ** *nt* government organ; **aus Gründen der S.räson** for reasons of state; **S.recht** *nt* constitutional/public law; **S.siegel** *nt* state seal; **S.verbrechen** *nt* political crime; **S.vertrag** *m* treaty; **S.verwaltung** *f* public administration; **S.zugehörigkeit** *f* nationality
Stadt *f* town, city, municipality
Städtebauförderungsgesetz *nt* Town and Country Planning Act *[GB]*
Stadtgemeinde *f* municipality, township *[US]*, borough *[GB]*
städtisch *adj* municipal, urban
Stadt|rat *f* city council; **S.recht** *nt* local government law; **S.streicherei** *f* loitering, vagrancy; **S.verwaltung** *f* borough council, city administration, local authority; **S.werke** *pl* municipal utility company
Staffel|miete *f* staggered rent; **S.ung** *f* staggering
Stammaktie *f* ordinary share
stämmig *adj* burly, sturdy, stocky
Stammkapital *nt* equity capital
Stand der Technik *m* state of the art
im Stande *m* capable
Standes|amt *nt* registry office *[GB]*, bureau of vital statistics *[US]*; **S.gericht** *nt*

professional (disciplinary) tribunal; **S.-pflicht** *f* professional duty; **S.register** *nt* register of births, deaths and marriages; **s.widrig** *adj* unethical, unprofessional; **S.widrigkeit** *f* professional misconduct

Stand|recht *nt* military law; **S.spur** *f* emergency lane

Station *f* *(Krankenhaus)* ward

statt|geben *v/i* 1. *(Ansprüche)* to allow/permit/grant; 2. *(bestätigen)* to sustain/uphold; **s.haft** *adj* permissible, admissible, allowable; **S.haftigkeit** *f* admissibility

statuieren *v/t* to establish

Statur *f* *(Person)* build, stature

Status *m* 1. *(Bilanz)* statement of assets and liabilities; 2. *(Ansehen)* standing; 3. *(Recht)* status; **ehelicher S.** marital status; **gesetzlicher S.** legal status; **S.klage** *f* action to determine so.'s personal status; **S.urteil** *nt* status judgment

Statut *nt* statute(s), constitution; **s.arisch** *adj* statutory; **S.enkollision** *f* conflict of laws; **S.enwechsel** *m* change of jurisdiction

Stau *m* congestion, traffic jam; **S.warnung** *f* congestion warning

Steckbrief *m* wanted poster, description of a wanted person, wanted list; **s.lich gesucht** *adj* to be on the wanted list

stehlen *v/t* 1. to steal/purloin/lift *(coll)*/pinch *(coll)*; 2. *(Laden)* to shoplift

Stelle *f* position; **an S. von** in lieu/place of; **~ die S. setzen von** to substitute for; **~ jds S. treten** to supersede so., to take the place of so.; **undichte S.** leak; **verantwortungsvolle S.** position of authority; **s.nweise** *adv* in places

Stellung *f* 1. *(Rang)* position; 2. *(Ansehen, Rang)* status, rank, standing; 3. *(Stelle)* post, situation, job; **S. des Antrags** filing (of) the application; **~ Kindes** status of the child; **S. nehmen** to express an opinion, to comment

grundbuchrechtliche Stellung status in the land register; **rechtliche S.** legal position; **~ des Kindes** status of the child; **unkündbare S.** tenure

Stellungnahme *f* opinion, comment; **abweichende S.** dissenting opinion; **schriftliche S.** written opinion; **mit Gründen versehene ~** reasoned opinion

stellvertretend *adj* vicarious, substitute, acting, deputy, representative

Stellvertreter(in) *m/f* 1. representative, (vicarious) agent, deputy; 2. *(auf Grund einer Vollmacht)* attorney-in-fact; 3. *(bei Stimmausübung)* proxy; 4. *(in jds Abwesenheit)* substitute; **mittelbare(r) S.** undisclosed agent

Stellvertretung *f* 1. agency, representation; 2. proxy; **gewillkürte S.** agency by private act; **indirekte/mittelbare S.** indirect agency; **verdeckte S.** undisclosed agency; **S.svertrag** *m* agency agreement

Stempel *m* rubber stamp; **mit einem S. versehen** to endorse with a stamp

stempeln gehen *v/i (coll)* to be on the dole *(coll) [GB]*

Sterbe|alter *nt* age of death; **S.buch** *nt* register of deaths; **S.fall** *m* death, fatality; **S.-fallversicherung** *f* insurance payable at death; **S.hilfe** *f* euthanasia

sterben *v/i* to die; **vor jdm s.** to predecease so.

Sterbe|register *nt* register of deaths; **S.urkunde** *f* death certificate

Sterili|sation *f* sterilization; **s.sieren** *v/t* to sterilize; **S.sierung** *f* sterilization

Steuer *f* tax; **S. eintreiben** to collect a tax; **S. hinterziehen** to evade tax; **S. umgehen** to avoid tax

am Steuer *nt* behind the wheel

Steuer|abkommen *nt* tax agreement; **S.abzug** *m* tax deduction (at source); **S.amnestie** *f* amnesty for tax offenders; **S.aufschub** *m* tax deferral; **S.beamter; S.beamtin** *m/f* revenue officer, tax inspector; **s.befreit** *adj* tax-exempt; **S.befreiung** *f* tax exemption; **s.begünstigt** *adj* tax-privileged; **S.behörde** *f* tax authority; **S.beitreibung** *f* tax collection; **S.berater(in)** *m/f* tax advisor; **S.berechnungsgrundlage** *f* tax base; **S.bescheid** *m* tax assessment; **S.bestimmungen** tax regulations; **S.betrug** *m* tax fraud; **S.bevollmächtigter** *m* tax consultant; **S.delikt** *nt* tax/fiscal offence; **S.einspruch** *m* tax appeal; **S.einziehung; S.erhebung** *f* tax collection; **~ an der Quelle** deduction of tax at source

Steuererklärung *f* tax return; **S. einreichen** to file one's tax return; **gemeinsame S.** joint return

Steuer|erlass *m* remission of tax; **S.erleichterung** *f* tax relief; **S.ermittlung; S.fahndung** *f* tax investigation; **S.fahnder(in)** *m/f* tax investigator; **S.festsetzung** *f* tax assessment; **S.flucht** *f* tax evasion/dodging; **s.frei** *adj* tax-exempt,

S

tax-free; **S.freibetrag** *m* personal/tax-free allowance; **S.freiheit** *f* exemption from taxation; **S.gegenstand** *m* taxable unit; **S.gesetzgebung** *f* tax legislation; **S.hehlerei** *f* tax evasion; **S.hinterzieher(in)** *m/f* tax evader; **S.hinterziehung** *f* tax evasion/fraud; **S.hoheit** *f* sovereignty in tax matters; **S.jahr** *nt* tax/fiscal year; **S.jurist** *m* tax lawyer; **S.karte** *f* tax card; **S.klasse** *f* tax bracket/category; **S.last** *f* tax burden

steuerlich *adj* fiscal; **s. absetzbar** tax-deductible

Steuer|marke *f* 1. revenue stamp; 2. *(Hund)* tax disc; **S.messwert** *m* 1. taxable value; 2. *(Kommunalsteuer)* rat(e)able value; **S.nachlass** *m* tax rebate/relief; **S.nachzahlung** *f* payment of tax arrears; **S.ordnungswidrigkeiten** *pl* offences against tax laws; **S.paradies** *nt* tax haven; **S.pauschale** *f* lump-sum taxation

Steuerpflicht *f* liability to pay tax, tax liability; **s.ig** *adj* 1. taxable, liable for tax; 2. *(Kommunalsteuer)* rat(e)able; **S.ige(r)** *f/m* taxpayer

Steuer|plakette *f* *(Kfz)* vehicle/tax disc, excise licence disc; **S.prozess** *m* tax litigation; **S.recht** *nt* tax/fiscal law; **S.rückstellung** *f* tax accrual; **S.rückvergütung** *f* tax rebate; **S.säumnis** *nt* tax delinquency; **S.satz** *m* tax rate; **ermäßigter ~** marginal relief; **abgestufte S.sätze** graduated rates; **S.schlupfloch** *nt* tax loophole; **S.schuld** *f* tax due/liability; **S.schuldner(in)** *m/f* taxpayer

Steuerstraf|e *f* penalty for tax offences; **S.recht** *nt* criminal law on tax matters; **S.tat** *f* tax/revenue/fiscal offence; **S.verfahren** *nt* criminal proceedings for tax offences

Steuer|sünder(in) *m/f* tax evader; **S.termin** *m* tax payment date; **S.trick** *m* tax ploy; **S.umgehung** *f* tax avoidance; **S.veranlagung** *f* tax assessment; **S.verbindlichkeiten** *pl* tax liabilities; **S.verfahren** *nt* tax proceedings; **S.vergehen** *nt* tax offence; **S.vergünstigung** *f* tax privilege/concession; **S.verkürzung** *f* tax evasion; **S.vorauszahlung** *f* prepayment of tax; **S.vorschriften** *pl* tax provisions/regulations; **S.vorteile** tax advantages/benefits; **S.wohnsitz** *m* residence for tax purposes; **S.zahler(in)** *m/f* taxpayer; **S.zahlung** *f* tax payment; **S.zuwiderhandlung** *f* tax offence

stibitzen *v/t (coll)* to pinch *(coll)*/swipe *(coll)*

Stich *m* stab

Stichelei *f* 1. *(ständiges Sticheln)* needling; 2. *(stichelnde Bemerkung)* jibe, cutting remark

stichhaltig *adj* sound, valid; **S.keit** *f* 1. *(Begründung)* soundness; 2. *(Beweis)* conclusiveness; 3. *(Argument)* validity

Stich|probe *f* random sample, spot check; **S.tag** *m* effective/fixed/record date

Stich|waffe *f* stabbing weapon; **S.wunde** *f* stab wound

Stief|bruder *m* stepbrother; **S.eltern** *pl* stepparents; **S.kind** *nt* stepchild; **S.mutter** *f* stepmother; **S.schwester** *f* stepsister; **S.vater** *m* stepfather

stift|en *v/t* 1. to found/endow; 2. to donate; **S.er** *m* founder

Stiftung *f* 1. foundation, trust, endowment; 2. *(Spende)* donation; **S. des bürgerlichen Rechts** incorporated foundation; **~ öffentlichen Rechts** foundation under public law; **~ privaten Rechts** foundation under private law; **S. von Todes wegen** donation mortis causa *(lat.)*; **S. für gemeinnützige Zwecke** charitable endowment, charitable trust

öffentliche Stiftung public foundation; **öffentlich-rechtliche S.** public trust; **wohltätige S.** charitable foundation, charity

Stiftungs|aufsicht *f* supervision of a foundation; **S.fonds** *m* trust fund; **S.organ** *nt* organ of a foundation; **S.rat** *m* board of trustees; **S.recht** *nt* law of foundations; **S.satzung** *f* foundation charter; **S.treuhänder** *m* trustee; **S.urkunde** *f* foundation instrument, deed of covenant; **S.vermögen** *nt* foundation capital; **S.vertrag** *m* foundation contract

Stillhalte|abkommen *nt* 1. moratorium, standstill agreement; 2. *(Streik)* cooling-off agreement; **s.n** *v/i* to grant a moratorium; **S.vereinbarung** *f* moratorium

Stillliegekosten *pl* idle-plant costs

Stillschweigen *nt* silence; **S. bewahren** to maintain silence; **s.d** *adj* 1. tacit; 2. *(mit einbegriffen)* implicit, implied

Stillstand *m* 1. standstill; 2. *(Verhandlung)* deadlock, stalemate

stillstehend *adj* 1. inactive; 2. *(außer Betrieb)* idle; 3. *(Kfz)* stationary

Stimm|abgabe *f* vote, voting; **s.berech-**

tigt *adj* entitled to vote; **S.berechtigung** *f* right to vote
Stimme *f* vote; **ausschlaggebende S.** casting vote; **gültige S.** valid vote
stimmen *v/i* to vote; **S.mehrheit** *f* majority of votes
Stimm|enthaltung *f* abstention; **S.recht** *nt* voting right, right to vote; **S.rechtsformular** form of proxy; **S.rechtsvollmacht** *f* proxy; **S.zettel** *m* ballot (paper)
Stipendium *nt* scholarship
stipul|atio *(lat.)* stipulation; **s.ieren** *v/t* to stipulate
Stoff *m* substance; **radioaktiver S.** radioactive substance; **giftige S.e** toxic substances; **umweltgefährdende S.e** environmentally hazardous substances, pollutants
stolpern *v/i* to stumble; **über etw. s.** to trip over sth.
stören *v/t* 1. to annoy; 2. *(beeinträchtigen)* to disturb, to interfere with 3. *(lästig sein)* to irritate; **s.d** *adj* 1. intrusive, disruptive; 2. *(Lärm)* disturbing
Stör|er(in) *m/f* intruder, troublemaker; **S.-faktor** *m* disruptive element; **S.geräusch** *nt* interference
stornier|en *v/t* to cancel/countermand; **S.ung** *f* cancellation
Storno *nt* cancellation
Störung *f* 1. disturbance, disruption, nuisance; 2. *(Besitz)* trespass; **S. der Allgemeinheit** public nuisance; **~ öffentlichen (Sicherheit und) Ordnung; S. des öffentlichen Friedens** disturbance of the public peace, public order offence, breach of the peace
Störung abstellen/beseitigen to abate a nuisance; **rechtserhebliche S.** actionable nuisance
Straf|akte *f* case file, criminal record; **S.-änderung** *f* commutation of a sentence, change of penalty; **S.androhung** *f* sanction, threat of punishment; **jdn unter ~ vorladen** to subpoena so.; **S.anstalt** *f* penal institution; **S.antrag** *m* demand for punishment, sentence demanded by the prosecution; **~ stellen** to institute criminal proceedings, to bring a charge; **~ zurücknehmen** to withdraw a charge; **S.antritt** *m* commencement of a custodial sentence
Strafanzeige *f* information, denunciation, charge; **S. gegen Unbekannt** charge against person(s) unknown; **~ jdn erstatten** to lay an information against so., to bring/prefer a (criminal) charge against so.
Straf|arrest *m* imprisonment; **S.aufhebungsgrund** *m* grounds for exemption from punishment; **S.aufhebungsgründe** *pl* grounds for quashing a sentence; **S.aufschub** *m* stay of execution, suspension of a sentence, reprieve; **S.ausschließungsgrund** *m* (legal) reason for exemption from punishment; **S.aussetzung** *f* stay of execution, suspension of a sentence; **~ zur Bewährung** stay of execution on probation, suspension of sentence on probation; **S.ausstand** *m* unserved portion of a sentence
strafbar *adj* criminal, prosecutable, liable to prosecution, punishable; **sich s. machen** to commit a criminal offence; **S.-keit** *f* punishability, criminal liability, culpability
Strafbefehl *m* order of summary punishment, summary sentence, verdict in a summary trial; **S.sverfahren** *nt* summary proceedings (without trial), ~ punishment
Straf|befugnis *f* sentencing power(s); **S.-bemessung** *f* assessment of punishment; **S.bescheid** *m* penalty notice; **S.bestimmung** *f* penal provision; **S.dauer** *f* length of sentence
Strafe *f* penalty, punishment, sentence; **bei S. von** on penalty of; **S. mit Bewährung** suspended sentence; **keine S. ohne gesetzliche Grundlage** nulla poena sine lege *(lat.)*
Strafe abbüßen; seine S. absitzen to serve one's time/sentence; **seine S. voll absitzen/verbüßen** to serve one's sentence in full; **S. zur Bewährung aussetzen** to suspend a sentence; **jdn mit einer S. belegen** to impose a penalty on so., to penalise so.; **auf S. erkennen** to award a sentence; **S. erlassen** to remit a punishment/sentence; **S. festsetzen** to determine a sentence; **S. umwandeln** to commute a sentence; **etwas bei S. verbieten** to make sth. a punishable offence; **S. verbüßen** to serve a sentence; **S. verhängen** to impose a sentence; **S. vollstrecken** to execute a sentence; **S. zumessen** to mete out justice, to impose a sentence
angemessene Strafe adequate punish-

ment; **gerechte S.** just punishment; **lebenslängliche S.** life sentence; **milde S.** lenient sentence; **strenge S.** severe punishment; **vorbehaltene S.** reserved sentence; **gesetzlich zulässige S.** lawful punishment

strafen *v/t* to punish/penalize

Straf|ende *nt* completion of sentence; **S.entlassene(r)** *f/m* ex-prisoner, ex-convict, discharged prisoner; **bedingt ~** prisoner released on parole; **S.entlassung** *f* discharge from prison; **S.erhöhungsmerkmal** *nt* aggravating feature; **S.erkenntnis** *f* sentence imposed; **S.erlass** *m* remission of a sentence; **S.ermäßigung** *f* reduction of sentence, abatement of a penalty; **s.erschwerend** *adj* aggravating; **S.erschwerungsgrund** *m* aggravating circumstance

straffällig *adj* delinquent, liable for punishment; **s. werden** to commit a criminal offence; **erneut ~** to relapse; **S.keit** *f* liability to punishment

Straffestsetzung *f* sentencing

straffrei *adj* not subject to prosecution, exempt from punishment; **s. ausgehen** to go unpunished; **s. bleiben** 1. to get off scot-free; 2. *(Kronzeuge)* to be immune from criminal prosecution; **jdn für s. erklären** to declare so. exempt from punishment

Straffreiheit *f* immunity (from criminal prosecution); **jdm S. zusichern** to guarantee so. exemption from punishment; **S.sgesetz** *nt* amnesty act

Straf|gebühr *f* penalty, surcharge; **S.gefangene(r)** *f/m* prisoner, convict; **S.gericht** *nt* criminal divison

Strafgerichtsbarkeit *f* criminal jurisdiction; **S. für Verbrechen** jurisdiction in major crimes; **~ Vergehen** jurisdiction in minor criminal offences

Strafgerichtshof *m* criminal court, court of criminal jurisdiction

Strafgesetz *nt* penal/criminal law, ~ statute; **S.buch** *nt* penal/criminal code; **S.gebung** *f* penal legislation

Straf|gewalt *f* power of sentencing, sentencing powers; **S.haft** *f* imprisonment; **S.haftentschädigung** *f* compensation for wrongful imprisonment; **S.herabsetzung** *f* reduction of sentence; **S.höhe** *f* level of sentence; **~ festsetzen** to determine the sentence; **S.justiz** *f* penal jurisdiction, criminal justice; **S.kammer** *f* criminal divison; **S.klage** *f* penal action; **S.klageverbot** *nt* (prohibition of) double jeopardy *[US]*; **S.klausel** *f* penal/penalty clause

sträflich *adj* criminal

straf|los *adj* unpunished, exempt from punishment, with impunity; **S.losigkeit** *f* immunity from punishment, impunity; **S.makel** *m* taint of a previous conviction; **S.mandat** *nt (Strafgebühr)* ticket, fine; **S.maß** *nt* sentence; **S.maßnahme** *f* sanction, punitive/penal measure; **S.(maß)praxis** *f* sentencing; **S.maßverkündigung** *f* sentencing

strafmilder|nd *adj* extenuating, mitigating; **S.ung** *f* mitigation/extenuation (of a sentence); **auf ~ plädieren** to plead in mitigation; **S.ungsgrund** *m* mitigating circumstance

strafmündig *adj* of criminally responsible age, ~ the age of criminal responsibility, doli capax *(lat.)*; **S.keit** *f* age of criminal responsibility

Straf|nachlass *m* reduction of a sentence; **S.norm** *f* penal provision

Strafprozess *m* criminal procedure/proceedings; **S.ordnung** *f* code of criminal procedure; **S.recht** *nt* law of criminal procedure

Strafrahmen *m* range of punishment(s)/sentences; **gesetzlicher S.** statutory range of punishment

Strafrecht *nt* penal/criminal law; **S.ler(in)** *m/f* criminal lawyer, expert in criminal law, penologist; **s.lich** *adj* penal, criminal; **S.sänderung** *f* penal law amendment

Straf|register *nt* register of convictions, criminal record(s); **S.auszug** *m* excerpt from the register of convictions

Straf|rest *m* remainder of a sentence; **S.-richter** *m* judge in criminal proceedings; **S.sache** *f* criminal case/matter; **S.sanktion** *f* punitive sanction; **S.schaden(s)ersatz** *m*; **S.schadenskomponente** *f* punitive damages; **S.senat** *m* criminal divison

Straftat *f* criminal offence, punishable act, crime; **S. unter Alkoholeinwirkung** drink-related offence; **die S. ist vollendet** the offence is completed

Straftat anzeigen to report an offence; **S. begehen** to commit an offence; **S. beweisen** to prove a crime; **einer S. über-**

S

führen to convict; **S. verüben** to commit an offence
beendete Straftat terminated offence; **fortgesetzte S.** continued offence; **geplante S.** intended crime; **nachfolgende S.** subsequent offence; **qualifizierte S.** qualified/aggravated offence; **summarisch verfolgbare leichte S.** summary offence; **unvollendete S.** inchoate offence; **vollendete S.** completed offence
Straftatbestand *m* facts constituting a(n) (criminal) offence, statutory constituents of a crime; **angenommener S.** construed offence
Straftaten von Ausländern *pl* crimes committed by aliens; **jdn öffentlich zu S. auffordern** to publicly incite so. to commit criminal offences
Straftäter *m* criminal, offender; **mutmaßlicher S.** alleged offender
Straf|tilgung *f* extinction in the criminal record, ~ of previous convictions; **S.umwandlung** *f* commutation of (a) sentence; **s.umündig** *adj* below/under the age of criminal responsibility, doli incapax *(lat.)*; **S.unmündigkeit** *f* criminal incapacity; **S.urteil** *nt* guilty verdict, sentence, conviction, conviction and sentence; **S.verbüßung** *f* serving a sentence, ~ term of imprisonment; **S.vereitelung** *f* obstructing the course of justice, obstruction of execution, aiding the perpetrator of an offence after the fact, prevention of punishment
Strafverfahren *nt* criminal procedure/proceedings, trial, prosecution; **S. einleiten** to institute criminal proceedings; **S. einstellen** to drop a charge
abgekürztes/beschleunigtes Strafverfahren summary trial; **anhängiges S.** pending criminal proceedings/case
Strafverfahrensrecht *nt* law of criminal procedure
Strafverfolger(in) *m/f* public prosecutor *[GB]*, district attorney *[US]*
Strafverfolgung *f* prosecution; **S. von Amts wegen** prosecution in the public interest; **S. einstellen** to discontinue/drop the prosecution, to dismiss the case; **sich der S. entziehen** to evade justice; **S. niederschlagen** to quash proceedings; **S. veranlassen** to authorize prosecution
Strafverfolgungs|beamter; S.beamtin *m/f* law enforcement officer; **S.behörde** *f* Director of Public Prosecutions (DPP) *[GB]*, Crown Prosecution Service (CPS) *[GB]*, district attorney *[US]*, prosecuting authority/service, law enforcement agency
Straf|verhandlung *f* trial, hearing before a criminal court; **S.verjährung** *f* limitation of criminal prosecution; **S.verkürzung** *f* reduction of a sentence; **S.verlangen** *nt* demand for punishment; **S.vermerk** *m* entry of a penalty
strafverschärfend *adj* aggravating
Strafverschärfung *f* aggravation (of a sentence); **S.sgrund** *m* aggravating circumstance
Strafverteidig|er(in) *m/f* defence counsel, counsel for the defence; **S.ung** *f* defence
Strafvollstreckung *f* execution of a sentence; **S. aussetzen** to suspend the execution of a sentence
Strafvollzug *m* imprisonment, penal system; **offener S.** open prison
Strafvollzugs|anstalt *f* penal institution, prison; **S.behörde** *f* prison authority; **S.-ordnung** *f* prison regulations; **S.recht** *nt* law of prison administration
Straf|vorbehalt *m* reserved punishment; **S.vorschrift** *f* penal provision; **s.würdig** *adj* punishable; **S.würdigkeit** *f* punishability; **S.zeit** *f* term of imprisonment, prison term; **nach Ablauf der ~** after the (prison) sentence has been served
Strafzettel *m* ticket, citation *[US]*; **S. für falsches Parken** parking ticket, penalty charge notice
Straf|zumessung *f* 1. assessment of the severity of a sentence; 2. award of punishment; **S.zuständigkeit** *f* criminal jurisdiction
Strand *m* beach; **S.gut** *nt* stranded goods, flotsam; **S.recht** *nt* right of salvage; **S.-vogt** *m* wreck commissioner
Strang *m* rope
Straße *f* 1. road; 2. street; 3. highway; **auf offener S.** in broad daylight; **S. mit zwei Fahrbahnen** dual carriageway; **öffentliche S.** public highway
Straßen|anlieger *m* frontager; **S.arbeiten** *pl* roadworks; **S.baustelle** *f* roadworks site; **S.behörde** *f* highway authority; **S.händler(in)** *m/f* street vendor, hawker, pedlar; **S.kreuzung** *f* road junction, intersection; **S.kriminalität** *f* street crime; **S.markierung** *f* road markings; **S.prostituierte** *f*

streetwalker; **S.raub** *m* highway robbery, mugging; **S.räuber** *m* highway robber; **S.-recht** *nt* road traffic law; **S.sperre** *f* road-block; **s.tauglich** *adj* roadworthy; **S.ver-engung** *f* road bottleneck; **S.verkauf** *m* street vending; **S.verkehr** *m* road traffic

Straßenverkehrs|amt *nt* Road Traffic Licensing Department *[GB]*, Department of Motor Vehicles *[US]*; **S.behörde** *f* road traffic authority; **S.delikt** *nt* road traffic offence; **S.gefährdung** *f* endangering road traffic; **S.gesetz (StVG); S.ordnung (StVO)** *nt/f* Highway Code *[GB]*, driving code *[US]*, road traffic regulations; **gegen die ~ verstoßen** to infringe the highway code; **S.recht** *nt* road traffic law; **S.re-geln** *pl* rules of the road; **S.zulassungs-ordnung** *f* vehicle licensing statutes

streichen *v/t* 1. *(Liste)* to expunge, to strike off; 2. *(ausstreichen)* to delete; 3. *(zurück-ziehen)* to cancel/withdraw

Streichung *f* 1. deletion; 2. cancellation; **S. einer Eintragung** cancellation of an entry; **S. von der Anwaltsliste** *(solicitors)* striking off the roll, *(barristers)* disbarring

Streife *f* *(Polizei, Militär)* patrol; **auf S.** on patrol; **S. gehen** to walk the beat

Streifen|polizist *m* policeman, constable on the beat; **S.wagen** *m* patrol/panda car *[GB]*, cruiser *[US]*, prowler car *[US]*; **nachgestellter ~** fake patrol car

Streifschuss *m* graze

Streik *m* strike; **S. ausrufen** to call a strike; **in den S. treten** to go on strike

widerrechtlicher Streik illegal strike; **wil-der S.** wildcat strike

streiken *v/i* to strike, to go on strike

Streik|brecher *m* blackleg *(pej)*, scab *(pej)*; **S.ender** *m* striker; **S.partei** *f* party on strike; **S.posten** *m* picket; **S.recht** *nt* right to strike; **S.verbot** *nt* strike ban, prohibition of strikes

Streit *m* controversy, argument, dispute, quarrel, row; **ein S. entsteht** a dispute arises; **S. beilegen/schlichten** to settle a dispute; **S. haben** to have an argument; **S. verkünden** to interplead

streitbefangen *adj* litigious; **S.heit** *f* pen-dency of a case

Streit|beilegung *f* dispute settlement/res-olution, settlement of a dispute, concilia-tion; **außergerichtliche ~** out-of court settlement; **S.betrag** *m* amount in litiga-tion

streiten *v/i* 1. to dispute; 2. *(Gericht)* to lit-igate; **S.der** *m* litigant

Streit|fall *m* dispute, issue, conflict; **S.fra-ge** *f* 1. issue; 2. *(im Prozess)* question at issue; **S.gegenstand** *m* subject of litiga-tion, matter in controversy, subject mat-ter of the proceedings; **S.gehilfe** *m* party supporting a litigant, party intervening on the side of a litigant

Streitgenoss|e; S.in *m/f* joint plaintiff/liti-gant; **S.enschaft** *f* joinder of parties

Streithelfer(in) *m/f* party supporting a lit-igant, intervener, intervening party

Streithilfe *f* intervention; **S.antrag** *m* ap-plication to intervene; **~ ablehnen** to dismiss an application to intervene; **S.-schriftsatz** *m* statement in intervention

streitig *adj* in dispute, disputed, conten-tious, litigious; **s. sein** to be at issue; **nicht s.** non-contentious

Streitigkeit *f* dispute, quarrel; **S. beilegen** to settle a dispute

arbeitsrechtliche Streitigkeit industrial dispute; **öffentlich-rechtliche S.** public-law dispute; **familiengerichtliche S.** dis-pute before the family court

Streit|objekt *nt* subject of litigation, mat-ter in controversy; **S.partei** *f* litigant, party to the dispute/litigation; **S.punkt** *m* issue; **S.sache** *f* 1. action, matter at issue; 2. *(Rechtsstreit)* lawsuit, litigation; **S.-schlichter** *m* arbitrator; **S.schlichtung** *f* arbitration; **s.süchtig** *adj* quarrelsome, argumentative; **S.summe** *f* sum in dis-pute; **S.verfahren** *nt* litigation, conten-tious proceedings; **S.verhältnis** *nt* rela-tionship between plaintiff and defendant; **S.verkündigung** *f* notice of claim, third-party notice; **S.wert** *m* value/sum in dis-pute, amount in controversy, **S.wert-festsetzung** *f* assessment of the value in dispute

Strengbeweis *m* strict evidence

Strenge *f* severity; **S. des Gesetzes** rigour of the law

Streu|fahrzeug *nt* gritter; **S.gut** *nt* grit

streunen *v/i* *(Tier)* to stray

Streupflicht *f* duty to grit the footpath/road

Strich *m (coll)* street prostitution; **auf den S. gehen** to walk the streets

Strichcode *m* *(auf Waren)* bar code

strikt *adj* strict

strittig *adj* litigious, in dispute, contentious

Stroh|frau *f* front woman; **S.mann** *m* front/straw man
Strom *m* electricity, electric current; **S. abzapfen** to abstract electricity
Strumpfmaske *f* stocking mask
Stück *nt* piece, item; **aus freien S.en** of one's own free will
Stück|preis *m* price per item, unit price; **S.schuld** *f* obligation to supply a particular item
Stufenklage *f* action by stages, multi-stage proceedings
stumm *adj* dumb
stumpf *adj* blunt
stunden *v/t* to grant a respite, ~ an extension
Stundung *f* respite, extension, prolongation/deferment of payment; **S. gewähren** to grant a respite, ~ an extension
Stundungs|frist *f* period of extension/grace; **S.vertrag** *m* letter of respite, extension agreement
Sturzhelm *m* crash helmet
Subjekt *nt* subject; **s.iv** *adj* subjective
Submission *f* submission, tender, bid
Submissions|angebot *nt* tender, bid; **S.bedingungen** *pl* tendering terms; **S.-verfahren** *nt* bidding procedure; **S.vergabe** *f* allocation of a contract, award (of a contract); **auf dem S.weg** by way of tender
Submittent *m* tenderer, bidder
Subrogation *f* subrogation
subsidi|är *adj* subsidiary, subordinate; **S.arität** *f* subsidiarity
Subskri|bent *m* subscriber; **S.ption** *f* subscription
substantiier|en *v/t* to substantiate; **S.ung** *f* substantiation
Substanz *f* substance; **S.minderung; S.verzehr** *f/m* depletion
substitu|ieren *v/t* to substitute; **S.t** *nt* substitute; **S.tion** *f* substitution; **S.tionsmittel** *nt* surrogate
subsum|ieren *v/t* to subsume; **S.tion** *f* subsumption
Subunternehmer *m* sub-contractor
Subvention *f* subsidy; **S.sbetrug** *m* subsidy fraud
subversiv *adj* subversive
Suchanzeige *f* missing-person report
Suche *f* search; **S. nach Schulschwänzern** truancy sweep
suchen *v/t* to search, to look for
Such|gebiet *nt* search area; **S.trupp** *m* search party
Sucht *f* addiction; **S.stoff** *m* narcotic drug
süchtig *adj* addicted; **S.e(r)** *f/m* addict
Suggestivfrage *f* leading question
Sühne *f* atonement, expiation; **S.richter** *m* judge at a conciliation hearing; **S.termin; S.verhandlung** *m/f* conciliation hearing; **S.verfahren** *nt* conciliation proceedings; **S.versuch** *m* attempted conciliation
Suizid *m* suicide
Sukzess|ion f succession; **s.iv** *adj* successive
Summe *f* sum (total), amount; **S.zuwachs** *m* *(Vers.)* reversionary bonus
Surrogat *nt* substitute
Surrogation *f* surrogation, substitution; **S. kraft Gesetzes** substitution by operation of the law; **~ Vereinbarung** surrogation by contract; **dingliche S.** substitution in rem *(lat.)*
suspendier|en *v/t* to suspend/stay; **S.ung** *f* suspension, stay, reprieve
Suspensivbedingung *f* suspensive condition, condition precedent
Swapabschluss *m* swap contract
Sympathisant(in) *m/f* sympathizer
Syndikat *nt* syndicate
Syndikus *m* company lawyer, legal officer

T

tabell|arisch *adj* tabular; **T.e** *f* table, schedule, scale; **T.enform** *f* tabular form; **in ~** in tabular form
Tabu *nt* taboo
Tacho|graph *m* tachograph, spy in the cab *(coll)*; **~ manipulieren** to manipulate the tachograph; **T.meter** *m* speedometer; **T.meterstand** *m* mileage
Tadel *m* reprimand; **t.n** *v/t* to reprimand/rebuke; **t.nswert** *adj* reprehensible
Tag *m* day, date; **am helllichten T.** in broad daylight; **pro T.** per diem *(lat.)*; **T. des Eigentumsübergangs** vesting day; **~ Inkrafttretens** 1. date of commencement; 2. *(Gesetz)* effective date
festgesetzter Tag appointed day; **volle T.e** clear days
Tagegeld *nt* *(Spesenpauschale)* daily allowance

S

tagen *v/i* 1. to be in session, to meet; 2. *(Gericht)* to sit

Tages|einbruch *m* daytime burglary; **T.-licht** *nt* daylight; **bei ~** in daylight; **T.mutter** *f* childminder; **T.wert** *m* current market value

Tagesordnung *f* agenda; **von der T. absetzen** to remove from the agenda; **T. annehmen** to adopt the agenda; **zum nächsten Punkt der T. übergehen** to proceed to the next item on the agenda

Tagesordnungspunkt *m* item on the agenda

Tages|satz *m* *(Spesenpauschale)* daily/per-diem *(lat.)* allowance; **T.schicht** *f* day shift; **T.stempel** *m* date stamp

täglich *adj* daily, per diem *(lat.)*

Tagung *f* conference, convention, meeting; **T. einberufen** to convene a conference; **T.sort** *m* venue

Taktlosigkeit *f* tactlessness

Talar *m* robe, gown

TA-Lärm *f* technical directive on noise pollution control

TA-Luft *f* technical directive on air pollution control

Tanklaster; Tanklastzug *m* tanker

Tante-Emma-Laden *m* corner shop *[GB]*, pop-and-mom store *[US]*, old neighborhood store *[US]*

Tantieme *f* *(Autor/in)* royalty

Tapferkeit *f* bravery, courage

Tarif *m* 1. rate, scale (of charges); 2. *(festgesetzter Einheitspreis)* charge; 3. *(Preis)* rate, tariff; 4. *(Verkehrsmittel)* fare(s); **laut T.** as per tariff

Tarif|abkommen; T.abschluss *nt/m* wage agreement/settlement; **T.auseinandersetzung** *f* wage dispute; **T.autonomie** *f* (free) collective bargaining; **T.freiheit** *f* freedom of collective bargaining; **T.gefüge** *nt* wage bargaining structure; **T.gehalt** *nt* standard salary; **T.gruppe** *f* wage bracket; **T.konflikt** *m* pay dispute

tariflich *adj* negotiated

Tarif|lohn *m* standard wage (rate); **T.partner(in)** *m/f* 1. *pl* employers and employees; 2. *m/f* party to a wage agreement; **T.recht** *nt* collective bargaining law; **t.-rechtlich** *adj* under collective bargaining law; **T.runde** *f* wage/pay round; **T.streit(igkeit)** *m/f* wage dispute; **T.tabelle** *f* scale of charges/rates; **T.unterschied** *m* wage differential; **T.urlaub** *m* collectively agreed holiday; **T.vereinbarung** *f* wage agreement; **T.verordnung** *f* wage and salary ordinance

Tarifvertrag *m* union agreement, collective (wage) agreement; **unternehmensspezifischer ~** house agreement; **T.spartei** *f* party to a wage/pay agreement; **T.srecht** *nt* law governing collective bargaining; **T.zone** *f* fare zone

Tarn|name *m* cover name; **T.organisation** *f* cover organization; **T.ung** *f* 1. camouflage, disguise; 2. *(Identität)* cover

Tasche *f* pocket

Taschen|dieb(in) *m/f* pickpocket; **T.geld** *nt* pocket money; **T.pfändung** *f* levying upon the debtor's purse

Tat *f* 1. *(Handlung)* act, deed; 2. *(Straftat)* crime, offence; **auf frischer T.** red-handed, in the act, flagrante delicto *(lat.)*; **jdn ~ ertappen** to catch so. in the very act, ~ red-handed

rechtswidrige Tat unlawful act; **verhängnisvolle T.** fateful deed

nach Begehung der Tat Beteiligter accessory after the fact; **vor Begehung der T. Beteiligter** accessory before the fact

Tatbegehung *f* commission of the act; **aktuelle T.** crime in progress; **vorsätzliche T.** wilful commission of the act

Tatbestand *m* 1. *(Sachlage)* facts of the matter; 2. *(StR)* actus reus *(lat.)*, (elements of an) offence/crime; 3. *(Verfahrensrecht)* facts of the case; 4. case; **T. erfüllen** to constitute an offence

gesetzlicher Tatbestand statutory definition of an offence; **objektiver T.** substance of a crime

Tatbestands|aufnahme *f* ascertainment of the facts, fact-finding; **T.element** *nt* constituent element; **T.fehler** *m* error in fact; **T.irrtum** *m* factual error/mistake; **T.merkmal** *nt* constituent/operative *[US]* fact (of an offence); **subjektives ~** mental element

Tat|beteiligte(r) *f/m* accomplice; **T.einheit** *f* concurrence of offences, coincidence; **in ~ mit** in conjunction with; **t.enlos** *adj* idle

Täter(in) *m/f* 1. perpetrator, wrongdoer; 2. *(Übertretung)* infringer; 3. *(Verbrechen)* criminal, delinquent; 4. *(Vergehen)* offender; **T. einer zivilrechtlich unerlaubten Handlung** tortfeasor

bewaffneter Täter gunman; **jugendlicher T.** juvenile delinquent/offender;

mutmaßlicher T. suspect; **rückfälliger T.** recidivist; **unbekannter T.** unknown culprit

Täter|mehrheit *f* joint offenders; **T.-Opfer-Ausgleich** *m* restorative justice; **T.schaft** *f* commission of the crime/offence, perpetration (of an offence); **mittelbare ~** perpetration of an offence using an innocent agent; **T.verbindung** *f* link between offenders

Tat|gehilfe *m* accessory; **T.hergang** *m* sequence of events; **T.hilfe** *f* aiding and abetting; **aktive ~** active participation in a crime; **passive ~** connivance

tätig *adj* active, engaged (in); **t. werden** to take action; **t.en** *v/t* to effect/transact

Tätigkeit *f* 1. activity, action; 2. *(Amt)* function; 3. *(Beruf)* job, occupation, employment; 4. *(Arbeit)* work; 5. *(Betrieb)* operation; **auf Erwerb gerichtete T.** gainful employment; **einer geregelten T. nachgehen** to have a regular occupation

abhängige Tätigkeit dependent employment; **anwaltliche T.** advocacy; **bisherige T.** previous career; **berufliche T.** professional occupation; **freiberufliche T.** freelance work; **gefahrgeneigte T.** hazardous occupation; **gewerbliche T.** commercial activity; **hauptberufliche T.** full-time job; **kaufmännische T.** commercial activity; **nachhaltige T.** sustainable activity; **nebenberufliche T.** sideline (job); **selbstständige T.** self-employment; **schöpferische T.** creative work; **umstürzlerische T.** seditious activity

Tätigkeits|bereich *m* field/sphere of activity, **T.bericht** *m* progress report; **T.delikt** *nt* offence by commission; **T.nachweis** *m* (performance) record; **T.vergütung** *f* consideration for labour

Tatirrtum *m* mistake of fact

tätlich *adj* violent; **T.keit** *f* assault (and battery), violence; **T.keiten** *pl* violent acts

Tat|mehrheit *f* joinder of offences, plurality of acts; **T.motiv** *nt* motive (for the act); **T.opfer** *nt* victim

Tatort *m* scene of the crime; **T.aufnahme** *f* crime scene processing; **T.besichtigung** *f* viewing the scene (of the crime)

Tatrekonstruktion *f* reconstruction of an incident

Tatsache *f* fact; **als T. hinstellen** to aver/present as fact; **T.n verdrehen** to distort the facts; **~ vortragen** to state the facts; **den ~ entsprechen** to be consistent with the facts

belastende Tatsache incriminating fact; **beweiserhebliche T.** evidentiary fact; **entscheidende T.** decisive fact; **entlastende T.** exculpatory fact; **feststehende T.** established fact; **nackte T.n** hard facts; **rechtshindernde T.** dispositive fact; **unbestrittene T.** uncontested fact; **vollendete T.** accomplished fact; **wesentliche T.** material fact

Tatsachen|behauptung *f* allegation of fact, factual claim; **T.beweis** *m* factual evidence; **unwissentlich abgegebene T.erklärung** innocent misrepresentation; **falsche T.erklärung** misrepresentation; **T.feststellung** *f* conclusion of fact; **T.geständnis** *nt* admission; **T.instanz** *f* trial court; **T.irrtum** *m* error in fact, factual error; **T.verdrehung** *f* prevarication; **T.vermutung** *f* presumption of fact; **T.vortrag** *m* allegations

tatsächlich *adj* actual, real

Tat|umstand *m* (pertinent) circumstance, circumstance pertaining to an incident; **T.umstände** *pl* evidentiary facts, (set of) circumstances

Tatverdacht *m* suspicion; **es besteht T.** there are grounds for suspicion; **mangels T. freisprechen** to dismiss honourably; **unter dringendem T. stehen** to be under strong suspicion

ausreichender Tatverdacht reasonable grounds for suspicion; **dringender T.** strong suspicion (of an offence); **hinreichender T.** sufficient/reasonable suspicion (of an offence)

tatverdächtig *adj* suspected, under suspicion; **t. sein** to be a suspect, ~ suspected of having committed an offence; **T.e(r)** *f/m* suspect

Tat|vorwurf *m* charge; **~ bestreiten** to deny a charge; **T.waffe** *f* 1. weapon used in a crime; 2. *(Mord)* murder weapon; **T.zeit** *f* 1. time of the crime/incident; 2. *(StR)* material time; **T.zeuge; T.zeugin** *m/f* witness to the crime/incident, incident witness

taub *adj* deaf; **t.stumm** deaf and dumb

Tauf|name *m* Christian name; **T.pate** *m* godfather; **T.patin** *f* godmother; **T.register** *nt* baptismal register; **T.schein** *m* certificate of baptism

tauglich *adj* 1. capable, fit; 2. serviceable, suitable

Tauglichkeit *f* fitness (for use), suitability; **~ zum vertragsgemäßen Gebrauch** fitness for the intended use
Tauglichkeits|gewährleistung *f* warranty of fitness; **T.zeugnis** *nt* certificate of fitness
taumeln *v/i* to stagger
Tausch *m* exchange, swap, barter; **etw. in T. nehmen** to take sth. in exchange; **t.en** *v/t* to exchange/swap/barter
täuschen *v/t* to deceive/mislead/delude; **arglistig t.** to deceive wilfully, to defraud; **t.d** *adj* deceptive
Tausch|geschäft *nt* barter transaction; **T.-handel** *m* barter
Täuschung *f* 1. deceit, deception, hoax, (fraudulent) misrepresentation; 2. *(Irrtum)* error, mistake; **T. über einen wesentlichen Umstand** material deceit; **durch T. erlangen** to obtain by means of deception; **T. verüben** to deceive
absichtliche Täuschung wilful deceit; **arglistige T.** fraud, fraudulent misinterpretation, malicious deception/deceit; **vorsätzliche T.** wilful deceit
Täuschungs|absicht *f* intent/intention to deceive; **T.gefahr** *f* threat of deception; **T.handlung** *f* act of deception; **T.manöver** *nt* ploy, ruse; **T.versuch** *m* attempt to deceive
Tausch|verfahren *nt* exchange procedure; **T.vertrag** *m* barter agreement; **T.verwahrung** *f* exchangeable custody
taxieren *v/t* to appraise/assess/value
Taxistand *m* taxi rank
Teil *m* 1. part; 2. *(Anteil)* portion, share; **gebührender T.** appropriate share; **zu gleichen T.en** in equal parts; **klagender T.** suing party; **schuldiger T.** guilty party; **der schuldige T.** the party at fault; **streitender T.** litigating party; **wesentlicher T.** substantive part
Teil|abschnitt *m* subsection; **T.abtretung** *f* partial assignment; **T.amortisationsvertrag** *m* partial amortization contract; **T.-anmeldung** *f (Patentrecht)* divisional application; **T.annahme** *f* partial acceptance; **T.ansicht** *f* partial view; **t.bar** *adj* divisible, separable, severable; **T.barkeit** *f* divisibility; **T.bescheid** *m* interim decision; **T.besitz** *m* part possession; **T.betrag** *m* partial amount; **T.beweis** *m* partial evidence; **T.chen** *nt* particle
Teileigen|tum *nt* part-ownership; **T.tümer(in)** *m/f* part-owner
teilen *v/t* to divide/separate
Teil|entschädigung *f* part-compensation; **T.erfüllung** *f* part-performance; **T.forderung** *f* part-claim
teilhaben *v/i* to participate, to have a share (in)
Teilhaber(in) *m/f* 1. associate, participant, participator; 2. *(OHG, KG)* partner; 3. *(GmbH)* shareholder; **T. abfinden** to buy out a partner; **geschäftsführende(r) T.** acting/managing partner; **stille(r) T.** dormant/silent/sleeping partner
Teilhaber|schaft *f* partnership, participation; **T.schuld** *f* partner's debt
Teil|hafter(in) *m/f* limited partner (KG); **T.haftung** *f* limited liability; **T.hypothek** *f* part-mortgage; **T.indossament** *nt* partial endorsement; **T.invalidität** *f* partial disability; **T.kaskoversicherung** *f* part-comprehensive insurance cover(age); **T.klage** *f* action for a part of the claim; **T.leistung** *f* part-performance; **T.lieferung** *f* part-delivery
Teilnahme *f* 1. *(allg.)* participation (in); 2. *(Veranstaltung)* attendance (at); 3. *(StR)* complicity; 4. *(Mitgefühl)* sympathy; **T. an einer Straftat** complicity in a criminal offence
Teilnahme|bedingung *f* entry condition; **t.berechtigt** *adj* eligible; **T.berechtigung** *f* right to participate, eligibility; **T.bestätigung** *f* certificate of attendance
teilnahmslos *adj* apathetic, indifferent
teilnehm|en *v/i* to be a party (to sth.), to participate (in), to take part (in); **~ an** *v/i* 1. to share in; 2. to participate in; **T.er(in)** *m/f* 1. *(StR)* accessory, accomplice; 2. participant, participator
Teilnichtigkeit *f* partial nullity, severability; **T.sklausel** *f* severability clause
Teil|pacht *f* share tenancy; **T.pächter** *m* sharecropper
Teilrücktritt *m* partial cancellation/rescission; **T.schaden** *m* partial loss; **T.schuldner(in)** *m/f* joint debtor; **T.strecke** *f* section
Teilung *f* 1. division, partition, splitting; 2 *(Aufteilung)* sharing
Teilungs|anordnung *f* testator's instructions to apportion the estate; **T.auflassung** *f* deed of partition; **T.genehmigung** *f* permission for a partition (of land); **T.klage** *f (Grundstück)* action for partition; **T.masse** *f* estate to be apportioned; **T.plan** *m*

scheme of partition; **T.sache** *f* partition case; **T.urkunde** *f* deed of partition; **T.vertrag** *m* deed of separation/partition
Teil|unmöglichkeit *f* partial impossibility; **T.urteil** *nt* part-judgment, partial verdict; **T.verlust** *m* partial loss; **T.verurteilung** *f* verdict on a part of the charge; **T.verweisung** *f* partial referral; **T.verzicht** *m* part-waiver; **T.vollstreckung** *f* execution in parts
Teilzahlung *f* instalment, part-payment; **auf T. kaufen** to buy on hire-purchase *[GB]*/deferred *[US]* terms
Teilzahlungs|darlehen *nt* instalment loan; **T.kredit** *m* instalment loan; **T.verkauf** *m* deferred payment sale *[US]*; **T.verpflichtung** *f* hire-purchase commitment; **T.vertrag** *m* hire-purchase agreement
Teilzeit *f* part-time; **t.beschäftigt** *adj* employed part-time; **T.arbeit** *f* part-time work; **T.beschäftigung** *f* part-time employment; **T.kraft** *f* part-timer; **T.wohnrecht** *nt* time-share; **T.wohnrechtsgesetz** *nt* law on time-shares
Telefon *nt* telephone; **T.beantworter** *m* answerphone; **T.geheimnis** *nt* secrecy of telephone communications; **T.seelsorge** *f* The Samaritans *[GB]*; **T.überwachung** *f* telephone tapping/surveillance; **T.zelle** *f* phone booth/box
Telekommunikation *f* telecommunication(s)
Tempo *nt* speed; **T.limit** *nt* speed limit; **T.-sünder(in)** *m/f* driver caught speeding, speed merchant *(coll)*
Tendenz *f* tendency
Tenor *m* tenor, substance; **T. eines Urteils** operative provisions of a judg(e)ment
Termin *m* 1. date, appointed time; 2. *(Fristende)* deadline; 3. *(verabredeter Zeitpunkt)* appointment; 4. *(Verhandlungstermin)* (date of) hearing, trial date
Termin anberaumen to fix a date/hearing; **T. einhalten** to meet the deadline; **zu einem bestimmten T. fällig werden** to mature on a particular date; **T. festsetzen** to fix a date; **T. überschreiten** to exceed the deadline; **T. vereinbaren** to arrange an appointment; **T. verlegen/verschieben** to adjourn/postpone
festgesetzter Termin appointed day; **letzter T.** deadline
Termin|ablauf *m* *(Fristende)* expiry of a deadline; **T.bestimmung** *f* fixing (of) a deadline; **t.gemäß; t.gerecht** *adj* in due time, on schedule; **T.planung** *f* scheduling; **T.verlängerung** *f* extension; **T.verlegung** *f* adjournment (of the trial); **T.versäumnis** *nt* non-appearance, failure to appear; **T.vertrag** *m* futures contract
Territorial|itätsprinzip *nt* principle of territoriality; **T.staat** *m* territorial state
Terror *m* terror; **T.angriff** *m* terrorist raid; **t.isieren** *v/t* 1. to terrorize; 2. *(einschüchtern)* to intimidate; 3. to mob
Terrorismus *m* terrorism; **dem T. abschwören** to renounce terrorism; **T.bekämpfung** *f* fight against terrorism
terroristisch *adj* terrorist
Testament *nt* will, last will and testament, testament; **sein T. ändern** to alter one's will; **T. aufsetzen** to draw up a will; **T. ausführen** to carry out the provisions of a will; **T. eröffnen** to open a will; **T. errichten/machen** to draw/make up a will; **ohne T. sterben** to die intestate; **T. umstoßen** to vitiate a will; **T. unterschlagen** to suppress a will; **durch T. vermachen** to bequeath; **T. vollstrecken** to execute a will; **T. widerrufen** to revoke a will
anfechtbares Testament voidable will; **außerordentliches T.** nuncupative will; **eigenhändiges/holographisches T.** holographic will; **gegenseitiges T.** mutual/reciprocal will (of spouses); **gemeinsames/gemeinschaftliches T.** joint will; **gültiges T.** valid will; **jüngeres T.** later will; **mündliches T.** nuncupative will; **öffentliches T.** notarial will; **reziprokes/wechselbezügliches T.** reciprocal will; **widerrufliches T.** ambulatory will
testamentarisch *adj* testamentary
Testaments|anfechtung *f* avoidance of/contesting a will; **T.auslegung** *f* construction/interpretation of a will; **T.ausschlagung** *f* disclaimer of a testamentary gift; **T.bestätigung** *f* probate; **formelle ~** probate; **T.bestimmung** *f* provision of a will; **T.erbe** *m* testamentary heir; **T.eröffnung** *f* opening/reading (of) the will; **T.errichtung** *f* making (of) a will; **T.hinterlegung** *f* deposit of a will; **T.nachtrag** *m* codicil; **T.recht** *nt* probate law; **T.sache** *f* probate case; **streitige T.sachen** contentious probate proceedings; **T.vollstrecker** *m* executor; **T.vollstreckerin** *f* executrix; **T.vollstreckung** *f* execution of a will; **T.-widerruf** *m* revocation of a will; **T.zeuge** *m* witness to a will

T

Testat *nt* attestation, testimonial; **T.or** *m* testator; **T.orin** *f* testatrix

testier|en *v/i* 1. to attest/certify; 2. to make a will; **t.fähig** *adj* having testamentary capacity, testable, capable of making a will; **T.fähigkeit** *f* testamentary/disposing *[US]* capacity; **T.freiheit** *f* testamentary freedom; **T.unfähigkeit** *f* testamentary incapacity

Teuerungszuschlag *m* surcharge

Text *m* 1. text; 2. *(Wortlaut)* wording; 3. tenor; **maßgeblicher/verbindlicher T.** authoritative text; **T.änderung** *f* amendment of a text

Textilfaser *f* textile fibre

thesaurier|en *v/t* to retain; **T.ung** *f* retention

Tier *m* animal; **wilde T.e** wild animals

Tier|arzt;T.ärztin *m/f* veterinary surgeon, vet *(coll)*; **T.aufseher** *m* animal keeper; **T.halter(in)** *m/f* keeper of an animal; **T.-halterhaftung** *f* liability for animals; **T.haltung verboten** *f* no pets allowed; **T.-kauf** *m* purchase of an animal; **T.quälerei** *f* cruelty to animals; **T.schaden** *m* damage caused by animals; **T.schadenshaftung** *f* liability for damage caused by animals; **T.schutz** *m* protection of animals; **T.schutzgesetz** *nt* animal protection act; **T.schützer(in)** *m/f* animal rights activist; **T.seuchengesetz** *nt* Epizootic Diseases Act *[GB]*

tilg|bar *adj* repayable, redeemable, amortizable; **t.en** *v/t* to redeem/repay/amortize

Tilgung *f* 1. repayment, redemption, amortization; 2. *(Auslöschung)* extinction; **T. der Verpflichtungen** discharge of liabilities

Tilgungs|recht *nt* right of redemption; **T.-termin** *m* redemption date

Tipp *m* hint, tip-off

reinen Tisch machen *m* to clean the slate, to wipe the slate clean

Titel *m* 1. heading; 2. *(Gesetzesbezeichnung)* title; 3. *(vollstreckbarer Rechtsanspruch)* title, enforceable instrument; **T. erwirken** to obtain judgment

rechtskräftiger Titel valid title; **vollstreckbarer T.** enforceable title

Titelschutz *m* copyright protection

tituliert *adj* legally emforceable

Tochtergesellschaft *f* subsidiary (company/firm)

Tod *m* death, demise; **von T.es wegen** mortis causa *(lat.)*; **T. eines Abkömmlings** death of a descendant; **T. oder Geschäftsunfähigkeit des Antragenden** death or incapacity of the applicant; **T. des Auftraggebers** death or incapacity of the principal; **~ Beauftragten** death of the agent; **~ Berechtigten** death of the entitled party; **T. eines Beteiligten** death or incapacity of a party involved; **~ überlebenden Ehegatten** death of the surviving spouse; **~ Elternteils** death of a parent; **T. durch Erfrieren** death from exposure/hypothermia; **~ Erschießen** execution by firing squad; **~ Ersticken** asphyxiation; **~ Ertrinken** death by drowning; **~ Fahrlässigkeit** negligent homicide; **T. eines Gesellschafters** death of a partner; **T. des Nießbrauchers** death of the usufructuary; **~ Pächters** death of the tenant; **T. im Polizeigewahrsam** death in custody; **T. durch den Strang** death by hanging; **~ Stromschlag** electrocution; **~ Unfall** accidental death; **~ Unterkühlung** death from exposure/hypothermia; **~ Vernachlässigung** death caused by negligence

jds Tod feststellen to pronounce so. dead; **jdn zum T.e verurteilen** to sentence so. to death

natürlicher Tod natural death; **t.bringend** *adj* lethal, deadly

Todes|anzeige *f* *(Zeitung)* obituary (notice); **T.beweis** *m* proof of death; **T.drohung** *f* death threat; **T.erklärung** *f* declaration of death; **T.ermittlungen** *pl*; **T.ermittlungsverfahren** *nt* inquest

Todesfall *m* (case/event of) death; **im T.** in the event of death; **ungeklärter T.** unresolved case of death

mit Todes|folge *f* resulting in death; **T.gefahr** *f* mortal danger; **T.kommando** *nt* death squad; **T.nachweis** *m* proof of death; **T.opfer** *nt* (fatal) casualty; **T.schuss** *m* fatal shot; **gezielter ~** shot to kill; **T.schütze** *m* person firing the fatal shot; **T.spritze** *f* lethal injection; **T.stoß** *m* deathblow; **jdm den ~ versetzen** to deal so. the deathblow; **T.strafe** *f* death sentence/penalty, capital punishment; **T.tag** *m* day/date of death; **T.trakt** *m* death row; **im ~ sitzen** to be on death row; **T.ursache** *f* cause of death; **T.urteil** *nt* death sentence; **T.vermutung** *f* presumption of death; **T.zeit** *f*

time of death; **T.zeitfeststellung** *f* determination of the time of death
tod|geweiht *adj* doomed; **t.krank** *adj* terminally ill
tödlich *adj* deadly, fatal, lethal, mortal
Toleranzklausel *f* minor merger/deviation clause
Toll|wut *f* rabies; **t.wütig** *adj* rabid
Ton *m* sound; **T.aufnahme** *f* sound recording
tot *adj* dead; **t. geboren** stillborn; **jdn für t. erklären** to declare so. dead; **t. umfallen** to drop dead; **t. zusammenbrechen** to collapse and die
Total|schaden; T.verlust *m* total loss, write-off; **angenommener ~** constructive total loss
Tote(r) *f/m* 1. body, dead person; 2. *(Todesopfer)* fatality; **unbekannter T.** unknown dead person
töten *v/t* to kill; **T.** *nt* killing
Toten|bett *nt* deathbed; **T.schein** *m* death certificate; **T.starre** *f* rigor mortis *(lat.)*; **T.wache** *f* wake
Tot|geburt *f* stillbirth; **T.geglaubte(r)** *f/m* person presumed dead
Totschlag *m* manslaughter, homicide *[US]*; **T. im Affekt** unpremeditated homicide (upon provocation); **versuchter T.** attempted manslaughter
Tot|schläger *m* 1. blackjack *[US]*, cosh *[GB]*; 2. person convicted of manslaughter; **etw. t.schweigen** *v/t* to hush sth. up; **jdn t. treten** *v/t* to trample so. to death
Tötung *f* killing, homicide, manslaughter; **T. als Folge eines Unglücksfalles** homicide by misadventure; **T. der Leibesfrucht** abortion, feticide; **T. aus Notwehr** killing in self-defence; **T. auf Verlangen** killing on demand, ~ so. at his own request, assisted suicide
erlaubte Tötung justifiable homicide; **fahrlässige T.; unbeabsichtigte T.; zufällige T.** involuntary manslaughter/homicide, negligent homicide *[US]*; **rechtswidrige T.** unlawful killing; **vorsätzliche T.** wilful homicide/killing, voluntary manslaughter
Tötungs|absicht *f* intent/intention to kill; **T.delikt** *nt* culpable homicide; **versuchtes ~; T.versuch** *nt/m* attempted manslaughter/homicide; **T.vorsatz** *m* intent to kill
toxisch *adj* toxic

T

Traditionspapier *nt* negotiable instrument
tragen *v/t* 1. *(Kleidung)* to wear; 2. *(Kosten)* to defray; 3. *(mit sich führen)* to carry (sth. on/with one); 4. *(Folgen, Kosten, Risiko)* to bear/take
Träger *m* 1. agency; 2. *(Inhaber)* bearer, holder; 3. *(Institution)* funding body; **T. öffentlicher Gewalt** agency in whom state power is vested; **T. der Rentenversicherung** pension insurance scheme
Tragweite *f* significance; **T. einer Entscheidung** scope of a decision
Tränengas *nt* tear gas
Trans|aktion *f* transaction; **T.fer** *m* transfer
Transit *m* transit; **T.güter** *pl* goods in transit
trans|national *adj* transnational; **T.parent** *nt* *(Spruchband)* banner; **T.parenz** *f* transparency; **T.plantation** *f* transplant
Transport m transport *[GB]*, transportation *[US]*; **T.bedingungen** *pl* transport terms, terms and conditions of transport; **T.diebstahl** *m* pilfering during transit; **T.gefahr** *f* transport hazard/risk; **T.gefährdung** *f* endangering (of) transport; **T.haftung** *f* carrier's liability; **T.haftpflichtgesetz** *nt* carrier's liability act; **T.recht** *nt* transport(ation) law; **T.schaden** *m* damage in transit; **T.unternehmer** *m* haulage contractor; **T.unternehmerhaftung** *f* carrier's liability; **T.vertrag** *m* contract of carriage; **T.unternehmen** *nt* carrier, haulage company; **T.weg** *m* transport route; **auf dem ~** in transit
Trass|ant *m* drawer; **T.at** *m* drawee
Tratte *f* draft, bill of exchange
Trauer|anzeige *f* death notice; **T.fall** *f* bereavement; **T.feier** *f* funeral service
Trau|schein *m* marriage certificate; **T.ung** *f* marriage (ceremony), wedding
Treffpunkt *m* *(Gruppe)* hangout
Treib|gut *nt* flotsam and jetsam; **T.hauseffekt** *m* greenhouse effect
trennbar *adj* separable; **T.keit** *f* separability
trennen *v/t* to sever/separate; **sich t.** *v/refl* 1. to split up; 2. *(Eheleute)* to separate; **sich von etw. t.** to part with sth.; **~ jdm t.** to split up with so.
Trennung *f* separation, severance; **T. der Gewalten** separation of powers; **T. von Tisch und Bett** judicial separation, separation a mensa et thoro *(lat.)*

einverständliche Trennung separation by consent; **gerichtliche T.** judicial separation

Trennungs|entschädigung; T.zulage *f* severance pay

Trennwand *m* partition (wall)

Tresorraum *m* strongroom, vault

treu *adj* loyal; **T. und Glauben** good faith; **auf ~** in good faith, on trust; **gegen/wider ~** in breach of good faith; **nach ~** bona fide *(lat.)*

Treubruch *m* breach of faith

Treue *f* allegiance, fidelity, loyalty; **eheliche T.** conjugal fidelity

Treue|eid *m* oath of allegiance; **T.pflicht** *f* duty of allegiance; **~ des Arbeitnehmers** employee's duty of good faith; **T.verhältnis** *nt* fiduciary relation(ship)

Treu|geber *m* trustor, entruster, donor; **T.gut** *nt* trust property; **T.hand** *f* trust; **T.handanstalt** *f* trust agency; **T.handeigentum** *nt* trust property; **T.handverwaltung** *f* administration of a trust

Treuhänder(in) *m/f* trustee, fiduciary; **T. bestellen/einstellen** to appoint a trustee; **richterlich bestellter T.** judicial trustee; **mutmaßlicher T.** constructive trustee

Treuhänder|eigenschaft *f* fiduciary capacity; **T.haftung** *f* trustee's liability

treuhänderisch *adj* fiduciary, on trust; **etw. t. verwalten** to hold sth. in escrow

Treuhand|gesellschaft *f* trust company; **T.konto** *nt* escrow account; **T.schaft** *f* trusteeship; **T.urkunde** *f* trust instrument; **T.verhältnis** *nt* fiduciary relationship; **T.-vermögen** *nt* trust property; **T.vertrag** *m* trust agreement; **T.verwaltung** *f* trusteeship

Treupflicht *f* loyalty

Tribunal *nt* tribunal

Trick *m* trick; **T.betrüger(in)** *m/f* confidence trickster

Trieb *m* instinct; **T.kraft** *f* driving force; **T.-täter(in)** *m/f* compulsive offender; **T.verlangen** *nt* instinctive urge

triftig *adj* cogent, conclusive, valid; **T.keit** *f* cogency, conclusiveness

Triplik *f* surrejoinder

Trost *m* comfort, consolation

trotz *prep* notwithstanding

Trotz *m* defiance

Trugschluss *m* fallacy, false conclusion

Trümmer *pl* 1. *(Schutt)* debris; 2. *(Wrackteile)* wreckage

Trunkenheit *f* drunkenness, inebriation, intoxication; **T. am Steuer; T. im Straßenverkehr** driving under the influence (of alcohol), drunken driving, driving while intoxicated (DWI), ~ under the influence of alcohol, drink-driving

Trunk|sucht *f* alcoholism; **T.süchtige(r)** *f/m* alcoholic

Tumult *m* disturbance, commotion, uproar; **T.schäden** *pl* riot damage

Tun *nt* action; **t.lich** *adj* expedient; **für ~ halten** to see/think fit

Turnus *m* turn, rota; **im T.** in rotation; **t.-mäßig** *adj* in turn

TÜV (Technischer Überwachungsverein) *m* MOT *(Ministry of Transport test) [GB]*; **durch den T. kommen** to pass the MOT; **T.-Plakette** *f* MOT decal/certificate, inspection sticker *[US]*; **T.-Prüfung** *f* Ministry of Transport test (MOT) *[GB]*

Typengenehmigung *f* type approval

tyrannisieren *v/t* to tyrannize

U

u.a. (unter anderem) inter alia *(lat.)*

Übel *nt* wrong, evil; **Ü.tat** *f* misdeed, wrong; **Ü.täter(in)** *m/f* wrongdoer, malefactor

über ... hinaus *prep* in excess of ...

überantwort|en *v/t* 1. *(Sache)* to deliver up, to hand over; 2. *(der Polizei übergeben)* to surrender; **Ü.ung** *f* surrender

überarbeiten *v/t* to revise/rework; **sich ü.** *v/refl* to overwork os.

Überarbeitung *f* revision

Überbau *m* *(Grundstücksgrenze)* building over one's boundary, encroachment on adjoining land

überbauen *v/i* to build beyond one's boundary; **etw. mit etw. ü.** to build sth. over sth.

über|beanspruchen *v/t* to overstrain/overtax; **ü.bewerten** *v/t* to overvalue/overrate; **ü.bieten** *v/t* *(Angebot)* to outbid

Überbringer(in) *m/f* *(Scheck)* bearer; **Ü.-klausel** *f* bearer clause

Überbrückungs|kredit *m* bridging loan; **Ü.maßnahmen** *pl* interim measures; **Ü.-regelung** *f* interim arrangement

überdenken *v/t* to reconsider
übereignen *v/t* 1. to assign, to transfer title/ownership; 2. *(Grundbesitz)* to convey
Übereignung *f* 1. assignment, transfer of title/ownership; 2. conveyance; 3. *(Urkunde)* bill of sale; **Ü. eines Grundstücks** conveyance of a property; **Ü. im Todesfall** transfer on death
Übereignungsurkunde *f* 1. deed of assignment; 2. deed of conveyance; 3. bill of sale
übereinkommen *v/t* to agree
Übereinkommen *nt* 1. *(Übereinkunft)* understanding; 2. *(Vereinbarung, Übereinstimmung)* accord, agreement; 3. *(Abkommen)* convention, agreement; 4. *(Vertrag)* treaty; 5. *(Vergleich)* composition; **Ü. über den Zivilprozess** civil procedure agreement; **mit jdm ein Ü. treffen** to enter into an agreement with so.
internationales Übereinkommen international treaty; **stillschweigendes Ü.** implicit/tacit agreement
Übereinkunft *f* understanding, arrangement, agreement, accord; **Ü. erzielen** to reach (an) agreement; **in gegenseitiger Ü.** by mutual agreement
übereinstimmen *v/i* 1. *(Meinung)* to agree/concur; 2. *(entsprechen)* to conform to, to accord/correspond with; 3. *(sich gleichen)* to match
übereinstimmend *adj* 1. *(Meinung, Vermutung)* concurrent, concurring; 2. *(vereinbar, entsprechend)* consistent (with); 3. *(gemäß)* in accordance (with); 4. *(sich gleichend)* matching; 5. *(einhellig)* unanimous
Übereinstimmung *f* 1. *(Meinung)* agreement, concurrence, consensus, accord; 2. *(Gleichheit)* conformity, correspondence; 3. *(Vereinbarkeit)* congruity; **in Ü. mit** in accordance/conformity with; **Ü. der Abschrift mit dem Original bestätigen** to certify the conformity of the copy with the original; **Ü. von Merkmalen** congruity of features; **mangelnde Ü.** disagreement
jdn überfahren *v/t* to run so. over, to knock so. down
Überfall *m* 1. *(auf der Straße)* mugging; 2. *(Bank)* raid, hold-up; 3. *(Raubüberfall)* robbery; **Ü. machen** to (carry out a) raid; **hinterlistiger Ü.** insidious attack, perfidious assault; **Ü.kommando** *nt* flying squad *[GB]*

U

überfallen *v/t* 1. to mug; 2. to raid
über|fällig *adj* overdue; **ü.flüssig** *adj* redundant, superfluous
jdn überführen *v/t* *(StR)* to prove so.'s guilt, to find so. guilty, to convict so.
Überführung *f* 1. *(StR)* conviction; 2. *(Immobilie)* conveyance; 3. *(Verkehr)* flyover *[GB]*, overpass *[US]*; 4. *(Transport)* transfer, transport; **Ü. in Gemeineigentum** nationalization; **Ü.sstück** *nt* exhibit, corpus delicti *(lat.)*
Übergabe *f* 1. *(Übergeben)* delivery (of possession); 2. *(Aushändigung)* handing over; 3. *(Vorlage)* submission; 4. *(Aufgabe)* surrender; 5. *(Übertragung)* transfer; **zahlbar bei Ü.** cash *[GB]*/collect *[US]* on delivery (c.o.d.)
Übergabe zu treuen Händen an einen Dritten *(Urkunde)* delivery in escrow; **Ü. einer Sache** delivery of a thing; **~ Schrift** surrender of a document; **Ü. als Sicherheit** delivery by way of security; **Ü. der Ware** delivery of the merchandise
bedingungslose Übergabe unconditional surrender; **eigenhändige Ü.** personal delivery; **mittelbare Ü.** constructive delivery; **tatsächliche Ü.** actual delivery; **unmittelbare Ü.** delivery by hand; **Ü.klausel** *f* delivery clause; **Ü.protokoll** *nt* certificate/record of delivery
Übergang *m* 1. *(Recht)* transfer, devolution, transmission; 2. *(Heimfall)* reversion; 3. *(Verkehr)* crossing; **Ü. auf Dritte** devolution to third parties; **Ü. des Eigentums** transfer/devolution of title; **Ü. der Forderung** transfer of the claim; **Ü. von Forderungen** devolution of claims; **Ü. der Gefahr** passing/passage of risk; **Ü. von Todes wegen** transfer by death; **~ Vermögen** transfer of property; **schienengleicher Ü.** *(Bahn)* grade *[US]*/level *[GB]* crossing
Übergangs|bestimmungen *pl* transitional provisions, provisional regulations; **Ü.entschädigung** *f* severance benefit; **Ü.frist** *f* period of transition, transition(al) period; **Ü.gesetz** *nt* interim act, transitional statute; **Ü.maßnahmen** *pl* transitional measures; **Ü.recht** *nt* transitional law; **~ für Verfahren** transitional law for procedures; **Ü.regelung** *f* transitional arrangement/provision; **Ü.regierung** *f* caretaker/interim government; **Ü.stadium** *nt* state of transition; **Ü.vor-**

schrift *f* transitional provision; **Ü.zahlung** *f* interim payment; **Ü.zeit** *f* interim/transitional period; **Ü.zustand** *m* transitional stage

übergeben *v/t* 1. *(aushändigen)* to hand over; 2. *(der Polizei)* to surrender

Übergebot *nt* higher bid, outbidding

übergehen *v/t* 1. *(überwechseln)* to move (on to); 2. *(Rechte)* to devolve (upon); 3. *(Erbe)* to pass (to); 4. *(nicht berücksichtigen)* to ignore/neglect; 5. *(auslassen)* to omit/skip/pass (over); **zu etw. ü.** to proceed to (doing) sth.

Übergeh|en *nt* *(Rechte)* devolution; **Ü.ung** *f* omission, passing over

übergesetzlich *adj* above statute law, extra-statutory

Übergriff *m* 1. *(Eingriff, Verletzung)* encroachment, infringement; 2. *(Eindringen)* incursion; 3. *(Verletzung, Störung)* trespass

Über|hang *m* surplus; **ü.hängen** *v/i (hinausragen)* to hang over

überhöht *adj* *(Preis)* exorbitant

überholen *v/t* 1. *(reparieren)* to overhaul/recondition; 2. *(Verkehr)* to overtake/pass

Überholen *nt* 1. *(Verkehr)* overtaking; **Ü. verboten** no overtaking*[GB]*/passing *[US]*; **falsches Ü.** incorrect overtaking

Überhol|manöver *nt* overtaking manoeuvre; **Ü.spur** *f* fast lane

überholt *adj* outdated, obsolete

überholungsbedürftig *adj* in need of overhaul

Überholverbot *nt* prohibition of overtaking

überlassen *v/t* 1. *(verzichten)* to relinquish; 2. *(abtreten, nachgeben)* to cede/yield; 3. *(preisgeben, aufgeben)* to abandon/surrender; 4. *(übertragen)* to transfer; 5. *(anvertrauen)* to commit/entrust; 6. *(in Obhut geben)* to leave; **entgeltlich ü.** to to sell for a consideration; **mietweise ü.** to let

Überlassung *f* 1. *(Abtretung, Verzicht)* cession, surrender, relinquishment; 2. *(Übertragung)* transfer; 3. *(Grundstück)* demise; 4. *(Eigentum)* delivery; **Ü. des Besitzes** surrender of possession; **Ü. an Dritte** delivery to third parties

Überlassungs|urkunde *f* instrument of transfer; **Ü.vertrag** *m* agreement of transfer of possession

überleben *v/t* to survive; **Ü.** *nt* survival; **Ü.de(r)** *f/m* survivor

Überlebens|chance *f* chance of survival; **ü.fähig** *adj* able to survive; **im Ü.fall** *m* in case of survival; **Ü.vermutung** *f* presumption of survival

überleg|en *v/t* to consider; **ü.t** *adj* considered

Überlegung *f* consideration; **nach eingehender Ü.** on close examination; **~ sorgfältiger Ü.** after careful deliberation; **Ü.sfrist** *f* 1. time for reflection, ~ to consider; 2. cooling-off period

überleit|en *v/t* to transfer; **Ü.ung** *f* transition

Überleitungs|gesetz *nt* transition(al) act; **Ü.vertrag** *m* treaty of transition; **Ü.vorschriften** *pl* transitional regulations

übermäßig *adj* excessive

Übermaßverbot *nt* rule of reasonableness, prohibition of excessive (re)action

übermitteln *v/t* to transmit

Übermittlung *f* transmission; **falsche Ü.** false transmission; **Ü.sirrtum** *m* error of transmission

Übernahme *f* 1. *(Besitznahme)* taking possession; 2. *(Unternehmen)* takeover; 3. *(Risiko, Verantwortung)* assumption; 4. *(Annahme)* acceptance, taking delivery; **Ü. einer Erbschaft** accession to an estate, coming into an inheritance; **~ Garantie** assumption of a warranty/guarantee; **Ü. der Ordnungsgewalt** assumption of police powers

Übernahme|beschluss *m* takeover resolution; **Ü.haftung** *f* taker's liability; **Ü.klage** *f* takeover action/suit; **Ü.konnossement** *nt* received-for-shipment bill of lading (B/L); **Ü.konsortium** *nt (Vers.)* underwriting syndicate; **Ü.pflicht** *f* duty to accept; **Ü.recht** *nt* law on takeovers; **Ü.vertrag** *m* 1. takeover agreement; 2. *(Vers.)* underwriting agreement

übernehmen *v/t* 1. *(Fall, Verteidigung)* to take on; 2. *(Aufgabe)* to undertake; 3. *(Verantwortung, Risiko)* to assume; 4. *(Führung)* to take over

Übernehmer *m* transferee, assignee

überparteilich *adj* non-partisan

Überpfändung *f* excessive distraint

überprüfbar *adj* verifiable

überprüfen *v/t* 1. *(Person)* to screen/vet; 2. to examine/check/inspect; 3. *(erneut bedenken)* to reconsider/review

Überprüfung *f* 1. *(Entscheidung, Lage)* review; 2. examination, inspection; **Ü. durch**

die ordentlichen Gerichte judicial review; **Ü. von Gesetzen auf Verfassungsmäßigkeit** judicial review; **Ü. der Quoten** review of quotas; **Ü. durch die Rechtsmittelinstanz** review on appeal; **Ü. der Renten** review of pensions
erneute Überprüfung re-examination; **gerichtliche Ü.** judicial review
überprüfungs|pflichtig *adj* subject to inspection; **Ü.recht** *nt* right of review
unachtsames/verkehrswidriges Überqueren der Straße careless crossing of the road, jaywalking *(coll)*
überrasch|end *adj* surprising; **Ü.ung** *f* surprise
überreden *v/t* to persuade
Überredung *f* persuasion; **Ü. zum Vertragsbruch** inducement to breach a contract
Überrest *m* remainder; **jds sterbliche Ü.e** so.'s (mortal) remains
uberrimae fidei *(lat.)* in the utmost faith
überschätzen *v/t* to overestimate
Überschlag *m* *(Berechnung)* estimate
sich überschneid|en *v/refl* to overlap; **Ü.ung** *f* overlapping, collision
überschreib|en *v/t* to transfer in writing, ~ by deed, to convey; **etw. auf jdn ü.en** to make/sign over sth. to so.
Überschreibung *f* conveyance
überschreiten *v/t* to exceed, to go beyond; **Ü. der zulässigen Fahrgeschwindigkeit/Höchstgeschwindigkeit** *nt* exceeding (of) the speed limit
Überschreitung *f* *(Verletzung)* transgression, exceeding; **Ü. der Amtsbefugnisse** exceeding (of) official powers; **~ Befugnisse** acting ultra vires *(lat.)*, exceeding one's authority/powers; **~ Notwehr** excess of justifiable self-defence; **~ Vollmacht** exceeding of powers
Überschrift *f* title, heading
überschuld|et *adj* overindebted; **Ü.ung** *f* overindebtedness, excessive debts, overgearing, overleverage
Überschuss *m* surplus; **Ü.bonus** *m* *(Vers.)* reversionary bonus
übersend|en *v/t* to forward; **Ü.ung** *f* forwarding; **Ü.ungsbericht** *m* prosecution's report upon criminal appeal
übersetzen *v/t* to translate
Übersetzer(in) *m/f* translator; **beeidigte(r)/vereidigte(r) Ü.** sworn translator; **freiberufliche(r) Ü.** freelance translator
Übersetzung *f* translation; **beglaubigte Ü.** certified translation; **maßgebliche Ü.** authoritative translation
Übersetzungs|fehler *m* translation error; **Ü.rechte** *pl* translation rights
Übersicht *f* overview, survey
Überspringen *nt* *(Instanzen)* leapfrogging; *v/t* to leapfrog
überstaatlich *adj* supranational
überstehen *v/i* *(herausragen)* to project, to jut out
übersteigen *v/t* to exceed
überstell|en *v/t* 1. *(Haft)* to commit/remand; 2. *(Gefangene)* to rendite; 3. to transfer; **Ü.ung** *f* 1. remand, commitment, committal; 2. rendition; 3. transfer
überstimmen *v/t* 1. to overrule; 2. to outvote
Überstunden *pl* overtime; **Ü. machen** to work overtime; **Ü.zuschlag** *m* overtime allowance/bonus
etw. überstürzen *v/t* *(Entscheidung)* to rush sth.
überstürzt *adj* *(unbesonnen, voreilig)* rash
übertariflich *adj* above the agreed/union rate
jdn übertölpeln *v/t* to dupe so., to take so. in, to pull a fast one on so. *(coll)*
übertragbar *adj* 1. *(Rechte)* assignable, transferable, alienable, conveyable; 2. *(begebbar)* negotiable; 3. *(Krankheit)* contagious, infectious
Übertragbarkeit *f* 1. assignability, transferability; 2. contagiousness, infectiousness
übertragen *v/t* 1. *(Rechte, Forderungen)* to assign/transfer; 2. *(Grundbesitz)* to convey; 3. *(Grundstück auf Zeit)* to demise; 4. *(testamentarisch)* to devise; 5. *(Wechsel)* to negotiate; 6. *(Befugnis)* to confer; 7. *(Radio)* to broadcast; 8. *(Krankheit)* to transmit
Übertrags|geber(in) *m/f* transferor; **Ü.-nehmer(in)** *m/f* transferee
Übertragung *f* 1. assignment, transfer; 2. conveyance; 3. demise; 4. transmission, devolution; 5. conferral; **Ü. durch Abtretung** transfer by assignment; **Ü. von Befugnissen** delegation of powers; **Ü. durch Begebung** transfer by negotiation; **Ü. des Eigentums** transfer of ownership, property transfer; **Ü. einer Forderung** assignment of a claim; **Ü. von Grundbesitz** conveyance; **~ Grundeigentum**

U

transfer of title to land; **~ Grundstücksrechten** conveyance; **Ü. einer Hypothek** transfer of a mortgage; **Ü. eines Patents** assignment of a patent; **~ Rechts; Ü. von Rechten** transfer of title; **Ü. von Todes wegen** passing of property upon death; **Ü. durch letztwillige Verfügung** disposition by will; **Ü. von Vermögen(sgegenständen)** transfer of assets; **Ü. der Zuständigkeit** transfer of jurisdiction; **Ü. von Zuständigkeiten** conferring of powers

einseitige Übertragung unilateral transfer; **gesetzliche Ü.** conveyance; **uneingeschränkte Ü.** absolute transfer; **unentgeltliche Ü.** gratuitous transfer; **unwiderrufliche Ü.** irrevocable assignment

Übertragungs|anzeige *f* notice of assignment; **Ü.bedingungen** *pl* terms of assignment; **Ü.datum** *nt* date of transfer; **Ü.empfänger(in)** *m/f* assignee, transferee; **Ü.erklärung** *f* deed of transfer; **Ü.urkunde** *f* 1. bill of sale, instrument of transfer, vesting deed, deed of assignment; 2. *(Grundbesitz)* deed of conveyance; **Ü.vermerk** *m (Wechsel)* endorsement; **Ü.vertrag** *m* contract of transfer

übertreten *v/t* 1. to infringe/contravene/violate/break/transgress; 2. *(unbefugt betreten)* to trespass

Übertretung *f* 1. *(Gesetz, Recht, Regel)* infringement, contravention, violation; 2. *(Eingriff)* trespass; 3. *(strafbare Handlung)* misdemeanour

übervorteil|en *v/t* to defraud/cheat *(coll)*; **Ü.ung** *f* defrauding, cheating *(coll)*, unconscionability

überwachen *v/t* 1. *(kontrollieren)* to supervise/control; 2. *(beobachten)* to observe; 3. *(Verdächtigen)* to keep under surveillance; **laufend ü.** to monitor

Überwachung *f* 1. supervision, control; 2. *(heimliches Kontrollieren)* surveillance; 3. *(Telefon)* bugging; **Ü. der Mieten** rent control; **Ü. des Rechnungswesens** internal auditing; **Ü. von Unternehmenszusammenschlüssen** merger control; **~ Waffenbesitz** gun control; **elektronische Ü.** electronic surveillance; **polizeiliche Ü.** police surveillance

Überwachungs|apparat *m* surveillance apparatus; **ü.bedürftig** *adj* requiring supervision; **Ü.befugnisse** *pl* supervisory powers; **Ü.kamera** *f* security camera; **Ü.maßnahme** *f* monitoring measure; **Ü.recht** *nt* right of inspection; **Ü.system** *nt* monitoring system; **Ü.verfahren** *nt* inspection procedure; **Ü.verfügung** *f* supervision order

jdn überwältig|en *v/t* to overpower so.; **Ü.ung** *f* overpowering

Überweg *m* pedestrian crossing

überweisen *v/t* 1. *(Geld)* to remit/transfer; 2. *(einweisen, überstellen)* to commit/remand/refer

Überweisung *f* 1. *(Geld)* remittance, transfer; 2. *(Einweisung, Überstellung, Verweisung)* committal, referral; **Ü. aus dem Ausland** remittance from abroad; **Ü. ins Ausland** remittance abroad; **Ü. an einen Ausschuss** referral to a committee; **~ einen Facharzt** referral to a medical specialist, ~ consultant *[GB]*; **~ ein Schiedsgericht** referral to arbitration; **~ eine höhere Instanz zur Aburteilung** committal for sentence; **~ eine höhere Instanz zur Verhandlung** committal for trial in a higher court

Überweisungs|auftrag *m* remittance/transfer order; **Ü.beschluss** *m* transfer order; **Ü.empfänger(in)** *m/f* transferee, remittee; **Ü.träger** *m* remittance/transfer form, ~ slip; **Ü.verkehr** *m* transfer payments, transfers

überwiegen *v/i* to predominate/prevail

überzeugen *v/t* 1. to convince/persuade; 2. *(Gericht)* to satisfy; **ü.d** *adj* convincing, persuasive

Überzeugung *f* conviction, persuasion; **politische Ü.** political persuasion; **zu der Ü. gelangen** to be satisfied

Überzeugungs|kraft *f* persuasive force/power; **Ü.täter(in)** *m/f* offender by conviction

überzieh|en *v/t* *(Konto)* to overdraw

Überziehung *f* overdraft; **Ü.sgrenze** *f* credit line; **Ü.skredit** *m* overdraft facility

üblich *adj* usual, customary

übrig *adj* remaining, residual

Uferanliegerrechte *pl* riparian rights

Ultimo *nt* end of month; **U.abwicklung** *f* monthly settlement

ultra-vires-Lehre *f* doctrine of ultra vires *(lat.)*

Umbau *m* 1. *(Einrichtung)* refurbishment, renovation; 2. *(Abänderung)* (structural) alteration; 3. *(neuer Zweck)* conversion;

4. renovated/converted building; 5. *(Organisation)* reorganization
etw. mit etw. umbauen *v/t* to enclose sth. with sth.
umbenennen *v/t* to rename
umbild|en *v/t* to reorganize; **U.ung** *f* 1. reorganization; 2. *(Kabinett)* reshuffle
umbringen *v/t* to kill
umdeut|en *v/t* to reinterpret; **U.ung** *f* reinterpretation
Umfang *m* 1. *(Bereich, Rahmen)* scope; 2. *(Ausmaß)* extent; 3. size, volume; **U. eines Anspruchs** extent/amount of a claim; **U. der Haftung** extent of liability; **U. des Schaden(s)ersatzes** amount/quantum *(lat.)* of damages; **U. der Vollmacht** scope of the power (of attorney)
umfangreich *adj* extensive, large-scale
umfassen *v/t* to comprise/include; **u.nd** *adj* 1. comprehensive; 2. *(Bericht, Geständnis)* full
umformulieren *v/t* to rephrase
umfried|en *v/t* to fence in/enclose; **u.et** *adj* enclosed, fenced-in; **U.ung** *f* enclosure
Umgang *m* 1. contact; 2. handling; **unerlaubter U. mit gefährlichen Abfällen** illicit handling of hazardous waste; **~ gefährlichen Hunden** illicit handling of dangerous dogs; **~ radioaktiven Stoffen und anderen gefährlichen Stoffen und Gütern** illicit handling of radioactive substances and other hazardous substances
Umgang mit jdm haben/pflegen to have dealings with so., to associate with so.
umgänglich *adj* 1. sociable; 2. *(entgegenkommend)* obliging
Umgangsrecht *nt* *(Besuchsrecht)* right of access
jdn umgarnen *v/t* to ensnare so.
Umgebung *f* 1. *(Landschaft)* environment, surroundings; 2. *(Nachbarschaft)* vicinity, neighbourhood; 3. *(Stadt)* surrounding area, environs; **in unmittelbarer U.** in the immediate vicinity
Umgegend *f* surrounding area
umgehen *v/t* 1. to evade/avoid/circumvent; 2. *(Straße)* to bypass; **u.d** *adv* immediately, forthwith
Umgehung *f* 1. evasion, avoidance, circumvention; 2. bypass; **U. des Gesetzes** circumvention of the law; **U. von Steuern** evasion of taxes
Umgehungs|geschäft *nt* avoiding transaction; **U.straße** *f* bypass
umgekehrt *adv* vice versa
umgestalten *v/t* 1. *(Gesetz, Verfassung)* to reform; 2. *(Anordnung)* to rearrange; 3. *(Haus, Mobiliar)* to refurbish; 4. *(Organisation)* to reorganize
Umgestaltung *f* 1. reform; 2. rearrangement; 3. refurbishment; 4. reorganization
umgrenz|en *v/t* to fence in/enclose; **U.ung** *f* enclosure
umgründ|en *v/t* to convert; **U.ung** *f* conversion
umherfahren *v/i* to drive around
sich umhören *v/refl* to ask around
Umkehr *f* reversal; **U. der Beweislast** reversal of the burden of proof
umkehrbar *adj* reversible; **nicht u.** irreversible
umkehr|en *v/i* to turn back; **U.schluss** *m* argumentum ex contrario *(lat.)*
Umkehrung *f* reversal; **U. der Beweislast** reversal of the burden of proof
im Umkreis von *m* in the vicinity of
Umlage *f* 1. levy, charge; 2. *(anteilig)* apportionment; **U. erheben** to impose a levy
Umlauf *m* circulation; **in U. bringen** 1. to circulate; 2. *(Falschgeld)* to utter; **~ sein** to be in circulation
umlauf|en *v/i* to circulate; **U.vermögen** *nt* current assets
umlegen (auf) *v/t* to apportion/allocate/prorate (among)
jdn umlegen *v/t (coll)* to bump so. off *(coll)*
Umlegung *f* apportionment; **U. der Kosten** apportionment of the expenses, allocation of costs
umleiten *v/t* 1. *(Post)* to redirect; 2. *(Sendung)* to re-route; 3. *(Verkehr)* to divert
Umleitung *f* diversion
Umleitungs|empfehlung *f* recommended diversion; **U.schild** *nt* diversion sign
umliegend *adj* surrounding
sich polizeilich ummelden *v/refl* to notify the police of a change of address
Ummeldung *f* registration of (one's) change of address
geistig umnachtet *adj* mentally deranged
umrechnen *v/t* to convert
Umrechnung *f* conversion; **U.skurs; U.satz** *m* exchange rate
Umsatz *m* turnover, sales; **steuerfreier U.** tax-exempt turnover
Umsatzsteuer *f* output/sales/purchase tax; **U.erklärung** *f* sales tax return; **u.pflich-**

tig *adj* liable to sales tax; **U.prüfung** *f* sales tax audit

Umschlag *m* 1. envelope; 2. *(Handel)* transshipment; **verschlossener U.** sealed envelope

umschreib|en *v/t* 1. to change an entry; 2. (Formulierung) to paraphrase; **U.ung** *f* 1. change of registration; 2. change of ownership

umschuld|en *v/t* to refinance, to reschedule debts; **U.ung** *f* debt rescheduling/restructuring; **U.ungsabkommen** *nt* debt restructuring agreement

umschul|en *v/t* to retrain; **U.ung** *f* retraining (scheme)

Umschwung *m* reversal, swing

umseitig *adj/adv* overleaf

umsetzen *v/t* to implement

Umsetzung *f* 1. *(Plan)* implementation; 2. *(Verwirklichung)* realization; 3. *(Versetzung)* transfer (to a different position); **U. einer Richtlinie** implementation of a directive

Umsicht *f* prudence; **u.ig** *adj* circumspect, cautious, level-headed, prudent

Umstand *m* circumstance, factor

Umstände *pl* circumstances; **den U.n angemessen** appropriate under the circumstances; **~ entsprechend** in the circumstances, (as good) as can be expected under the circumstances; **jdm U. bereiten** to inconvenience so.

äußere Umstände external factors; **außergewöhnliche U.** exceptional circumstances; **begleitende U.** attendant circumstances; **belastende U.** incriminating/aggravating circumstances; **besondere U.** special circumstances; **mildernde U.** mitigating/extenuating circumstances; **nähere U.** particulars; **strafverschärfende U.** aggravating circumstances; **unvorhergesehene U.** unforeseen circumstances; **wesentliche U.** material circumstances

umstellen *v/t* to convert; **etw. u.** to surround sth.; **sich auf etw. u.** *v/refl* to adapt/adjust to sth.

Umstellung *f* conversion

umstoßen *v/t* *(Entscheidung)* to reverse

umstritten *adj* controversial

umstrukturieren *v/t* to restructure/reorganize

Um|sturz *m* revolution; **u.stürzlerisch** *adj* subversive

Umtausch *m* exchange; **u.en** *v/t* to exchange; **U.recht** *nt* right of exchange; **U.-vorbehalt** *m* exchange proviso

Umtriebe *pl* subversive activities

umverteilen *v/t* to redistribute

Umverteilung *f* redistribution, reallocation; **U. von Haushaltsmitteln** reappropriation of budget(ary) funds

umwandelbar *adj* 1. convertible; 2 *(Strafe)* commutable

Umwandelbarkeit *f* 1. convertibility; 2. *(Strafe)* commutability; **U. des Güterstandes** convertibility of the matrimonial property regime

umwandeln *v/t* 1. to convert/change/transform; 2. *(Strafe)* to commute

Umwandlung *f* 1. conversion; 2. *(Strafe)* commutation; **U. einer Forderungsklage** reduction into possession; **U. von Schulden in Eigenkapital** debt-equity swap; **U. einer Strafe** commutation of a sentence; **U. von unbeweglichem in bewegliches Vermögen** conversion of realty into personalty

Umwandlungs|gebühr *f* *(Patentrecht)* conversion fee; **U.gesetz** *nt* conversion act; **U.klausel** *f* let-out clause; **U.recht** *nt* *(Anleihe)* right of conversion

Umwelt *f* environment; **berufliche U.** working environment; **verseuchte U.** contaminated environment

Umwelt|abgabe *f* environmental levy; **U.-auflagen** *pl* environmental regulations; **U.auswirkungsabschätzung** *f* assessment of environmental effects

umweltbedingt *adj* environmental, due to environmental factors

Umwelt|bedingungen *pl* environmental conditions; **U.behörde** *f* environment agency, environmental protection agency

umweltbelast|end *adj* polluting, noxious, environmentally harmful, damaging/detrimental to the environment; **U.ung** *f* environmental damage, pollution

umweltbewusst *adj* environmentally/ecologically aware; **U.sein** *nt* environmental consciousness/awareness

Umwelt|bilanz *f* environmental audit; **U.-bundesamt** *nt* federal environmental agency; **U.delikt** *nt* environmental offence; **U.dezernent(in)** *m/f* head of the environmental department; **U.einwirkung** *f* environmental impact; **U.entlastung** *f* ecological relief; **U.erhaltung** *f* conservation; **U.etikett** *nt* eco-label

U

umwelt|feindlich *adj* harmful to the environment; **U.folgenabschätzung** *f* environmental impact assessment; **u.freundlich** *adj* environmentally friendly/benign, eco-friendly; **u.gefährdend** *adj* noxious, endangering the environment

Umweltgefährdung *f* danger to the environment, environmental threat

umweltgerecht *adj* environmentally compatible

Umwelt|gesetzgebung *f* environmental legislation; **U.haftung** *f* liability for causing pollution; **U.haftungsgesetz** *nt* environmental liability act; **U.katastrophe** *f* ecological disaster; **U.kontrolle für Gefahrgut** *f* environmental control for hazardous cargo; **U.kriminalität** *f* environmental crime; **U.minister(in)** *m/f* Minister for the Environment *[GB]*, Environment Secretary *[US]*; **U.ministerium** *nt* Department of the Environment *[US]*

Umwelt|papier *nt* recycled paper; **U.nutzungsrecht** *nt* right to use environmental resources; **U.politik** *f* environment(al) policy; **U.recht** *nt* environmental law; **U.-richtlinie** *f* environmental directive; **U.-schaden** *m* environmental damage

umweltschädig|end *adj* noxious; **U.ung** *f* pollution, damage to the environment

umweltschonend *adj* environmentally friendly, non-polluting, eco-friendly *(coll)*

Umweltschutz *m* 1. protection of the environment; 2. pollution control; **U.auflagen** *pl* environmental restrictions

Umweltschützer(in) *m/f* environmentalist, conservationist

Umweltschutzgesetz *nt* environment protection act; **U.gebung** *f* environmental legislation

Umwelt|sonderabgaben *pl* special environmental levy; **U.steuer** *f* ecology tax; **U.störer; U.sünder; U.verschmutzer** *m* polluter; **U.strafrecht** *nt* environmental penal law; **U.straftat** *f* environmental crime; **U.terrorismus** *m* environmental terrorism; **U.vergehen** *nt* environmental offence

umweltverschmutz|end *adj* polluting; **U.ung** *f* pollution (of the environment); **~ durch die Industrie** industrial pollution

Umweltverträglichkeit *f* environmental compatibility/acceptability; **U.sprüfung** *f* (UVT) environmental assessment (EA), environmental audit, ecotest; **U.szertifikat** *nt* environmental certificate

Umwelt|zeichen *nt* eco-label; **U.zerstörung** *f* destruction of the environment

Umzäunung *f* fence, fencing; **U.spatent** *nt* fencing-off patent

umziehen *v/i* to move (house)

Umzingelung *f* *(Polizei)* cordon

Umzug *m* 1. *(Umziehen)* move, removal, relocation; 2. change of address/residence; **U.skosten** *pl* removal costs *[GB]*, moving expenses *[US]*

unabänderlich *adj* 1. *(Entschluss)* irrevocable, irreversible; 2. *(Tatsache)* well-established

unabdingbar *adj* mandatory, indispensable; **U.keit** *f* 1. indispensability; 2. prohibition to change legal provisions by agreement

unabhängig *adj* independent; **u. von** *(ungeachtet)* regardless/irrespective of

Unabhängigkeit *f* independence; **U. der Gerichte** independence of the courts; **~ Richter; richterliche U.** independence of the judiciary, judicial independence

unab|kömmlich *adj* unavailable; **u.lässig** *adj* 1. continual, unremitting; 2. *(Lärm)* incessant; **u.lösbar** *adj* irredeemable; **u.sehbar** *adj* 1. unforeseeable; 2. *(unberechenbar)* incalculable; **u.setzbar** *adj (Steuer)* non-deductible

unabsichtlich *adj* 1. unintentional; 2. *(Beschädigung)* accidental

unabtretbar *adj* non-assignable; **U.keit** *f* non-assignability

unabwendbar *adj* inevitable; **U.keit** *f* inevitability

unachtsam *adj* 1. inattentive; 2. *(unaufmerksam, versehentlich)* inadvertent; 3. *(leichtsinnig, unvorsichtig)* careless, thoughtless; **U.keit** *f* carelessness, inattentiveness

unanfechtbar *adj* 1. *(nicht anfechtbar)* non-appealable; 2. *(unbestreitbar)* incontestable, indisputable; 3. *(unwiderlegbar)* irrefutable; **U.keit** *f* 1. non-appealability; 2. incontestability

unangebracht *adj* 1. inappropriate; 2. misplaced, uncalled-for

unangemessen *adj* 1. *(Anspruch, Forderung)* unreasonable, unfair; 2. *(nicht angemessen)* inappropriate; **U.heit** *f* 1. unreasonableness, unfairness; 2. inappropriateness

unangetastet *adj* 1. untouched; 2. *(Recht)* unviolated

U

unangreifbar *adj* 1. *(Position)* unassailable; 2. *(Recht)* indefeasible, incontestable
unannehmbar *adj* unacceptable
Unannehmlichkeit *f* trouble, inconvenience; **U.en bereiten** to cause inconvenience; **jdm ~** to inconvenience so.
unanständig *adj* indecent, obscene; **U.-keit** *f* indecency, obscenity
unantastbar *adj* inviolable, sacrosanct; **U.-keit des Vertrages** *f* sanctity of contract
unauf|fällig *adj* 1. *(unaufdringlich)* unobtrusive; 2. *(unmerklich)* inconspicuous; **u.findbar** *adj* untraceable, missing; **u.gefordert** *adj* unsolicited; **u.hebbar** *adj* *(Gesetz)* 1. non-repealable; 2. *(unverletzlich)* indefeasible; **u.hörlich** *adj* constant, incessant
Unauflös|barkeit; U.lichkeit *f* indissolubility; **u.lich** *adj* indissoluble
unaufmerksam *adj* 1. *(unachtsam)* inattentive; 2. *(versehentlich)* inadvertent; 3. *(rücksichtslos)* inconsiderate; **U.keit** *f* 1. inattentiveness; 2. inadvertence
unausführbar *adj* impracticable, not feasible
unausgefüllt *adj* blank; **u. lassen** *(Formular)* to leave blank
unausgeglichen *adj* unsettled, unbalanced
unausgenutzt *adj* unused, idle
unausgewogen *adj* unbalanced, biased; **U.heit** *f* imbalance, bias
unauslöslich *adj* indelible
unbarmherzig *adj* merciless
unbeabsichtigt *adj* 1. *(nicht beabsichtigt)* unintentional; 2. *(versehentlich)* accidental, inadvertent
unbeachtet *adj* overlooked, unnoticed
unbeaufsichtigt *adj* *(Gepäck)* unattended
unbebaut *adj* 1. *(Grundstück)* vacant; 2. *(Land)* undeveloped
unbedacht *adj* thoughtless, hasty, indiscreet; **U.samkeit** *f* indiscretion, thoughtlessness
unbedeckt *adj* *(Kopf)* bare
unbedenklich *adj* unobjectionable, harmless, acceptable, admissible
Unbedenklichkeit *f* harmlessness; **U.sbescheinigung** *f* 1. comfort letter, waiver of objections; 2. *(Finanzamt)* clearance certificate, certificate of non-objection; **U.s-erklärung** *f* declaration of no impediment
unbedingt *adj* unconditional, absolute
unbeeidigt *adj* unsworn
unbefahrbar *adj* impassable
unbefangen *adj* impartial, unprejudiced, unbiased
unbefristet *adj* 1. for an indefinite period, unlimited; 2. *(Vertrag)* unlimited, undated; 3. *(Visum)* permanent
unbefugt *adj* unauthorized, ultra vires *(lat.)*; **U.e(r)** *f/m* trespasser, unauthorized person
unbe|gehbar *adj* inaccessible; **u.glichen** *adj* unsettled; **u.greiflich** *adj* incomprehensible; **u.grenzt** *adj* unlimited, indefinite
unbegründet *adj* 1. *(grundlos, nicht begründet)* unfounded, without merits, ~ just/sufficient cause; 2. *(Maßnahme)* unwarranted
unbe|helligt *adj* unmolested, undisturbed; **u.herrscht** *adj* uncontrolled, intemperate; **u.hoben** *adj* not remedied; **u.kannt** *adj* unknown
Unbekannte(r) *f/m* unknown/unidentified person, stranger
unbekleidet *adj* unclothed, naked
unbelastet *adj* 1. *(Grundstück)* unencumbered; 2. *(Haus)* unmortgaged; 3. *(politisch)* with a clean record; 4. *(Umwelt)* non-polluted
unbemerkt *adj* unnoticed
unbemittelt *adj* without means, impecunious
es bleibt Ihnen unbenommen *adj* you are free to …
unbenutzt *adj* 1. unused; 2. *(Gebäude)* vacant, unoccupied; 3. *(Kapital)* unemployed, dormant, idle
unberechenbar *adj* unpredictable; **U.keit** *f* unpredictability
unberechtigt *adj* 1. *(Vorwurf)* unjustified, unwarranted; 2. *(unbegründet)* unfounded; 3. *(unbefugt)* unauthorized; 4. *(rechtswidrig)* wrongful; 5. not entitled
unberührt *adj* 1. *(Rechte, Interessen)* unaffected; 2. *(nicht benutzt)* untouched; 3. *(Natur)* unspoiled; **u. bleiben** to remain unaffected
unbeschadet *prep* irrespective of, notwithstanding, without prejudice to, regardless of
unbeschädigt *adj* undamaged
unbescholten *adj* of irreproachable conduct, with no police record, upright, unblemished
unbeschränkt *adj* unlimited, unrestricted
unbesehen *adj* *(Kauf)* sight unseen
unbestätigt *adj* unconfirmed

unbestechlich *adj* incorruptible, not open to bribery
unbestimmbar *adj* 1. vague, uncertain, indefinite; 2. *(Menge)* unquantifiable, indeterminate
unbestimmt *adj* 1. vague, indefinite; 2. *(Menge)* indeterminate
unbestraft *adj* unpunished
un|bestreitbar *adj* undeniable, incontestable, indisputable; **u.bestritten** *adj* undisputed
unbeteiligt *adj* not involved; **U.e(r)** *f/m* innocent bystander
unbewacht *adj* 1. unguarded; 2. *(Gepäck, Parkplatz)* unattended
unbewaffnet *adj* unarmed
unbeweglich *adj* 1. *(Sachen)* immovable; 2. stationary, fixed
unbewiesen *adj* unproven, not proven
unbewohn|bar *adj* uninhabitable; **u.t** *adj* unoccupied
unbewusst *adj* *(unwissentlich)* unwitting
unbezweifelbar *adj* undeniable, undisputable, irrefutable
unbillig *adj* 1. inequitable, unfair; 2. *(unangemessen)* unreasonable; 3. *(übertrieben)* undue
Unbilligkeit *f* inequity, unfairness, injustice; **grobe U.** gross inequity
unbrauchbar *adj* 1. useless; 2. *(Maschine)* unserviceable; **für u. erklären** *(Gebäude)* to condemn; **U.keit** *f* uselessness; **U.keitserklärung** *f (Gebäude)* condemnation; **U.machung** *f* rendering unserviceable
Undank *f* ingratitude; **grober U.** gross ingratitude; **u.bar** *adj* ungrateful
undatiert *adj* undated
undeklariert *adj* undeclared
undiszipliniert *adj* undisciplined
undurch|führbar *adj* not feasible, unfeasible, impracticable, unworkable; **u.setzbar** *adj* unenforceable; **u.sichtig** *adj* 1. *(zweifelhaft) obscure;* 2. *(zwielichtig)* devious; 3. opaque
unecht *adj* not genuine, fake, artificial
unehelich *adj* illegitimate, born out of wedlock; **U.keit** *f* illegitimacy
unehrenhaft *adj* dishonourable
unehrlich *adj* dishonest, sharp; **U.keit** *f* dishonesty
uneidlich *adj* unsworn
uneigennützig *adj* altruistic, unselfish
uneinbringlich *adj* *(Schulden)* uncollectible, irrecoverable, bad
uneingelöst *adj* unredeemed, dishonoured, uncollected
uneingeschränkt *adj* 1. unrestricted, unlimited; 2. unrestrained, unqualified; 3. unconditional, absolute
uneingeweiht *adj* 1. *(Plan)* uninitiated; 2. *(Beobachter)* uninformed
uneinheitlich *adj* inconsistent, irregular, varied
uneinig sein *adj* to disagree
unein|klagbar *adj* not actionable; **u.treibbar** *adj* uncollectible
unentgeltlich *adj* 1. free of charge; 2. *(Verfügung)* voluntary; 3. *(Vertrag)* gratuitous, without consideration
unentschieden *adj* 1. undecided; 2. *(schwebend)* pending
unentschuld|bar *adj* inexcusable; **u.igt** *adj* unexcused
unerfahren *adj* inexperienced; **U.heit** *f* lack of experience
uner|heblich *adj* 1. irrelevant, insignificant; 2. *(Schaden)* negligible, minor; 3. *(Entscheidung)* immaterial; **u.hört** *adj* outrageous; **u.kannt** *adj* unrecognized
unerlaubt *adj* 1. *(ungesetzlich)* illicit, illegal, unlawful; 2. *(Delikt)* tortious, wrongful; 3. *(nicht gestattet)* unauthorized; 4. *(Nachbau)* unlicensed
uner|lässlich *adj* imperative, essential; **u.ledigt** *adj* 1. unfinished; 2. *(Fall)* pending; **u.mittelt** *adj* unascertained
unersetzlich *adj* 1. indispensable; 2. *(Wertgegenstand)* irreplaceable; 3. *(Schaden)* irreparable
unerträglich *adj* unbearable, intolerable
unerwartet *adj* 1. unexpected, unforeseen; 2. *(Ausgaben)* contingent; 3. *(Gewinn)* windfall
unerwiesen *adj* not proven; **U.heit** *f* lack of evidence/proof
unfähig *adj* 1. *(rechtlich)* incompetent; 2. *(nicht imstande)* incapable; 3. *(untauglich)* unfit; 4. *(nicht in der Lage)* unable
Unfähigkeit *f* 1. incapacity, disability, incompetence; 2. incapability; 3. inability; 4. ineligibility
Unfall *m* 1. accident; 2. *(mit Todesfolge)* fatal accident; **U. ausgenommen** barring accidents; **U. außerhalb der Arbeitszeit** non-occupational accident, off-the-job accident; **U. innerhalb der Arbeitszeit** industrial accident; **U. mit Todesfolge** fatal accident

nach einem Unfall Hilfe leisten to render assistance after an accident; **in einen U. verwickelt sein** to be involved in an accident

Unfall|abteilung *f* *(Krankenhaus)* casualty ward; **U.anzeige** *f* reporting (of) an accident, accident report; **U.beteiligte(r)** *f/m* person involved in an accident; **U.entschädigung** *f* compensation for an accident

Unfall|flucht *f* *(mit Verletzten)* hit-and-run offence; **U.flüchtige(r)** *f/m* hit-and-run driver; **U.folge** *f* result of the accident

unfall|frei *adj* accident-free; **u.gefährdet** *adj* accident-prone

Unfall|gegner *m* opposite party in an accident case, driver of the other vehicle involved in the accident; **U.geschädigte(r)** *f/m* injured party

Unfallhaftpflicht *f* liability for accidents, accident liability; 2. *(Grundstück)* occupier's liability; **U.versicherung** *f* third-party accident insurance

Unfall|meldung *f* accident report; **U.ort; U.stelle** *m/f* scene/site of the accident; **typische(r) ~** accident black spot; **U.rente** *f* accident pension; **U.sache** *f* (road) accident case; **U.schaden** *m* accidental damage; **U.schuldige(r)** *f/m* party at fault in an accident; **U.schwerpunkt** *m* accident black spot; **U.tod** *m* accidental death, death by misadventure, casualty

Unfall|tote(r) *f/m* road casualty; **u.trächtig** *adj* accident-prone; **U.ursache** *f* cause of an accident

Unfallverhütung *f* accident prevention; **U.svorschriften** *pl* safety regulations, regulations for the prevention of accidents

Unfall|versicherung *f* (personal) accident insurance; **U.versicherungsschutz** *m* accident(al) cover(age); **U.verursacher** *m* party causing the accident; **U.wagen** *m* car involved in an accident; **U.zeuge; U.-zeugin** *m/f* witness of an accident; **U.-zwangsversicherung** *f* statutory accident insurance

unfertig *adj* *(unvollständig, unvollendet)* inchoate

unfreiwillig *adj* involuntary

Unfrieden *m* discord, conflict, strife, trouble *(coll)*; **U. stiften** to cause trouble

Unfug *m* mischief, nuisance; **grober U.** public mischief/nuisance

ungeachtet *prep* notwithstanding, irrespective of

ungeahndet *adj* unpunished

un|gebräuchlich *adj* uncommon; **u.gebraucht** *adj* unused

Ungebühr *f* impropriety; **U. vor Gericht** contempt of court

ungebührlich *adj* 1. *(ungehörig)* improper, unseemly, disorderly, unreasonable; 2. *(über Gebühr)* undue, excessive

ungeeignet *adj* 1. unsuitable; 2. *(unfähig, untauglich)* unfit; 3. *(Stellung)* unsuited, ineligible; **U.heit** *f* 1. unsuitability; 2. unfitness

unge|fährlich *adj* 1. safe; 2. *(Tier, Medikament)* harmless; **u.hemmt** *adj* unrestrained, uninhibited

unge|heuerlich *adj* 1. monstrous, appalling; 2. *(Tat)* atrocious; 3. *(frevelhaft)* outrageous; **u.hindert** *adj* unimpeded, unhindered

ungehörig *adj* improper; **U.keit** *f* impropriety

ungehorsam *adj* disobedient; **U.** *m* disobedience; **ziviler U.** civil disobedience

ungelöst *adj* *(Fall)* open, unsolved

ungenannt *adj* 1. *(ohne Namen)* unnamed; 2. *(Auftraggeber, Informant)* undisclosed

ungenießbar *adj* inedible, unfit for human consumption

ungerecht *adj* 1. *(Bereicherung, Urteil)* unjust; 2. *(Kündigung)* unfair

Ungerechtigkeit *f* injustice; **große U.** gross injustice

unge|rechtfertigt *adj* unjustified; **u.rührt** *adj* unmoved

etw. ungeschehen machen *adj* to undo sth.

ungesetzlich *adj* illegal, unlawful; **U.keit** *f* illegality

ungesichert *adj* unsecured

ungestört *adj* 1. undisturbed, uninterrupted; 2. *(Besitz, Genuss)* quiet

ungestraft *adj* unpunished; *adv* with impunity

ungewiss *adj* uncertain; **U.heit** *f* uncertainty

ungewollt *adj* unintentional, inadvertent

Ungeziefer *nt* pest, vermin; **U.bekämpfung** *f* pest control

unglaubwürdig *adj* 1. *(Begebenheit)* incredible; 2. *(Zeuge)* unreliable; 3. *(Aussage, Dokument)* dubious; 4. *(Person)* un-

trustworthy; 5. implausible; **U.keit** *f* 1. unreliability; 2. implausibility
ungleich *adj* unequal; **U.behandlung** *f* unequal treatment, discrimination; **U.-heit** *f* inequality, difference
Unglück *nt* 1. *(Katastrophe)* disaster; 2. *(Pech)* misfortune, mishap; **U.sfahrer(in)** *m/f* driver who caused the accident; **U.s-fall** *m* 1. accident; 2. misadventure
ungültig *adj* 1. *(nicht gültig)* invalid; 2. *(unwirksam)* ineffective; 3. *(nichtig)* void; 4. *(Stimmzettel)* spoiled; **u. machen** 1. to invalidate; 2. to vitiate; 3. to spoil; **für u. erklären** to rescind/invalidate
Ungültigkeit *f* invalidity; **U.serklärung** *f* annulment, invalidation, rescission, vitiation
unhaltbar *adj* 1. *(unerträglich)* intolerable; 2. *(Theorie, Vorwurf)* untenable
Unheil *nt* disaster
Uniform *f* uniform; **U.verbot** *nt* prohibition against wearing a uniform
uninteressiert *adj* 1. *(neutral)* disinterested; 2. *(nicht interessiert)* uninterested
Universal|erbe *m* universal heir; **U.erb-schaft** *f* universal legacy; **U.sukzession** *f* universal succession
unkenntlich *adj* unidentifiable; **u. machen** to deface; **bis zur U.keit** *f* beyond recognition; **U.machung** *f* obliteration, defacement
Unkenntnis *f* ignorance; **U. des Gesetzes** ignorance of the law; **sich auf ~ berufen** to plead ignorance (of the law); **~ schützt vor Strafe nicht** ignorance of the law is no excuse (for a crime), ignorantia legis haud excusat *(lat.)*
fahrlässige Unkenntnis negligent ignorance; **schuldhafte U.** culpable/voluntary *[US]* ignorance
unklagbar *adj* not actionable
unklar *adj* unclear
Unklarheit *f* uncertainty, lack of clarity; **wegen U. nichtig** void for uncertainty; **U.enregel** *f* rule concerning uncertainty
unklug *adj* imprudent, unwise
unkontrolliert *adj* 1. unchecked, uncontrolled; 2. *(unbeaufsichtigt)* unsupervised
unkörperlich *adj* 1. incorporeal; 2. *(Rechtsgegenstand)* intangible
Unkosten *pl* expenses, costs; **U. bestreiten** to defray expenses; **U. umlegen** to apportion expenses; **U.beitrag** *m* contribution to(wards) costs/expenses
unkündbar *adj* 1. *(Stellung)* permanent, not subject to notice, tenured; 2. *(Vertrag)* not subject to termination, not terminable; 3. *(Anleihe)* irredeemable, non-redeemable; 4. *(Rente)* perpetual
unlauter *adj* 1. dishonest; 2. *(Wettbewerb)* unfair
unleserlich *adj* illegible
unleugbar *adj* undeniable
unmaßgeblich *adj* 1. *(Urteil)* not authoritative; 2. *(Äußerung)* inconsequential
unmissverständlich *adj* 1. unmistak(e)able, unambiguous, unequivocal; 2. *(unverblümt)* blunt
unmittelbar *adj* 1. *(Besitz, Folge, Schaden)* direct; 2. immediate; 3. *(Ursache)* proximate
Unmittelbarkeit *f* immediacy; **U.sgrund-satz** *m* principle of immediacy
unmöbliert *adj* unfurnished
unmöglich *adj* impossible
Unmöglichkeit *f* *(Leistung)* impossibility, frustration; **U. der Erfüllung** impossibility of performance; **~ Herausgabe** impossibility of surrender; **~ Leistung** impossibility of performance; **~ Leistung einwenden** to put in a plea of impossibility; **objektive ~ Vertragsleistung** frustration of contract; **~ Vollziehung** impossibility of execution
anfängliche Unmöglichkeit *(Leistung)* initial impossibility; **nachträgliche U.** *(Leistung)* supervening/subsequent impossibility; **objektive U.** objective impossibility; **subjektive U.** subjective impossibility; **teilweise U.** partial impossibility; **vorübergehende U.** temporary impossibility
unmoralisch *adj* immoral
unmotiviert *adj* 1. unmotivated; 2. unprovoked
unmündig *adj* underage; **U.e(r)** *f/m* minor
unnachgiebig *adj* intransigent, adamant; **U.keit** *f* intransigence
Unordnung *f* disorder, mess *(coll)*
unpartei|isch *adj* impartial, non-partisan; **U.lichkeit** *f* impartiality
unpfändbar *adj* 1. *(Sache)* non-attachable, unseizable; 2. *(Forderung)* ungarnishable; 3. non-leviable; 4. exempt from execution
Unpfändbarkeit *f* immunity/exemption from seizure, ~ execution/attachment; **U.sbescheinigung** *f* nulla bona *(lat.)*

Unrecht *nt* injustice, wrong; **zu U.** wrongly; **jdm ein U. antun** to do so. an injustice; **U. begehen/tun** to commit a wrong; **U. bekommen** to lose a case; **sich ins U. setzen** to put os. in the wrong; **jdn zu U. verdächtigen** to suspect so. wrongly; **U. wieder gutmachen** to right a wrong
unrechtmäßig *adj* wrongful, unlawful, illegal
Unrechts|bewusstsein *nt* guilty knowledge, awareness of wrongdoing; **U.vereinbarung** *f* wrongful agreement
unredlich *adj* dishonest; **U.keit** *f* dishonesty
unregelmäßig *adj* irregular; **U.keit** *f* irregularity; **U.keiten feststellen** *pl* to uncover irregularities
unrichtig *adj* wrong, false, untrue, incorrect; **U.keit** *f* mistake, inaccuracy
Unruhe *f* disorder, unrest; **bürgerliche/innere U.n** civil commotion/unrest; **U.stifter(in)** *m/f* troublemaker
unrühmlich *adj* ignominious
unsach|gemäß *adj* improper; **u.lich** *adj* unobjective
unschädlich *adj* harmless; **U.keitszeugnis** *nt* clearance certificate
unscheinbar *adj* nondescript
unschlüssig *adj* inconclusive; **U.keit** *f* inconclusiveness
Unschuld *f* innocence; **jds U. annehmen** to presume so.'s innocence; **seine U. beteuern** to protest one's innocence; **erwiesene U.** proven innocence
unschuldig *adj* not guilty, innocent; **u., solange nicht rechtskräftig verurteilt** presumed innocent until proved guilty, innocent until proven guilty *[US]*
Unschuld|ige(r) *f/m* innocent person; **U.sbeteuerung** *f* protestation of innocence; **U.svermutung** *f* presumption of innocence
unselbstständig *adj* dependent
unsicher *adj* 1. *(gefährlich)* unsafe; 2. *(psychisch)* insecure; 3. *(nicht verlässlich)* unreliable; 4. *(ungewiss)* uncertain; 5. *(Forderung)* doubtful
Unsinn *m* nonsense
unsittlich *adj* immoral, indecent; **U.keit** *f* immorality, indecency
Unständigkeit *f* excess of jurisdiction
unstatthaft *adj* 1. *(unzulässig)* inadmissible; 2. *(unpassend, unschicklich)* improper
Unstatthaftigkeit *f* 1. inadmissibility; 2. impropriety
Unstimmigkeit *f* 1. *(Abweichung)* discrepancy; 2. *(Streit)* disagreement
unstreitig *adj* 1. *(nicht streitbefangen)* non-litigious, non-contentious; 2. undisputed; 3. *(feststehend)* indisputable, incontestable
untadelig *adj* *(Verhalten)* irreproachable, impeccable
Untat *f* atrocity, atrocious deed
untätig *adj* inactive, idle
Untätigkeit *f* inaction, idleness; **U.sbeschwerde** *f* complaint about inaction, action on the grounds of failure to act
untauglich *adj* 1. *(Wehrdienst)* unfit; 2. *(ungeeignet)* unsuitable; **U.keit** *f* unfitness
unteilbar *adj* indivisible; **U.keit** *f* indivisibility
untenstehend *adj* hereunder; **im U.en** *nt* given below
Unter|absatz *m* sub-paragraph; **U.abschnitt** *m* sub-section
Unterauftrag *m* subcontract; **U. vergeben** to subcontract/outsource; **U.nehmer(in)** *m/f* subcontractor
Unterbevollmächtigte(r) *f/m* sub-agent
unterbind|en *v/t* to stop/prevent; **U.ung** *f* prevention
unterbleiben *v/i* to fail
unterbrechen *v/t* 1. *(Verjährung)* to interrupt; 2. *(Produktion)* to discontinue; 3. *(zeitweilig)* to suspend; 4. *(Schwangerschaft)* to terminate
Unterbrechung *f* 1. *(Verfahren)* interruption, stay; 2. *(Einstellung, Aufgabe)* discontinuance; 3. *(Beziehungen)* suspension; 4. *(Schwangerschaft)* termination; **U. der Ersitzung** interruption of the period of prescription; **~ Hauptverhandlung** adjournment of the trial; **U. des Kausalzusammenhangs** break in the chain of causation, novus actus interveniens *(lat.)*; **U. der Verjährung** interruption of the period of limitation; **U. des Strafvollzugs** stay of execution; **~ Verfahrens** stay of proceedings
unterbreiten *v/t* to submit
unterbringen *v/t* to accommodate
Unterbringung *f* 1. accommodation; 2. *(Anstalt)* commitment; **U. in einem psychiatrischen Krankenhaus** commitment to a mental hospital
Unterbringungshaft *f* custody in an institution; **U.befehl** *m* warrant to place so. in an institution

unterdrücken *v/t* 1. *(Informationen)* to suppress; 2. *(politisch)* to oppress
Unterdrückung *f* 1. suppression; 2. oppression, repression; 3. *(Fakten)* concealment, non-disclosure; **U. von Beweismaterial** suppression of evidence; **~ Tatsachen** concealment of facts; **U. wesentlicher Tatsachen** non-disclosure of material facts
unterfertig|en *v/t* to execute/sign; **U.er** *m* signatory, the undersigned; **U.ung** *f* execution
Unterführung *f* *(Fußgänger)* subway *[GB]*
Untergang *m* 1. *(Sachen)* loss; 2. *(Forderung, Pfand)* destruction, extinction; **U. eines Rechts** extinction of a right; **U. durch Vermischung** merger
Untergebene(r) *f/m* subordinate
untergeordnet *adj* inferior
Unterhalt *m* 1. *(für Kinder)* alimony; 2. maintenance
Unterhalt *m* 1. *(Instandhaltung)* maintenance, upkeep; 2. *(Lebensunterhalt)* subsistence, upkeep; 3. *(Unterhaltsgeld)* maintenance; **U. eines Ehegatten bei Getrenntleben** maintenance of a spouse during separation; **U. der Familie** upkeep of a family; **U. und Instandsetzung** maintenance and repair; **U. wegen Krankheit oder Gebrechen** maintenance for reasons of sickness or ailments; **U. während eines Prozesses** maintenance pending suit
Unterhalt fordern to claim maintenance; **U. gewähren/leisten** to provide maintenance; **auf U. klagen** to sue for maintenance; **U. sichern** to secure maintenance; **jdn wegen U. verklagen** to sue so. for maintenance; **U. zahlen** to pay maintenance; **U. zuerkennen** to award maintenance
angemessener Unterhalt adequate maintenance; **laufender U.** current maintenance; **nachehelicher U.** post-nuptial maintenance; **notdürftiger U.** maintenance at subsistence level
unterhalten *v/t* to maintain/support, to provide maintenance
Unterhalts|anspruch *m* maintenance claim, entitlement to maintenance, claim for support *[US]*; **U.bedürftiger** *m* dependant; **U.beihilfe** *f* maintenance grant, supplementary benefit *[GB]*, income support *[GB]*
unterhaltsberechtigt *adj* entitled to maintenance; **U.e(r)** *f/m* person entitled to maintenance, dependant
Unterhalts|berechtigung *f* entitlement to maintenance; **U.betrag** *m* maintenance, aliment *[Scot.]*; **rückständiger ~** arrears of maintenance; **U.entscheidung** *f* maintenance order; **U.forderung** *f* maintenance claim; **U.gewährung** *f* granting (of) maintenance
Unterhaltsklage *f* maintenance action/suit, action for maintenance; **U. erheben** 1. to institute maintenance proceedings *[GB]*, to file a suit for support *[US]*; 2. *(für uneheliches Kind)* to apply for an affiliation order *[GB]*, to file a suit for the support of an illegitimate child *[US]*
Unterhalts|klausel *f* maintenance clause; **U.kosten** *pl* maintenance costs; **U.leistung** *f* provision of maintenance; **U.pflicht** *f* liability/duty to provide maintenance, maintenance obligation; **~ gegenüber dem nichtehelichen Kind** maintenance obligation towards an illegitimate child; **u.pflichtig** *adj* liable to provide maintenance; **U.pflichtiger** *m* person liable to provide maintenance; **U.pflichtverletzung** *f* violation of a maintenance obligation
Unterhalts|prozess *m* maintenance suit; **U.recht** *nt* maintenance law; **U.regelung** *f* ancillary relief; **U.rente** *f* basic pension; **U.sache** *f* 1. maintenance case; 2. *(Vaterschaft)* affiliation case; **U.streitigkeiten** *pl* disputes over maintenance; **U.urteil** *nt* maintenance order *[GB]*, judgment for support *[US]*; **U.vereinbarung** *f* maintenance agreement; **U.verfahren** *nt* 1. maintenance proceedings; 2. *(Vaterschaft)* affiliation proceedings; **U.verfügung** *f* *(Vaterschaft)* affiliation *[GB]*/bastardy *[US]* order; **U.verletzung** *f* failure to provide maintenance, breach of maintenance obligation; **U.verpflichteter** *m* person obliged to provide maintenance; **U.verpflichtung** *f* duty to provide maintenance; **U.vertrag** *m* maintenance contract; **U.zahlung** *f* maintenance payment; **U.zahlung(en)** *f/pl* alimony; **U.zuschuss** *m* subsistence allowance, maintenance grant
Unterhaltung *f* 1. *(Instandhaltung)* maintenance, upkeep; 2. *(Gespräch)* conversation, talk; **U.spflicht** *f* duty to provide

maintenance; **U.szustand** *m* state of repair

Unterhaus *nt* House of Commons *[GB]*

Unterkühlung *f* hypothermia

Unterkunft und Verpflegung *f* board and lodging

Unterlage *f* document; **U.n zur Verfügung stellen** to furnish documents; **beigefügte U.n** appended documents

unterlassen *v/t* 1. *(versäumen)* to omit, to fail (to do); 2. *(bewusst)* to refrain/forbear/desist (from); 3. *(Wettbewerb)* to cease and desist *[US]*; 4. *(Trinken)* to abstain (from)

Unterlassung *f* 1. *(StR)* omission, failure to do sth., neglect; 2. *(ZR)* forbearance, default, non-performance; **U. der fristgerechten Einreichung des Schriftsatzes** default of pleading; **~ Hilfeleistung** failure to render assistance; **U. von Konkurrenztätigkeit** abstention from a competitive activity; **U. einer Mitteilung** non-disclosure

auf Unterlassung klagen to apply for an injunction

fahrlässige Unterlassung passive negligence *[US]*; **pflichtwidrige U.** nonfeasance, failure to perform a duty; **schuldhafte U.** nonfeasance; **vorsätzliche U.** wilful neglect

Unterlassungs|anordnung *f* prohibitive injunction *[GB]*, order to refrain *[GB]*, cease and desist order *[US]*; **U.anspruch** *m* right to a prohibitory injunction, claim to a forbearance; **U.befehl** *m* cease and desist order *[US]*; **U.delikt** *nt* default/crime by omission, default offence, failure to discharge a legal duty; **U.fall** *m* injunction proceedings; **im ~** in case of default, by default

Unterlassungsklage *f* 1. action/application for injunction, injunction suit, action for a permanent injunction *[US]*; 2. *(Kartellrecht)* action to cease and desist *[US]*; **vorbeugende U.** prohibitory action/suit

Unterlassungspflicht *f* duty of forbearance

Unterlassungsurteil *nt* injunction; **endgültiges U.** final injunction; **vorbeugendes U.** preventive injunction

Unterlassungs|verfügung *f* cease and desist order *[US]*; **U.versprechen** *nt* negative covenant

unterlegen *adj (Prozesspartei)* unsuccessful

unterliegen *v/i* 1. to be subject to; 2. *(Prozess)* to be defeated

Unterlizenz *f* sub-licence

Unter|miete *f* subtenancy, sublease; **jdn in ~ nehmen** to take so. in as a lodger; **U.-mieter(in)** *m/f* subtenant, sublessee; **U.-mietverhältnis** *nt* subtenancy; **U.mietvertrag** *m* subtenancy contract

Unternehmen *nt* 1. business, enterprise, undertaking; 2. *(Gesellschaft)* company, corporation *[US]*; 3. *(Firma)* firm; 4. *(Vorhaben)* activity, operation, venture; **U. der öffentlichen Hand** public-sector undertaking; **U. des privaten Rechts** private-law enterprise; **U. ohne eigene Rechtspersönlichkeit** unincorporated enterprise

Unternehmen gründen to start/form a company; **U. liquidieren** to wind up a company; **U. übernehmen** to take over a company

beherrschendes Unternehmen dominant enterprise; **gemeinnütziges U.** enterprise operating in the public interest, friendly society *[GB]*; **gewerbliches U.** commercial undertaking

Unternehmens|eigentümer *m* company owner; **U.ertrag** *m* company earnings/profits; **U.form** *f* business organization; **U.freiheit** *f* entrepreneurial freedom; **U.-gesetz** *nt* companies act; **U.gewinn** *m* company *[GB]*/corporate *[US]* earnings, ~ profits; **U.jurist(in)** *m/f* company lawyer; **U.kauf durch die Geschäftsführung** management buy-out; **U.recht** *nt* company *[GB]*/corporate *[US]* law; **U.register** *nt* register of companies; **U.vertrag** *m* intercompany contract, contract between business enterprises; **U.zusammenschluss** *m* merger

Unternehmer *m* employer; **U.haftpflicht** *f* company liability; **U.haftpflichtversicherung** *f* employer's liability insurance; **U.haftung** *f* employer's liability; **u.isch** *adj* entrepreneurial; **U.pfandrecht** *nt* employer's/contractor's/mechanic's lien

unterord|nen *v/t* to subordinate; **U.nung** *f* subordination

Unterpacht *f* sublease

Unterricht *m* instruction; **u.en** *v/t* to instruct; **u.et** *adj (Gericht)* cognizant; **U.ung** *f* instruction

untersagen *v/t* 1. to prohibit/forbid; 2. to ban; **jdm etw. u.** to forbid so. to do sth., to prohibit so. from doing sth.

Untersagung *f* 1. *(Verbot)* prohibition, interdiction; 2. *(gerichtlich)* injunction; **U.sverfügung** *f* 1. prohibitive order; 2. negative injunction

unterscheiden *v/t* to distinguish

Unterscheidung *f* distinction, discrimination; **U.smerkmal** *nt* distinguishing feature

unterschieben *v/t* 1. *(Beweismaterial, Drogen)* to plant (sth. on so.); 2. *(unterstellen)* to insinuate; **jdm etw. u.** to attribute sth. falsely to so.; **U.** *nt* fraudulent substitution; **U. eines Kindes** foisting a child (on so.)

Unterschied *m* 1. difference; 2. *(Unterscheidung)* distinction

unterschiedlich *adj* 1. different; 2. *(Behandlung)* discriminatory; 3. *(veränderlich)* variable

unterschlagen *v/t* 1. *(Geld)* to misappropriate/embezzle/peculate; 2. *(abfangen)* to intercept; 3. *(verheimlichen)* to suppress; 4. *(zurückhalten)* to withhold

Unterschlagung *f* 1. *(Geld)* misappropriation, embezzlement; 2. *(öffentliche Gelder)* peculation; 3. *(Beweismaterial)* suppression, withholding; **U. geringwertiger Sachen** conversion of small items; **U. im Amt** embezzlement in office

Unterschlupf *m* hideout; **jdm U. gewähren** to harbour so.

unterschreiben *adj* to (under)sign; **eigenhändig u.** to sign in one'own hand

unterschrieben und besiegelt *adj* signed and sealed

Unterschrift *f* signature; **U. in Vollmacht** signature by procuration

Unterschrift leisten to affix one's signature, to sign on the dotted line; **die U.en stimmen überein** the signatures match

U

amtliche Unterschrift official signature; **gefälschte U.** forged signature

Unterschrifts|befugnis *f* power to sign; **U.beglaubigung** *f* attestation/certification of signature; **u.berechtigt** *adj* authorized to sign; **U.berechtigte(r)** *f/m* authorized signatory; **U.berechtigung** *f* power of signature; **U.fälschung** *f* forged signature, forgery of a signature; **U.probe** *f* specimen (of one's) signature; **u.reif** *adj* ready for signature; **U.stempel** signatory stamp; **U.vollmacht** *f* power to sign; **U.zeuge** *m* attesting witness

unterschwellig *adj* *(Werbung)* subliminal

unterstellen *v/t* 1. *(annehmen, vermuten, bezichtigen)* to impute/presume/assume; 2. *(unterschieben)* to imply; 3. *(andeuten)* to insinuate; 4. *(unterordnen)* to subordinate

Unterstellung *f* 1. presumption, assumption, imputation; 2. implication; 3. insinuation, innuendo; 4. subordination; **U. der bösen Absicht; U. des Vorsatzes** imputation of malice

unterstützen *v/t* 1. to assist/support; 2. *(Antrag)* to second; 3. *(öffentl. Mittel)* to subsidize; 4. *(finanziell)* to sponsor

Unterstützung *f* assistance, support; **staatliche U. beziehen** to be on social security *[GB]*, ~ welfare *[US]*

Unterstützungs|berechtigung *f* entitlement to support; **U.empfänger(in)** *m/f* welfare recipient, person receiving benefit, ~ on welfare *[US]*; **U.fall** *m* welfare case; **U.fonds** *m* relief fund; **U.spflicht** *f* duty to support; **U.zahlung** *f* relief payment

untersuchen *v/t* 1. *(prüfen)* to examine/inspect; 2. *(Vorfall)* to investigate/inquire; 3. *(genau überprüfen)* to scrutinize; 4. *(durchsuchen)* to search

Untersuchung *f* 1. examination, inspection; 2. investigation, inquiry; 3. scrutiny; 4. search; **U. der Unfallursache** investigation of the cause of the accident; **U. anordnen** to order an inquiry

amtliche Untersuchung official/ex officio *(lat.)* inquiry; **ärztliche U.** medical examination; **gerichtliche U.** judicial investigation/inquiry; **gründliche U.** in-depth investigation; **körperliche U.** physical examination; **psychiatrische U.** psychiatric examination; **zollamtliche U.** customs inspection

Untersuchungs|ausschuss *m* committee of inquiry, investigating committee; **U.beamter; U.beamtin** *m/f* investigator; **U.bericht** *m* report on the investigation; **U.ergebnis** *nt* findings; **U.frist** *f* period of inspection

Untersuchungs|gefangene(r) *f/m* remand prisoner, prisoner on remand, ~ awaiting trial; **U.gefängnis** *nt* remand prison

Untersuchungshaft *f* custody, remand,

pre-trial confinement *[GB]*/detention *[US]*; **U. anordnen** to remand, to bind over *[US]*; **U. anrechnen** to make allowance for the pre-trial confinement; **jdn in U. einliefern** to take so. into custody; **~ gegen Kaution aus der U. entlassen** to remand so. on bail; **~ in U. nehmen** to remand so. in custody, to commit so. for trial; **in U. sein/sitzen** to be on remand

Untersuchungshaft|anstalt *f* remand prison; **U.befehl** *m* commitment order

Untersuchungs|häftling *m* remand prisoner, prisoner awaiting trial; **U.pflicht** *f* inspection duty

Untersuchungsrichter(in) *m/f* examining magistrate; **U. zur Klärung von gewaltsamen Todesursachen** coroner

Untersuchungs|verfahren *nt* investigative proceedings; **U.zimmer** *nt* examination room

untertauchen *v/i* *(fig)* to go into hiding, ~ underground

untervermiet|en *v/t* to sublet; **U.ung** *f* subletting

Unter|versicherung *f* underinsurance; **U.vertrag** *m* subcontract; **U.wanderung** *f* infiltration

unterweis|en *v/t* to instruct/brief; **U.ung** *f* instruction, briefing

Unterwerfung *f* submission

Unterwerfungs|erklärung *f* statement of confession, judgment note, warrant of attorney; **U.klausel** *f* confession of judgment clause

unterzeichnen *v/t* to sign

Unterzeichner|(in) *m/f* signatory; **U.staat** *m* signatory state

unterzeichnet *adj* signed; **von mir u.** given under my hand, witness my hand; **u., gesiegelt und ausgehändigt** signed, sealed and delivered

Unterzeichneter *m* signatory, the undersigned

Unterzeichnung *f* signature

sich etw. unterziehen *v/refl* to undergo sth.

untilgbar *adj* irredeemable; **U.keit** *f* irredeemability

untreu *adj* 1. disloyal; 2. *(Ehe)* unfaithful

Untreue *f* 1. *(Veruntreung)* embezzlement, defalcation; 2. *(Ehe)* infidelity; 3. disloyalty, breach of trust; **schwere U.** aggravated embezzlement

untunlich *adj* inappropriate

unüber|brückbar *adj* irreconcilable; **u.legt** *adj* unpremeditated, imprudent

unübertragbar *adj* non-transferable, inalienable; **U.keit** *f* non-transferability, inalienability

unum|gänglich *adj* unavoidable, inevitable; **u.schränkt** *adj* unlimited, unrestricted; **u.stößlich** *adj* unalterable; **u.stritten** *adj* uncontested, uncontroversial

ununterbrochen *adj* uninterrupted

unver|antwortlich *adj* irresponsible; **u.äußerlich** *adj* 1. *(Recht)* inalienable; 2. *(Grundbesitz)* entailed; 3. *(Ware)* unsaleable; **u.bindlich** *adj* non-binding, not binding; **u.brieft** *adj* non-bonded, unsecured; **u.bürgt** *adj* unauthenticated; **u.dächtig** *adj* unsuspicious; **u.dient** *adj* 1. unearned; 2. *(moralisch)* unmerited, undeserved

unvereinbar *adj* incompatible, inconsistent, irreconcilable; **miteinander u. sein** to conflict with; **U.keit** *f* incompatibility

unvererblich *adj* not inheritable

unverfallbar *adj* non-forfeitable, not subject to expiry; **U.keit** *f (Lebensvers.)* non-forfeitability, non-forfeiture

unverfälscht *adj* unadulterated

unverfolgbar *adj* exempt from prosecution; **U.keit** *f* exemption from prosecution

unverfroren *adj* insolent, brazen

unverhältnismäßig *adj* disproportionate; **U.keit** *f* disproportion, disparity

unver|heiratet *adj* single, unmarried; **u.jährbar** *adj* not subject to the statute of limitations; **u.jährt** *adj* not statute-barred; **u.käuflich** *adj* 1. not for sale; 2. *(nicht absetzbar)* unsaleable; **u.kennbar** *adj* unmistakeable; **u.langt** *adj* unsolicited

unverletzlich *adj* *(Rechte, Grenze)* inviolable; **U.keit** *f* inviolability; **~ der Wohnung** inviolability of residence, ~ the home; **~ geltend machen** to claim inviolability/immunity

unverletzt *adj* 1. uninjured, unhurt, unharmed; 2. *(Siegel)* unbroken

unvermeid|bar; u.lich *adj* unavoidable, inevitable

Unvermeidlichkeit *f* unavoidability, inevitability; **U. eines Irrtums** unavoidability of error(s)

unvermindert *adj* unabated, undiminished

Unvermögen *nt* inability, incapacity; **U. des Schuldners** debtor's incapacity

uvermutet *adj* unforeseen, unexpected
unverschämt *adj* impertinent, impudent; **U.heit** *f* impertinence, impudence
unverschuldet *adj* 1. *(ohne Schuld)* without fault, through no fault of one's own, not (due to) so.'s fault; 2. *(ohne Tadel)* blameless; 3. *(ohne Schulden)* not in debt, free from debt; 4. *(Grundbesitz)* unencumbered
unversehrt *adj* 1. *(Person)* uninjured, unharmed, safe and sound, unscathed *(fig)*; 2. *(Sache)* undamaged, intact
Unversehrtheit *f* intactness; **körperliche U.** freedom from injury; **territoriale U.** *(Staat)* territorial integrity
unversöhnlich *adj* irreconcilable
Unverstand *m* lack of judgment; **grober U.** gross lack of judgment
unverzichtbar *adj* 1. *(Recht)* inalienable; 2. *(Anspruch)* undeniable, indisputable; 3. *(Bedingung, Bestandteil)* indispensable, essential
unverzinslich *adj* 1. *(Darlehen)* interest-free; 2. *(Wertpapier)* non-interest-bearing
unverzüglich *adj* immediate, prompt, instant; *adv* forthwith, without undue delay
unvoll|endet *adj* *(Straftat)* inchoate; **u.kommen** *adj* imperfect; **u.ständig** *adj* 1. *(Urkunde)* inchoate; 2. incomplete; **u.ziehbar; u.streckbar** *adj* unenforceable; **U.streckbarkeit; U.ziehbarkeit** *f* unenforceability
unvor|eingenommen *adj* unbiased, unprejudiced, impartial; **u.hergesehen** *adj* unforeseen
unvorhersehbar *adj* unforeseeable; **U.keit** *f* unforeseeability
unvorschriftsmäßig *adj* contrary to regulations, not in keeping with the regulations, improper
unvorsichtig *adj* careless
unwägbar *adj* unforeseeable, incalculable, imponderable
unwählbar *adj* ineligible
unwahr *adj* untrue; **U.heit** *f* untruth, falsehood, falsity; **~ einer Behauptung** falsity of a statement
unweigerlich *adj* inevitable, unavoidable
unwesentlich *adj* immaterial, irrelevant
unwider|legbar *adj* irrefutable, irrebuttable, incontrovertible; **u.legt** *adj* unchallenged; **u.ruflich** *adj* irrevocable, irreversible; **U.ruflichkeit** *f* irrevocability; **u.sprochen** *adj* undefended, unopposed, unchallenged, undisputed
unwiederbringlich *adj* irretrievable
unwirksam *adj* 1. ineffective, inoperative, not binding in law; 2. *(nichtig)* null and void; 3. *(verjährt)* stale; 3. *(nichtig, belanglos)* nugatory; **für u. erklären** to set aside; **u. werden** to cease to be effective, to become void, to lapse
Unwirksamkeit *f* 1. *(Nichtigkeit)* nullity, ineffectiveness, inoperativeness, voidness; 2. *(Ungültigkeit)* invalidity; **U. eines Rechtsgeschäfts** voidness of a transaction; **relative U.** relative nullity; **schwebende U.** pending nullity; **teilweise U.** partial nullity
Unwirksamkeits|erklärung *f* declaration of nullity/ineffectiveness; **U.klausel** *f* nullity/ineffectiveness clause
unwirtschaftlich *adj* uneconomic(al), inefficient
unwissend *adj* 1. ignorant; 2. *(ahnungslos)* unsuspecting
Unwissenheit *f* ignorance; **U. schützt vor Strafe nicht** ignorance (of the law) is no excuse
unwissentlich *adv* unknowingly, unwittingly
zur Unzeit *f* at an inopportune time
unziemlich *adj* improper, unseemly
Unzucht *f* sexual offence, indecency; **U. mit Abhängigen** indecency with dependants, illict sexual acts/relations with dependants; **~ Kindern** p(a)edophilia; **~ Tieren** buggery; **~ jdm betreiben** to commit a sexual offence with so.
gewerbsmäßige Unzucht prostitution; **schwere U.** gross indecency
unzüchtig *adj* 1. indecent; 2. *(Schriften)* obscene
unzugänglich *adj* 1. *(Gebäude usw.)* inaccessible; 2. *(Mensch)* unapproachable
unzulänglich *adj* 1. *(nicht ausreichend)* insufficient; 2. *(mangelhaft)* inadequate
Unzulänglichkeit *f* 1. insufficiency; 2. *(Mangelhaftigkeit)* inadequacy; **U.seinrede** *f* plea of insufficiency
unzulässig *adj* 1. *(Beweismittel, Lärm)* inadmissible, 2. *(Beeinflussung)* undue; 3. *(Belastung, Geschwindigkeit)* excessive; 4. *(Gebrauch, Maßnahme)* improper; 5. *(verboten)* prohibited, unlawful
Unzulässigkeit *f* inadmissibility
unzumutbar *adj* unreasonable; **U.keit** *f* unreasonableness

unzurechnungsfähig *adj* of unsound mind, mentally incapable, insane, doli incapax *(lat.)*, non compos mentis *(lat.)*; **U.keit** *f* unsoundness of mind, mental incapacity, insanity
unzureichend *adj* insufficient
unzuständig *adj* having no jurisdiction, not competent, incompetent; **U.keit** *f* lack/want of jurisdiction, incompetence; **sachliche ~** lack of jurisdiction
unzustellbar *adj* 1. service impossible; 2. *(Post)* undeliverable; **U.keit** *f* impossibility of service
unzutreffend *adj* 1. inapplicable, inappropriate; 2. *(unwahr)* incorrect; **U.es streichen** *nt* delete if inappropriate
unzuverlässig *adj* unreliable, untrustworthy
unzweckmäßig *adj* 1. *(ungeeignet)* inappropriate, unsuitable; 2. *(nicht ratsam)* inexpedient; **U.keit** *f* inappropriateness
unzweifelhaft *adj* beyond reasonable doubt
Urabstimmung *f* strike ballot
Urheber *m* author, originator; **U.persönlichkeitsrecht** *nt* copyright
Urheberrecht *nt* copyright, proprietary right; **U. erlischt** copyright expires; **gesetzliches U.** statutory copyright; **literarisches U.** literary copyright
urheberrechtlich *adj* copyright; *adv* by copyright
Urheberrechts|eingriffsklage *f* copyright infringement action/suit; **U.gesetz** *nt* Copyright Act *[GB]*; **U.inhaber(in)** *m/f* copyright holder; **U.klage** *f* copyright action; **U.lizenzen** *pl* royalties; **U.schutz** *m* copyright protection; **U.streit** *m* copyright litigation; **U.übertragung** *f* transfer of copyright; **U.verlängerung** *f* renewal of copyright; **U.verletzung** *f* copyright infringement, infringement of (a) copyright; **U.vermutung** *f* presumption of copyright; **U.vertrag** *m* copyright contract
Urheber|rolle *f* register of copyrights; **U.schaft** *f* authorship
Urkunde *f* 1. document, instrument, muniments; 2. *(Kauf)* (title) deed; 3. *(Gründung)* charter; 4. *(Bescheinigung, Diplom)* certificate; 5. *(Verkauf)* bill; **zur U. dessen** in witness thereof/whereof
Urkunde aufsetzen to draw up a document; **U. ausstellen** to make out/issue a deed; **U. beglaubigen lassen** to have a document authenticated; **U. beibringen** to present/produce a document; **U. beglaubigen** to certify a document; **U. hinterlegen** to lodge a document, to place an instrument in escrow; **U. bei jdm hinterlegen** to lodge a document with so.; **U. legalisieren** to legalize a document; **U. siegeln** to seal a document; **U. unterdrücken** to suppress a document; **U. unterfertigen** to execute an instrument; **U. vorlegen** to produce/present a document; **U. zustellen** to deliver a document
amtliche Urkunde official document; **begebbare U.** negotiable instrument; **beglaubigte U.** certified document; **öffentlich ~** officially authenticated document; **eingetragene U.** registered document; **notarielle U.** notarial document/deed/instrument; **privatschriftliche U.** private deed; **unvollständige U.** inchoate instrument; **vollstreckbare U.** enforceable instrument
Urkunden|anhang *m* rider; **U.ausfertigung** *f* engrossment; **U.auszug** *m* title abstract; **U.beweis** *m* written proof, documentary evidence; **U.einsicht** *f* inspection of documents; **U.fälschung** *f* forgery/falsification of a document, ~ an instrument; **U.kopf** *m* caption; **U.mahnbescheid** *m* default summons based on documents; **U.papier** *nt* engrossment paper; **U.prozess** *m* trial by record; **U.rolle** *f* notary's roll of documents, register of deeds; **U.steuer** *f* stamp duty; **U.unterdrückung** *f* suppression/concealment of documents, ~ a deed; **U.verlesung** *f* reading (of) a document; **U.vorlage; U.vorlegung** *f* production/submission/presentation of a document
urkundlich *adj* documentary; **u. dessen** in witness/testimony whereof
Urkunds|beamter; U. beamtin; U.person *m/f* registrar (of the court registry), authenticating/certifying official, ~ officer; **U.notar** *m* authenticating notary
Urlaub *m* 1. holiday, vacation; 2. *(Beurlaubung)* leave; 3. *(für besondere Zwecke)* leave of absence; **tariflicher U.** collectively agreed holiday
Urlaubs|abgeltung *f* payment in lieu of vacation; **U.anspruch** *m* holiday claim/entitlement; **U.dauer** *f* length of a holiday; **U.entgelt; U.geld; U.vergütung** *nt/f*

U

holiday/vacation pay; **U.gesuch** *nt* application for a holiday; **U.sperre** *f (Militär)* ban on leave; **U.vertretung** *f* 1. temporary/holiday replacement; 2. *(Arzt, Apotheker)* locum *(lat.)*

Ursache *f* 1. cause; 2. *(Grund)* reason, ground(s); 3. *(Beweggrund)* motive; 4. *(Anlass)* occasion; **U. und Wirkung** cause and effect; **entfernte U.** remote cause; **ungeklärte U.** unknown cause ; **aus ungeklärter U.** for reasons unknown; **unmittelbare U.** proximate cause

ursächlich *adj* causal, causative; **u. für etwas sein** to be the cause of sth.; **U.keit** *f* causality

Urschrift *f* original (text); **U. anfertigen** to make out the original; **u.lich** *adj* original

ursprünglich *adj* original

Ursprungs|land *nt* country of origin; **U.-zeugnis** *nt* certificate of origin

Urteil *nt* 1. *(StR)* verdict, conviction; 2. *(Strafmaß)* sentence; 3. *(ZR)* judgment; 4. *(Entscheidung)* decision, ruling, adjudication; 5. *(Richterspruch)* judgment; 6. *(Schiedsspruch)* award; 7. *(Ehescheidung)* decree; 8. *(Verdikt, Feststellung)* finding

Urteil betreffend dingliche Ansprüche judgment in rem *(lat.)*; **~ obligatorische Ansprüche** judgment in personam *(lat.)*; **U. zur Feststellung der Vaterschaft** affiliation order; **U. zu Gunsten des Beklagten** verdict for the defendant; **~ des Klägers** judgment for the plaintiff; **U. auf Grund des materiell-rechtlichen Tatbestandes** judgment on the merits; **U. auf Schadensersatz** compensation order; **U. im beschleunigten Verfahren** summary judgment

Urteil abändern to alter a judgment; **sich mit einem U. abfinden** to accept a judgment, to acquiesce in a judgment; **U. anfechten** to appeal against a judgment; **U. annehmen** to accept a verdict; **U. aufheben** 1. *(StR)* to quash a conviction/sentence; 2. to rescind/reverse a judgment; **U. bestätigen** 1. *(StR)* to uphold a sentence; 2. to confirm/uphold a judgment; **U. ergehen lassen** to hand down a decision; **U. erlassen** to deliver/enter/pass/render a judgment; **U. erwirken** to obtain/secure a judgment; **U. fällen** 1. *(StR)* to return a verdict, to pass judgment, ~ a sentence; 2. to adjudicate, to deliver/give a judgment; **zu einem U. gelangen** *(StR)* to reach a verdict; **U. kassieren/umstoßen** to quash a verdict/judgment; **U. sprechen** to deliver a judgment; **U. verkünden** 1. *(StR)* to return a verdict; 2. to pronounce/deliver a judgment; **aus einem U. vollstrecken** to enforce a judgment, to execute a sentence/judgment; **U. zustellen** to serve judgment

abweichendes Urteil dissenting judgment; **angefochtenes U.** judgment on/under appeal, ~ appealed against; **bedingtes U.** conditional judgment; **bestätigendes U.** confirmatory decision; **endgültiges/letztinstanzliches U.** final judgment; **erstinstanzliches U.** judgment by the court of first instance; **klageabweisendes U.** judgment of dismissal; **mildes U.** lenient sentence; **rechtskräftiges U.** 1. valid/final judgment; 2. *(Scheidung)* decree absolute; **mit Gründen versehenes U.** reasoned judgment; **vollstreckbares U.** enforceable judgment; **vorläufiges U.** *(Scheidung)* decree nisi *(lat.)*

urteilen *v/i* to decide/rule/find

Urteils|aufhebung *f* quashing of a judgment; **U.ausfertigung** *f* judgment, court-sealed copy of a judgment; **U.auslegung** *f* construction of a sentence; **U.begründung** *f* ratio decidendi *(lat.)*, grounds/reasons for a judgment, judicial opinion, opinion (of the court) *[US]*; **U.beratung** *f* deliberation; **geheime U.** deliberation in camera *(lat.)*; **U.berichtigungsbeschluss** *m* writ of error coram vobis *(lat.)*; **U.bildung** *f* formation of a judgment; **U.ergänzung** *f* supplementation of the judgment; **U.erschleichung** *f* subreption of a judgment

urteilsfähig *adj* able/competent to judge; **U.keit** *f* ability to judge

Urteils|findung *f* reaching a verdict; **U.forderung** *f* judgment debt/claim; **U.formel** *f* operative part of the judgment; summary of the judgment; **U.grund** *m* reason(s) for the verdict; **U.jury** *f* petty jury *[US]*; **U.kopf** *m* caption; **U.sammlung** *f* law reports *[GB]*, casebook; **U.schelte** *f* criticism of the court's ruling

Urteilsschuld *f* judgment debt; **U.ner** *m* judgment debtor

Urteilsspruch *m* 1. *(Strafgericht)* sentence; 2. judgment; 3. finding(s); 4. *(Geschworene)* verdict; 5. *(Schiedsgericht)* award; **U. fällen** *(StR)* to give/return a verdict

Urteils|summe *f* sum awarded; **U.tenor** *m*

essence of the judgment, holding *[US]*; **U.verfahren** *nt* sentencing procedure; **U.verkünd(ig)ung** *f* 1. pronouncement/delivering of a judgment; 2. *(StR)* pronouncement of a sentence; **U.vermögen** *nt* faculty of judgment

Urteils|vollstreckung *f* 1. *(StR)* execution of a sentence; 2. *(ZR)* enforcement of a judgment; **~ aussetzen** to suspend the sentence; **U.zustellung** *f* service of (a) judgment

Usance *f* usage

V

vakan|t *adj* vacant; **V.z** *f* vacancy

Valut|a *f* foreign exchange; **V.averhältnis** *nt* exchange rate; **v.ieren** *v/t* to value

Vandal|e *m* vandal; **V.ismus** *m* vandalism

Vater *m* father; **V.mord** *m* parricide, patricide; **V.mörder(in)** *m/f* patricide

Vaterschaft *f* paternity; **V. anerkennen** to acknowledge paternity; **V. bestreiten/nicht anerkennen** to deny paternity; **jdm die V. eines Kindes zuschreiben** to affiliate a child to so.

Vaterschafts|anerkenntnis; V.anerkennung *f* acknowledgement of paternity; **V.anfechtung** *f* challenging (of) paternity; **V.feststellung** *f* paternity test, determination of paternity, affiliation; **V.gutachten** *nt* opinion on paternity; **V.-klage** *f* paternity suit, action to determine paternity; **V.nachweis** *m* establishment/proof of paternity; **V.prozess** *m* affiliation case/proceedings *[GB]*, paternity suit *[US]*; **V.urlaub** *m* paternity leave; **V.vermutung** *f* presumption of paternity

Vaterstadt *f* home town

verabreden *v/t* to agree; **sich v.** *v/refl* to conspire

Verabredung *f* 1. *(Komplott)* conspiracy; 2. *(Treffen)* appointment, date, meeting; 3. *(Vereinbarung)* agreement, arrangement; **V. zur Begehung einer Straftat; ~ eines Verbrechens** conspiracy to commit a crime, criminal conspiracy; **V. zum Mord** conspiracy to murder; **V. zur Rechtsbeugung** conspiracy to pervert the course of justice; **V. zum Verbrechen** conspiracy to commit a crime

Verabredung absagen to cancel an appointment; **V. treffen** to come to an arrangement; **geheime V.** *(betrügerisch)* collusion

Verabredungsgefahr *f* danger of conspiracy

jdm etw. verabreichen *v/t* to administer sth. to so.

Verabreichung *f* administration

verabsäumen *v/t* to neglect/fail (to do sth.)

verabscheuen *v/t* to detest/loathe

verabschieden *v/t* 1. to enact; 2. *(Gesetz)* to pass

Verabschiedung *f* enactment; **V. eines Gesetzes** passing/passage of a bill; **V. einer Richtlinie** adoption of a directive

verächtlich *adj* 1. contemptuous, scornful; 2. *(verabscheuungswürdig)* contemptible; **v. machen** to disparage

Verächtlichmachung *f* disparagement; **V. des Gerichts** contempt of court; **V. einer Person** defamation

jdn mit Verachtung strafen *f* to treat so. with contempt

Veralt|erung *f* obsolescence; **v.et** *adj* obsolete

verändern *v/t* 1. *(abändern)* to vary/modify; 2. to change

Veränderung *f* 1. *(leicht)* alteration, modification; 2. *(Stellungswechsel)* change of job; 3. *(Wandel)* change; **bauliche V.en** structural alterations; **wesentliche V.** substantial change; **V.ssperre** *f* preservation order

verängstigen *v/t* to frighten/scare

verankern *v/t* *(Gesetz)* to embody

veranlagen *v/t* *(Steuer)* to assess; **sich gemeinsam v. lassen** to file joint returns; **~ getrennt v. lassen** to file separate returns; **zusammen v.** to assess jointly

Veranlagung *f* 1. inclination; 2. *(Eigenschaft)* disposition; 3. *(Festsetzung)* assessment; **gemeinsame V.** joint assessment; **getrennte V.** separate assessment; **krankhafte V.** pathological disposition; **kriminelle V.** criminal disposition; **steuerliche V.** tax assessment; **verbrecherische V.** criminal disposition

Veranlagungs|bescheid *m* notice of assessment; **v.fähig** *adj* taxable, chargeable; **V.grundlage** *f* 1. basis of assessment; 2. *(Steuer)* tax base; **V.steuerbescheid** *m* tax assessment; **V.zeitraum** *m* assessment period

veranlassen *v/t* 1. to cause/occasion; 2. *(überreden)* to induce; **etw. v.** to arrange sth.; **jdn zu ~** to induce so. to do sth.
Veranlassung *f* inducement, instigation; **auf jds V.** at so.'s instigation; **~ V. von** at so.'s behest; **zur weiteren V.** for further action; **jdm V. geben, etw. zu tun** to give so. cause to do sth.
veranschlagen *v/t* to assess/estimate/appraise
Veranstalt|er *m* operator; **V.ung** *f* event; **öffentliche ~** public function; **V.ungsort** *m* venue
verantworten *v/t* to account for; **etw. v.** to accept responsibility for sth.; **sich für etw. vor jdm v.** *v/refl* to answer to so. for sth.
verantwortlich *adj* 1. answerable; 2. *(haftbar)* liable; 3. *(rechenschaftspflichtig)* accountable; 4. *(schuldig)* responsible; **jdn v. machen für** to hold so. responsible for; **strafrechtlich v.** criminally responsible
Verantwortliche(r) *f/m* 1. responsible person; 2. *(für Negatives)* responsible party
Verantwortlichkeit *f* 1. responsibility; 2. *(Haftbarkeit)* liability; 3. *(Rechenschaftspflicht)* accountability; **V. delegieren** to delegate responsibility
alleinige Verantwortlichkeit sole responsibility; **strafrechtliche V.** criminal responsibility *[GB]*, penal liability *[US]*
Verantwortung *f* responsibility
auf eigene Verantwortung on one's own responsibility, at one's own risk; **V. liegt bei** responsibility lies with
Verantwortung ablehnen to decline/disclaim responsibility; **V. abwälzen** to shift responsibility; **sich aus der V. stehlen** to shirk/evade responsibility; **V. tragen** to bear responsibility; **V. übernehmen** to assume responsibility; **V. für etw. übernehmen** to take responsibility for sth.; **jdn zur V. ziehen** to hold so. responsible, to call so. to account (for sth.); **~ gerichtlich zur V. ziehen** to bring so. before the court
strafrechtliche Verantwortung criminal responsibility; **zivilrechtliche V.** liability
Verantwortungs|bereich *m* sphere of responsibility; **v.bewusst** *adj* responsible; **V.bewusstsein** *nt* sense of responsibility; **v.los** *adj* irresponsible
verarbeit|en *v/t* 1. to process; 2. *(innerlich)* to come to terms (with sth.); **v.et** *adj* finished; **V.ung** *f* 1. processing; 2. *(Fertigungsqualität)* finish, workmanship; **V.ungsvorschriften** *pl* processing instructions
Verärgerung *f* annoyance
verarm|t *adj* impoverished, poverty-stricken; **V.ung** *f* pauperization, impoverishment
jdn verarzten *v/t* *(behandeln)* to treat so., to patch so. up *(coll)*
verauslagt *adj* *(Betrag)* disbursed
veräußer|bar *adj* disposable, saleable; **V.er** *m* transferor, assignor, seller, alienor; **v.lich** *adj* alienable, disposable; **v.n** *v/t* to sell/alienate, to dispose of
Veräußerung *f* sale, alienation, disposal; **V. oder Belastung** sale or encumbrance; **V. und Belastung** sale and encumbrance; **V. beweglichen oder unbeweglichen Vermögens** alienation of movable or immovable property; **V. von Vermögensgegenständen/Vermögenswerten** sale of assets; **V. ohne Zustimmung** sale without consent; **V. durch Zwangsvollstreckung; V. im Wege der Zwangsvollstreckung** sale by judicial execution
Veräußerung vornehmen to sell
freihändige Veräußerung sale by private treaty; **rechtmäßige V.** lawful sale; **schenkungsweise V.** transfer by gift; **unentgeltliche V.** gratuitous transfer
Veräußerungs|befugnis *f* power to sell, dispositive power; **V.beschränkung** *f* selling restriction; **V.beschränkungen** *pl* sales restrictions; **V.erlös** *m* proceeds (of the sale); **V.gewinn** *m* capital gain; **V.recht** *nt* right of disposal; **V.sperre** *f*; **V.verbot** *nt* prohibition to sell; **gesetzliches ~** statutory restraint on alienation; **V.vertrag** *m* contract of sale, selling agreement; **V.wert** *f* 1. *(Restwert)* salvage value; 2. disposal value
Verbal|beleidigung; V.injurie *f* gross insult, verbal abuse
Verband *m* 1. federation, association, confederation; 2. *(Bund)* association; 3. *(Fahrzeugkolonne)* convoy; 4. *(Medizin)* bandage, dressing; **V. gründen** to set up an association; **V.pflaster** *nt* first-aid plaster
Verbands|klage *f* class/group/representative action, legal action instituted/taken by an association; **V.recht** *nt* law of asso-

ciation(s); **V.stoff** *m* dressing; **V.übereinkunft** *f* association agreement; **V.zeug** *nt* dressing material

verbann|en *v/t* *(Exil)* to exile (so.); **V.te(r)** *f/m* exile

sich in etw. verbarrikadieren *v/refl* to barricade os. in sth.

verbauen *v/t* *(Bauwerk)* to block (sth.)

verbergen *v/t* to conceal/hide

verbesser|n *v/t* to improve/rectify; **V.ung** *f* improvement, bettering, correction

verbeulen *v/t* *(Auto)* to dent

verbieten *v/t* 1. to outlaw/prohibit/forbid; 2. *(offiziell)* to ban/proscribe

verbinden *v/t* to combine/join/connect; **sich v. mit** *v/refl* to associate with

verbindlich *adj* 1. binding; 2. *(zwingend)* compulsory

Verbindlichkeit *f* 1. commitment; 2. *(Schuld)* liability, obligation; 3. *(Auskunft)* reliability; **V. von Tarifverträgen** binding force of collective agreements

Verbindlichkeit eingehen enter into an obligation, to incur a liability; **V. erfüllen** to honour an obligation

Verbindlichkeiten *pl* *(Bilanz)* liabilities, debts; **V. und Forderungen** claims and liabilities; **V. begleichen** to discharge liabilities; **V. eingehen** to incur/assume obligations; **V. einhalten** to meet one's obligations

aufgelaufene Verbindlichkeiten accrued liabilities/debts; **mittel- und langfristige V.** medium and long-term liabilities; **unverbrauchte V.** unrecorded liabilities

Verbindung *f* 1. combination, connection; 2. *(von Prozessen)* joinder; **in V. mit** in conjunction with; **~ enger V.** in close contact; **V. mit zuständigen Behörden** liaison with competent authorities

Verbindungs|beamter; V.beamtin; V.offizier *m/f/m* liaison oficer; **V.büro** *nt* liaison office; **V.strasse** *f* link road

Verbleib *m* whereabouts; **v.en** *v/i* to remain; **v.end** *adj* remaining; **V.erecht** *nt* right of continued residence

Verblichene(r) *f/m* the deceased

verbluten *v/i* to bleed to death

verborgen *adj* 1. hidden, concealed; 2. *(Mangel)* latent; **V.heit** *f* seclusion

Verböserung *f* deterioration

Verbot *nt* prohibition, ban, proscription, interdiction; **V. der Doppelbestrafung** double jeopardy clause; **V. einer Partei** prohibition/proscription of party; **V. des Einsatzes von Zwangsmitteln** ban on the use of force

Verbot aufheben/zurücknehmen to lift a ban; **V. aussprechen** to impose a ban; **unter ein V. fallen** to be subject to a ban; **gegen ein V. verstoßen** to violate a prohibition

gesetzliches Verbot statutory prohibition; **präventives V.** preventive ban; **repressives V.** repressive ban

verboten *adj* forbidden, illicit, prohibited; **streng v.** strictly forbidden

Verbots|bestimmung *f* prohibitory provision; **V.- und Beschränkungszeichen** *pl* *(Verkehr)* prohibitory and restrictive signs; **V.dauer** *f* duration of prohibition; **V.gesetz** *nt* prohibition act; **V.gesetzgebung** *f* proscriptive legislation; **V.irrtum** *m* error as to/concerning the prohibited nature of an act; **V.liste** *f* list of prohibited items; **V.-prinzip** *nt* prohibition per se *(lat.)*, principle of proscription; **V.verfügung** *f* prohibitory/restrictive injunction; **V.zeichen** *nt* prohibitory sign; **V.zone** *f* prohibited zone

etw. verbrämen *v/t* to embellish sth.

Verbrauch *m* consumption; **v.bar** *adj* consumable; **v.en** *v/t* to consume

Verbraucher|(in) *m/f* consumer; **V.beratung** *f* *(Institution)* consumer advice centre; **V.darlehen; V.kredit** *nt/m* consumer loan; **V.klage** *f* consumer suit; **V.-kreditgesetz (VerbrKG)** *nt* consumer credit act; **V.kreditkauf** *m* consumer credit purchase; **V.kreditvertrag** *m* consumer credit contract; **V.schutz** *m* consumer protection, fair trading; **V.schutzgesetz** *nt* consumer protection act; **V.schutzgesetzgebung** *f* consumer protection legislation; **V.vertrag** *m* consumer contract; **V.zentrale** *f* consumer advice centre

Verbrauchs|güter *pl* non-durable consumer goods, consumer non-durables; **V.recht** *nt* right of consumption; **V.steuer** *f* excise duty, consumption tax, consumer expenditure tax, consumption tax *[US]*

Verbrechen *nt* crime, criminal/indictable offence, felony *[US]*; **V. lohnt sich nicht** crime does not pay; **V. gegen die Menschlichkeit** crime against humanity; **V. und Vergehen** crimes and offences

jdn eines Verbrechen|s beschuldigen to accuse so. of a crime; **~ schuldig sprechen** to find so. guity of a crime; **~ V. über-**

führen to convict so. of a crime; **V. verüben** to perpetrate/commit a crime

häufig begangenes Verbrechen volume crime; **feiges V.** cowardly crime; **versuchtes V.** attempted crime; **vollendetes V.** accomplished crime

Verbrechens|aufklärung *f* crime clear-up rate; **V.bekämpfung** *f* fight against crime, combating crime; **V.datei** *f* crime file; **zentrale ~** National Criminal Intelligence Service (NCIS) *[GB]*; **V.flut** *f* tide of crime; **V.merkmal** *nt* crime feature; **V.quote; V.rate** *f* crime rate; **V.verhütung; V.vorbeugung** *f* crime prevention; **V.vorsatz** *m* criminal intent; **V.welle** *f* crime wave

Verbrecher|(in) *m/f* criminal, felon *[US]*; **V. verbergen** to harbour a criminal; **schwer fassbarer V.** elusive criminal; **rückfälliger V.** recidivist; **überführter V.** convicted criminal

Verbrecher|album *nt* rogues' gallery; **V.bande** *f* gang of criminals; **V.foto** *nt* mug shot; **v.isch** *adj* criminal, felonious *[US]*; **V.jagd** *f* hunting a criminal; **V.kartei** *f* criminal records

verbreiten *v/t* to disseminate/spread

Verbreitung *f* dissemination; **V. von Falschgeld** uttering of counterfeit money; **V. pornografischer Schriften** publication of obscene writings; **V. unzüchtiger Schriften** dissemination of obscence publications

Verbreitungs|beschränkung *f* restrictions on distribution; **V.recht** *nt (Urheberrecht)* right of distribution

verbrenn|en *v/t* to burn; **sich v.** *v/refl* to set fire to os.; **V.ung** *f* 1. *(Brandwunde)* burn; 2. *(Vorgang)* burning; 3. *(Müll)* incineration; **V.ungsanlage** *f* incinerator

verbrief|en *v/t* 1. to certify/authenticate/guarantee/record; 2. *(Recht)* to charter; **v.t** *adj* confirmed in writing; **V.ung** *f* recording

verbring|en *v/t* to commit; **grenzüberschreitendes V.en von Abfall** *nt* cross-border transport of waste; **V.ung** *f* committal

verbuch|en *v/t* to book/enter/post; **V.ung** *f* entry, posting; **~ auf einem Konto** posting to an account

Verbund *m* union; **v.en** *adj* connected, linked

verbündet *adj* allied

Verbund|klausel *f* association clause; **V.system** *nt (Versorgungsbetriebe)* compound system; **V.zuständigkeit** *f* joint responsibility

verbürgen *v/t* to guarantee/warrant, to stand security (for); **sich für etw. v.** *v/refl* to vouch for sth.

verbüß|en *v/t* *(Strafe)* to serve (a sentence); **V.ung** *f* serving (a sentence); **~ der Haftstrafe** serving the custodial sentence

Verdacht *m* suspicion; **über jeden V. erhaben** above suspicion; **unter V.** under suspicion

Verdacht von sich ablenken to divert suspicion from os.; **V. erhärten** to corroborate a suspicion; **V. erregen** to arouse suspicion; **in V. geraten** to be suspected; **V. auf jdn lenken** to cast suspicion on so.; **V. von sich auf jdn lenken** to deflect suspicion (away) from os. onto so. else; **V. schöpfen** suspect (so./sth.); **im V. stehen, etw. getan zu haben** to be suspected of having done sth.; **unter V. stehen** to be suspected; **V. zerstreuen** to dispel a suspicion

begründeter Verdacht justifiable suspicion; **dringender V.** strong suspicion, reasonable and probable cause; **geringer V.** faint suspicion; **grundloser/unbegründeter V.** unfounded suspicion; **hinreichender V.** reasonable suspicion

verdächtig *adj* suspect, suspected, suspicious; **v.en** *v/t* to suspect; **jdn ~ etw. getan zu haben** to suspect so. of (having done) sth.; **V.en beschatten** *m* to tail a suspect; **~ festnehmen** to arrest/apprehend a suspect; **V.te(r)** *f/m* suspect, suspected offender; **V.ung** *f* suspecting (so.)

Verdachts|grund *m* grounds for suspicion; **V.moment** *m* suspicious circumstance

verdanken *v/i* to owe

verdeck|en *v/t* to hide/conceal/cover; **v.t** *adj* 1. *(geheim)* undercover; 2. *(verborgen)* hidden; **V.ungsabsicht** *f* intention to conceal

verderblich *adj* *(nicht haltbar)* perishable

sich verdichten *v/refl* *(Verdacht)* to grow/deepen

verdienen *v/t* to earn/deserve/merit

Verdienst *m* income, earnings; **V.ausfall** *m* loss of earnings; **V.ausfallentschädigung** *f* compensation for loss of earnings; **v.bezogen** *adj* earnings-related; **V.spanne** *f* margin of profit; **v.voll** *adj* commendable

verdient *adj* well-deserved
Verdikt *nt* verdict
verding|en *v/t* to contract out, to outsource; **V.ung** *f* hire, contracting out, outsourcing, placing of contracts by tender
Verdingungs|ordnung *f* standard contract terms, regulations governing construction contracts; **~ für Bauleistungen (VOB)** contracting rules for the award of (public) works contracts; **V.ordnungen** *pl* contracting regulations
verdreh|en *v/t* 1. to pervert; 2. *(entstellen)* to distort; **V.ung** *f* 1. perversion; 2. distortion
verdunkeln *v/t* 1. *(verschleiern)* to obscure; 2. to camouflage
Verdunkelung *f* tampering with evidence, suppression of evidence, collusion, obfuscation, obscuration; **V. des Sachverhalts** collusion to conceal facts; **V.sgefahr** *f* danger of collusion, ~ suppression of evidence, ~ tampering with evidence
vereidig|en *v/t* to swear in; **v.t** *adj* sworn; **gerichtlich ~** certified before the court; **V.ung** *f* swearing-in, administration of an oath, administering an oath
Verein *m* club, association, society; **eingetragener V. (e. V)** registered society, incorporated association/society; **nicht ~** unincorporated/unregistered society; **gemeinnütziger V.** charitable organization, non-profit-making society; **nicht rechtsfähiger V.** unincorporated association
vereinbar *adj* compatible (with), reconcilable
vereinbaren *v/t* 1. to enter into; 2. *(absprechen)* to agree; 3. *(ausbedingen)* to stipulate; **ausdrücklich v.** to stipulate expressly; **etw. mit etw. v.** *(in Einklang bringen)* to reconcile sth. with sth.; **etw. (vertraglich) v.** to covenant sth., to stipulate sth. (by contract); **schriftlich v.** to stipulate in writing; **vorher v.** to agree in advance
Vereinbarkeit *f* compatibility
vereinbart *adj* stipulated, agreed; **falls/soweit nicht anders v.** unless otherwise agreed; **genau v.** agreed in precise terms; **es gilt als v.** it is understood that; **(wie) vertraglich v.** (as) contractually agreed; **wie v.** as agreed
Vereinbarung *f* 1. contract, agreement, stipulation; 2. *(Völkerrecht)* memorandum of understanding; **mangels gegenseitiger V.** in the absence of any provision to the contrary; **nach voriger V.** by prior agreement; **vorbehaltlich einer abweichenden V.** unless otherwise agreed (by the parties); **V. ohne Gegenleistung** naked contract; **V. auf Gegenseitigkeit** reciprocal agreement; **V. über das Getrenntleben** separation agreement; **~ Gewerkschaftszwang** union membership agreement *[GB]*; **V. einer Konventionalstrafe** penalty clause; **V. auf Treu und Glauben** bona-fide agreement; **V. einer Vertragsstrafe** penalty clause
Vereinbarung vertraglich abbedingen to contract out of an agreement; **sich an eine V. halten** to adhere to an agreement, to abide by an agreement; **V. nicht halten** to breach an agreement; **V. aufheben** to annul an agreement, to abrogate a stipulation; **V. schließen** to conclude an agreement; **V. außer Kraft setzen** to terminate an agreement; **V. treffen** to reach (an) agreement, to enter into an agreement
abweichende Vereinbarung|en diverging agreements; **ausdrückliche V.** express/explicit agreement; **außergerichtliche V.** out-of-court settlement; **bestehende V.** existing agreement; **einschränkende V.** *(Unterlassungspflichten in Verträgen)* restrictive covenant; **entgegenstehende V.** agreement to the contrary; **gegenseitige V.** mutual agreement; **mündliche V.** 1. oral agreement; 2. *(auf Treu und Glauben)* gentlemen's agreement; **stillschweigende V.** tacit agreement; **vertragliche V.** contractual agreement/provision/stipulation; **besondere ~** particular covenant; **völkerrechtliche V.** international treaty; **vorläufige V.** interim agreement; **wechselseitige V.en** mutual covenants; **wettbewerbsbeschränkende V.** agreement in restraint of trade, restrictive agreement; **v.sgemäß** *adj* as agreed; **V.streuhand** *f* joint trustee
vereinheitlich|en *v/t* standardize/to harmonize; **V.ung** *f* standardization, harmonization
vereinigen *v/t* to unite/combine
Vereinigung *f* association, federation; **V. von Hypotheken** consolidation of mortgages
berufsständische Vereinigung professional body; **kriminelle V.** criminal association/

organization; **rechtsfähige V.** incorporated association; **verbotene V.** proscribed association; **verfassungsfeindliche V.** anti-constitutional association; **widerrechtliche V.** unlawful association; **wohltätige V.** charitable association

Vereinbarungsfreiheit *f* freedom of association

vereinnahm|en *v/t* to collect/receive; **V.ung** *f* collection, receipt

Vereins|auflösung *f* dissolution of an association; **V.beitrag** *m* club membership dues/fee; **V.freiheit** *f* freedom to form associations; **V.gesetz** *nt* association act; **V.haftung** *f* liability of the association; **V.-mitglied** *nt* club member; **V.mitgliedschaft** *f* club membership; **V.organ** *nt* organ of the assosiation; **V.recht** *nt* law of association; **V.register** *nt* register of associations; **V.satzung** *f* association statutes, club rules; **V.vermögen** *nt* association/society assets; **V.vorstand** *m* association executive board

Vereinte Nationen United Nations (UN)

vereist *adj* iced up

vereiteln *v/t* 1. to prevent/obstruct; 2. *(Anschlag)* to thwart; 3. *(Anspruch)* to defeat; 4. *(Pläne)* to frustrate

Vereitelung *f* thwarting, prevention, frustration; **V. eines Anschlags** thwarting a plot; **V. der Zwangsvollstreckung** obstructing the execution

vererb|bar *adj* hereditary; **(jdm etw.) v.en** *v/t* to bequeath/leave (so. sth.); **v.lich** *adj* inheritable, hereditary; **V.lichkeit** *f* inheritability; **V.ung** *f* inheritance

verfahren *v/i* *(vorgehen)* to proceed

Verfahren *nt* 1. *(System)* procedure; 2. proceeding *[US]*, proceedings *[GB]*; 3. *(StR)* trial; **solange ein gerichtliches V. anhängig ist** while court proceedings are pending; **V. eingestellt** case dismissed; **in einem schwebenden V.; während des V.s** pendente lite (*lat.*); **V. der Beweisaufnahme** procedure for taking evidence; **V. in Ehesachen** marital proceedings; **~ Forderungspfändungen** garnishment proceedings; **V. mit Geschworenen** jury trial; **~ zulässiger Kautionsstellung** bailable action

Verfahren anstrengen to institute proceedings; **V. wieder aufnehmen** to reopen a case; **V. aussetzen** to suspend/stay proceedings; **V. beschleunigen** to expedite proceedings; **V. betreiben** to prosecute a case, to proceed; **V. (gegen jdn) einleiten** to institute proceedings (against so.); **V. einstellen** to quash proceedings, to dismiss a case; **V. eröffnen** to open proceedings; **V. fortsetzen** to continue proceedings; **V. niederschlagen** to quash proceedings; **V. unterbrechen** to interrupt proceedings

abgekürztes Verfahren summary proceedings; **amtsgerichtliches V.** magistrates' court/proceedings; **anhängiges V.** pending case; **beschleunigtes V.** summary/accelerated proceedings; **dingliches V.** suit in rem *(lat.)*; **fehlerhaftes V.** irregular proceedings; **gerechtes V.** fair trial; **gerichtliches V.** court case/proceedings; **inquisitorisches V.** inquisitorial procedure; **konkursrechtliches V.** bankruptcy proceedings; **kontradiktorisches V.** contentious proceedings; **kostspieliges V.** costly proceedings; **kurzes V.** summary proceedings; **langwieriges V.** lengthy proceedings; **mündliches V.** oral procedure; **nichtstreitiges V.** non-contentious proceedings; **objektives V.** in-rem *(lat.)* proceedings; **ordentliches V.** fair trial; **ordnungsmäßiges/rechtsstaatliches V.** due process of law; ~ legal process; **schiedsrichterliches V.** arbitration (proceedings); **schriftliches V.** written proceedings/procedure; **schwebendes V.** pending proceedings; **strafrechtliches V.** criminal proceedings; **streitiges V.** litigation, litigious proceedings; **summarisches V.** summary proceedings; **übliches V.** standard practice; **allgemein ~ V.** common practice; **ungerechtes V.** unfair trial

Verfahrens|- procedural; **V.ablauf** *m* procedure; **V.anmeldung** *f (Patentrecht)* process application; **V.antrag** *m* procedural motion, motion on a point of order; **V.anweisungen** *pl* procedural rules; **V.art** *f* mode of procedure; **V.beschleunigung** *f* speeding up of proceedings; **V.beschluss** *m* procedural order; **V.bestimmung** *f* procedural provision; **V.beteiligte(r)** *f/m* party to the proceedings; **V.dauer** *f* duration of proceedings; **V.einleitung** *f* institution of legal proceedings; **V.einstellung** *f* dismissal, cessation of proceedings; **einstweilige ~** suspension of proceedings; **V.einwand** *m* plea of exception; **V.erfordernis** *f* procedural re-

V

quirement; **V.fehler** *m* procedural error; **V.- und Formvorschriften** *pl* rules of procedure and form; **V.frage** *f* point of order; **V.frist** *f* deadline for proceedings; **V.gang** *m* course of proceedings; **V.gebühren** *pl* procedural fees; **V.grundsatz** *m* procedural principle; **allgemeine V.grundsätze** general procedural principles; **V.-hindernis** *nt* procedural bar; **V.kosten** *pl* cost(s) (of proceedings); **~ verteilen** to apportion the costs; **V.lizenz** *f* process licence; **V.mangel** *m* procedural error; **V.mängel** *pl* procedural defects/errors, (material) defects of legal proceedings; **v.-mäßig** *adj* procedural, adjective; **V.missbrauch** *m* abuse of process, ~ the process of the court; **V.norm** *f* rule of procedure, procedural norm, code of practice; **V.ordnung** *f* 1. rules of procedure; 2. *(Gericht)* rules of court; **V.ort** *nt* place of (the) proceedings; **V.recht** *nt* adjective/procedural law; **v.rechtlich** *adj* procudural; **V.regel** *f* procudural rule, rule of procedure; **V.regeln des höchsten Gerichts** Rules of the Supreme Court *[US]*; **V.revision** *f* appeal on a point of law; **V.richtlinie** *f* rule of procedure; **richterliche V.richtlinien** practice directions; **V.rüge** *f* procedural objection; **V.schritt** *m* stage in the proceedings; **V.sprache** *f* language of proceedings; **V.stadium** *nt* stage in the proceedings; **V.trennung** *f* severance of an action; **V.verstoß** *m* breach of rules of procedure; **V.vorschriften** *pl* rules of procedure, procedural provisions, court rules; **V.weg; V.weise** *m/f* procedure

Verfall *m* 1. *(Gebäude)* dilapidation, expiration; 2. *(Niedergang)* decline; 3. *(Police)* lapse; 4. *(Ungültigwerden)* expiry; 5. *(Kaution)* forfeiture; 6. *(Scheck, Wechsel)* maturity; **V. historischer Gebäude** dilapidation of historical buildings; **v.en** *adj* 1. *(abgelaufen)* expired; 2. *(Gebäude)* dilapidated

verfallen *v/i* 1. *(Anspruch)* to forfeit; 2. *(Recht)* to lapse; 3. *(schwächer werden)* to deteriorate; 4. *(ungültig werden)* to expire; 5. *(zerfallen)* to decay, to fall into disrepair; **etw. v. lassen** to allow sth. to lapse

gerichtliche Verfall|erklärung *f* 1. statement of forfeiture; 2. *(Hypothek)* foreclosure; **V.frist** *f* expiry period; **V.klausel** *f* cancellation/forfeiture/expiry clause; **V.mitteilung** *f (Vers.)* forfeiture notice

Verfalls|datum *nt* 1. *(Lebensmittel)* use-by/best-before date; 2. *(Gültigkeit)* expiry date; **V.klausel** *f* cancellation/forfeiture/expiry clause; **V.tag** *m* maturity/expiry date, date of maturity; **V.vereinbarung** *f* forfeiture agreement

verfälsch|en *v/t* 1. to falsify/forge; 2. *(falsch darstellen)* to distort; 3. *(Qualität)* to adulterate; **V.ung** *f* 1. falsification, forgery; 2. distortion; 3. adulteration

verfass|en *v/t* 1. to write/prepare; 2. *(Gesetz, Urkunde)* to draw up; **V.er** *m* author, writer; **V.eranteil** *m* royalty

Verfassung *f* 1. *(Zustand)* condition, state (of health, mind etc.); 2. constitution

Verfassungs|änderung *f* constitutional amendment; **V.behörde** *f* constitutional authority; **V.beschwerde** *f* constitutional complaint, petition to the constitutional court, appeal on a constitutional issue; **~ einlegen** to file a petition with the constitutional court; **V.bruch** *m* infringement/violation of the constitution; **v.feindlich** *adj* anti-constitutional; **V.garantie** *f* constitutional guarantee; **v.gemäß** *adj* constitutional

Verfassungsgericht *nt* constitutional court; **V.shof** *m* supreme constitutional court; **V.surteil** *nt* constitutional court ruling

Verfassungs|grundsatz *m* constitutional principle; **V.klage** *f* action in a constitutional court, complaint of unconstitutionality

verfassungsmäßig *adj* constitutional; **V.-keit** *f* constitutionality

Verfassungs|ordnung *f* constitutional order; **V.organ** *nt* constitutional organ

Verfassungsrecht *nt* constitutional law; **v.-lich** *adj* constitutional

Verfassungs|reform *f* constitutional reform; **V.richter(in)** *m/f* constitutional court judge; **V.schutz** *m* 1. protection of the constitution; 2. *(Amt)* office for the protection of the constitution; 3. *(Organisation)* intelligence service, Special Branch *[GB]*; **V.streit** *m* constitutional conflict; **V.treue** *f* loyalty to the constitution; **V.verrat** *m* treason against the constitution; **v.widrig** *adj* unconstitutional; **V.widrigkeit** *f* breach of the constitution, unconstitutional act; **V.zusatz** *m* constitutional amendment

verfecht|en *v/t* to advocate; **V.er(in)** *m/f* advocate, champion

verfehl|en *v/t* to fail; **v.t** *adj (unangebracht)* inappropriate; **V.ung** *f* offence, misconduct, misdemeanour; **grobe/schwere ~** gross misconduct
sich mit jdm verfeinden *v/refl* to fall out with so.
verfemen *v/t* to ostracize/outlaw
Verflechtung *f* integration
verfolgbar *adj* indictable, actionable, subject to prosecution; **gerichtlich v.** *(ZR)* actionable; **strafrechtlich v.** indictable
verfolgen *v/t* 1. *(gerichtlich)* to prosecute; 2. *(politisch)* to persecute; 3. *(Laufbahn)* to pursue; 4. *(Spur, Weg)* to follow; **jdn strafrechtlich v.** to prosecute so.
Verfolg|er(in) *m/f* pursuer; **V.erstaat** *m* persecuting state; **V.te(r)** *f/m* victim of persecution
Verfolgung *f* 1. pursuit; 2. *(Bezweckung)* pursuance; 3. *(Gericht)* prosecution; 4. *(Minderheit)* persecution; **V. der Flüchtigen** pursuit of the fugitives; **V. eines Kfz** car chase; **V. von Menschenrechtsverletzungen** prosecution of human rights abuses; **V. auf frischer Tat** hot pursuit
politische Verfolgung political persecution; **strafrechtliche V.** criminal prosecution
Verfolgungs|behörde *f* prosecuting authority; **V.fahrt; V.jagd** *f* pursuit, chase; **V.recht** *nt* 1. right of pursuit; 2. *(Konkursrecht)* right of stoppage in transit/ransitu *(lat.)*; **V.verjährung** *f* limitation of prosecution
Verfracht|er *m* shipper; **V.ung** *f* carriage of goods
verfügbar *adj* available; **V.keit** *f* availability
verfügen *v/t* 1. to direct; 2. *(anordnen)* to order/decree; 3. *(zur Verfügung haben)* to dispose of; **über etw. v.** to have sth. at one's disposal, to dispose of sth.; **letztwillig/testamentarisch v.** to dispose by will
Verfügung *f* 1. *(behördlich/gerichtlich)* order; 2. *(Anordnung)* decree, instruction; 3. *(rechtsgeschäftlich)* disposition, disposal; 4. direction, decision, ruling, injunction; **V. zu Gunsten eines Dritten** provision in favour of a third party; **V. der Federal Trade Commission (mit Zustimmung der Betroffenen im Vergleichswege)** consent order *[US]*; **V. unter Lebenden** disposition inter vivos *(lat.)*; **V. von Todes wegen** 1. disposition mortis causa *(lat.)*, testamentary disposition; 2. *(bewegl. Vermögen)* bequest; 3. *(Grundbesitz)* devise; **(gerichtliche) V. wegen unsozialen Verhaltens** *(mit Auflagen)* anti-social behaviour order (ASBO) *[GB]*; **(gerichtliche) V. zur Vornahme oder Unterlassung einer Handlung** order of mandamus *(lat.) [GB]*
Verfügung aufheben to lift/reverse an injunction; **V. beantragen** to seek an injunction; **V. befolgen** to comply with an order; **V. erlassen** to make (out) an order, to issue a writ; **einstweilige V. erwirken** to obtain an injunction; **etw. zur V. haben** to have sth. at one's disposal; **~ V. halten** to keep sth. (at so.'s) disposal; **für ~ V. stehen** to be available for sth.; **jdm ~ V. stellen** to place sth. at so.'s disposal; **etw. kostenlos zur V. stellen** to offer sth. free of charge, to make sth. available free of charge; **V. vornehmen** to impose an injunction; **V. widerrufen** to lift an injunction
amtliche Verfügung official order; **einstweilige V.** (temporary) injunction; **~ beantragen** to seek an injunction; **gerichtliche V.** injunction, order of the court, writ, court order; **~ an ein untergeordnetes Gericht** (order of) mandamus *(lat.)*; **~ einhalten** to comply with an order; **~ zur Einstellung des Verfahrens** (order of) supersedeas (*lat.*)
gesetzliche Verfügung statutory instrument; **letzwillige/testamentarische V.** testamentary disposition, devise, last will and testament; **nachträgliche V.** amending instruction; **polizeiliche V.** police order; **richterliche V.** court order, writ; **schriftliche V.** mandate; **unentgeltliche V.** gratuitous disposition; **prozessleitende V.** directions
Verfügungs|befugnis *f* dispositive power(s), power(s) of disposition; **V.befugte(r); V.-berechtigte(r)** *f/m* person entitled to dispose; **v.berechtigt** *adj* entitled to dispose; **V.berechtigung** *f* power of disposition, authority to dispose; **absolute ~** outright disposition; **V.bereitschaft** *f* standby; **V.beschränkung** *f* restraint on disposal; **V.freiheit** *f* discretionary power(s); **V.gewalt** *f* dispositive power(s), discretion, power(s) of disposal; **~ über ein**

V

Fahrzeug custody of a vehicle; **V.herrschaft** *f* dominion over the goods; **V.macht** *f* dispositive power(s); **V.recht** *nt* right of disposition, dispositive right; **V.verbot** *nt* restraining/garnishee order, restraint on disposition

verführ|en *v/t* to seduce/mislead/entice; **V.ung** *f* seduction; **~ Minderjähriger** seduction of minors

Vergabe *f* 1. *(Auftrag)* award (of contract), 2. *(Mittel)* allocation (of funds); **V. von Aufträgen** award(ing) of contracts; **V. öffentlicher Aufträge** awarding of public contracts; **V. von Konzessionen** awarding of concessions; **V. im Submissionsweg** allocation by tender; **V. von Unteraufträgen** subcontracting, outsourcing

Vergabe|bedingungen *pl* bidding conditions; **V.richtlinien** *pl* contract award regulations; **V.verfahren** *nt* (contract) awarding procedure

vergammelt *adj (coll)* scruffy *(coll)*, tatty *(coll)*

vergangen *adj* former, past; **V.heit** *f* past, record; **kriminelle ~** criminal record

vergeben *v/t* 1. *(in Auftrag geben)* to award; 2. *(zuteilen)* to allocate; **jdm etw. v.** to forgive so. sth.; **nach außerhalb v.** *(Auftrag)* to outsource;

vergebens *adv* in vain, to no avail

vergeblich *adj* futile; **V.keit** *f* futility

sich an jdm vergehen *v/refl* to assault so.

Vergehen *nt* offence, misdemeanour; **V. im Amt** offence committed by a public official

anzeigepflichtiges Vergehen notifiable offence; **schweres V.** criminal offence; **sittenwidriges V.** offence against morality

vergelten *v/t* to retaliate

Vergeltung *f* reprisal, retaliation, retribution; **V. üben** to retaliate; **V.smaßnahme** *f* reprisal, retaliatory measure

vergewaltigen *v/t* to rape

Vergewaltigung *f* rape; **V. durch mehrere Täter** gang rape; **versuchte V.** attempted rape

sich vergewissern *v/refl* to satisfy os., to make sure

vergift|en *v/t* to poison; **V.ung** *f* 1. poisoning; 2. *(Verseuchung)* contamination, pollution

Vergleich *m* 1. comparison; 2. arrangement (with creditors), settlement, compromise, composition; **V. zur Abwendung des Konkurses** composition (to avoid bankruptcy); **V. mit Gläubigern** arrangement with creditors

Vergleich aufheben to set aside a composition

außergerichtlicher Vergleich out-of-court settlement/arrangement (with creditors); **gütlicher V.** amicable settlement; **vollstreckbarer V.** enforceable composition

sich vergleichen *v/refl* to reach a compromise, to settle

Vergleichs|antrag *m* petition to institute composition proceedings; **V.arbeitsplatz** *m* benchmark job; **V.basis** *f* basis of comparison; **V.bedingungen** *pl* terms of settlement; **V.gericht** *nt* court for composition proceedings; **V.gläubiger(in)** *m/f* creditor in composition proceedings, ~ a settlement; **V.miete** *f* reference/comparative rent; **V.ordnung** *f* composition code; **V.plan** *m* scheme of arrangement; **V.quote** *f* composition dividend; **V.regelung** *f* *(Konkurs)* scheme of arrangement; **V.schuldner** *m* debtor in composition proceedings; **V.termin** *m* hearing in composition proceedings; **V.verfahren** *nt* composition proceedings; **~ beantragen** to file for composition proceedings; **verpflichtendes ~** mandatory conciliation; **V.vertrag** *m* deed of arrangement; **V.verwalter** *m* administrator, receiver, trustee in composition proceedings; **V.vorschlag** *m* compromise proposal; **V.zahl** *f* benchmark figure; **V.zahlung** *f* composition payment

Vergünstigung *f* 1. benefit, allowance; 2. *(Behandlung)* preferential treatment; 3. *(Preisnachlass)* rebate; 4. *(Sonderrecht)* privilege; 5. *(Zugeständnis)* concession

vergüten *v/t* to remunerate/refund/reimburse/compensate

Vergütung *f* 1. refund; 2. *(Entgelt)* remuneration; 3. *(Entschädigung)* compensation; 4. *(Rückerstattung)* reimbursement; **V.en** *(Aufsichtsrat)* emoluments

angemessene Vergütung 1. fair reward, adequate compensation; 2. *(Teilleistung)* quantum meruit *(lat.)*

Vergütungs|anspruch *m* claim for compensation; **V.pflicht** *f* duty to compensate; **V.satz** *m* rate of compensation

verhaft|en *v/t* to apprehend/arrest, to take into custody; **V.ung** *f* apprehension, arrest; **~ auf frischer Tat** apprehension in the act; **~ ohne Haftbefehl** arrest without a warrant

sich verhalten *v/refl* to behave, to conduct os.; **sich ordnungswidrig v.** to behave improperly

Verhalten *nt* conduct, behaviour; **abweichendes V.** divergent behaviour; **aggressives V. im Straßenverkehr** road rage; **angemessenes V.** appropriate behaviour; **auffälliges V.** suspicious behaviour; **berufswidriges V.** unprofessional conduct; **betrügerisches V.** fraudulent conduct; **deliktisches V.** tortious conduct; **fahrlässiges V.** negligence; **gesetzwidriges V.** illegal conduct; **konkludentes V.** implied conduct; **ordnungswidriges V.** disorderly conduct; **rechtswidriges V.** illegal conduct; **schuldhaftes V.** culpable conduct; **standesgemäßes V.** professional conduct; **standeswidriges V.** unprofessional conduct; **unbotmäßiges V.** disorderly conduct; **unsittliches V.** immoral conduct; **verbotenes V.** illicit conduct; **verdächtiges V.** suspicious behaviour; **vertragswidriges V.** acting in breach of contract; **wettbewerbswidriges V.** anti-competitive conduct

Verhaltens|kodex *m* code of conduct; **V.-maßregeln** *pl* rules of conduct

Verhältnis *nt* 1. relation, proportion; 2. *(Beziehung)* relationship; 3. *(Zahl)* ratio; **im V. zu** relative to; **~ zur Bedrohung** proportionate to the threat; **unter den gegebenen V.sen** in the circumstances; **eheänliches V.** quasi-marriage; **ehebrecherisches V.** adulterous relationship; **eheliches V.** material relationship; **rechtliches V.** legal relationship

verhältnismäßig *adj* 1. reasonable; 2. *(anteilig)* proportionate, pro rata *(lat.)*; 3. *(relativ)* comparative; **V.keit** *f* reasonableness, commensurability, appropriateness; **~ der Mittel** appropriateness of the means employed; **~ der Mittel bei Gewaltanwendung** appropriate/reasonable use of force

Verhältnisse *pl* circumstances, background; **persönliche V.** personal circumstances; **wirtschaftliche V.** economic circumstances

verhandelbar *adj* 1. *(StR)* triable; 2. *(ZR)* actionable

verhandeln *v/t* 1. to negotiate; 2. *(Schiedsrichter)* to arbitrate; 3. *(als Anwalt)* to plead; 4. *(Gericht)* to hear/try; **über eine Sache v.** *(Schiedsgericht)* to arbitrate a case; **mündlich v.** to plead in court; **neu v.** to retry

Verhandlung *f* 1. *(Gericht)* (court) hearing, trial; 2. *(Unterhandlung)* negotiation; **V. unter Ausschluss der Öffentlichkeit** hearing in camera *(lat.)*, ~ in chambers; **V. vor einem Gericht mit Schöffen** trial by jury; **V.en zwischen den Tarifpartnern** collective bargaining; **V. eines Falls** hearing of a case

zur Verhandlung anstehen to be set down for a hearing; **V. aussetzen** to suspend a hearing, to stay proceedings; **V. eröffnen** to open the hearing; **V. leiten** to conduct the hearing; **V. schließen** to close the hearing; **V. vertagen** to adjourn the hearing

gerichtliche Verhandlung court hearing; **kontradiktorische V.** contentious hearing; **mündliche V.** oral proceedings, hearing; **nochmalige V.** re-hearing; **öffentliche V.** hearing in open court, public trial; **nicht ~ V.** trial in camera; **streitige V.** contentious hearing; **nicht~ V.** non-contentious hearing

Verhandlungs|angebot *nt* offer to negotiate; **V.akten** *pl* records of the trial; **V.bereitschaft** *f* readiness to negotiate; **V.eröffnung** *f* opening of the hearing; **v.fähig** *adj* capable of attending a hearing; **V.fähigkeit** *f* fitness to appear in court; **V.führung** *f* *(Gericht)* conduct of the proceedings; **V.-gebühr** *f* sitting/hearing fee; **V.grundsatz** *m* 1. principle of party representation; 2. *(Zivilprozess)* adversarial system; **V.gruppe** *f* *(Geiselnahme)* hostage negotiation team; **V.leitung** *f* conduct of the hearing; **V.liste** *f* cause list; **V.niederschrift; V.protokoll** *f/nt* record of the proceedings; **V.-saal** *m* courtroom; **V.sprache** *f* official language; **V.termin** *m* date of hearing; **v.-unfähig** *adj* 1. incapable of attending a hearing; 2. *(Strafprozess)* unable to plead; 3. *(Zivilprozess)* unfit to plead; **V.unfähigkeit** *f* inability to attend a hearing; **V.vollmacht** *f* negotiating power(s)

verhängen *v/t* to impose/inflict/hand down

Verhängung *f* imposition; **V. von Bußgeld** imposition of a fixed penalty; **V. einer Strafe** imposition of a sentence

verharmlosen *v/t* to belittle, to play down

verheimlich|en *v/t* to conceal/suppress; **V.ung** *f* concealment, suppression
verheiratet *adj* married
verhinder|n *v/t* to prevent/hinder; **V.ung** *f* 1. *(Hindernis)* hindrance; 2. *(Gerichtsverhandlung)* inability to attend; 3. *(Verhütung)* prevention
Verhör *nt* examination, interrogation, questioning, grilling *(coll)*; **verschärftes V.** third-party practices
verhören *v/t* to interrogate/question
Verhörrichtlinien *pl* Judges' Rules *[GB]*
verhüt|en *v/t* to prevent; **V.ung** *f* prevention
verifizier|en *v/t* to verify; **V.ung** *f* verification
sich verirren *v/refl* to lose one's way, to get lost
verjährbar *adj* prescriptable, subject to the statute of limitations; **V.keit** *f* unenforceability due to lapse of time, limitation of prosecution, prescriptibility
verjähr|en *v/i* to fall under the statute of limitations, to become statute-barred; **v.t** *adj* 1. statute-barred, time-barred; 2. *(Anspruch)* stale
Verjährung *f* 1. limitation of actions, prescription; 2. *(StR)* statutory limitation, limitation of time; **V. eines Anspruchs** prescription of a claim; **V. der Gewährleistungsansprüche** limitation of action for warranty claims; **V. von Rechtsbehelfen** limitation of remedy; **V. der Strafverfolgung** limitation of prosecution; **durch V. erworbenes Recht** prescriptive right
sich auf Verjährung berufen to plead the defence of limitation; **V. einwenden** to invoke the statute of limitations; **V. geltend machen** to plead lapse of time; **V. hemmen** to suspend the running of the period; **V. unterbrechen** to interrupt the running of the period; **der V. unterliegen** to become statute-barred
Verjährungs|beginn *m* commencement of the limitation period; **V.frist** *f* limitation period, period of prescription; **die ~ beginnt am** the limitation period runs from; **V.gesetz** *nt* limitation act, statute of limitations; **V.klausel** *f* limitation provision; **V.zeit** *f* period of limitation
Verkauf *m* sale; **zum V.** for sale; **V. gegen bar** cash sale; **V. in Bausch und Bogen** outright sale; **V. unter Eigentumsvorbehalt** conditional sale; **V. von Forderungen** factoring; **V. zur Gläubigerschädigung** fraudulent sale; **~ sofortigen Lieferung** sale for prompt delivery; **V. mit Rückkaufsrecht** sale with option to repurchase, ~ right of redemption; **V. beweglicher Sachen** sale of goods; **V. auf Ziel** credit sale; **V. ohne Zwischenhändler** direct sale
Verkauf abschließen to conclude a sale; **zum V. anbieten** to offer for sale
freier/freihändiger Verkauf private sale, sale by private treaty; **~ von Orderpapieren** private sale of instruments to order; **gerichtlicher V.** judicial sale
verkaufen *v/t* to sell/vend; **zu v.** for sale; **meistbietend v.** to sell to the highest bidder; **weiter v.** to resell
Verkäuf|er(in) *m/f* seller, vendor; **v.lich** *adj* for sale
Verkaufs|abrechnung *f* sales account; **V.-abschluss** *m* (conclusion of a) sale; **V.-agentur** *f* sales agency; **V.androhung durch den Pfandgläubiger** *f* notice of sale by the pledgee; **V.angebot** *nt* offer to sell; **V.auftrag** *m* selling order; **V.bedingungen** *pl* terms of sale; **V.berechtigung** *f* right to sell; **V.beschränkung** *f* sales restriction; **V.erlös** *m* sales proceeds; **V.fall** *m* sale; **V.genossenschaft** *f* marketing cooperative; **V.geschäft** *nt* sale; **V.gewinn** *m* sales profit; **V.kartell** *nt* marketing cartel; **V.kommission** *f* sales commission; **V.-kommissionär** *m* consignment merchant; **V.leistung** *f* sales performance; **V.lizenz** *f* licence to sell; **V.monopol** *nt* sales monopoly; **V.niederlassung** *f* sales agency; **V.option** *f* seller's option; **V.personal** *nt* sales staff; **V.prämie** *f* sales premium; **V.-preis** *m* selling price; **V.prospekt** *nt* sales prospectus; **V.provision** *f* sales commission; **V.recht** *nt* selling right, right to sell, ~ of disposal; **V.spanne** *f* sales margin; **V.-urkunde** *f* bill of sale; **V.verbot** *nt* ban on sales; **V.vereinbarung** *f* sales agreement; **V.vollmacht** *f* power/authority to sell; **V.-vorschriften** *pl* sales regulations; **V.wert** *m* market/sales value; **V.zwang** *m* obligation to sell
Verkehr *m* 1. transport *[GB]*, transportation *[US]*; 2. traffic; 3. *(Geschäft)* transaction; 4. *(Umgang)* intercourse; 5. *(Umlauf)* circulation; **außer V.** withdrawn from circulation; **V. mit Mandanten**

contact with clients; **V. in beide Richtungen** two-way traffic

Verkehr behindern oder gefährden to obstruct or endanger traffic; **in V. bringen; im V. sein** to circulate; **außer V. setzen** to withdraw from circulation; **V. umleiten** to divert traffic; **aus dem V. ziehen** 1. *(Geld)* to withdraw from circulation; 2. *(Kfz)* to take off the road

außerehelicher Verkehr extramarital intercourse; **ehebrecherischer V.** adulterous intercourse; **ehelicher V.** marital/conjugal intercourse; **freier V.** free circulation; **gewerblicher V.** commercial transport; **grenzüberschreitender V.** cross-border traffic; **inländischer V.** domestic transport; **öffentlicher V.** public transport; **persönlicher V. mit Kindern** access to the children; **zähfließender V.** slow-moving traffic, stop and go

verkehren *v/i* 1. to deal/associate with; 2. to have intercourse with

Verkehrs|abkommen *nt* traffic convention; **V.ampel** *f* traffic light(s); **V.anlagen** *pl* transport facilities; **V.aufkommen** *nt* volume of traffic; **V.behinderung** *f* obstructing (of) the (flow) of traffic, traffic obstruction, impeding the flow of traffic *[US]*; **V.behörden** *pl* transport authorities; **v.beruhigt** *adj* traffic-calmed; **V.beruhigung** *f* traffic calming; **V.beschränkungen** *pl* traffic restrictions; **V.betrieb** *m* transport undertaking; **V.delikt** *nt* motoring/traffic offence; **V.einrichtungen** *pl* transport facilities; **V.erziehung** *f* road safety instruction; **v.fähig** *adj* marketable, saleable, negotiable; **V.fähigkeit** *f* marketability, saleability, negotiability; **V.fluss** *m* flow of traffic; **V.gefährdung** *f* endangering (of) traffic; **V.gericht** *nt* traffic court; **V.gesellschaft** *f* transport company; **V.gesetzgebung** *f* traffic legislation; **V.gewerbe** *nt* transport industry; **V.hindernis** *nt* obstruction (to road users); **V.hypothek** *f* ordinary mortgage; **V.insel** *f* traffic island; **V.kontrolle** *f* routine traffic check; **V.lage** *f* traffic situation; **V.mittel** *nt* means of transport; **öffentliche ~** public transport; **V.opfer** *nt* road accident victim; **V.ordnung** *f* highway code, traffic regulations; **V.ordnungswidrigkeit** *f* (minor) traffic infraction, (minor) driving/traffic offence; **V.polizei** *f* *(außerhalb der Stadt)* highway patrol *[US]*; **V.recht** *nt* 1. road traffic law; 2. *(Besuchsberechtigung)* right of access, visiting right; **V.regeln** *pl* traffic regulations; **V.richter(in)** *m/f* traffic magistrate; **V.sache** *f* traffic case; **v.sicher** *adj (Fahrzeug)* roadworthy; **V.sicherheit** *f* roadworthiness; **V.sicherungspflicht** *f* legal duty to maintain safety, ~ safeguard traffic, duty of occupier to make land or premises safe for persons or vehicles; **V.sitte** *f* common usage; **V.strafrecht** *nt* criminal law on traffic offences; **V.strafsache** *f* motoring/traffic case; **V.streife** *f* highway patrol; **V.sünder(in)** *m/f* traffic offender/violator *[US]*; **V.teilnehmer(in)** *m/f* road user; **v.tüchtig** *adj (Fahrzeug)* roadworthy; **V.tüchtigkeit** *f* roadworthiness; **V.übertretung** *f* traffic infringement; **v.üblich** *adj* customary

Verkehrsunfall *m* road traffic accident (RTA); **V. unter Alkoholeinwirkung** drink and drive accident, drink-related accident; **V. mit Todesfolge** fatal road accident; **V.flucht** *f* hit and run offence; **V.prozess** *m* (road) traffic accident proceedings; **V.sache** *f* (road) traffic accident case; **V.skizze** *f* sketch of the collision

Verkehrs|verbot *nt* traffic ban; **V.verletzung** *f* traffic violation; **V.verstoß** *m* motoring offence; **~ mit dem Fahrrad** cycling offence; **V.vorschriften** *pl* traffic regulations; **V.weg** *m* traffic route; **V.wert** *m* market value; **v.widrig** *adj* contrary to traffic rules/regulations; **V.widrigkeit** *f* traffic violation; **V.zeichen** *nt* traffic sign; **V.zentralregister (VZR)** *nt* central register of traffic offenders

verkennen *v/t* to misjudge

Verkennung *f* misjudgment; **V. der Tatsachen** misjudgment of the facts

verklagbar *adj* suable

verklagen *v/t* to sue, to proceed (against), to institute proceedings, to take to court, to bring an action; **jdn v.** to take so. to court, to bring an action against so.; **~ auf Schadenersatz v.** to sue so. for damages

verklausulier|en *v/t* to express indirectly; **v.t** *adj* hedged in by clauses

verkörper|n *v/t* to represent/embody; **V.ung** *f* embodiment

verkünden *v/t* 1. to proclaim; 2. *(Gesetz veröffentlichen)* to promulgate; 3. *(Urteil bekannt geben)* to pronounce

V

Verkünd(ig)ung *f* 1. pronouncement, proclamation, publication; 2. *(Gesetz)* promulgation; **V. eines Urteils** pronouncing a judgment/sentence
verkuppel|n *v/t* to procure; **V.ung** *f* procuration
verkürzen *v/t* 1. *(Verfahren)* to shorten; 2. *(Text)* to abridge
Verlag *m* publisher(s), publishing house
Verlagerung *f* relocation, shift(ing)
Verlags|recht *nt* publishing law; **V.vertrag** *m* publishing conctract
verlangen *v/t* to demand/claim; **V.** *nt* demand; **auf ~** on demand
verlängerbar *adj* extendable, renewable
verlängern *v/t* to renew/extend/prolong
Verlängerung *f* extension, renewal, prolongation; **V. der Frist** extension of the deadline; **~ Gültigkeit** extension of the validity; **V. des Mietverhältnisses** renewal of the lease; **~ Patents** renewal of the patent; **V. der Rechtsmittelfrist** extension of the time for appeal
stillschweigende Verlängerung tacit renewal, implied continuation
Verlängerungs|klausel *f* renewal clause; **V.recht** *nt* right to renew; **V.zeitraum** *m* extension of the period
verlassen *v/t* to desert/leave/abandon; **V.** *nt* desertion, abandonment
Verlassenschaft *f* *[A; CH]* (deceased's) estate, heritage
verlautbar|en *v/t* to announce officially; **V.ung** *f* official announcement
verlegen *v/t* 1. to (re)move/transfer; 2. *(Arbeitskräfte)* to redeploy; 3. *(Betrieb)* to relocate; 4. *(Termin)* to postpone
Verleger *m* publisher
Verlegung *f* 1. *(Ort)* transfer; 2. *(Zeit)* postponement; **V. der Hauptverhandlung** postponement of the trial
Verleih *m* distribution; **v.en** *v/t* 1. to hire out, to lend; 2. *(Vollmacht)* to confer; **V.er** *m* lender, distributor
Verleihung *f* conferment, bestowal, grant; **V.surkunde** *f* charter, diploma
verleiten *v/t* 1. to induce/entice/incite; 2. *(Meineid)* to suborn; **V. zu einer rechtswidrigen Tat** *nt* incitement to commit a criminal offence
Verleitung *f* 1. incitement, inducement; 2. subornation; **V. zur Fahnenflucht** incitement to desertion; **~ Falschaussage** subornation to make a false testimony; **~ strafbaren Handlung** incitement to commit a crime; **V. zum Meineid** subornation to commit perjury; **V. zu einer Straftat** entrapment *[US]*; **V. zum Vertragsbruch** incitement to breach the contract
verles|en *v/t* to read out; **V.ung** *f* reading; **~ der Anklage** reading of the indictment
verletz|en *v/t* 1. to infringe/violate; 2. *(Person)* to injure; **V.te(r)** *f/m* 1. wronged/injured/aggrieved party; 2. injured person
Verletzung *f* 1. *(Rechte, Vorschriften)* infringement, violation, infraction; 2. injury; **V. der Amtspflichten** breach of official duties; **~ Amtsverschwiegenheit** breach of official secrecy; **~ Anzeigepflicht** failure to disclose, non-disclosure; **~ Aufsichtspflicht** breach of duty of supervision; **V. des Berufsgeheimnisses** violation of professional secrecy; **(schwere) V. von Berufspflichten** malpractice; **V. des Briefgeheimnisses** violation of secrecy of correspondence; **V. der Buchführungspflicht** false accounting; **~ Dienstpflicht** infringement of official duties; **V. des Eigentums** trespass; **V. der Formvorschriften** non-compliance with the formal requirements; **V. des Friedens** breach of the peace; **V. der Geheimhaltungspflicht** breach of confidence; **~ Gewährleistungspflicht** breach of warranty; **~ Intimsphäre** violation of privacy; **V. einer Marke** trademark infringement; **V. der Offenbarungspflicht** non-disclosure; **V. des Pachtvertrages** breach of tenancy; **V. einer Person** personal injury; **V. des Personenstandes** violation of the personal status, infringement of civil status; **~ Persönlichkeitsrechts** invasion of personal privacy; **V. von Pflichten** breach of duty; **V. vertragswesentlicher Pflichten** infringement of major contractual duties; **V. des Postgeheimnisses** violation of postal confidentiality; **V. der Privatsphäre** violation/invasion of privacy; **~ öffentlichen Ruhe und Ordnung** violation of law and order; **V. des gewerblichen Schutzrechts** infringement of a property right; **V. der Schweigepflicht** breach of professional discretion; **~ (gesetzlichen) Sorgfaltspflicht** lack of proper care, negligence; **~ Unterhaltspflicht** non-support *[US]*, failure to provide maintenance; **V. des Urheberrechts** copyright

infringement; **V. einer Verpflichtung** infringement of an obligation; **V. der Vertragspflicht** breach of contract; **V. wesentlicher Vertragspflichten** infringement of essential contractual oligations; **V. der Vertraulichkeit** 1. *(amtlich)* violation of secrecy; 2. *(privat)* infringement of privacy; **~ Vertraulichkeit des Wortes** breach of confidentiality; **V. des Warenzeichens** trademark infringement; **V. einer vertraglichen Zusicherung** breach of warranty

Verletzung erleiden to suffer/sustain an injury

eklatante Verletzung flagrant violation; **innere V.** internal injury; **lebensgefährliche V.** critical injury; **schwere V.** 1. severe injury; 2. *(Rechte, Vorschriften)* gross violation; **tödliche V.** fatal injury; **unfallbedingte V.** accidental injury

Verletzungs|delikt *nt* criminal injury; **V.-handlung** *f* 1. act of infringement; 2. injurious act; **V.klage** *f* infringement action/suit

verleugnen *v/t* to disown

verleumd|en *v/t* to slander/libel/defame/calumniate; **v.erisch** *adj* 1. defamatory; 2. *(dauerhaft, schriftlich)* libellous; 3. *(nicht dauerhaft, mündlich)* slanderous

Verleumdung *f* 1. calumny, vilification, defamation; 2. libel; 3. slander; **V.skampagne** *f* smear campaign; **V.sklage** *f* libel action, defamation suit

verlier|en *v/t* 1. to lose; 2. *(Anspruch)* to forfeit; **V.er** *m* unsuccessful party

sich verloben *v/refl* to become engaged

Verlöbnis *nt* engagement; **V.bruch** *m* breach of promise to marry

verlob|t *adj* engaged; **V.te** *f* fiancée; **V.ter** *m* fiancé; **V.ung** *f* engagement

verlock|en *v/t* to entice/lure; **V.ung** *f* enticement

verlos|en *v/t* to draw lots; **V.ung** *f* lottery

Verlust *m* 1. loss; 2. *(Recht)* forfeiture; **V. der bürgerlichen Ehrenrechte** loss of civic rights; **~ Erwerbsfähigkeit** loss of earning capacity; **V. von Geld** loss of money; **V. eines Rechts** forfeiture of a right; **V. des Sehvermögens** loss of sight; **V. der Staatsbürgerschaft** loss of nationality

Verlust ausgleichen to recoup/offset a loss; **V. erleiden** to suffer/sustain a loss; **V. tragen** to bear the loss

erlittener Verlust sustained loss; **finanzieller V.** pecuniary loss; **schwerer V.** heavy loss; **uneinbringlicher V.** irretrievable loss; **unersetzbarer V.** irreparable loss

Verlust|anzeige *f* report of a loss; **V.ausgleich** *m* compensation for loss; **V.nachweis** *m* proof of loss; **V.risiko** *nt* risk of loss; **V.übernahme** *f* assumption of loss(es); **V.verteilung** *f* allocation of losses; **V.vertrag** *m* loss brought forward

verlustig *adj* deprived; **V.erklärung** *f* declaration of forfeiture

vermach|bar *adj* devisable, bequeathable; **v.en** *v/t* 1. to dispose by will; 2. *(bewegl. Sachen, Geld)* to bequeath; 3. *(Grundbesitz)* to devise

Vermächtnis *nt* 1. testamentary gift; 2. (specific) legacy, bequest; 3. devise; **V. mit Auflagen** legacy subject to conditions

Vermächtnis annehmen to accept a legacy; **V. ausschlagen** to refuse to accept a legacy, to disclaim a legacy; **V. aussetzen** to grant a legacy

bedingtes Vermächtnis contingent/specific legacy

Vermächtnis|anfall *m* devolution of a legacy; **V.anspruch** *m* claim to a legacy; **V.-ausschlagung** *f* refusal to accept a legacy; **V.geber** *m* legator; **V.nehmer** *m* legatee, beneficiary under a will; **V.vollstrecker** *m* executor

vermeidbar *adj* avoidable; **V.keit** *f* avoidability

vermeiden *v/t* to avoid

Vermeidung *f* prevention, avoidance; **V. von Härten** prevention of hardship; **bei ~ Strafen** on pain/penalty of

vermeintlich *adj* putative

Vermengung *f* comminglement, confusion

Vermerk *m* endorsement, note, entry, memorandum; **v.en** *v/t* 1. *(Rückseite einer Urkunde, Führerschein)* to endorse; 2. to note, to make an entry

Vermessung *f* *(Land)* survey(ing)

Vermessungs|amt *nt* 1. surveyor's office; 2. *(für Steuerzwecke)* cadastral office; **V.-ingenieur(in)** *m/f* surveyor; **V.schein** *m* survey certificate

vermietbar *adj* tenantable, lettable, rentable *[US]*

vermieten *v/t* 1. *(bewegl. Sachen)* to hire out; 2. *(Immobilien)* to let/rent *[US]*/lease

Vermieter *m* 1. *(Immobilien)* landlord; 2. *(bewegl. Sachen)* lessor; **gewerblicher V.** commercial landlord; **V.haftpflicht** *f* landlord's liability; **V.in** *f (Immobilien)* landlady; **V.pfandrecht** *nt* landlord's lien

Vermietung *f* letting, hiring out; **V. von Betriebsanlagen** plant leasing; **V. und Verpachtung** letting and leasing

verminder|n *v/t* to reduce/lessen; **V.ung** *f* reduction; **~ des Wertes** loss of value

vermisch|en *v/t* to commingle; **V.ung** *f* commingling, confusion

vermisst *adj* missing; **V.er** *m* missing person

vermittelbar *adj* employable, placeable

vermitteln *v/ti* 1. *(Schiedsrichter)* to arbitrate; 2. to arrange/place/mediate; **v.d** *adj* conciliatory, intermediary

Vermittler(in) *m/f* intermediary, go-between, middleman, agent, broker, mediator, conciliator

Vermittlung *f* mediation, conciliation, agency

Vermittlungs|agent *m* mediator; **V.ausschuss** *m* mediation committee; **V.kosten** *f* brokerage costs; **V.provision** *f* agent's commission, brokerage; **V.stelle** *f* mediation agency; **V.verfahren** *nt* conciliation proceedings; **V.vertreter** *m* mediator

vermöge *prep* by virtue of

Vermögen *nt* wealth, property, assets; **V. der Gesellschaft** partnership/corporate assets; **V. der öffentlichen Hand** public property; **V. juristischer Personen** corporate assets

Vermögen aufteilen to divide assets; **V. beschlagnahmen** to seize assets/property; **V. besitzen** to own property; **mit seinem V. haften** to be liable with one's assets; **V. übertragen** to transfer assets; **V. verschwenden** to dissipate a fortune; **V. verwalten** to administrate property

ausländisches Vermögen foreign assets; **bares V.** liquid assets; **bewegliches V.** goods and chattels; **gemeinschaftliches V.** joint property; **haftendes V.** liable assets; **inländisches V.** domestic assets; **persönliches V.** personal assets; **pfändbares V.** distrainable assets; **steuerpflichtiges V.** taxable assets; **umlaufendes V.** current assets; **unbewegliches V.** real estate, realty *[US]*; **vererbliches V.** inheritable property; **verfügbares V.** disposable assets; **verwendbares V.** mortgageable property

vermögend *adj* wealthy

Vermögens|abgabe *f* property levy; **V.absonderung** *f* segregation of property; **V.anfall** *m* accession of property; **V.anlage** *f* investment; **V.aufstellung; V.ausweis; V.bilanz** *f/m/f* statement of assets and liabilities; **V.belastung** *f* charge/encumbrance on property; **V.beschlagnahme** *f* sequestration of assets; **V.besitz** *m* property; **(steuerliche) V.bewertung** assessed valuation *[US]*; **V.delikt** *nt* property offence, offence against property; **V.einkünfte** *pl* unearned income; **V.erwerb** *m* acquisition of property

Vermögensgegen|stand *m* asset; **unbeweglicher ~** real asset; **belastete V.stände** encumbered assets

Vermögens|güter *pl* assets, goods; **V.herausgabe** *f* surrender of property; **V.lage** *f* financial situation; **v.los** *adj* impecunious; **V.masse** *f* total assets; **V.nachteil** *m* pecuniary loss; **V.posten** *m* asset; **V.recht** *nt* law of property; **V.schaden** *m* 1. pecuniary loss; 2. property damage; **V.stand** *m* position of assets and liabilities; **V.steuer** *f* wealth tax, (personal) property tax; **V.übergang** *m* transfer/devolution of property; **V.übersicht** *f* statement of assets and liabilities; **V.übertragung** *f* conveyance of property; **V.veranlagung** *f (Sozialhilfe)* means test; **V.veräußerung** *f* alienation of assets; **~ zur Vollstreckungsvereitelung** fraudulent conveyance; **V.verhältnisse** *pl* financial circumstances, means; **V.verkehrssteuer** *f* capital transfer tax; **betrügerische V.verlagerung** asset-stripping *(coll)*; **V.verschiebung** *f* fraudulent transfer of assets, shifting of property; **V.verschleierung** *f* concealment of assets; **V.verwalter** *m* administrator; **V.verwaltung** *f* administration of property, ~ an estate, receivership, trust, asset management; **V.verzeichnis** *nt* schedule of property; **V.vorteil** *m* pecuniary advantage

Vermögenswert *m* property value; **immaterielle V.e** intangible assets; **materielle V.e** tangible assets; **verschleierte V.e** concealed assets

vermögens|wirksam *adj* asset-creating; **V.zuwachs** *m* capital gain

vermumm|t *adj* masked; **V.ung** *f* disguise; **V.ungsverbot** *nt* ban on wearing masks

vermut|en *v/t* to presume/assume; **v.lich** *adj* presumptive, putative

Vermutung *f* presumption, assumption; **V. des Überlebens** presumption of survival; **V. widerlegen** to rebut a presumption; **gesetzliche V.** statutory presumption; **unwiderlegbare V.** irrefutable presumption; **widerlegbare V.** rebuttable presumption
vernachlässigen *v/t* to neglect
Vernachlässigung *f* neglect; **V. der Aufsichtspflicht** neglect of supervisory duties; **V. von Schutzbefohlenen** failure to look after persons in care; **V. der Unterhaltspflicht** failure to provide maintenance, non-support
schuldhafte Vernachlässigung culpable neglect
vernehmen *v/t* to hear/examine/interrogate/question; **eidlich v.** to examine on oath
Vernehmung *f* examination, interrogation, questioning, hearing; **V. des Angeklagten zur Sache** questioning (of) the defendant on the substance of the charge; **V. der Beteiligten** examining (of) the parties; **V. zur Person** examining (of) a person about his/her personal status; **~ Sache** examining (of) those involved in the case; **V. eines Sachverständigen** interrogation of an expert; **V. eines Zeugen** examination of a witness
Vernehmung durchführen 1. *(Gericht)* to examine; 2. *(Polizei)* to question
eidliche Vernehmung examination on oath; **öffentliche V.** public examination; **polizeiliche V.** police interrogation; **richterliche V.** judicial examination; **zeugenschaftliche V.** interviewing (of) a witness
Vernehmungs|beamter; V.beamtin *m/f* interrogator; **V.ersuchen** *nt* request to interrogate; **v.fähig** *adj* fit to be examined, capable of being questioned; **V.protokoll** *nt* record of interrogation; **V.richter** *m* examining magistrate; **V.richtlinien** *pl* Judges' Rules *[GB]*
vernein|en *v/t* to answer in the negative, to deny/negate; **V.ung** *f* negation
vernichten *v/t* to destroy
Vernichtung *f* destruction; **V. von Akten** destruction of files; **~ Beweismitteln** destroying (of) evidence; **V.sprotokoll** *nt* record of destruction (of files)
Vernunft *f* reason; **V.recht** *nt* law of reason
vernünftig *adj* reasonable
veröffentlichen *v/t* 1. to publish/publicize; 2. *(Gesetz)* to promulgate
Veröffentlichung *f* 1. publication; 2. promulgation; **nicht zur V. bestimmt** off the record; **~ sein** to be off the record; **amtliche V.** official publication; **pornografische V.** obscene publication
Veröffentlichungs|blatt *nt* official gazette; **V.pflicht** *f* statutory public disclosure; **V.-recht** *nt* right of publication; **V.vorschrift** *f* disclosure requirement
verordnen *v/t* to ordain/decree; **gesetzlich v.** to enact
Verordnung *f* 1. decree, order, ordinance, statutory instrument, executive order; 2. *(städtisch)* bye-law, municipal ordinance; **V. mit Gesetzeskraft** statutory instrument; **V. erlassen** to issue an ordinance; **städtische V.** bye-law, municipal ordinance; **V.sblatt** *nt* official gazette
verpachten *v/t* 1. to let on lease, to let/lease; 2. *(Grundbesitz)* to demise
Verpächter *m* lessor, landlord; **V.pfandrecht** *nt* lessor's lien
Verpachtung *f* lease, letting, demise
verpfändbar *adj* pawnable, pledgeable, mortgageable
verpfänd|en *v/t* to pledge/mortgage; **V.er** *m* pawnor, pledgor, mortgagor; **v.et** *adj* pawned, in pawn, pledged, mortgaged
Verpfändung *f* pawning, pledging, mortgaging, hypothecation; **V. einer Forderung** pledging of a claim; **V. beweglicher Sachen** chattel mortgage, pledging of chattels; **V. von Schulden** pledging (of) debts
aus der Verpfändung auslösen to take out of pawn; **formlose V.** equitable charge
Verpfändungs|urkunde *f* letter of hypothecation, mortgage deed; **V.vertrag** *m* contract of pledge
verpfeifen *v/t (coll)* to shop *(coll)*/squeal *(coll)*
verpflichten *v/t* to obligate/oblige/engage/commit/bind/engage; **sich v.** *v/refl* to commit/bind os., to undertake; **sich vertraglich v.** to bind os. by contract; **v.d** *adj* obligatory; **einseitig ~** onerous
verpflichtet *adj* indebted, liable, obliged, committed; **jdm gegenüber v. sein** to be under an obligation to so.; **gesamtschuldnerisch v.** jointly and severally bound; **gesetzlich v.** bound by law; **vertraglich v.** bound by contract, liable under a contract
Verpflichteter *m* obligated party, obligee

Verpflichtung *f* liability, burden, commitment, engagement, obligation, onus *(lat.)*, undertaking; **V. zum Ersatz** obligation to provide compensation; **~ Familienunterhalt** obligation to provide maintenance; **V. zur Vornahme einer Handlung** obligation to perform; **V. zum Schadenersatz** liability for damages

Verpflichtung abgelten to discharge an obligation; **V. auferlegen** to impose an obligation; **V. aufheben** to lift an obligation; **V. eingehen** to enter into a commitment; **V. einhalten/erfüllen; einer V. nachkommen** to honour/meet a commitment, ~ an obligation; **jdn von einer V. entbinden; ~ aus einer V. entlassen** to release so. from an obligation; **V. auf sich nehmen; V. übernehmen** to undertake/assume/incur an obligation, ~ a liability; **V. verletzen** to breach an obligation

abstrakte Verpflichtung independent covenant/obligation; **akzessorische V.** accessory obligation; **ausdrückliche V.** express obligation; **bedingte V.** conditional obligation; **dingliche V.** obligation in rem *(lat.)*; **eigenständige V.** separate and several obligation; **eingegangene V.en** liabilities incurred; **einseitige V.** unilateral obligation; **entstandene V.en** accrued liabilities; **feierliche V.** solemn undertaking; **finanzielle V.** pecuniary obligation; **gegenseitige V.** mutual/joint obligation; **gemeinschaftliche vertragliche V.** joint contractual obligation; **gesamtverbindliche V.** joint and several obligation; **gesetzliche V.** statutory/legal obligation; **moralische V.** moral obligation; **obliegende V.** incumbent obligation; **jdm ~ V.** obligation incumbent on so.; **öffentlich-rechtliche V.** obligation under public law; **schuldrechtliche V.** contractual liabillity; **stillschweigende V.** implied obligation; **unbedingte V.** unconditional obligation; **vertragliche V.** covenant

Verpflichtungs|eid *m* promissory oath; **V.erklärung** *f* formal obligation, undertaking, commitment; **V.geber(in)** *m/f* obligor; **V.geschäft** *nt* executory agreement/transaction; **V.nehmer(in)** *m/f* obligee; **V.schein** *m* promissory note (P/N); **V.übernahme** *f* assumption of an obligation; **V.urteil** *nt* positive injunction, writ of mandamus *(lat.)*

verplomben *v/t* to seal

Verrat *m* treason, betrayal; **V. von Dienstgeheimnissen** infringement of official secrets; **v.en** *v/t* to betray

Verräter *m* trailor; **v.isch** *adj* treasonable

verrechnen *v/t* to set off, to offset; **etw. v. mit** to set sth. off against

Verrechnung *f* offsetting, clearing; **V. von Ansprüchen** offsetting of claims

Verrechnungs|abkommen *nt* clearing agreement; **V.einrede** *f* offset plea; **V.-scheck** *m* crossed cheque; **V.schuld** *f* clearing debt; **V.tag** *m* settlement day

verrichten *v/t* to perform/effect

Verrichtung *f* performance, discharge; **V.s-gehilfe; V.sgehilfin** *m/f* vicarious agent

Verruf *m* disrepute; **jdn in V. bringen** to give so. a bad name; **in V. kommen/geraten** to fall into disrepute

versagen *v/ti* 1. to deny; 2. to fail; **V. der Justiz** *nt* miscarriage of justice; **menschliches V.** human error; **technisches V.** mechanical failure

Versager *m* 1. failure; 2. *(Munition)* dud

Versagung *f* refusal, denial; **V. der Erlaubnis** denial of permission; **~ Hilfe** refusal of assistance

sich versammlen *v/refl* to assemble/gather

Versammlung *f* assembly, gathering, meeting; **V. unter freiem Himmel** open-air meeting

Versammlung einberufen to convene a meeting; **V. leiten** to preside over a meeting; **V. vertagen** to adjourn a meeting

außerordentliche Versammlung extraordinary meeting; **gesetzgebende V.** legislative assembly; **konstituierende V.** constituent assembly; **öffentliche V.** public meeting; **unerlaubte/verbotene V.** unlawful assembly; **unfriedliche V.** riotous assembly; **zulässige V.** lawful assembly

Versammlungs|erlaubnis *f* permission to hold a meeting; **V.freiheit** *f* freedom of assembly; **V.gesetz** *nt* law concerning assemblies and processions; **V.recht** *nt* 1. right of assembly; 2. law of assembly; **V.-verbot** *nt* prohibition of assembly

Versand *m* shipment, dispatch, forwarding; **V.handel** *m* mail-order trade; **V.vorschriften** *pl* forwarding instructions; **V.-anzeige** *f* forwarding advice

versäumen *v/t* 1. to fail to do sth.; 2. *(Veranstaltung)* to fail to attend; 3. *(unterlassen)* to omit; 4. *(vernachlässigen)* to neglect

Versäumnis *nt* 1. failure to do sth.; 2. failure to attend, non-attendance; 3. omission; 4. *(Zahlung)* default, failure; **V.gebühr** *f* default fine; **V.urteil** *nt* judgment by default; **~ aufheben** to set aside a judgment by default; **V.verfahren** *nt* default proceedings
Versäumung *f* default
verschaffen *v/t* to procure/obtain; **jdm etw. v.** to procure sth. for so.; **sich etw. v.** *v/refl* to obtain sth.; **V. von falschen amtlichen Ausweisen** *nt* procuring (of) forged (official) documents
Verschaffung *f* procurement; **V.svermächtnis** *nt* demonstrative legacy
verschärf|en *v/t* to aggravate/tighten up; **v.t** *adj* aggravated; **V.ung** *f* aggravation; **~ der Strafe** aggravation of the sentence
verscheiden *v/i* to decease
verschieben *v/t* 1. *(räumlich)* to shift/move; 2. *(zeitlich)* to postpone/defer, to put off
Verschiebung *f* 1. shift, displacement; 2. postponement, deferment; **V. von Kfz** vehicle smuggling
verschieden *adj* disparate; **V.es** *nt (Tagesordnung)* any other business (AOB), miscellaneous
verschiffen *v/t* to ship
Verschiffung *f* shipping, forwarding; **V.sdokumente** *pl* shipping documents
verschlechtern *v/t* to worsen
Verschlechterung *f* deterioration; **V.sverbot** *nt* prohibition to worsen the appellant's position
verschleier|n *v/t* to mask/conceal/disguise, to cover up; **V.ung** *f* concealment; **~ von Vermögenswerten** concealment of assets
Verschleiß *m* wear and tear; **V.erscheinung** *f* sign of wear
verschleppen *v/t* 1. *(verzögern)* to delay unduly, to procrastinate, protract/prolong/delay/filibuster *[US]*; 2. *(Person)* to abduct/kidnap
Verschleppung *f* 1. delay, protraction, procrastination, dilatory tactics; 2. abduction, kidnapping; **V. des Verfahrens** delaying (of) the proceedings; **V.staktik** *f* delaying tactics, filibustering *[US]*
ver|schließen *v/t* to lock; **v.schlossen** *adj* locked
verschlüsseln *v/t* to encode/encipher
Verschluss *m* 1. lock; 2. *(Plombe)* seal; **unter V.** under lock and key; **V.sache** *f* classified information/matter
Verschmelzungsvertrag *m* merger agreement
verschmutzen *v/t* to pollute
Verschmutzung *f* pollution, contamination
Verschmutzungs|grad *m* pollution level; **V.schäden** *pl* pollution damage; **V.zertifikat** *nt* pollution/emission permit
verschollen *adj* missing, presumed dead; **V.e(r)** *f/m* missing person; **V.heit** *f* disappearance; **V.heitsgesetz** *nt* missing persons act
verschreiben *v/t* to prescribe
Verschreibung *f* prescription; **V. durch einen Arzt** medical prescription; **V. eines Substitutionsmittel** presciption of a surrogate; **V. durch einen Tierarzt** veterinary prescription; **~ einen Zahnarzt** dental prescription
verschrott|en *v/t* to scrap; **V.ung** *f* scrapping
verschulden *v/t* 1. to be at fault, to be responsible; 2. *(herbeiführen)* to cause; **sich v.** *v/refl* to get into debt, to incur debts
Verschulden *nt* fault, blame, negligence; **ohne V.** without fault; **~ eigenes V.** through no fault of one's own; **~ jds V.** through no fault of so.'s own; **V. des Erfüllungsgehilfen** fault of the vicarious agent; **V. bei Vertragsabschluss** negligence in contracting, culpa in contrahendo *(lat.)*
beiderseitiges Verschulden (case of) both to blame, mutual fault; **beträchtliches V.** major share of the blame, considerable fault; **eigenes V.** own fault; **fahrlässiges V.** negligence; **geringfügiges V.** slight fault; **grobes V.** gross fault; **konkurrierendes V.** contributory/concurrent negligence; **mitwirkendes V.** contributory negligence; **strafrechtliches V.** criminal negligence; **vermutetes V.** presumed fault
Verschuldens|beweis *m* proof of fault; **V.haftung** *f* liability in tort, tortious liability, liability for fault, ~ based on fault; **V.vermutung** f presumption of fault
verschuldet *adj* indebted; **stark v. sein** to be heavily indebted
Verschuldung *f* indebtedness; **V. der öffentlichen Hand** public-sector borrowing; **V.sgrad** *m* level of indebtedness; **V.-grenze** *f* borrowing limit

verschwägert *adj* related by marriage
verschweigen *v/t* to conceal/suppress/ withhold
Verschweigen *nt* withholding, non-disclosure, concealment, suppression; **V. von Tatsachen** concealment of facts; **V. rechtserheblicher Umstände** material non-disclosure; **V. eines wesentlichen Umstandes** *(Vers.)* material concealment; **arglistiges V.** fraudulent concealment, malicious non-disclosure; **~ eines Mangels** fraudulent concealment of a defect; **~ von Tatsachen** fraudulent concealment of facts
verschwend|en *v/t* to squander/waste; **V.ung** *f* waste
verschwiegen *adj* discreet
Verschwiegenheit *f* discretion, secrecy; **jdn zur V. verpflichten** to enjoin so. to secrecy; **strenge V. wahren** to observe strict secrecy
Verschwiegenheitspflicht *f* 1. duty of confidentiality, ~ to observe secrecy; 2. *(Arbeitsrecht)* duty not to disclose confidential information
sich verschwören *v/refl* to conspire
Verschwörung *f* conspiracy, plot
verschwunden *adj* missing
Versehen *nt* oversight, mistake, error; **aus V.** inadvertently, by mistake
Versehrt|enrente *f* injury benefit; **V.heit** *f* disability
versenden *v/t* to forward
Versendungskauf *m* mail-order purchase
versetzen *v/t* 1. *(pfänden)* to pawn/pledge; 2. *(umsetzen)* to transfer; **jdn v.** to transfer so.
Versetzung *f* transfer; **V. in den Anklagestand** arraignment; **~ Ruhestand** pensioning; **V.santrag** *m* request for a transfer
versicherbar *adj* insurable
Versicherer *m* insurer, underwriter
versichern *v/t* 1. to affirm/aver; 2. *(Vers.)* to insure; 3. *(Seevers.)* to underwrite; **eidlich v.** to affirm on oath
versichert (gegen) *adj* insured (against); **V.e(r)** *f/m* insuree, the insured
Versicherung *f* 1. insurance; 2. *(Zusicherung)* assurance; **die V. wird fällig** the policy matures; **V. an Eides Statt** affirmation in lieu of an oath; **V. gegen Folgeschäden** consequential damage(s) insurance; **V. auf Gegenseitigkeit** mutual insurance; **V. gegen Haftpflichtschäden** third-party (liability) insurance; **~ Kunstfehler** malpractice insurance; **V. auf fremdes Leben** insurance on the life of a third party; **V. für Produzentenhaftung** product liability insurance; **V. auf den Todes- und Erlebensfall** endowment insurance; **~ den Todesfall** whole-life insurance
Versicherung abschließen *v/t* to take out an insurance
befristete Versicherung term insurance; **eidesstattliche V.** affirmation in lieu of oath; **eidliche V.** affirmation on oath; **feierliche V.** solemn assurance
Versicherungs|ablauf *m* expiration of policy; **V.anspruch** *m* insurance claim; **~ regulieren** to adjust a claim; **V.antrag** *m* proposal (form); **V.aufsicht(sbehörde)** *f* insurance regulator(s); **V.bedingungen** *pl* terms and conditions of insurance; **V.-beginn** *m* commencement/inception of insurance cover(age); **V.berechtigte(r)** *f/m* beneficiary (of insurance); **V.betrug** *m* insurance fraud; **~ begehen** to commit insurance fraud; **V.dauer** *f* term of insurance; **V.deckung** *f* insurance cover(age); **V.doppelkarte** *f (Kfz.-Vers.)* cover note; **v.fähig** *adj* insurable; **V.fall** *m* event insured; **V.geber** *m* insurer; **V.gegenstand** *m* (insurable) interest; **V.gesellschaft** *f* insurance company; **V.hypothek** *f* endowment mortgage; **V.leistung** *f* insurance benefit; **V.makler(in)** *m/f* insurance broker; **V.missbrauch** *m* insurance fraud; **V.nachtrag** *m* insurance endorsement; **V.nehmer(in)** *m/f* the insured, insuree *[US]*, insured person, policyholder; **V.objekt** *nt* insurable interest; **V.pflicht** *f* statutory cover(age)/insurance; **~ des Nießbrauchers** usufructuary's statutory insurance; **v.pflichtig** *adj* liable to insurance; **V.police** *f* insurance policy; **V.-prämie** *f* insurance premium; **V.recht** *nt* insurance law; **V.regulierer(in)** *m/f* claims/ loss adjuster; **V.sachverständige(r)** *f/m* appraiser; **V.schein** *m* insur-ance policy
Versicherungsschutz *m* insurance cover(age); **V. gewähren** to provide insurance cover(age); **pauschaler V.** comprehensive cover(age)
Versicherungs|summe *f* sum insured; **sich die ~ auszahlen lassen** to cash the policy; **v.technisch** *adj* actuarial; **V.träger** *m* insurer, underwriter; **V.urkunde** *f*

V

insurance certificate; **V.verein** *m* insurance society; **~ auf Gegenseitigkeit** mutual insurance society; **V.verhältnis** *nt* contract of insurance; **V.vertrag** *m* 1. contract of insurance, insurance contract; 2. *(Dokument)* policy; **V.zeit** *f* period of insurance; **V.zwang** *m* compulsory insurance

versiegel|n *v/t* to seal; **V.ung** *f* sealing; **amtliche ~** official sealing

versilbern *v/t (coll)* to convert into cash, to flog off *(coll)*

Versitzung *f* negative/extinctive prescription

versöhn|en *v/t* to conciliate/reconcile; **V.ung** *f* reconciliation

versorgen *v/t* 1. to supply/provide; 2. *(sorgen für)* to take care of, to look after; **jdn mit etw. v.** to supply so. with sth.

Versorgung *f* 1. provision, supply; 2. *(Unterhalt)* maintenance; 3. pension

Versorgungs|abschlag *m* reduction in benefit; **V.anrecht; V.anspruch** *nt/m* pension entitlement; **V.anstalt** *f* pension fund; **V.anwartschaft** *f* pension expectancy; **V.ausfall** *m* loss of pension; **V.ausgleich** *m* statutory equalization of pensions; **schuldrechtlicher ~** contractual equalization of pensions; **v.berechtigt** *adj* entitled to a pension; **V.berechtigte(r)** *f/m* person entitled to public support; **(öffentlicher) V.betrieb; V.gesellschaft; V.unternehmen** *m/f/nt* public utility (company); **V.bezüge** *pl* superannuation benefits; **V.empfänger(in)** *m/f* pensioner, benefit recipient; **V.kasse; V.träger** *f/m* pension fund; **V.leistung** *f* pension payment; **V.recht** *nt* law of benefits; **V.vertrag** *m* supply agreement/contract

verspät|et *adj* late; **V.ung** *f* delay; **V.ungszuschlag** *m* late fee

versperr|en *v/t* to bar; **v.t** *adj* barred

versprechen *v/t* to promise/pledge

Versprechen *nt* 1. promise; 2. *(bindend)* undertaking; 3. *(feierlich)* pledge; 4. *(urkundlich)* covenant; **V. der Schadloshaltung** letter of indemnity; **(unentgeltliches) V. ohne Verpflichtung** gratuitous promise

bindendes Versprechen binding promise; **unbedingtes V.** unconditional promise; **vertragliches V.** contractual undertaking

Versprechens|empfänger(in) *m/f* promisee; **V.urkunde** *f* deed of covenant

Versprechender *m* promisor

V

verständigen *v/t* to advise; **sich v.** to reach an understanding

Verständigung *f* 1. *(Benachrichtigung)* notification, information; 2. *(Übereinkunft)* understanding, agreement; **zu einer V. gelangen** to come to an understanding; **schriftliche V.** written agreement

Versteck *nt* cache; **v.t** *adj* hidden

Versteigerer *m* auctioneer

versteigern *v/t* to auction (off), to sell by auction, to put up for auction; **meistbietend v.** to sell to the highest bidder; **öffentlich v.** to sell by public auction

Versteigerung *f* auction, (public) auction/sale, sale by auction; **gerichtliche V.** judicial sale; **öffentliche V.** public auction

Versteigerungs|bedingungen *pl* terms of auction; **V.erlös** *m* auction proceeds, proceeds of an auction; **V.gericht** *nt* court in charge of a public auction; **V.ort** *m* place of auction; **V.termin** *m* auction day, date of auction; **V.verfahren** *nt* auction proceedings

versteuerbar *adj* taxable

Versteuerung *f* 1. taxation; 2. payment of tax

verstorben *adj* deceased; **V.e(r)** *f/m* the deceased

Verstoß *m* 1. *(StR)* offence, violation, infraction; 2. *(ZR)* breach, infringement; **V. gegen das Berufsethos** malpractice; **~ straßenverkehrsrechtliche Bestimmungen** infringement of the highway code; **~ Bewährungsauflagen** parole violation; **~ Einreisegesetze** immigration abuse; **~ die Geschäftsordnung** breach of order; **~ Gesetz und gute Sitten** infringement of the law and against bonos mores *(lat.)*; **~ die öffentliche Ordnung** public order offence, offence against public order; **~ ein (persönliches) Recht** infringement of a right; **~ die guten Sitten** infringement of bonos mores *(lat.)*; **~ einen Vertrag** breach of contract; **~ das Waffengesetz** firearms violation; **V. begehen** to commit an offence; **geringfügiger V.** minor offence

verstoßen *v/i* to contravene/infringe/violate/offend/infract

verstreichen *v/i* to lapse/expire

verstricken *v/t* to entangle/inculpate

Verstrickung *f* entanglement, inculpation; **V.sbruch** *m* rescue of goods lawfully distrained, interference with attachment

verstümmel|n *v/t* to mutilate/maim; **V.ung** *f* mutilation
Versuch *m* 1. test, trial; 2. *(StR)* attempt; **V. der Anstiftung zur Falschaussage** attempted incitement to make a false statement; **~ Begehung einer Straftat** attempt to commit a crime; **V. einer strafbaren Handlung** attempt to commit a crime; **V. ist strafbar** the attempt shall be punishable; **vom V. zurücktreten** to abandon an attempt
strafbarer Versuch criminal attempt; **untauglicher V.** futile attempt
versuchen *v/t* to attempt
Versuchung *f* temptation; **in V. führen** to tempt
vertagen *v/t* 1. *(bereits begonnen)* to adjourn; 2. *(noch nicht begonnen)* to postpone
Vertagung *f* 1. adjournment; 2. postponement; **V. eines Verfahrens** adjournment/continuance *[US]* of proceedings; **V. auf unbestimmte Zeit** adjournment sine die *(lat.)*; **V. beantragen** *(Gericht)* to apply for an adjournment
Vertauschen von Waren *nt* *(absichtlich)* substitution of goods
verteidigen *v/t* to defend; **sich v.** *v/refl* to defend os.
Verteidiger(in) *m/f* counsel/attorney *[US]* for the defence, defence counsel; **V. bestellen**, 1. to brief a defence counsel, to appoint a counsel for the defence; 2. *(durch das Gericht)* to assign a defence counsel; **bestellter V.** retained defence counsel; **gerichtlich ~** court-appointed counsel for the defence
Verteidigung *f* defence *[GB]*, defense *[US]*; **V. vor Gericht** defence in court; **V. der Rechtsordnung** defence of the rule of law
Verteidigung niederlegen to withdraw from the defence, to abandon the defence; **V. übernehmen** to take over/assume the defence; **zur V. vorbringen** to plead in defence
Verteidigungs|antrag *m* motion by the defence; **V.smittel** *nt* means of defence; **V.srede** *f* speech for the defence; **V.sschrift** *f* statement of defence
Verteidigungsvorbringen zurückweisen *nt* to strike out the defence; **unzulässiges V.** inadmissible defence
verteilen *v/t* 1. to distribute; 2. *(aufteilen)* to allocate/apportion; 3. *(streuen)* to spread
Verteiler *m* distributor; **V.schlüssel** *m* ratio of distribution
Verteilung *f* 1. distribution, allocation; 2. *(Aufgliederung)* breakdown; 3. *(Streuung)* spread; 4. *(verhältnismäßig)* apportionment; **V. der Früchte** distribution of fruits; **~ Lasten** allocation of burdens; **V. des Nachlasses** distribution of the estate; **~ Überschusses** distribution of the surplus; **V. der Zuständigkeiten** allocation of responsibilities
Verteilungs|beschluss *m* distribution order; **V.masse** *f* funds available for distribution; **V.quote** *f* distribution quota; **V.schlüssel** *m* ratio of distribution; **V.-verfahren** *nt* distribution proceedings
Vertrag *m* 1. contract, agreement, covenant; 2. *(Völkerrecht)* treaty, convention; **aus einem V.** ex contractu *(lat.)*; **laut V.** as per contract; **mittels eines V.es** by (way of) contract; **kein V. ohne Gegenleistung** *(Voraussetzung bei schuldrechtl. Vertrag)* no contract without consideration; **V. zu Gunsten Dritter** contract/agreement for the benefit of a third party; **~ Lasten Dritter** contract imposing a burden on a third party; **V. in gesiegelter Form** specialty contract; **durch konkludentes Handeln geschlossener V.** implied contract; **V. auf Lebenszeit** life contract; **durch Rechtsvermutung begründeter V.** contract implied in law; **~ Tatsachenauslegung festgestellter V.** contract implied in fact
Vertrag abschließen to enter into a contract, to conclude an agreement; **schriftlichen V. abschließen** to enter into a written agreement; **der V. wird auf die Dauer von drei Jahren abgeschlossen** the contract is entered into for a period of three years; **V. ändern** to amend/modify a contract; **V. anfechten** to avoid/rescind a contract; **V. annullieren** to annul a contract, to declare a contract null and void; **V. aufheben/auflösen** 1. to rescind a contract; 2. *(Völkerrecht)* to abrogate a treaty; **V. aufsetzen** to draw up a contract; **V. beendigen** to terminate a contract; **einem V. beitreten** 1. to enter a contract *[US]*; 2. to accede to a treaty; **auf ~ beruhen** to be based on a contract; **V. bestätigen** to confirm/uphold a contract; **im Folgenden bezeugt dieser V.** now this deed witnesses; **V. brechen** to

breach/break a contract; **V. eingehen** to enter into a contract; **in einen V. eintreten** to become (a) party to a contract; **jdm aus einem V. entlassen** to release so. from a contract; **V. erfüllen** to honour/perform a contract; **durch V. gebunden sein** to be under contract; **der V. hat zum Gegenstand** the contract involves; **jdn unter V. nehmen** to contract so., to put so. under contract; **V. kündigen; V. rückgängig machen; sich vom V. lösen** to rescind/revoke a contract; **V. schließen** to enter into/conclude a contract; **V. unterzeichnen** to sign a contract; **V. verlängern** to renew a contract; **V. verletzen** to infringe a contract; **im V. ausdrücklich oder stillschweigend vorsehen** to provide expressly or implicitly in the contract; **von einem V. zurücktreten** to rescind a contract

aleatorischer Vertrag *m* aleatory contract; **anfechtbarer V.** avoidable agreement, voidable contract; **atypischer V.** innominate contract; **bedingter V.** conditional contract; **befristeter V.** fixed-term contract; **dinglicher V.** real contract, agreement in rem *(lat.)*; **entgeltlicher V.** onerous contract; **noch zu erfüllender V.** executory contract; **erfüllter V.** executed contract; **faktischer V.** de facto *(lat.)* contract; **fehlerhafter V.** vicious contract; **förmlicher V.** formal contract; **formbedürftiger V.** contract requiring a specific form; **formloser V.** informal agreement; **gegenseitiger V.** mutual/reciprocal agreement; **gemischter V.** mixed contract; **gesetzwidriger V.** illicit contract; **gesiegelter formalisierter V.** specialty contract; **laufender V.** current contract; **mehrseitiger V.** multilateral agreement; **mündlicher V.** oral/verbal agreement; **nichtiger V.** void contract; **notarieller V.** notarial deed; **öffentlichrechtlicher V.** contract under public law, contract governed by public law; **rechtsverbindlicher (und endgültiger) V.** binding contract; **rechtswidriger V.** illegal contract; **rechtswirksamer V.** effective contract; **schriftlicher V.** written agreement; **schuldrechtlicher V.** contractual agreement; **selbstständiger V.** independent contract; **sittenwidriger V.** agreement contra bonos mores *(lat.)*; **stillschweigender V.** implied contract; **typischer V.** nominate contract; **unentgeltlicher V.**, gratuitous contract; **ungültiger V.** invalid contract; **vernichtbarer V.** voidable contract; **einseitig verpflichtender V.** unilateral contract; **völkerrechtlicher V.** international treaty; **widerrechtlicher V.** illegal/illicit contract; **zweiseitiger V.** bilateral contract

förmliche und einfache Verträge deeds and simple contracts

vertraglich *adj* ex contractu *(lat.)*, contractual; **v. gebunden sein an** *(Ausbildungsvertrag)* to be articled to; **v. verpflichtet sein** to be bound by contract

Vertrags|ablauf *m* expiration of (a) contract; **V.abrede** *f* binding agreement, contractual stipulation; **V.abschließende(r)** *f/m* contracting party

Vertragsabschluss *m* conclusion of a contract; **nach V.** on completion of contract

vertragsähnlich *adj* quasi-contractual

Vertrags|änderung *f* amendment/modification of a contract; **V.anfechtung** *f* avoidance/rescission of a contract; **V.annahme** *f* acceptance of a contract; **V.annullierung** *f* cancellation/rescission of a contract; **V.anspruch** *m* contractual claim

Vertragsaufhebung *f* cancellation/rescission of contract; **auf V. klagen** to bring an action for rescission; **V.sklage** *f* revocatory action; **V.srecht** *nt* right to cancel/rescind a contract

Vertrags|auflösung *f* termination of contract; **V.auslegung** *f* construction/interpretation of a contract; **V.bedingung** *f* contractual stipulation

Vertragsbedingungen *pl* (terms and) conditions of contract, ~ the agreement; **V. festlegen** to stipulate the conditions of a contract

allgemeine Vertragsbedingungen general terms of contract; **unzulässige V.** unfair contract terms; **vereinbarte V.** agreed terms

Vertragsbeendigung *f* termination/discharge of contract; **V. durch Vereitelung** discharge by frustration; **einverständliche V.** discharge by agreement

Vertrags|befugnis *f* power to contract; **V.beginn** *m* commencement of contract; **V.beitritt** *m* accession to a treaty; **V.bestandteil** *m* component of a contract

Vertragsbestimmung *f* contractual provi-

sion/stipulation, provision of a contract, stipulation
Vertragsbestimmungen *pl* provisions/stipulations of a contract; **nach den V.** *(Ausbildungsvertrag)* in accordance with the articles; **V. abändern** to vary the terms of the contract; **V. einhalten** to observe the terms of a contract; **wesentliche V.** essential conditions/terms of a contract
Vertrags|beteiligte *pl* parties to the contract; **V.beziehung** *f* contractual relationship
Vertragsbruch *m* 1. breach of contract; 2. *(Völkerrecht)* violation of a treaty; **sich auf V. berufen** to plead breach of contract; **antizipierter V.** anticipated breach of contract
vertragsbrüchig *adj* in breach of contract; **v. werden** to commit a breach of contract
vertragschließend *adj* contracting; **V.e(r)** *f/m* contractor, contracting party
Vertrags|dauer *f* contract period, duration/term of (a) contract; **V.durchführungsgarantie** *f* contract implementation guarantee; **formelle V.einleitungsklauseln** recitals; **V.entwurf** *m* draft (of a) contract; **V.erbe(in)** *m/f* heir conventional; **V.erfordernis** *f* essentials of a contract; **V.erfüllung** *f* performance of contract, specific performance; **~ ist unmöglich geworden** the contract has become frustrated; **genaue ~** specific performance, defective performance of contract; **V.ergänzung** *f* rider, endorsement; **V.erneuerung** *f* renewal of (a) contract
vertragsfähig *adj* capable of entering into a contract
Vertrags|freiheit *f* freedom of/to contract; **V.garantie** *f* contractual guarantee; **V.gebiet** *nt* contract area; **V.gegenstand** *m* subject (matter) of a contract
vertragsgemäß *adj* according to contract, as agreed (upon); **V.heit** *f* conformity with the contract
Vertrags|gemeinschaft *f* contract association; **V.gericht** *nt* contractual venue; **V.gestaltung** *f* preparation of a contract; **V.grundlage** *f* basis of a contract; **V.haftung** *f* contractual liability; **V.händler(in)** *m/f* authorized/appointed dealer; **V.inhalt** *m* contents/subject of the contract; **V.interesse** *nt* interest in the performance of a contract; **V.klage** *f* action ex contractu *(lat.)*; **V.klausel** *f* contract clause, stipulation; **V.kosten** *f* cost of contract; **V.laufzeit** *f* term of a contract; **V.lücke** *f* loophole in a contract
vertragsmäßig *adj* contractual
Vertrags|muster *nt* specimen contract; **V.niederschrift** *f* memorandum of the agreement; **V.partei; V.partner(in)** *f/m* party to the contract, contracting party; **V.partnerwechsel** *m* change of contracting party; **V.pflicht** *f* obligation under a contract, contractual obligation; **V.prämie** *f (Vers.)* stipulated premium; **V.preis** *m* contract price; **V.prinzip** *nt* privity of contract; **V.produkt** *m* contract product; **V.punkte** *pl* articles of agreement; **V.recht** *nt* law of contract; **V.rechte** *pl* contractual rights
vertragsrechtlich *adj* contractual
Vertrags|regelung *f* contractual arrangement; **die V.regierungen** *pl* the contracting governments; **V.revision** *f* revision of contract
Vertragsschließungs|kompetenz *f* power to contract; **V.verfahren** *nt* contracting procedure
Vertragsschluss *m* conclusion of a contract; **bei V.** at the time of reaching agreement
Vertragsschuld *f* contract debt; **V.ner(in)** *m/f* debtor under an agreement; **V.recht** *nt* law of contract
Vertrags|schutzklausel *f* protective covenant; **V.staat** *m* contracting state; **V.staaten eines Abkommens** treaty states
Vertragsstrafe *f* 1. (contractual) penalty; 2. *(pauschalierter Schadenersatz)* liquidated damages; **V. vereinbaren** to stipulate a penalty; **unzulässige V.** inadmissible penalty
Vertragsstrafen|klausel *f* penalty clause; **V.vereinbarung** *f* penalty agreement; **V.vorbehalt** *m* penalty reservation
Vertrags|streitigkeiten *pl* disputes arising from a contract; **V.teil** *nt* party to the contract; **V.text** *m* wording of a contract; **V.treue** *f* compliance with a contract, contractual fidelity; **V.treuhänder(in)** *m/f* contract trustee; **V.typ** *m* type of contract; **V.übertragung** *f* transfer of contract; **V.umstände** *pl* circumstances governing the contract
vertragsunfähig *adj* contractually incapable
Vertrags|unterlagen *pl* contract documents; **V.unternehmen** *nt* contractor;

V.unterzeichnung *f* signing of a contract; **V.urkunde** *f* (indent) deed, (contractual) instrument, indenture (deed), deed of covenant

Vertragsvereinbarung *f* contractual agreement; **ausdrückliche V.** express term of a contract

Vertragsverhältnis *nt* contractual relationship; **bestehendes V.** existing contractual relationship; **faktisches V.** de facto contract; **fehlerhaftes V.** flawed contract

Vertrags|verhandlungen *pl* contract negotiations; **V.verlängerung** *f* prolongation of a contract

Vertragsverletzung *f* 1. breach of (a) contract; 2. *(Völkerrecht)* violation of a treaty; **sich auf eine V. berufen** to plead a breach of contract; **positive V.** positive breach of contract

Vertrags|verpflichtung *f* contractual obligation; **V.vollmacht** *f* power to contract; **V.vorbehalt** *m* proviso, reservation; **V.-werk** *nt* comprehensive contract; **internationale V.werke** international instruments; **V.werkstatt** *f* authorized garage; **V.wert** *m* contract value

vertrags|wesentlich *adj* material, substantial; **v.widrig** *adj* in breach of contract, contrary to the (terms of an) agreement

Vertrags|widrigkeit *f* breach of contract, lack of conformity with the contract; **V.zeit** *f* contract term, period of a contract; **V.ziel** *nt* contract objective; **V.zins** *m* contract rate of interest; **V.zusage** *f* contractual undertaking; **V.zweck** *m* object of the contract

vertrauen *v/i* to trust; **V.** *nt* confidence, reliance, trust

Vertrauens|antrag *m* motion for a vote of confidence; **V.anwalt** *m* counsel of choice; **V.arzt** *m* medical examiner/referee; **V.-basis** *f* basis of trust

vertrauensbildend *adj* confidence-building

Vertrauens|bildung *f* confidence building; **V.bruch** *m* breach of confidence/faith/trust; **V.mann** *m* 1. confidential/police agent, informer; 2. *(Gewerkschaft)* shop steward; **V.missbrauch** *m* abuse of confidence; **V.person** *f* confidant(e); **V.prämie** *f* 1. *(Vers.)* stipulated premium; 2. loyalty bonus; **V.schaden** *m* damage caused by breach of trust; **V.schutz** *m* protection of bona-fide acts, fidelity clause; **V.stelle** *f* position of trust; **V.stellung** *f* position of trust, fiduciary position; **V.verhältnis** *nt* confidential relationship; relationship based on trust

vertrauenswürdig *adj* trustworthy, reliable; **V.keit** *f* trustworthiness, reliability

vertraulich *adj* confidential, private (and confidential); **streng v.** strictly confidential; **V.keit** *f* confidentiality

vertreib|en *v/t* 1. *(Besitz)* to evict/dispossess/expel/oust; 2. *(verkaufen)* to market/sell

Vertreibung *f* 1. *(Besitz)* eviction, dispossession, ouster; 2. *(Bevölkerung)* expulsion

vertretbar *adj* defensible, justifiable, reasonable, tenable; **rechtlich v.** legally justifiable; **V.keit** *f* justifiability

vertreten *v/t* 1. to deputize/replace; 2. *(Mandant)* to represent; 3. *(rechtfertigen)* to justify/warrant; **jdn gerichtlich v.** to appear for so., to represent so. in court; **etw. nicht zu v. haben** not to be responsible for sth.; **sich selbst v.** to plead one's own case

Vertretener *m* representee, principal

Vertreter *m* 1. representative; 2. *(Stellvertreter)* deputy; 3. *(ZR)* agent; **V. der Anklage** *m* counsel for the prosecution, prosecuting counsel; **V. vor Gericht** counsel; **V. auf Provisionsbasis** commission agent; **V. für ein Rechtsgeschäft** special agent; **V. des Staatsanwalts** deputy prosecutor; **V. ohne Vertretungsmacht** unauthorized agent, falsus procurator *(lat.)*

Vertreter bestellen/bestimmen 1. to appoint a representative; 2. to appoint a deputy; **beschränkt geschäftsfähiger V.** agent with limited contractual capacity, ~ limited capacity to contract; **bevollmächtigter V.** authorized agent/representative; **gesetzlicher V.** statutory agent, legal/statutory representative, attorney *[US]*; **örtlicher V.** local agent; **persönlicher V.** personal representative; **rechtmäßiger V.** lawful agent; **ständiger V.** permanent representative

Vertreter|haftung *f* agent's liability; **V.-provision** *f* agent's commission; **V.versammlung** *f* representatives' meeting; **V.-vertrag** *m* agency contract

Vertretung *f* 1. agency; 2. representation; **zur V. berechtigt** authorized to act as

V

agent; **V. vor Gericht** legal representation; **V. kraft Rechtsschein** agency by estoppel; **V. ohne Vertretungsmacht** unauthorized representation
Vertretung ablehnen *f* to decline representation; **V. niederlegen** to resign representation; **V. übernehmen** to take over representation
amtliche Vertretung official representation; **angemessene V.** adequate representation; **anwaltliche V.** legal representation; **berufsständische V.** professional representation; **gesetzliche/rechtliche V.** 1. statutory agency; 2. legal representation
Vertretungsbefugnis *f* representative authority, power of attorney/representation, proxy; **außerhalb seiner V. handeln** to act ultra vires *(lat.)*
vertretungsberechtigt *adj* authorized to act as (an) agent; **V.e(r)** *f/m* 1. authorized representative; 2. authorized agent
Vertretungs|berechtigung *f* authority to act as (an) agent; **V.eigenschaft** *f* representative capacity; **V.macht** *f* power of agency; **~ kraft Rechtscheins** authority by estoppel; **V.organ** *nt* representative body; **V.verhältnis** *nt* agency; **V.vollmacht** *f* power of attorney, representative authority; **V.zwang** *m* compulsory representation
Vertrieb *m* distribution; **gewerbsmäßiger V.** commercial distribution
Vertriebs|abkommen *nt* marketing agreement; **V.bindung** *f* resale restriction, tying arrangement; **V.bindungsvertrag** *m* tying contract; **V.gebiet** *nt* distribution area; **V.gesellschaft** *f* distribution company; **V.kosten** *pl* distribution costs; **V.lizenz** *f* distribution licence; **V.recht** *nt* distribution rights; **V.verbot** *nt* prohibition to distribute; **V.vereinbarung** *f* marketing agreement; **V.vertrag** *m* marketing contract, distributorship agreement
etw vertusch|en *v/t* to hush sth. up; **V.ung** *f* cover-up
verüb|en *v/t* to commit/perpetrate; **V.ung** *f* commission, perpetration
verunglimpfen *v/t* to defame/detract/disparage; **jdn v.** to denigrate/disparage so., to cast a slur on so.
Verunglimpfung *f* defamation, denigration, detraction, disparagement, smear, vilification; **V. des Andenkens Verstorbener** reviling the memory of the dead
verunglück|en *v/i* to have an accident; **V.te(r)** *f/m* accident victim
etw. verunreinigen *v/t* 1. to dirty sth.; 2. *(Hund)* to foul sth.; 3. *(Umwelt)* to pollute sth.
verunstalt|en *v/t* to disfigure; **V.ung** *f* disfigurement
veruntreu|en *v/t* to embezzle/misappropriate/defalcate/peculate; **V.er** *m* embezzler, defalcator, peculator
Veruntreuung *f* embezzlement, misappropriation, defalcation, peculation, malversation, fraudulent conversion; **V. im Amt** misappropriation by a public official; **V. von Geldern** embezzlement of funds
verursach|en *v/t* to cause/effect; **V.er** *m* perpetrator; **~ ermitteln** to identify the guilty party; **V.erprinzip** *nt* polluter pays principle (PPP)
Verursachung *f* causation; **V.svermutung** *f* assumption of causes, presumption of causation
verurteilen *v/t* 1. *(StR)* to convict/condemn/sentence; 2. *(ZR)* to adjudge; **erneut v.** to reconvict; **jdn lebenslänglich v.** to sentence so. to life imprisonment; **jdn zu etw. v.** to sentence so. to sth.
verurteilt *adj* 1. sentenced; 2. *(Todesstrafe)* condemned; **rechtskräftig v.** finally convicted; **V.e(r)** *f/m* convict, convicted person; **lebenslänglich ~** lifer *(coll)*
Verurteilung *f* 1. *(StR)* sentencing, conviction, 2. *(ZR)* judgment; **V. zu gemeinnütziger Arbeit** community service order; **V. mit Bewährung** suspended sentence; **V. zur Entschädigung** compensatory/compensation award; **V. zum Jugendarrest** youth custody order; **V. zu den Kosten** order to pay costs; **V. zum Schaden(s)ersatz** judgment for damages; **V. im Schnellverfahren** summary conviction; **V. zur Strafe s**entence; **V. wegen einer Straftat** criminal conviction; **V. zum Tode** death sentence; **V. wegen eines Verkehrsdelikts** motoring conviction
erneute Verurteilung reconviction; **kostenpflichtige V.** judgment with costs; **nachfolgende V.** subsequent conviction
vervielfältigen *v/t* to reproduce
Vervielfältigung *f* reproduction; **V.srecht** *nt* copyright
verwahren *v/t* to keep in custody
Verwahrer *m* bailee, depositee; **V.pfandrecht** *nt* bailee's lien

V

etw. verwahrlosen lassen *v/t* to let sth. fall into disrepair, to neglect sth.
Verwahrlosung *f* 1. *(Gebäude, Grundstück)* dilapidation; 2. *(Mensch)* neglect
Verwahrung *f* 1. *(Person)* committal; 2. safe custody, safekeeping; **V. von Wertpapieren und Kostbarkeiten** safekeeping of securities and valuables; **in V. geben** to deposit, to place in custody; **jdn ~ nehmen** *(zwangsweise Unterbringung)* to take so. into custody; **etw. in gerichtliche V. nehmen** to impound sth.
amtliche Verwahrung official custody; **gerichtliche V.** 1. court/judicial custody; 2. impounding, safekeeping; **öffentlich-rechtliche V.** official custody; **unentgeltliche V.** naked deposit; **vorläufige V.** provisional committal
Verwahrungs|beschluss *m* committal order; **V.bruch** *m* breach of custody; **V.gesetz** *nt* committal act; **V.ort** *m* place of custody; **V.pflicht** *f* safekeeping duty; **V.-recht** *nt* right of custody; **V.stelle** *f* depository; **V.vertrag** *m* 1. contract of deposit; 2. custody agreement, bailment contract
verwalten *v/t* to administer/manage; **treuhänderisch v.** to administer in a fiduciary capacity
Verwalter *m* 1. administrator, manager; 2. *(Treuhänder)* custodian; 3. *(Konkurs)* receiver; **V. bestellen** to appoint a receiver; **gerichtlicher V.** judicial receiver; **treuhänderischer V.** trustee
Verwalter|amt *nt* receivership; **V.in** *f* administratrix
Verwaltung *f* 1. adminstration, management; 2. receivership; **V. eines Nachlasses** administration of an estate; **V. führen** to manage
gerichtliche Verwaltung judicial administration; **öffentliche V.** public administration; **örtliche V.** local administration; **treuhänderische V.** trusteeship; **vorläufige V.** receivership
Verwaltungs|abkommen *nt* administrative agreement; **V.akt** *m* administrative act; **~ anfechten** to contest an administrative act; **V.anordnung** *f* administrative order; **V.ausgaben** *pl* administrative expenditures; **V.beamter** *m* 1. administrative official; 2. *(Gerichtstermine)* listing officer *[GB]*; **V.behörde** *f* administrative authority; **V.beschwerde** *f* appeal against an administrative decision; **V.bezirk** *m* administrative district; **V.einheit** *f* administrative unit; **V.entscheidung** *f* administrative decision; **V.ermessen** *nt* administrative discretion; **V.gebühr** *f* administrative fee/charge
Verwaltungsgericht *nt* administrative court/tribunal; **V.sbarkeit** *f* administrative jurisdiction; **V.shof** *m* administrative court/tribunal
Verwaltungs|gesellschaft *f* management company; **V.handlung** *f* administrative act; **V.hilfe** *f* administrative assistance; **V.klage** *f* administrative (court) action; **V.kompetenz** *f* jurisdiction for administration; **V.kosten** *pl* management costs; **V.organ** *nt* administrative organ; **V.prozess** *m* administrative dispute; **V.rat** *m* management board, governing body; **V.-recht** *nt* administrative law; **V.richter** *m* administrative tribunal judge; **V.sitz** *m* head office; **V.strafe** *f* administrative fine; **V.verfahren** *nt* administrative proceedings/procedure; **V.verfügung** *f* administrative ruling; **V.vertrag** *m* management contract; **V.vorschrift** *f* administrative/regulatory provision, administrative rule; **V.weg** *m* administrative channel; **auf dem ~** through administrative channels
verwandt *adj* related
Verwandte(r) *f/m* relation, relative; **V. in absteigender Linie** descendant; **angeheiratete(r) V.** relative by marriage, in-law; **leibliche(r) V.** blood relative; **nächste(r) V.** next-of-kin
Verwandtschaft *f* relationship, kinship
Verwandtschafts|grad *m* degree of relationship; **V.verhältnis** *nt* degree of relationship; **V.verhältnisse** *pl* family relationships
verwarnen *v/t* to caution/warn/reprimand; **jdn v.** to bind so. over (to keep the peace); **gebührenpflichtig v.** to fine
Verwarngeld *nt* warning fine
Verwarnung *f* warning, caution, reprimand; **V. für falsches Parken** parking fine; **V. mit Verwarngeld** citation *[US]*; **V. aussprechen** to issue a warning
gebührenfreie Verwarnung verbal warning, caution; **gebührenpflichtige V.** (warning) fine; **gerichtliche V.** injunction; **~ mit Strafvorbehalt** bind-over order; **mündliche V.** verbal caution; **polizeiliche V.** police caution; **schriftliche V.** written warning

Verwarnungsgebühr; Verwarnungsgeld *f/nt* exemplary/warning fine, ~ charge
verwechseln *v/t* to confuse
Verwechslung *f* 1. confusion; 2. *(Person)* mistaken identity, misidentification; 3. *(Sache)* mix-up
verwehren *v/t* to deny
verweigern *v/t* to deny/disallow/refuse
Verweigerung *f* denial, refusal; **V. der Annahme** non-acceptance; **V. des Rechtsschutzes** non-enforceability **V. der Zeugenaussage** refusal to testify/to give evidence
Verweis *m* reprimand, reference; **V. erteilen** to reprimand
verweisen *v/t* to refer (to)
Verweisung *f* referral, remittal, transfer; **V. an ein höheres Gericht** referral to a higher court; **~ Schiedsgericht** referral to arbitration
Verweisungs|antrag *m* motion to remit a case to another court; **V.beschluss** *m* transfer order, order to transfer an action; **V.verfahren** *nt* committal proceedings
verwenden *v/t* to use/employ; **widerrechtlich v.** to misappropriate
Verwender *m* user
Verwendung *f* usage, use, employment, application; **eigennützige V.** own use; **gewerbliche V.** commercial application; **missbräuchliche V.** improper use
Verwendungs|anspruch *m* claim to use; **V.ersatz** *m* alternative use; **V.zweck** *m* intended use
verwerf|en *v/t* 1. to disallow/dismiss/reject; 2. *(Berufung, Revision)* to set aside; **v.lich** *adj* reprehensible
Verwerflichkeit *f* reprehensibility, moral turpitude
Verwerfung *f* dismissal, rejection; **V.skompetenz** *f* power to reject a remedy
verwert|bar *adj* useful; **v.en** *v/t* to exploit/use/utilize
Verwertung *f* application, exploitation, use, utilization; **gewerbsmäßige V.** commercial application
Verwertungs|befugnis *f* authority to exploit; **V.pflicht** *f* duty to exploit; **V.recht** *nt* right of exploitation; **V.rechte** *pl* utilization rights
verwickel|n *v/t* to entangle/involve; **v.t** *adj* complex, intricate
Verwicklung *f* entanglement, involvement
verwirken *v/t* *(Recht)* to forfeit
Verwirklichung *f* realization; **V. eines Anspruchs** realization of a claim
Verwirkung *f* forfeiture, loss, laches, equitable estoppel; **V. von Ansprüchen** forfeiture of claims; **V. des Lohnanspruchs** loss of wages claim; **V. eines Rechts** forfeiture of a right; **V. des Rücktrittsrechts** *(Vertrag)* forfeiture of the right of rescision; **V. der Vertragsstrafe** forfeiture of the contract penalty
Verwirkungsklausel *f* estoppel/forfeiture clause
verwischen *v/t* *(Spur)* to cover sth. up
verwitwet *adj* widowed
jdn verwund|en *v/t* to injure/wound so.; **v.et** *adj* injured, wounded
Verwund|ete(r) *f/m* wounded person; **V.ung** *f* injury, wound
Verwüstungen anrichten *pl* to cause devastation
Verzehr *m* consumption (of food); **für menschlichen V. ungeeignet** unfit for human consumption
verzeichnen *v/t* to record
Verzeichnis *nt* list, register; **amtliches V.** official register; **~ der Grundstücke** official land register
verzeih|en *v/t* to forgive; **v.lich** *adj* excusable, forgivable
Verzeihung *f* forgiveness
verzerr|en *v/t* to distort; **V.ung** *f* distortion
Verzicht *m* 1. disclaimer, renunciation, waiver; 2. *(Amt, Eigentum)* relinquishment; **V. eines Abkömmlings** disclaimer by a descendant; **V. auf die Erbschaft** disclaimer of an inheritance; **~ die Einrede der Vorausklage** waiver of the benefit of discussion; **~ Ersatzansprüche** waiver of claims for damages; **~ Pfändungsschutz** waiver of exemption
ausdrücklicher Verzicht express waiver
verzichten *v/i* 1. *(Recht)* to waive/disclaim/relinquish; 2. *(allg.)* to dispense with, to go without
Verzicht(s)|erklärung *f* waiver, disclaimer; **V.klausel** *f* disclaimer/waiver clause; **V.-leistung** *f* disclaimer, waiver; **V.urteil** *nt* waiver judgment; **V.urkunde** *f* deed of renunciation
verzins|en *v/t* to pay interest (on sth.); **v.-lich** *adj* interest-bearing
Verzinsung *f* (rate of) interest

verzögern *v/t* to delay/protract
Verzögerung *f* delay, protraction, time lag; **V. einkalkulieren** to allow for a delay; **schuldhafte V.** undue delay; **zeitliche V.** time lag
Verzögerungs|absicht *f* intention to delay proceedings; **V.schaden** *m* damage caused by delay; **V.taktik** *f* delaying tactics
verzoll|bar *adj* dutiable; **v.en** *v/t* to clear (through customs)
Verzollung *f* customs clearance; **V.sformalitäten** *pl* customs clearance formalities
Verzug *m* 1. (undue) delay; 2. *(Zahlung)* arrears, default; **bei V.** upon default; **im V.** in the event of delay; **ohne V.** forthwith; **V. der Annahme** delayed acceptance; **V. des Gläubigers** creditor's delay; **~ Schuldners** debtor's delay
sich im Verzug befinden to be in arrears; **in V. gelangen/geraten** to default (on sth.); **mit etw. ~ geraten** to fall behind with sth.; **fahrlässiger V.** laches
Verzugs|eintritt *m* occurrence of default; **V.entschädigung** *f* compensation for delay; **V.fall** *m* undue delay; **im ~** in the event of default; **V.folge** *f* penalty for default; **V.gebühr** *f* late fee; **V.haftung** *f* liability for default; **V.schaden** *m* damage caused by default, ~ undue delay; **V.schaden(s)ersatz** *m* damages for delay; **V.strafe** *f* default fine; **V.tage** *pl* days of delay; **V.zinsen** *f* interest on arrears, interest for default, default/penal *[US]* interest
Verzweiflungstat *f* act of desperation
Veto *nt* *(lat.)* veto; **V.recht** *nt* right of veto; **V. einlegen** to veto
Vetternwirtschaft *f* nepotism
Videoüberwachung *f* video surveillance, monitoring by closed circuit TV (CCTV); **V.ssystem** *nt* closed-circuit surveillance system
Vieh *nt* cattle, livestock; **V.bestand** *m* livestock; **V.haltung** *f* livestock farming; **V.händler(in)** *m/f* livestock dealer; **V.schaden** *m* damage caused by cattle
vielfältig *adj* composite
Viertel *nt* quarter
Vindikations|klage *f* action of detinue, ~ to recover property; **V.legat** *nt* vindication legacy; **V.zession** *f* assignment of the right to claim the surrender of sth.
vindizieren *v/t* to claim ownership
Vinkul|ation; V.ierung *f* restriction of transferability; **v.ieren** *v/t* to restrict transferability
Visitation *f* official inspection
vis maior *(lat.)* force majeure *(frz.)*
Visum *nt* visa; **V.santrag** *m* visa application
vogelfrei *adj* outlawed
Völker|gemeinschaft *f* comity of nations; **V.mord** *m* genocide; **V.recht** *nt* law of nations, internalional (public) law; **v.rechtlich** *adj* in terms of public international law; **V.strafrecht** *nt* international criminal law
Volks|abstimmung; Volksbefragung *f* referendum, plebiscite; **V.begehren** *nt* petition for a referendum; **V.eigentum** *nt* public property; **V.entscheid** *m* plebiscite, referendum; **V.justiz** *f* lynch law; **V.verhetzung** *f* incitement, sedition
Volleigen|tum *nt* absolute ownership; **V.tümer(in)** *m/f* absolute owner
vollenden *v/t* to accomplish/complete
Voll|endung *f* accomplishment, completion; **V.hafter(in)** *m/f (KG)* general partner, fully liable partner; **V.haftung** *f* full liability; **V.invalidität** *f* permanent/total disability; **v.jährig** *adj* of age; **~ werden** to come of age; **V.jährigkeit** *f* majority; **V.jurist(in)** *m/f* fully qualified lawyer
Vollkasko *nt* comprehensive cover(age); **v.versichert** *adj* having comprehensive insurance; **V.versicherung** *f* fully comprehensive/no-fault insurance, collision damage waiver (CDW) *[US]*; **~ mit Selbstbeteiligung** deductible-clause collision insurance
Voll|kaufmann *m* registered merchant; **V.mitgliedschaft** *f* full membership
Vollmacht *f* 1. *(Vertretung)* proxy; 2. *(Ermächtigung)* power, authority; 3. *(Schriftstück)* power of attorney; **außerhalb der V.** ultra vires *(lat.)*; **in V.** on behalf of; **V. zur Kreditaufnahme** borrowing powers
mit allen Vollmacht|en ausgestattet sein to be fully authorized; **V. ausstellen** to grant power of attorney; **V. erteilen** to authorize; **in jds V. handeln** to act on so.'s authority; **V. auf jdn übertragen** to vest authority in so.; **V. überschreiten** to exceed one's authority, to act ultra vires *(lat.)*; **V. vorlegen** to furnish/produce a power of attorney; **V. widerrufen** to revoke (a) power of attorney/proxy
ausdrückliche Vollmacht express authori-

ty; **außerordentliche V.** special powers; **stillschweigend erteilte V.** implied authority; **mangelnde V.** lack of authority; **notarielle V.** notarial power; **schriftliche V.** written authority; **unbegrenzte/unumschränkte V.** unlimited authority; **umfassende V.en** catch-all powers; **unwiderrufliche V.** irrevocable proxy

Vollmacht|geber(in) *m/f* principal, mandator; **V.geber(in) und –nehmer(in)** *m/f* principal and agent; **V.nehmer** *m* agent, mandatory, proxyholder

Vollmachts|beschränkung *f* limitation of authority; **V.besitzer(in)** *m/f* proxyholder; **V.entzug** *m* revocation of authority; **V.erteilung** *f* 1. delegation of authority; 2. *(Schriftstück)* grant(ing) of power of attorney; **V.indossament** *nt* procuration endorsement; **V.überschreitung** *f* acting ultra vires *(lat.)*; **V.übertragung** *f* delegation of powers; **V.umfang** *m* scope of authority; **V.urkunde** *f* letter(s) of attorney, written authority; **V.widerruf** *m* revocation of a power of attorney

Voll|rausch *m* intoxication, inebriation; **V.-sitzung** *f* plenary session; **v.ständig** *adj* complete; **V.ständigkeitsklausel** *f* perfect attestation clause

vollstreckbar *adj* enforceable (by execution); **für v. erklären** to grant a writ of execution; **nicht v.** non-enforceable; **sofort v.** immediately enforceable; **vorläufig v.** provisionally enforceable

Vollstreckbarkeit *f* enforceability (by execution); **vorläufige V.** provisional enforceability

Vollstreckbarkeits|anordung *f* writ of execution; **erneuter V.beschluss** writ of revivor *(lat.)*; **V.erklärung** *f* writ of execution; **V.verfahren** *nt* executory proceedings

vollstrecken *v/t* 1. *(Testament)* to execute; 2. *(Urteil)* to enforce, to carry out

Vollstrecker(in) *m/f* 1. executor; 2. *(Gerichtsvollzieher)* bailiff

Vollstreckung *f* enforcement, execution; **V. durch Gerichtsvollzieher** sequestration; **V. aus einem Grundpfandrecht** foreclosure (action); **V. durch Räumung** eviction, execution by writ of possession; **V. eines Testaments** execution of a will; **V. des Todesurteils** execution of the death sentence; **V. aus einem Urteil** execution under a judgment; **V. durch Versteigerung** execution sale; **V. einer Verfügung** enforcement of an order

Vollstreckung aussetzen to suspend execution; **V. betreiben** to effect execution; **V. einstellen** to stay execution; **V. des Urteils behindern** to bar execution of judgment; **sofortige V.** direct enforcement; **unzulässige V.** illegal enforcement

Vollstreckungs|abkommen *nt* enforcement agreement; **V.abwehr** *f* foreclosure suit, action against enforcement; **V.abwehrklage** *f* action to oppose enforcement, foreclosure suit; **V.anordnung** *f* writ of execution; **V.anspruch** *m* claim to have sth. enforced; **V.aufschub** *m* stay of execution, respite, reprieve; **V.auftrag** *m* order to levy execution, writ of execution; **V.aussetzung** *f* suspension/stay of execution; **V.beamter(in)** *m/f* law enforcement officer, bailiff; **V.befehl** *m* enforcement order, writ of execution, executory warrant; **V.befugnis** *f* executory authority; **V.behörde** *f* law enforcement agency/authority; **V.bescheid** *m* enforceable default summons; **V.beschluss** *m* writ of execution; **V.bestimmungen** *pl* enforcement provisions; **V.einstellung** *f* suspension/stay of execution; **V.ersuchen** *nt* application for enforcement; **V.-forderung** *f* judgment claim; **V.gegenklage** *f* foreclosure suit, action to oppose execution; **V.gegenstand** *m* item subject to execution; **V.gericht** *nt* debtor's court; **V.gläubiger(in)** *m/f* judgment/enforcement creditor; **V.haft** *f* prison sentence; **V.haftbefehl** *m* arrest warrant; **V.hindernis** *nt* bar of execution; **V.kammer** *f* bankruptcy court; **V.klage** *f* enforcement suit; **V.klausel** *f* enforceability clause; **neue ~** writ of revivor *(lat.)*; **V.kosten** *pl* enforcement costs; **V.leiter(in)** *m/f* official in charge of enforcement; **V.maßnahme** *f* enforcement measure; **V.organ** *nt* enforcement agency; **V.pfandrecht** *nt* execution lien; **V.recht** *nt* law of enforcement; **V.schuld** *f* judgment debt; **V.-schuldner(in)** *m/f* enforcement/judgment debtor; **V.schutz** *m* exemption from judicial execution; **V.titel** *m* writ of enforcement/execution; **V.übereinkommen** *nt* enforcement agreement; **V.unterwerfung** *f* submission to execution; **V.urteil** *nt* writ of execution; **V.vereitelung** *f* obstructing (of) execution; **V.ver-**

fahren *nt* enforcement proceedings, executory process; **V.verfügung** *f* 1. order of enforcement; 2. *(Todesurteil)* death warrant; **V.verjährung** *f* statute-barring of execution
Voll|trunkenheit *f* total intoxication, drunken stupor; **V.waise** *f* orphan
vollziehbar *adj* enforceable; **V.keit** *f* enforceability
vollziehen *v/t* 1. to execute, to carry out; 2. *(Urteil)* to enforce
Vollziehung *f* 1. execution; 2. enforcement; **V. der Ehe** consummation of marriage
Vollzug *m* execution, enforcement; **etw. außer V. setzen** to suspend the execution of sth.; **offener V.** open prison
Vollzugs|anordnung *f* executive order, implementing ordinance; **V.anstalt** *f* penal institution; **V.beamter(in)** *m/f* 1. law enforcement officer; 2. *(Gefängnis)* warder; **V.befugnis** *f* executory authority; **V.behörde** *f* enforcement agency; **kommunale ~** local government enforcement agency; **V.dienst** *m (Gefängnis)* prison service; **V.gewalt** *f* executory power; **V.organ** *nt* enforcement agency
Vorabentscheidung *f* preliminary decision/ruling, interlocutory decision; **V.s-verfahren** *nt* preliminary decision proceedings
Vor|abzug *m* *(Steuer)* deduction at source; **V.ahnung** *f* premonition; **V.ankündigung** *f* advance notice; **V.anschlag** *m* estimate, quotation; **V.anzeige** *f* advance notice
Voraus|abtretung *f* anticipatory assignment; **V.abzug** *m* deduction at source
vorausbezahl|en *v/t* to prepay, to pay in advance; **v.t** *adj* prepaid (ppd)
Vorausbuchung *f* advance booking
vorausdatieren *v/t* to predate, to date forward
Voraus|empfang *m* advance receipt; **V.-entrichtung** *f* prepayment; **v.gesetzt** *conj* provided, providing; **V.haftung** *f* primary liability; **V.klage** *f* preliminary injunction; **V.leistung** *f* 1. prepayment; 2. advance performance; **V.leistungspflicht** *f* advance performance obligation; **v.sehbar** *adj* foreseeable; **V.sehbarkeit** *f* foreseeability
voraussetzen *v/t* to presuppose
Voraussetzung *f* 1. *(Annahme)* assumption, premise; 2. *(Vorbedingung)* precondition, prerequisite, condition precedent; **unter der V., dass ...** conditional upon…; **V. für ein Amt** eligibility for office; **V. erfüllen** to meet the requirement; **zur V. haben** to presuppose
gesetzliche Voraussetzung statutory requirement; **rechtliche V.** legal requirement; **tatsächliche V.** de facto requirement; **unabdingbare V.** essential (prerequisite); **unbedingte V.** absolute prerequisite; **verfassungsmäßige V.** constitutional requirement; **verfahrensrechtliche V.** procedural requirement
Voraus|sicht *f* foresight; **V.verfügung** *f* anticipatory disposal; **V.vermächtnis** *nt* preferential legacy
vorauszahlen *v/t* to prepay, to pay sth. in advance
Vorauszahlung *f* advance payment, prepayment; **angemessene V.** adequate prepayment
vorauszusehen *adj* foreseeable
Vor|bedacht *m* premeditation; **mit ~** intentionally, deliberately, premeditated; **V.-bedingung** *f* condition precedent, precondition
Vorbehalt *m* exception, proviso, reservation, caveat; **mit dem V.** always provided that; **ohne V.** unconditional; **unter V.** with reservations; **geheimer V.** mental reservation
sich etw. vorbehalten *v/refl* to reserve the right to (do) sth.
vorbehalt|lich *prep* subject to, conditional on; **v.los** *adj* unconditional
Vorbehalts|eigentümer(in) *m/f* conditional owner; **V.erklärung** *f* reservation, proviso; **V.kauf** *m* conditional sale; **V.-klausel** *f* proviso (clause), reservation clause, salvo; **V.recht** *nt* reserved right; **V.urteil** *nt* conditional/provisional/reserved judgment
Vorbelastung *f* *(Grundstück)* prior encumbrance/charge; **V.sverbot** *nt (Grundstück)* prohibition of prior encumbrance
Vor|bemerkungen *pl* prelims; **v.benannt** *adj* aforesaid
Vorbenutzung *f* *(Patentrecht)* prior use; **V.shandlungen** *pl* acts of prior use; **V.s-recht** *nt* right of prior use
vorbereiten *v/t* to prepare
Vorbereitung *f* preparation; **V. eines Angriffskrieges** preparing a war of aggres-

sion; **V. der mündlichen Verhandlung** pleadings

Vorbereitungs|haft *f* preparatory custody; **V.handlung** *f* preparatory act, act preparatory to the commisison of an offence

Vorbescheid *m* 1. interim/preliminary ruling; 2. *(Baurecht)* outline permission; 3. *(Patentrecht)* interim action

Vor|besitzer(in) *m/f* previous holder/occupant/owner; **V.besprechung** *f* briefing

vorbestellen *v/t* to reserve

Vorbestellung *f* advance booking/order

vorbestraft *adj* (previously) convicted; **einschlägig v.** previously convicted for the same offence; **v. sein** to have a criminal record, ~ previous conviction; **mehrfach ~** to have several previous convictions; **nicht ~** to have a clean record; **V.e(r)** *f/m* person with a previous conviction

Vorbeuge|haft *f* preventive custody/detention; **v.n** *v/t* to preclude/prevent; **v.nd** *adj* precautionary, preventive

Vorbeugung *f* prevention; **V.smaßnahme** *f* preventive measure

Vorbild *nt* example; **jdm als V. dienen** to serve as an example for so.; **sich jdn zum V. nehmen** to model os. on so.; **schlechtes V.** poor example

Vorbild|funktion *f* exemplary function; **v.-lich** *adj* exemplary, in an exemplary manner

Vorbildung *f* educational background

vorbringen *v/t* 1. *(Behauptung)* to allege; 2. *(geltend machen)* to assert/contend; 3. *(Anliegen)* to lay; 4. *(plädieren)* to plead; 5. (*einreichen*) to submit; 6. *(beteuern)* to aver

Vorbringen *nt* 1. allegation; 2. contention, assertion; 3. *(Gericht)* plea; 4. pleading(s); 5. submission; 6. averment; **V. neuer Beweise** production of fresh evidence; **V. von Beweismaterial** submission of evidence; **V. der Parteien** submission of the parties

abschließendes Vorbringen closing statement(s); **einleitendes V.** opening statement(s); **nachträgliches V.** subsequent pleadings; **rechtlich unzulässiges V.** *(Verteidigung)* inadmissible defence; **verspätetes V.** late submissions

vor|datieren *v/t* to antedate; **sich v.drängen** *v/refl* to jump the queue; **v.dringlich** *adj* urgent; **V.druck** *m* form; **v.ehelich** *adj* premarital; **V.eid** *m* promissory oath

voreingenommen *adj* biased, prejudiced; **V.heit** *f* bias, prejudice

Voreintragung *f* preceding entry; **V. im Grundbuch** preceding entry in the Land Register *[GB]*

vorenthalten *v/t* to withhold

Vorent|haltung *f* withholding, detinue; **V.-scheidung** *f* precedent judgment, preliminary decision; **V.wurf** *m* preliminary draft

Vorerb|e *m* provisional heir; **V.schaft** *f* estate in tail, provisional succession; **befreite ~** exempted provisional succession

Vorermittlungen *pl* preliminary investigations

vorerwähnt *adj* aforesaid

Vorfahre *m* ancestor

Vorfahrt *f* right of way; **V. haben** to have (the) right of way; **jdm die V. nehmen** to fail to give way to so.; **v.sberechtigt** *adj* having the right of way; **~ sein** to have the right of way; **V.sschild** *nt* right of way sign

Vorfall *m* incident, occurrence; **von der Deckung ausgeschlossene Vorfälle** excluded events

Vorfälligkeitsentschädigung *f* *(Kredit)* early redemption charge

im Vorfeld von etw. *nt* in the run-up to sth.

Vorfinanzierung *f* prefinancing

Vorführbefehl *m* warrant to appear

vorführen *v/t* *(Gericht)* to bring before the judge

Vorführung *f* *(Zeuge)* production (of a witness); **V.sbefehl** *m* warrant to bring so. to court

Vorgabezeit *f* allowed time

Vorgang *m* course of events

Vorgänger(in) *m/f* predecessor; **V. im Amt** predecessor in office

vorgefasst *adj* preconceived

vorgeben *v/t* to pretend

vorgehen *v/i* 1. to take action, to proceed; 2. to take precedence, to rank before; **gegen jdn gerichtlich v.** to proceed against so.

Vorgehen *nt* 1. *(Methode)* approach; 2. *(Einschreiten)* action; 3. *(Verfahrensweise)* course of action; **abgestimmtes V.** concerted action; **eigenmächtiges V.** arbitrary action; **gemeinschaftliches V.** concerted action

vorgelegt, genehmigt und unterschrieben *adj* read out, agreed to and signed; **v. und nicht eingelöst** *(Scheck)* refer to drawer (R/D)
vorgenannt *adj* aforesaid
Vorgeschichte *f* record, previous history
vorgeschrieben *adj* mandatory, prescribed, required, stipulated; **gesetzlich v.** required by law, statutory
vorgesehen *adj* envisaged, scheduled
Vorgesellschaft *f* predecessor company
Vorgesetzte(r) *f/m* superior, principal
vorgezogen *adj* brought forward
vorgreif|en *v/t* to anticipate; **v.lich** *adj* prejudicial; **V.lichkeit** *f* prejudicial effect
Vorgriff *m* anticipation; **v.sweise** *adv* in anticipation
Vorhaben *nt* project
Vorhaftung *f* prior liability
vorhalten *v/t* to rebuke/reproach
Vorhaltung *f* rebuke, remonstrance, reproach; **jdm V.en machen** to remonstrate with so.
Vorhand *f* first option
vorhanden *adj* extant; **V.sein** *nt* existence
Vorhängeschloss *nt* padlock
vorher *adv* beforehand; **v. erwähnt** aforesaid; **v.ig** *adj* prior
vorherrschen *v/i* to predominate/prevail; **v.d** *adj* predominant, prevailing
vorherseh|bar *adj* foreseeable; **v.en** *v/t* to foresee
vorig *adj* *(vorausgegangen)* previous
Vor|instanz *f* lower court; **V.jahr** *nt* previous year; **V.kasse** *f* cash in advance, advance payment
Vorkauf *m* pre-emption
Vorkaufs|berechtigte(r) *f/m* pre-emptor; **V.berechtigung** *f* pre-emptive right, right of pre-emption
Vorkaufsrecht *nt* right of first refusal; **V. des Mieters** tenant's right of pre-emption; **durch V. erwerben** to pre-empt; **gesetzliches V.** statutory right of pre-emption
V
Vorkaufsvertrag *m* pre-emptive contract
Vorkehrung *f* precaution, precautionary measure; **V.en treffen** to take precautions, to make provision for
Vorkenntnis *f* previous knowledge
Vorkommnis *nt* incident, occurrence
vorladen *v/t* 1. to summon; 2. *(unter Androhung von Strafe)* to subpoena *(lat.)*; 3. to cite; **jdn v.** 1. to serve a summons on so.; 2. *(unter Strafandrohung)* to subpoena so.; **v. lassen** to take out a summons against so.
Vorladung *f* 1. summons, citation, summoning, notification, warrant to appear; 2. *(unter Androhung von Strafe)* subpoena *(lat.)*; **V. unter Strafandrohung** writ of subpoena *(lat.)*; **V. zur Vernehmung** summons for questioning; **V. des Vollstreckungsschuldners** judgment summons
Vorladung ergehen lassen to issue a summons; **V. zustellen** to serve a summons; **gerichtliche V.** summons
Vorladungsbefehl *m* writ of summons
Vorlage *f* presentation, production, submission; **bei V.** *(Wechsel)* at sight; **~ von** on production of; **V. der Akten an ein höheres Gericht** certiorari *(lat.)*; **V. von Beweismaterial** submission of evidence; **~ Urkunden** submission of documents
in Vorlage treten to advance (money)
Vorlage|beschluss *m* order to refer the matter to another court; **V.entscheidung** *f* decision on submitted evidence; **V.pflicht** *f* liability to make discovery
Vorlauf *m* run-up
vorläufig *adj* interim, interlocutory, preliminary, provisional, temporary
Vorleben *nt* record
vorlege|n *v/t* to adduce/furnish/present/produce/submit; **V.pflicht** *f* duty to furnish evidence
Vorlegung *f* submission, production; **V. von Beweismitteln** production of evidence; **V. des Briefes** production of the letter; **V. der Urkunde** production of the deed
Vorlegungs|frist *f* time for presentation; **V.ort** *m* place of production; **V.pflicht** *f* requirement to produce (a document), obligation to present
Vorleistung *f* advance performance; **V.s-pflicht** *f* duty to render advance performance
vorlesen *v/t* to read out (aloud)
Vorlesung *f* reading; **V.spflicht** *f* duty to read (out) (the document)
vor|liegend *adj* 1. available; 2. instant, present; **v.malig** *adj* former
Vormann *m* *(Wechsel)* previous endorser
vormerken *v/t* to note
Vormerkung *f* registration, priority notice; **V. in das Grundbuch eintragen** to enter

a priority notice in the Land Register *[GB]*

Vormieter(in) *m/f* previous tenant

Vormund *m* guardian; **V. bestellen** to appoint a guardian; **gerichtlicher/gesetzlicher V.** statutory guardian

Vormundschaft *f* custody, guardianship, tutelage, wardship; **V. bestellen** to appoint a guardian; **unter V. stehen** to be a ward of court, ~ under the care of a guardian; **befreite V.** exempted guardianship; **gerichtlich bestellte V.** legal custody

Vormundschafts|beschluss *m* guardianship order; **V.gericht** *nt* guardianship court; **V.recht** *nt* law of custody; **V.richter(in)** *m/f* judge at a guardianship court, ~ of a court of guardianship; **V.sache** *f* guardianship case; **V.sachen** *pl* wardship cases; **V.verhältnis** *nt* wardship

Vornahme *f* perpetration, undertaking; **V. einer Handlung** perpetration/performance of an act; **~ Verfügung** execution of a writ; **V.klage** *f* action for specific performance

vornehmen *v/t* to do/effect

Vorpfändung *f* provisional garnishment, prior attachment

vorprozessual *adj* pre-trial

Vorprüfung *f* preliminary examination

Vorrang *m* priority, preference, precedence, prerogative; **V. für Fußgänger** pedestrian right of way; **V. des Gesetzes** precedence of statute law

Vorrang beimessen to attach preference (to sth.); **V. haben** to take precedence; **V. vermerken** to enter a priority

vorrangig *adj* paramount

Vorrat *m* stock(s), supplies; **V.spfändung** *f* (collective) garnishment of future claims

Vorrecht *nt* preferential right, prerogative, privilege, **V.e, Befreiungen und Immunitätsrechte** privileges, exemptions and immunities; **jdm ein V. einräumen** to grant so. a privilege; **auf ein V. verzichten** to waive a privilege

Vorruhestand *m* early retirement; **V.sregelung** *f* early retirement scheme

Vorsatz *m* 1. premeditation; 2. *(Absicht)* intention, intent; **V. und Fahrlässigkeit** intent and negligence

bedingter Vorsatz contingent intent; **indirekter V.** indirect intent; **konkreter V.** specific intent; **strafrechtlicher V.** criminal intent; **verbrecherischer V.** malice aforethought; **vermuteter V.** constructive malice

Vorsatzdelikt *nt* premeditated offence

vorsätzlich *adj* deliberate, intentional, premeditated, wilful, malicious, with malice aforethought; **nicht v.** involuntary; **V.keit** *f* wilfulness

vor|schieben *v/t* to plead in excuse; **v.-schießen** *v/t* to advance

Vorschlag *m* proposal, suggestion; **v.en** *v/t* to propose/suggest

vorschreiben *v/t* to prescribe/stipulate

Vorschrift *f* 1. rule; 2. *(Anweisung)* instruction(s), provision, regulation; **V. anwenden** to apply a rule; **nach V. arbeiten** to work to rule; **V. beachten** to comply with a rule; **V. sein** to be standard procedure; **V. verletzen** to infringe a rule

allgemeine Vorschrift general provision; **anwendbare V.** applicable provision; **ergänzende V.** supplementary provision; **geltende V.** valid provision; **gesetzliche V.** statutory provision; **gültige V.** valid regulation; **vertragliche V.** contractual provision; **zwingende V.** peremptory rule

Vorschriften *pl* rules and regulations; **V. des Gesetzes** provisions of the act; **den V. zuwider** contrary to regulations

allgemeine Vorschriften general provisions; **anwendbare/anzuwendende V.** applicable provisions/regulations; **arbeitsrechtliche V.** industrial regulations; **geltende V.** valid provisions; **gesetzliche V.** statutory provisions; **zwingende V.** binding provisions

vorschrifts|gemäß *adj* in accordance with regulations; **v.mäßig** *adj* proper, according to the regulations; **v.widrig** *adj* irregular, against/contrary to the regulations; **V.widrigkeit** *f* irregularity

Vorschub leisten *m* to aid and abet; **etw. V. leisten** to encourage sth.

Vorschuss *m* advance (payment); **V. leisten** to pay an advance

Vorschuss|leistung *f* advance (payment); **V.pflicht** *f* duty to pay an advance; **V.zahlung** *f* advance payment

vorschützen *v/t* to pretend

vorsehen *v/t* to provide for, to envisage

Vorsicht *f* care, caution; **V. ist besser als Nachsicht** *(prov.)* better (to be) safe than sorry *(prov.)*; **V., bissiger Hund!** beware of the dog!

vorsichtig *adj* careful, cautious
Vorsichts|maßnahme *f* precaution, precautionary measure; **V.maßregel** *f* precaution
Vorsitz *m* chair, chairmanship, presidency; **V. haben** to preside (over), to chair
vorsitzend *adj* *(Richter)* presiding; **V.e** *f* chairwoman
Vorsitzende(r) *f/m* 1. chairperson, chairman, chairwoman; 2. *(Richter)* presiding judge; 3. chairman; **V. des Gerichts** president of the court; **stellvertretender V.** deputy chairman/chairperson
Vorsorge *f* precaution, provision; **V. für etw. treffen** to make provision for sth.; **V.maßnahme** *f* precautionary measure
vorsorgen *v/i* to provide
Vorsorgepauschbetrag *m* blanket allowance, contingency sum
vorsorglich *adj* precautionary; *adv* as a precaution
vorspiegeln *v/t* to misrepresent/pretend
Vorspiegelung *f* misrepresentation, pretence; **unter V. von etw.** under the pretence of sth.; **V. falscher Tatsachen** fraudulent misrepresentation; **unter ~** under false pretences
Vorstadt *f* suburb
Vorstand *m* 1. (executive) board; management (board); 2. *(Gremium)* board of directors; 3. *(Partei)* executive; 4. *(Verein)* committee; 5. *(Vorstandsmitglied)* board member; **V. entlasten** to discharge the board
Vorstands|bericht *m* report of the directors; **V.beschluss** *m* resolution of the managing board; **V.mitglied** *nt* board member; **V.sitzung** *f* board meeting; **V.-vorsitzende(r)** *f/m* chief executive officer (CEO), managing director
vorstehen *v/i* to preside (over); **v.d** *adj* aforementioned, hereinbefore; **V.es** *nt* the foregoing
Vorsteher *m* foreman, head
vorstell|ig werden *adj* to make representations; **V.ungen erheben** *pl* to remonstrate; **V.ungsgespräch** *nt* (job) interview
Vorsteuer *f* 1. *(MWSt)* input tax; 2. *(allg.)* prepaid tax; **V.rückvergütung** *f* input tax refund
Vorstrafe *f* (previous) conviction; **gelöschte V.** spent conviction
Vorstrafen tilgen to wipe the slate clean *(fig.)*; **einschlägige V.** similar previous offences; **V.register** *nt* list of previous convictions, criminal record, slate *(fig.)*, rap sheet *(coll)* *[US]*
Vorstrafenverzeichnis *nt* criminal record
Vortat *f* prior offence
vortäuschen *v/t* to pretend/simulate
Vortäuschen *nt* feigning, pretence; **V. einer falschen Identität** impersonation; **~ Straftat** feigning commission of a crime, simulating a criminal offence
Vortäuschung *f* pretence; **V. der Ehe** jactitation of marriage *[GB]*; **V. von Tatsachen** misrepresentation of facts; **unter V. falscher Tatsachen** under false pretences
Vorteil *m* advantage, benefit; **V. bieten** to offer an advantage; **von V. sein** *(Bewerbung)* to be a plus; **V. ziehen aus** to benefit from
geldwerter Vorteil pecuniary advantage; **rechtlicher V.** legal advantage
vorteilhaft *adj* advantageous, beneficial
Vorteils|annahme *f* bribe-taking; **V.gewährung** *f* granting of an undue advantage; **V.gewährung** *f* bribing; **V.nahme** *f* bribe-taking; **V.verschaffungsabsicht** *f* intention to bribe/corrupt
Vortrag *m* 1. pleadings, submission; 2. *(Bilanz)* carry-forward; **v.en** *v/t* 1. to plead/submit; 2. to carry forward; **V.srecht** *nt* right of public citation
Vortritt *m* precedence; **V. haben** to precede, to take precedence; **V.srecht** *nt* right of precedence
vorübergehend *adj* temporary
Voruntersuchung *f* preliminary examination/proceedings/hearing/investigation; **gerichtliche V.** committal proceedings
Vorurteil *nt* bias, prejudice; **v.sfrei; v.slos** *adj* unbiased, unprejudiced, impartial
Vorverfahren *nt* interlocutory/preliminary proceedings, pre-trial hearing
vorverlegen *v/t* *(Termin)* to bring forward
Vorverhandlung *f* preliminary proceedings
Vorverständnis *nt* advance knowledge
vorversterben *v/i* to predecease
Vorvertrag *m* 1. preliminary agreement/contract; 2. *(Vers.)* binder; **v.lich** *adj* precontractual
Vorwand *m* pretext; **unter falschem V.** under false pretences; **als V. dienen** to serve as a pretext
Vorweg|befriedigung *f* preferential satisfaction; **V.belastung** *f* prior charge; **v.ge-**

nommen *adj* anticipatory; **V.nahme** *f* anticipation; **v.nehmen** *v/t* to anticipate; **v.nehmend** *adj* anticipatory; **V.pfändung** *f* anticipated levy of execution

vor|weisen *v/t* to show; **v.werfen** *v/t* to accuse/blame/reproach

vorwiegend *adj* predominant

Vorwissen *nt* previous knowledge

Vorwurf *m* charge, rebuke, reproach; **sich zu dem V. äußern** to make a statement regarding the accusation; **über jeden V. erhaben sein** to be above reproach

vorzeig|en *v/t* to produce; **V.eobjekt** *nt* showpiece

vorzeitig *adj* premature

Vorzugs|aktie *f* preference share *[GB]*, preferred stock *[US]*; **V.behandlung** *f* preferential treatment; **V.fahrpreis** *m* concessionary fare; **V.klage** *f* action for preferential satisfaction; **V.recht** *nt* preferential right; **V.stimmrecht** *nt* preferential voting right; **V.tarif** *m* preferential/preference tariff, preferential rate

Votum *(lat.)* vote, opinion

W

Wach|- und Schließgesellschaft *f* security (service) company; **W.dienst** *m* 1. security service; 2. guard duty; **W.e** *f (Polizeiwache)* police station; **~ haben** to be on guard duty; **W.habende(r)** *f/m* duty officer; **W.hund** *m* watchdog, guard-dog; **W.mann** *m* (security) guard; **w.sam** *adj* vigilant, watchful; **W.samkeit** *f* vigilance

wachsen *v/i* 1. to grow; 2. *(Spannung, Unruhe)* to mount

Wächter *m* (security) guard, watchman

Wacht|meister(in) *m/f* police officer, (police) constable *[GB]*; **W.posten** *m* guard

wackelig *adj* shaky, wobbly

Waffe *f* weapon; **mit vorgehaltener W.** at gunpoint; **W. tragen** to carry a gun; **gefährliche W.** dangerous/offensive weapon; **tödliche W.** deadly/lethal weapon

Waffen *pl* arms, firearms, weapons; **jdn nach W. durchsuchen** to search so. for weapons; **~ mit seinen eigenen W. schlagen** *(fig)* to beat so. at his own game *(fig)*

Waffen|attrape *f* dummy gun; **W.besitz** *m* possession of firearms; **W.besitzkarte** *f* licence to possess firearms; **W.delikt** *nt* firearms offence; **W.diebstahl** *m* arms theft; **W.einsatz** *m* use of firearms; **W.-embargo** *nt* arms embargo; **W.gebrauch** *m* use of firearms; **gerechtfertigter ~** lawful shooting; **W.gesetz** *nt* firearms act; **W.gewalt** *f* use of a weapon, armed force; **mit ~** by force of arms; **W.handel** *m* arms trade; **illegaler ~** gun-running; **W.-händler** *m* arms dealer; **W.kammer** *f* armoury; **W.lager** *nt* weapons depot; **W.-narr** *m (coll)* gun freak *(coll)*; **W.schein** *m* firearms certificate/licence/permit; **W.-schmuggel** *m* arms traffic(king)/smuggling, gun-running; **W.stillstand** *m* armistice, ceasefire; **W.tragungsverbot** *nt* prohibition to carry firearms; **W.versteck** *nt* arms cache/dump

Wagen *m* automobile, car, vehicle; **firmeneigener W.** company car; **in Zahlung genommener W.** traded-in car

Wagenpark *m* *(Fuhrpark)* vehicle fleet, fleet of cars

Wagnis *nt* risk

Wahl *f* 1. alternative, choice, option; 2. *(Auswahl)* selection; 3. *(Politik)* election; **nach seiner W.** at his option; **freie W. des Arbeitsplatzes** 1. free choice of employment; 2. *(EU)* free movement of labour; **W. ohne Gegenkandidaten** uncontested election; **(freie) Wahl des Gerichtsstandes** forum shopping; **W. durch Handaufheben** voting by show of hands; **nach W. des Käufers** at buyer's option; **W. in den Vorstand** election to the board; **W. durch Zuruf** voting by acclamation

in die engere Wahl einbeziehen to shortlist; **zur W. gehen** to go to the polls; **keine W. haben** to have no option; **in die engere W. kommen** to be shortlisted, ~ on the short list; **sich bei einer W. vertreten lassen** to vote by proxy; **W. vornehmen** to conduct an election; **zur W. vorschlagen** to nominate

freie Wahl|en free elections, **nach jds freier W.** at so.'s option; **freie W. des Arbeitsplatzes** free choice of employment; **geheime W.** secret ballot

Wahl|alter *nt* voting age; **W.amtsleiter(in)** *m/f* returning officer *[GB]*; **W.anfechtung** *f* contesting an election; **W.ausschluss** *m* disqualification from voting; **W.ausschreibung** *f* writ for an election;

W.ausschuss *m* election board/committee, caucus *[US]*
wählbar *adj* eligible; **W.keit** *f (passives Wahlrecht)* eligibility to stand for election
Wahl|behinderung *f* obstruction of polling, ~ an election; **W.benachrichtigung** *f* polling card; **W.beobachtung** *f* election monitoring; **w.berechtigt** *adj* eligible/entitled to vote; **W.berechtigte(r)** *f/m* person entitled to vote; **W.berechtigung** *f* right to vote; **W.betrug** *m* election fraud/rigging, ballot rigging; **W.bezirk** *m* ward; **W.einspruch** *m* objection to an election, election petition *[GB]*
wählen *v/t* to vote/elect; **willkürlich w.** to pick at random
Wahlenthaltung *f* abstention (from voting)
Wähler *m* 1. *(Gesamtheit der Wähler)* electorate; 2. elector, voter; **W.auftrag** *m* mandate; **W.bestechung** *f* bribing voters
Wahlergebnis *nt* election result; **W. anfechten** to challenge an election result; **W. fälschen** to rig the ballot
Wähler|kollegium *nt* electoral college *[US]*; **W.liste** *f* electoral list, register of voters/electors; **W.nötigung** *f* undue pressure on electors; **W.schaft** *f* 1. *(Wahlkreis)* constituents; 2. voters, electorate; **W.täuschung** *f* deception of voters; **W.verzeichnis** *nt* electoral roll
Wahl|fach *nt (Ausbildung)* optional subject; **passiv w.fähig** *adj* eligible, qualified to be elected; **W.fälschung** *f* ballot rigging, election fraud; **W.feststellung** *f* 1. alternative finding; 2. *(StR)* conviction in the alternative; **W.freiheit** *f* electoral freedom; **W.gang** *m* ballot; **im ersten ~** on the first ballot; **W.gegenüberstellung** *f* lineup, identity/identification parade; **~ per Video** video ID parade; **W.geheimnis** *nt* secrecy of election, ~ the ballot; **W.gerichtsstand** *m* court venue of choice, elective venue, forum of choice; **W.gesetz** *nt* 1. electoral law; 2. Representation of the People Act *[GB]*; **W.heimat** *f* adopted country; **W.kabine** *f* polling booth; **W.konsul** *m* honorary consul; **W.kreis** *m* constituency *[GB]*, electoral district *[US]*; **W.leiter(in)** *m/f* returning officer *[GB]*, election official *[US]*; **W.lokal** *nt* polling station *[GB]*/place *[US]*; **w.los** *adj* indiscriminate; **W.männergremium** *nt* electoral college; **W.möglichkeit** *f* option; **W.ordnung** *f* election regulations, electoral statute(s); **W.pflicht** *f* electoral duty; **W.pflichtfach** *nt (Schule, Universität)* compulsory subject of choice, ~ optional subject; **W.prüfer(in)** *m/f* scrutineer
Wahlprüfung *f* scrutiny (of votes), canvassing *[US]*, electoral scrutiny, scrutiny of the legitimacy of a ballot
Wahlpüfungs|beschwerde *f* complaint about electoral irregularities; **W.gesetz** *nt* Review of Elections Act *[GB]*
Wahlrecht *nt* 1. electoral law; 2. right to vote, suffrage, franchise; **W. für die Entschädigungsform** settlement option
Wahlrecht ausüben to exercise one's right to vote; **W. einräumen** to grant the right to vote; **W. entziehen** to dis(en)franchise; **W. verleihen** to enfranchise
aktives Wahlrecht right to vote; **allgemeines W.** universal suffrage; **passives W.** eligibility (to stand for election), right to stand for election
Wahl|rechtsgesetz *nt* Voting Rights Act *[US]*; **W.schein** *m* ballot paper; **W.schuld** *f* alternative obligation; **W.stimme** *f* vote; **um W.stimmen werben** to canvass for votes; **W.stimmenwerber** *m* canvasser; **W.unterlagen** *pl* election documents; **W.urne** *f* ballot box; **W.verfahren** *nt* electoral procedure; **W.vergehen** *nt* electoral misdemeanour; **W.vermächtnis** *nt* optional legacy; **W.versprechen** *nt* election promise/pledge; **W.verteidiger(in)** *m/f* counsel of one's choice, defence lawyer chosen by the defendant; **W.vorstand** *m* election committee; **~ des Betriebsrates** works council electoral committee; **w.weise** *adj* optional
Wahn *m* delusion; **W.sinn** *m* 1. *(allgemein)* madness; 2. *(Person)* insanity; **w.sinnig** *adj* 1. mad; 2. insane; 3. *(wahnwitzig)* crazy, **W.vorstellung** *f* hallucination, delusion
wahren *v/t (schützen)* to protect/safeguard
Wahrheit *f* truth, verity; **W. beweisen** to prove the truth (of sth.); **jdn zur W. ermahnen** to admonish so. to tell the truth; **W. ermitteln** to ascertain the truth; **mit der W. herausrücken** to come clean *(coll)*; **W. sagen** to tell the truth; **W. unterdrücken/verheimlichen** to suppress the truth; **W. verdrehen** to prevaricate
die halbe Wahrheit half the truth; **~ reine W.** the plain truth, nothing but the truth;

W

~ ungeschminkte W. the plain/unvarnished truth; **ein Körnchen W.** a grain of truth

Wahrheits|beweis *m* 1. evidence of the truth; 2. *(Beleidigungsklage)* proof of the truth of the alleged facts as a defence; **~ antreten** to prove the truth of one's statement; **W.findung** *f* ascertaining (of) the truth, establishment of the truth; **gerichtliche ~** judicial inquiry; **W.gehalt** *m* veracity; **w.gemäß; w.getreu** *adj* truthful; **W.pflicht** *f* obligation to tell the truth; **w.widrig** *adj* false, not truthful, untruthful

wahrnehmbar *adj* perceptible

wahrnehmen *v/t* 1. to perceive/discern; 2. *(bemerken)* to notice; 3. *(sich für etw. einsetzen)* to look after/protect/safeguard; 4. *(Pflichten)* to perform

Wahrnehmung *f* 1. perception; 2. *(Pflichten)* attending, fulfilling; 3. *(Rechte)* exercising; 4. *(Geltendmachung)* assertion; 5. *(Vertretung)* looking after; 6. safeguarding; **W. von Aufgaben** discharge/performance of duties; **~ Interessen** safeguarding of interests; **~ jds Interessen** looking after/safeguarding so.'s interests; **W. berechtigter Interessen** exercising legitimate interests, justifiable self-defence, preservation of privileged interests, privilege by reason of occasion *[US]*, justification and privilege; **W. eines Rechts** assertion (of a right); **W. von Rechten** safeguarding/protection of rights

Wahrnehmungsveränderung *f* change of perception

wahrscheinlich *adj* likely, probable

Wahrscheinlichkeit *f* likelihood, probability; **aller W. nach** in all probability; **mit an Sicherheit grenzender W.** with virtual certainty, in all probability

Wahrscheinlichkeits|beweis *m* probable evidence, proof of likelihood; **W.grad** *m* degree of probability

Wahrspruch *m* verdict

Wahrung *f* 1. *(Befolgung)* adherence, compliance, observance; 2. *(Sicherung, Wahrnehmung)* safeguarding, protection; 3. *(Erhaltung)* preservation; **W. des Bankgeheimnisses** preservation of banking secrets, safeguarding (of) banker's discretion; **W. gemeinschaftlicher Belange** safeguarding (of) the public interest; **W. von Betriebsgeheimnissen** preservation of trade secrets; **W. der Frist** compliance with the stipulated time, meeting (of) the deadline; **W. von Gläubigerinteressen** protection of creditors' claims; **~ Interessen** safeguarding (of) interests; **unter W. unserer Rechte** without prejudice to our rights

Währung *f* currency; **gesetzliche W.** legal tender *[GB]*, lawful/legal currency *[US]*

Währungs|abkommen *nt* monetary/currency agreement; **W.behörde** *f* monetary authority; **W.delikt** *nt* currency offence; **W.einheit** *f* currency unit; **W.gebiet** *nt* currency area; **W.gesetz** *nt* currency act; **W.hoheit** *f* monetary sovereignty; **W.recht** *nt* currency law; **W.schutzgesetz** *nt* currency protection act; **W.sicherungsgeschäft** *nt* hedging operation; **W.sicherungsklausel** *f* currency-safeguarding clause; **W.terminkontrakt** *m* currency (rate) futures contract; **W.union** *f* currency union; **W.vorschriften** *pl* currency regulations

Wahrzeichen *nt* landmark

Waise *f* orphan

Waisen|geld *nt* orphan's pension; **W.haus** *nt* orphanage; **W.kind** *nt* orphan; **W.rente** *f* orphan's allowance/benefit

Wald *m* forest

Wandel *m* change; **W.anleihe** *f* convertible bond; **W.barkeit** *f* convertibility; **~ des Vertragsstatuts** convertibility of the contractual status

wandeln *v/t* to rescind a sale, ~ contract for work and labour

Wandelschuldverschreibung *f* convertible bond/debenture

Wandelung *f* *(Rückgängigmachung)* cancellation, rescission, redhibition; **W.sklage** *f* redhibitory action, action to dissolve a contract

Wanderarbeitnehmer(in) *m/f* migrant worker

Wandergewerbe *nt* itinerant trade; **W.treibende(r)** *f/m* itinerant trader; **W.schein** *m* itinerant trade licence; **W.steuer** *f* itinerant trade tax

Wandlung *f* 1. cancellation of a contract for work, conversion; 2. *(Rücktritt vom Kaufvertrag)* redhibition, cancellation of (a contract for) sale; **zur W. berechtigen** to give rise to redhibition; **auf W. klagen** 1. to institute a redhibitory action; 2. to sue for conversion

Wandlungs|bedingungen *pl* conversion terms; **W.erklärung** *f* notice of cancellation; **W.fehler** *m* redhibitory defect; **W.-klage** *f* redhibitory action; **W.mitteilung** *f* conversion notice; **W.recht** *nt* conversion privilege, right of conversion; **W.tag** *m* conversion day; **W.verfahren** *nt* redhibitory action; **W.zeitraum** *m* conversion period

Wanze *f* *(Abhörgerät)* bug

Wappen *nt* coat of arms

Ware|(n) *f/pl* goods, commodity, merchandise, product; **W.n und Dienstleistungen** products and services; **W.n des Grundbedarfs** staples; **W.(n) liefern** to supply goods; **~ pfänden** to distrain on goods; **~ übereignen** to assign goods

beanstandete Ware|(n) rejects; **beschlagnahmte W.(n)** seized goods; **gepfändete W.** goods seized in execution, distrained goods; **geschmuggelte W.** contraband; **kurzlebige W.(n)** non-durable goods; **nachgemachte W.(n)** counterfeit(ed) goods; **unverdächtige W.** innocent goods; **unverlangte W.** unsolicited goods; **verderbliche W.(n)** perishable goods; **zollpflichtige W.(n)** dutiable goods

Waren|abschluss *m* commodity contract; **W.absender(in)** *m/f* consignor; **W.akkreditiv** *nt* commercial letter of credit (L/C); **W.ausfuhr** *f* exports; **W.auslage** *f* window display; **W.austausch** *m* exchange of goods; **W.austauschabkommen** *nt* barter agreement; **W.austauschgeschäft** *nt* barter transaction; **W.automat** *m* vending machine; **W.beförderung** *f* carriage of goods; **~ unter Zollverschluss** carriage of goods under customs seal; **W.begleitschein** *m* docket, consignment note, waybill (WB); **W.beschreibungsgesetz** *nt* Trade Description Act *[GB]*; **W.bezeichnung** *f* trade description; **W.einfuhr** *f* imports; **W.eingangsbescheinigung** *f* receipt; **W.empfänger(in)** *m/f* consignee; **W.forderungen** *pl (Bilanz)* trade accounts receivable; **W.handel** *m* trade in goods; **W.-hausdieb** *m* shoplifter; **W.hausdiebstahl** *m* shoplifting; **W.hersteller** *m* manufacturer; **W.inhaber(in)** *m/f* holder of the goods

Warenkredit *m* trade credit; **W.betrüger(in)** *m/f* trade credit defrauder; **W.bürgschaft** *f* credit security for merchandise

Waren|lager *nt* warehouse; **W.lieferant** *m* 1. supplier of goods; 2. *(Großlieferant)* contractor; **W.lombard** *m* advance on goods; **W.nachnahme** *f* cash *[GB]*/collect *[US]* on delivery (c.o.d.); **W.nomenklatur** *f* nomenclature of goods; **W.papier** *nt* document of title (to goods); **W.pfändung** *f* distraint of goods; **W.preisklausel** *f* stable value clause; **W.sortiment** *nt* assortment of goods

Warentermin|börse *f* commodity futures exchange; **W.geschäft** *nt* commodity futures transaction; **W.kontrakt** *m* futures contract

Warenverkaufsgesetz *nt* Sale of Goods Act *[GB]*

Waren|verkehr *m* movement of goods; **W.- und Dienstleistungsverkehr** *m* movement of goods and services; **W.verkehrsbescheinigung** *f* movement certificate; **W.verkehrsfreiheit** *f* free movement of goods

Warenwert *m* value of the merchandise

Warenzeichen *nt* trademark; **W. ohne Unterscheidungskraft** non-distinctive trademark; **W. anmelden/eintragen** to register a trademark; **W. löschen** to cancel a trademark; **W. nachahmen** to pirate a trademark; **W. verletzen** to infringe a trademark

eingetragenes Warenzeichen registered trademark; **gefälschtes W.** forged trademark; **irreführendes W.** deceptive trademark; **unterscheidungskräftiges W.** distinctive trademark

Warenzeichen|eintragung *f* registration of a trademark; **W.fälschung** *f* trademark counterfeiting; **W.inhaber** *m* trademark proprietor; **W.lizenz** *f* trademark licence; **W.löschung** *f* cancellation of a trademark; **W.missbrauch** *m* passing off; **W.prozess** *m* trademark suit; **W.recht** *nt* trademark law; **W.register** *nt* trademark register; **W.schutz** *m* trademark protection; **W.verletzung** *f* infringement of a trademark, trademark infringement; **W.-verletzungsklage** *f* action for infringement of a trademark

Warenzustellung *f* delivery of goods

Wärme *f* heat; **W.bildkamera** *f* thermal image camera

Warmmiete *f* rent including heating

Warn|blinkanlage *f* hazard warning lights; **W.dreieck** *nt* hazard warning triangle

warnen *v/t* to warn/caution

Warn|hinweis *m* warning label; **W.ruf** *m* warning shout; **W.schild** *nt (Verkehrsschild)* warning sign; **W.schuss** *m* warning shot; **W.streik** *m* warning/token strike

Warnung *f* warning, caveat *(lat.)*; **ernste W. aussprechen** to sound a dire warning; **W. beachten** to heed a warning; **hinreichende W.** ample warning

Warnzeichen *nt* warning sign

Warte *f* observation point; **W.frist** *f* waiting time; **W.liste** *f* waiting list

warten *v/ti* 1. to wait; 2. *(Datei)* to maintain; 3. *(Kfz)* to service

Wartepflicht *f* 1. duty to wait; 2. *(nach Verkehrsunfall)* duty to remain at the scene of the accident

Wärter|(in) *m/f* 1. *(Gefängnis)* prison officer, warder *[GB]*; 2. *(Tierpfleger)* keeper; **W.in** *f* wardress

in den Wartestand versetzen *m* to put on half-pay

Wartezeit *f* 1. qualifying period; 2. *(Karenzzeit)* waiting period; 3. *(Streik)* cooling-off period; **betrieblich bedingte W.** *(Maschinenschaden)* idle time, downtime

Wartung *f* service, maintenance; **W. durch Fremdfirmen** third-party maintenance; **W. von Mietgegenständen** rental maintenance

laufende Wartung routine maintenance; **vorbeugende W.** planned/preventive maintenance

Wartungs|abkommen *nt* maintenance contract; **W.aufwand** *m* costs of maintenance; **w.frei** *adj* maintenance-free; **W.klausel** *f* maintenance clause; **W.unternehmen** *nt* service contractor; **W.vereinbarung** *f*; **W.vertrag** *m* maintenance/service contract, ~ agreement

Wäsche *f* 1. *(Schmutzwäsche)* washing; 2. *(Unterwäsche)* underwear; **W. illegaler Gelder** laundering of stolen money

waschen *v/t* 1. to wash; 2. *(fig)* to launder

wasserdicht *adj* *(Alibi)* watertight

Wasser|haushaltsgesetz *nt* Water Resources Act *[GB]*; **W.leiche** *f* floater *(coll)*; **W.nutzungsrecht** *nt* water rights; **W.recht** *nt* water right; **W.schaden** *m* water damage; **W.schutzgebiet** *nt* water protection area; **W.schutzpolizei** *f* river police; **W.straße** *f* waterway; **W.versorger** *m* water company; **W.verunreinigung** *f* water pollution; **W.werfer** *m* water cannon; **W.zähler** *m* water meter

Wechsel *m* 1. *(Schuldurkunde)* bill of exchange (B/E); 2. *(Turnus)* rotation; 3. *(Veränderung)* change; 4. *(Tratte)* draft; **auf W.** against a bill of exchange; **in bestimmtem W.** in a certain rotation; **W. des Gerichtsstandes** change of venue; **W. auf lange Sicht** long-dated bill

Wechsel einlösen to honour a bill (of exchange); **befristeter W.** sight draft; **eigener W.** promissory note (P/N); **gezogener W.** draft; **reiner W.** clean bill; **turnusmäßiger W.** rotation

Wechsel|aussteller(in) *m/f* drawer of a bill; **W.ausstellung** *f* issue of a bill; **W.-bad der Gefühle** *nt* emotional rollercoaster; **W.begebung** *f* drawing a bill of exchange; **W.beziehung** *f* correlation, interrelation; **W.bezogene(r)** *f/m* drawee; **w.bezüglich** *adj* reciprocal; **W.bürgschaft** *f* bill guarantee, guarantee on a bill; **W.duplikat** *nt* duplicate of a bill; **W.fälle des Lebens** *pl* vicissitudes of life; **W.fälschung** *f* bill forgery; **W.forderung** *f* claim under a bill; **W.frist** *f* usance; **W.-gelddiebstahl** *m* theft of small change

Wechselgesetz *nt* Bills of Exchange Act *[GB]*, Negotiable Instruments Act *[US]*

Wechsel|giro *nt* endorsement; **W.gläubiger(in)** *m/f* bill creditor; **W.indossament** *nt* endorsement of a bill; **W.inhaber(in)** *m/f* bill holder/bearer; **W.inkasso** *nt* bill collection; **W.jahre** *pl* menopause; **W.klage** *f* action on a bill (of exchange); **~ einbringen/erheben** to sue on a bill; **W.kurs** *m* rate of exchange, exchange rate; **W.kursbindung** *f* exchange rate fixing; **W.laufzeit** *f* currency/tenor/usance of a bill; **W.-mahnantrag** *m* application for a default summons based on a bill of exchange; **W.mahnbescheid** *m* default summons based on a bill of exchange, order for payment of a bill of exchange

turnusmäßig wechsen *v/t* to rotate

Wechsel|nehmer(in) *m/f* acceptor; **W.obligo** *nt* liability on bills

Wechselprotest *m* protesting a bill of exchange; **W. einlegen** to protest a bill; **rechtzeitig erhobener W.** protest in due course

Wechsel|prozess *m* summary bill enforcement proceedings; **W.recht** *nt* law on bills of exchange; **W.regress** *m* recourse; **W.reiterei** *f (coll)* drawing and redrawing, kiteflying *(coll)*; **W.schichtdienst** *m*

shift work; **W.schuld** *f* bill debt(s); **W.-schuldner(in)** *m/f* bill debtor; **w.seitig** *adj* mutual, reciprocal; **W.spiel** *nt* interplay; **W.steuer** *f* stamp duty, bill tax; **W.verjährung** *f* prescription of a bill; **W.wähler(in)** *m/f* floating voter; **w.weise** *adv* alternately; **W.wirkung** *f* interaction; **W.zahlungsbefehl** *m* order to pay a bill

wecken *v/t* *(Verdacht)* to arouse

Weg *m* 1. *(Methode, Route, Strecke)* way; 2. passage; 3. *(Pfad)* path; **auf friedlichem W.e** by peaceful means; **~ gerichtlichem W.e** by judicial means; **~ illegalem W.e** by illegal means

vom rechten Weg abkommen to wander from the straight and narrow *(coll)*; **den W. frei schießen** to shoot one's way out; **jdm den W. versperren** to block/bar so.'s way

Weg|bereiter(in) *m/f* forerunner, precursor; **W.biegung** *f* bend

wegbleiben *v/i* to stay away

Wege|geld *nt* travelling expenses; **W.lagerei** *f* highway robbery; **W.recht** *nt* right of passage/way; **W.unfälle** *pl* work-related (road) accidents; **W.zoll** *m* road toll

elektronische Wegfahrsperre immobilizer

Wegfall *m* 1. *(Ablauf)* expiry *[GB]*, expiration *[US]*, lapse; 2. *(Aufhören)* cessation; 3. *(Auslassung)* omission; **W. der Gegenleistung** failure of consideration; **~ Geschäftsgrundlage/Vertragsgrundlage** frustration of contract; **W. eines Vermächtnisses** ademption, lapse of a legacy, ~ testamentary bequest

wegfallen *v/i* 1. to cease; 2. *(Bestimmung, Klausel)* to cease to apply

Weg|gang *m* departure; **W.guckmentalität** *f* look-the-other-way mentality; **W-kreuzung** *f* crossroads; **w.lassen** *v/t* to omit

Wegnahme *f* removal, seizure, taking away; **W. von Sachen** seizure of goods; **widerrechtliche W.** unlawful taking, illegal seizure

Wegnahmerecht *nt* 1. right of seizure; 2. *(Immobilie)* right to repossess

W

weg|nehmen *v/t* to take away, to remove; **w.räumen** *v/t (z. B. Schnee)* to clear (away); **w.reißen** *v/t* to snatch away; **w.schaffen** *v/t* to carry away, to remove; **w.schauen; w.sehen** *v/i* to look the other way; **w.schleichen** *v/i* to creep away; **w.schleppen** *v/t* to drag away; **w.-schließen** *v/t* to lock away; **w.tauchen** *v/i* to disappear

Wegweiser *m* signpost

Wegwerf|artikel *m* disposable/throwaway item; **W.flasche** *f* disposable/returnable bottle; **W.verpackung** *f* disposable/throwaway package

weg|wischen *v/t* to wipe off; **w.ziehen** *v/i* to move away

Wehrbeschwerdeordnung *f* Military Grievance Code *[GB]*

Wehrdienst *m* military/national *[GB]* service; **vom W. befreit** exempt from military service; **w.tauglich** *adj* fit for military service; **W.verhältnis** *nt* service status; **W.verweigerer** *m* conscientious objector; **W.verweigerung** *f* refusal to do military service

Wehr|ersatzdienst *m* alternative national service; **w.los** adj defenceless

Wehrpflicht *f* (compulsory) military service, conscription; **W.entziehung** *f* evading military service, draft dodging *[US]*; **W.iger** *m* person liable for military service, conscript, draftee *[US]*

Wehrstraf|gericht *nt* court martial; **W.gesetz (WStG)** *nt* court martial act

Weide *f* pasture; **W.recht** *nt* right of pasture, grazing right

sich weigern *v/refl* to refuse

Weigerung *f* refusal; **W. des Zeugen** witness' refusal (to testify); **im W.sfall** in the event of refusal; **W.srecht** *nt* right of refusal

Weihnachtsgeld *nt* Christmas bonus

Weise *f* manner; **in geeigneter W.** in an appropriate manner

Weißbuch *nt* White Paper *[GB]*

Weisung *f* directive, direction, instruction, order; **auf W. von** on orders from, ~ so.'s instructions; **an W.en gebunden** bound by instructions; **auf W. und für Rechnung von** by order and for the account of; **mangels W.** for lack of instruction; **vorbehaltlich anderer W.en** pending other instructions

Weisungen einholen to take instructions; **~ erteilen** 1. to issue instructions, 2. *(Aufsichtsbehörde)* to issue directives; **einer W. zuwiderhandeln** to act contrary to an instruction

Weisungs|befugnis *f* authority to issue instructions/directives; **w.berechtigt** *adj*

authorized to give instructions; **w.gebunden** *adj* bound by directives, subject to instructions; **W.gebundenheit** *f* duty to comply with instructions; **w.gemäß** *adj* according to instructions; **W.recht** *nt* right to issue instructions
weiter *adj* further
Weiter|beförderung *f* on-carriage; **W.benutzung** *f (Patentrecht)* continued use; **W.beschäftigung** *f* continued employment; **W.bestehen** *nt* continued existence, continuation; **W.bildung** *f* further education; **innerbetriebliche ~** on-the-job/in-house training; **W.entwicklung** *f* development; **stufenweise ~** incremental innovation
bis auf Weiteres until further notice, for the time being
Weitergabe *f* disclosure, dissemination, passing on, transmission; **W. von Arbeit** *(Werkvertrag)* subcontracting, outsourcing; **~ Daten** disclosure of data; **W. eines Geschäftsgeheimnisses** disclosure of a trade secret
Weiter|geltung *f* continued validity; **W.-geltungsklausel** *f* overreaching clause; **berufliches W.kommen** career advancement; **w.leiten** *v/t* to pass on, to transmit; **W.leitung** *f* transmission; **W.verarbeitungsbefugnis** *f* processing permit; **w.veräußern** *v/t* to resell; **W.veräußerung; W.verkauf** *f/m* resale; **w.verkaufen** *v/t* to resell; **W.verkaufsrecht** *nt* right to resell; **w.vermieten** *v/t* to relet/sublet; **W.vermietung** *f* reletting; **w.verpachten** *v/t* to re-lease; **W.verpachtung** *f* sublease; **W.vertrieb** *m* resale; **W.verweisung** *f* referring the case to another court, renvoi *(frz.)*; **w.winken** *v/t* to wave on
weitgehend *adj* extensive; *adv* largely
Welt *f* world
Weltanschauung *f* ideology; **W.sgemeinschaft** *f* religious community; **W.svereinigung** *f* religious association
Welt|raumrecht *nt* space law; **W.recht** *nt* world law; **W.rechtspflegeprinzip** *nt* principle of international prosecution
Wend|en verboten *nt (Straßenverkehr)* no U turn; **W.ung zum Besseren** *f* turn for the better
Werbebestimmungen *pl* advertising regulations
werben *v/i* to advertise/solicit
Werbe|verbot *nt* advertising ban; **W.vertrag** *m* advertising contract; **W.vertragsrecht** *nt* advertising contract law
Werbung *f* advertising; **W. von Kunden** solicitation of customers
herabsetzende Werbung disparaging advertising; **irreführende W.** misleading advertising; **unterschwellige W.** subliminal advertising; **vergleichende W.** comparative advertising
Werbungskosten *pl* income-related expenses
Werdegang *m* background, career
Werk *nt* 1. *(Fabrik)* plant; 2. *(Literatur, Kunst)* work(s); **abgeleitetes W.** derivative work
Werk|dienstwohnung *f* company flat; **W.leitung** *f* company management; **W.-lieferung** *f* sale under contract for goods and services; **W.lieferungsvertrag** *m* contract of works, labour and material
Werks|arzt; W.ärztin *m/f* company doctor; **W.gelände** *nt* works/factory premises; **W.spionage** *f* industrial espionage; **W.tarifvertrag** *m* company wage contract
Werkstoff|ermüdung *f* material fatigue; **W.prüfung** *f* material(s) testing
Werksunfall *m* industrial accident
Werktag *m* working day
Werkunternehmer *m* contractor; **W.-pfandrecht** nt contractor's lien
Werkvertrag *m* contract for services, ~ work and services; **W.srecht** *nt* law on contracts for work and services
Werkzeug *nt* tool
Wert *m* value, worth; **W. des Nachlasses** value of the estate
Wert bestimmen to determine the value; **W. ersetzen** to refund the value; **im W. steigen** to rise in value
angemessener Wert fair value; **deklarierter W.** declared value; **fiktiver W.** fictitious value; **immaterieller W.** intangible value; **innerer W.** intrinsic value; **wirtschaftlicher W.** economic value
Wert|beeinträchtigung *f* impairment of value; **W.berechnung** *f* determination of value; **W.berichtigung** *f* valuation adjustment; **W.bestimmung** *f* valuation; **W.einbuße** *f* loss of value
werten *v/t* to appraise
Wert|ermittlung *f* appraisal; **W.ersatz** *m* compensation for loss of value
Werte|verfall *m* loss of moral standards; **W.wandel** *m* change in moral standards

wertfrei *adj* impartial, unbiased
Wert|gegenstände *pl* valuables; **W.minderung** *f* decrease in value, depreciation; **W.ordnung** *f* moral system
Wertpapier *nt* 1. *(Urkunde)* negotiable instrument; 2. *(Börse)* security
Wertpapiere *pl* *(Effekten)* securities, stocks and shares; **W. als Sicherheit hinterlegen** to lodge securities as collateral
begebbare Wertpapiere negotiable instruments; **beliehene/lombardierte W.** collateral securities; **mündelsichere W.** gilt-edged securities, widow's and orphan stocks
Wertpapier|börse *f* stock exchange; **W.-darlehen** *nt* loan on collateral securities; **W.gesetz** *nt* Security Act *[US]*; **W.handelsgesetz** *nt* securities dealing/trading act; **W.recht** *nt* securities law
Wertsache *f* item of value; **W.n** *pl* valuables; **W.nversicherung** *f* insurance of valuables
Wertschöpfung *f* added value; **W.ssteuer** *f* value added tax
Wertsicherung *f* value guarantee; **W.sklausel** *f* stable value clause, escalator clause
Wertung *f* valuation, appraisal
Wert|unterschied *m* difference in value; **W.urteil** *nt* value judgment; **W.vorstellung** *f* moral standard
Wertzeichen *nt* stamp; **W.fälschung** *f* forging of stamps
Wertzoll *m* ad-valorem *(lat.)* duty
Wertzuwachs *m* appreciation/increase in value; **W.steuer** *f* capital gains tax
Wesen *nt* essence; **w.tlich** *adj* material, essential, substantial
Weste *f* waistcoat; **kugelsichere W.** bullet-proof vest; **saubere W.** *(fig)* clean slate *(fig)*
Wettannahme(stelle) *f* betting office
Wettbewerb *m* competition; **im W. stehen** to compete; **W. unterbinden** to curb competition; **den freien ~** to curb free competition; **W. verzerren** to distort competition
lauterer Wettbewerb fair competition; **ruinöser W.** cutthroat competition; **unlauterer W.** unfair competition; **unlauteren W. betreiben** to engage in unfair competition
Wettbewerber(in) *m/f* competitor
Wettbewerbs|abrede *f* agreement in restraint of trade, restrictive practices agreement; **W.aufsicht** *f* trade watchdog; **W.aufsichtsbehörde** *f* Director of Fair Trading *[GB]*; **W.behörden** *pl* competition authorities
wettbewerbs|beschränkend *adj* anti-competitive, restrictive; **W.beschränkung** *f* restraint of trade
Wettbewerbs|freiheit *f* freedom of competition; **w.gefährdend** *adj* anti-competitive; **unlautere W.handlungen** fraudulent trading/practices; **W.kartell** *nt* combination in restraint of competition/trade; **W.klausel** *f* anticompetitive clause, clause restricting competition; **W.ordnung** *f* competition code; **W.recht** *nt* competition law; **W.regeln** *pl* competition rules, code of competition; **W.verbot** *nt* prohibition of competition, restraint of trade; **gesetzliches ~** statutory prohibition of competition; **W.verbotsklausel** *f* no-compete clause, non-competition clause; **W.verfälschung** *f* distortion of competition; **W.verstoß** *m* infringement of fair competition; **W.verzerrung** *f* distortion of competition; **w.widrig** *adj* anticompetitive
Wettbüro *nt* betting office, gambling shop
Wette *f* bet
Wetteinsatz *m* wager
wetten *v/ti* to bet
Wett|schein *m* betting slip; **W.steuer** *f* betting duty
wichtig *adj* important
Wider|beklagter *m* defendant in a cross-petition; **W.klage** *f* cross-action, counter-claim, cross-complaint *[GB]*, cross-petition; **~ gegen jdn erheben** to cross-sue so.; **W.kläger** *m* cross-petitioner; **w.legbar** *adj* rebuttable; **w.legen** *v/t* to rebut/refute/disprove; **W.legung** *f* refutation, rebuttal; **w.natürlich** *adj* perverse
widerrechtlich *adj* unlawful; **W.keit** *f* unlawfulness
Widerruf *m* 1. revocation, retraction, countermand, recall; 2. *(Angebot)* cancellation; **bis auf W.; vorbehaltlich des W.s** subject to revocation, until revoked; **W. falscher Aussagen** retraction/withdrawal of false statements; **W. kraft Gesetzes** constructive revocation; **W. des Geständnisses** retraction of the confession; **W. der Schenkung** revocation of the gift; **~ Strafaussetzung** revocation of probation; **W. des Testaments** revocation of the will; **W. der Vertretung** revocation of

W

agency; **~ Vollmacht** revocation of power of attorney; **~ Zeugenaussage** retraction of testimony

widerrufbar *adj* revocable; **W.keit** *f* revocability

widerrufen *v/t* 1. to countermand; 2. *(Urteil)* to quash; 3. to revoke/cancel; 4. *(zurücknehmen)* to retract/withdraw

widerrufgültig *adj* valid until cancelled, revocable

widerruflich *adj* revocable; *adv* until revoked; **W.keit** *f* revocability; **~ der Einwilligung** revocability of consent

Widerrufs|erklärung *f* declaration of revocation; **W.klausel** *f* disclaimer, revocation clause; **W.recht** *nt* power of revocation; **W.vorbehalt** *m* proviso of cancellation

Widersacher(in) *m/f* adversary

sich widersetzen *v/refl* to oppose/object (to)

Widerspruch *m* 1. *(Abweichung)* discrepancy; 2. *(Einspruch)* opposition, objection, protest; 3. *(Gegensatz)* con-tradiction, inconsistency; **im W. zu** at variance with; **W. zur Geschäftsordnung** objection against the standing rules

Widerspruch einlegen to object/protest, to make an objection, to appeal; **W. erheben** to object/protest, to raise objections; **im W. stehen (mit)** to be contrary (to), ~ in contradiction to, to conflict with, to be inconsistent with; **sich in Widersprüche verwickeln** to get caught in contradictions

absoluter Widerspruch *(Zeugenaussage)* positive discrepancy

widersprüchlich *adj* contradictory, inconsistent

Widerspruchs|bescheid *m* notice of opposition, ruling on an objection; **W.frist** *f* time for filing an objection, opposition period, time-limit for lodging an objection; **~ verstreichen lassen** to allow the opposition period to lapse; **W.klage** *f* third-party action against execution, interpleader (by a third party on seizure); **W.recht** *nt* right to object, ~ of opposition, **W.verfahren** *nt* appellate procedure/proceedings; **W.verpflichtung** *f* obligation to file an opposition

Widerstand *m* resistance; **W. gegen die Staatsgewalt** obstructing/resisting an officer (in the execution of his duty), resistance to state authority; **W. gegen Vollstreckungsbeamte** resisting law enforcement officers, ~ bailiffs

Widerstand leisten to resist/obstruct

bewaffneter Widerstand armed resistance; **passiver W.** passive resistance, civil disobedience

Widerstands|leistung bei der Festnahme *f* resisting arrest; **W.recht** *nt* right to resist

Wider|streit *m* conflict; **w.streitend** *adj* conflicting; **w.wärtig** *adj* offensive, repulsive; **W.wärtigkeit** *f* offensiveness, repulsiveness; **w.willig** *adj* reluctant; **W.-worte** *pl* answering back

widm|en *v/t* 1. *(Werk)* to dedicate; 2. *(Zeit)* to devote; **W.ung** *f* dedication

widrig *adj* adverse; **w.enfalls** *prep* failing which, in default whereof

Wieder|abtretung *f* reassignment; **W.aufarbeitungsanlage** *f* 1. recycling plant; 2. *(Atommüll)* reprocessing plant; **W.aufbau** *m* reconstruction; **W.aufgreifen** *nt* resumption

Wiederaufleben *nt* *(Rechte)* revival; **W. des Unterhaltsanspruchs** revival of the maintenance claim; **W. erloschener Rechtsverhältnisse** revival of extinct legal relations; **W.sklausel** *f* revival clause

Wiederaufnahme *f* 1. *(Wiederzulassung)* readmission; 2. *(Arbeit, Beziehungen, Verfahren, Verhandlungen)* resumption; **W. der Geschäftstätigkeit** resumption of business; **~ Verhandlung; W. des Verfahrens** reopening of the trial/case; **W.-verfahren** *nt* retrial, new trial; **~ beantragen** to file a motion for a new trial

wiederaufnehmen *v/t* to resume

jdn wiederbeleben to revive/resuscitate so.

Wiederbeschaffung *f* 1. *(Ersetzung)* replacement; 2. *(Wiederauffindung)* recovery; **W.skosten** *pl* replacement costs; **W.s-wert** *m* replacement value

Wieder|eingliederung *f* rehabilitation, reintegration; **W.einräumung des Besitzes** *f* restoration of possession

wiedereinsetzen *v/t* to reinstate

Wiedereinsetzung *f* reinstatement, restoration; **W. in den Besitz** restoration of possession; **~ seine Rechte** restoration of one's rights; **~ den vorherigen Stand** reinstatement, restitution to the previous condition

wiedereinstell|en *v/t* to reinstate; **W.ung** *f* 1. reappointment, re-employment; 2. *(nach ungerechtfertigter Entlassung)* reinstatement
Wiederergreifung *f* recapture
wiedererlang|bar *adj* recoverable; **w.en** *v/t* to recover; **W.ung** *f* 1. retrieval; 2. *(Eigentum)* recovery; 3. *(Freiheit)* regaining
Wiedereröffnung *f* reopening
wiedererstatten *v/t* to refund; **jdm etw. w.** to reimburse so. for sth.
Wieder|erwerb *m* reacquisition; **W.gabe** *f (Ton, Bild)* reproduction; **W.gewinnung** *f* recovery, retrieval
wiedergutmachen *v/t* to redress, to make good/amends
Wiedergutmachung *f* indemnification, compensation, amends
Wiedergutmachungs|anspruch *m* claim for compensation; **W.zahlungen** *pl* indemnification payments
Wiederheirat *f* re-marriage
wiederherstellen *v/t* to restore/reestablish/reinstate
Wiederherstellung *f* 1. restoration; 2. *(früherer Rechtszustand)* restitution; 3. *(Wiederinkraftsetzung)* reinstatement; **W. der ehelichen Lebensgemeinschaft** restitution of conjugal life; **~ öffentlichen Ordnung** restoring law and order; **W. des früheren Zustands** restitution of the original state
Wiederherstellungs|anspruch *m* claim for restitution, restitutory right; **W.klage** *f* restitution suit; **W.klausel** *f* replacement clause; **W.pflicht** *f* restitutory duty; **W.-recht** *nt* restitutory right
wiederholt *adj* recurrent
Wiederholung *f* repetition, recurrence
im Wiederholungs|fall *m* in the event of recurrence, ~ case of repetition; **W.gefahr** *f* danger of recurrence; **W.tat** *f* repeat offence; **W.täter(in)** *m/f* 1. repeat offender, re-offender; 2. recidivist; 3. *(mehr als zweimalig)* persistent offender
Wieder|inbesitznahme *f* repossession; **W.inkraftsetzung** *f* 1. revival, reinstatement; 2. *(Gesetz)* re-enactment
Wiederkauf *m* buy-back, redemption; **W.srecht** *nt* redemption right, right of repurchase
wieder|kehrend *adj* recurring, recurrent; **W.nutzbarmachung** *f* reutilization; **w. veräußern** *v/t* to resell; **W.veräußerung** *f* resale; **W.verheiratung** *f* re-marriage; **~ des überlebenden Ehegatten** re-marriage of the surviving spouse; **W.sklausel** *f* re-marriage clause
Wieder|verkauf *m* resale; **W.verkäufer** *m* reseller; **W.verkaufspreis** *m* resale price; **W.verkaufsrecht** *nt* right of resale; **gemeinsames ~** joint right of resale
wiedervermiet|en *v/t* to relet; **W.ung** *f* re-letting, re-rental
Wieder|vorlage *f* resubmission; **W.zulassung** *f* 1. readmission; 2. *(Kfz)* relicensing
Wild *nt* game; **jagdbares W.** fair game
Wild|dieb; W.erer *m* poacher; **W.erei** *f* poaching; **w.ern** *v/i* to poach; **W.schaden** *m* damage caused by game; **W.unfall** *m* accident involving game
Wille *m* 1. will, volition; 2. *(Absicht)* intent, intention; **gegen den W.n** against the will; **W. der Parteien** intention of the parties
entgegenstehender Wille contrary intent; **freier W.** free will; **letzter W.** last will; **wirklicher W.** real intent
willens *adj* willing
Willens|äußerung *f* manifestation of intent/will; **W.akt** *m* act of volition; **W.einigung** *f* meeting of minds, mutual consent, voluntary decision
Willenserklärung *f* declaration/expression of intent(ion); **W. abgeben** to express a declaration of intent; **rechtsgeschäftliche W.** legal act of a party; **schriftliche W.** letter of intent; **zweiseitige W.** bilateral act of the parties
Willens|freiheit *f* freedom of will; **W.-handlung** *f* act of volition; **W.mangel** *m* lack/failure of intention, defect in a declaration of intent; **W.schwäche** *f* weakness of will; **W.theorie** *f* doctrine of real intent(ion)
Willkür *f* arbitrariness; **W.akt** *m* arbitrary act; **w.lich** *adj* random, arbitrary, wanton; **W.verbot** *nt* prohibition of arbitrary decision-making
toter Winkel blind spot
Winkeladvokat *m* pettifogger, shyster *[US]*
Winterschlussverkauf *m* winter clearance sale
wirk|en *v/i* to be effective; **w.lich** *adj* actual, real
wirksam *adj* effective, valid, operative; **ab sofort w.** effective immediately; **w. blei-**

ben to remain effective; **w. werden** to become operative; **rechtlich w.** effective in law

Wirksamkeit *f* effectiveness, validity; **W. des Vertrags** validity of the contract; **W. verlieren** to cease to be effective

Wirksamwerden *nt* coming into force/effect

Wirkung *f* effect; **mit W. von** effective from; **~ vom 1. April** with effect from April 1st; **~ gegen Dritte** effective against third parties

abschreckende Wirkung deterrent effect; **aufschiebende W.** suspensive/suspensory effect; **befreiende W.** discharging effect; **bindende W.** binding effect; **deklaratorische W.** declaratory effect; **gesetzliche W.** legal effect; **konstitutive W.** constitutive effect; **nachteilige W.** detrimental effect; **rechtliche W.** legal effect; **rechtsbegründende W.** constitutive effect; **sofortige W.** immediate effect; **mit sofortiger W.** with immediate effect

Wirkungs|bereich *m* scope; **W.kreis** *m* ambit, purview, scope; **w.los** *adj* ineffective; **W.losigkeit** *f* ineffectiveness

Wirtschaft *f* economy; **sparsam w.en** *v/i* to economize; **w.lich** *adj* 1. economic; 2. *(sparsam)* economical

Wirtschafts|abkommen *nt* trade agreement/convention, **W.anwalt** *m* company lawyer; **W.aufsicht** *f* regulatory body; **W.betrieb** *m* commercial undertaking; **W.flüchtling** *m* economic migrant/refugee; **W.gesetzgebung** *f* economic legislation; **W.gut** *nt* asset; **W.jahr** *nt* financial year; **W.jurist(in)** *m/f* commercial lawyer; **W.kammer** *f* chamber of commerce; **W. kriminalität** *f* white-collar crime; **W.kriminelle(r)** *f/m* white-collar criminal; **W.lage** *f* economic situation; **W.ordnung** *f* economic system; **W.plan** *m* management plan; **W.prüfer(in)** *m/f* chartered accountant *[GB]*, certified public accountant (CPA) *[US]*, auditor; **W.prüfung** *f* audit(ing); **W.recht** *nt* commercial law; **W.schädigung** *f (Rufschädigung)* malicious falsehood; **W.spionage** *f* industrial espionage

Wirtschaftsstraf|e *f* penalty; **W.gesetz** *(WiStG) nt* Statute of Fraud *[GB]*; **W.kammer** *f* court division for business offences; **W.recht** *nt* penal law concerning business matters

Wirtschafts|verbrechen *nt* economic/white-collar crime; **W.verfassungsrecht** *nt* commercial administration law; **W.vergehen** *nt* economic offence; **W.verkehr** *m* trade, commerce

wissen *v/t* to know, to be aware of

Wissen *nt* knowledge; **mit W. und Willen** with knowledge and consent; **wider besseres W.** against one's better knowledge, contrary to one's knowledge; **nach bestem W.** to the best of one's knowledge; **~ und Gewissen** (according) to the best of one's knowledge and belief; **ohne W.** unbeknownst; **~ jds W. und Willen** without so.'s knowledge and consent; **~ mein W.** without my knowledge, unbeknownst to me

wissend *adv* knowingly

Wissenschaft *f* science

wissentlich *adj* deliberate, intentional; *adv* knowingly

Witwe *f* widow; **W.n- und Waisenrente** *f* widows' and orphans' pension; **W.ngeld** *nt* widows' benefit(s); **W.nrente** *f* widow's pension; **W.r** *m* widower

Woche *f* week; **W.narbeitszeit** *f* weekly working hours; **W.nverdienst** *m* weekly earnings

wodurch *adv* whereby

Wohl *nt* welfare; **zum W. der Allgemeinheit** for the common good; **W. des Kindes** child welfare; **öffentliches W.** the public weal

wohlerworben *adj* vested

Wohlfahrt *f* welfare, social service(s)

Wohlfahrts|empfänger(in) *m/f* welfare recipient; **W.pflege** *f* publice welfare; **W.verband** *m* charitable association/institution, charity

Wohlstandsdelikt *nt* offence typical of the affluent society

Wohl|tat *f* benefit; **W.täter** *m* benefactor; **W.täterin** *f* benefactress; **W.tätigkeit** *f* charity; **W.tätigkeitsverein** *m* charitable society; **W.tätigkeitszweck** *m* charitable purpose

Wohlverhalten *nt* good behaviour/conduct; **W.sfrist** *f* period of good behaviour

Wohlwollen *nt* goodwill

Wohn|block *m* block of flats *[GB]*, apartment house *[US]*; **W.eigentum** *nt* residential property; **W.einheit** *f* accommodation/residential unit

wohnen *v/i* to dwell/live

Wohn|gebäude *nt* residential building; **W.gebiet** *nt* residential area; **W.geld** *nt* housing benefit; **W.geldberechtigte(r)** *f/m* person entitled to housing benefit; **W.gemeinschaft** *f* flat-share; **W.grundstück** *nt* residential property; **w.haft** *adj* resident; **W.heim** *nt* hostel, dormitory, rooming house *[US]*; **W.hochhaus** *nt* tower block, block of flats; **W.mobil** *nt* motor caravan, motorhome; **W.ort** *m* place of residence

Wohnraum *m* dwelling space; **W.kündigungsschutzgesetz** *nt* eviction protection act; **W.mietrecht** *nt* landlord and tenant law

Wohnrecht *nt* right of residence; **uneingeschränktes W.** permanent right of residence

Wohn|schlafzimmer *nt* bedsit(ter); **W.siedlung** *f* (housing) estate

Wohnsitz *m* domicile, (permanent) abode, residence; **W. begründen** to take up residence; **seinen W. haben in ...** to be resident in/at ...

dauernder Wohnsitz permanent residence; **ehelicher W.** conjugal domicile; **fester W.** fixed address/abode; **ohne festen W.** without fixed abode; **gewillkürter W.** domicile of will, elected domicile; **letzter W.** last address; **ständiger W.** permanent residence

Wohnsitz|erfordernis *f* residence requirement; **W.überprüfung** *f* residence check; **W.verlegung** *f* change of residence

Wohnung *f* apartment *[US]*, dwelling, flat, home; **W. mit separatem Eingang** self-contained flat

Wohnung räumen to vacate a flat

eheliche Wohnung conjugal dwelling; **freie W. und Verpflegung** free board and lodging; **leer stehende W.** vacant flat

Wohnungs|anschrift *f* residential address; **W.amt** *nt* housing department

Wohnungsbau *m* housing construction; **sozialer W.** council housing; **W.genossenschaft** *f* housing association; **W.gesetz** *nt* housing construction act

Wohnungs|besetzer(in) *m/f* squatter; **W.bindungsgesetz** *nt* Controlled Tenancies Act *[GB]*; **W.eigentum** *nt* residential property

Wohnungseigentümer(in) *m/f* home owner; **W.gemeinschaft** *f* condominium association; **W.versammlung** *f* home owners' meeting

Wohnungseigentums|gesetz (WEG) *nt* residential property act; **W.recht** law of residential property

Wohnungseinbruch *m* burglary; **W.diebstahl** *m* burglary

Wohnungs|einrichtung *f* furnishings; **W.grundbuch** *nt* condominium register; **W.makler** *m* letting agency; **W.nachweis** *m* accommodation register

Wohnungs|recht *nt* landlord and tenant law, law of tenancy, housing law; **W.tausch** *m* flat swapping; **W.wechsel** *m* change of residence

Wohn|verhältnisse *pl* housing conditions; **W.viertel** *nt* residential area; **W.wagen** *m* caravan, camper *[US]*, trailer *[US]*; **W.wert** *m* residential amenity; **W.zimmer** *nt* sitting room, lounge; **für W.zwecke** *pl* for residential purposes

wollen *adj* to intend

wo|nach *conj* whereby; **w.rauf** *conj* whereupon; **w.raus** *conj* whereof; **w.rin** *conj* wherein

Wort *nt* word; **in W. und Tat** in word and deed; **beleidigende W.e** defamatory words, offensive language; **letztes W.** last word; **rechtsgestaltende W.e** operative words; **unzüchtige W.e** obscene words

wortbrüchig werden *adj* to renege (on sth.)

Wort|entziehung *f* order to relinquish the floor; **w.getreu** *adj* verbatim

Wortlaut *m* wording, term, tenor; **nach dem W. des Gesetzes** by the terms of the act; **W. auslegen** to construe, to put a construction (on s.th.); **genauer W.** exact terms; **~ einer Urkunde** tenor of a deed; **verbindlicher W.** authoritative text

wörtlich *adj* literal, verbatim, word-for-word

Wort|meldung *f* request for leave to speak; **W.verdreher** *m* prevaricator, **W.verdrehung** *f* prevarication; **W.wechsel** *m* argument, verbal exchange; **~ haben** to exchange words

Wrack *nt* wreck; **W. eines ausgebrannten Kfz** shell of a burnt-out car; **W.teile** *pl* wreckage

Wucher *m* extortion, profiteering, usury; **W.er** *m* usurer; **W.geschäft** *nt* usurious transaction; **W.gesetz** *nt* usury act; **w.isch** *adj* usurious; **W.miete** *f* extortionate/rack rent; **W.preis** *m* extortionate price; **W.tatbestand** *m* offence of usury; **W.vertrag** *m* usurious contract; **W.zins** *m* usurious interest

wühlen *v/i* to rummage

Wunde *f* wound

Wunsch *m* wish, request; **auf W.** on request; **nach W. verlaufen** to go according to plan

wunsch|gemäß *adj* as requested; **W.kennzeichen** *nt* personalized registration/number plate

Würde *f* dignity; **die W. des Gerichts missachten** to be in contempt of court; **etw. mit W. tragen** to bear sth. with dignity; **W.nträger(in)** *m/f* dignitary

würdig|en *v/t* to appreciate; **W.ung** *f* appreciation

Wurfgeschoss *nt* missile

Würge|griff *m* stranglehold; **W.mal** *nt* strangling mark

würgen *v/t* to strangle

Wut *f* rage; **seine W. an jdm auslassen** to vent one's rage on so.; **in einem W.anfall** *m* in a rage; **W.ausbruch** *m* outburst of rage

X; Y

x-beinig *adj* knock-kneed

Xenophobie *f* xenophobia

Xerokopie *f* xerox copy

x-mal *adv* number of times, umpteen times *(coll)*

Yard *m* yard; **Y.maß; Y.stock** *nt/m* yardstick

Z

Zahl *f* number, figure; **z.bar** *adj* payable

zahlen *v/t* to pay; **bar z.** to pay cash; **im Voraus z.** to pay in advance; **z.mäßig** *adj* numerical

Zahler *m* payer; **pünktlicher Z.** prompt payer; **säumiger Z.** defaulter, defaulting/slow payer

Zählerstand *m* meter reading

Zahlmeister(in) *m/f* purser

Zahlung *f* payment; **mangels Z.** for want of payment; **statt der Z.; an Z.s Statt** in lieu of payment

Zahlung gegen Dokumente cash *[GB]*/collect *[US]* against documents (C.A.D.); **Z. bei Eingang der Waren** payment on receipt of goods; **Z. bei Fälligkeit** payment when due; **Z. auf Grund eines Gerichtsurteils** satisfaction of judgment; **Z. bei Lieferung** payment on delivery; **Z. gegen Nachnahme** cash *[GB]*/collect *[US]* on delivery (c.o.d.); **Z. der Rente** payment of the pension/annuity

jdn zur Zahlung auffordern to demand payment of so.; **Z. aussetzen** to suspend payment; **jdn zur Z. drängen** to press so. for payment, to dun so.; **Z. einklagen** to sue for payment; **Z. einstellen** to stop payment; **in Z. geben** to trade in, to give in part exchange; **etw. für etw. ~** to give sth. in part exchange for sth.; **mit seinen Z.en in Rückstand geraten** to fall behind with one's payments; **Z. hinausschieben** to postpone payment; **auf Z. klagen** to sue for payment; **Z. leisten** to effect payment; **etw. in Z. nehmen** to take sth. in part exchange, to accept sth. as a trade-in; **Z. stunden** to grant a respite (for the payment of a debt); **Z. verlangen** to demand payment; **Z. versprechen** to promise payment; **zur Z. der Kosten verurteilen** to order to pay costs; **Z. wiederaufnehmen** to resume payment

anteilige Zahlung pro rata *(lat.)* payment; **einmalige Z.** non-recurring/one-off payment; **fällige Z.** due payment; **freiwillige Z.** voluntary/ex gratia *(lat.)* payment; **ordnungsmäßige Z.** payment in due course; **prompte Z.** prompt payment; **rückständige Z.** arrears; **sofortige Z.** prompt payment; **symbolische Z.** token payment

Zahlungs|abkommen *nt* monetary agreement; **Z.abwicklung** *f* settlement; **Z.adresse** *f* address for payment; **Z.anerbieten** *nt* tender of payment; **Z.ankündigung** *f* notice of payment; **Z.anordnung** *f* order to pay; **Z.anspruch** *m* claim for payment, pecuniary claim; **Z.anweisung** *f* order to pay; **Z.aufforderung** *f* demand/request for payment, notice to pay; **Z.aufschub** *m* respite; **~ einräumen** to grant a respite; **Z.auftrag** *m* order to pay; **Z.bedingungen** *pl* terms of payment; **Z.befehl** *m* order/notice to pay; **Z.bereitschaft** *f* readiness to pay; **Z.bestätigung** *f* confirmation of payment; **Z.bürgschaft** *f* payment bond; **Z.eingang** *m* 1. receipt of payment; 2. *(Konto)* inpayment; **Z.einstellung** *f* cessation/suspension of payment; **Z.empfänger(in)** *m/f* payee; **Z.erinnerung** *f* reminder; **Z.erleichterungen** *pl* easy terms (of payment); **Z.ermächtigung** *f* authority to pay, payment appropriation; **z.fähig** *adj* solvent; **Z.fähigkeit** *f* solvency

Zahlungsfrist *f* term of payment, deadline; **Z. einhalten** to keep the term of payment; **Z. verlängern** to extend the term of payment

Zahlungs|gepflogenheiten *pl* payment habits; **Z.klage** *f* action for the recovery of money

Zahlungsmittel *nt* means of payment; **ausländische Z.** foreign currency; **gesetzliches Z.** legal tender *[GB]*/currency *[US]*, lawful money *[US]*

Zahlungs|modalität *f* mode of payment; **Z.moral** *f* paying habits; **Z.nachweis** *m* proof/record of payment; **Z.ort** *m* place of payment

Zahlungspflicht *f* duty/obligation to pay; **z.ig** *adj* liable/obliged to pay; **Z.ige(r)** *f/m* debtor, party liable to pay, ~ for payment

Zahlungs|rückstand; Z.rückstände *m/pl* arrears; **Z.sperre** *f (Scheck)* stoppage of payment(s); **Z.tag** *m* 1. date of payment; 2. *(Abrechnung)* settlement day; **Z.termin** *m* date of payment

zahlungsunfähig *adj* insolvent, unable to pay; **jdn für z. erklären** to declare so. insolvent; **sich für z. erklären** to declare os. bankrupt; **Z. keit** *f* insolvency, inability to pay

zahlungsunwillig *adj* unwilling to pay

Zahlungsverbot *nt* 1. prohibition of payment; 2. *(Pfändung)* garnishee/garnishment order; **jdm Z. erteilen** to garnish so.; **Z. zukommen lassen** *(Drittschuldner)* to garnish, to serve a garnishee order (on so.)

endgültiges Zahlungsverbot garnishee order absolute; **vorläufiges Z.** garnishee order nisi *(lat.)*

Zahlungsvereinbarung *f* payment agreement

Zahlungsverkehr *m* (monetary) transactions; **internationaler Z.** international monetary transactions

Zahlungsverpflichtung *f* obligation to pay, financial obligation; **Z. eingehen** to incur an obligation to pay, to enter into a financial obligation; **seinen Z.en nicht nachkommen** to default, to fail to honour one's financial commitments/obligations

Zahlungs|versäumnis *nt* default, failure to pay; **Z.versprechen** *nt* promise to pay; **abstraktes ~** abstract promise to pay; **Z.verweigerung** *f* refusal to pay

Zahlungsverzug *m* default (of payment), delay of payment, arrears; **in Z. geraten** to default

Zahlungs|weise *f* mode of payment; **Z.-willigkeit** *f* willingness to pay; **Z.ziel** *nt* time of payment, time allowed for payment, credit; **~ einräumen** 1. to allow time for payment; 2. to grant (a) credit; **offenes ~** open credit (terms); **Z.zusage** *f* undertaking to pay

jdm auf den Zahn fühlen *m* *(coll)* to grill so. *(coll)*

Zank|apfel *m* bone of contention; **z.en** *v/i* to quarrel; **z.süchtig** *adj* quarrelsome

Zapfsäule *f* gas *[US]*/petrol *[GB]* pump

etw. vom Zaun brechen *m* to provoke sth.

Zebrastreifen *m* pedestrian/zebra crossing

Zech|gelage *nt* booze-up *(coll)*; **Z.preller** *m* bilker; **Z.prellerei** *f* bilking, walking out/leaving without paying the bill

Zed|ent *m* assignor, transferor, grantor; **z.ierbar** *adj* assignable; **z.ieren** *v/t* to cede/assign

Zeichen *nt* 1. sign; 2. *(Anzeichen)* symptom; 3. *(Beweis)* token; 4. *(Brief)* reference; 5. *(Kennzeichen)* mark; 6. *(Signal)* signal; 7. *(Warenzeichen)* trademark; **Z. der Wertschätzung** token of esteem; **Z. setzen** to set an example

eingetragenes Zeichen registered trademark; **untrügliches Z.** unmistakable sign

Zeichen|geld *nt* token money; **Z.recht** *nt* trademark law; **Z.rolle** *f (Warenzeichen)* register of trademarks; **Z.schutz** *m* protection of trademarks; **Z.verletzung** *f* trademark infringement

zeichnen *v/t* 1. *(mit Zeichen versehen)* to mark; 2. *(Aktien)* to subscribe; **etw. z.** *(schriftlich anerkennen)* to subscribe to sth.; **für etw. verantwortlich z.** to be responsible for sth.

Zeichnen *nt* *(schriftliches Anerkennen)* validation

Zeichner *m* 1. *(Wertpapier)* subscriber; 2. *(Garantie)* underwriter; **Z. im Gerichtssaal** courtroom artist

Zeichnung *f* 1. drawing, design; 2. *(Unterzeichnung)* signing; 3. *(Wertpapier)* subscription

Zeichnungs|angebot *nt* offer for subscription, subscription offer; **Z.bedingungen** *pl* subscription terms, terms of subscription; **Z.befugnis** *f* authority to sign; **z.berechtigt** *adj* authorized to sign; **Z.berechtigte(r)** *f/m* authorized signatory, person authorized to sign; **Z.berechtigung** *f* authority to sign; **Z.betrag** *m* amount subscribed; **Z.frist** *f* subscription period; **Z.grenze** *f (Vers.)* underwriting limit; **Z.recht** *nt* authority to sign; **Z.vertrag** *m* subscription contract; **Z.vollmacht** *f* authority/power to sign, signing authority

Zeigefinger *m* index finger

Zeile von Häusern *f* row of houses; **zwischen den Z.n lesen** to read between the lines

Zeilen|abstand *m* line spacing; **Z.honorar** *nt* payment per line

Zeit *f* time; **zur Z.** at present; **Z. der Handlung** time of the act; **~ Tat** time of the crime; **in absehbarer Z.** within the foreseeable future; **~ angemessener Z.** within a reasonable time; **zu einer bestimmten Z.** at a definite time; **seit einiger Z.** for some time; **zur festgesetzten Z.** at the stipulated/fixed time; **zu gegebener Z.; zur gegebenen Z.** in due time/course; **mit der Z.** in the course of time; **zur rechten Z.** in due course; **auf unabsehbare Z.** for an unforeseeable period; **~ unbestimmte Z.** for an indefinite period, sine die *(lat.)*

seine Zeit abdienen *(Lehre)* to serve one's time; **Z. bestimmen** to fix a time; **jdn auf Z. einstellen** to employ so. on a temporary basis; **feste Z.en haben** to have set times; **auf unbestimmte Z. vertagen** to adjourn sine die *(lat.)*

arbeitsfreie Zeit time off (duty); **festgesetzte Z.** appointed time; **fragliche Z.** time in question; **schadensfreie Z.** *(Vers.)* claim-free period

Zeit|ablauf *m* *(Frist)* expiration/lapse/passage of time; **Z.abschnitt** *m* period (of time); **Z.abstand** *m* interval; **in regelmäßigen Z.abständen** at regular intervals, periodically

Zeitarbeit *f* 1. temporary work; 2. *(nach Zeit bezahlte Arbeit)* time work; **Z.nehmer(in)** *m/f* temporary worker, temp *(coll)*; **Z.sfirma** *f* temporary employment agency, temping agency *(coll)*; **Z.skräfte** *pl* temporary workers

Zeit|aufwand *m* expenditure of time; **z.aufwändig** *adj* time-consuming; **Z.begrenzung** *f* time limit; **Z.bestimmung** *f* stipulation as to time; **z.bezogen** *adj* time-related; **Z.dauer** *f* duration, timespan; **Z.ersparnis** *f* saving of time; **Z.frachtvertrag** *m* time charter; **Z.karte** *f* season ticket; **Z.lohn** *m* time wage; **Z.mangel** *m* lack of time; **Z.pacht** *f* leasehold; **Z.pächter(in)** *m/f* leaseholder; **Z.plan** *m* timetable, schedule

Zeitpunkt *m* point of time, date; **zu diesem Z.** at this point in time, at this stage/juncture; **Z. der Einlösung** redemption date; **~ Fälligkeit** date of maturity; **Z. des Inkrafttretens** *(Gesetz)* effective date; **~ Vertragsabschlusses** time of conclusion of the contract

entscheidungserheblicher Zeitpunkt *(StR)* material time; **zum vereinbarten Z.** at the agreed date/time

Zeit|rahmen *m* timescale; **Z.raum** *m* period of time; **angemessener ~** reasonable time; **Z.strafe** *f* term of imprisonment, prison term; **z.versetzt; z.verteilt** *adj* staggered; **Z.vertrag** *m* (fixed-) term/temporary contract; **Z.vorgabe** *f* time allowance; **Z.wert** *m* current value; **Z.zuschlag** *m* time allowance

Zelle *f* (prison) cell; **in einer Z. eingesperrt sein** to be locked up/confined in a cell; **Z.ngenosse** *m* cellmate; **Z.nhaft** *f* confinement in a prison cell

zens|ieren *v/t* to censor; **Z.or** *m* censor

Zensur *f* 1. censorship; 2. *(Note)* mark, grade; **Z. aufheben** to lift censorship; **der Z. unterliegen** to be subject to censorship

Zensur|bestimmung *f* censorship provision; **z.pflichtig** *adj* subject to censorship; **Z.verbot** *nt* prohibition of censorship; **Z.vorschriften** *pl* censor's regulations

Zentral|archiv *nt* central records division; **Z.behörde** *f* central agency; **Z.register** *nt* central register; **Z.stelle** *f* central agency;

Z.strafgericht *nt* Central Criminal Court (The Old Bailey) *[GB]*; **Z.verriegelung** *f* central (door) locking; **Z.zivilgericht** *nt* High Court of Justice *[GB]*
Zerfall *m* decay, ruin
zerlegen *v/t* *(Kosten)* to break down
Zerlegung *f* apportionment, dismantlement, dismantling
Zerlegungs|bescheid *m* notice of apportionment; **Z.verfahren** *nt* dismantlement procedure
Zermürbungskrieg *m* war of attrition
Zerrbild *nt* distorted picture, caricature
zerrütten *v/t* *(Ehe)* to wreck
Zerrüttung *f* 1. disruption; 2. *(Ehe)* irretrievable breakdown; **unheilbare Z. der Ehe** irretrievable breakdown of marriage, irreconcilable differences *[US]*
Zerrüttungs|prinzip *nt* principle of irreconcilability *[US]*, ~ irretrievable breakdown; **Z.vermutung** *f* presumption of irretrievable breakdown
zerschlag|en *v/t* to break up; **Z.ung** *f* break-up
sich zersetz|en *v/refl* to decompose; **Z.ung** *f* 1. subversion, disintegration; 2. *(Leiche)* decomposition
Zer|sied(e)lung *f* urban sprawl, overdevelopment; **Z.splitterung** *f* fragmentation
zerstör|bar *adj* destructible; **z.en** *v/t* to destroy/ruin/wreck; **z.erisch** *adj* destructive
Zerstörung *f* 1. destruction; 2. *(Gebäude)* demolition; **mutwillige Z.** vandalism, wilful destruction
Zerstörungs|trieb *m* destructive urge; **Z.-wut** *f* destructive frenzy
zer|streuen *v/t* 1. *(auseinandertreiben)* to disperse; 2 *(Angst)* to allay/dispel; **z.stritten** *adj* 1. *(Ehe)* estranged; 2. not to be on speaking terms; **mit jdm ~ sein** to be estranged from so.
Zerstückelung *f* dismemberment, division
Zertifi|kat *nt* certificate; **z.zieren** *v/t* to certify; **Z.zierung** *f* certification
zer|trümmern *v/t* to demolish/smash; **Z.-würfnis** *nt* disagreement, row
Zession *f* assignment, cession, transfer; **offene Z.** disclosed assignment; **stille Z.** undisclosed assignment
Zessionar(in) *m/f* assignee, transferee; **Z.-schuldner(in)** *m/f* assigned debtor
Zessions|klausel *f* assignment clause; **Z.-urkunde** *f* deed/instrument of assignment; **Z.vertrag** *m* contract of assignment
Zeuge *m* witness; **als Z. hiervon** as witness hereto; **unter Z.n** in front of witnesses
Zeuge der Anklage witness for the prosecution; **~ Gegenseite** adverse/hostile witness; **Z. bei der Unterschriftsleistung** attesting witness; **Z. der Verteidigung** defence witness
als Zeuge auftreten to appear as a witness; **~ beeidigt** sworn in as a witness
einen Zeuge|n ablehnen to object to a witness; **~ anhören**; to hear the evidence; **~ beeinflussen** to tamper/interfere with a witness; **~ benennen** to name/nominate a witness; **~ zur Wahrheit ermahnen** to admonish a witness to tell the truth; **Z.n gegenüberstellen** to confront witnesses; **als Z. vor Gericht geladen werden** to be called as a witness (before the court); **einen Z.n ins Kreuzverhör nehmen** to cross-examine a witness; **Z. einer Sache sein** to be witness to sth.; **Z. eines Unfalls sein** to witness an accident; **Z.n vernehmen** to question/interview a witness; **jdn als ~ vernehmen** to take so.'s evidence; **~ kommissarisch vernehmen** to examine a witness on commission; **~ verhören** to interrogate/question a witness; **~ zwangsweise vorführen** to compel a witness to appear in court; **als Z. wahrnehmen** to witness
abgelehnter Zeuge witness rejected by a party; **ausbleibender Z.** defaulting witness; **unentschuldigt ausgebliebener Z.** contumacious witness; **aussagepflichtiger Z.** compellable witness; **befangener Z.** biased witness; **eigener Z.** friendly witness; **nicht erschienener Z.** contumacious witness; **geeigneter Z.** competent witness; **glaubwürdiger Z.** credible/reliable witness; **parteiischer Z.** interested witness; **sachverständiger Z.** expert witness; **vereidigter Z.** sworn witness, deponent; **nicht ~** unsworn witness; **widersetzlicher Z.** unwilling witness; **(rechtlich) zulässiger Z.** competent witness
zeugen *v/t* to beget; **für jdn z.** to testify for so.
Zeugen|ablehnung *f* objection to a witness; **Z.aufruf** *m* calling of witnesses
Zeugenaussage *f* 1. testimony, (oral) evidence; 2. *(schriftlich)* deposition; **Z. an**

Eides Statt evidence (given by a witness) under affirmation; **Z. über Selbsterlebtes** direct testimony; **Z. machen** to give evidence, to make a statement; **Z. zu Protokoll nehmen** to record the testimony of a witness; **Z. verweigern** to refuse to testify; **Z. widerrufen** to retract/withdraw one's testimony; **die Z.n widersprechen sich** the witnesses differ

von einander abweichende Zeugenaussage|n divergent testimonies; **eidliche Z.** *f* testimony under oath; **zu Protokoll gegebene Z.** deposition; **Z. machen** to testify on oath; **falsche Z.** false evidence/testimony; **gegenbeweisliche Z.** rebutting testimony; **schriftliche Z.** written testimony; **uneidliche Z.** unsworn evidence/testimony; **sich widersprechende Z.n** conflicting evidence, conflicting/divergent testimonies

Zeugen|bank *f* witness box *[GB]*/stand *[US]*; **Z.beeinflussung** *f* tampering with witnesses, subornation of a witness; **Z.-befragung** *f* questioning of witnesses; **Z.-belehrung** *f* cautioning (of) the witness; **Z.benennung** *f* specification of witnesses; **Z.bestechung** *f* bribing/subornation of witnesses; **Z.beweis** *m* testimonial evidence; **Z.eid** *m* oath taken by a witness; **Z.einvernahme** *f* examining (of) a witness; **Z.entschädigung** *f* compensation of witnesses, witness allowance; **Z.gebühren** *pl* witnesses' fees, conduct money *[GB]*; **Z.ladung** *f* summons of a witness, witness citation/summons; **~ unter Strafandrohung** subpoena (ad testificandum) *(lat.)*; **Z.nötigung** *f* coercion/intimidation of a witness; **Z.schutz** *m* witness protection; **Z.schutzprogramm** *nt* witness protection scheme

Zeugenstand *m* witness box *[GB]*/stand *[US]*; **in den Z. treten** to go into the witness box, to take the stand *[US]*; **jdn ~ Z. rufen** to call a witness

Zeugen|testament *nt* ordinary will; **Z.-vereidigung** *f* swearing in of witnesses, administering an oath to witnesses; **Z.-verhör** *nt* questioning of the witness(es); **Z.vernehmung** *f* examination of a witness, hearing of evidence, taking (of) testimony; **~ findet statt** testimony is taken; **Z.vorführung** *f* production of a witness; **Z.vorladung** *f* citation of a witness

Zeugin *f* female witness

Zeugnis *nt* 1. certificate; 2. *(Arbeit)* reference, testimonial; 3. (*Beweis*) evidence, 4. (*Aussage*) testimony; **falsches Z. ablegen** to bear false witness; **Z. ausstellen** to issue a certificate; **jdm ein ~** to give so. a reference/testimonial; **Z. erteilen** to issue a certificate; **gute Z.se haben** to have good references

ärztliches Zeugnis medical certificate; **falsches Z.** false evidence

Zeugnis|abschrift *f* copy of a certificate/testimonial; **Z.erteilung** *f* issue of a certificate/testimonial; **Z.fähigkeit** *f* competency of a witness; **Z.pflicht** *f* duty to give evidence, ~ testify

Zeugnisverweigerung *f* refusal to give evidence

Zeugnisverweigerungsrecht *nt* right to refuse to give evidence, right to remain silent; **Z. aus beruflichen Gründen** right to remain silent on the grounds of privilege; **~ persönlichen Gründen** right to remain silent on the grounds of privilege; **Z. haben** to be privileged from testifying; **auf sein Z. verzichten** to waive one's privilege

Zeugniszwang *m* (enforcement of) duty to testify

zeugungs|fähig *adj* 1. *(Frau)* fertile; 2. *(Mann)* potent; **Z.fähigkeit** *f* 1. fertility; 2. potency; **z.unfähig** *adj* 1. sterile; 2. impotent; **Z.unfähigkeit** *f* 1. sterility; 2. impotence

nach sich ziehen *v/t* to entail/involve

Ziel *nt* 1. (*allg.*) goal, objective, 2. *(spezifisch)* target; **mit unbekanntem Z. abreisen** to leave for an unknown destination; **Z. erreichen** to achieve an objective; **Z. verfolgen** to pursue an objective; **auf Z. verkaufen** to sell on credit; **~ kaufen** to buy on credit; **z.bewusst** *adj* decisive, purposeful

auf jdn zielen *v/t* to point a gun at so.

Ziel|fahndung *f* manhunt for a high-profile criminal; **Z.fernrohr** *nt* telescopic sight; **Z.gebiet** *nt* target area; **z.gerichtet** *adj* targeted; **Z.person** *f* target person; **Z.-setzung** *f* target(ing); **z.strebig** *adj* determined; **Z.strebigkeit** *f* determination

Ziffer *f* 1. figure; 2. *(Vertrag)* section

Zigeuner *m* gypsy; **Z.lager** *nt* gypsy encampment; **Z.wagen** *m* gypsy caravan

Zimmer *nt* room; **Z.abbestellung** *f* room

cancellation; **Z.bestellung** *f* room reservation; **Z.lautstärke** *f* low volume; **auf ~ stellen** *(Radio)* to turn down

zimperlich *adj* squeamish; **Z.keit** *f* squeamishness

Zins *m* (rate of) interest

Zins|bedingungen *pl* terms of interest; **Z.-besteuerung** *f* taxation of interest; **Z.es-zins(en)** *m/pl* compound interest

Zinsen *pl* interest; **abzüglich (der) Z.** less interest (accrued); **angefallene/aufgelaufene Z.** accrued interest; **Z. bis auf den heutigen Tag** interest to date; **vereinbarte Z.** stipulated interest

Zins|ertrag *m* interest yield; **Z.fälligkeitstag** *m*; **Z.fälligkeitstermin** *m* date of interest due; **Z.gleitklausel** *f* interest escalator clause; **Z.hypothek** *f* interest-bearing mortgage; **z.los** *adj* free of interest; **Z.rückstände** *pl* interest arrears; **Z.satz** *m* rate of interest, interest rate; **Z.schuld** *f* interest due; **Z.verzicht** *m* waiver of interest; **Z.verzug** *m* default of interest; **Z.wucher** *m* usurious (rate of) interest, **Z.wucherer** *m* loan shark *(coll)*; **Z.- und Tilgungszahlungen leisten** *pl* to service debts

zitieren *v/t* 1. to quote; 2. *(Person)* to cite; **wörtlich z.** to quote literally/verbatim

zivil *adj* civilian; **in Z.** in civilian clothes; **Z.dienst** *m* civil/alternative service; **Z.-dienstpflichtiger** *m* person performing substitute military service; **Z.ehe** *f* civil/registry marriage, register-office marriage; **Z.fahnder(in)** *m/f* plain-clothes policemann, **Z.fahrzeug der Polizei** *nt* unmarked police car/vehicle

Zivilgericht *nt* civil court; **Z. für Bagatellsachen** small claims court; **oberstes Z.** High Court of Justice *[GB]*; **Z.sbarkeit** *f* civil jurisdiction

Zivilgesetz *nt* civil statute; **Z.buch** *nt* civil code; **Z.gebung** *f* civil legislation

Zivil|haft *f* custody for non-criminal reasons; **Z.ist(in)** *m/f* civilian; **Z.kammer** *f* civil chamber/division; **Z.klage** *f* civil action/suit; **Z.luftfahrtbehörde** *f* Civil Aviation Authority (CAA) *[GB]*, ~ Aeronautics Board (CAB) *[US]*; **Z.prozess** *m* civil action/case/proceedings; **Z.prozessordnung** *f* code of civil procedure, Civil Procedure Rules *[GB]*, ~ Practice Act *[US]*; **Z.prozessrecht** *nt* law of civil procedure

Zivilrecht|ler(in) *m/f* civil lawyer; **z.lich** *adj* civil-law; **Z.sstreit** *m* civil action; **Z.verfahren** *nt* civil procedure/proceedings

Zivil|richter(in) *m/f* civil court judge; **Z.-sache** *f* civil(-law) case/matter; **Z.schutz** *m* civil defence; **Z.senat** *m* civil division; **Z.-streife** *f* plain-clothes patrol; **Z.streitigkeiten** *pl* civil litigation; **Z.trauung** *f* civil wedding; **Z.urteil** *nt* judgment in a civil case; **Z.verfahren** *nt* civil procedure/proceedings; **Z.verfahrensrecht** *nt* law of civil procedure

Zocker(in) *m/f* (compulsive) gambler

zögern *v/i* to hesitate; **Z.** *nt* hesitation; **schuldhaftes Z.** culpable delay; **ohne schuldhaftes Z.** without undue delay

Zoll *m* 1. customs duty; 2. *(Behörde)* customs (authorities); **Z.aufsicht** *f* customs supervision; **Z.beamter; Z.beamtin** *m/f* customs officer/official; **Z.behörde** *f* Her Majesty's (H.M.) Customs & Excise *[GB]*, Bureau of Customs *[US]*; **Z.bestimmungen** *pl* customs regulations; **Z.erklärung** *f* customs declaration; **Z.-fahnder(in)** *m/f* customs investigator; **Z.fahndungsstelle** *f* customs investigating office, Investigation Division of the Board of Customs and Excise *[GB]*; **Z.-freiheit** *f* exemption from customs duty; **Z.freizone** *f* duty-free zone; **Z.hinterziehung** *f* evasion of customs duty; **Z.inhaltserklärung** *f* customs declaration; **Z.lager** *nt* bonded warehouse; **z.meldepflichtig** *adj* declarable; **Z.ordnung** *f* customs regulations; **Z.ordnungswidrigkeit** *f* breach of customs regulations; **Z.-passierschein** *m* carnet de passage *(frz.)*; **Z.plombe** *f* customs seal; **Z.recht** *nt* customs law; **Z.schuldner(in)** *m/f* customs debtor; **Z.straftat** *f* customs offence; **Z.-tarifbestimmungen** *pl* tariff provisions; **Z.tarifrecht** *nt* tariff law; **Z.unterschlagung** *f* evasion of customs duty; **Z.vergehen** *nt* customs violation/offence; **Z.verschluss** *m* customs seal; **unter ~** in bond; **Z.zuwiderhandlung** *f* infringement of customs regulations

Zone *f* zone; **angrenzende Z.** contiguous zone

Zubehör *nt* 1. attachments, fixtures and fittings; 2. *(bewegliche Sache)* accessories; 3. *(unbewegliche Sache)* appurtenance(s); **Z.stück; Z.teil** *nt* accessory

Zubilligung von Schaden(s)ersatz *f* award of damages

Zubringer *m* *(Zubringerstraße)* feeder (road)
Zuchthaus *nt* penitentiary
Züchtigung *f* corporal punishment; **Z.s-verbot** *nt* ban on corporal punishment
sich etw. zueign|en *v/refl* to appropriate sth.; **~ rechtswidrig z.en** to appropriate sth. unlawfully; **Z.ung** *f* appropriation; **Z.ungsabsicht** *f* intention to appropriate
zuerkennen *v/t* to adjudicate/ adjudge/ award/grant
Zuerkennung *f* adjudication, award, grant; **Z. von Schadenersatz** award of damages
jdm etw. zuerteilen *v/t* to allot sth. to so.
Zufahrt *f* 1. access; 2. *(Gebäude)* drive-(way); **jdm die Z. versperren** to block so.'s access
Zufahrts|möglichkeit *f* vehicular access; **Z.straße** *f* 1. access road; 2. *(Autobahn)* approach road, feeder (road)
Zufall *m* 1. accident, chance, contingency, coincidence; 2. *(Vers.)* fortuitous event; **etw. dem Z. überlassen** to leave sth. to chance
zufallen *v/i* to accrue
zufällig *adj* accidental, fortuitous; **z. oder absichtlich** *adv* by accident or design
Zufall|s- random: **z.bedingt** *adj* aleatory; **Z.bekanntschaft** *f* chance acquaintance; **Z.einnahmen; Z.gewinn** *pl/m* windfall profits/receipts; **Z.erfindung** *f* accidental invention; **Z.haftung** *f* hazardous liability, liability for accidental/fortuitous events; **Z.stichprobe** *f* random sample
zufließen *v/i* *(Gewinn)* to accrue
Zuflucht *f* 1. refuge, shelter; 2. *(Mittel)* recourse; **Z. zu etw. nehmen** to have recourse to sth., to resort to sth.; **jds letzte Z. sein** to be so.'s last resort
Zufluchtsort *m* place of refuge
jdm etw zuflüstern *v/t* to whisper sth. to so.
zufrieden|stellen *v/t* to satisfy; **Z.stellung** *f* satisfaction
zufügen *v/t* *(Schaden)* to inflict
Zug *m* train
als Zugabe *f* into the bargain; **Z.artikel** *m* free gift, giveaway; **Z.verordnung** *f* regulation governing free gifts
Zugang *m* 1. *(Eintritt)* admission; 2. *(Geld)* accrual; 3. *(Zutritt)* admittance; 4. access; **Z. von Daten** access to records; **Z. zu den Gerichten** access to the courts of law; **Z. erlangen** to gain access; **Z. zu etw. haben** to have access to sth.; **rechtmäßigen Z. haben** to have right of access
ungehinderter Zugang unimpeded access
Zugangsrecht *nt* right of access
allgemein zugänglich sein *adj* *(Patentrecht, Urheberrecht)* to be in the public domain
Zugänglickkeit *f* 1. *(Erreichbarkeit)* accessibility; 2. *(Verfügbarkeit)* availability
zu|geben *v/t* to admit; **z.gebenermaßen** *adv* admittedly; **z.gehen** *v/i* to be delivered
zugehörig *adj* accompanying, appurtenant; **Z.keit** *f* *(Verbundenheit)* affiliation
zugelassen *adj* 1. admitted, authorized, permitted; 2. *(Arzt, Kfz)* registered, licensed; **z. sein** to be licensed to practise
zügellos *adj* unrestrained; **Z.igkeit** *f* lack of restraint
etw. zügeln *v/t* to curb/restrain sth.
Zugest|ändnis *nt* admission, concession; **z.ehen** *v/t* to concede; **jdm etw. ~** to grant so. sth.
Zugewinn *m* gain, surplus, accrual; **Z.ausgleich** *m* equalization of accrued gains; **Z.gemeinschaft** *f* community of goods, ~ accrued gains, matrimonial regime of separate possessions and accrued gains
auf etw. zugreifen *v/t* *(Daten)* to access sth.
Zugriff *m* 1. *(Daten)* access; 2. *(Beschlagnahme)* seizure; **Z. ermöglichen (auf)** to provide access (to); **nicht dem Z. der Gläubiger unterliegen** to be exempt from creditors' attachment
Zugriffsberechtigung *f* access authorization
Zug-um-Zug|-Bedingung *f* concurrent condition; **Z.-Erfüllung; Z.-Leistung** *f* contemporaneous performance; **Z.-Geschäft** transaction with simultaneous performance
zu Gunsten *prep* for the benefit of, in favour of
jdm etw. zugute halten *v/t* to make allowances for (so.'s) sth.; **z. kommen** *v/i* to benefit
Zuhälter *m* pimp, procurer; **Z.ei** *f* pimping, procuration, pandering
Zuladung *f* payload; **maximale Z.** permissible payload
Zulage *f* allowance, bonus, extra pay
zulassen *v/t* to allow/permit; **etw. auf jdn z.** to register sth. in so.'s name
zulässig *adj* admissible, permissible; **gesetzlich z.** lawful, legitimate; **nicht z.** inadmissible

Zulässigkeit *f* admissibility, lawfulness; **~ eines Beweises** admissibility of evidence; **~ des Vorbringens (einer Klage)** *f* admissibility of pleading
Zulässigkeitskriterien *pl* admissibility criteria
Zulassung *f* 1. admission, leave, authorization; 2. *(Dokument)* licence; 3. *(Vorgang)* licensing, registration; **Z. als Anwalt; Z. zur Anwaltschaft** admission/call to the bar, ~ to practice as a lawyer, admission as a solicitor/an attorney *[US]*; **Z. als Arzt** registration as a doctor; **Z. der Revision** leave to appeal; **Z. zur Universität** admission to university
Zulassung entziehen to revoke so.'s licence; **abgelaufene Z.** expired licence
Zulassungs|antrag *m* application for admission; **Z.bedingungen** *pl* conditions of admission; **Z.behörde** *f* licensing authority; **z.berechtigt** *adj* admissible; **Z.bescheid** *m* notice of admission; **Z.bescheinigung** *f* licensing certificate; **Z.beschränkung** *f* restriction on admission(s); **Z.erfordernisse; Z.ordnung** *pl/f* licensing requirements; **Z.frist** *f* period of qualification; **Z.nummer** *f* registration number; **Z.papier** *nt* registration document; **Z.-pflicht** *f (Kfz)* duty to have a vehicle registered; **Z.stelle** *f* licensing authority, Licensing Office *[GB]*; **Z.urkunde** *f* licence; **Z.verfahren** *nt* licensing procedure, licensure *[US]*; **Z.voraussetzungen** *pl* admission/eligibility/licensing requirements
Zuliefer|er *m* subcontractor, supplier; **Z.ervertrag** *m* supply contract; **Z.garantie** *f* supply guarantee
zumessen *v/t* 1. *(Strafe)* to mete out; 2. *(Schuld)* to attribute; 3. *(zusprechen)* to award
zumut|bar *adj* fair, reasonable; **Z.barkeit** *f* reasonableness; **z.en** *v/t* to expect; **Z.ung** *f* unreasonable demand
Zündschlüssel *m* ignition key
Zunft *f* guild; **Z.ordnung** *f* guild regulations
zuord|nen *v/t* to classify; **Z.nung** *f* classification
jdn zuparken *v/t* to box in another car
zurechenbar *adj* attributable; **Z.keit** *f* attributability
zurechn|en *v/t* 1. to attribute; 2. *(Schuld)* to impute; **Z.ung** *f* 1. attribution; 2. *(Schuld)* imputation; 3. allocation
zurechnungsfähig *adj* 1. responsible for one's actions, civilly responsible; 2. *(deliktfähig)* to be responsible for torts; 3. *(schuldfähig)* criminally responsible, sound of mind
Zurechnungsfähigkeit *f* 1. *(StR)* (criminal) responsibility, soundness of mind, mens rea *(lat.)*; 2. *(ZR)* responsibility for torts, ~ civil wrongs; **verminderte Z.** diminished (criminal) responsibility
zurechtweis|en *v/t* to reprimand; **Z.ung** *f* reprimand, rebuke
jdn übel zurichten *v/t* to beat up so. badly
Zurschaustellung *f* exhibition; **sittenwidrige Z.** indecent exhibition
zurück *adv* back; **z.abtreten** *v/t* to retrocede
zurückbehalt|en *v/t* to retain/withhold; **Z.ung** *f* retention
Zurückbehaltungsrecht *nt* right of retention, right to withhold, retaining lien; **Z. des Anwalts** lawyer's retaining lien; **~ Verkäufers** seller's lien
Zurückbehaltungsrecht geltend machen to enforce a lien
allgemeines Zurückbehaltungsrecht general lien; **gewerbliches Z.** mechanic's lien; **kaufmännisches Z.** mercantile lien
zurück|datieren *v/t* to backdate/antedate; **z.erhalten; z.erlangen** *v/t* to recover/recoup/retrieve; **z.erstatten** *v/t* to refund/reimburse; **an jdn z.fallen** *(Eigentum)* to revert to so.; **auf jdn ~** *(angelastet werden)* to reflect on so.; **z.fordern** *v/t* to reclaim, to claim back; **z.führen** *v/t (ins Heimatland)* to repatriate; **~ auf** to attribute to; **Z.gabe** *f* return; **z.geben** *v/t* to return; **z.geblieben** *adj (geistig)* retarded; **z.gewähren** *v/t* to return/refund; **in Z.-gezogenheit leben** *f* to live in seclusion; **auf etw. z.greifen** *v/t* to fall back on sth.; **sich z.halten** *v/refl* to restrain os.
Zurückhalten *nt* suppression; **Z. von Beschwerden** *nt* suppression of complaints; **~ Beweismaterial** *nt* suppression of evidence
zurückhaltend *adj* cautious, guarded
Zurückhaltung *f* reserve; **Z.srecht** *nt* right of retention, retaining lien
zurückkaufen *v/t* to buy back, to repurchase
Zurücknahme *f* revocation, retraction, withdrawal; **Z. eines Angebots** revocation of an offer; **Z. einer Beschuldigung** retraction of an accusation; **~ Klage** with-

Z

drawal of an action; **Z. der Kündigung** withdrawal of one's notice; **Z. eines Rechtsmittels** withdrawal of an appeal; **~ Versprechens** retraction of a promise

zurück|nehmen *v/t* to revoke/retract/take back; **z.schieben** *v/t (illegal einreisende Person)* to deport; **Z.schiebung** *f* deportation/expulsion of illegal immigrants; **Z.-sendung in die Untersuchungshaft** *f* remand; **z.stellen** *v/t* to defer/postpone; **bis auf weiteres ~** to defer until further notice

Zurückstellung *f* deferment, postponement; **Z. der Strafvollstreckung** stay of execution

zurück|stufen *v/t* to downgrade; **z.treten** *v/i* 1. *(Vertrag)* to rescind; 2. *(Amt, Posten)* to resign/retire; **z.übertragen** *v/t* to retransfer; **z.überweisen** *v/t* to retransfer; **etw. z.verfolgen** *v/t* to trace back sth.; **z.verlangen** *v/t* to re-claim

zurückverweis|en *v/t* to refer back, to remand; **Z.ung** *f* 1. remand; 2. *(Gesetzesvorlage)* recommitment; 3. *(Rechtssache)* remission *[GB]*, remanding *[US]*

zurückweisen *v/t* 1. *(Anspruch)* to repudiate/disallow/reject; 2. *(Klage)* to dismiss

Zurückweisung *f* 1. rebuttal, rejection; 2. *(ins Herkunftsland)* repatriation; 3. *(Anspruch)* repudiation; 4. *(Klage)* dismissal; **Z.srecht** *nt* right of rejection

zurückziehen *v/t* to revoke/withdraw

durch Zuruf gewählt *m* elected by acclamation

Zusage *f* assurance, promise, undertaking; **z.n** *v/t* to promise

zusammen *adv* together; **z. mit** *adv (Vergehen)* in conjunction with; **Z.arbeit** *f* cooperation, collaboration; **Z.bruch** *m* collapse; **z.fassen** *v/t* 1. to sum up; 2. *(Mittel)* to pool; 3. *(Text)* to summarize

Zusammenfassung *f* summary, résumé *[US]*; **Z. eines Falles** summing up *[GB]*, syllabus *[US]*; **Z. von Gesetzen** consolidation of statutes; **~ Hypotheken** tacking of mortgages; **~ Lizenzen** package licensing

Zusammen|führung *f* reuniting; **z.gesetzt** *adj* composite

Zusammenhang *m* connection; **in diesem Z.** in this connection/context; **etw. aus dem Z. reißen** to take sth. out of context; **in Z. stehen** to be connected; **ursächlicher Z.** causal connection/relationship

zusammen|hängen *v/i* to be connected; **z.hängend** *adj* coherent; **z.hanglos** *adj* incoherent

Zusammenkunft *f* meeting

Zusammenleben *nt (wie Eheleute)* cohabitation; **außereheliches Z.** cohabitation

Zusammenlegung *f* 1. amalgamation; 2. *(Firmen)* merger; 3. *(Grundstücke)* joining; 4. *(Häftlinge, Patienten)* putting together

sich zusammenrott|en *v/refl* to gang up; **Z.ung** *f* riotous assembly

Zusammenschluss *m* 1. association; 2. *(Fusion)* merger, consolidation; **Z. zur Beschränkung des Wettbewerbs** combination in restraint of trade

Zusammensetzung *f* composition; **Z. des Gerichts** constitution of the court

jdn zusammenstauchen *v/t (coll)* to give so. a dressing-down *(coll)*

Zusammenstoß *m* collision, crash; **frontal z.en** *v/i (Verkehr)* to collide head-on; **mit etw. z.en** to collide with sth.; **Z.klausel** *f* collision clause

zusammentragen *v/t* to collect/collate

Zusammentreffen *nt* concurrence; **Z. mehrerer Straftaten** concurrence of offences; **Z. von Pfandrecht und Eigentum** coincidence of pledge and ownership; **~ Straftat und Ordnungswidrigkeit** concurrence of criminal offence and public order offence

Zusammenveranlagung *f (Steuer)* joint assessment; **Z. von Ehegatten** joint assessment

zusammenwohnen *v/i* to cohabit; **Z.** *nt* cohabitation

Zusatz *m* 1. addendum *(lat.)*, addition, annex, appendix; 2. *(Gesetzentwurf)* rider; 3. *(Testament)* codicil; 4. *(Vertrag)* clause; 5. *(Zusatzklausel)* rider

Zusatz- supplementary

Zusatz|abkommen *nt* supplementary agreement; **Z.abrede** *f* ancillary agreement; **Z.antrag** *m* amendment; **~ stellen** to table an amendment; **Z.bedingung** *f* additional clause; **Z.bestimmung** *f* supplementary provision; **Z.klausel** *f* additional/further clause, rider; **Z.krankenversicherung** *f* supplementary health insurance; **Z.leistung** *f* additional benefit; **Z.leistungen** *pl* fringe benefits

zusätzlich *adj* additional, collateral, supplementary

Zusatz|paragraf *m* rider; **Z.police** *f* rider; **Z.protokoll** *nt (Völkerrecht)* additional protocol; **Z.steuer** *f* surtax, supplementary tax; **Z.strafe** *f* extra punishment; **Z.-urlaub** *m* extra holiday; **Z.vereinbarung** *f* supplementary agreement; **Z.vergütung** *f* extra pay; **Z.verpflichtung** *f* accessory obligation
Zuschauer(in) *m/f* bystander, onlooker, spectator; **unbeteiligter Z.** innocent bystander
Zuschlag *m* 1. surcharge, supplement; 2. *(Urteil)* adjudication, award; 3. *(Auftrag)* award (of contract); **Z. erhalten** to be awarded the contract; **Z. erteilen** to award the contract; **jdm den Z. erteilen** to award so. the contract
zuschreib|en *v/t* to ascribe (to)/attribute (to); **jdm etw. z.en** 1. to attribute sth. to so.; 2. *(ungerecht)* to impute sth. to so.; **Z.ung** *f* imputation; **~ der Vaterschaft** affiliation
Zuschuss *m* grant, subsidy; **z.berechtigt** *adj* eligible for a grant
zusenden *v/t* to send/forward
zusichern *v/t* to assure/warrant; **jdm etw. z.** to assure so. of sth.
Zusicherung *f* 1. assurance, warranty, promise; 2. *(Grundstücksgeschäft)* covenant; **Z. des ungestörten Besitzes; Z. der ungestörten Nutzung** warranty of/covenant for quiet enjoyment; **Z. einer Eigenschaft** warranty of a quality; **Z. handelsüblicher Qualität** warranty of merchantability
Zusicherung abbedingen to disclaim a warranty; **Z. nicht einhalten** to break a warranty
positive Zusicherung *(Vers.)* warranty; **stillschweigende Z.** warranty implied by law; **verbindliche Z.en machen** to make commitments, representations or warranties
Zusicherungs|abrede *f* warranty; **Z.empfänger(in)** *m/f* warrantee; **Z.geber(in)** *m/f* warrantor
zusprechen *v/t (Gericht)* to adjudge/award
Zustand *m* state, condition; **im betrunkenen Z.** while drunk; **in funktionstüchtigem Z.** in good working order; **~ gebrauchsfähigem Z. erhalten** to keep in reasonable repair; **~ gutem Z.** 1. in good order and condition; 2. *(Gebäude)* in good repair; **~ handelsfähigem Z.** in merchantable condition; **~ makellosem Z.** in mint condition; **~ ordnungsgemäßem Z.** in good order and condition; **~ angetrunkenem Z. sein** to be under influence of alcohol
äußerlich guter Zustand; einwandfreier äußerer Z. apparent good order (and condition); **baulicher Z.** state of repair; **einsatzbereiter Z.** working order; **mangelfreier Z.** flawless state; **schlechter Z.** state of disrepair; **ursprünglicher Z.** original state; **vorheriger Z.** status quo ante *(lat.)*
zustandekommen *v/i* to materialize; **Z.** *nt* coming into existence
zuständig *adj* responsible, competent, cognizant, in charge; **z. sein (für)** to have jurisdiction (over); **ausschließlich ~** to have exclusive jurisdiction
Zuständigkeit *f* jurisdiction, cognizance, purview *[US]*, competence; **Z. des Amtsgerichts** jurisdiction of the local court; **Z. in Ehesachen** matrimonial jurisdiction; **außerhalb der Z. des Gerichts** outside the jurisdiction of the court; **Z. des Nachlassgerichts** jurisdiction of the probate court; **Z. in Kartellsachen** jurisdiction for cartel cases; **~ der Rechtsmittelinstanz** appellate jurisdiction; **~ Strafsachen** criminal jurisdiction; **Z. und Verfahren** jurisdiction and procedure; **Z. in Zivilsachen** civil jurisdiction
Zuständigkeit bestreiten to plead incompetence; **unter die Z. fallen von** to come under the jurisdiction of; **zur Z. des Gerichts gehören** to be within the jurisdiction of the court; **fehlende Z. geltend machen** to plead want/lack of jurisdiction; **Z. überschreiten** to act ultra vires *(lat.)*; **der Z. eines Gerichts unterliegen** to come within the jurisdiction of a court
allgemeine Zuständigkeit general jurisdiction; **ausschließliche Z.** exclusive jurisdiction; **inländische Z.** domestic jurisdiction; **konkurrierende Z.** *(mehrerer Gerichte)* concurrent jurisdiction; **mangelnde Z.** lack of jurisdiction; **örtliche Z.** 1. *(Gerichtsstand)* local jurisdiction; 2. *(Strafprozess)* venue; **sachliche Z.** jurisdiction over the subject-matter; **übergeordnete Z.** overriding responsibility; **unmittelbare Z.** direct jurisdiction
Zuständigkeits|bereich *m* area of responsibility, competence jurisdiction, purview

[US]; **Z.erschleichung** *f* subreption of authority; **Z.erweiterung** *f* extension of jurisdiction; **Z.frage** *f* jurisdictional question; **Z.gericht** *nt* court in charge; **Z.klausel** *f (Vertrag)* jurisdiction clause; **Z.streit** *m* jurisdictional dispute, conflict of jurisdiction; **Z.überschreitung** *f* acting ultra vires *(lat.)*; **Z.verweisung** *f* referral of jurisdiction; **Z.wechsel** *m* change of jurisdiction

zu|statten kommen *v/i* to benefit (so.); **jdm z.stehen** *v/i* to be so.'s due

zustellen *v/t* to deliver

Zustellung *f* 1. *(Klage)* service of process; 2. *(Aushändigung)* service, delivery; **Z. von Anwalt zu Anwalt** service between lawyers; **Z. zu Händen des Beklagten** personal service; **Z. der Klageschrift** service of process; **Z. einer Ladung** service of summons, citation; **Z. einer gerichtlichen Verfügung** process server

Zustellung annehmen to accept service; **sich der Z. entziehen** to evade service

öffentliche Zustellung service by public notice, ~ publication *[US]*

Zustellungs|adresse *f* address for service; **Z.ersuchen** *nt* request for service; **Z.gebühr** *f (Urkunde)* fee for service; **Z.mangel** *m* irregularity in service; **Z.nachweis** *m* proof of service; **Z.ort** *m* place of service; **Z.urkunde** *f* certificate of service; **Z.urkunde** *f* writ of summons, notice of delivery; **Z.vermerk** *m* endorsement

zustimmen *v/i* to assent/consent/concur (with); **stillschweigend z.** *v/t* to acquiesce, to agree tacitly; **nicht z.d** *adj* dissenting

Zustimmung *f* 1. agreement, assent; 2. *(Billigung)* approval; 3. *(Einwilligung)* consent; **mit jds Z.** with so.'s consent; **nur mit Z.** subject to approval; **Z. des anderen Ehegatten** consent of/by the other spouse

jds Zustimmung einholen to obtain so's consent; **Z. erteilen** to consent; **seine Z. zu etw. geben** to give one's assent to sth.; **Z. verweigern/vorenthalten** to withhold/refuse (one's) consent; **Z. widerrufen** to revoke consent

amtliche Zustimmung official consent; **ausdrückliche Z.** express consent; **beiderseitige Z.** mutual assent; **nachträgliche Z.** subsequent consent; **schriftliche Z.** written consent; **stillschweigende Z.** 1. tacit consent, acquiescence; 2. *(gesetzwidrige Handlung)* connivance; **vorherige Z.** prior consent

Zustimmungs|gesetz *nt* act of assent; **z.-pflichtig** *adj* subject to approval; **Z.vorbehalt** *m* (right of) veto, reservation of assent/consent

zutage treten *v/i* to come to light

zuteilen *v/t* 1. *(anteilmäßig)* to apportion; 2. *(Ration)* to ration; 3. *(Aktien)* to allot; 4. *(Darlehen)* to allocate

Zuteilung *f* 1. *(Aktien)* allotment; 2. *(Aufgaben)* assignment; 3. *(Darlehen)* allocation; 4. *(Mittel)* appropriation

Zuteilungs|anzeige *f* letter of allotment/allocation; **Z.empfänger(in)** *m/f* allottee

zuträglich *adj* beneficial

auf etw. zutreffen *v/i* to apply to sth.; **Z.-des bitte ankreuzen** *nt* tick where applicable

Zutritt *m* *(Einlass)* admission, admittance, entry, access; **Z. verboten!** No admittance!, No entry!; **Z.srecht** *nt* right of access/entry

zuverlässig *adj* reliable, dependable; **Z.-keit** *f* reliability

zuvor *adv* theretofore; **etw. z.kommen** *v/i (verhindern)* to forestall/pre-empt sth.

Zuwachs *m* 1. increase; 2. *(autom. Steigerung)* increment; 3. *(Kapital)* accretion; 4. *(Erträge)* accrual

Zuwanderung *f* immigration; **Z.sgesetz** *nt* immigration act

zuweisen *v/t* to assign/allocate/grant

Zuweisung *f* 1. grant, allocation, assignment; 2. *(Haushaltsmittel)* appropriation; **Z. von (Geld)Mitteln** appropriation of funds; **Z.srecht** *nt* right of assignment

zuwenden *v/t* to bestow; **Z.de(r)** *f/m* donor

Zuwendung *f* 1. *(Schenkung)* bestowal, grant, gift, donation; 2. *(Testament)* bequest; **Z. machen** to donate

bedingungslose Zuwendung outright gift; **letztwillige Z.** testamentary gift; **unentgeltliche Z.** gratuitous grant, (free) gift

zuwider *adv* contrary to

zuwider|handeln *v/i* to contravene/infringe; **Z.handelnde(r)** *f/m* 1. offender, transgressor; 2. *(Unbefugte/r)* trespasser; **Z.handlung** *f* 1. contravention, offence, violation, infringement; 2. *(Nichteinhalten)* non-compliance

einer Sache zuwiderlaufen *v/i* to run counter to sth., to go against sth.

Zuzahlung *f* extra payment
zuziehen *v/ti* to consult; **jdn z.** *(Gutachter)* to consult so.
Zuzugsgenehmigung *f* permission to take up residence
Zwang *m* coercion, compulsion, duress; **unter Z.** *(Geständnis)* under duress; **Z. auf jdn ausüben** to exert pressure on so.
mittelbarer Zwang indirect pressure; **unmittelbarer Z.** direct pressure
zwanghaft *adj* compulsive, obsessive
Zwangs|abgabe *f* compulsory levy, statutory contribution; **Z.abtretung** *f* compulsory assignment; **Z.anwendung** *f* use of force; **unangemessene ~** improper/undue use of force; **Z.arbeit** *f* forced labour; **Z.auflösung** *f* compulsory winding-up; **Z.ausgleich** *m* compulsory settlement; **Z.beitreibung** *f* forcible collection; **Z.beurlaubung** *f* compulsory suspension from office; **Z.eintreibung** *f* forcible collection; **jdn z.einweisen** *v/t* to section so. (under the Mental Health Act) *[GB]*; **Z.einweisung** *f* compulsory hospitalization; **Z.enteignung** *f* (compulsory) expropriation; **z.ernähren** *v/t* to force-feed; **Z.ernährung** *f* force-feeding; **Z.geld** *nt* penalty payment, administrative fine; **Z.haft** *f* coercive detention; **Z.handlung** *f* compulsive act; **Z.jacke** *f* straitjacket; **Z.lage** *f* predicament; **z.läufig** *adj* inevitable; **Z.liquidation** *f* compulsory liquidation; **Z.lizenz** *f* compulsory licensing; **Z.maßnahme** *f* coercive measure; **Z.mitgliedschaft** *f* compulsory membership; **Z.mittel** *nt* means of coercion; **Z.pensionierung** *f* involuntary retirement; **Z.räumung** *f* eviction, ouster; **Z.veranlagung** *f* compulsory assessment; **Z.verfahren** *nt* coercive/compulsory proceedings; **Z.vergleich** *m* composition in bankruptcy; **Z.-verkauf** *m* compulsory/forced/judicial sale; **z.versteigern** *v/t* to sell by public auction; **Z.versteigerung** *f* 1. compulsory/judicial sale, auction ordered by the court, sale by court order; 2. *(von Beschlagnahmtem)* distress sale; **Z.vertrag** *m* tying contract; **z.verwaltet** *adj* under receivership; **Z.verwaltung** *f* receivership, judicial sequestration; **Z.verwaltungsverfügung** *f* receiving order
zwangsvollstreck|en *v/t* 1. to execute; 2. *(Hypothek)* to foreclose on sth. **Z.er** *m* executor; **Z.erin** *f* executrix
Zwangsvollstreckung *f* 1. enforcement/execution of a writ, distraint; 2. *(Hypothek)* foreclosure; **Z. aus einer Hypothek** foreclosure (on a mortgage); **~ betreiben** to foreclose on a mortgage; **Z. aussetzen** to suspend execution, to grant (a) stay of execution; **Z. betreiben** to levy a distress
Zwangsvollstreckungs|anordnung *f* *(Hypothek)* foreclosure decree; **Z.befehl** *m* writ of elegit *(lat.)*, warrant of attachment; **Z.klage** *f* foreclosure action; **Z.maßnahme** *f* executorial measure; **Z.recht** *nt* right to foreclose; **Z.verfahren** *nt* foreclosure proceedings; **Z.verkauf** *m* distress sale
Zwangsvorführung *f* compulsory attendance in court, ~ appearance before a judge
Zweck *m* purpose, object; **zu diesem Z.** therefor; **der Z. heiligt die Mittel** *(prov.)* the end justifies the means *(prov.)*; **einem bestimmten Z. dienen** to serve a particular purpose; **dem Z. entsprechen** to answer the purpose; **Z. verfolgen** to aim at sth.; **dem Z. des Gesetzes zuwiderlaufen** to contravene the intent of the law
ausschließlicher Zweck sole purpose; **für gewerbliche Z.e** for/commercial purposes; **unzulässiger Z.** inadmissible purpose
Zweck|änderung *f* change of intended use; **Z.bestimmung** *f* intended use; **~ von Mitteln** earmarking of funds; **z.dienlich** *adj* appropriate, expedient, useful, relevant, serviceable; **Z.dienlichkeit** *f* expedience, expediency, fitness for the purpose; **z.entfremden** *v/t* to misuse/misappropriate; **z.entfremdet** *adj* misappropriated, misused; **Z.entfremdung** *f* misuse, misappropriation; **z.entsprechend** *adj* appropriate; **Z.erreichung** *f* accomplishment of purpose; **z.gebunden** *adj* 1. for a specific purpose; 2. *(Mittel)* appropriated; **Z.gemeinschaft** *f* partnership of convenience; **z.mäßig** *adj* 1. suitable, appropriate; 2 *(ratsam)* advisable, expedient; **Z.mäßigkeit** *f* convenience, expedience, expediency, usefulness; **Z.mäßigkeitsprüfung** *f* evaluation of expediency; **Z.-Mittel-Beziehung** *f* means-end relation; **Z.verband** *f* joint venture; **Z.vermögen** *nt* special-purpose fund; **z.widrig** *adj* inappropriate; **Z.zuwendung** *f* specific-purpose transfer, earmarked gift

zweideutig *adj* ambiguous; **Z.keit** *f* ambiguity

Zweifel *m* 1. doubt; 2. *(Bedenken)* reservation; **im Z.** in (case of) doubt; **ohne jeden Z.** beyond all reasonable doubt; **im Z. für den Angeklagten sein** to give the accused the benefit of the doubt; **jeden vernünftigen Z. ausschließend** beyond reasonable doubt; **ohne jeden Z. schuldig sein** to be guilty beyond any reasonable doubt; **außer Z. stehen** to be beyond (all) doubt; **jds Z. zerstreuen** to dispel so.s doubts

begründeter vernünftiger Zweifel reasonable doubt; **berechtigter Z.** reasonable/legitimate doubt

zweifel|haft *adj* doubtful; **z.los** *adv* undoubtedly; **z.n** *v/i* to doubt

Zweifels|fall *m* doubt; **im ~** in (case of) doubt; **z.sfrei** *adv* beyond reasonable doubt

Zweig; Z.niederlassung; Z.stelle *m/f* branch

zwei|jährig *adj* two-year; **z.seitig** *adj* bilateral; **z.stellig** *adj* double-digit; **z.stufig** *adj* two-stage, two-tier

Zweit|gutachten *nt* second opinion; **z.rangig** *adj* secondary; **Z.schlüssel** *m* duplicate/spare key; **Z.schrift** *f* copy; **Z.vertrag** *m* secondary contract; **Z.waffe** *f* back-up weapon; **Z.wohnung** *f* second home; **Z.wohnungssteuer** *f* tax on holiday homes

ins Zwielicht geraten *nt* to lay os. open to suspicion; **z.ig** *adj* dubious, shady *(coll)*

Zwietracht stiften *f* to sow discord

zwingen *v/t* to bind/compel/coerce/force; **z.d** *adj* binding, compulsory, mandatory

Zwinger *m* kennel

Zwischen- interim, interlocutory

Zwischen|benutzungsrechte *pl (PatR)* intervening rights; **Z.bescheid; Z.entscheidung** *m/f* 1. interim note, provisional notification; 2. *(Gericht)* interim/interlocutory decision; **Z.fall** *m* incident; **~ mit Waffe** shooting incident; **Z.feststellungsklage** *f* petition for an interlocutory decision/declaration; **Z.finanzierung** *f* bridging finance; **z.staatlich** *adj* international; **Z.stufe** *f* intermediate stage; **Z.summe** *f* subtotal; **Z.urteil** *nt* interlocutory decision/judgment; **Z.verfahren** *nt* interlocutory proceedings; **Z.verfügung** *f* interim order; **Z.verkauf** *m* prior sale; **~ vorbehalten** subject to prior sale; **Z.vertrag** *m* provisional agreement; **Z.wand** *f* dividing wall, partition; **Z.zahlung** *f* intermediate payment

zwischenzeitlich *adj* interim

Z

Englisch – Deutsch

A

A

ab initio *(lat.)* von Anfang an, ex tunc *(lat.)*
abandon *v/t* 1. auf-, preisgeben, fallen lassen; 2. *(verzichten)* überlassen; 3. *(Kind/Tier)* aussetzen, verlassen; **a.ed** *adj* herrenlos
abandoning (of) an attempt *n* Rücktritt vom Versuch; **~ a child** Aussetzung eines Kindes, Kindesaussetzung *f*
abandonment *n* 1. Auf-, Preisgabe *f*; 2. Verlassen *nt*; **a. of an action** Rücknahme einer Klage; **~ the attempt to commit an offence** Rücktritt vom Versuch; **~ a business** Geschäftsaufgabe *f*; **~ a claim** Aufgabe eines Rechtsanspruchs; **~ intent (to commit a crime)** Rücktritt vom Versuch; **~ a property** Eigentumsaufgabe *f*; **a. clause** Abandonklausel *f*
abate *v/t* 1. *(Störung)* abstellen, beseitigen; 2. *(Gebühr)* niederschlagen
abatement *n* 1. Beseitigung *f*, Herabsetzung *f*; 2. *(Entbindung von einer Verpflichtung)* Erlass *m*; **a. of action** *(ZP)* Einstellung des Verfahrens; **~ a fee** Niederschlagung einer Gebühr; **~ a nuisance** Beseitigung einer Störung; **~ a penalty** Strafermäßigung *f*; **a. of tax** Steuernachlass *m*
abbreviat|e *v/t* *(Text)* (ab)kürzen; **a.ion** *n* (Ab)Kürzung *f*
abduct *v/t* entführen, verschleppen; **a.ion** *n* Entführung *f*; **~ of a child** Kindesentführung *f*; **~ of minors** Entführung/Entziehung Minderjähriger; **a.or** Entführer(in) *m/f*
abet *v/t* anstiften, begünstigen; **a.tal; a.ment; a.ting** *n* Beihilfe *f*, Begünstigung *f*; **a.tor** *n* Anstifter *m*, Begünstiger *m*
abeyance *n* 1. Außerkraftsetzung *f*; 2. Schwebezustand *m*; **in a.** 1. außer Kraft gesetzt; 2. in der Schwebe; **to be ~** zeitweilig außer Kraft sein, ruhen, schweben; **to leave ~** offen lassen
abeyant *adj* schwebend, in der Schwebe
abide by *v/prep* 1. sich halten an, festhalten an; 2. befolgen, einhalten; **I ~ what I have said** ich bleibe bei meiner Aussage
abiding by the contract *n* Festhalten am Vertrag
ability *n* Fähigkeit *f*; **a. to deliver** Lieferfähigkeit *f*; **~ judge** Urteilsfähigkeit *f*; **~ pay** Zahlungsfähigkeit *f*, Solvenz *f*; **~ work** Arbeitsfähigkeit *f*; **to prejudice/impair so.'s ~ work** jds Arbeitsfähigkeit beeinträchtigen; **professional a.** berufliche Fähigkeit
abjure *v/t* abschwören
able *adj* fähig; **a. to drive** *(Person)* fahrtüchtig; **~ judge** urteilsfähig; **a.-bodied** *adj* *(Person)* einsatz-, erwerbsfähig
abnormal *adj* abnorm, ungewöhnlich
abode *n* Aufenthalt(sort) *m*, Wohnsitz *m*; **of no/without fixed a.** ohne festen Wohnsitz/Aufenthalt, nicht sesshaft; **fixed/permanent a.** fester Wohnsitz; **usual a.** gewöhnlicher Aufenthalt
aboli|sh *v/t* abschaffen; **a.tion** Abschaffung *f*
abomination *n* Schandtat *f*
abort *v/t* abtreiben, Schwangerschaft abbrechen
abortion *n* Abtreibung *f*, Abbruch der Schwangerschaft, Schwangerschaftsabbruch *m*, Abort *m*, Tötung der Leibesfrucht; **to have an a.** Kind abtreiben lassen
above *adv* oben; **a.-mentioned (a/m)** oben erwähnt/genannt
abridge *v/t* *(Text)* (ver)kürzen; **a.ment** *n* Kürzung *f*
abroad *adv* im/ins Ausland
abrogat|e *v/t* *(Gesetz)* aufheben, außer Kraft setzen; **a.ion** Abrogation *f*, Außerkraftsetzung *f*
abscond *v/i* *(Gewahrsam)* sich (durch Flucht) entziehen, fliehen; **a.er** Flüchtige(r) *f/m*
absence *n* Abwesenheit *f*, Aus-, Fernbleiben *nt*, Fehlen *nt*, Nichtanwesenheit *f*; **in the a. of** mangels, in Abwesenheit der/des/von, in Ermangelung von; **~ proof to the contrary** in Ermangelung des Gegenbeweises; **~ any provision to the contrary** mangels gegenseitiger Vereinbarung
absence of consideration Fehlen der Gegenleistung; **~ intention** Mangel des Willens; **a. without (official) leave (AWOL)** unerlaubtes Fernbleiben vom Dienst, unerlaubte Entfernung, unentschuldigtes Fehlen/Fernbleiben, eigenmächtige Abwesenheit
absent *adj* abwesend; **to be a.** fehlen, aus-

A

bleiben; **a.ee** *n* Abwesende(r) *f/m*; **a.ee-ism** *n* häufige Abwesenheit, Absentismus *m*

absente reo *(lat.)* in Abwesenheit des Angeklagten

absolute *adj* *(Urteil)* endgültig

absolvitor *n* *[Scot.]* Freispruch

abstain (from) *v/i* sich enthalten, unterlassen, Abstand nehmen von

abstention *n* (Stimm)Enthaltung *f*; **a. from voting** Wahlenthaltung *f*; **~ competitive activity** Unterlassung von Konkurrenztätigkeit

abstract *adj* abstrakt

abstract from the land (charges) register *n* Grundbuchabschrift *f*, Grundbuchauszug *m*; **a. of record** Aktenauszug *m*; **a. from a register** Registerauszug *m*; **~ the cadastral survey** Katasterauszug *m*; **a. of title** *(Grundbuch)* Auszug *m*, Eigentumsnachweis *m*, Grundbuchabschrift *f*, Grundbuchauszug *m*

abstraction *n* Abstraktion *f*; **a. of electricity** Entziehung elektrischer Energie; **a. principle** *(Vertragsrecht)* Abstraktionsprinzip *nt*

abuse *n* 1. *(Amt, Macht, Verfahren)* Missbrauch *m*; 2. Misshandlung *f*, *(Kinder)* Missbrauch *m*, Schändung *f*; 3. Beschimpfung(en) *f/pl*

abuse of authority Amts-, Befehlsmissbrauch *m*, Missbrauch der Amtsgewalt, Verletzung der Amtspflichten; **~ to represent another** Missbrauch der Vertretungsmacht; **a. of disciplinary authority** Missbrauch der Disziplinargewalt; **~ charges** Missbrauch von Schutzbefohlenen; **~ confidence** Vertrauensmissbrauch *m*; **~ discretion** Ermessensfehler *m*, Ermessensmissbrauch *m*, Missbrauch des Ermessens; **~ pharmaceutical drugs** Medikamentenmissbrauch *m*; **~ form over substance** Gestaltungsmissbrauch *m*; **~ a name** Namensmissbrauch *m*; **~ a pawn/pledge** Pfandmissbrauch *m*; **~ power** Machtmissbrauch *m*, Missbrauch von Macht; **~ discretionary powers** Missbrauch der Ermessensfreiheit; **~ official powers** Missbrauch der Amtsgewalt, Missbrauch im Amt; **~ process** Verfahrensmissbrauch *m*; **~ a right** Missbrauch eines Rechts, Rechtsmissbrauch *m*, missbräuchliche Rechtsausübung; **~ legal structurings** Missbrauch von Gestaltungsmöglichkeiten

physical abuse körperliche Misshandlung; **premeditated a.** vorsätzliche körperliche Misshandlung

sexual abuse sexueller Missbrauch; **~ of charges** sexueller Missbrauch von Schutzbefohlenen; **~ children resulting in death** sexueller Missbrauch von Kindern mit Todesfolge; **~ juveniles** sexueller Missbrauch von Jugendlichen; **~ persons unable to put up resistance; ~ persons unable to resist** sexueller Missbrauch widerstandsunfähiger Personen; **verbal a.** Verbalinjurie *f*

abuse *v/t* 1. missbrauchen; 2. misshandeln, schänden; 3. beschimpfen

abuse proceedings Missbrauchsverfahren *nt*

abusive *adv* 1. missbräuchlich; 2. beleidigend

abut (up)on *v/prep* grenzen an; **a.ter** *n* Angrenzer *m*, Anlieger *m*, Anrainer *m*

accede to *v/prep* 1. *(Meinung)* bei-, zustimmen; 2. *(Abkommen)* beitreten

accelerat|e *v/ti* (sich) beschleunigen; **a.ion** *n* Beschleunigung *f*; **~ clause** Fälligkeitsklausel *f*

accept *v/t* ab-, entgegennehmen, akzeptieren, in Empfang nehmen; **a.able** *adj* annehmbar

acceptance *n* 1. An-, Empfang-, Entgegennahme *f*; 2. Abnahme *f*; 3. *(Wechsel)* Akzept *nt*; 4. Inkaufnahme *f*; **a. of benefit** Vorteilsannahme *f*; **a. for collection** Inkassoakzept *nt*; **a. of a contract** Vertragsannahme *f*; **~ delivery** Lieferungsannahme *f*; **~ a gift** Schenkungsannahme *f*; **~ goods** Abnahme der Ware; **~ the inheritance** Erbschaftsannahme *f*, Annahme der Erbschaft; **~ a mortgage** Hypothekenübernahme *f*; **~ an offer** Annahme eines Angebotes; **~ an order** Auftragsannahme *f*, Annahme eines Auftrags; **a. in lieu of payment** Annahme an Zahlungs statt; **a. by performance** Annahme durch Leistung; **a. of performance** Erfüllungsannahme *f*, Annahme der Leistung; **a. in lieu of performance** Annahme an Erfüllungs Statt; **a. by silence** stillschweigende Annahme

to refuse acceptance Annahme verweigern; **delayed a.** Verzug der Annahme; **documentary a.** Rembours *m*; **partial a.** Teilannahme *f*; **tacit a.** stillschweigende Annahme

A

acceptor *n* 1. Annehmende(r) *f/m*, Hereinnehmer(in) *m/f*; 2. Wechselnehmer(in) *m/f*, Akzeptant *m*
access *n* Zugang *m*, Zutritt *m*; **a. to the children** Besuchsrecht *nt*, persönlicher Verkehr mit Kindern; **~ the courts of law** Zugang zu den Gerichten; **~ the records** Akteneinsicht *f*, Zugang zu den Daten; **~ a solicitor** Recht auf einen Anwalt
to block so.'s access jdm die Zufahrt versperren; **to gain a.** Zugang erlangen; **to have a. to sth.** Zugang zu etw. haben; **to provide a. (to)** Zugriff ermöglichen (auf)
unimpeded access ungehinderter Zugang; **unrestricted public a.** Gemeingebrauch *m*; **vehicular a.** Zufahrtsmöglichkeit *f*
access sth. *v/t* *(Daten)* auf etw. zugreifen
access authorization Zugriffsberechtigung *f*; **a. road** Zufahrtsstraße *f*
accessibility *n* *(Erreichbarkeit)* Zugänglichkeit *f*
accession *n* 1. Akzession *f*; 2. Beitritt *m*; **a. of property** Vermögensanfall *m*; **a. to a treaty** Vertragsbeitritt *m*; **a. country** *(EU)* Beitrittsland *nt*
accessories *pl* Zubehör *nt*; **a. and spare parts** Zubehör und Ersatzteile
accessoriness *n* Akzessorietät *f*
accessory *n* 1. *(StR)* (Tat)Gehilfe *m*, Helfershelfer(in) *m/f*, Mitschuldige(r) *f/m*, Mittäter(in) *m/f*, Mitwisser(in) *m/f*; 2. Zubehörstück *nt*, Zubehörteil *nt*; 3. Teilnehmer(in) *m/f*; **a. after the fact** 1. Begünstiger(in) *m/f*; 2. *(Personenhehlerei)* Hehler(in) *m/f*; 3. Helfershelfer(in) *m/f*; 4. nach Begehung der Tat Beteiligter; **a. before the fact** 1. Helfershelfer(in) *m/f*; 2. vor Begehung der Tat Beteiligter
accident *n* 1. Unfall *m*, Unglücksfall *m*; 2. Zufall *m*; **by a. or by design** zufällig oder absichtlich; **a. sustained on duty** Dienstunfall *m*; **a. involving game** Wildunfall *m*; **a. at work** Arbeits-, Betriebsunfall *m*; **person involved in an a.** Unfallbeteiligte(r) *f/m*
to have an accident verunglücken; **to be involved in an a.** in einen Unfall verwickelt sein, verunglücken; **to report an a.** Unfall melden; **to witness an a.** Zeuge eines Unfalls sein
damage-only accident Unfall mit Sachschaden; **drink-related a.** Verkehrsunfall unter Alkoholeinwirkung; **hit-and-run a.** Verkehrsunfall mit Fahrerflucht, unerlaubtes Entfernen vom Unfallort; **industrial a.** Arbeits-, Betriebs-, Werksunfall *m*; **occupational a.** Arbeitsunfall *m*
accident black spot Unfallschwerpunkt *m*; **a. cover(age)** Insassenunfallschutz *m*; **(personal) a. insurance** Unfallversicherung *f*; **third-party ~** Unfallhaftpflichtversicherung *f*; **a. pension** Unfallrente *f*; **a. prevention** Gefahrenabwehr *f*, Gefahren-, Unfallverhütung *f*; **a. report** Unfallanzeige *f*, Unfallmeldung *f*; **a. scene/site** Unfallort *m*; **a. victim** Unfallopfer *nt*, Verunglückte(r) *f/m*
accidental *adj* 1. zufällig, akzidentiell; 2. unabsichtlich, versehentlich, unbeabsichtigt; 3. Unfall-
accident-free *adj* unfallfrei; **a.-prone** *adj* unfallgefährdet, gefahrgeneigt
elected by acclamation *n* durch Zuruf gewählt
accommodat|e *v/t* 1. beherbergen, unterbringen; 2. Platz haben für, enthalten; 3. dienen, entgegenkommen; **a.ing** *adj* entgegenkommend, kulant
accommodation *n* 1. Beherbergung *f*, Quartier *nt*, Unterbringung *f*; 2. Gefälligkeit *f*; **to live in rented a.** zur Miete wohnen
accommodation acceptance Gefälligkeitsakzept *nt*; **a. address** Deck-, Gefälligkeits-, Briefkastenadresse *f*; **a. agreement** Gefälligkeitsabrede *f*, Gefälligkeitsvertrag *m*; **a. bill** Gefälligkeitswechsel *m*; **a. contract** Beherbergungsvertrag *m*; **a. endorsement** Gefälligkeitsgiro *nt*; **a. fraud** Beherbergungsbetrug *m*; **a. register** Wohnungsnachweis *m*; **a. unit** Wohneinheit *f*
accompanying *adj* zugehörig, begleitend
accomplice 1. *(StR)* Gehilfe *m*, Helfershelfer(in) *m/f*, Komplize *m*, Mitbeteiligte(r) *f/m*, Mitschuldige(r) *f/m*, Mittäter(in) *m/f*, Tatbeteiligte(r) *f/m*; 2. Teilnehmer(in) *m/f*; **a. in an escape** Fluchthelfer(in) *m/f*
accomplish *v/t* leisten, vollenden; **a.ment** *n* Leistung *f*, Vollendung *f*; **~ of purpose** Zweckerreichung *f*
accord *n* 1. Abrede *f*, Absprache *f*, Einverständnis *nt*, Übereinstimmung *f*, Einklang *m*; 2. Abkommen *nt*, Übereinkommen *nt*, Übereinkunft *f*; **to be in a. with sth.** mit etw. im Einklang stehen; **a. and**

satisfaction Abfindung *f*, vergleichsweise Erfüllung

accord *v/t* 1. einräumen, gewähren; 2. übereinstimmen

in accordance (with) *n* 1. *(sich gleichend)* übereinstimmend, in Übereinstimmung mit; 2. gemäß, in Gemäßheit, laut, nach Maßgabe (von); **to be ~** übereinstimmen, entsprechen, in Einklang stehen mit

according to *prep* laut, nach; **a. to which** demzufolge, laut dem; **a.ly** *adv* entsprechend

account *n* 1. Konto *nt*; 2. Rechenschaft *f*; 3. Rechnung *f*; 4. Schilderung *f*; **taking into a.** unter Abwägung/Berücksichtigung von, mit Rücksicht auf; **not ~** ohne Rücksicht auf; **on a. of** wegen; **~ one's own a.** auf eigene Rechnung; **~ so.'s a. and at so.'s risk** auf jds Rechnung und Gefahr

to attach an account Konto pfänden; **to audit an a.** Konto prüfen; **to call so. to a. for sth.** jdn für etw. zur Rechenschaft/Verantwortung ziehen; **to close an a.** Konto auflösen; **to debit an a.** Konto belasten; **to enter in an a.** auf einem Konto verbuchen; **to freeze an a.** Konto sperren; **to give an a. of** schildern; **to keep a.s** Buch führen; **to open an a.** Konto anlegen; **to pay into an a.** auf ein Konto einzahlen; **to sell on one's own a.** auf eigene Rechnung verkaufen; **to take into a.** anrechnen, berücksichtigen

blocked account Sperrkonto *nt*; **current a.** 1. Kontokorrent *m*, laufendes Konto; 2. laufende Rechnung; **~ reservation** Kontokorrentvorbehalt *m*; **earmarked a.** zweckgebundenes Konto; **fiduciary a.** Anderkonto *nt*; **forged a.s** manipulierte Bilanzen; **frozen a.** gesperrtes Konto, Sperrkonto *nt*; **inactive a.** umsatzloses Konto; **itemized a.** detaillierte Rechnung; **joint a.** gemeinsames Konto; **outstanding a.** Buchforderung *f*, ausstehende/fällige/offene Rechnung; **overdrawn a.** überzogenes Konto; **pro-forma a.** fingierte Rechnung, Proformarechnung *f*; **unsettled a.** offene Rechnung

account for *v/prep* 1. Rechenschaft ablegen/geben über, verantworten; 2. erklären; 3. ausmachen

account contract Kontovertrag *m*; **a. receivable** Buchforderung *f*; **a. holder** Kontoinhaber(in) *m/f*; **a. movement** Kontobewegung *f*; **a. statement** Kontoauszug *m*; **a. transaction** Kontobewegung *f*

accountab|ility *n* 1. Rechenschaftslegungs-, Rechenschaftspflicht *f*; 2. Verantwortlichkeit *f*; **a.le** *adj* 1. rechenschaftspflichtig; 2. verantwortlich

accountancy *n* Buchführung *f*, Buchhaltung *f*; **false ~** Bilanzfälschung *f*

accountant *n* Buchhalter *m*; **certified public a. (CPA)** *[US]* vereidigter Rechnungsprüfer; **chartered a.** Rechnungs-, Wirtschaftsprüfer(in) *m/f*

accounting *n* Buchführung *f*; Buchhaltung *f*; Rechnungslegung *f*; **a. department** Buchhaltung(sabteilung) *f*; **a. directives act** Bilanzrichtliniengesetz *nt;* **a. law** Bilanzrecht *nt*; **a. loss** Buchverlust *m*; **a. period** Abrechnungs-, Bilanz-, Rechnungszeitraum *m*; **a. rules** Bilanzierungs-, Buchführungs-, Rechnungslegungsvorschriften

account-keeping *adj* kontoführend

accounts *pl* Bilanz *f*, Rechnungsabschluss *m*; **a. receivable** Außenstände, (Buch)Forderungen; **annual a.** Jahresabschluss *m*, Jahresabrechnung *f*; **audited ~** geprüfter Jahresabschluss

accredit *v/t* *(Völkerrecht)* akkreditieren; **a.ation** *n* Akkreditierung *f*

accretion *n* 1. Anwachsung *f*; 2. *(Kapital)* Zuwachs *m*; **a. by inheritance** Erbzuwachs *m*

accrual *n* 1. Anfall *m*, Anwachsung *f*, Auflaufen *nt*, Zugewinn *m*; 2. *(Geld)* Ansammlung *f*, Zugang *m*; 3. Aufkommen *nt*; 4. *(Anspruch, Recht)* Entstehung *f*; 5. *(Zins)* Zuwachs *m*; 6. *(Steuer)* Rückstellung *f*, Rechnungsabgrenzungsposten (RAP) *m*; **a. of the cause of action** Entstehung des Klageanspruchs; **~ a claim** Entstehung eines Anspruchs; **a.s for future expenses** Aufwandsrückstellungen; **a. of an inheritance** Erbanfall *m*; **~ interest** Auflaufen von Zinsen; **a. for pensions** Pensionsrückstellung *f*; **~ necessary repairs** Rückstellung für unterlassene Instandhaltung; **~ of a right** Anfall/Entstehung eines Rechts; **a. for severance payments** Rückstellung für Entlassungsentschädigungen

accrual date Fälligkeitstag *m*; **a. posting** Abgrenzungsbuchung *f*

A

accru|e *v/i* 1. anfallen, anwachsen, aufkommen, auflaufen; 2. *(Haftung)* eintreten; 3. entstehen, erwachsen; 4. zufallen; 5. *(Gewinn)* zufließen; **a.ed** *adj* angewachsen; **a.ing** *adj* anfallend
accumulate *v/t* kumulieren
accumulation *n* Kumulation *f*, Kumulierung *f*; **a. of offences** Realkonkurrenz *f*; **~ offices** Kumulierung von Ämtern; **a. principle** Kumulationsprinzip *nt*
accuracy *n* Richtigkeit *f*; **a. and completeness** Richtigkeit und Vollständigkeit; **to challenge the a. of a statement** die Richtigkeit einer Aussage bezweifeln
accusation *n* 1. *(formlos)* Anklage *f*; 2. An-, Beschuldigung *f*, Bezichtigung *f*; **false a.** Falschanzeige *f*, falsche Anschuldigung/Beschuldigung; **unfounded a.** grundlose Beschuldigung
accusatorial; accusatory *adj* beschuldigend, anklagend, Anklage-
accuse *v/t* 1. anklagen; 2. beschuldigen, bezichtigen, vorwerfen; **a. so. of sth.** jdm etwas zur Last legen, jdn wegen etw anschuldigen; **to be a.d (of)** beschuldigt werden
the accused *n* Angeklagte(r) *f/m*; **~ after committal to trial** *[GB]* *(Eröffnung des Hauptverfahrens)* Angeklagte(r) *f/m*; **~ prior to committal** *[GB]* *(öffentliche Klageerhebung)* Angeschuldigte(r) *f/m*; **to acquit ~** den Angeklagten freisprechen; **to give ~ the benefit of the doubt** im Zweifel für den Angeklagten sein
achieve *v/t* erreichen, leisten; **a.ment** Leistung *f*
acknowledg|e *v/t* 1. anerkennen, eingestehen; 2. quittieren; **a.(e)ment** 1. Anerkenntnis *nt*, Anerkennung *f*; 2. Bestätigung *f*; **~ of guilt** Schuldbekenntnis *nt*; **~ liability** Anerkenntnis der Haftung; **~ paternity** Vaterschaftsanerkenntnis *f*; **~ service** Empfangsbestätigung *f*
acquiesce (in) *v/prep* 1. stillschweigend dulden/billigen, hinnehmen; 2. sich fügen; **a.nce** *n* 1. stillschweigende Zustimmung/Einwilligung/Billigung; 2. Duldung *f*; 3. Sichfügen *nt*, Nachgeben *nt*
acquire *v/t* 1. erwerben, erlangen; 2. *(Gewohnheit)* sich aneignen
acquiror *n* Erwerber(in) *m/f*; **a. in bad faith** bösgläubiger Erwerber; **~ good faith** gutgläubiger Erwerber; **authorized a.** Erwerbsberechtigte(r) *f/m*; **subsequent a.** Nacherwerber *m*
acquisition *n* Erwerb *m*, Erwerbung *f*, Anschaffung *f*; **a. in good faith** gutgläubiger Erwerb, Gutglaubenserwerb *m*; **a. of land** Grunderwerb *m*; **a. by prescription** Buchersitzung *f*, Erwerb durch Ersitzung; **a. of property** Eigentums-, Grund-, Grundstücks-, Vermögenserwerb *m*; **bona-fide ~ property** gutgläubiger Eigentumserwerb; **~ a right** Erwerb eines Rechts, Rechtserwerb *m*; **~ title** Eigentumserwerb *m*; **bona-fide ~ title** gutgläubiger Eigentumserwerb; **derivative ~ title** abgeleiteter/derivativer Eigentumserwerb; **original ~ title** originärer/ursprünglicher Eigentumserwerb
bona-fide acquisition redlicher Erwerb, Gutglaubenserwerb *m*; **conditional a.** bedingter Erwerb; **derivative a.** abgeleiteter/derivativer Erwerb; **first-time a.** Ersterwerb *m*; **gratuitous a.** unentgeltlicher Erwerb; **illegal a.** Erschleichung *f*; **new a.** Neuanschaffung *f*, Neuerwerb *m*; **original a.** originärer Erwerb; **surreptitions a.** Erschleichung *f*
acquisition costs Anschaffungskosten
acquisitiveners *n* Gewinnsucht *f*
acquit *v/t* freisprechen; **a.tal; a.tance** *n* Freispruch *m*, Freisprechung *f*; **to plead for an ~** auf Freispruch plädieren; **honourable ~** Freispruch wegen erwiesener Unschuld
act *n* 1. Gesetz *nt*, Akte *f*; 2. Handlung *f*, Tat(handlung) *f*; 3. Rechtsgeschäft *nt*; **as defined by the a.** im Sinne des Gesetzes; **in the a.** bei der Ausführung, auf frischer Tat, in flagranti *(lat.)*
act of aggression Angriffshandlung *f*; **~ assent** Zustimmungsgesetz *nt*; **~ bankruptcy** Konkurshandlung *f*; **~ fraudulent bankruptcy** Konkursdelikt *nt*; **~ clemency** Begnadigungs-, Gnadenakt *m*; **a. preparatory to the commission of an offence** Vorbereitungshandlung *f*; **~ courtesy** Gefälligkeit *f*; **~ deception** Täuschungshandlung *f*; **~ desperation/despair** Verzweiflungstat *f*; **~ discretion** Ermessensakt *m*, Ermessenshandlung *f*; **~ God** Elementar-, Naturereignis *nt*, höhere Gewalt; **~ government** Regierungshandlung *f*; **a. committed in the heat of passion** Affekthandlung *f*; **a. of honour** Ehreneintritt *m*; **~ indecency** unzüchtige Handlung; **~ gross indecency** grob anstößige und belästigende Handlung;

A

~ **public indecency** öffentliche unzüchtige Handlung *[A]*; ~ **infringement** Verletzungshandlung *f*; ~ **justice** Justitium *(lat.)*; **by a. of law** ipso jure *(lat.)*; **a. in law** rechtsgeschäftliche Willenserklärung; **a. of legislation** Gesetzgebungsakt *m*; ~ **mercy** Gnadenakt *m*; **a.s and omissions** Handlungen und Unterlassungen

act of a party Parteihandlung *f*; **bilateral ~ the parties** zweiseitige Willenserklärung; **procedural ~ a party** Prozesshandlung *f*

act of revenge Racheakt *m*; ~ **sabotage** Sabotageakt *m*, Sabotagehandlung *f*; ~ **sovereignty** Hoheitsakt *m*; ~ **state** Staats-, Hoheitsakt *m*, Hoheitshandlung *f*; ~ **violence** Gewalttat *f*, Gewalttätigkeit *f*; ~ **volition** Willenshandlung *f*, Willensakt *m*; ~ **war** kriegerische Handlung

to amend an act Gesetz ändern; **to be caught in the very a.** auf frischer Tat/in flagranti ertappt werden; **to commit an a.** Handlung begehen/vornehmen; ~ **ultra vires a.** seine Kompetenzen überschreiten; **to implement an a.** Gesetz umsetzen; **to refrain from committing an a.** Handlung unterlassen; **to repeal an a.** Gesetz aufheben

administrative act Verwaltungsakt *m*, Verwaltungshandlung *f*; **to contest an ~** Verwaltungsakt anfechten; **anti-discrimination a.** Antidiskriminierungsgesetz *nt*; **amending a.** Nachtragsgesetz *nt*; **arbitrary a.** Willkürakt *m*, willkürliche Handlung, Eigenmächtigkeit *f*; **compulsive a.** Zwangshandlung *f*; **criminal a.** strafbare Handlung; **culpable a.** schuldhafte Handlung; **damaging a.** schädigende Handlung; **exhibitionist a.** exhibitionistische Handlung; **federal a.** Bundesgesetz *nt*; **fictitious a.** Scheinhandlung *f*; **final a.** Schlussakte *f*; **forbidden a.** verbotene Handlung; **fraudulent a.** Betrugshandlung *f*, betrügerische Handlung; **hostile a.** Feindeshandlung *f*, feindliche Handlung; **implied a.** konkludente Handlung; **indecent a.s with children** sexueller Missbrauch von Kindern; **injurious a.** schädigende Handlung, Verletzungshandlung *f*; **interim a.** Übergangsgesetz *nt*; **introductory a.** Einführungsgesetz *nt*; **judicial a.** gerichtliche/richterliche Handlung; **legal a.** Rechtsakt *m*, Rechtsakte *f*, Rechtshandlung *f*; ~ **of a party** rechtsgeschäftliche Willenserklärung; **legislative a.** Gesetzgebungsakt *m*; **malicious a.** böswillige Handlung; **negligent a.** fahrlässige Handlung; **notarial a.** Notariatsakt *m*; **official a.** Amts-, Diensthandlung *f*; **omnibus a.** Rahmen-, Mantelgesetz *nt*; **operative a.** rechtsgestaltende Handlung; **overt a.** offenkundige Handlung; **physical a.** Realakt *m*; **preparatory a.** Vorbereitungshandlung *f*; **punishable a.** Straftat *f*, strafbare Handlung; **repealing a.** aufhebendes Gesetz; **sexual a.** sexuelle Handlung; **sovereign a.** Hoheits-, Hoheitshandlung *f*, Souveränitätsakt *m*; **tortious a.** Delikt *nt*, unerlaubte Handlung; **total a.** Gesamtakt *m*; **transitional a.** Überleitungsgesetz *nt*; **unconstitutional a.** verfassungswidriges Gesetz; **unilateral a.** einseitige Handlung; **unlawful a.** widerrechtliche/rechtswidrige Handlung, ~ Tat; **wilful a.** mutwillige/vorsätzliche Handlung; **wrongful a.** Missetat *f*

act *v/i* 1. handeln; 2. amtieren; **a. ultra vires** *(lat.)* seine Befugnisse/Zuständigkeit/Vollmacht überschreiten, außerhalb seiner Vertretungsbefugnis handeln; **a. unlawfully** rechtswidrig handeln; **a. wilfully** vorsätzlich handeln

acting *n* Handeln *nt*; **a. in breach of contract** vertragswidriges Verhalten; ~ **good faith** gutgläubiges Handeln; **a. with foresight** vorausschauendes Handeln; **a. negligently** fahrlässiges Handeln; **a. under orders** Befehlsnotstand *m*, Handeln auf Befehl; **a. for another party** Handeln für einen anderen; **a. as principal and agent** Insichgeschäft *nt*; **a. at one's own risk** Handeln auf eigene Gefahr; **a. ultra vires** *(lat.)* Kompetenz-, Vollmachts-, Zuständigkeitsüberschreitung *f*, Überschreitung der Befugnisse; **a. unlawfully** rechtswidriges Handeln

acting *adj* stellvertretend; **a. without proper authority** eigenmächtig

action *n* 1. Eingreifen *nt*, Handeln *nt*, Handlung *f*, Tun *nt*; 2. Klage *f*, Klage-, Streitsache *f*, Rechtsstreit *m*; 3. (zivilrechtlicher) Prozess; 4. Einschreiten *nt*, Vorgehen *nt*; **for further a.** zur weiteren Veranlassung; **pending a.** anhängige Klage, anhängiger Rechtsstreit; ~ **the a.** *[GB]* während der Dauer des Prozesses; **immediate a. is required** sofortiges Eingreifen ist erforderlich; **the a. does not lie** die Klage ist unzulässig; **~ lies** die Klage ist gegeben/zulässig

action for abatement Eigentumsfreiheitsklage *f*; **~ annulment** Nichtigkeitsklage *f*; **a. of assumpsit** *(lat.)* Erfüllungsklage *f*, Schaden(s)ersatzklage wegen Nichterfüllung; **a. for avoidance** *(Willenserklärung)* Anfechtungs-, Aufhebungsklage *f*; **to bring an ~ avoidance** Aufhebungsklage erheben; **a. on a bill (of exchange)** Wechselklage *f*; **a. against a public body** Organklage *f*; **a. to establish a boundary line** Grenzfeststellungsklage *f*; **a. for breach of contract** Klage wegen Vertragsverletzung, Mängelklage *f*; **~ cancellation** Löschungsklage *f*; **a. to cease and desist** *[US]* Unterlassungsklage *f*; **a. on a claim to succession** Erbrechtsklage *f*; **a. to dissolve a contract** Wandelungsklage *f*; **a. in a constitutional court** Verfassungsklage *f*; **a. for recovering debts** Schuldklage *f*

action for damages Klage auf Schaden(s)ersatz, Schaden(s)ersatzklage *f*; **to bring an ~** eine Schaden(s)ersatzklage einreichen

action for defamation Beleidigungsklage *f*; **a. in/of detinue** Herausgabe-, Vindikationsklage *f*; **to bring an a. of detinue** auf Herausgabe klagen; **a. concerning real estate** Immobiliarklage *f*; **a. against enforcement; a. to oppose enforcement** Impugnations-, Vollstreckungsabwehrklage *f*; **a. for ejectment/eviction** *[US]* Besitzentziehungs-, Räumungsklage *f*; **~ unjust enrichment; a. on the grounds of unjust enrichment** Bereicherungsklage *f*; **a. ex contractu** *(lat.)* Vertragsklage *f*; **a. to oppose execution** Vollstreckungsgegenklage *f*; **a. on the grounds of failure to act** Untätigkeitsklage *f*; **a. to obtain information** Auskunftsklage *f*; **a. for infringement of a trademark** Warenzeichenverletzungsklage *f*; **~ recovery of an inheritance** Erbschaftsklage *f*

action for an injunction Unterlassungsklage *f*, negatorische Klage; **~ a permanent injunction** *[US]* Unterlassungsklage *f*

action of intervention Interventionsklage *f*

action for an affirmative judgment Leistungsklage *f*; **~ a declaratory judgment** Feststellungsklage *f*; **~ a declaratory judgment on ownership** Eigentumsfeststellungsklage *f*

action of the law legis actio *(lat.)*; **a. for maintenance** Unterhaltsklage *f*; **a. against a neighbour** Nachbarklage *f*; **a. for nonperformance** Schaden(s)ersatzklage wegen Nichterfüllung; **~ nullification** *(Ehe)* Aufhebungsklage *f*; **a. based on ownership** Klage aus Eigentum; **a. involving a parent-child relationship** Kindschaftsache *f*; **a. on a part of the claim** Teilklage *f*; **a. for partition** *(Grundstück)* Teilungsklage *f*; **a. brought by a third party** Drittklage *f*; **a. to determine paternity** Vaterschaftsklage *f*; **a. for further payment** Nachforderungsklage *f*; **~ (specific) performance** Leistungs-, Erfüllungs-, Herstellungs-, Vornahmeklage *f*, Klage auf Vertrags-, Naturalerfüllung; **a. in personam** *(lat.)* schuldrechtliche Klage; **a. for possession; a. to recover possession** Herausgabe-, Räumungsklage *f*, Klage auf Herausgabe; **a. to reduce the price** Minderungsklage *f*; **a. concerning property** Immobiliarklage *f*; **a. to recover property** Vindikationsklage *f*; **a. for recourse** Regressklage *f*; **~ recovery of a debt** Forderungsklage *f*; **~ the recovery of goods** *(bewegliche Sachen)* Herausgabeklage *f*; **~ a change of legal relationships** Gestaltungsklage *f*; **a. in rem** *(lat.)* dingliche Klage

action for replevin Klage auf Wiedereinräumung des Besitzes; **a. in replevin** Drittwiderspruchsklage *f*; **a. of replevin** Interventions-, Mobiliarklage *f*

action for repossession Grundstücksräumungsklage *f*; **~ restitution** Kondiktion *f*, Restitutionsklage *f*, Klage auf Herausgabe; **~ retrial of a case** Klage auf Neuverhandlung/Wiederaufnahme; **~ the return of property** *(unbewegliche Sachen)* Herausgabeklage *f*; **~ the modification of rights** Gestaltungsklage *f*; **~ satisfaction** Leistungsklage *f*; **~ preferential satisfaction** Vorzugsklage *f*; **a. to set aside** *(Urteil)* Anfechtungsklage *f*; **a. for a share in the distribution quota** Auseinandersetzungsklage *f*; **a. by stages** Stufenklage *f*

action for civil status Personenstandsklage *f*; **a. to change the legal status** Rechtsgestaltungskage *f*; **~ determine so.'s personal status** Statusklage *f*

action to gain title Klage auf Eigentumsverschaffung; **a. in tort** Klage aus unerlaubter Handlung; **a. of trespass** Besitzstörungsklage *f*; **a. for own use of possession** Eigenbedarfsklage *f*; **a. in violation of international law** völkerrechtswidrige Handlung; **a. under a warranty** Gewährleistungsklage *f*
to bring/file an action Klage einreichen, verklagen; **~ against so** jdn verklagen, gegen jdn Klage einreichen, ~ einen Prozess anstrengen; **~ for rescission** auf Vertragsaufhebung klagen; **to be responsible for one's a.s** zurechnungsfähig sein; **to dismiss an a.** Klage abweisen; **to fail to take a.** untätig bleiben/sein, Maßnahmen unterlassen; **to protract an a.** Prozess verschleppen; **to refrain from taking a.** von einer Klage absehen; **to take a.** einschreiten, Maßnahmen ergreifen, tätig werden, vorgehen; **~ against so.** gegen jdn Klage erheben, jdn verklagen
administrative action Verwaltungsklage *f*; **affirmative a.** *[US]* Antidiskriminierung *f*, positive Diskriminierung, Quotenregelung *f*; **appropriate a.** angemessenes Einschreiten/Handeln; **arbitrary a.** eigenmächtiges Vorgehen; **bailable a.** Verfahren mit zulässiger Kautionsstellung; **civil a.** Zivilklage *f*, Zivilprozess *m*, Zivilrechtsstreit *m*, bürgerlicher Rechtsstreit, bürgerliche Rechtsstreitigkeit; **~ incidental to criminal proceedings** *(StR)* Nebenklage *f*; **cloak-and-dagger a.** Nacht- und Nebelaktion *f*; **concerted/common a.** *(Kartellrecht)* Absprache *f*, abgestimmtes/gemeinschaftliches Vorgehen; **covert a.** verdeckte Ermittlung(en); **criminal a.** Strafverfahren *nt*; **declaratory a.** Feststellungsklage *f*; **disciplinary a.** Disziplinarmaßnahme *f*; **evasive a.** Ausweichmanöver *nt*; **impulsive a.** Kurzschlusshandlung *f*; **industrial a.** *(Streik)* Niederlegung der Arbeit
legal action Klage *f*, Rechtsstreit *m*, gerichtliche Schritte, Belangung *f*; **by (recourse to) l. a.** auf dem Rechtsweg; **intracompany l. a.** Organklage *f*; **l. a. against a neighbour** Nachbarklage *f*; **l. a. instituted/taken by an association** Verbandsklage *f*; **to take l. a.** klagen, gerichtliche Maßnahmen ergreifen
penal action Strafklage *f*; **petitory a.** petitorische Klage; **possessory a.** Besitzklage *f*, possessivische Klage; **prohibitory a.** Klage auf Unterlassung, Unterlassungsklage *f*; **private a.** Zivilklage *f*; **redhibitory a.** Klage auf Wandelung, Minderungs-, Wandelungsklage *f*, Wandelungsverfahren *nt*; **to institute a ~** auf Wandelung klagen; **representative a.** (Klage in) Prozessstandschaft, Verbandsklage *f*; **rescissory a.** Rücktrittsklage *f*; **revocatory a.** Vertragsaufhebungsklage *f*; **supplementary a.** zusätzliche Klage, Nachtragsklage *f*; **third-party a. against execution** Widerspruchsklage *f*; **vexatious a.** schikanöse Klage
actionability *n* Klagbarkeit *f*
actionable *adj* 1. belangbar, (ein)klagbar, (gerichtlich) verfolgbar; **not a.** un(ein)klagbar; **a. per se** *(lat.)* (ein)klagbar/gerichtlich verfolgbar ohne Schadensnachweis
active *adj* tätig
activity *n* Betätigung *f*, Tätigkeit *f*; **commercial a.** Gewerbetätigkeit *f*, gewerbliche/kaufmännische Tätigkeit; **appurtenant to ~** abhängig von der Verwendung im Geschäftsverkehr; **competitive a.** Konkurrenztätigkeit *f*; **mental a.** Geistestätigkeit *f*; **political a.** politische Betätigung; **seditious a.** umstürzlerische Tätigkeit; **subversive a.** staatsfeindliche Bestrebung; **sustainable a.** nachhaltige Tätigkeit
acts *pl* Handlungen; **a. and forbearances/omissions** Handlungen und Unterlassungen; **a. committed abroad** Auslandstaten *f*; **a. of intervention** Eingriffe; **~ prior use** Vorbenutzungshandlungen; **~ state** hoheitliche Maßnahmen; **to perform a.** Handlungen vornehmen; **obscene a.** unzüchtige Handlungen; **illicit sexual a.** Unzucht *f*, unzüchtige Handlung; **~ with dependants** Unzucht mit Abhängigen; **violent a.** Tätlichkeiten
actual *adj* tatsächlich, wirklich
actuarial *adj* versicherungstechnisch
actus reus *n (lat.)* *(StR)* Tatbestand *m*
adamant *adj* unnachgiebig, hartnäckig
adapt *v/ti* (sich) anpassen; **a. to sth.** sich auf etw. umstellen; **a.ation** 1. Anpassung *f*; 2. Umstellung *f*; 3. Umbau *m*
add *v/t* 1. hinzufügen; 2. hinzurechnen; 3. nachtragen; **a. up to** betragen
addendum *n (lat.)* Nachtrag *m*, Zusatz *m*
addict *n* Süchtige(r) *f/m*; **a.ed** *adj* süchtig; **a.ion** *n* Sucht *f*; **~ to opium** Opiumsucht *f*

addition *n* 1. Hinzufügung *f*, Zusatz *m*; 2. Hinzurechnung *f*; **to demand sth. in a.** etw. nachfordern; **a.al** *adj* zusätzlich
additives *pl* Zusätze, Zusatzstoffe
address *n* Adresse *f*, Anschrift *f*; **a. for payment** Zahlungsadresse *f*; **~ service** ladungsfähige Anschrift, Zustellungsadresse *f*
assumed address Deckadresse *f*; **final a.** dauernder Wohnsitz; **fixed a.** fester Wohnsitz; **last a.** letzter Aufenthalt/Wohnsitz; **postal a.** Postanschrift *f*; **private a.** Privatanschrift *f*; **public a.** öffentliche Rede; **registered a.** Meldeanschrift *f*; **residential a.** Wohnungsanschrift *f*
address *v/t* adressieren; **a.ee** *n* Adressat(in) *m/f*, Erklärungsempfänger(in) *m/f*
adduce *v/t* 1. anführen; 2. bei-, erbringen, vorlegen
ademption *n* 1. Entziehung eines Vermächtnisses, Legatsentziehung *f*; 2. Wegfall eines Vermächtnisses
adequate *adj* angemessen, hinlänglich, hinreichend
adhere to *v/prep* 1. befolgen, einhalten, sich halten an; 2. festhalten an; 3. gehören zu; **a.nce** Adhärenz *f*, Wahrung *f*; **~ (to)** Befolgung *f*, Einhaltung *f*; **~ to a contract** Einhaltung eines Vertrages; **~ to an agreement; ~ to a convention** Einhaltung eines Abkommens
adhesion contract *n* Adhäsionsvertrag *m*
adjacent *adj* angrenzend, benachbart, nebenan; **a. to** in der Nähe von
adjective *adj* verfahrensmäßig, verfahrensrechtlich
adjoin *v/t* angrenzen; **a.ing** *adj* angrenzend, benachbart, nebenan
adjourn *v/ti* (sich) vertagen, Termin verlegen, aufschieben; **a. sine die** *(lat.)* (sich) auf unbestimmte Zeit vertagen
adjournment *n* 1. Aussetzung *f*; 2. (*Verfahren*) Vertagung *f*; **a. of a hearing** Aussetzung eines Termins; **~ proceedings/trial** Vertagung eines Verfahrens, Unterbrechung der Hauptverhandlung; **a. sine die** *(lat.)* Vertagung auf unbestimmte Zeit; **to apply for an a.** *(Gericht)* Vertagung beantragen
adjudge *v/t* 1. befinden, entscheiden; 2. zuerkennen, zusprechen, für Recht erkennen, richten
adjudicate 1. adjudizieren, entscheiden; 2. *(Urteil)* erkennen, judizieren, zuerkennen, Recht sprechen, richten, Urteil fällen
adjudication *n* 1. Entscheidung *f*, Adjudikation *f*, Zuerkennung *f*; 2. *(Urteil)* Zuschlag *m*, Urteil *nt*; 3. Rechtsprechung *f*, Rechtsspruch *m*; **a. of bankruptcy** Konkurseröffnung *f*
adjudication order Konkurseröffnungsbeschluss *m*
adjudicator *n* Schiedsgutachter *m*
adjust *v/t* 1. angleichen, anpassen, berichtigen, regeln; 2. *(Forderung)* regulieren; **a. to sth.** sich auf etw. umstellen; **seasonally a.ed** *adj* saisonbereinigt
adjustment *n* 1. Angleichung *f*, Anpassung *f*, Beilegung *f*, Berichtigung *f*; 2. Regelung *f*, Regulierung *f*; **a. of accounts** Kontenbereinigung *f*; **~ claims** Regulierung von Ansprüchen; **~ company/partnership debts** Berichtigung der Gesellschaftsschulden; **annual ~ income tax** Lohnsteuerjahresausgleich *m*
social adjustment Resozialisierung *f*; **a. aid** Anpassungsbeihilfe *f*
administer *v/t* 1. verwalten; 2. *(Gesetz)* ausführen, vollstrecken; 3. *(Strafe)* verhängen; 4. *(Medizin)* verabreichen; **a. sth. to so.** jdm etw. verabreichen; **a.ing (of) poison** *n* Giftbeibringung *f*; **~ an oath (to so.)** Vereidigung (von jdm); **~ an oath to witnesses** Zeugenvereidigung *f*
administration *n* 1. Verwaltung *f*; 2. Konkursverwaltung *f*; 3. Verabreichung *f*; 4. *[US]* Regierung *f*; **a. by interlocking authorities** Mischverwaltung *f*; **a. of a deceased's estate** Nachlasskonkurs *m*; **~ the bankrupt's estate** Masse-, Konkursverwaltung *f*; **~ an estate** Erbschafts-, Nachlass-, Vermögensverwaltung *f*, Nachlassabwicklung *f*, Verwaltung eines Nachlasses; **provisional ~ an estate** Nachlasspflegschaft *f*; **~ justice** Handhabung der Rechtsprechung, Justiz *f*, Justiz-, Rechtspflege *f*, Rechtsprechung *f*; **~ an oath** Beeidigung *f*, Eidesabnahme *f*, Vereidigung *f*; **~ property** Vermögensverwaltung *f*; **~ a trust** Treuhandverwaltung *f*
joint administration Mitverwaltung *f*; **judicial a.** Justizverwaltung *f*; **local a.** Gemeinde-, Ortsverwaltung *f*, örtliche Verwaltung; **military a.** Militärverwaltung *f*; **public a.** öffentliche Verwaltung; **a. charge** Verwaltungsgebühr *f*

A

administrator *n* Verwalter *m*, Amts-, Insolvenz-, Sach-, Vergleichs-, Vermögensverwalter *m*, Kurator *m*; **a. in bankruptcy proceedings** Konkursverwalter(in) *m/f*; **a. of an estate** 1. Nachlasspfleger(in) *m/f*, Masse-, Nachlass-, Erbschaftsverwalter(in) *m/f*; 2. Liegenschaftsverwalter(in) *m/f*; **~ the deceased's** *[GB]***/decedent's** *[US]* **estate** Nachlassverwalter(in) *m/f*
administratrix *n* (Nachlass)Verwalterin *f*
admiralty court/tribunal *n* Seegericht *nt*, Gericht für seerechtliche Streitigkeiten
admirer *n* Liebhaber *m*
admissibility *n* Zulässigkeit *f*, Statthaftigkeit *f*; **a. of evidence** Zulässigkeit eines Beweises; **a. as a party in court** Parteifähigkeit *f*; **a. of pleading** Zulässigkeit des Vorbringens (einer Klage)
admissibility criteria Zulässigkeitskriterien
admissible *adj* 1. *(Person)* (zulassungs)berechtigt; 2. zulässig, statthaft
admission *n* 1. Anerkennung *f*, Bekenntnis *nt*, Eingeständnis *nt*; 2. Eintritt *m*, Zugang *m*, Zutritt *m*, Aufnahme *f*; 3. (Tatsachen)Geständnis *nt*, Nichtbestreiten *nt*, Zugeständnis *nt*; 4. Zulassung *f*; **a. as attorney** *[US]* Zulassung zur Rechtsanwaltschaft; **a. of bankruptcy** Offenbarungseid *m*; **a. to the Bar** Zulassung als Anwalt vor höheren Gerichten; **a. of guilt** Schuldanerkenntnis *f*, Schuldgeständnis *nt*; **a. to a hospital** Krankenhausaufnahme *f*; **a. as a solicitor; a. to practise as a lawyer** Zulassung zur (Rechts)Anwaltschaft; **a. to university** Zulassung zur Universität
simultaneous admission Simultanzulassung *f*
admission requirement Zulassungsvoraussetzung *f*
admit *v/t* 1. anerkennen; 2. bekennen, zugeben, (ein)gestehen; 3. zulassen, erlauben, aufnehmen
admittance *n* Zugang *m*, Einlass, Zutritt *m*; **no a.** Zutritt verboten!
admitted *adj* 1. eingestanden; 2. zugelassen; **a.ly** *adv* zugegebenermaßen
admoni|sh *v/t* ermahnen; **a.tion** *n* Ermahnung *f*
adolescent *n* Heranwachsende(r) *f/m*, Jugendliche(r) *f/m*
adopt *v/t* 1. adoptieren; 2. an-, übernehmen
adoption *n* 1. Adoption *f*, Annahme als Kind, ~ an Kindes statt, Kindesannahme *f*; 2. An-, Übernahme; **a. of a directive** Verabschiedung einer Richtlinie; **a. order** Adoptionsbeschluss *m*; **a. proceedings** Adoptionsverfahren *nt*
adoptive person *adj* Adoptierende(r) *f/m*
adult *n* Erwachsene(r) *f/m*
adulterat|e *v/t* 1. *(Nahrungsmittel)* verfälschen; 2. *(alkoholisches Getränk)* panschen; **a.ion** *n* Verfälschung *f*; **~ of food** Lebensmittelverfälschung *f*
adulter|er *n* Ehebrecher *m*; **a.ess** Ehebrecherin *f*; **a.ous** *adj* ehebrecherisch
adultery *n* Ehebruch *m*; **to commit a.** ehebrechen, Ehebruch begehen
advance *v/ti* 1. *(Geld)* leihen, vorschießen, auslegen, in Vorlage treten; 2. sich nähern; 3. *(Projekt)* vorantreiben, förderlich sein für; 4. *(Gründe, Plan)* vorbringen
advance *n* (Kosten)Vorschuss, Kredit *m*; **a. on costs** Gerichtskostenvorschuss *m*; **~ goods** Warenlombard *m*; **~ an offer** Mehrgebot *nt*; **~ the rent** Mietvorauszahlung *f*; **to pay an a.** Vorschuss leisten
advance booking Vorausbuchung *f*, Vorbestellung *f*; **a. notice** Vorankündigung *f*, Voranzeige *f*; **a. order** Vorbestellung *f*; **a. payment** Vorschuss(leistung) *m/f*, Vorkasse *f*, Voraus-, Vorschusszahlung *f*; **a. performance** Vor(aus)leistung *f*; **~ obligation** Vorausleistungspflicht *f*; **a. warning** Vorwarnung *f*
advantage *n* Vorteil m, Nutzen *m*; **to offer an a.** Vorteil bieten; **legal a.** rechtlicher Vorteil; **pecuniary a** geldwerter Vorteil, Vermögensvorteil *m*; **special a.** Sondervorteil *m*
advantageous *adj* vorteilhaft
adversar|ial *adj* auf Gegensatz beruhend; **a.y** *n* Gegner(in) *m/f*, Widersacher(in) *m/f*
adverse *adj* entgegenstehend, negativ, widrig
advertise *v/t* werben, inserieren, ausschreiben; **a.ment** Inserat *nt*; **a.r** Inserent *m*
advertising *n* Werbung *f*; **comparative a.** vergleichende Werbung; **disparaging a.** herabsetzende Werbung; **misleading a.** irreführende Werbung; **subliminal a.** unterschwellige Werbung
advertising ban Werbeverbot *nt*; **a. contract** Werbevertrag *m*; **~ law** *n* Werbevertragsrecht *nt*; **a. regulations** Werbebestimmungen

advice *n* 1. Rat *m*, Belehrung *f*; 2. Benachrichtigung *f*, Mitteilung *f*; **person seeking a.** Ratsuchende(r) *f/m*; **a. on applicable (legal) remedies** Rechtsbehelfsbelehrung *f*; **to seek a.** Rat einholen
legal advice juristischer Rat, Rechtsberatung *f*; **to take l. a.** sich anwaltschaftlich/juristisch beraten lassen
false advice Falschberatung *f*; **a. note** Anzeige *f*, Avis *nt*, Benachrichtigungsschreiben *nt*
advisable *adj* zweckmäßig, ratsam
advise *v/t* 1. benachrichtigen, anzeigen, mitteilen, verständigen, avisieren; 2. belehren; 3. beraten; **a. against** abraten; **a. so. of sth.** jdm etw. anzeigen
adviser *n* Berater *m*; **legal a.** 1. Beistand *m*; 2. juristischer Berater, Justitiar *m*, Rechtsberater *m*
advisor *n* Ratgeber *m*; **a.y** *adj* beratend
advocacy *n* 1. Advokatur *f*, Anwaltstätigkeit *f*; 2. Eintreten *nt*, Fürsprache *f*; 3. *(Plan)* Befürwortung *f*
advocate *n* 1. Advokat *m*, (Rechts)Anwalt *m*; 2. *[Scot.]* plädierender Rechtsanwalt; 3. Befürworter(in) *m/f*, Fürsprecher(in) *m/f*, Verfechter(in) *m/f*; **A. General** *[EU]* Generalanwalt *m*
advocate *v/t* befürworten, eintreten für, verfechten
affair *n* Angelegenheit *f*; **to attend to so.'s a.s** jds Angelegenheiten besorgen; **extra-marital a.** Seitensprung *m (coll)*
affect *v/t* 1. sich auswirken auf; 2. *(Gesundheit)* angreifen, schaden; 3. berühren; 4. betreffen; **a. adversely** beeinträchtigen; **a. prejudicially** sich nachteilig auswirken auf; **a.ed** *adj* betroffen; **~ thereby** davon berührt; **adversely ~** benachteiligt, beeinträchtigt, nachteilig betroffen
affidavit *n* Affidavit *nt*, (schriftliche) eidliche Erklärung
affiliated *adj* angeschlossen
affiliation *n* 1. Zugehörigkeit *f*; 2. Feststellung/Zuschreibung der Vaterschaft, Vaterschaftsfeststellung *f*; **religious a.** Religionszugehörigkeit *f*
affiliation case Vaterschaftsprozess *m*, Unterhaltssache *f*; **a. order** 1. Alimentenbeschluss *m*, Unterhaltsverfügung *f*; 2. Urteil zur Feststellung der Vaterschaft; **to apply for an ~** Unterhaltsklage erheben; **a. proceedings** 1.Vaterschaftsprozess *m*; 2. Unterhaltsverfahren *nt*
affirm *v/t* 1. beteuern, versichern; 2. bestätigen
affirmation *n* 1. Abgabe einer Versicherung, Bekräftigung *f*, Beteuerung *f*; 2. eidesstattliche Erklärung; **a. in lieu of an oath; solemn a.** eidesstattliche Versicherung, Versicherung/Bekräftigung an Eides statt, den Eid ersetzende Bekräftigung; **a. on oath** Beeidigung *f*, eidliche Versicherung
affirmative *adj* affirmativ, bejahend; **to answer in the a.** bejahen, mit Ja antworten
affix *v/t* 1. anbringen, anfügen; 2. *(Siegel)* beidrücken; **a.ing a seal** *n* (Be)Siegelung *f*
affray *n* Raufhandel *m*, Schlägerei *f*
aforementioned; aforesaid *adj* oben erwähnt/genannt, (vor)benannt, vorgenannt, vorerwähnt, vorher erwähnt
after-effect *n* Nachwirkung *f*
against *prep* gegen
age *n* 1. (Lebens)Alter *nt*; 2. Lebensjahr *nt*; 3. Lebensdauer *f*; **of a.** mündig, volljährig; **on coming of a.** bei Eintritt der Volljährigkeit; **under a.** minderjährig; **a. of consent** *(Ehe, Sexualverkehr)* Einwilligungsalter *nt*; **~ death** Sterbealter *nt*; **a. at entry** *(Lebensvers.)* Eintrittsalter *nt*; **~ marriage** Heiratsalter *nt*; **a. of maturity** *(Lebensvers.)* Endalter *nt*; **~ responsibility** zurechnungsfähiges Alter; **~ criminal responsibility** Strafmündigkeit *f*; **of the ~ criminal responsibility** strafmündig; **below ~ criminal responsibility** strafunmündig
to come of age mündig werden; **to reach the a. of ...** das ... Lebensjahr vollenden
employable age erwerbsfähiges Alter; **full a.** Mündigkeit *f*; **marriageable a.** heiratsfähiges Alter, Ehemündigkeit *f*, Heiratsalter *nt*, Heiratsfähigkeit *f*; **maximum a.** Höchstalter *nt*; **pensionable a.** Pensions-, Rentenalter *nt*; **to determine the ~** Rentenalter festsetzen; **of criminally responsible a.** strafmündig
age bracket Altersklasse *f*, Altersstufe *f*; **a. cohort/group** Jahrgang *m*; **a. limit** Altersgrenze *f*; **a. requirement** Alterserfordernis *f*
ageism *n* Altersdiskriminierung *f*, Seniorenfeindlichkeit *f*
agencies in whom state power is vested *pl* Träger öffentlicher Gewalt
agency *n* 1. Agentur *f*, Geschäftsstelle *f*; 2.

A

Vertretungsverhältnis *nt*, (Stell)Vertretung *f*; 3. Dienst-, Amtsstelle *f*, Behörde *f*; 4. Vermittlung *f*, Geschäftsbesorgung *f*; 5. Tätigkeit *f*, Wirksamkeit *f*; 6. Auftrag(sverhältnis) *m/nt*, Vollmacht *f*; **by the a. of** mit Hilfe von, vermittels; **a. by private act** gewillkürte Stellvertretung; **~ estoppel** Rechtscheinsvollmacht *f*, Vertretung kraft Rechtsschein, Duldungsprokura *f*; **a. effected for a consideration** entgeltliche Geschäftsbesorgung; **a. of necessity** Geschäftsführung ohne Auftrag

central agency Zentralbehörde *f*; **comprehensive a.** Gesamtvertretung *f*; **exclusive a.** Alleinvertretung *f*; **federal a.** Bundesamt *nt*, Bundesanstalt *f*; **general a.** Generalagentur *f*, Generalvertretung *f*; **implied a.** stillschweigende Vollmacht; **indirect a.** indirekte/mittelbare Stellvertretung; **public a.** Behörde *f*; **sole a.** 1. Allein-, Einzelvertretung *f*; 2. Einzelvertretungsmacht *f*, Generalvertretung *f*; **statutory a.** gesetzliche Vertretung; **undisclosed a.** verdeckte Stellvertretung

agency agreement 1. Agenturvertrag *m*; 2. Stellvertretungsvertrag *m*; **a. contract** Geschäftsbesorgungs-, Agenturvertrag *m*, (Handels)Vertretervertrag *m*; **a. worker** Leiharbeitnehmer(in) *m/f*

agenda *n* Tagesordnung *f*; **to adopt the a.** Tagesordnung annehmen; **to proceed to the next item on the a.** zum nächsten Punkt (auf) der Tagesordnung übergehen; **to remove sth. from the a.** etw. von der Tagesordnung absetzen

agent *n* 1. Agent *f*, Anweisungsempfänger *m*, Beauftragte(r) *f/m*, Bevollmächtigte(r) *f/m*, Vermittler *m*, Vertreter(in) *m/f*; 2. Wirkstoff *m*, Mittel *nt*; **authorized to act as an a.** zur Vertretung berechtigt, vertretungsberechtigt; **a. with limited capacity to contract; ~ contractual capacity** beschränkt geschäftsfähiger Vertreter

authorized agent (Handlungs)Bevollmächtigte(r), bevollmächtigter Vertreter; **commercial a.** Handelsagent *m*, Handelsvertreter(in) *m/f*; **confidential a.** Vertrauensmann *m*; **general a.** Generalbevollmächtigte(r) *f/m*, Generalvertreter(in) *m/f*; **lawful a.** rechtsmäßiger Vertreter; **local a.** örtlicher Vertreter; **narcotic a.** Betäubungsmittel *nt*; **sole a.** Alleinvertreter *m*; **special a.** Vertreter für ein Rechtsgeschäft; **statutory a.** gesetzlicher Vertreter; **unauthorized a.** Vertreter ohne Vertretungsmacht, falsus procurator *(lat.)*; **undercover a.** Polizeispitzel *m*; **undisclosed a.** mittelbare(r) Stellvertreter(in); **vicarious a.** Erfüllungs-, Verrichtungsgehilfe *m*, Gehilfe *m*, Stellvertreter(in) *m/f*

agent provocateur *(frz.)* Lockspitzel *m*; **a.'s commission** Vermittlungs-, Vertreterprovision *f*; **~ liability** Vertreterhaftung *f*

aggravate *v/t* erschweren, verschärfen

aggravat|ed *adj* 1. erschwert, verschärft; 2. *(Straftat)* qualifiziert, schwer; **a.ing** *adj* (straf)erschwerend, strafverschärfend

aggravation *n* Erschwerung *f*, (Straf)Verschärfung *f*; **a. of the sentence** Strafverschärfung *f*, Verschärfung der Strafe

aggression *n* Angriff *m*

aggrieved *adj* beschwert, geschädigt; **a. person** Geschädigte(r) *f/m*, Beschwerdeberechtigte(r) *f/m*

(malicious) agitation *n* Hetze *f*

agonizing *adj* quälend

agree *v/ti* 1. abmachen, sich einigen, einwilligen, übereinkommen, übereinstimmen, verabreden, akkordieren; 2. (absprechen) vereinbaren; **a. in advance** vorher vereinbaren; **a. tacitly** stillschweigend zustimmen; **a. to** einverstanden sein, zustimmen

agreed *adj* abgemacht, ausgemacht, einverstanden, vereinbart; **as a.** vereinbarungsgemäß, wie vereinbart; **contractually a.** vertraglich vereinbart, vertragsgemäß; **as ~** wie vertraglich vereinbart; **unless otherwise a.** falls/soweit nicht anders vereinbart

agreement *n* 1. Vertrag *m*, (vertragliche) Abmachung, Vereinbarung *f*; 2. Abkommen *nt*; 3. Abrede *f*, Absprache *f*; 4. Einwilligung *f*, Zustimmung *f*, Billigung *f*, Einverständnis *nt*; 5. Übereinstimmung *f*, Einvernehmen *nt*; 6. Einklang *m*, Einigkeit *f*, Eintracht *f*; **in a.** einig, handelseinig; **under the a.** im Rahmen des Abkommens; **the present a. shall come into force on the date of signing** dieses Abkommen tritt am Tage seiner Unterzeichnung in Kraft; **by prior a.** nach voriger Vereinbarung; **contrary to the (terms of an) a.** vertragswidrig

agreement providing for mutual judicial assistance Rechtshilfeabkommen *nt*; **a. contra bonos mores** *(lat.)* sittenwidriger

Vertrag; **a. to the contrary** entgegenstehende Vereinbarung; **a. between enterprises** Unternehmensvertrag *m*; **a. on fees** Gebühren-, Honorarvereinbarung *f*, Honorarabrede *f*; **a. by which an inheritance is renounced** Erbverzichtsvertrag *m*; **a. by the parties** Parteiabrede *f*; **a. to transfer possession** Überlassungsvertrag *m*; **a. in rem** *(lat.)* dinglicher Vertrag; **~ restraint of trade** Konkurrenzverbot *nt*, Wettbewerbsabrede *f*, wettbewerbsbeschränkende Vereinbarung, Kartell *nt*; **a. on standards and types** Normen- und Typenkartell *nt*; **a. in favour of a third party** Vertrag zu Gunsten Dritter

to abide by/adhere to an agreement sich an eine Vereinbarung/einen Vertrag halten; **to annul an a.** Vereinbarung aufheben; **to breach an a.** Vertrag brechen, vertragsbrüchig werden; **to conclude an a.** Vereinbarung schließen, Vertrag abschließen; **to contract out of an a.** Vereinbarung vertraglich abbedingen; **to enter into an a.** Vereinbarung/Übereinkommen treffen; **~ a written a.** schriftlichen Vertrag abschließen; **to reach (an) a.** Übereinkunft erzielen, sich einigen, Verabredung/Vereinbarung treffen; **to renew an a.** Vertrag erneuern/verlängern; **to rescind/terminate an a.** Vertrag aufheben/kündigen, Vereinbarung außer Kraft setzen; **to satisfy an a.** Vertrag erfüllen; **to supersede prior and contemporaneous a.s and understandings** ältere und andere gleichzeitig getroffene Vereinbarungen ablösen/ersetzen; **to withdraw from an a.** von einem Vertrag zurücktreten

administrative agreement Verwaltungsabkommen *nt*; **amicable a.** gütliche Einigung; **ancillary a.** Zusatzabrede *f*; **anticompetitive a.** wettbewerbsschädigende Absprache; **avoidable a.** anfechtbarer Vertrag; **basic a.** Rahmenabkommen *nt*, Rahmenvertrag *m*; **binding a.** Vertragsabrede *f*; **bona-fide a.** Vereinbarung auf Treu und Glauben; **collateral a.** Nebenabrede *f*; **collusive a.** geheime/heimliche Absprache; **consensual a.** Konsensualvertrag *m*; **consular a.** Konsularabkommen *nt*; **continuing a.** Dauervertrag *m*; **contractual a.** vertragliche Vereinbarung, schuldrechtlicher Vertrag, Vertragsvereinbarung *f*; **cooling-off a.** Stillhalteabkommen *nt*; **cross-licence a.** Lizenzabkommen auf Gegenseitigkeit; **diverging a.** abweichende Vereinbarung; **exclusive a.** Alleinvertretungsvereinbarung *f*; **executory a.** Verpflichtungsgeschäft *nt*; **existing a.** bestehende Vereinbarung; **explicit/express a.** ausdrückliche Vereinbarung; **follow-up a.** Anschlussvertrag *m*; **hire-purchase a.** Teilzahlungsvertrag *m*; **implicit a.** stillschweigendes Übereinkommen; **industrial a.** Tarifvertrag *m*; **informal a.** formloser Vertrag; **intergovernmental a.** Regierungsvereinbarung *f*; **interim a.** Interimsabkommen *nt*, vorläufige Vereinbarung; **knock-for-knock a.** *(Vers.)* Regressverzichtsvereinbarung *f*; **market-sharing a.** Marktabsprache *f*; **monetary a.** Zahlungs-, Währungsabkommen *nt*; **multilateral a.** mehrseitiger Vertrag; **mutual a.** 1. beiderseitiges Einverständnis; 2. gegenseitige Vereinbarung, gegenseitiger Vertrag; **by ~** im beiderseitigen Einvernehmen, in gegenseitiger Übereinkunft; **oppressive a.** Knebelungsvertrag *m*; **oral a.** mündliche Vereinbarung, mündlicher Vertrag; **outline a.** Rahmenabkommen *nt*, Rahmenvertrag *m*; **possessory a.** Besitzinstitut *nt*; **preliminary a.** Vorvertrag *m*; **price-fixing a.** Preisabrede *f*, Kartellvereinbarung *f*; **private a.** Individualabrede *f*; **provisional a.** Zwischenvertrag *m*; **reciprocal a.** Vereinbarung auf Gegenseitigkeit, gegenseitiger Vertrag; **restrictive a.** wettbewerbsbeschränkende Vereinbarung, Kartell *nt*; **secret a.** 1. Geheimabkommen *nt*; 2. geheimes Einverständnis; **separate a.** Sonderabmachung *f*; **sole/special a.** Einzelvertrag *m*, Einzelabrede *f*, Sondervereinbarung *f*; **subsidiary a.** Nebenabrede *f*; **supplementary a.** Zusatzabkommen *nt*, Zusatzvereinbarung *f*; **tacit a.** 1. stillschweigendes Einverständnis; 2. stillschweigendes Übereinkommen, stillschweigende Vereinbarung; **tentative a.** Probevertrag *m*; **tie-in a.** Koppelungsvertrag *m*; **tying a.** Knebelungsvertrag *m*; **verbal a.** mündlicher Vertrag; **void a.** ungültige Vereinbarung; **written a.** schriftliche Verständigung, schriftlicher Vertrag; **wrongful a.** Unrechtsvereinbarung *f*

agricultur|al *adj* landwirtschaftlich; **a.e** *n* Landwirtschaft *f*

A

aid *n* Beihilfe *f*, Beistand *m*, Hilfe *f*; **administrative a.** Amtshilfe *f*; **civil a. certificate** *[GB] (Prozesskostenhilfe)* Armutszeugnis *nt*
legal aid Armenrecht *nt*, Prozess(kosten)-hilfe *f*; **to allow l. a.** Prozesskostenhilfe zubilligen; **l. a. centre** Rechtsberatungsstelle *f*; **l. a. certificate** Armenrechtszeugnis *nt*; **l. a. proceedings** Armenrechtsverfahren *nt*
aid (and abet) *v/t* helfen, begünstigen, Beihilfe/Vorschub leisten
aider and abettor *n* 1. *(StR)* Gehilfe *m*; 2. Helfershelfer(in) *m/f*
aiding and abetting *n* 1. *(StR)* Bei-, Tathilfe *f*, Mittäterschaft *f*; 2. *(nach der Straftat)* Begünstigung *f*; **~ an escape** Fluchthilfe *f*; **a. the perpetrator of an offence after the fact** Strafvereitelung *f*
ailing *adj* gebrechlich
ailment *n* Gebrechen *nt*; **physical a.** körperliches Gebrechen
aim at sth. *v/prep* Zweck verfolgen, auf etw. (ab)zielen, etw. bezwecken
air *n* Luft *f*; **a. ambulance** Rettungshubschrauber *m*; **a. carrier** Luftfrachtführer *m*; **a. fare** Flugpreis *m*; **a. law** Luftrecht *nt*; **a. polluter** Luftverschmutzer *m*; **a. pollution** Luftverunreinigung *f*; **scheduled a. services** Linienflugverkehr *m*; **a. sovereignty** Lufthoheit *f*; **a.space** *n* Luftraum *m*
air traffic Luftverkehr *m*; **a. t. act** Luftverkehrsgesetz *nt*; **a. t. control** Luftüberwachung *f*; **a. t. law** Luftverkehrsrecht *nt*
air transport Luftverkehr *m*; **a.t. agreement** Luftverkehrsabkommen *nt*; **scheduled a. t.** Linienflugverkehr *m*
aircraft *n* Luftfahrzeug *nt*
alarm *n* Alarm *m*; **a. shot** Schreckschuss *m*
alcohol *n* Alkohol *m*; **a. abuse** Missbrauch von Alkohol; **a.ic** Trunksüchtige(r) *f/m*; **a.ism** *n* Trunksucht *f*
aleatory *adj* aleatorisch, zufallsbedingt, Zufalls-
alert *n* Alarm *m*
alias *n* Alias *nt*, Deckname *m*, falscher Name
alibi *n* Alibi *nt*; **to contest an a.** ein Alibi anfechten; **to prove one's a.** Alibinachweis erbringen
alien *adj* ausländisch, fremd; *n* Ausländer *m*, Fremde(r) *f/m*; **illegal a.** illegal eingereiste Person; **resident a.** Ausländer mit Wohnsitz im Inland; **stateless a.** staatenloser Ausländer; **undesirable a.** unerwünschter Ausländer
alienable *adj* 1. *(Rechte)* übertragbar; 2. veräußerlich
alienate *v/t* 1. ent-, befremden; 2. veräußern, sich entäußern; 3. übertragen
alienation *n* 1. Entfremdung; 2. Ent-, Veräußerung *f*; 3. Übertragung *f*; **a. of affections** *(Eherecht)* Entfremdung *f*; **~ assets** Vermögensveräußerung *f*; **~ property** Grundstücksveräußerung *f*; **~ movable or immovable property** Veräußerung beweglichen oder unbeweglichen Vermögens
alien|ee *n* Erwerber(in) *m/f*; **a.or** *n* Veräußerer *m*
aliens act *n* Ausländergesetz *nt*; **a. department/office** Ausländerbehörde *f*, Ausländeramt *nt*, Fremdenpolizei *f*; **a. law** Fremdenrecht *nt*; **a. passport** Fremdenpass *m*
alignment *n* Angleichung *f*, Ausrichtung *f*
aliment *n* *[Scot.]* Unterhaltsbetrag *m*, Alimente *pl*
alimony *n* Alimente *pl*, Unterhaltszahlung(en) *f/pl*, Unterhalt *m*
alive *adj* 1. lebend; 2. lebendig
allay *v/t* *(Angst, Zweifel)* zerstreuen
allegation *n* 1. (unerwiesene) Behauptung; 2. Partei-, Prozessbehauptung *f*, (Partei)-Vorbringen *nt*; 3. An-, Beschuldigung *f*; **a.s** Tatsachenvortrag *m*; **a. of fact** Tatsachenbehauptung *f*
allege *v/t* 1. behaupten; 2. darlegen, vorbringen, geltend machen; 3. an-, beschuldigen; **a.d** *adj* angeblich, mutmaßlich
allegiance *n* Treue *f*
allied *adj* verbündet
allocate *v/t* 1. *(Aktien, Darlehen, Gelder)* zuteilen, zuweisen; 2. *(Vermögen)* aufteilen; 3. anteilig festlegen, quotieren, kontingentieren; 4. *(Arbeit, Kompetenzen, Pflichten)* verteilen, zuweisen; 5. *(Aufgaben, Auftrag, Kapital, Mittel)* vergeben; 6. *(Gewinne)* zurechnen; **a. (to)** *(Kosten)* umlegen (auf)
allocation *n* 1. Zuteilung *f*, Zuweisung *f*; 2. Aufteilung *f*; 3. Quote *f*, Kontingent *nt*; 4. Verteilung *f*, Zuweisung *f*; 5. Vergabe; 6. Zurechnung *f*; **a. of burdens** Verteilung der Lasten; **~ competences** Kompetenzverteilung *f*; **~ a contract** Auftrags-, Submissionsvergabe *f*; **~ costs** Kosten-

aufteilung *f*, Umlegung von Kosten; **~ the estate** Aufteilung des Nachlasses/ Vermögens; **~ funds** Vergabe von Mitteln; **~ losses** Verlustverteilung *f*; **~ profits** Gewinnzurechnung *f*; **~ a quota** Kontingentszuweisung *f*, Quotenzuteilung *f*; **~ responsibilities** Verteilung der Zuständigkeiten; **a. by tender** Vergabe im Submissionsweg

allocution *n* Erteilung des Schlussworts an den Angeklagten

allot *v/t* 1. anteilig festlegen, quotieren; 2. bewilligen, zuweisen; 3. *(Aktien)* zuteilen; **a. sth. to so.** jdm etw. zuteilen

allotment *n* 1. Zuwendung *f*; 2. Bewilligung *f*; 3. *(Aktien)* Zuteilung *f*; 4. Schrebergarten *m*; 5. (Grundstücks)Parzelle *f*; **a. of shares/stocks** Aktienzuteilung *f*; **a. holder** Schrebergärtner *m*

allottee *n* Zuteilungsempfänger(in) *m/f*

allow *v/t* 1. *(Antrag, Berufung, Klage)* anerkennen, stattgeben; 2. *(Anspruch, Forderung)* anerkennen; 3. erlauben, gestatten, bewilligen, zulassen; 4. einräumen; 5. *(Aufschub, Privileg, Zeit)* geben, gewähren; 6. *(Geldsumme)* anrechnen, ansetzen; **a. for** *(Irrtum, Kosten)* berücksichtigen, einkalkulieren, einrechnen; **a. sth.** etw. zulassen

allowable *adj* 1. *(Steuer)* absetzbar, abzugsfähig; 2. anrechenbar; 3. erlaubt, statthaft, zulässig, rechtmäßig

allowance *n* 1. *(Steuerrecht)* Abzug *m*; 2. Anerkennung *f*; 3. Beihilfe *f*, Bewilligung *f*, Einräumung *f*; 4. Beitrag *m*; 5. Bonifikation *f*; 6. Zulage *f*; 7. Vergünstigung *f*; **a. of a claim** Anerkennung eines Anspruchs; **a. in kind** Sachzuwendung *f*, Deputat *nt*; **a. for wear and tear** Absetzung für Abnutzung; **to make a. for** berücksichtigen; **~ a.s for so.'s sth.** jdm etw. zugute halten

daily allowance *(Spesenpauschale)* Tagegeld *nt*, Tagessatz *m*; **educational a.** Erziehungsgeld *nt*; **free a.** Freibetrag *m*; **local a.** Ortszuschlag *m*; **married a.** Steuerfreibetrag für Verheiratete; **overtime a.** Überstundenvergütung *f*; **per diem** *(lat.)* **a.** *(Spesenpauschale)* Tagessatz *m*; **personal/tax-free a.** *[GB]* Steuerfreibetrag *m*

alms *pl* Almosen, milde Gabe; **to live on a.** von Almosen leben

alter *v/t* *(Dokument, Plan, Scheck)* (ab/ver)ändern

alteration *n* 1. (Ab)Änderung *f*; 2. (leichte) Veränderung; **subject to a.s** Änderungen vorbehalten; **a. in the articles of association** Satzungsänderung *f*; **a. of contract** Vertragsänderung *f*; **material ~ an instrument** (rechts)erhebliche Änderung einer Urkunde; **fraudulent ~ civil status** Personenstandsfälschung *f*

later alteration nachträgliche Änderung; **legal a.** Rechtsänderung *f*; **material a.** wesentliche Änderung; **prohibited a.s** Änderungsverbot *nt*; **structural a.** Umbau *m*, bauliche Veränderung

alternate *adj* abwechselnd; **a.ly** *adv* wechselweise, abwechselnd

alternative *n* Wahl *f*, Alternative *f*, Ausweg *m*; *adj* alternativ

altruistic *adj* uneigennützig

amalgamation *n* Zusammenlegung *f*, Zusammenschluss *m*; **a. agreement** Verschmelzungs-, Fusionierungsvertrag *m*

ambigu|ity *n* Mehr-, Zweideutigkeit *f*; **a.ous** *adj* mehr-, zweideutig, missverständlich

ambit *n* Geltungsbereich *m*, Wirkungskreis *m*; **to fall within the a. of an agreement** in den Bereich eines Abkommens fallen

ambivalen|ce *n* Ambivalenz *f*, Zweideutigkeit *f*; **a.t** *adj* ambivalent, zweideutig

ambulance *n* Ambulanz *f*, Kranken-, Rettungswagen *m*; **to send for/call an a.** Krankenwagen anfordern

ambush *n* Hinterhalt *m*; **to wait in a. for so.** jdm auflauern

amenable *adj* 1. gefügig, zugänglich; 2. *(Gerichtsbarkeit)* unterworfen; 3. verantwortlich

amend *v/t* 1. *(Gesetz)* (ab)ändern, novellieren; 2. ergänzen; 3. berichtigen; 4. *(Vertrag)* nachbessern

amending act *n* Ergänzungsgesetz *nt*; **a. law** Ergänzungsrecht *nt*

amendment *n* 1. (Ab)Änderung *f*, Gesetzesänderung *f*, Gesetz(es)novellierung *f*, Novellierung *f*; 2. Ergänzung *f*, Zusatzantrag *m*; 3. Novelle *f*, Nachtrag(sgesetz) *m/nt*; 4. Berichtigung *f*, Gesetzeskorrektur *f*; **a. of action** Klageänderung *f*; **~ a claim** Anspruchsänderung *f*; **the ~ the convention takes effect** die Abänderung des Abkommens tritt in Kraft; **~ a contract** Vertragsänderung *f*; **~ a judgment** Ergänzung eines Urteils; **a. to a patent**

A

Änderung eines Patents; **a. of (the) pleadings** Änderung des Klagevorbringens, Klageänderung *f*; **~ a policy** *(Vers.)* Zusatz zu einer Police; **~ the statutes** Satzungsänderung *f*, Satzungsberichtigung *f*; **~ the terms** Änderung der Bedingungen; **~ a text** Textänderung *f*
to move/table an amendment Abänderungsantrag einbringen, Zusatzantrag stellen
constitutional amendment Verfassungsänderung *f*, Verfassungszusatz *m*; **proposed a.** Abänderungsantrag *m*
amends *pl* 1. Genugtuung *f*; 2. Wiedergutmachung *f*; **to make a.** wiedergutmachen, entschädigen, Schaden(s)ersatz leisten, ersetzen
amenity *n* 1. Annehmlichkeit *f*; 2. Freizeitanlage *f*; **public a.** öffentliche Einrichtung; **residential a.** Wohnanlage *f*; **a. value** *(Immobilien)* Annehmlichkeitswert *m*
amicable *adj* einvernehmlich, gütlich; **a.-ness** *n* Güte *f*
amicus curiae *(lat.) [US]* Sachverständiger *m*, Gerichtsgutachter *m*
ammunition *n* Munition *f*; **live a.** scharfe Munition; **a. find** Munitionsfund *m*
amnesia *n* Erinnerungsverlust *m*, Gedächtnisschwund *m*; **partial a.** Erinnerungslücke *f*, Gedächtnisstörung *f*
amnesty *n* Amnestie *f*; **a. for tax offenders** Steueramnestie *f*; **to grant an a.** amnestieren; **general a.** Generalamnestie *f*; **a. act** Straffreiheitsgesetz *nt*
to run amok *n* Amok laufen
amortiz|able *adj* tilgbar; **a.ation** *n* Amortisation *f*, Tilgung *f*; **partial ~ contract** Teilamortisationsvertrag *m*; **a.e** *v/t* amortisieren, (in Raten) tilgen
amount *n* 1. Betrag *m*, Summe *f*; 2. Höhe *f*; **a. of annuity** Ablösungssumme *f*; **~ the claim** Geldbetrag der Forderung; **~ compensation** Abfindungs-, Ersatzsumme *f*, Ausgleichungsbetrag *m*; **a. in controversy** Streitwert *m*, Klagebetrag *m*, Höhe des Streitwertes; **a. of damages** Umfang/Höhe des Schaden(s)ersatzes, Schaden(s)-ersatzsumme *f*; **a. in dispute/litigation** eingeklagter/strittiger Betrag, Streitwert *m*; **a. of fine** Höhe der Geldbuße; **~ indebtedness** Höhe der Verschuldung; **~ indemnification** Entschädigungssumme *f*; **~ loss** Höhe des Schadens, Schadenshöhe *f*, Schadenssumme *f*; **~ money** Geldbetrag *m*; **~ redemption** Ablösungssumme *f*; **~ rent** Miethöhe *f*
amount covered *(Vers.)* Deckungs-, Versicherungssumme *f*; **a. due** fälliger Betrag; **a. invoiced** Rechnungsbetrag *m*; **a. involved** Streitwert; **a. insured** Versicherungssumme *f*; **a. owing** ausstehender/geschuldeter Betrag; **a. (to be) refunded** Erstattungsbetrag *m*; **a. subscribed** Zeichnungsbetrag *m*; **a. sued for** eingeklagter Betrag; **a. withheld** einbehaltener Betrag
to advance an amount Betrag vorschießen; **to prorate an a.** Betrag aufteilen; **to state the a.** Betrag angeben
accruing amount|s anfallende Beträge; **aggregate a.** Gesamtbetrag *m*; **agreed a.** vereinbarter Betrag; **annual a.** Jahresbetrag *m*; **deposited a.** hinterlegter Betrag; **fixed a.** Fixum *nt*; **guaranteed a.** Haftsumme *f*; **maximum a.** Höchstbetrag *m*; **missing a.** Fehlbetrag *m*; **net a.** Nettobetrag *m*; **nominal a.** Nennbetrag *m*; **outstanding a.** offener/ausstehender Betrag; **overdue a.** überfälliger Betrag; **partial a.** Teilbetrag *m*; **pro-rata a.** anteiliger Betrag; **remaining a.** Restbetrag *m*
amount to *v/prep* 1. betragen, sich belaufen/beziffern auf; 2. hinauslaufen auf, gleichkommen
analog|ous *adj* entsprechend, gleichartig, sinngemäß; **a.y** *n* Analogie *f*, Entsprechung *f*; **legal ~** Gesetzes-, Rechtsanalogie *f*
ancest|or *n* Vorfahr *m*; **a.ry** *n* Herkunft *f*, Abstammung *f*
anchorage *n* 1. Ankerplatz *m*; 2. Ankerrecht *nt*
ancillary *adj* 1. ergänzend, zusätzlich, Hilfs-; 2. untergeordnet, Neben-
anguish *n* Qual *f*, Schmerz *m*, Pein *f*; **mental a.** seelischer Schaden/Schmerz
animal *n* Tier *nt*; **a. breeding** Tier-, Viehzucht *f*; **a. keeper** 1. Tierhalter(in) *m/f*; 2. *(Zoo)* Aufseher *m;* **a. protection act** Tierschutzgesetz *nt*; **a. rights activist** (militanter) Tierschützer
animus furandi *n (lat.)* Diebstahlvorsatz *m*
annex *[US]*; **annexe** *[GB]* *n* 1. Annex *m*, Nebengebäude *nt*, Anbau *m*; 2. *(Vertrag)* Nachtrag *m*, Zusatz *m*, Anhang *m*
annex *v/t* 1. anhängen; 2. anbauen; **a.ation** *n* 1. Beifügung *f*; 2. Annexion *f*, Einverleibung *f*

anniversary *n* (Dienst)Jubiläum *nt*, Jahrestag *m*; **a. bonus** Jubiläumszuwendung *f*
announce *v/t* ankündigen, bekannt machen, mitteilen, anzeigen; **a. officially** offiziell bekannt geben
announcement *n* Ankündigung *f*, Bekanntgabe *f*, Bekanntmachung *f*; **official a.** amtliche Bekanntmachung, Verlautbarung *f*; **previous a.** Voranmeldung *f*, Voranzeige *f*; **public a.** öffentliche Bekanntmachung, amtliche/öffentliche Mitteilung
annoy *v/t* 1. (ver)ärgern; 2. stören; **a.ance** *n* 1. Verärgerung *f*, Belästigung *f*, Verdruss *m*; 2. Ärger(nis) *m/nt*, Störung *f*, Plage *f*; **a.-ing** *adj* lästig, ärgerlich
annual *adj* jährlich, Jahres-
annuitant *n* Leib-, Jahresrentenempfänger(in) *m/f*
annuity *n* Geld-, Jahres-, Leibrente *f*, jährliche Rente; **a. on joint lives** Rente auf verbundene Leben; **contingent a.** Rente mit unbestimmter Laufzeit; **deferred a.** Anwartschaftsrente *f*; **joint and survivor a.** Rente an Ehegatten und Überlebende; **redeemable a.** ablösbare Rente; **reversionary a.** Rente auf den Überlebensfall, Anwartschafts-, Heimfallrente *f*
annuity assurance/insurance private Rentenversicherung; **a. contract** Leibrentenvertrag *m*
annul *v/t* 1. annullieren, auflösen, für nichtig erklären; 2. *(Entscheidung)* rückgängig machen, widerrufen; **a. in parts** derogieren
annulment *n* 1. Annullierung *f*, Auflösung *f*, Kassation *f*, Nichtig-, Ungültigkeitserklärung *f*; 2. Rückgängigmachung *f*; **a. of an adjudication of bankruptcy** Konkursaufhebung *f*; **~ a contract** Auflösung eines Vertrags; **~ a judgment** Aufhebung eines Urteils; **~ (a) marriage** Nichtigerklärung/Aufhebung einer Ehe, Eheaufhebung *f*; **a. proceedings** Anfechtungsklage *f*
anomal|ous *adj* anomal, abnorm; **a.y** *n* Anomalie *f*, Abweichung *f*, Unregelmäßigkeit *f*
anonymous *adj* anonym, inkognito, namenlos
answer *n* 1. Antwort *f*, Beantwortung *f*; 2. Einlassung *f*, Stellungnahme *f*, Klageerwiderung *f*, Replik *f*; 3. Lösung *f*; **to file an a.** Klage beantworten; **affirmative a.** Ja, zustimmende Anwort; **preliminary a.** Vorbescheid *m*
answer *v/t* 1. (be)antworten, erwidern; 2. *(Vorladung)* Folge leisten; 3. *(Anspruch)* befriedigen; 4. *(Wechsel)* einlösen; 5. *(Beschreibung, Zweck)* entsprechen; **a. for sth.** für etw. einstehen/haften; **a. to so. for sth.** sich für etw. vor jdm verantworten
answerable *adj* haftbar, verantwortlich
answer back *v/i* widersprechen; **a.ing back** *n* Widerworte *pl*; **~ brief** Erwiderungsschrift *f*; **~ machine/phone** (Telefon)Anrufbeantworter *m*
antedate *v/t* vordatieren
national anthem *n* Nationalhymne *f*
anthrax *n* Milzbrand *m*
anticipat|e *v/t* 1. erwarten, erhoffen; 2. vorgreifen, vorwegnehmen, zuvorkommen, verhindern; **a.ion** *n* 1. Erwartung *f*; 2. Vorgriff *m*, Vorwegnahme *f*; **in ~** vorgriffsweise; **a.ory** *adj* vorweggenommen, vorwegnehmend
anti|-competitive *adj* wettbewerbswidrig, wettbewerbsbeschränkend/wettbewerbsgefährdend; **a.-constitutional** *adj* verfassungsfeindlich, verfassungswidrig; **a.social** *adj* gemeinschaftsfeindlich, gesellschafts-, gemeinschaftsschädigend
any *adj* etwaig(e), irgendein(e), irgendwelche(r)
apart *adv* auseinander, einzeln, getrennt; **a. from** *prep* neben
apartment *n* *[US]* Wohnung *f*; **rented a.** Mietwohnung *f*; **a. block/building/house** 1. Wohnblock *m*; 2. Mietshaus *nt*
apathetic *adj* teilnahmslos, apathisch
apolog|ize *v/i* sich entschuldigen; **a.y** *n* Entschuldigung *f*
appalling *adj* entsetzlich
apparent *adj* 1. offenbar, scheinbar; 2. ersichtlich, augenscheinlich
appeal *n* 1. Berufung *f*, Rechtsmittel *nt*, Revision *f*, Rechtsbehelf *m*; 2. Einspruch *m*, Anfechtung *f*; 3. Beschwerde(einlegung) *f*; **an a. lies** Rechtsmittel ist zulässig; **duly made a.** ordnungsgemäß eingelegtes Rechtsmittel; **lodging (of) an a.** Berufungseinlegung *f*
appeal against the conviction Berufung gegen den Schuldspruch; **~ an administrative decision** Verwaltungsbeschwerde *f*; **~ denial of leave to appeal** Nichtzulassungsbeschwerde *f*; **a. on the grounds of**

A

nullity Nichtigkeitsbeschwerde *f*; **~ a constitutional issue** Verfassungsbeschwerde *f*; **a. against a judgment** Rechtsmittel gegen eine gerichtliche Entscheidung; **~ an order** Anfechtung einer Anordnung; **a. on a point of law** Rechtsbeschwerde *f*, (Verfahrens)Revision *f*; **a. against remand in custody** Haftbeschwerde *f*; **~ a sentence** Berufung unter Beschränkung auf das Strafmaß

to allow an appeal Berufung zulassen, einem Einspruch/Rechtsmittel stattgeben, einer Revision stattgeben; **to be subject to an a.** einem Rechtsmittel unterliegen; **to dismiss an a.** Beschwerde/Berufung/Rechtsmittel/Revision verwerfen, Berufung/Revision zurückweisen; **to enter/file/lodge/prefer an a.** Berufung/Revision/Rechtsmittel einlegen, Beschwerde erheben; **to grant/uphold an a.** einem Rechtsmittel stattgeben; **to quash an a.** Berufung verwerfen; **to reject an a.** Rechtsmittel/Berufung zurückweisen; **to withdraw an a.** Rechtsmittel zurücknehmen

immediate appeal sofortige Beschwerde; **ordinary a.** einfache Beschwerde

appeal *v/ti* anfechten, Berufung/Widerspruch/Rechtsmittel einlegen, Beschwerde führen, in die Revision gehen; **entitled to a.** anfechtungsberechtigt

appealable *adj* berufungs-, beschwerde-, rechtsmittelfähig

appeal court Berufungs-, Revisions-, Rechtsmittelgericht *nt*; **regional ~** Oberlandesgericht (OLG) *nt*; **a. fee** Rechtsmittelgebühr *f*; **a. period** Einspruchsfrist *f*; **a. procedure/proceedings** Beschwerde-, Rechtsmittelverfahren *nt*; **a. rules** Rechtsmittelrichtlinien

appear *v/i* 1. auftreten, erscheinen; 2. sich herausstellen; **a. against so.** gegen jdn vor Gericht auftreten; **a. for so.** jdn gerichtlich vertreten

appearance *n* 1. *[US]* (Klage)Einlassung *f*; 2. Erscheinen *nt*; 3. Erscheinung(sbild) *f/nt*, Aussehen *nt*; 4. Anschein *m*, Augenschein *m*; **a. in court** Erscheinen vor Gericht

to enter an appearance sich auf eine Klage einlassen; **to judge by a.s** nach dem Schein urteilen; **to keep up a.s** den Schein wahren

conditional appearance Einlassung unter Vorbehalt, bedingte (Klage)Einlassung; **general a.** vorbehaltlose Einlassung; **personal a.** persönliches Erscheinen

appease *v/t* 1. beschwichtigen, beruhigen, besänftigen; 2. mildern, beilegen

appellant *n* 1. Berufungskläger(in) *m/f*, Berufungsführer(in) *m/f*, Rechtsmittel-, Revisionskläger(in) *m/f*, Anfechtender *m*; 2. Beschwerdeführer(in) *m/f*, Beschwerdeberechtigte(r) *f/m*; **a. in a court of last resort** Revisionskläger(in) *m/f*; **a.'s motion** Rechtsmittelantrag *m*

appellate *adj* berufungsfähig, ein Rechtsmittel betreffend, Berufungs-

appellee *n* Berufungsbeklagte(r) *f/m*, Berufungs-, Beschwerdegegner *m*

append *v/t* anhängen, beifügen; **a.ix** *n* Anhang *m*, Anlage *f*, Zusatz *m*

appertain *v/i* (zu)gehören; **a.ing** *adj* zugehörig

appliance *n* Vorrichtung *f*, Gerät *nt*; **electrical a.** Elektrogerät *nt*

applicab|ility *n* 1. Anwendbarkeit *f*; 2. Verwendbarkeit *f*; **a.le** *adj* 1. anwendbar, anzuwenden; 2. geltend, zutreffend; **if a.** gegebenenfalls; **not a.** *(Formular)* entfällt; **where a.** gegebenenfalls

applicant *n* Anmelder *m*, Antragender *m*, Antragssteller(in) *m/f*, Bewerber(in) *m/f*, antragstellende Partei; **a. for a job** Stellenbewerber(in) *m/f*; **~ a patent** Patentanmelder *m*

application *n* 1. Antrag *m*, Antragsstellung *f*, Beantragung *f*, Bewerbung *f*; 2. *(bei Gericht)* Eingabe *f*, Ersuchen *nt*, Gesuch *nt*; 3. *(Gesetz)* Anwendung *f*; 4. *(Patent)* Anmeldung *f*; 5. Verwendung *f*, Verwertung *f*; **(up)on a.** auf Antrag/Ersuchen/Wunsch; **entitled to file an a.** antragsberechtigt

application for admission Zulassungsantrag *m*; **~ annulment** Aufhebungsantrag *m*; **a. to institute appeal proceedings** Rechtsmittelantrag *m*; **a. for an arrest warrant** Antrag auf Ausstellung eines Haftsbefehls, Haftbefehlsantrag *m*; **~ asylum** Asylantrag *m*; **~ a concession** Konzessionsgesuch *nt*; **~ custody** Haftantrag *m*; **~ default summons based on a bill of exchange** Wechselmahnantrag *m*; **~ a decision in chambers** Antrag auf einen Beschluss im Büroweg; **~ discharge** Rehabilitierungsantrag *m*; **~ enforcement** Vollstreckungsersuchen *nt*; **~ extradition** Auslieferungsantrag *m*; **~ a**

holiday Urlaubsgesuch *nt*; **~ an injunction** Unterlassungsklage *f*; **a. to intervene** Streithilfeantrag *m*; **to dismiss an ~** Streithilfeantrag ablehnen; **a. of a law** Anwendung eines Rechts, Gesetzes-, Rechtsanwendung *f*; **a. for a licence** Konzessionsgesuch *nt*; **~ membership** Beitrittsgesuch *nt*, Aufnahmeantrag *m*; **~ naturalization** Einbürgerungsgesuch *nt*; **~ an order for payment of a debt** Mahnantrag *m*; **~ a patent** Patentanmeldung *f*; **~ a permit** Erlaubnis-, Genehmigungsantrag *m*; **~ the preservation of evidence** Beweissicherungsantrag *m*; **a. to stay proceedings** Antrag auf Aussetzung des Verfahrens; **a. for protection** Schutzbegehren *nt*; **a. of statutory provisions** Anwendung gesetzlicher Vorschriften; **a. for registration** Antrag auf Eintragung, Eintragungsantrag *m*; **~ a respite** Fristgesuch *nt*; **~ revocation** *(Patent)* Löschungsantrag *m*; **~ a trial date** Antrag auf Anberaumung eines Termins; **~ a variation of an order** *[GB]* Abänderungsklage *f*; **~ a warrant of arrest** Antrag auf Ausstellung eines Haftbefehls, Haftbefehlsantrag *m*

to dismiss/refuse/reject an application Antrag/Gesuch ablehnen; **to file an a.** Antrag stellen, beantragen, Eingabe machen, Gesuch einreichen; **to grant an a.** Antrag/Gesuch bewilligen; **to make an a.** Antrag stellen, beantragen; **to substantiate an a.** Antrag begründen; **to withdraw an a.** Antrag zurückziehen

commercial application gewerbliche Verwendung, gewerbsmäßige Verwertung; **divisional a.** *(Patentrecht)* Teilanmeldung *f*; **ex-parte** *(lat.)* **a.** Antrag nur einer Partei, Parteiantrag *m*; **improper a.** unsachgemäße Handhabung; **individual a.** Individualbeschwerde *f*; **main/parent a.** *(Patentrecht)* Hauptanmeldung *f*; **pending a.** anhängige Anmeldung; **practical a.** Nutzanwendung *f*; **subsequent a.** *(Patentrecht)* Nachanmeldung *f*

application fee Anmeldegebühr *f*; **a. files** Bewerbungsakten; **a. form** Antragsformular *nt*, Antragsvordruck *m*; **a. requirement** Antragserfordernis *f*

as applied for *adj* antragsgemäß

apply *v/ti* 1. beantragen; 2. sich bewerben; 3. anwenden; 4. *(Bestimmungen)* gelten, Anwendung finden, betreffen; **a. analogously** analog anwenden; **not a.** keine Anwendung finden; **a. for** beantragen; **a. to** sich erstrecken auf; **~ sth.** auf etw. zutreffen; **a. mutatis mutandis** *(lat.)* entsprechende Anwendung finden, entsprechend gelten

appoint *v/t* 1. an-, ein-, festsetzen, bestimmen; 2. beauftragen; 3. berufen, ernennen, bestellen; **a.ed** *adj* 1. bestimmt, ernannt; 2. angesetzt, festgelegt; **duly ~** ordnungsgemäß bestellt; **permanently ~** fest angestellt

appointee *n* 1. Ernannte(r) *f/m*; 2. Nutznießer(in) *m/f*

appointment *n* 1. *(Amt)* Berufung *f*, Bestellung *f*, Ernennung *f*, Einsetzung *f*; 2. Besetzung *f*, Bestallung *f*; 3. *(verabredeter Zeitpunkt)* Termin *m*; 4. *(Treffen)* Verabredung *f*; 5. *(Geldmittel)* Zweckbestimmung *f*; **a. of a defence counsel** Bestellung eines Verteidigers; **a. by a guardianship court** Bestellung durch ein Vormundschaftsgericht; **a. of an executor** Einsetzung eines Testamentvollstreckers; **~ a guardian** Bestellung eines Vormunds; **~ an heir** Erbeinsetzung *f*; **~ a reversionary heir** Nacherbeneinsetzung *f*; **a. for life** Anstellung auf Lebenszeit, Lebensstellung *f*; **a. of the management board** Bestellung des Vorstandes; **~ a receiver** Bestellung eines Konkursverwalters; **~ a referee** Bestellung eines Schiedsrichters

to arrange/make an appointment Termin vereinbaren; **to break an a.** Verabredung nicht einhalten; **to cancel an a.** Verabredung absagen; **to keep an a.** Termin wahrnehmen; **mutual a.** gegenseitige Einsetzung

apportion *v/t* 1. aufteilen, umlegen, verteilen; 2. (anteilmäßig) zuteilen; **a. (among)** umlegen (auf)

apportionment *n* 1. Aufteilung *f*, Zerlegung *f*, (anteilige) Umlage, Umlegung *f*, (verhältnismäßige) Verteilung; 2. Mittelzuweisung *f*; 3. Aufschlüsselung *f*; **a. of assets and liabilities** vermögensrechtliche Auseinandersetzung; **~ costs/expenses** Kostenumlage *f*, Umlegung der Kosten

equitable apportionment Aufteilung im Innenverhältnis; **pro-rata a.** anteilige Aufteilung; **a. formula** Verteilungs-, Umlageschlüssel *m*

appraisable *adj* bewertbar, abschätzbar

appraisal *n* 1. *(Schaden, Situation, Wert)* (Ab-/Ein)Schätzung *f*, Wertermittlung *f*, (Be)Wertung *f*; 2. *(Charakter, Fähigkeit)* Begutachtung *f*, Beurteilung *f*; **a. of the damage** Schadensschätzung *f*; **~ a situation** Einschätzung/Beurteilung einer Lage; **a. clause** *(Vers.)* Abschätzungsklausel *f*; **a. report** Beurteilung *f*; **a. value** Schätzwert *m*

appraise *v/t* 1. (ab/ein)schätzen, (be)werten; 2. begutachten, beurteilen, bewerten; 3. taxieren, veranschlagen; **a.r** *n* 1. Schätzer *m*, Gutachter *m*; 2. *(Vers.)* Schadensabschätzer *m*, Schadenssachverständige(r) *f/m*

appreciat|e *v/ti* 1. würdigen; 2. im Wert steigen; **a.ion** *n* (Ein)Schätzung *f*, Würdigung *f*, Anerkennung *f*; **~ in value** Wertzuwachs *m*

apprehend *v/t* 1. *(Person)* ergreifen, festnehmen, verhaften; 2. befürchten

apprehension *n* 1. Ergreifung *f*, Fest-, Gefangennahme *f*, Verhaftung *f*; 2. Besorgnis *f*, Befürchtung *f*; **a. of absconding** Fluchtverdacht *m*; **a. in the act** Festnahme/Verhaftung auf frischer Tat

apprentice *n* Lehrling *m*; **a.ship** *n* Ausbildung(sverhältnis) *f/nt*, Lehre *f*; **to conclude one's ~** Lehre beenden, auslernen; **~ contract** Lehrvertrag *m*

approach *v/ti* 1. sich nähern; 2. *(Person)* ansprechen; 3. *(Problem)* (her)angehen, anpacken

approach *n* 1. Annäherung *f*, Heranrücken *nt*; 2. Herantreten *nt*, Ansprechen *nt*; 3. Vorgehen *nt*, Ansatz *m*, Methode *f*; 4. Auf-, Zufahrt *f*; **covert a.** *(Polizei)* verdeckte Annäherung; **holistic a.** ganzheitlicher Ansatz; **a. road** Zufahrtsstraße *f*

appropriate *adj* 1. angemessen, angebracht, gebührend; 2. zweckdienlich, zweckentsprechend, zweck-, sachgemäß; 3. zuständig; **to deem a.** für angemessen halten; **where a.** gegebenenfalls

appropriate *v/t* 1. sich aneignen, beschlagnahmen; 2. *(Haushaltsmittel)* bewilligen, bereitstellen; 3. zuteilen, zuweisen; **a. sth. unlawfully** sich etw. rechtswidrig aneignen/zueignen; **a.d** *(Mittel)* zweckgebunden

appropriateness *n* Angemessenheit *f*, Verhältnismäßigkeit *f*; **a. of the means employed** Verhältnismäßigkeit der Mittel

appropriation *n* 1. Inbesitznahme *f*, Besitzergreifung *f*, An-, Zueignung *f*; 2. *(Haushaltsmittel)* Bewilligung *f*; 3. *(Gattungsschuld)* Konkretisierung *f*; 4. *(Mittel)* Zuteilung *f*, Zuweisung *f*; **a. of funds** Mittelverwendung *f*, Mittelzuweisung *f*, Zuweisung von (Geld)Mitteln; **~ the goods** *(Vertragsrecht)* Konkretisierung der Ware; **~ profit** Gewinnverwendung *f*; **wrongful ~ something found** Fundunterschlagung *f*

appropriations *pl* (Haushalts)Mittel; **to grant a.** Haushaltsmittel bewilligen

approval 1. Befürwortung *f*, Billigung *f*, Einverständnis *nt*, Genehmigung *f*; 2. Zustimmung *f*, Plazet *nt*; **on a.** zur Ansicht, auf Probe; **subject to a.** genehmigungsbedürftig, genehmigungs-, konsens-, zustimmungspflichtig, nur mit Zustimmung; **a. of cancellation** Löschungsbewilligung *f*; **to submit for a.** zur Genehmigung vorlegen

conditional/qualified approval bedingte Zustimmung; **express a.** ausdrückliche Einwilligung; **official a.** amtliche Genehmigung; **requiring ~** genehmigungspflichtig; **tacit a.** stillschweigende Billigung

approve *v/t* 1. genehmigen; 2. billigen, gutheißen; 3. befürworten; 4. anerkennen, bestätigen; 5. empfehlen; **a.d** *adj* genehmigt, anerkannt

approximation *n* Angleichung *f*; **a. of legislation** Angleichung der Rechtsvorschriften

appurtenances *pl* *(unbewegliche Sache)* Zubehör *nt*, Grundstücksbestandteile

appurtenant (to) *adj* *(Rechte)* zugehörig, anhaftend

aptitude *n* *(Personen)* Eignung *f*; **a. test** Eignungsprüfung *f*

arbiter *n* ↘ **arbitrator**

arbitra|l *adj* schiedsgerichtlich; **a.ment** *n* Schiedsspruch *m*, schiedsrichterliches Gutachten

arbitrar|iness *n* Willkür *f*; **a.y** *adj* willkürlich

arbitrate *v/t* 1. schiedsrichterlich entscheiden, durch Schiedsrichter entscheiden (lassen), schlichten; 2. *(Schiedsrichter)* verhandeln, vermitteln

arbitration *n* 1. Schiedsgerichtsbarkeit *f*; 2. Schiedsgerichtsverfahren *nt*; 3. (Streit-) Schlichtung *f*, Arbitrage *f*; **by a.** schiedlich, schiedsgerichtlich

A

arbitration agreement Schiedsabkommen *nt*, Schiedsabrede *f*, Schieds(gerichts)vereinbarung *f*, Schiedsvertrag *m*; **a. award** Ausspruch im Schiedsverfahren, schiedsgerichtliche Entscheidung; **a. board** Schieds-, Schlichtungsstelle *f*; **a. clause** Schiedsabrede *f*, Schieds(gerichts)klausel *f*; **a. commission** Schiedskommission *f*; **a. court** Schiedsgericht *nt*; **a. proceedings** Schieds(gerichts)-, Schlichtungsverfahren *nt*, schiedsrichterliches Verfahren; **a. tribunal** Schiedsgericht *nt*, Schiedsstelle *f*

arbitrator *n* 1. Schiedsmann *m*, Schiedsrichter *m*; 2. *(Schiedsspruch)* (Streit)Schlichter(in) *m/f*; **a.'s award** Schiedsspruch *m*, Schiedsurteil *nt*; Schiedsgutachten *nt*; **a.'s fee** Schiedsrichtervergütung *f*

architect *n* Architekt *m;* **a.'s liability** Architektenhaftpflicht *f*

archives *pl* Archiv *nt*

area *n* 1. Gegend *f*; 2. Gebiet *nt*, Raum *m*, Region *f*; 3. Fläche *f*; **a. of jurisdiction** Gerichtsbezirk *m*, (räumlicher) Zuständigkeitsbereich; **~ responsibility** Zuständigkeits-, Dienst-, Verantwortungsbereich *m*; **to be familiar with the a.** mit den Örtlichkeiten vertraut sein; **to comb/search the a. for the criminal** die Gegend nach dem Verbrecher absuchen

built-up area geschlossene Ortschaft; **distressed a.** Notstandsgebiet *nt*; **leasehold a.** Pachtgebiet *nt*; **low-noise a.** Lärmschutzbereich *m*; **no-go/prohibited a.** Sperrbezirk *m*, Sperrgebiet *nt*; **residential a.** Wohngebiet *nt*, Wohnviertel *nt*; **restricted a.** geschlossene Ortschaft; **surrounding a.** 1. Umgegend *f*; 2. *(Stadt)* Umgebung *f*

argument *n* 1. Argument *nt*; 2. Streit *m*, Wortwechsel *m*, Querele *f*; **a. in support of an objection** Einspruchsbegründung *f*; **to have an a.** Streit haben; **legal a.s** Rechtsausführungen; **spurious a.** Scheinargument *nt*; **tenable a.** vertretbare Begründung

argumentative *adj* streitsüchtig

argumentum e contrario *n* *(lat.)* Umkehrschluss *m*

aris|e *v/i* entstehen, eintreten; **a.ing of a claim** *n* Entstehen eines Anspruchs

armament *n* Rüstung *f*

armed *adj* bewaffnet

armistice *n* Waffenstillstand *m*

arm-lock *n* Polizeigriff *m*

armour *n* Panzerung *f*; **a.y** *n* Waffenkammer *f*

arms *pl* Waffen; **a. cache/dump** Waffenversteck *nt*; **a. control** Rüstungskontrolle *f*; **a. dealer** Waffenhändler *m*; **a. embargo** Waffenembargo *nt*; **a. smuggling/trafficking** Waffenschmuggel *m*; **a. theft** Waffendiebstahl *m*; **a. trade** Waffenhandel *m*

arouse *v/t* *(Verdacht)* wecken

arraign *v/t* unter Anklage stellen; **a.ment** *n* Versetzung in den Anklagestand, Anklageerhebung *f*

arrange *v/t* 1. verabreden, vereinbaren; 2. arrangieren, anordnen, gliedern; 3. erledigen, abwickeln, regeln; 4. *(Streit)* schlichten, vermitteln; **a.d** *adj* ausgemacht, geregelt

arrangement *n* 1. Vereinbarung *f*, Übereinkunft *f*, Verabredung *f*, Abmachung *f*, Regelung *f*; 2. (vergleichsweise) Abfindung, (Abfindungs)Vergleich *m*; 3. gütliche Einigung, Schlichtung *f*, Beilegung *f*; 4. Disposition *f*, Gestaltung *f*, Gliederung *f*, Anordnung *f*; **a. of claims** Rangfolge von Konkursforderungen; **a. with creditors** Vergleich mit Gläubigern, Abfindung von Gläubigern, Schuldenabkommen *nt*; **a. of legal relations** Gestaltung von Rechtsverhältnissen; **to come to/make an a.** 1. Vergleich schließen; 2. Verabredung/Regelung treffen

ad hoc *(lat.)* **arrangement** fallweise Regelung; **amicable a.** einvernehmliche Regelung; **contractual a.** Vertragsregelung *f*, vertragliche Vereinbarung; **interim a.** Überbrückungsregelung *f*; **out-of-court a.** außergerichtlicher Vergleich; **permanent a.** Dauerregelung *f*; **provisional a.** vorläufige Regelung; **special a.** Sonderregelung *f*; **transitional a.** Übergangsregelung *f*; **tying a.** Vertriebsbindung *f*

arrears *pl* (Zahlungs)Rückstand *m*, (Zahlungs)Verzug *m*, rückständige Zahlung; **in a.** rückständig, im Rückstand/Verzug; **a. of maintenance** rückständiger Unterhaltsbetrag; **to be in a.** sich im Verzug befinden; **~ with an instalment** mit einer Rate im Rückstand sein; **~ with one's rent** Miete schuldig bleiben; **to get into a.** in Rückstand kommen; **to pay a.** (Rückstände) nachzahlen

arrest *n* 1. *(Verdächtiger)* Festnahme *f*; 2. *(Haftbefehl)* Verhaftung *f*, Inhaftierung *f*;

3. Arrest *m*, Haft *f*, Gefangenhaltung *f*; 4. *(Sachen)* Beschlagnahme *f*, Pfändung *f*; **a. on board ship** Bordarrest *m*; **a. for default** Festnahme wegen Nichtbezahlens eines Bußgeldes/Strafbefehls; **resisting a.** Widerstandsleistung bei der Festnahme; **a. under a warrant** Festnahme auf Grund eines Haftbefehls; **a. without a warrant** Verhaftung ohne Haftbefehl; **under a.** in Haft

false arrest Freiheitsberaubung *f*; **lawful a.** rechtlich abgesicherte Festnahme; **preventive a.** Schutzhaft *f*; **summary a.** vorläufige Festnahme

arrest case Haftsache *f*

arrest warrant Arrest-, Haftbefehl *m*, Haftanordnung *f*, Vollstreckungshaftbefehl *m*; **a. w. pending extradition** Auslieferungshaftbefehl *m*; **to execute an a. w.** Haftbefehl vollstrecken; **to issue an a. w.** Haftbefehl erlassen/ausfertigen; **European a. w.** Europäischer Haftbefehl

arrest *v/t* 1. festnehmen; 2. verhaften, in Haft nehmen, inhaftieren; 3. mit Beschlag belegen **a. so.** jdn dingfest machen

arrested person Festgenommene(r) *f/m*

arrogate *v/t* beanspruchen, fordern, verlangen; **a. sth. to os.** sich etw. anmaßen, ~ unrechtmäßig aneignen

arrogation *n* Anmaßung *f*; **a. of patents** Patentberühmung *f*

arson *n* Brandstiftung *f*, Inbrandsetzen *nt*; **a. resulting in death** Brandstiftung mit Todesfolge; **a. caused by negligence** fahrlässige Brandstiftung

aggravated arson (besonders) schwere Brandstiftung; **negligent a.** fahrlässige Brandstiftung; **simple a.** einfache Brandstiftung; **a. attack** Brandanschlag *m*; **a.-ist** *n* Brandstifter(in) *m/f*

article *n* 1. Artikel *m*, Gegenstand *m*; 2. Paragraph *m*; **to be under a.s** (Rechts)-Referendar sein; **~ a.d to so.** *adj (Ausbildungsvertrag)* vertraglich an jdn gebunden sein

articles of agreement *pl* Vertragspunkte; **~ association** Gründungs-, Gesellschafter-, Genossenschaftsvertrag *m*, Satzung *f*; **in accordance with the a.; according to the a.** 1. satzungsgemäß; 2. *(Ausbildungsvertrag)* nach den Vertragsbestimmungen; **a. of incorporation** *[US]* Satzung der Gesellschaft; **~ indenture** Ausbildungsvertrag *m*; **~ partnership** Gesellschaftsvertrag einer Personengesellschaft *(OHG, KG)*; **to serve a.** seine Rechtsreferendarzeit ableisten

branded/proprietary article Markenartikel *m*, Markenerzeugnis *nt*; **lost a.s** abhanden gekommene Sachen

artificial *adj* unecht, künstlich

martial arts *pl* Kampfsportarten

as from 1 January *prep* ab 1. Januar

ascertain *v/t* ermitteln, feststellen; **a.able** *adj* bestimmbar, feststellbar; **a.ing the truth** *n* Wahrheitsfindung *f*

ascertainment *n* Feststellung *f*, Ermittlung *f*; **a. of damages** Schadensermittlung *f*; **~ the facts** Tatbestandsaufnahme *f*; **~ reasonableness** Feststellung der Angemessenheit; **~ a right** Feststellung eines Rechts

ascribe (to) *v/t* zuschreiben

ask *v/t* 1. fragen; 2. bitten; **a. around** sich umhören

aspect *n* Gesichtspunkt *m*

asphyxiation *n* Tod durch Ersticken

asportation *n* Fortschaffen *nt*

assail *v/t* angreifen; **a.ant** *n* Angreifer(in) *m/f*

assassin *n (politisch motiviert)* Attentäter *m*, (Meuchel)Mörder *m*, Todesschütze *m*

assassination *n* Attentat *nt*; **cowardly a.** Meuchelmord *m*; **a. attempt** (Mord)Anschlag *m*, Attentatsversuch *m*, Mordversuch *m*; **to escape an ~** einem Mordanschlag entgehen; **to make an ~** (Mord)Anschlag verüben

assault *n* Angriff *m*, gewaltsame Drohung, (versuchte) Gewaltanwendung, Überfall *m*, (tätliche) Beleidigung; **a. and battery** tätlicher Angriff, Körperverletzung *f*, Tätlichkeit *f*, Realinjurie *f*, schwere tätliche Beleidigung; **a. resulting in death** Körperverletzung mit Todesfolge; **a. with intent to cause grievous bodily harm/injury** vorsätzliche schwere Körperverletzung; **a. on privacy** Angriff auf die Privatsphäre; **bodily ~ a superior** tätlicher Angriff gegen einen Vorgesetzten

aggravated assault gefährliche Körperverletzung, schwere tätliche Beleidigung; **criminal a.** vorsätzliche Körperverletzung; **felonious a.** *[US]* (versuchte) Gewaltanwendung mit einer tödlichen Waffe; **indecent a.** *(Körperkontakt)* sexuelle Belästigung, Sittlichkeitsdelikt *nt*, Nötigung zur Unzucht

assault *v/t* (tätlich) angreifen, tätlich bedrohen, sich vergehen, an-, überfallen

assemble *v/ti* 1. sich versammeln; 2. montieren
assembly *n* 1. (Menschen)Ansammlung *f*, Versammlung *f*; 2. Zusammenbau *m*, Montage *f*; 3. *(Fakten)* Zusammentragen *nt*; **constituent a.** konstituierende Versammlung; **full/general a.** Plenum *nt*, Generalversammlung *f*; **lawful a.** zulässige Versammlung; **legislative a.** gesetzgebende Versammlung; **public a.** öffentliche Versammlung; **riotous a.** unfriedliche Versammlung, Auflauf *m*, Zusammenrottung *f*; **unlawful a.** unerlaubte/verbotene Ansammlung, ~ Versammlung
assent *n* Genehmigung *f*, Zustimmung *f*, Plazet *nt*; **to give one's a. to sth.** seine Zustimmung zu etw. geben; **mutual a.** beiderseitige Zustimmung; **royal a.** *[GB]* königliche Genehmigung *(Königin unterschreibt Gesetz, womit es gültig wird)*
assent *v/i* zustimmen
assert *v/t* 1. behaupten; 2. beteuern, versichern; 3. vorbringen, geltend machen; 4. zur Geltung bringen, durchsetzen
assertion *n* 1. Behauptung *f*; 2. *(Unschuld)* Beteuerung *f*, Versicherung *f*; 3. *(Anspruch, Recht)* Geltendmachung *f*, Wahrnehmung eines Rechts; 4. Vorbringen *nt*; **a. of a claim** Geltendmachung eines Anspruchs; **~ right** Geltendmachung eines Rechts; **judicial a.** gerichtliche Geltendmachung
assess *v/t* 1. ab-, einschätzen, beurteilen, taxieren; 2. bemessen, bewerten; 3. *(Schaden)* festsetzen, feststellen; 4. schätzen, veranschlagen; 5. *(Steuer)* veranlagen; **a. jointly** zusammen veranlagen; **a.able** *adj* bewertbar
assessment *n* 1. *(Folgen, Gebäude, Schaden)* (Ab-/Ein)Schätzung *f*; 2. *(Anspruch)* Bewertung *f*; 3. *(Geldstrafe, Wert)* Bemessung *f*, Berechnung *f*, Ermittlung *f*; 4. *(Beitrag, Schadensbetrag)* Festsetzung *f*; 5. *(Abgaben)* Umlage *f*; 6. *(Steuer)* Veranlagung *f*; 7. *(Lage, Personal)* Beurteilung *f*
due assessment of the circumstances pflichtgemäßes Ermessen; **a. of a claim** Bewertung eines Anspruchs; **~ damage** 1. Schadenfeststellung *f*; 2. Festsetzung des Schaden(s)ersatzes; **~ environmental effects** Umweltauswirkungsabschätzung *f*; **~ evidence** Beweiswürdigung *f*; **~ punishment** Strafbemessung *f*; **~ the severity of a sentence** Strafzumessung *f*; **~ value in dispute** Streitwertfestsetzung *f*
additional assessment Nacherhebung *f*; **annual a.** jährliche Veranlagung; **commercial a.** kaufmännische Bewertung; **compulsory a.** Zwangsveranlagung *f*; **environmental a. (EA)** Umweltverträglichkeitsprüfung (UVT) *f*; **general a.** *(Steuer)* Hauptveranlagung *f*; **joint a.** *(Steuer)* Zusammenveranlagung *f*, gemeinsame Veranlagung; **~ of husband and wife** Zusammenveranlagung von Ehegatten; **judicial a.** richterliche Einschätzung; **new a.** Neuveranlagung *f*; **separate a.** getrennte Veranlagung; **subsequent a.** Nachfeststellung *f*, Nachveranlagung *f*
assessment basis/base Bemessungsgrundlage *f*; **a. notice** Steuerbescheid *m*; **a. period** Veranlagungszeitraum *m*
assessor *n* 1. Gutachter *m*; 2. sachverständige(r) Beisitzer(in)
asset *n* (Wirtschafts)Gut *nt*, Vermögensgegenstand *m*, Vermögensposten *m*
assets *pl* 1. Vermögen *nt*, Vermögensgüter *pl*; 2. *(Bilanz)* Aktiva *pl*, Anlagevermögen *nt*; 3. Guthaben *nt*; 4. *(Vermögen)* Masse *f*; 5. Nachlass *m*; **for lack of a.** mangels Masse; **a. of a company in the process of liquidation** Liquidationsmasse *f*; **a. under a will** Nachlass *m*; **to be liable with one's a.** mit seinem Vermögen haften; **to divide a.** Vermögen aufteilen; **to seize all a. by execution** kahl pfänden; **to transfer a.** Vermögen übertragen
combined assets Gesamt-, Sammelvermögen *nt*; **concealed a.** verschleierte Vermögenswerte; **corporate a.** *[US]* Gesellschaftsvermögen *nt*, Vermögen der Gesellschaft, ~ juristischer Personen; **current a.** Umlaufvermögen *nt*, umlaufendes Vermögen; **disposable a.** verfügbares Vermögen; **distrainable a.** pfändbares Vermögen; **domestic a.** inländisches Vermögen; **earning a.** Produktivvermögen *nt*; **encumbered a.** belastete Vermögensgegenstände; **financial a.** Geldvermögen *nt*; **fixed a.** Anlagegüter; **intangible ~** immaterielles Anlagevermögen; **tangible ~** Sachanlagevermögen *nt*; **foreign a.** ausländisches Vermögen; **inherited a.** Erbschaftsvermögen *nt*; **intangible a.** Immaterialgüter, immaterielle Vermögenswerte; **joint a.** Gesamthandsvermögen *nt*; **liable a.** haftendes Vermögen;

A

liquid a. bares Vermögen; **net a.** Netto-, Reinvermögen *nt*; **personal/private a.** Privatvermögen *nt*, persönliches Vermögen; **productive a.** Produktivvermögen *nt*; **real a.** Immobiliarvermögen *nt*; **separate a.** Sondervermögen *nt*; **tangible a.** Sachvermögen *nt*, materielle Vermögenswerte; **taxable a.** steuerpflichtiges Vermögen; **third-party a.** Drittvermögen *nt*; **total a.** Gesamtvermögen *nt*, Vermögensmasse *f*

asset-creating *adj* vermögenswirksam

asset management Vermögensverwaltung *f*; **a.-stripping** *n (coll)* betrügerische Vermögensverlagerung

assign *v/t* 1. abtreten, zedieren; 2. beiordnen, zuweisen; 3. *(Rechte, Forderungen)* übertragen, übereignen; **a.ability** *n* Übertragbarkeit *f*; **a.able** *adj* 1. abtretbar, zedierbar; 2. übertragbar

assignee *n* 1. Abtretungsempfänger(in) *m/f*, Abtretungsgläubiger(in) *m/f*, Zessionar(in) *m/f*; 2. Rechtsnachfolger(in) *m/f*; 3. (Forderungs)Übernehmer(in) *m/f*; **a. in bankruptcy** Konkursverwalter *m*

assignment *n* 1. *(Anspruch, Vertrag)* Abtretung *f*, Zession *f*; 2. *(Aufgaben)* Zuteilung *f*, Zuweisung *f*; 3. *(Forderungen, Rechte)* Übertragung *f*, Übereignung *f*; **a. of an account** Kontoabtretung *f*; **~ actions/business** *(Gericht)* Geschäftsverteilung *f*; **~ a claim** Anspruchs-, Forderungsabtretung *f*, Abtretung/Übertragung einer Forderung, ~ eines Anspruchs; **a. as counsel** Beiordnung *f*; **a. of a claim for damages** Abtretung eines Ersatzanspruches; **~ for restitution/return/surrender** Abtretung eines Herausgabeanspruchs; **a. of an interest** Anteilsübertragung *f*; **~ (a) lease** Mietabtretung *f*; **~ maintenance claims** Abtretung von Versorgungsansprüchen; **a. by operation of law** Legalzession *f*, Forderungsübergang *m*; **a. of a patent** Übertragung eines Patents; **~ pension entitlements** Abtretung von Versorgungsansprüchen; **~ rent** Mietabtretung *f*; **~ a right** Rechtsabtretung *f*, Rechtsübertragung *f*; **~ the right to claim (the) surrender of sth.** Vindikationszession *f*; **~ all rights pertaining to patent** Abtretung aller Patent(nutzungs)rechte; **~ salary claims** Abtretung von Gehaltsansprüchen; **a. for security; a. by way of security** Sicherungsabtretung *f*, Sicherungsübereignung *f*; **a. of tasks** Zuweisung von Aufgaben; **~ a trademark** Markenabtretung *f*; **~ wages** Lohnabtretung *f*

anticipatory assignment Vorausabtretung *f*; **collateral a.** Sicherungsübereignung *f*; **compulsory a.** Zwangsabtretung *f*; **disclosed a.** offene Zession; **equitable a.** Abtretung nach Billigkeitsrecht; **fiduciary a.** Sicherungszession *f*; **general a.** Generalabtretung *f*, Globalzession *f*; **partial a.** Teilabtretung *f*; **prior a.** Prioritätszession *f*; **statutory a.** gesetzlicher Forderungsübergang; **undisclosed a.** stille Zession

assignment clause Zessionsklausel *f*; **a. contract** Abtretungsvertrag *m*

assignor *n* 1. Abtretende(r) *f/m*, Zedent *m*; 2. Übertragende(r) *f/m*; 3. Veräußerer *m*

assist *v/t* helfen, unterstützen

assistance *n* 1. Hilfe(leistung) *f*, Hilfestellung *f*, Hilfsleistung *f*; 2. Beihilfe *f*, Fürsorge *f*, Unterstützung *f*; 3. Beistand(schaft) *m/f*; 4. Mithilfe *f*; **in need of a.** hilfsbedürftig; **a. by (way of) omission** Beihilfe durch Unterlassung

to afford/offer assistance Hilfe anbieten/gewähren; **to lend/render a.** Beistand/Hilfe leisten; **~ after an accident** nach einem Unfall Hilfe leisten

administrative assistance Amts-, Verwaltungshilfe *f*; **to provide ~** Amtshilfe leisten; **judicial/legal a.** Rechtsbeistand *m*, Rechtshilfe *f*, juristische Hilfe **~ in civil matters** Rechtshilfe in Zivilsachen; **~ in criminal matters** Rechtshilfe in Strafsachen; **~ pact** Beistandspakt *m*; **official a.** Amtshilfe *f*; **mutual a.** gegenseitiger Beistand; **public a.** Sozialfürsorge *f*, Sozialhilfe *f*

assistant *n* 1. *(Person)* Beistand *m*; 2. Gehilfe *m*, Handlanger *m*, Helfer(in) *m/f*; **commercial a.** Handlungsgehilfe *m*; **personal a.** persönlicher Referent

assisting in desertion *n* Beihilfe zur Fahnenflucht

associate *n* 1. Teilhaber(in) *m/f*, Gesellschafter(in) *m/f*; 2. Mitarbeiter(in) *m/f*; 3. Beigeordnete(r) *f/m;* 4. Komplize *m*, Komplizin *f*; 5. Kollege *m*, Kollegin *f*

associate *v/t* 1. assoziieren, verbinden, zusammenschließen; 2. in Zusammenhang bringen; **a. with** verkehren mit; **~ so.** Umgang mit jdm haben/pflegen; **a.(d)** *adj* beigeordnet

association *n* 1. Sozietät *f*, Assoziation *f*, Personenvereinigung *f*, Zusammenschluss *m*; 2. Bund *m*, Verband *m*, Verein(igung) *m/f*; 3. *(Arbeitsrecht)* Koalition *f*; 4. Umgang *m*, Verkehr *m*; **a. of cooperative societies** Genossenschaftsverband *m*; **~ persons** Personenverband *m*, Personenzusammenschluss *m*; **to set up an a.** Verband gründen

anti-constitutional association verfassungsfeindliche Vereinigung; **charitable a.** Wohlfahrtsverband *m*, wohltätige Vereinigung; **criminal a.** kriminelle Vereinigung; **incorporated a.** eingetragener Verein (e. V.), rechtsfähige Vereinigung; **municipal a.** Kommunalverband *m*; **professional a.** Berufsverband *m*, Kammer *f*; **proscribed a.** verbotene Vereinigung; **protective a.** Schutzgemeinschaft *f*; **religious a.** Religionsgemeinschaft *f*, Weltanschauungsvereinigung *f*; **unincorporated a.** nicht rechtsfähiger Verein; **unlawful a.** widerrechtliche Vereinigung

association act Vereinsgesetz *nt*; **a. agreement** Verbandsübereinkunft *f*; **a. assets** Vereinsvermögen *nt*; **a. clause** Verbundklausel *f*; **a. executive board** Vereinsvorstand *m*; **a. statutes** Vereinssatzung *f*

assume *v/t* 1. annehmen, vermuten; 2. übernehmen

assumption *n* 1. Annahme *f*, Vermutung *f*, Präsumtion *f*; 2. Voraussetzung *f*; 3. *(Risiko, Verantwortung)* Übernahme *f*; 4. Vortäuschung *f*; **false/fraudulent a. of authority** Amtsanmaßung *f*; **a. of causes** Verursachungsvermutung *f*; **~ debt(s)** Forderungs-, Schuld(en)übernahme *f*; **~ a guarantee** Übernahme einer Garantie; **~ liability** Haftungsübernahme *f*; **~ liability agreement** Haftungsübernahmevertrag *m*; **~ loss(es)** Verlustübernahme *f*; **~ office** Amtsübernahme *f*; **~ an obligation** Verpflichtungsübernahme *f*; **~ police powers** Übernahme der Ordnungsgewalt; **unauthorized ~ a right** Rechtsmissbrauch *m*; **~ risks** Gefahren-, Risikoübernahme *f*; **~ a warranty** Übernahme einer Garantie

erroneous assumption irrige/irrtümliche Annahme

assurance *n* Zusage *f*, Ver-, Zusicherung *f*, Beteuerung *f*; **a. payable at death** Sterbefallversicherung *f*; **solemn a.** feierliche Versicherung

assure *v/t* 1. zusichern; 2. *[GB] (Lebensvers.)* versichern; **a. so. of sth.** jdm etw. zusichern

asylum *n* Asyl *nt*; **to ask for/apply for/claim/seek a.** Asylantrag stellen; **to grant a.** Asyl gewähren; **lunatic a.** Irrenanstalt *f*; **a. authority** Asylbehörde *f*; **a. procedure/proceedings** Asylverfahren *nt*

asylum-seeker *n* Asylant(in) *m/f*, Asylsuchende(r) *f/m*; **bogus a.-s.** Scheinasylant(in) *m/f*; **failed a.-s.** abgelehnter Asylbewerber

atonement *n* Sühne *f*

atroci|ous *adj* ungeheuerlich; **a.ty** *n* Gräueltat *f*, Untat *f*

attach *v/t* 1. an-, beifügen, beilegen; 2. beschlagnahmen, pfänden; 3. anbringen; **a.-ability** *n* Pfändbarkeit *f*; **a.able** *adj* beschlagnahmefähig, pfändbar; **a.ed** *adj* 1. gepfändet; 2. bei-, inliegend; **~ hereto** im Anhang

attachment *n* 1. Beifügung *f*; 2. An-, Beilage *f*; 3. Beschlagnahme *f*, Forderungspfändung *f*, Pfandhaft *f*, Pfändung *f*; 4. (dinglicher) Arrest; **a. and execution** Beschlagnahme und Zwangsvollstreckung; **a. of an account** Kontopfändung *f*; **~ a claim** Arrestpfändung *f*; **~ debts** Beschlagnahme von Forderungen; **~ debts by garnishee order** Beschlagnahme durch Pfändungs- und Überweisungsbeschluss; **a. of earnings** Gehalts-, Lohnpfändung *f*; **~ earnings order** Gehalts-, Lohnpfändungsbeschluss *m*; **a. under a lien** Pfandverstrickung *f*; **a. of property** Immobiliararrest *m*; **a. by way of security** Sicherungsbeschlagnahme *f*

to lift/set aside an attachment Arrest/Beschlagnahme aufheben

joint attachment Mithaft *f*; **judicial a.** gerichtliche Beschlagnahme; **prior a.** Vorpfändung *f*; **provisional a.** Sicherungsvollstreckung *f*

attachment lien Arrestpfandrecht *nt*; **a. order** Pfändungs-, Beschlagnahmebeschluss *m*, Beschlagnahmeverfügung *f*; **a. proceedings** Arrest-, Pfändungs-, Sicherungsverfahren *nt*

attachments *pl* 1. Zubehör *nt*; 2. *(Dokumente)* Anhang *m*

attack *n* Angriff *m*; **to ward off an a.** Angriff abwehren; **feigned a.** Scheinangriff *m*; **insidious a.** hinterlistiger Überfall; **unprovoked a.** unprovozierter Angriff; **violent a.** gewaltsamer Angriff

A

attacker *n* Angreifer *m*
attain *v/t* erreichen, erzielen; **a.ment** *n* Erreichung *f*, Erzielung *f*
attempt *v/t* versuchen
attempt *n* *(StR)* Versuch *m*; **the a. shall be punishable** der Versuch ist strafbar; **a. to commit a crime** Versuch der Begehung einer Straftat, ~ einer strafbaren Handlung; **a. at conciliation** Sühneversuch *m*; **a. to deceive; a. at deception** Täuschungsversuch *m*; **a. to escape** Fluchtversuch *m*; **a. to reach an amicable settlement** Schlichtungsversuch *m*; **a. to resuscitate so.** Wiederbelebungsversuch *m*
to abandon the attempt vom Versuch zurücktreten; **criminal a.** strafbarer Versuch; **futile a.** untauglicher Versuch
attend *v/t* besuchen, anwesend/zugegen sein, beiwohnen, teilnehmen an
attendance *n* Erscheinen *nt*, Teilnahme *f*; **a. at court** Anwesenheit vor Gericht; **compulsory a. before a judge** Zwangsvorführung *f*; **a. of witnesses** Erscheinen von Zeugen; **a. centre** Jugendarrestanstalt *f*; **a. fee** Sitzungsgeld *nt*
attention *n* Aufmerksamkeit *f*, Obacht *f*; **a. of (attn.)** zu Händen von (z. Hd. v.)
attest *v/t* 1. beglaubigen, bescheinigen; 2. bezeugen, testieren
attestation *n* 1. Beglaubigung *f*, Bescheinigung *f*; 2. Bestätigungsvermerk *m*; 3. Bezeugung *f*, Testat *nt*; **a. of good behaviour** polizeiliches Führungszeugnis; **~ good character** Leumundszeugnis *nt*; **~ signature** Unterschriftbeglaubigung *f*; **a. clause** Beglaubigungsklausel *f*
attitude *n* 1. Einstellung *f*, Haltung *f*; 2. Verhalten *nt*; **hostile a.** feindliche Haltung; **unyielding a.** unnachgiebige Haltung
attorney (at law) *n* *[US]* (Rechts)Anwalt *m*, (Rechts)Anwältin *f*, Bevollmächtigte(r) *f/m*, gesetzlicher Vertreter, Prozessbeteiligte(r) *f/m*; **a. for the defense** Verteidiger(in) *m/f*; **a. in fact** Bevollmächtigte(r) *f/m*, *(Vollmacht)* Stellvertreter(in) *m/f*; **a. general** *[US]* Oberstaatsanwalt *m*, Oberstaatsanwältin *f*, Generalprokurator *[A]*; **A. General** *[US]* Justizminister(in) *m/f*; **a. of record** Prozessbevollmächtigte(r) *f/m*, prozessbevollmächtigter Anwalt; **to retain an a.** Anwalt beauftragen/mandatieren
attributab|ility *n* Zurechenbarkeit *f*; **a.le** *adj* zurechenbar
attribute *n* Eigenschaft *f*
attribute *v/t* *(Schuld)* zumessen, zurechnen; **a. to** zuschreiben, zurückführen auf; **a. sth. to so.** jdm etw. zuschreiben; **~ falsely to so.** jdm etw. unterschieben; **~ to sth.** etw. auf etw. zurückführen
attribution *n* Zurechnung *f*, Zuschreibung *f*, Beimessung *f*
auction *n* Auktion *f*, Versteigerung *f*; **a. ordered by the court; court-ordered a.** Zwangsversteigerung *f*; **a. of distrained goods** Pfandversteigerung *f*; **to put up for a.; to sell by a.** auktionieren, versteigern; **public a.** öffentliche Versteigerung; **to sell by ~** 1. öffentlich versteigern; 2. zwangsversteigern
auction costs Kosten der Versteigerung; **a. day** Versteigerungstermin *m*; **a. proceedings** Versteigerungsverfahren *nt*; **a. proceeds** Versteigerungserlös *m*; **a. sale** Versteigerung *f*
auction (off) *v/tprep* versteigern
auctioneer *n* 1. Auktionator *m*, Versteigerer *m*; 2. Ausbieter *m*
audience *n* Publikum *nt*
audit *n* 1. (Abschluss)Prüfung *f*; 2. Betriebs-, Bilanz-, Buch-, Geschäfts-, Rechnungs-, Wirtschaftsprüfung *f*, Revision *f*; 3. *(Buchführung)* Kontrolle *f*; **a. and acceptance** Rechnungsprüfung und -abnahme *f*; **a. of accounts** Rechnungsprüfung *f*
annual audit Jahresabschlussprüfung *f*; **environmental a.** Umweltbilanz *f*, Umweltverträglichkeitsprüfung (UVT) *f*, Umweltbetriebsprüfung *f*; **external a.** Außenprüfung *f*; **internal a.** innerbetriebliche Rechnungsprüfung, betriebsinterne Revision
audit *v/t* *(Bilanz)* prüfen
audit department Revisionsabteilung *f*; **a. office** Rechnungsprüfungsamt *nt*
auditor *n* 1. Prüfer(in) *m/f*; 2. Abschluss-, Bilanz-, Buch-, Kassen-, Rechnungs-, Wirtschaftsprüfer(in) *m/f*; **statutory a.** satzungsmäßiger Rechnungsprüfer; **a.'s opinion** 1. *(Revison)* Beglaubigungsvermerk *m*; 2. *(Bilanz)* Bestätigungsvermerk *m*, Prüfgutachen *nt*, Prüfungsvermerk *m*; **a.'s report** Prüfungsbericht *m*
under the auspices of *pl* unter der Schirmherrschaft von

authentic *adj* echt
authenticate *v/t* 1. beglaubigen, beurkunden, Echtheit feststellen; 2. legalisieren, verbriefen; **a.d** *adj* beglaubigt
authentication *n* 1. Beglaubigung *f*, Beurkundung *f*; 2. Legalisierung *f*; 3. Echtheitsbescheinigung *f*; **public a.** öffentliche Beglaubigung; **a. act** Beglaubigungsgesetz *nt*
authenticity *n* Echtheit *f*; **a. of a signature** Echtheit einer Unterschrift; **to ascertain the a signature** Echtheit einer Unterschrift prüfen
author *n* Autor *m*, Verfasser *m*, Urheber *m*, Schriftsteller *m*
authoritative *adj* verbindlich, maßgeblich
authorities *pl* 1. Obrigkeit *f*; 2. Rechtsquellen; **known to the a.** amtsbekannt; **to notify the a. of a change of address** sich ummelden; **to report so. to the a.** gegen jdn Anzeige erstatten
authority *n* 1. (Macht)Befugnis *f*, Erlaubnis *f*; 2. Bestandskraft *f*; 3. Instanz *f*; 4. *(Fachgröße)* Kapazität *f*; 5 Kollegialbehörde *f*; 6. *(Belegstelle)* Quelle *f*; 7. *(Ermächtigung)* Vollmacht *f*; **on good a.** aus guter Quelle
authority to accept mail Postvollmacht *f*; **~ act as an agent** Vertretungsberechtigung *f*; **~ adjudicate** Entscheidungsbefugnis *f*; **a. in charge** maßgebende/zuständige Behörde; **a. to claim** Sachlegitimation *f*; **~ collect** Einziehungsermächtigung *f*, Inkassomandat *nt*; **~ conclude a contract** Abschlussvollmacht *f*; **~ dispose** Verfügungsberechtigung *f*; **a. by estoppel** Duldungs-, Rechtsscheinvollmacht *f*, Vertretungsmacht kraft Rechtscheins; **a. to issue directives/instructions** Weisungsbefugnis *f*; **~ exploit** Verwertungsbefugnis *f*; **~ pay** Zahlungsermächtigung *f*; **~ sell** Verkaufsvollmacht *f*; **~ sign** Zeichnungsbefugnis *f*, Zeichnungsberechtigung *f*, Zeichnungsrecht *nt*, Zeichnungsvollmacht *f*; **~ sue** Prozess-, Sachlegitimation *f*; **~ use** Gebrauchsbefugnis *f*
to act on so.'s authority in jds Vollmacht handeln; **to delegate one's a.** seine Befugnis delegieren; **to exceed one's a.** Vollmacht überschreiten; **to vest a. in so.** Vollmacht auf jdn übertragen
administrative authority Verwaltungsbehörde *f*; **apparent a.** Scheinvollmacht *f*; **appropriate a.** zuständige Behörde/Dienststelle; **constitutional a.** verfassungsgebende/verfassungsmäßige Gewalt; **disciplinary a.** 1. Disziplinarbehörde *f*; 2. Disziplinargewalt *f*; **domestic a.** Hausrecht *nt*; **examining a.** Prüfungsbehörde *f*; **exclusive a.** 1. Alleinberechtigung *f*; 2. Ausführungsbehörde *f*, durchführende/vollziehende Behörde; **executory a.** Vollstreckungs-, Vollzugsbefugnis *f*; **express a.** ausdrückliche Vollmacht; **federal a.** Bundesbehörde *f*; **fixed-penalty a.** Bußgeldstelle *f*; **full a.** uneingeschränkte Ermächtigung; **governmental a.** Staatsgewalt *f*; **implied a.** stillschweigend erteilte Vollmacht; **issuing a.** ausstellende Behörde; **judicial a.** 1. richterliche Ermächtigung; 2. Justizbehörde *f*, Justizverwaltung *f*; **leading a.** Kapazität *f*; **legislative a.** Gesetzgebungsbefugnis *f*, Gesetzgebungskompetenz *f*, Gesetzgebungsrecht *nt*; **licensing a.** Genehmigungs-, Zulassungsbehörde *f*, Zulassungsstelle *f*
local authority Gemeinde *f*, Kommune *f*, Gemeinde-, Kommunal-, Lokal-, Ortsbehörde *f*, Stadtverwaltung *f*; **l. a. district** Gemeindebezirk *m*; **l. a. enterprise** Gemeindebetrieb *m*; **l. a. ordinance** Ortsgesetz *nt*
managerial authority (Geschäfts)Führungsbefugnis *f*, Befugnis zur Geschäftsführung; **military a.** Militärbehörde *f*; **monetary a.** Währungsbehörde *f*; **ostensible a.** Anscheins-, Scheinvollmacht *f*; **parental a.** elterliche Gewalt; **persuasive a.** einschlägige, aber nicht bindende Entscheidung; **prosecuting a.** Strafverfolgungsbehörde *f*; **~ in charge** zuständige Staatsanwaltschaft; **public a.** Behörde *f*, öffentliche Gewalt, Obrigkeit *f*; **regional a.** Gebietskörperschaft *f*; **~ planning a.** Raumordnungsbehörde *f*; **regulatory a.** Aufsichts-, Ordnungsbehörde *f*; **representative a.** Vertretungsbefugnis *f*, Vertretungsvollmacht *f*; **sole a.** Einzelvollmacht *f*; **special a.** besondere Ermächtigung, Sondervollmacht *f*; **subordinate a.** unterstellte Behörde; **subsidiary a.** nachgeordnete Behörde; **supervisory a.** Dienstaufsicht(sbehörde) *f*, Kontrollbehörde *f*; **supreme a.** oberste Gewalt, Hoheit *f*; **territorial a.** Gebietskörperschaft *f*; **unlimited a.** unbegrenzte/unumschränkte Vollmacht; **written a.** schriftliche Vollmacht, Vollmachtsurkunde *f*

A

authorization *n* 1. Ermächtigung *f*, Bevollmächtigung *f*, Autorisierung *f*; 2. Genehmigung *f*, Zulassung *f*; **a. to hunt** Jagdberechtigung *f*; **~ receive** Empfangsberechtigung *f*; **a. for registration** Eintragungsbewilligung *f*; **a. to teach** Lehrberechtigung *f*

official authorization amtliche/behördliche Genehmigung; **special a.** Sonderermächtigung *f*, Sondergenehmigung *f*

authorize *v/t* 1. autorisieren, berechtigen, bevollmächtigen, ermächtigen, genehmigen, Vollmacht erteilen; 2. legitimieren; **a. so. to do sth.** jdm Vollmacht für etw. erteilen

authorized *adj* 1. befugt, berechtigt, bevollmächtigt, ermächtigt; 2. genehmigt; 3. legitimiert, zugelassen; **a. to receive** empfangsberechtigt; **~ sign** zeichnungs-, unterschriftsberechtigt; **duly a.** ordnungsgemäß bevollmächtigt; **fully a.** mit allen Vollmachten ausgestattet

authorship *n* Urheberschaft *f*

auto theft *n* *[US]* Kfz-Diebstahl *m*

automobile registration *n* *[US]* Kraftfahrzeugzulassung *f*

autonom|ous *adj* autonom, eigenständig; **a.y** *n* Autonomie *f*, Selbstverwaltung *f*; **private ~** Privatautonomie *f*

autopsy *n* Autopsie *f*, Leichenöffnung *f*, (innere) Leichenschau, Obduktion *f*, Sektion *f*; **to carry out/perform an a.** obduzieren

autrefois acquit *n (frz.)* Einrede des Freispruchs in gleicher Sache; **a. convict** Einrede der Verurteilung in gleicher Sache

auxiliary *adj* 1. ergänzend, zusätzlich, Hilfs-; 2. mitwirkend

to no avail *n* vergebens

availability *n* Verfügbarkeit *f*; **a. guarantee** Nachkaufgarantie *f*

available *adj* 1. verfügbar, vorrätig, erhältlich; 2. vorliegend; **to be a.** zur Disposition stehen; **~ for sth.** für etw. zur Verfügung stehen; **to make sth. a. free of charge** etw. kostenlos zur Verfügung stellen

aver *v/t* 1. behaupten, als Tatsache hinstellen, vorbringen; 2. versichern

average *n* Havarie *f*, Seeschaden *m*; **free from a.** frei von Havarie; **general a.** große Havarie; **particular a.** kleine Havarie; **weighted a.** gewogener Mittelwert; **a. adjuster** Havarieagent *m*; **a. adjustment** Havarieregelung *f*; **a. clause** Havarieklausel *f*

averment *n* 1. Behauptung *f*; 2. *(Prozess)* Sachvortrag *m*, Vorbringen *nt*; **immaterial a.** unerhebliches Vorbringen; **negative a.** negative Behauptung, formelles Bestreiten

avert *v/t* abwehren, abwenden; **a.ing a danger** *n* Abwendung einer Gefahr, Gefahrenabwehr *f*; **~ threat** Abwendung der Gefährdung

aviation *n* Luftfahrt *f*

avoid *v/t* 1. (ver)meiden, umgehen; 2. anfechten; 3. annullieren, abwenden; **a.ability** *n* 1. Vermeidbarkeit *f*; 2. Anfechtbarkeit *f*; **a.able** *adj* 1. vermeidbar; 2. anfechtbar

avoidance *n* 1. (Ver)Meidung *f*, Umgehung *f*, Abwendung *f*; 2. Anfechtung *f*; 3. Annullierung *f*, Nichtigerklärung *f*; **a. of a contract** Vertragsanfechtung *f*; **~ gift** Schenkungsanfechtung *f*; **a. on the grounds of error; ~ a mistake** Anfechtung wegen Irrtums, Irrtumsanfechtung *f*; **a. of sale** Wandelung *f*; **a. of a will** Testamentsanfechtung *f*

to sue for avoidance auf Aufhebung klagen

avoiding a danger *n* Gefahrenabwendung *f*; **a. transaction** Umgehungsgeschäft *nt*

avow *v/t* verbindlich erklären

await *v/t* ab-, erwarten

award *n* 1. Belohnung *f*, Auszeichnung *f*, Preis *m*; 2. Rechts-, Schiedsspruch *m*, Urteil *nt*; 3. *(Ausschreibung)* Zuschlag *m*; 4. *(Schadenersatz)* Zuerkennung *f*, Zubilligung *f*, Zumessung *f*

award of contract *(Auftrag)* Zuschlag *m*, (Auftrags)Vergabe *f*, Submissionsvergabe *f*; **~ damages** Zubilligung/Zuerkennung von Schaden(s)ersatz; **~ an administrative fine** Erkennung auf Buße; **~ punishment** Strafzumessung *f*

to appeal against an award gegen einen Schiedsspruch Beschwerde einlegen; **to invoke an a. against a party** Schiedsspruch gegen eine Partei geltend machen; **to make/render an a.** Schiedsspruch fällen; **to set aside an a.** Schiedsspruch aufheben

arbitral award Schiedsspruch *m*; **compensatory a.** Verurteilung zur Entschädigung

award *v/t* 1. *(Auftrag)* vergeben; 2. zuer-

kennen, zumessen; 3. *(gerichtlich)* zusprechen
awarding of concessions *n* Vergabe von Konzessionen; **~ contract** Auftragsvergabe *f*; **~ public contracts** Vergabe öffentlicher Aufträge; **~ a doctorate** Promotion *f*
aware *adj* bewusst; **being fully a. of the consequences** im Bewusstsein der Folgen; **to be a. of** sich bewusst sein; **to become a. of sth.** Kenntnis von etw. erlangen; **ecologically/environmentally a.** umweltbewusst
awareness *n* Bewusstsein *nt*; **a. of wrongdoing** Unrechtsbewusstsein *nt*; **impaired a.** Bewusstseinstrübung *f*
axiom *n* Axiom *nt*
aye *n* *[GB] (Parlament)* Jastimme *f*

B

back *n* Rückseite; *adv* zurück; **b. pay(ment)** (Gehalts)Nachzahlung *f*; **to make a ~** *(Gehalt, Pension)* nachzahlen
backdate *v/t* nach-, (zu)rückdatieren
background *n* 1. Hintergrund *m*; 2. Verhältnisse *pl*; 3. Werdegang *m*; **domestic b.** Familienverhältnisse *pl*; **educational b.** Vorbildung *f*; **b. check** Personenüberprüfung *f*; **b. noise** Lärmkulisse *f*
backing *n* Rückhalt *m*
back|log *n* Rückstand *m*; **b.pack** *n [US]* Rucksack *m*; **b.packer** *n* Rucksacktourist(in) *m/f*
bad *adj* *(Schulden)* uneinbringlich
badge *n* Abzeichen *nt*, Plakette *f*; **b. of rank** Rangabzeichen *nt*
baggage insurance *n* Reisegepäckversicherung *f*
bail *n* 1. *(ZR)* Bürgschaftsleistung *f*; 2. *(StR)* Sicherheitsleistung *f*, (Haft)Kaution *f*; **on b.** gegen eine Kaution/Sicherheitsleistung
to abscond bail Sicherheitsleistung verfallen lassen; **to forfeit one's b.** *(bei Nichterscheinen vor Gericht)* Kaution verfallen lassen; **to grant b.** Sicherheitsleistung anordnen; **to jump b.** *[US] (bei Nichterscheinen vor Gericht)* Kaution verfallen lassen; **to provide/put up b.** Kaution stellen; **to refuse b.** Sicherheitsleistung ablehnen; **to release so. on b.** jdn gegen Kaution freilassen; **to be released on b.** gegen Kaution auf freien Fuß gesetzt werden; **to remand so. on b.** jdn gegen Kaution aus der Untersuchungshaft entlassen; **to stand b.** Kaution stellen, bürgen, Sicherheit leisten; **eligible ~** kautionsfähig
civil bail Sicherheitsleistung im Zivilprozess
bailee *n* Bürgschaftsnehmer *m*, Verwahrer *m*; **b.'s lien** Verwahrerpfandrecht *nt*
bailiff *n* 1. Gerichtsvollzieher(in) *m/f*, Vollstrecker(in) *m/f*, Vollstreckungsbeamter *m*; 2. *[US]* Justizwachtmeister *m*, Gerichtsdiener *m*; **b.'s stamp** Pfandsiegel *nt*
bailment *n* 1. Hinterlegung *f*, Verwahrung *f*; 2. Besitzmittlungsverhältnis *nt*; **b. contract** Verwahrungsvertrag *m*
bailor *n* 1. Hinterleger *m*; 2. Besitzmittler *m*; 3. Bürge *m*
balance *n* 1. Ausgewogenheit *f*, Gleichgewicht *nt*, Ausgleich *m*; 2. Ausgleichsbetrag *m*; 3. *(Konto)* Saldo *m*; 4. Restsumme *f*, Restbetrag *m*; **b. due** Restschuld *f*; **remaining b.** Restsaldo *nt*
balanced *adj* ausgewogen, gleichgewichtig
balance sheet *n* Bilanz *f*; **annual b. s.** Jahresbilanz *f*; **final b. s.** Auseinandersetzungsbilanz *f*, Auseinandersetzungsguthaben *nt*; **b. s. offence** Bilanzdelikt *nt*
ballot *n* Wahl(gang) *f/m*; **on the first b.** im ersten Wahlgang; **to rig the b.** Wahlergebnis fälschen; **secret b.** Geheimwahl *f*, geheime Wahl
ballot box Wahlurne *f*; **b. paper** Stimmzettel *m*, Wahlschein *m*; **b. rigging** Wahlbetrug *m*, Wahlfälschung *f*
ban *v/t* untersagen, (offiziell) verbieten
ban *n* Verbot *nt*; **b. on (child) abuse** Misshandlungsverbot *nt*; **~ alcohol** Alkoholverbot *nt*; **~ entering a house** Hausverbot *nt*; **~ hunting** Jagdverbot *nt*; **~ immigration** Einwanderungsverbot *nt*, Einwanderungssperre *f*, Aufnahmestopp *m*; **~ imports** Einfuhr-, Importverbot *nt*; **~ landing** Landeverbot *nt*; **~ leave** Urlaubssperre *f*; **~ wearing masks** Vermummungsverbot *nt*; **~ night driving** Nachtfahrverbot *nt*; **~ practising one's profession** Berufsverbot *nt*; **~ corporal punishment** Züchtigungsverbot *nt*; **~ sales** Verkaufsverbot *nt*; **~ smoking** Rauchverbot *nt*; **~ through traffic** Durchfahrtsverbot *nt*; **~ the use of force** Verbot des Einsatzes von

B

Zwangsmitteln; **~ visits** Besuchsverbot *nt*; **~ visits and letters** Kontaktsperre *f*

to be subject to a ban unter ein Verbot fallen; **to impose a b.** Verbot aussprechen; **to lift a b.** Verbot aufheben/zurücknehmen; **to place a b. on** Sperre verhängen über

preventive ban präventives Verbot; **repressive b.** repressives Verbot

bank *n* Bank *f*; **cooperative b.** Genossenschaftsbank *f*

bank account Bankkonto *nt*; **b. charges** Kontoführungsgebühren, Kontospesen; **b. cheque** Kassenscheck *m*; **b. deposit** Bankeinlage *f*

banker's acceptance Bankakzept *nt*; **b.'s discretion** Bankgeheimnis *nt*

bank guarantee Bankbürgschaft *f*; **b. holiday** Feiertag *m*

banking law Bankrecht *nt*; **b. legislation** Bankgesetzgebung *f*; **b. secrecy** Bankgeheimnis *nt*

banknote *n* Banknote *f*

bank robbery Bank-, Kassenraub *m*

bankrupt *adj* bankrott, pleite *(coll)*; **to become/go b.** in Konkurs geraten, Pleite gehen; **to declare os. b.** Konkurs anmelden, sich für zahlungsunfähig erklären, Offenbarungseid leisten

bankrupt *n* Bankrotteur *m*, Konkursschuldner(in) *m/f*; **adjudicated b.** gerichtlich festgestellter Bankrotteur, Gemeinschuldner(in) *m/f*; **undischarged b.** rehabilitierte(r) Gemeinschuldner(in)

bankruptcy *n* Bankrott *m*, Insolvenz *f*, Konkurs *m*, Pleite *f (coll)*; **b. of the estate** Nachlasskonkurs *m*; **to avoid b.** Konkurs abwenden; **to file for b.** Konkursantrag stellen; **fraudulent b.** betrügerischer Bankrott/Konkurs

Bankruptcy Act *[GB]* Konkursordnung *f*; **b. court** Konkursgericht *nt*, Vollstreckungskammer *f*; **~ judge** Konkursrichter(in) *m/f*; **b. debtor** Konkursschuldner(in) *m/f*; **b. dividend** Konkursquote *f*; **b. fraud** Insolvenzbetrug *m (früher: Konkursbetrug)*; **b. law** Konkursrecht *nt*; **b. notice** Konkurserklärung *f*; **b. offence** Konkursdelikt *nt*, Insolvenz-, Konkursstraftat *f*, Konkursvergehen *nt*; **b. petition** Konkurs(eröffnungs)antrag *m*

bankruptcy proceedings Konkursverfahren *nt*, konkursrechtliches Verfahren; **to discontinue b. p.** Konkursverfahren einstellen; **to institute b. p.** Konkursverfahren eröffnen; **to ~ against so.** gegen jdn ein Konkursverfahren einleiten

bankruptcy regulations Konkursordnung *f*

bankrupt's estate *n* Konkursmasse *f*

banner *n* Spruchband *nt*, Transparent *nt*

banns *pl* Eheaufgebot *nt*

bar *v/t* 1. ausschließen; 2. präkludieren; 3. versperren

bar *n* 1. Schranke des Gerichts, Gerichtsschranke *f*; 2. Hindernis *nt*; 3. Präklusion *f*; **the B.** Anwaltschaft *f*; **behind b.s** hinter Gittern, ~ schwedischen Gardinen *(coll)*

bar to an action Prozesshindernis *nt*; **b. of execution** Vollstreckungshindernis *nt*; **~ trial** Prozesshindernis *nt*; **to be called to the B.** *[GB]* als Anwalt (vor höheren Gerichten) zugelassen werden

procedural bar Verfahrenshindernis *nt*; **statutory b.** gesetzliches Hindernis

bar association Anwaltschaft *f*, Anwaltskammer *f*; **B. Association** *[US]*/**Council** *[GB]* (Rechts)Anwaltskammer *f*, Selbstverwaltungsorganisation der Anwälte; **b. code** *(auf Waren)* Strichcode *m*

bare *adj* unbedeckt

bargain *n* Kaufabschluss *m*; **into the b.** als Zugabe, obendrein; **unconscionable b.** sittenwidriger Vertrag

collective bargaining *n* Tarifautonomie *f*, Verhandlungen zwischen den Tarifpartnern; **c. b. agreement** Kollektivvertrag *m*; **c. b. law** Tarifrecht *nt*; **under c. b. law** tarifrechtlich

barracks *n* Kaserne *f*

barratry *n* *[US]* Anstiftung zu grundloser Prozessführung

barred *adj* versperrt

barricade os. *v/refl* sich verbarrikadieren

barrier *n* Hürde *f*

barring of claims *n* Anspruchsverjährung *f*

barrister (at law) *n* *[GB]* (Prozess)Anwalt (vor höheren Gerichten) *m*, (Prozess)Anwältin (vor höheren Gerichten) *f*, plädierender Rechtsanwalt; **b.s' chambers** Rechtsanwaltssozietät *f*

behind bars *pl* dingfest; **to put so. ~** jdn einsperren, ~ dingfest machen

barter *n* (Natural)Tausch *m*; **b. agreement** Tauschvertrag *m*; **b. trade** Tauschhandel *m*; **b. transaction** (Aus)Tausch-, Kompensationsgeschäft *nt*

base *adj* *(Motiv)* niedrig; *v/t* zu Grunde legen; **to be b.d on** *adj* beruhen auf

basic *adj* grundsätzlich; **B. Law** Grundgesetz *nt*
basis *n* 1. Basis *f*, Grundlage *f*; 2. Begründung *f*; **on a long-term b.** langfristig; **~ the b. of** an Hand von
basis of assessment Veranlagungsgrundlage *f*; **~ claim** Anspruchsgrundlage *f*; **~ comparison** Vergleichsbasis *f*; **~ a contract** Vertragsgrundlage *f*; **~ existence** Lebensgrundlage *f*; **~ a transaction** Geschäftsgrundlage *f*; **~ trust** Vertrauensbasis *f*
contractual basis vertragliche Grundlage; **legal b.** gesetzliche/rechtliche Grundlage, Rechtsbasis *f*, Rechtsgrund(lage) *m/f*; **statutory b.** gesetzliche Grundlage; **to employ so. on a temporary b.** jdn auf Zeit einstellen
bastardy order *n [US] (uneheliches Kind)* Unterhaltsverfügung *f*
batter|ed *adj (Person)* misshandelt; **b.ing** *n* (körperliche) Misshandlung; **b.y** *n* Körperverletzung *f*; **aggravated ~** *[US]* schwere Körperverletzung
legal battle *n* Rechtsstreit *m*
beach *n* Strand *m*
bear *v/t (Folgen, Kosten, Risiko)* tragen
bearer *n (Scheck)* Überbringer(in) *m/f*, Inhaber(in) *m/f*; **payable to b.** an den Überbringer/Inhaber zahlbar
bearer bond *n* Inhaberschuldverschreibung *f*, Schuldverschreibung auf den Inhaber; **b. cheque** Inhaberscheck *m*; **b. clause** Inhaber-, Überbringerklausel *f*; **b. policy** Inhaberpolice *f*; **b. warrant** Inhaberzertifikat *nt*
bearing a false name *n* falsche Namensführung; **b. of the risk** *(Vertrag)* Gefahrtragung *f*
to lose one's bearings *pl* die Orientierung verlieren
beat *v/t* prügeln; **b. up so. badly** jdn übel zurichten
beat *n (Polizei)* Streifenbezirk *m*; **to be on one's b.; to walk the b.** Streife gehen, Runde machen
because of *prep* auf Grund von, wegen
bedsit(ter) *n* Wohnschlafzimmer *nt*
beforehand *adv* vorher
beg *v/i* betteln
beget *v/t* zeugen
begg|ar *n* Bettler *m*; **b.ing** *n* Betteln *nt*
begin *v/t* beginnen; **b.ning** *n* Beginn *m*; **~ of a built-up area** Ortseingang *m*; **~ of the period** *n* Fristbeginn *m*
on behalf of *prep* im Auftrag/Namen von, namens, in Vollmacht; **on one's own b.** in eigener Sache
behave *v/i* sich verhalten; **b. improperly** sich ordnungswidrig verhalten
behaviour *n* Verhalten *nt*, Führung *f*, Benehmen *nt*, Betragen *nt*, Gebaren *nt*; **appropriate b.** angemessenes Verhalten; **disorderly b.** Landfriedensbruch *m*; **divergent b.** abweichendes Verhalten; **good b.** Wohlverhalten *nt*; **inappropriate b.** Fehlverhalten *nt*; **social b.** Sozialverhalten *nt*; **suspicious b.** auffälliges/verdächtiges Verhalten
behead *v/t* enthaupten
at so.'s behest *n* auf jds Geheiß/Veranlassung
behind *prep* hinter
human being *n* Mensch *m*
belated *adj* verspätet, nachträglich
belief *n* Glaube *m*; **religious b.** Konfession *f*
believe *v/t* glauben
belittle *v/t* verharmlosen
belongings *pl* Habe *f*, Hab und Gut *nt*; **personal b.** Habseligkeiten
the bench *n* Richterbank *f*, Richterkollegium *nt*, Richterschaft *f*, Richterstand *m*; **the B. and the Bar** *[GB]* Richter und Anwälte; **to be called to the b.** zum Richter ernannt werden; **b. trial** Gerichtsverfahren ohne Jury; **b. warrant** Haftbefehl *m*
benchmark *n* Richtwert *m*; **b. figure** Bezugsgröße *f*, Vergleichszahl *f*; **b. job** Vergleichsarbeitsplatz *m*
bend *n* Kurve *f*, Wegbiegung *f*
benefact|or *n* Wohltäter *m*; **b.ress** Wohltäterin *f*
benefic|e *n* beneficium *nt (lat.)*; **b.ial** *adj* nützlich, vorteilhaft, zuträglich
beneficiary *n* 1. (Anspruchs-, Empfangs)-Berechtigte(r) *f/m*, Leistungsempfänger(in) *m/f*; 2. Bedachte(r) *f/m*, Begünstigte(r) *f/m*, Erbe *m*, Erbin *f*; 3. Nutznießer(in) *m/f*; **b. under a guarantee** Garantienehmer(in) *m/f*; **b. of insurance** Versicherungsberechtigte(r) *f/m*; **b. under a usufruct** Nießbraucher(in) *m/f*; **~ will** bedachte Person, testamentarisch Bedachte(r), Vermächtnisnehmer(in) *m/f*
primary beneficiary Erstbegünstigte(r) *f/m*; **third-party b.** Drittbegünstigte(r) *f/m*; **ultimate b.** Letztbegünstigte(r) *f/m*
benefit *v/t* begünstigen, zugute/zustatten

kommen; **b. from** Nutzen/Vorteil ziehen aus

B

benefit *n* 1. Gewinn *m*; 2. Gunst *f*, Wohltat *f*; 3. *(Vers.)* Leistung *f*; 4. Nutzen *m*, Vergünstigung *f*, Vorteil *m*; **eligible for/entitled to b.s** *(Vers.)* bezugsberechtigt; **for the b. of** zum Nutzen von, zu Gunsten von; **~ general b.** zum allgemeinen Nutzen; **~ joint b.** zum gemeinsamen Nutzen; **~ public b.** im öffentlichen Interesse

benefit(s) after death Leistung(en) nach Todesfall; **b. of the doubt** Rechtswohltat des Zweifels; **b.(s) in kind** Sachleistung(en) *f/pl*

to derive a benefit from Nutzen ziehen aus; **to draw a b.** Leistung beziehen; **to inure to the b. of** zum Vorteil gereichen von

additional benefit Zusatzleistung *f*; **legal b.** Rechtsvorteil *m*; Rechtswohltat *f*; **supplementary b.** *[GB]* Sozialhilfe *f*

benefit abuse (Sozial)Leistungsmissbrauch *m*; **b. case** Sozial-, Leistungsfall *m*; **b. claim** (Sozial)Leistungsanspruch *m*; **b. clause** Begünstigungsklausel *f*; **b. notice** Leistungsbescheid *m*

benefits *pl* 1. Früchte; 2. (Versicherungs)-Leistungen

bequeath *v/t* *(bewegliche Sachen, Geld)* hinterlassen, nachlassen, vererben, (durch Testament) vermachen; **b.able** *adj* vermachbar

bequest *n* *(bewegliche Sachen, Geld)* Hinterlassung *f*, Legat *nt*, Verfügung von Todes wegen, Vermächtnis *nt*, (testamentarische) Zuwendung; **b. of a claim** Forderungsvermächtnis *nt*

bereavement *n* Trauerfall *f*

Berne Convention Berner Übereinkunft

bestow *v/t* zuwenden; **b.al** *n* Verleihung *f*, Schenkung *f*, Zuwendung *f*

bet *n* Wette *f*; *v/t* wetten

betray *v/t* verraten

betrayal *n* Verrat *m*; **b. of secrecy** Geheimnisverrat *m*

better safe than sorry *adj* *(prov)* Vorsicht ist besser als Nachsicht *(prov)*

better|ing *n* Verbesserung *f*; **b.ment** *n* Besserung *f*

betting duty Wettsteuer *f*; **b. office** Wettannahme(stelle) *f*, Wettbüro *nt*; **b. slip** Wettschein *m*; **b. and lottery tax** *n* Rennwett- und Lotteriesteuer *f*

beverage *n* Getränk *nt*

beware of *v/prep* sich hüten vor

beyond that *adv* darüber hinaus

bias *n* Befangenheit *f*, Parteilichkeit *f*, Voreingenommenheit *f*, Vorurteil *nt*; **b.ed** *adj* befangen, parteiisch, voreingenommen

bid *v/t* *(Ausschreibung)* bieten

bid *n* 1. *(Versteigerung)* Gebot *nt*; 2. Submission(sangebot) *f/nt*; **to call for/solicit b.s** ausbieten, ausschreiben

first bid *(Auktion)* Erstgebot *nt*; **higher b.** Mehr-, Übergebot *nt*; **highest b.** Meistgebot *nt*; **sham b.** Scheingebot *nt*

bidder *n* Bieter *m*, Submittent *m*; **to sell to the highest b.** meistbietend verkaufen/versteigern

bidding conditions *n* Vergabebedingungen; **b. procedure** Ausschreibungs-, Submissionsverfahren *nt*

bigam|ist *n* Bigamist *m*; **b.y** *n* Bigamie *f*, Doppelehe *f*

bilateral *adj* zweiseitig

bilk|er *n* Zechpreller *m*; **b.ing** *n* Zechprellerei *f*

bill *v/t* fakturieren, in Rechnung stellen

bill *n* 1. Antrag *m*; 2. Faktura *f*, Rechnung *f*; 3. Gesetz(es)entwurf *m*, Gesetzesvorlage *f*; 4. Schriftstück *nt*, Urkunde *f*; **b. of complaint** Klageschrift *f*; **~ costs** Gebührenrechnung *f*, Kostenrechnung *f*, Kostenverzeichnis *nt*

bill of exchange (B/E) Wechsel *m*; **against a b. of e.** auf Wechsel; **domestic b. of e.** Inlandswechsel *m*; **to honour a b. of e.** Wechsel einlösen; **B.s of E. Act** *[GB]* Wechselgesetz *nt*

bill of health Quarantäneattest *nt*; **~ indictment** Anklageschrift *f*

bill of lading (B/L) Konnossement *nt*, Schiffsfrachtbrief *m*; **as per b. of l.** laut Konnossement; **to make out a b. of l.** Konnossement ausstellen

clean bill of lading Konnossement ohne Vorbehalt, echtes/reines Konnossement; **dirty/foul b. of l.** unreines Konnossement; **on-board b. of l.** Bordkonnossement *nt*; **b. of l. clause** Konnossementsklausel *f*

bill of revivor (*lat.*) Antrag auf Wiederaufnahme eines ruhenden Verfahrens; **~ sale** 1. Kaufbrief *m*, Kaufvertrag *m*; 2. Übereignungs-, Übertragungs-, Verkaufsurkunde *f*; **conditional ~ sale** *[GB]* *(Dokument)* Sicherungsübereignungsvertrag *m*

to amend a bill Gesetzesentwurf ändern; **to introduce a b.** Gesetz einbringen; **to pass a b.** Gesetz verabschieden; **to protest a b.** Wechselprotest einlegen; **to sue on a b.** Wechselklage einbringen/erheben

blank bill Blankowechsel *m*; **clean b.** reiner Wechsel; **itemized b.** aufgeschlüsselte/detaillierte Rechnung; **long-dated b.** Wechsel auf lange Sicht; **receipted b.** quittierte Rechnung

bill bearer/holder Wechselinhaber(in) *m/f*; **b. collection** Wechselinkasso *nt*; **b. creditor** Wechselgläubiger(in) *m/f*; **b. debt(s)** Wechselschuld *f*; **b. debtor** Wechselschuldner(in) *m/f*; **summary b. enforcement proceedings** Wechselprozess *m*; **b. forgery** Wechselfälschung *f*; **b. guarantee** Wechselbürgschaft *f*

billing *n* (In)Rechnungsstellung *f*; **fraudulent b.** Rechnungsbetrug *m*; **b. department** Rechnungsstelle *f*

bind *v/t* binden, verpflichten, zwingen; **b. os.** sich verpflichten; **b. over** *v/prep* 1. *[GB]* verwarnen mit Strafvorbehalt; 2. *[US]* Untersuchungshaft anordnen; **b.er** *n* *(Vers.)* Vorvertrag *m*, vorläufige Deckungszusage; **~ order** gerichtliche Verwarnung mit Strafvorbehalt

binding *adj* bindend, (rechts)verbindlich, zwingend; **legally b** rechtsgültig, rechtsverbindlich; **not b.** nicht bindend, unverbindlich

bindle *n* kleines Päckchen mit Drogen

birth *n* Geburt *f*; **b. certificate** Geburtsurkunde *f*; **b.mark** *n* Muttermal *nt*

blackjack *n* *[US]* Totschläger *m*

blackmail *v/t* erpressen; *n* Erpressung *f*; **attempted b.** Erpressungsversuch *m*; **b.-er** *n* Erpresser(in) *m/f*; **b. letter** Erpresserbrief *m*

blackout *n* *(coll)* Bewusstseinslücke *f*

blame *v/t* beschuldigen, vorwerfen; **b. so. for sth.** jdm die Schuld an einer Sache geben; **to be to b.** Schuld haben, schuld sein; **~ partly to b.** Teilschuld haben

blame *n* Schuld *f*, Verschulden *nt*; **partial b.** Mitverschulden *nt*

blameless *adj* schuldlos, unverschuldet

blank *n* 1. Blankett *nt*; 2. *(Formular)* Lücke *f*; *adj* blanko, unausgefüllt

blanket *n* Blankett *nt*; **b. act** Blankettgesetz *nt*; **b. allowance** Vorsorgepauschbetrag *m*; **b. assignment** Globalzession *f*, Mantelabtretung *f*; **b. authority** allgemeine Ermächtigung; **b. clause** Generalklausel *f*; **b. insurance** Pauschalversicherung *f*; **b. mortgage** Gesamthypothek *f*; **b. power of procuration** Gesamtprokura *f*; **b. provision** Blankettvorschrift *f*; **b. refusal** glatte/totale Ablehnung

blasphemy *n* Blasphemie *f*, Gotteslästerung *f*

blemish *n* Makel *m*

block of flats *n* *[GB]* Wohnblock *m*

blood *n* Blut *nt*; **in cold b.** kaltblütig; **related by b.** blutsverwandt; **b. alcohol level** Blutalkoholgehalt *m*; **(legal) ~ limit** Promillegrenze *f*; **b. feud** Blutfehde *f*; **b. guilt** Blutschuld *f*; **b. sample** Blutprobe *f*; **b. relations** Blutsverwandte; **b. relationship** Blutsverwandtschaft *f*; **b. relative** leiblicher Verwandter; **b.lust** *n* Blutrünstigkeit *f*

blot (on the landscape) *n* Schandfleck *m*

blow *n* Schlag *m*, Hieb *m;* **to deal so. a b.** jdm einen Hieb versetzen

blunt *adj* 1. *(Stichwaffe)* stumpf; 2. unmissverständlich

board *n* 1. Ausschuss *m*, Kollegialbehörde *f*, Vorstand *m*; 2. Kost *f*; **b. of appeal(s)** *[US]* Rechtsmittelbehörde *f*, Berufungsstelle *f*; **~ arbitration** Schieds-, Schlichtungsstelle *f*; **~ directors** Aufsichtsrat *m*, Vorstand *m*; **~ examiners** Prüfungsausschuss *m*; **~ governors** Kuratorium *nt*; **b. and lodging** Kost und Logis, Unterkunft und Verpflegung; **free ~** freie Wohnung und Verpflegung; **b. of management** Direktorium *nt*, Vorstand *m*; **~ pardons** Gnadeninstanz *f*; **~ trustees** Aufsichts-, Stiftungsrat *m*, Kuratorium nt

to discharge the board Vorstand entlasten

advisory board Beirat *m*, Beratungsausschuss *m*; **collegial b.** Kollegialorgan *nt*; **disciplinary b.** Disziplinarausschuss *m*; **executive b.** Direktorium *nt*, Präsidium *nt*, Vorstand *m*; **supervisory b.** Aufsichtsrat *m*

board *v/t* einsteigen

boarder *n* Kostnehmer *m*

board meeting Aufsichtsrats-, Vorstandssitzung *f*; **b. member** Aufsichtsrats-, Vorstandsmitglied *nt*

body *n* 1. Gremium *nt*, Organ *nt*; 2. Körper *m*, Leib *m*; 3. Tote(r) *f/m*; **b. of evidence** Beweislage *f*; **upper part of the b.** Oberkörper *m*

B

advisory body beratendes Gremium/Organ; **authorizing b.** Genehmigungsbehörde *f*; **consultative b.** Beratungsorgan *nt*, beratendes Organ; **corporate b.** Körperschaft *f*; **non-profit-making ~ b.** Körperschaft ohne Erwerbscharakter; **dead b.** Leiche *f*; **dismembered b.** *(Körper)* Rumpf *m*; **funding b.** Träger *m*; **governing b.** Verwaltungsrat *m*; **legislative b.** Legislative *f*; **professional b.** berufsständische Vereinigung; **regulatory b.** Aufsichtsbehörde *f*, Wirtschaftsaufsicht *f*; **representative b.** Vertretungsorgan *nt*; **statutory b.** Körperschaft des öffentlichen Rechts, öffentlich-rechtliche Körperschaft; **supervisory b.** Aufsichts-, Kontrollorgan *nt*

body bag Leichensack *m*; **b. corporate** Körperschaft *f*, Rechtspersönlichkeit *f*; **b.guard** *n* Leibwächter(in) *m/f*; **b. parts** Leichenteile; **b. search** körperliche Durchsuchung, Leibesvisitation *f*; **to have to undergo a ~** sich einer Leibesvisitation unterziehen müssen; **b. snatching** Leichendiebstahl *m*, Leichenentwendung *f*, Leichenraub *m*

bogus *adj* fingiert

bona fide *adj* *(lat.)* gutgläubig, nach Treu und Glauben; **b. fides** *(lat.)* guter Glaube

bond *n* 1. Bürgschaft *f*, Sicherheitsleistung *f*; 2. *(Haftungsversprechen)* Kaution *f*; 3. Schuldverschreibung *f*; 4. *(Wertpapier)* Obligation *f*, Anleihe *f*, Pfandbrief *m*; **in b.** unter Zollverschluss; **convertible b.** Wandelschuldverschreibung *f*; **irredeemable b.** unkündbare Obligation; **judicial b.** Sicherheitsleistung bei Gericht

bond certificate Rentenschein *m*; **b.holder** *n* Renteninhaber(in) *m/f*

bone of contention *n* Zankapfel *m*

bonus *n* Bonifikation *f*, Bonus *m*, (Gehalts)Zulage *f*, Gratifikation *f*, Prämie *f*, Sondervergütung *f*; **to grant a b.** bonifizieren; **no-claim(s) b.** *(Vers.)* Schaden(s)-freiheitsrabatt *m*; **reversionary b.** *(Vers.)* Summenzuwachs *m*, Überschussbonus *m*; **special b.** Sonderzulage *f*

book *n* Buch *nt*; **to bring so. to b.** jdn zur Rechenschaft ziehen; **b. of precedents** Formularbuch *nt*

book creditor Buchgläubiger *m*; **b. money** Buchgeld *nt*; **b. profit** Buchgewinn *m*, buchmäßiger Gewinn; **b. value** Buchwert *m*

book *v/t* 1. (ver)buchen; 2. *(Polizei)* mit einem Strafmandat belegen; **b.ing of a room** *n* Zimmerbestellung *f*

bookkeep|er *n* Buchhalter(in) *m/f*; **b.ing** *n* Buchführung *f*, Buchhaltung *f*

books of account *pl* Geschäfts-, Handelsbücher

bootlegger *n* *(coll)* Alkoholschmuggler *m*

booze-up *n* *(coll)* Zechgelage *nt*

border *n* Grenze *f*; **b.line case** *n* Grenzfall *m*; **b. state** Randstaat *m*

border on *v/prep* angrenzen

born *adj* geboren

borough *n* 1. Gemeindebezirk *m*; 2. *[GB]* Stadtgemeinde *f*; **b. council** Gemeinderat *m*, Stadtverwaltung *f*

borrow *v/t* entleihen, sich ausleihen

borrower *n* Kredit-, Darlehensnehmer(in) *m/f*, Entleiher(in) *m/f*, Beliehene(r) *f/m*

borrowing *n* Kredit-, Schuldenaufnahme *f*, Verschuldung *f*; **b. limit** Verschuldungsgrenze *f*; **new b.** Neuverschuldung *f*; **b. powers** Vollmacht zur Kreditaufnahme

borstal *n* *[GB]* Jugendstrafanstalt *f*, Erziehungsheim *nt*

both to blame *pron* beiderseitiges Verschulden

bother *v/t* *(lästig sein)* stören

disposable bottle *n* Wegwerfflasche *f*; **returnable/reusable b.** Mehrweg-, Pfandflasche *f*

bottleneck *n* Engpass *m*

bottomry bond *n* Schiffspfandbrief *m*

bouncer *n* *(coll)* Türsteher *m*, Rausschmeißer *m* *(coll)*

bound *adj* gebunden; **jointly and severally b.** gesamtschuldnerisch verpflichtet; **to be b.** gehalten sein; **to feel b.** sich gebunden fühlen/sehen

boundary *n* Grenze *f*; **to build beyond one's b.** überbauen; **to mark the b.** abmarken

boundary line Grenzlinie *f*; **b. mark** Grenzzeichen *nt*; **b. stone** Grenzstein *m*

bounty hunter *n* 1. Kopfgeldjäger *m*; 2. Schaden(s)ersatzjäger *m*

box on the ears *n* Ohrfeige *f*; **to get a ~** Ohrfeige (verpasst) bekommen

boycott *n* Boykott *m*; *v/t* boykottieren

brains (behind an operation) *pl* *(fig)* Hintermann *m*

branch *n* Filiale *f*, Zweigniederlassung *f*, Zweigstelle *f*; **b. of industry** Gewerbezweig *m*, Industrie *f*

brand *n* (Handels)Marke *f*; **no-name b.** weiße Marke; **proprietary b.** Inhabermarke *f*; **b.ing** *n* Markenkennzeichnung *f*; **b. name** Markenname *m*; **b. piracy** Markenpiraterie *f*
bravery *n* Tapferkeit *f*
brawl *n* Prügelei *f*, Rauferei *f*, Raufhandel *m*, (Massen)Schlägerei *f*; **drunken b.** Schlägerei unter Betrunkenen
brazen *adj* unverfroren
breach *n* Bruch *m*, Verstoß *m*; **b. of confidence** Verletzung der Geheimhaltungspflicht, Vertrauensbruch *m*; **~ confidentiality** Verletzung der Vertraulichkeit; **~ the constitution** Verfassungswidrigkeit *f*
breach of (a) contract Vertragsverletzung *f*, positive Forderungsverletzung, Nichterfüllung *f*, Verletzung der Vertragspflicht, Verstoß gegen einen Vertrag, Vertragsbruch *m*, Vertragswidrigkeit *f*; **in ~** kontrakt-, vertragsbrüchig, vertragswidrig; **~ of service** Dienstvertragsverletzung *f*
to commit a breach of contract vertragsbrüchig werden; **to rely on/plead a b. of c.** sich auf Vertragsbruch berufen; **anticipated b. of c.** antizipierter Vertragsbruch; **positive b. of c.** positive Vertragsverletzung
breach of a court order Missachtung einer gerichtlichen Verfügung; **~ custody** Gewahrsams-, Verwahrungsbruch *m*; **~ professional discretion** Verletzung der Schweigepflicht
breach of duty Pflichtverletzung *f*, Pflichtwidrigkeit *f*, Verletzung von Pflichten; **in ~ duty** pflichtwidrig; **~ public duty** Amtspflichtverletzung *f*; **~ the duty to report** Verletzung der Anzeigepflicht; **~ the duty of supervision** Verletzung der Aufsichtspflicht
breach of faith Treue-, Vertrauensbruch *m*; **in ~ good faith** gegen Treu und Glauben; **~ guarantee** Garantieverletzung *f*; **~ immunity** Immunitätsverletzung *f*; **~ the law** Rechtsverstoß *m*, Rechtsbruch *m*; **~ maintenance obligation** Unterhaltsverletzung *f*; **~ neutrality** Neutralitätsbruch *m*; **~ an obligation** Forderungs-, Obliegenheitsverletzung *f*; **wilful ~ obligations** bewusste Verletzung von Verpflichtungen; **~ order** Verstoß gegen die Geschäftsordnung; **~ regulations; ~ an administrative rule** Ordnungswidrigkeit *f*; **~ the peace** Friedensbruch *m*, (öffentliche) Ruhestörung, Störung der öffentlichen Sicherheit und Ordnung, Verletzung des Friedens; **~ the public peace** Landfriedensbruch *m*; **~ privilege** Immunitätsverletzung *f*; **~ promise award** Kranzgeld *nt*; **~ promise to marry** Verlöbnisbruch *m*; **~ quarantine regulations** Quarantäneverletzung *f*; **~ rules of procedure** Verfahrensverstoß *m*; **~ official secrecy** Bruch/Verletzung der Amtsverschwiegenheit, ~ des Amtsgeheimnisses; **~ tenancy** Verletzung des Pachtvertrages; **~ trust** Vertrauensbruch *m*; **~ warranty** Garantieverletzung *f*, Nichteinhaltung einer vertraglichen Zusicherung, Verletzung der Gewährleistungspflicht, ~ einer vertraglichen Zusicherung
break *n* 1. Bruch *m*; 2. Ruhepause *f*; **b. in the chain of causation** Unterbrechung des Kausalzusammenhangs
break *v/ti* 1. (zer)brechen; 2. übertreten; **b. down** 1. *(Kosten)* aufschlüsseln; 2. kaputt gehen, Panne haben; 3. *(Ehe, Verhandlungen)* scheitern; **b. in(to)** einbrechen; **b. off** abbrechen; **b. up** zerschlagen
breakage *n* Bruch(schaden) *m*
breakdown *n* 1. Aufschlüsselung *f*, Aufgliederung *f*, Verteilung *f*; 2. *(Maschine)* Ausfall *m*, Panne *f*, Störung *f*; **b. of costs** Kostenaufgliederung *f*, Kostenspezifizierung *f*; **~ family** zerrüttete Familienverhältnisse; **irretrievable b.** (Ehe)Zerrüttung *f*, Zerrüttungsprinzip *nt*, Scheitern der Ehe
break|-even (point) *n* Gewinnschwelle *f*; **b.-in** *n* Einbruch *m*; **b.ing (of) a seal** *n* Siegelbruch *m*; **~ and entering** Einbruch *m*; **~ off** Abbruch *m*; **b.-up** *n* Zerschlagung *f*
breath test *n* Alkoholtest *m*; **b.alyzer** *n* Alko(hol)testgerät *nt*
breed of dog *n* Hunderasse *f*
brib|able *adj* käuflich; **b.e** *v/t* bestechen
bribe *n* Bestechungs-, Schmiergeld *nt*; **to take a b.** sich bestechen lassen
bribery *n* Bestechung *f*, Korruption *f*; **open to b.** bestechlich; **not ~** unbestechlich; **attempted b.** Bestechungsversuch *m*
bribe-taking *n* passive Bestechung, Vorteils(an)nahme *f*
bribing *n* (aktive) Bestechung, Vorteilsgewährung *f*; **b. (of) an employee** Angestelltenbestechung *f*; **~ a judge** Richterbestechung *f*; **~ jurors** Geschworenenbestechung *f*; **~ witnesses** Zeugenbestechung *f*

B

bridging finance *n* Zwischenfinanzierung *f*; **b. loan** Überbrückungskredit *m*
brief *v/t* 1. anweisen, informieren, instruieren, unterweisen; 2. *(Anwalt)* beauftragen, bestellen
brief *adj* kurz
brief *n* 1. Auftrag *m*; 2. *[GB]* Beauftragung zur Vertretung vor Gericht, (Prozess)Mandat *nt*; 3. Darstellung des Sachverhalts; 4. *[US]* Schriftsatz *m*; **to submit a b.** Schriftsatz einreichen
briefing *n* 1. Beauftragung *f*; 2. Vor-, Einsatz-, Lagebesprechung *f*; 3. Instruktion *f*, Ein-, Unterweisung *f*
bring about *v/prep* verursachen, herbeiführen; **b. forward** *(Termin)* vorverlegen; **b. in so.** *(Gericht)* jdn vorführen
bringing (of) an action *n* Klageanstrengung *f*; **~ a (criminal) charge** 1. Einreichung einer Strafanzeige; 2. Anklageerhebung *f*
broadcast *n* *(Radio)* Sendung *f*; *v/t* senden, übertragen; **b.ing rights** *n* Senderechte
broken *adj* kaputt
broker *n* (Handels)Makler(in) *m/f*, Vermittler(in) *m/f*
brokerage *n* Maklergebühr *f*, Makler-, Mäklerlohn *m*, (Vermittlungs)Provision *f*; **b. agreement/contract** Maklerabschluss *m*, Maklervertrag *m*; **b. costs** Vermittlungskosten *f*
broker's commission Maklergebühr *f*, Maklerlohn *m*, Maklerprovision *f*
brothel *n* Bordell *nt*, Freudenhaus *nt*, Puff *m (coll)*
brother *n* Bruder *m*; **full b.** leiblicher Bruder
bruise *n* Prellung *f*
to have a brush with the law *n* mit dem Gesetz in Konflikt geraten
to nip sth. in the bud *n* *(fig)* etwas im Keim ersticken *(fig)*
budget *n* Haushalt(splan) *m*, Budget *nt*; **to approve the b.** Haushalt genehmigen; **b. appropriation** Haushaltsbewilligung *f*; **b. funds** Haushaltsmittel; **b. law** Budget-, Haushaltsrecht *nt*
bug *n* verstecktes Mikrofon, Abhörgerät *nt*, Wanze *f*; *v/t* abhören
buggery *n* Sodomie *f*, Unzucht mit Tieren
bugging *n* (Telefon)Überwachung *f*; **b. device** Abhörgerät *nt*; **b. operation** Lauschangriff *m*
build *v/t* bauen; **b. on** an-, bebauen; **b. sth. over sth.** etw. mit etw. überbauen
build *n* *(Person)* Statur *f*
builder *n* Bauträger *m*; **b.'s liability** Bauhaftpflicht *f*
building *n* Bau *m*, Baulichkeit *f*, Gebäude *nt*, Haus *nt*; **b. on leasehold property** Erbbau *m*; **b. over one's boundary** *(Grundstücksgrenze)* Überbau *m*; **to erect a b.** Gebäude errichten
adjoining/adjacent/neighbouring building Nebengebäude *nt*, benachbartes Gebäude; **converted b.** Umbau *m*; **high-rise b.** Hochhaus *nt*; **renovated b.** Umbau *m*; **residential b.** Wohngebäude *nt*
building act Baugesetz *nt*; **b. application** Bauantrag *m*; **b. authority** Baubehörde *f*; **b. by-law** örtliche Bauordnung; **b. code** *[US]* Bauordnung *f*; **b. (and planning) code** Baugesetzbuch *nt*; **b. contract** Bauvertrag *m*; **~ law** Bauvertragsrecht *nt*; **b. contractor** Bauunternehmer *m*; **b. control** Bauüberwachung *f*; **~ department** Bauaufsichtsbehörde *f*, Baupolizei *f*; **b. enterprise** 1. Bauunternehmer *m*; 2. Bauträger *m*; **b. inspection** Bauaufsicht *f*, Bauüberwachung *f*; **b. inspector** Bauaufsichtsbeamter *m*; **b. inspectorate** Bauaufsichtsbehörde *f*, Baupolizei *f*; **b. insurance** Gebäudeversicherung *f*; **b. land** Bauland *nt*; **~ case** Baulandsache *f*; **b. law** Bau(ordnungs)recht *nt*; **b. line** Bau-, Fluchtlinie *f*; **b. owner** Bauherr *m*; **b. regulation** Bauvorschrift *f*; **b. regulations** Bauordnung *f*; **b. restriction line** Baugrenze *f*
building society *[GB]* Bausparkasse *f*: **b. s. contract** Bausparvertrag *m*; **b. s. loan** Bauspardarlehen *nt*; **b. s. savings agreement** Bausparvertrag *m*
building specifications Bauvorschriften; **b. trade** Baugewerbe *nt*; **b. use decree** Baunutzungsverordnung *f*; **b. work** Bauleistung *f*
build-up of smoke *n* Rauchentwicklung *f*
bulk *n* Menge *f*, Masse *f*; **b. cargo** Massengut *nt*, Massenladung *f*
bullet *n* *(Waffe)* Geschoss *nt*, Kugel *f*
bullion *n* ungemünztes Edelmetall, Gold- und Silberbarren *pl*
bump so. off *v/t* *(coll)* jdn kaltmachen/umlegen *(coll)*
burden *v/t* belasten
burden *n* 1. Last *f*; 2. Belastung *f*; 3. Verpflichtung *f*, Auflage *f*; **b. of evidence/proof** Beweis(führungs)last *f*; **~ for de-**

fects in title Beweislast für Rechtsmängel; **~ for impossibility (of perfomance)** Beweislast bei Unmöglichkeit; **to shift the ~** Beweislast umkehren

additional burden Mehrbelastung *f*; **unreasonable b.** unzumutbare Belastung

burden|ed *adj* belastet; **b.some** *adj* lästig

bureau *n* Geschäftsstelle *f*; **B. of Customs** *[US]* Zollbehörde *f*; **Federal ~ Investigation (FBI)** *[US]* Bundeskriminalamt (BKA) *nt*; **~ Standards** *[US]* Eichamt *nt*; **b. of vital statistics** *[US]* Standesamt *nt*

burglar *n* Einbrecher(in) *m/f*; **b. alarm** Alarmanlage *f*; **b.-proof** *adj* diebessicher

burglary *n* Einbruch(diebstahl) *m*, Hausdiebstahl *m*, Wohnungseinbruch *m*; **aggravated b.** schwerer Diebstahl; **attempted b.** Einbruchsversuch *m*; **b. insurance** Diebstahlversicherung *f*

burgle *v/t* einbrechen

burial *n* Beerdigung *f*

burly *adj* stämmig

burn *v/i* verbrennen; **b. down** *v/t* abbrennen

burn *n* Brandwunde *f*, Verbrennung *f*; **b.-ing** *n (Vorgang)* Verbrennung *f*

bury *v/t* beerdigen, bestatten

bus *n (Stadtverkehr)* Omnibus *m*; **b. service** Omnibusverkehr *m*

business *n* 1. Angelegenheit *f*; 2. Betrieb *m*, Geschäft *nt*; 3. Gewerbe *nt*; **to wind up a b.** Geschäft abwickeln; **any other b. (AOB)** *(Tagesordnung)* Verschiedenes *nt*; **official b.** Amtssache *f*, Dienstsache *f*

business activity Geschäftstätigkeit *f*; **b. acumen** Geschäftssinn *m*; **b. address** Geschäftsadresse *f*; **b. assets/capital** Betriebs- Geschäftsvermögen *nt*, Geschäftsguthaben *nt*; **b. community** Kaufmannsstand *m*; **b. contract** Geschäftsabschluss *m*; **b. enterprise** Gewerbebetrieb *m*; **b. establishment** Niederlassung *f*; **b. income** Gewerbeertrag *m*; **b.man** *n* Gewerbetreibender *m*, Kaufmann *m*; **b. organization** Unternehmensform *f*; **b. partner** Geschäftspartner(in) *m/f*; **b. practices** Geschäftsgebaren *nt*, Geschäftspraktiken; **b. premises** Geschäftsräume; **b. records** Geschäftsunterlagen; **consolidated b. report** Konzerngeschäftsbericht *m*; **b. risk** Betriebsrisiko *nt*; **b. secret** Geschäftsgeheimnis *nt*; **b.woman** *n* Gewerbetreibende *f*, Handels-, Kauffrau *f*; **b. year** Geschäftsjahr *nt*

bust *adj (coll)* pleite *(coll)*

buy *v/t* (an)kaufen, erstehen; **b. back** zurückkaufen

buy(ing) back *n* Rück-, Wiederkauf *m*

buyer *n* (An)Käufer *m*, Ersteher *m*, Abnehmer *m*, Besteller(in) *m/f*, Nehmer *m*; **first-time b.** Ersterwerber(in) *m/f*; **prospective b.** Kaufanwärter(in) *m/f*; **undisclosed b.** ungenannter Käufer

buyer's duty Käuferpflicht *f*; **b.'s option** Kaufoption *f*; **at ~** nach Wahl des Käufers; **b.'s rights** Rechte des Käufers

buying off *n (Partner, Erben)* Ausbezahlung *f*; **b. rate** Kaufkurs *m*

byelaw; by-law *n [GB]* Ortsgesetz *nt*, (städtische) Verordnung

by-election *n* Nachwahl *f*

bypass *v/t* umgehen; *n* Umgehungsstraße *f*

bystander *n* Zuschauer(in) *m/f*; **innocent b.** unbeteiligte(r) Zuschauer(in) *f/m*, zufällige(r) Anwesende(r) *f/m*, unschuldige(r) Dritte(r) *f/m*

C

cache *n* Versteck *nt*

calculat|e *v/ti* (be)rechnen; **c.ed** *adj* berechnet; **c.ion** *n* (Be)Rechnung *f*, Kalkulation *f*

calendar *n* Kalender *m*; **c. day** Kalendertag *m*; **c. month** Kalendermonat *m*; **c. year** Kalenderjahr *nt*

calibrate *v/t* eichen

call *n* Ruf *m*; **on/***(Geld)* **at c.** auf Abruf; **c. to the bar** Zulassung als Anwalt; **~ order** Ordnungsruf *m*

call in *v/prep* einfordern; **to be c.ed** heißen; **~ for** postlagernd

calling in *n (Kapital, Kredit)* Kündigung *f*; **c. for bids** Ausbietung *f*; **c. of the case** Sachaufruf *m*; **~ witnesses** Aufruf von Zeugen, Zeugenaufruf *m*

callous *adj* kaltschnäuzig

calumn|iate *v/t* diffamieren, verleumden; **c.y** *n* Diffamierung *f*, Schmähung *f*, Verleumdung *f*

camouflage *n* Tarnung *f*; *v/t* tarnen

camp *n* Lager *nt*; **c.er** *n [US]* Wohnwagen *m*

cancel *v/t* 1. annullieren; 2. tilgen, löschen; 3. *(Auftrag)* abbestellen, rückgängig machen, stornieren, streichen, widerrufen, kündigen

C

cancellation *n* 1. Abbestellung *f*, Absage *f*, Annullierung *f*; 2. Kaduzierung *f*, Kraftloserklärung *f*; 3. Kündigung *f*, Löschung *f*; 4. *(Auftrag)* Abbestellung *f*, Rückgängigmachung *f*, Stornierung *f*, Storno *nt*, Streichung *f*, Wandelung *f*; 5. *(Angebot)* Widerruf *m*

cancellation of a brand Löschung einer Marke

cancellation of a contract Kündigung eines Vertrages *f*, Vertragsaufhebung *f*, Wandelung *f*, Rücktritt/Lösung vom Vertrag; Vertragsannullierung *f*; **~ of sale** Wandelung *f*; **~ for work** Wandelung *f*; **~ by mutual consent** Aufhebung eines Vertrags

cancellation of a date Absetzung eines Termins *f*; **c. prior to the date of travel** Rücktritt vor Reisebeginn; **~ an easement** Löschung einer Dienstbarkeit *f*; **~ an entry** Löschung/Streichung einer Eintragung; **~ an entry in the land (charges) register; ~ a land charge** Grundbuchlöschung *f*, Löschung einer Grundschuld; **c. on the grounds of force majeure** *(frz.)* Kündigung wegen höherer Gewalt; **~ a licence** Konzessionsentziehung *f*; **~ a mortgage** Löschung einer Hypothek *f*, Hypothekenlöschung *f*; **~ a patent** Patentlöschung *f*; **~ a doorstep sale** Haustürwiderruf *m*; **~ the tenancy** Kündigung des Mietvertrags; **~ a trademark** Warenzeichenlöschung *f*

cancellation agreement Auflösungsvertrag *m*; **c. clause** Rücktritts-, Verfallsklausel *f*; **c. entry (in the land register); c. note** Löschungsvermerk *m*; **c. privilege** *(Grundbuch)* Löschungsanrecht *nt*; **c. proceedings** Löschungs-, Nichtigkeitsverfahren *nt*; **partial c.** Teilrücktritt *m*

candida|cy *n* Kandidatur *f*; **c.te** *n* Kandidat(in) *m/f*, Prüfling *m*; **to nominate a ~** Kandidaten aufstellen

canon *adj* kanonisch; **c.ist** *n* Kanonist *m*

canvass|er *n* Wahlstimmenwerber *m*; **c.ing** *n* 1. Kundenwerbung *f*; 2. *[US]* Wahlprüfung *f*

capability *n* 1. Befähigung *f*; 2. *(Mensch)* (Leistungs)Fähigkeit *f*

capable *adj* 1. fähig, im Stande, tauglich; 2. rechtsfähig; **c. of acting** handlungsfähig; **c. of being adjudicated** justiziabel; **~ a party (to a dispute)** parteifähig; **~ patented** patentfähig; **~ questioned** vernehmungsfähig; **~ sued** passiv legitimiert; **c. of contracting** geschäftsfähig; **~ suing** prozessfähig; **c. person** Geschäftsfähige(r) *f/m*; **legally c.** geschäfts-, rechtsfähig

capacity *n* 1. Eigenschaft *f*, Eignung *f*; 2. (Leistungs)Fähigkeit *f*; 3. Kapazität *f*; 4. *(Inhalt)* Raum *m*; **in his c. of** in seiner Eigenschaft als; **c. to act** Handlungsfähigkeit *f*, **c. of being adjudicated** Justiziabilität *f*, **c. to conduct a case in court** Postulationsfähigkeit *f*, **c. to contract** Geschäftsfähigkeit *f*; **limited ~ of minors** eingeschränkte Geschäftsfähigkeit Minderjähriger; **c. to inherit** Erbfähigkeit *f*, **c. for tortious liability** Deliktfähigkeit *f*, **~ marriage; c. to marry** Ehemündigkeit *f*, Ehefähigkeit *f*; **c. of being a party (to a dispute)** Parteifähigkeit *f*; **c. to sue** Aktivlegitimation *f*; **~ and to be sued** Prozessfähigkeit *f*, **c. to be sued** Passivlegitimation *f*; **~ understand** Einsichtsfähigkeit *f*

contractual capacity Geschäftsfähigkeit *f*; **criminal c.** Deliktfähigkeit *f*; **disposing c.** *[US]* Testierfähigkeit *f*; **fiduciary c.** Treuhändereigenschaft *f*; **to administer in a ~** treuhänderisch verwalten; **to serve in an honorary c.** ehrenamtlich tätig sein

legal capacity Geschäfts-, Rechtsfähigkeit *f*; **to acquire l. c.** Rechtsfähigkeit erlangen; **person deprived of l. c.** Entmündigte(r) *f/m*; **to deprive so. of his/her l. c.** Rechtsfähigkeit entziehen; **having l. c.** rechtsfähig

limited capacity beschränkte Geschäftsfähigkeit; **of ~** beschränkt geschäftsfähig, nicht voll geschäftsfähig; **to have ~** in der Geschäftsfähigkeit beschränkt sein; **official c.** amtliche Funktion; **in an ~** in amtlicher Eigenschaft; **to act in an ~** amtieren; **representative c.** Vertretungseigenschaft *f*; **testamentary c.** Testierfähigkeit *f*; **having ~** testierfähig

capital *n* Kapital *nt*; **to contribute c.** Kapital einbringen; **to provide c.** Kapital beschaffen; **to raise c.** Kapital aufbringen

authorized capital genehmigtes Kapital; **corporate c.** Gesellschaftskapital *nt*; **idle c.** totes Kapital; **invested c.** angelegtes Kapital; **nominal c.** Nenn-, Nominalkapital *nt*; **outside c.** Fremdkapital *nt*; **own or borrowed c.** Eigen- oder Fremdkapital *nt*; **paid-up c.** eingezahltes Kapital;

productive c. Produktivkapital *nt*; **real c.** Sachkapital *nt*; **subscribed c.** gezeichnetes Kapital
capital adjustment Kapitalberichtigung *f*; **c. appropriation** Kapitalverwendung *f*; **c. assets** Kapitalvermögen *nt*; **c. base** Kapitalbasis *f*; **c. budget** Investitionshaushalt *m*; **c. contribution** Kapitaleinbringung *f*; **c. expenditure** Kapitalaufwand *m*; **~ account** Investitionsrechnung *f*; **c. gain** 1. Kapital(veräußerungs)gewinn *m*, Veräußerungsgewinn *m*; 2. Kapital-, Vermögenszuwachs *m*; **c. gains tax (CGT)** *[UK]* Wert-, Kapitalzuwachssteuer *f*; **c. goods** Investitions-, Kapitalgüter; **c. grant** Investitionszuschuss *m*; **c. holding** Kapitalbesitz *m*; **c. injection** Kapitaleinschuss *m*; **c. input** Kapitaleinzahlung *f*; **c. investment** Kapitalanlage *f*; **c. levy** Kapitalabgabe *f*, Kapitalsteuer *f*; **c. liability** Kapitalverbindlichkeit *f*; **c. market** Kapitalmarkt *m*; **c. redemption** Kapitalablösung *f*; **c. requirements** Kapitalbedarf *m*; **c. service** Kapitaldienst *m*; **c. stock** Gesellschaftskapital *nt*, Stammkapital *nt*; **to increase the ~** Kapital erhöhen; **c. sum** Kapitalbetrag *m*; **c. transactions** Kapitalverkehr *m*; **c. transfer** Kapitaltransfer *m*; **~ tax** Kapital-, Vermögensverkehrssteuer *f*, Schenkungssteuer *f*
capitalization *n* Kapitalausstattung *f*, Kapitalisierung *f*
capitalize *v/t* kapitalisieren; **c. on sth.** Kapital aus etw. schlagen
capitulation *n* Kapitulation *f*
capsule *n* Kapsel *f*
caption *n* *(Urteil)* Rubrum *nt*, Urteilskopf *m*
captiv|e *n* Gefangene(r) *f/m*; **c.ity** *n* Gefangenschaft *f*
capture *n* 1. Gefangennahme *f*; 2. Aufbringung *f*; *v/t* 1. gefangen nehmen; 2. aufbringen, erobern, kapern; **c.d** *adj* gefangen
car *n* Auto *nt*; **to box in another c.** jdn zuparken; **to service a c.** *(Auto)* Inspektion durchführen; **hired/rental/rented c.** Leih-, Mietwagen *m*; **traded-in c.** in Zahlung genommener Wagen
car chase Verfolgungsfahrt *f*; **c. driver** Autofahrer *m*; **c. insurance** Kraftfahrzeugversicherung *f*; **c. owner** Fahrzeughalter(in) *m/f*; **c. park** Parkplatz *m*; **multi-storey ~** Parkhaus *nt*; **~ ticket** Parkschein *m*; **c. pound** Verwahrort für abgeschleppte Fahrzeuge; **c. registration** *[GB]* Kraftfahrzeugzulassung *f*; **c. rental company/firm** Leihwagenunternehmen *nt*; **c. theft** Autodiebstahl *m*
caravan *n* Wohnwagen *m*
carbine *n* Karabiner *m*
green card *n* *[US]* Arbeitserlaubnis *f*; **c. index** *n* Kartei *f*; **c. sharper** *n* Falschspieler *m*
care *n* 1. Betreuung *f*, Fürsorge *f*, Obhut *f*, Pflege *f*, Sorge *f*; 2. Obacht *f*, Vorsicht *f*; 3. Sorgfalt *f*; **c. of (c/o)** zu Händen von (z. Hd. v.); **c. and custody** Personensorge *f*
to be in so.'s care sich in jds Obhut befinden; **to place so. in so.'s c.** jdn bei jdm in Obhut geben; **to take c.** 1. Sorgfalt üben; 2. betreuen, pflegen, (ver)sorgen
due care notwendige Sorgfalt; **with ~** mit der erforderlichen Sorgfalt; **without ~** ohne die nötige Sorgfalt; **~ and attention** verkehrsübliche Sorgfalt; **insufficient c.** mangelnde Sorgfalt; **medical c.** Heilfürsorge *f*; **parental c.** elterliche Sorge; **reasonable c.** angemessene Sorgfalt; **special c.** besondere Sorgfalt; **sufficient c.** ausreichende Sorgfalt; **utmost c.** äußerste Sorgfalt
care order Anordnung öffentlicher Fürsorge; **c. proceedings** Fürsorgeverfahren *nt*
career *n* Laufbahn *f*, Lebensweg *m*, Werdegang *m*; **c. advancement** berufliches Weiterkommen; **legal c.** Juristenlaufbahn *f*; **previous c.** bisherige Tätigkeit
careful *adj* sorgfältig, vorsichtig
careless *adj* achtlos, fahrlässig, leichtfertig, sorgfaltswidrig, unachtsam, unvorsichtig; **c.ness** *n* Fahrlässigkeit *f*, Unachtsamkeit *f*
caretaker *n* 1. Besitzdiener *m*; 2. Hausverwalter *m*; **c. government** Übergangsregierung *f*
cargo *n* Frachtgut *nt*, Ladung *f*; **c. documents** Ladungspapiere *pl*; **c. lien** Ladungspfandrecht *nt*; **c. list** Ladeverzeichnis *nt*
caricature *n* Zerrbild *nt*
carnet de passage *n* *(frz.)* Zollpassierschein *m*
carpet bombing *n* *(Völkerrecht)* Flächenbombardement *nt*
carriage *n* Beförderung *f*; **c. of goods** Warenbeförderung *f*; **~ law** Frachtrecht *nt*; **~ under customs seal** Warenbeförderung unter Zollverschluss; **c. of passengers** Personenbeförderung *f*

C

carriageway *n* Fahrbahn *f*; **dual c.** Straße mit zwei Fahrbahnen; **c. marking** Fahrbahnmarkierung *f*
to be carried *v/t* *(Antrag, Gesetz)* durchkommen
carrier *n* 1. Beförderungs-, Transportunternehmen *nt*; 2. Frachtführer *m*; **c.'s liability** Haftpflicht des Frachtführers *f*, Transport(unternehmer)haftung *f*; **~ act** Transporthaftpflichtgesetz *nt*; **c.'s lien** Pfandrecht des Frachtführers
carry *v/t* 1. befördern, mitführen; 2. tragen; **c. away** wegschaffen; **c. forward** *(Bilanz)* vortragen; **c. out** 1. aus-, durchführen, vollziehen; 2. *(Urteil)* vollstrecken; **c.-forward; c.-over** *n* *(Bilanz)* Vortrag *m*; **c.ing of arms** *n* Führung von Waffen
carte blanche *n* *(frz.)* Blankovollmacht *f*
cartel *n* Kartell *nt*; **c. act** Kartellgesetz *nt*; **c. agreement** Kartellabkommen *nt*, Kartellabsprache *f*; **c. authority** Kartellamt *nt*, Kartellbehörde *f*, Kartellgericht *nt*; **c. division** Kartellsenat *m*; **c. law** Kartellrecht *nt*; **in terms of ~** kartellrechtlich; **c. office** Kartellamt *nt*; **federal ~** Bundeskartellamt *nt*; **c. penalty** Kartellstrafe *f*
cartridge *n* Patrone *f*
case *n* Angelegenheit *f*, Fall *m*, Prozess-, Rechts-, Streitsache *f*; **a c. arises** ein Fall tritt ein; **in c. of** im Falle von; **~ doubt** im Zweifelsfall; **~ notice** im Falle der Kündigung; **in the c. of Kurz versus Lang** in Sachen Kurz gegen Lang; **in urgent c.s** in dringenden Fällen; **as the c. may be** von Fall zu Fall, gegebenenfalls, je nachdem, je nach Lage des Falles; **c. dismissed** Verfahren eingestellt
no case to answer Antrag auf Verfahrenseinstellung; **c. on appeal** Berufungssache *f*; **c. before the court** vorliegende Rechtssache; **c.s before the juvenile courts** Jugendsachen; **c. of damage** Schadensfall *m*; **unresolved ~ death** ungeklärter Todesfall; **c.s of deceased's estate** Nachlasssachen; **c. based on circumstantial evidence** Indizienprozess *m*; **c. of force of majeure** Fall von höherer Gewalt; **c. in/at hand** vorliegende Sache; **in the ~** im vorliegenden Fall; **c. of hardship** Härtefall *m*; **~ mistaken identity** Identitätsirrtum *m*, error in personam *(lat.)*; **c. at issue** strittiger Fall; **c. of need** Notfall *m*; **c. in point** betreffender/einschlägiger Fall, Paradebeispiel *nt*; **c.s in a registry court** Registersachen; **c. of sickness** Krankheitsfall *m*
case book (kommentierte) Entscheidungs-, Fallsammlung; **c. file** Straf-, Prozessakte *f*; **c. law** (Einzel)Fallrecht *nt*, Kasuistik *f*, Präjudizien-, Präzedenzrecht *nt*; **c. record(s)** Prozessakte *f*; **c. stated** Revisionsvorlage *f*
to arbitrate a case *(Schiedsgericht)* über eine Sache verhandeln; **to assign a c. to a court** Rechtssache einer Kammer zuweisen; **to close the c.** Beweisaufnahme (ab)schließen; **to conduct a c.** Fall vertreten; **~ one's own c.** *(Gericht)* seinen Fall selbst verteidigen; **to decide each c. as it arises** von Fall zu Fall entscheiden; **to defend a c.** einlassen; **to dismiss a c.** Klage abweisen, Verfahren einstellen; **~ with costs** Klage kostenpflichtig abweisen; **to dispose of a c.** Fall erledigen; **to handle a c.** Fall bearbeiten; **to hear a c.** Fall/Sache verhandeln; **to lose a c.** Prozess verlieren; **to plead one's own c.** sich selbst vertreten; **to prejudge a c.** präjudizieren; **to prosecute a c.** Verfahren betreiben; **to prove one's c.** Beweis erbringen; **to refer a c. to a court** Fall gerichtlich geltend machen; **~ to the merits of the c.** sich zur Sache äußern; **to remit a c.** Sache verweisen; **to reopen a c.** Fall wieder aufrollen, Verfahren wieder aufnehmen; **to strike off a c.** Fall absetzen; **to sum up the c.** *(Richter)* Fall zusammenfassen; **to try a c.** Fall verhandeln; **~ on its merits** zur Hauptsache verhandeln; **to win a c.** Prozess gewinnen; **to withdraw from a c.** Mandat niederlegen
civil case Zivilprozess *m*; **commercial c.** Handelssache *f*; **criminal c.** Kriminal-, Strafsache *f*; **pending ~** anhängiges Strafverfahren; **disciplinary c.** Disziplinarsache *f*; **exceptional c.** Ausnahmefall *m*; **extreme c.** Extremfall *m*; **leading c.** Leitfall *m*, Präjudiz *nt*, (maßgeblicher) Präzedenzfall; **matrimonial c.** Eheprozess *m*; **non-contentious c.** nicht streitige Sache; **normal c.** Regelfall *m*; **pending c.** anhängige (Rechts)Sache, streitbefangene Sache, anhängiges Verfahren; **petty c.** Bagatellsache *f*; **presumptive c.** Indizienprozess *m*; **public c.** öffentliche Sache; **ruling c.** maßgebliche Entscheidung; **special c.** Einzel-, Sonderfall *m*; **un-**

settled c. unerledigter Fall; **urgent c.** Dringlichkeitsfall *m*
cash *adj* bar; *n* Bargeld *nt*, Kasse *f*; **for c.** Kasse gegen Kasse; **in c.** bar; **net c.** netto Kasse
cash in advance Vorkasse *f*; **c. on delivery (c.o.d.)** *[GB]* (Zahlung gegen) Nachnahme, zahlbar bei Übergabe, Warennachname *f*; **c. against documents (CAD)** *[GB]* Zahlung/Kasse gegen Dokumente; **~ shipping documents** Kasse gegen Verladungsdokumente; **c. in hand** Kassenbestand *m*; **c. against invoice** Kasse gegen Faktura
to convert sth. into cash etw. versilbern *(coll)*; **to pay c.** bar zahlen
cash account(s) Kassenbilanz *f*; **c. advance** Kassenkredit *m*, Kassenvorschuss *m*; **c. audit** Kassenrevision *f*; **c. auditor** Kassenrevisor *m*; **c. balance** Kassenguthaben *nt*, Kassensaldo *m*; **c. benefit** Bar-, Geldleistung *f*, geldwerte Leistung; **c. deficit** Kassendefizit *nt*; **c. discount** Barzahlungs-, Kassenrabatt *m*; **c. dispenser** Bank-, Bargeldautomat *m*; **c. funds** Kassenmittel; **c. journal** Kassenbuch *nt*; **c. management** Kassengebarung *f*; **c. outlay** Barauslagen *pl*; **c. payment** Barzahlung *f*; **c. position** Kassenlage *f*; **c. price** Barzahlungspreis *m*; **c. purchase** Barkauf *m*; **c. receipts** Kasseneingänge; **c. redemption** Barablösung *f*; **c. sale** Verkauf gegen bar; **c. settlement** Barabgeltung *f*, Barausgleich *m*; **c. surplus** Kassenüberschuss *m*; **c. transaction** Kassengeschäft *nt*; **c. value** Bar-, Geldwert *m*
cashier *n* Kassierer *m*; **c.'s office** Kassenstelle *f*
cashpoint *n* Bankomat *m*, Bargeldautomat *m*
cast-iron *adj* *(Alibi)* lückenlos
casualty *n* (Unfall)Opfer *nt*; **fatal c.** (Unfall)Tote(r) *f/m*; **c. ward** *(Krankenhaus)* Unfallabteilung *f*, Unfallstation *f*
casuist|ic *adj* kasuistisch; **c.ry** *n* Kasuistik *f*
casus belli *n (lat.)* Kriegsfall *m*
cat burglar *n* Fassadenkletterer *m*
catalog *[US]*; **catalogue** *[GB] n* Katalog *m*
catastrophe *n* Katastrophe *f*
catch *v/t* fassen; **c. so. red-handed** jdn auf frischer Tat ertappen; **c. up on sth.** etw. nachholen
catchment area *n* Einzugsgebiet *nt*
catering trade *n* Gaststättengewerbe *nt*
cat's eye *n* Katzenauge *nt*
cattle *n* Vieh *nt*
caucus *n* *[US]* Wahlausschuss *m*
caught *adj* gefangen; **to be c.** auffliegen *(coll)*

C

causal *adj* kausal, ursächlich; **c.ity** *n* Kausalität *f*, Ursächlichkeit *f*
causation *n* Herbeiführung *f*, Kausalität *f*, Verursachung *f*; **adequate c.** Adäquanz *f*; **contributory c.** Mitverursachung *f*; **intervening c.** überholende Kausalität
causative *adj* kausal, ursächlich
cause *n* 1. Grund *m*, Ursache *f*, Anlass *m*; 2. (Prozess)Sache *f*, causa *(lat.)*; **without c.** ohne Grund; **c. of the accident** Unfallursache *f*
cause of action Klagegrund *m*, Klagegegenstand *m*, Hauptsache *f*, klagbarer Anspruch; **alleged c. of a.** vorgebrachter Klagegegenstand; **legal c. of a.** Rechtsgrund *m*
cause for complaint Beschwerdegegenstand *m*; **c. of death** Todesursache *f*; **~ dismissal** Entlassungsgrund *m*; **c. and effect** Ursache und Wirkung; **c. of the fire** Brandursache *f*; **c. in law** Rechtsgrund *m*; **c. for rescission** Anfechtungsgrund *m*
to give so. cause to do sth. jdm Veranlassung geben, etw. zu tun
concurrent cause Mitursache *f*; **domestic c.** Familiensache *f*; **good c.** begründeter Anlass, triftiger/wichtiger Grund; **intervening c.** den Kausalzusammenhang unterbrechende Ursache; **main c.** Hauptursache *f*; **matrimonial c.** Ehesache *f*; **proximate c.** unmittelbare Ursache; **reasonable and probable c.** dringender Verdacht; **remote c.** entfernte Ursache; **without sufficient c.** unbegründet; **supervening c.** Ereignis mit überholender Kausalität; **unknown c.** ungeklärte Ursache
cause *v/t* verursachen, herbeiführen, verschulden, veranlassen, erzeugen
cause book Ladungsbuch *nt*; **c. list** Verhandlungsliste *f*
causing false alarms *n* Missbrauch von Notrufen; **c. danger during construction** Baugefährdung *f*; **c. a public nuisance** *n* Erregung eines öffentlichen Ärgernisses
caution *v/t* 1. *(Mitarbeiter)* abmahnen; 2. belehren, ermahnen, verwarnen; 3. warnen

C

caution *n* 1. Abmahnung *f*, Belehrung *f*, (gebührenfreie) Verwarnung; 2. *(Festnahme)* Rechtsbelehrung *f*; 3. Vorsicht *f*; **c. of conveyance** Auflassungsvormerkung *f*; **verbal c.** mündliche Verwarnung; **written c.** Abmahnungsschreiben *nt*

cautioning *n* Rechtsbehelfsbelehrung *f*, rechtliche Belehrung; **c. (of) the witness** Zeugenbelehrung *f*

cautious *adj* 1. umsichtig, vorsichtig; 2. zurückhaltend

caveat *n (lat.)* Warnung *f*; **to enter a c.** Einspruch einlegen; **c. emptor** *(lat.)* Ausschluss der Gewährleistung, Mängelausschluss *m*, Mängelheilungspflicht *f*; **c.or** Einspruch Erhebender *m*

cease *v/ti* 1. einstellen, beenden; 2. *(Mandat)* niederlegen; 3. aufhören, wegfallen; **c. to apply** *(Bestimmung, Klausel)* wegfallen; **c. and desist order** Unterlassungsbefehl *m*, Unterlassungsverfügung *f*, Unterlassungsanordnung *f*; **c.fire** *n* Waffenstillstand *m*

cede *v/t* überlassen, zedieren

ceiling *n* Obergrenze *f*

cell *n* Zelle *f*; **to be locked up/confined in a c.** in einer Zelle eingesperrt sein; **one-man c.** Einzelzelle *f*; **c.mate** *n* Zellengenosse *m*

cemetery *n* Friedhof *m*

censor *v/t* zensieren; *n* Zensor *m*; **c.'s regulations** Zensurvorschriften

censorship *n* Zensur *f*; **subject to c.** zensurpflichtig; **to be ~** der Zensur unterliegen; **to lift c.** Zensur aufheben; **postal c.** Brief-, Postzensur *f*; **c. regulation** Zensurbestimmung *f*

Central Criminal Court (The Old Bailey) *[GB] n* Zentralstrafgericht *nt*

centre of life *n* Lebensmittelpunkt *m*; **~ so.'s existence** Daseinsmittelpunkt *m*

ceremony *n* Feier *f*; **religious c.** religiöse Feier

certainty *n* Bestimmtheit *f*, Gewissheit *f*; **c. of justice; ~ the law; legal c.** Rechtssicherheit *f*, **with virtual c.** mit an Sicherheit grenzender Wahrscheinlichkeit

certificate *n* Attest *nt*, Bescheinigung *f*, Urkunde *f*, Zertifikat *nt*, Zeugnis *nt*; **c. of absence of appeal** Notfristzeugnis *nt*; **~ acceptance** Bauleistungsabnahmebescheinigung *f*; **~ attendance** Teilnahmebestätigung *f*; **~ authenticity** Echtheitszeugnis *nt*; **~ average** Havarieattest *nt*, Havariezertifikat *nt*; **~ baptism** Taufschein *m*; **~ charge** Hypothekenbrief *m*; **local authority ~ clearance** Negativattest *m*; **~ good conduct** Führungs-, Leumundszeugnis *nt*; **~ correctness** Richtigbefund *m*; **~ death** Sterbeurkunde *f*; **~ delivery** Übergabeprotokoll *nt*; **postal ~ delivery** Postzustellungsurkunde *f*; **~ deposit (CD)** Hinterlegungsschein *m*, Hinterlegungsurkunde *f*; **~ discharge** Entlassungsschein *m*; **~ eligibility** Berechtigungsschein *m*; **~ employment** Arbeitsbescheinigung *f*, Beschäftigungsnachweis *m*; **~ entitlement to legal aid** Armutszeugnis *nt*; **~ fitness** Tauglichkeitszeugnis *nt*; **~ guarantee** Garantieschein *m*; **~ identification/identity** Nämlichkeitszeugnis *nt*, Nämlichkeitsbescheinigung *f*; **~ no impediment** Ehefähigkeitszeugnis *nt*; **~ no impediment for aliens** Ehefähigkeitszeugnis für Ausländer; **~ indebtedness** Schuldanerkenntnis *f*; **~ indefeasibility** Rechtskraftzeugnis *nt*; **~ inheritance** Erbschein *m*; **~ inspection** Abnahmebescheinigung *f*, Abnahmeprotokoll *nt*; **~ marriage** Heiratsurkunde *f*; **~ nationality** Staatsbürgerschaftsurkunde *f*, Staatsbürgerschaftsnachweis *m*; **~ naturalization** Einbürgerungsurkunde *f*; **~ nulla bona** *(lat.)* Pfandabstand *m*; **~ origin** Herkunftsbescheinigung *f*, Herkunfts-, Ursprungszeugnis *nt*; **~ proficiency/qualification** Befähigungsnachweis *m*; **~ quality** Qualitätsbescheinigung *f*, Qualitätszeugnis *nt*; **~ registration** Meldeschein *m*; **~ service** Zustellungsurkunde *f*; **~ civil status** Personenstandsurkunde *f*; **~ title to a motor vehicle** Kraftfahrzeugbrief *m*; **~ vaccination** Impfschein *m*; **~ warranty** Garantieschein *m*

to issue a certificate Bescheinigung/Zeugnis ausstellen/erteilen; **to submit a c.** Bescheinigung/Zeugnis beibringen

interim certificate vorläufige Bescheinigung; **medical c.** ärztliches Attest/Zeugnis, Krankheitsattest *nt*; **official c.** amtliche Bescheinigung; **school-leaving c.** *[GB]* Abschlusszeugnis *nt*

certification *n* *(Vorgang)* Beglaubigung *f*, Bescheinigung *f*, Bestätigung *f*, Beurkundung *f*, Zertifizierung *f*; **c. of a contract** Beurkundung eines Vertrages; **~ a copy** Beglaubigung einer Abschrift; **~ a signature** Beglaubigung einer Unterschrift

to accept certification Beurkundung annehmen
false certification Falschbeurkundung *f*; **judicial c.** gerichtliche Beurkundung; **negative c.** Negativattest *m*; **notarial c.** notarielle Beglaubigung/Beurkundung; **official c.** amtliche/behördliche Beglaubigung; **public c.** öffentliche Beglaubigung
certification act Beurkundungsgesetz *nt*; **c. mark** *n [US]* Qualitätszeichen *nt*
certi|fied *adj* beglaubigt; **c.fier** *n* Schiedsgutachter(in) *m/f*
certify *v/t* attestieren, beglaubigen, bescheinigen, bestätigen, beurkunden, testieren, verbriefen, zertifizieren; **this is to c.** hierdurch wird bescheinigt/bestätigt
certiorari *n (lat.)* Aktenvorlage an ein höheres Gericht; **~ denied** Revisionsantrag abgelehnt
cessation *n* 1. Fortfall *m*; 2. Wegfall *m*; **c. of payment** Zahlungseinstellung *f*; **~ proceedings** Verfahrenseinstellung *f*; **~ work** Niederlegung der Arbeit
cession *n* Abtretung *f*, Überlassung *f*, Zession *f*; **c. in lieu of payment** Abtretung an Zahlungs Statt
chain *n* Kette *f*; **c. of causation** Kausalkette *f*, Kausalzusammenhang *m*; **to break the ~** den Kausalzusammenhang unterbrechen; **c. of evidence** Beweiskette *f*; **~ circumstantial evidence** Indizienkette *f*; **human c.** Menschenkette *f*; **c. letter** Kettenbrief *m*
chair *n* Vorsitz *m*; *v/t* Vorsitz haben; **c. man** *n* Vorsitzender *m*; **~ of the board of directors** Aufsichtsratsvorsitzender *m*; **c.manship** *n* Vorsitz *m*; **c.person** *n* Vorsitzende(r) *f/m*; **c.woman** *n* Vorsitzende *f*
challenge *n* 1. Bestreiten *nt*; 2. *(Richter)* Ablehnung *f*; 3. *(Zeuge)* Anfechtung *f*; **c. (of a judge) on grounds of bias** Ablehnung (eines Richters) wegen Befangenheit; **c. for cause** Ablehnung unter Angabe von Gründen; **c. of a juror** Ablehnung eines Geschworenen
challenge *v/t* anfechten, bestreiten, in Frage stellen; **c.able** *adj* bestreitbar
challenging (of) creditors *n* Gläubigeranfechtung *f*; **~ a judge** Richterablehnung *f*; **~ the jury** Geschworenenablehnung *f*; **~ paternity** Vaterschaftsanfechtung *f*
chamber *n* Kammer *f*; **c. of agriculture** Landwirtschaftskammer *f*; **~ commerce** Handels-, Wirtschaftskammer *f*; **~ handicrafts** Handwerkskammer *f*; **~ industry and commerce** Industrie- und Handelskammer (IHK) *f*; **~ notaries** Notarkammer *f*
civil chamber Zivilkammer *f*; **commercial c.** Kammer für Handelssachen
chambers *pl* Anwaltsbüro *nt*, Kanzlei *f*; **in c.** *(Gericht)* nicht öffentlich
champerty *n [US]* Beteiligung am Schaden(s)ersatz, Erfolgshonorar *nt*, Gewinnbeteiligung des Anwalts
champion *n* 1. Meister *m*; 2. Verfechter(in) *m/f*
chance *n* Zufall *m*; **c. of survival** Überlebenschance *f*; **to leave sth. to c.** etw. dem Zufall überlassen; **c. acquaintance** Zufallsbekanntschaft *f*
chancery *n* 1. *(Gericht)* Kanzlei *f*; 2. *[US]* Gericht für billigkeitsrechtliche Fälle; **pending in c.** anhängig vor einem Gericht für billigkeitsrechtliche Fälle; **C. Division** *[GB]* Senat des höchsten Zivilgerichts
Chandler Act *n [US]* Konkursordnung *f*
change *n* 1. Änderung *f*, Wandel *m*; 2. Veränderung *f*; 3. Wechsel *m*; **subject to c.** Änderung(en) vorbehalten
change of address Umzug *m*; **~ attorney** Anwaltswechsel *m*; **~ civil status** Personenstandsänderung *f*; **~ data** Datenveränderung *f*; **~ form** Formänderung *f*, Formwechsel *m*; **~ job** Stellungswechsel, berufliche Veränderung; **~ jurisdiction** 1. Statutenwechsel *m*; 2. Zuständigkeitswechsel *m*; **~ law** Rechtsänderung *f*; **~ locality** Ortswechsel *m*; **~ name** Namensänderung *f*; **~ occupancy** Besitzveränderung *f*, Besitzwechsel *m*; **~ owner(ship)** Eigentümer-, Eigentumswechsel *m*, Umschreibung *f*; **~ contracting party** Vertragspartnerwechsel *m*; **~ penalty** Strafänderung *f*; **~ perception** Wahrnehmungsveränderung *f*; **~ possession** Besitzübergang *m*, Besitzveränderung *f*, Besitzwechsel *m*; **~ priority** Rangänderung *f*; **~ rank** Rangänderung *f*; **~ registration** Umschreibung *f*; **~ residence** Änderung des Wohnsitzes, Wohnsitzverlegung *f*, Wohnungswechsel *m*; **~ moral standards** Wertewandel *m*; **~ use/utilization** Nutzungsänderung *f*; **~ intended use** Zweckänderung *f*, Umwidmung; **~ venue** Wechsel des Gerichtsstandes

C

material/substantial change wesentliche Änderung
change *v/t* ändern, umwandeln, verändern
administrative channel *n* Verwaltungsweg *m*; **through (official) c.s** auf dem Dienst-/Verwaltungsweg; **to go ~** den Dienstweg einhalten
chapter *n* *(Gesetz, Vertrag)* Abschnitt *m*
character assassination *n* Rufmord *m*; **c. evidence** Leumundsbeweis *m*; **c. reference** Leumundszeugnis *nt*; **c. witness** Leumundszeuge *m*
individual characteristic *n* persönliches Merkmal; **c.s of an offence** Straftatbestandsmerkmale
charge *n* 1. Anklage *f*; 2. Anklagepunkt *m*; 3. Anklageschrift *f*; 4. Anschuldigung *f*, (Tat)Vorwurf *m*; 5. Strafantrag *m*, (Straf)-Anzeige *f*; 6. Auflage *f*; 7. Belastung *f*; 8. Gebühr *f*, Honorar *nt*; 9. Last *f*; 10. *(Fürsorge)* Obhut *f*; 11. Schutzbefohlene(r) *f/m*; 12. *(festgesetzter Einheitspreis)* Tarif *m*; **in c.** leitend, zuständig; **encumbered with a c.** mit einer Auflage beschwert; **free of c.** gebührenfrei, ohne Kosten, kostenlos, unentgeltlich; **to offer/provide sth. ~** etw. kostenlos zur Verfügung stellen; **the c. cannot stand** die Anklage kann nicht aufrechterhalten werden
charge of fraud Anklage wegen Betruges; **c. to a jury** *[US]* (Rechts)Belehrung der Geschworenen; **c. of murder** Mordanklage *f*, Anklage wegen Mordes; **c. against person(s) unknown** Strafanzeige gegen Unbekannt; **c. on property** Vermögensbelastung *f*
to acquit so. of a charge jdn von einer Anklage freisprechen; **to answer a c.** sich wegen einer Anklage verantworten; **to be in c.** verantwortlich sein; **~ in so.'s c.** sich in jds Obhut befinden
to bring a charge Strafantrag stellen; **~ against so.** jdn anklagen, Strafanzeige gegen jdn erstatten; **~ serious c.s against so.** schwere Anschuldigungen gegen jdn erheben
to defend so. against a charge jdn verteidigen; **to deny a c.** Tatvorwurf bestreiten; **to drop a c.** Strafverfahren einstellen, Anklage zurücknehmen, ~ fallen lassen; **to levy a c.** Gebühr erheben; **to press c.s against so.** gegen jdn Anzeige erstatten; **to throw out a c.** Anklage verwerfen; **to withdraw a c.** Strafantrag zurücknehmen
account-keeping charge|s Kontogebühren; **additional c.** Mehrbelastung *f*; **alternative c.** Alternativanklage *f*; **annual c.** Jahresgebühr *f*; **criminal c.** öffentliche Anklage; **to prefer a ~ against so.** Strafanzeige gegen jdn erstatten; **equitable c.** formlose Verpfändung; **ex-officio c.** Amtsanklage *f*; **floating c.** Generalverpfändung *f*; **late c.** Säumniszuschlag *f*; **main c.** Hauptanklagepunkt *m*; **prior c.** Vor(weg)belastung *f*; **supplementary c.** 1. Nachtragsanklage *f*; 2. Zuschlag *m*
charge *v/t* Anklage erheben, unter Anklage stellen, anklagen, zur Last legen, (strafrechtlich) belasten; **c. so. with** jdn anschuldigen/anklagen wegen
chargeable *adj* 1. anrechenbar; 2. gebührenpflichtig, veranlagungsfähig; **to be c. to so.** zu jds Lasten gehen
charged *adj* 1. angeklagt; 2. in Rechnung gestellt, berechnet; **to be c.** unter Anklage stehen; **~ with** angeklagt werden wegen
chargee *n* Hypothekengläubiger *m*
charges *pl* Kosten, Lasten; **less c.** abzüglich Kosten; **subject to c.** gebührenpflichtig; **to levy c.** Gebühren erheben; **to prefer c.** Anklage erheben; **legal c.** Prozesskosten; **public c.** öffentliche Lasten
charging lien *n* Sicherungsrecht *nt*
charitable *n* gemeinnützig, karitativ, mildtätig
charity *n* 1. Wohltätigkeit, Mildtätigkeit *f*; 2. mild-, wohltätige Stiftung, Wohlfahrtsverband *m*
organizational chart *n* Organigramm *nt*
charter *n* 1. Konzession *f*; 2. Konzessions-, Verleihungsurkunde *f*; 3. Satzung *f*; **c. of liberties** Freiheitscharta *f*
charter *v/t* 1. chartern, mieten; 2. *(Recht)* verbriefen
charter party *n* (Schiffs)Befrachtungs-, Chartervertrag *m*, Schiffsmietvertrag *m*
charterer *n* 1. Mieter(in) *m/f*; 2. Schiffsbefrachter *m*
chase *n* 1. Jagd *f*; 2. Verfolgungsfahrt *f*
chassis number *n* Fahrgestellnummer *f*
chattel mortgage *n* Mobiliarhypothek *f*, Mobiliarsicherheit *f*, Verpfändung beweglicher Sachen; **c. pledge** Mobiliarpfand *nt*
chattels *pl* fahrende Habe, Fahrnis *f*, Mobiliar *nt*, bewegliche Sachen

cheap *adj* billig
cheat *n* Gauner *m*; *v/t* beschwindeln, übervorteilen, betrügen; **c.ing** *n* Übervorteilung *f*
check *n* 1. Einhalt *m*; 2. Kontrolle *f*, (Über)Prüfung *f*; 3. *[US]* Scheck *m*; **c. of the documents** Nachprüfung der Unterlagen; **to carry out c.s** Kontrollen durchführen; **to hold in c.** unter Kontrolle halten
crossed check Verrechnungsscheck *m*; **cross-the-counter c.** Barscheck *m*; **in-depth c.** intensive Kontrolle
check-out inspection *n* Abnahme anlässlich des Auszugs
check *v/t* inspizieren, kontrollieren, nach-, überprüfen; **c. with** Rücksprache nehmen mit
cheque *[GB] n* Scheck *m*; **to stop a c.** Scheck sperren; **open c.** Barscheck *m*; **certified c.** bestätigter Scheck; **crossed c.** Verrechnungsscheck *m*
cheque book Scheckheft *nt*; **c. (guarantee) card** Scheckkarte *f*; **c. card abuse** Scheckkartenmissbrauch *m*; **c. forgery** Scheckfälschung *f*; **c. fraud** Scheckbetrug *m*
chief of police; c. constable *n* Polizeipräsident(in) *m/f*; **c. inspector** Oberinspektor(in) *m/f*
child *n* Kind *nt*; **c. in care** Fürsorgekind *nt*; **c. entitled to maintenance** unterhaltsberechtigtes Kind; **to adopt a c.** Kind annehmen; **to affiliate a c. on so.** jdm die Vaterschaft eines Kindes zuschreiben; **to look after a c.** Kind betreuen
adopted child angenommenes Kind; **illegitimate c.** nichteheliches Kind; **joint c.** gemeinschaftliches Kind; **legitimate c.** eheliches Kind; **unborn c.** Leibesfrucht *f*, Fötus *m*, nasciturus *(lat.)*
child abduction Kindesentführung *f*; **c. abuse** Kindesmisshandlung *f*, Misshandlung von Kindern; **c. benefit** Kinderbeihilfe *f*, Kindergeld *nt*, Kinderzulage *f*; **c. benefits** kindbezogene Leistungen; **c. care** Kindesbetreuung *f*; **~ proceeding** Sorgerechtsverfahren *nt*; **c.hood** *n* Kindesalter *nt*; **c.less** *adj* kinderlos; **c.minder** *n* Tagesmutter *f*; **c. molester** Kinderschänder *m*; **c. murderer** Kindermörder(in) *m/f*; **c. protection** Kindesschutz *m*; **~ proceedings** Kindesschutzverfahren *nt*; **c.-related** *adj* kindbezogen; **c. snatching** Kindesraub *m*; **c. welfare** Wohl des Kindes
children *pl* Kinder; **c. in care** Heimkinder; **c.'s depositions** Kinderaussagen
child's assets Kindesvermögen *nt*; **c.'s interests** Kindesinteressen *pl*; **to consider the ~** Kindesinteressen berücksichtigen; **c.'s welfare** Kindeswohl *nt*
choice *n* Wahl *f*; **by c.** gewillkürt; **free c. of employment** freie Wahl des Arbeitsplatzes; **c. of law** Rechtswahl *f*; **c.-of-law clause** Rechtswahlklausel *f*; **c. of career/occupation** Berufswahl *f*; **c. quality** ausgesuchte Qualität
choke *v/t* würgen
chose in action *n* obligatorischer Anspruch
Christmas bonus *n* Weihnachtsgeld *nt*
church *n* Kirche *f*; **c. tax** Kirchensteuer *f*
CID (Criminal Investigation Department) *[GB] n* Kriminalpolizei *f*, Fahndungsdienst *m*; **CID officer** Kriminalbeamter *m*; **CID unit** Kriminalkommissariat *nt*
to move in certain circles *pl* in einem bestimmten Milieu verkehren
circuit *n* Gerichtsbezirk *m*; **c. judge** *[GB]* Richter an einem höheren Gericht
circular *n* Rundbrief *m*, Rundschreiben *nt*
circulate *v/ti* 1. in Umlauf/Verkehr bringen; 2. umlaufen, im Verkehr sein
circulation *n* Verkehr *m*, Umlauf *m*; **withdrawn from c.** außer Verkehr; **to be in c.** in Umlauf sein; **to withdraw from c.** 1. *(Geld)* aus dem Verkehr ziehen; 2. außer Verkehr setzen; **free c.** freier Verkehr
circumscribe *v/t* beschränken
circumspect *adj* umsichtig; **c.ion** *n* Sorgfalt *f*
circumstance *n* Umstand *m*; **(as good) as can be expected under the c.s** den Umständen entsprechend; **c. pertaining to an incident** Tatumstand *m*
aggravating circumstance Straferschwerungs-, Strafverschärfungsgrund *m*; **incidental c.** Nebenumstand *m*; **mitigating c.** Strafmilderungsgrund *m*; **pertinent c.** Tatumstand *m*; **suspicious c.** Verdachtsmoment *m*
circumstances *pl* Gegebenheiten, Umstände; **appropriate under the c.** den Umständen angemessen; **in the c.** den Umständen entsprechend, unter den gegebenen Verhältnissen; **c. governing the contract** Vertragsumstände
aggravating circumstances Strafverschärfungsgründe, belastende/straferhöhende/

C

C

strafverschärfende Umstände; **attendant c.** Begleitumstände; **collateral c.** Nebenumstände; **economic c.** wirtschaftliche Verhältnisse; **exceptional c.** außergewöhnliche Umstände; **extenuating c.** mildernde Umstände; **financial c.** Vermögensverhältnisse; **incriminating c.** belastende Umstände; **material c.** wesentliche Umstände; **mitigating c.** mildernde Umstände; **personal c.** Lebensumstände, persönliche Verhältnisse; **special c.** besondere Umstände; **unforeseen c.** unvorhergesehene Umstände

circumvent *v/t* umgehen; **c.ion** *n* Umgehung *f*; **~ of the law** Umgehung des Gesetzes

citation *n* 1. Anführung *f*; 2. Aufgebot *nt*; 3. Vorladung *f*, Zustellung einer Ladung; 4. *[US]* Strafzettel *m (coll)*, Verwarnung mit Verwarngeld; **c. of a witness** Zeugenvorladung *f*; **public c.** Ladung durch öffentliche Zustellung

cite *v/t* 1. anführen, sich berufen auf; 2. *(Person)* (vor)laden

citing of sources *n* Quellenangabe *f*

citizen *n* (Staats)Bürger *m*, Staatsangehörige(r) *f/m*; **senior c.** (Alters)Rentner(in) *m/f*, Pensionär(in) *m/f*; **c.ship** *n* Staatsangehörigkeit *f*, Staatsbürgerschaft *f*; **to have German ~** die deutsche Staatsbürgerschaft besitzen

city *n* Stadt *f*; **c. administration** Stadtverwaltung *f*; **c. council** Stadtrat *f*

civil-(law) *adj* bürgerlich-rechtlich, zivilrechtlich

Civil Aeronautics Board (CAB) *[US]*; **C. Aviation Authority (CAA)** *[GB]* Zivilluftfahrtbehörde *f*; **C. Practice Act** *[US]*; **C. Procedure Rules** *[GB]* Zivilprozessordnung (ZPO) *f*

civilian *adj* zivil; *n* Zivilist(in) *m/f*

claim *n* 1. Anspruch *m*, Klageanspruch *m*, Klagebegehren *nt*; 2. Behauptung *f*; 3. Einforderung *f*, Forderung *f*, Reklamation *f*; 4. Recht *nt*; 5. *(Vers.)* Schadensfall *m*; **the c. has become extinct** der Anspruch ist erloschen; **further c.s** weitergehende Ansprüche

claim under an act Anspruch auf Grund eines Gesetzes; **c. to remedial action** Folgenbeseitigungsanspruch *m*; **~ avoidance** Aufhebungsanspruch *m*; **c. against a bankrupt's estate; c. in bankruptcy** Konkursforderung *f*; **c. under a bill** Wechselforderung *f*; **c. for compensation/damages** Entschädigungs-, Ersatz-, Regress-, Vergütungs-, Wiedergutmachungsanspruch *m*, (Schaden)Ersatzforderung *f*, Anspruch auf Ersatz/Schaden(s)ersatz; **c. to nullify the consequences** Folgenbeseitigungsanspruch *m*; **c. under a contract** Anspruch aus einem Vertrag; **c. to change of contract** Anspruch auf Vertragsänderung; **c. arising out of the contract of insurance** Anspruch aus dem Versicherungsvertrag; **c. to a distribution quota** Auseinandersetzungsanspruch *m*; **~ have sth. enforced** Vollstreckungsanspruch *m*; **c. on account of unjust enrichment** Bereicherungsanspruch *m*; **c. in equity** Billigkeitsanspruch *m*

claim by the estate; c. on behalf of the estate Nachlassforderung *f*; **c. on the estate** Masseforderung *f*; **c. to an estate** Erbschaftsanspruch *m*; **c. arising out of an estate** Anspruch aus Vermächtnis

claim incurring fees gebührenpflichtiger Anspruch; **c. to a forbearance** Unterlassungsanspruch *m*; **~ grant of usufruct** Anspruch auf Einräumung des Nießbrauchs; **~ an inheritance** Erbanspruch *m*; **c. secured by a land charge** Grundschuldforderung *f*; **c. to a legacy** Vermächtnisanspruch *m*; **~ maintenance** Anspruch auf Unterhalt; **c. by the owner for the return of his property** Eigentumsherausgabeanspruch *m*; **c. of a party to payment of his/her costs of the proceedings** *(Prozesspartei)* Kostenerstattungsanspruch *m*; **c. for payment** Zahlungsaufforderung *f*; **c. to payment of a pension** Anspruch auf Rentenzahlung; **~ performance** Anspruch auf Erfüllung, Erfüllungsanspruch *m*; **c. secured by a pledge** Pfandforderung *f*; **c. for possession** Klage auf Besitzeinräumung; **c. to possession** Besitz-, Räumungsanspruch *m*; **c. for recovery from a bankrupt's estate** Aussonderungsanspruch *m*; **~ rectification** Berichtigungsanspruch *m*; **~ reimbursement** (Rück)Erstattungsanspruch *m*; **~ restitution** Herausgabe-, Restitutions-, Rückerstattungsanspruch *m*, Klage auf Rückgabe; **~ restitution in the event of default** Herausgabeanspruch bei Zahlungsverzug; **c. to restitution** Anspruch auf Herausgabe, Erstattungs-, Rückgewähranspruch *m*; **c. for return** Rückforderung *f*, Rückforderungsanspruch *m*, Herausgabeanspruch *m*; **~ of property** Eigentumsherausgabeanspruch *m*; **c. under a right of recourse** 1. Rückgriffsanspruch *m*; 2. Rückgriffsforderung *f*; **c. to a share in the profits** Gewinnanspruch *m*; **c. for support** *[US]* Unterhaltsanspruch *m*; **~ surrender** Herausgabeanspruch *m*; **c. arising out of trespass; c. based on trespass** Besitzstörungsanspruch *m*; **c. in tort** Deliktanspruch *m*, Schaden(s)ersatzanspruch *m*, Anspruch aus unerlaubter Handlung, deliktischer Schaden(s)ersatzanspruch; **c. to use** Verwendungsanspruch *m*; **c. for vacation of premises** Räumungsanspruch *m*; **c. in winding-up proceedings** Liquidationsforderung *f*

to abandon a claim von einer Forderung Abstand nehmen, Forderung fallen lassen; **to adjust a c.** Schaden/Versicherungsanspruch regulieren; **to admit a c.** Klage/Schaden(s)ersatzanspruch anerkennen, einem Anspruch stattgeben; **~ on its merits** Anspruch dem Grunde nach anerkennen; **to advance a c.** Anspruch vorbringen; **to approve a c.** Reklamation anerkennen; **to assert a c.** Anspruch geltend machen **to assign a c.** Anspruch/Forderung abtreten, Forderung übertragen; **to base a c. on** Klage stützen auf; **to confirm a c. in writing** Forderung verbriefen; **to contest/deny so.'s c.** jds Anspruch bestreiten; **to derive a c.** Anspruch ableiten; **to dispute a c.** Anspruch anfechten; **~ so.'s c.** jds Recht streitig machen; **to drop a c.** Klage fallen lassen; **to enforce a c.** Anspruch durchsetzen; **to enter a c.** 1. Anspruch erheben; 2. Schadensfall melden; **to establish a c.** Anspruch glaubhaft machen; **to exclude a c.** Anspruch ausschließen; **~ any c. for damages** Schaden(s)ersatz ausschließen; **to file/lodge a c.** 1. Anspruch anmelden/erheben/anmelden, Forderung anmelden/geltend machen; 2. Klage einreichen; **~ with the insurance company** Schaden bei der Versicherung anmelden; **to lay c. to** Anspruch erheben auf; **to meet a c.** Forderung erfüllen; **to prefer a c.** Anspruch erheben; **to prosecute a c.** Forderung gerichtlich geltend machen; **to recognize a c.** Anspruch anerkennen; **to relinquish a c.** auf einen Anspruch verzichten; **to refute/repudiate a c.** Anspruch/Forderung abwehren; **to reject a c.** 1. Anspruch zurückweisen; 2. Reklamation ablehnen; **~ as unfounded** Anspruch als ungegründet zurückweisen; **to satisfy a c.** Anspruch befriedigen; **to secure a c.** Anspruch sichern; **to set aside a c.** Klage (als unzulässig) abweisen; **to settle a c.** Schaden abfinden; **to substantiate a c.** 1. Anspruch begründen/nachweisen; 2. Klage begründen/substantiieren; **to sue upon a c.** Anspruch vor Gericht geltend machen; **to sustain/uphold a c.** Anspruch aufrechterhalten, einem Anspruch stattgeben; **to waive a c.** auf einen Anspruch/eine Forderung verzichten

accessory claim Nebenanspruch *m*; **additional c.** Mehranspruch *m*, Nachforderung *f*; **alternative c.** *(Patentrecht)* Hilfsanspruch *m*; **assignable c.** abtretbare Forderung; **beneficiary c.** Nutzungsanspruch *m*; **civil c.** zivilrechtlicher Anspruch, zivilrechtliche Forderung; **composite c.** Klagenhäufung *f*; **contingent c.** bedingter Anspruch, bedingte Forderung, Eventualanspruch *m*, Eventualforderung *f*; **contractual c.** Vertragsanspruch *m*, vertraglicher Anspruch; **to assert a ~** Anspruch aus einem Vertrag geltend machen; **dependent c.** abhängiger Anspruch; **disputed c.** bestrittene Forderung; **divisional c.** ausgeschiedener Anspruch; **doubtful c.** zweifelhafter Anspruch; **enforceable c.** vollstreckbarer Anspruch, einklagbare/titulierte/vollstreckbare Forderung; **equitable c.** billiger Anspruch, Billigkeitsanspruch *m*; **factual c.** Tatsachenbehauptung *f*; **fictitious c.** Scheinforderung *f*; **financial c.** Finanzanspruch *m*; **generic c.** mehrere Gattungen umfassender Anspruch; **independent c.** *(Patentrecht)* Nebenanspruch *m*; **individual c.** Einzelanspruch *m*; **justified c.** berechtigter Anspruch, berechtigte Forderung; **legal c.** Rechtsanspruch *m*; **main c.** Hauptanspruch *m*, Hauptforderung *f*; **matured c.** fälliger Anspruch; **non-pecuniary c.** nicht vermögensrechtlicher Anspruch; **outstanding c.** offene Forderung; **overriding c.** Oberanspruch *m*; **pecuniary c.** 1. geldwerter Anspruch, Geldforderung *f*, Zahlungsanspruch *m*; 2. vermögensrechtlicher Anspruch; **possessory c.** possessorischer

C

Anspruch, Besitzanspruch *m*; **preferential c.** 1. bevorrechtigte/vorrangige Forderung; 2. *(Konkursrecht)* Masseanspruch *m*; **principal c.** Hauptforderung *f*; **prior c.** älterer/vorgehender/vorrangiger Anspruch, Prioritätsanspruch *m*; **~ to satisfaction** Anspruch auf bevorrechtigte Befriedigung; **private c.** Individualanspruch *m*; **provable c.** Konkursforderung *f*; **recognized c.** anerkannte Forderung; **reversionary c.** Heimfallanspruch *m*; **revocatory c.** Rücknahmeanspruch *m*; **secondary c.** Nebenanspruch *m*; **secured c.** gesicherte Forderung; **senior c.** Prioritätsanspruch *m*; **stale c.** verwirkter Anspruch; **statute-barred c.** verjährte Forderung; **statutory c.** gesetzlicher Anspruchr; **subsidiary c.** Nebenforderung *f*; **supplementary c.** Nachforderung *f*; **sustantiated c.** begründeter Anspruch; **territorial c.** Gebietsanspruch *m*; **third-party c.** Drittanspruch *m*; **tortious c.** deliktischer Anspruch; **unadjusted c.** unregulierter Schaden; **unfounded c.** unbegründeter Anspruch; **unliquidated c.** Forderung in unbestimmter Höhe; **unproved c.** unbewiesene Behauptung; **valid c.** rechtsgültiger Anspruch; **vexatious c.** frivole/schikanöse Klage

claim *v/t* 1. beanspruchen, (ein)fordern, verlangen; 2. behaupten, postulieren; **c. back** herausverlangen, zurückfordern

claims department Schadensabteilung *f*

claim(s) settlement Anspruchsregulierung *f*; **c. adjuster** Schadensbearbeiter(in) *m/f*; **c. adjustment by the insurance (company)** Schadensregulierung durch die Versicherung

claimant *n* 1. (Anspruchs)Berechtigte(r) *f/m*; 2. Anspruchs-, Antragssteller(in) *m/f*; 3. Kläger(in) *m/f*; **rightful c.** Anspruchsberechtigte(r) *f/m*; **unknown c.** unbekannter Berechtigter

claiming *n* Geltendmachung *f*; **c. (sth.) under a guarantee/warranty** Inanspruchnahme einer Garantie

claims *pl* Ansprüche; **c. and liabilities** Verbindlichkeiten und Forderungen; **c. to compensation** Ansprüche auf Schaden(s)ersatz; **c. based on defects** Sachmängelansprüche; **small c.** Bagatellsachen; **~ court** Gericht für Bagatellsachen, Gericht mit Zuständigkeit für Geldansprüche aus Vertrag/Delikt bis zu einer bestimmten Grenze *(zwischen $ 200 und $ 1000)*; **c. adjuster** Schadens-, Versicherungsregulierer *m*; **c. adjustment** Schadensabwicklung *f*, Schadensregulierung *f*; **c. department** 1. Entschädigungsstelle *f*; 2. *(Vers.)* Schaden(s)abteilung *f*; **c. tribunal** Entschädigungsgericht *nt*

clamp *n* *(Falschparker)* Kralle *f*; *v/t* Kralle anbringen

clandestine *adj* heimlich, konspirativ

clarification *n* Klarstellung *f*, Klärung *f*

clarify *v/t* klären

clash of responsibilities *n* Pflichtenkollision *f*

class *n* 1. Gattung *f*; 2. Klasse *f*; **c. action (suit)** *[US]* Sammel-, Massenklage *f*; **c. justice** Klassenjustiz *f*

classif|iable *adj* klassifizierbar; **c.ication** *n* Einstufung *f*, Gliederung *f*, Klassifikation *f*, Klassifizierung *f*, Zuordnung *f*; **triple ~ of offences** Dreiteilung der Straftaten

classify *v/t* einstufen, gliedern, klassifizieren, zuordnen

clause *n* 1. Absatz *m*, Paragraf *m*; 2. Klausel *f*; 3. *(Vertrag)* Zusatz *m*; **hedged in by c.s** verklausuliert

clause restricting competition Wettbewerbsklausel *f*; **c. reserving errors** Irrtumsvorbehalt *m*

additional clause Zusatzklausel *f*; **anti-competitive/non-competitive c.** Konkurrenz-, Wettbewerbsklausel *f*; **collateral c.** Nebenbestimmung *f*; **comprehensive c.** Generalklausel *f*; **concluding c.** Schlussklausel *f*; **discretionary c.** Kannvorschrift *f*; **exclusive c.** Ausschließlichkeitsklausel *f*; **final c.s** Schlussbestimmungen; **further c.** Zusatzklausel *f*; **let-out c.** Umwandlungsklausel *f*; **non-compete c.** Wettbewerbsklausel *f*; **non-liability c.** Haftungsausschlussklausel *f*; **mandatory c.** zwingende Klausel; **non-negotiable c.** Rektaklausel *f*; **opt-out c.** Rücktrittsklausel *f*; **overreaching c.** Weitergeltungsklausel *f*; **penal c.** Strafklausel *f*; **expected-perils c.** Risikoausschlussklausel *f*; **protective c.** Schutzbestimmung *f*; **~ for tenants** Sozialklausel *f*; **reciprocal c.** Junktimklausel *f*; **restrictive c.** Sperrklausel *f*; **safeguarding c.** Sicherungsklausel *f*; **social c.** Sozialklausel *f*; **stable-value c.** Wertsicherungsklausel *f*

clear *adj* eindeutig

clear *v/t* 1. *(entfernen)* räumen; 2. verzollen; **c. os.** *v/refl* sich entlasten; **c. so. of sth.** jdn von etw. reinwaschen; **c. away** *(z.B. Schnee)* wegräumen; **c. up** aufklären

clearance *n* 1. Freigabe *f*; 2. *(Lager)* Räumung *f*; **lateral c.** Seitenabstand *m*; **c. certificate** 1. Führungszeugnis *nt*, Negativattest *nt*; 2. *(Finanzamt)* Unbedenklichkeitsbescheinigung *f*, Unschädlichkeitszeugnis *nt*

clearing *n* Verrechnung *f*; **c. agreement** Verrechnungsabkommen *nt*; **c. debt** Verrechnungsschuld *f*

clear-up rate *n* Aufklärungsquote *f*

clemency *n* Gnade *f*; Milde *f*

clergyman *n* Geistlicher *m*

cleric *n* Geistlicher m; **c.al** *adj* geistlich

clerk of the court *n* 1. Gerichtsschreiber *m*, Protokollant(in) *m/f*; 2. juristischer Beisitzer, Rechtspfleger *m*; **articled c.** Anwaltsreferendar *m*; **recording c.** Protokollführer(in) *m/f*

client *n* 1. Klient(in) *m/f*, Mandant(in) *m/f*; 2. Kunde *m*; **in the c.'s interest** im Interesse des Mandanten; **to cease to act for a c.** Mandat niederlegen; **c. account** Anderkonto *nt*; **c.s' funds/money** Kundengelder *pl*

clientele *n* Klientel *nt*, Kundenkreis *m*, Kundschaft *f*; **established c.** Kundenstamm *m*

clink *n* *(coll)* Knast *m (coll)*

clipboard *n* Klemmbrett *nt*

cloak-and-dagger action/operation *n* Nacht- und Nebelaktion *f*

close *n* Schluss *m*; **c. of the meeting** Sitzungsausschluss *m*; **~ proceedings** Abschluss des Verfahrens; **~ year** Jahresschluss *m*

close *v/t* abschließen; **c. down** 1. Betrieb einstellen; 2. Geschäft aufgeben; **c. out** *[US]* Geschäft aufgeben

closing *n* *(Bankkonto)* Schließung *f*, Löschung *f*; **c. of title** Auflassung *f*; **c. date** Meldeschluss *m*; **~ for applications** Anmeldeschluss *m*; **~ for tenders** Ausschreibungsschluss *m*; **c. time** 1. Ladenschlusszeit *f*; 2. Polizeistunde *f*; **statutory ~** Polizeistunde *f*

closure *n* Schließung *f*

in civilian clothes *pl* in Zivil

club *n* 1. Verein m; 2. Keule *f*, Knüppel *m*; **c. law** Faustrecht *nt*; **c. member** Vereinsmitglied *nt*; **c. membership** Vereinmitgliedschaft *f*; **~ dues/fee(s)** Vereinsbeitrag *m*; **c. rules** Vereinssatzung *f*

clue *n* Anhaltspunkt *m*, Hinweis *m*, Tatortspur *f*

co-accused *n* Mitangeklagte(r) *f/m*

coach *n* 1. *(Überlandverkehr)* Omnibus *m*; 2. Repetitor *m*; **c. service** Omnibusverkehr *m*; **c.ing** *n* Repetitorium *nt*

coalition *n* *(Politik)* Koalition *f*

co-assignee *n* Mitzessionar *m*

coast *n* Küste *f*; **c.guard** *n* Küstenpolizei *f*; **~ vessel** Küstenwachschiff *nt*

coat of arms *n* Wappen *nt*

co-author *n* Mitautor *m*, Miturheber *m*, Mitverfasser *m*; **c.ship** *n* Miturheberschaft *f*

code *n* Kodex *m*; **c. of competition** Wettbewerbsregeln *pl*; **~ conduct** Verhaltenskodex *m*; **professional ~ conduct** Berufsordnung; **~ law** Gesetzeskodex *m*, Gesetzeswerk *nt*; **~ commercial law** Handelsgesetzbuch (HGB) *nt*; **~ practice** Verfahrensnorm *f*

code of procedure Prozessordnung *f*; **~ arbitral procedure** Schiedsverfahrensordnung *f*; **~ civil procedure** Zivilprozessordnung (ZPO) *f*; **~ criminal procedure** Strafprozessordnung (StPO) *f*

civil code Zivilgesetzbuch *nt*; Allgemeines Bürgerliches Gesetzbuch (ABGB) *[A]*; **German ~** Bürgerliches Gesetzbuch (BGB) *nt*; **commercial c.** Handelsgesetzbuch (HGB) *nt*; **criminal c.** Strafgesetzbuch *nt*; **disciplinary c.** Disziplinarordnung *f*; **military c.** Militärgesetzbuch *nt*; **~ penal c.** Militärstrafgesetzbuch *nt*; **penal c.** Strafgesetzbuch *nt*; **postal c.** Postleitzahl (PLZ) *f*

co-debtor *n* Mitschuldner(in) *m/f*

co-defendant *n* 1. Mitangeklagte(r) *f/m*, Mitbeschuldigte(r) *f/m*; 2. Mitbeklagte(r) *f/m*

codetermination *n* Mitbestimmung *f*; **c. act** Mitbestimmungsgesetz *nt*

codicil *n* 1. Anhang *m*, Kodizill *nt*; 2. *(Testament)* Nachtrag *m*, Zusatz *m*

codif|ication *n* Kodifikation *f*, Kodifizierung *f*; **c.y** *v/t* kodifizieren

coerce *v/t* 1. beugen; 2. nötigen, zwingen

coercion *n* Nötigung *f*, Zwang *m*; **c. of a legislative body** Parlamentsnötigung *f*; **c. by a public official** Nötigung im Amt; **c. of a witness** Zeugennötigung *f*

co-executor *nt* Mitvollstrecker *m*

cogen|cy *n* Triftigkeit *f*; **c.t** *adj* trifftig

cognate *n* Kognat *nt*

C

cognition *n* Kognition *f*
cognizance *n* 1. Kenntnis (des Gerichts) *f*, Kenntnisnahme (des Gerichts) *f*; 2. Zuständigkeit *f*; **c. of nullity** Kenntnis der Nichtigkeit; **to take c. (of)** *(Gericht)* zur Kenntnis nehmen; **judicial c.** Kenntnis des Gerichts
cognizant *adj* 1. *(Gericht)* unterrichtet; 2. zuständig; **to become c. of** Kenntnis erhalten/erlangen von
co-guardian *n* Nebenvormund *m*; **supervisory c.** Gegenvormund *m*
cohabit *v/t* beiwohnen, zusammen wohnen, kohabitieren
cohabitation *n* Beiwohnung *f*, Konkubinat *nt*, (außereheliches) Zusammenleben, Zusammenwohnen *nt*, Kohabitation *f*; **c. of an elderly couple** Onkelehe *f*; **marital c.** eheliche Lebensgemeinschaft; **to resume ~** die eheliche Lebensgemeinschaft wiederherstellen
cohabit|ee *n* Lebensgefährte *m*, Lebensgefährtin *f*; **c.ing without being married** *n* wilde Ehe
co-heir entitled to a compulsory portion *n* pflichtteilsberechtigter Miterbe
coherent *adj* zusammenhängend
co-heritage; co-inheritance *n* Miterbe *nt*
coin *n* Münze *f*; **to counterfeit c.s** Münzen fälschen; **c.age offence** *n* Münzdelikt *nt*, Münzvergehen *nt*
coincidence *n* 1. Tateinheit *f*; 2. Zufall *m*; **c. of pledge and ownership** Zusammentreffen von Pfandrecht und Eigentum
co-inherit|or *n* Miterbe *m*; **c.-rix** *n* Miterbin *f*
coinsur|ance *n* Mitversicherung *f*; **c.e** *v/t* mitversichern; **c.er** *n* Mitversicherer *m*
cold-blooded *adj* kaltblütig
co-lessee *n* Mitpächter *m*
co-licensee *n* Mitinhaber einer Lizenz
collaboration *n* Mitarbeit *f*, Zusammenarbeit *f*
collapse *n* 1. Einsturz *m*; 2. Zusammenbruch *m*; **c. of a building** Einsturz eines Gebäudes; **imminent c.** drohender Einsturz
collate *v/t* kollationieren, zusammentragen
collateral *adj* zusätzlich; *n* 1. Pfand *nt*, Sicherungsgegenstand *m*; 2. *[US]* (Kredit)Sicherheit *f*; **to serve as c.** als Sicherheit dienen
collateraliz|ation *n* *[US]* (Darlehens)Besicherung *f*, Bestellung einer Sicherheit; **c.e** dinglich sichern, besichern
colleague *n* Kollege *m*, Mitarbeiter(in) *m/f*
collect *v/t* 1. abholen; 2. bei-, eintreiben, einziehen, kassieren, vereinnahmen; 3. sammeln, zusammentragen; **c. on delivery (c.o.d.)** *[US]* Nachnahme *f*, zahlbar bei Übergabe; **c.ible** *adj* beitreib-, eintreib-, einziehbar
collecting (of) evidence *n* Spurensicherung *f*; **~ the fruits and benefits** Früchteziehung *f*; **c. agent** Inkassoagent *m*; **authorized ~** Inkassobeauftragte(r) *f/m*; **c. power(s)** Inkassovollmacht *f*
collection *n* Bei-, Eintreibung *f*, Einziehung *f*, Einzug *m*, Inkasso *nt*, Vereinnahmung *f*; **c. of accounts receivable** Einziehung von Außenständen/Forderungen; **~ costs** Kosteneintreibung *f*; **~ debts** Schuldbeitreibung *f*; **~ the goods** Abholung der Ware; **~ receivables** Einziehung von Forderungen; **~ rents** Mietinkasso *nt*; **forcible c.** Zwangsbeitreibung *f*, Zwangseintreibung *f*
collection agency Inkassobüro *nt*; **c. charge** Inkassogebühr *f*; **c. charges** 1. Abholgebühren; 2. Inkassospesen; **c. fee** Hebegebühr *f*; **c. letter** Mahnbrief *m*; **c. order** Einziehungsbeschluss *m*; **c. period** Erhebungszeitraum *m*; **c. procedure** Einziehungs-, Beitreibungsverfahren *nt*; **c. rate** Hebesatz *m*; **c. service** 1. Abholdienst *m*; 2. Inkassodienst *m*
collector's value *n* Liebhaberwert *m*
college *n* Hochschule *f*; **electoral c.** *[US]* Wählerkollegium *nt*, Wahlmännergremium *nt*
collide *v/i* zusammenstoßen, kollidieren; **c. head-on** frontal zusammenstoßen; **c. with sth.** mit etw. zusammenstoßen
collision *n* 1. Kollision *f*, Zusammenstoß *m*; 2. Überschneidung *f*; **c. at sea** Schiffszusammenstoß *m*; **c. between rules** Normenkollision *f*; **head-on c.** Frontalzusammenstoß *m*; **rear-end c.** Auffahrunfall *m*
collision clause Kollisions-, Zusammenstoßklausel *f*; **c. damage waiver** Vollkaskoversicherung *f*; **deductible-clause c. insurance** Vollkaskoversicherung mit Selbstbeteiligung
collude with so. *v/prep* in geheimem Einverständnis mit jdm handeln
collusion *n* Absprache *f*, geheimes Einvernehmen, Kollusion *f*, geheime Verabre-

dung, Verdunkelung *f*; **c. to conceal facts** Verdunkelung des Sachverhalts
collusive *adj* 1. abgekartet; 2. heimlich
combating crime *n* Verbrechensbekämpfung *f*
combination *n* 1. Verbindung *f*; 2. *[US]* Konzern *m*; **c. in restraint of competition/trade** (Wettbewerbs)Kartell *nt*, Zusammenschluss zur Beschränkung des Wettbewerbs
combine *v/ti* (sich) verbinden, vereinigen; *n [GB]* Konzern *m*
come into being *v/i* entstehen; **c. clean** *(coll)* mit der Wahrheit herausrücken *(coll)*; **c. forward** 1. an die Öffentlichkeit treten, sich melden; 2. Selbstanzeige erstatten; **c. from** herrühren, herstammen; **c. to nothing** im Sande verlaufen *(fig)*; **c. out with sth.** mit etw. herausrücken *(coll)*
comfort *n* Trost *m*; **cold c.** schwacher Trost; **c. letter** 1. Patronatserklärung *f*; 2. Unbedenklichkeitsbescheinigung *f*
coming into effect *n* Inkrafttreten *nt*; **c. into existence** Entstehung *f*, Zustandekommen *nt*; **c. into force** In-Kraft-Treten *nt*, Wirksamwerden *nt*
comity of nations *n* Völkergemeinschaft *f*
command *n* Befehl *m*, Gebot *nt*; *v/t* befehlen, gebieten
commence *v/t* 1. anfangen, beginnen; 2. einleiten
commencement *n* Anfang *m*, Beginn *m*; **c. of an action** Klageerhebung *f*; **~ bankruptcy proceedings** Konkurseröffnung *f*; **~ legal capacity** Beginn der Rechtsfähigkeit; **~ contract** Vertragsbeginn *m*, Beginn des Vertrages; **~ insurance cover(age)** Versicherungsbeginn *m*; **~ the limitation period** Eintritt der Verjährung, Verjährungsbeginn *m*; **~ proceedings** Prozessauftakt *m*, Einleitung des Verfahrens; **~ a custodial sentence** Strafantritt *m*; **~ trading** Aufnahme der Geschäftstätigkeit, Geschäftsbeginn *m*; **~ travel** Reisebeginn *m*, Reiseantritt *m*; **~ the warranty period** Beginn der Gewähr(leistungs)frist; **~ work** Arbeitsantritt *m*
commendable *adj* verdienstvoll
commensurability *n* Verhältnismäßigkeit *f*
comment *n* Kommentar *m*, Stellungnahme *f*; *v/t* Stellung nehmen, kommentieren
commentary *n* 1. Erläuterungswerk *nt*; 2. *(Text)* Kommentar *m*; **legal c.** Gesetzeskommentar *m*
commerce *n* Handel(sverkehr) *m*
commercial *adj* geschäftlich, gewerblich, gewerbsmäßig, kaufmännisch, kommerziell; **on a c. basis** gewerbsmäßig
commercializ|ation *n* Kommerzialisierung *f*; **c.e** *v/t* kommerzialisieren
commingl|e *v/t* vermischen; **c.ement; c.ing** *n* Vermischung *f*, Vermengung *f*
commission *n* 1. Begehung *f*, Begehen *nt*, Verübung *f*; 2. Auftrag *m*, Beauftragung *f*; 3. Ausschuss *m*, Kommission *f*; 4. Besorgung *f*; 5. Provision *f*; **on c.** kommissarisch (beauftragt); **c. of the act** Begehung der Handlung, Tatbegehung *f*; **~ a criminal act; ~ a crime/an offence** Ausführung einer Straftat, Täterschaft *f*; **joint ~ a crime** Mittäterschaft *f*; **c. by omission** Begehen durch Unterlassen
to appoint a commission Kommission einsetzen
commission *v/t* 1. beauftragen; 2. bestellen
commission agent Kommissionär *m*, Vertreter auf Provisionsbasis; **to take sth. on a c. basis** etw. in Kommission nehmen; **c. order** Lohnauftrag *m*
commissioner *n* 1. Ausschussmitglied *nt*; 2. Kommissar *m*; **C. of Patents** *[US]* Patentamt *nt*
commit *v/t* 1. begehen, verüben; 2. binden, verpflichten; 3. einliefern, einweisen, überstellen, verbringen; **c. os.** *v/refl* sich verpflichten
commitment *n* 1. Bindung *f*, Obligo *nt*, Verpflichtung(serklärung) *f*, Verbindlichkeit *f*; 2. *(Anstalt)* Einlieferung *f*, Überstellung *f*, Unterbringung *f*; **c. to a mental hospital** Unterbringung in einem psychiatrischen Krankenhaus; **c. under a liability** Haftungsobligo *nt*
to enter into a commitment Verpflichtung eingehen; **to honour a c.** Verpflichtung einhalten, einer ~ nachkommen; **to make c.s, representations or warranties** verbindliche Zusicherungen machen; **contractual c.** vertragliche Bindung; **financial c.** Zahlungsverpflichtung; **to fail to honour one's ~ c.s** seinen Zahlungsverpflichtungen nicht nachkommen; **to enter into a ~ c.** Zahlungsverpflichtung eingehen
legal commitment rechtliche Bindung; **c. order** Untersuchungshaftbefehl *m*
committal *n* Einlieferung *f*, Einweisung *f*,

C

C

Inhaftierung *f*, Überstellung *f*, Verbringung *f*, Verwahrung *f*; **c. to a hospital** Krankenhauseinweisung *f*; **~ an institution** Anstaltsunterbringung *f*; **c. for sentence** Überweisung an eine höhere Instanz zur Aburteilung; **~ trial** Eröffnungsbeschluss *m*; **~ trial in a higher court** Überweisung an eine höhere Instanz zur Verhandlung; **provisional c.** vorläufige Verwahrung

committal act Verwahrungsgesetz *nt*; **c. order** 1. Eröffnungsbeschluss *m*; 2. Einlieferungsbefehl *m*, Einweisungs-, Verwahrungsbeschluss *m*, Einweisungsverfügung *f*, Anordnung der Inhaftnahme; **c. proceedings** 1. Ermittlungsverfahren *nt*; 2. gerichtliche Voruntersuchung, Eröffnungsverfahren *nt*; 3. Verweisungsverfahren *nt*; **c. warrant** Einlieferungsbefehl *m*, Haftanordnung *f*

committed *adj* verpflichtet

committee *n* 1. Ausschuss *m*; 2. *(Verein)* Vorstand *m*; **c. of inquiry** Untersuchungsausschuss *m*; **c. on public petitions** Petitionsausschuss *m*

advisory committee Beirat *m*; **disciplinary c.** Disziplinarausschuss *m*; **judicial/legal c.** Rechts-, Justizausschuss *m*; **presiding c.** Präsidium *nt*; **supervisory c.** Kontrollausschuss *m*

commodity *n* 1. Rohstoff; 2. Ware *f*; **c. contract** Waren(termin)abschluss *m*; **c. futures exchange** Warenterminhandel *m*; **~ trading** Warenterminhandel *m*

common *adj* gemein, gemeinsam, gemeinschaftlich; **in c.** gesamthänderisch

commotion *n* Tumult *m*; **civil c.** Krawall *m*, bürgerliche Unruhe

communicat|e *v/t* mitteilen; **confidential c.ion** *n* vertrauliche Mitteilung; **c.ive** *adj* mitteilsam

community *n* 1. Gemeinde *f*; 2. Gemeinschaft *f*; **c. of creditors** Gläubigergemeinschaft *f*; **~ accrued gain** Zugewinngemeinschaft *f*; **~ goods** Gütergemeinschaft *f*; **~ heirs** (Mit)Erbengemeinschaft *f*; **~ interests** 1. Interessengemeinschaft *f*, 2. eheliche Gütergemeinschaft; **~ joint owners** Gesamthandsgemeinschaft *f*; **~ part-owners** Bruchteilsgemeinschaft *f*; **~ residents** Hausgemeinschaft *f*

conjugal community Ehe-, Lebensgemeinschaft *f*, eheliche Gemeinschaft; **legal c.** Rechtsgemeinschaft *f*; **religious c.** Religions-, Weltanschauungsgemeinschaft *f*

community home (for young offenders) *[GB]* Jugendstrafanstalt *f*; **European C. law** europäisches Gemeinschaftsrecht; **c. organ** Gemeinschaftsorgan *nt*; **c. property** Gemeinschaftsgut *nt*; **c. (service) order** Verurteilung zu gemeinnütziger Arbeit

commutab|ility *n* *(Strafe)* Umwandelbarkeit *f*; **c.le** umwandelbar

commutation *n* Herabsetzung *f*, Umwandlung *f*; **c. of a pension** Rentenablösung *f*; **~ rent** Mietablösung *f*; **~ a sentence** Strafänderung *f*, Strafumwandlung *f*, Umwandlung einer Strafe

commute *v/t* 1. herabsetzen; 2. *(Strafe)* umwandeln

commuter car park *n* Pendlerparkplatz *m*

social compact *n* Sozialkontrakt *m*

companies act *n* 1. Unternehmensgesetz *nt*; 2. *[GB]* Aktiengesetz *nt*; **c. register** Handelsregister *nt*

company *n* Gesellschaft *f*, Unternehmen *nt*, Firma *f*; **to form a c.** Gesellschaft errichten/gründen; **to hive off a c.** Gesellschaft ausgliedern; **to incorporate a c.** Gesellschaft eintragen; **to wind up a c.** Gesellschaft abwickeln/auflösen, Unternehmen liquidieren

ad-hoc company Gelegenheitsgesellschaft *f*; **affiliated c.** angegliederte Gesellschaft, Beteiligungsgesellschaft *f*, Schwestergesellschaft *f*; **bogus c.** Schwindelunternehmen *nt*; **chartered c.** konzessionierte Gesellschaft; **controlling c.** beherrschende Gesellschaft; **dependent c.** abhängige Gesellschaft; **incorporated c.** rechtsfähige Gesellschaft; **industrial c.** Industrieunternehmen *nt*

limited company Kapitalgesellschaft *f*; **private l. c. (Ltd)** *[GB]* Gesellschaft mit beschränkter Haftung (GmbH); **public l. c. (plc)** *[GB]* Aktien-, Publikumsgesellschaft *f*

listed/quoted company börsennotierte Gesellschaft; **participating c.** beteiligte Gesellschaft; **principal c.** Obergesellschaft *f*; **unincorporated c.** Personengesellschaft *f*

company assets Betriebs-, Firmen-, Gesellschaftsvermögen *nt*; **c. board** (Unternehmens)Vorstand *m*; **c. car** Firmenwagen *m*, firmeneigener Wagen; **c. debts**

Gesellschaftsschulden; **c. doctor** Werksarzt *m*, Werksärztin *f*; **c. earnings** Unternehmensertrag *m*, Unternehmensgewinn *m*; **c. flat** Werkdienstwohnung *f*; **c. formation** Errichtung einer Gesellschaft, Gesellschaftsgründung *f*; **c. funds** Gesellschaftsmittel; **c. headquarters** Sitz des Unternehmens

company law Aktien-, Gesellschafts-, Unternehmensrecht *nt*, Recht der Kapitalgesellschaften; **~ relating to groups** Konzernrecht *nt*; **c. lawyer** Hausjurist *m*, Justitiar *m*, Syndikus *m*, Haus-, Wirtschaftsanwalt *m*

company liabilities Gesellschaftsverbindlichkeiten; **c. liability** Unternehmerhaftpflicht *f*; **c. management** Werksleitung *f*; **c. owner** Unternehmenseigentümer *m*; **c. profit(s)** Gesellschafts-, Unternehmensgewinn *m*, Unternehmensertrag *m*; **c. promoter** Gesellschaftsgründer *m*; **c. property** Gesellschaftseigentum *nt*; **c. registration** Eintragung in das Handelsregister, Firmeneintragung *f*; **c. seal** Firmensiegel *nt*; **c. secret** Betriebsgeheimnis *nt*; **c. statutes** Gesellschaftssatzung *f*; **c. wage contract** Werkstarifvertrag *m*

comparative *adj* verhältnismäßig

comparison *n* Vergleich *m*; **c. of data** Datenabgleich *m*

compatib|ility *n* Vereinbarkeit *f*; **environmental ~** Umweltverträglichkeit *f*; **c.le (with)** *adj* vereinbar

compel *v/t* zwingen, nötigen

compensate (for) *v/t* ausgleichen, entgelten, entschädigen, Ersatz leisten, ersetzen, kompensieren, vergüten

compensation *n* Ausgleich *m*, Entgelt *nt*, Entschädigung(sleistung) *f*, Schadensabfindung *f*, Ersatz(leistung) *m/f*, Kompensation *f*, Leistungsentgelt *nt*, Schadloshaltung *f*, Vergütung *f*, Wiedergutmachung *f*; **eligible for c.; entitled to c.** ausgleichungs-, entschädigungs-, ersatzberechtigt; **liable for c.; liable to provide c.** ausgleichs-, entschädigungspflichtig, zum Ersatz verpflichtet

compensation for an accident Unfallentschädigung *f*; **~ damage** Entgelt für Schaden; **~ damages** Schaden(s)ersatz *m*; **~ delay** Verzugsentschädigung *f*; **~ dismissal** Entlassungsentschädigung *f*; **~ expenses** Ersatz von Aufwendungen; **~ wrongful imprisonment** (Straf)Haftentschädigung *f*; **c. in kind** Naturalausgleich *m*, Naturalrestitution *f*; **c. for land** Landabfindung *f*

compensation for loss Verlustausgleich *m*; **~ of earnings** Entschädigung für Verdienstausfall, Verdienst-, Lohnausfallentschädigung *f*; **~ of employment** Kündigungsentschädigung *f*; **~ of a right** Entschädigung für Rechtsverlust; **~ of use** Nutzungsentschädigung *f*; **~ of value** Ersatz einer Wertminderung, Wertersatz *m*

compensation for pain and suffering Schmerzensgeld *nt*; **c. of risks** Risikoausgleich *m*; **c. for services rendered** Leistungsentgelt *nt*; **~ use** Nutzungsentschädigung *f*, Nutzungsvergütung *f*; **~ witnesses** Zeugenentschädigung *f*

to award compensation Entschädigung zuerkennen/zusprechen; **to claim c.** Entschädigung beanspruchen; **to disallow c.** Schaden(s)ersatz aberkennen; **to provide c.** Ersatz liefern

adequate compensation angemessene Vergütung; **fair c.** billige Entschädigung; **~ and reasonable c.** angemessene Entschädigung; **full c.** volle Entschädigung; **lump-sum c.** Pauschalabfindung *f*, Pauschalentschädigung *f*; **pecuniary c.** Ausgleich/Entschädigung in Geld, Geldabfindung *f*, Geldentschädigung *f*; **reasonable c.** angemessener Ausgleich; **total c.** Gesamtentschädigung *f*

compensation agreement Entschädigungsvereinbarung *f*; **c. award** Verurteilung zur Entschädigung; **c. claim** Ausgleichsforderung *f*; **c. clause** Ausgleichsklausel *f*; **c. fund** Ausgleichs-, Entschädigungsfonds *m*; **c. order** Urteil auf Schadensersatz; **to make a ~** Schaden(s)ersatzleistung gerichtlich anordnen; **c. payment** Entschädigungszahlung *f*; **c. proceedings** Entschädigungsverfahren *nt*

compensatory *adj* ausgleichend, Ausgleichs-

compete *v/i* konkurrieren, im Wettbewerb stehen

competence *n* 1. Geschäftsfähigkeit *f*; 2. Kompetenz *f*; 3. Zuständigkeit *f*; 4. Zuständigkeitsbereich *m*; **c. for jurisdictional allocation** Kompetenzkompetenz *f*; **c. to receive** Empfangszuständigkeit *f*; **c. of a witness** Zeugnisfähigkeit *f*

double competence Doppelzuständigkeit *f*;

C

legislative c. Gesetzgebungskompetenz *f*, Gesetzgebungszuständigkeit *f*

competent *adj* 1. fachkundig, kompetent, sachkundig, sachverständig; 2. zuständig, berufen, fachgemäß

competition *n* 1. Wettbewerb *m*, Konkurrenz(kampf) *f/m*; 2. *(Ausschreibung)* (Leistungs)Wettbewerb *m*; 3. Preisausschreiben *nt*; **to curb (free) c.** (freien) Wettbewerb unterbinden; **to distort c.** Wettbewerb verzerren; **cut-throat c.** ruinöser Wettbewerb; **fair c.** Lauterkeit im Wettbewerb, lauterer Wettbewerb; **unfair c.** unlautere Konkurrenz, unlauterer Wettbewerb; **to engage in ~** unlauteren Wettbewerb betreiben

competition authorities Wettbewerbsbehörden; **c. code** Wettbewerbsordnung *f*; **c. law** Wettbewerbsrecht *nt*; **c. rules** Wettbewerbsregeln

competit|ive *adj* konkurrenzfähig; **c.or** *n* Konkurrent(in) *m/f*, Wettbewerber(in) *m/f*

compilation *n* Sammelwerk *nt*

complain *v/i* beanstanden, sich beschweren, Beschwerde erheben/führen; **c. about** *v/prep* 1. sich beschweren über; 2. reklamieren; **c. of** beanstanden

complainant *n* Beschwerdeführer(in) *m/f*, Beschwerdeberechtigte(r) *f/m*

complaint *n* 1. Beanstandung *f*, Beschwerde *f*, Mängelrüge *f*, Reklamation *f*, gravamen *(lat.)*; 2. *[US]* Anklageschrift *f*; **c. of wrongful arrest** Haftbeschwerde *f*; **~ unfair dismissal** *[GB]* Kündigungseinspruch *m*; **c. about inaction** Untätigkeitsbeschwerde *f*; **~ electoral irregularities** Wahlprüfungsbeschwerde *f*; **~ a measure of execution** Vollstreckungserinnerung *f*; **~ a public official** Dienstaufsichtsbeschwerde *f*; **~ an order for arrest** Haftbeschwerde *f*; **c. of unconstitutionality** Verfassungsklage *f*

to file/lodge a complaint 1. Beschwerde einlegen/erheben; 2. Mängelrüge geltend machen; 3. *[US]* Anzeige erstatten; **to submit a c.** Beschwerde vorlegen; **to suppress a c.** Beschwerde unterdrücken

anonymous complaint anonyme Anzeige; **constitutional c.** Verfassungsbeschwerde *f*; **disciplinary c.** Dienstaufsichtsbeschwerde *f*; **initial c.** Erstbeschwerde *f*; **legitimate c.** berechtigte Reklamation; **substantial c.s** begründete Beschwerden; **supplemental c.** Klageergänzung *f*, Nachtragsklage *f*

complaints department Beschwerdestelle *f*; **c. procedure** Beschwerdeverfahren *nt*

complete *v/t* *(Ausbildung etc.)* abschließen, vollenden; *adj* lückenlos, vollständig

completion *n* Abschluss *m*, Fertigstellung *f*, Vollendung *f*; **c. of a contract** 1. Vertragserfüllung *f*; 2. Auftragserledigung *f*; **~ the crime** Beendigung der Tat; **~ sentence** Strafende *nt*; **c. date** Abschlusstermin *m*, Erfüllungstag *m*

complex *n* verwickelt

compliance *n* Beachtung *f*, Befolgung *f*, Einhaltung *f*, Erfüllung *f*, Nachgiebigkeit *f*, Wahrung *f*; **in c. with** *(übereinstimmend, gemäß)* entsprechend; **c. with a condition** Einhaltung/Erfüllung einer Bedingung; **~ a contract** Vertragstreue *f*; **~ the deadline** Fristwahrung *f*; **~ formalities** Erledigung von Formalitäten; **not in ~ formalities** formwidrig; **mandatory ~ formalities** Formzwang *m*; **~ the law** Gesetzestreue *f*; **~ the provisions** Einhaltung der Vorschriften; **to enforce ~ the provisions** Einhaltung der Vorschriften erzwingen; **~ the terms (and conditions)** Erfüllung der Bedingungen; **~ the stipulated time; ~ the time limit** Wahrung der Frist, Fristwahrung *f*

compliant *adj* nachgiebig

to be complicit in sth. adj. (StR) an etw. beteiligt sein

complicity *n* Mitschuld *f*, Mittäterschaft *f*; **c. in a criminal offence** Teilnahme an einer Straftat; **to deny c.** Mittäterschaft abstreiten

comply with *v/prep* nachkommen, entsprechen, beachten, befolgen, einhalten, erfüllen, Folge leisten; **c.ing with the period of notice** *n* Einhaltung der Kündigungsfrist

component *n* Bestandteil *m*, Komponente *f*; **c. of a contract** Vertragsbestandteil *m*

composite *adj* zusammengesetzt, Misch-, Sammel-

composition *n* 1. (Abfindungs)Vergleich *m*, Beilegung im Wege des Vergleichs, vergleichsweise Regelung; 2. Zusammensetzung *f*; **c. to avoid bankruptcy** Vergleich zur Abwendung des Konkurses; **c. in bankruptcy** Konkurs-, Zwangsvergleich *m*; **c. by waiver** Erlassvergleich *m*; **to set aside a c.** Vergleich aufheben

compulsory composition Zwangsvergleich *m*; **enforceable c.** vollstreckbarer Vergleich
composition code Vergleichsordnung *f*; **c. dividend** Vergleichsquote *f*; **c. payment** Vergleichszahlung *f*; **c. proceedings** Vergleichsverfahren *nt*
compound *v/t* erschweren
comprehensible *adj* begreiflich
comprehensive *adj* umfassend, global
comprise *v/t* umfassen, beinhalten, sich erstrecken auf
compromise *n* Kompromiss *m*, Vergleich *m*; **to reach a c.** Kompromiss schließen, sich vergleichen
compromise *v/t* kompromittieren; **c. os.** *v/refl* sich kompromittieren; **willing to c.** kompromissbereit
compromise proposal Kompromiss-, Vergleichsvorschlag *m*
compuls|ion *n* Zwang *m*; **c.ive** *adj* zwanghaft; **c.ory** *adj* obligatorisch, verbindlich, zwingend
compurgator *m* Eideshelfer *m*
computation *n* Berechnung *f*
computer *n* Computer *m*; **c. crime** Computerstraftat *f*; **c. fraud** Computerbetrug *m*; **c. sabotage** Computersabotage *f*; **c. search** Rasterfahndung *f*
conceal *v/t* verstecken, kaschieren, verbergen, verdecken, verheimlichen, verschleiern, verschweigen; **c.ed** *adj* verborgen; **c.ing (of) evidence** *n* Beweisunterschlagung *f*
concealment *n* Unterdrückung *f*, Verheimlichung *f*, Verschleierung *f*, Verschweigen *nt*, **c. of assets** Vermögensverschleierung *f*, Verschleierung von Vermögenswerten; **~ facts** Unterdrückung/Verschweigen von Tatsachen; **~ profits** Gewinnverschleierung *f*
fraudulent concealment arglistiges Verschweigen; **~ of a defect** arglistiges Verschweigen eines Mangels; **~ of facts** arglistiges Verschweigen von Tatsachen; **material c.** *(Vers.)* Verschweigen eines wesentlichen Umstandes
concede *v/t* einräumen, konzedieren, zugestehen
conceivable *adj* denkbar
concentration *n* Konzentration *f*
concept *n* Begriff *m*, Konzept *nt*; **c. of law** Rechtsbegriff *m*; **basic c.** Grundbegriff *m*; **legal c.** Rechtsbegriff *m*, Rechtsfigur *f*, Rechtsgedanke *m*
conception *n* Empfängnis *f*
conceptual *adj* begrifflich
concern *n* 1. Angelegenheit *f*, Belang *m*, Interesse *nt*; 2. Konzern *m*; 3. Sorge *f*; **going c.** aktiver Betrieb; **main c.** Hauptanliegen *nt*
concern *v/t* betreffen; **to whom it may c.** *(Referenz)* für die zuständige Person; **c. ed** *adj* betroffen, fraglich; **c.ing** *prep* betreffend, betreffs, hinsichtlich
concerted *adj* abgekartet
concession *n* 1. Zugeständnis *nt*; 2. Einräumung *f*, Vergünstigung *f*, 3. Konzession *f*, Lizenzvertrieb *m*; **to grant a c.** konzessionieren; **c. fee** Konzessionsgebühr *f*; **c.aire** *n* Konzessionsinhaber(in) *m/f*, Konzessionär *m*
conciliate *v/t* versöhnen
conciliation *n* Schlichtung *f*, Streitbeilegung *f*, Vermittlung *f*; **attempted c.** Einigungs-, Schlichtungs-, Vermittlungs-, Sühneversuch *m*; **mandatory c.** verpflichtendes Vergleichsverfahren
conciliation agreement Schichtungsvereinbarung *f*; **c. board/committee** Einigungs-, Gütestelle *f*, Schlichtungskammer *f*; **c. hearing** Sühnetermin *m*, Sühneverhandlung *f*; **c. procedure/proceedings** Einigungs-, Sühne-, Schlichtungs-, Vermittlungsverfahren *nt*
conciliator *n* Schlichter(in) *m/f*, Vermittler(in) *m/f*; **c.y** *adj* versöhnlich
conciseness *n* Kürze *f*
conclude *v/t* 1. abschließen, beenden; 2. folgern; 3. *(Vertrag)* schließen
conclusion *n* 1. Schluss; 2. (Schluss)Folgerung *f*, Konklusion *f*; 3. Abschluss *m*; **c. of a contract** Abschluss eines Vertrages, Vertrags(ab)schluss *m*; **after ~ the contract** nach Abschluss des Vertrages; **~ fact** Tatsachenfeststellung *f*; **~ a sale; ~ a sales contract** Kauf-, Verkaufsabschluss *m*
false conclusion Trugschluss *m*; **legal c.** Rechtsfolgerung *f*; **wrong c.** Fehlschluss *m*
conclusive *adj* beweiskräftig, entscheidend, hieb- und stichfest, schlüssig, triftig; **c.ness** *n* Schlüssigkeit *f*, Stichhaltigkeit *f*, Triftigkeit *f*
concoction *n* Lügengeschichte *f*
concordat *n* Kirchenvertrag *m*, Konkordat *nt*
concrete *adj* gegenständlich, konkret
concur *v/i* beipflichten, übereinstimmen, zustimmen; **c.rence** *n* 1. *(Gesetz)* Konkurrenz *f*; 2. Übereinstimmung *f*; 3. Zusam-

mentreffen *nt*; **c. of claims** Anspruchskonkurrenz *f*; **~ laws** Gesetzeskonkurrenz *f*; **~ criminal offence and public order offence** Zusammentreffen von Straftat und Ordnungswidrigkeit; **~ offences** Realkonkurrenz *f*, Tateinheit *f*, Zusammentreffen mehrerer Straftaten; **~ offences in one act** *(Tateinheit)* Idealkonkurrenz *f*

C

concurr|ent; c.ing *adj* 1. übereinstimmend, deckungsgleich; 2. *(Ansprüche, Gesetzgebung)* konkurrierend

condemn *v/t* verurteilen; **c.ation** *n [US]* Enteignung *f*; **~ order** 1. *(Gebäude)* Abriss-, Beseitigungsverfügung *f*; 2. *[US]* Enteignungsbeschluss *m*

condemned *adj* *(Todesstrafe)* verurteilt

condescending *adj* herablassend

condition *n* 1. Bedingung *f*, Auflage *f*, Kondition *f*; 2. Verfassung *f*, Zustand *m*; **not subject to a c.** bedingungsfeindlich; **subject to a resolutory c.** bedingt aufschiebend, auflösend bedingt; **c. contra bonos mores** *(lat.)* sittenwidrige Bedingung; **c. of discharge** Befreiungsvorbehalt *m*; **~ performance** Leistungskondition *f*; **~ punishability** Bedingung der Strafbarkeit; **to be in a critical c.** in Lebensgefahr sein; **to impose c.s** Auflagen machen; **to meet/satisfy a c.** Auflage erfüllen

concurrent condition Zug-um-Zug-Bedingung *f*; **environmental c.s** Umweltbedingungen; **express c.** ausdrückliche Bedingung; **favourable c.** günstige Bedingung; **implied c.** stillschweigende Bedingung; **indispensable c.** zwingend notwendige Bedingung; **legal c.** rechtliche Bedingung; **mental c.** Geistesverfassung *f*; **in merchantable c.** in handelsfähigem Zustand; **mutual c.(s)** Junktim *nt*, gegenseitige Bedingungen; **potestative c.** Potestativbedingung *f*; **subsequent c.** auflösende Bedingung; **suspensive c.** aufschiebende Bedingung, Suspensivbedingung *f*

condition precedent aufschiebende Bedingung, Vor-, Suspensivbedingung *f*, Voraussetzung *f*; **c. sine qua non** *(lat.)* unerlässliche Bedingung

conditional *adj* vorbehaltlich; **c. on/upon** abhängig von, unter der Voraussetzung, dass

conditions *pl* 1. Konditionen; 2. *[GB]* wesentliche Vertragsbestimmungen; **c. of admission** Zulassungsbedingungen; **~ carriage** Beförderungsbedingungen; **~ contract** Vertragsbedingungen; **to stipulate the ~ contract** Vertragsbedingungen festlegen; **~ employment/service** Anstellungs-, Arbeitsvertragsbedingungen; **~ probation** Bewährungsauflagen; **to meet the c.** Bedingungen erfüllen; **initial c.** Anfangsbedingungen

condolence *n* Kondolenz *f*

condominium (apartment) *n [US]* Eigentumswohnung *f*; **c. association** Wohnungseigentümergemeinschaft *f*; **c. register** Wohnungsgrundbuch *nt*

condone *v/t* stillschweigend billigen

conducive *adj* dienlich, förderlich

conduct *n* 1. Benehmen *nt*, Betragen *nt*, Handlungsweise *f*, (Lebens)Führung *f*, Lebenswandel *m*, Verhalten *nt*; 2. Leitung *f*, Führung *f*; **c. of a case** Prozessführung *f*; **~ a legal dispute** Führung eines Rechtsstreits; **~ the hearing/proceedings** *(Gericht)* Verhandlungsleitung *f*, Verhandlungsführung *f*; **~ a trial** Prozessführung *f*

anticompetitive conduct wettbewerbswidriges Verhalten; **criminal c.** kriminelles Verhalten; **culpable c.** schuldhaftes Verhalten; **disorderly c.** Erregung eines öffentlichen Ärgernisses, ordnungswidriges/unbotmäßiges Verhalten; **fraudulent c.** betrügerisches Verhalten; **good c.** Wohlverhalten *nt*; **illegal/illicit c.** gesetz-/rechtswidriges/verbotenes Verhalten; **immoral c.** unsittliches Verhalten; **implied c.** konkludentes Verhalten; **of irreproachable c.** unbescholten; **professional c.** standesgemäßes Verhalten; **safe c.** freies Geleit, Schutzgeleit *nt*; **tortious c.** deliktisches Verhalten; **unlawful c.** rechtswidrige Handlungsweise; **unprofessional c.** berufs-/standeswidriges Verhalten

conducting a case *n* Prozessführung *f*

conduct money *[GB]* Zeugengebühren *pl*; **c. unbecoming** ungebührliches Benehmen/Betragen

conduct *v/t* 1. führen, leiten; 2. betreiben; **conduct os.** *v/refl* sich verhalten

confederation *n* Konföderation *f*, Verband *m*

confer *v/ti* 1. beraten; 2. verleihen, übertragen, erteilen; **c. with** Rücksprache nehmen mit

conference *n* Konferenz *f*, Tagung *f*; **to convene a c.** Konferenz/Tagung einberufen
conferment *n* Verleihung *f*; **c. of power of attorney** Erteilung einer Vollmacht
confess *v/t* bekennen, gestehen; **c.ed** *adj* geständig
confession *n* Bekenntnis *nt*, Geständnis *nt*, Schuldanerkenntnis *f*; **c. and avoidance** Einrede ohne Leugnung des Klageanspruchs; **c. in court** gerichtliches Geständnis; **c. of judgment clause** Unterwerfungsklausel *f*
to extort a confession Geständnis erpressen; **to make a c.** Geständnis ablegen; **to retract a c.** Geständnis widerrufen
forced confession erzwungenes Geständnis; **full c.** umfassendes Geständnis; **qualified c.** qualifiziertes Geständnis
confidant(e) *n* 1. Mitwisser(in) *m/f*; 2. Vertrauensperson *f*
confidence *n* Vertrauen *nt*; **c. building** Vertrauensbildung *f*; **c.-building** *adj* vertrauensbildend; **c. trick** Hochstapelei *f*; **c. trickster** Hochstapler(in) *m/f*, Schwindler *m*, Trickbetrüger(in) *m/f*
confidential *adj* 1. vertraulich, diskret; 2. geheim, vertraulich; **strictly c.** streng geheim/vertraulich
confidentiality *n* Schweigepflicht *f*, Vertraulichkeit *f*; **c. of registration office data** Meldegeheimnis *nt*; **medical c.** ärztliche Schweigepflicht
confinement *n* Gefangenschaft *f*, Haft *f*, Inhaftierung *f*; **c. to barracks** Kasernenarrest *m*; **c. for contempt** Erzwingungshaft *f*; **~ of court** Ordnungshaft *f*; **c. in a prison cell** Zellenhaft *f*
incommunicado confinement Kontaktsperre *f*; **joint c.** Gemeinschaftshaft *f*; **non-custodial c.** offener Arrest; **pre-trial c.** Untersuchungshaft *f*; **solitary c.** Einzel-, Isolations-, Isolierhaft *f*; **c. proceedings** Sicherungsverfahren *nt*
confirm *v/t* betätigen, bekräftigen, erhärten; **c.able** *adj* bestätigungsfähig
confirmation *n* Bestätigung *f*, Erhärtung *f*; **c. of the judgment** Bestätigung des Urteils; **c. on oath** eidliche Bestätigung; **c. of an order** Auftragsbestätigung *f*; **~ payment** Zahlungsbestätigung *f*; **judicial c.** gerichtliche Bestätigung
confirmed in writing *adj* verbrieft
confiscate *v/t* in Beschlag/Gewahrsam nehmen, beschlagnahmen, konfiszieren, sicherstellen
confiscation *n* Beschlag(nahme) *m/f*, Konfiskation *f*, Konfiszierung *f*; **c. of property** Einziehung des Vermögens, ~ von Vermögen; **c. order** Einziehungsverfügung *f*
conflagration *n* Brand *m*
conflict *n* 1. Konflikt *m*, Streitfall *m*, Unfrieden *m*, Widerstreit *m*; 2. *(Gesetz)* Konkurrenz *f*, Kollision *f*; **c. of competence(s)** Kompetenzkonflikt *m*; **~ duties** Pflichtenkollision *f*; **~ interests** Interessenkollision *f*, Interessenkonflikt *m*; **~ jurisdiction** Zuständigkeitsstreit *m*; **~ laws** Gesetzes-, Normen-, Statutenkollision *f*; Justizkonflikt *m*; **~ laws rule** Kollisionsnorm *f*
conflict with *v/prep* unvereinbar sein mit, im Widerspruch stehen zu
constitutional conflict Verfassungsstreit *m*; **industrial c.** Arbeitskonflikt *m*; **inner c.** Gewissenskonflikt *m*; **jurisdictional c.** Kompetenzkonflikt *m*, Kompetenzstreitigkeit *f*
conflict containment Konfliktbegrenzung *f*; **c. counselling** Konfliktberatung *f*; **c. prevention** Konfliktvermeidung *f*; **c. rule(s)** Kollisionsregel *f*; **c. settlement** Konfliktbeilegung *f*; **c. situation** Konfliktlage *f*
conflicting *adj* widerstreitend
conform *v/i* entsprechen, übereinstimmen
conformity *n* Übereinstimmung *f*; **in c. with** entsprechend, konform, in Übereinstimmung mit; **c. with the contract** Vertragsgemäßheit *f*; **to certify the c. of the copy with the original** die Übereinstimmung der Abschrift mit dem Original bestätigen; **c. with regulations** Ordnungsmäßigkeit *f*; **enforced c.** Gleichschaltung *f*
confront *v/t* gegenüberstellen, konfrontieren; **c.ation** *n* Gegenüberstellung *f*, Konfrontation *f*
confuse *v/t* verwechseln
confusion *n* Konfusion *f*, Vermischung *f*, Verwechselung *f*; **c. of the mind** Bewusstseinstrübung *f*; **~ rights** *(Schuldrecht)* Konfusion *f*
congestion *n* Stau *m*; **c. warning** Stauwarnung *f*
congress *n* Kongress *m*
congruity of features *n* Übereinstimmung von Merkmalen

C

conject *v/t* mutmaßen; **c.ure** *n* Mutmaßung *f*
conjugal *adj* ehelich
in conjunction with *n* in Verbindung/Realkonkurrenz/Tateinheit mit, zusammen mit
con-man *n* Hochstapler(in) *m/f*
connect *v/t* verbinden; **c.ed** *adj* verbunden; **to be ~** in Zusammenhang stehen, zusammenhängen
connection *n* 1. Verbindung *f*, Beziehung *f*; 2. Zusammenhang *m*, 3. Anschluss *m*; **in this c.** in diesem Zusammenhang; **causal c.** Kausalzusammenhang *m*, ursächlicher Zusammenhang; **factual c.** Sachzusammenhang *m*
connivance *n* Duldung (einer rechtswidrigen Handlung), Konnivenz *f*, passive Tathilfe, stillschweigende Zustimmung; **c. by officials or a public body** Begünstigung im Amt
connive at *v/prep* stillschweigend dulden, billigend in Kauf nehmen
consanguin|ity *n* Blutsverwandtschaft *f*; **c.eous** *adj* blutsverwandt
conscien|ce *n* Gewissen *nt*; **c.tious** *adj* gewissenhaft, pflichtbewusst
conscious *adj* bewusst; **c.ness** *n* Bewusstsein *nt*; **environmental ~** Umweltbewusstsein *nt*
conscript *n* *(Militär)* Einberufener *m*, Wehrpflichtiger *m*; **c.ion** *n* Wehrpflicht *f*
consecutive *adj* fortlaufend, aufeinander folgend
consensus *n* Einigung *f*, Konsens *m*, Übereinstimmung *f*; **a c. was reached** Konsens ist herbeigeführt; **c. ad idem** *(lat.)* Einmütigkeit *f*; **c. of opinion** übereinstimmende Meinung
consent *n* Einverständnis *nt*, Einwilligung *f*, Genehmigung *f*, Jawort *nt*, Plazet *nt*, Zustimmung *f*; **with so.'s c.** mit jds Einwilligung/Zustimmung; **without c.** ohne Einwilligung
consent to cancellation *(Grundbucheintrag)* Löschungsbewilligung *f*; **c. of the child** Einwilligung des Kindes; **~ the legal representative** Einwilligung des gesetzlichen Vertreters; **~ the spouse** Einwilligung/Zustimmung des Ehegatten
to obtain consent Einwilligung/Zustimmung einholen; **to refuse/withhold c.** Einwilligung/Zustimmung verweigern, ~ vorenthalten; **to revoke c.** Zustimmung widerrufen
absent consent fehlende Einwilligung; **express c.** ausdrückliche Zustimmung; **implied c.** stillschweigende Einwilligung; **mutual c.** Willenseinigung *f*; **by ~** im gegenseitigen Einvernehmen, einvernehmlich; **official c.** amtliche Zustimmung; **oral c.** mündliches Einverständnis; **parental c.** Einwilligung der Eltern des Kindes, elterliche Einwilligung; **presumed c.** mutmaßliche Einwilligung; **prior c.** vorherige Zustimmung; **subsequent c.** nachträgliche Zustimmung; **tacit c.** stillschweigendes Einverständnis, stillschweigende Einwilligung/Zustimmung; **written c.** schriftliches Einverständnis, schriftliche Zustimmung
consent *v/i* einwilligen, zustimmen, Zustimmung erteilen
consent judgment Prozessvergleich *m*; **c. order** 1. Beschluss auf Grund der Zustimmung der beschwerten Partei; 2. *[US]* Verfügung der Federal Trade Commission (mit Zustimmung der Betroffenen im Vergleichswege)
consequence *n* Konsequenz *f*, Folge *f*; **to be a c. of** sich ergeben aus; **immediate c.** direkte/unmittelbare Folge; **incidental/secondary c.** Nebenfolge *f*; **legal c.** Rechtsfolge *f*, Rechtswirkung *f*; **~ c.s** gerichtliches Nachspiel, Rechtsfolgen
to be consequent on *adj* die Folge sein von
consequential *adj* kausal bedingt, Folge-
conservation *n* Naturschutz *m*; **rural c.** Landschaftsschutz *m*; **c. area** Landschafts-, Naturschutzgebiet *nt*; **c.ist** *n* Landschafts-, Natur-, Umweltschützer(in) *m/f*
consider *v/t* 1. erwägen, abwägen, bedenken; 2. ansehen, betrachten, überlegen; 3. berücksichtigen, Rechnung tragen, in Betracht ziehen, Rücksicht nehmen; **c. able** *adj* beträchtlich, erheblich
consideration *n* 1. Abwägung *f*; 2. Rücksicht(nahme) *f*; 3. Überlegung *f* Berücksichtigung *f*, Betracht *m*, Betrachtung *f*, Erwägung *f*; 4. Gegenleistung *f* *(Besonderheit des engl. Vertragsrechts aus dem Common Law: Leistungen aus formlosen Verträgen sind nur einklagbar, wenn sich der Kläger zu einer ‚consideration' verpflichtet oder diese geleistet hat, die nicht*

angemessen zu sein braucht), (Leistungs)-Entgelt *nt*; **as c. for** als Entgelt für; **for (valuable) c.** entgeltlich; **in c.** in Betracht; **in c. of** als Gegenleistung für; **not in c.** außer Betracht

consideration of the evidence Beweiswürdigung *f*; **~ interests** Berücksichtigung der Interessen; **c. for labour** Tätigkeitsvergütung *f*; **~ use** Nutzungsentgelt *nt*

to take into consideration berücksichtigen; **~ sth. into c.** auf etw. Rücksicht nehmen

agreed consideration vereinbartes Entgelt; **due c.** gebührende Berücksichtigung; **after ~** nach wohlwollender Erwägung; **equitable c.s** Billigkeitserwägungen; **overall c.** Gesamtwürdigung *f*; **pecuniary/valuable c.** geldwerte Gegenleistung

consider|ed *adj* überlegt; **c.ing** *prep* unter Berücksichtigung von; **~ that** in Anbetracht der Tatsache, dass

consign *v/t* 1. versenden; 2. in Kommission geben

consignee *n* Warenempfänger(in) *m/f*, Adressat(in) *m/f*

consignment *n* 1. Lieferung *f*, Sendung *f*; 2. Kommission *f*, Konsignation *f*; **substitute c.** Ersatzlieferung *f*

consignment basis Kommissionsbasis *f*; **on a ~** auf Kommissionsbasis; **c. contract** Kommissionsvertrag *m*; **c. goods** Kommissionsgut *nt*, Kommissions-, Konsignationsware *f*; **c. merchant** Verkaufskommissionär *m*; **c. note** Warenbegleitschein *m*; **c. sale** Konsignationsverkauf *m*

consignor *n* Warenabsender(in) *m/f*, Kommittent *m*, Konsignator *m*

consist of *v/prep* bestehen aus

consistency of case law *n* Einheitlichkeit der Rechtsprechung

consistent (with) *adj* übereinstimmend

consolation *n* Trost *m*

consolidate *v/t* konsolidieren

consolidation *n* Konsolidation *f*, Konsolidierung *f*, Zusammenschluss *m*; **c. of mortgages** Vereinigung von Hypotheken; **~ statutes** Zusammenfassung von Gesetzen

consortium *n* Konsortium *nt*; **c. agreement** Konsortialvertrag *m*

conspiracy *n* Verschwörung *f*, Komplott *nt*, Verabredung *f*, Konspiration *f*; **c. to commit a crime** Verabredung zur Begehung einer Straftat, ~ eines Verbrechens; **~ murder** Mordkomplott *m*, Verabredung zum Mord, **~ pervert the course of justice** Verabredung zur Rechtsbeugung; **criminal c.** Verabredung zur Begehung eines Verbrechens

C

conspire *v/i* Komplott schmieden, konspirieren, sich verabreden

constable *n* *[GB]* (Polizei)Wachtmeister(in) *m/f*; **c. on the beat** Streifenpolizist(in) *m/f*

constant *adj* gleich bleibend, unaufhörlich

constituency *n* Wahlkreis *m*

constituent *adj* konstituierend

constituents *pl* Wählerschaft *f*

constitute *v/t* 1. darstellen; 2. begründen, konstituieren; **c. os.** *v/refl* sich konstituieren; **c.d** *adj* konstituiert; **duly ~** ordnungsgemäß konstituiert

constitution *n* Verfassung *f*, Grundordnung *f*, Konstitution *f*, Satzung *f*, Statut *nt*; **c. of the court** Zusammensetzung des Gerichts; **federal c.** Grundgesetz *nt*, Bundesverfassung *f*; **municipal c.** Gemeindeverfassung *f*

constitutional *adj* 1. rechtsstaatlich, verfassungsgemäß, verfassungsmäßig, verfassungsrechtlich; 2. satzungsgemäß; **c. ism** *n* Konstitutionalismus *m*; **c.ity** *n* Verfassungsmäßigkeit *f*

constitutive *adj* konstitutiv, rechtsbegründend, rechtsgestaltend

moral constraint *n* Gewissenszwang *m*

construct *v/t* konstruieren, bauen

construction *n* 1. Auslegung *f*, Deutung *f*, Interpretation *f*; 2. Bau *m*, Konstruktion *f*; **c. of a contract** Vertragsauslegung *f*; **~ law** Gesetzesauslegung *f*; **c. under licence** Lizenzbau *m*; **c. of a will** Testamentsauslegung *f*; **to put a c. on sth.** etw. auslegen; **purposive c.** zweckmäßige Auslegung

construction ban *n* Bauverbot *nt*; **c. case** Bauprozess *m*; **c. costs** Baukosten; **c. developing zone** Bauerschließungsgebiet *nt*; **c. law** Baurecht *nt*; **c. planning law** Bauplanungsrecht *nt*; **c. licence** Nachbaulizenz *f*; **c. regulations** Bauordnung *f*; **c. work** Bauleistung *f*, Bebauung *f*

construe *v/t* auslegen, interpretieren; **c. narrowly** eng auslegen

consul *n* Konsul *m*; **honorary c.** Wahlkonsul *m*; **c. general** Generalkonsul *m*; **c.ar** *adj* konsularisch; **c.ate** *n* Konsulat *nt*; **~ general** Generalkonsulat *nt*

C

consult *v/t* 1. hinzuziehen, konsultieren; 2. *(Anwalt)* nehmen; 3. *(Gutachter)* zuziehen; **c. with** Rücksprache nehmen mit; **c.ancy** *n* Beratungstätigkeit *f*; **~ contract** Berater-, Beratungsvertrag *m*; **~ service** Beratungsdienstleistung *f*; **c.ant** *n* Berater *m*
consultation *n* Hinzuziehung *f*, Konsultation *f*, Rücksprache *f*; **in c. with** im Benehmen mit; **mandatory c.** Konsultationspflicht *f*; **c. clause** Hinzuziehungsklausel *f*; **c. procedure** Konsultationsverfahren *nt*
consume *v/t* verbrauchen
consumer *n* Konsument(in) *m/f*, Verbraucher(in) *m/f*; **c. advice centre; C. Council** *[GB]* Verbraucherzentrale *f*; **c. contract** Verbrauchervertrag *m*
consumer credit Verbraucherkredit *m*; **~ act** Verbraucherkreditgesetz (VerbrKG) *nt*; **c. c. code** *[US]* Konsumenten-, Verbraucherkreditgesetzbuch *nt*; **c.c. contract** Verbraucherkreditvertrag *m*; **~ purchase** Verbraucherkreditkauf *m*
consumer durables Konsum-, Gebrauchsgüter; **c. expenditure tax** Verbrauchssteuer *f*; **c. goods** Konsum-, Verbrauchsgüter; **c. habits** Konsumgewohnheiten; **c. loan** Verbraucherdarlehen *nt*, Verbraucherkredit *m*; **c. protection** Verbraucherschutz *m*; **~ act** Verbraucherschutzgesetz *nt*; **~ legislation** Verbraucherschutzgesetzgebung *f*; **c. suit** Verbraucherklage *f*
consummation of marriage *n* Vollziehung der Ehe
consumption *n* Konsum *m*, Verbrauch *m*, Verzehr *m*, Genuss *m*; **unfit for human c.** für menschlichen Verzehr ungeeignet; **own/personal c.** Eigenverbrauch *m*; **c. tax** *[US]* Verbrauchssteuer *f*
contact *n* 1. Kontakt *m*, Umgang *m*; 2. Kontaktperson *f*; **in close c.** in enger Verbindung; **c. with clients** Verkehr mit Mandanten; **physical c.** Hautkontakt *m*
contagious *adj* *(Krankheit)* übertragbar
contain *v/t* 1. beinhalten; 2. aufweisen; **c.-er** *n* Behältnis *nt*, Container *m*
contamination *n* Verseuchung *f*, Kontamination *f*, Vergiftung *f*, Verschmutzung *f*
contemporan|eity *n* Gleichzeitigkeit *f*; **c.e-ous** *adj* gleichzeitig
contempt *n* Missachtung *f*; **c. of court** Missachtung/Nichtachtung/Verächtlichmachung des Gerichts, vorsätzliches Nichterscheinen vor Gericht, Ungebühr vor Gericht; **to be in ~** 1. die Würde des Gerichts missachten; 2. trotz Ladung nicht erscheinen
to treat so. with contempt jdn mit Verachtung strafen; **c. fine** *(Gericht)* Erzwingungsgeld *nt*, Erzwingungsstrafe *f*
contempt|ible *adj* 1. niederträchtig, verabscheuungswürdig; 2. verächtlich; **c.u-ous** *adv* verächtlich
contend *v/t* behaupten, geltend machen, vorbringen
content(s) *n* Inhalt *m*; **c. of the contract** Vertragsinhalt *m*
contention *n* Behauptung *f*, Vorbringen *nt*
contentious *adj* streitig, strittig, kontradiktorisch
contest *v/t* 1. ab-, bestreiten; 2. *(Willenserklärung)* anfechten; **c.ability** *n* Anfechtbarkeit *f*; **c.able** *adj* 1. bestreitbar; 2. anfechtbar; **c.ing a will** *n* Testamentsanfechtung *f*; **~ an election** Wahlanfechtung *f*
in this context *n* in diesem Zusammenhang; **to take sth. out of c.** etw. aus dem Zusammenhang reißen
contingency *n* Zufall *m*, ungewisses Ereignis, Eventualität *f*; **c. fee** Erfolgshonorar *nt*; **c. sum** Vorsorgepauschbetrag *m*
contingent *adj* eventuell; **c. (up)on** abhängig von
contingent *n* Kontingent *nt*
continual *n* unablässig
continuance *n* Fortbestehen *nt*, Dauer *f*, Fortgang *m*; **c. of proceedings** *[US]* Vertagung des Verfahrens
continuation *n* 1. Fort-, Weiterbestehen *nt*, Fortdauer *f*; 2. Fortführung *f*, Fortsetzung *f*; **c. of a legal dispute** Fortsetzung eines Rechtsstreits; **~ an offence** Fortsetzungszusammenhang *m*; **~ the legal relationship** Fortbestehen des Rechtsverhältnisses; **implied c.** stillschweigende Verlängerung
continue *v/ti* 1. bestehen bleiben, fortbestehen; 2. fortführen, fortsetzen; **c. to be valid** fortgelten; **c.d** *adj* fortgesetzt
continu|ing *adj* anhaltend, fortbestehend, fortgesetzt; **c.ous** *adj* fortlaufend
contra bonos mores *(lat.)* gegen die guten Sitten, sittenwidrig; **to be ~** gegen die guten Sitten verstoßen
contraband *n* Schmuggelgut *nt*, Konterbande *f*, Schmuggel-, Bannware *f*, geschmuggelte Ware(n)

contract *n* 1. Vertrag *m*, Vereinbarung *f*, Kontrakt *m*; 2. Auftrag *m*; **according to c.; as per c.** laut Vertrag, vertragsgemäß; **by (way of) c.** mittels eines Vertrages; **~ private c.** freihändig; **liable under a c.** vertraglich verpflichtet; **secured by c.** vertraglich abgesichert

contract of accommodation Gastaufnahme-, Beherbergungsvertrag *m*; **~ affreightment** (Schiff)Befrachtungsvertrag *m*; **~ agency** Geschäftsbesorgungsvertrag *m*; **~ apprenticeship** Lehrvertrag *m*; **~ assignment** Abtretungs-, Zessionsvertrag *m*; **c. for the benefit of a third party** Vertrag zu Gunsten Dritter; **~ the carriage of goods** Güterbeförderungsvertrag *m*; **c. of carriage** Beförderungs-, Fracht-, Transportvertrag *m*; **~ by land** Landfrachtvertrag *m*; **c. to carry passengers** Personenbeförderungsvertrag *m*

no contract without consideration kein Vertrag ohne Gegenleistung *(grundsätzliche Voraussetzung bei schuldrechtl. Vertrag)*

contract of consignment Konsignationsvertrag *m*; **~ control** *(Unternehmen)* Beherrschungs-, Herrschaftsvertrag *m*; **c. for a debt** Schuldvertrag *m*; **c. to deliver** Liefervertrag *m*; **c. of deposit** Hinterlegungs-, Verwahrungsvertrag *m*; **~ donation** Schenkungsvertrag *m*

contract of employment Anstellungs-, Arbeits-, Einstellungsvertrag *m*; **to terminate a c. of e.** Arbeitsverhältnis auflösen; **fixed-term c. of e.** befristeter Arbeitsvertrag

contract of futures Terminvertrag *m*; **~ guarantee/indemnity** Garantie-, Gewährvertrag *m*; **c. between individuals** Individualvertrag *m*; **c. of inheritance** Erbvertrag *m*; **~ insurance** Versicherungsverhältnis *nt*, Versicherungsvertrag *m*; **c. under public law** öffentlich-rechtlicher Vertrag; **c. of lease** Leasing-, Pachtvertrag *m*; **c. on the life of a third party** Lebensfremdversicherungsvertrag *m*; **c. of manufacture** Herstellungsvertrag *m*; **~ marriage** Ehevertrag *m*; **c. for several consecutive periods of employment** Kettenarbeitsvertrag *m*; **c. of pledge** Verpfändungsvertrag *m*; **c. for the procurement of services** Dienstverschaffungsvertrag *m*; **c. of reinsurance** Rückversicherungsvertrag *m*; **c. for repairs** Reparaturvertrag *m*; **~ the sale of property** Grundstückskaufvertrag *m*

contract for *[US]***/of** *[GB]* **sale** Kauf-, Veräußerungsvertrag *m*; **to conclude a c. of s.** Kaufvertrag schließen; **to rescind the c. of s.** vom Kaufvertrag zurücktreten

contract for services Dienstleistungs-, Werkvertrag *m*; **c. of service** Arbeits-, Dienstvertrag *m*; **~ storage** Lagervertrag *m*; **~ succession** Erbvertrag *m*; **~ succession between spouses** Ehegattenerbvertrag *m*; **c. between group subsidiaries** Organschaftsvertrag *m*; **c. for the supply of goods and services** Sachleistungsvertrag *m*; **c. of tenancy** Mietvertrag *m*; **c. for the transfer of use and enjoyment** Nutzungsvertrag *m*; **c. of transfer** Übertragungsvertrag *m*; **~ transport(ation)** Beförderungsvertrag *m*; **c. for work and services** Werkvertrag *m*; **c. of works, labour and material** Werklieferungsvertrag *m*

contract imposing a burden on a third party Vertrag zu Lasten Dritter; **c. implied in fact** durch Tatsachenauslegung festgestellter Vertrag; **c. requiring a specific form** formbedürftiger Vertrag; **~ law** durch Rechtsvermutung begründeter Vertrag; **c. governed by public law** öffentlich-rechtlicher Vertrag; **the c. involves** der Vertrag hat zum Gegenstand

to amend a contract Vertrag ändern; **to annul a c.** Vertrag annullieren; **to avoid a c.** Vertrag anfechten/annullieren; **to award a c.** Auftrag vergeben, Zuschlag erteilen; **to be based on a c.** auf einem Vertrag beruhen; **to be bound by c.; ~ under c.** vertraglich gebunden/verpflichtet sein; **to bind os. by c.** sich vertraglich verpflichten; **to breach/break a c.** Vertrag brechen; **to complete a c.** 1. Vertrag erfüllen; 2. Auftrag erledigen; **to conclude a c.** Vertrag schließen; **to confirm a c.** Vertrag bestätigen; **to declare a c. null and void** einen Vertrag annullieren; **to draw up a c.** Vertrag aufsetzen; **to enter (into) a c.** Vertrag abschließen/eingehen; **capable of entering into a c.** vertragsfähig; **the c. is entered into for a period of 3 years** der Vertrag wird auf die Dauer von 3 Jahren abgeschlossen; **~ has become frustated** die Vertragserfüllung ist unmöglich geworden; **to hold so. to the c.** jdn nicht aus dem Vertrag

C

entlassen; **to infringe a c.** Vertrag verletzen; **to modify a c.** Vertrag ändern; **to perform a c.** Vertrag erfüllen; **to provide expressly or implicitly in the c.** im Vertrag ausdrücklich oder stillschweigend vorsehen; **to put so. under c.** jdn unter Vertrag nehmen; **to release so. from a c.** jdn von einem Vertrag entbinden, ~ aus einem Vertrag entlassen; **to renew a c.** Vertrag verlängern; **to rescind a c.** 1. Vertrag anfechten; 2. Vertrag aufheben/auflösen/kündigen/rückgängig machen, von einem Vertrag zurücktreten, sich ~ lösen; **to revoke a c.** Vertrag rückgängig machen; **to sign a c.** Vertrag unterzeichnen; **to stipulate by c.** vertraglich festlegen/vereinbaren/regeln; **to terminate a c.** Vertrag beendigen; **to uphold a c.** Vertrag bestätigen

aleatory contract aleatorischer Vertrag; **all-inclusive c.** Pauschalvertrag *m*; **beneficial c.** Begünstigungsvertrag *m*; **bilateral c.** zweiseitiger Vertrag; **binding c.** (rechts)verbindlicher (und endgültiger) Vertrag; **collateral c.** Nebenvertrag *m*; **comprehensive c.** Vertragswerk *nt*; **conditional c.** bedingter Vertrag; **current c.** laufender Vertrag; **de facto** *(lat.)* **c.** faktischer Vertrag, faktisches Vertragsverhältnis; **effective c.** rechtswirksamer Vertrag; **exclusive c.** Ausschließlichkeits-, Exklusivvertrag *m*; **executed c.** Realvertrag *m*, erfüllter Vertrag; **executory c.** noch zu erfüllender Vertrag; **fictitious c.** Scheinvertrag *m*; **fixed-term c.** befristeter Vertrag, Zeitvertrag *m*; **flawed c.** fehlerhaftes Vertragsverhältnis; **follow-up c.** Folgevertrag *m*; **formal c.** förmlicher Vertrag; **forward c.** Terminkontrakt *m*; **gratuitous c.** unentgeltlicher Vertrag; **illegal c.** rechtswidriger/widerrechtlicher Vertrag; **illicit c.** gesetzwidriger Vertrag; **implied c.** durch konkludentes Handeln geschlossener Vertrag, konkludent geschlossener Vertrag, stillschweigender Vertrag; **independent c.** selbstständiger Vertrag; **innominate c.** atypischer Vertrag; **inter-company c.** Unternehmensvertrag *m*; **invalid c.** ungültiger Vertrag; **joint c.** Gemeinschafts-, Gesamtvertrag *m*; **lifetime c.** Dauervertrag *m*; **mixed c.** gemischter Vertrag; **naked c.** Vereinbarung ohne Gegenleistung; **new c.** Neuvertrag *m*; **nominate c.** typischer Vertrag; **onerous c.** 1. Knebelvertrag *m*; 2. entgeltlicher Vertrag; **original c.** Hauptvertrag *m*; **pre-emptive c.** Vorkaufsvertrag *m*; **preliminary c.** Vorvertrag *m*; **pro-forma c.** Formular-, Formalvertrag *m*; **real c.** dinglicher Vertrag; **reciprocal c.** Gegenseitigkeitsvertrag *m*; **automatically renewable c.** Kettenvertrag *m*; **revised c.** Neuvertrag *m*; **secondary c.** Zweitvertrag *m*; **shared-cost c.** Kostenteilungsvertrag *m*; **social c.** Sozialkontrakt *m*; **special c.** Sondervertrag *m*; **standard c.** Einheitsvertrag *m*; **subsidiary c.** Nebenvertrag *m*; **substituted c.** Novationsvertrag *m*; **temporary c.** Zeitvertrag *m*; **tying c.** 1. Knebelungsvertrag *m*, 2. Vertriebsbindungsvertrag *m*; 3. Zwangsvertrag *m*; **unilateral c.** einseitig verpflichtender Vertrag; **usurious c.** Wuchervertrag *m*; **vicious c.** fehlerhafter Vertrag; **void c.** nichtiger Vertrag; **voidable c.** anfechtbarer/vernichtbarer Vertrag

contract *v/t* kontrahieren; **c. out** sich freizeichnen, verdingen, abbedingen; **c. so.** jdn unter Vertrag nehmen; **c. with os.** mit sich selbst kontrahieren

contract area Vertragsgebiet *nt*; **c. association** Vertragsgemeinschaft *f*

contract award Auftragserteilung *f*, Zuschlag *m*; **~ regulations** Vergaberichtlinien *pl*; **c. awarding procedure** Vergabeverfahren *nt*

contract clause Vertragsklausel *f*; **c. debt** Vertragsschuld *f*; **c. documents** Vertragsunterlagen; **c. implementation guarantee** Vertragsdurchführungsgarantie *f*

contracting *adj* vertragschließend; **c. out** *n* Freizeichnung *f*, Verdingung *f*; **~ of liability** Haftungsfreizeichnung *f*; **c. a marriage** *n* Eingehen der Ehe; **c. regulations/rules** Verdingungsordnung *f*; **~ for the award of public works contracts** *n* Verdingungsordnung für Bauleistungen (VOB)

contract labour Gedinge *nt*; **c. modification** Vertragsänderung *f*; **c. negotiations** Vertragsverhandlungen; **c. object(ive)** Vertragsziel *nt*

contractor *n* 1. Auftragnehmer(in) *m/f*, Vertragsunternehmen *nt*, Werkunternehmer *m*, Groß-, Warenlieferant *m*; 2. Vertragschließende(r) *f/m*, Kontrahent(in) *m/f*; **c.'s lien** (Werk)Unternehmerpfandrecht *nt*; **~ collateral mortgage** Sicherungshypo-

thek des Bauunternehmers; **~ obligation to remedy a defect** *(Werkvertrag)* Nachbesserungspflicht *f*
general contractor General-, Hauptunternehmer *m*; **joint c.** Mitunternehmer *m*
contract period Vertragsdauer *f*; **c. price** 1. Lieferpreis *m*; 2. Vertragspreis *m*; **c. processing** Lohnveredelung *f*; **c. product** Vertragsprodukt *m*; **c. rate of interest** Vertragszins *m*; **c. term** Vertragszeit *f*
contract terms Vertragsbedingungen; **standard c. t.** Verdingungsordnung *f*; **unfair c. t.** unzulässige Vertragsbedingungen
contract trustee Vertragstreuhänder(in) *m/f*; **c. value** Auftragswert *m*; **c. work** Auftragsarbeit *f*; **c. year** Abschlussjahr *nt*
contractual *adj* vertraglich, vertrags-, schuldrechtlich, kontraktbestimmt, rechtsgeschäftlich, vertragsmäßig
contradict *v/t* widersprechen; **c.ion** *n* Widerspruch *m*; **in ~ to** im Widerspruch zu; **to get caught up in c.ions** sich in Widersprüche verwickeln; **c.ory** *adj* widersprüchlich
contrary *n* Gegenteil *nt*; **c. to** *adj* zuwider; **to be c. (to)** im Widerspruch stehen (zu)
contraven|e *v/t* übertreten, verstoßen, zuwiderhandeln; **c.tion** *n* Übertretung *f*, Zuwiderhandlung *f*
contribute *v/t* Beitrag leisten, beitragen, einbringen, mitwirken; **c. later** nachschießen
contribution *n* Beitrag(sleistung) *m/f*, Einbringung *f*; **liable to pay c.s** beitragspflichtig; **c. to(wards) costs/expenses** Unkostenbeitrag *m*; **c. in kind** Sacheinlage *f*
additional contribution Nachschuss *m*; **annual c.** Jahresbeitrag *m*; **statutory c.** Zwangsabgabe *f*; **subsequent c.** Nachschuss *m*; **voluntary c.** Spende *f*
contribution assessment ceiling Beitragsbemessungsgrenze *f*; **c. payment** Beitragszahlung *f*
contributor *n* 1. Beitragszahler(in) *m/f*; 2. Mitarbeiter(in) *m/f*
contributory *adj* 1. beitragspflichtig; 2. mitverursachend, mitwirkend
control *n* Beherrschung *f*, Herrschaft *f*, Kontrolle *f*, Regie *f*; **subject to c.** kontrollpflichtig; **c. for hazardous cargo** Umweltkontrolle für Gefahrgut; **c. of food hygiene** Lebensmittelüberwachung *f*; **~ mergers** Fusionskontrolle *f*; **~ abusive practices** Missbrauchsaufsicht *f*; **~ prices** Preisbindung *f*; **to lose c.** Kontrolle verlieren; **to place so. under the c. of a guardian** jdn entmündigen; **parental c.** Erziehungsgewalt *f*
control *v/t* 1. (be)herrschen; 2. kontrollieren, (nach)prüfen
control agreement Beherrschungs-, Organvertrag *m*; **c. body** Kontrollorgan *nt*; **c. centre** Lagezentrale *f*
Controlled Tenancies Act *[GB]* Mietbindungs-, Wohnungsbindungsgesetz *nt*
control room Lagezentrale *f*; **c. slip** Kontrollabschnitt *m*
controvers|ial *adj* anfechtbar, umstritten; **c.y** *n* Kontroverse *f*, (Meinungs)Streit *m*; **to settle a c.** Kontroverse beilegen
contumac|ious *adj* trotz Ladung nicht erschienen, kontumazial; **c.y** *n* Kontumaz *f*
contusion *n* Quetschwunde *f*
convalescence *n* Konvaleszenz *f*
convene *v/t* einberufen
convenien|ce *n* Zweckmäßigkeit *f*; **c.t** *adj* tunlich, zweckmäßig
convention *n* 1. Abkommen *nt*, Konvention *f*, Übereinkommen *nt*, Vertrag *m*, Übereinkunft *f*; 2. Tagung *f*, Konvent *m*; **c. for the protection of human rights (and fundamental freedoms)** Konvention zum Schutz der Menschenrechte; **to be subject to a c.** unter ein Abkommen fallen; **consular c.** Konsularvertrag *m*
convergence *n* Konvergenz *f*
conversation *n* Gespräch *nt*
conversion *n* 1. Umwandlung *f*, Konversion *f*; 2. *(Umdeutung von nichtigen Rechtsgeschäften)* Konversion *f*, Wandlung *f*; 3. Umrechnung *f*, Konvertierung *f*; 4. Umbau *m*, Umgründung *f*, Umstellung *f*; **c. of a debt** Schuldumwandlung *f*; **~ a pledge for own use** Pfandunterschlagung *f*; **~ small items** Unterschlagung geringwertiger Sachen; **to sue for c.** auf Wandlung klagen; **fraudulent c.** Veruntreuung *f*
conversion act Umwandlungsgesetz *nt*; **c. balance** Konversionsguthaben *nt*; **c. bond/loan** Wandelanleihe *f*; **c. day** Wandlungstag *m*; **c. fee** *(Patentrecht)* Umwandlungsgebühr *f*; **c. notice** Wandlungsmitteilung *f*; **c. period** Wandlungszeitraum *m*; **c. privilege** Wandlungsrecht *nt*; **c. risk** Konvertierungsrisiko *nt*; **c. terms** Wandlungsbedingungen

C

C

convert *v/t* 1. umwandeln, umstellen, umgründen; 2. umrechnen, konvertieren
convertibility *n* 1. (Um)Wandelbarkeit *f*; 2. Einlösbarkeit *f*, Konvertibilität *f*; **c. of the matrimonial property regime** (Um)Wandelbarkeit des Güterstandes; **~ the contractual status** (Um)Wandelbarkeit des Vertragsstatuts
convertible *adj* 1. umwandelbar; 2. einlösbar, konvertierbar
convey *v/t* 1. befördern; 2. *(Grundbesitz)* übereignen, überschreiben, übertragen, auflassen; **c.able** *adj* übertragbar
conveyance *n* 1. Beförderung *f*; 2. (Eigentums)Übertragung *f*, Auflassung *f*, Übereignung *f*, Überschreibung *f*, Übertragung von Grundstücksrechten, gesetzliche Übertragung, Überführung *f*; **c. of land** Auflassung *f*; **c. by mail/post** Postversand *m*, Postübersendung *f*; **c. of passengers** Personenbeförderung *f*; **~ property** (Grundstücks)Auflassung *f*, Übereignung eines Grundstücks, Vermögensübertragung *f*; **fraudulent c.** Vermögensveräußerung zur Vollstreckungsvereitelung; **c. clause** Auflassungsklausel *f*
conveyancing *n* Auflassung *f*, Eigentumsübertragung(sverfahren) *f/nt*
convict *n* Strafgefangene(r) *f/m*, Verurteilte(r) *f/m*; *v/t* ver-, aburteilen, für schuldig befinden, schuldig sprechen, einer Straftat überführen
convicted *adj* (rechtskräftig) verurteilt, vorbestraft; **previously c.** vorbestraft; **~ for the same offence** einschlägig vorbestraft
conviction *n* 1. *(StR)* (Straf)Urteil *nt*, Verurteilung *f*, Schuldspruch *m*, Schuldigsprechung *f*, Aburteilung *f*; 2. *(StR)* Überführung *f*; 3. Überzeugung *f*, Gesinnung *f*; **c. and sentence** Strafurteil *nt*; **c. in the alternative** *(StR)* Wahlfeststellung *f*; **to overturn/quash/reserve a c.** *(StR)* Schuldspruch/Urteil aufheben, rehabilitieren
criminal conviction Verurteilung wegen einer Straftat; **previous c.** Vorstrafe *f*; **to have a ~ c.** vorbestraft sein; **to have several ~ c.s** mehrfach vorbestraft sein; **spent c.** abgesessene Vorstrafe; **summary c.** Verurteilung im Schnellverfahren; **c. labour** Gefangenenarbeit *f*
convinc|e *v/t* überzeugen; **c.ing** *adj* überzeugend
convocation *n* Einberufung *f*; **c. of the general meeting** Einberufung der Haupt-/Mitgliederversammlung
convoke *v/t* einberufen
convoy *n* (Fahrzeug)Kolonne *f*, Verband *m*
co-op *n* Genossenschaft *f*
cooperate *v/t* mitwirken
cooperation *n* Mitarbeit *f*, Zusammenarbeit *f*, Mitwirkung *f*, Kooperation *f*; **in need of c.** mitwirkungsbedürftig; **c. with other authorities** Mitwirkung anderer Behörden; **~ the customer** Mitwirkung des Bestellers; **c. of the controlling/supervisory guardian** Mitwirkung des Gegenvormundes; **c. in the recovery of debts** Mitwirkung zur Einziehung; **to refuse c.** Mitwirkung verweigern; **c. agreement** Kooperationsabkommen *nt*, Kooperationsvereinbarung *f*
cooperative *adj* kollegial
co-opt *v/t* kooptieren
coordinat|e *v/t* abstimmen, gleichordnen; **c.ion** *n* Federführung *f*
co-owner *n* Miteigentümer(in) *m/f*, Mitinhaber(in) *m/f*; **c.ship** *n* Miteigentum *nt*; **~ in fractional shares** Miteigentum nach Bruchteilen
co|-patentee *n* Mitinhaber eines Patents; **c.-principal** *n* Mittäter(in) *m/f*; **c.-proprietor** *n* Mitinhaber(in) *m/f*
copy *n* 1. Ab-, Durch-, Gleich-, Zweitschrift *f*, Ausfertigung *f*, Kopie *f*; 2. Nachbau *m*, Nachbildung *f*, Kopie *f*; **c. certified correct** für die Richtigkeit der Abschrift; **c. of a certificate; ~ testimonial** Zeugnisabschrift *f*; **~ deed** Abschrift einer Urkunde; **c. from a register** Registerabschrift *f*
to certify a copy eine Abschrift beglaubigen; **~ the conformity of the c. with the original** die Übereinstimmung der Abschrift mit dem Original bestätigen; **to make a c.** Abschrift anfertigen; **to retain one c.** eine Kopie für sich behalten
notarially attested copy notariell beglaubigte Abschrift; **certified c.** beglaubigte Abschrift/Kopie; **conformed c.** *[US]* gleichlautende Abschrift; **fair c.** Reinschrift *f*; **notarized c.** *[US]* notariell beglaubigte Abschrift; **official c.** amtliche Abschrift; **statutory c.** *(Publikation)* Pflichtexemplar *nt*; **true c.** gleichlautende Abschrift
copy *v/t* 1. abschreiben, kopieren; 2. nach-

ahmen, nachbauen, nachbilden, nachmachen, kopieren

copycat crime/offence *n* Nachahmungs-, Resonanzdelikt *nt*; **c. offender** Nachahmungstäter(in) *m/f*

copyhold *n* Erbpacht *f*

copyright *n* Autoren-, Nachdruck-, Urheber(persönlichkeits)-, Vervielfältigungsrecht *nt*; **the c. expires** das Urheberrecht erlischt; **ancillary c.** *(Urheberrecht)* Leistungsschutzrecht *nt*; **literary c.** literarisches Urheberrecht; **statutory c.** gesetzliches Urheberrecht

copyright *v/t* urheberrechtlich schützen

copyright act Urheberrechtsgesetz *nt*; **c. action** Urheberrechtsklage *f*; **c. contract** Urheberrechtsvertrag *m*; **c.ed** *adj* urheberrechtlich geschützt; **c. holder** Urheberrechtsinhaber(in) *m/f*; **c. infringement** Urheberrechtsverletzung *f*, Verletzung des Urheberrechts; **~ action/suit** Urheberrechtseingriffsklage *f*; **c. litigation** Urheberrechtsstreit *m*; **c. protection** Titel-, Urheberrechtsschutz *m*

cordon *n* *(Polizei)* Abriegelung *f*, Absperrung *f*; **c. off** *v/t* abriegeln, absperren; **c.ing off** *n* Abriegelung *f*, Absperrung *f*

core *n* Kern *m*; **c. workforce** Rumpfbelegschaft *f*

blind corner *n* unübersichtliche Kurve

corner shop *n* Tante-Emma-Laden *m*

coroner *n* *(Tod)* Gerichtsmediziner(in) *m/f*, Leichenbeschauer(in) *m/f*, Untersuchungsrichter zur Klärung von gewaltsamen Todesursachen; **c.'s inquest** Leichenschau *f*

corporal *adj* körperlich

corporation *n* 1. Körperschaft *f*, Korporation *f*, Gilde *f*; 2. *[US]* (Kapital)Gesellschaft *f*; **c. under private law** privatrechtliche Körperschaft; **~ public law** öffentlich-rechtliche Körperschaft

autonomous corporation Selbstverwaltungskörperschaft *f*; **de-jure c.** Körperschaft im Rechtssinn; **joint-stock c.** Kapitalgesellschaft *f*; **local/regional c.** Gebietskörperschaft *f*; **open c.** *[US]* Aktiengesellschaft (AG) *f*, Publikumsgesellschaft *f*; **private-law c.** privatrechtliche Körperschaft; **public-law c.** öffentlich-rechtliche Körperschaft, Körperschaft des öffentlichen Rechts; **regional c.** Gebietskörperschaft *f*

corporation tax *n* Körperschaftssteuer *f*; **c. t. return** Körperschaftssteuererklärung *f*

corpse *n* Leiche *f*

corpus delicti *n* *(lat.)* Beweis-, Überführungsstück *nt*; corpus delicti *(lat.)*

correct *v/t* berichtigen, korrigieren, richtig stellen; **legally c.** *adj* juristisch einwandfrei; **c.ion** *n* Berichtigung *f*, Verbesserung *f*; **c.ness** *n* Richtigkeit *f*

correlation *n* Wechselbeziehung *f*

correspond to *v/prep* entsprechen, übereinstimmen

correspondence *n* 1. Brief-, Schriftverkehr *m*, Briefwechsel *m*, Korrespondenz *f*; 2. Entsprechung *f*; **commercial c.** Geschäftsbriefe *pl*, Handelskorrespondenz *f*

corresponding *adj* (dem)entsprechend, sinngemäß

corroborat|e *v/t* bekräftigen, bestätigen, erhärten; **c.ion** *n* Bekräftigung *f*, Bestätigung *f*, Erhärtung *f*; **~ of a witness** Bestätigung der Zeugenaussage; **c.ive** *adj* erhärtend

corrupt *adj* 1. bestechlich, käuflich; 2. korrupt; *v/t* 1. bestechen; 2. korrumpieren; **c.ibility** *n* Bestechlichkeit *f*, Käuflichkeit *f*; **c.ible** *adj* bestechlich; **c.ion** *n* 1. Bestechung *f*; 2. Korruption *f*

cosh *n* *[GB]* Totschläger *m*

co-signatory *n* Mitunterzeichner(in) *m/f*

cost *n* 1. Kosten *pl*, Aufwand *m*; 2. (Kauf)Preis *m*; **c. of capital** Kapitalkosten *pl*; **~ contract** Vertragskosten *pl*; **~ litigation** Kosten des Rechtsstreits; **~ living** Lebenshaltungskosten *pl*; **~ proceedings** Prozess-, Verfahrenskosten *pl*; **~ prosecution** Rechtsverfolgungskosten *pl*; **~ renovation** Renovierungskosten *pl*; **~ rework** Nachbearbeitungs-, Nachbesserungskosten *pl*; **~ the trial** Kosten des Verfahrens vor dem Prozessgericht; **~ upbringing** Erziehungskosten *pl*

own/prime cost Einstands-, Selbstkosten *pl*

cost *v/t* durchkalkulieren

cost allocation Kostenumlage *f*; **c. award** Kostenfestsetzungsbeschluss *m*; **c.-benefit analysis** Nutzen-Kosten-Analyse *f*, Rentabilitätsberechnung *f*; **c. burden** Kostenbelastung *f*

costing *n* Kostenrechnung *f*, Kalkulation *f*; **departmental c.** Abteilungskostenrechnung *f*, Kostenstellenrechnung *f*

cost price Einstands-, Gestehungs-, Kostenpreis *m*; **c. proceedings** Kostenverfahren *nt*; **c. refund** Kostenerstattung *f*; **c. taxation order** Kostentitel *m*

C

costs *pl* 1. Kosten; 2. Gerichtskosten; **with c.** kostenpflichtig; **c. are to be defrayed by the losing party** Kosten sind von der unterlegenen Partei zu tragen; **c. of litigation** Prozesskosten *pl*; **~ maintenance** Wartungsaufwand *m*; **c. recoverable from the unsuccessful party** vom Prozessgegner zu erstattende Kosten; **c. of proceedings** Prozess-, Verfahrenskosten, Kosten des Verfahrens; **c. and risks** Kosten und Gefahren

to advance costs Kosten vorschießen; **to apportion the c.** Verfahrenskosten verteilen; **to ascertain the c.** Kosten ermitteln; **to bear the c.** Kosten tragen; **to defray c.** Kosten übernehmen; **~ all or part of the c.** Kosten ganz oder teilweise tragen; **to order so. to pay (the) c.** jdn zur Zahlung der Kosten verurteilen; **to refund/reimburse c.** Kosten erstatten/ersetzen; **to take over the c.** Kosten übernehmen; **to tax the c.** (Prozess)Kosten festsetzen; **to waive c.** Kosten niederschlagen

accrued costs angefallene Kosten; **accruing c.** anfallende Kosten; **additional c.** Mehrkosten; **administrative c.** Kosten der Verwaltung; **ancillary c.** Nebenkosten; **current c.** laufende Kosten; **estimated c.** veranschlagte Kosten; **ex-parte c.** Kostenrechnung *f*; **extra-judicial c.** außergerichtliche Kosten; **follow-up c.** Folgekosten; **idle-plant c.** Stillliegekosten; **legal c.** Kosten der Rechtsverfolgung, Prozesskosten; **non-recurring c.** einmalige Kosten; **prime c.** Einstands-, Gestehungskosten; **prorated c.** anteilige Kosten; **recoverable c.** eintreibbare/erstattungsfähige Kosten; **subsequent c.** Folgekosten, Folgelasten

costs act Gerichtskostengesetz *nt*

co-subscri|ber *n* Mitzeichner *m*; **c.ption** *n* Mitzeichnung *f*

co-suretyship *n* Mitbürgschaft *f*

cot *n* Kinderbett *nt*; **c. death** Krippentod *m*, plötzlicher Kindstod

co-tenant *n* Mitpächter *m*

council *n* *(Versammlung)* Rat *m*; **local/municipal c.** Gemeinderat *m*, Magistrat *m*; **c. committee** Ratsausschuss *m*; **c. decision** Ratsentscheidung *f*; **c. flat/house** *[GB]* Sozialwohnung *f*; **c. housing** sozialer Wohnungsbau

co-underwriter *n* Mitzeichner *m*

counsel *n* Anwalt *m*, Prozessbeteiligte(r) *f/m*, Prozessbevollmächtigte(r) *f/m*, Prozessvertreter(in) *m/f*, (Rechts)Beistand *m*, anwaltlicher Beistand, Vertreter vor Gericht

counsel for the child/children Kinderanwalt *m*; **c. of (one's) choice** Wahlverteidiger *m*, Vertrauensanwalt *m*; **c. for the defence** (Straf)Verteidiger(in) *m/f*, Anwalt der Verteidigung; **court-appointed ~** gerichtlich bestellter Verteidiger; **to appoint a ~** Verteidiger bestellen; **c. for the defendant** 1. (Rechts)Anwalt des Beklagten; 2. Rechtsanwalt des Angeklagten; **~ party on legal aid** Armenanwalt *m*; **~ opposing party** Anwalt der Gegenpartei; **~ plaintiff** klägerischer Anwalt, Rechtsanwalt des Klägers; **~ prosecution** Anklagevertreter(in) *m/f*, Vertreter(in) der Anklage

to appear as counsel als Anwalt auftreten; **to appoint a c.** Beistand bestellen; **to assign a c.** (Rechts)Anwalt beiordnen; **to retain a c.** (Rechts)Anwalt mandieren

court-appointed counsel Pflichtverteidiger(in) *m/f*; **legal c.** Rechtsbeistand *m*; **prosecuting c.** Anklagevertreter(in) *m/f*, Staatsanwalt *m*, Vertreter(in) der Anklage

counsel *v/t* beraten

counsel's opinion Anwalts-, Rechtsgutachten *nt*

counselling *n* 1. Beratung *f*; 2. Lebenshilfe *f*

counsellor *n* Ratgeber *m*

counsel retained prozessbevollmächtigter Anwalt

count *n* 1. Zählung *f*; 2. Punkt *m*; **c. of a charge; ~ an indictment** Anklagepunkt *m*; **c. against** *v/t* zum Nachteil anrechnen/gereichen

counteract *v/t* entgegenwirken

counter-appeal *n* Anschlussberufung *f*

counterbalance *v/t* kompensieren

counter-charge *n* Gegen(an)klage *f*

counterclaim *n* Gegenanspruch *m*, Gegenantrag *m*, Gegenforderung *f*, Gegen-, Widerklage *f*; **third-party c. proceedings** Drittwiderspruchsklage *f*; **c.ant** *n* Gegenkläger(in) *m/f*

counter|-demand *n* Gegenforderung *f*; **c.-demonstration** *n* Gegendemonstration *f*; **c.espionage** *n* Gegenspionage *f*; **c.-evidence** *n* Gegenbeweis *m*

counterfeit *n* 1. Falschmünzer *m*; 2. *(Gegenstand)* Fälschung *f*, Imitation *f*; *v/t*

(Münzen) fälschen, falschmünzen; **c. of a bill** Wechselfälschung *f*; **to utter c. money** Falschgeld in Umlauf bringen; **c. coin** Falschmünze *f*; **c. products** Fälschungen *pl*
counterfeiting *n* (Geld)Fälschung *f*, Nachbildung *f*; **c. (of) coins** Münzfälschung *f*, Münzvergehen *nt*, Falschmünzerei *f*
counterfoil *n* Kontrollabschnitt *m*
counter-intelligence *n* Spionageabwehr *f*
countermand *n* Widerruf *m*; *v/t* stornieren, widerrufen
counter|-measure *n* Gegenmaßnahme *f*; **c.motion** *n* Gegenantrag *m*; **c.-obligation** *n* Gegenverpflichtung *f*; **c.-offer** *n* Gegenangebot *nt*; **c.-opinion** *n* Gegengutachten *nt*; **c.part** *n* Gegenstück *nt*; **c. plea** *n* Gegeneinrede *f*, Gegeneinwand *m*; **c.purchase** *n* Gegengeschäft mit Parallelverträgen
countersign *v/t* gegenzeichnen
counter|signature *n* Gegenzeichnung *f*, Kontrasignatur *f*; **c.statement** *n* Gegenaussage *f*, Gegendarstellung *f*, Gegenerklärung *f*; **c.-surety** *n* 1. Gegen-, Rückbürge *m*; 2. Rückbürgschaft *f*
country *n* 1. Land; 2. Staat; **customary in a c.** landesüblich; **c. of destination** Bestimmungsland *nt*; **~ domicile** Domizilland *nt*; **~ origin** Ursprungsland *nt*
adopted country Wahlheimat *f*; **belligerent c.** kriegführendes Land; **foreign c.** Ausland *nt*; **native c.** Geburtsland *nt*; **third c.** Drittland *nt*, Drittstaat *m*; **c. road** Landstraße *f*
county *n* 1. *[GB]* Grafschaft *f*; 2. *[US]* (Land)Kreis *m*; **C. Court** *[GB] (ZR)* Grafschaftsgericht *nt*
coup *n* Putsch *m*; **c. d'état** *(frz.)* Staatsstreich *m*
coupon *n* Gutschein *m*, Kupon *m*
courage *n* Tapferkeit *f*
course *n* 1. *(Fahrtrichtung)* Kurs *m*; 2. Lauf *m*; 3. Lehrgang *m*, Kurs *m*; **in due c.** zu gegebener Zeit, zur rechten Zeit; **c. of action** *(Verfahrensweise)* Vorgehen *nt*; **c. of business** Geschäftsgang *m*, Geschäftsverlauf *m*; **ordinary ~** ordentlicher Geschäftsgang; **c. of events** Hergang *m*, Vorgang *m*
course of justice Lauf der Gerechtigkeit; **to impede the c. of j.** in den Gang der Rechtspflege eingreifen; **to obstruct the c. of j.** Rechtsfindung behindern; **to pervert the c. of j.** Recht beugen, Rechtsbeugung begehen
course of law Rechtsweg *m*; **~ proceedings** Prozessverlauf *m*, Verfahrensgang *m*
court *n* Gericht(shof) *nt/m*, Rechtsprechungsorgan *nt*; **in c.** bei Gericht; **~ open c.** in öffentlicher Sitzung; **before the c.** vor Gericht; **certified ~** gerichtlich vereidigt; **out of c.** außergerichtlich; **known to the c.** gerichtsbekannt, gerichtskundig, gerichtsnotorisch
the court decides on the motion das Gericht entscheidet über den Antrag; **~ has decided** das Gericht hat entschieden; **as the c. may see fit** nach Belieben des Gerichts; **pending in c.** gerichtshängig; **the c. is satisfied** das Gericht ist überzeugt; **~ is in session** *(Gerichts-, Sitzungsperiode)* das Gericht tagt; **~ is sitting** das Gericht hält eine Sitzung ab; **~ sustained the motion** das Gericht gab dem Antrag statt
court of appeal Appellations-, Berufungs-, Kassations-, Rechtsmittel-, Revisionsgericht *nt*, Beschwerde-, Rechtsmittelinstanz *f*, Beschwerdekammer *f*, Gericht zweiter Instanz; **~ arbitration** Schiedsgericht(shof) *nt/m*, Schiedsgerichtsinstanz *f*, Schiedshof *m*; **~ assizes** *(obs.)* Assisengericht *nt*; **~ chancery** *[US]* Gericht für billigkeitsrechtliche Fälle; **c. in charge** zuständiges Gericht, Zuständigkeitsgericht *nt*; **~ of a public auction** Versteigerungsgericht *nt*; **c. for composition proceedings** Vergleichsgericht *nt*; **c. of exchequer** Finanzgericht *nt*; **~ first instance** Gericht erster Instanz, erste Instanz, Erstgericht *nt*; **~ last instance** letzte/höchste Instanz; **~ criminal jurisdiction** Strafgericht(shof) *nt/m*; **~ general jurisdiction** ordentliches Gericht; **~ summary jurisdiction** Schnellgericht *nt*; **~ justice** Gericht *nt*, Gerichtshof *m*; **~ of registration** Registergericht *nt*; **~ last resort** letzte/höchste Instanz, Revisionsgericht *nt*, Revisionsinstanz *f*
to appear before the court vor Gericht erscheinen/auftreten; **to assert in c.** vor Gericht geltend machen; **to attend c.** vor Gericht anwesend sein, der Gerichtsverhandlung beiwohnen; **to bring so. before the c.** jdn gerichtlich zur Verantwortung ziehen; **to go to c.** klagen, zum Kadi gehen *(coll.)*; **to plead in c.** vor Gericht plädieren, mündlich verhandeln; **to refer sth. to another c.** etw. an ein ande-

res Gericht verweisen; **to represent so. in c.** jdn vor Gericht vertreten, ~ gerichtlich vertreten; **to satisfy the c.** das Gericht überzeugen; **to settle out of c.** sich außergerichtlich einigen; **to submit to the c.** dem Gericht vortragen; **to summon so. to appear before the c.** jdn vor Gericht laden; **to take so. to c.** jdn verklagen, ~ vor Gericht bringen; **to testify in c.** vor Gericht aussagen

administrative court Verwaltungsgericht *nt*; **~ action** Verwaltungsklage *f*; **a. courts** Verwaltungsgerichtsbarkeit *f*; **higher a. court** Oberverwaltungsgericht *nt*

appellate court Berufungs-, Beschwerde-, Rechtsmittel-, Revisionsgericht *nt*, Rechtsmittelinstanz *f*, Gericht zweiter Instanz; **civil c.** Zivilgericht *nt*; **commercial c.** Handels-, Kaufmannsgericht *nt*; **competent c.** zuständiges Gericht

constitutional court Verfassungsgericht *nt*; **c. c. judge** Verfassungsrichter(in) *m/f*; **c. c. ruling** Verfassungsgerichtsurteil *nt*; **supreme c. c.** Verfassungsgerichthof *m*

consular court Konsulargericht *nt*; **criminal c.** Strafgericht(shof) *nt/m*; **depositary c.** Hinterlegungsgericht *nt*; **disciplinary c.** 1. Disziplinargericht *nt*; 2. *(Ärzte, Rechtsanwälte)* Ehrengericht *nt*; **divisional c.** Abteilungs-, Kollegialgericht *nt*; **domestic c.** innerstaatliches Gericht

federal court Bundesgericht *nt*, Bundesgerichtshof (BGH) *m*; **supreme f. c.** oberstes Bundesgericht

financial/fiscal court Finanzgericht *nt*; **~ jurisdiction** Finanzgerichtsbarkeit *f*

higher court höhere Instanz, Obergericht *nt*; **industrial c.** Gewerbegericht *nt*

juvenile court Jugendgericht *nt*; **j. c. with lay assessors** Jugendschöffengericht *nt*; **j. c. judge** Jugendrichter(in) *m/f*; **j. c. proceedings** Jugendgerichtsverfahren *nt*

local court Amts-, Gemeinde-, Ortsgericht *nt*; **lower c.** Vorinstanz *f*; **naval c.** Schifffahrtsgericht *nt*; **ordinary c.** ordentliches Gericht; **patrimonial c.** Patrimonialgericht *nt*; **regional c.** Landgericht (LG) *nt*; **higher/supreme ~** Kammergericht *nt*, Oberlandesgericht (OLG) *nt*; **subordinate c.** nachgeordnetes Gericht; **superior c.** höheres Gericht; **vehmic c.** Femegericht *nt*

court action gerichtliche Schritte; **c. administration** Gerichts-, Justizverwaltung *f*; **c. award** *(ZR)* gerichtlicher Ausspruch, Gerichtsurteil *nt*; **c. case** Prozess *m*, gerichtliches Verfahren; **c. cashier** Gerichtskasse *f*; **c. certificate of enforceability** Vollstreckungsbefehl *m*; **c. clerk** Justizangestellte(r) *f/m*, Justizbeamter *m*; **c. costs** Gerichts-, Verfahrenskosten; **~ act** Kostengesetz *nt*; **~ rules** Kostenordnung *f*

court custody gerichtliche Verwahrung

court decision gerichtliche Entscheidung, Gerichtsbeschluss *m*, Gerichtsentscheidung *f*; **c. d. by vote (without an oral hearing)** Beschlussverfahren *nt*; **to appeal against a c. d.** Rechtsmittel gegen eine gerichtliche Entscheidung einlegen

court deposit regulations Hinterlegungsordnung *f*; **c. division for business offences** Wirtschaftsstrafkammer *f*; **c. document** Gerichtsurkunde *f*; **c. employee** Justizangestellte(r) *f/m*

courtesy *n* Kulanz *f*; **c. payment** Kulanzzahlung *f*; **c. relationship** Gefälligkeitsverhältnis *nt*

court fees Gerichtskosten; **c. files** Gerichtsakten; **c. hearing** Gerichtssitzung *f*, (Gerichts)Verhandlung *f*, gerichtliche Verhandlung; **c.house** *n* Gericht(sgebäude) *nt*; **c. interpreter** Gerichtsdolmetscher(in) *m/f*

court martial Kriegs-, Militär-, Wehrdienst-, Wehrstrafgericht *nt*; **c. m. so.** *v/t* jdn vor ein Kriegsgericht stellen; **c. m. act** Wehrstrafgesetz (WStG) *nt*; **c. m. judge** Militärrichter *m*

court notice gerichtliche Bekanntmachung; **~ board** Gerichtstafel *f*; **c. officer** Justizwachtmeister *m*

court order gerichtliche Anordnung *f*, richterlicher Befehl, (gerichtlicher) Beschluss, Gerichtsbefehl *m*, Gerichtsbeschluss *m*, gerichtliche/richterliche Verfügung; **c. o. as to costs** Kostenentscheidung *f*

court-ordered *adj* gerichtlich bestellt

court organisation Gerichtsorganisation *f*; **c. police** Gerichtspolizei *f*; **c. practice** Gerichts-, Prozesspraxis *f*; **c. proceedings** Gerichtsverfahren *nt*, gerichtliches Verfahren; **~ between administrative bodies** Organstreitverfahren *nt*; **while ~ are pending** solange ein gerichtliches Verfahren anhängig ist; **c. recess** Gerichtsferien *pl*; **c. record(s)** gerichtliche

Niederschrift, Gerichtsakten *pl*; **c. registry** Gerichtskanzlei *f*; **c.room** *n* Gerichts-, Sitzungssaal *m*; **~ artist** Zeichner im Gerichtssaal; **c. rules** Prozessordnung *f*, Verfahrensvorschriften
court ruling Richterspruch *m*, Gerichtsentscheidung *f*, Rechtsprechung *f*; **according to c. r.s** nach der Rechtsprechung
court sequel gerichtliches Nachspiel; **c. sergeant** Justizvollzugsbeamter *m*, Justizwachtmeister *m*; **c. session** Gerichtssitzung *f*; **c. settlement** Prozessvergleich *m*, gerichtliche Regelung; **c. stenographer** Gerichtsschreiber *m*; **~'s transcript** Gerichtsprotokoll *nt*; **c. usher** *[GB]* Gerichtsdiener *m*; **c. venue of choice** Wahlgerichtsstand *m*; **c. visit to the location of a dispute; ~ to the scene of a crime** Lokaltermin *m*
covenant *n* 1. Schenkungsvertrag *m*, vertragliche Verpflichtung, (urkundliches) Versprechen; 2. *(Grundstücksgeschäft)* Zusicherung *f*; **c. for quiet enjoyment** Zusicherung des ungestörten Besitzes; **c. in restraint of trade** Konkurrenzklausel *f*; **independent c.** abstrakte Verpflichtung; **mutual c.s** wechselseitige Vereinbarungen; **negative c.** Unterlassungsversprechen *nt*; **particular c.** besondere vertragliche Vereinbarung; **protective c.** Vertragsschutzklausel *f*; **restrictive c.** Nutzungsbeschränkung *f*, *(Unterlassungspflichten in Verträgen)* einschränkende Vereinbarung
covenant sth. *v/t* etw. (vertraglich) vereinbaren/zusichern
cover *n* *[GB] (Vers.)* Deckung(sschutz) *f/m*; 2. *(Identität)* Tarnung *f*; **under separate c.** mit getrennter Post; **to provide c.** Deckungsschutz gewähren
accidental cover Unfall(versicherungs)-schutz *m*; **comprehensive c.** pauschaler Versicherungsschutz, Vollkasko *nt*; **part-comprehensive c.** Teilkasko(versicherung) *nt/f*; **provisional c.** vorläufige Deckung; **statutory c.** Versicherungspflicht *f*; **sufficient c.** ausreichende Deckung; **third-party c.** Drittschutz *m*
cover *v/t* 1. *(Risiko)* (ab)decken, absichern; 2. erfassen; 3. verdecken, verwischen; 4. sich erstrecken; **c. up** kaschieren, verschleiern
coverage *n* 1. Erfassung *f*; 2. *[US] (Vers.)* Deckung(sschutz) *f/m*; **to provide c.** Deckungsschutz gewähren; **comprehensive c.** pauschaler Versicherungsschutz, Vollkasko *nt*; **part-comprehensive c.** Teilkasko(versicherung) *nt/f*; **sufficient c.** ausreichende Deckung; **statutory c.** Versicherungspflicht *f*
cover clause Deckungsklausel *f*
covering letter *n* Begleitschreiben *nt*
covered *adj* *(Vers.)* gedeckt
cover name Tarnname *m*; **c. note** vorläufige Deckungszusage, Versicherungsdoppelkarte *f*; **c. organization** Tarnorganisation *f*
coverture *n* *(Frau)* Ehestand *m*
cover-up *n* Vertuschung *f*, Verheimlichung *f*
covetousness *n* Habgier *f*
crackdown *n* Razzia *f*
craft *n* Handwerk *nt*; **c. guild** (Handwerks)-Innung *f*; **c.sman** *n* Handwerker *m*
crash *n* Kollision *f*, Zusammenstoß *m*; *v/t* kollidieren; **c. helmet** Sturzhelm *m*; **c. site** Kollisionsort *m*
crawler lane *n* Kriechspur *f*
crazy *adj* wahnsinnig, wahnwitzig
creating a night-time disturbance *n* nächtliche Ruhestörung
creation of a mortgage *n* Hypothekenbestellung *f*; **~ a title** Begründung eines Rechts; **~ reserves** Rücklagenbildung *f*
credentials *pl* Beglaubigungsschreiben *nt*
credib|ility *n* Glaubhaftigkeit *f*, Glaubwürdigkeit *f*; **c.le** *adj* glaubhaft, glaubwürdig
credit *n* 1. Kredit *m*; 2. *(Konto)* Gutschrift *f*, Haben *nt*; 3. Akkreditiv *nt*; **arranging for a c.** Kreditvermittlung *f*
to buy on credit auf Kredit/Ziel kaufen; **to extend/grant a c.** Kredit gewähren, Zahlungsziel einräumen; **to open a c.** Akkreditiv eröffnen; **to raise a c.** Kredit aufnehmen; **to sell on c.** auf Kredit/Ziel verkaufen
unsecured credit ungedeckter Kredit; **syndicated c.** Konsortialkredit *m*
credit *v/t* gutschreiben, kreditieren
credit acceptance Kreditzusage *f*; **c. agency** Auskunftei *f*; **c. agreement** Kreditabkommen *nt*; **c. application** Kreditantrag *m*; **c. balance** *(Konto)* Guthaben *nt*, Aktivsaldo *m*; **c. card** Kreditkarte *f*; **~ fraud** Kreditkartenbetrug *m*; **c. enquiry agency** Auskunftei *f*; **c. entry** *(Konto)* Gutschrift *f*; **c. fraud** Kreditbetrug *m*; **c. guarantee** Kreditbürgschaft *nt*; **c. information** Kreditauskunft *f*; **c. institution**

C

C

Kreditinstitut *nt*; **c. interest** Darlehens-, Kreditzinsen *pl*; **c. item** *(Konto)* Gutschrift *f*; **c. note** Gutschrift *f*; **c. rating agency** Kreditauskunftei *f*; **c. sale** 1. Kauf auf Ziel, Kreditkauf *m*; 2. Kreditverkauf *m*, Verkauf auf Ziel; **~ agreement** Abzahlungsvertrag *m*; **c. security** Kreditsicherheit *f*; **~ for merchandise** Warenkreditbürgschaft *f*; **c. standing** Bonität *f*, Kreditstatus *m*, Kreditwürdigkeit *f*; **c. terms** Kreditbedingungen, Kreditkonditionen

creditor *n* Gläubiger(in) *m/f*; **c. of a bankrupt; c. in bankruptcy** Konkursgläubige(r) *f/m*; **~ composition proceedings** Vergleichsgläubiger(in) *m/f*; **c. entitled to a claim on the estate** Massegläubiger *m*; **c. of the estate** Erbschafts-, Nachlassgläubiger *m*; **c. entitled to recovery** Aussonderungsgläubiger *m*; **c. in a settlement** Vergleichsgläubiger(in) *m/f*

to defraud a creditor Gläubiger betrügen; **to satisfy a c.** Gläubiger befriedigen

attaching creditor Arrest-, Pfändungsgläubiger *m*; **chief c.** Hauptgläubiger(in) *m/f*; **common c.** Gemeingläubiger(in) *m/f*; **deferred c.** nachrangige(r) (Konkurs)-Gläubiger(in); **joint (and several) c.** Gesamtgläubiger(in) *m/f*; **ordinary c. (in bankruptcy)** nicht bevorrechtigter Konkursgläubiger; **preferential/preferred c.** Absonderungs-, Priroitätsgläubiger *m*, bevorrechtigter Konkursgläubiger; **secured c.** Absonderungsgläubiger *m*; **third-party c.** Drittgläubiger(in) *m/f*; **unknown c.** unbekannter Gläubiger

creditor|'s delay Verzug des Gläubigers; **c.'s right of cancellation** Kündigungsrecht des Gläubigers

creditors *pl* Kreditoren *pl*; **to put off c.** Gläubiger hinhalten; **joint and several c.** Gesamtgläubigerschaft *f*; **to be exempt from c.' attachment** nicht dem Zugriff der Gläubiger unterliegen; **c.' default** Gläubigerverzug *m*; **c.' petition** Konkurseröffnungsantrag der Gläubiger; **c.' representative** Gläubigervertreter *m*; **c.' right** Gläubigerrecht *nt*

creditress *n* Gläubigerin *f*

creditworth|iness *n* Bonität *f*, Kreditwürdigkeit *f*; **c.y** *adj* kreditfähig, kreditwürdig

credul|ity *n* Leichtgläubigkeit *f*; **c.ous** *adj* leichtgläubig

creep away *v/i* wegschleichen

crib *n* *[US]* Kinderbett *nt*; **c. death** Krippentod *m*, plötzlicher Kindstod

crime *n* 1. Verbrechen *nt*, (Straf)Tat *f*, Delikt *nt*; 2. Kriminalität *f*; **no c.** nullum crimen *(lat.)*; **c. does not pay** Verbrechen lohnt sich nicht; **c.s committed by aliens** Straftaten von Ausländern; **c. of conviction** Gesinnungstat *f*; **c. committed by a group** Kollektivdelikt *nt*; **c. against humanity** Menschlichkeitsverbrechen *nt*, Verbrechen gegen die Menschlichkeit; **c. committed within the domestic jurisdiction** Inlandstat *f*; **c.s and offences** Verbrechen und Vergehen; **c. by omission** Unterlassungsdelikt *nt*; **c. committed by an organization** Organisationsverbrechen *nt*; **c. in progress** aktuelle Tatbegehung; **c. of violence** Gewaltverbrechen *nt*

to accuse so. of a crime jdn eines Verbrechens beschuldigen; **to commit/perpetrate a c.** Verbrechen verüben; **to convict so. of a c.** jdn eines Verbrechens überführen; **to find so. guity of a c.** jdn eines Verbrechens schuldig sprechen; **to prove the c.** Vorliegen einer Staftat beweisen

accompanying crime Begleitkriminalität *f*; **accomplished c.** vollendetes Verbrechen; **attempted c.** versuchtes Verbrechen; **capital c.** Kapitalverbrechen *nt*; **continuing c.** Dauerstraftat *f*; **cowardly c.** feiges Verbrechen; **cross-border c.** grenzüberschreitende Kriminalität; **drug-related c.** Rauschgift-, Beschaffungskriminalität *f*; **economic c.** Wirtschaftsverbrechen *nt*; **environmental c.** 1. Umweltkriminalität *f*; 2. Umweltstraftat *f*; **inner-city c.** Kriminalität in den Innenstädten; **intended c.** geplante Straftat; **objective c.** Erfolgsdelikt *nt*; **organized c.** organisierte Kriminalität; **petty c.** Kleinkriminalität *f*; **political c.** politisch motiviertes Verbrechen; **rasist/race-hate c.** rassistisch motiviertes Verbrechen; **serious c.** 1. schweres Delikt; 2. schwere Kriminalität; **sexual c.** Sittlichkeitsdelikt *nt*, Sittlichkeitsverbrechen *nt*; **violent c.** Gewaltdelikt *nt*, Gewaltverbrechen *nt*; **white-collar c.** 1. Wirtschaftskriminalität *f*; 2. Wirtschaftsverbrechen *nt*

crime clear-up rate Verbrechensaufklärungsquote *f*; **c. feature** Verbrechensmerkmal *nt*; **c. figures** Kriminalstatistik *f*;

c. file Verbrechensdatei *f*; **c. hotspot** Kriminalitätsbrennpunkt *m*; **c. prevention** Verbrechensverhütung *f*, Verbrechens-, Kriminalitätsvorbeugung *f*; **c. rate** Verbrechensquote *f*, Verbrechensrate *f*; **c. scene** Tatort *m*; **~ processing** Tatortaufnahme *f*; **c. squad** Kriminalpolizei *f*; **c. victims compensation** Opferentschädigung *f*; **~ act** Opferentschädigungsgesetz (OEG) *nt*; **c. wave** Verbrechenswelle *f*
criminal *adj* 1. kriminell, verbrecherisch; 2. strafbar, sträflich; 3. strafrechtlich
criminal *n* (Straf)Täter(in) *m/f*, Verbrecher(in) *m/f*; **to harbour a c.** einem Verbrecher Unterschlupf gewähren
convicted criminal überführter Verbrecher; **copycat c.** Nachahmungstäter(in) *m/f*; **economic c.** Wirtschaftskriminelle(r) *f/m*; **elusive c.** schwer fassbarer Verbrecher; **habitual c.** Gewohnheitsverbrecher(in) *m/f*, Hangtäter *m*; **professional c.** Berufsverbrecher *m*; **violent c.** Gewalttäter *m*
criminal record(s) Strafregister *nt*; **C. R. Office** *[GB]* Kriminalaktenhaltung *f*
criminology *n* Kriminologie *f*
crisis *n* Krise *f*; **prone to crises** krisenanfällig
criticism *n* Kritik *f*; **c. of the court's ruling** Urteilsschelte *f*; **adverse c.** abfällige Kritik
criticize *v/t* kritisieren, bemängeln
crook *n* Gauner *m*, Schwindler *m*
cross-action *n* Gegen-, Widerklage *f*
cross-appeal *n* Anschlussberufung *f*, Anschlussrevision *f*; **to lodge a c.** sich der Revision anschließen
cross-appeal *v/t* sich der Berufung anschließen
cross-border *adj* grenzüberschreitend
cross-claim *n* Gegenforderung *f*
cross-complaint *n* *[GB]* Widerklage *f*
cross|-examination *n* Kreuzverhör *nt*; **c.-examine so.** *v/t* jdn ins Kreuzverhör nehmen
crossing *n* Kreuzung *f*; **c. (of) the border** Grenzüberschreitung *f*
cross-licensing *n* Austausch von Lizenzen
cross-petition *n* Gegen-, Widerklage *f*; **c. for a divorce** Scheidungswiderklage *f*; **declaratory c.** Feststellungswiderklage *f*; **precautionary c.** Hilfswiderklage *f*; **c.er** Gegen-, Widerkläger(in) *m/f*
cross-reference *n* Querverweis *m*
crossroads *n* (Weg)Kreuzung *f*
cross-section *n* Querschnitt *m*
cross|-sue so. *v/t* Gegen-/Widerklage gegen jdn erheben; **c.-suit** *n* Gegenklage *f*
crowd *n* Menschenmenge, Masse *f*; **c. behaviour** Massenverhalten *nt*
crown court *n* *[GB]* Gericht für Strafsachen höherer Ordnung, Schwurgericht *nt*; **C. Prosecution Service (CPS)** *[GB]* oberste Anklagebehörde, Strafverfolgungsbehörde *f*, Staatsanwaltschaft *f*
crucial *adj* entscheidend
cruel *adj* grausam; **c.ty** *n* Grausamkeit *f*, Quälerei *f*; **~ to animals** Tierquälerei *f*; **mental ~** seelische Grausamkeit
cruiser *n* *[US]* Streifenwagen *m*
cruising speed *n* *(Auto)* Reisegeschwindigkeit *f*
crushing *n* Quetschung *f*
cudgel *n* Keule *f*, Knüppel *m*
culpa in contrahendo *(lat.)* *n* Verschulden beim Vertragsschluss
culpab|ility *n* Strafbarkeit *f*; **c.le** *adj* schuldhaft
culprit *n* Schuldige(r) *f/m*; **principal c.** Haupttäter(in) *m/f*; **unknown c.** unbekannter Täter
cultivation *n* Bodenbewirtschaftung *f*
cumulation of sentences *n* Gesamtstrafenbildung *f*
cumulative *adj* kumulativ
cunning *n* List *f*
cupidity *n* Habgier *f*
curator *n* Kurator *m*, Kustos *m*, Pfleger *m*; **c. of the estate** Nachlasspfleger(in) *m/f*; **c. for an absent person** Abwesenheitspfleger(in) *m/f*; **special c.** Ergänzungspfleger *m*
curatorship *n* Pflegschaft *f*; **c. of the estate** Nachlasspflegschaft *f*; **c. due to infirmity** Gebrechlichkeitspflegschaft *f*; **c. for an absent person** Abwesenheitspflegschaft *f*; **ex officio c.** Amtspflegschaft *f*; **permanent c.** Dauerpflegschaft *f*; **special c.** Ergänzungspflegschaft *f*
curb *v/t* drosseln, zügeln
curb *n* *[US]* Randstein *m*; **c.-crawling** *n* Autostrich *m (coll)*
cure *n* *(Beseitigung)* Heilung *f*; *v/t* heilen
curfew *n* Ausgangssperre *f*, Ausgangs-, Ausgehverbot *nt*, Sperrstunde *f*
curing (of) nullity *n* Heilung der Nichtigkeit; **c. of defects of title** Heilung von Rechtsmängeln; **~ formal defects** Heilung von Formfehlern

C

C

currency *n* 1. Währung *f*, Geldsorte *f*; 2. Laufzeit; **c. of a bill** Wechsellaufzeit *f*; **foreign c.** Devisen *pl*, ausländische Zahlungsmittel; **lawful/legal c.** gesetzliches Zahlungsmittel
currency act Währungsgesetz *nt*; **c. agreement** Währungsabkommen *nt*; **c. area** Währungsgebiet *nt*; **c. law** Währungsrecht *nt*; **c. offence** Währungsdelikt *nt*; **c. protection act** Währungsschutzgesetz *nt*; **c. rate futures contract** Währungsterminkontrakt *m*; **c. regulations** Währungsvorschriften; **c.-safeguarding clause** Währungssicherungsklausel *f*; **c. swap** Währungsswap *nt*; **c. union** Währungsunion *f*; **c. unit** Währungseinheit *f*
current *adj* derzeit, gegenwärtig
electric current *n* Strom *m*
curriculum vitae (CV) *n (lat.)* Lebenslauf *m*
curtail *v/t* (ver)kürzen; **c.ment of freedom** *n* Einschränkung der Freiheit
curve *n* Kurve *f*; **sharp c.** scharfe Kurve
custodian *n* 1. Besitzdiener *m*, Gewahrsamsinhaber *m*, Pfleger *m*, Verwalter *m*, Kustos *m*; 2. Aufseher(in) *m/f*; 3. *(Vormundschaft)* Betreuer(in) *m/f*; **c. of the law** Hüter(in) des Gesetzes, Ordnungshüter *m*
custody *n* 1. Gewahrsam *m*, (Untersuchungs)Haft *f*, Inhaftierung *f*; 2. Verwahrung *f*, Obhut *f*; 3. Sorge(recht) *f/nt*, Pflegschaft *f*, Vormundschaft *f*; **c. of the child(ren)** Sorgerecht nt; **to be awarded ~** Sorgerecht für die Kinder erhalten; **c. in an institution** Unterbringungshaft *f*; **c. for non-criminal reasons** Zivilhaft *f*; **c. of pawned/pledged goods** Pfandverwahrung *f*; **c. for an indefinite time** Dauerarrest *m*; **c. of a vehicle** Verfügungsgewalt über ein Fahrzeug
to apply for custody Sorgerecht beantragen; **to be in c.** inhaftiert sein; **to give so. into the c. of the police** jdn der Polizei übergeben; **to have c.** sorgeberechtigt sein; **~ of sth.** etw. im Gewahrsam haben; **to hold in c.** in Haft halten, inhaftiert halten; **to keep in c.** verwahren; **to place in c.** in Verwahrung geben; **to remand so. in c.** jdn in Untersuchungshaft nehmen, Haft anordnen; **to be remanded in c.** in Untersuchungshaft bleiben; **to take into c.** einsperren, in Gewahrsam/(Untersuchungs)Haft/Obhut/Verwahrung nehmen, inhaftieren, verhaften, dingfest machen; **~ so. into temporary c.** jdn vorläufig festnehmen
entitled to custody sorgeberechtigt; **person having c. (of a child)** Sorgeberechtigte(r) *f/m*; **taken into c.** in Verwahrung genommen; **taking into c.** Beschlagnahme *f*, Sicherstellung *f*
exchangeable custody Tauschverwahrung *f*; **joint c.** gemeinsames Sorgerecht, gemeinsame Sorge; **judicial c.** gerichtliche Verwahrung; **juvenile c.** Jugendarrest *m*; **legal c.** gerichtlich bestellte Vormundschaft; **official c.** amtlicher Gewahrsam, amtliche/öffentlich-rechtliche Verwahrung; **preparatory c.** Vorbereitungshaft *f*; **preventive c.** Sicherheitsarrest *m*, Sicherheits-, Sicherungsverwahrung *f*, Vorbeugehaft *f*; **protective c.** Schutzgewahrsam *m*, Schutzhaft *f*; **safe c.** Verwahrung *f*; **sole c.** Alleinsorge *f*
custody act Verwahrungsgesetz *nt*; **c. agreement** Verwahrungsvertrag *m*; **c. order** Sorgerechtsentscheidung *f*; **c. proceedings** Sorgerechtsverfahren *nt*
custom *n* Brauch *m*, Gepflogenheit *f*, Gewohnheit *f*, Sitte *f*; **commercial c.** Handelsbrauch *m*, Handelssitte *f*; **judicial c.** Gerichtspraxis *f*; **legal c.** Gewohnheitsrecht *nt*, Rechtsbrauch *m*, Rechtsgewohnheit *f*; **local c.** Ortsgebrauch *m*, Ortsüblichkeit *f*; **mercantile c.** Handelsbrauch *m*, Handelssitte *f*
customary *adj* üblich, markt-, verkehrsüblich, herkömmlich; **c. in the trade** handelsüblich; **locally c.** ortsüblich
customer *n* Kunde *m*, Kundin *f*, Besteller(in) *m/f*; **c.s** Kundschaft *f*; **c. complaint** Kundenbeschwerde *f*; **c.'s right of cancellation** Kündigungsrecht des Bestellers
customs (authorities) *n (Behörde)* Zoll *m*; **to defraud the c.** Zoll hinterziehen; **to clear sth. through c.** etw. verzollen
customs clearance Verzollung *f*; **~ formalities** Verzollungsformalitäten; **c. debtor** Zollschuldner(in) *m/f*; **c. declaration** Zoll(inhalts)erklärung *f*; **c. duty** Zoll *m*; **c. evasion** Zollhinterziehung *f*; **c. investigating office** Zollfahndungsstelle *f*; **c. investigator** Zollfahnder(in) *m/f*; **c. law** Zollrecht *nt*; **c. offence** Zollstraftat *f*, Zollvergehen *nt*; **c. officer/official** Zollbeamter *m*, Zollbeamtin *f*; **c. regulations** Zollbestimmungen, Zollordnung *f*; **c.**

seal Zollplombe *f*, Zollverschluss *m*; **c. supervision** Zollaufsicht *f*; **c. violation** Zollvergehen *nt*
cut *n (Etat, Gehälter)* Kürzung *f*; **c. in benefits** Leistungskürzung *f*
cutting and thrust weapons *pl* Hieb- und Stoßwaffen; **c. weapon** Hiebwaffe *f*
cycle *v/i* radfahren; **c.path** *n* Radweg *m*
cycling *n* Radfahren *nt*; **no c.** Radfahren verboten; **c. offence** Verkehrsverstoß mit dem Fahrrad

D

daily *adj* täglich
damage *n* Schaden *m*, (Be)Schädigung *f*; **without d.** schadlos; **d. caused by animals** Tierschaden *m*; **~ breach of trust** Vertrauensschaden *m*; **d. to cargo** Lagerschaden *m*; **d. caused by cattle** Viehschaden *m*; **d. to crops** Flurschaden *m*; **d. caused by default/(undue) delay** Verzugs-, Verzögerungsschaden *m*; **d. (caused) by fire** Brand-, Feuerschaden *m*; **~ game** Wildschaden *m*; **d. to so.'s health** Gesundheitsschaden *m*, Gesundheitsschädigung *f*; **d. caused by hunters/hunting** Jagdschaden *m*; **d. to agricultural land** Flurschaden *m*; **d. running into millions** Millionenschaden *m*; **d. to property** Sachbeschädigung *f*; **~ so.'s reputation** Rufschädigung *f*; **~ so.'s financial reputation** Kreditschädigung *f*; **d. in transit** Transportschaden *m*
to ascertain the damage Schaden feststellen; **to assess the d.** Schaden abschätzen/festsetzen; **to avert d.** Schaden abwenden; **to cause d.** Schaden verursachen; **to estimate/put the d. at** den Schaden (ab)schätzen auf; **to inflict d.** Schaden zufügen; **to make good the d.; to remedy the d.** Schaden wieder gutmachen; **to report the d.** Schadensfall melden
accidental damage Unfallschaden *m*; **actual d.** tatsächlicher Schaden; **ascertained d.** festgestellter Schaden; **collateral d.** *(unbeabsichtigt)* Nebenschaden *m*; **concealed d.** äußerlich nicht erkennbarer Schaden; **consequential d.** Folge-, Nachschaden *m*, mittelbarer Schaden; **~ insurance** Versicherung gegen Folgeschäden; **criminal d.** *[GB]* Sachbeschädigung *f*; **culpable d.** schuldhaft verursachter Schaden; **direct d.** unmittelbarer Schaden; **environmental d.** Umweltbelastung *f*, Umweltschaden *m*; **extensive d.** beträchtlicher Schaden; **imminent d.** unmittelbar drohender Schaden; **indirect d.** mittelbarer Schaden; **intangible/non-material d.** immaterieller Schaden; **irreparable d.** nicht wieder gutzumachender Schaden, vorsätzliche Schadenzufügung; **long-term d.** Dauerschaden *m*; **malicious d.** 1. böswillige Beschädigung; 2. *[US]* Sachbeschädigung; **minor/negligible d.** Bagatell-, Kleinschaden *m*; **nominal d.** Immaterialschaden *m*; **own d.** Eigenschaden *m*; **partial d.** Teilschaden *m*; **non-pecuniary d.** ideeller Schaden, Nichtvermögensschaden *m*; **permanent d.** Dauerschaden *m*; **personal d.** Personenschaden *m*; **proven d.** nachgewiesene Schäden; **recoverable/reimbursable d.** erstattungsfähiger Schaden; **resulting d.** Folgeschaden *m*; **serious d.** schwerer Schaden; **third-party d.** Drittschaden *m*; **visible d.** äußerlich erkennbarer Schaden; **wilful d.** mutwillige/vorsätzliche Beschädigung, absichtlich herbeigeführter Schaden
damage assessment Schadensbemessung *f*, Bewertung des Schadens; **d. containment/limitation** Schadensbegrenzung *f*; **d. incurred** entstandener Schaden; **d. sustained** erlittener Schaden; **d. survey** 1. Schadensbesichtigung *f*, Schadensprüfung *f*; 2. Havariegutachten *nt*
damage *v/t* 1. beschädigen, schädigen, schaden; 2. benachteiligen, beeinträchtigen, Abbruch tun; **d.d** *adj* beschädigt
damages *pl* Schaden(s)ersatz *m*, Entschädigung(ssumme) *f*; **for all d. arising therefrom** für sämtliche daraus entstehende Schäden; **liable for d.; ~ to pay d.** (schaden)ersatzpflichtig; **d. for delay** Verzugsschaden(s)ersatz *m*; **~ non-acceptance** Schaden(s)ersatz wegen Annahmeverweigerung; **~ non-performance** Schaden(s)ersatz wegen Nichterfüllung; **~ pain and suffering** Schmerzensgeld *nt*
to award damages Schaden(s)ersatz zubilligen/zusprechen, auf ~ erkennen; **to claim d.** Schaden(s)ersatz fordern/geltend

machen; **~ from so**. jdn auf Schaden(s)ersatz in Anspruch nehmen; **to demand d.** Ersatz verlangen; **to be entitled to d.** ersatzberechtigt sein; **to pay d.** Schaden(s)ersatz zahlen; **to recover d.** Schaden(s)ersatz erhalten; **to sue for d.** Schaden(s)ersatz einklagen, auf ~ klagen; **~ so. for d.** jdn auf Schaden(s)ersatz verklagen, in Anspruch nehmen

D

aggravated damages erhöhter Schaden(s)ersatz; **agreed d.** vereinbarter Schaden(s)ersatz; **civil d.** zivilrechtlicher Schaden(s)ersatz; **compensatory d.** (ausgleichender) Schaden(s)ersatz; **consequential d.** Schaden(s)ersatz für Folgeschäden; **exemplary d.** verschärfter Schaden(s)ersatz; **general d.** allgemeiner Schaden(s)ersatz; **liquidated d.** bezifferter/pauschalierter Schaden(s)ersatz, vertraglich vereinbarte Entschädigung, Vertragsstrafe *f*; **nominal d.** nomineller/symbolischer Schaden(s)ersatz; **punitive d.** Strafschaden(s)ersatz *m*, Strafschadenskomponente *f*; **remote d.** Schaden(s)ersatz für Spätfolgen; **special d.** Schaden(s)ersatz für konkreten Schaden; **unliquidated d.** noch nicht bezifferter Schaden(s)ersatz, feststellungsbedürftiger Schaden(s)ersatz

damages award Schaden(s)ersatzurteil *nt*

damaging *adj* Schaden stiftend, schädlich

damnify *v/t* schädigen, Schaden zufügen

damning *adj* 1. vernichtend; 2. *(Beweismaterial)* belastend, erdrückend

damp *adj* feucht; *n* Feuchtigkeit *f*; **d. course** Dämmschicht *f*

danger *n* Gefahr *f*, Risiko *nt*; **d. of absconding** Fluchtgefahr *f*; **~ breakage** Bruchgefahr *f*; **~ collusion** Verdunkelungsgefahr *f*; **~ conspiracy** Verabredungsgefahr *f*; **d. to the environment** Umweltgefährdung *f*; **~ life** Lebensgefahr *f*; **~ life and limb** Gefahr für Leib und Leben, Lebensgefahr *f*; **d. of recurrence** Wiederholungsgefahr *f*; **~ skidding** Schleudergefahr *f*; **~ suppression of evidence; ~ tampering with evidence** Verdunkelungsgefahr *f*

to avert a danger Gefahr abwenden; **to cause d.** Gefahr verschulden

abstract danger abstrakte Gefährdung; **apparent d.** Scheingefahr *f*; **common d.** Gemeingefahr *f*; **considerable d.** erhebliche Gefährdung; **immediate d.** unmittelbare Gefahr; **imminent d.** Gefahr im Verzug, akute/drohende/gegenwärtige Gefahr; **lethal/mortal d.** Todesgefahr *f*; **prima facie** *(lat.)* **d.** Anscheinsgefahr *f*; **public d.** Gemeingefährlichkeit *f*; **constituting a ~** gemeingefährlich; **unavoidable d.** unabwendbare Gefahr

on/off the danger list in/außer Lebensgefahr; **d. money** Gefahrenzulage *f*, Risikoaufschlag *m*

dangerous *adj* gefährlich, gefahrenvoll

danger spot Gefahrenstelle *f*; **d. zone** Gefahrenzone *f*

data *pl* Daten, Infomationen, Kenndaten; **to collect d.** Daten erfassen; **to erase d.** Daten löschen; **to maintain d. on individuals** Daten über Einzelpersonen unterhalten; **to retrieve d.** Daten abrufen; **to transmit d.** Daten übertragen

personal data Angaben zur Person, personenbezogene Daten, Personalien; **raw d.** Ausgangsdaten; **sensitive d.** geheime Daten

data acquisition/collection/gathering Datenerfassung *f*; **d. carrier** Datenträger *m*; **d. entry** Dateneingabe *f*; **d. exchange** Datenaustausch *m*; **d. flow** Datenfluss *m*, Datenverkehr *m*; **transborder ~** grenzüberschreitender Datenverkehr; **d. loss** Datenverlust *m*; **d. processing** Datenverarbeitung *f*; **electronic (EDP)** elektronische Datenverarbeitung (EDV)

data protection Datenschutz *m*; **D. P. Act** *[GB]* Datenschutzgesetz *nt*; **federal d. p. act** Bundesdatenschutzgesez *nt [D]*; **d. p. authority** Datenschutzaufsichtsbehörde *f*; **~ officer** Datenschutzbeauftragte(r) *f/m*; **for reasons of ~** aus datentechnischen Gründen

data retrieval Datenabruf *m*, Datenzugriff *m*; **d. secrecy** Datengeheimnis *nt*; **d. transmission(s)** Datenverkehr *m*; **d. watchdog** *(coll)* Datenschützer(in) *m/f*

database *n* Datenbank *f*

date *v/t* datieren; **d. back** zurückdatieren; **d. from** zurückgehen auf, zurückreichen bis, stammen aus; **d. forward** vorausdatieren

date *n* 1. Datum *nt*, Termin *m*, Tag *m*, Zeitpunkt *m*; 2. Datumsangabe *f*; 3. *(Treffen)* Verabredung *f*; **to d.** bis dato

date of agreement Vertragsdatum *nt*, Datum des Vertragsabschlusses; **~ application** Antrags-, Bewerbungsdatum *nt*; **closing d. for applications** Anmelde-, Bewerbungsschluss *m*; **d. of appoint-**

ment Ernennungsdatum; **~ assessment** Veranlagungstag *m*; **~ auction** Versteigerungstermin *m*; **~ a bill** Fälligkeit eines Wechsels; **~ birth** Geburtsdatum *nt*; **~ cancellation** Kündigungstermin *m*; **~ commencement** Tag des Inkrafttretens; **~ completion** Fertigstellungstermin *m*; **~ death** Todestag *m*; **~ delivery** Lieferdatum *nt*; **~ evidence** Beweistermin *m*; **~ expiration/expiry** 1. Fälligkeits-, Ablaufdatum *nt*; 2. Ablauf der Vertragszeit

date of hearing Gerichts-, Prozess-, Verhandlungs-, Anhörungstermin *m*; **~ interest due** Zinsfälligkeitstermin *m*; **~ issue** Ausstellungstag *m*, Ausgabedatum *nt*; **~ mailing** Absendetag *m*; **~ maturity** Fälligkeitsdatum *nt*, Fälligkeitstermin *m*, Fälligkeits-, Verfallstag *m*; **~ notice** Kündigungstermin *m*; **~ payment** Zahlungstag *m*, Zahlungstermin *m*; **~ performance** Erfüllungstag *m*, Erfüllungszeitpunkt *m*; **~ receipt** Eingangs-, Empfangsdatum *nt*; **~ reconciliation hearing** Gütetermin *m*; **~ redemption** Tilgungs-, Einlösungstermin; **~ review of the remand order** Haftprüfungstermin *m*; **d. for tendering** Ausschreibungstermin *m*; **closing ~ tenders** Bietschluss *m*; **d. of transfer** Übertragungsdatum *nt*; **~ trial** Prozess-, Verhandlungstermin *m*

date on which a decision becomes final *(Entscheidung)* Eintritt der Rechtskraft

to change a date Termin verlegen, umdatieren; **to fix/set a d.** Termin anberaumen/festsetzen; **~ for the hearing** Sitzung anberaumen; **to mature on a particular d.** zu einem bestimmten Termin fällig werden

agreed date vereinbarter Termin; **on the ~** zu dem vereinbarten Zeitpunkt; **best-before/sell-by d.** Verfalls-, (Mindest)-Haltbarkeitsdatum *nt*; **due d.** Fälligkeitsdatum *nt*; **effective d.** *(Gesetz)* Tag/Datum/Zeitpunkt des Inkrafttretens, Stichtag *m*; **of the same d.** gleichen Datums; **stated d.** angegebenes Datum; **after today's d.** nach dem heutigen Datum; **use-by d.** Verfallsdatum *nt*

date stamp Datums-, Tagesstempel *m*

day *n* Tag *m*; **d. off** Ruhetag *m*, freier Tag

day of appearance Gerichts-, Verhandlungstermin *m*; **~ death** Todestag *m*; **d.s of delay** Verzugstage; **~ grace** 1. Gnadenfrist *f*; 2. *(Wechsel)* Respekt-, Sichttage; **d. of hearing** Gerichtstag *m*, Gerichtstermin *m*; **~ maturity** Fälligkeitstag *m*; **last d. for giving notice** Kündigungstermin *m*; **d. of respite** Fristtag *m*; **~ rest** Ruhetag *m*; **~ settlement** Vergleichstermin *m*

appointed day festgesetzter Tag/Termin; **on the ~** fristgerecht; **clear d.s** volle Tage; **fixed d.** Stichtag *m*; **unpaid d.** Karenztag *m*

day (care) centre (Kinder)Tagesstätte *f*; **d. release** 1. *(Häftling)* Freigang *m*; 2. *(Berufsschule)* Schultag *m*; **d. shift** Tagesschicht *f*; **d. training centre** Tagesausbildungsstätte *f*

daylight *n* Tageslicht *nt*; **by/in d.** bei Tageslicht; **in broad d.** auf offener Straße, am helllichten Tage; **d. robbery** *(coll)* Halsabschneiderei *f*, offener Diebstahl

daytime burglary *n* Tageseinbruch *m*

dead *adj* tot; **apparently d.** scheintot

deadline *n* Termin *m*, End-, Schlusstermin *m*, Meldeschluss *m*, letzter Termin, (Not)Frist *f*, Präklusiv-, Zahlungsfrist *f*; **d. for appeals** Rechtsbeschwerdefrist *f*; **~ applications** Einreichungstermin *m*, Antragsfrist *f*; **~ making a declaration** Erklärungstermin *m*; **~ filing** Abgabefrist *f*; **~ filing an objection** Einspruchsfrist *f*; **~ payment** Mahnfrist *f*; **~ vacating premises** Räumungsfrist *f*; **~ proceedings** Verfahrensfrist *f*; **~ registration** Anmeldeschluss *m*, Meldefrist *f*; **~ submission(s)** Beibringungsfrist *f*; **~ tenders** Ausschreibungsfrist *f*

to exceed the deadline Termin überschreiten; **to fix a d.** befristen, Frist bestimmen/(fest)setzen; **to meet the d.** Frist einhalten; **to fail ~** Frist versäumen; **to observe a d.** Frist wahren

absolute deadline präklusive Frist; **statutory d.** *[GB]* Notfrist *f*

deadlock *n* 1. *(Verhandlung)* Stillstand *m*; 2. *(Ermittlung)* toter Punkt; **to break the d.** aus der Sackgasse herauskommen; **to reach (a) d.** in eine Sackgasse geraten *(fig)*

deadly *adj* tödlich, todbringend

deaf *adj* taub; **d. and dumb** taubstumm; **d.ening** *adj* ohrenbetäubend

deal *n* Geschäft *n*, Handel *m*, Abschluss *m*, Abkommen *n*; **to call off a d.** Geschäft/Abkommen rückgängig machen; **to close a d.** Abschluss tätigen

deal with *v/prep* 1. *(Fall)* sich befassen mit; 2. zuständig sein für; 3. fertig werden mit

D

dealer *n* Händler(in) *m/f*; **appointed/ authorized d.** Vertragshändler(in) *m/f*; **d.ship contract** Händlervertrag *m*
dealing *n* Handel; **d.s** 1. Geschäfte; 2. Umgang *m*; **to have ~ with so.** 1. mit jdm Umgang haben; 2. mit jdm Geschäfte machen, ~ in Geschäftsbeziehungen stehen; **dishonest d.s** krumme Geschäfte; **square d.s** korrektes Geschäftsgebaren
death *n* Tod *m*, Todes-, Sterbefall *m*, Ableben *nt*, Exitus *m (lat.)*; **in the event of d.** im Todesfall; **... resulting in d.** ... mit Todesfolge
death of the agent Tod des Beauftragten; **d. or incapacity of the applicant** Tod oder Geschäftsunfähigkeit des Antragstellers/Antragenden; **d. in custody** Tod im Polizeigewahrsam; **d. of a descendant** Tod eines Abkömmlings; **d. by drowning** Tod durch Ertrinken; **d. of the entitled party** Tod des Berechtigten; **d. from exposure** Tod durch Erfrieren/ Unterkühlung; **d. by hanging** Tod durch den Strang; **~ misadventure** Unfalltod *m*; **d. caused by negligence** Tod durch Fahrlässigkeit; **d. of a parent** Tod eines Elternteils; **~ a partner** Tod eines Gesellschafters; **~ or incapacity of a party involved** Tod oder Geschäftsunfähigkeit eines Beteiligten; **~ or incapacity of the principal** Tod oder Geschäftsunfähigkeit des Auftraggebers; **d. in service** Todesfall eines Betriebsangehörigen; **d. of the surviving spouse** Tod des überlebenden Ehegatten; **~ the tenant** Tod des Pächters; **after the ~ the testator** nach dem Eintritt des Erbfalles; **~ the usufructuary** Tod des Nießbrauchers
to bleed to death verbluten; **to be burned to d.** verbrennen; **to drink os. to d.** sich zu Tode trinken; **to freeze to d.** erfrieren; **to put to d.** hinrichten; **to sentence so. to d.** jdn zum Tode verurteilen; **to starve to d.** verhungern; **to trample so. to d.** jdn tottreten
accidental death Unfalltod *m*, Tod durch Unfall; **apparent d.** Scheintod *m*; **natural d.** natürlicher Tod
death|bed Totenbett *nt*; **d. benefit** 1. Versicherungsprämie im Todesfall, Sterbegeld *nt*; 2. Hinterbliebenenrente *f*
deathblow *n* Todesstoß *m*; **to deal so. the d.** jdm den Todesstoß versetzen
death cell Todeszelle *f*; **d. certificate** Sterbeurkunde *f*, Totenschein *m*; **d. claim** Anspruch aus einer Sterbeversicherung; **d. duty** *[GB]*/**tax** *[US]* Erbschafts-, Nachlasssteuer *f*; **d. notice** Traueranzeige *f*; **d. penalty** Todesstrafe *f*; **d. rate** Sterbeziffer *f*; **d. rattle** Todesröcheln *nt*; **d. row** Todestrakt *m*; **to be on ~** im Todestrakt sitzen; **d. sentence** Todesurteil *nt*, Verurteilung zum Tode; **d. squad** Todeskommando *nt*; **d. threat** Morddrohung *f*; **d. toll** Zahl der Toten/Todesopfer; **d. warrant** Hinrichtungsbefehl *m*
debar so. (from) *v/t* jdn ausschließen (von)
debasement *n* 1. *(Person)* Erniedrigung *f*, Entwürdigung *f*; 2. *(Qualität, Wert)* Minderung *f*
debate *v/ti* erörtern, diskutieren, beraten, beratschlagen
debenture *[GB]* (ungesicherte) Schuldverschreibung, Pfandbrief *m*, Obligation *f*; **convertible d.** Wandelschuldverschreibung *f*; **documented d.** verbriefte Schuld; **naked d.** ungesicherte Schuldverschreibung; **d. bond** *[US]* (festverzinsliche) Schuldverschreibung; **d. capital** Anleihekapital *nt*; **d. holder** Inhaber(in) einer Schuldverschreibung
debility *n* Schwäche *f*
debit *v/t* abbuchen, belasten
debit *n* 1. Abbuchung *f*; 2. Lastschrift *f*, Soll(posten) *nt/m*; **to the d. of** zu Lasten von; **d. advice/note** Lastschriftanzeige *f*; **d. entry** Lastschrift *f*; **d. interest** Sollzinsen *pl*; **d. item** Passivposten *m*; **d. side** Soll *nt*; **on the ~** im Soll
direct debit mandate Abbuchungs-, Einzugsermächtigung *f*, Einziehungsbefugnis *f*; **~ d.ing (system)** *n* Lastschrift-, (Rechnungs)Einzugsverfahren *nt*
deblock *v/t* freigeben, entsperren
debrief *v/t* *(Teilnehmer)* befragen; **to be d.ed** Bericht erstatten
debris *n* Schutt *m*, Trümmer *pl*
debt *n* Schuld *f*, Forderung *f*; **deep in d.** überschuldet; **not in d.** schuldenfrei
debt owing from a bankrupt's assets Konkursschuld *f*; **d. payable to the creditor** Bringschuld *f*; **d. of the estate** Nachlassschuld *f*; **d. under a loan** Darlehensschuld *f*; **d. lying in prender** Holschuld *f*; **d. secured in rem** *(lat.)* dinglich gesicherte Forderung; **d. lying in render** Bringschuld *f*
to acknowledge a debt Schuld anerken-

nen; **to assume a d.** Schuld übernehmen; **to be heavily in d.** stark verschuldet sein; **to collect a d.** Forderung einziehen/eintreiben, Schuld eintreiben; **to contract d.s** Schulden machen, sich verschulden; **to convert a d.** umschulden; **to default on a d.** Schuld nicht bezahlen; **to discharge a d.** Forderung abgelten; **to forgive a d.** Forderung erlassen; **~ d.s** Schulden erlassen; **to get into/incur d.s** sich verschulden; **to incur a d.** Schuld eingehen; **to pay a d.** Schuld begleichen/bezahlen; **to pay off a d.** Schuld zurückzahlen; **to recover a d.** Schuld eintreiben; **to remit/release/waive a d.** Schuld erlassen; **to reschedule d.s** umschulden; **to run into d.s** in Schulden geraten; **~ up d.s** Schulden machen; **to service d.s** Schuldendienst leisten, Zins- und Tilgungszahlungen leisten; **to sue for a d.** Forderung einklagen; **to take over d.s** Schulden übernehmen

accrued debt|s aufgelaufene Schulden/Verbindlichkeiten; **assigned d.** abgetretene Forderung; **bad d.s** uneinbringliche Schulden, unsichere/nicht beitreibbare Außenstände; **to write off ~** uneinbringliche Forderungen abschreiben; **collateral d.** Lombardschuld *f*; **commercial d.** Handelsschuld *f*; **contingent d.s** ungewisse Schulden, zweifelhafte Forderungen, Dubiose; **corporate d.s** *[US]* Gesellschaftsschuld *f*; **deferred d.s** nachrangige Konkursforderungen; **discharged d.** getilgte Schuld; **doubtful d.s** zweifelhafte Schulden/Außenstände, Dubiose; **due d.** fällige Schuld/Forderung; **enforceable d.** einklagbare Schuld; **garnished d.** gepfändete Forderung; **good d.** sichere Forderung; **interest-bearing d.** verzinsliche Forderung; **irrecoverable d.s** uneinbringliche Forderungen, verlorene Außenstände, uneintreibbare Schulden; **to write off ~** uneinbringliche Forderungen abschreiben; **joint (and several) d.s** Gesamtschuld *f*; **junior/senior d.** nachrangige/vorrangige Schuld; **liquidated d.** bezahlte Schuld; **matured d.** fällige Schuld; **monetary d.** Geldschuld *f*; **ordinary d.** gewöhnliche Konkursforderung; **outstanding d.s** ausstehende Schulden; **permanent d.** Dauerschuld *f*

preferential debt bevorrechtigte Konkursforderung; **p. d.s** Masseschulden; **~ of the estate** *(Konkursrecht)* Masseschulden

recoverable debt beitreibbare Schuld; **residual d.** Restschuld *f*; **secured d.** Bürgschaftsschuld *f*; **several /single d.** Einzelschuld(verhältnis) *f/nt*; **statute-barred/stale d.** verjährte/verwirkte Schuld; **unascertained d.** Genusschuld *f*; **ungarnishable third-party d.s** unpfändbare Forderungen; **unpaid d.** nicht bezahlte Schuld

debt certificate Schuldurkunde *f*; **d. collection** Schulden-, Forderungseinziehung *f*; **d. collector** Inkassobeauftragte(r) *f/m*; **d. conversion** Umschuldung *f*, Schuldumwandlung *f*; **d. clearance** Entschuldung *f*, Schuldentilgung *m*; **d.-equity swap** Umwandlung von Schulden in Eigenkapital; **d. instrument** Schuldtitel *m*, Schuldurkunde *f*

debtor *n* Schuldner(in) *m/f*, Zahlungspflichtige(r) *f/m*, Debitor *m*; **d. under an agreement** Vertragsschuldner(in) *m/f*; **d. in arrears/default** säumige(r) Schuldner(in); **~ composition proceedings** Vergleichsschuldner(in) *m/f*; **d. of the estate** Nachlassschuldner(in) *m/f*

absconding debtor flüchtige(r) Schuldner(in) *m/f*; **assigned d.** Zessionarschuldner(in) *m/f*; **attached d.** gepfändete(r) Schuldner(in) *m/f*; **bona-fide d.** gutgläubige(r) Schuldner(in) *m/f*; **common d.** Gemeinschuldner(in) *m/f*; **defaulting d.** säumige(r) Schuldner(in); **delinquent d.** Restant *m*; **insolvent d.** zahlungsunfähige(r) Schuldner(in) *m/f*; **joint d.** Gesamt-, Mit-, Teilschuldner(in) *m/f*; **~ (and several) d.s** Gesamtschuldner *pl*; **primary d.** Erstschuldner(in) *m/f*; **principal d.** Hauptschuldner(in) *m/f*; **several d.** einzelne(r) Mitschuldner(in), Einzelschuldner(in) *m/f*; **sole d.** Allein-, Einzelschuldner(in) *m/f*; **directly suable d.** selbstschuldnerisch Haftende(r); **third-party d.** Drittschuldner(in) *m/f*

debtor|s' court Vollstreckungsgericht *nt*; **d.'s delay** Verzug des Schuldners; **~ incapacity** Unvermögen des Schuldners; **(poor) ~ oath** Offenbarungseid *m*; **~ summons** gerichtliche Zahlungsaufforderung

debt redemption Schuldtilgung *f*; **d. relief** Schuldenerlass *m*, Entschuldung *f*; **d. rescheduling** Umschuldung *f*, Schuld-

umschaffung *f*; **d. restructuring** Umschuldung *f*; **~ agreement** Umschuldungsabkommen *nt*; **d. service** Schuldendienst *m*
decapitat|e *v/t* enthaupten; **d.ion** *n* Enthauptung *f*
decay *v/i* ver-, zerfallen; *n* Zerfall *m*; **to fall into d.** verfallen, in Verfall geraten; **urban d.** Verfall der Innenstädte
decease *v/i* verscheiden; **d.d** *adj* ge-, verstorben
the deceased *n* Verstorbene(r) *f/m*, Heimgegangene(r) *f/m*, Verblichene(r) *f/m*, Erblasser(in) *m/f*; **d.'s estate** Hinterlassenschaft *f*
decedent *n* *[US]* Verstorbene(r) *f/m*, Erblasser(in) *m/f*
deceit *n* Täuschung *f*, Betrug *m*, Hinterlist *f*, Irreführung *f*; **malicious d.** arglistige Täuschung; **material d.** Täuschung über einen wesentlichen Umstand; **wilful d.** vorsätzliche/absichtliche Täuschung
deceitful *adj* hinterlistig
deceive *v/t* täuschen, irreführen, hintergehen; **d. wilfully** arglistig täuschen
decency *n* Anstand *m*, Sittlichkeit *f*, Schicklichkeit *f*; **public d.** öffentliche Sittlichkeit
deception *n* Täuschung *f*, Irreführung *f*; **d. of voters** Wählertäuschung *f*; **to obtain sth. by means of d.** etw. durch Täuschung erlangen; **malicious d.** arglistige Täuschung
deceptive *adj* täuschend, irreführend, betrügerisch
decide *v/ti* 1. (sich) entscheiden, beschließen, Entscheidung treffen, Beschluss fassen; 2. urteilen; **d. in favour of so.** zu jds Gunsten entscheiden; **d. unanimously** einstimmig beschließen
decided *adj* 1. entschieden; 2. *(Haltung)* entschlossen, bestimmt
decipher *v/t* entziffern
decision *n* 1. Entscheidung *f*, Entschluss *m*; 2. *(Zivilprozess)* Urteil *nt*, Entscheidung *f*, Verfügung *f*; 3. Bescheid *m*; **d. appealed against/from** angefochtene (Gerichts)Entscheidung; **d. as the case lies** Entscheidung nach Lage der Akten; **the d. is overruled** das Gericht ist von der Entscheidung abgewichen; **d. set aside** aufgehobene Entscheidung
decision ex aequo et bono *(lat.)* Billigkeitsentscheidung *f*; **d. on appeal** Beschwerde-, Rechtsmittelentscheidung *f*; **~ an application for grant-in-aid** Bewilligungsbescheid *m*; **d. in chambers** schriftliche Entscheidung; **d. to drop charges** Einstellungsbeschluss *m*; **d. made on the grounds of conscience** Gewissensentscheidung *f*; **d. on/concerning costs** Kostenentscheidung *f*, Entscheidung über die Kosten; **d. as to the course of justice** Rechtswegentscheidung *f*; **d. on submitted evidence** Vorlageentscheidung *f*; **d. by the guardianship court** Entscheidung des Vormundschaftsgerichts; **d. at first instance** erstinstanzliche Entscheidung; **d. on the merits of the case** Sachentscheidung *f*; **~ a plea of nullity** Nichtigkeitsentscheidung *f*; **d. to institute proceedings** Einleitungsbeschluss *m*; **d. on the records** Entscheidung nach Aktenlage; **d. to proceed to the main trial** Prozesseröffnungsbeschluss *m*
to acquiesce in a decision auf ein Rechtsmittel verzichten; **to appeal against/from a d.** Entscheidung anfechten, gegen eine ~ ein Rechtsmittel einlegen; **to cancel a d.** Beschluss aufheben; **to carry out d.s** Beschlüsse durchführen; **to challenge a d.** Entscheidung anfechten; **to give a d. on a case** eine Sache entscheiden; **to hand down a d.** Urteil ergehen lassen; **to make a d.** Entscheidung fällen; **to modify the d. of the lower court** Entscheidung der unteren Instanz abändern; **to postpone/put off a d.** Entscheidung vertagen; **to quash/reverse/rescind a d.** Entscheidung aufheben; **to refer/submit for d.** zur Entscheidung vorlegen; **to reverse the d. of a lower court** die Entscheidung der unteren Instanz aufheben; **to review a d.** Entscheidung überprüfen; **to submit to a d.** sich mit einer Entscheidung abfinden; **to substantiate a d.** Entscheidung begründen; **to uphold a d.** Entscheidung aufrechterhalten/bestätigen
adverse decision abschlägiger Bescheid; **amending d.** Änderungsbescheid *m*; **appealable d.** beschwerdefähige Entscheidung; **appellate d.** Berufungsentscheidung *f*; **~ on a point of law** Revisionsentscheidung *f*; **arbitral d.** Schiedsspruch *m*; **binding d.** bindende Entscheidung; **declaratory d.** *(Steuer)* Feststellungsbescheid *m*; **definitive d.**

Endurteil *nt*; **discretionary d.** Entscheidung nach Gutdünken, Ermessensentscheidung *f*; **dissenting d.** abweichende Entscheidung; **enforceable d.** vollstreckbarer Titel; **equitable d.** Billigkeitsentscheidung *f*; **executory d.** Ausführungsbeschluss *m*; **final d.** 1. Endurteil *nt*, abschließende/rechtskräftige Entscheidung; 2. endgültiger Bescheid, Endbescheid *m*; **individual d.** Einzelfallentscheidung *f*; **interim d.** Zwischenbescheid *m*, vorläufiger Bescheid; **interlocutory d.** *(Gericht)* vorläufige Entscheidung, Vorab-, Zwischenentscheidung *f*, Zwischenurteil *nt*; **judicial d.** Entscheidung durch den Richter, Richterspruch *m*, gerichtliche/richterliche Entscheidung, Gerichtsentscheidung *f*, Rechtsprechung *f*; **landmark d.** wegweisende Entscheidung; **leading d.** Grundsatzentscheidung *f*, Grundsatzurteil *nt*, Präzedenzfall *m*; **legal d.** Rechtsentscheid *m*; **negative d.** abschlägiger Bescheid; **non-appealable d.** rechtskräftige Entscheidung; **non-substantive d.** nicht in der Sache selbst ergehende Entscheidung; **objective d.** sachliche Entscheidung; **preliminary d.** Vorabentscheid(ung) *m/f*, Vorentscheidung *f*; **~ proceedings** Vorabentscheidungsverfahren *nt*; **provisional d.** vorläufiger Bescheid; **reasoned d.** mit Gründen versehene Entscheidung; **subsequent d.** nachträgliche Entscheidung; **unanimous d.** einstimmige Entscheidung, einstimmiger Beschluss; **wrong d.** Fehlentscheidung *f*

decision-making *n* Entscheidungsfindung *m*; **~ process** Entscheidungsprozess *m*

decisive *adj* 1. entscheidend, *(Stimme)* ausschlaggebend; 2. bestimmt, entschlossen, zielbewusst

declar|able *adj* zollmeldepflichtig, verzollbar; **d.ant** *n* 1. Erklärende(r) *f/m*; 2. Zollanmelder *m*

declaration *n* 1. (offizielle) Erklärung, Feststellung *f*; 2. *(Konkurs)* Anmeldung *f*; 3. (Wert)Angabe *f*; 4. Zollerklärung; 5. Bekanntgabe *f*; **d. of accession** Beitrittserklärung *f*; **~ acceptance** Annahmeerklärung *f*; **~ acknowledgment** Anerkennungserklärung *f*; **~ assignment** Abtretungserklärung *f*, Abtretungsurkunde *f*; **~ avoidance** Anfechtungserklärung *f*; **~ bankruptcy** Konkurs-, Bankrotterklärung *f*; **~ a claim** Feststellung eines Anspruchs; **~ conformity** Konformitätserklärung *f*; **~ consent** Einwilligungs-, Zustimmungserklärung *f*; **~ damage** Schadensmeldung *f*; **~ death** (gerichtliche) Todeserklärung; **(statutory) ~ disclosure** Offenbarungseid *m*; **~ forteiture** Verlustigerklärung *f*; **~ guarantee** Bürgschaftserklärung *f*; **~ human rights** Menschenrechtserklärung *f*; **~ inability to pay debts** *(Konkurs)* Offenbarungseid *m*, Erklärung der Zahlungseinstellung; **~ ineffectiveness** Unwirksamkeitserklärung *f*; **~ insolvency** Vergleichsanmeldung *f*; **~ intent(ion)** Absichts-, Willenserklärung *f*; **to express a ~ intent(ion)** Willenserklärung abgeben

declaration of interest Interessenanmeldung *f*; **~ interests** Offenlegung von Beteiligungen; **~ invalidity** Nichtigkeits-, Kraftloserklärung *f*; **~ legitimacy** Ehelich(keits)erklärung *f*; **~ majority** Volljährigkeitserklärung *f*; **~ membership** Beitrittserklärung *f*; **~ no impediment; ~ non-objection** Unbedenklichkeitsbescheinigung *f*; **~ nullity** Nichtig(keits)-, Kraftlos-, Unwirksamkeitserklärung *f*; **d. in lieu of oath** eidesstattliche Erklärung; **d. on oath** eidliche Erklärung; **d. of origin** Ursprungsangabe *f*; **~ policy** Absichtserklärung *f*; **~ principle** Grundsatzerklärung *f*; **~ property** Vermögensangabe *f*, Vermögensanmeldung *f*; **~ reciprocity** Gegenseitigkeitserklärung *f*; **~ renunciation** Verzichterklärung *f*; **~ revocation** Widerrufserklärung *f*; **~ solvency** Liquidationserklärung *f*; **~ suretyship** Bürgschaftserklärung *f*; **~ urgency** Dringlichkeitserklärung *f*; **~ value** Wertanzeige *f*, Wertangabe *f*; **~ voidance** Anfechtungserklärung *f*; **~ war** Kriegserklärung *f*; **d. in writing** schriftliche Erklärung

to draft a declaration Erklärung abfassen; **to make a d.** Erklärung abgeben

official declaration amtliche Erklärung; **solemn d.** eidesstattliche Versicherung; **statutory d.** 1. Versicherung/Erklärung an Eides Statt; 2. Pflichtangabe *f*; **making a false ~** Abgabe einer falschen eidesstattlichen Versicherung; **sworn d.** eidliche Erklärung; **voluntary d.** Selbstanzeige *f*

D

declaratory *adj* deklaratorisch, feststellend, (rechts)erklärend

declare *v/t* 1. erklären, Erklärung abgeben, feststellen; 2. bekanntgeben, veröffentlichen; 3. *(Wert)* angeben; 4. *(Zoll)* anmelden; **d. so. bankrupt** jdn für zahlungsunfähig erklären; **~ dead** jdn für tot erklären; **d. os. disqualified on the grounds of bias** sich für befangen erklären; **d. null and void** für null und nichtig erklären

declared *adj* erklärt

declassi|fication *n* *(Geheimmaterial)* Freigabe *f*; **d.fy** *v/t* freigeben

decline *n* 1. Unter-, Niedergang *m*, Verfall *m*; 2. Rückgang *m*, Abnahme *f*, Rückläufigkeit *f*

decline *v/ti* 1. ablehnen, ausschlagen; 2. zurückgehen, abnehmen, sich verschlechtern

decommission *v/t* *(Anlage)* stilllegen, außer Betrieb setzen, ausmustern

decompos|e *v/i* *(Leiche)* sich zersetzen; **d.ition** *n* Zersetzung *f*

deconcentration *n* (Konzern)Entflechtung *f*

decontaminate *v/t* entgiften, dekontaminieren, entseuchen

decontrol *v/t* freigeben, Kontrolle aufheben, liberalisieren

decoy *n* Lockvogel *m*, Köder *m*

decrease *n* Abnahme *f*, Rückgang *m*, Nachlassen *nt*; **d. in risk(s)** Gefahrminderung *f*; **without ~ pay** bei vollem Lohnausgleich; **~ speed** Geschwindigkeitsverminderung *f*; **~ value** Wertminderung *f*, Werteinbuße *f*

decrease *v/ti* 1. verringern, reduzieren; 2. abnehmen, zurückgehen, nachlassen, sinken

decree *n* 1. *(Gericht)* Verfügung *f*, Anordnung *f*; 2. (amtlicher) Erlass, Rechtsverordnung *f*; 3. *[Scot.] (ZR)* Urteil *nt*; 4. (Scheidungs)Urteil *nt*; **by royal d.** auf königlichen Erlass

decree in absence *[Scot.]* Versäumnisurteil *nt*; **d. of adoption** Adoptionsbeschluss *m*; **d. in bankruptcy** Konkurseröffnungsbeschluss *m*; **d. by consent** Anerkenntnisurteil *nt*; **d. of dissolution** Auflösungsbeschluss *m*; **~ divorce** Scheidungsurteil *nt*; **~ nullity** *(Eherecht)* Nichtigkeitsurteil *nt*, Nichtigerklärung *f*; **d. on abusive practices** Missbrauchsverfügung *f*; **d. of restitution of conjugal rights** Urteil auf Wiederherstellung der ehelichen Lebensgemeinschaft; **~ seizure and assignment** Pfändungs- und Überweisungsbeschluss *m*

to issue a decree Erlass herausgeben, Verfügung erlassen; **to order by d.** durch Gerichtsbeschluss verfügen

administrative decree Verwaltungsverordnung *f*; **declaratory d.** Feststellungsurteil *nt*, Feststellungsbeschluss *m*; **executive d.** Durchführungsverordnung *f*; **executory d.** Vollstreckungsurteil *nt*; **final d.** rechtskräftiges Urteil; **interim d.** vorläufige Entscheidung; **interlocutory d.** Zwischenurteil *nt*; **judicial d.** Gerichtsbeschluss *m*; **ministerial d.** Ministerialerlass *m*; **official d.** amtlicher Erlass

decree absolute endgültiges/rechtskräftiges Scheidungsurteil; **d. arbitral** *[Scot.]* Schiedsspruch *m*; **d. conform** *[Scot.]* Urteilsbestätigung *f*; **d. nisi** *(lat.)* vorläufiges Scheidungsurteil

decree *v/t* 1. anordnen, verfügen, verordnen, erlassen; 2. *(Gericht)* entscheiden

decriminaliz|ation *n* Entkriminalisierung *f*; **d.e** *v/t* entkriminalisieren

dedicat|e *v/t* *(Werk)* widmen; **d.ion** *n* Widmung *f*

deduce *v/t* folgern, schließen

deduct *v/t* abziehen, einbehalten, absetzen; **d.ible** *adj* 1. *(Steuer)* absetzbar; 2. abziehbar

deduction *n* 1. Abziehen *nt*, Abzug *m*, Nachlass *m*, Einbehaltung *f*, Minderung *f*; 2. *(Steuer)* Freibetrag *m*; 3. Folgerung *f*; **after d. of** nach Abzug von

deduction of unaccrued interest Abzinsung *f*; **d. from the salary** Lohnabzug *m*; **d. (of tax) at source** Vor(aus)-, Quellenabzug *m*, Steuererhebung an der Quelle; **allowable d.s** steuerliche Abzugsposten; **statutory d.** gesetzlich anerkannter Steuerfreibetrag; **d. limit** Freibetragsgrenze *f*

deed *n* 1. Tat *f*, Akt *m*, Handlung *f*; 2. (Vertrags)Urkunde *f*; **d.s and simple contracts** förmliche und einfache Verträge

deed of accession Schuldenregelungsvertrag *m*, Zustimmung der Gläubiger zu einem Schuldenregelungsplan; **~ amalgamation** Fusionsvertrag *m*; **~ appointment** Bestallungs-, Ernennungsurkunde *f*; **~ apprenticeship** Lehrlingsvertrag *m*

deed of arrangement Vergleichsvertrag *m*, Vergleichsvereinbarung *f*; **D. of A. Act (D.A.A.)** *[GB]* Gesetz über Vergleichsverfahren, Vergleichsordnung *f*

deed of assignment Übertragungs-, Übereignungs-, Abtretungs-, Zessionsurkunde *f*; **~ assumption** Treuhandübernahmevertrag *m*; **~ conveyance** Auflassungs-, Übereignungs-, Übertragungsurkunde *f*; **~ covenant** Versprechens-, Vertragsurkunde *f*; **~ donation/gift** Schenkungsurkunde *m*; **~ foundation** Stiftungsurkunde *f*; **d.s of a house** Eigentumsurkunde eines Hauses; **d. of incorporation** Gründungsurkunde *f*; **~ ownership** Eigentums-, Besitzurkunde *m*; **~ partition** Teilungsauflassung *f*, Teilungsurkunde *f*; **~ partnership** Gesellschaftsvertrag *m*; **~ postponement** Rangrücktrittserklärung *f*; **~ property** Vermögensübertragung *f*; **~ purchase** Kaufbrief *m*; **~ release** *(Grundbuch)* löschungsfähige Quittung; **~ renunciation** Verzicht(s)urkunde *f*; **~ sale** Kaufvertrag *m*, Kaufurkunde *f*; **~ separation** Teilungs-, Trennungsvertrag *m*; **~ settlement** Abfindungsvertrag *m*; **~ transfer** Aktien-, Eigentumsübertragungsurkunde *f*; **~ trust** 1. Treuhandvertrag *m*; 2. Sicherungsübereignung *f*

now this deed witnesses im Folgenden bezeugt dieser Vertrag

to draw up a deed Urkunde aufsetzen; **to execute a d.** aus einer Urkunde vollstrecken; **to issue/make out a d.** Urkunde ausstellen; **to transfer by d.** überschreiben

atrocious deed Gräueltat *f*; **bloody d.** Bluttat *f*; **collective d.** Sammelurkunde *f*; **executory d.** vollstreckbare Urkunde; **fateful d.** verhängnisvolle Tat; **by formal d.** urkundlich; **ignominious/shameful d.** niederträchtige Tat, Schändlichkeit *f*; **notarial d.** Notariatsvertrag *m*, notarieller Vertrag, notarielle Urkunde; **valid d.** rechtsgültige Urkunde

deem *v/t* erachten, halten für, betrachten als; **d.ing provision** *n* Als-ob-Bestimmung *f*

deepen *v/i* *(Verdacht)* sich verdichten/verschärfen, zunehmen, größer werden

deface *v/t* entstellen, verunstalten, unkenntlich machen; **d.ment** *n* Verunstaltung *f*, Unkenntlichmachung *f*

defalcat|e *v/t* veruntreuen, unterschlagen; **d.ion** *n* Untreue *f*, Veruntreuung *f*, Unterschlagung *f*; **d.or** *n* Veruntreuer *m*

defamation *n* Verleumdung *f*, Verunglimpfung *f*, üble Nachrede, Diffamierung *f*, Herabsetzung *f*, Rufschädigung *f*, Ehrverletzung *f*, Verächtlichmachung, Lästerung *f*, Beleidigung *f*; **d. of a flag** Flaggenverunglimpfung *f*; **~ character** Rufmord *m*; **~ a particular group; collective d.** Kollektivbeleidigung *f*; **d. suit** Verleumdungsklage *f*

defamatory *adj* verleumderisch, diffamierend, beleidigend, ehrenrührig

defam|e *v/t* verleumden, diffamieren, verunglimpfen, lästern; **d.er** *n* Verleumder(in) *m/f*, Ehrabschneider(in) *m/f*

default *n* 1. (Ver)Säumnis *nt*, Versäumung *f*, Unterlassung *f*; 2. Zahlungsverzug *m*, Zahlungsversäumnis *nt*; 3. Zahlungsunfähigkeit *f*, Zahlungseinstellung *f*; 4. (Leistungs)Verzug *m*, Nichterfüllung *f*, Nichterbringung *f*; 5. *(Gericht)* Nichterscheinen *nt*; **by d.** im Unterlassungsfall; **in (the) case of d.; ~ the event of d.** 1. im Unterlassungs-/Verzugsfall; 2. bei Nichterscheinen; **in d.** säumig; **~ whereof** widrigenfalls; **on d.** bei Nichtleistung/Verzug

default of acceptance; ~ the acceptor 1. Annahmeverzug *m*; 2. verweigerte Wechselannahme; **~ appearance** Nichterscheinen vor Gericht; **~ the debtor** Schuldnerverzug *m*; **in ~ defence** bei fehlender Klagebeantwortung; **d. in delivery** Lieferverzug *m*; **d. of interest** Zinsverzug *m*; **d. by omission** Unterlassungsdelikt *nt*

default of payment Zahlungsverzug *m*, Ausbleiben der Zahlung; **in ~** bei Nichtzahlung; **in ~ of a fine** im Falle der Nichtzahlung einer Geldstrafe

default of pleading Unterlassung der fristgerechten Einreichung des Schriftsatzes; **~ a term** Firstversäumnis *f*; **d. by a witness** Ausbleiben eines Zeugen

to cure a default Verzug wieder gutmachen; **to declare the party in d.** gegen die Partei ein Versäumnisurteil erlassen; **to make d.** einer Verpflichtung nicht nachkommen; **to put in d.** in Verzug setzen; **to be sentenced by d.** in Abwesenheit verurteilt werden

default action Mahnverfahren *nt*, Klage auf geschuldeten Geldbetrag; **d. fee**

Säumnisgebühr *f*; **d. fine** Säumnis-, Verzugsstrafe *f*, Versäumnisgebühr *f*; **d. interest** Verzugszinsen *pl*; **d. judgment** Säumnis-, Kontumazialurteil *nt*; **d. offence** Unterlassungsdelikt *nt*; **d. penalty** Säumniszuschlag *m*; **d. proceedings** (Ver)Säumnis-, Kontumazialverfahren *nt*; **d. risk** Ausfallrisiko *nt*

D

default summons Mahnbescheid *m*, Zahlungsbefehl *m*, Vorladung bei Zahlungsverzug; **d. s. based on a bill of exchange** Wechselmahnbescheid *m*; **~ documents** Urkundenmahnbescheid *m*; **to issue a d. s.** Mahnbescheid erlassen; **enforceable d. s.** Vollstreckungsbescheid *m*

default *v/i* 1. säumig sein; 2. in (Zahlungs)Verzug gelangen/geraten; 3. zahlungsunfähig werden; 4. nicht erfüllen/einhalten; 5. nicht vor Gericht erscheinen

defaulter *n* 1. säumige(r) Zahler(in), Schuldner(in) im Verzug; 2. Nichterschienene(r) *f/m*, nicht erschienene Partei

defaulting *adj* 1. säumig, in/im Verzug; 2. nicht erschienen

defeasance *n* 1. Annullierung *f*; 2. Aufhebungs-, Verwirkungsklausel *f*

defeasi|bility *n* Anfechtbar-, Aufhebbarkeit *f*; **d.ble** *adj* anfechtbar, annullierbar, auflösend bedingt

defeat *n* 1. Niederlage *f*; 2. Vereitelung *f*; 3. Aufhebung *f*; **to suffer d. in an action** im Prozess unterliegen; **d. of a motion** Ablehnung eines Antrags

defeat *v/t* 1. besiegen, schlagen; 2. *(Anspruch, Plan, Zweck)* vereiteln; 3. *(Antrag, Gesetzesentwurf)* zu Fall bringen; 4. aufheben, rückgängig machen; **to be d.ed** 1. *(Prozesspartei)* unterliegen; 2. *(Wahl)* überstimmt werden; **d.ing of a creditor** *n* 1. Vereitelung eines Gläubigeranspruchs; 2. Gläubigerbenachteiligung *f*

defect *n* Defekt *m*, Fehler *m*, (Sach)Mangel *m*; **d. of construction** Konstruktionsfehler *m*; **~ form** Formfehler *m*; **to cure a ~ form** Formmangel heilen; **~ law** Rechtsmangel *m*, Gesetzeslücke *f*; **d.(s) in material** Materialfehler *m*; **d. of proceedings** Verfahrensmangel *m*; **~ quality** Qualitätsfehler *m*, Qualitäts-, Sachmangel *m*; **d. as to quantity** Quantitätsmangel *m*; **d. in rem** *(lat.)* Fehler in der Sache; **d. in/of title** Rechtsmangel *m*, Mangel im Recht, Fehler im Rubrum; **to cure a ~** Rechtsmangel heilen; **d. covered by a warranty** Gewährsmangel *m*; **d. in/due to workmanship** Fertigungs-, Arbeitsfehler *m*

free of/from defect|s mangelfrei; **to be liable for d.s** für Mängel haften

to ascertain defect|s Mängel feststellen; **to assert d.s** Mängel geltend machen; **to conceal a d. fraudulently** Fehler arglistig verschweigen; **to eradicate a d.** Mangel beseitigen; **to notify a d.** Mangel anzeigen; **to mend/remedy a d.** Mangel/Fehler beheben/beseitigen/heilen, einem Mangel abhelfen, nachbessern; **to warrant for a d.** für einen Mangel haften

apparent defect offener Mangel; **ascertained d.** festgestellter Mangel; **chief d.** Hauptmangel *m*; **concealed/hidden d.** geheimer/verborgener Mangel; **existing d.s** vorhandene Mängel; **formal d.** Formfehler *m*; **inherent d.** anhaftender Mangel; **intrinsic d.** innerer Mangel; **invisible d.** nicht sichtbarer Mangel; **irremediable d.** unbehebbarer Mangel; **latent d.** geheimer/verborgener/versteckter Mangel; **material d.** wesentlicher Mangel, Sachmangel *m*; **~ d.s of legal proceedings; procedural d.s** Verfahrensmängel; **obvious/patent d.** offenkundiger/offener/erkennbarer Mangel; **redhibitory d.** Wand(e)lungs-, Gewährleistungsfehler *m*, zur Wandelung berechtigender Mangel; **remediable d.** behebbarer Mangel; **structural d.** baulicher Mangel

defective *adj* 1. fehler-, mangel-, schadhaft, defekt, mit Fehlern behaftet; 2. *(Rechtstitel)* ungültig, unzulänglich; **d.-ness** *n* Fehler-, Mangelhaftigkeit *f*

defence *n* 1. Verteidigung *f*, Abwehr *f*; 2. *(ZR)* Klagebeantwortung *f*, Klageerwiderung *f*, Einrede *f*, Einwendung *f*; 3. *(StR)* Verteidigung *f*, Einlassung *f*; 4. Rechtfertigung *f*; 5. (Straf)Verteidigung *f*; **subject to a d.** einredebehaftet

defence in a criminal case Strafverteidigung *f*; **~ court** Verteidigung vor Gericht; **d. of fraud** Einrede der Arglist; **~ lack of performance** Einrede des nicht erfüllten Vertrages; **to plead the ~ limitation** sich auf Verjährung berufen; **~ malice** Einwand der Arglist; **~ set-off** Aufrechnungseinrede *f*; **~ the rule of law** Verteidigung der Rechtsordnung

to abandon the defence Verteidigung

niederlegen; **to assume the d.** Verteidigung übernehmen; **to conduct one's own d.** sich selbst verteidigen; **to deliver/file/lodge the d.** Klagebeantwortung/Klageerwiderung einreichen; **to plead in d.** Einrede vorbringen, zur Verteidigung vorbringen; **to put forward a d.** Einrede geltend machen; **to represent the d.** Verteidigung übernehmen; **to strike out the d.** Verteidigungsvorbringen zurückweisen; **to take over the d.** Verteidigung übernehmen; **to withdraw from the d.** Verteidigung niederlegen

civil defence Zivilschutz *m*; **court-assigned d.** Pflichtverteidigung *f*; **good d.** berechtigter Einwand, begründete Einrede, berechtigtes Verteidigungsvorbringen; **inadmissible d.** (rechtlich) unzulässiges Verteidigungsvorbringen; **justifiable d.** Notwehr *f*; **legal d.** Rechtsschutz *m*; **~ insurance** Rechtsschutzversicherung *f*; **necessary d.** Notwehr *f*; **official d.** Offizial-, Pflichtverteidigung *f*; **peremptory d.** peremptorische Einrede; **written d.** Verteidigungsschrift *f*

defence counsel 1. *(ZR)* Anwalt des/der Beklagten; 2. *(StR)* Anwalt der Verteidigung, (Straf)Verteidiger(in) *m/f*; **to assign a d. c.** *(durch das Gericht)* Verteidiger(in) bestellen; **to brief a d. c.** Verteidiger(in) bestellen; **additional d. c.** Mitverteidiger(in) *m/f*; **court-appointed d. c.** Offizialverteidiger(in) *m/f*; **retained d. c.** bestellte(r) Verteidiger(in) *m/f*

defence lawyer Verteidiger *m*; **d. l. chosen by the defendant** Wahlverteidiger(in) *m/f*

defenceless *adj* wehrlos

defence witness Entlastungszeuge *m*, Zeuge der Verteidigung

defend *v/t* verteidigen; **d. os.** *v/refl* sich verteidigen

defendant *n* 1. *(ZR)* Beklagte(r) *f/m*, beklagte Partei; 2. *(StR)* Angeklagte(r) *f/m*, Beschuldigte(r) *f/m*; **d. in a cross-petition** Widerbeklagte(r) *f/m*; **d. after formal indictment** Angeklagte(r) *f/m*

to find for the defendant 1. *(ZR)* zugunsten des Beklagten entscheiden/urteilen; 2. *(StR)* den Angeklagten/die Angeklagte freisprechen; **counterclaiming d.** Widerkläger(in) *m/f*

defendant's plea Klageantwort *f*, Klageerwiderung *f*

defender *n* *[Scot.] (ZR)* Beklagte(r) *f/m*, beklagte Partei

defense *n [US]* ↘ **defence**; **d. attorney** *[US]* 1. Anwalt des Beklagten; 2. Verteidiger(in) *m/f*

defensible *adj* vertretbar, zu rechtfertigen

defer *v/t* 1. auf-, hinaus-, verschieben; 2. aussetzen; 3. zurückstellen

deferment *[GB]*; **deferral** *[US]* *n* 1. Aufschub *m*, Hinaus-, Verschiebung *f*; 2. Aussetzung *f*; 3. Zurückstellung *f*

deferment of the announcement of the judgment Aussetzung der Verkündigung des Urteils; **~ a date** Verschiebung eines Termins; **~ a deadline** Verlängerung einer Frist; **~ payment** Stundung *f*, Zahlungsaufschub *m*; **~ sentence** Aufschub der Urteilsverkündung; **to grant a d.** Aufschub gewähren

deferred *adj* 1. auf-, hinausgeschoben; 2. gestundet; 3. zurückgestellt

defiance *n* 1. Trotz *m*; 2. *(Anordnung, Gesetz)* Missachtung *f*; **in d. of** ungeachtet, trotz

deficiency *n* 1. Mangel *nt*, Unzulänglichkeit *f*; 2. Fehlbetrag *m*, Fehlmenge *f*, Manko *nt*; **d. in/of title** (Rechts)Mangel *m*; **mental d.** Geistesschwäche *f*

deficiency claim Mängelrüge *f*; **d. compensation** Ausfallentschädigung *f*; **d. guarantee** Ausfall-, Schadlosbürgschaft *f*; **d. goods** Mangelware *f*; **d. judgment** *[US]* Ausfallurteil *nt*; **d. loss** Mangelschaden *m*

deficient *adj* 1. mangelhaft, ungenügend; 2. fehlend; **mentally d.** geistesschwach

deficit *n* Defizit *nt*, Fehlbetrag *m*

defile *v/t* schänden, entehren

defilement *n* 1. Schändung *f*, Entehrung *f*, Entweihung *f*; 2. Verschmutzung *f*, Verunreinigung *f*; **d. of a grave** Grabschändung *f*

define *v/t* 1. definieren, erklären; 2. *(Bedingung, Grenze)* bestimmen, festlegen; 3. *(Vollmacht)* abgrenzen

definite *adj* bestimmt, festgesetzt, endgültig, definitiv; **to become d.** Rechtskraft erhalten/erlangen; **to render d.** Rechtskraft verleihen

definition *n* (Begriffs)Definition *f*, Begriffsbestimmung *f*; **by d.** definitorisch; **d. of powers** Kompetenzabgrenzung *f*; **statutory d.** Legaldefinition *f*; **~ of an offence** gesetzlicher Tatbestand

defraud *v/t* betrügen, beschwindeln, täuschen, unterschlagen, hinterziehen; **d.ation** *n* 1. Betrug *m*; 2. Unterschlagung *f*, Hinterziehung *f*; **d.er** Betrüger(in) *m/f*
defray *v/t (Kosten)* tragen, bestreiten, bezahlen, entrichten
defrayal *n* Bestreitung *f*, Entrichtung *f*; **d. of costs** Aufkommen für Kosten
D
degrade *v/t* 1. herab-, heruntersetzen; 2. *(fig)* erniedrigen, entehren, entwürdigen
degree *n* 1. Grad *m*, Maß *nt*; 2. Rang *m*, Stand *m*; 3. (akademischer) Grad; **d. of disablement** Invaliditätsgrad *m*; **~ fault** Grad des Verschuldens; **~ impairment** Beeinträchtigungsgrad *m*; **~ negligence** Fahrlässigkeitsgrad *m*; **~ the penalty** Höhe der Strafe; **~ priority/urgency** Dringlichkeitsgrad *m*; **~ probability** Wahrscheinlichkeitsgrad *m*; **~ relationship** Grad der Verwandtschaft, Verwandtschaftsgrad *m*, Verwandtschaftsverhältnis *nt*; **~ risk** Risiko-, Gefahrenumfang *m*
academic degree akademischer Grad; **first d. murder** *[US]* (vorsätzlicher) Mord; **liable in the ~** primär haftbar; **prohibited d.s** verbotene Verwandtschaftsgrade; **second d. murder** *[US]* Totschlag *m*; **liable in the ~** subsidiär haftbar
degree ceremony *[GB]* Graduierungsfeier *f*; **d. course** *(erster akad. Abschluss)* Studiengang *m*, Universitätskurs *m*
delay *v/t* hinhalten, verzögern, verschleppen
delay *n* 1. Verzögerung *f*, Verspätung *f*, Verschleppung *f*, Aufschub *m*; 2. Verzug *m*, Säumnis *f*; **in the event of d.** im Verzugsfall; **without d.** ohne Verzug, unverzüglich
delay in delivery Lieferverzug *m*; **d. of payment** Zahlungsverzug *m*; **d. in performance** Leistungsverzögerung *f*, Leistungsverzug *m*; **~ vacating premises** Räumungsverzug *m*; **d. of proceedings** Prozessverschleppung *f*
to allow for a delay Verzögerung einkalkulieren; **to grant a d.** Fristverlängerung zugestehen; **culpable/undue d.** schuldhafte Verzögerung; **without undue d.** ohne schuldhafte Verzögerung
delaying *adj* verzögernd, hinhaltend, Verzögerungs-; **d. action/tactics** Verschleppungs-, Verzögerungs-, Hinhaltetaktik *f*
delaying (of) proceedings *n* Prozessverschleppung *f*, Verschleppung des Verfahrens
del credere *n* Delkredere *nt*, Bürgschaft *f*; **~ liability** Delkrederehaftung *f*
delegate *n* Delegierte(r) *f/m*, Bevollmächtigte(r) *f/m*; *v/t* delegieren, bevollmächtigen, Vollmacht erteilen
delegation *n* 1. Delegation *f*; 2. Delegierung *f*, Übertragung *f*; **d. of authority** Vollmachtserteilung *f*; **~ powers** Übertragung von Befugnissen, Vollmachtsübertragung *f*; **~ legislative power** Delegierung der Gesetzgebungsgewalt; **~ responsibility** Übertragung von Verantwortung; **fact-finding d.** Ermittlungskommission *f*
delete *v/t* (aus)streichen, (aus)löschen, tilgen; **d. as/if appropriate** *(Formular)* Nicht-/Unzutreffendes streichen
deletion *n* (Aus)Streichung *f*, (Aus)Löschung *f*, Tilgung *f*; **d. of an entry in the land (charges) register** Grundbuchlöschung *f*
deliberate *v/ti* 1. nachdenken, sich beraten; 2. bedenken, überlegen, beraten
deliberate *adj* vorsätzlich, wissentlich, absichtlich; **d.ly** *adv* mit Vorbedacht, vorsätzlich
deliberation *n* 1. (Urteils)Beratung *f*, Besprechung *f*; 2. Überlegung *f*; **d. in camera** *(lat.)* geheime Urteilsberatung; **after careful d.** nach sorgfältiger Überlegung; **on mature d.** nach reiflicher Überlegung
delimitation *n* Abgrenzung *f*
delinquency *n* 1. Kriminalität *f*, Straffälligkeit *f*; 2. Zahlungsverzug *m*, (Ver-)Säumnis *f/nt*; 3. Pflichtverletzung *f*; **juvenile d.** Jugendkriminalität *f*, Jugendstraftaten *pl*; **d. charge** Säumniszuschlag *m*
delinquent *n* Täter(in) *m/f*, Delinquent(in) *m/f*; **juvenile d.** jugendlicher Täter
delinquent *adj* 1. straffällig; 2. säumig, überfällig, rückständig
deliver *v/t* 1. liefern, aus-, abliefern, zustellen; 2. *(Urkunde)* aushändigen, herausgeben; 3. *(Rede)* halten; 4. *(Urteil)* sprechen, verkünden, fällen; **d. up** *(Sache)* heraus-, aufgeben, überantworten; **d. os. up to the police** sich der Polizei stellen
delivering (of) a judgment *n* Urteilsverkündung *f*
delivery *n* 1. Lieferung *f*, Ab-, Auslieferung *f*, Zustellung *f*; 2. Aushändigung *f*,

Heraus-, Übergabe *f*, Überlassung *f*; **(up)on d.** gegen Aushändigung; **payable on d.** bei Lieferung zahlbar

delivery subject to the availability of goods Lieferfähigkeit vorbehalten; **d. of a deed** Aushändigung einer Urkunde; **d. in full discharge** Hingabe an Erfüllungs Statt; **d. of documents** Herausgabe von Urkunden; **~ goods** Warenzustellung *f*; **d. by hand** unmittelbare Übergabe; **d. of a judgment** Erlass/Verkündigung eines Urteils; **~ the merchandise** Übergabe der Ware; **d. to third parties** Überlassung an Dritte; **d. of possession** Besitzübergabe *f*, Besitzübertragung *f*; **~ a prisoner** Einlieferung eines Gefangenen; **d. by way of security** Übergabe als Sicherheit; **d. of a thing** Übergabe einer Sache

actual delivery tatsächliche Übergabe; **constructive d.** mittelbare Übergabe; **general d.** *[US]* postlagernd; **mistaken d.** Falschlieferung *f*; **personal d.** eigenhändige Übergabe; **postal d.** Postzustellung *f*; **recorded d.** Einschreiben mit Rückschein

delivery bond Lieferkaution *f*; **d. clause** Lieferklausel *f*; **d. deadline** Lieferfrist *f*; **d. item** Liefergegenstand *m*; **d. note** Lieferschein *m*, Aus-, Ablieferungsschein *m*; **d. order** Lieferanweisung *f*; **d. period** Lieferfrist *f*; **to extend the ~** Lieferfrist verlängern; **d. terms** Lieferbedingungen; **d. time** Lieferzeit *f*

delude *v/t* täuschen, irreführen; **d. os.** *v/refl* sich etw. vormachen

delusion *n* Wahn(vorstellung) *m/f*

demand *n* 1. Forderung *f*, An-, Aufforderung *f*, Ersuchen *nt*, Verlangen *nt*, (Rechts)Anspruch *m*; 2. Nachfrage *f*, Bedarf *m*; **on d.** auf Anforderung/Verlangen; **payable ~** zahlbar bei Aufforderung

demand for charges Gebührenforderung *f*; **~ payment** Zahlungsaufforderung *f*, Aufforderung zur Zahlung, Mahnung *f*; **~ overdue payment** *(Zahlung)* Inverzugsetzung *f*; **~ overdue performance** *(Leistung)* Inverzugsetzung *f*; **~ punishment** Strafantrag *m*; **~ restitution** Erstattungsforderung *f*; **d. that sth. be applied** Anwendung fordern

additional demand Nachforderung *f*; **regular d.** Regelbedarf *m*; **unreasonable d.** Zumutung *f*

demand *v/t* fordern, an-, auffordern, postulieren, (ab)verlangen, beanspruchen; **d. deposit** Sichteinlage *f*

demand|ed *adj* geboten; **d.ing** *adj* anspruchsvoll; **~ with menaces** *n* (räuberische) Erpressung

demanning *n* Personal-, Stellenabbau *m*

demarcate *v/t* abgrenzen

demarcation *n* Abgrenzung *f*; **d. of liability** Haftungsabgrenzung *f*; **d. dispute** Kompetenz-, Abgrenzungsstreitigkeit *f*, Streit um den Zuständigkeitsbereich; **d. line** Demarkationslinie *f*

demean|ing *adj* erniedrigend; **d.our** *n* 1. Benehmen *nt*, Auftreten *nt*; 2. Haltung *f*

dement|ed *adj* geistesgestört; **d.ia** *n (lat.)* Geistesgestörtheit *f*, Geisteskrankheit *f*, Demenz *f*

demerge *v/t* entflechten; **d.r** *n* Entflechtung *f*

demise *n* 1. Tod *m*, Ableben *nt*, Exitus *m (lat.)*; 2. Verpachtung *f*, Vermietung *f*; *v/ti (Grundbesitz)* 1. verpachten, vermieten; 2. übergehen

demolish *v/t* 1. ab-, einreißen, abbrechen; 2. *(fig)* vernichten, zerstören

demolition *n* 1. *(Gebäude)* Abbruch *m*; 2. Zerstörung *f*; **d. order** Abbruchverfügung *f*; **d. work** Abbrucharbeiten

demonstrable *adj* *(Irrtum)* nachweis-, beweisbar

demonstrate *v/ti* 1. be-, nachweisen, zeigen, darlegen; 2. demonstrieren

demonstration *n* 1. Demonstration *f*, Kundgebung *f*; 2. Vorführung *f*; **to disperse a d.** Demonstration zerstreuen; **large-scale d.** Großdemonstration *f*; **violent d.** gewalttätige/unfriedliche Demonstration

demonstrator *n* Demonstrant(in) *m/f*

demot|e *v/t* *(Personal)* zurück-, herabstufen; **d.ion** Rückstufung *f*

demur *n* Einwand *m*, Einwendungen *pl*; **without d.** ohne Einwendungen

demur *v/i* 1. (Rechts)Einwand erheben, Bedenken haben, beanstanden; 2. *(ZR)* auf mangelnde Schlüssigkeit hinweisen

demurrer 1. *(Rechtsmittel)* Einspruch *m*, Einrede *f*; 2. *[US]* Abweisungsbegehren *nt*; 3. *(ZR)* Einwand/Einwendung der mangelnden Schlüssigkeit; **d. to an action** prozesshindernde Einrede; **~ evidence** Beweiseinrede *f*, Einrede des unzureichenden Beweises; **d. at law** Rechtseinwand *m*

D

den of iniquity *n* *(coll)* Lasterhöhle *f*
denatural|ization *n* Denaturalisation *f*, Entziehung der Staatsangehörigkeit; **d.-ize** *v/t* denaturalisieren, Staatsangehörigkeit entziehen
denial *n* 1. *(ZR)* Bestreiten (des Klagevorbringens); 2. Leugnen *nt*, Ableugnung *f*, Dementi *nt*; 3. Verweigerung *f*, Versagung *f*; 4. abschlägiger Bescheid, Absage *f*; **d. of justice** Justiz-, Rechtsverweigerung *f*, Rechtsversagung *f*; **~ legitimacy** Ehelichkeitsanfechtung *f*; **~ liability** Haftungsablehnung *f*; **d. by oath** Abschwörung *f*; **d. of permission** Versagung der Erlaubnis; **~ responsibility** Ablehnung der Verantwortung; **~ human rights** Nichtanerkennung der Menschenrechte
to issue a denial dementieren (lassen); **general d.** allgemeines Bestreiten; **special d.** Bestreiten einzelner Klagebehauptungen; **d. damage** Aufopferungsanspruch *m*
denigrat|e *v/t* verunglimpfen, anschwärzen, verleumden; **d.ion** *n* Verunglimpfung *f*, Anschwärzung *f*, Verleumdung *f*
denomination *n* 1. *(Religion)* Bekenntnis *nt*, Konfession *f*; 2. Benennung *f*, Bezeichnung *f*; 3. Nennwert *m*; **d. of goods** Warenbenennung *f*; **religious d.** Glaubensgemeinschaft *f*
denote *v/t* be-, kennzeichnen
denounce *v/t* 1. denunzieren, anprangern; 2. Strafanzeige erstatten; 3. *(Staatsvertrag)* kündigen
dent *n* Beule *f*, Delle *f*; *v/t (Auto, Hut)* verbeulen
denunciat|ion 1. Denunziation *f*, Anprangerung *f*, Brandmarkung *f*; 2. Strafanzeige *f*; 3. *(Völkerrecht)* Kündigung *f*; **d. clause** Kündigungsklausel *f*; **d.or** *n [US]* Denunziant(in) *m/f*
Denver boot *n [US]* Parkkralle *f*
deny *v/t* 1. (ab)leugnen, ab-, bestreiten; 2. *(Recht)* absprechen; 3. verwehren, versagen; 4. verneinen, dementieren; 5. *(Schuld)* abschwören
depart *v/i* 1. abreisen, abfahren; 2. abweichen
department *n* 1. Abteilung *f*; 2. Dezernat *nt*, Amt *nt*, Ressort *nt*; 3. Fakultät *f*, Seminar *nt*; 4. Ministerium *nt*
Department of Employment *[GB]* Arbeitsministerium *nt*; **~ the Environment (DoE)** *[GB]* Umweltministerium *nt*; **~ Health, Education and Welfare** *[US]* Ministerium für Gesundheit, Erziehung und Wohlfahrt; **~ Health and Social Security (DHSS)** *[GB]* Ministerium für Gesundheit und soziale Sicherheit; **~ Justice** *[US]* Justizministerium *nt*; **~ Motor Vehicles** *[US]* Straßenverkehrsamt *nt*
antitrust department Kartellbehörde *f*; **federal d.** Bundesamt *nt*; **forensic d.** *(Dezernat)* Spurensicherung *f*; **legal d.** Rechtsabteilung *f*, Rechtsdezernat *nt*; **outpatient d.** *(Krankenhaus)* Ambulanz *f*
departure *n* 1. Abfahrt *f*, Abreise *f*; 2. Abgang *m*, Weggang *m*; 3. Abweichen *nt*, Abweichung *f*; 4. Klageänderung *f*, Klageabweichung *f*; **d. from the law** Rechtsbeugung *f*; **~ the norm** Abweichen von der Norm; **~ the truth** Abweichen von der Wahrheit
dependable *adj* zuverlässig, verlässlich
dependant *[GB]*; **dependent** *[US] n* Abhängige(r) *f/m*, abhängige Person, Angewiesene(r) *f/m*, Angehörige(r) *f/m*, Unterhaltsbedürftige(r) *f/m*, Unterhaltsberechtigte(r) *f/m*; **d.s** Abhängige; **surviving d.s** Hinterbliebene; **~ d.s' benefits** Hinterbliebenenbezüge
dependence; dependency *n* Abhängigkeit *f*; **d. agreement** Beherrschungsvertrag *m*
dependent *adj* 1. abhängig, unselbstständig, angewiesen, hörig; 2. unterhaltsbedürftig, unterhaltsberechtigt
depletion *n* Erschöpfung *f*, Substanzminderung *f*, Substanzverzehr *m*; **d. of resources** Erschöpfung der Rohstoffvorräte
deplore *v/t* 1. bedauern, beklagen; 2. missbilligen
deployment *n* Einsatz *m*; **d. of labour** Einsatz der Arbeitskräfte
deponent *n* vereidigter Zeuge, vereidigte Zeugin
deport *v/t* abschieben, ausweisen, des Landes verweisen
deportation *n* Abschiebung *f*, Ausweisung *f*, Zwangsverschickung *f*; **d. of aliens** Abschiebung von Ausländern; **~ illegal immigrants** Zurückschiebung *f*; **d. facility** Abschiebehaftanstalt *f*; **d. order** Ausweisungsbefehl *m*, Ausweisungsbeschluss *m*; **d. proceedings/procedure** Ausweisungs-, Abschiebeverfahren *nt*
deportee *n* abzuschiebende Person

depose *v/t* 1. absetzen, entthronen; 2. unter Eid aussagen, eidliche Aussage zu Protokoll geben, schriftliche (eidliche) Erklärung abgeben

deposit *n* 1. Anzahlung *f*, erste Rate; 2. Pfand(hinterlegung) *nt/f*, Kaution *f*, Flaschenpfand *nt*; 3. Verwahrung *f*, Aufbewahrung *f*; 4. (Geld)Einlage *f*

deposit in court gerichtliche Hinterlegung; **d. of a pledged item** Pfandhinterlegung *f*; **~ a security** Hinterlegung einer Sicherheit; **~ securities** Hinterlegung von Wertpapieren; **~ title deeds** Hinterlegung von Eigentumsurkunden; **~ a will** Testamentshinterlegung *f*

to forfeit a deposit Anzahlung einbüßen/verwirken; **to leave/make/pay a d.** 1. anzahlen, Anzahlung leisten; 2. Kaution hinterlegen; **blocked d.** Sperrguthaben *nt*; **collective d.** Sammelvewahrung *f*; **gratuitous/naked d.** unentgeltliche Verwahrung; **minimum d.** Mindestanzahlung *f*; **non-resident d.s** Auslandsguthaben

deposit *v/t* 1. ein-, anzahlen; 2. hinterlegen, deponieren; 3. in Verwahrung geben

deposit|able *adj* hinterlegungsfähig; **d. account** Sparkonto *nt*; **d.ary** *n* 1. Pfandnehmer/in *m/f*; 2. Verwahrungsort *m*, Hinterlegungsstelle *f*; 3. Lagerhaus *nt*; **d. cost(s)** Kosten der Hinterlegung; **d.ee** *n* Verwahrer *m*

deposition *n* 1. Aussage unter Eid, Aussageprotokoll *nt*, zu Protokoll gegebene eidliche Zeugenaussage; 2. Deponierung *f*, Hinterlegung *f*; 3. Entthronung *f*, Absetzung *f*; **d. on oath** eidliche Aussage

to affirm a deposition Aussage bekräftigen; **to make a d.** eidliche Erklärung abgeben; **to take d.s** eidliche Aussagen entgegennehmen

depositor *n* 1. Einzahler *m*, Einleger *m*; 2. Hinterleger *m*; **d.'s duty to pay damages** Schaden(s)ersatzpflicht des Hinterlegers; **~ right to reclaim (sth.)** Rückforderungsrecht des Hinterlegers

depository *n* Verwahrungs-, Hinterlegungsstelle *f*

depreciable *adj* abschreibbar, absetzbar

depreciate *v/ti* 1. *(Wert)* mindern, abwerten; 2. abschreiben, absetzen; 3. im Wert sinken

depreciation *n* 1. Wertminderung *f*; 2. Abschreibung *f*; **d. of fixed assets** Abschreibung auf Anlagevermögen; **~ plant and equipment** Abschreibung auf Betriebsanlagen; **~ replacement value** Abschreibung auf den Wiederbeschaffungswert; **straight-line d.** lineare Abschreibung; **unscheduled d.** außerplanmäßige Abschreibung

deprivation *n* 1. Entziehung *f*, Aberkennung *f*, Entzug *m*, Verlust *m*, Beraubung *f*; 2. Entbehrung *f*, Mangel *m*; **d. of citizenship** Entziehung der Staatsangehörigkeit; **~ civil rights** Aberkennung/Entziehung der bürgerlichen (Ehren)Rechte; **~ legal capacity** Entmündigung *f*, Entziehung der Rechtsfähigkeit; **~ (a person's) liberty** Freiheitsberaubung *f*, Freiheitsentzug *m*; **~ possession** Besitzentziehung *f*; **~ rights** Entrechtung *f*; **~ use** Gebrauchsentzug *m*

deprive *v/t* entziehen, aberkennen; **d.d** *adj* benachteiligt, arm

deputize (for so.) *v/i* vertreten, Vertretung übernehmen

deputy *n* Stellvertreter(in) *m/f*, stellvertretende(r) Vorsitzende(r) *f/m*; *adj* stellvertretend; **to appoint a d.** Vertreter bestimmen

deputy juror Hilfsgeschworene(r) *f/m*; **d. judge** Hilfsrichter(in) *m/f*; **d. lay judge** Hilfsschöffe *m*, Hilfsschöffin *f*; **d. manager** stellvertretender Geschäftsführer; **d. prosecutor** Vertreter des Staatsanwalts; **d. sheriff** *[US]* Hilfspolizist(in) *m/f*

deranged *adj* ge-, verstört, verwirrt; **mentally d.** geistesgestört, geistig umnachtet

derating (of local taxes) *n* Grundsteuerbefreiung *f*

deregister *v/ti* 1. im (Handels)Register löschen; 2. sich abmelden; 3. *(Kfz)* abmelden

deregulate *v/t* deregulieren, liberalisieren, dem freien Wettbewerb überlassen

deregulation *n* Deregulierung *f*, Freigabe *f*, Liberalisierung *f*, Abbau von (staatlichen) Kontrollen; **d. of rents** Mietfreigabe *f*

derelict *n* 1. aufgegebenes Eigentum; 2. aufgegebenes Schiff, treibendes Wrack; 3. *(fig)* (menschliches) Wrack; *adj* 1. verlassen, aufgegeben, herrenlos; 2. *(Gebäude)* verfallen, baufällig, heruntergekommen; 3. *[US]* pflichtvergessen

dereliction *n* 1. Dereliktion *f*, Eigentumsaufgabe *f*; 2. (schuldhafte) Vernachlässigung; **d. of duty** Pflichtverletzung *f*, Pflichtversäumnis *nt*; **gross ~** gröbliche

D

Pflichtverletzung; **d. of land** Landverödung *f*
derequisition *n* Aufhebung der Beschlagnahme
derestriction *n* Lockerung von Beschränkungen, Freigabe von Bewirtschaftung
derivation *n* Ab-, Herleitung *f*, **d. of a claim** Herleitung eines Anspruchs
derivative *adj* *(Anspruch, Klage)* derivativ, abgeleitet
derive (from) *v/ti* 1. ab-, herleiten; 2. *(Nutzen)* ziehen (aus), gewinnen; 3. sich ab-/herleiten (von), beruhen (auf)
derogate (from) *v/t* 1. *(Gesetz)* teilweise aufheben, abändern; 2. *(Recht, Vereinbarung)* beeinträchtigen, schmälern, vermindern; 3. *(Sache)* Abbruch tun, schaden; 4. abweichen
derogation 1. (teilweise) Aufhebung, Abänderung *f*; 2. Beeinträchtigung *f*, Schmälerung *f*, 3. Abbruch *f*; 4. Abweichung *f*; **in d. of Art. 1** in Abweichung von Art. 1; **d. of responsibility** Ablehnung der Verantwortung
derogatory *adj* *(Bemerkung)* abfällig, abschätzig; **to be d. (to)** beeinträchtigen, schaden, zum Nachteil sein von
descend (from) *v/i* 1. ab-, entstammen; 2. *(Eigentum)* übergehen; 3. *(Rechte)* vererbt werden
descendant *n* Ab-, Nachkomme *m*, Nach-, Abkömmling *m*; **d.s** Nachkommen(schaft) *pl/f*; **~ in direct line** Abkömmlinge in gerader Linie; **~ of the testator** Abkömmlinge des Erblassers; **third-party ~** Abkömmlinge eines Dritten
descent *n* 1. Abstammung *f*, Abkunft *f*, Herkommen *nt*; 2. Vererbung *f*, (gesetzliche) Erbfolge; 3. *(Grundbesitz)* Übergang; 4. *(fig)* Niedergang *m*, Abstieg *m*, Verfall *m*; 5. Gefälle *nt*; **collateral d.** Abstammung in der Seitenlinie; **legitimate d.** eheliche Abstammung; **lineal d.** Abstammung in gerader Linie
describe *v/t* beschreiben, schildern
description *n* 1. Beschreibung *f*, Schilderung *f*, Darstellung *f*; 2. Bezeichnung *f*; **by d.** laut Beschreibung; **false/incorrect d. of contents** falsche Inhaltsbeschreibung; **~ duties** Aufgabenbeschreibung *f*; **~ foodstuffs** Lebensmittelkennzeichnung *f*; **~ the goods** Warenbezeichnung *f*; **~ the missing person** Beschreibung des/r Vermissten; **~ a wanted person** Steckbrief *m*; **~ the lease** Beschreibung der Pacht-/Mietsache
comprehensive description umfassende Darstellung; **misleading d.** missverständliche Bezeichnung; **official d.** Amtsbezeichnung *f*
desecrate *v/t* schänden, entweihen
desecration *n* Schändung *f*, Entweihung *f*, Frevel *m*; **d. of a church** Kirchenschändung *f*; **~ a corpse/dead body** Leichenschändung *f*; **~ a grave** Grabschändung *f*
desequestration *n* Aufhebung der Zwangsverwaltung
desert *v/ti* 1. verlassen; 2. im Stich lassen; 3. desertieren, Fahnenflucht begehen; **d.-er** *n* Fahnenflüchtiger *m*; **d.ion** *n* 1. *(Familie)* (böswilliges) Verlassen; 2. Fahnenflucht *f*
deserve *v/t* *(Lob, Strafe)* verdienen
design *n* 1. Absicht *f*, Vorhaben *nt*, Plan *m*; 2. (Geschmacks-/Gebrauchs)Muster *nt*; 3. Entwurf *m*, Zeichnung *f*; 4. Konstruktion *f*, Bauart *f*; **by d. rather than accident** absichtlich und nicht zufällig; **faulty d.** Konstruktionsfehler *m*; **patented d.** geschütztes Gebrauchsmuster; **protected d.** geschütztes Geschmacks-/ Gebrauchsmuster; **registered d.** eingetragenes Geschmacks-/Gebrauchsmuster; **d. feature** Konstruktionsmerkmal *nt*; **d. patent** *[US]* geschütztes Geschmacksmuster; **d. requirements** *(Musterschutz)* charakteristische Eigenschaften des Musters
design *v/t* 1. planen, beabsichtigen; 2. entwerfen, zeichnen; 3. konstruieren
designate *v/t* 1. bezeichnen, kennzeichnen; 2. *(Erbe, Nachfolger, Verteidiger)* bestellen, ernennen, bestimmen, ausersehen, designieren; *adj* designiert, ernannt
designation *n* 1. Bezeichnung *f*, Benennung *f*; 2. Bestimmung *f*, Ernennung *f*; **d. as a beneficiary** Begünstigung *f*; **d. of origin** Ursprungsbezeichnung *f*; **~ quality** Qualitätsbezeichnung *f*; **~ the invention** Bezeichnung der Erfindung
official designation Amtsbezeichnung *f*; **proprietary d.** geschützte Bezeichnung
desire *n* Wunsch *m*, Verlangen *nt*, Anliegen *nt*, Begehren *nt*, Bitte *f*; *v/t* 1. wünschen, verlangen, begehren; 2. bitten, ersuchen; **d.d** *adj* gewünscht
desist (from) *v/i* Abstand nehmen (von), ablassen (von), unterlassen; **d.ence** *n* Abstand(nahme) *m/f*

desperate *adj* 1. verzweifelt; 2. zum Äußersten entschlossen; 3. dringend
desperation *n* Verzweiflung *f*
despicable *adj* niederträchtig, widerwärtig, verachtenswert
despoil *v/t* *(Umwelt)* verschandeln, ausplündern, zerstören
destination *n* Bestimmungs-, Zielort *m*; **to leave for an unknown d.** mit unbekanntem Ziel abreisen; **contractual d.** vereinbarter Bestimmungsort
destitut|e *adj* mittellos, unvermögend; **d.ion** *n* Mittellosigkeit *f*, Armut *f*
destroy *v/t* 1. vernichten, zerstören, zunichte machen; 2. *(Tier)* einschläfern; **d.ing (of) evidence** *n* Vernichtung von Beweismitteln
destruction *n* Vernichtung *f*, Zerstörung *f*; **d. of the environment** Umweltzerstörung *f*; **~ evidence** Beweisvernichtung *f*; **~ files/records** Vernichtung von Akten/Unterlagen; **~ jobs** Arbeitsplatzvernichtung *f*; **d. order** *(Tiere)* Einschläferungsverfügung *f*
destructive *adj* zerstörerisch
desuetude *n* Ungebräuchlichkeit *f*; **to fall into d.** außer Gebrauch kommen
detach *v/t* (ab)trennen, (ab)lösen, absondern; **d.ed** *adj* 1. *(Haus)* allein-, freistehend; 2. objektiv, unvoreingenommen, unparteiisch; 3. *(Person)* kühl, distanziert
detachment *n* 1. Abtrennung *f*, Loslösung *f*; 2. Objektivität *f*; 3. Distanziertheit *f*; 4. *(Militär)* Trupp *m*, Kommando *nt*; **d. of police** Polizeiaufgebot *nt*
detail *n* Einzelheit *f*, Detail *nt*; **in d.** ausführlich, detailliert; **personal d.s** Personalien, Angaben zur Person; **to give one's ~** Angaben zur Person machen; **relevant d.s** sachdienliche Angaben
detailed *adj* ausführlich
detain *v/t* 1. festnehmen, in Gewahrsam/Haft nehmen, sistieren; 2. festhalten, in Haft halten, gefangen halten; 3. *(Waren)* vorent-, einbehalten, zurückhalten; **to be d.ed at Her Majesty's pleasure** *[GB]* in Haft gehalten werden
detainee *n* Festgenommene(r) *f/m*, Gefangene(r) *f/m*, Häftling *m*, Inhaftierte(r) *f/m*
detainer *n* 1. Inhaftierung *f*; 2. (widerrechtliche) Vorenthaltung; 3. Haft(verlängerungs)befehl *m*, verlängerte Haftanordnung; **wrongful/forcible d.** *(Grundbesitz)* rechtswidrige Vorenthaltung
detect *v/t* auf-, entdecken, aufspüren, ermitteln, feststellen
detection *n* Auf-, Entdeckung *f*, Entlarvung *f*, Aufklärung *f*; **d. rate** Aufklärungsrate *f*
detective *n* 1. Detektiv(in) *m/f*; 2. Kriminalbeamter *m*; **private d.** Privatdetektiv *m*, privater Ermittler; **d. agency** Detektei *f*; **private ~** Auskunftei *f*; **d. department** 1. Kriminalpolizei *f*; 2. Kriminalabteilung *f*; **d. work** Ermittlungsarbeit *f*
detention *n* 1. Haft *f*, Arrest *m*, Gewahrsam *m*, Freiheitsentzug *m*, Inhaftierung *f*; 2. *(widerrechtlich)* Vorent-, Zurück-, Einbehaltung *f*, Beschlagnahme *f*; 3. Internierung *f*
detention for debt Schuldarrest *m*; **d. of juvenile delinquents** Jugendarrest *m*; **d. prior to deportation** Abschiebe-, Abschiebungshaft *f*; **~ to extradition** Auslieferungshaft *f*; **d. for a short time** Kurzarrest *m*
arbitrary detention willkürliche Festnahme; **coercive d.** Beuge-, Zwangs-, Erzwingungshaft *f*; **~ order** Erzwingungshaftbefehl *m*; **compulsory d.** *(Geisteskranke)* zwangsweise Unterbringung; **further d.** Haftfortdauer *f*; **juvenile d.** Jugendarrest *m*; **penal d. of young persons** Jugendstrafvollzug *m*; **pre-trial d.** *[US]* Untersuchungshaft *f*; **preventive d.** vorläufiger Gewahrsam, Vorbeuge-, Sicherungshaft *f*, Sicherungsverwahrung *f*, Sicherheitsgewahrsam *m*, vorbeugende Inhaftierung; **provisional d.** vorläufige Festnahme; **random d.** wahllose Festnahme; **short-term d.** Kurzarrest *m*; **temporary d.** vorläufige Festnahme/Inhaftierung; **unlawful/wrongful d.** widerrechtliche Festnahme, Freiheitsberaubung *f*
detention camp Lager *nt*; **d. cell** Gewahrsams-, Arrest-, Haftzelle *f*; **d. centre** *[GB]* (geschlossene) Aufnahmeeinrichtung für Asylbewerber; **juvenile ~** Jugendstrafanstalt *f* (JSA), Jugendarrestanstalt *f*; **d. facility** Haftanstalt *f*; **d. order** Haftbefehl *m*
deter *v/t* abschrecken, abhalten
deteriorate *v/i* sich verschlechtern
deterioration *n* 1. Verschlechterung *f*; 2. Verderb *m*, Verschleiß *m*; 3. Verböserung *f*; **d. of goods** Warenverderb *m*; **d. of professionalism** schwindende Berufsethik; **d. in quality** Qualitätsminderung *f*, Qualitätsverschlechterung *f*

D

determinable *adj* 1. *(Betrag)* bestimmbar, feststellbar; 2. *(Vertrag)* befristet, kündbar, auflösbar

determination *n* 1. *(Ursache, Wert)* Bestimmung *f*, Ermittlung *f*; 2. *(Kosten, Schadenersatz)* Festsetzung *f*, Festlegung *f*; 3. *(Person)* Entschlossenheit *f*, Entschluss *m*, Zielstrebigkeit *f*

D

determination of so.'s address Feststellung des Aufenthaltsorts; **~ age** Altersbestimmung *f*; **~ the cause of loss** Feststellung der Schadensursache; **~ a claim** Feststellung eines Anspruchs; **~ alcoholic content** Feststellung des Alkoholgehalts; **~ consideration** Festsetzung der Gegenleistung; **~ damages** Festsetzung der Entschädigung; **~ demand** Bedarfsermittlung *f*; **~ fees** Honorarfestsetzung *f*; **~ (taxable) income** Einkommensermittlung *f*; **~ loss** Feststellung des Schadens; **d. by lot** Bestimmung durch Los; **d. of paternity** Vaterschaftsfeststellung *f*; **d. by a third party** Bestimmung durch einen Dritten; **d. of possession** Besitzermittlung *f*; **~ profits** Gewinnermittlung *f*; **~ residence** Aufenthaltsermittlung *f*; **~ the time of death** Todeszeitfeststellung *f*; **~ value** Bestimmung des Wertes, Wertberechnung *f*; **~ weight** Gewichtsermittlung *f*

judicial determination gerichtliche Festsetzung

determine *v/t* bestimmen, festlegen, feststellen

determined *adj* entschieden, zielstrebig

deterrence *n* Abschreckung *f*; **general d.** Generalprävention *f*

deterrent *adj* abschreckend; *n* Abschreckungsmittel *nt*; **to act as a d.** abschrecken

detest *v/t* verabscheuen

detinue *n* *(Besitz)* Vorenthaltung *f*

detour *n* Umleitung *f*, Umgehungsstraße *f*

detract *v/i* verunglimpfen, beeinträchtigen, schmälern; **d. from sth.** etw. beeinträchtigen, einer Sache Abbruch tun; **d.ion** *n* Verunglimpfung *f*

detriment *n* Schädigung *f*, Beeinträchtigung *f*, Nachteil *m*; **to so.'s d.** zu jds Nachteil; **~ the d. of** zum Nachteil/Schaden von; **without d. to** ohne Schaden für; **~ to his claim** ohne Beeinträchtigung seines Anspruchs; **d. of rights** Beeinträchtigung der Rechte; **legal d.** Rechtsnachteil *m*

detrimental *adj* abträglich, nachteilig, schädlich; **to be d. to sth.** einer Sache abträglich sein

devaluation *n* Abwertung *f*, Geldentwertung *f*; **d. clause** Abwertungsklausel *f*

devalue *v/t* abwerten

devastating *adj* verheerend, niederschmetternd, vernichtend

devastation *n* Verwüstung *f*; **to cause d.** Verwüstungen anrichten

develop *v/t* 1. (weiter)entwickeln; 2. entfalten, weiterbilden; 3. erschließen, nutzbar machen; 4. fördern; **d.ed** *adj* baureif, erschlossen

developer *n* Bauträger *m*, Entwicklungsgesellschaft *f*

development *n* 1. Entwicklung *f*, Fortschritt *m*; 2. Entfaltung *f*, Bildung *f*; 3. (Bauland)Erschließung *f*, Bauvorhaben *nt*, Bebauung *f*; 4. Förderung *f*; **d. of energy resources** Erschließung von Energiequellen; **~ (one's) personality** Entfaltung seiner Persönlichkeit, Persönlichkeitsentwicklung *f*; **~ the law** Rechtsfortbildung *f*, Rechtsentwicklung *f*

to authorize development Baubewilligung erteilen

clean development umweltverträgliche Entwicklung; **further d.** Weiterentwicklung *f*; **professional d.** beruflicher Werdegang; **regional d.** Regionalförderung *f*, Raumordnung *f*; **sustainable d.** nachhaltige/zukunftsverträgliche Entwicklung; **urban d.** Stadtentwicklung *f*

development area Entwicklungs-, Erschließungs-, Förderungs-, Sanierungsgebiet *nt*; **d. agency** Wirtschaftsförderungsamt *nt*; **d. aid** Entwicklungshilfe *f*; **d. company** *[GB]*/**corporation** *[US]* *n* 1. Bauträger *m*, (Wohnungs)Baugesellschaft *f*; 2. Wirtschaftsförderungsgesellschaft *f*; **d. land** Bauerwartungsland *nt*; **d. plan** Flächennutzungs-, Bebauungs-, Bauleit-, Erschließungsplan *m*; **d. tax** Baulandsteuer *f*, Baulanderschließungsabgabe *f*

deviate *v/i* abweichen

deviation *n* Abweichung *f*; **d. from the course** Kursabweichung *f*; **d. on the grounds of equity** Abweichung aus Billigkeitsgründen; **d. from quality** Qualitätsabweichung *f*; **~ the terms of a contract** Abweichung von den Vertragsbedingungen; **(minor) d. clause** Toleranzklausel *f*

device *n* Mittel *nt*, Vorrichtung *f*, Einrichtung *f*; **anti-theft d.** *(Kfz)* Diebstahlsicherung *f*

devil *n (coll) [GB]* Anwaltsassessor(in) *m/f*, Anwaltsvertreter(in) *m/f*

devious *adj* 1. zwielichtig, undurchsichtig; 2. *(pej)* hinterhältig

devisable *adj* 1. vermachbar; 2. erdenklich

devise *n* *(Grundbesitz)* Vermächtnis *nt*, Legat *nt*, Verfügung von Todes wegen, letztwillige Verfügung; **contingent d.** bedingte letztwillige Verfügung über Grundbesitz; **lapsed d.** hinfällig gewordene letztwillige Verfügung; **specific d.** letztwillige Verfügung über bestimmten Grundbesitz

devise *v/t* 1. *(Grundbesitz)* vermachen, testamentarisch/letztwillig verfügen; 2. *(Plan)* ausdenken, planen

devisee *n* testamentarischer Erbe, Vermächtnisnehmer *m*, Legatar *m*; **residuary d.** Erbe des restlichen Grundbesitzes

devolution *n* 1. *(Besitz, Recht)* Übergang *m*, Übertragung *f*, Übergehen *nt*, Heimfall/Zufallen durch Erbschaft; 2. *(Verantwortung, Vollmacht)* Abwälzung *f*, Übertragung *f*; **d. of claims** Anspruchsübergang *m*, Übergang von Forderungen; **~ the estate** Erbschaftsübergang *m*; **~ a legacy** Vermächtnisanfall *m*; **d. to third parties** Übergang auf Dritte; **d. of property** Vermögensübergang *m*; **~ title (to)** *(Erbschaft)* Rechtsübergang (auf) *m*, Eigentumsfolge *f*

devolve *v/ti* 1. *(Eigentum, Pflicht)* übergehen, anheim fallen; 2. übertragen; 3. *(Verantwortung)* abwälzen

devote *v/t* 1. *(Zeit)* widmen; 2. *(Gebäude, Ressourcen)* verwenden, bestimmen

dictate *n* Gebot *nt*, Vorschrift *f*; *v/t* diktieren; **d. to** (jdm) Vorschriften machen

dictum *n (lat.)* Spruch *m*, richterliche Meinung(säußerung)

differ *v/i* 1. sich unterscheiden, abweichen; 2. anderer Meinung sein, nicht übereinstimmen

difference *n* 1. Differenz *f*, Unterschied *m*; 2. Auseinandersetzung *f*; 3. Ungleichheit *f*; **d. of opinion** Meinungsverschiedenheit *f*; **d. in status** Rangunterschied *m*; **~ value** Wertunterschied *m*; **irreconcilable d.s** *[US]* unheilbare Zerrüttung der Ehe

different *adj* unterschiedlich, verschieden, anders

differentiat|e *v/t* differenzieren, einen Unterschied machen, unterscheiden; **d.ion** *n* Differenzierung *f*, Unterscheidung *f*

dig *n* 1. Stoß *m*, Puff *m*; 2. *(fig)* Seitenhieb *m*, Spitze *f*; *v/t* graben, ausheben; **d. deeper** *(fig)* nachhaken

digest *n* 1. Digest *m*, Auswahl *f*; 2. Fallsammlung (in Auszügen) *f*

dignitary *n* Würdenträger(in) *m/f*

dignity *n* Würde *f*; **to bear sth. with d.** etw. mit Würde tragen; **human d.** Menschenwürde *f*

dilapidated *adj* baufällig, abbruchreif, verfallen

dilapidation *n* *(Gebäude, Grundstück)* Verfall *m*, Verwahrlosung *f*, Baufälligkeit *f*; **d. of historic buildings** Verfall historischer Gebäude

dilatoriness *n* Säumigkeit *f*, Zögern *nt*

dilatory *adj* 1. *(Person)* langsam, säumig, (hinaus)zögernd; 2. *(Einrede)* aufschiebend, hinhaltend

dilemma *n* Dilemma *nt*, Verlegenheit *f*, Klemme *f*; **moral d.** Gewissensnot *f*, Gewissensnotstand *m*

diligence *n* 1. Sorgfalt *f*; 2. Eifer *m*, Fleiß *m*; **d. of a prudent businessman** Sorgfalt eines ordentlichen Kaufmanns; **due d.** (im Verkehr) erforderliche Sorgfalt, angemessene/gebührende/notwendige/verkehrsübliche Sorgfalt, pflichtgemäßes kaufmännisches Ermessen; **with ~** mit gebotener Sorgfalt; **ordinary d.** verkehrsübliche Sorgfalt; **d. requirement** Sicherheitsauflage *f*

diligent *adj* 1. sorgfältig, genau; 2. fleißig, eifrig

diminish *v/ti* 1. verringern, mindern; 2. abnehmen, sich verringern

diminution of earnings Erwerbsminderung *f*

diploma *n* Diplom *nt*, Verleihungsurkunde *f*

diplomat *n* Diplomat *m*; **d.ic** *adj* diplomatisch

direct *adj* direkt, gerade, unmittelbar

direct *v/t* 1. *(Brief, Gewalt)* richten; 2. leiten, lenken, regeln; 3. anweisen, anordnen; 4. belehren; **d.ed at** *adj* gerichtet auf/an

direction *n* 1. Richtung *f*, Verlauf *m*; 2. Leitung *f*, Führung *f*; 3. (An)Weisung *f*, Verfügung *f*; 4. Belehrung *f*; **according**

to d.s vorschriftsmäßig; **by d. of** auf Anordnung/Veranlassung/Weisung von; **d. to a jury (on points of law)** *[GB] (Richter)* Rechtsbelehrung der Geschworenen/Schöffen; **d.s for use** Gebrauchsanweisung *f*; **(compulsory) d. to work** Dienstverpflichtung *f*

D

directive *n* 1. Verordnung *f*, (An)Weisung *f*; 2. *(EU)* Richtlinie *f*, Direktive *f*; **bound by d.s** weisungsgebunden; **d. by an authority** behördliche Anordnung; **to incorporate a d. into national law** Richtlinie in nationales Gesetz umsetzen; **to issue a d.** Richtlinie erlassen, Weisung erteilen; **authorized ~ d.s** weisungsbefugt; **European d.** europäische Richtlinie; **outline d.** Rahmenrichtlinie *f*; **technical d.** TA-Lärm *m*, TA-Luft *f*

director *n* 1. Direktor(in) *m/f*, Geschäftsführer(in) *m/f*; 2. Aufsichtsrats-, Vorstandsmitglied *nt*; **D. of Fair Trading** *[GB]* Kartell-, Wettbewerbsaufsichtsbehörde *f*; **~ Public Prosecutions (DPP)** *[GB]* Leiter der Anklagebehörde, Strafverfolgungsbehörde *f*, (General-)Staatsanwalt *m*, Generalprokurator *m [A]*

acting/managing director geschäftsführende(r) Direktor(in) *m/f*; **sole d.** Alleingeschäftsführer(in) *m/f*; **d.s' emoluments** Aufsichtsratstantiemen

directorate *n* Direktorat *nt*, Direktorium *nt*, Geschäftsleitung *f*, Vorstand *m*

dirt *n* Schmutz *m*; **d. allowance** Schmutzzulage *f*; **d.y** *adj* 1. schmutzig; 2. *(fig)* gemein; *v/t* verunreinigen

disability; disablement *n* 1. Behinderung *f*, Invalidität *f*, Versehrtheit *f*; 2. Geschäftsunfähigkeit *f*, Rechtsnachteil *m*; 3. Arbeits-, Dienst-, Erwerbsunfähigkeit *f*; **d. for service** Dienstunfähigkeit *f*, **d. to sue** Prozessunfähigkeit *f*; **to be under a d.** geschäftsunfähig/nicht rechtsfähig sein

legal disability Geschäfts-, Prozess-, Rechtsunfähigkeit *f*; **occupational d.** Berufs-, Erwerbsunfähigkeit *f*; **partial d.** Teilinvalidität *f*; **permanent d.** Dauerinvalidität *f*, Dauerschaden *m*, lebenslänglicher Körperschaden; **~ and total d.** Vollinvalidität *f*; **premature d.** vorzeitige Invalidität; **special d.** beschränkte Geschäftsunfähigkeit *f*; **temporary d.** vorübergehende Arbeitsunfähigkeit

disability allowance/benefit Invalidenunterstützung *f*, Invaliden-, Erwerbsunfähigkeitsrente *f*; **d. clause** *(Vers.)* Erwerbsunfähigkeitsklausel *f*; **d. insurance** Invaliditätsversicherung *f*; **d. pension** Invalidenrente *f*, Ruhegehalt bei Dienstunfähigkeit

disabled *adj* 1. behindert; 2. nicht rechtsfähig; **mentally d.** geistig behindert; **partially d.** leicht behindert, erwerbsbeschränkt; **permanently d.** erwerbsunfähig; **physically d.** körperbehindert; **severely d.** schwerbehindert, schwerbeschädigt

disadvantage *n* Nachteil *m*, Beeinträchtigung *f*, Schaden *m*; **to so.'s d.** zu jds. Nachteil/Schaden; **to put so. at a d.** jdn benachteiligen, jds Chancen beeinträchtigen; **legal d.** Rechtsnachteil *m*

disadvantage *v/t* benachteiligen; **d.ous** *adj* nachteilig, unvorteilhaft

disagree *v/i* 1. *(Person, Meinung)* nicht übereinstimmen, nicht einverstanden/uneinig sein, Meinungsverschiedenheit haben; 2. *(Berichte, Zahlen)* nicht übereinstimmen

disagreement *n* 1. Meinungsverschiedenheit *f*, Unstimmigkeit *f*, mangelnde Übereinstimmung, Uneinigkeit *f*; 2. Diskrepanz *f*, Widerspruch *m*; **in d. from** abweichend von, zum Unterschied von; **to be in d.** nicht einig sein

disallow *v/t* 1. *(Beweis, Forderung)* nicht anerkennen, zurückweisen, nicht gelten lassen; 2. nicht erlauben/gestatten; 3. *(Plan)* ablehnen; 4. *(Recht)* absprechen

disallowance 1. Nichtanerkennung *f*, Zurückweisung *f*; 2. Ablehnung *f*

disappear *v/i* verschwinden, wegtauchen; **d.ance** *n* 1. Verschwinden *nt*; 2. Verschollenheit *f*

disappropriate *v/t* enteignen

disapproval *n* Missbilligung *f*, Missfallen *nt*, Ablehnung *f*

disapprove of *v/prep* missbilligen

disarm *v/t* entwaffnen; **d.ament** *n* 1. Entwaffnung *f*; 2. Abrüstung *f*

disarray *n* Unordnung *f*, Verwirrung *f*; **to be in d.** 1. in Unordnung/Auflösung sein; 2. *(Person)* aufgelöst sein

disassemble *v/t* ab-, demontieren, auseinander nehmen

disaster *n* 1. Katastrophe *f*, (plötzliches) Unglück; 2. Fiasko *nt*; 3. Unheil *nt*; **ecological d.** Umweltkatastrophe *f*; **natural d.** Naturkatastrophe *f*

disaster area Katastrophen-, Notstandsgebiet *nt*; **common d. clause** gleichzeitige Todesvermutung; **d. relief** Katastrophenhilfe *f*; **d. services** Katastrophenschutz *m*
disavow *v/t* 1. ab-, verleugnen, nicht wahr haben wollen, in Abrede stellen; 2. nicht anerkennen; 3. widerrufen, nicht genehmigen
disavowal *n* 1. (Ver)Leugnung *f*, Dementi *nt*; 2. *(Anspruch)* Nichtanerkennung *f*; 3. Widerruf *m*, Genehmigungsverweigerung *f*
disbar *v/t (barristers)* von der Anwaltsliste streichen; **d.ring; d.ment** *n* Streichung von der Anwaltsliste, Ausschluss aus der Anwaltschaft; **~ order** Verbot der Ausübung der Anwaltstätigkeit
disburse *v/t* 1. aus(be)zahlen, ausgeben; 2. auslegen, verauslagen; **d. so.'s full and entire part** jdm seinen Anteil voll auszahlen; **d.d** *adj (Betrag)* verauslagt
disbursement *n* 1. Aus-, Bezahlung *f*; 2. Auslage *f*, verauslagter Betrag; **to recover one's d.s** seine Auslagen zurückvergütet erhalten; **social d.s** soziale Aufwendungen
discern *v/t* 1. wahrnehmen; 2. erkennen, unterscheiden; **d. right from wrong** Recht von Unrecht unterscheiden; **d.ible** *adj* 1. wahrnehmbar; 2. erkennbar
discharge *n* 1. *(Gefangener, Mitarbeiter, Patient)* Entlassung *f*; 2. *(Angeklagter)* Freispruch *m*; 3. *(Schulden)* Begleichung *f*, Bezahlung *f*; 4. *(Aufgabe, Pflicht)* Erfüllung *f*, Ausübung *f*, Wahrnehmung *f*, Erledigung *f*, Verrichtung *f*; 5. *(Verpflichtungen)* Befreiung *f*; 6. *(Schuldner)* Entlastung *f*; 7. *(Schuld, Verbindlichkeit)* Löschung *f*, Tilgung *f*; 8. *(Wechsel)* Einlösung *f*; 9. *(Flüssigkeit, Gas, Schadstoffe)* Ausfluss *m*, Ausströmen *nt*, Absonderung *f*, Ausstoß *m*, Emission *f*; 10. *(Waffe)* Abfeuern *nt*, Schussabgabe *f*; 11. *(Schiff)* Entladen *nt*, Löschen *nt*; **d. in full** vollständige Begleichung; **in d. of** zur Begleichung von
in (full) discharge of an account zum Ausgleich eines Kontos; **d. by agreement** einverständliche Vertragsbeendigung; **d. of an attachment order** Aufhebung eines Pfändungsbeschlusses; **d. in bankruptcy** Konkursaufhebung *f*, Entlastung eines Konkursschuldners; **d. of a bill** Einlösung eines Wechsels; **in (full) ~ a bill** zum Ausgleich einer Rechnung; **~ cargo** Löschung der Ladung; **d. for cause** begründete Entlassung; **d. without cause** grundlose Entlassung; **d. of a claim** Erfüllung eines Anspruchs; **~ a contract** Vertragserfüllung *f*; **d. from custody** Entlassung aus der Haft; **d. of a debt** 1. Erlöschen einer Forderung; 2. Tilgung einer Schuld; **~ a debtor** Entlastung eines Schuldners; **~ a duty** Erfüllung einer Pflicht; **~ duties** Wahrnehmung von Aufgaben; **d. by frustration** Vertragsbeendigung durch Vereitelung, ~ Wegfall der Vertragsgrundlage; **d. of the guardian** Entlassung des Vormunds; **d. for lack of evidence** Freispruch aus Mangel an Beweisen; **d. of liability** Haftungsausschluss *m*; **~ liabilities** 1. Erlöschen von Verbindlichkeiten; 2. Tilgung der Verpflichtungen; **~ a lien** Erlöschen eines Pfandrechts; **~ a mortgage** 1. Löschung/Erlöschen einer Hypothek; 2. Tilgung einer Hypothek; **d. from an obligation** Entlassung aus einer Verbindlichkeit; **d. of an obligation** Erfüllung einer Verpflichtung; **d. from office** Amtsenthebung *f*; **d. by performance** Leistungserfüllung *f*; **d. from prison** Haft-, Strafentlassung *f*; **d. of noxious substances** Schadstoffausstoß *m*, Schadstoffemission *f*; **~ a trustee** Entlastung eines Treuhänders; **~ waste at sea** Einleitung von Abfällen ins Meer, Verklappung *f*
absolute discharge unbeschränkte Entlassung; **conditional d.** Strafaussetzung zur Bewährung, bedingte Entlassung, Haftverschonung *f*; **final d.** letzte Tilgungsrate; **unconditional d.** bedingungslose Entlassung
discharge *v/t* 1. entlassen; 2. freisprechen; 3. begleichen; 4. erfüllen, wahrnehmen; 5. befreien; 6. entlasten; 7. löschen, tilgen; 8. einlösen; 9. ausstoßen; 10. abfeuern; 11. entladen, löschen
disciplinary *adj* disziplinarisch
discipline *n* Disziplin *f*; *v/t* 1. disziplinieren, unter Kontrolle halten; 2. (disziplinarisch) bestrafen, maßregeln
disclaim *v/t* 1. *(Haftung, Verantwortung)* ablehnen, von sich weisen; 2. *(Erbschaft, Recht)* verzichten, Verzicht leisten, ausschlagen, Anspruch aufgeben; 3. abstreiten, in Abrede stellen

D

disclaimer *n* 1. Haftungsausschluss-, Freizeichnungsklausel *f*; 2. Aufgabe eines Anspruchs, Ausschlagung *f*, Verzicht(erklärung) *m/f*; 3. Dementi *nt*, Gegenerklärung *f*, Widerruf *m*, Widerrufsklausel *f*; **d. of an onerous bequest** Ausschlagung eines beschwerten Grundstücksvermächtnisses; **d. by a descendant** Verzicht eines Abkömmlings; **d. of an estate/inheritance** Erbausschlagung *f*, Verzicht auf eine Erbschaft; **~ a testamentary gift** Testamentsausschlagung *f*; **~ jurisdiction** Bestreiten der Zuständigkeit; **~ a legacy** Ausschlagung eines Vermächtnisses; **~ liability** Haftungsausschluss *m*, Haftungsablehnungserklärung *f*, Ablehnung der Haftung; **~ a right** Rechtsverzicht *m*; **official ~ a statement** amtliches Dementi einer Behauptung; **~ warranty** Garantieverzicht *m*

disclaimer clause Haftungsausschließungs-, Haftungsausschluss-, Verzicht(s)klausel *f*

disclose *v/t* 1. *(Geheimnis)* aufdecken, preisgeben, ans Licht bringen, enthüllen; 2. *(Absicht, Identität)* bekannt geben, eröffnen, offen legen, offenbaren

disclosure *n* 1. Aufdeckung *f*, Preisgabe *f*, Enthüllung *f*; 2. Bekanntgabe *f*, Mitteilung *f*, Eröffnung *f*, Offenbarung *f*, Offenlegung *f*; **d. of assets** Offenbarungseid *m*; **~ data** Weitergabe von Daten; **~ documents** Offenlegung von Urkunden; **~ information** Offenlegung/Preisgabe von Informationen, ~ einer Informationsquelle; **~ confidential information** Enthüllung vertraulicher Informationen; **~ an interest** Bekanntgabe eines (Rechts)Interesses, ~ einer persönlichen Beteiligung; **d. on oath** eidliche Offenbarung; **d. of patent documents** Offenlegung von Patentakten; **~ secrets** Geheimnisenthüllung *f*; **~ official secrets** Preisgabe von Staatsgeheimnissen; **~ a trade secret** Weitergabe eines Geschäftsgeheimnisses

compulsory/mandatory/statutory (public) disclosure Publizitäts-, Veröffentlichungspflicht *f*; **partial d.** teilweise Offenlegung; **unauthorized d.** unbefugte Mitteilung; **voluntary d.** Selbstauskunft *f*

disclosure act Publizitätsgesetz (PublG) *nt*; **d. duty** Publizitäts-, Informationspflicht *f*; **d. period** Offenlegungsfrist *f*; **d. provisions** Offenlegungsbestimmungen; **d. requirement** Auskunfts-, Anzeige-, Bekanntmachungs-, Informations-, Mitteilungs-, Offenbarungs-, Offenlegungs-, Publizitäts-, Veröffentlichungsvorschrift *f*

discontinuance; discontinuation *n* 1. Einstellung *f*, Aufgabe *f*; 2. Fortfall *m*; 3. *(Klage)* Zurückziehung *f*; **d. of a business** Geschäftsaufgabe *f*; **~ execution** Einstellung der Zwangsvollstreckung; **~ payments** Fortfall von Zahlungen; **~ criminal proceedings** Einstellung des Strafverfahrens

discontinue *v/t* einstellen, aufgeben, fallen lassen

discord *n* Zwietracht *f*, Unfrieden *m*; **to sow d.** Zwietracht stiften

discount *n* 1. *(Artikel)* Rabatt *m*; 2. *(Barzahlung)* Skonto *nt*, Nachlass *m*; 3. Diskont *m*, Abschlag *m*; **subject to a d.** rabattfähig; **d. for resale** Wiederverkäuferrabatt *m*

to allow/grant a discount Skonto/Rabatt/Nachlass gewähren; **to deduct a d.** Skonto/Rabatt abziehen; **confidential d.** Vertrauensrabatt *m*; **no-claim(s) d.** *(Vers.)* Schaden(s)freiheitsrabatt *m*

discount instrument Abzinsungstitel *m*; **d. retailer** Diskonter *m*; **d. sale** Verkauf mit Preisnachlass; **d. terms** Diskont-, Rabattbedingungen; **d. travel** Billigreisen *pl*

discovery *n* 1. Ent-, Aufdeckung *f*; 2. Offenlegung *f*, Bekanntgabe *f*, Auskunftserteilung *f*; 3. *(Zivilprozess)* Er-, Ausforschung *f*; 4. *(Vers.)* Anzeige *f*; 5. Fund *m*; **d. of a dead body** Leichenfund *m*; **~ damage** Schadensfeststellung *f*; **~ the debtor's property** Offenlegung des Schuldnervermögens; **~ a defect** Entdeckung eines Mangels; **~ documents** Urkundenvorlegung *f (vor Prozess)*; **pretrial d.** *[US]* vorgerichtliches Beweisverfahren; **d. period** Anzeigefrist *f*

discredit *v/t* 1. diskreditieren, in Misskredit/Verruf bringen, verächtlich machen; 2. nicht glauben, keinen Glauben schenken, anzweifeln

discreet *adj* diskret, unauffällig, unaufdringlich, verschwiegen, taktvoll

discrepancy *n* Abweichung *f*, Unstimmigkeit *f*, Widerspruch *m*; **d. in the depositions of witnesses** voneinander abweichende Zeugenaussagen; **d. between rules** Normendiskrepanz *f*; **positive d.** *(Zeugenaussage)* absoluter Widerspruch

discretion 1. Ermessens-, Entscheidungsfreiheit *f*, (freies) Ermessen, Entscheidungsgewalt *f*, Gutdünken *nt*, Belieben *nt*; 2. Diskretion *f*, Takt *m*, Verschwiegenheit *f*, Geheimhaltung *f*; 3. Verfügungsgewalt *f*, Vollmacht *f*; 4. Umsicht *f*, Vorsicht *f*, Besonnenheit *f*; **at one's (own) d.** nach freiem Ermessen; **~ so.'s d.** in jds Belieben; **~ the d. of ...** nach Gutdünken des ...; **~ the d. of so.** nach jds Ermessen

discretion to act Handlungsermessen *nt*; **to have full ~** volle Handlungsfreiheit haben; **d. of the court** gerichtliches Ermessen; **at the ~** im Ermessen des Gerichts

to exercise one's discretion eigenes Ermessen ausüben, nach eigenem Ermessen handeln; **to ~ strict d.** strengste Diskretion wahren; **to leave sth. to so.'s d.** jdm in etw. freie Hand lassen, etw. in jds Ermessen stellen, jdm etwas anheim stellen; **to lie within so.'s d.** in jds Ermessen liegen; **to use one's d.** nach eigenem Ermessen handeln

absolute discretion uneingeschränktes Ermessen; **administrative d.** Verwaltungsermessen *nt*; **equitable d.** billiges Ermessen; **judicial d.** richterliches Ermessen; **legal d.** rechtliches Ermessen; **professional d.** Schweigepflicht *f*; **sole d.** alleiniges Ermessen

discretionary *adj* nach Belieben, dem Ermessen überlassen, im Ermessen stehend, in das Ermessen gestellt, Ermessens-

discriminate *v/t* diskriminieren, unterschiedlich behandeln, benachteiligen

discrimination *n* 1. Diskriminierung *f*, ungleiche Behandlung, Vorzugs-, Ungleichbehandlung *f*, Benachteiligung *f*, Schlechterstellung *f*; 2. Unterscheidung *f*, Unterschied *m*; 3. Unterscheidungsvermögen *nt*, Scharfsinn *m*, Einsicht *f*; **d. of residents** Inländerdiskriminierung *f*; **positive d.** *[GB]* positive Diskriminierung, Quotenregelung *f*; **racial d.** Rassendiskriminierung *f*; **d. ban** Diskriminierungsverbot *nt*

discriminatory *adj* 1. diskriminierend, benachteiligend, nachteilig; 2. unterschiedlich, charakteristisch, unterscheidend

discuss *v/t* diskutieren, erörtern, besprechen

discussion *n* Diskussion *f*, Erörterung *f*, Besprechung *f*; **under d.** zur Diskussion stehend; **to close a d.** Diskussion/Debatte schließen; **preliminary d.** Vorbesprechung *f*

disease *n* Krankheit *f*; **congenital d.** angeborene Krankheit; **contagious d.** ansteckende Krankheit; **hereditary d.** Erbkrankheit *f*; **industrial/occupational d.** Berufskrankheit *f*; **notifiable d.** meldepflichtige Krankheit; **venereal d. (VD)** Geschlechtskrankheit *f*

disencumber *v/t* *(Grundbesitz)* entschulden, entlasten; **d.ment** *n* Entschuldung *f*

disenfranchise *v/t* 1. Konzession entziehen; 2. Wahlrecht entziehen; **d.ment** *n* 1. Entziehung der Konzession; 2. Entziehung des Wahlrechts

disentail *v/t* Erbfolge aufheben; **d.ment** *n* Aufhebung der Erbfolge

disfigure *v/t* entstellen, verunstalten; **d.-ment** *n* 1. (körperliche) Entstellung; 2. Verunstaltung *f*

disgrace *n* 1. Schande *f*, Unehre *f*, Schandfleck *m*; 2. Ungnade *f*; **to fall into d. with** in Ungnade fallen bei

disgraceful *adj* 1. schändlich, beschämend; 2. entwürdigend, entehrend

disguise *n* Tarnung *f*, Vermummung *f*; *v/t* 1. verkleiden, maskieren, verstellen; 2. *(fig)* verschleiern, bemänteln; **d.d** *adj* maskiert

dishonest *adj* unehrlich, unlauter, unredlich; **d.y** *n* Unehrlichkeit *f*, Unredlichkeit *f*

dishonour n 1. Schande *f*, Schmach *f*, Unehre *f*; 2. *(Wechsel)* Nichteinlösung *f*, Zahlungsverweigerung *f*

dishonour *v/t* 1. schänden, entehren; 2. beleidigen, verächtlich behandeln; 3. nicht honorieren/einlösen; **d.able** *adj* ehrenrührig, unehrenhaft

disincentive *n* Leistungshindernis *nt*, Abschreckung(smittel) *f/nt*

disinformation *n* Desinformation *f*

disingenuous *adj* unredlich, unaufrichtig, hinterlistig

disinherit *v/t* enterben; **d.ance** *n* Enterbung *f*

disintegration *n* Zersetzung *f*, Auflösung *f*, Trennung *f*

disinter *v/t* exhumieren

disk parking *n* Parken mit Parkscheibe

disloyal *adj* untreu; **d.ty** *n* Untreue *f*

dismantlement; dismantling *n* Zerlegung *f*, Demontage *f*, Abbau *m*; **d. procedure** Zerlegungsverfahren *nt*

dismemberment *n* 1. Zerstückelung *f*; 2. Vereinsausschluss *m*; **d. benefit** Versehrtenunterstützung bei Gliederverlust

dismiss *v/t* 1. *(Klage)* ab-, zurückweisen, verwerfen; 2. *(Amt)* entlassen, entheben, abberufen; 3. aufgeben, fallen lassen; **d. sth. with costs** etw. kostenpflichtig abweisen; **d. honourably** mangels Tatverdacht freisprechen; **d. without notice** fristlos entlassen; **d. sth. on a point of law** etw. als rechtlich unbegründet abweisen; **d. for a good reason** aus wichtigem Grund entlassen; **d.ing of the charge (by the judge)** *n* Einstellungsbeschluss *m*

dismissal *n* 1. *(Klage)* Abweisung *f*, Verfahrenseinstellung *f*, Verwerfung *f*, abweisende Entscheidung, Zurückweisung *f*; 2. *(Amt, Dienst)* Entlassung *f*, Kündigung *f*, Absetzung *f*, Abberufung *f*, Hinauswurf *m*; 3. Abschaffung *f*, Auflösung *f*

dismissal of action Klageabweisung *f*; **to plead ~** Klageabweisung beantragen; **d. of appeal** Zurückweisung der Berufung; **~ the claim** Abweisung der Klage; **~ an indictment** Ablehnung der Eröffnung der Hauptverhandlung; **d. without notice** fristlose Entlassung; **d. from office/service** Amts-, Dienstentlassung *f*; **d. of criminal proceedings** Einstellung des Verfahrens

arbitrary dismissal willkürliche Kündigung; **exceptional d.** außerordentliche Kündigung; **fair d.** (sozial) gerechtfertigte Kündigung/Entlassung; **instant d.** fristlose Kündigung/Entlassung; **premature d.** vorzeitige Kündigung; **summary d.** fristlose Kündigung; **unfair d.** (sozial) ungerechtfertigte Kündigung/Entlassung

dismissal compensation Entlassungsentschädigung *f*, Entlassungsausgleich *m*; **d. pay** Entlassungsgeld *nt*; **d. procedure** Entlassungsverfahren *nt*

disobedience *n* Ungehorsam *m*, Gehorsamsverweigerung *f*; **civil d.** ziviler Ungehorsam, passiver Widerstand

disobedient *adj* ungehorsam

disobey *v/t* 1. nicht gehorchen, ungehorsam sein gegen; 2. *(Gesetz)* verletzen, übertreten, missachten, verstoßen gegen

disorder *n* 1. (Ruhe) Störung *f*; 2. Unordnung *f*, Durcheinander *f*; 3. Aufruhr *m*, Unruhe *f*; **d. by night** nächtliche Ruhestörung; **mental d.** Geistesstörung *f*; **public d.** öffentliche Unruhen

disorderly *adj* ordnungswidrig, öffentliches Ärgernis erregend, disziplinlos, ungebührlich

disown *v/t* 1. ab-, verleugnen; 2. verstoßen, ablehnen

disparage *v/t* anschwärzen, herabsetzen, verächtlich machen, verunglimpfen; **d.-ment** *n* Herabsetzung *f*, Verächtlichmachung *f*, Verunglimpfung *f*; **~ of competitors** Herabsetzung von Mitbewerbern

dispar|ate *adj* verschieden, ungleichartig; **d.ity** *n* 1. Verschiedenheit *f*, Ungleichheit *f*; 2. Unverhältnismäßigkeit *f*

dispatch *v/t* ab-, entsenden, abschicken, befördern; *n* 1. Absendung *f*, Versand *m*; 2. Erledigung *f*, Ausführung *f*; **d. regulations** Versandvorschriften

dispel *v/t* *(Angst, Gerücht, Zweifel)* zerstreuen, vertreiben

dispensation *n* 1. Dispens *m*, Entbindung *f*, Erlassung *f*, Ausnahmebewilligung *f*; 2. Ver-, Austeilung *f*; **d. of justice** Rechtsprechung *f*

dispens|e *v/t* 1. dispensieren, entbinden, erlassen; 2. aus-, verteilen; 3. *(Gesetz)* anwenden; 4. *(Medizin)* verabreichen; **d. with** verzichten auf, auskommen ohne, absehen von, Abstand nehmen von; **d.able** *adj* entbehrlich

disperse *v/t* zerstreuen, vertreiben, auseinander treiben, auflösen

dispersion *n* (Zer)Streuung *f*, Verteilung *f*; **d. of ownership** Eigentumsstreuung *f*

displace *v/t* 1. verlagern, verschieben; 2. ersetzen, verdrängen; 3. entlassen, freisetzen; 4. verschleppen

displacement *n* 1. Verlagerung *f*, Verschiebung *f*; 2. Freisetzung *f*; 3. Verschleppung *f*; 4. Ersatz *m*, Ablösung *f*; **d. of labour/workers** Freisetzung von Arbeitskräften; **~ population** Umsiedlung *f*

disposable *adj* 1. veräußerbar, veräußerlich; 2. wegwerfbar, Wegwerf-, Einweg- ; 3. disponibel, verfügbar

disposal *n* 1. Veräußerung *f*, Verkauf *m*; 2. Beseitigung *f*, Wegschaffen *nt*; 3. Erledigung *f*, Regelung *f*; 4. Verfügung(srecht) *f*/*nt*; **at your d.** zu Ihrer Verfügung; **d. of assets from the brankrupt's estate** Konkursverwertung *f*; **d. of property** Verfügung über Vermögen; **to have d. of**

Verfügungsgewalt haben über; **~ sth. at one's d.** etw. zur Verfügung haben; **to keep sth. (at so.'s) d.** (für jdn) etw. zur Verfügung halten; **to place sth. at so.'s d.** jdm etw. zur Verfügung stellen; **improper/irregular d.** unsachgemäße Entsorgung; **d. requirement** Entsorgungspflicht *f*; **illegal d. site** wilde Müllkippe; **d. value** Veräußerungs-, Schrottwert *m*

dispose of *v/prep* 1. *(Ware)* veräußern, verkaufen, loswerden; 2. *(Leiche, Müll)* beseitigen, wegschaffen, entsorgen; 3. *(Post)* erledigen, regeln; 4. verfügen (über), Verfügung treffen

disposition *n* 1. Verfügung(sgewalt) *f*; 2. Neigung *f*, Anlage *f*, Hang *m*, Veranlagung *f*, Disposition *f*; 3. *[Scot.]* Übertragungsurkunde *f*; 4. Veräußerung *f*, Verkauf *m*; 5. Anordnung *f*, Ein-, Verteilung *f*; 6. Verwendung *f*

disposition of funds Mittelverwendung *f*; **d. mortis causa** *(lat.)* Verfügung von Todes wegen; **subject to d. by the parties** abdingbar; **d. of property** Verfügung über Sachwerte; **~ immovable property** Verfügung über unbewegliches Vermögen; **d. inter vivos** *(lat.)* Verfügung unter Lebenden; **d. by will** Übertragung durch letztwillige Verfügung; **to make a d.** Verfügung treffen

criminal disposition kriminelle Neigung, verbrecherische Veranlagung; **general d.** Allgemeinverfügung *f*; **gratuitous d.** unentgeltliche Verfügung; **hereditary/innate d.** Erbanlage *f*; **outright d.** absolute Verfügungsberechtigung; **pathological d.** krankhafte Veranlagung; **testamentary d.** testamentarische/letztwillige Verfügung, Verfügung von Todes wegen

dispositive *adj* Verfügungs-

dispossess *v/t* Räumungsverfahren durchführen, zur Räumung zwingen, Besitz entziehen, aus dem ~ vertreiben, enteignen, vertreiben

dispossession *n* Besitzentziehung *f*, Einziehung des Besitzes, Enteignung *f*, Entziehung des Grundbesitzes, (Zwangs-) Räumung *f*, Vertreibung *f*; **unlawful d.** widerrechtliche Besitzentziehung; **d. claim** Besitzentziehungsanspruch *m*; **d. order** Räumungsbefehl *m*, Räumungsanordnung *f*, Räumungstitel *m*; **d. proceedings** Räumungsklage *f*, Räumungsverfahren *nt*

disproof *n* Gegenbeweis *m*, Widerlegung *f*

disproportion *n* Missverhältnis *nt*, Unverhältnismäßigkeit *f*

disproportionate *adj* 1. unverhältnismäßig, unausgeglichen; 2. übertrieben; **to be d.** nicht im Verhältnis stehen zu

disprove *v/t* 1. *(Behauptung)* widerlegen; 2. Gegenteil beweisen, (etw.) als falsch nachweisen

dispute *n* Disput *m*, Auseinandersetzung *f*, Streit(fall) *m*, Streitigkeit *f*, Dissens *m*; **beyond d.** unstreitig; **in d.** streitig, strittig, bestritten; **a d. arises** ein Streit entsteht; **d. of competence** Kompetenzkonflikt *m*; **d.s arising from a contract** Vertragsstreitigkeiten; **~ involving the family court** familiengerichtliche Streitigkeiten; **~ over maintenance** Unterhaltsstreitigkeiten

to adjudicate/mediate in a dispute Disput schlichten; **to settle a d.** Streit beilegen/schlichten, Streitigkeit beilegen; **~ d.s amicably** Meinungsverschiedenheiten gütlich beilegen; **to submit a d. to a court** Streitfall vor ein Gericht bringen

administrative dispute Verwaltungsprozess *m*; **conjugal/matrimonial d.** Ehestreitigkeit *f*; **contractual d.** Vertragsstreit *m*; **industrial d.** Arbeitskampf *m*, Arbeits-, Tarifkonflikt *m*, arbeitsrechtliche Streitigkeit; **jurisdictional d.** Zuständigkeitsstreit *m*; **legal d.** Rechtsstreit(igkeit) *m/f*; **public-law d.** öffentlichrechtliche Streitigkeit; **territorial d.** Gebietsstreitigkeit *f*

dispute *v/t* 1. ab-, bestreiten, in Abrede stellen, anfechten, streitig machen, absprechen; 2. sich streiten über; 3. erörtern, diskutieren; **d.ed** *adj* streitig, umstritten

dispute panel Schlichtungs-, Vermittlungsausschuss *m*; **d.s procedure** Schlichtungsverfahren *nt*; **d. resolution** Streitbeilegung *f*; **d. settlement** Beilegung einer Streitigkeit, Regelung eines Rechtsstreites, Schlichtung *f*

disqualification *n* 1. Disqualifikation *f*, Feststellung der Nichteignung; 2. Untauglichkeit *f*, Unfähigkeit *f*; 3. Unfähigmachung *f*; 4. Ausschluss *m*, Ausschließung *f*; **d. on the grounds of bias** Ausschluss wegen Befangenheit; **d. from driving** Entziehung/Entzug der Fahrerlaubnis, Führerscheinentzug *m*; **~ office**

D

Unfähigkeit zur Bekleidung eines Amtes; **d. for disregarding the rules** Disqualifikation wegen Missachtung der Regeln; **d. from succession** Erbunwürdigkeit *f*; **~ voting** Wahlausschluss *m*; **~ being a witness** Unfähigkeit, Zeuge zu sein

disqualify *v/t* 1. disqualifizieren, ausschließen, für untauglich erklären; 2. unbrauchbar/untauglich machen

disregard *n* 1. Missachtung *f*, Nichtachtung *f*; 2. Außerachtlassen *nt*, Nichtberücksichtigung *f*; 3. Geringschätzung *f*; **d. of the court** Nichtachtung des Gerichts; **~ the law** Nichtbefolgung des Gesetzes; **~ a prohibition** Missachtung eines Verbots

disregard *v/t* 1. missachten, nicht beachten; 2. nicht berücksichtigen, außer Acht lassen; 3. vernachlässigen, sich über etw. hinwegsetzen

disrepair *n* Baufälligkeit *f*, Verfall *m*; **in a state of d.** baufällig, reparaturbedürftig; **to fall into d.** verfallen, in Verfall geraten; **to let sth. fall into d.** etw. verwahrlosen lassen

disrepute *n* 1. Verruf *m*, schlechter Ruf; 2. Misskredit *m*; **to bring sth. into d.** etw. in Verruf bringen; **to fall into d.** in Verruf geraten

disrespect *n* Respektlosigkeit *f*; **d.ful** *adj* respektlos, geringschätzig

disrupt *v/t* 1. stören; 2. unterbrechen; 3. zerbrechen, sprengen; **d.ion** *n* 1. Störung *f*; 2. Unterbrechung *f*; 3. Bruch *m*, Zerrüttung *f*; **d.ive** *adj* 1. *(Schüler)* störend; 2. zerstörerisch

dissection *n* 1. Auf-, Zergliederung *f*, Zerlegung; 2. *(Medizin)* Sektion *f*; **judicial d.** Obduktion *f*

disseminat|e *v/t* *(Informationen)* verbreiten; **d.ion** Verbreitung *f*, Weitergabe *f*; **~ of obscence publications** Verbreitung unzüchtiger Schriften

dissent *n* 1. Dissens *m*, Meinungsverschiedenheit *f*; 2. abweichende Meinung; **agreed d.** vereinbarte Abweichung

dissent *v/i* anderer Meinung sein, differieren, abweichen; **d.ing** *adj (Stimme, Urteil)* abweichend, nicht zustimmend

disservice *n* schlechter Dienst, Nachteil *m*; **to do os. a d.** sich einen schlechten Dienst erweisen

dissimilar *adj* unterschiedlich, verschieden, ungleich

dissociat|e *v/ti* 1. trennen; 2. abrücken; **d. os. from so.** sich von jdm distanzieren/lossagen; **d.ion** *n* 1. Trennung *f*, Absonderung *f*; 2. Lossagung *f*

dissolution *n* 1. Auflösung *f*, Aufhebung *f*; 2. Löschung *f*; 3. Liquidation *f*; **d. of an assembly** Auflösung einer Versammlung; **~ an association** Vereinsauflösung *f*, Auflösung eines Vereins, ~ einer Gesellschaft; **~ the engagement** Auflösung des Verlöbnisses; **~ marriage** Scheidung *f*, Eheaufhebung *f*, Eheauflösung *f*; **~ parliament** Auflösung des Parlaments

dissolution contract Auflösungsvertrag *m*; **d. order** Auflösungs-, Liquidationsbeschluss *m*; **d. sale** Liquidationsverkauf *m*

dissolve *v/ti* 1. *(Ehe, Verfügung)* auflösen, aufheben; 2. sich auflösen

distance *n* 1. Distanz *f*, Entfernung *f*, Abstand *m*; 2. Strecke *f*, Weg *m*; **lateral d.** Seitenabstand *m*; **safe d.** Sicherheitsabstand *m*

distinction *n* 1. Unterscheidung *f*, Unterschied *m*; 2. Auszeichnung *f*; 3. Bedeutung *f*, Rang *m*, Würde *f*; **without d. of person** ohne Ansehen/Ansehung der Person; **d. of rank** Rangunterschied *m*; **to receive a d.** eine Auszeichnung erhalten

distinctive *adj* 1. charakteristisch, be-, kennzeichnend; 2. unverwechselbar, unverkennbar

distinguish *v/t* 1. unterscheiden, Unterschied machen; 2. kennzeichnen, charakterisieren

distort *v/t* entstellen, verdrehen, verzerren, verfälschen

distortion *n* Entstellung *f*, Verdrehung *f*, Verzerrung *f*, Verfälschung *f*, verzerrte Darstellung; **d. of competition** Wettbewerbsverzerrung *f*, Wettbewerbsverfälschung *f*; **~ the truth** Entstellung der Wahrheit; **competitive d.s** Wettbewerbsverzerrungen

distrain *v/t* 1. beschlagnahmen, pfänden; 2. sich schadlos halten; **d.able** *adj* pfändbar; **d.ed** *adj* gepfändet; **d.ee** *n* Pfändungs-, Vollstreckungsschuldner *m*; **d.er** *n* Pfändungs-, Vollstreckungsgläubiger *m*

distraint *n* Beschlagnahme *f*, Inbesitznahme *f*, Pfändung *f*, (Zwangs)Vollstreckung *f*, dinglicher Arrest; **under d.** unter Eigentumsvorbehalt; **d. of goods** Warenpfändung *f*; **~ property** Vermögensbeschlagnahme *f*;

to levy a d. Pfändung/Vollstreckung betreiben; **excessive d.** Überpfändung *f*; **d. order** Pfändungs-, Vollstreckungsbeschluss *m*, Beschlagnahme-, Pfändungsverfügung *f*; **d. pledge** Pfändungspfand *nt*

distress *n* 1. Inbesitznahme *f*, Beschlagnahme *f*, Pfändung *f*; 2. in Beschlag genommene Sachen; 3. Not(lage) *f*, Bedürftigkeit *f*; 4. Kummer *m*, Sorge *f*, Leiden *nt*; **d. for (non-payment of) rent** Mietpfändung *f*, Inbesitznahme wegen rückständiger Miete/Pacht; **~ non-payment of tax** Steuerpfändung *f*

to levy a distress on sth. etw. mit Beschlag belegen, Zwangsvollstreckung betreiben; **second d.** Nachpfändung *f*

distress call Hilfe-, Notruf *m*; **d. flag** Notflagge *f*; **d. sale** Not-, Pfandverkauf *m*, Verkauf der beschlagnahmten Gegenstände, Zwangsversteigerung *f*, Zwangsvollstreckungsverkauf *m*; **d. signal** Notsignal *nt*; **d. warrant** Pfändungs-, Vollstreckungsbeschluss *m*, Pfändungsverfügung *f*, Pfändungsbefehl *m*

distribute *v/t* 1. verteilen; 2. *(Information)* verbreiten; 3. vertreiben, handeln mit; 4. *(Dividende)* ausschütten

distribution *n* 1. Auf-, Ver-, Zuteilung *f*; 2. Verbreitung *f*, 3. Vertrieb *m*, Absatz *m*; 4. Ausschüttung *f*; **d. of the bankrupt's estate** Verteilung der Konkursmasse, Schluss-, Masseverteilung *f*; **~ capital** Kapitalausschüttung *f*; **~ an estate** Nachlass(ver)teilung *f*, Verteilung eines Nachlasses, Erbteilung *f*, Erbauseinandersetzung *f*; **~ fruits** Verteilung der Früchte; **~ land** Landverteilung *f*; **d. and partition** Nachlassauseinandersetzung *f*; **d. of profits** Gewinnausschüttung *f* Gewinnverteilung *f*; **d. according to quotas** Quotenverteilung *f*; **d. of risk** Risikoverteilung *f*; **~ the surplus** Verteilung des Überschusses

commercial distribution gewerbsmäßiger Vertrieb; **final d.** Schlussverteilung *f*

distribution area Vertriebsgebiet *nt*; **d. agreement** 1. *(Kartellrecht)* Vertriebsabsprache *f*; 2. Absatzvereinbarung *f*; **d. company** Vertriebsgesellschaft *f*; **d. costs** Vertriebskosten; **d. licence** Vertriebslizenz *f*; **d. order** Verteilungsbeschluss *m*; **d. proceedings** Verteilungsverfahren *nt*; **d. quota** Verteilungsquote *f*; **d. rights** Vertriebsrechte

distributor *n* 1. Verteiler *m*; 2. Vertriebsunternehmen *nt*; 3. *(Film)* Verleiher *m*; **d.ship agreement** *n* Vertriebsvertrag *m*

district *n* Bezirk *m*, (Land)Kreis *m*; **administrative d.** Amts-, Verwaltungsbezirk *m*; **electoral d.** *[US]* Wahlkreis *m*; **judicial/jurisdictional d.** Gerichtsbezirk *m*, Gerichtssprengel *m*; **local d.** Gemarkung *f*; **red-light d.** Rotlichtbezirk *m*; **residential d.** Wohngebiet *nt*; **rural d.** Landkreis *m*; **urban d.** Stadtbezirk *m*

district attorney *[US]* Staatsanwalt *m*, Strafverfolger(in) *m/f*, Anklage-, Strafverfolgungsbehörde *f*; **d. council** Gemeinderat *m*; **d. councillor** Gemeinderat *m*, Gemeinderätin *f*; **d. court** 1. *[GB]* Kreis-, Landgericht (LG) *nt*; 2. *[US]* Bezirks-, Amtsgericht *nt*

distrust *n* Misstrauen *nt*; **d.ful** *adj* misstrauisch

disturb *v/t* stören, beeinträchtigen

disturbance *n* (Ruhe)Störung *f*, Tumult *m*, Störung der öffentlichen Sicherheit und Ordnung; **d. of the peace** Ruhestörung *f*; **~ the public peace** öffentliche Ruhestörung, Störung der öffentlichen Ordnung, ~ des öffentlichen Friedens; **to cause a d.** öffentliche Ordnung stören

domestic disturbance Hausstreit *m*; **mental d.** Bewusstseinsstörung *f*; **night-time d.** nächtliche Ruhestörung

disturb|ed *adj* gestört; **mentally ~** geistesgestört; **psychologically ~** psychisch gestört; **d.er of the peace** *n* Ruhestörer(in) *m/f*; **d.ing** *adj (Lärm)* störend

diverge *v/i* abweichen; **d.nce** *n* Abweichung *f*

diversion *n* 1. Umleitung *f*; 2. Ablenkung *f*, Unterhaltung *f*; **recommended d.** Umleitungsempfehlung *f*; **d. sign** Umleitungsschild *nt*

divert *v/t* 1. *(Verkehr)* umleiten; 2. *(Schlag)* abwenden; 3. *(Geld, Mittel)* abzweigen

divest *v/t* berauben, entziehen; **d. os. of** *v/refl* sich trennen von, verzichten auf; **d. so. of sth.** jdm etw. (ab)nehmen/entziehen; **d.ment** *n* (Besitz)Entziehung *f*

divide *v/t* 1. (auf)teilen; 2. trennen; 3. *(Personen)* entzweien; **d. up into separate plots** *(Land)* parzellieren

dividend *n* 1. Dividende *f*, Gewinnanteil *m*, Ausschüttung *f*; **d. in bankruptcy** Konkursdividende *f*, Konkursquote *f*; **deferred d.** Nachzugsdividende *f*; **liquidating**

D

d. Liquidationsquote *f*; **preferred d.** Vorzugsdividende *f*; **d. claim/entitlement** Dividendenanspruch *m*; **d. warrant** Gewinnanteil-, Dividendenschein *m*
dividing wall *n* Zwischenwand *f*
divisib|ility *n* Teilbarkeit *f*; **d.le** *adj* teilbar
division *n* 1. Teilung *f*, Zerstückelung *f*; 2. Abteilung *f*, Dezernat *nt*; 3. *(Gericht)* Senat *m*, Kammer *f*; 4. Verwaltungsbezirk *m*; 5. *(Parlament)* Abstimmung (durch Hammelsprung) *f*; **d. of a juvenile court** Jugend(straf)kammer *f*; **~ an estate** Erbteilung *f*, Nachlassspaltung *f*, Erbauseinandersetzung *f*; **~ land/property** Realteilung *f*; **~ powers** Gewaltenteilung *f*; **~ responsibilities** Aufgabenverteilung *f*
appellate division Beschwerdegericht *nt*, Beschwerdekammer *f*, Revisionsinstanz *f*; **civil d.** Zivilkammer *f*, Zivilsenat *m*; **criminal d.** Strafgericht *nt*, Strafkammer *f*, Strafsenat *m*; **~ for juvenile delinquents** Jugend(straf)kammer *f*; **disciplinary d.** Disziplinarkammer *f*; **legal d.** Rechtsabteilung *f*
divorce *n* (Ehe)Scheidung *f*; **d. by mutual agreement/consent** Scheidung in beiderseitigem Einverständnis, Konventionalscheidung *f*
to agree to a divorce in eine Scheidung einwilligen; **to get a d.** sich scheiden lassen; **~ from so.** sich von jdm scheiden lassen; **to grant a d.** auf Scheidung erkennen; **to petition/sue for a d.** Scheidung beantragen, Scheidungsklage einreichen, auf Scheidung klagen; **to seek a d.** Scheidung begehren
divorce *v/t* scheiden; **d.d** *adj* geschieden; **to be ~** in Scheidung leben; **to get ~** sich scheiden lassen
divorce decree Scheidungsurteil *nt*; **d. judge** Scheidungsrichter(in) *m/f*; **d. law** Scheidungsrecht *nt*; **d. petition** Antrag auf Scheidung, Scheidungsantrag *m*; **to file a ~** Scheidungsklage einreichen; **d. proceedings** Scheidungsprozess *m*, Scheidungsverfahren *nt*; **to start ~** Scheidung einreichen; **d. settlement** Scheidungsvereinbarung *f*; **d. suit** Scheidungsprozess *m*
divorcee *n* Geschiedene(r) *f/m*, geschiedene Frau, geschiedener Mann
divulge *v/t* enthüllen, offen legen, preisgeben
DNA analysis *n* DNA-Analyse *f*
dock *n* Anklagebank *f*; **to be in the d.** auf der Anklagebank sitzen
dock *v/t* *(Lohn)* einbehalten
docket *n* 1. *(Urteil)* Auszug *m*, Urteilsregister *nt*; 2. *[US] (Gericht)* Prozessliste *f*; 3. Warenbegleitschein *m*; **to clear the d.** *[US]* anhängige Gerichtsfälle erledigen
doctor in charge of treatment behandelnder Arzt; **D. of Laws (LL.D.)** Doktor der Rechte; **to consult a d.** Arzt hinzuziehen; **medical d.** Arzt *m*; **registered d.** *[GB]* zugelassener Arzt
doctrine *n* Lehre *f*, Prinzip *nt*; **d. of real intent(ion)** Willenstheorie *f*; **~ criminal responsibility** Handlungslehre *f*; **~ ultra vires** *(lat.)* ultra-vires-Lehre *f*; **prevailing d.** herrschende Lehre
document *n* Dokument *nt*, Schriftstück *nt*, Urkunde *f*, Unterlage *f*, Papier *nt*; **d. of title** Besitz-, Eigentums-, Legitimationsurkunde *f*; **~ to goods** Warenpapier *nt*; **non-negotiable ~** Legitimationspapier *nt*
to certify a document Urkunde beglaubigen; **to deliver a d.** Urkunde zustellen; **to draw up a d.** Urkunde aufsetzen; **to furnish d.s** Dokumente beibringen, Unterlagen zur Verfügung stellen; **to legalize a d.** Urkunde legalisieren; **to present a d.** Urkunde beibringen; **to produce a d.** Urkunde vorlegen; **to seal a d.** Urkunde siegeln; **to suppress a d.** Urkunde unterdrücken; **to surrender d.s** Unterlagen übergeben
accompanying document|s Begleitpapiere; **appended d.s** beigefügte Unterlagen; **certified d.** beglaubigte Urkunde; **classified d.** Verschlusssache *f*; **enclosed d.** als Anlage beigefügte Urkunde; **forged d.** Falschurkunde *f*; **misrouted d.** *(Urkunde)* Irrläufer *m*; **notarial d.** notarielle Urkunde; **official d.** amtliche Urkunde; **original d.** Originalausführung *f*, Originalurkunde *f*; **registered d.** eingetragene Urkunde
document *v/t* dokumentieren, belegen; **d.ary** *adj* dokumentarisch, urkundlich
documentation *n* Dokumentation *f*; **false d.** Falschbeurkundung *f*
dodger *n* *(Steuer)* Schwindler(in) *m/f*
dodgy *adj (coll)* zweifelhaft, zwielichtig, unsicher; **to do sth. d.** krumme Dinger machen/drehen *(coll)*
dog *n* Hund *m*; **beware of the d.!** Vorsicht, bissiger Hund!; **to walk the d.**

Hund ausführen; **drug-sniffing d.** Rauschgiftspürhund *m*; **explosives-sniffing d.** Sprengstoffspürhund *m*; **fighting d.** Kampfhund *m*
dog handler Hundeführer(in) *m/f*; **d. kennel** Hundezwinger *m*; **d. lead/leash** Hundeleine *f*; **d. licence** 1. Hundehalteerlaubnis *f*; 2. Hundesteuer *f*; **d. owner** Hundebesitzer(in) *m/f*, Hundehalter(in) *m/f*; **d. owner's liability insurance** Hundehaftpflichtversicherung *f*
dogma *n* Dogma *nt*; **legal d.** Rechtsdogma *nt*; **d.tist** *n* Rechthaber(in) *m/f*
dole *n (coll) [GB]* Arbeitslosenunterstützung *f*; **to be on the d.** stempeln gehen *(coll)*
dole (out) *v/t* aus-, verteilen, (Almosen) spenden
doli capax *(lat.)* strafmündig; **d. incapax** *adj (lat.)* strafunmündig, unzurechnungsfähig
dolose *adj (StR)* dolos, mit böser Absicht
domain *n* Domäne *f*; **eminent d.** Enteignungsrecht *nt*; **public d.** Gemeingut *nt*, Staatseigentum *nt*; **to be in the ~** *(Patent-, Urheberrecht)* allgemein zugänglich sein
domestic *adj* 1. inländisch, innerstaatlich, Inlands-; 2. einheimisch, häuslich
domicile *n* Domizil *nt*, Wohnsitz *m*; **d. of the corporation** *[US]* Gesellschaftssitz *m*; **~ will** gewillkürter Wohnsitz
conjugal domicile ehelicher Wohnsitz; **elected d.** gewillkürter Wohnsitz; **legal d.** gesetzlicher Wohnsitz; **main d.** Hauptwohnsitz *m*; **natural d.** Geburtswohnsitz *m*; **sham d.** Schein(wohn)sitz *m*
dominant *adj* herrschend
dominat|e *v/t* (be)herrschen; **d.ion** *n* Herrschaft *f*, Beherrschung *f*
donate *v/t* 1. spenden, (be)schenken, Schenkung/Zuwendung machen; 2. stiften
donation *n* 1. (Geld)Spende *f*, Gabe *f*, Schenkung *f*, Zuwendung *f*; 2. Stiftung *f*; **by way of d.** schenkungsweise; **d. by manual delivery** Handschenkung *f*; **d. in kind** Sachspende *f*; **d. mortis causa** *(lat.)* Stiftung von Todes wegen
to make a donation Schenkung machen; **to revoke a d.** Schenkung widerrufen; **qualified d.** Schenkung unter Auflage, bedingte Schenkung
donee *n* Beschenkte(r) *f/m*, Schenkungsempfänger(in) *m/f*
donor *n* Geber(in) *m/f*, Schenker(in) *m/f*, Schenkungsgeber(in) *m/f*, Zuwendende(r) *f/m*, Treugeber(in) *m/f*; **d.'s liability** Haftung des Schenkers
doomed *adj* todgeweiht
door|man *n* Türsteher *m*; **d.step sale** *n* Haustürgeschäft *nt*
dormant *adj (Rechtsanspruch, Teilhaber)* still, verborgen, geheim, latent
dormitory *n* Wohnheim *nt*
dose *n* Dosis *f*; **fatal/lethal d.** tödliche Dosis
dossier *n* Dossier *nt*, Akte *f*; **personal d.** Personalakte *f*
dot *n* Mitgift *f*
double *n* Doppelgänger(in) *m/f*; **d.-crosser** *n* falscher Freund; **d.-crossing** *n* Parteiverrat *m*; **d.-dealer** *n* Betrüger(in) *m/f*; **d. taxation treaty** Doppelbesteuerungsabkommen *nt*
doubt *n* Zweifel(sfall) *m*; **in (case of) d.** im Zweifel(sfall); **proved beyond d.** unwiderlegbar bewiesen; **to dispel so.'s d.s** jds Zweifel zerstreuen
legitimate doubt berechtigter Zweifel; **reasonable d.** begründeter/vernünftiger/berechtigter Zweifel; **beyond (all) ~** jeden vernünftigen Zweifel ausschließend, ohne jeden Zweifel, unzweifelhaft, zweifelsfrei; **to be guilty beyond any ~** ohne jeden Zweifel schuldig sein
doubt *v/t* (an-/be)zweifeln
doubtful *adj* 1. zweifelhaft, dubios, fragwürdig; 2. ungewiss
downgrad|e *v/t* herab-, herunter-, zurückstufen; **d.ing** *n (Gehalt)* Rückstufung *f*
downtime *n (Maschine)* betrieblich bedingte Wartezeit, Ausfallzeit *f*
dowry *n (Ehe)* Aussteuer *f*, Mitgift *f*, eingebrachtes Gut, Heiratsgut *nt*
draconian *adj* drakonisch
draft *n* 1. Entwurf *m*, Fassung *f*, Konzept *nt*, Skizze *f*; 2. (gezogener) Wechsel, Tratte *f*; 3. *[US]* Musterung *f*, Wehrdienst *m*; **d. of a bill** Gesetzentwurf *m*, Gesetzesvorlage *f*; **d. (of a) contract** Vertragsentwurf *m*
to dishonour a draft Akzept/Tratte/Wechsel nicht einlösen; **to honour a d.** Akzept/Tratte/Wechsel einlösen; **to submit a d. for acceptance** Tratte zum Akzept vorlegen
amended draft abgeänderter Entwurf; **documentary d.** Dokumententratte *f*; **preliminary d.** Vorentwurf *m*

D

draft *v/t* entwerfen, konzipieren, ab-, verfassen, aufsetzen
draft call *[US]* Einberufungsbescheid *m*; **d. convention** Entwurf eines Abkommens; **d. dodging** *[US]* Wehrpflichtentziehung *f*
in draft form im Entwurf; **d. order** *[US]* Einberufungsbescheid *m*; **d. resolution** Entschließungsentwurf *m*
draftee *n [US] (Militär)* Einberufene(r) *f/m*, Wehrpflichtige(r) *f/m*
drag away *v/t* wegschleppen, wegziehen
drastic *adj* drastisch, einschneidend
draw *n* Auslosung *f*, Ziehung *f*
draw *v/t* 1. *(Geld)* abheben; 2. *(Wechsel)* ziehen; 3. *(Gehalt)* beziehen; 4. zeichnen, ziehen; 5. aus-, verlosen; **d. up** ab-, verfassen, aufsetzen, formulieren
drawback *n* Nachteil *m*, Kehrseite *f*, Beeinträchtigung *f*, Hindernis *nt*
draw|ee *n* (Wechsel)Bezogene(r) *f/m*, Trassat *m*; **d.er** *n* Aussteller(in) *m/f*, Trassant *m*; **~ of a bill** Wechselaussteller(in) *m/f*; **~ of a cheque** Scheckaussteller(in) *m/f*; **refer to ~ (r/d)** zurück an den Aussteller, vorgelegt und nicht eingelöst
drawing *n* 1. *(Geld)* Entnahme *f*; 2. *(Scheck, Wechsel)* Ausstellung *f*; 3. Entwurf *m*, Zeichnung *f*; 4. Auslosung *f*, Ziehung *f*; **d. a bill of exchange** Wechselbegebung *f*; **d. and redrawing** Wechselreiterei *f (coll)*; **d. right** Entnahmerecht *nt*
dress code *n* Kleiderordnung *f*
dressing *n (Medizin)* Verband(sstoff) *m*
dressing-down *n (coll)* Standpauke *f (coll)*; **to give so. a d.** jdn zusammenstauchen *(coll)*
dressing material *n* Verbandszeug *nt*
drifter *n* Obdachlose(r) *f/m*, Gammler(in) *m/f*
drink *n* Getränk *nt*; **d. and drive accident** Verkehrsunfall unter Alkoholeinwirkung; **alcoholic d.** alkoholisches Getränk; **d.-driving** *n* Trunkenheit am Steuer
drive(way) *n (Gebäude)* Zufahrt *f*
drive *v/ti* fahren; **d. around** umherfahren
driver *n* (Kraft)Fahrer(in) *m/f*, Kraftfahrzeugführer(in) *m/f*; **D. and Vehicle Licensing Agency (DVLA)** *[GB]* zentrale Führerschein- und Zulassungsstelle; **d. who caused the accident** Unglücksfahrer(in) *m/f*; **d. of the other vehicle involved in the accident** Unfallgegner *m*; **d. caught speeding** Temposünder(in) *m/f*
drunken driver Alkoholsünder am Steuer; **hit-and-run d.** flüchtige(r) Fahrer(in) *m/f*, Unfallflüchtige(r) *f/m*; **uninsured d.** (pflichtwidrig) nicht versicherte(r) Fahrer(in) *m/f*
driver|'s license *[US]* Fahrerlaubnis *f*, Führerschein *m*; **to suspend the ~** Fahrerlaubnis vorläufig entziehen; **d.'s log/record book** Fahrtenbuch *nt*
driving *n* Fahren *nt*; **d. under the influence (of alcohol); drunk(en) d.; d. whilst under the influence of alcohol; d. while intoxicated (DWI)** *[US]* Trunkenheit am Steuer, ~ im Straßenverkehr, Fahren unter Alkoholeinfluss, ~ im Zustand der Trunkenheit; **~ disqualified** Fahren trotz eingezogenen Führerscheins; **d. a vehicle** Führen eines Fahrzeugs
careless driving fahrlässiges Fahren; **hit-and-run d.** Fahrerflucht *f*, unerlaubtes Entfernen vom Unfallort; **reckless d.** grob fahrlässiges/verkehrsgefährdendes Fahren, rücksichtslose Fahrweise
driving ban Fahrverbot *nt*; **to impose a ~** Fahrverbot verhängen; **d. code** *[US]* Straßenverkehrsordnung (StVO) *f*; **d. force** Triebkraft *f*; **d. licence** *[GB]* Fahrerlaubnis *f*, Führerschein *m*; **to withdraw the ~ for a limited period** Fahrerlaubnis vorläufig entziehen; **(minor) d. offence** Verkehrsordnungswidrigkeit *f*, Verkehrsdelikt *nt*, Verkehrsvergehen *nt*; **d. regulations** Fahrvorschriften *pl*
driving time Lenkzeit *f*; **statutory d. t.** gesetzlich vorgeschriebene Lenkzeit
drop *v/ti* fallen (lassen), aufgeben; **d. dead** tot umfallen; **d.ping of ill-founded charges** *n* Einstellung unbegründeter Anzeigen
drug *n* 1. Medikament, Arznei(mittel) *f/nt*; 2. Droge *f*, Betäubungsmittel *nt*, Rauschgift *nt*, Narkotikum *nt*; **to traffic in d.s** mit Rauschgift handeln; **addicted to d.s** rauschgiftsüchtig
intoxicating drug Rauschmittel *nt*; **narcotic d.** Betäubungsmittel *nt*, Rauschgift *nt*, Suchtstoff *m*; **over-the-counter d.** rezeptfreies Medikament; **pharmaceutical d.** Arzneimittel *nt*; **prescription-only d.** verschreibungspflichtiges Medikament; **soft d.** weiche Droge
drug abuse Drogenmissbrauch *m*; **d.s act** *n* Betäubungsmittelgesetz (BtMG) *nt*; **d. addict** Drogenabhängige(r) *f/m*, Drogen-,

Rauschgiftsüchtige(r) *f/m*; **d. addiction** Drogenabhängigkeit *f*, Drogen-, Rauschgiftsucht *f*; **d. courier** Drogenkurier *m*; **d. dealer/pedlar/pusher/trafficker** Rauschgifthändler(in) *m/f*; **d. offence** Drogendelikt *nt*, Rauschgiftvergehen *nt*; **d. smuggling** Rauschgiftschmuggel *m*; **d. squad** *(Abteilung)* Drogenfahndung *f*, Rauschgiftdezernat *nt*, Drogenbehörde *f*; **~ officer** Drogen-, Rauschgiftfahnder(in) *m/f*; **d.(s) ring** Rauschgift-, Drogenring *m*; **to break up a ~** Rauschgiftring sprengen; **d.-taking** *n* Drogenkonsum *m*; **d. trafficking/trade** Drogen-, Rauschgifthandel *m*; **d. user** Drogenbenutzer(in) *m/f*; **d. withdrawal** Rauschgiftentzug *m*

drunk *adj* angetrunken, betrunken; **while d.** im betrunkenen Zustand; **d. and disorderly** betrunken und öffentliches Ärgernis erregend

drunk *n* Betrunkene(r) *f/m*

habitual drunkard *n* Gewohnheitstrinker *m*

drunkenness *n* Trunkenheit *f*

dubious *adj* *(Aussage)* unglaubwürdig, dubios, zwielichtig

due *adj* 1. *(Termin)* fällig; 2. *(Respekt, Sorgfalt, Verfahren)* gebührend, ordnungsgemäß, ordentlich, gehörig, nötig, hinreichend; 3. *(Geld)* aus-, zustehend; **to fall d.** fällig werden

duly *adv* 1. erwartungsgemäß; 2. ordnungsgemäß, vorschriftsmäßig

dumb *adj* 1. stumm, wortlos; 2. doof *(coll)*, dumm

dummy *n* 1. Attrappe *f*, Schaupackung *f*; 2. Schaufensterpuppe *f*; 3. *[GB]* Gesetzesvorlage in erster Lesung; **d. company/corporation** Scheingesellschaft *f*, Scheinfirma *f*; **d. gun** Waffenattrappe *f*

dump *n* 1. Abfallhaufen *m*; 2. Müllkippe *f*, Mülldeponie *f*, Schuttabladeplatz *m*, Halde *f*; *v/t* 1. abladen; 2. fallen lassen

dungeon *n* Verlies *nt*, Kerker *m*

dun *v/t* mahnen; **d.ning** *n* Mahnwesen *nt*; **~ charge** Mahngebühr *f*; **~ letter** Mahnbrief *m*, Mahnschreiben *nt*; **judicial ~ procedure** gerichtliches Mahnverfahren

dupe *v/t* betrügen, übertölpeln

duplicate *n* 1. Kopie *f*, Duplikat *nt*, Doppel *nt*, Zweitschrift *f*; 2. *(Urkunde)* zweite Ausfertigung; **in d.** in doppelter/zweifacher Ausfertigung; **d. of a bill** Wechselduplikat *nt*; **d. will** Testament in zwei Urschriften

duplicity *n* 1. Doppelspiel *nt*, Hinterlist *f*; 2. Häufung mehrerer Klagegründe in einer Klageschrift

durab|ility *n* 1. *(Güter)* Haltbarkeit *f*, Lebensdauer *f*, Strapazierfähigkeit *f*; 2. *(Beziehung)* Dauerhaftigkeit *f*; **d.le** *adj* 1. haltbar; 2. dauerhaft

D

duration *n* Dauer *f*, Lebens-, Zeitdauer *f*, Laufzeit *f*; **d. of an agreement** Laufzeit eines Abkommens; **~ commitment** Dauer der Verpflichtung; **~ contract** Vertragsdauer *f*, Dauer des Vertrages; **~ cover(age)** *(Vers.)* Garantiezeit *f*, Deckungsfrist *f*; **~ credit** Kreditlaufzeit *f*; **~ employment** Beschäftigungsdauer *f*; **~ a lease** Dauer eines Miet-/Pachtvertrages; **~ marriage** Ehedauer *f*; **~ an offer** Gültigkeit eines Angebots; **~ a policy** Laufzeit einer Versicherung; **~ proceedings** Dauer des Verfahrens, Verfahrens-, Prozessdauer *f*; **~ prohibition** Verbotsdauer *f*; **~ the patent** Dauer des Patents; **~ trial** Prozessdauer *f*; **~ validity** Gültigkeitsdauer *f*; **maximum d.** Höchstdauer *f*

duress *n* *(Geständnis, Unterschrift)* Zwang *m*, Nötigung *f*; **under d.** durch Nötigung, unter Zwang; **mental d.** psychischer Zwang; **physical d.** physischer Zwang

dutiable *adj* verzollbar, abgabenpflichtig

duties *pl* 1. Abgaben; 2. Aufgabenbereich *m*; **d. of a guardian** Aufgaben des Vormunds; **d. and powers of the administrator** Aufgaben und Befugnisse des Verwalters; **to levy d.** Abgaben erheben

duty *n* 1. Pflicht *f*; 2. Aufgabe *f*, Obliegenheit *f*; 3. *(Beruf)* Dienst *m*; 4. *(Abgabe)* Steuer *f*, Zoll *m*; **to be the d. of** obliegen; **in accordance with one's d.** pflichtgemäß; **contrary to d.** pflichtwidrig; **exempt from d.** gebühren-, abgaben-, zollfrei; **liable/subject to d.** abgaben-, gebühren-, zoll-, steuerpflichtig; **to be off d.** nicht im Dienst sein, frei haben; **~ on d.** im Dienst sein, Dienst haben; **~ under a d.** verpflichtet sein

duty to accept Übernahmepflicht *f*; **~ keep accounts** Buchführungspflicht *f*; **~ render account** Rechnungslegungspflicht *f*; **~ act** Handlungspflicht *f*; **~ pay an advance** Vorschusspflicht *f*; **d. of allegiance** Treuepflicht *f*; **d. to appear** Pflicht zum Erscheinen; **~ render accounts** Rechnungslegungspflicht *f*; **~ render assistance** Beistandspflicht *f*;

D

~ render/provide (social and medical) assistance *(Arbeitgeber)* Fürsorgepflicht *f*; **~ render assistance in (time of) need** Pflicht zur Hilfeleistung, Nothilfepflicht *f*; **d. of care** Sorgfalts-, Obhuts-, Sorgepflicht *f*; **contractual ~** vertragliche Sorgfaltspflicht; **d. to cohabit** Beiwohnungs-, Kohabitationspflicht *f*; **~ exercise proper care** Sorgfalts-, Obhutspflicht *f*; **~ compensate; ~ pay/provide compensation** Vergütungs-, Ausgleichs-, Entschädigungspflicht *f*, Ersatz(leistungs)pflicht *f*; **d. of confidentiality** Verschwiegenheitspflicht *f*; **d. to consent** Einwilligungspflicht *f*; **d. under a contract** Vertragspflicht *f*; **~ make subsequent contributions** Nachschusspflicht *f*; **~ cooperate** Mitwirkungspflicht *f*; **~ pay costs** Kostentragungspflicht *f*; **~ pay damages** Schaden(s)ersatzpflicht *f*; **~ reduce the damage** Schadensminderungspflicht *f*; **~ make a declaration** Erklärungspflicht *f*; **~ remedy defects** Nachbesserungspflicht *f*; **~ perform only upon delivery** Leistungspflicht nur gegen Aushändigung; **~ disclose; d. of disclosure** Aufklärungs-, Offenbarungs-, Mitteilungs-, Offenlegungspflicht *f*; **d. on donations inter vivos** *(lat.)* Schenkungssteuer *f*; **d. to prevent the effect** Erfolgsabwendungspflicht *f*; **~ disclose everything** *(Gebrauchtwagen)* Pflicht, alles anzugeben; **~ furnish evidence** Beweis-, Nachweis-, Vorlegepflicht *f*; **~ give evidence** Aussage-, Zeugnispflicht *f*; **~ exploit** Verwertungspflicht *f*; **~ report finds** Anzeigepflicht bei Fund; **duty of forbearance** Unterlassungspflicht *f*; **d. to grit the footpath/road** Streupflicht *f*; **~ price the goods displayed** (Preis-)Auszeichnungspflicht *f*; **~ carry an identity card; ~ carry identity papers** Personalausweispflicht *f*; **d. not to disclose confidential information** *(Arbeitsrecht)* Verschwiegenheitspflicht *f*; **~ furnish/provide information** Informations-, Auskunftspflicht *f*, Informationsgebot *nt*; **legal ~ intervene and remove a source of injury or damage** Ingerenz *f*; **~ inspect** Prüfungspflicht *f*; **~ comply with instructions** Weisungsgebundenheit *f*; **~ investigate** Ermittlungspflicht *f*; **~ prevent a loss** Schaden(s)abwendungspflicht *f*; **~ provide maintenance** 1. Unterhaltspflicht *f*, Unterhaltsverpflichtung *f*; 2. Unterhaltungspflicht *f*; **~ give notice** Anzeigepflicht *f*; **~ give notice of termination** Kündigungspflicht *f*; **~ notify** Anzeige-, Notifikationspflicht *f*; **~ take the oath** Eidespflicht *f*; **~ obey (orders)** Gehorsamspflicht *f*; **d. of the occupier to make land or premises safe for persons or vehicles** Verkehrssicherungspflicht *f*; **d. to carry a passport** Passbesitzpflicht *f*, Passmitführungspflicht *f*; **~ have a passport** Pass(besitz)pflicht *f*; **~ pay** Zahlungspflicht *f*; **contractual ~ perform** vertragliche Leistungspflicht; **~ render advance performance** Vorleistungspflicht *f*; **~ quit premises** Räumpflicht *f*; **~ protect** Schutzpflicht *f*; **~ read (out) (the document)** Vorlesungspflicht *f*; **~ keep records** Aufzeichnungs-, Belegpflicht *f*; **~ refund** (Rück)Erstattungspflicht *f*; **~ register** Registrierungspflicht *f*; **~ report** Mitteilungspflicht *f*; **~ restitute; d. of restitution** Rückgabe-, Rückerstattungspflicht *f*; **legal d. to maintain safety** Verkehrssicherungspflicht *f*; **d. of secrecy; d. to observe secrecy** Schweige-, Verschwiegenheitspflicht *f*; **~ render a service** Dienstleistungspflicht *f*; **~ remove snow** Schneeräumpflicht *f*; **d. of both spouses to cooperate** Mitwirkungspflicht beider Ehegatten; **legal d. to supervise; d. of supervision** Aufsichtspflicht *f*; **d. to support** Unterstützungspflicht *f*; **~ testify** Zeugnispflicht *f*; **~ safeguard traffic** Verkehrssicherungspflicht *f*; **~ have a vehicle registered** *(Kfz)* Zulassungspflicht *f*; **~ wait** Wartepflicht *f*; **~ warn** Hinweispflicht *f*

to assume a duty Pflicht übernehmen; **to discharge one's d.** seine Pflicht/Aufgabe erfüllen; **to neglect one's d.** seine Pflicht verletzen; **to perform a d.** Pflicht erfüllen; **to report for d.** sich zum Dienst melden

ad-valorem duty *(lat.)* Wertzoll *m*; **civil d.** Bürgerpflicht *f*; **conjugal d.** eheliche Pflicht; **contractual d.** vertragliche Pflicht; **custodial d.** Sorgepflicht *f*; **educational d.** Erziehungspflicht *f*; **electoral d.** Wahlpflicht *f*; **legal d.** Rechtspflicht *f*, rechtliche Pflicht; **marital d.** eheliche Pflicht; **moral d.** Anstands-, Gewissens-, Sittenpflicht *f*, sittliche Pflicht; **official d.**

Amts-, Dienstpflicht *f*; **parental d.** Elternpflicht *f*; **professional d.** Standespflicht *f*; **prohibitive/protective d.** Schutzzoll *m*; **statutory d.** gesetzliche Pflicht/Obliegenheit; **supervisory d.** Aufsichtspflicht *f*
duty hours Dienststunden; **d. officer** Dienst-, Wachhabender *m*; **d. prosecutor** Bereitschaftsstaatsanwalt *m*; **d. roster** Dienst-, Einsatzplan *m*; **d. solicitor** Bereitschaftsanwalt *m*; **d. weapon** Dienstwaffe *f*
dwell *v/i* wohnen
dwelling *n* Wohnung *f*; **conjugal d.** eheliche Wohnung; **multiple d.** Mehrfamilienhaus *nt*; **private d.** Privatwohnung *f*; **d. house** Wohnhaus *nt*; **permanent d. right** Dauerwohnrecht *nt*; **d. space** Wohnraum *m*
dying declaration *n* Erklärung auf dem Sterbebett; **d. request** letztwillige Bitte

E

e. g. (exempli gratia) *(lat.)* zum Beispiel
legal eagle *n* *(coll)* Rechtsverdreher(in) *m/f* *(coll)*
to box so.'s ears *pl* jdn ohrfeigen
no earlier than; at the earliest *adv* frühestens
earmarking of funds *n* Zweckbestimmung von Mitteln
earn *v/t* verdienen
earnest (money) *n* Draufgabe *f*, Handgeld *nt*
earning capacity *n* Erwerbsfähigkeit *f*
earnings *pl* 1. Bezüge, Lohn *m*, Verdienst *m*; 2. Ertrag *m*, Gewinn *m*; **e. before tax** Gewinn vor Steuern
annual earnings 1. Jahresarbeitsverdienst *nt*; 2 Jahresgewinn *m*; **garnishable e.** pfändbare Bezüge; **illegal e.** Schwarzgeld *nt*; **immoral e.** Einkünfte aus gewerbsmäßiger Unzucht; **incidental e.** Nebenverdienst *m*; **net e.** 1. Nettoeinkünfte, Reinverdienst *m*; 2. Nettogewinn *m*; **retained e.** einbehaltener/thesaurierter Gewinn; **subsidiary e.** Nebenverdienst *m*; **taxable e.** 1. steuerpflichtiges Einkommen; 2. steuerpflichtiger Gewinn; **weekly e.** Wochenverdienst *m*
earnings-related *adj* einkommensbezogen
earshot *n* Hörweite *f*; **out of e.** außer Hörweite; **within e.** in Hörweite
ear|-splitting *adj* ohrenbetäubend; **e.-witness** *n* Ohrenzeuge *m*
easement *n* (Grund)Dienstbarkeit *f*, (Legal)Servitut *nt*; **to exercise one's (right of) e.** Dienstbarkeit ausüben, **negative e.** negative Dienstbarkeit
easing *n* Erleichterung *f*, Linderung *f*; **e. of terms** Erleichterung der Bedingungen; **~ credit terms** Krediterleichterung *f*
eavesdrop (on so.) *v/prep* lauschen
ecclesiastical *adj* geistlich
eco|-friendly *adj* umweltfreundlich, umweltschonend; **e.logical** *adj* ökologisch
ecology tax *n* Umweltsteuer *f*
economic *adj* wirtschaftlich; **e.al** *adj* sparsam, wirtschaftlich, rationell
economies of scale *pl* Kostendegression *f*
economize *v/i* (sparsam) wirtschaften
economy *n* Wirtschaft *f*
edge *n* Rand *m*; **e. of the kerb** Bordsteinkante *f*; **on the ~ town** am Stadtrand
edict *n* Edikt *nt*, Erlass *m*
edifice *n* Bauwerk *nt*, Gebäude *nt*
pirated edition *n* Raubdruck *m*
editor *n* Herausgeber(in) *m/f*, Schriftleiter(in) *m/f*
educate *v/t* erziehen
education *n* Erziehung *f*; **to complete one's e.** seine Ausbildung abschließen; **compulsory e.** Schulpflicht *f*; **further e.** Weiterbildung *f*; **e. authority** Schulbehörde *f*
educator *n* Erzieher(in) *m/f*
effect *v/t* (be-/er)wirken, leisten, tätigen, verrichten, verursachen, vornehmen; **to be e.ed** erfolgen
effect *n* (Aus)Wirkung *f*, Effekt *m*, Folge *f*; **to the e. that** mit dem Inhalt, dass; **with e. from April 1st** mit Wirkung vom 1. April; **~ immediate e.** mit sofortiger Wirkung; **~ legally binding e.** rechtsverbindlich; **e. on a third party** Drittwirkung *f*; **indirect ~** mittelbare Drittwirkung; **adverse e. of vaccination** Impfschaden *m*
to be in effect gelten; **coming into e.** *n* Wirksamwerden *nt*; **to continue/remain in e.** in Kraft bleiben; **to put into e.** in Kraft setzen; **to take e.** in Kraft treten; **taking e.** *n* Wirksamwerden *nt*
binding effect Bindungswirkung *f*, bindende Wirkung; **consequential e.** Folgewir-

E

E

kung *f*; **constitutive e.** rechtsbegründende/konstitutive Wirkung; **continual e.** Fortwirken *nt*; **declaratory e.** deklaratorische Wirkung, Feststellungswirkung *f*; **deterrent e.** abschreckende Wirkung; **detrimental e.** nachteilige Wirkung; **discharging e.** befreiende Wirkung; **immediate e.** sofortige Wirkung; **knock-on e.** Folgewirkung *f*, Schneeballeffekt *m*; **legal e.** Rechtswirksamkeit *f*, Rechtswirkung *f*, gesetzliche/rechtliche Wirkung; **~ of a judgment in creating rights and duties** Konstitutivwirkung *f*; **long-lasting e.** Dauerwirkung *f*; **long-term e.** Langzeit(aus)wirkung *f*; **prejudicial e.** Präjudizwirkung *f*, Vorgreiflichkeit *f*; **reciprocal e.** Wechselwirkung *f*; **remote e.** Fernwirkung *f*; **retroactive e.** rückwirkende Kraft, Rückwirkung *f*; **suspensive/suspensory e.** aufschiebende Wirkung

effective *adj* 1. effektiv, wirksam; 2. gültig, geltend, rechtswirksam; **e. from** mit Wirkung von; **e. immediately** ab sofort wirksam; **e. against third parties** mit Wirkung gegen Dritte

to be effective wirken; **to cease ~** unwirksam werden, Wirksamkeit verlieren; **to remain e.** wirksam bleiben; **legally e.** rechtswirksam

effectiveness *n* Wirksamkeit *f*

effects *pl* Habe *f*; **personal e.** bewegliche/persönliche Habe, Habseligkeiten

efficiency check *n* Leistungskontrolle *f*

efficient *adj* rationell, leistungsfähig, effizient

industrial effluents *pl* Industrieabwässer

effort *n* Bemühung *f*

eject *v/t* Besitz entziehen, aus dem ~ vertreiben

eject|ion; e.ment *n* Besitzentziehung *f*; **e.or** *n* Räumungsgläubiger *m*

elect *v/t* 1. optieren; 2. wählen

election *n* Wahl *f*; **e. to the board** Wahl in den Vorstand; **to conduct an e.** Wahl vornehmen; **free e.** freie Wahl; **uncontested e.** Wahl ohne Gegenkandidaten

election board/committee Wahlausschuss *m*, Wahlvorstand *m*; **e. documents** Wahlunterlagen; **e. fraud** Wahlbetrug *m*, Wahlfälschung *f*; **e. monitoring** Wahlbeobachtung *f*; **e. official** *[US]* Wahlleiter(in) *m/f*; **e. petition** *[GB]* Wahleinspruch *m*; **e. pledge/promise** Wahlversprechen *nt*; **e. regulations** Wahlordnung *f*; **e. result** Wahlergebnis *nt*; **to challenge an ~** Wahlergebnis anfechten; **e. rigging** Wahlbetrug *m*

elector *n* Wähler(in) *m/f*; **e.ate** *n* Wähler *pl*, Wählerschaft *f*

electricity *n* Strom *m*; **to abstract e.** Strom abzapfen

electrocut|e *v/t* durch Stromschlag töten; **e.ion** *n* Tod durch Stromschlag

element *n* Element *nt*, Komponente *f*; **e.s of an offence** *(StR)* Tatbestand *m*; **constituent e.** Tatbestandselement *nt*; **disruptive e.** Störfaktor *m*; **mental e.** subjektives Tatbestandsmerkmal

eligibility *n* 1. Befähigung *f*, Berechtigung *f*, Eignung *f*, Fähigkeit *f*; 2. Qualifikation *f*, Teilnahmeberechtigung *f*; 3. Voraussetzung *f*; 4. passives Wahlrecht, Wählbarkeit *f*; **e. for benefits** Leistungsberechtigung *f*; **e. of a claim** Anspruchsberechtigung *f*; **e. to act/serve as a judge** Fähigkeit zum Richteramt, Richteramtsbefähigung *f*; **e. for office** Amtsfähigkeit *f*, Voraussetzung/Qualifikation für ein Amt

eligibility requirement Berechtigungsnachweis *m*, Zulassungsvoraussetzung *f*

eligible *adj* 1. anspruchsberechtigt, (forderungs)berechtigt; 2. befähigt, geeignet; 3. teilnahmeberechtigt; 4. (passiv) wählbar; **e. to serve as security** beleihbar; **~ vote** wahlberechtigt; **to become e. (for)** sich qualifizieren

eliminat|e *v/t* beseitigen; **e.ion** *n* Beseitigung *f*

elsewhere *adv* anderweitig

emancipation *n* Emanzipation *f*

embankment *n* Böschung *f*, Straßendamm *m*; **noise-abating e.** Lärmschutzwall *m*

embargo *n* Ausfuhrsperre *f*, Embargo *nt*; **to impose an e.** Embargo verhängen; **to lift an e.** Embargo aufheben

embark *v/i* sich einschiffen; **e.ation** *n* Einschiffung *f*

embellish sth. *v/t* etw. verbrämen

embezzle *v/t* 1. hinterziehen; 2. *(Geld)* unterschlagen, veruntreuen

embezzlement *n* 1. Hinterziehung *f*; 2. *(Geld)* Unterschlagung *f*, Untreue *f*, Veruntreuung *f*; **e. of funds** Veruntreuung von Geldern; **e. in office** Unterschlagung im Amt; **aggravated e.** Untreue in besonders schweren Fällen, schwere Untreue

embezzler *n* Veruntreuer(in) *m/f*, Defraudant(in) *m/f*

national emblem *n* Hoheitszeichen *nt*

embod|iment *n* Inbegriff *m*, Verkörperung *f*; **e.y** *v/t* 1. verkörpern; 2. *(im Gesetz)* verankern

emerge *v/i* entstehen; **e.nce** *n* Auftauchen *nt*, Entstehung *f*

emergency *n* 1. Notstand *m*, Not(lage) *f*, Ausnahmezustand *m*; 2. (plötzlicher) Notfall; **imaginary e.** Putativnotstand *m*; **national e.** innerer Notstand, Staatsnotstand *m*; **public e.** öffentlicher Notstand

emergency act Ausnahme-, Notstandsgesetz *nt*; **e. appointment** Notbestellung *f*; **e. bill** Notstandsvorlage *f*; **e. brake** Notbremse *f*; **e. call** Notruf *m*; **false ~** falscher Notruf; **e. clause** Notstandsklausel *f*; **e. constitution** Notstandsverfassung *f*; **e. cull** Notschlachtung *f*; **e. decree** Notverordnung *f*; **e. exit** Notausgang *m*, Notweg *m*; **e. jurisdiction** Notzuständigkeit *f*; **e. lane** Standspur *f*; **e. lay-by** Nothaltebucht *f*; **e. legislation** Notstandsgesetzgebung *f*, Notstandsrecht *nt*; **e. measure** Notmaßnahme *f*; **e. mission** Katastropheneinsatz *m*; **e. passport** Passersatz *m*; **E. Powers Act** *[GB]* Notstandsgesetz *nt*; **e. provisions** Notstandsbestimmungen; **e. relief** Nothilfe *f*; **e. sale** Notverkauf *m*; **e. service** Notdienst *m*; **e. services** Katastrophenschutz *m*; **e. situation** Notlage *f*, Ernstfall *m*; **e. slaughter** Notschlachtung *f*; **e. surgery** Notoperation *f*; **e. ward** *(Krankenhaus)* Unfallstation *f*, Notaufnahme *f*; **e. will** Nottestament *nt*

emigr|ant *n* Emigrant(in) *m/f*; **e.ate** *v/i* auswandern, emigrieren; **e.ation** *n* Auswanderung *f*, Emigration *f*

emission *n* *(Umwelt)* Emission *f*; **noxious e.s** umweltschädigende Abgase; **e. permit** Verschmutzungszertifikat *nt*; **e. standard** Schadstoffgrenzwert *m*

emoluments *pl* Bezüge, Einkünfte, Vergütungen; **official e.** Dienstbezüge

emotional *adj* seelisch

empanel *v/t* *(Schöffen, Jury)* einsetzen, berufen; **e.ling (of) the jury** *n* Einsetzung der Geschworenen

to be in so.'s employ *n* bei jdm beschäftigt sein

employ *v/t* 1. an-, einstellen, beschäftigen; 2. verwenden; **e.able** *adj* arbeitsfähig, vermittelbar

employed *adj* angestellt, beschäftigt; **gainfully e.** erwerbstätig; **e. part-time** Teilzeit beschäftigt

employee *n* Arbeitnehmer(in) *m/f*, Bedienstete(r) *f/m*, Beschäftigte(r) *f/m*, Angestellte(r) *f/m*, Betriebsangehörige(r) *f/m*; **loaned e.** Leiharbeitnehmer(in) *m/f*; **permanent e.** Angestellte(r) auf Lebenszeit; **salaried e.** Angestellte(r) *f/m*, Gehaltsempfänger(in) *m/f*

employee's duty of good faith Treuepflicht des Arbeitnehmers; **e. invention** Arbeitnehmer-, Diensterfindung *f*; **e.'s liability** Arbeitnehmerhaftung *f*; **~ obligation of confidentiality** Geheimhaltungspflicht *f*; **e. representation act** Betriebsverfassungsgesetz (BtVG) *nt*; **~ law** Betriebsverfassungsrecht *nt*; **e. theft** Diebstahl durch Personal

employees *pl* Personal *nt*

employer *n* 1. Arbeitgeber *m*, Dienstherr(in) *m/f*; 2. Unternehmer *m*; **e.'s duty of care** *(Arbeitgeber)* Fürsorgepflicht *f*; **e.s and employees** Sozial-, Tarifpartner; **e.'s liability** Haftpflicht des Arbeitgebers, Unternehmerhaftung *f*; **~ insurance** Arbeitgeber-, Unternehmerhaftpflichtversicherung *f*; **e.'s lien** Unternehmerpfandrecht *nt*; **~ reference** Arbeitszeugnis *nt*

employment *n* 1. Anstellung(sverhältnis) *f/nt*, Beschäftigung *f*, Beschäftigungs-, Dienst-, Erwerbsverhältnis *nt*, 2. Einstellung *f*; 3. Einsatz *m*, Tätigkeit *f*, Verwendung *f*; **fit for e.** *(Person)* einsatzfähig, vermittelbar

adequate employment angemessene Erwerbstätigkeit; **casual e.** Gelegenheitsbeschäftigung *f*; **continued e.** Weiterbeschäftigung *f*; **dependent e.** abhängige Tätigkeit; **gainful e.** Erwerbstätigkeit *f*, auf Erwerb gerichtete Tätigkeit; **illicit e.** illegale Beschäftigung; **lifetime/permanent e.** unbefristete Beschäftigung, Dauerbeschäftigung *f*, Dauerarbeitsverhältnis *nt*; **regular e.** feste Anstellung; **temporary e.** 1. befristete Beschäftigung; 2. Leiharbeitsverhältnis *nt*, Arbeitnehmerüberlassung *f*; **~ agency** Leih-, Zeitarbeitsfirma *f*

employment appeal court Landesarbeitsgericht *nt*; **e. ban** Beschäftigungsverbot *nt*; **e. contract** Arbeitsvertrag *m*; **e. fraud** Anstellungsbetrug *m*; **e. papers** Arbeitspapiere; **e. promotion** Arbeitsförderung *f*; **e. industrial tribunal** Arbeitsgericht *nt*

empower *v/t* bevollmächtigen, ermächtigen
emption *n* Kauf *m*
enable *v/t* 1. befähigen, ermächtigen; 2. ermöglichen
enabling act/statute *n* Ermächtigungsgesetz *nt*
enact *v/t* *(Gesetz)* erlassen, verabschieden, zum Gesetz erklären, gesetzlich verordnen; **to be e.ed** Gesetz werden; **e.ing clause** *n* Inkrafttretungsklausel *f*, Gesetzesformel *f*
enactment *n* Verabschiedung *f*, Inkraftsetzen *nt*, Inkraftsetzung *f*, Erhebung zum Gesetz; **e. of a bill/law** Gesetzesverabschiedung *f*, Erlass eines Gesetzes
encipher *v/t* verschlüsseln
enclave *n* Enklave *f*
enclose *v/t* 1. beifügen; 2. *(Streit)* beilegen; 3. *(Land)* ein-, umfrieden, umgrenzen; **e.d** *adj* 1. bei-, ein-, inliegend; 2. umfriedet; **~ please find** anliegend erhalten Sie
enclosure *n* 1. Anlage *f*, Beifügung *f*, Beilage *f*; 2. Einfriedung *f*, Umfriedung *f*, Umgrenzung *f*
encode *v/t* verschlüsseln
encourag|e *v/t* 1. ermutigen; 2. fördern, Vorschub leisten; **e.ing (of) prostitution** *n* Förderung der Prostitution; **~ sexual acts of minors** Förderung sexueller Handlungen Minderjähriger
encroach upon *v/prep* übergreifen, eingreifen
encroachment *n* Übergreifen *nt*, Übergriff *m*, Eingriff *m*; **e. on adjoining land** *(Grundstücksgrenze)* Überbau *m*; **~ so.'s liberty** Eingriff in jds persönliche Freiheit; **~ so.'s rights** Eingriff in jds Rechte
encumber *v/t* (mit einer Hypothek) belasten; **e.ed** *adj* belastet
encumbrance *n* (dingliche) Belastung, Buchbelastung *f*, Grund(stücks)last *f*, Grundschuld *f*, Grundstücks-, Hypothekenbelastung *f*, Hypothekenschuld *f*, Reallast *f*; **free from e.s** frei von Hypotheken; **e. by mortgage** hypothekarische Belastung, Hypothekenbelastung *f*; **e. on property** Vermögensbelastung *f*; **e. of shares** Belastung von Geschäftsanteilen; **prior e.** *(Grundstück)* Vorbelastung *f*
end *n* 1. Ende *nt*, Schluss *m*; 2. Zweck *m*; **e. of a built-up area** Ortsausgang *m*; **e. in itself** Selbstzweck *m*; **the e. justifies the means** *(prov.)* der Zweck heiligt die Mittel *(prov.)*; **e. of month** (Monats)Ultimo *nt*
end-user *n* Endverbraucher(in) *m/f*
endanger *v/t* gefährden
endangering *n* Gefährdung *f*; **e. (of) peace and public order** Gefährdung der öffentlichen Ordnung; **~ road traffic** Gefährdung des Straßenverkehrs, Straßenverkehrsgefährdung *f*; **~ security** Gefährdung der Sicherheit; **~ public security and order** Gefährdung der öffentlichen Sicherheit und Ordnung; **~ traffic** Verkehrsgefährdung *f*; **~ transport** Transportgefährdung *f*
endangerment *n* Gefährdung *f*; **e. of witnesses** Gefahr für Zeugen
endeavour *n* Bestreben *nt*, Bestrebung *f*
endorsable *adj* girierbar, indossabel, indossierbar
endorse *v/t* 1. befürworten; 2. bestätigen; 3. girieren, indossieren; 4. *(Rückseite einer Urkunde)* vermerken; 5. *(Führerschein)* vermerken
endorsee *n* Giratar *m*, Indossatar *m*
endorsement *n* 1. Billigung *f*; 2. (Wechsel)-Giro *nt*, Indossament *nt*, Indossierung *f*, Girierung *f*; 3. Vermerk *m*, (rückseitige) Bestätigung; 4. Zustellungsvermerk *m*; **e. of a bill** Wechselindossament *nt*; **e. on a policy** *(Vers.)* Nachtrag zu einer Police; **e. supra protest** Indossament nach Protest; **e. without recourse** Indossament ohne Gewähr/Haftung/Obligo
blank endorsement Blankoindossament *nt*; **partial e.** Teilindossament *nt*; **post-maturity e.** Nachindossament *nt*; **restricted e.** beschränktes Indossament; **restrictive e.** Rektaindossament *nt*; **subsequent e.** Nachindossament *nt*
endorser *n* *(Wechsel)* Girant *m*, Indossant *m*, Indossierer *m*; **previous e.** vorgehender Indossant, Vormann *m*; **subsequent e.** Nach-, Hintermann *m*, nachfolgender Indossant
endorser's liability Indossamentshaftung *f*
endow *v/t* 1. ausstatten, dotieren; 2. stiften
endowment *n* 1. Ausstattung *f*, Dotation *f*, Dotierung *f*; 2. Stiftung *f*; **charitable e.** Stiftung für gemeinnützige Zwecke, gemeinnützige Stiftung
endowment assurance/insurance Kapitallebensversicherung *f*, Erlebensfallversicherung *f*, Versicherung auf den

Todes- und Erlebensfall; **e. mortgage** Versicherungshypothek *f*
enemy *n* Feind *m*
energy *n* Energie *f*; **electric e.** elektrische Energie; **nuclear e.** Atom-, Kernenergie *f*
enforce *v/t* 1. durchsetzen, erzwingen; 2. *(Urteil)* vollstrecken, vollziehen
enforceability *n* Durchsetzbarkeit *f*, Einklagbarkeit *f*, Vollziehbarkeit *f*; **e. by execution** Vollstreckbarkeit *f*; **provisional e.** vorläufige Vollstreckbarkeit
enforceable *adj* durchsetzbar, einklagbar, erzwingbar, vollziehbar; **e. by execution** vollstreckbar; **immediately e.** sofort vollstreckbar; **legally e.** tituliert; **provisionally e.** vorläufig vollstreckbar
enforcement *n* 1. Durchsetzung *f*, Erzwingung *f*; 2. Geltendmachung *f*; 3. Vollstreckung *f*, Vollziehung *f*, Vollzug *m*; **e. of a claim** Anspruchsdurchsetzung *f*, Durchsetzung eines Anspruchs; **~ duty to testify** Zeugniszwang *m*; **~ a judgment** *(ZR)* Urteilsvollstreckung *f*; **~ liability** (Haftungs)Durchgriff *m*; **~ an order** Vollstreckung einer Verfügung; **~ a right** Durchsetzung eines Rechts; **~ a writ** Zwangsvollstreckung *f*
direct enforcement sofortige Vollstreckung; **illegal e.** unzulässige Vollstreckung
enforcement agency Vollzugs-, Vollstreckungsbehörde *f*, Vollzugs-, Vollstreckungsorgan *nt*; **e. action** Zwangsmaßnahme *f*; **e. agent** Ordnungshüter *m*; **e. agency** Vollstreckungsbehörde *f*; **e. agreement** Vollstreckungsabkommen *nt*, Vollstreckungsübereinkommen *nt*; **e. costs** Vollstreckungskosten; **e. creditor** Vollstreckungsgläubiger(in) *m/f*; **e. debtor** Vollstreckungsschuldner(in) *m/f*; **e. measure** Vollstreckungsmaßnahme *f*; **e. officer** Vollstreckungsbeamter *m*; **e. order** Vollstreckungsbefehl *m*; **e. proceedings** Vollstreckungsverfahren *nt*; **e. provisions** Vollstreckungsbestimmungen; **e. suit** Vollstreckungsklage *f*
enfranchise *v/t* Wahlrecht verleihen
engage *v/t* 1. einstellen; 2. verpflichten; **e.d** *adj* 1. tätig; 2. verlobt; **to become ~** sich verloben
engagement *n* 1. Beschäftigung *f*; 2. Verlöbnis *nt*, Verlobung *f*; 3. Obligo *nt*, Verpflichtung *f*; **without e.** ohne Gewähr, freibleibend, unverbindlich; **contractual e.** vertragliche Bindung; **unilateral e.** Selbstbindung *f*
engine *n* *(Kfz)* Motor *m*; **souped-up e.** frisierter Motor; **e. failure** Motordefekt *m*
genetic engineering *n* Gentechnik *f*; **structural and civil e.** Hoch- und Tiefbau *m*; **e. contingencies** technische Risiken
engross *v/t* ausfertigen; **e.ment** *n* Ausfertigung *f*
enjoin *v/t* anordnen, auferlegen, eindringlich ermahnen
enjoy *v/t* genießen
enjoyment *n* Genuss *m*; **e. of fruits and benefits** Fruchtgenuss *m*; **~ possession** Besitzgenuss *m*; **quiet ~ possession** ungestörter Besitz; **~ a right** Rechtsgenuss *m*
quiet enjoyment ungestörte Nutzung; **undisturbed e.** ungestörter Genuss
enlarge *v/t* erweitern; **e.ment** *n* Erweiterung *f*
enlist *v/t* heranziehen; **e.ment** *n* Heranziehung *f*
enquiry *n* ↘ **inquiry** 1. *(Auskunft)* Anfrage *f*; 2. Überprüfung *f*, Untersuchung *f*, Ermittlung *f*; **follow-up e. (of a crime)** Folgeermittlungen *pl*; **judicial e.** gerichtliche Untersuchung
enrich *v/t* bereichern
enrichment *n* Bereicherung *f*; **unjust/unjustified e.** ungerechtfertigte/grundlose Bereicherung; **unlawful e.** rechtswidrige Bereicherung
enrol 1. *v/t* einschreiben, eintragen; 2. *v/refl* sich einschreiben/immatrikulieren; **e.-ment** *n* Einschreibung *f*, Immatrikulation *f*
ensnare so. *v/t* jdn umgarnen
ensu|e from *v/i* sich ergeben aus; **e.ing** *adj* folgend
ensure *v/t* sicherstellen, sich vergewissern
entail *v/t* 1. nach sich ziehen; 2. erforderlich machen; **e.ed** *adj* erbrechtlich beschränkt
entail *n* Fideikommiss *nt*; **to break off/bar the e.** Erbfolge aufheben; **to break an e.** Fideikommiss auflösen
entangle *v/t* verstricken; **e.ment** *n* Verstrickung *f*, Verwicklung *f*
enter *v/t* 1. betreten; 2. eintragen, registrieren, verbuchen; **e. into** *(Vereinbarung)* abschließen, eingehen
entering *n* 1. Betreten *nt*, Eindringen *nt*; 2. Eintragung *f*; **e. into an agreement**

Abschluss eines Vertrags; **e. an appearance** *(Zivilprozess)* Einlassung *f*; **e. into contact** Kontaktaufnahme *f*; **~ a contract** Kontrahierung *f*; **~ possession** Besitzantritt *m*, Besitzerlangung *f*
enterprise *n* Unternehmen *nt*, Betrieb *m*; **commercial e.** Erwerbsbetrieb *m*, Geschäftsunternehmung *f*; **competing e.** Konkurrenzunternehmen *nt*; **dominant e.** beherrschendes Unternehmen; **municipal e.** Gemeindebetrieb *m*; **private-law e.** Unternehmen des privaten Rechts; **public-sector e.** öffentlicher Betrieb; **service-rendering e.** Dienstleistungsbetrieb *m*; **small e.** Kleinbetrieb *m*; **state-controlled e.** Regiebetrieb *m*; **unincorporated e.** Personenfirma *f*, Unternehmen ohne eigene Rechtspersönlichkeit
entertain *v/t* bewirten; **e.ment** *n* Bewirtung *f*; **~ expense(s)** Bewirtungskosten, Repräsentationsaufwand *m*
entice *v/t* an-, verlocken, verführen, verleiten; **e.ment** *n* Verlockung *f*
entire gesamt; **e.ty** Gesamtheit *f*
entitle *v/t* 1. berechtigen; 2. betiteln
entitled *adj* (anspruchs)berechtigt, legitimiert; **to be e. to** Anrecht/Anspruch/Recht haben auf, berechtigt sein zu; **e. in rem** *(lat.)* dinglich berechtigt; **e. to a share in the profits** gewinn(anteil)berechtigt; **~ dispose** verfügungsberechtigt; **~ plead** prozessfähig; **~ sue** klageberechtigt, aktiv legitimiert, prozessfähig; **~ vote** wahlberechtigt
beneficially entitled legatsberechtigt; **jointly e.** mitberechtigt
entitlement *n* Anrecht *nt*, Berechtigung *f*; **e. to benefits** Leistungsanspruch *m*, Leistungsberechtigung *f*; **~ a claim** Anspruchsberechtigung *f*; **~ damages** Anspruch auf Schaden(s)ersatz; **~ a declaratory judgment** Feststellungsanspruch *m*; **~ maintenance** Unterhaltsanspruch *m*, Unterhaltsberechtigung *f*; **~ a statutory portion** Pflichtteilsanspruch *m*; **~ a share in the profits** Gewinnanspruch *m*; **~ sue** Klageberechtigung *f*, Prozessbefugnis *f*; **~ use** Nutzungsberechtigung *f*
joint entitlement Mitberechtigung *f*; **ostensible/prima-facie** *(lat.)* **e.** Rechtsschein *m*
entity *n* Einheit *f*; **corporate e.** Körperschaft *f*
legal entity Rechtsträger *m*; **distinct l. e.** juristische Person; **l. e. under private law** juristische Person des Privatrechts; **l. e. under public law** juristische Person des öffentlichen Rechts
territorial entity Gebietskörperschaft *f*
entrance *n* 1. Einfahrt *f*, Eingang *m*; 2. *(Vertrag)* Beginn *m*
entrant *n* Einreisende(r) *f/m*; **illegal e.** illegal Einreisende(r)
entrapment *n* *[US]* Verleitung zu einer Straftat
entrepreneurial *adj* unternehmerisch
entrust *v/t* anvertrauen, betrauen; **e.er** *n* Treugeber(in) *m/f*
entry *n* 1. Betreten *nt*; 2. Eintritt *m*, Einlass *m*, Zutritt *m*; 3. Einreise *f*; 4. Eintrag *m*, Eintragung *f*, Verbuchung *f*, Vermerk *m*; **no e.** Zutritt verboten!
entry of a claim Forderungsenteignung *f*; **~ conveyance** Auflassungseintrag *m*; **e. into force** Inkrafttreten *nt*; **e. upon an inheritance** Erbschaftsantritt *m*; **e. of judgment** Eintragung/Erlass des Urteils; **~ a penalty** Strafvermerk *m*; **e. in the register** Registereintragung *f*; **~ the land (charges) register** Eintragung im Grundbuch, Grundbucheintragung *f*; **~ the register of companies** Eintragung im Handelsregister
to change an entry umschreiben; **to correct an e.** Eintragung berichtigen; **to delete an e.** Eintragung löschen; **to force e. into** sich gewaltsam Eintritt verschaffen; **to make an e.** eintragen, vermerken
cautionary entry to ensure future cancellation Löschungsvormerkung *f*; **false e.** 1. unrichtige Eintragung; 2. Falschbuchung *f*; **forced e.** gewaltsames Eindringen; **forcible e.** Hausfriedensbruch *m*; **illegal e.** illegale/unerlaubte Einreise; **preceding e.** Voreintragung *f*; **~ in the Land Register** *[GB]* Voreintragung im Grundbuch; **subsequent e.** nachträgliche Eintragung; **unlawful e.** Hausfriedensbruch *m*
entry condition Teilnahmebedingung *f*; **e. documents** Einreisedokumente; **e. permit** Einreiseerlaubnis *f*; **e. terms** Eintrittsbedingungen; **e. visa** Einreise(sicht)vermerk *m*, Einreisevisum *nt*; **e. wound** Eintrittswunde *f*
envelope *n* (Brief)Umschlag *m*; **sealed e.** verschlossener (Brief)Umschlag; **stamped**

e. frankierter (Brief)Umschlag; **~ addressed e. (SAE)** frankierter (Brief)Umschlag mit Adresse

environment *n* 1. Umgebung *f*; 2. Umwelt *f*; **damaging/detrimental to the e.** umweltbelastend; **endangering the e.** umweltgefährdend; **harmful to the e.** umweltfeindlich

environment agency Umweltbehörde *f*; **e. protection act** Umweltschutzgesetz *nt*

environmental *adj* umweltbedingt, Umwelt-; **e.ist** *n* Umweltschützer(in) *m/f*

environs *pl* *(Stadt)* Umgebung *f*

envisage *v/t* vorsehen

epidermis *n* Oberhaut *f*

Epizootic Diseases Act *[GB]* Tierseuchengesetz *nt*

equal *adj* gleich, paritätisch; **to rank e.** gleichstehen

equality *n* Gleichberechtigung *f*, Gleichheit *f*, Parität *f*; **e. before the law** Gleichheit vor dem Gesetz, Rechtsgleichheit *f*; **e. of opportunity** Chancengleichheit *f*

equality act Gleichberechtigungsgesetz *nt*

equalization *n* Ausgleich *m*; **e. of burdens** Lastenausgleich *m*; **~ burdens levy** Lastenausgleichsabgabe *f*; **~ accrued gains** Zugewinnausgleich *m*; **conctractual ~ pensions** schuldrechtlicher Versorgungsausgleich; **statutory ~ pensions** Versorgungsausgleich *m*

financial equalization in case of hardship Härteausgleich *m*; **e. charge** Ausgleichsanspruch *m*, Ausgleichsschuld *f*

equal-ranking *adj* gleichgestellt, gleichrangig, ranggleich; **to be e.-r.** gleichen Rang haben, im Rang gleichstehen

equate *v/t* gleichsetzen

equilibrium *n* Ausgewogenheit *f*, Gleichgewicht *nt*

equipment *n* Gerätschaft *f*

equitabl|e *adj* (recht und) billig, gerecht, auf dem Billigkeitsrecht beruhend; **e.y** *adv* billigerweise

equity *n* 1. Billigkeit *f*; 2. Billigkeits-, Equityrecht *nt*; 3. Eigenkapital *nt*; **in e.** billigerweise, nach Billigkeitsrecht; **for reasons of e.** aus Gründen der Billigkeit

equity action Billigkeitsklage *f*; **e. capital** Beteiligungs-, Eigen-, Haftungs-, Stammkapital *nt*; **e. claim** Billigkeitsanspruch *m*; **e. law** Billigkeitsrecht *nt*; **e. participation** Kapitalbeteiligung *f*; **e. proceedings** Billigkeitsverfahren *nt*

equivalence *n* Äquivalenz *f*, Gleichwertigkeit *f*; **e. principle** Äquivalenzprinzip *nt*; **e. theory** Äquivalenztheorie *f*

equivalent *adj* 1. gleichwertig; 2. gleichbedeutend

equivocat|ion *n* Ausflucht *f*, doppeldeutige Aussage; **e.or** *n* Rabulist *m*

erase *v/t* tilgen, löschen

ero|de *v/t* aushöhlen; **e.sion** *n* Aushöhlung *f*

err *v/i* sich irren; **e.oneous** *adj* irrig, irrtümlich, falsch

error *n* 1. Irrtum *m*, Versehen *nt*, Fehler *m*, Täuschung *f*; 2. Revisionsgrund *m*, **in e.** irrtümlich; **e. in fact** Tatbestandsfehler *m*, Tatsachenirrtum *m*; **~ law** rechtlicher Irrtum, Rechtsfehler *m*, Rechtsirrtum *m*; **~ motivation** Motivirrtum *m*; **e. as to/ concerning the prohibited nature of an act** Verbotsirrtum *m*; **~ the punishability of the act** Irrtum über die Strafbarkeit; **e. in personam** *(lat.)* Irrtum über die Person; **e. of transmission** Übermittlungsirrtum *m*

to rectify an error Irrtum richtig stellen, ~ korrigieren

apparent error offenbarer Irrtum; **automatic e.** absoluter Revisionsgrund; **clerical e.** Schreibfehler *m*; **factual e.** sachlicher Irrtum, Tat(sachen)bestandsirrtum *m*, Irrtum über eine Tatsache; **fundamental e.** absoluter Revisionsgrund; **human e.** menschliches Versagen; **judicial e.** Rechtsirrtum *m*, Fehlspruch *m*, Fehler des Gerichts; **major e.** wesentlicher Irrtum; **mathematical e.** Rechenfehler *m*; **medical e.** Kunstfehler *m*; **procedural e.** Verfahrensfehler *m*, Verfahrensmangel *m*; **relevant e.** relevanter Irrtum

saving errors; e. excepted Irrtümer vorbehalten; **~ and omissions** Irrtümer und Auslassungen vorbehalten; **e. and omissions excepted (E.O.E.)** Irrtümer und Auslassungen vorbehalten

error rate Fehlerquote *f*

escalator clause *n* Gleit-, Index-, Lohngleit-, Preisgleit-, Wertsicherungsklausel *f*

escape *v/i* 1. (ent)fliehen, die Flucht ergreifen, entkommen, ausbrechen; 2. *(Gas, Substanz)* entweichen

escape *n* Ausbruch *m*, Entkommen *nt*, Flucht *f*; **attempted e.; e. attempt** Fluchtversuch *m*; **e. aid** Fluchthilfe *f*; **e. clause** salvatorische Klausel, Rücktritts-,

Sicherheitsklausel *f*; **e. route** Fluchtweg *m*; **e. vehicle** Fluchtfahrzeug *nt*
escape|d *adj* flüchtig; **e.e** *n* Flüchtige(r) *f/m*, Flüchtling *m*
escheat *n* 1. heimgefallenes Gut, Heimfall *m*; 2. Heimfall an den Staat, Staatserbrecht *nt*, Anfall des Nachlasses an den Staat; *v/ti* 1. anheim fallen; 2. *(als Nachlassgut)* einziehen
escort *n* Geleit *nt*, Geleitschutz *m*, Schutzgeleit *nt*
escrow *n* 1. Drittverwahrung *f*; 2. treuhänderisch hinterlegte Vertragsurkunde; **to hold sth. in e.** etw. treuhänderisch verwalten; **to place in e.** hinterlegen
escrow account 1. Treuhandkonto *nt*; 2. *(Notar)* Anderkonto *nt*
especially *adv* insbesondere
espionage *n* Spionage *f*, Ausspähung *f*; **suspected of e.** spionageverdächtig; **industrial e.** Industrie-, Werkspionage *f*; **treasonable e.** landesverräterische Ausspähung
essence *n* Inbegriff *m*, Wesen *nt*; **e. of the judgment** Urteilstenor *m*
essential *adj* wesentlich; *n* unabdingbare Voraussetzung; **e.s of a contract** *pl* Vertragserfordernis *f*
establish *v/t* 1. bestätigen, be-, nachweisen; 2. einrichten, errichten, gründen; 3. einsetzen, statuieren; 4. *(Identität, Tatbestand)* ermitteln, feststellen; **e. os.** *v/refl* sich niederlassen
establishment *n* 1. Anstalt *f*; 2. Ein-, Errichtung *f*, Einsetzung *f*; 3. Niederlassung *f*; 4. Feststellung *f*; **e. of an association** Gesellschaftsgründung *f*; **~ contact** Kontaktaufnahme *f*; **~ the facts** Feststellung des Tatbestandes/Sachverhalts; **~ identity through DNA testing** DNA-Identitätsfeststellung *f*; **~ paternity** Vaterschaftsnachweis *m*; **~ the truth** Wahrheitsfindung *f*
establishment provisions Niederlassungsbestimmungen
estate *n* 1. Besitztum *nt*; 2. Nachlass *m*, Erbe *nt*, Erbschaft *f*, Erb(schafts)masse *f*, Erbschaftsvermögen *nt*, Hinterlassenschaft *f*, *(Vermögen)* Masse *f*; 3. Siedlung *f*; **e. to be apportioned** Teilungsmasse *f*; **e. of the deceased** *[GB]*/**decedent** *[US]* Nachlass *m*; **e. in expectancy** Erbanwartschaft *f*, Nacherbschaft *f*; **e. in fee tail** Fideikommiss *nt*, Vorerbschaft *f*; **e. of a reversionary heir** Nacherbschaft *f*; **e. in tail** erbrechtlich beschränktes Eigentum
to administer an estate Nachlass verwalten; **the e. devolves upon so.** der Nachlass geht über auf jdn; **to partition the e.** Nachlass teilen; **to preserve the e.** Nachlass sichern; **to settle the e.** Nachlass auseinandersetzen; **to wind up the e.** Nachlass abwickeln
freehold estate Grundstückseigentum *nt*; **immovable e.** unbeweglicher Nachlass; **industrial e.** Gewerbe-, Industriegebiet *nt*; **intestate e.** Intestatsnachlass *m*; **landed e.** Landgut *nt*; **personal e.** persönlicher Nachlass
real estate 1. Grundbesitz *m*, Grundeigentum *nt*, Grundvermögen *nt*; 2. unbewegliche Habe, Immobiliarvermögen *nt*, Immobilien *pl*, Liegenschaft *f*, Realien *pl*, unbewegliches Vermögen; **sequestered r. e.** unter Zwangsverwaltung stehender Grundbesitz; **r. e. agent** Immobilien-, Häusermakler(in) *m/f*; **r. e. mortgage** Grundpfand *nt*; **r. e. rights** Realrechte
residual/residuary estate Restnachlass *m*; **total e.** Gesamtmasse *f*, Gesamtnachlass *m*
estate agency Liegenschaftsverwaltung *f*; **e. agent** Immobilien-, Häusermakler(in) *m/f*; **e. assets** Nachlassvermögen *nt*; **e. duty** Erbschaftssteuer *f*; **e. executor** Nachlassverwalter(in) *m/f*
esteem *n* Hochachtung *f*
estimate *v/t* (ab)schätzen, veranschlagen
estimate *n* Schätzung *f*, Kosten(vor)anschlag *m*, Ansatz *m*, Kalkulation *f*, Überschlag *m*; **conservative e.** vorsichtige Schätzung; **firm e. (of costs)** verbindlicher Kostenvoranschlag
estop *v/t* Rechtsverwirkung geltend machen, hemmen
estoppel *n* rechtshemmender Einwand, rechtshemmende Einwendung, Hinderung *f*, (Rechts)Verwirkung *f*; **equitable e.** Einrede der Unzulässigkeit; **e. clause** Verwirkungsklausel *f*
estovers *pl* (Brenn)Holzentnahmerecht *nt*
estrange|d *adj* entfremdet, zerstritten; **to be e.** getrennt leben; **~ from so.** mit jdm zerstritten sein; **e.ment** *n* Entfremdung *f*
EU Mutual Assistance Act *n* EU-Amtshilfegesetz *nt*
euro *n* Euro *m*
Europe *n* Europa *nt*

European *adj* europäisch; **E. Charter of Human Rights** Europäische Grundrechtscharta; **E. Commission of Human Rights** Europäische Kommission für Menschenrechte; **E. Convention on Human Rights** Europäische Menschenrechtskonvention; **~ on Mutual Assistance in Criminal Matters** Europäisches Rechtshilfeabkommen; **E. Court** Europäischer Gerichtshof (EuGh); **~ of Human Rights** Europäischer Gerichtshof für Menschenrechte; **~ of Justice** Europäischer Gerichtshof; **E. Economic Area (EEA)** Europäischer Wirtschaftsraum; **E. Human Rights Commission** Europäische Menschenrechtskommission; **E. Union** Europäische Union (EU); **~ law** Europa-, Gemeinschaftsrecht *nt*
euthanasia *n* Euthanasie *f*, Sterbehilfe *f*
evacuat|e *v/t* evakuieren; **e.ion** *n* Evakuierung *f*, Räumung *f*
evade *v/t* 1. entgehen, umgehen; 2. *(Steuern)* hinterziehen
evaluate *v/t* 1. ab-, einschätzen; 2. auswerten; 3. berechnen; 4. *(Wert)* festsetzen
evaluation *n* 1. Auswertung *f*; 2. Berechnung *f*; 3. (Ein)Schätzung *f*; **e. of expediency** Zweckmäßigkeitsprüfung *f*
evasion *n* 1. Ausweichen *nt*, Umgehung *f*; 2. *(Steuern)* Hinterziehung *f*; **e. of charges** Gebührenhinterziehung *f*; **~ customs duty** Zollhinterziehung *f*, Zollunterschlagung *f*; **~ the law** Gesetzesumgehung *f*; **~ taxes** Hinterziehung von Steuern, Steuerhinterziehung *f*
evasive *adj* ausweichend
even *adj* gleichmäßig; **e. out** *v/prep* nivellieren
event *n* 1. Eintreten (des Ereignisses) *nt*; 2. Ereignis *nt*, Vorfall *m*; 3. Veranstaltung *f*; **in the e. of** für den Fall, im Falle; **~ damage** im Schadensfall; **e.s excluded** von der Deckung ausgeschlossene Vorfälle; **e. insured against** Versicherungsfall *m*; **e. of death** Todesfall *m*; **~ force majeure** *(frz.)* Eintritt höherer Gewalt; **in the ~ recurrence** im Wiederholungsfall; **~ success** Erfolgseintritt *m*; **uncertain ~ success** ungewisser Erfolgseintritt; **e.s of war** Kriegsereignisse
damaging event schädigendes Ereignis, Schadensereignis *nt*; **fortuitous e.** unabwendbares/zufälliges Ereignis, Zufall *m*; **insured e.** versichertes Ereignis; **special e.** besonderes Ereignis; **unforeseen e.** unvorhergesehenes Ereignis
evict *v/t* *(Besitz)* vertreiben, (zwangs)räumen, zur Räumung zwingen
eviction *n* *(Besitz)* Vertreibung *f*, Heraussetzung *f*, Hinausweisung *f*, (Zwangs-)Räumung *f*, Vollstreckung durch Räumung; **e. order** Räumungsanordnung *f*, Räumungsbefehl *m*, Räumungsbeschluss *m*, Räumungstitel *m*; **e. proceedings** Räumungsklage *f*, Räumungs-, Exmissionsverfahren *nt*; **e. protection act** Wohnraumkündigungsschutzgesetz *nt*; **e. suit** Räumungsklage *f*
evidence *n* 1. (Zeugen)Aussage *f*, Zeugnis *nt*; 2. Ausweis *m*, Beleg *m*, Beweis *m*, Beweismaterial *nt*, Beweismittel *nt*, Nachweis *m*; **in the absence of e.; for lack of e.** mangels Nachweis/Beweises; **until there is e. to the contrary** bis zum Nachweis des Gegenteils; **e. submitted by an expert** Sachverständigenbeweis *m*; **e. in rebuttal** Gegenbeweis *m*; **not a shred of e.** keine Spur eines Beweises; **e. of the truth** Wahrheitsbeweis *m*; **e. given by a witness under affirmation** Zeugenaussage an Eides Statt; **e. in writing** schriftlicher Beweis
to admit in evidence als Beweismittel zulassen; **to collect e.** Beweismaterial sammeln; **to confiscate as e.** als Beweis beschlagnahmen; **to disprove e.** Beweis widerlegen; **to furnish e.** Nachweis erbringen/führen, Beleg vorlegen, Bescheinigung beibringen/erbringen, beweisen; **~ of damage/loss** Schaden nachweisen; **to offer e.** Beweis anbieten; **to gather e.** Beweismaterial sammeln
to give evidence (vor Gericht) aussagen, Zeugenaussage machen; **to refuse ~** Aussage verweigern; **to volunteer ~** freiwillige Aussage machen
to hear the evidence Zeugen anhören/vernehmen; **to plant e.** Beweismaterial unterschieben; **to produce e.** Beweis erbringen, nachweisen; **to refute e.** Beweismaterial widerlegen; **to secure e.** Beweismaterial sicherstellen; **to seize as e.** zur Beweissicherung beschlagnahmen; **to start hearing the e.** in die Beweisaufnahme eintreten; **to suppress e.** Beweismaterial unterschlagen; **to take e.** Beweis erheben, **~ so.'s e.** jdn als Zeugen vernehmen; **to tamper with e.** Beweis-

mittel beiseite schaffen, Beweismaterial unterschlagen

admissible evidence zugelassenes Beweisstück/Beweismittel, zugelassener Beweis; **ample e.** umfangreiches Beweismaterial; **auxiliary e.** Hilfsbeweismittel *nt*; **circumstantial e.** Indizienbeweis *m*, mittelbarer Beweis; **conclusive e.** durchschlagender/schlüssiger/stichhaltiger/zwingender Beweis; **conflicting/contradictory e.** widersprüchliches Beweismaterial, sich widersprechende Zeugenaussagen; **corroborating e.** erhärtendes Beweismaterial, Beweiserhärtung *f*; **direct e.** unmittelbarer Beweis; **documentary e.** Urkundenbeweis *m*, dokumentarische Beweise; **exculpatory/exonerating e.** Entlastungs-, Exkulpationsbeweis *m*, entlastendes Material; **exploratory e.** Ausforschungsbeweis *m*; **factual e.** Tatsachenbeweis *m*; **false e.** falsche Zeugenaussage, falsches Zeugnis; **to give ~** Falschaussage machen; **forensic e.** gerichtsmedizinischer Beweis; **fresh e.** neues Beweismaterial; **hard-and-fast e.** Handhabe *f*; **inadmissible e.** unzulässiger Beweis, unzulässiges Beweismaterial; **incontrovertible e.** unwiderleglicher Beweis; **incriminating e.** Belastungsmaterial *nt*; **inculpatory e.** Schuldbeweis *m*; **inferential e.** Indizienbeweis *m*; **informal e.** Freibeweis *m*; **intrinsic e.** abgeleiteter Beweis; **irrefutable e.** unwiderlegbarer Beweis; **material e.** rechtserheblicher Beweis; **moral e.** Freibeweis *m*; **negative e.** Negativbeweis *m*; **ocular e.** Augenscheinsbeweis *m*; **parol e.** mündlicher Beweis; **partial e.** Teilbeweis *m*; **physical e.** Sachbeweis *m*; **presumptive e.** Indizienbeweis *m*; **prima facie** *(lat.)* **e.** Anscheinsbeweis *m*, Beweis des ersten Anscheins, prima-facie-Beweis *m*; **primary e.** primäres Beweismittel; **probable e.** Wahrscheinlichkeitsbeweis *m*; **relevant e.** sachdienlicher Beweis; **strict e.** Strengbeweis *m*; **sufficient e.** ausreichender/hinreichender Beweis; **tangible e.** Handhabe *f*; **testimonial e.** Zeugenbeweis *m*; **unsworn e.** uneidliche Zeugenaussage; **written e.** schriftliches Beweismaterial

evidence room Asservatenkammer *f*

as evidenced by *adj* ausweislich

evident *adj* ersichtlich, evident, offenbar; **e.ial; e.iary** *adj* belegbar, beweiskräftig

evil *n* Übel *nt*

ex *(lat.)* aus

ex contractu *(lat.)* aus dem Vertrag, vertraglich; **e. gratia** *(lat.)* Kulanz *f*; **e. officio** *(lat.)* von Amts wegen

exact *v/t* einfordern, eintreiben; **e.ion** *n* Eintreiben *nt*, Beitreibung *f*

examination *n* 1. Nachprüfung *f*, (Über)Prüfung *f*, Untersuchung *f*; 2. Verhör *nt*, Vernehmung *f*; 3. Besichtigung *f*, Einsicht *f*, Inaugenscheinnahme *f*; **on close e.** nach eingehender Prüfung; **e. for obvious deficiencies** *(Patentrecht)* Offensichtlichkeitsprüfung *f*; **e. on oath** eidliche Vernehmung; **e. of a witness** Zeugenvernehmung *f*, Vernehmung eines Zeugen

judicial examination richterliche Vernehmung; **material e.** materielle Prüfung; **medical e.** ärztliche Untersuchung; **physical e.** körperliche Untersuchung; **preliminary e.** Vorprüfung *f*, Voruntersuchung *f*; **psychiatric e.** psychiatrische Untersuchung; **public e.** öffentliche Vernehmung; **school-leaving e.** Abschlussprüfung *f*

examination regulations Prüfungsordnung *f*; **e. room** Untersuchungszimmer *nt*

examine *v/t* 1. (nach-/über)prüfen, untersuchen; 2. verhören, vernehmen, Vernehmung durchführen; 3. begutachten, besichtigen, inspizieren

examinee *n* Prüfling *m*

examiner *n* Prüfer *m*, **chief e.** *(Patentrecht)* Hauptprüfer *f*; **medical e.** 1. Vertrauensarzt *m*; 2. *[US]* Leichenbeschauer(in) *m/f*, Gerichtsmediziner *m*

examining (of) a witness *n* Zeugeneinvernahme *f*; **~ the parties** Vernehmung der Beteiligten; **~ those involved in the case** Vernehmung zur Sache; **~ a person about his/her personal status** Vernehmung zur Person

example *n* Beispiel *nt*, Vorbild *nt*; **for e.** zum Beispiel; **to serve as an e. for so.** jdm als Vorbild dienen; **to set an e.** 1. Beispiel geben; 2. Zeichen setzen; **poor e.** schlechtes Vorbild; **prime e.** Paradebeispiel *nt*

exceed *v/t* überschreiten, übersteigen

exceeding *n* Überschreitung *f*; **e. (of) one's authority** Überschreitung der Befugnisse; **~ one's competence** Kompetenzüberschreitung *f*; **~ the deadline** Fristüberschreitung *f*; **~ powers** Kompetenzüberschreitung *f*, Überschreitung der

Befugnisse/Vollmacht; **~ official powers** Überschreitung der Amtsbefugnisse; **~ the speed limit** Überschreiten der Höchstgeschwindigkeit, Geschwindigkeitsübertretung *f*

except (for) *prep* mit Ausnahme von, ausgenommen; **e.ed** *adj* ausgenommen

exceptio doli *n* *(lat.)* Arglisteinrede *f*

exception *n* 1. Ausnahme *f*; 2. Einrede *f*, Einwendung *f*; 3. Vorbehalt *m*; **e. to the written form** Ausnahme von der Schriftform; **~ 30-year limitation period** Ausnahmen von der dreißigjährigen Frist; **~ rule** Ausnahme von der Regel; **to take e. to sth.** an etw. Anstoß nehmen

excerpt *n* Auszug *m*; **e. from the register of (previous) convictions** Strafregisterauszug *m*, Auszug aus dem Strafregister; **~ the commercial register** Handelsregisterauszug *m*, Auszug aus dem Handelsregister

excess *n* 1. Exzess *m*; 2. *(Vers.)* Selbstbeteiligung *f*; **in e. of ...** über ... hinaus; **e. of jurisdiction** Unständigkeit *f*; **~ justifiable (self-)defence** Notwehrexzess *m*, Überschreitung der Notwehr; **e. fare** Nachlösegebühr *f*

excessive *adj* übermäßig

exchange *v/t* (aus-/um)tauschen, auswechseln

exchange *n* (Aus-/Um)Tausch *m*, Auswechslung *f*; **e. of goods** Güter-, Warenaustausch *m*; **~ goods and services** Leistungsaustausch *m*; **~ letters** Briefwechsel *m*; **~ prisoners** Gefangenenaustausch *m*; **~ shots** Schusswechsel *m*; **to take sth. in e.** etw. in Tausch nehmen

foreign exchange Fremdwährung *f*, Valuta *f*; **verbal e.** Wortwechsel *m*

exchange procedure Tauschverfahren *nt*; **e. proviso** Umtauschvorbehalt *m*; **e. rate** Wechsel-, Umrechnungskurs *m*, Valutaverhältnis *nt*; **~ fixing** Wechselkursbindung *f*

exchangeable *adj* austauschbar

excise duty *n* Verbrauchssteuer *f*; **e. licence disc** *[GB] (Kfz)* Steuerplakette *f*

exclude *v/t* ausschließen, ausgrenzen; **e.d** *adj* ausgeschlossen

excluding *adj* ausschließlich; **e. the public (from the courtroom)** *n* Ausschluss/Ausschließung der Öffentlichkeit

exclusion *n* 1. Ausschluss *m*, Ausschließung *f*; 2. Versicherungsbegrenzung *f*; **to the e. of** unter Ausschluss von; **e. of unknown creditors** Ausschluss unbekannter Gläubiger; **~ intent** Ausschluss des Vorsatzes; **~ jurisdiction** Ausschluss des allgemeinen Gerichtsstandes; **~ liability** Ausschluss der Haftung, Haftungsausschluss *m*; **~ any liability** Ausschluss jeglicher Haftung; **~ undisclosed/unknown obligees** Ausschluss unbekannter Berechtigter; **~ a right** Ausschließung eines Rechts; **~ suretyship** Interzessionsverbot *nt*; **~ warranty** Ausschluss der Gewährleistung

exclusion clause Ausschluss-, Freizeichnungsklausel *f*

exclusiv|e *adj* ausschließlich, exklusiv; **e.eness; e.ity** *n* Ausschließlichkeit *f*

ex-convict *n* Strafentlassene(r) *f/m*

exculpation *n* Entlastung *f*, Exkulpation *f*

excusab|ility *n* Entschuldbarkeit *f*; **e.le** *adj* entschuldbar, verzeihlich

excuse *v/t* entschuldigen, dispensieren; **e. so. from sth.** jdn von etw. dispensieren

excuse *n* Entschuldigung(sgrund) *f/m*, Ausrede *f*; **to plead in e.** als Entschuldigung vorbringen, vorschieben; **lawful e.** Schuldaufhebungs-, Schuldausschließungsgrund *m*

execute *v/t* 1. *(Gerichtsbeschluss)* ausführen, (zwangs)vollstrecken, vollziehen, erfüllen; 2. *(Testament)* vollstrecken; 3. *(Dokument)* aus-, unterfertigen; 4. hinrichten; **e.d** *adj* ausgefertigt

execution *n* 1. Aus-, Durchführung *f*; 2. (Zwangs)Vollstreckung *f*, Vollzug *m*, Vollziehung *f*, Erfüllung *f*; 3. Aus-, Unterfertigung *f*; 4. Hinrichtung *f*, Exekution *f*; **by way of e.** exekutorisch; **exempt from e.** unpfändbar

execution of an arrest warrant Arrestvollziehung *f*, Festnahme auf Grund eines Haftbefehls; **~ juvenile court sentences** Jugendstrafvollzug *m*; **~ the death sentence** Vollstreckung des Todesurteils; **~ a document** Ausstellung einer Urkunde; **e. (levied) on real estate** Immobiliarvollstreckung *f*; **e. by firing squad** Tod durch Erschießen; **e. (levied) on movable goods** Mobiliarzwangsvollstreckung *f*; **e. of/under a judgment** Urteilsvollstreckung *f*; **to bar ~** Vollstreckung des Urteils behindern; **e. and registration of a mortgage** Bestellung einer Hypothek; **e. of an order** Auftragserledigung *f*, Ausführung eines Auftrags; **e. in parts** Teilvollstreckung *f*; **e. of a prison sentence** Haftvollzug *m*; **e. (levied) on real property** Immobiliarzwangsvollstreckung *f*; **e. of the sale** Ausführung des Verkaufs; **e. of a sentence** Straf-, Urteilsvollstreckung *f*; **~ passed by a juvenile court** Jugendstrafvollzug *m*; **e. of a will** Testamentsvollstreckung *f*, Vollstreckung eines Testaments; **~ a writ** Zwangsvollstreckung *f*, Vornahme einer Verfügung; **e. by writ of possession** Vollstreckung durch Räumung; **e. of work** Ausführung von Arbeiten

to effect execution Vollstreckung betreiben; **to suspend e.** (Zwangs)Vollstreckung aussetzen/einstellen; **~ the e. of a sentence** Strafvollstreckung/Strafvollzug aussetzen; **~ the e. of sth.** etw. außer Vollzug setzen

comprehensive execution Gesamtvollstreckung *f*; **~ proceedings** Gesamtvollstreckungsverfahren *nt*; **penal e.** Strafvollstreckung *f*, Strafvollzug *m*

execution creditor Pfändungsgläubiger *m*; **e. debtor** Pfändungsschuldner *m*; **e. lien** Vollstreckungspfandrecht *nt*; **e. sale** Vollstreckung durch Versteigerung, Pfändungsverkauf *m*

executioner *n* Henker *m*

executive *adj* 1. leitend, geschäftsführend; 2. durch-, ausführend

executive *n* 1. leitender Angestellter/Mitarbeiter; 2. Exekutive *f*, Vorstand *m*; **chief e.** Hauptgeschäftsführer *m*, Vorstandsvorsitzende(r) *f/m*

executor *n* 1. (Erbschafts)Verwalter(in) *m/f*, (Testaments-/Vermächtnis)Vollstrecker(in) *m/f*; 2. Zwangsvollstrecker *m*; **substitute e.** Ersatztestamentsvollstrecker *m*

executrix *n* Testamentsvollstreckerin *f*

exemplary *adj* 1. vorbildlich; 2. *(Strafe)* abschreckend, exemplarisch

exempt *v/t* 1. ausnehmen; 2. befreien, freistellen; *adj* 1. ausgenommen; 2. befreit; **e.ing provision** *n* Ausnahmebestimmung *f*

exemption *n* 1. Ausnahme *f*; 2. Befreiung *f*, Dispens *m*; 3. Franchise *f (frz.)*, Freistellung *f*

exemption from attachment Unpfändbarkeit *f*; **~ attachment and seizure** Beschlagnahmefreiheit *f*; **~ charges** Gebührenfreiheit *f*; **~ corporation tax** Körperschaftssteuerbefreiung *f*; **~ costs** Kostenfreiheit *f*; **~ customs (duty)** Zollfreiheit *f*, Zollfreistellung *f*; **~ distraint/execution** Pfändungsschutz *m*, Unpfändbarkeit *f*; **~ judicial execution** Vollstreckungsschutz *m*; **~ imprisonment** Haftverschonung *f*; **~ liability** Haftungsausschluss *m*, Haftungsbefreiung *f*, Haftungsfreistellung *f*, Haftungsfreiheit *f*, Nichthaftung *f*, Freistellung von Haftung, Schuldausschluss *m*; **agreed ~ liability** Freizeichnung *f*; **~ performance** Leistungsfreiheit *f*; **~ prosecution** Unverfolgbarkeit *f*; **~ punishment** Straffreiheit *f*, Absehen von Strafe; **legal reason for ~ punishment** Strafausschließungsgrund *m*; **~ criminal responsibility** Indemnität *f*; **~ seizure** Unpfändbarkeit *f*; **~ taxation** Steuerfreiheit *f*

to guarantee so. exemption jdm Straffreiheit zusichern; **to stipulate an e.** sich freizeichnen

exemption clause Freistellungs-, Freizeichnungsklausel *f*, Haftungsbeschränkungsklausel *f*; **e. limit** *(Steuer)* Freigrenze *f*; **e. permit** Ausnahmegenehmigung *f*; **e. proceedings** Freistellungsverfahren *nt*; **e. requirement** Freistellungsvoraussetzung *f*

exercise *v/t (Macht/Recht)* ausüben

exercise *n* Ausübung *f*; **e. of control** Herrschaftsausübung *f*; **~ parental custody** Ausübung der elterlichen Sorge; **~ discretion** Ausübung des Ermessens, ~ der Verfügungsgewalt, Ermessensausübung *f*; **~ jurisdiction** Ausübung der Gerichtsbarkeit; **~ a mandate** Mandatsausübung *f*; **~ an option** Optionsausübung *f*; **~ a patent** Patentausübung *f*; **~ power** Machtausübung *f*; **~ prohibited prostitution** Ausübung der verbotenen Prostitution; **~ a right** Ausübung eines Rechts, Rechtsausübung *f*; **~ the right to vote** Ausübung des Wahlrechts

authorized exercise Ausübungsermächtigung *f*; **prohibited e.** verbotene Ausübung

exercising *n (Rechte)* Wahrnehmung *f*; **e. (of) legitimate interests** Wahrnehmung berechtigter Interessen

exhaust *v/t* aus-, erschöpfen, aufbrauchen

exhaust *n* Auspuff *m*; **e. emission standard** Abgasnorm *f*

exhaustion *n* Aus-, Erschöpfung *f*; **e. of (legal) remedies** Erschöpfung des Rechtsweges
exhibit *n* Beweis-, Überführungsstück *nt*, Beweisgegenstand *m*, Asservat *nt*
exhibition *n* Zurschaustellung *f*; **e. of a document** Einreichung einer Urkunde; **indecent e.** sittenwidrige Zurschaustellung
exhibition|ist *n* Exhibitionist *m*; **e.ism** Exhibitionismus *m*
exhum|ation *n* Exhumierung *f*, Leichenausgrabung *f*; **e.e** *v/t* exhumieren
exile *n* Exil *nt*; *v/t* verbannen
exist *v/ti* bestehen
existence *n* Bestehen *nt*; **continued e.** Fortbestand *m*, Fort-, Weiterbestehen *nt*; **ostensible e. of a legal situation** Rechtsschein *m*
existing *adj* 1. bestehend; 2. bisherig
exit *n* 1. Ausgang *m*; 2. Ausreise *f*; **e. permit** Ausreisegenehmigung *f*; **e. visa** Ausreisevisum *nt*; **e. wound** Austrittswunde *f*
exitus *n* Exitus *m*
ex officio *(lat.)* von Amts wegen
exonerat|e *v/t* entlasten, freisprechen, exkulpieren; **e.ing** *adj* entlastend; **e.ion** *n* Entlastung *f*, Freisprechung *f*
exorbitant *adj* *(Preis)* überhöht
expatriat|e *v/ti* ausbürgern, expatriieren; *adj* 1. heimatlos; 2. im Ausland lebend; **e.ion** *n* Ausbürgerung *f*, Expatriierung *f*
expect *v/t* 1. erwarten, (mit etw.) rechnen; 2. zumuten
expectancy *n* 1 Erwartung *f*; 2. Anwartschaft *f*, Erbaussicht *f*; **e. of life** Lebenserwartung *f*; **average ~** mittlere Lebenserwartung
expedience; expediency *n* Sach-, Zweckdienlichkeit *f*, Zweckmäßigkeit *f*
expedient *adj* ratsam, tunlich, zweckdienlich, zweckmäßig
expel *v/t* ausweisen, vertreiben
expend *v/t* aufwenden, ausgeben
expenditure|(s) *n/pl* (Kosten)Aufwand *m*, Ausgabe(n) *f*, Aufwendungen, Auslage *f*; **e of time** Zeitaufwand *m*; **additional e.(s)** Mehraufwand *m*, Mehraufwendung *f*; **administrative e.(s)** Verwaltungsausgaben; **current e.(s)** laufende Aufwendungen; **necessary e.(s)** notwendige Aufwendung; **unbudgeted e.(s)** außerplanmäßige Ausgaben; **e.(s) actually incurred** tatsächlich entstandene Auslagen
expense(s) *n/pl* Aufwendungen *pl*, Ausgabe(n) *f/pl*, Auslagen *pl*, Spesen *pl*, Aufwand *m*, (Un)Kosten *pl*; **at the e. of** zu Lasten, auf Kosten von; **at great e.** mit großen Kosten; **~ one's own e.** auf eigene Rechnung; **~ public e.** auf Staatskosten
to apportion expenses (Un)Kosten umlegen; **to deduct e.** Spesen absetzen; **to defray e.** Unkosten bestreiten; **to incur e.** Unkosten haben
allowable expenses abzugsfähige Ausgaben; **deductible e.** absetzbare Ausgaben; **extra e.** Mehrausgaben; **incidental e.** Nebenkosten; **income-related e.** Werbungskosten *pl*; **incurred e.** entstandene Kosten; **legal e. insurance** Rechtsschutzversicherung *f*; **out-of-pocket e.** Barauslagen; **reimbursable e.** erstattungsfähige Auslagen; **sundry e.** verschiedene Kosten
expense allowance Aufwandsentschädigung *f*, Spesenpauschale *f*; **e. record/slip** Spesenabrechnung *f*; **e. voucher** Ausgabenbeleg *m*
experience *n* Erfahrung *f*; **practical e.** Praxis *f*
experienced *adj* erfahren
expert *n* Experte *m*, Fachmann *m*, Gutachter *m*, Sachverständige(r) *f/m*; **e. in criminal law** Strafrechtler(in) *m/f*; **to consult an e.** Sachverständigen beiziehen
court-appointed expert Gerichtssachverständiger *m*, gerichtlich bestellter Sachverständiger; **legal e.** Jurist(in) *m/f*, Rechtsexperte *m*; **official e.** amtlicher Sachverständiger; **sworn e.** beeidigter Sachverständiger; **technical e.** Sachverständige(r) *f/m*
expert *adj* gutachtlich, sachverständig
expert appraisal Gutachten *nt*; **e. knowledge** Fach-, Sachkenntnis *f*, Sachkunde *f*, Sachverstand *m*, Spezialwissen *nt*; **e. opinion/report** Expertise *f*, (Sachverständigen)Gutachten *nt*, Sachverständigenbericht *m*; **e. testimony** Sachverständigenaussage *f*, Aussage eines Sachverständigen; **e. witness** sachverständiger Zeuge, Sachverständiger als Zeuge
expertise *n* (Sachverständigen)Gutachten *nt*; **graphological e.** Schriftgutachten *nt*
expert's fee Sachverständigengebühr *f*, Sachverständigenvergütung *f*

expiation *n* Sühne *f*
expiration *n [US]* ↘ **expiry** Ablauf *m*, Auslaufen *nt*, Erlöschen *nt*, Verfall *m*; **after (the) e. of** nach Ablauf von; **on e. of** bei Ablauf von; **e. of a contract** Vertragsablauf *m*; **~ the period** Ablauf der Frist; **~ a policy** Ablauf einer Police; **~ the prison sentence** Ablauf der Strafzeit; **~ time** Frist-, Zeitablauf *m*
expiration clause Verfallklausel *f*
E
expire *v/i* ab-, auslaufen, erlöschen, außer Kraft treten, verfallen
expiry *n [GB]* ↘ **expiration** Erlöschen *nt*, Ungültigwerden *nt*, Verfall *m*, Ablauf *m*, Auslaufen *nt*; **not subject to e.** unverfallbar; **prior to e.** vor Ablauf; **e. of a deadline** Frist-, Terminablauf *m*; **~ the lease** Ablauf der Pacht; **~ limitation period** Ablauf der Verjährungsfrist; **~ a patent** Erlöschen eines Patents; **~ the period/time** Ablauf der Frist, Fristablauf *m*; **~ a policy** Ablauf einer Police; **~ the power of attorney** Erlöschen der Vollmacht
expiry clause Verfallsklausel *f*; **e. date** Ablauf-, Verfallsdatum *nt*, Fälligkeits-, Verfallstag *m*; **e. period** (Verfall)Frist *f*
explain *v/t* erklären, erläutern, darlegen
explanation *n* Erklärung *f*, Erläuterung *f*, Darlegung *f*; **requiring further e.** erklärungsbedürftig
explanatory *adj* erklärend, erläuternd
explicit *adj* ausdrücklich
explode *v/i* explodieren
exploit *v/t* 1. ausbeuten; 2. (aus)nutzen, verwerten
exploitation *n* 1. Ausbeutung *f*; 2. Ausnutzung *f*, Verwertung *f*; **e. of a dependent condition; ~ a state of dependence** Ausnutzung eines Abhängigkeitsverhältnisses; **~ a licence** Lizenzverwertung *f*; **~ minors** Ausbeutung von Minderjährigen; **~ a patent** Patentverwertung *f*; **~ an official position** Ausnutzung einer Amtsstellung; **wasteful e.** Raubbau *m*
explos|ion *n* Explosion *f*; **e.ive** *n* Explosiv-, Sprengstoff *m*
export *v/t* ausführen, exportieren
export|(s); exportation *n* Ausfuhr *f*; **e. ban** Ausfuhrsperre *f*, Ausfuhrverbot *nt*; **e. certificate** Ausfuhrnachweis *m*; **e. contract** Exportauftrag *m*; **e. credit guarantee** Ausfuhrbürgschaft *f*; **e. embargo** Ausfuhrverbot *nt*; **e. licence** Ausfuhrbewilligung *f*, Ausfuhrerlaubnis *f*, Ausfuhr-, Exportlizenz *f*; **e. numberplate** Ausfuhrkennzeichen *nt*; **e. permit** Ausfuhrerlaubnis *f*, Ausfuhr-, Exportgenehmigung *f*; **e. prohibition** Ausfuhrverbot *nt*; **e. regulations** Ausfuhrbestimmungen; **e. restitution** Exporterstattung *f*; **e. trade** Exporthandel *m*
expose *v/t* 1. aufdecken, enthüllen, entlarven, enttarnen; 2. *(Körper)* entblößen; 3. aussetzen
exposure *n* 1. Aufdeckung *f*, Enthüllung *f*, Entlarvung; 2. Entblößung *f*; 3. Ausgesetztsein *nt*; **e. to danger** Gefährdung *f*
indecent exposure exhibitionistische Handlung, unsittliche Entblößung, Erregung eines öffentlichen Ärgernisses
express *v/t* ausdrücken, aussprechen; **e. indirectly** verklausulieren
express *adj* ausdrücklich; **e.ly** *adv* expressis verbis *(lat.)*
expression *n* 1. Ausdruck *m*; 2. Äußerung *f*; **e. of intent** Willenserklärung *f*; **~ opinion** Meinungsäußerung *f*; **free ~ opinion** freie Meinungsäußerung; **facial e.** Miene *f*; **innocent e.** Unschuldsmiene *f*
ex-prisoner *n* Strafentlassene(r) *f/m*
expropriate *v/t* enteignen
expropriation *n* Enteignung *f*; **compulsory e.** Zwangsenteignung *f*; **e. order** Enteignungsbeschluss *m*
expulsion *n* 1. Ausschluss *m*; 2. Ausweisung *f*, Vertreibung *f*; **e. of an alien** Landesverweisung *f*; **~ illegal immigrants** *(Ausländer)* Zurückschiebung *f*; **~ a partner** Ausschluss eines Gesellschafters; **~ troublemakers** Ausschluss von Störern; **e. order** Ausweisungsbefehl *m*; **to make an ~** einen Ausweisungsbefehl erlassen
expunge *v/t* (aus)löschen, tilgen, streichen
extant *adj* vorhanden
extemporize *v/i* frei reden
extend *v/t* 1. erweitern; 2. verlängern, prolongieren; **e. to** *v/i* sich erstrecken auf; **e.able** *adj* verlängerbar
extension *n* 1. *(Gebäude)* Anbau *m*; 2. Erweiterung *f*; 3. (Frist)Verlängerung *f*, Nachfrist *f*, Prolongation *f*, Stundung *f*, Terminverlängerung *f*; 4. *(Telefon)* Durchwahl *f*, Nebenanschluss *m*, Hausapparat *m*; **e. of the claim** Klageerweiterung *f*; **~ the deadline** Verlängerung der Frist; **~ jurisdiction** Zuständigkeitserweiterung *f*; **~ liability** Erweiterung der Haftung, Haf-

tungserweiterung *f*, **~ a lien** Pfanderstreckung *f*; **~ the period/time** Fristverlängerung *f*

to grant an extension of the period/time *(Steuerrecht)* Nachsicht gewähren; **~ the time for appeal** Verlängerung der Rechtsmittelfrist; **~ the validity** Verlängerung der Gültigkeit; **to grant an e.** Stundung gewähren, Nachfrist setzen, stunden

extension agreement Stundungsvertrag *m*; **e. number** Nebenanschluss *m*, Durchwahl *f*

extensive *adj* 1. ausgedehnt; 2. umfangreich, weitgehend

extent *n* Ausmaß *nt*, Höhe *f*, Umfang *m*; **to the e. necessary** im erforderlichen Ausmaß; **e. of a claim** Umfang eines Anspruchs; **~ liability** Haftungsumfang *m*, Umfang der Haftung; **~ loss** Schadensumfang *m*

extenuat|e *v/t* mildern; **e.ing** *adj* (straf-) mildernd; **e.ion (of a sentence)** *n* (Straf-) Milderung *f*

extinct *adj* *(Anspruch)* erloschen

extinction *n* 1. Erlöschen *nt*; 2. Tilgung *f*, Auslöschung *f*; **e. of previous convictions; e. in the criminal records** Straftilgung *f*; **e. of a right** Untergang eines Rechts; **~ obligations** Erlöschen von Schuldverhältnissen

extinguish *v/t* löschen

extinguishment *n* *(Tilgung)* Löschung *f*; **e. of an easement** Aufhebung/Erlöschen einer (Grund)Dienstbarkeit; **~ the servitude** Erlöschen der Dienstbarkeit

extort *v/t* erpressen, erzwingen, nötigen

extortion *n* 1. Erpressung *f*, Erzwingung *f*, Nötigung *f*; 2. Wucher *m*; **e. of a confession** Geständniserpressung *f*; **~ evidence** Erzwingung der Aussage; **e. by a public official** Erpressung im Amt; **e. of a statement** Aussageerpressung *f*, Erpressung einer Aussage

aggravated extortion schwere Erpressung; **e. racket** Schutzgelderpressung *f*

extortion|ate *adj* erpresserisch; **e.ist** *n* Erpresser(in) *m/f*

extract *n* Auszug *m*

extract *v/t* *(Informationen)* herauspressen, herausquetschen *(coll)*; **e.ion of a confession under duress** *n* Erpressung eines Geständnisses

extradite *v/t* *(Person)* ausliefern

extradition *n* *(Person)* Auslieferung *f*; **e. ban** Auslieferungsverbot *nt*; **e. proceedings** Auslieferungsverfahren *nt*; **e. request** Auslieferungsantrag *m*, Auslieferungsersuchen *nt*; **e. treaty** Auslieferungsvertrag *m*

extrajudicial *adj* außergerichtlich

extramarital *adj* außerehelich, nicht ehelich

extraordinary *adj* außerordentlich

extraterritorial *adj* exterritorial; **e.ity** *n* Exterritorialität *f*

extreme *adj* extrem

extrem|ism *n* Extremismus *m*; **e.ist** *n* Extremist(in) *m/f*; *adj* extremistisch

eyewitness *n* Augenzeuge *m*; **e. account/testimony** Augenzeugenbericht *m*; **e. identification** Identifizierung durch Augenzeugen

F

F

fabricat|e *v/t* erfinden, fälschen; **f.ed** *adj* lügenhaft; **f.ion** *n* Fälschung *f*; **f.or** *n* Schwindler *m*, Fälscher *m*

face *n* 1. Gesicht *nt*; 2. Vorderseite *f*; **to slap so.'s f.; ~ so. in the f.** jdm eine Ohrfeige geben, jdn ohrfeigen; **f.lift** *n* 1. kosmetische Operation; 2. *(Auto, Haus)* Verschönerung *f*; **f. value** Nennbetrag *m*, Nominalwert *m*; **to take so. at ~** *(fig)* jdm unbesehen glauben; **to take sth. at (its) ~** *(fig)* etw. für bare Münze nehmen

face *v/t* 1. gegenüber sein/stehen/liegen; 2. *(Problem)* sich stellen

facilities *pl* 1. Einrichtungen, Anlagen; 2. Vergünstigungen, Erleichterungen; **f. for the disabled** Einrichtungen für Behinderte; **municipal f.** städtische Einrichtungen; **social f.** soziale Einrichtungen

facility *n* 1. Einrichtung *f*, Anlage *f*; 2. Möglichkeit *f*; **public f.** öffentliche Einrichtung; **f. security** Objektschutz *m*

facsimile *n* Faksimile *nt*; **f. signature** Faksimileunterschrift *f*

fact *n* Tatsache *f*; **in f.** de facto *(lat.)*, tatsächlich; **the f.s of the case/matter** *(Verfahrensrecht)* Tatbestand *m*; **f.s and circumstances** Sachlage *f*, Sachverhalt *m*, Gegebenheiten; **having considered all (the) ~** unter Berücksichtigung aller Umstände; **in f. and in law** in rechtlicher und tatsächlicher Hinsicht; **f.s constituting a criminal offence** Straftatbestand *m*

to be consistent with the fact|s den Tatsachen entsprechen; **to distort the f.s** Tatsachen verdrehen; **to present as f.** als Tatsache hinstellen; **to state the f.s** Tatsachen vortragen
accessory fact Hilfstatsache *f*; **accomplished f.** vollendete Tatsache; **constituent f. (of an offence)** Tatbestandsmerkmal *nt*; **decisive f.** entscheidende Tatsache; **dispositive f.** rechtshindernde Tatsache; **established f.** feststehende Tatsache; **evidentiary f.** Indiztatsache *f*, beweiserhebliche Tatsache; **evidentiary f.s** Tatumstände; **exculpatory f.** entlastende Tatsache; **hard f.s** nackte Tatsachen; **incriminating f.** belastende Tatsache; **material f.** wesentliche Tatsache; **operative f.** *[US]* Tatbestandsmerkmal *nt*; **ostensible f.s** Scheintatbestand *m*; **uncontested f.** unbestrittene Tatsache
fact-finding *n* Tatbestandsaufnahme *f*, Tatsachenfeststellung *f*
factor *n* 1. Faktor *m*; 2. Umstand *m*; 3. Kommissionär *m*; **contributory f.** Mitursache *f*; **due to environmental f.s** umweltbedingt; **external f.s** äußere Umstände
factor's compensation Faktorentgelt *nt*
factor *v/t* 1. Schulden aufkaufen; 2. auf Kommissionsbasis verkaufen
factorage *n* 1. Kommissionsgeschäft *nt*; 2. Provision *f*
factoring *n* Factoring(geschäft) *nt*, Kreditrisikoabsicherung *f*; **f. of receivables** Verkauf von Forderungen
factory *n* Fabrik *f*; **F. Act** *[GB]* Arbeitsschutzgesetz *nt*; **f. farming** 1. *(Tiere)* Intensivhaltung *f*, automatisierte Viehhaltung *f*; 2. *(Boden)* Intensivbewirtschaftung *f*; **f. inspection** Gewerbeaufsicht *f*; **f. inspector** Gewerbeaufsichtsbeamter *m*; **f. inspectorate** Gewerbeaufsichtsamt *nt*; **f. legislation** Arbeiterschutzgesetzgebung *f*, Gewerbeordnung *f*; **f. premises** Werksgelände *nt*; **f. regulations** 1. Fabrikordnung *f*; 2. gewerbepolizeiliche Anordnungen; **f. safety** Betriebssicherheit *f*; **f. security** Werksschutz *m*
factual *adj* sachlich
faculty *n* 1. Fähigkeit *f*, Vermögen *nt*; 2. Fakultät *f*, Fachbereich *m*; **F. of Advocates** *[Scot.]* Anwaltsvereinigung *f*; **f. of judgment** Urteilsvermögen *nt*; **~ law** juristische Fakultät; **cognitive f.** Erkenntnisvermögen *nt*
fail *v/ti* 1. *(Person)* versagen, scheitern, keinen Erfolg haben; 2. ver(ab)säumen, unterlassen; 3. *(Plan, Versuch)* fehlschlagen, missglücken; 4. *(Maschine)* ausfallen, versagen; 5. schwächer werden, nachlassen
fail to answer a summons trotz Ladung nicht erscheinen; **~ appear** nicht erscheinen; **~ attend** nicht teilnehmen; **~ do sth.** etw. unterlassen/versäumen
failing *n* Schwachstelle *f*, Schwäche *f*
failing *adj* angeschlagen, angegriffen; *prep* in Ermangelung von; **f. which** *conj* widrigenfalls, ansonsten
failure *n* 1. Misserfolg *m*, Scheitern *nt*, Versagen *nt*; 2. Versäumnis *nt*, Unterlassung *f*; 3. Pleite *f*; 4. Versager *m*; **f. of the criminal act** Fehlgehen der Tat, aberratio ictus *(lat.)*; **~ consideration** Mangel/Wegfall der Gegenleistung; **~ intent(ion)** Willensmangel *m*; **~ issue** Kinderlosigkeit *f*; **~ memory** Gedächtnisschwäche *f*; **~ performance** Nichterfüllung *f*, Erfüllungsmangel *m*; **~ title** Rechtsmangel *m*
failure to act Unterlassung *f*; **~ answer** Nichtbeantwortung *f*; **~ appear** Ausbleiben *nt*, Nichterscheinen *nt*, Terminversäumnis *nt*; **~ appear in court** Kontumaz *f*; **~ attend** Versäumnis *nt*; **~ come to so.'s aid/rescue** unterlassene Hilfeleistung; **~ comply (with)** Nichtbeachtung *f*, Nichteinhaltung *f*; **~ cooperate** unterlassene Mitwirkung; **~ discharge a legal duty** Unterlassungsdelikt *nt*; **~ disclose** Verletzung der Anzeigepflicht, mangelnde Offenlegung; **~ do sth.** Unterlassung *f*, Versäumnis *nt*; **~ exercise** Nichtausübung *f*; **~ give evidence** Nichtaussage *f*; **~ give way** Nichtbeachten der Vorfahrt; **~ inform** Nichtanzeige *f*; **~ look after persons in care** Vernachlässigung von Schutzbefohlenen; **~ meet the deadline** Fristversäumnis *nt*, Fristversäumung *f*, Fristüberschreitung *f*; **~ notify** unterbliebene Anzeige; **~ obey** Gehorsamsverweigerung *f*; **~ observe the law** Nichtbeachtung des Gesetzes; **~ pay** Zahlungsversäumnis *nt*
failure to perform Nichterfüllung *f*, unterbliebene Erfüllung, Nichtleistung *f*; **~ a duty** Nichterfüllung einer Pflicht, pflichtwidrige Unterlassung
failure to provide maintenance Unterhaltsverletzung *f*, Verletzung/Vernachläs-

sigung der Unterhaltspflicht, **~ render assistance (in an emergency)** unterlassene Hilfeleistung, Unterlassung der Hilfeleistung; **~ render performance** Leistungsunterlassung *f*; **~ reply** Nichtbeantwortung *f*; **~ report** unterlassene Meldung, Nichtanzeige *f*; **~ submit** Nichtabgabe *f*

human failure menschliches Versagen *m*; **mechanical f.** technisches Versagen

failure cause Ausfallursache *f*; **f. rate** Ausfallquote *f*

faint *v/i* ohnmächtig werden

faint(ing) *n* Ohnmacht *f*; **f. fit** Ohnmachtsanfall *m*

faint-hearted *adj* zaghaft

fair *n* Messe

fair *adj* 1. gerecht, billig; 2. berechtigt, zumutbar; 3. unparteiisch, fair; 4. *(Warnung)* rechtzeitig; 5. *(Wettbewerb)* frei, offen; **f. and equitable** gerecht; **~ proper** recht und billig; **~ reasonable** angemessen

fairness *n* 1. Gerechtigkeit *f*; 2. Angemessenheit *f*, Kulanz *f*

Fair Trading Act *[GB]* Kartellgesetz *nt*

faith *n* 1. Vertrauen *nt*; 2. Glaube *m*, Konfession *f*; **bad f.** böser Glaube, mala fides *(lat.)*; **in ~** bösgläubig, arglistig, in böser Absicht, mala fide *(lat.)*; **in the utmost** *f* uberrimae fidei *(lat.)*; **good f.** guter Glaube, Treu und Glauben, Redlichkeit *f*, bona fides *(lat.)*; **in ~** auf Treu und Glauben, gutgläubig, in guter Absicht, bona fide *(lat.)*; **in breach of ~** wider Treu und Glauben

faithful *adj* 1. treu; 2. ehrlich, glaubwürdig; 3. zuverlässig, genau; **f.ness** *n* 1. Loyalität *f*; 2. Genauigkeit *f*; **~ of a translation** Texttreue einer Übersetzung

fake *n* 1. Fälschung *f*, Nachahmung *f*; 2. Hochstapler(in) *m/f*; 3. Simulant *m*; **f. patrol car** nachgestellter Streifenwagen; **f. pistol** Pistolenimitation *f*

fake *v/t* 1. fälschen, nachahmen, imitieren; 2. fingieren; *adj* unecht, künstlich

fall *n* 1. Fall *m*, Sturz *m*; 2. Sinken *nt*, Nachlassen *nt*, Abnahme *f*

fall *v/i* 1. fallen, stürzen; 2. nachgeben, sinken; **f. back on sth.** auf etw. zurückgreifen; **f. behind with sth.** mit etw. in Verzug geraten; **f. ill** erkranken; **f. out with so.** sich mit jdm streiten; **f. under** gehören zu, gerechnet werden zu, fallen unter

fallacy *n* Trugschluss *m*

false *adj* 1. falsch, unwahr, unrichtig; 2. gefälscht; 3. künstlich

falsehood *n* Unwahrheit *f*; **injurious/malicious f.** Rufschädigung *f*

falsely *adv* fälschlich(erweise)

falsification (Ver)Fälschung *f*; **f. of the balance sheet, ~ accounts** Bilanzfälschung *f*

falsify *v/t* *(Bilanz, Urkunde)* fälschen; **f.-ing (of) relevant evidence** *n* Fälschung beweiserheblicher Daten

falsity *n* 1. Unrichtigkeit *m*; 2. *(Anschuldigung, Forderung)* Unhaltbarkeit *f*; **f. in pleadings** Prozessbetrug *m*; **f. of a statement** Unwahrheit einer Behauptung

F

family *f* Familie *f*; **extended f.** Großfamilie *f*, Sippe *f*

family act Familiengesetz *nt*; **f. allowance** Familienbeihilfe *f*, Kindergeld *nt*; **f. case** Familien(rechts)sache *f*, Familienangelegenheit *f*; **f. code** Familiengesetzbuch *nt*; **f. company/concern** Familiengesellschaft *f*; **f. court** Familiengericht *nt*; **~ judge** Familienrichter *m*; **f. division** Familiengericht *nt*, Abteilung für Familien(gerichts)sachen; **f. doctor** Hausarzt *m*; **f. firm** Familienbetrieb *m*, Familienunternehmen *nt*; **f. law** Familienrecht *nt*; **f.-law** *adj* familienrechtlich

family life Familienleben *nt*; **f. member** Familienangehörige(r) *f/m*; **f. name** Nach-, Familienname *m*; **f. record/register** Familienbuch *nt*; **f. relationships** Verwandtschaftsverhältnisse; **f. residence** Familienwohnsitz *m*; **f. reunion** 1. Familientreffen *nt*; 2. Familienzusammenführung *f*; **f. settlement** Erbauseinandersetzung *f*, Erbeinsetzungsvertrag *m*; **f. status** Personenstand *m*; **f. support** Familienhilfe *f*, Familienunterhalt *m*; **f. tree** (Familien)Stammbaum *m*; **f. welfare** Familienfürsorge *f*

fare *n* 1. Fahrpreis *m*; 2. Fahrgeld *nt*; 3. *(Taxi)* Fahrgast *m*; **concessionary f.** Vorzugsfahrpreis *m*; **excess f.** Nachlösegebühr *f*; **supplementary f.** Zuschlag *m*

fare dodger *(coll)* Schwarzfahrer(in) *m/f*; **f. dodging** Fahrgeldhinterziehung *f*, Schwarzfahren *nt*; **f. stage/zone** Tarifzone *f*

farm *n* Bauernhof *m*, landwirtschaftlicher Betrieb; **tenanted f.** ver-/gepachteter Bauernhof

farm animals Nutztiere; **f. law** Landwirtschaftsrecht *nt*; **f. lease** Landpachtvertrag *m*; **f. tenancies act** Landpachtgesetz *nt*

farm *v/t* 1. bewirtschaften; **f. out (to)** *v/prep* 1. verpachten; 2. *(Aufträge)* fremdvergeben, zur Erledigung weitergeben; 3. *(Kinder)* in (bezahlte) Pflege geben (bei)

farmer *n* Landwirt *m*, Bauer *m*; **organic f.** Bio-Bauer *m*; **f.s' union** *n* Bauernverband *m*

farming *n* Landwirtschaft *f*

fatal *adj* 1. tödlich; 2. *(Konsequenzen)* verhängnisvoll

F

fatality *n* 1. Todes-, Sterbefall *m*; 2. *(Unfall)* Tote(r) *f/m*

father *n* Vater *m; **adoptive f.*** Stiefvater *m*; **f.-in-law** *n* Schwiegervater *m*; **f.hood** *n* Vaterschaft *f*

fault *n* 1. Fehler *m*; 2. (Sach)Mangel *m*, Defekt *m*, Störung *f*; 3. Schuld *f*, Verschulden *nt*; **not so.'s f.; through no f. of one's own** unverschuldet, ohne eigenes Verschulden; **~ one's own f.** durch eigene Schuld, ~ eigenes Verschulden, selbstverschuldet; **with all f.s** mit allen Mängeln, ohne Mängelgewähr, unter Ausschluss jeder Sachmängelhaftung; **without f.** unverschuldet, ohne Verschulden

fault of the vicarious agent Verschulden des Erfüllungsgehilfen; **f. in design/construction** Konstruktionsfehler *m*; **if the claimant is at f.** wenn Selbstverschulden vorliegt; **the f. lies with him** er trägt die Schuld

to be at fault Schuld haben, verschulden; **to find f. with** bemängeln, beanstanden; **to ascribe/impute the f. to** Schuld beimessen/zuschreiben; **to remedy a f.** Störung abstellen, Mangel beheben

capital fault Kapitalfehler *m*; **considerable f.** beträchtliches Verschulden; **contributory f.** Mitverschulden *nt*; **gross f.** grobes Verschulden; **hidden/latent f.** heimlicher/versteckter Mangel; **main f.** Hauptschuld *f*; **mutual f.** beiderseitiges Verschulden; **own f.** Selbstverschulden *nt*, eigenes Verschulden; **presumed f.** vermutetes Verschulden; **slight f.** geringfügiges Verschulden; **sole f.** Alleinverschulden *nt*

fault *v/t* Fehler finden an, etw. auszusetzen haben an

faultiness *n* Fehlerhaftigkeit *f*

faultless *adj* fehler-, einwandfrei

faulty *adj* 1. *(Besitz, Vertrag)* fehler-, mangelhaft; 2. defekt, schadhaft

favour *n* 1. Gefälligkeit *f*; 2. Gunst *f*; **in f. of** zu Gunsten von; **~ his f.** zu seinen Gunsten; **to fall out of f.** in Ungnade fallen; **to plead in so.'s f.** für jdn eintreten; **reciprocal f.** Gegendienst *m*

favouritism *n* Vetternwirtschaft *f*

fear *n* Furcht *f*; **f. of partiality** Besorgnis der Befangenheit

fear *v/t* fürchten, Angst haben vor

feasib|ility *n* Aus-, Durchführbarkeit *f*; **f.le** *adj* durchführbar, ausführbar, realisierbar, machbar; **not ~** undurch-, unausführbar, unrealisierbar

feature *n* Merkmal *nt*; Kennzeichen *nt*; **aggravating f.** Straferhöhungsmerkmal *nt*; **characteristic f.** charakteristisches Merkmal; **distinctive/distinguishing f.** Unterscheidungsmerkmal *nt*; **special f.** Besonderheit *f*

featureless *adj* ohne besondere Merkmale

fee *n* Gebühr *f*, Honorar *nt*; **for a f.** gegen eine Gebühr; **f. for service** *(Urkunde)* Zustellungsgebühr *f*; **late f.** Reugeld *nt*, Verspätungszuschlag *m*; **legal f.s** Anwaltshonorar *nt*, Anwaltsgebühren

fee owner *[US]* Grundeigentümer *m*; **f. simple** uneingeschränktes Eigentum an Grund und Boden; **f. scale** Gebührentabelle *f*; **f. tail** (erbrechtlich) beschränktes Eigentum an Grund und Boden

feign *v/t* 1. *(Krankheit)* vortäuschen, simulieren; 2. fingieren; 3. heucheln

feigning *n* Vortäuschen *nt*; **f. commission of a crime** Vortäuschen einer Straftat

fellow *n* 1. Mann *m*, Kerl *m*; 2. Kamerad *m*, Kumpel *m*; **f. citizen** Mitbürger(in) *m/f*; **f. countrymen** Landsleute; **f. creditor** Mitgläubiger *m*; **f. employee/worker** (Arbeits)Kollege *m*; **f. feeling** Mitgefühl *nt*; **f. guarantor** Mitgarant *m*; **f. lodger/occupant** Mitbewohner(in) *m/f*; **f. partner** Mitgesellschafter *m*; **f. passenger** Mitreisende(r) *f/m*; **f. prisoner** Mitgefangene(r) *f/m*; **f. student** Kommilitone *m*, Kommilitonin *f*; **f. tenant** Hausgenosse *m*; **f. underwriter** Mitgarant *m*; **f. witness** Mitzeuge *m*

fellowship *n* Kameradschaft *f*, Gesellschaft *f*

felon *m [US]* Schwerverbrecher(in) *m/f*; **f.ious** *adj* verbrecherisch; **f.y** *n* Kapitalverbrechen *nt*

feme covert *n* Ehefrau *f*, verheiratete Frau; **f. discovert** *n* 1. geschiedene Frau; 2. Witwe *f*; **f. sole** Ledige *f*; **~ trader** Geschäfts-, Handelsfrau *f*
fence *n* 1. Zaun *m*, Umzäunung *f*; 2. Hindernis *nt*; 3. *(coll)* Hehler(in) *m/f*; **the f. is worse than the thief** *(prov.)* der Hehler ist schlimmer als der Stehler *(prov.)*
fence in *v/t* ein-, umzäunen; **f.d-in** *adj* umfriedet
fencing *n* Umzäunung *f*
fend off *v/t* abwehren, vertreiben
fender *n* *[US]* Kotflügel *m*; **f.-bender** *n* *(coll)* kleiner Blechschaden, Unfall mit Blechschaden
ferocious *adj* wild, scharf, erbittert, heftig
ferret out *v/prep (fig)* aufstöbern, aufspüren
fertil|e *adj* 1. fruchtbar; 2. *(Frau)* zeugungsfähig; **f.ize** *v/t* 1. befruchten; 2. düngen
feticide *n* (Ab)Tötung der Leibesfrucht, Abtreibung *f*
fetter *v/t* fesseln; **f.s** *pl* Fesseln
feud *n* Fehde *f*
fiancé *n* Verlobter *m*; **f.e** *n* Verlobte *f*
fibre *n* Faser *f*; **textile f.** Textilfaser *f*
fiction *n* Fiktion *f*; **f. of accrual** Fiktion des Zugangs; **~ title** Eigentumsfiktion *f*; **legal f.** juristische Fiktion, Gesetzes-, Rechtsfiktion *f*
fictitious *(Kauf, Prozess, Zahlung)* fiktiv, fingiert
fiddle *v/t (coll)* *(Bücher, Rechnungen)* frisieren *(coll)*, manipulieren; *n* Manipulation *f*, Schiebung *f (coll)*
fidelity *n* Treue *f*; **f. of a translation** Genauigkeit einer Übersetzung
conjugal/marital fidelity eheliche Treue; **contractual f.** Vertragstreue *f*
fidelity bond Kaution gegen Veruntreuung, Unterschlagungsversicherung *f*; **f. clause** Vertrauensschutzklausel *f*; **f. guarantee** *(Vers.)* Kautionsverpflichtung *f*; **official ~** Amtskaution *f*; **f. insurance** Vertrauensschadensversicherung *f*
fiduciary *n* Fiduziar *m*, Treuhänder(in) *m/f*; *adj* fiduziarisch, treuhänderisch
field *n* 1. Feld *nt*, Acker *m*, Wiese *f*; 2. *(Beruf)* (Sach)Gebiet *nt*, Fach *nt*; **f. of activity** Tätigkeitsbereich *m*; **~ application** Anwendungsgebiet *nt*; **~ law** Rechtsgebiet *nt*; **~ responsibility** Ressort *nt*, Kompetenzbereich *m*
special field Spezialgebiet *nt*; **professional f.** Berufszweig *m*
field assembly Außenmontage *f*; **f. damage** Flurschaden *m*
fight *v/ti* 1. *(Verbrechen)* bekämpfen; 2. kämpfen; 3. verfechten, verteidigen; **f. over sth.** sich um etw. streiten; **f. sth. through (to the end)** etw. durchfechten
fight *n* 1. Kampf *m*, Bekämpfung *f*; 2. Schlägerei *f*, Streit *m*; **to have a f. on one's hands** Ärger am Hals haben *(coll)*; **to put up a f. about sth.** sich gegen etw. wehren
fight against crime Verbrechensbekämpfung *f*; **~ terrorism** Terrorismusbekämpfung *f*
figure *n* 1. Zahl *f*, Ziffer *f*; 2. Gestalt *f*, Figur *f*, Persönlichkeit *f*; **in f.s and words** in Ziffern und Worten; **f. of fun** Spott-, Witzfigur *f*
to go over the figure|s durchrechnen; **to put a f. to sth.** etw. in Zahlen ausdrücken, etw. quantifizieren; **to work out the f.s.** Kalkulationen vornehmen
comparative figure Vergleichszahl *f*; **odd f.** ungerade Zahl; **official f.s** amtliche Zahlen; **revised f.s** bereinigte Zahlen
filch *v/t* *(coll)* klauen *(coll)*
file *n* 1. Akte *f*, Dossier *nt*; 2. Datei *f*, Kartei *f*; **to ask for the f.s** Akten anfordern; **to inspect the f.s** Akten einsehen; **to lay the f.s open to inspection** Akteneinsicht gewähren
official file|s Amtsakten; **personal f.** Personalakte *f*; **supplementary f.** Beiakte *f*
files of the enquiry Ermittlungsakten; **~ the proceedings** Prozessakten
file access Dateizugriff *m*; **f. number** Aktenzeichen *nt*; **f. protection** Dateischutz *m*; **f. retention period** Aufbewahrungszeitraum *m*
file *v/t* 1. einlegen, einreichen, anmelden; 2. abheften; **f. subsequently** nachreichen; **to be f.d** zu den Akten
filiation *n* Feststellung der Vaterschaft
filibuster *v/ti* verzögern, verschleppen, Obstruktion betreiben; **f.ing** *n* Verschleppungstaktik *f*
filing *n* 1. Einreichung *f*, Einlegung *f*, Anmeldung *f*; 2. Ablage *f*; **f. (of) an action** Einreichung einer Klage, Klageerhebung *f*; **~ an application** Einreichung/Stellung eines Antrags; **~ a bankruptcy petition; ~ a petition in bankruptcy** Konkursan-

meldung *f*; **~ a claim** 1. Anmeldung eines Anspruchs, Forderungsanmeldung *f*; 2. Klageeinreichung *f*; **~ a complaint** Beschwerdeeinlegung *f*; **~ a constitutional complaint** Einlegung einer Verfassungsbeschwerde; **~ an objection** Einspruchseinlegung *f*; **~ joint returns** gemeinsame Steuererklärung; **~ a right/title** Anmeldung eines Rechts

filing cabinet Aktenschrank *m*; **f. date** Anmelde-, Einreichungsdatum *nt*; **f. period** Anmeldefrist *f*

F

fill *v/t* 1. *(Stelle, Position)* besetzen; 2. (ab)füllen; **f. in** *[GB]*/**out** *[US] v/prep* ausfüllen

film rights *pl* Filmrechte

final *adj* 1. *(Entscheidung, Urteil)* endgültig, rechtskräftig; 2. End-, Final-, Schluss-; 3. *(Mahnung)* letzte(r, s); **f. and absolute/conclusive** rechtskräftig; **to be ~** Rechtskraft haben; **to become ~** Rechtskraft erlangen; **to make ~** Rechtskraft verleihen

finalize *v/t* abschließen, beenden

finance *n* Finanz-, Geldwesen *nt*; **f.s** Finanzlage *f*; *v/t* finanzieren

Finance Act *[GB]* Haushaltsgesetz *nt*; **f. bill** Haushaltsgesetzentwurf *m*; **f. gap** Finanzierungslücke *f*; **f. loan** Finanzierungskredit *m*; **f. officer** Kämmerer *m*

financial *adj* finanziell, Finanz-

financing *n* Finanzierung *f*; **advance f.** Vorfinanzierung *f*, **external/outside f.** Fremdfinanzierung *f*; **internal/own f.** Eigenfinanzierung *f*; **low-interest f.** zinsgünstige Finanzierung *f*; **non-recourse f.** Kreditrisikoabsicherung *f*

financing plan Finanzierungsplan *m*; **f. arrangements/terms** Finanzierungsmodalitäten

find *n* Fund *m*

find *v/t* 1. finden; 2. *(gerichtlich)* feststellen, für Recht erkennen; 3. befinden; **f. for/against the accused** Angeklagten freisprechen/verurteilen; **f. for the defendant** 1. *(ZR)* Klage abweisen; 2. *(StR)* Angeklagten freisprechen; **~ the plaintiff** zugunsten des Klägers entscheiden, der Klage stattgeben; **f. out** feststellen; **f. so. guilty** jdn für schuldig befinden, ~ überführen

finder *n* Finder *m*; **f.'s duty to notify** Anzeigepflicht des Finders; **f.'s reward** Finderlohn *m*

finding *n* 1. Urteil *nt*; 2. Befund *m*; 3. Erkenntnis *f*; **f. of the facts** Feststellung des Sachverhalts, Tatsachenfeststellung *f*; **alternative f.** Wahlfeststellung *f*; **interlocutory f.** Zwischenentscheidung *f*; **judicial f.** richterliche Feststellung, Richterspruch *m*; **legal f.** rechtliche Feststellung, Rechtsfindung *f*

findings *pl* 1. Befund *m*; 2. Urteilsspruch *m*; 3. Untersuchungsergebnis *nt*; 4. Ergebnisse; **f. of the court** Erkenntnis des Gerichts; **official f.** Feststellungsbefund *m*

fine *n* Bußgeld *nt*, (Geld)Buße *f*, Geldstrafe *f*, gebührenpflichtige Verwarnung, Ordnungsstrafe *f*, Strafmandat *nt*; **f. in lieu of a custodial sentence** Ersatzgeldstrafe *f*; **f. for non-fulfilment of contract** Konventionalstrafe *f*; **on-the-spot f.** gebührenpflichtige Verwarnung

to appeal against a fine Rechtsbeschwerde in Bußgeldsachen einlegen; **to fix a f.** Bußgeld/Geldstrafe festsetzen; **to get off with a f.** mit einer Geldstrafe davonkommen; **to hand down/impose a f.** Geldstrafe verhängen; **to remit a f.** Geldstrafe erlassen

administrative fine Ordnungs-, Verwaltungsstrafe *f*, Zwangsgeld *nt*; **exemplary f.** Verwarnungsgeld *nt*

fine *v/t* gebührenpflichtig verwarnen, Geldstrafe auferlegen, mit einer ~ belegen, zu einer ~ verurteilen

fingerprint *n* Fingerabdruck *m*; **genetic f.** genetischer Fingerabdruck; **~ f.ing** *n* DNA-Analyse *f*

fingerprint *v/t* Fingerabdruck nehmen; **f. so.** jdm die Fingerabdrücke abnehmen

fingertip search *n* Durchkämmungsaktion *f*

finish *v/ti* 1. beenden, abschließen, erledigen; 2. enden, aufhören; **f.ed** *adj* 1. fertig; 2. aufgebraucht; 3. zu Ende; 4. (fertig) bearbeitet

fire *n* Feuer *nt*, Brand *m*; **to open f. on so.** das Feuer auf jdn eröffnen; **to put out the f.** das Feuer löschen; **to set f. to os.** sich verbrennen; **~ sth.** etw. anzünden, ~ in Brand stecken

fire alarm Feuermelder *m*; **f. assessor** Brandschätzer *m*; **f. brigade** *[GB]* Feuerwehr *f*; **f. certificate** Brandschutzbescheinigung *f*; **f. damage** Brand-, Feuerschaden *m*; **f. door** Brandschutztür; **f. engine** Feuerwehrauto *nt*, Löschfahrzeug *nt*; **f. escape** Feuertreppe *f*; **f. exit** Notausgang *m*; **f.-extinguisher** *n* Feuerlöscher *m*; **f.-fighter** *n* Feuerwehrmann *m*; **f. hazard** Feuergefahr *f*; **f. insurance** Feuerversicherung *f*; **f. loss** Brand-, Feuerschaden *m*; **f. raiser** Brandstifter(in) *m/f*; **f. regulations** Feuer-, Brandschutzbestimmungen; **f. risk** Brand-, Feuergefahr *f*; **f. service** Feuerwehr; **f. station** Feuerwehrzentrale *f*; **f. wall** Brandmauer *f*

firearms *pl* Schusswaffen; **f. act** Waffengesetz *nt*; **f. certificate/licence/permit** Waffenschein *m*; **f. offence** Waffendelikt *nt*; **f. violation** Verstoß gegen das Waffengesetz

fireproof *adj* feuerfest

firing squad *n* Erschießungs-, Exekutionskommando *nt*

firm *n* 1. Firma *f*, Betrieb *m*, Unternehmen *nt*; 2. Personengesellschaft *f*; **f. of (private) investigators** Detektei *f*; **~ lawyers** Kanzlei *f*; **~ solicitors** *[GB]* (Rechts)Anwaltssozietät *f*; **to trade under the f. of** firmieren unter

bogus firm Schwindelfirma *f*; **competing f.** Konkurrenzfirma *f*; **fictitious f.** Scheinfirma *f*; **registered f.** eingetragene Firma; **subsidiary f.** Tochtergesellschaft *f*; **trading f.** (Personen)Handelsgesellschaft *f*

firm *adj* fest, bindend, sicher

fiscal *adj* steuerlich

fisheries agreement *pl* Fischereiabkommen *nt*

deep-sea fishing *n* Hochseefischerei *f*; **f. lease** *n* Fischereipachtvertrag *m*; **f. right** Fischereirecht *nt*

fit *adj* tauglich; **f. to be detained** haftfähig; **~ examined** vernehmungsfähig; **~ plead** prozessfähig

fitness *n* Tauglichkeit *f*, Eignung *f*; **f. to appear in court** Verhandlungsfähigkeit *f*; **~ be detained** Haftfähigkeit *f*; **~ drive** Fahrtüchtigkeit *f*; **f. for habitation** Bewohnbarkeit *f*, Eignung für Wohnzwecke; **~ the purpose** Zweckdienlichkeit *f*, Eignung *f*; **~ a custodial sentence** Haftfähigkeit *f*; **~ use** Tauglichkeit *f*; **~ the intended use** Tauglichkeit zum vortragsgemäßen Gebrauch; **~ work** Arbeitsfähigkeit *f*

fitness test Eignungsprüfung *f*

fitting *adj* gebührend

fix *v/t* 1. festsetzen, festlegen, bestimmen; 2. *(Termin)* ansetzen, festlegen, anberaumen; **f.ed** *adj* bestimmt, fest(geschrieben)

fixing (of) a deadline; ~ a time limit Fristsetzung *f*, Bestimmung einer Frist, Terminbestimmung *f*

fixture *n* Grundstückszubehör *nt*; **f.s (and fittings)** *pl* Einbauten, Einrichtungsgegenstände, Installationen und Einbauten, Mobiliar *nt*, Zubehör *nt*, totes Inventar; **temporary f.** Scheinbestandteil *m*

flag *n* Flagge *f*; **f. of convenience (FOC)** billige Flagge; **national f.** Nationalflagge *f*; **f. misuse** Flaggenmissbrauch *m*

flagrant *adj* *(Vergehen)* offenkundig

flagrante delicto *adv (lat.)* auf frischer Tat, in flagranti *(lat.)*

flat *n* Wohnung *f*; **to vacate a f.** Wohnung räumen

F

freehold flat *[GB]* Eigentumswohnung *f*; **rented f.** Mietwohnung *f*; **self-contained f.** Wohnung mit separatem Eingang; **shared f.** Gemeinschaftswohnung *f*; **vacant f.** leer stehende Wohnung

flat|mate *n [GB]* Mitbewohner(in) *m/f*; **f.-share** *n* Wohngemeinschaft *f*; **f. swapping** Wohnungstausch *m*

flaw *n* 1. Defekt *m*, Fehler *m*; 2. *(Vertrag)* Formfehler *m*; 3. *(fig)* Mangel *m*; **f. in title** Rechtsmangel *m*; **constructional f.** Konstruktionsfehler *m*; **hidden f.** versteckter Fehler; **f.less** *adj* 1. mängelfrei, fehlerlos; 2. tadellos, untadelig

flee *v/i* (ent)fliehen, entweichen

fleece *v/t (coll)* ausnehmen, schröpfen *(coll)*

fleet of cars *n* Fuhr-, Wagenpark *m*

flex(i)time *n* Gleitzeit *f*

flick-knife *n* Spring-, Schnappmesser *m*

flier *n* 1. Flieger *m*; 2. Flugblatt *nt*

flight 1. Flucht *f*; 2. Flug *m*; **f. from taxation** Steuerflucht *f*; **to take f.** fliehen, flüchten; **scheduled f.** Linienflug *m*

flimsy *adj* 1. wenig solide, instabil; 2. *(fig)* dürftig, fadenscheinig

flinch *v/i* 1. zurückzucken; 2. *(fig)* zurückschrecken, sich scheuen

fling *n (coll)* Seitensprung *m (coll)*

float *v/i* treiben, schweben; **f.er** *n (coll)* Wasserleiche *f*

flog *v/t* prügeln; **f.off** *(coll)* verscheuern *(coll)*, verkloppen *(coll)*, versilbern *(coll)*; **f.ging** *n* Prügel(strafe) *pl/f*

flood *n* Flut *f*; **f.light(s)** *n/pl* 1. Scheinwerfer *m*; 2. Flutlichtanlage *f*; **f. damage** Hochwasserschaden *m*; **to open the f.gates** *pl (fig)* Tür und Tor öffnen *(fig)*

floor *n* 1. (Fuß)Boden *m*; 2. Stock(werk) *nt*; **to be given the f.** das Wort erhalten;

f. plan *n* Raumaufteilung *f, (Stockwerk)* Grundriss *m*; **(usable) f.space** *n* Nutzfläche *f*
flop *n (coll)* Reinfall *m*, Misserfolg *m*
flotsam *n* Treibgut *nt*; **f. and jetsam** (treibendes) Wrack- und Strandgut
flout *v/t* missachten, sich hinwegsetzen über, pfeifen auf *(coll)*
flow *n* Fluss *m*, Strom *m*; **f. of capital** Kapitalstrom *m*; **~ commodities/goods** Warenverkehr *m*, Warenstrom *m*; **~ and services** Leistungsstrom *m*; **~ traffic** Verkehrsfluss *m*; **f. chart** Flussdiagramm *nt*

F

fly|er *n* Flugblatt *nt*, Handzettel *m*; **f.ing squad** *n (Polizei)* schnelle Eingreiftruppe, Überfallkommando *nt*; **f.over** *n (Brücke)* Überführung; **f.posting** *n* illegales Plakatekleben; **f.-tipping** *n* illegales Müllabladen, ~ Deponieren von Müll und/oder Bauschutt
focus of conflict *n* Konfliktherd *m*
foetus *n* Fötus *m*, Leibesfrucht *f*
foil *v/t (Plan)* durchkreuzen, vereiteln
foist *v/t* andrehen, unterschieben, aufdrängen; **f.ing a child (on so.)** *n* Unterschieben eines Kindes
follow *v/t* 1. folgen, sich ergeben; 2. *(Spur, Weg)* verfolgen; 3. *(Gewerbe, Beruf)* betreiben, ausüben; 4. *(Regel, Rat)* befolgen, sich richten nach; **f. me quietly** folgen Sie mir unauffällig
follower *n* 1. Folgender *m*, Verfolger *m*; 2. Nachfolger *m*; 3. Anhänger *m*, Schüler *m*
following *adj* 1. anschließend; 2. nachfolgend; *n* Anhänger-, Gefolgschaft *f*
follow-up *n* 1. Nachuntersuchung *f*, weitere Verfolgung; 2. Mahnung *f*; **f. of orders** Terminüberwachung *f*; **f. care** Nachbehandlung *f*; **f. operation** *(Polizei)* Nachfassoperation *f*; **f. order** Anschlussauftrag *m*, Nachbestellung *f*; **f. treatment** Nachbehandlung *f*
follow up *v/prep* 1. *(Hinweis, Angebot)* nachgehen, aufgreifen; 2. sich näher beschäftigen, weiterverfolgen
food *n* Nahrung *f*, Essen *nt*, Kost *f*; **f.s** Nahrungs-, Lebensmittel *pl*; **f., beverages and tobacco** Nahrungs- und Genussmittel *pl*; **~ industry** Nahrungs- und Genussmittelindustrie *f*; **to adulterate f.** Nahrungsmittel fälschen
canned/tinned food Lebensmittelkonserven *pl*; **genetically modified (GM) f.** gentechnisch veränderte Lebensmittel; **perishable f.** leicht verderbliche Lebensmittel; **preserved f.** Konserven *pl*; **staple f.** Grund-, Hauptnahrungsmittel *pl*
food|(stuffs) act Lebensmittelgesetz *nt*; **f. additive** Lebensmittelzusatz *m*; **f. additives** Lebensmittelzusatzstoffe; **f. adulteration** Lebensmittelfälschung *f*; **f. allowance** Nahrungsmittel-, Verpflegungszuschuss *m*; **f. contamination** Lebensmittelverseuchung *f*; **f. control/inspection** Lebensmittelüberwachung *f*; **f. and allied industries** Nahrungs- und Genussmittelindustrie *f*; **f. poisoning** Lebensmittelvergiftung *f*; **f. processing** Lebensmittelverarbeitung *f*; **natural f. production** biologische Anbaumethode; **f. retailer** Lebensmitteleinzelhändler(in) *m/f*; **f.stuff(s)** Nahrungs-, Lebensmittel *pl*; **f. supply** Lebensmittel-, Nahrungsmittelversorgung *f*
foot *n* Fuß *m*; **to put one's f. down** ein Machtwort sprechen; **~ f. in it** *(coll)* ins Fettnäpfchen treten *(coll)*, einen Fauxpas begehen; **to have one f. in the grave** *(coll)* mit einem Bein im Grabe stehen *(coll)*
football hooligan *n* Fußballrowdy *m*, Fußballhooligan *m*; **f. hooliganism** Fußballkrawalle *pl*
foothold *n* Halt *m*, sichere Stellung; **to gain a f.** *(fig)* Fuß fassen *(fig)*
footing *n* Stand *m*, Halt *m*; **to be on an equal f. with** ebenbürtig/gleich sein mit; **to place/put on the same f.** gleichstellen
footpath *n* Fußweg *m*
foray *n* (Raub)Überfall *m*
forbear from *v/prep (Klageerhebung)* unterlassen, verzichten auf
forbearance *n* 1. Abstandnahme *f*, Stundung *f*, Zahlungsaufschub *m*; 2. *(ZR)* Unterlassung *f*; 3. Nachsicht *f*; **f. to sue** Klageunterlassung *f*
forbearing *adj* nachsichtig, geduldig
forbid *v/t* verbieten; **f. so. to do sth.** jdm etw. untersagen
forbidden *adj* verboten; **f. by law** gesetzlich verboten; **strictly f.** streng verboten
forbidding *adj* 1. *(Person)* Furcht einflößend; 2. *(Ort)* unwirtlich; 3. *(Aufgabe)* überwältigend
force *n* 1. *(Gesetz)* Geltung *f*; 2. *(Kraftanwendung)* Gewalt *f*; 3. Kraft *f*, Wucht *f*; **to be in f.** gelten, Geltung haben, gültig sein,

in Kraft sein; **to cease ~** außer Kraft treten

force of an agreement Gültigkeit eines Vertrages; **by ~ arms** mit Waffengewalt; **~ circumstances** Druck der Verhältnisse; **~ an administrative decision** Bestandskraft einer Verwaltungsentscheidung; **~ habit** Macht der Gewohnheit; **~ law** Gesetzeskraft *f*; **legal ~ a verdict** Rechtskraft des Urteils

to apply force Gewalt anwenden; **to come into f.** in Kraft treten, Rechtskraft erlangen, rechtskräftig werden, zur Durchführung kommen; **to enter by f.** eindringen; **to obtain by f.** erzwingen; **to remain in f.** in Kraft bleiben; **~ in full f. and effect** voll wirksam/verbindlich bleiben; **to resort to f.** Gewalt anwenden; **to settle sth. by f.** etw. durch Gewalt beilegen; **to use f.** Gewalt anwenden; **to yield to f.** der Gewalt weichen

actual force tatsächliche Gewalt; **armed f.** Waffengewalt *f*; **~ f.s** Militär *nt*; **binding f.** bindende Kraft, Rechtskraft *f*, Rechtsgültigkeit *f*, Verbindlichkeit *f*; **brute f.** Brachialgewalt *f*, nackte Gewalt; **conclusive f.** Beweiskraft *f*; **excessive/unreasonable f.** übermäßige Gewalt; **irresistible f.** unwiderstehliche Gewalt

legal force Geltung *f*, Gültigkeit *f*, Gesetzes-, Rechtskraft *f*, Rechtsverbindlichkeit *f*, Rechtswirksamkeit *f*; **of no l. f.** rechtsunwirksam; **to obtain l. f.** Rechtskraft erhalten

persuasive force Überzeugungskraft *f*; **physical f.** körperliche Gewalt; **probative/probatory f.** Beweiskraft *f*; **proportionate/reasonable f.** angemessene Gewaltanwendung; **retroactive f.** Rückwirkung *f*, rückwirkende Kraft; **standby f.s** Bereitschaftspolizei *f*; **unlawful f.** rechtswidrige Gewalt

force *v/t* nötigen, zwingen, erzwingen; **f. sth on so.** jdm etw. aufdrängen/aufzwingen

force majeure *n* *(frz.)* höhere Gewalt, Naturereignis *nt*, vis maior *(lat.)*; **in the event of f. m.** bei Eintritt höherer Gewalt; **to bow to f. m.** sich höherer Gewalt beugen

forced *adj* gewaltsam, gezwungen, erzwungen, Zwangs-

force|-feed *v/t* zwangsernähren; **f.-feeding** *n* Zwangsernährung *f*

forceful *adj* 1. *(Ablehnung)* entschieden; 2. *(Rede)* eindringlich; 3. *(Person)* energisch

forcible *adj* gewaltsam, mit Gewalt

forcing-up of prices *n* Preistreiberei *f*

foreclosable *adj* vollstreckungsfähig, der Zwangsvollstreckung unterliegend

foreclose *v/t* 1. präkludieren; 2. aufkündigen, verfallen lassen; 3. *(Hypothek)* zwangsvollstrecken, Zwangsvollstreckung betreiben

foreclosure *n* 1. (Hypotheken)Zwangsvollstreckung *f*; 2. Pfandverfall *m*, gerichtliche Verfallerklärung; 3. Präklusion *f*; **f. on a mortgage** Zwangsvollstreckung aus einer Hypothek

foreclosure action Zwangsvollstreckungs-, Hypothekenklage *f*, Vollstreckung aus einem Grundpfandrecht; **f. decree** *(Hypothek)* Zwangsvollstreckungsanordnung *f*, Zwangsvollstreckungsbeschluss *m*; **f. order absolute** endgültige Verfallserklärung; **~ nisi** *(lat.)* vorläufige Verfallserklärung; **f. proceedings** Zwangsvollstreckungsverfahren *nt*; **f. sale** Zwangsversteigerung *f*; **f. suit** Vollstreckungsabwehr(klage) *f*, Vollstreckungsgegenklage *f*

forecourt *n* Vorhof *m*

forego *v/t* verzichten auf

foregone *adj* vorgefasst, von vornherein feststehend

the foregoing *n* Vorangehendes *nt*, Vorstehendes *nt*

forehead *n* Stirn *f*; **to tap one's f.** jdm den Vogel zeigen *(coll)*

foreign *adj* ausländisch, fremd; **f.er** *n* Ausländer *m*

foreknowledge *n* vorherige Kenntnis

foreman *n* 1. *(Geschworene)* Obmann *m*, Sprecher *m*; 2. Aufseher *m*, Vorsteher *m*; 3. Vorarbeiter *m*, Meister *m*

forensic *adj* gerichtsmedizinisch, kriminaltechnisch, forensisch

forerunner *n* Wegbereiter(in) *m/f*

foresee *v/t* vorhersehen

foreseeab|ility *f* Voraussehbarkeit *f*, Wahrscheinlichkeit (einer Rechtsverletzung) *f*; **~ test** *(Fahrlässigkeit)* Voraussehbarkeitsprüfung *f*; **f.le** *adj* ab-, vorher-, voraussehbar, vorauszusehen

foresight *n* 1. Voraussicht *f*, Vorhersehen *nt*, Weitblick *m*; 2. Vorbedacht *m*, Vorsorge *f*

forest *n* Wald *m*; **f. authority** *n* Forstamt *nt*, Forstbehörde *f*; **f. damage** *n* Wald-, Forst-

schaden *m*; **f. inspectorate** *n* Forstaufsicht *f*; **f. law** *n* Forstrecht *nt*
forestall *v/t* vorbeugen, unterbinden, zuvorkommen, abwenden, vorwegnehmen
forestry *n* Forstwirtschaft *m*; **f. act** Forstgesetz *nt*
forethought *n* Vorbedacht *m*
forfeit *v/t* 1. *(Anspruch, Recht)* verlieren, verwirken; 2. *(Kaution, Respekt)* einbüßen; **to declare f.ed** *adj* kaduzieren
forfeit *n* Vertragsstrafe *f*, Reugeld *nt*; **f. clause** Verfalls-, Verwirkungsklausel *f*

F

forfeiture 1. Verwirkung *f*, Verlust *m*, Forfaitierung *f*, Kraftloserklärung *f*, Verfall *m*, Aberkennung *f*; 2. Kaduzierung *f*; **f. of a claim** Anspruchsverwirkung *f*; **~ claims** Verwirkung von Ansprüchen; **~ the bond** Verfall der Kaution; **~ the contract penalty** Verwirkung der Vertragsstrafe; **~ the driving licence** Einziehung des Führerscheins, ~ der Fahrerlaubnis, Führerscheinentzug *m*; **~ pawned/ pledged goods** Pfandverwirkung *f*; **~ a lease** Pachtverfall *m*; **~ a patent** Patentlöschung *f*; **~ pension rights** Verwirkung/Verlust von Rentenansprüchen; **~ property** Vermögenseinziehung *f*; **~ pledged property** Pfandverfall *m*; **~ a right** Rechtsverlust *m*, Rechtsverwirkung *f*; **~ the right of rescission** *(Vertrag)* Verwirkung des Rücktrittsrechts; **~ shares** Kaduzierung von Aktien; **~ tenancy** Aufhebung des Mietverhältnisses
forfeiture agreement Verfallvereinbarung *f*; **f. clause** Verfall-, Verwirkungsklausel *f*; **f. money** Reugeld *nt*; **f. notice** *(Vers.)* Verfallmitteilung *f*
forge *v/t* *(Unterschrift, Urkunde)* fälschen, nachmachen; **f.r** *n* Fälscher *m*, Falschmünzer *m*
forgery *n* 1. *(Gegenstand)* (Ver)Fälschung *f*; 2. Falschmünzerei *f*; **f. of cheques** Scheckfälschung *f*; **~ documents** Fälschung von Urkunden; **~ an instrument** Urkundenfälschung *f*; **~ a passport** Passfälschung *f*; **~ a signature** Unterschriftsfälschung *f*; **~ stamps** Wertzeichenfälschung *f*
attempted forgery Fälschungsversuch *m*
forgivable *adj* verzeihlich
forgive *v/t* 1. verzeihen; 2. *(Schulden)* erlassen; **f. so. sth.** jdm etw. vergeben; **f.-ness** Verzeihung *f*
form *v/t* 1. bilden, gestalten, schaffen; 2. gründen, errichten
form *n* 1. Form *f*; 2. Formblatt *nt*, Formular *nt*, Vordruck *m*; 3. Schulklasse *f*; **contrary to f.; not in accordance with the f.** formwidrig; **in form and in fact** formell und materiell; **as a matter of f.; for the sake of f.** ordnungshalber, der Ordnung halber
form of action Form der Klage; **~ avoidance** Form der Anfechtung; **~ business organization** Rechtsform des Unternehmens, Unternehmensform *f*; **~ claim** Form der Geltendmachung; **~ oath** Eidesformel *f*; **~ proxy** Vollmachts-, Stimmrechtsformular *nt*; **to fill in** *[GB]***/ out** *[US]* **a f.** Formular ausfüllen
blank form Formular *nt*, Vordruck *m*; **corporate f.** Gesellschaftsform *f*; **due f.** vorgeschriebene Form; **in ~** in angemessener/gehöriger Form, formgerecht; **in ~ and time** form- und fristgerecht; **green f. scheme** *[GB]* Prozesskostenhilfe *f*; **legal f.** Rechtsform *f*; **notarial f.** notarielle Form; **prescribed f.** vorgeschriebene Form; **statutory f.** gesetzliche Form, Gesetzesform *f*; **written f.** Schriftform *f*, Schriftlichkeit *f*
in forma pauperis *(lat.)* im Armenrecht
formal *adj* 1. formal, formgerecht, in vorgeschriebener Form; 2. formell, förmlich; 3. offiziell
formalit|y *n* 1. Formalität *f*, Formalie *f*, Formsache *f*; 2. Förmlichkeit *f*; **the rest is a pure f.** der Rest ist eine reine Formalität; **f.ies** *pl* Formalien; **legal ~** gesetzliche Formvorschriften
formation *n* 1. Bildung *f*, Gestaltung *f*; 2. Gründung *f*, Begründung *f*, Errichtung *f*; **f. of armed gangs** Bildung bewaffneter Gruppen; **~ assets** Vermögensbildung *f*; **~ criminal associations** Bildung krimineller Vereinigungen; **~ terrorist associations** Bildung terroristischer Vereinigungen; **~ cartels** Kartellbildung *f*; **~ a company** Firmen-, Unternehmensgründung *f*; **~ a contract** Vertragsabschluss *m*, Zustandekommen eines Vertrages; **~ gangs** Bandenbildung *f*
bogus/fictitious formation Scheingründung *f*; **f. deed** Gründungsurkunde *f*
former *adj* früher, vormalig, vergangen
formula *n* Formel *f*
forswear *v/t* abschwören
forthcoming *adj* 1. bevorstehend; 2. mitteilsam, mitteilungsfreudig

forthwith *adv* umgehend, unverzüglich
fortuitous *adj* zufällig
fortune *n* 1. Vermögen *nt*, Besitz *f*; 2. Schicksal *nt*, Zufall *m*; **to dissipate a f.** Vermögen verschwenden
forum *n (lat.)* 1. Forum *nt*; 2. Gerichtsstand *m*; **f. of choice** Wahlgerichtsstand *m*; **f. contractus** *(lat.)* vertraglicher Gerichtsstand; **f. rei sitae** *(lat.)* Gericht der belegenen Sache, dinglicher Gerichtsstand; **f. shopping** (freie) Wahl des Gerichtsstands
forward *v/t* ab-, über-, zusenden, weiterleiten
forwarder *n* Spediteur *m*, Spedition *f*; **f.'s bill of lading** Spediteurkonnossement *nt*
forwarding *n* Nach-, Übersendung *f*, Versand *m*; **f. of records** Aktenversendung *f*
forwarding address Nachsendeanschrift *f*, Nachsendeadresse *f*; **f. advice** Versandanzeige *f*; **f. agent** Spediteur *m*; **f. company** Spedition *f*; **f. contract** Speditionsvertrag *m*; **f. instructions** Beförderungs-, Versandvorschriften
foster *v/t* 1. pflegen, fördern; 2. *(Kind)* in Pflege nehmen; **f. child** Pflegekind *nt*; **f. family** Pflegefamilie *f*; **f. father** Pflegevater *m*; **f. home** Pflegeheim *nt*; **f. mother** Pflegemutter *f*; **f. parents** Pflegeeltern
foul *adj* unsauber; *v/t (Hund)* verunreinigen, verschmutzen
found *v/t* 1. gründen, errichten; 2. stiften
foundation *n* 1. Fundament *nt*; 2. Gründung *f*; 3. Stiftung *f*; **to be without any f.** jeder Grundlage entbehren; **f. under private law** Stiftung des privaten Rechts; **~ public law** Stiftung des öffentlichen Rechts
charitable foundation wohltätige Stiftung
incorporated foundation Stiftung des bürgerlichen Rechts; **private f.** Privatstiftung *f*; **public f.** öffentliche Stiftung
foundation capital Stiftungsvermögen *nt*; **f. charter/instrument** 1. Gründungsurkunde *f*; 2. Stiftungsurkunde; **f. contract** Stiftungsvertrag *m*; **f. syndicate** Gründungskonsortium *nt*
founder *n* 1. Gründer *m*; 2. Stifter *m*
foundling *n* Findelkind *nt*
fracas *n* Aufruhr *m*
fraction *n* Bruchteil *m*
fracture *n* (Knochen)Bruch *m*
fragmentation *n* Zersplitterung *f*
frame so. jdm etw. anhängen
frame of mind *n* Geistesverfassung *f*
framework *n* Rahmen *m*; **within the f. of** im Rahmen von; **legal f.** rechtlicher Rahmen, gesetzliche Rahmenbedingungen
framework legislation Rahmengesetzgebung *f*
franchise *n* 1. Konzession(serteilung) *f*, Lizenz *f*, Franchise *f*; 2. Wahlrecht *nt*; **f. owner** Konzessionsinhaber(in) *m/f*; **f. system** Konzessionensystem *nt*
franchise *v/t* lizensieren, Lizenz erteilen, konzessionieren
franchisee *n* Lizenz-, Franchisenehmer(in) *m/f*, Lizenz-, Konzessionsinhaber(in) *m/f*
franchis|er; f.or *n* Lizenz-, Franchisegeber(in) *m/f*; **f.ing** *n* Lizensierung *f*; **~ agreement** Franchisevertrag *m*; **~ system** Franchise-, Konzessionssystem *nt*
frank *v/t* frankieren
fratricide *n* Brudermord *m*
fraud *n* 1. *(StR)* Betrug *m*, betrügerisches Verhalten; 2. *(ZR)* arglistige Täuschung, Irreführung *f*; **f. in the performance** Erfüllungsbetrug *m*; **f. on the grounds of distress/indigence** Notbetrug *m*
to commit fraud Betrug begehen; **to obtain by f.** erschwindeln, betrügerisch erwerben
constructive fraud Betrug kraft gesetzlicher Vermutung; **fiscal f.** Steuerhinterziehung *f*; **petty f.** Notbetrug *m*; **~ committed by reason of distress** Notbetrug *m*; **postal f.** Postbetrug *m*; **f. squad** Betrugsdezernat *nt*
fraudster *n* Betrüger(in) *m/f*, Schwindler(in) *m/f*
fraudulent *adj* arglistig, betrügerisch, bösgläubig, böswillig, vorsätzlich
free *adj* frei; **you are f. to ...** es bleibt Ihnen unbenommen ...; **f. and unencumbered** hypothekenfrei, unbelastet; **f. of charge** gratis; **~ commission** provisionsfrei; **~ damage** frei von Beschädigung; **~ duty** zollfrei; **~ rent** mietfrei; **~ tax** steuerfrei
freedom *n* Freiheit *f*; **f. in the development of an informed opinion** Freiheit der Willensbildung; **f. of action** Handlungsfreiheit *f*; **~ assembly** Versammlungsfreiheit *f*; **~ association; f. to form associations** 1. Koalitionsfreiheit *f*; 2. *(Arbeitsrecht)* Organfreiheit *f*; 3. Vereinsfreiheit *f*; **f. of collective bargaining** Tarifautonomie *f*, Tariffreiheit *f*; **f. of belief**

F

Glaubens-, Religionsfreiheit *f*; **f. to set up in business** Gewerbefreiheit *f*; **f. of communication** Kommunikationsfreiheit *f*; **f. to form a company** Gründungsfreiheit *f*; **f. of competition** Wettbewerbsfreiheit *f*; **~ conscience** Gewissensfreiheit *f*; **~ conscience and belief** Glaubens- und Gewissensfreiheit *f*; **f. to construe** Qualifikationsfreiheit *f*; **f. of contract; f. to contract** Abschluss-, Kontrahierungs-, Vertragsfreiheit *f*; **f. of decision** Entscheidungsfreiheit *f*; **~ establishment** Niederlassungsfreiheit *f*; **~ faith** Glaubensfreiheit *f*; **~ information** Informationsfreiheit *f*; **f. from injury** körperliche Unversehrtheit; **f. of the media** Medienfreiheit *f*; **~ meeting** Versammlungsfreiheit *f*; **~ movement** (Recht auf) Freizügigkeit, Bewegungsfreiheit *f*; **~ occupation** Berufsfreiheit *f*, Freiheit der Berufsausübung; **~ occupational choice** Berufswahlfreiheit *f*; **~ opinion** Meinungsfreiheit *f*; **~ the press** Pressefreiheit *f*; **f. to choose a profession; ~ an occupation** Berufs(wahl)freiheit *f*, Freiheit der Berufswahl, Recht der Berufsfreiheit; **~ religion** Glaubens-, Religionsfreiheit *f*; **~ the seas** Freiheit der Meere; **f. to render/provide services** Dienstleistungsfreiheit *f*; **f. of speech (and writing)** Freiheit der Meinungsäußerung, Meinungs-, Redefreiheit *f*; **f. to make statutes** Satzungsautonomie *f*; **f. of teaching** Lehrfreiheit *f*; **~ testation** Testamentierfreiheit *f*; **~ thought** Gedankenfreiheit *f*, **~ trade** Gewerbe-, Handelsfreiheit *f*; **~ will** Willensfreiheit *f*; **~ worship** Religionsfreiheit *f*

basic freedom Grundfreiheit *f*; **elective f.** Wahlfreiheit *f*; **entrepreneurial f.** Unternehmerfreiheit *f*; **personal f.** Freiheit der Person, persönliche Freiheit; **religious f.** Religionsfreiheit *f*; **testamentary f.** Testierfreiheit *f*

freehold *n* (zeitlich unbeschränktes) Eigentumsrecht an Grundbesitz, Grundeigentum *nt*; **f. flat** *[GB]* Eigentumswohnung *f*; **f. land** Grundstückseigentum *nt*; **f. property** Grundeigentum *nt*; **f.er** Grundeigentümer *m*

freelance *adj* freiberuflich; *n* freie(r) Mitarbeiter(in), Freiberufler(in) *m/f*; *v/t* freiberuflich arbeiten/praktizieren

free-range *adj* *(Tiere)* frei laufend, aus Freilandhaltung, ~ artgerechter Haltung

freeze *v/t* 1. *(Guthaben, Schulden)* einfrieren; 2. *(Konto, Guthaben)* sperren, blockieren; 3. *(Löhne)* festlegen

freezing *n* Sperrung *f*; **f. of accounts** Kontensperre *f*; **~ foreign property** Einfrierung ausländischer Guthaben; **~ payments** Stornierung von Zahlungen; **~ wages** Lohnstopp *m*

freight *n* 1. Fracht *f*, Ladung *f*; 2. Frachtgebühr *f*; **dead f.** Fautfracht *f*; **f. clause** Frachtklausel *f*; **f. contract** Beförderungs-, Frachtvertrag *m*; **f. industry** Transportgewerbe *nt*; **f. note/waybill** Frachtbrief *m*; **f. terms** Transport-, Frachtbedingungen

frenzy *n* Raserei *f*; **to work os. up into a f.** sich in eine Raserei (hinein)steigern; **destructive f.** Zerstörungswut *f*; **jealous f.** Eifersuchtswahn *m*

friend *n* Freund(in) *m/f*, Bekannte(r) *f/m*; **to be f.s with** befreundet sein mit; **next f.** Prozesspfleger *m*, Kläger in Prozessstandschaft für einen Minderjährigen; **environmentally f.ly** *adj* umweltfreundlich, umweltschonend

frighten *v/t* verängstigen

fringe *n* Rand(zone) *m/f*; **f. area** Randgebiet *nt*; **f. benefits** freiwillige Sozialleistungen, Nebenbezüge, Zusatzleistungen; **f. group** Randgruppe *f*

frisking *n* Personendurchsuchung *f*, Abtasten *nt*

frivol|ity *n* Leichtfertigkeit *f*; **f.ous** *adj* *(Klage, Beschwerde)* leichtfertig, grundlos

front man *n* Strohmann *m*; **~ woman** Strohfrau *f*

frontage *n* 1. *(Gebäude)* Front *f*, Vorderseite *f*; 2. Grundstück/Gelände (vor einem Haus); **f.r** *n* (Straßen)Anlieger *m*

frontier *n* Grenze *f*; **f. dispute** Grenzstreitigkeit *f*; **f. rectification** Grenzberichtigung *f*; **f. violation** Grenzverletzung *f*

frostbite *n* Frostbeulen *pl*

fructus naturales *pl (lat.)* Bodenfrüchte

fruit *n* 1. Frucht *f*; 2. Obst *nt*; **f.s** Früchte; **~ of a thing** Früchte einer Sache

frustrate *v/t* *(Pläne)* vereiteln, verhindern, durchkreuzen

frustration 1. Vereitelung *f*, Zerschlagung *f*; 2. *(Vertrag)* Leistungsstörung *f*; **f. of contract** Weg-/Fortfall der Geschäftsgrundlage, Leistungshindernis bei Vertragserfüllung, Erfüllungsvereitelung *f*; **~ purpose** Vereitelung des (vereinbarten) Zweckes

existing/initial frustration anfängliche Unmöglichkeit (der Leistung); **subsequent/supervening f.** nachträgliche Unmöglichkeit (der Leistung)
fugitive *adj* flüchtig; *n* Flüchtige(r) *f/m*, Flüchtling *m*, Ausreißer *m*; **f. from justice** *[US]* flüchtiger Straftäter
fulfil *v/t* *(Pflicht, Vertrag)* erfüllen; **f.ling; f.ment** *n (Pflichten)* Wahrnehmung *f*, Erfüllung *f*
full *adj* *(Bericht, Geständnis)* umfassend; **f.-time** *adj* hauptamtlich, hauptberuflich, ganztägig
fumes *pl* Dämpfe; **noxious f.** umweltschädigende Dämpfe/Abgase; **poisonous/toxic f.** giftige Dämpfe/Abgase
fumigate *v/t* ausräuchern
function *n* 1. Funktion *f*; 2. Tätigkeit *f*, Aufgabe *f*, Obliegenheit *f*; 3. Veranstaltung *f*; **outside one's official f.s** außerdienstlich; **f.s and powers** Aufgaben und Befugnisse; **to discharge f.s** Aufgaben erfüllen; **to perform f.s** Aufgaben wahrnehmen
advisory function beratende Funktion; **exemplary f.** Vorbildfunktion *f*; **honorary f.** Ehrenamt *nt*; **intended f.** bestimmungsgemäße Funktion; **judicial f.** Richteramt *nt*; **~ f.s** richterliche Funktionen; **legislative f.** Gesetzgebungsfunktion *f*; **official f.** Amts-, Diensthandlung *f*; **public f.** 1. öffentliche Aufgabe; 2. öffentliche Veranstaltung; **f. room** Veranstaltungsraum *m*
fund *v/t* 1. finanzieren, aufbringen; 2. *(Schuld)* konsolidieren
fund *n* Fonds *m*, Vermögen *nt*; **f.s** Gelder, Geldmittel; **f.s available for distribution** Verteilungsmasse *f*; **to be in f.s** zahlungsfähig sein, bei Kasse sein; **to be out of f.s** zahlungsunfähig sein, nicht bei Kasse sein
corporate fund|s *[US]* Gesellschaftsmittel; **earmarked f.s** zweckgebundene Mittel; **insufficient f.s (I/F)** ungenügende Deckung; **mutual f.** *[US]* Kapitalanlagegesellschaft (KAG) *f*; **no f.s (N/F)** keine Deckung, mangels Masse; **special f.** Sondervermögen *nt*; **special-purpose f.** Zweckvermögen *nt*; **third-party f.s** Drittmittel; **tied-up f.s** festliegende Mittel
to advance funds Mittel vorschießen, in Vorlage treten; **to allocate f.** Mittel bereitstellen/zuweisen; **to appropriate f.** Mittel bewilligen; **to earmark f.** Gelder zweckbestimmen; **to embezzle f.** Mittel unterschlagen; **to misappropriate f.** Mittel unterschlagen/zweckentfremden; **to procure f.** Geldmittel beschaffen; **to set aside f.** Geldmittel bereitstellen
fundamental *adj* grundlegend, wesentlich, prinzipiell
funding *n* Finanzierung *f*, Kapitalausstattung *f*; **outside/external f.** Drittmittel-, Fremdmittelbeschaffung *f*; **own f.** Eigenbeteiligung *f*, Selbstfinanzierung *f*; **f. agreement** Finanzierungsvereinbarung *f*
funeral *n* Beerdigung *f*, Bestattung(sfeier) *f*; **f. expenses** Beerdigungs-, Bestattungskosten; **f. parlour** Leichenhalle *f*; **f. procession** Leichenzug *m*; **f. service** Trauergottesdienst *m*
fungib|ility *n* Vertretbarkeit *f*; **f.le** *adj* fungibel, vertretbar; **f.les** *pl* Genus-, Gattungssachen
furnish *v/t* 1. *(Beweise, Dokumente)* beibringen, vorlegen; 2. einrichten, möblieren, ausrüsten, ausstatten; **f.ed** *adj* möbliert; **f.ing a copy** *n* Abschrifterteilung *f*
furnishings *pl* Mobiliar *nt*, Wohnungseinrichtung *f*; **f. and fittings/fixtures** Inventar *nt*; **with ~** voll eingerichtet
furniture *n* Möbel *pl*, Mobiliar *nt*; **f. remover** Möbelspediteur *m*
further *adv* ferner, weiter
furtherance *nt* Förderung, Unterstützung; **in f. of** zur Förderung von
furtive *adj* unbemerkt, heimlich, verstohlen
fuse *n* 1. Sicherung *f*; 2. Zündschnur *f*; **blown f.** durchgebrannte Sicherung; **f. box** Sicherungskasten *m*
futil|e *adj* vergeblich, nutz-, sinnlos; **f.ity** *n* Vergeblichkeit *f*, Nutz-, Sinnlosigkeit *f*
future *n* Zukunft *f*; **within the foreseeable f.** in absehbarer Zeit; **in the near f.** in Kürze; **f.s** *(Börse)* Termingeschäfte; **~ contract** Terminkontrakt *m*

G

gaffe *n* Fauxpas *m*
gag *n* Knebel *m*; *v/t* 1. knebeln; 2. *(fig)* zum Schweigen bringen, mundtot machen; **g.ging (of) the press** *n* Pressseknebelung *f*; **g. law/rule** Maulkorbgesetz *nt*, Maulkorberlass *m*

gain *n* 1. Erlangung *f*; 2. (Zu)Gewinn *m*; **inflationary g.s** Inflations-, Scheingewinne; **for personal g.** eigennützig
gain *v/t* erlangen; **g.ful** *adj* einträglich
gallows *pl* Galgen *m*
gamble *n* Glücksspiel *nt*; **illicit g.** unerlaubtes/verbotenes Glücksspiel
gamble *v/i* Glücksspiel betreiben
gambler *n* Glücksspieler(in) *m/f*; **compulsive g.** Zocker(in) *m/f (coll)*
gambling *n* Glücksspiel *nt*; **illicit g.** unerlaubtes Glücksspiel; **g. contract** Spielvertrag *m*; **g. debt(s)** Spielschuld *f*; **g. den** Spielhölle *f*; **g. shop** Wettbüro *nt*
G
game *n* 1. Spiel *nt*; 2. (Jagd)Wild *nt*; **to beat so. at his own g.** *(fig)* jdn mit seinen eigenen Waffen schlagen *(fig)*; **fair g.** 1. jagdbares Wild; 2. *(fig)* leichte Beute
game law 1. Jagdgesetz *nt*; 2. Jagd(ausübungs)recht *nt*; **g. licence** Jagdschein *m*; **to take out a ~** sich einen Jagdschein beschaffen; **g. preserve** Jagdgehege *nt*; **g. tenancy** Jagdpacht *f*; **g. tenant** Jagdpächter(in) *m/f*; **g. trespass** Jagdvergehen *nt*, Jagdfrevel *m*
gaming *n* Glücksspiel *nt*
gang *n* Bande *f*; **g. of criminals** Verbrecherbande *f*; **~ thugs** Schlägerbande *f*, gewaltbereite Gruppe
gang crime Bandenkriminalität *f*; **g. feud/war(fare)** Bandenkrieg *m*; **g.land** *n* Unterwelt *f*; **g. rape** Vergewaltigung durch mehrere Täter, Gruppenvergewaltigung *f*; **g. receiving (of stolen goods)** Bandenhehlerei *f*; **g. robbery** schwerer Bandendiebstahl; **g. theft** Bandendiebstahl *m*
gang up *v/prep* sich zusammenrotten
gaol *n* Gefängnis *nt*; **g.er** *n [GB]* 1. Gefängniswärter *m*; 2. Leiter der Haftanstalt
gap *n* Lücke *f*; **g. between parked cars** Parklücke *f*; **g. in the law** Rechtslücke *f*; **adequate g.** ausreichender Abstand; **safe g.** Sicherheitsabstand *m*
authorized garage *n* Vertragswerkstatt *f*, anerkannte Kundendienstwerkstätte
garbage *n [US]* Müll *m*; **g. collection** Müllabfuhr *f*; **g. disposal** Abfallentsorgung *f*; **g. dump** Mülldeponie *f*, Müllkippe *f*; **g. waybill** Abfallbegleitschein *m*
garnish *v/t* 1. Forderungspfändung durchführen; 2. *(Drittschuldner)* Zahlungsverbot zustellen/erteilen
garnishee *n* Drittschuldner(in) *m/f*; **g. order** 1. Pfändungsbeschluss *m*, Pfändungsverfügung *f*; 2. Verfügungs-, Zahlungsverbot *nt*; **~ absolute** endgültiges Zahlungsverbot; **~ nisi** *(lat.)* vorläufiges Zahlungsverbot; **to serve a ~ (on)** *(Drittschuldner)* Zahlungsverbot zustellen; **g. proceedings** Forderungspfändungsverfahren *nt*
garnisher *n* Forderungs(pfand)gläubiger *m*
garnishment *n* Forderungs-, (Direkt-)Schuldnerverpfändung *f*; **g. of an account** Kontopfändung *f*; **~ future claims** Vorratspfändung *f*; **collective ~ future claims** Vorratspfändung *f*; **~ salary claims** Gehaltspfändung *f*; **~ wages** Lohnpfändung *f*; **~ wages order** Lohnpfändungsbeschluss *m*
equitable garnishment Forderungspfändung *f*; **provisional g.** Vorpfändung *f*; **g. proceedings** Verfahren bei Forderungspfändungen; **g. order** Zahlungsverbot *nt*
gas pump *n [US]* Zapfsäule *f*; **g. station attendant** Tankwart *m*
gather *v/ti* 1. sammeln, zusammentragen; 2. sich versammeln; 3. folgern; **g.ing** *n* Menschenansammlung *f*, Menschenmenge *f*, Versammlung *f*, Ansammlung *f*; **~ of information** *n* Informationsbeschaffung *f*
gazette *n* Amtsblatt *nt*; **legal g.** Gesetzblatt *nt*; **official g.** Amts-, Mitteilungs-, Veröffentlichungs-, Verordnungsblatt *nt*
gender *n* Geschlecht *nt*
generat|e *v/t* erzeugen; **g.ion of noise** *n* Lärmerzeugung *f*
Geneva Convention Genfer Konvention
genitals *pl* Geschlechtsteile, Genitalien
genocide *n* Genozid *m*, Völkermord *m*
gentlemen's agreement *n* mündliche Vereinbarung auf Treu und Glauben
genuine *adj* 1. echt; 2. ernsthaft, aufrichtig; **not g.** unecht; **g.ness** *n* Echtheit *f*; **~ of a document** Echtheit einer Urkunde
gesture *n* Gebärde *f*, Geste *f*; **g. of goodwill** Kulanzleistung *f*; **threatening g.** Drohgebärde *f*
get lost *v/i* sich verirren
get off *v/prep* (ohne Anzeige) davonkommen; **~ lightly** glimpflich davonkommen; **~ scot-free** straffrei bleiben
getaway car *n* Fluchtauto *nt*
ghost driver *n* Geisterfahrer(in) *m/f*
gift *n* Gabe *f*, Geschenk *nt*, Schenkung *f*, (unentgeltliche) Zuwendung; **by way of g.** schenkungsweise; **g. and estate tax**

[US] Schenkungs-und Erbschaftssteuer *f*; **g. inter vivos** *(lat.)* Schenkung unter Lebenden, ~ zu Lebzeiten
to make a gift schenken, Schenkung machen; **to revoke a g.** Schenkung widerrufen
charitable gift Liebesgabe *f*; **earmarked g.** Zweckzuwendung *f*; **lifetime g.** Schenkung unter Lebenden; (**spontaneous) manual g.** Handschenkung *f*; **occasional g.** Gelegenheitsgeschenk *nt*; **outright g.** bedingungslose/vorbehaltlose Schenkung, ~ Zuwendung; **residuary g.** Reinvermächtnis *nt*, Restvermögen *nt*; **testamentary g.** Vermächtnis *nt*, Schenkung von Todes wegen, letztwillige/testamentarische Schenkung, ~ Zuwendung
gift item Zugabeartikel *m*; **g. mortis causa** *(lat.)* Schenkung von Todes wegen, ~ auf den Todesfall; **g. tax** Schenkungssteuer *f*; **g. token/voucher** Geschenkgutschein *m*
gist *n* Hauptinhalt *m*, wesentlicher Inhalt
give up *v/prep* auf-, preisgeben, fallen lassen
giver *n* Schenker(in) *m/f*
giving notice of default *n* Inverzugsetzung *f*; **~ redemption of the mortgage debt** *(Schuldner)* Kündigung einer Hypothek; **g. the accused the benefit of the doubt** im Zweifel für den Angeklagten, in dubio pro reo *(lat.)*
bullet-proof glass *n* Panzerglass *nt*
glimpse *n* flüchtiger/kurzer Blick; **to get a g. of sth.** etw. kurz zu Gesicht bekommen
gloating *n* Schadenfreude *f*
global *adj* global
gloss *n* 1. Erläuterung *f*; 2. Glanz *m*, Schein *m*; **g. over** *v/prep* 1. vertuschen; 2. beschönigen
glove *n* Handschuh *m*; **disposable g.s** Einmalhandschuhe; **protective g.s** Schutzhandschuhe
glue *n* Klebstoff *m*, Leim *m*; **g.-sniffing** *n* (Klebstoff)Schnüffeln *nt*
go against sth. *v/prep* einer Sache zuwiderlaufen; **g. beyond** überschreiten; **g. through** mitmachen, erleiden; **g. without** verzichten auf
goal *n* Ziel *nt*
go-between *n* Vermittler(in) *m/f*
god|father *n* (Tauf)Pate *m*; **g.mother** *n* (Tauf)Patin *f*; **g.parent** *n* Pate *m*, Patin *f*
going public *n* Börsengang *m*
gold *n* Gold *nt*; **g. and silver items** Gold- und Silbersachen
for the common good *n* im öffentlichen Interesse, zum Wohl der Allgemeinheit
incorporeal good Immaterialgut *nt*; **public g.** Allgemeinwohl *nt*
good *adj* 1. gut, solide; 2. rechtsgültig; **g. till cancelled/countermanded** bis auf Widerruf gültig; **to make g.** *adj* wiedergutmachen, ersetzen
goods *pl* Güter, Ware(n) *f/pl*; **no g.** Pfändungsversuch erfolglos; **g. and chattels** Mobilien, bewegliches Vermögen, Hab und Gut *nt*; **g. in transit** Transitgüter; **g. seized in execution** gepfändete Waren
to assign goods Waren übereignen; **to distrain on g.** Waren pfänden; **to supply g.** Waren liefern
branded goods Markenware *f*; **complementary g.** Komplementärgüter; **counterfeited g.** nachgemachte Waren; **dangerours/hazardous g.** Gefahrgüter *pl*; **distrained g.** gepfändete Waren; **dutiable g.** zollpflichtige Waren; **fungible g.** vertretbare Sachen; **hot g.** Beute *f*, Diebesgut *nt*; **innocent g.** unverdächtige Waren; **material g.** Sachgüter; **non-durable g.** Verbrauchsgüter, kurzlebige Waren; **perishable g.** verderbliche Waren; **proprietary g.** Markenware *f*; **seized g.** beschlagnahmte Waren; **semi-finished/semi-manufactured g.** Halbfertigerzeugnisse; **smuggled g.** Schmuggelware *f*
stolen goods Diebes-, Raubgut *nt*, Hehlerware *f*; **to handle/receive s. g.** hehlen
stranded goods Strandgut *nt*; **unascertained g.** Gattungsware(n) *f/pl*, Genussachen; **unsolicited g.** unverlangte Ware(n)
goodwill *n* 1. Firmen-, Geschäftswert *m*; 2. Kundenkreis *m*; 3. Wohlwollen *nt*
gossip *n* Klatsch *m*, Tratsch *m*
governing *adj* *(Recht)* maßgeblich
government *n* Regierung *f*; **to agitate against a g.** gegen eine Regierung hetzen; **contracting g.** vertragschließende Regierung; **the ~ g.s** die Vertragsregierungen
federal government Bundesregierung *f*; **legitimate g.** rechtmäßige Regierung
local government Gemeinde-, Kommunalverwaltung *f*, Kommune *f*; **l. g. administration** Kommunalverwaltung *f*; **l. g. association** Gemeindeverband *m*; **l. g.**

G

authority Kommunalbehörde *f*; **l. g. bond** Kommunalobligation *f*, Kommunalanleihe *f*; **l. g. code** Gemeindeordnung *f*; **l. g. election law** Kommunalwahlrecht *nt*; **l. g. enforcement agency** kommunale Vollzugsbehörde; **l. g. law** Gemeinde-, Kommunal-, Stadtrecht *nt*; **l. g. officer** Gemeinde-, Kommunalbeamter *m*; **l. g. statute** Kommunalgesetz *nt*; **l. g. statutes** Kommunalverfassung *f*; **l. g. stock** Kommunalobligation *f*, Kommunalanleihe *f*

government agency Behörde *f*, staatliches Organ, Regierungsorgan *nt*

G

governmental *adj* staatlich

government approval staatliche Genehmigung; **g. bill** *[GB]* Regierungsvorlage *f*; **g.'s coffers** Staatskasse *f*; **g. contract** öffentlicher Auftrag; **g. decree** Regierungserlass *m*; **g. function** hoheitsrechtliche Aufgabe; **g. liability** Staatshaftung *f*; **g. notice** *[GB]* Regierungserlass *m*; **g. official** Regierungsbeamter *m*; **g. organ** Staatsorgan *nt*; **g. property** Staatseigentum *nt*; **g. representative** Regierungsvertreter *m*; **g. supervision** Staatsaufsicht *f*, staatliche Aufsicht

governor *n* Gouverneur *m*

gown *n* *(Anwalt, Richter)* Robe *f*

grace *n* *(Respekttage)* Aufschub *m*; **g. period** Gnaden-, Nachfrist *f*

grade *n* 1. Güte *f*, Qualitätsklasse *f*; 2. *(Note)* Zensur *f*; **g. crossing** *[US]* Bahnübergang *m*

graft *n* 1. Mauschelei *f*, Klüngel *m*, Filz *m* *(coll)*; 2. Bestechung *f*; **g.er** *n* korrupter Beamter

grant *n* Bewilligung *f*, Erteilung *f*, Gewährung *f*, Verleihung *f*, Zuerkennung *f*; 2. Zuschuss *m*, Zuweisung *f*, Zuwendung *f*; **eligible for a g.** zuschussberechtigt

grant of delay Stundung *f*; **~ land** Landschenkung *f*; **~ a mortgage** Hypothekenbewilligung *f*; **~ a patent** Patenterteilung *f*; **~ probate** Erteilung des Erbscheines; **~ usufruct** Nießbrauchbestellung *f*

annual grant Jahreszuschuss *m*; **gratuitous g.** unentgeltliche Zuwendung

grant *v/t* 1. *(Kaution)* zulassen; 2. *(Aufschub, Darlehen)* bewilligen; 3. *(Asyl, Einlass)* gewähren; 4. *(Erlaubnis, Konzession, Patent)* erteilen; 5. *(Kredit)* einräumen; 6. *(Haftbefehl)* erlassen; **g. so. sth.** jdm etw. zugestehen

grantee *n* Empfänger(in) *m/f*

grant-in-aid *n* Beihilfe *f*, Zuschuss *m*

granting (of) an undue advantage *n* Vorteilsgewährung *f*; **~ legal aid** Bewilligung des Armenrechts; **~ bail** Haftverschonung gegen Sicherheitsleistung; **~ a claim** Gewährung eines Anspruchs; **~ a legacy** Legatsaussetzung *f*; **~ a licence** Erteilung einer Genehmigung, Lizenz-, Konzessionserteilung *f*; **~ a loan** Darlehens-, Kreditgewährung *f*; **~ maintenance** Gewährung des Unterhalts, Unterhaltsgewährung *f*; **~ a patent** Patenterteilung *f*, Erteilung eines Patents; **~ possession** Besitzeinräumung *f*; **~ power of attorney** Vollmachtserteilung *f*; **~ power of procuration** Erteilung einer Prokura; **~ a respite** Fristbewilligung *f*; **~ an additional respite** Nachfristsetzung *f*; **~ a right** Einräumung eines Rechts

granting procedure *n* *(Patent)* Erteilungsverfahren *nt*

grantor *n* Zedent *m*

graphologist *n* Schriftsachverständiger *m*

grasp *v/t* 1. ergreifen, packen; 2. begreifen, erfassen

grass *n (coll)* Informant(in) *m/f*

gratuit|ous *adj* 1. gratis, unentgeltlich; 2. *(Verdacht)* grundlos; 3. mutwillig; 4. überflüssig, unnötig

gratuity *n* Gratifikation *f*, (Sonder)Zuwendung *f*

gravamen *n (lat.)* Beschwerde-, Klagegrund *m*

grave *n* Grab *nt*; **g. robber** Grabräuber *m*

grave *adj* schwerwiegend, gravierend; **less g.** minder schwer

gravel pit *n* Kiesgrube *f*

graveyard *n* Friedhof *m*

gravity *n* Schwere *f*; **g. of the crime** Schwere der Tat

graze *n* 1. Hautabschürfung *f*; 2. Streifschuss *m*

grazing right *n* Weiderecht *nt*

greed *n* Gier *f*, Hab-, Raffgier *f*

grief *n* Leid *nt*, Kummer *m*, Gram *f*, Schmerz *m*; **to come to g.** zu Schaden kommen

grievance *n* 1. Beschwerde(grund) *f/m*; 2. Missstand *m*; **to air one's g.s** sich beschweren, seine Beschwerden vorbringen; **to redress/remedy a g.** einem Missstand abhelfen, einer Beschwerde abhelfen, Missstand abstellen

grievance committee Beschwerde-, Schlichtungsausschuss *m*; **g. procedure** Beschwerde-, Schlichtungsverfahren *nt*
grievous *adj (Straftat)* schwer(wiegend)
grill so. *v/t (coll)* jdm auf den Zahn fühlen *(coll)*; **g.ing** *n* strenges Verhör
grin and bear it *v/i (coll)* gute Miene zum bösen Spiel machen *(coll)*
griper *n (coll)* Querulant(in) *m/f*
grit *n* Streugut *nt*; **g.ter** *n* Streufahrzeug *nt*
gross *adj* 1. brutto; 2. grob, gröblich
ground *n* 1. Boden *m*; 2. Grund *m*; **g. for the annulment of marriage** Eheaufhebungsgrund *m*; **~ appeal** Revisionsgrund *m*; **~ avoidance** Anfechtungsgrund *m*; **~ clemency** Milderungsgrund *m*; **~ discharge** Entlassungsgrund *m*; **~ dismissal** *(Arbeitgeber)* Entlassungs-, Kündigungsgrund *m*; **~ divorce** (Ehe-) Scheidungsgrund *m*; **~ exclusion** Ausschließungsgrund *m*; **~ giving notice** *(Arbeitnehmer)* Kündigungsgrund *m*; **~ mitigation** Milderungsgrund *m*; **~ nullity** Nichtigkeitsgrund *m*; **~ rescission** *(Vertrag)* Rücktrittsgrund *m*; **~ revocation** *(Patentrecht)* Nichtigkeitsgrund *m*
ground rent *n* 1. Erbbau-, Erb(pacht)zins *m*; 2. Grundmiete *f*, Boden-, Grundrente *f*
grounding *n [US] (Kinder)* Hausarrest *m*
groundless *adj (Beschwerde)* gegenstandslos
grounds *pl* Begründung *f*; **on the g. of** auf Grund von; **g. for appeal** Berufungsgründe, Rechtsmittelbegründung *f*; **~ arrest** Haftgrund *m*, Haftvoraussetzung *f*; **~ overturning an award** Gründe für die Aufhebung eines Schiedsspruchs; **on the g. of conscience** aus Gewissensgründen, **g. for a decision** Entscheidungsbegründung *f*; **~ exception** Befreiungsgründe; **~ exemption from punishment** Strafaufhebungsgründe; **~ a judgment** Urteilsbegründung *f*, Begründung eines Urteils; **~ priority notice** Begründung der Vormerkung; **~ quashing a sentence** *(nach Urteil)* Strafaufhebungsgründe; **~ suspicion** Verdachtsmomente, Anfangsverdacht *m*; **reasonable ~ suspicion** hinreichender (Tat)Verdacht
group *n* 1. Gruppe *f*; 2. Konzern *m*; **g. of persons** Personengruppe *f*, Personenkreis *m*; **occupational/professional g.** Berufsgruppe *f*; **g. action** Sammel-, Verbandsklage *f*; **g. agreement** Konzernvereinbarung *f*; **g. naturalization** Sammeleinbürgerung *f*
grow *v/i* 1. *(Verdacht)* sich verdichten; 2. wachsen
guarantee *n* 1. Bürgschaft *f*; 2. Garantie *f*, Gewähr(leistung) *f*; 3. Sicherheitsleistung *f*, Kaution *f*; **g. of access to the courts** Rechtsweggarantie *f*; **g. on a bill** Wechselbürgschaft *f*; **g. of supply** Liefergarantie *f*; **to assume a g.** Garantie übernehmen
absolute guarantee selbstschuldnerische Bürgschaft; **collateral g.** Nachbürgschaft *f*; **constitutional g.** Verfassungsgarantie *f*; **contractual g.** Vertragsgarantie *f*; **institutional g.** institutionelle Garantie; **joint g.** Gesamt-, Mitbürgschaft *f*; **~ and several g.** Solidarbürgschaft *f*; **legal g.** Rechtsgarantie *f*
guarantee *v/t* 1. (ver)bürgen; 2. garantieren, gewährleisten; 3. sicherstellen, verbriefen
guarantee agreement Garantievertrag *m*; **g. claim** Garantieforderung *f*; **g. clause** Garantieklausel *f*; **g. commitment** Garantiezusage *f*; **g. period** Garantie-, Gewährfrist *f*, Garantiezeit *f*; **g. transaction** Garantiegeschäft *nt*
guarantor *n* Bürge *m*, Garant *m*, Garantiegeber *m*, Gewährleistende(r) *f/m*; **absolute g.** selbstschuldnerischer Bürge; **collateral g.** Nachbürge *m*, Nachbürgin *f*; **conditional g.** Ausfallbürge *m*; **joint g.** Mitbürge *m*; **~ g.s** Garantiegemeinschaft *f*; **primarily liable g.** selbstschuldnerischer Bürge
guarantor|s duty Garantenpflicht *f*; **g.'s liability** Garantenhaftung *f*
guard *n* Aufseher(in) *m/f*, Wachtposten *m*; **to be on one's g.** aufpassen; **under heavy g.** schwerbewacht
guard *v/t* 1. bewachen; 2. schützen; **g. dog** Wachhund *m*; **g. duty** Wachdienst *m*; **to be on ~** Wache haben
guarded *adj (Äußerung)* zurückhaltend, vorsichtig; **heavily g.** schwerbewacht
guardian *n* 1. Hüter(in) *m/f*, Kustos *m*; 2. Pfleger *m*; 3. Vormund *m*; **g. of the law** Hüter(in) des Gesetzes; **g. ad litem** *(lat.)* Prozesspfleger(in) *m/f*
to appoint a guardian Vormund bestellen
interim guardian vorläufiger Vormund; **joint g.** Mitvormund *m*; **official/public**

G

g. Amtsvormund *m*; **sole g.** Einzelvormund *m*; **special g.** Ergänzungspfleger *m*; **statutory g.** gerichtlicher/gesetzlicher Vormund; **testamentary g.** testamentarisch bestellter Vormund; **g.'s liability** Haftung des Vormundes

guardianship *n* 1. Kuratel *f*; 2. Pflegschaft *f*; 3. Vormundschaft *f*; **person under g.** Entmündigte(r) *f/m*; **to place so. under g.** jdn entmündigen; **ex-officio** *(lat.)* **g.** Amtsvormundschaft *f*; **exempted g.** befreite Vormundschaft

guardianship case Vormundschaftssache *f*; **g. court** Vormundschaftsgericht *nt*; **g. order** Vormundschaftsbeschluss *m*

G

guess *n* Vermutung *f*, Mutmaßung *f*

guest *n* Gast *m*; **paying g.** Kostgänger *m*; **g. worker** Gastarbeiter *m*

guidance *n* 1. Führung *f*, Leitung *f*, Lenkung *f*; 2. Anleitung *f*, Orientierung *f*, Vorgabe *f*; **for your g.** zu Ihrer Orientierung

guide *v/t* lenken; **g. dog** Blindenhund *m*; **g.line** *n* Leit-, Richtlinie *f*

guild *n* Gilde *f*, Zunft *f*; **g. regulations** Zunftordnung *f*

guile *n* Betrug *m*, (Arg)List *f*; **g.less** *adj* arglos, ohne Hintergedanken

guilt *n* Schuld *f*; **g. by association** Strafbarkeit durch Verbindung zu einer schuldigen Person

to admit one's guilt seine Schuld bekennen; **to prove so.'s g.** jdn überführen

collective guilt Kollektivschuld *f*

guilty *adj* schuldig; **not g.** nicht schuldig, schuldlos; **to be g.** schuldig sein; **~ found g.** für schuldig befunden werden; **to find so. g.** jdn schuldig sprechen, ~ für schuldig befinden; **to plead g.** sich für schuldig erklären/bekennen

guilty plea Schuldigerklärung *f*, Schuldeingeständnis *nt*; **g. verdict** Schuldspruch *m*

gun *n* Gewehr *nt*, (Schuss)Waffe *f*; **to aim/point a g. at so.** Waffe auf jdn richten, auf jdn zielen; **to carry a g.** Waffe tragen; **to draw a g.** Waffe ziehen; **to threaten so. with a g.** jdn mit einer Waffe bedrohen

concealed gun verdeckt getragene Waffe; **with drawn g.** mit gezogener Waffe; **mock g.** nachgebildete Waffe; **pump-action g.** Pumpgewehr *nt*

gun down *v/t* niederschießen

gun control Überwachung von Waffenbesitz; **g. dealer** Waffenhändler *m*; **g. freak** *(coll)* Waffennarr *m (coll)*; **g.man** *n* bewaffneter Täter; **at g.point** *n* mit vorgehaltener (Schuss)Waffe; **g.-running** *n* illegaler Waffenhandel, Waffenschmuggel *m*; **g.shot** *n* Schuss *m*; **~ wound** Schussverletzung *f*

gypsy *n* Zigeuner *m*; **g. caravan** Zigeunerwagen *m*; **g. encampment** Zigeunerlager *nt*

H

habeas corpus *n (lat.)* Anordnung eines Haftprüfungstermins; **H. C. Act** *[GB]* Habeaskorpusakte *f*; **h. c. proceedings** Haftprüfungsverfahren *nt*

habendum clause *n (lat.)* Auflassungsklausel *f*

habit *n* Gepflogenheit *f*, Gewohnheit *f*; **h.able** *adj* bewohnbar; **fit for (human) h.ation** *n (Behausung)* bewohnbar; **unfit ~** menschenunwürdig; **h.ual** *adj* gewohnheitsmäßig, Gewohnheits-

Hague Conventions Haager Konventionen; **H. Land Warfare Convention** Haager Landkriegsordnung (HLKO); **H. rules** Hager Regeln; **H. Tribunal** Haager Internationaler Gerichtshof

hair|-splitter *n* Rabulist *m*; **h.-splitting** *n* Haarspalterei *f*; *adj* rabulistisch

half *adj* halb; *n* Hälfte *f*; **to put so. on h.-pay** *n* jdn in den Wartestand versetzen; **h.-breed** *n* Mischling *m*; **h.-brother** *n* Halbbruder *m*; **h.-brothers and sisters** *pl* Halbgeschwister; **h.-share** *n* Beteiligung zur Hälfte; **h.-sister** *n* Halbschwester *f*

hallucination *n* Wahnvorstellung *f*

hamper *v/t* (be)hindern

hand *n* Hand *f*; **by one's h.** eigenhändig; **(at) first h.** aus erster Hand; **given under my h.** von mir unterzeichnet; **(at) second h.** aus zweiter Hand

to change hand|s den Besitzer wechseln; **to fall into so.'s h.s** in jds Hände fallen; **to have a free h.** freie Hand haben; **to sign in one's own h.** eigenhändig unterschreiben

dead hand tote Hand; **upper h.** Oberhand *f*; **to retain the ~** die Oberhand behalten

hand over *v/prep* aushändigen, ausfolgen, überantworten, übergeben; **h.ed over** *adj* ausgehändigt; **h. down** *(Strafe)* verhängen
hand|bag snatching *n* Handtaschenraub *m*; **h.book** *n* Handbuch *nt*
handcuff *v/t* (mit Handschellen) fesseln; **h. so.** jdm Handschellen anlegen; **h.ed** *adj* mit Handschellen gefesselt
handcuffs *pl* Handschellen; **plastic h.** Plastikhandfessel *f*
handgun *n* Hand(feuer)waffe *f*
handicap *n* Behinderung *f*; **h.ped** *adj* behindert; **mentally ~** geistig/seelisch behindert; **~ person** Behinderte(r) *f/m*
handicraft *n* Handwerk *nt*; **h. business** Handwerksbetrieb *m*; **h. code** Handwerksordnung *f*
handing over *n* Aushändigung *f*
handle *v/t* handhaben; **h.bar** *n* Lenker *m*; **h.r of stolen goods** *n* Hehler(in) *m/f*
handling *n* 1. Erledigung *f*; 2. Gebrauch *m*, Handhabung *f*, Umgang *m*, Hehlerei *f*; **h. of explosives** Umgang mit Sprengstoffen; **illicit ~ dangerous dogs** unerlaubter Umgang mit gefährlichen Hunden; **~ stolen goods** Hehlerei *f*; **~ radioactive and other hazardous substances** Umgang mit radioaktiven und anderen gefährlichen Stoffen und Gütern; **~ hazardous waste** Umgang mit gefährlichen Abfällen, ~ Gefahrstoffen
abnormal handling bestimmungswidriger Gebrauch; **improper h.** unsachgemäßer Gebrauch, unsachgemäße Handhabung
handshake *n* Handschlag *m*
handwriting *n* Handschrift *f*; **h. expert** Schriftsachverständiger *m*; **h. specimen** Schriftprobe *f*
handwritten *adj* handschriftlich, handgeschrieben
hang over *v/prep* hinausragen, überhängen; **h.ing** *n* Erhängen *nt*; **h.man** *n* Henker *m*; **h.out** *n (Gruppe)* Treffpunkt *m*
happen *v/i* geschehen, sich ereignen
harass *v/t* belästigen, drangsalieren, schikanieren; **h.ment** *n* Belästigung *f*; **~ of a tenant** Mieterbelästigung *f*
harbour so. *v/t* jdm Unterschlupf gewähren; **h.ing a criminal** *n* Personenhehlerei *f*
hardship *n* Härte *f*; **to mitigate a h.** Härte mildern; **exceptional h.** besondere Härte; **financial h.** finanzielle Not; **social h.** soziale Not/Härte; **undue h.** unbillige/ungebührliche Härte; **unreasonable h.** unzumutbare Härte; **to constitute an ~** eine unzumutbare Härte darstellen
hardship allowance Härteausgleich *m*, Härtebeihilfe *f*; **h. case** Härtefall *m*; **h. clause** Härte-, Sozialklausel *f*; **h. fund** Härtefonds *m*
hard-wearing *adj* haltbar
harm *v/t* schaden, schädigen
harm *n* Schaden *m*; **to do so. h.** jdm Schaden zufügen
bodily harm Körperverletzung *f*; **b. h. resulting in death** Körperverletzung mit Todesfolge; **b. h. caused by negligence** fahrlässige Körperverletzung; **~ an officer of the law** Körperverletzung im Amt
to cause bodily harm Körperverletzung verursachen; **to inflict/occasion b. h.** Körperverletzung zufügen
actual bodily harm (ABH) einfache Körperverletzung; **grievous b. h.** *[GB]* gefährliche/schwere Körperverletzung; **maliciously inflicted ~** vorsätzliche schwere Körperverletzung; **negligently caused b. h.** fahrlässige Körperverletzung; **serious b. h.** gefährliche/schwere Körperverletzung; **irreparable h.** unwiederbringlicher Schaden
consequential harm Folgeschaden *m*; **~ caused by a defect** Mangelfolgeschaden *m*; **deliberate h.** vorsätzlich zugefügter Schaden
harmful *adj* 1. gesundheitsgefährdend; 2. nachteilig, schädlich; **environmentally h.** umweltbelastend, umweltschädlich
harmless *adj* ungefährlich, unschädlich; **to hold h.** schadlos halten; **h.ness** *n* Unbedenklichkeit *f*
harmonization *n* Angleichung *f*, Harmonisierung *f*, Vereinheitlichung *f*; **h. of laws** Rechtsangleichung *f*, Rechtsvereinheitlichung *f*; **h. of legislation** Harmonisierung der Gesetze/Gesetzgebung; **fiscal h.** Harmonisierung der Steuern
harmonize *v/t* angleichen, harmonisieren, vereinheitlichen
harsh *adj* drakonisch
harvest *n* Ernte *f*; *v/t* ernten
hate campaign *n (Minderheiten)* Hetzjagd *f*
hatred *n* Hass *m*; **to stir up h. against so.** gegen jdn hetzen; **racial h.** Rassenhass *m*
haulage company *n* Transportunterneh-

men *nt*; **h. contractor** Frachtführer *m*, Transportunternehmer *m*
hawk *v/t* hausieren; **h.er** *n* Hausierer(in) *m/f*; **no h.ers** Hausieren verboten
hazard *n* Gefahr *f*, Risiko *nt*; **operational h.** Betriebsrisiko *nt*; **h. warning lights** Warnblinkanlage *f*; **~ triangle** Warndreieck *nt*
head *n* 1. Kopf *m*, Haupt *nt*; 2. Hauptpunkt *m*; 3. *(Überschrift)* Kopf *m*, Rubrum *nt (lat.)*; 4. Leiter *m*, Vorsteher *m*; **per h.** pro Kopf; **h.s of (an) agreement** Hauptpunkte eines Vertrages; **~ a department** Dezernent(in) *m/f*; **~ the environmental department** Umweltdezernent(in) *m/f*; **~ the family/household** Familien-, Haushaltsvorstand *m*; **~ government** Regierungschef(in) *m/f*; **~ section** Referent(in) *m/f*; **~ the traffic section** Leiter der Verkehrsabteilung
head injury Kopfverletzung *f*
head|ing *n* Rubrum *nt (lat.)*, Titel *m*, Überschrift *f*; **h.lights** *pl* Scheinwerfer; **h.-on** *adj* frontal; **h. office** *(Unternehmen)* Hauptsitz *m*, Hautpverwaltung *f*, (Verwaltungs)Sitz *m*; **h.quarters** *n* Hauptsitz *m*, Hauptverwaltung *f*, *(Unternehmen)* Sitz *m*; **h.rest** *n* Kopfstütze *f*; **h. restraint** Kopfstütze *f*; **h. warden** *(Gefängnis)* Oberaufseher(in) *m/f*
health *n* Gesundheit *f*; **to injure so.'s h.** jds Gesundheit verletzen; **ill h.** Gesundheitsstörung *f*
health authority Gesundheitsamt *nt*, Gesundheitsbehörde *f*; **h. and advice centre** Sozialstation *f*; **h. certificate** Gesundheitsattest *nt*, Gesundheitszeugnis *nt*; **public h. department** Gesundheitsamt *nt*; **h. hazard** Gesundheitsgefährdung *f*, Gesundheitsrisiko *nt*
health insurance Krankenversicherung *f*, Krankenkasse *f*; **h. i. card/certificate** Krankenschein *m*; **statutory h. i.** gesetzliche Krankenversicherung; **subject to ~** krankenversicherungspflichtig; **supplementary h. i.** Zusatzkrankenversicherung *f*
health regulations Gesundheitsvorschriften; **h., safety and public order office** Ordnungsamt *nt*; **h. service patient** *[GB]* Kassenpatient(in) *m/f*
healthy *adj* gesund
hear *v/t* 1. (an)hören; 2. *(vor Gericht)* verhandeln; 3. vernehmen
hearing *n* 1. Anhörung *f*, Gerichtsverhandlung *f*, Verhandlung(stermin) *f/m*, mündliche Verhandlung, (Gerichts)Sitzung *f*; 2. Vernehmung *f*; 3. Gehör *nt*; **capable of attending a h.** verhandlungsfähig; **incapable of attending a h.** verhandlungsunfähig; **h. in camera** *(lat.)***/chambers** Sitzung/Verhandlung unter Ausschluss der Öffentlichkeit; **h. of a case** Verhandlung eines Falls; **h. before a criminal court** Strafverhandlung *f*; **h. in open court** öffentliche Verhandlung; **h. of the evidence** Beweisaufnahme *f*, Beweiserhebung *f*, Zeugenvernehmung *f*, Beweisverfahren *nt*; **~ experts** Anhörung von Sachverständigen; **~ a party** Parteieinvernahme *f*; **h. in composition proceedings** Vergleichstermin *m*; **h. at the site** Ortstermin *m*
to adjourn the hearing Anhörung/Verhandlung vertagen, Sitzung unterbrechen; **to close the h.** Verhandlung schließen; **to conduct the h.** Verhandlung leiten; **to fix a h.** Termin anberaumen; **to open the h.** Verhandlung eröffnen; **to be set down for a h.** zur Verhandlung anstehen; **to suspend a h.** Verhandlung aussetzen
appellate hearing Berufungsverhandlung *f*; **conciliatory h.** Güteverhandlung *f*; **contentious h.** kontradiktorische/streitige Verhandlung; **disciplinary h.** Disziplinarverfahren *nt*; **fair h.** rechtliches Gehör; **final h.** Schlussverhandlung *f*; **main h.** Hauptverhandlung *f*; **non-contentious h.** nichtstreitige Verhandlung; **pre-trial/preliminary h.** Vorverfahren *nt*, Voruntersuchung *f*; **principal h.** Hauptverfahren *nt*; **public h.** öffentliche Anhörung
hearing fee Verhandlungsgebühr *f*
hearsay *n* Hörensagen *nt*; **by h.** vom Hörensagen; **h. witness** Ohrenzeuge *m*
hearse *n* Leichenwagen *m*
heir *n* Erbe *m*; **h. of the body** leiblicher Erbe; **h. to a personal estate** Mobiliarerbe *m*; **h. at law; h. by intestate succession** gesetzlicher Erbe, Intestatserbe *m*; **h. in the maternal line** Erbe mütterlicherseits; **to appoint an h.** Erben einsetzen
appointed heir eingesetzter Erbe; **expectant h.** Erb(schafts)anwärter m; **joint h.** Miterbe *m*; **presumptive h.** mutmaßlicher Erbe; **principal h.** Haupterbe *m*;

prior h. Vorerbe *m*; **~ h.'s duty to notify** Anzeigepflicht des Vorerben; **provisional h.** Vorerbe *m*; **reversionary h.** Nacherbe *m*; **~ and substitute h.** Nacherbe und Ersatzerbe; **substitute ~** Ersatznacherbe *m*; **rightful h.** rechtmäßiger Erbe; **sole h.** Allein-, Gesamterbe *m*, alleiniger Erbe; **statutory h.** gesetzlicher Erbe; **substitute h.** Ersatzerbe *m*; **testamentary h.** testamentarischer Erbe, Testamentserbe *m*; **universal h.** Gesamt-, Universalerbe *m*

heir conventional Vertragserbe *m*; **h.'s liability** Haftung des Erben; **h. presumptive** mutmaßlicher Erbe; **h.'s title to a copyright** Anrecht des Erben auf das Urheberrecht

heiress *n* Erbin *f*; **expectant h.** Erbanwärterin *f*

heirloom *n* Erbstück *nt*

heirs and assigns *pl* Erben und Rechtsnachfolger; **h. of the body** Leibeserben; **joint h.** Erbengemeinschaft *f*

held *adj* *(Urteil)* erkannt; **h. in camera** *(lat.)* nicht öffentlich

help *v/t* helfen

help *n* Hilfe(leistung) *f*; **to call for h.** um Hilfe rufen; **h.er** *n* Handlanger *m*, Helfer(in) *m/f*; **h.less** *adj* hilflos, hilfsbedürftig; **h.lessness** *n* Hilflosigkeit *f*, Hilfsbedürftigkeit *f*

henceforth *adv* fortan, von jetzt ab, künftig

Her Majesty's (H.M.) Customs & Excise *n* *[GB]* Zollbehörde *f*

hereby *prep* hierdurch, hiermit

heredit|ament *n* Erbbesitz *m*, Erbgut *nt*; **h.ary** *adj* erblich, ererbt, vererbbar, vererblich

here|inafter *adv* im Folgenden, nachstehend; **h.inbefore** *adv* oben, vorstehend; **h.on** *adv* hierauf; **h.under** *adv* unten stehend; **h.with** *adv* 1. anbei; 2. hierdurch, hiermit

heritage *n* Erbe *nt*, Hinterlassenschaft *f*; **cultural h.** Kulturerbe *nt*; **natural h.** Naturerbe *nt*

hesitat|e *v/t* zögern; **h.ion** *n* Zögern *nt*

hidden *adj* heimlich, verborgen, verdeckt, versteckt

hid|e *v/t* verbergen, verdecken; **h.eout** *n* Schlupfwinkel *m*, Unterschlupf *m*; **to go into h.ing** *n* untertauchen *(fig)*

hierarchy *n* Hierarchie *f*

High Court of Justice *n* *[GB]* oberstes Zivilgericht

higher up *adj (coll)* höheren Ortes

high-performance *adj* *(Gerät)* leistungsfähig, Hochleistungs-

highway *n* (Land)Straße *f*; **public h.** öffentliche Straße

highway authority Straßenbehörde *f*; **h. code** *[GB]* (Straßen)Verkehrsordnung (StVO) *f*; **to infringe the ~** gegen die Straßenverkehrsordnung verstoßen; **h. patrol** *[US] (außerhalb der Stadt)* Verkehrspolizei *f*; **h. robber** Straßenräuber *m*; **h. robbery** 1. Straßenraub *m*; 2. *(fig)* Wegelagerei *f*

hijack *v/t* entführen; **h.(ing)** *n* 1. Entführung *f*; 2. Luftpiraterie *f*; **h.er** *n* 1. Entführer(in) *m/f*; 2. Luftpirat(in) *m/f*

hinder *v/t* (be)hindern, hemmen

hindrance *n* (Be)Hinderung *f*, Hemmnis *f*, Hindernis *nt*

hint *n* Anspielung *f*, Hinweis *m*, Tipp *m*; **big h.** Wink mit dem Zaunpfahl *(coll)*

hire *v/t* 1. anheuern, einstellen, dingen; 2. *(bewegliche Sachen)* mieten, pachten; **h. out** *v/prep* 1. verleihen; 2. *(bewegliche Sachen)* vermieten

hire *n* 1. Verdingung *f*; 2. Miete *f*; **on h.** zur Miete; **temporary h. of an employee** Arbeitnehmerüberlassung *f*; **h. car** Leihwagen *m*; **h. charges** *(bewegliche Sachen)* Mietgebühren; **h. contract** Miet-, Leihvertrag *m*

hire purchase *[GB]* Miet-, Ratenkauf *m*, Kaufmiete *f*; **to buy on h. p.** auf Teilzahlung kaufen; **h. p. act** Ab-, Ratenzahlungsgesetz *nt*; **h. p. agreement** Abzahlungs-, Ratenkauf-, Mietkaufvertrag *m*, Ratenkaufvereinbarung *f*; **h. p. commitment** Teilzahlungsverpflichtung *f*; **h. p. terms** Ratenbedingungen; **h. p. transaction** Ratengeschäft *nt*

hirer *n* Mieter(in) *m/f*

hiring *n* 1. Anheuerung *f*, Einstellung *f*; 2. Anmietung *f*; **h. out** Vermietung *f*; **h. charge** 1. Leihgebühr *f*; 2. Mietgebühr *f*

legal history *n* Rechtsgeschichte *f*; **previous h.** Vorgeschichte *f*

hit *v/t* schlagen; **h. and run offence** (Verkehrs)Unfallflucht *f*, unerlaubtes Entfernen vom Unfallort

hive off *v/prep* ausgliedern, ausgründen

hoard *v/t* horten, hamstern; **h.er** *n* Hamsterer *m*

hoax *n* Falschmeldung *f*, Täuschung *f*

hold *v/t* 1. (fest)halten; 2. *(Land, Pfand)* besitzen; 3. *(Sitzung, Untersuchung, Wahl)* abhalten; 4. *(Amt)* ausüben, innehaben; 5. *(Gericht)* beschließen, entscheiden; 6. *(Urteil)* erkennen; 7. erachten, glauben, der Meinung sein

holder *n* Besitzer(in) *m/f*, Halter(in) *m/f*, *(Vollmacht)* Inhaber(in) *m/f*, Träger *m*; **h. of a bill of exchange** Inhaber eines Wechsels; **~ a concession** Konzessionsinhaber(in) *m/f*; **h. in due course** legitimer/rechtmäßiger Inhaber; **~ fact** tatsächlicher Besitz; **~ bad faith** bösgläubiger Besitzer/Inhaber; **~ good faith** gutgläubiger Besitzer/Inhaber; **h. of the goods** Wareninhaber(in) *m/f*; **~ a licence** Konzessionsinhaber(in) *m/f*; **~ a hunting licence/permit** Jagd(ausübungs)berechtigte(r) *f/m*; **h. for life** Besitzer auf Lebenszeit; **h. of a power of attorney** Inhaber einer Vollmacht; **~ a right** Inhaber eines Rechts, Rechtsinhaber *m*, Rechtsträger *m*; **h. in trust** treuhänderischer Besitzer

bona-fide holder gutgläubiger Besitzer/Inhaber; **current h.** gegenwärtiger Inhaber; **de-facto h.** faktischer Inhaber; **direct h.** unmittelbarer Besitzer; **joint h.** Mitbesitzer(in) *m/f*, Mitinhaber(in) *m/f*; **lawful h.** rechtmäßiger Besitzer, legitimer Inhaber; **mala-fide h.** bösgläubiger Besitzer/Inhaber; **previous h.** Vorbesitzer(in) *m/f*; **sole h.** Alleininhaber *m*; **subsequent h.** Besitznachfolger *m*, nachfolgender Inhaber

holding *n* 1. Besitz *m*, Innehaben *nt*; 2. *[US]* Urteil(stenor) *nt/m*; **h. over** *(Miet- oder Pachtvertrag)* Inbesitzhalten *nt*; **h. of land** Landbesitz *m*

holdings *pl* Bestand *m*

hold-up *n* (Raub)Überfall *m*

holiday(s) *n/pl* Urlaub *m*, Ferien *f*; **collectively agreed h.** Tarifurlaub *m*, tariflicher Urlaub; **annual h.(s)** Jahresurlaub *m*; **extra h.** Zusatzurlaub *m*; **legal** *[US]***/public** *[GB]* **h.** gesetzlicher Feiertag; **national h.** Nationalfeiertag *m*

holiday claim Urlaubsanspruch *m*; **h. pay** Urlaubsgeld *nt*; **h. replacement** Urlaubsvertretung *f*

holographic *adj* eigenhändig, holografisch

home *n* Heim *nt*, Wohnung *f*; **matrimonial h.** Ehewohnung *f*; **mental h.** Irrenanstalt *f*; **second h.** Nebenwohnsitz *m*, Zweitwohnung *f*; **h. contents** Hausrat *m*; **~ insurance** Hausrat(s)versicherung *f*

homeless *adj* heimatlos; **h. person** Obdachlose(r) *f/m*, Nichtsesshafte(r) *f/m*; **h.ness** *n* Obdachlosigkeit *f*

Home Office *[GB]* Innenministerium *nt*; **h. office** *[US]* *(Firma)* Zentrale *f*; **h. owner** Wohnungseigentümer(in) *m/f*, Hausbesitzer(in) *m/f*; **~'s insurance** *[US]* Hausrat(s)versicherung *f*; **~s' meeting** Wohnungseigentümerversammlung *f*; **~'s rights** Rechte des Wohnungseigentümers; **h. ownership** Hauseigentum *nt*; **H. Secretary** *[GB]* Innenminister *m*; **h. town** Heimat-, Vaterstadt *f*

homicide *n [US]* Tötung *f*, Mord *m*, Totschlag *m*; **h. by misadventure** Tötung als Folge eines Unglücksfalles; **h. through culpable negligence** fahrlässige Tötung

attempted homicide Tötungsversuch *m*; **culpable h.** Mord *m*, Tötungsdelikt *nt*; **justifiable h.** erlaubte Tötung; **negligent h.** fahrlässige Tötung, Tod durch Fahrlässigkeit; **unpremeditated h.** Totschlag im Affekt; **wilful h.** vorsätzliche Tötung

homicide department/squad *[US]* Morddezernat *nt*, Mordkommission *f*

homosexual *adj* homosexuell; **h.ity** *n* Homosexualität *f*

honest *adj* ehrlich, redlich; **h.y** *n* Ehrlichkeit *f*, Redlichkeit *f*, Lauterkeit *f*

honorary *adj* ehrenamtlich

honour *v/t* honorieren

Your Honour *n* *(Anrede/Richter)* Euer Ehren

hood *n* 1. Kapuze *f*, (Kopf)Maske *f*; 2. *[US]* Motorhaube *f*

hook *n* Haken; **by h. or by crook** *(coll)* auf Biegen und Brechen *(coll)*; **to get so. off the h.** *(fig)* jdn herauspauken *(coll)*

hooligan *n* Randalierer(in) *m/f*

hospital *n* Krankenhaus *nt*; **to be taken to h.** ins Krankenhaus kommen; **mental h.** Irrenanstalt *f*; **psychiatric h.** Psychiatrie *f*; **secure h.** geschlossenes Krankenhaus

compulsory hospitalization *n* Zwangseinweisung *f*

host country *n* Gastland *nt*

hostage *n* Geisel *f*; **to take so. h.** jdn als Geisel nehmen; **h. negotiation team** *(Geiselnahme)* Verhandlungsgruppe *f*; **h.-taker** *n* Geiselnehmer(in) *m/f*; **h.-taking** *n* Geiselnahme *f*

hostel *n* (Wohn)Heim *nt*; **h. for the homeless** Obdachlosenheim *nt*, Obdachlosenunterkunft *f*
hostile *adj* *(Zeuge)* feindselig
hostilities *pl* Kampfhandlungen
hotel *n* Hotel *nt*; **h. accommodation contract** Hotelaufnahmevertrag *m*; **h. regulations** Hotelordnung *f*
hours of business *pl* Öffnungszeiten; **~ service** Dienstzeit *f*; **~ trading act** Ladenschlussgesetz *nt*; **small h.** frühe Morgenstunden
house *n* Haus *nt*; **H. of Commons** *[GB]* Unterhaus *nt*; **h. under construction** *(im Entstehen)* Neubau *m*; **h. of correction** *[US]* Jugendstrafanstalt *f*; **H. of Lords** *[GB]* Oberhaus *nt*; **to search a h.** Haus durchsuchen
newly built house Neubau *m*; **occupied h.** bewohntes Haus; **owner- ~** Eigenheim *nt*; **terraced h.** *[GB]* Reihenhaus *nt*; **vacant h.** leer stehendes Haus
house agreement unternehmensspezifischer Tarifvertrag; **h. arrest** Hausarrest *m*; **to be under ~** Hausarrest haben; **h.-breaker** *n* Einbrecher(in) *m/f*; **h.breaking** *n* Einbruch *m*
household *n* Haushalt *m*, Hausstand *m*, Hausgemeinschaft *f*; **double h.** doppelte Haushaltsführung; **separate h.** abgesonderter Haushalt; **to maintain ~ h.s** getrennten Haushalt führen
household articles Haushaltsgegenstände; **h. contents** Hausrat *m*; **~ insurance** *[GB]* Hausrat(s)versicherung *f*; **h. cost(s)** Haushaltskosten, Kosten des Haushalts; **h. effects** Hausrat *m*, Haushaltsgegenstände; **h. income** Haushaltseinkommen *nt*; **h. item** Haushaltsgegenstand *m*; **h. work** Hausarbeit *f*
housekeeping *n* Haushaltsführung *f*; **separate h.** getrennte Haushaltsführung
house purchase Hauserwerb *m*; **h. rules** Hausordnung *f*; **h. search** Haus(durch)suchung *f*; **h.wife** *n* Hausfrau *f*
housing association *n* Wohnungsbaugenossenschaft *f*; **h. benefit** Wohngeld *nt*; **h. conditions** Wohnverhältnisse; **h. construction** Wohnungsbau *m*; **~ act** Wohnungsbaugesetz *nt*; **h. costs** Wohnungskosten; **h. department** Wohnungsamt *nt*; **h. estate** (Wohn)Siedlung; **new ~** Neubausiedlung *f*; **h. law** Wohnungsrecht *nt*
hull insurance *n* *(Flugzeug, Schiff)* Kaskoversicherung *f*; **h. policy** Kaskopolice *f*; **h. underwriter** Kaskoversicherer *m*
humanitarian *adj* humanitär
Human Rights Act *[GB]* Menschenrechtsgesetz *nt*; **~ Convention** Menschenrechtskonvention *f*
humiliat|e *v/t* demütigen, erniedrigen; **h.ing** *adj* demütigend, erniedrigend; **h.ion** *n* Demütigung *f*, Erniedrigung *f*
hump *n* (Fahrbahn)Schwelle *f*
hunger strike *n* Hungerstreik *m*, Nahrungsverweigerung *f*
hunt *n* 1. Jagd *f*; 2. Jagd(revier) *f/nt*; **h. for a criminal** Verbrecherjagd *f*; **h. proprietor** Jagdinhaber(in) *m/f*
hunting *n* Jagdausübung *f*; **big-game h.** hohe Jagd; **small-game h.** niedere Jagd
hunting authority Jagdbehörde *f*; **h. district** Jagdbezirk *m*; **h. ground** Jagdrevier *nt*; **to let a ~** Jagd verpachten, **to rent a ~** Jagd pachten; **h. law** 1. Jagdrecht *nt*; 2. Jagdgesetz *nt*; **h. licence/permit** Jagd(erlaubnis)schein *m*, Jagderlaubnis *f*, Jagd(ausübungs)berechtigung *f*; **h. liability insurance** Jagdhaftpflichtversicherung *f*; **h. regulations** Jagdordnung *f*, Jagdvorschriften; **h. restriction** Jagdbeschränkung *f*; **h. season** Jagdzeit *f*
hurt *v/t* verletzen, lädieren
husband *n* Ehemann *m*, Gatte *m*; **h. and wife** Ehegatten *pl*, Eheleute *pl*
hush money *n* Schweigegeld *nt*; **h. sth. up** *v/t* etw. totschweigen/vertuschen
hypothec *n* *[Scot.]* Hypothek *f*; **h.ate** *v/t* verpfänden; **h.ation** *n* Verpfändung *f*
hypothermia *n* Unterkühlung *f*

I

i. e. (id est) *(lat.)* das heißt, nämlich
I. O. U. (I owe you) Schuldschein *m*
black ice *n* überfrorene Nässe; **i.d up** *adj* vereist
ID card *n* Personal-, Identifikationsausweis *m*, Identitätspapier *nt*
identifiable *adj* feststellbar, identifizierbar, kenntlich
identification *n* 1. Identifizierung *f*, Identitätsfeststellung *f*, Legitimation *f*, Namhaftmachung *f*, Personenfeststellung *f*, Feststellung der Personalien; 2. Kennt-

lichmachung *f*, Kennzeichnung *f*; **i. of creditors** Gläubigerermittlung *f*; **to ensure i.** Nämlichkeit sichern; **i. card** (Personal)-Ausweis *m*; **i. parade** (Wahl)Gegenüberstellung *f*; **i. procedure** Personenfeststellungsverfahren *nt*

identify os. *v/prep* sich ausweisen/legitimieren

identikit *n* Phantomzeichnung *f*

identity *n* Identität *f*, Nämlichkeit *f*; **to conceal so.'s i.** jds Identität verheimlichen; **to establish so.'s i.** jds Identität nachweisen, ~ Personalien feststellen, jdn identifizieren; **to question so. about his i.** jdn zur Person vernehmen; **to reveal so.'s i.** jds Identität offenbaren, jdn enttarnen

false identity *n* falscher Name; **mistaken i.** Identitätsirrtum *m*, Irrtum über die Person, (Personen)Verwechslung *f*

IJ

identity card (Personal)Ausweis *m*, Kennkarte *f*; **i. check** Ausweiskontrolle *f*; **i. paper** Ausweispapier *nt*; **i. parade** polizeiliche Gegenüberstellung, Wahlgegenüberstellung *f*

ideology *n* Weltanschauung *f*

idiosyncrasy *n* persönliche Eigenart

idle *adj* 1. außer Betrieb, stillstehend; 2. tatenlos, untätig; **i.ness** *n* Untätigkeit *f*

ignition key *n* Zündschlüssel *m*

ignominious *adj* unrühmlich

ignorance *n* Nicht-, Unkenntnis *f*, Nichtwissen *nt*, Unwissenheit *f*; **i. of the law** Rechtsunkenntnis *f*, Unkenntnis des Gesetzes; **~ is no excuse (for a crime)** Unkenntnis des Gesetzes schützt vor Strafe nicht

to plead ignorance sich auf Unkenntnis berufen; **~ of the law** sich auf Unkenntnis des Gesetzes berufen

culpable/voluntary *[US]* **ignorance** schuldhafte Unkenntnis; **negligent i.** fahrlässige Unkenntnis

ignorant *adj* unwissend

ignore *v/t* hinwegsehen, ignorieren

mentally ill *adj* geisteskrank, psychisch krank; **terminally i.** todkrank

illegal *adj* 1. illegal, gesetz(es)-, rechtswidrig, unerlaubt, ungesetzlich, unrechtmäßig; 2. *(Verkehr)* ordnungswidrig

illegality *n* Illegalität *f*, Gesetz-, Rechtswidrigkeit *f*, Ungesetzlichkeit *f*

illegible *adj* unleserlich

illegitima|cy *n* Illegitimität *f*, Nicht-, Unehelichkeit *f*; **i.te** *adj* außerehelich, illegitim, unehelich

illicit *adj* gesetzwidrig, illegal, unerlaubt, verboten

illiquidity *n* Illiquidität *f*

illness *n* Erkrankung *f*, Krankheit *f*; **to feign i.** Krankheit vortäuschen; **mental i.** geistiges Gebrechen, Geisteskrankheit *f*, psychische Krankheit

ill-reputed *adj* anrüchig, übel beleumundet, berüchtigt

ill-treatment *n* Misshandlung *f*; **i. of charges** Misshandlung von Schutzbefohlenen; **~ the spouse** Misshandlung des Ehegatten

image *n* (Erscheinungs)Bild *nt*, Image *nt*

imbalance *n* Unausgewogenheit *f*

imbecility *n* Geistesschwäche *f*

imitate *v/t* nachahmen, nachbauen, nachmachen

imitation *n* Imitation *f*, Nachahmung *f*, Nachbau *m*; **i. and exploitation of third-party contributions** Nachahmen und Ausbeuten fremder Leistungen; **i. of registered trademarks** Nachahmung eingetragener Warenzeichen

immaterial *adj* nicht von Belang, belang-, gegenstandlos, immateriell, irrelevant, nebensächlich, (rechtlich) unerheblich, unwesentlich

immediacy *n* Unmittelbarkeit *f*

immediate *adj* umgehend, unmittelbar, unverzüglich

immigrant *n* Einwanderer *m*, Immigrant *m*, **illegal i.** illegal eingereiste Person

immigrate *v/i* einwandern

immigration *n* 1. Ein-, Zuwanderung *f*; 2. Einreise *f*; **i. abuse** Verstoß gegen Einreisegesetze; **i. act** Zuwanderungsgesetz *nt*; **i. officer** Passkontrollbeamter *m*; **i. restrictions** Einreise-, Einwanderungsbeschränkungen

imminent *adj* drohend

immobilizer *n* elektronische Wegfahrsperre

immoral *adj* sittenwidrig, wider die Sittlichkeit, unmoralisch, unsittlich; **i.ity** *n* Sittenlosigkeit *f*, Unsittlichkeit *f*

immovables *pl* unbewegliche Habe, Immobilien

immune *adj* immun

immunity *n* Immunität *f*, Straffreiheit *f*; **i. from jurisdiction** Immunität von der Gerichtsbarkeit; **~ civil jurisdiction** zivilrechtliche Immunität; **~ criminal juris-**

diction strafrechtliche Immunität; **~ (criminal) prosecution** Freiheit von Strafverfolgung; **~ punishment** Straffreiheit *f*; **~ seizure** Unpfändbarkeit *f*
to enjoy immunity Immunität genießen; **to grant i.** Immunität gewähren; **to lift so.'s i.** jds Immunität aufheben
absolute immunity *n* absolute Immunität; **diplomatic i.** diplomatische Immunität; **to enjoy ~** diplomatische Immunität genießen; **judicial i.** Immunität der Beisitzer/Richter; **parliamentary i.** parlamentarische Immunität
immunity clause Immunitätsklausel *f*; **i. statute** Immunitätsgesetz *nt*
impact *n* Auswirkung *f*; **environmental i.** Umweltauswirkung *f*: **~ assessment** Umweltfolgenabschätzung *f*
impair *v/t* beeinträchtigen, schädigen, schwächen; **i.ed** *adj* beeinträchtigt; **visually ~** sehbehindert
impairment *n* Beeinträchtigung *f*, Einbuße *f*, Minderung *f*; **i. of the ability to work** Beeinträchtigung der Arbeitsfähigkeit; **~ earning capacity** Beeinträchtigung/Minderung der Erwerbsfähigkeit, **~ easement** Beeinträchtigung der Grunddienstbarkeit; **~ interests** Beeinträchtigung von Interessen; **~ performance** Leistungsstörung *f*; **~ quality** Qualitätsminderung *f*; **~ rights** Beeinträchtigung der Rechte; **~ value** Wertbeeinträchtigung *f*
permanent impairment dauernde Beeinträchtigung; **unlawful i.** rechtswidrige Beeinträchtigung
impartial *adj* unbefangen, unparteiisch, unvoreingenommen, vorurteilslos, wertfrei
impassable *adj* unbefahrbar
impeach *v/t* wegen Hochverrats anklagen
impeachment *n* Amtsenthebungsverfahren *nt*, Parlamentsanklage *f*; **i. of a document** Bestreiten der Echtheit einer Urkunde; **~ judge** Richteranklage *f*
impecunious *adj* vermögenslos
impede *v/t* (be)hindern, hemmen
impediment *n* Hindernis *nt*, (Be)Hinderung *f*, Erschwernis *f*, Hemmnis *f*; **i.s** *(Verjährung)* Hemmungsgründe; **i. to an action** Prozesshindernis *nt*; **~ employment** Beschäftigungshindernis *nt*; **~ marriage** Ehehindernis *nt*; **~ performance** Erfüllungshindernis *nt*
absolute impediment absolutes Ehehindernis; **diriment i.** unheilbares Ehehindernis, Ehenichtigkeitsgrund *m*; **legal i.** 1. gesetzliches Ehehindernis; 2. rechtliches Hindernis, Rechtshindernis *nt*; **statutory i.** gesetzliches Hindernis
impeding the flow of traffic *n [US]* Verkehrsbehinderung *f*
impending *adj* drohend
imperfect *adj* fehler-, mangelhaft, unvollkommen
imperil *v/t* gefährden
impersonation *n* Identitätstäuschung *f*, Vortäuschen einer falschen Identität
impertinen|ce *n* Unverschämtheit *f*; **i.t** *adj* unverschämt
implausib|ility *n* Unglaubwürdigkeit *f*; **i.le** *adj* unglaubwürdig
implement *v/t* aus-, durchführen, zur Ausführung bringen, realisieren, umsetzen; **i.ary** *adj* durchführend
implementation *n* Aus-, Durchführung *f*, Inkraft-, Umsetzung *f*; **i. of an agreement** Erfüllung eines Abkommens; **~ directive** Umsetzung einer Richtlinie; **~ law** Durchführung eines Gesetzes; **i. order/rule** Durchführungsvorschrift *f*
implementing act *n* Aus-, Durchführungsgesetz *nt*; **i. agreement** Durchführungsabkommen *nt*; **i. instruction** Ausführungsanweisung *f*; **i. order** Aus-, Durchführungsanordnung *f*, Durchführungsverordnung *f*; **i. ordinance** Vollzugsanordnung *f*; **i. power(s)** Durchführungsbefugnis *f*; **i. provision** Aus-, Durchführungsbestimmung *f*, Aus-, Durchführungsvorschrift *f*; **i. regulation** Ausführungsverordnung *f*; **i. rule** Durchführungsvorschrift *f*
implicate so. in sth *v/t* jdn in etw hineinziehen
implicit; implied *adj* inbegriffen, konkludent, stillschweigend
imply *v/t* 1. beinhalten, stillschweigend einschließen; 2. unterstellen
imponderab|ilia, i.les *pl* Unwägbarkeiten, Imponderabilien
import *n* Einfuhr *f*, Import *m*; **i. ban** Einfuhr-, Importstopp *m*, Einfuhr-, Importverbot *nt*; **i. duty** Einfuhr-, Importzoll *m*, Einfuhr-, Importabgabe *f*; **i. levy** Einfuhr-, Importzoll *m*; **i. licence** Einfuhr-, Importgenehmigung *f*, Einfuhr-, Importlizenz *f*; **i. quota** Einfuhr-, Importkontingent *nt*

importan|ce *n* Bedeutung *f*, Belang *m*; **i.t** *adj* bedeutend, wichtig
importat|ion *n* Einfuhr *f*, Import *m*; **i.er** *n* Importeur *m*
imports *pl* Einfuhren, Importe
impose *v/t* auferlegen, verhängen, erheben, aufbrummen *(coll)*
imposition *n* Verhängung *f*, Auferlegung *f*; Auflage *f*; **i. of a fixed penalty** Verhängung von Bußgeld; **~ sentence** Verhängung einer Strafe
impossibility *n* Unmöglichkeit *f*; **i. of execution** Unmöglichkeit der Vollziehung; **~ performance** Unmöglichkeit der Erfüllung/Leistung; **~ service** Unzustellbarkeit *f*; **~ surrender** Unmöglichkeit der Herausgabe
initial impossibility anfängliche Unmöglichkeit; **objective i.** objektive Unmöglichkeit; **partial i.** Teilunmöglichkeit *f*, teilweise Unmöglichkeit; **subjective i.** subjektive Unmöglichkeit; **subsequent/supervening i.** *(Leistung)* nachträgliche Unmöglichkeit; **temporary i.** vorübergehende Unmöglichkeit
impossible *adj* unmöglich
imposture *n* Identitätstäuschung *f*
impotence *n* (*Mann*) Zeugungsunfähigkeit *f*
impound *v/t* beschlagnahmen, sicherstellen, in gerichtliche Verwahrung nehmen; **i.ing** *n* gerichtliche Verwahrung
impoverish|ed *adj* verarmt; **i.ment** *n* Verarmung *f*
impracticable *adj* unausführbar
impregnat|e *v/t* schwängern; **i.ion** *n* Schwängerung *f*
impress *v/t* 1. beeindrucken; 2. *(Siegel)* beidrücken; **i.ion** *n* Eindruck *m*
imprint *n* Impressum *nt*; **i. of a seal** Siegelabdruck *m*
imprison *v/t* einsperren, inhaftieren; **i.ed** *adj* gefangen
imprisonment *n* 1. Gefangennahme *f*, Inhaftierung *f*, Strafarrest *m*, Freiheitsentzug *m*; 2. Freiheits-, Gefängnisstrafe *f*, (Straf)Haft *f*; 3. Strafvollzug *m*; **i. in lieu of a fine; ~ default of payment** Ersatzfreiheitsstrafe *f*; **i. in an open prison** offener Vollzug
false imprisonment *n* Freiheitsberaubung *f*, Freiheitsentziehung *f*
improper *adj* 1. missbräuchlich; 2. ungebührlich, ungehörig, unstatthaft, unziemlich
impropriety *n* Ungebühr *f*, Ungehörigkeit *f*, Unstatthaftigkeit *f*
improve *v/t* verbessern; **i.ment** *n* (Ver-)Besserung *f*; **subsequent ~** Nachbesserung *f*
impruden|ce *n* Leichtsinn *m*; **i.nt** *adj* unklug, unüberlegt
impuden|ce *n* Unverschämtheit *f*; **i.t** *adj* unverschämt
impulse *n* Impuls *m*; **to act on i.** im Affekt handeln; **uncontrollable i.** Affekt *m*
impunity *n* Straflosigkeit *f*; **with i.** straflos, ungestraft
imputation *n* Unterstellung *f*, *(Schuld)* Zurechnung *f*, Zuschreibung *f*; **i. of malice** Unterstellung der bösen Absicht, ~ des Vorsatzes
impute *v/t* unterstellen, *(Schuld)* zurechnen, (jdm etw.) zuschreiben
in absentia *adv* *(lat.)* in Abwesenheit; **~ camera** *(lat.)* *(Gericht)* nicht öffentlich, unter Ausschluss der Öffentlichkeit; **~ esse** *(lat.)* bestehend; **~ re Kurz versus Lang** *(lat.)* in der Sache Kurz gegen Lang; **~ rem** *(lat.)* dinglich; **~ terrorem** *(lat.)* als Drohung
inability *n* Unfähigkeit *f*, Unvermögen *nt*; **i. to attend** Verhinderung *f*; **~ attend a hearing** Verhandlungsunfähigkeit *f*; **~ pay** Zahlungsunfähigkeit *f*; **~ work** Arbeitsunfähigkeit *f*
inaccessible *adj* nicht zugänglich
inaccuracy *n* Unrichtigkeit *f*
inact|ion *n* Untätigkeit *f*; **i.ive** adj stillstehend, untätig
inadequa|cy *n* Unzulänglichkeit *f*; **i.te** *adj* unzulänglich
inadmissib|ility *n* Unzulässigkeit *f*; **i.le** *adj* unstatthaft, unzulässig, nicht zulässig
inadverten|ce *n* Unaufmerksamkeit *f*; **i.t** *adj* unaufmerksam, unbeabsichtigt, ungewollt; **i.tly** *adv* aus Versehen
inapplicable *adj* 1. *(Gesetze)* nicht anwendbar; 2. unzutreffend
inalienab|ility *n* Unübertragbarkeit *f*; **i.le** *adj* unübertragbar, unveräußerlich
inappropriate *adj* 1. unangebracht, unangemessen, untunlich, verfehlt; 2. unzweckmäßig, zweckwidrig; **i.ness** *n* Unangemessenheit *f*, Unzweckmäßigkeit *f*
inattentive *adj* unachtsam, unaufmerksam; **i.ness** *n* Unachtsamkeit *f*, Unaufmerksamkeit *f*
inaugurat|e *v/t* eröffnen; **i.ion** *n* Eröffnung *f*

incalculable *adj* unabsehbar
incapability *n* Unfähigkeit *f*
incapable *adj* (rechts)unfähig; **i. of acting** handlungsunfähig; **~ contracting** vertrags-, geschäftsunfähig; **~ suing** prozessunfähig
contractually incapable vertragsunfähig; **criminally i.** schuldunfähig; **legally i.** geschäfts-, rechtsunfähig; **to declare a person ~** jdn entmündigen; **mentally i.** unzurechnungsfähig; **i. person** Geschäftsunfähige(r) *f/m*
incapacitat|ed *adj* 1. arbeitsunfähig; 2. rechtsunfähig; **(legal) i.ion** *n* Entmündigung *f*
incapacity *n* Unfähigkeit *f*, Unvermögen *nt*; **i. to act** Handlungsunfähigkeit *f*; **~ contract** Vertrags-, Geschäftsunfähigkeit *f*; **~ inherit** Erbunfähigkeit *f*
criminal incapacity Strafunmündigkeit *f*, Schuldunfähigkeit *f*; **diminished ~** verminderte Schuldunfähigkeit; **legal i.** Rechtsunfähigkeit *f*; **mental i.** Unzurechnungsfähigkeit *f*; **procedural i.** Prozessunfähigkeit *f*; **testamentary i.** Testierunfähigkeit *f*
incarcerat|e *v/t* einsperren; **i.ion** *n* Freiheitsentzug *m*, Inhaftierung *f*
incendiary *n* Brandstifter *m*
incentive *n* Anreiz *m*
inception of insurance cover *n* Versicherungsbeginn *m*
incessant *adj* unablässig, unaufhörlich
incest *n* Blutschande *f*, Inzest *m*; **i.uous** *adj* blutschänderisch
inchoate *adj* 1. (*Straftat*) unvollendet; 2. (*Urkunde*) unvollständig
incidence *n* Anfall *m*, Eintreten *nt*; **i. of loss** Schadenseintritt *m*
incident *n* Vorfall *m*, Vorkommnis *nt*, Zwischenfall *m*; **i. room** (*Polizei*) Einsatzzentrale *f*; **i.al** *adj* nebensächlich; **i. witness** Tatzeugin *f*
incinerat|ion *n* *(Müll)* Verbrennung *f*; **i.or** *n* Verbrennungsanlage *f*
incite *v/t* 1. anstiften, verleiten; 2. aufhetzen, aufreizen, aufstacheln, aufwiegeln
incitement *n* 1. Anstiftung *f*, Verleitung *f*; 2. Aufhetzung *f*, Aufreizung *f*, Aufstachelung *f*, Aufwiegelung *f*; 3. Erregung *f*; 4. Hetze *f*, Volksverhetzung *f*; **i. to commit acts of violence** Aufforderung zu Gewalt; **~ punishable acts** Aufforderung zu Straftaten; **~ a crime** Anleitung zu einer Straftat, Aufforderung zur Begehung eines Verbrechens, Verleitung zu einer strafbaren Handlung
incitement to desertion *n* Verleitung zur Fahnenflucht; **~ disaffection** 1. Aufforderung zum Ungehorsam; 2. Wehrkraftzersetzung *f*; **~ infringe the contract** Verleitung zum Vertragsbruch; **~ racial hatred/strife** Anstiftung zum Völker-, Rassenhass, Rassenhetze *f*; **~ commit a criminal offence** Verleitung zu einer rechtswidrigen Tat; **~ sedition** Anstiftung zum Aufruhr; **attempted i. to make a false statement** Versuch der Anstiftung zur Falschaussage
inciter *n* Anstifter *m*
inclination *n* Neigung *f*, Veranlagung *f*
includ|e *v/t* 1. beinhalten; 2. einbeziehen, einrechnen, einschließen; 3. hinzurechnen; **i.ed** *adj* ein-, inbegriffen, eingeschlossen; **i.ing** *prep* unter Einbeziehung von, einschließlich, mit Einschluss von
inclusion *n* 1. Einbeziehung *f*, Einrechnung *f*, Einschluss *m*; 2. Erfassung *f*; 3. Hinzurechnung *f*
inclusive *adj* inbegriffen, einschließlich; **i. of** unter Einbeziehung von
incoherent *adj* zusammenhanglos
income *n* Einkommen *nt*, Einkünfte *pl*, Verdienst *m*; **i. from capital** Kapitalertrag *m*; **~ employment** Einkünfte aus nicht selbstständiger Arbeit; **~ commercial operations** Gewerbeertrag *m*; **i. per head of population** pro Kopf-Einkommen *nt*; **i. from rental and leasing** Einkünfte aus Vermietung und Verpachtung; **i. (which is) taxed at source** Einkommen mit Quellenbesteuerung
annual income Jahreseinkommen *nt*; **earned i.** Arbeitseinkommen *nt*, berufliches Einkommen; **~ relief** Arbeitnehmerfreibetrag *m*
extra income Nebeneinkommen *nt*, Nebeneinkünfte *pl*; **gross i.** Bruttoeinkommen *nt*; **net i.** Nettoverdienst *m*, Reineinkommen *nt*; **occasional i.** Gelegenheitseinkünfte *pl*, Gelegenheitseinnahmen *pl*; **real i.** Realeinkommen *nt*; **recurring i.** wiederkehrende Bezüge; **taxable i.** steuerpflichtiges Einkommen; **unearned i.** Kapital-, Vermögenseinkünfte *pl*
income bracket *n* Einkommensstufe *f*; **i. tax** Einkommen(s)-, Lohnsteuer *f*; **~ assess-**

ment Einkommen(s)steuerbescheid *m*; **~ return** Einkommen(s)steuererklärung *f*
incompatib|ility *n* Unvereinbarkeit *f*, Inkompatibilität *f*; **i.le** *adj* unvereinbar, inkompatibel
incompetence *n* 1. Unfähigkeit *f*, Inkompetenz *f*; 2. Nicht-, Unzuständigkeit *f*; **to plead i.** Zuständigkeit bestreiten
incompetent *adj* 1. inkompetent, 2. unzuständig
incomprehensible *adj* unbegreiflich
inconclusive *adj* unschlüssig; **i.ness** *n* Unschlüssigkeit *f*
inconsequential *adj* unmaßgeblich
inconsiderate *adj* rücksichtslos
inconsistency *n* Inkonsequenz *f*, Widerspruch *m*
inconsistent *adj* inkonsequent, widersprüchlich; **to be i. with** im Widerspruch stehen zu
inconspicuous *adj* unauffällig
incontestable *adj* unanfechtbar, unbestreitbar
inconvenience *n* Umstände *pl*, Unannehmlichkeiten *pl*; **to cause i.** Unannehmlichkeiten bereiten
incorporate *v/t* 1. einbeziehen; 2. *(Klausel)* einfügen; 3. (*Kapitalgesellschaft*) gründen
incorporat|ion *n* Gründung *f*, Inkorporation *f*; **i.or** *n* Gründer *m*
incorporeal *adj* immateriell, unkörperlich; **i. things** Immaterialgüter
incorrect *adj* unrichtig, fehlerhaft; **i.ness** *n* Fehlerhaftigkeit *f*
incorruptible *adj* unbestechlich
increase *v/ti* 1. erhöhen, hinaufsetzen; 2. (an)steigen
increase *n* 1. Erhöhung *f*; 2. Anstieg *m*, Zuwachs *m*; **i. in crime** Anstieg der Kriminalität; **~ the portion of an estate** Erbteilserhöhung *f*; **i. of risk** Gefahrenerhöhung *f*; **i. in value** Wertzuwachs *m*, Wertschöpfung *f*
incredible *adj* unglaubwürdig
increment *n* (automatische) Steigerung, Zuwachs *m*
incriminate *v/t* belasten, beschuldigen, inkriminieren; **i. os.** *v/refl* sich selbst belasten/bezichtigen
incriminating *adj* belastend
incriminat|ion *n* Belastung *f*; **i.ory** belastend, beschuldigend
inculpat|e *v/t* verstricken; **i.ion** *n* Verstrickung *f*; **i.ory** *adj* belastend

IJ

incumbency *n* Obliegenheit *f*
incumbent (on so.) *adj* obliegend; **to be i. on so.** jdm obliegen
incur *v/t* eingehen; **to be i.red** *(Kosten, Verluste, Schäden)* entstehen
incursion *n* Übergriff *m*
indebted *adj* verschuldet, verpflichtet; **i.-ness** *n* Verschuldung *f*
indecency *n* Unanständigkeit *f*, Unsittlichkeit *f*, Unzucht *f*; **i. with dependants** Unzucht mit Abhängigen; **gross i.** schwere Unzucht
indecent *adj* anstößig, unanständig, unsittlich, unzüchtig
indefeasible *adj* *(Recht)* unangreifbar, unaufhebbar
indefinite *adj* unbestimmt
indelible *adj* 1. unauslöslich; 2. (*Tinte usw.*) nicht zu entfernen
indemnification *n* (Schadens)Wiedergutmachung *f*, Entschädigung(sleistung) *f*, Ersatz des Schadens, Kompensation *f*, (Schaden(s))Ersatz *m*, (Schaden(s))Ersatzleistung *f*, Schadensabfindung *f*, Schadensabgeltung *f*, Schadloshaltung *f*, Schadlosstellung *f*; **i. charges** Entschädigungslast *f*; **i. payments** Wiedergutmachungszahlungen
indemnify *v/t* entschädigen, Schaden ersetzen, Schaden(s)ersatz leisten, schadlos halten
indemnit|ee *n* Ausgleichs-, Schaden(s)ersatzberechtigter *m*; **i.or** *n* Haftungs-, Regressschuldner(in) *m/f*
indemnity *n* 1. Entschädigung *f*, Ersatz *m*, Schaden(s)ersatzleistung *f*; 2. Haftfreistellung *f*, Indemnität *f*; 3. Schadlosbürgschaft *f*, Schadloshaltung *f*; **i. against liability** Haftungsfreistellung *f*; **liable to provide i.** schaden(s)ersatzpflichtig, zum Ersatz verpflichtet; **commercial i.** Schaden(s)ersatz des Verkehrswertes; **financial i.** Kapitalabfindung *f*; **mutual i. risk association** Berufsgenossenschaft *f*; **professional i. insurance** Berufshaftpflichtversicherung *f*
indemnity action *n* Revalierungsklage *f*; **i. claim** Abfindungs-, Freistellungsanspruch *m*; **i. clause** Haftungsfreistellungsklausel *f*; **i. period** Haftungsdauer *f*; **i. transaction** Garantiegeschäft *nt*
indent deed *n* Vertragsurkunde *f*
indenture (deed) *n* Vertragsurkunde *f*; **i. of apprenticeship** Lehrvertrag *m*

independence *n* Unabhängigkeit *f*; **i. of the courts** Unabhängigkeit der Gerichte; **~ judiciary** Unabhängigkeit der Richter; **judicial i.** richterliche Unabhängigkeit
independent *adj* unabhängig
index *n* Index *m*, Kartei *f*; **weighted i.** gewichteter Index; **i. finger** Zeigefinger *m*
indicate *v/t* hinweisen auf
indication *n* Hinweis *m*; **i. of suspicion** Anhalt für den Verdacht
indicator *n* Indiz *nt*
indict *v/t* Anklage erheben, unter Anklage stellen, anklagen; **i.able** *adj* anklagbar, anklagefähig, (strafrechtlich) verfolgbar
indictee *n* Angeklagte(r)
indictment *n* Anklageschrift *f*; **to read the i.** Anklage verlesen
indigen|ce *n* Armut *f*, Bedürftigkeit *f*; **i.ous** *adj* einheimisch
indigent *adj* arm, bedürftig, notleidend; **i. person** (Hilfs)Bedürftige(r) *f/m*
indirect *adj* mittelbar
indiscreet *adj* unbedacht
indiscretion *n* Indiskretion *f*, Unbedachtsamkeit *f*
indiscriminate *adj* unkritisch, wahllos
indispensab|ility *n* Unabdingbarkeit *f*; **i.le** *adj* unabdingbar, unersetzlich, unverzichtbar
indisputabl|e *adj* unanfechtbar, unbestreitbar, unstreitig; **i.y** *adv* fraglos
indissolub|ility *n* Unauflösbarkeit *f*, Unauflöslichkeit *f*; **i.le** *adj* unauflöslich
individual *adj* einzeln; *n* Einzelperson *f*; **suspicious i.** verdächtiges Individuum
indivisib|ility *n* Unteilbarkeit *f*; **i.le** *adj* unteilbar
induce *v/t* verleiten, veranlassen, überreden, motivieren
inducement *n* Anreiz *m*, Veranlassung *f*, Verleitung *f*; **i. to breach/break a contract** Überredung zum Vertragsbruch
industrial *adj* gewerblich, industriell
industry *n* 1. Branche *f*, Gewerbe(zweig) *nt/m*; 2. Industrie *f*
inebriation *n* Trunkenheit *f*, (Voll-)Rausch *m*
inedible *adj* ungenießbar
ineffective *adj* (rechts)unwirksam, ungültig, wirkungslos; **to become i.** außer Kraft treten
ineffectiveness *n* Unwirksamkeit *f*, Wirkungslosigkeit *f*; **i. clause** Unwirksamkeitsklausel *f*
ineligible *adj* 1. nicht berechtigt; 2. ungeeignet; 3. unwählbar
inequality *n* Ungleichheit *f*
inequitable *adj* unbillig
inequity *n* Unbilligkeit *f*; **gross i.** grobe Unbilligkeit
inevitab|ility *n* Unabwendbarkeit *f*, Unvermeidlichkeit *f*; **i.le** *adj* unabwendbar, unumgänglich, unvermeidlich, unweigerlich, zwangsläufig
inexcusable *adj* unentschuldbar
inexperienced *adj* unerfahren
infam|ous *adj* infam; **i.y** *n* Infamie *f*
infancy *n* Kindesalter *nt*, Minderjährigkeit *f*
infant *n* Kind *nt*; **i.icide** *n* Kinder-, Kindesmord *m*, Kindestötung *f*
infer *v/t* folgern; **i. from sth.** aus etw. schließen
inference *n* (Schluss)Folgerung *f*, (Rück-)Schluss *m*
inferior *adj* 1. minderwertig, *(Qualität)* schlecht; 2. untergeordnet, nachrangig
inferiority *n* Minderwertigkeit *f*; **i. complex** Minderwertigkeitskomplex *m*
infidelity *n* *(Ehe)* Untreue *f*
infiltrat|e *v/t* unterwandern, *(Spione)* einschleusen; **i.ion** *n* Unterwanderung *f*
infirm *adj* *(Alter)* gebrechlich; **i.ity** *n* Gebrechlichkeit *f*
inflammatory *adj* 1. aufrührerisch, hetzerisch; 2. (*med.*) entzündlich
inflict *v/t* verhängen, (*Schaden*) zufügen
influence *v/t* beeinflussen, einwirken
influence *n* Beeinflussung *f*, Einfluss *m*, Einwirkung *f*; **i. of alcohol** Alkoholeinfluss *m*; **to be under the ~ alcohol** im angetrunkenen Zustand sein; **~ third parties** Einwirkung Dritter
improper influence sittenwidrige Beeinflussung; **inadmissible i.** unzulässige Beeinflussung; **external/outside i.** Fremdeinwirkung *f*; **undue i.** ungebührlicher Einfluss, Nötigung *f*
inform *v/t* 1. mitteilen, informieren; 2. anzeigen; **i. against/on so.** jdn denunzieren
informal *adj* formfrei, formlos
informality *n* Formfreiheit *f*, Formlosigkeit *f*
informant *n* Auskunfts-, Gewährs-, Kontaktperson *f*, Informant(in) *m/f*
information *n* 1. Angaben *pl*, Auskunft *f*, Auskünfte *pl*, Information *f*; 2. Kenntnis *f*; 3. Benachrichtigung, Nachricht *f*, Verständigung *f*; 4. Strafanzeige *f*; **for your i.** zu Ihrer Kenntnisnahme/Orientierung;

i. on a point of law Rechtsauskunft *f*; **~ available legal remedies** Rechtsbelehrung *f*
to disclose/divulge information Information(en)/Kenntnisse preisgeben; **to furnish/provide i.** Auskunft erteilen; **liable to ~** auskunftspflichtig; **to gather i.** Informationen sammeln; **to lay an i.** (Straf-) Anzeige erstatten; **~ against so.** gegen jdn Anzeige erstatten
classified information Verschlusssache *f*; **confidential i.** vertrauliche Mitteilung; **false i.** unrichtige Angaben, Falschinformation *f*; **pertinent i.** sachdienliche Angaben; **wrong i.** Falschinformation *f*, falsche Information
information retrieval *n* Datenabruf *m*
informer *n* Denunziant(in) *m/f*, Informant(in) *m/f*, Spitzel *m*

IJ

infract *v/t* verstoßen; **i.ion** *n* Verletzung *f*, Verstoß *m*
infringe *v/t* übertreten, verletzen, verstoßen, zuwiderhandeln
infringement *n* 1. Ordnungswidrigkeit (OWI) *f*; 2. (Rechts)Bruch *m*; 3. Übergriff *m*, Übertretung *f*; 4. *(Rechte, Vorschriften)* Verletzung *f*, Verstoß *m*, Zuwiderhandlung *f*; **i. of fair competition** Wettbewerbsverstoß *m*; **~ the constitution** Verfassungsbruch *m*; **~ copyright** Urheberrechtsverletzung *f*; **~ customs regulations** Zollzuwiderhandlung *f*
infringement of legal duties Rechtspflichtverletzung *f*; **~ official duties** Dienstpflichtverletzung *f*, Verletzung der Dienstpflichten; **~ a major contractual duties** Verletzung vertragswesentlicher Pflichten
infringement of easement Beeinträchtigung der Grunddienstbarkeit; **~ the highway code** Verstoß gegen straßenverkehrsrechtliche Bestimmungen
infringement of a law Gesetzesverletzung *f*; **~ the law** Rechtsbruch *m*; **~ the law and against bonos mores** *(lat.)* Verstoß gegen Gesetz oder gute Sitten; **~ bonos mores** *(lat.)* Verstoß gegen die guten Sitten; **~ an obligation** Obliegenheitsverletzung *f*, Verletzung einer Verpflichtung; **~ essential contractual obligations** Verletzung wesentlicher Vertragspflichten; **~ ethical principles** Sittenverstoß *m*; **~ privacy** Verletzung der Vertraulichkeit; **~ a right** Rechtsübertretung *f*, Verstoß gegen ein Recht; **~ a property right** Verletzung eines gewerblichen Schutzrechts; **~ official secrets** Verrat von Dienstgeheimnissen; **~ civil status** Verletzung des Personenstandes; **~ the statutes** Satzungsverletzung *f*; **~ a trademark** Marken-, Warenzeichenverletzung *f*
infringement action/suit Verletzungsklage *f*
infringer *n* *(Übertretung)* Täter(in) *m/f*
gross ingratitude *n* grober Undank
inhabit *v/t* bewohnen; **i.ant** *n* Be-, Einwohner(in) *m/f*
inherent *adj* immanent, innewohnend
inherit *v/t* erben; **i. from** beerben; **entitled to i.** erbberechtigt
inheritability *n* Vererblichkeit *f*
inheritable *adj* vererblich; **not i.** *adj* unvererblich
inheritance *n* 1. Erbe *nt*, Erbschaft *f*, Hinterlassenschaft *f*, Nachlass *m*; 2. Vererbung *f*; **to disclaim an i.** auf ein Erbe verzichten; **to enter upon an i.** Erbe/Erbschaft antreten; **to obtain an i. by fraud** Erbschaft erschleichen
accrued inheritance angefallene Erbschaft
inheritance case *n* Erbschaftsangelegenheit *f*; **i. dispute** Erbstreit(igkeit) *m/f*; **i. recovery action** Erbschaftsklage *f*; **i. settlement** Erbvergleich *m*; **i. tax** Erbschafts-, Erbanfall-, Nachlasssteuer *f*; **subject to ~** erbschaftssteuerpflichtig
capable of inheritivy *adj* erbfähig
inherit|or *n* Erbe *m*; **i.rix** *n* Erbin *f*
inhibit|ed *adj* gehemmt; **i.ion** *n* Hemmung *f*
in-house *adj* innerbetrieblich
initial *adj* Anfangs-; *v/t* paraphieren, abzeichnen; **i.ling of a treaty** *n* Paraphierung eines Vertrags
initials *pl* Initialien, Paraphe *f*
initiate *v/t* *(Prozess)* anstrengen, einleiten
initiation *n* 1. Einleitung *f*; 2. Herbeiführung *f*; **i. of a crime** Herbeiführung einer Straftat
initiative *n* Initiative *f*; **legislative i.** Gesetzesinitiative *f*
lethal injection *n* Todesspritze *f*
injunct so. *v/t* eine einstweilige Verfügung gegen jdn beantragen
injunction *n* 1. Unterlassungsurteil *nt*; 2. Untersagung *f*; 3. (einstweilige/gericht-

liche) Verfügung, gerichtliche Verwarnung; **to apply for an i.** 1. einstweilige Verfügung beantragen; 2. auf Unterlassung klagen; **to impose an i.** Verfügung vornehmen; **to lift an i.** Verfügung aufheben/widerrufen; **to obtain an i.** (einstweilige) Verfügung erwirken; **to reverse an i.** (einstweilige) Verfügung aufheben; **to seek an i.** (einstweilige) Verfügung beantragen; **to sue for an i.** auf Unterlassung klagen
final injunction endgültiges Unterlassungsurteil; **negative i.** Untersagungsverfügung *f*; **permanent i.** Dauerverfügung *f*; **positive i.** Verpflichtungsurteil *nt*; **preliminary i.** Vorausklage *f*; **preventive i.** vorbeugendes Unterlassungsurteil; **prohibitive/prohibitory i.** *[GB]* Unterlassungsanordnung *f*; **restrictive i.** Verbotsverfügung *f*; **temporary i.** einstweilige Verfügung
injunction proceedings Unterlassungsverfahren *nt*; **i. suit** Unterlassungsklage *f*
injure *v/t* 1. verletzen, lädieren; 2. schädigen
injured *adj* 1. verletzt; 2. geschädigt; **i. person** *n* Verletzte(r) *f/m*; **slightly ~** Leichtverletzte(r) *f/m*
injurious *adj* diffamierend, schädlich
injury *n* 1. Schaden *m*, Schädigung *f*; 2. Verletzung *f*, Verwundung *f*; **i. caused by negligence** fahrlässige Körperverletzung; **i. to so.'s interests** Schädigung von jds Interessen
to cause injury Körperverletzung begehen; **to inflict i.** Schaden zufügen; **to suffer/sustain an i.** (Körper)Verletzung erleiden
accidental injury *n* Körperverletzung durch Unfall, unfallbedingte Verletzung; **bodily i.** Körperverletzung *f*; **~ caused by an officer of the law** Körperverletzung im Amt; **serious ~** *[US]* schwere Körperverletzung; **criminal i.** Verletzungsdelikt *nt*; **critical i.** lebensgefährliche Verletzung; **fatal i.** tödliche Verletzung; **internal i.** innere Verletzung; **permanent i.** *(Person)* Dauerschaden *m*; **personal i.** Körper-, Personenschaden *m*, Körperverletzung *f*; **to sue for ~** wegen Körperverletzung klagen; **physical i.** Körperbeschädigung *f*, Körperverletzung *f*, Personenschaden *m*
injury benefit *n* Versehrtenrente *f*
injustice *n* Ungerechtigkeit *f*, Unrecht *nt*; **to do so. an i.** jdm ein Unrecht antun; **gross i.** große Ungerechtigkeit
Inland Revenue *n* *[GB]* Fiskus *m*, Finanzamt *nt*
in-law *n* angeheiratete(r) Verwandte(r)
inmate *n* *(Anstalt)* Insasse *m*
inn *n* Gaststätte *f*, Gastwirtschaft *f*
innocence *n* Unschuld *f*; **to presume so's i.** jds Unschuld vermuten; **to protest one's i.** Unschuld beteuern; **proven i.** erwiesene Unschuld
innocent *adj* 1. unschuldig, schuldlos, unverschuldet; 2. arglos, gutgläubig; **(presumed) i. until proved/proven** *[US]* **guilty** unschuldig, solange nicht rechtskräftig verurteilt
Inns of Court *pl [GB]* *(barristers)* Anwaltskammer *f*
innuendo *n* Anspielung *f*, Unterstellung *f*
inoculation *n* Impfung *f*
inofficial *adj* inoffiziell, nichtamtlich
inoperab|ility *n* Betriebsunfähigkeit *f*; **i.le** *adj* betriebsunfähig
inoperative *adj* unwirksam; **i.ness** *n* Unwirksamkeit *f*
inpayment *n* Einzahlung *f*, Zahlungseingang *m*
input tax *n* Vorsteuer *f*; **i. t. refund** Vorsteuerrückvergütung *f*
inquest *n* Untersuchung der Todesursache, Todesermittlungsverfahren *nt*
inquire *v/i* 1. anfragen, sich erkundigen; 2. ermitteln, nachforschen; 3. untersuchen
inquiry *n* 1. Anfrage *f*, Erkundigung *f*; 2. Ermittlung *f*, Nachforschung *f*; 3. Untersuchung *f*; **in answer to your i.** auf Ihre Anfrage; **further i.** Rückfrage *f*; **pending ~ inquiries** bis zur weiteren Klärung der Sache; **judicial i.** gerichtliche Untersuchung/Wahrheitsfindung; **to make inquiries** Nachforschungen anstellen; **to order an i.** Untersuchung anordnen; **ex officio** *(lat.)* **i.** amtliche Untersuchung
inquisit|ion *n* Inquisition *f*; **i.orial** *adj* inquisitorisch
insane *adj* geisteskrank, unzurechnungsfähig, wahnsinnig; **i. person** Geisteskranke(r) *f/m*
insanity *n* Geisteskrankheit *f*, Irrsinn *m*, Unzurechnungsfähigkeit *f*, Wahnsinn *m*
insecure *adj* *(gefährdet)* unsicher
artificial insemination *n* künstliche Befruchtung

insert *v/t* *(Klausel)* einfügen, einsetzen
insertion *n* Einfügung *f*; **to submit for i. in the files** zu den Akten einreichen
insider *n* Eingeweihte(r) *f/m*; **i. dealing** Insiderhandel *m*
insidious *adj* heimtückisch, hinterlistig
insight *n* Einsicht *f*
insignific|ance *n* Geringfügigkeit *f*; **i.ant** *adj* geringfügig
insinuat|e *v/t* insinuieren, unterstellen; **i.ion** *n* Insinuation *f*, Unterstellung *f*
insofar as *conj* insoweit
insolent *adj* unverfroren
insolvency *n* Insolvenz *f*, Zahlungsunfähigkeit *f*, Bankrott *m*; **private i.** Privatinsolvenz *f*
insolvenvy act Insolvenzgesetz *nt*; **i. assets** Insolvenzmasse *f*; **i. court** Insolvenzgericht *nt*; **i. creditor** Insolvenzgläubiger *m*; **i. law** Insolvenzrecht *nt*; **i. offence** Insolvenzdelikt *nt*; **i. proceedings** Insolvenzverfahren *nt*; **i.-prone** *adj* insolvenzanfällig; **i. rules** Insolvenzordnung *f*; **i. scheme** Insolvenzplan *m*
insolvent *adj* insolvent, zahlungsunfähig
inspect *v/t* 1. inspizieren, kontrollieren, in Augenschein nehmen, (über)prüfen; 2. besichtigen; 3. *(Akten)* einsehen, Einsicht haben/nehmen
inspection *n* 1. Inspektion *f*, Abnahme *f*, Besicht *f*, Besichtigung *f*, Kontrolle *f*, Nachschau *f*, Prüfung *f*; 2. Augenschein *m*, (In)Augenscheinnahme *f*; 3. *(Akten)* Durchsicht *f*, Einsicht(nahme) *f*; **for the i. of** zur Einsicht von; **free i.** unverbindliche Besichtigung; **on-site i.** Lokalaugenschein *m*; **subject to i.** überprüfungspflichtig
inspection of books *n* Einsicht in die Bücher, Bucheinsicht *f*; **~ the crime scene** Ortsbesichtigung *f*; **~ the files** Akteneinsicht *f*, Einsicht in die Akten; **~ the land (charges) register** Grundbucheinsicht *f*; **~ records** Akteneinsicht *f*; **~ a register** Registereinsicht *f*
to be open for inspection zur Einsicht ausliegen; **to allow i.** Einsicht gewähren; **to buy subject to i.** auf Besicht kaufen; **to submit for i.** zur Durch-/ Einsicht vorlegen
industrial inspection *n* Gewerbeaufsicht *f*; **judicial i.** richterlicher Augenschein, gerichtliche Besichtigung; **local i.** Ortsbesichtigung *f*; **official i.** Visitation *f*
inspection duty *n* Untersuchungspflicht *f*; **i. procedure** Überwachungsverfahren *nt*; **i. records** Prüfungsprotokoll *nt*; **i. report** Besichtigungsbericht *m*; **i. sticker** *[US]* TÜV-Plakette *f* *[D]*
inspector *n* Inspekteur *m*, Inspektor *m*, Prüfer(in) *m/f*; **i. of weights and measures** Eichmeister *m*; **chief i.** Hauptkommissar *m*
inspectorate *n* Aufsichtsbehörde *f*
instalment *n* Rate *f*, Raten-, Teilzahlung *f*
agreed instalments vereinbarte Raten; **annual i.** Jahresrate *f*; **final i.** Abschlusszahlung *f*; **past-due i.** überfällige Rate
instalment business *n* Abzahlungsgeschäft *nt*; **i. buying** Ratenkauf *m*; **i. credit** Abzahlungskredit *m*; **i. debt** Abzahlungsschuld *f*; **i. loan** Teilzahlungsdarlehen *nt*, Teilzahlungskredit *m*; **i. plan** Abzahlungs-, Ratenplan *m*
instance *n* 1. Beispiel *nt*; 2. (Gerichts)Instanz *f*; **at first i.** erstinstanzlich; **~ the i. of** auf Antrag von; **for i.** zum Beispiel; **of last i.** letztinstanzlich
appellate instance Berufungs-, Beschwerde-, Rechtsmittel-, Revisionsinstanz *f*; **first i.** Erstinstanz *f*
instances *pl* Instanzen-, Rechtszug *m*
instant *adj* fristlos, unverzüglich
instigate *v/t* anstiften
instigation *n* 1. Anstiftung *f*, Hetze *f*; 2. Veranlassung *f*; **at so.'s i.** auf jds Veranlassung/Betreiben; **i. to commit a crime** Anstiftung zum Verbrechen
instigator *n* Anstifter *m*
instinct *n* Trieb *m*
institute *v/t* 1. *(Prozess)* anstrengen, einleiten; 2. einsetzen
instituting (of) legal proceedings *n* *(ZR)* Einleitung des Verfahrens, Einreichung der Klage
institution *n* 1. Einrichtung *f*, Institution *f*; 2. Anstalt *f*, Heim *nt*; 3. Einsetzung *f*; **i. of an action** Einreichung einer Klage; **~ bankruptcy proceedings** Eröffnung des Konkursverfahrens; **~ composition proceedings** Eröffnung des Vergleichsverfahrens; **~ insolvency proceedings** Eröffnung des Insolvenzverfahrens; **i. for youthful offenders** *[US]* Jugendstrafanstalt *f*; **i. of (legal) proceedings** Einleitung des Verfahrens, Klageerhebung *f*; **~ proceedings by another court** Einleitung des Verfahrens durch ein anderes

Gericht; ~ **criminal proceedings** Einleitung des Strafverfahrens
charitable institution Wohlfahrtsverband *m*; **deposit-taking i.** Kapitalsammelstelle *f*; **financial i.** Geldinstitut *nt*; **governmental i.** staatliche Institution; **international i.** zwischenstaatliche Einrichtung; **legal i.** Rechtsinstitut *nt*; **mental i.** Irrenanstalt *f*; **non-profit-making i.** gemeinnützige Einrichtung; **penal i.** (Justiz)Vollzugsanstalt *f*, Straf(vollzugs)anstalt *f*; **private i.** öffentliche Institution; **psychiatric i.** geschlossene Anstalt; **public-law i.** Anstalt des öffentlichen Rechts, öffentlich-rechtliche Anstalt; **supranational i.** überstaatliche Einrichtung
institutional *adj* institutionell
instruct *v/t* 1. an-, unterweisen, instruieren; 2. beauftragen; 3. belehren; 4. unterrichten
instruction *n* 1. Anleitung *f*, An-, Unterweisung *f*, Instruktion *f*; 2. *(behördliche Anordnung)* Weisung *f*, Verfügung *f*; 3. (rechtliche) Belehrung *f*; 4. Unterrichtung *f*; **according to i.s** weisungsgemäß; **bound by i.s** weisungsgebunden; **contrary to i.s** auftragswidrig; **for lack of i.s** mangels Weisung; **on so.'s i.s** auf jds Weisung; **pending other i.s** vorbehaltlich anderer Weisungen; **subject to i.s** weisungsgebunden
instructions concerning an appeal Beschwerdebelehrung *f*; **i. about a person's right to appeal** Rechtsmittelbelehrung *f*; **i. for use** Gebrauchsanweisung *f*
to act contrary to an instruction einer Weisung zuwiderhandeln; **to await i.s** auf Anweisungen warten; **to comply with an i.** einer Anordnung nachkommen; **to issue i.s** Weisungen erteilen; **authorized** ~ weisungsberechtigt; **to take i.s** Weisungen (des Mandanten) einholen
amending instruction *n* nachträgliche Verfügung; **religious i.** Religionsunterricht *m*
instructor *n* Ausbilder *m*
instrument *n* 1. Dokument *nt*, (Vertrags)Urkunde *f*; 2. Instrument *nt*; **i. of accession** Beitrittsurkunde *f*; ~ **approval** Genehmigungsurkunde *f*; ~ **assignment** Zessionsurkunde *f*; ~ **indebtedness** Schuldtitel *m*; **i. to order** Orderpapier *nt*; **i. of ratification** *(Völkerrecht)* Ratifikationsurkunde *f*; ~ **transfer** Übertragungsurkunde *f*
to execute an instrument Urkunde unterfertigen
contractual instrument *n* Vertragsurkunde *f*; **enforceable i.** vollstreckbarer Rechtsanspruch, Titel *m*, vollstreckbare Urkunde; **inchoate i.** unvollständige Urkunde; **international i.** internationales Vertragswerk; **negotiable i.** Inhaber-, Wert-, Traditionspapier *nt*, begebbare Urkunde; **non-negotiable i.** Rektatpapier *nt*; **notarial i.** Notariatsurkunde *f*, notarielle Urkunde; **registered i.** Namenspapier *nt*; **statutory i.** *[GB]* Ausführungs-, Rechtsverordnung *f*, gesetzliche Verfügung, Verordnung (mit Gesetzeskraft) *f*; **substitute i.** Ersatzurkunde *f*
insubordination *n* Gehorsamsverweigerung *f*, Insubordination *f*
insufficiency *n* Unzulänglichkeit *f*; **i. of form** Formmangel *m*
insufficient *adj* mangelhaft, unzulänglich, unzureichend
insult *v/t* beleidigen
insult *n* Beleidigung *f*, Ehrverletzung *f*; **i. by physical act** Realinjurie *f*; **gross i.** schwere Beleidigung, Verbalbeleidigung *f*, Verbalinjurie *f*; **reciprocal i.s** wechselseitig begangene Beleidigungen; **verbal i.** Formalbeleidigung *f*
insulting a public official *n* Beamtenbeleidigung *f*
insurable *adj* versicherbar, versicherungsfähig
insurance *n* Versicherung *f*; **i. payable at death** Sterbefallversicherung *f*; **i. for surviving dependants** Hinterbliebenenversicherung *f*; **i. against hunting accidents** Jagdunfallversicherung *f*; **i. on the life of a third party** Versicherung auf fremdes Leben; **i. against loss** Schadensversicherung *f*; ~ **theft** Diebstahlversicherung *f*; **i. of valuables** Wertsachenversicherung *f*
to take out an insurance Versicherung abschließen
comprehensive insurance Vollkaskoversicherung *f*; **compulsory i.** Pflichtversicherung *f*, Versicherungszwang *m*; **domestic i.** Haushaltsversicherung *f*; **legal i.** Rechtsschutzversicherung *f*; **marine i.** Seeversicherung *f*; **mutual i.** Gegenseitigkeitsversicherung *f*, Versicherung auf Gegenseitigkeit; ~ **society** Versicherungs-

IJ

verein auf Gegenseitigkeit (VvaG); **national i. (N.I.)** *[GB]* Sozialversicherung *f*; **~ act** Sozialversicherungsgesetz *nt*; **~ contribution** Sozialversicherungsbeitrag *m*; **no-fault i.** Vollkaskoversicherung *f*; **non-life i.** Sachversicherung *f*; **obligatory i.** Pflichtversicherung *f*; **personal i.** Personenversicherung *f*; **private i.** Privatversicherung *f*; **regional social i. appeals tribunal** Landessozialgericht *nt*; **social i. against accidents** Berufsgenossenschaft *f*; **statutory i.** Pflichtversicherung *f*; **subsequent i.** Nachversicherung *f*; **third-party (liability) i.** (Automobil)Haftpflichtversicherung *f*, Versicherung gegen Haftpflichtschäden, (Kraftfahrzeug)Haftpflichtversicherung *f*; **whole-life i.** Lebensversicherung auf den Todesfall

insurance benefit *n* Versicherungsleistung *f*; **i. broker** Versicherungsmakler(in) *m/f*; **i. certificate** Versicherungsschein *m*; **i. claim** Versicherungsanspruch *m*; **i. company** Versicherungsgesellschaft *f*; **i. contract** Versicherungsvertrag *m*; **i. cover(age)** Deckung *f*, Versicherungsschutz *m*; **to provide ~** Versicherungsschutz gewähren; **i. endorsement** Versicherungsnachtrag *m*; **i. excess** Selbstbeteiligung *f*; **i. fraud** Versicherungsbetrug *m*, Versicherungsmissbrauch *m*; **to commit ~** Versicherungsbetrug begehen; **i. law** Versicherungsrecht *nt*; **i. policy** (Versicherungs)Police *f*, Versicherungsschein *m*; **i. premium** Versicherungsprämie *f*; **i. regulator(s)** Versicherungsaufsicht(sbehörde) *f*; **i. society** Versicherungsverein *m*

IJ

insure *v/t* versichern

insured *adj* versichert; **i. against** versichert gegen; **the i.** *n* Versicherte(r) *f/m*, Versicherungsnehmer(in) *m/f*

insuree *n* *[US]* Versicherte(r) *f/m*, Versicherungsnehmer(in) *m/f*

insurer *n* Versicherer *m*, Versicherungsgeber *m*, Versicherungsträger *m*; **ceding i.** Erstversicherer *m*; **composite i.** Kompositversicherer *m*; **marine i.** Seeversicherer *m*; **third-party risk i.** Haftpflichtversicherer *m*

insurgency *n* Aufstand *m*

insurgent *n* Aufständischer *m*; *adj* aufständisch

insurrection *n* Aufruhr *m*

intact *adj* heil; **i.ness** *n* Unversehrtheit *f*

intangible *adj* *(Rechtsgegenstand)* immateriell, unkörperlich; **i.s** *pl* Immaterialgüter

integrat|e *v/t* integrieren; **i.ion** *n* 1. Integration *f*; 2. Verflechtung *f*

integrity *n* Integrität *f*, Redlichkeit *f*; **physical i.** körperliche Integrität; **territorial i.** territoriale Unversehrtheit

intelligence operations *n* Agententätigkeit *f*; **i. service** Geheim-, Nachrichten-, Sicherheitsdienst *m*, Verfassungsschutz *m* *[D]*

intemperate *adj* unbeherrscht

intend *v/t* beabsichtigen, wollen

intent *n* Vorsatz *m*, Absicht *f*, Wille *m*, Dolus *m*; **i. and negligence** Vorsatz und Fahrlässigkeit; **to all i.s and purposes** im Grunde; **i. to cause damage** Schädigungsabsicht *f*; **~ commit theft** Diebstahlsvorsatz *m*; **~ deceive** Täuschungsabsicht *f*; **to act with ~ deceive** in betrügerischer Absicht handeln; **~ kill** Tötungsabsicht *f*, Tötungsvorsatz *m*

to contravene the intent of the law dem Zweck des Gesetzes zuwiderlaufen

contingent intent Eventualvorsatz *f*, bedingter Vorsatz, dolus eventualis *(lat)*; **contrary i.** entgegenstehender Wille; **criminal/felonious i.** verbrecherische Absicht, Verbrechensvorsatz *m*, strafrechtlicher Vorsatz; **with ~** vorsätzlich, dolos; **fraudulent i.** Betrugsabsicht *f*; **indirect i.** indirekter Vorsatz; **legislative i.** gesetzgeberische Absicht; **overall i.** Gesamtvorsatz *m*; **real i.** wirklicher Wille; **specific i.** konkreter Vorsatz

intention *n* Vorsatz *m*, Absicht *f*, Beabsichtigung *f*, Wille *m*; **i. to appropriate** Zueignungsabsicht *f*; **~ bribe** Vorteilsverschaffungsabsicht *f*; **~ conceal** Verdeckungsabsicht *f*; **~ corrupt** Vorteilsverschaffungsabsicht *f*; **~ deceive** Täuschungsabsicht *f*; **~ donate** Schenkungsabsicht *f*; **~ enrich os.** Bereicherungsabsicht *f*; **~ kill** Tötungsabsicht *f*; **~ murder** Mordvorsatz *m*; **i. of a party** *n* Parteiwille *m*; **~ the parties** Wille der Parteien; **i. to possess** Besitzwille *m*; **~ delay proceedings** *(Prozess)* Verzögerungsabsicht *f*; **~ create legal relations** Rechtsbindungswille *m*

intentional *adj* absichtlich, vorsätzlich, wissentlich; **i.ly** *adv* mit Vorbedacht

inter alia *(lat.)* unter anderem (u.a.)

inter vivos *(lat.)* unter Lebenden
interaction *n* Interaktion *f*, Wechselwirkung *f*
intercede v/i intervenieren
intercept *v/t* *(Brief)* abfangen/unterschlagen; **i.ion** *n (Post)* Abfangen *nt*; **~ circuit** Fangschaltung *f*
intercession *n* Fürsprache *f*, Intervention *f*, Interzession *f*
intercom *n* *(Haustür)* Sprechanlage *f*
intercourse *n* Umgang *m*, Verkehr *m*; **to have i. with so** mit jdm verkehren; **adulterous i.** ehebrecherischer Verkehr; **conjugal/marital i.** ehelicher Verkehr; **extramarital i.** außerehelicher Beischlaf/Verkehr; **sexual i.** Beischlaf *m*, Geschlechts-, Intimverkehr *m*; **~ between relatives** Beischlaf zwischen Verwandten
interdiction *n* Untersagung *f*, Verbot *nt*
interest n 1. Interesse *nt*; 2. Beteiligung *f*, (Geschäfts)Anteil *m*; 3. Verzinsung *f*, Zins *m*, Zinsen *pl*; 4. (An)Recht *nt*; **free of i.** zinslos; **less i. (accrued)** abzüglich der Zinsen
interest per annum *(lat.)* Jahreszins *m*; **i. on arrears** Verzugszinsen *f*; **~ capital employed** Kapitalverzinsung *f*; **i. to date** Zinsen bis auf den heutigen Tag; **i. on debts** Schuldzinsen; **i. for default** Verzugszinsen; **i. in land** Grund-, Landbesitz *m*; **i. on loans** Leihzins *m*; **i. in the performance of a contract** Vertragsinteresse *nt*
to acquire an interest Beteiligung erwerben; **to impair so.'s i.s** jds Interessen beeinträchtigen; **to look after so.'s i.s** jds Interessen wahrnehmen; **to pay i. (on sth.)** verzinsen; **to renounce one's i. in an estate** Erbschaft ausschlagen; **to represent so.'s i.s** jds Interessen wahrnehmen; **to safeguard i.s** Interessen wahren; **to take an i.** sich beteiligen, Beteiligung erwerben
accrued interest angefallene/aufgelaufene Zinsen; **annual i.** Jahreszins *m*; **beneficiary i.** Nutzungsinteresse *nt*; **common i.** gemeinsames Interesse; **compound i.** Zinseszins(en) *m/pl*; **conflicting i.s** widerstreitende Interessen; **controlling i.** beherrschende Beteiligung; **economic i.** wirtschaftliches Interesse; **insurable i.** Versicherungsgegenstand *m*, Versicherungsobjekt *nt*, versicherbares Interesse; **joint i.** Gemeinschaftsbeteiligung *f*; **justifiable i.** berechtigtes Interesse; **lawful/legitimate i.** berechtigtes Interesse; **legal i.** rechtlich anerkanntes Interesse; **~ in (obtaining) a declaratory judgment** Feststellungsinteresse *nt*; **nominal i.** Nominalzins *m*; **overriding i.** überwiegendes Interesse; **penal i.** *[US]* Verzugszinsen *pl*; **positive i.** positives Interesse; **public i.** Gemeininteresse *nt*, Gemeinnützigkeit *f*, Gemeinwohl *n*, Interesse der Allgemeinheit, allgemeines/öffentliches Interesse; **in the ~** im öffentlichen Interesse; **detrimental to the ~** gemeinschädlich; **stipulated i.** Konventionalzinsen *pl*, vereinbarte Zinsen; **substantial i.** wesentliches Interesse; **usurious i.** Wucherzins *m*, Zinswucher *m*; **vested i.(s)** sicher begründetes Anrecht, Besitzstand *m*; **vital i.s** lebenswichtige Interessen
interest arrears Zinsrückstände; **interest-bearing** *adj* verzinslich; **i. due** Zinsschuld *f*; **~ date** Zinsfälligkeitstag *m*; **i. escalator clause** *n* Zinsgleitklausel *f*; **i. group** Interessengruppe *f*; **i. rate** Zinssatz *m*; **i. yield** Zinsertrag *m*
interfere *v/i* eingreifen, einschreiten; **i. with** beeinträchtigen, stören
interference *n* 1. Eingreifen *nt*, Eingriff *m*, Einmischung *f*, Intervention *f*; 2. Störgeräusch *nt*; **i. with attachment** Verstrickungsbruch *m*; **~ a marital relationship** Ehestörung *f*; **unlawful ~ the possession of another** verbotene Eigenmacht
interim *adj* einstweilig, vorläufig, zwischenzeitlich, Übergangs-
interlocutory *adj* einstweilig, vorläufig, zwischen-
intermediary *n* Mittelsmann *m*, Vermittler *m*; *adj* vermittelnd
intern *v/t* gefangen nehmen, internieren; *n* Praktikant(in) *m/f*
internal *adj* innerbetrieblich, innerstaatlich; **I. Revenue Service (IRS)** *[US]* Finanzamt *nt*, Fiskus *m*
international *adj* international, zwischenstaatlich
International Bureau of Intellectual Property Internationales Büro für geistiges Eigentum; **I. Chamber of Commerce** Internationale Handelskammer; **I. Court of Justice** (Haager) Internationaler Gerichtshof; **I. Institute for the Unification of Private Law** Internationales Institut

für Vereinheitlichung des Privatrechts; **I. Law Commission (ILC)** Internationale Rechtskommission; **I. Letter of Request (ILOR)** internationales Rechtshilfeersuchen; **I. Military Tribunal** Internationaler Militärgerichtshof; **I. Union for the Protection of Industrial Property** Internationaler Verband zum Schutz gewerblichen Eigentums; **I. War Crimes Tribunal** Internationales Kriegsverbrechertribunal

internationalize *v/t* internationalisieren

intern|ee *n* Internierte(r) *f/m*; **i.ment** *n* Internierung *f*

interpellat|e *v/t* interpellieren; **i.ion** *n* Interpellation *f*; **i.or** n Interpellant(in) *m/f*

interplay *n* Wechselspiel *nt*

interplead *v/t* Streit verkünden

interpleader *n* (Dritt)Widerspruchsklage *f*; **i. by counterclaim** *[US]* (vom Beklagten geltend gemachte) Nebenintervention; **i. by a third party on seizure** Widerspruchsklage *f*

interpolat|e *v/t* einfügen; **i.ion** *n* Einfügung *f*

interpret *v/t* auslegen, interpretieren; **i. restrictively** eng auslegen

interpretation *n* Auslegung *f*, Interpretation *f*, Lesart *f*; **i. by analogy** sinngemäße Auslegung; **i. of a contract** Vertragsauslegung *f*; **~ the law** Rechtsauffassung *f*; **~ a statute** Gesetzesauslegung *f*; **~ a will** Testamentsauslegung *f*

broad interpretation *n* weite Auslegung; **legal i.** Rechtsauslegung *f*; **literal i.** wörtliche Auslegung; **normative i.** normative Auslegung; **restrictive i.** einschränkende Auslegung; **strict i.** strenge Auslegung; **valid i.** gültige Auslegung

interpretation clause *n* Auslegungsbestimmung *f*

interpreter *n* Dolmetscher(in) *m/f*; **certified i.** Diplomdolmetscher(in) *m/f*; **sworn i.** vereidigter Dolmetscher(in)

interrelation *n* Wechselbeziehung *f*

interrogate *v/t* aus-, befragen, verhören, vernehmen

interrogation *n* Befragung *f*, Einvernahme *f*, Verhör *nt*, Vernehmung *f*; **i. of an expert** Vernehmung eines Sachverständigen; **~ a party (in court)** Parteivernehmung *f*

interrogator *n* Vernehmungsbeamter *m*, Vernehmungsbeamtin *f*; **i.ies** *pl [US]* (schriftlich vorgelegte) Beweisfragen

interrupt v/t unterbrechen

interruption *n* Unterbrechung *f*; **i. of business** Geschäftsunterbrechung *f*; **~ the period** Fristunterbrechung *f*; **~ limitation** Unterbrechung der Verjährung; **~ prescription** Unterbrechung der Ersitzung

intersection *n* Straßenkreuzung *f*

interval *n* Zeitabstand *m*; **at regular i.s** in regelmäßigen Abständen

intervene *v/i* eingreifen, einschreiten, intervenieren; **i.r** *n* Intervenient *m*, Streithelfer(in) *m/f*

intervention *n* 1. Eingreifen *nt*, Eingriff *m*, Einschreiten *nt*, Intervention *f*; 2. Prozessbeitritt *m*; 3. Streithilfe *f*; **i. by a third party in support of a plaintiff; third-party i.** *(Zivilprozess)* Nebenintervention *f*

judicial intervention gerichtliches Eingreifen; **unauthorized i.** unbefugte Einmischung

interview *n* Vorstellungsgespräch *nt*; **i.ing of a witness** *n* zeugenschaftliche Vernehmung

intestacy *n* Intestat *nt*

intimidate *v/t* einschüchtern, schikanieren, terrorisieren

intimidation *n* Einschüchterung *f*, Nötigung *f*; **i. of a witness** Zeugennötigung *f*

intolerable *adj* unerträglich, unhaltbar

intoxicant *n* berauschendes Mittel, Rauschmittel *nt*

intoxicat|e *v/t* berauschen, betrunken machen; **i.ed** *adj* betrunken; **i.ing** *adj* berauschend, rauscherzeugend

intoxication *n* Trunkenheit *f*, Rausch *m*; **total i.** Volltrunkenheit *f*, Vollrausch *m*

intra-Community *adj* *[EU]* innergemeinschaftlich; **i.-European** *adj* innereuropäisch

intransigent *adj* unnachgiebig

intricate *adj* verwickelt

intrigue *n* Intrige *f*; *v/t* intrigieren, Ränke schmieden

intrinsic *adj* innewohnend, intrinsisch

introduce *v/t* einbringen, einführen, einleiten

introduction *n* Einbringung *f*, Einführung *f*, Einleitung *f*; **i. of a bill** Einbringung eines Gesetzentwurfes

intrude *v/i* eindringen; **i.r** *n* Eindringling *m*, Störer(in) *m/f*

intrus|ion *n* Eingriff *m*; **i.ive** *adj* störend

invalid *adj* (rechts)ungültig, rechtsunwirk-

sam, kraftlos, hinfällig; **to declare sth. i.** etw. für kraftlos erklären; **legally i.** rechtsungültig
invalidate *v/t* 1. für ungültig erklären, ungültig machen; 2. entkräften
invalidation *n* 1. Kraftlos-, Nichtig-, Ungültigkeitserklärung *f*; 2. Entkräftung *f*; **i. of a document conferring authority** Kraftloserklärung einer Vollmachtsurkunde
invalidity *n* 1. Ungültigkeit *f*, Unwirksamkeit *f*; 2. Invalidität *f*; **i. of a contract** Nichtigkeit eines Vertrages
invasion *n* Eindringen *nt*; **i. of personal liberty** Beeinträchtigung der persönlichen Freiheit; **~ (personal) privacy** Einbruch in die Privatsphäre, Verletzung der Privatsphäre, ~ des Persönlichkeitsrechts
invent *v/t* erfinden; **i.ion** *n* Erfindung *f*; **accidental ~** Zufallserfindung *f*; **i.or** *n* Erfinder(in) *m/f*
inventory *n* 1. Bestand *m*; 2. Bestandsaufnahme *f*; 3. Inventar(verzeichnis) *nt*; **i. of an estate** Nachlassinventar *nt*, Nachlassverzeichnis *nt*; **i. audit** Bestandsprüfung *f*; **i. list** Bestandsverzeichnis *nt*; **i.-taking** *n* Inventur *f*
invest *v/t* anlegen, investieren
investigate v/t 1. ermitteln, Ermittlungen/Nachforschungen anstellen, untersuchen; 2. fahnden; 3. prüfen, recherchieren
investigation *n* 1. Ermittlung(stätigkeit) *f*; 2. Fahndung *f*, Nachforschung *f*; 3. Überprüfung, Untersuchung *f*; **i. of the cause of the accident** Untersuchung der Unfallursache; **I. Division of the Board of Customs and Excise** *[GB]* Zollfahndungsstelle *f*; **i. of title** *[GB] (Grundstück)* Rechtstitelüberprüfung *f*
to commence investigations Ermittlungen einleiten
criminal investigation *n* Ermittlung(en) *f/pl*; **C.I.-Department (CID)** *[GB]* Kriminalpolizei *f*; **disciplinary i.** Disziplinaruntersuchung *f*; **judicial i.** gerichtliche Untersuchung; **official i.** Amtsermittlung *f*, Ermittlung(en) von Amts wegen; **preliminary i.** Voruntersuchung *f*, Vorermittlungen *pl*
investigation records Ermittlungsakten
investigator *n* Ermittlungs-, Untersuchungsbeamter(in) *m/f*, Fahnder(in) *m/f*; **private i.** Detektiv(in) *m/f*
investment *n* Investition *f*, (Vermögens)-Anlage *f*; **i. in kind** Sacheinlage *f*; **i. company** Investment-, Kapitalanlagegesellschaft *f*; **i. contract** Kapitalanlagevertrag *m*; **i. fraud** Kapitalanlagebetrug *m*; **i. income** Kapitalertrag *m*; **i. loan** Investitionskredit *m*; **i. trust** Kapitalanlagegesellschaft *f*
investor *n* (Kapital)Anleger *m*, Kapitalgeber *m*, Kapitalaufbringer *m*, Einleger *m*
inviolability *n* Unverletzlichkeit *f*; **i. of residence** Unverletzlichkeit der Wohnung; **to claim i.** Unverletzlichkeit geltend machen
inviolable *adj* unantastbar, unverletzlich
invitation to tender *n* Ausschreibung *f*, invitatio ad offerendum *(lat.)*
invocation of papers *n* *[US]* Aktenanforderung *f*
invoice *n* *(*Waren*)*Rechnung *f*, Faktura *f*; **to disallow an i.** Rechnung nicht anerkennen
commercial invoice Handelsrechnung *f*; **pro-forma i.** Proformarechnung *f*, vorläufige Rechnung; **to make out a ~** vorläufige Rechnung ausstellen; **unpaid i.** offene Rechnung
invoice *v/t* fakturieren, in Rechnung stellen
invoice department Rechnungsabteilung *f*; **i. price** Rechnungspreis *m*
invoicing *n* Inrechnungstellung *f*
invoke *v/t* 1. anrufen; 2. sich berufen auf
involuntary *adj* unfreiwillig, nicht vorsätzlich
involve *v/t* beteiligen, verwickeln, nach sich ziehen; **i. so. in** jdn hineinziehen in
involved *adj* beteiligt, **those i.** die Beteiligten; **not i.** unbeteiligt
involvement *n* Beteiligung *f*, Verwicklung *f*
IOU (I owe you) Schuldschein *m*
irrebuttable *adj* unwiderlegbar
irreconcilable *adj* unüberbrückbar, unvereinbar, unversöhnlich
irrecoverable *adj* uneinbringlich
irredeemab|ility *n* Untilgbarkeit *f*; **i.le** *adj* unablösbar, unkündbar, untilgbar
irrefutable *adj* hieb- und stichfest, unanfechtbar, unbestreitbar, unwiderlegbar
irregular *adj* form-, ordnungs-, regel-, vorschriftswidrig, unregelmäßig
irregularity *n* Dienst-, Regel-, Vorschriftswidrigkeit *f*, Unregelmäßigkeit *f*; **i. in service** Zustellungsmangel *m*; **procedural i.** Formfehler *m*

irrelevance *n* Belanglosigkeit *f*, Irrelevanz *f*, Nebensächlichkeit *f*, Unerheblichkeit *f*
irrelevant *adj* belang-, gegenstands-, bedeutungslos, irrelevant, (rechts)unerheblich, unwesentlich, nicht von Belang
irreplaceable *adj* unersetzlich
irrespective of *prep* unbeschadet, ungeachtet, unabhängig von, ohne Rücksicht auf
irresponsible *adj* unverantwortlich, verantwortungslos
irretrievable *adj* unwiederbringlich
irreversible *adj* nicht umkehrbar, *(Entschluss)* unabänderlich, unwiderruflich, irreversibel
irrevocab|ility *n* Unwiderruflichkeit *f*; **i.le** *adj* unwiderruflich, *(Entschluss)* unabänderlich
irritate *v/t* *(lästig sein)* stören
isolate *v/t* isolieren
issuance *n* 1. *(Dokument)* Ausstellung *f*; 2. *[US]* Erlass *m*; **i. of a law** Erlass eines Gesetzes
issue *v/t* 1. ausfertigen, ausstellen; 2. erlassen
issue 1. *(Pass)* Ausfertigung *f*, Ausstellen *nt*, Ausstellung *f*; 2. Emission *f*; 3. (Streit-)Frage *f*, Streitfall *m*, Streitpunkt *m*; 4. Nachkommen(schaft) *pl/f*; **without i.** ohne Nachkommen; **i. of a bill** Wechselausstellung *f*; **~ a certificate/testimonial** Erteilung eines Zeugnisses, Zeugniserteilung *f*; **~ debentures** Ausgabe/Emission von Schuldverschreibungen
to be at issue streitig sein; **collateral i.** Nebenfrage *f*; **main i.** Hauptsache *f*; **relevant i.** entscheidungserhebliche Frage; **~ to the i.** rechtserheblich
issue price *n* Ausgabepreis *m*
issuer *n* Aussteller *m*
item *n* 1. Artikel *m*; 2. Stück *nt*; 3. *(Bilanz)* Posten *m*; **i. on the agenda** Tagesordnungspunkt *m*; **i. of a bill** Rechnungsposten *m*; **~ the deceased's estate** Erbschafts-, Nachlassgegenstand *m*; **i. subject to execution** Vollstreckungsgegenstand *m*; **i. ordered** Auftragsgegenstand *m*; **i. purchased** Kaufgegenstand *m*, Kaufsache *f*; **i. (to be) repaired** Reparaturgegenstand *m*; **i. of value** Wertsache *f*; **~ minor value** geringwertige Sache
bequeathed item vermachte Sache; **contributed i.s.** eingebrachte Sachen; **corporeal i.** körperlicher Gegenstand; **disposable i.** Wegwerfartikel *m*; **inherited i.** Nachlassgegenstand *m*; **leased i.** Mietgegenstand *m*; **liable i.** haftender Gegenstand; **owed i.** geschuldeter Gegenstand, geschuldete Sache; **ownerless i.** herrenlose Sache; **pledged i.** Pfandgegenstand *m*, Pfandsache *f*; **rented i.** Mietsache *f*; **sequestered i.** gepfändete Sache; **stolen i.** gestohlene Sache
itemiz|ation *n* Aufschlüsselung *f*; **i.e** *v/t* aufschlüsseln
itinerant *adj* *(Handel)* ambulant
itinerary *n* Reiseroute *f*
ius accrescendi *n* *(lat.)* Anwachsungsrecht *nt*; **i. deliberandi** *(lat.)* Ausschlagungsrecht *nt*; **i. gentium** *(lat.)* Völkerrecht *nt*

J

jactitation of marriage *n* *[GB]* Vortäuschung der Ehe, Ehebetrug *m*
jail *v/t* inhaftieren
jail *n* Gefängnis *nt*, Knast *m (coll)*; **j.break** *n* (Gefängnis)Ausbruch *m*; **j.bird** *n (coll)* Knastbruder *m (coll)*; **j. sentence** Gefängnisstrafe *f*
jam *n* Ladehemmung *f*
legal jargon *n* Juristenjargon *m*
jealousy killing *n* Mord aus Eifersucht
jeopardize *v/t* gefährden
double jeopardy *n* Gefahr einer erneuten Verurteilung; **~ clause** Verbot der Doppelbestrafung
jewel robbery *n* Juwelendiebstahl *m*
jibe *n* stichelnde Bemerkung, Stichelei *f*
job *n* 1. Beruf *m*; 2. Arbeitsplatz *m*, Stelle *f*, Stellung *f*, Posten *m*; **to terminate a j.** *[US]* Arbeitsverhältnis beenden; **casual/occasional j.** Gelegenheitsarbeit *f*; **full-time j.** hauptberufliche Tätigkeit; **put-up j.** *(coll)* abgekartetes Spiel; **supplementary j.** Nebentätigkeit *f*
Job Centre *n* *[GB]* Arbeitsamt *nt*; **j. creation scheme** Arbeitsbeschaffungsmaßnahme (ABM) *f*; **j. description** Arbeitsplatzbeschreibung *f*; **j. qualification** berufliche Qualifikation
jobless *adj* arbeitslos
job title *n* Berufsbezeichnung *f*
join *v/t* 1. beitreten, mitmachen; 2. verbinden

joinder *n* *(Verfahren)* Anschluss *m*, Verbindung (von Prozessen); **j. of actions** Klagenhäufung *f*, Klagen-, Prozessverbindung *f*; **~ offences** Tatmehrheit *f*; **~ parties** Nebenintervention *f*, Streitgenossenschaft *f*

joining *n* 1. Verknüpfung; 2. *(Grundstücke)* Zusammenlegung *f*; **j. of interests** Interessenverknüpfung *f*

joint *adj* gemeinsam, gesamthänderisch; **j. and several** *(Haftung)* gesamtschuldnerisch, gemeinschaftlich, solidarisch, Solidar-; **j.ly** *adv* gemeinschaftlich, konsortialiter, zur gesamten Hand

journal *n* Journal *nt*; **official j.** Amtsblatt *nt*

journalist *n* Journalist(in) *m/f*; **freelance j.** freier Journalist

journey *n* Fahrt *f*

joy *n* Freude *f*, Lust *f*; **malicious j.** Schadenfreude *f*; **j.ride** *n* Spritztour mit fremdem Kfz; **j.rider** *n* Person, die einen Wagen für eine Spritztour benutzt; **j.riding** unbefugter Gebrauch eines Fahrzeugs, Spritztour mit fremdem Kfz

jubilee *n* Jubiläum *nt*

judge *v/t* 1. urteilen, entscheiden, Recht sprechen, richten; 2. beurteilen

judge *n* Richter(in) *m/f*, Kadi *m (coll)*; **j. at a bankruptcy court** Konkursrichter(in) *m/f*; **j. in charge of a case** zuständiger Richter; **j. in chambers** Einzelrichter ohne Öffentlichkeit; **j. at a conciliation hearing** Sühnerichter *m*; **~ at a court of guardianship; ~ a guardianship court** Vormundschaftsrichter(in) *m/f*; **~ a juvenile court** Jugendrichter(in) *m/f*; **j. assisting the presiding judge** Beisitzer(in) *m/f*; **j. for life** Richter auf Lebenszeit; **j. on probation** Richter auf Probe; **j. in criminal proceedings** Strafrichter *m*; **j. sitting alone** Einzelrichter *m*

to be appointed judge zum Richter ernannt werden; **to bring before the j.** vorführen; **to challenge a j.** Richter ablehnen

appellate judge *n* Berufungsrichter(in) *m/f*; **associate j.** Beisitzer(in) *m/f*, beisitzender Richter; **commercial j.** Handelsrichter *m*; **federal j.** Bundesrichter(in) *m/f*; **lay j.** ehrenamtlicher Richter; **presiding j.** Gerichtspräsident(in) *m/f*, Gerichts-, Kammervorsitzende(r) *f/m*, vorsitzender Richter; Senatspräsident *m*, Vorsitzende(r) *f/m*; **professional/salaried j.** Berufsrichter(in) *m/f*; **senior j.** dienstälterer Richter; **substitute j.** Ergänzungs-, Ersatzrichter *m*

judge advocate *n* Militärstaatsanwalt *m*; **j.'s chambers** Richterzimmer *nt*; **J.s' Rules** *[GB]* Verhör-, Vernehmungsrichtlinien, richterliche Richtlinien für polizeiliche Vernehmung und Anzeigenerstattung

judg(e)ment *n* (Gerichts)Urteil *nt*, Urteilsspruch *m*, Beurteilung *f*, gerichtliche Entscheidung, Gerichts-, Schiedsspruch *m*, Verurteilung *f*; **according to one's best j.** nach pflichtgemäßen Ermessen; **j. in absentia** *(lat.)* Abwesenheitsurteil *nt*; **j. of acquittal** Freispruch *m*; **j. on appeal** Berufungsurteil *nt*, angefochtenes Urteil; **j. in arrest proceedings** Arresturteil *nt*; **~ a civil case** Zivilurteil *nt*; **j. by confession** Anerkenntnisurteil *nt*; **j. concerning costs** Kostenurteil *nt*; **j. with costs** kostenpflichtige Verurteilung; **j. by the court of first instance** erstinstanzliches Urteil; **j. for damages** Verurteilung zum Schaden(s)ersatz; **j. by default** Versäumnisurteil *nt*; **to set aside a ~** Versäumnisurteil aufheben; **j. of dismissal** klageabweisendes Urteil; **j. for dispossession** Räumungsurteil *nt*; **~ eviction** Räumungsurteil *nt*; **j. on procedural grounds** Prozessurteil *nt*; **~ the merits** Urteil auf Grund des materiellrechtlichen Tatbestandes, Sach(verständigen)urteil *nt*; **j. over** *[US]* Regressurteil *nt*; **j. in personam** *(lat.)* Urteil betreffend obligatorische Ansprüche; **j. against the plaintiff** Klageabweisung *f*; **j. for possession** *[GB]* Räumungsurteil *nt*; **j. altering a legal relationship** Gestaltungsurteil *nt*; **j. granting affirmative relief** Leistungsurteil *nt*; **j. in rem** *(lat.)* Urteil betreffend dingliche Ansprüche; **j. for support** *[US]* Unterhaltsurteil *nt*

to acquiesce in a judgment sich mit einem Urteil abfinden; **to alter a j.** Urteil abändern; **to appeal against a j.** Urteil anfechten; **to confirm a j.** Urteil bestätigen; **to deliver a j.** Urteil erlassen/fällen/sprechen/verkünden; **to enforce/execute a j.** aus einem Urteil vollstrecken; **to enter a j.** Urteil erlassen; **to give a j.** Urteil fällen; **to obtain a j.** Urteil/Titel erwirken; **to pass j.** Urteil fällen, judizieren; **to pronounce a j.** Entscheidung/Urteil verkünden; **to rescind/reverse a j.** Urteil aufheben; **to sit in j.** zu Gericht sitzen, richten; **to uphold a j.** Urteil bestätigen

affirmative judgment imposing an obligation Leistungsurteil *nt*; **according to one's best commercial j.** nach pflichtgemäßem kaufmännischen Ermessen; **conditional j.** Vorbehaltsurteil *nt*, bedingtes Urteil; **declaratory j.** Feststellungsurteil *nt*; **~ that the patent is invalid** Feststellungsurteil über Patentnichtigkeit; **dissenting j.** 1. abweichendes Urteil; 2. abweichende Beurteilung; **enforceable j.** vollstreckbares Urteil; **exclusory j.** Ausschlussurteil *nt*; **false j.** Fehlurteil *nt*; **final j.** rechtskräftiges Urteil, Schlussurteil *nt*; **interlocutory j.** Zwischenurteil *nt*; **precedent j.** Vorentscheidung *f*; **preliminary j.** Präjudiz *nt*; **to pass a ~ on sth.** etw. präjudizieren; **provisional/reserved j.** Vorbehaltsurteil *nt*; **reasoned j.** mit Gründen versehenes Urteil; **reserved j.** Vorbehaltsurteil *nt*; **reversing j.** Aufhebungsurteil *nt*; **sham j.** Scheinurteil *nt*; **summary j.** Urteil im beschleunigten Verfahren; **valid j.** rechtskräftiges Urteil

judgment claim Urteils-, Vollstreckungsforderung *f*; **j. creditor** Vollstreckungsgläubiger(in) *m/f*; **j. debt** Urteils-, Vollstreckungsschuld *f*, Urteilsforderung *f*; **j. debtor** Urteils-, Vollstreckungsschuldner(in) *m/f*; **j. summons** Antrag auf Beugehaft gegen zahlungsunwilligen Vollstreckungsschuldner, Vorladung des Vollstreckungsschuldners; **j. note** Mahnbescheid *m*, Unterwerfungserklärung *f*; **by ~** auf dem Wege des Mahnverfahrens

judgeship *n* Richteramt *nt*

judicable *adj* rechtsfähig

judicature *n* Gerichtsverfassung *f*, Judikatur *f*, Justiz *f*

judicial *adj* gerichtlich, judikatorisch, rechtsprechend, richterlich; **j. and extrajudicial** gerichtlich und außergerichtlich

judiciary *n* 1. Gerichtswesen *nt*, Justiz *f*; 2. rechtssprechendes Organ, Richter *pl*, Richterstand *m*

jumble sale *n* *[GB]* Ramschverkauf *m*

jumpy *adj* nervös

junction *n* Kreuzung *f*

junior *adj* nachstellig

juridical *adj* juridisch, juristisch

jurisdiction *n* 1. Jurisdiktion *f*, Rechtsprechung *f*, Gerichtsbarkeit *f*; 2. Amtsbereich *m*, Gerichtsbezirk *m*, Gerichtshoheit *f*, Gerichtsstand *m*, Gerichts-, Rechtszuständigkeit *f*, Zuständigkeits-, Hoheitsbereich *m*; 3. Entscheidungsbefugnis *f*, Entscheidungsrecht *nt*; 4. Kompetenz *f*, Machtbereich *m*; **j. for administration** Verwaltungskompetenz *f*; **~ cartel cases** Zuständigkeit in Kartellsachen

jurisdiction of the court *n* Zuständigkeit des Gerichts; **outside the ~** außerhalb der Zuständigkeit des Gerichts; **to be within the ~** zur Zuständigkeit des Gerichts gehören; **to come within ~** der Zuständigkeit eines Gerichts unterliegen; **to oust the ~** Rechtsweg ausschließen; **j. of the local court** Zuständigkeit des Amtsgerichts; **~ the probate court** Zuständigkeit des Nachlassgerichts; **j. in major crimes** Strafgerichtsbarkeit für Verbrechen; **~ litigated matters** streitige Gerichtsbarkeit; **~ minor criminal offences** Strafgerichtsbarkeit für Vergehen; **j. based on the place where the offence was committed** Gerichtsstand des Begehungsortes; **j. and procedure** Zuständigkeit und Verfahren; **j. concerning social security disputes** Sozialgerichtsbarkeit *f*; **j. in the subject-matter** sachliche Zuständigkeit; **j. in tax matters** Steuerhoheit *f*

to come under the jurisdiction of unter die Zuständigkeit fallen von; **to have j.** zuständig sein; **to plead lack/want of j.** fehlende Zuständigkeit geltend machen

administrative jurisdiction Verwaltungsgerichtsbarkeit *f*; **appellate j.** Berufungsgerichtsbarkeit *f*, Zuständigkeit in der Rechtsmittelinstanz; **arbitral j.** Schiedsgerichtsbarkeit *f*; **civil j.** Zivilgerichtsbarkeit *f*, Zuständigkeit in Zivilsachen; **comprehensive j.** Allzuständigkeit *f*; **concurrent j.** konkurrierende Gerichtsbarkeit/Zuständigkeit; **contentious j.** streitige Gerichtsbarkeit; **criminal j.** Strafgerichtsbarkeit *f*, Strafzuständigkeit *f*, Zuständigkeit in Strafsachen; **direct j.** unmittelbare Zuständigkeit; **disciplinary j.** Disziplinargerichtsbarkeit *f*; **domestic j.** inländische Zuständigkeit; **double j.** Doppelzuständigkeit *f*; **exclusive j.** ausschließliche Zuständigkeit; **to have ~** ausschließlich zuständig sein; **general j.**

Rahmenkompetenz *f*, allgemeine Zuständigkeit; **industrial j.** Arbeitsgerichtsbarkeit *f*; **local j.** örtliche Zuständigkeit; **matrimonial j.** Zuständigkeit in Ehesachen; **military j.** Militärgerichtsbarkeit *f*; **non-contentious j.** freiwillige Gerichtsbarkeit; **ordinary j.** ordentliche Gerichtsbarkeit; **patrimonial j.** Patrimonialgerichtsbarkeit *f*; **penal j.** Strafjustiz *f*; **special j.** Sondergerichtsbarkeit *f*

jurisdiction clause *(Vertrag)* Zuständigkeitsklausel *f*

jurisprudence *n* Jurisprudenz *f*, Juristerei *f*, Rechtslehre *f*, Rechtswissenschaft *f*

jurist *n* Rechtsgelehrte(r) *f/m*; **j.ic** *adj* rechtswissenschaftlich, juristisch

juror *n* Beisitzer(in) *m/f*, Geschworene(r) *f/m*, Schöffe *m*, Schöffin *f*; **j. in a juvenile case** Jugendschöffe *m*; **substitute j.** Ersatzgeschworene(r) *f/m*

jury *n* Geschworene *pl*, Jury *f*; **to empanel a j.** die Geschworenenliste aufstellen; **hung j.** nicht entscheidungsfähige Jury; **petty j.** *[US]* Urteilsjury *f*

jury box *n* Geschworenenbank *f*; **j. foreman** Sprecher(in) der Geschworenen; **j. list** Geschworenenliste *f*; **j. panel** Geschworenenliste *f*; **j. selection** Auswahl der Geschworenen; **j. trial** Geschworenenprozess *m*, Verfahren mit Geschworenen

just *adj* gerecht; **as appears j.** nach billigem Ermessen; **j. and equitable** recht und billig

justice *n* 1. Gerechtigkeit *f*, justitia *(lat.)*; 2. Justiz *f*; 3. Richter(in) *m/f*; **j. of the peace (JP)** Friedensrichter *m*

to abscond from justice sich der Festnahme entziehen; **to administer/dispense j.** judizieren, Recht sprechen; **to do so. j.** jdm Gerechtigkeit widerfahren lassen; **to evade j.** sich der Strafverfolgung entziehen; **to get j.** zu seinem Recht kommen; **to mete out j.** Recht sprechen, Strafe zumessen; **to temper j. with mercy** Gnade vor Recht ergehen lassen

compensatory justice *n* ausgleichende Gerechtigkeit; **criminal j. (system)** Strafjustiz *f*; **restorative j.** Täter-Opfer-Ausgleich *m*; **substantive j.** Gerechtigkeit in der Sache selbst, materielle Gerechtigkeit

Justice Department *n* *[US]* Bundesjustizministerium (BJM) *nt*; **j.ship** *n* Richteramt *nt*; **j.'s clerk** juristischer Berater des Amtsrichters; **~ warrant** Haftbefehl *m*

justiciable *adj* justitiabel

justifiability *n* Vertretbarkeit *f*

justifiabl|e *adj* gerechtfertigt, vertretbar; **legally ~** rechtlich vertretbar; **morally ~** sittlich gerechtfertigt; **j.y** *adj* berechtigterweise

justification *n* Begründung *f*, Berechtigung *f*, Rechtfertigung *f*; **j. of a claim** Anspruchsbegründung *f*; **j. and privilege** Wahrnehmung berechtigter Interessen

justified *adj* begründet, berechtigt; **legally j.** rechtlich begründet

justify *v/t* begründen, rechtfertigen, vertreten

jut out *v/i* herausragen, überstehen

juvenile *n* Jugendliche(r) *f/m*; **J. Court Act** *[GB]* Jugendgerichtsgesetz *nt*

juveniles *pl* Jugend *f*; **harmful to j.** jugendgefährdend

K

K

kangaroo court *n* *[GB]* *(Gewerkschaft)* Femegericht *nt*

keep *v/t* 1. aufbewahren; 2. bewahren; 3. befolgen, einhalten; 4. *(Tier)* halten; **k. back** einbehalten; **k.ing (of) the minutes** *n* Protokollierung *f*

keeper *n* 1. Aufseher(in) *m/f*; 2. Hüter(in) *m/f*; 3. Tierpfleger *m*, Wärter(in) *m/f*; **k. of an animal** Tierhalter(in) *m/f*; **~ a car** Fahrzeughalter(in) *m/f*; **~ a dog** Hundehalter(in) *m/f*; **~ the minutes** *(Sitzung)* Protokollant(in) *m/f*; **~ a motor vehicle** Fahrzeughalter(in) *m/f*

kennel *n* Hundehütte *f*, Zwinger *m*

kerb *n* 1. Fahrbahnrand *m*; 2. *[GB]* Randstein *m*

key *n* Schlüssel *m*; **duplicate/spare k.** Nach-, Ersatz-, Zweitschlüssel *m*; **k. money** Mietablösung *f*; Mietkaution *f*; **k. witness** Hauptzeuge *m*

kidnap *v/t* entführen, verschleppen; **k.per** *n* Entführer(in) *m/f*; **k.ping** *n* Entführung *f*, Kindes-, Menschenraub *m*, Verschleppung *f*; **~ of children** Kindesraub *m*; **~ for ransom** erpresserischer Menschenraub

kill *v/t* töten, umbringen; **to be out to k. so.** jdm nach dem Leben trachten; **k.er** *n* Mörder *m*; **hired ~** Auftragsmörder *m*, gedungener Mörder; **serial ~** Serienmörder(in) *m/f*

killing *n* Töten *nt*, Tötung *f*; **k. on demand; k. so. at his/her own request** Tötung auf Verlangen; **k. in self-defence** Tötung aus Notwehr; **sectarian k.** Fememord *m*; **unlawful k.** widerrechtlicheTötung; **wilful k.** vorsätzliche Tötung; **k. spree** Mordserie *f*

kind *n* Gattung *f*, Genus *m (lat.)*; **in k.** in natura *(lat.)*; **to pay ~** in Naturalien bezahlen

kindness *n* Güte *f*

King's evidence *n* Kronzeuge *m*; **to turn ~** als Kronzeuge auftreten

kinship *n* Verwandtschaft *f*

kiss of life *n* Mund-zu-Mund-Beatmung *f*

hands-free kit *n* Freisprecheinrichtung *f*

kiteflying *n (coll)* Wechselreiterei *f (coll)*

kleptomania *n* Kleptomanie *f*; **k.c** Kleptomane *m*

K

kneecap *n* Kniescheibe *f*; **k. so.** *v/t* jdm die Kniescheibe durchschießen

knife *n* Messer *nt*; **to draw a k.** Messer ziehen; **to hold so. at k.point** *n* jdn mit einem Messer bedrohen

knif|er *n* Messerstecher(in) *m/f*; **k.ing** *n* Messerstecherei *f*; **the knives are out for him** *(coll)* für ihn wird schon das Messer gewetzt *(coll)*

knock *v/t* schlagen; **k. so. down** jdn überfahren

knock on the chin *n* Kinnhaken *m*

know *v/t* wissen; **k.ingly** *adv* 1. absichtlich; 2. wissend, wissentlich

knowledge *n* Kenntnis *f*, Wissen *nt*; **to the best of my k.** nach meiner Kenntnis; **~ one's k. (and belief)** nach bestem Wissen (und Gewissen); **against one's better k.; contrary to one's better k.** wider besseres Wissen; **of common k.** allgemein bekannt; **with so.'s k. and consent** mit jds Wissen und Willen; **without my k.** ohne mein Wissen; **~ so.'s k. and consent** ohne jds Wissen und Willen

knowledge of the court Kenntnis des Gerichts; **~ the facts** Kenntnis der Sachlage, Sachkunde *f*

to be common knowledge offenkundig sein; **to obtain k.** Kenntnis erlangen

advance knowledge Vorverständnis *nt*; **guilty k.** Unrechtsbewusstsein *nt*; **imputed k.** unterstellte/zurechenbare Kenntnis; **judicial k.** Kenntnis des Gerichts; **official k.** Amtskenntnis *f*; **presumptive k.** vermutliche Kenntnis; **previous/prior k.** Vorkenntnis *f*, Vorwissen *nt*; **having secret k. of so.'s crime** Mitwissen *nt*

known *adj* bekannt; **also k. as (aka)** alias; **generally k.** allgemein bekannt, publik

knuckleduster *n* Schlagring *m*

L

label *n* 1. (Schutz)Marke *f*; 2. Kennzeichen *nt*; **environmental l.** Umweltzeichen *nt*, Umweltengel *m*; **private l.** Hausmarke *f*

labelling *n* Etikettierung *f*, Kennzeichnung *f*; **l. provisions** Kennzeichnungsvorschriften; **l. requirement** Kennzeichnungspflicht *f*

lab(oratory) *n* Labor *nt*; **forensic l.** gerichtsmedizinisches Institut, kriminaltechnisches Labor

labor *[US]*; **labour** *[GB]* *n* 1. Arbeit *f*; 2. Arbeitskräfte *pl*, Arbeitnehmer *pl*; **l. and management** Tarifpartner *pl*, Tarifparteien *pl*; **forced l.** Zwangsarbeit *f*; **subcontracted l.** Leiharbeit *f*

labour court/tribunal *n* Arbeitsgericht *nt*; **l. dispute** Tarifstreitigkeit *m*; **l. exchange** *n* Arbeitsamt *nt*, Arbeitsvermittlung *f*; **to sign on at the ~** sich arbeitslos melden; **l. force** Belegschaft *f*, Arbeitskräfte *pl*; **l. regulations** arbeitsrechtliche Vorschriften; **labor union** *[US]* Gewerkschaft *f*

laches *pl* 1. Verwirkung *f*; *2.* (schuldhafte) Unterlassung, fahrlässiger Verzug

lack *n* 1. Mangel *m*, Ermangelung *f*; 2. Fehlen *nt*; **for l. of** in Ermangelung von, aus Mangel an, mangels; **l. of agreement** Einigungsmangel *m*; **covert ~** versteckter Einigungsmangel; **overt ~** offener Einigungsmangel

lack of attention mangelnde Aufmerksamkeit; **~ authority** Mangel der Vollmacht, mangelnde Vollmacht; **~ legal basis** Fehlen der gesetzlichen Grundlage; **~ the basis of the transaction** Fehlen der Geschäftsgrundlage; **~ care** Mangel an Sorgfalt, Fahrlässigkeit *f*; **~ proper care** Verletzung der (gesetzlichen) Sorgfaltspflicht; **~ clarity** Unklarheit *f*; **~**

completion Fehlen der Vollendung; **~ conformity with the contract** Vertragswidrigkeit *f*; **~ consideration** 1. mangelnde Gegenleistung; 2. Rücksichtslosigkeit *f*; **~ evidence** Beweismangel *m*, Mangel an Beweisen, Beweisnot *f*, Unerwiesenheit *f*; **~ experience** Unerfahrenheit *f*; **~ legal form** Formmangel *m*; **~ funds** Geldmangel *m*, Mittellosigkeit *f*; **~ intention** Willensmangel *m*; **~ judgment** Mangel an Urteilsvermögen, Unverstand *m*; **gross ~ judgment** grober Unverstand

lack of jurisdiction sachliche Unzuständigkeit, mangelnde Zuständigkeit; **~ knowledge** Nichtkenntnis *f*; **~ money** Geldmangel *m*, Mangel an Geld; **~ novelty** Neuheitsmangel *m*; **~ proof** Mangel an Beweisen, Unerwiesenheit *f*; **~ quorum** *(lat.)* Beschlussunfähigkeit *f*; **~ representation** Mangel der Vertretungsmacht; **~ restraint** Zügellosigkeit *f*; **~ time** Zeitmangel *m*; **~ title** mangelnder Rechtsanspruch/Rechtstitel; **~ understanding** mangelnde Einsicht

lack *v/t* (er)mangeln; **l.ing** *adj* fehlend

lag *n* Verzögerung *f*, Rückstand *m*, Zurückbleiben *nt*; *v/i* zurückbleiben; **l. behind** nach-, hinterherhinken

land *n* 1. (Grund und) Boden *m*, Gelände *nt*; 2. Bundesland *nt*; **running with the l.** dinglich mit dem Grundstück verbunden; **touching and concerning the l.** das Grundstück betreffend; **to convey l.** Grundstück auflassen; **to develop l.** Bauland/Grundstück erschließen; **to mortgage l.** Grundstück (hypothekarisch) belasten; **to run with the l.** dinglich mit dem Grundstück verbunden sein; **to value l.** Grundstückswert (ab)schätzen

contaminated land Altlast *f*; **derelict/waste l.** Brachfläche *f*, Ödland *nt*; **freehold l.** Grundstück/Land ohne Eigentumsbeschränkung; **military l.** Militärgelände *nt*

land acquisition tax Grunderwerbssteuer *f*

land certificate Grundbuchauszug *m*, Grundbuchbescheinigung *f*, Grundeigentumsurkunde *f*

land charge (Inhaber)Grundschuld *f*, Grunddienstbarkeit *f*, Real-, Grund(stücks)last *f*; **to extinguish a l. c.** Grundschuld löschen; **to register a l. c.** Grundschuld eintragen (lassen); **certified/unregistered l. c.** Briefgrundschuld *f*; **collateral l. c.** Sicherungsgrundschuld *f*; **permanent l. c.** Reallast *f*; **registered l. c.** Buchgrundschuld *f*; **total l. c.** Gesamtgrundschuld *f*

land charges register *[GB]* Grundbuch (-register) *nt*, Hypothekenregister *nt*, Register für Grundstücksbelastungen, Schuldbuch *nt*; **to enter sth. into the ~** etw. in das Grundbuch eintragen; **registered in the ~** im Grundbuch eingetragen; **~ costs** Grundbuchregisterkosten; **l. c. registration act** Grundbuchordnung *f*

land consolidation Flurbereinigung *f*; **l. credit** Bodenkredit *m*

landfill (disposal site) *n* Müllhalde *f*, (Auffüll)Deponie *f*

landing card *m* Einreisekarte *f*; **l. permission** Landeerlaubnis *f*

landlady *n* 1. *(Immobilie)* Vermieterin *f*, Verpächterin *f*; 2. Wirtin *f*

land law Boden-, Grundstücks-, Liegenschaftsrecht *nt*; **l. lease** Grund-, Grundstückspacht *f*

land survey Landvermessung *f*; **~ register** Katasterbuch *nt*; **l. tenure** Landpacht *f*, Pachtverhältnis *nt*; **l. transactions** Boden-, Grundstücksverkehr *m*; **l. value** Bodenwert *m*; **l. warfare** Landkrieg *m*

landlord *n* 1. *(Immobilie)* Vermieter *m*, Verpächter *m*; 2. Grund-, Hauseigentümer *m*; 3. Gastwirt *m*; 4. Hauswirt *m*; **l. and tenant act** *n [GB]* Mieterschutzgesetz *nt*; **~ case** Mietsache *f*; **~ law** Miet-, Wohnungsrecht *nt*; **commercial l.** gewerblicher Vermieter

landlord|'s duty to pay damages Schaden(s)ersatzpflicht des Vermieters; **l.'s liability** Vermieterhaftpflicht *f*; **l.'s lien** Pfandrecht des Vermieters, Vermieterpfandrecht *nt*; **l.'s notice to quit** Kündigung durch den Vermieter

landlord-tenant dispute *n* Mietstreitigkeit *f*

landmark *n* 1. Grenzstein *m*, Grenzlinie *f*; 2. Orientierungspunkt *m*; 3. *(fig)* Wahrzeichen *nt*

landowner *n* Grund-, Landbesitzer(in) *m/f*, Grundstückeigentümer(in) *m/f*; **adjoining l.** Grundstücksnachbar *m*

land ownership Grund(stücks)eigentum *nt*, Grund-, Landbesitz *m*; **l. o. certificate** Grundbuchauszug *m*

L

land procurement Landbeschaffung *f*; **l. p. proceedings** Landbeschaffungsverfahren *nt*

land purchase tax Grunderwerbssteuer *f*; **~ act** Grunderwerbssteuergesetz *nt*

land register Grundbuch *nt*, Kataster *m/nt*; **official l. r.** amtliches Verzeichnis der Grundstücke; **l. r. folio** Grundbuchblatt *nt*

land registry (office) *[GB]* Grundbuch-, Katasteramt *nt*

landscape conservation *n* Landschaftspflege *f*; **l. protection** Landschaftsschutz *m*; **~ ordinance** Landschaftsschutzverordnung *f*

land tax *[US]* Grundsteuer *f*

lane *n* Fahrbahn *f*, (Fahr)Spur *f*; **to change l.s** Spur/Fahrstreifen wechseln; **to stay in l.** in der Spur bleiben; **fast l.** Überholspur *f*; **left-turn l.** Linksabbiegespur *f*

language *n* Sprache *f*; **l. of proceedings** Verfahrens-, Gerichtssprache *f*; **~ the law** Rechts-, Juristensprache *f*; **to be proficient in a l.** Sprache beherrschen, einer ~ kundig sein

L

abusive language Beschimpfung *f*; **legal l.** Juristensprache *f*; **defamatory l.** beleidigende Ausdrücke; **offensive l.** Anstoß erregende Worte; **official l.** Amts-, Verkehrs-, Verhandlungssprache *f*; **strong l.** Kraftausdrücke *pl*

lapse *n* 1. *(Recht)* Verfall *m*, Heimfall *m*; 2. Erlöschen *nt*, Ablaufen *nt*; 3. Wegfall *m*; 4. Fehler *m*, Irrtum *m*; 5. Fehltritt *m*; 6. Zeitspanne *f*, Zeitraum *m*

lapse of a claim Erlöschen eines Anspruchs; **~ a contract** Ablauf eines Vertrages; **~ copyright** Erlöschen des Urheberrechts; **~ an heir** Wegfall eines Erben; **~ a legacy** Wegfall eines Vermächtnisses, Legatsverfall *m*; **~ a patent** Erlöschen eines Patents; **~ time** Frist-, Zeitablauf *m*, Verjährung *f*; **plead ~ time** Verjährung geltend machen; **~ a title** Rechtsverlust *m*

lapse *v/i* ablaufen, erlöschen, verfallen, verstreichen; **to allow sth. to l.** etw. verfallen lassen; **l.d** *adj (Pass, Police)* abgelaufen, verfallen

larceny *n* *[US]* Diebstahl *m*; **l. by finder** Funddiebstahl *m*, Fundunterschlagung *f*; **l. for temporary use** Gebrauchsentwendung *f*; **aggravated/grand l.** schwerer Diebstahl; **petty/simple l.** einfacher Diebstahl, Bagatelldiebstahl *m*; **l. offence** Diebstahlsdelikt *nt*

at large *adj* *(Ausbrecher)* auf freiem Fuß, ~ der Flucht, flüchtig

large-scale *adj* umfangreich

lash *n* 1. Peitsche *f*; 2. (Peitschen)Schlag *m*; **l. out** *v/prep* (wild) um sich schlagen

lasting *adj* 1. dauerhaft; 2. haltbar; 3. nachhaltig

last-named *adj* letztgenannt

late *adj* 1. spät; 2. verspätet; 3. verstorben

latent *adj* 1. *(Mangel)* verborgen, latent; 2. *(Reserven)* still

later *adj* 1. später; 2. nachträglich

launch *v/t* auf den Markt bringen

launder *v/t* *(fig)* waschen; **l.ing of stolen money** *n* Geldwäsche *f*

law *n* 1. Gesetz *nt*; 2. (objektives) Recht; 3. Rechtswissenschaft *f*, Jura *pl*

above the law über dem Gesetz (stehend); **in accordance with the l.** nach Gesetz und Recht, gesetzmäßig; **by l.** von Rechts wegen, ex lege *(lat.)*; **~ operation of the l.** kraft Gesetzes; **contrary to the l.** gesetzwidrig, illegal; **effective in l.** rechtlich wirksam, rechtswirksam; **in l. and/or in fact** rechtlich und/oder tatsächlich; **outside the law** außerhalb des Gesetzes, ~ der Legalität, außergesetzlich; **as the l. stands** nach der (gegenwärtigen) Rechtslage; **to be subject to a l.** einem Gesetz unterliegen; **valid in l.** rechtsgültig; **versed in l.** rechtskundig; **within the l.** im Rahmen des Gesetzes

law of arbitration Schiedsrecht *nt*; **~ arrest** Haftrecht *nt*; **~ assembly; law concerning/governing assemblies and processions** Versammlungsrecht *nt*; **l. of association** Vereins-, Verbands-, Gesellschaftsrecht *nt*; **~ asylum** Asylrecht *nt*; **~ bankruptcy** Konkursrecht *nt*; **l. concerning collective bargaining** Tarifvertragsrecht *nt*; **l. of benefits** Versorgungsrecht *nt*; **l. on bills of exchange** Wechselrecht *nt*; **l. of the blood** ius sanguinis *(lat.)*; **~ chattels** Recht der beweglichen Sachen; **~ private limited companies** GmbH-Recht *nt*; **~ public limited companies** Aktienrecht *nt*; **~ competition** Wettbewerbsrecht *nt*

law of contract Vertrags-, Schuldrecht *nt*, Recht der Schuldverhältnisse, Obligationenrecht *nt*; **l. on contracts for work and services** Werkvertragsrecht *nt*

law of costs Kostenrecht *nt*; **~ custody** Vormundschaftsrecht *nt*; **~ damages**

Schaden(s)ersatzrecht *nt*; **~ domicile** Recht des Wohnsitzes; **~ employment** Arbeitsrecht *nt*; **~ emption** Kaufrecht *nt*; **~ enforcement** Vollstreckungsrecht *nt*; **~ equity** Billigkeitsrecht *nt*; **~ real estate** Grundbuch-, Liegenschaftsrecht *nt*; **~ evidence** Beweisrecht *nt*, Recht der Beweisführung; **l. in force** geltendes Recht; **under the ~** nach geltendem Recht; **l. relating to foodstuffs/food processing and distribution** Lebensmittelrecht *nt*; **l. of foundations** Stiftungsrecht *nt*; **l. relating to hazardous goods** Gefahrgutrecht *nt*; **~ groups (of companies)** Konzernrecht *nt*; **l. of hospitality** Gastrecht *nt*; **l. on insider dealings** Insiderrecht *nt*; **l. of academic institutions** Hochschulrecht *nt*; **~ private insurance** Privatversicherungsrecht *nt*; **~ the jungle** Faustrecht *nt*; **l. on juveniles and adolescents** Jugendrecht *nt*; **l. of the land** geltendes Recht, geltende Rechtsnorm, Landrecht *nt*; **~ landlord and tenant** Mietrecht *nt*; **~ lease** Pachtrecht *nt*; **~ liability** Haftungsrecht *nt*; **~ mandate** Auftragsrecht *nt*; **l. concerning markets** Marktrecht *nt*

law of nations Völkerrecht *nt*, ius gentium *(lat.)*; **~ nature** Naturrecht *nt*; **~ negligence** Recht der fahrlässigen Handlung; **l. concerning neighbours** Nachbarrecht; **l. on nursing care** Pflegerecht *nt*; **l. of obligations** Recht der Schuldverhältnisse, Schuldrecht *nt*; **~ occupation** Besatzungsrecht *nt*

law and order Recht und Gesetz/Ordnung, (öffentliche) Sicherheit und Ordnung, öffentliche Ordnung; **to restore l. and o.** Sicherheit und Ordnung wiederherstellen

law concerning organizations Organisationsrecht *nt*; **l. of religious organization** Religionsrecht *nt*; **~ parent and child** Kindschaftsrecht *nt*; **~ partnerships and corporations** Gesellschaftsrecht *nt*; **l. concerning passenger transport(ation)** Personenbeförderungsrecht *nt*; **l. concerning pensions** Rentenrecht *m*; **~ persons** Personenrecht *nt*; **l. of possession** Recht des Besitzes; **~ precedent** Fallrecht *nt*, Präjudizienrecht *nt*; **~ prison administration** Strafvollzugsrecht *nt*

law of procedure Verfahrens-, Prozessrecht *nt*; **~ civil procedure** Zivilprozessrecht *nt*, Zivilverfahrensrecht *nt*; **~ criminal procedure** Strafprozessrecht *nt*, Strafverfahrensrecht *nt*

law of profession(s) Berufsrecht *nt*

law of property Eigentums-, Vermögens-, Grundstücks-, Güter-, Sachenrecht *nt*; **l. concerning lost property** Fundrecht *nt*; **l. of matrimonial property** eheliches Güterrecht; **statutory ~ matrimonial property** gesetzliches Güterrecht; **~ residential property** Wohnungseigentumsrecht *nt*

law of domestic relations *[US]* Familienrecht *nt*; **~ reason** Vernunftrecht *nt*; **l.s and regulations** Gesetze und Verordnungen; **l. of restitution** Restitutionsrecht *nt*; **~ judicial review** Revisionsrecht *nt*; **l. on sales** Kauf(vertrags)recht *nt*; **l. on timeshares** Teilzeitwohnrecht *nt*; **l. of cooperative societies** Genossenschaftsrecht *nt*; **~ the soil** ius soli *(lat.)*; **~ civil status** Personenstandsrecht *nt*

law of succession Erbrecht *nt*; **~ intestate succession** gesetzliches Erbrecht; **~ testamentary succession** testamentarisches Erbrecht

law on takeovers Übernahmerecht *nt*; **l. concerning telecommunications** Fernmelderecht *nt*; **l. of tenancy** Miet-, Wohnungsrecht *nt*; **~ incorporeal things** Immaterialgüterrecht *nt*; **~ tort(s)** Recht der unerlaubten Handlung(en), Deliktrecht *nt*; **l. on trade and industry** Gewerberecht *nt*; **~ trademarks** Markenrecht *nt*

binding in law rechtsverbindlich; **bound by l.** gesetzlich verpflichtet; **effective in l.** rechtswirksam; **fixed by l.** gesetzlich festgeschrieben; **ignorant of the l.** rechtsunkundig; **pending at l.** rechtshängig; **required by l.** gesetzlich vorgeschrieben, den gesetzlichen Bestimmungen gemäß

to abide by the law das Gesetz befolgen, dem Gesetz Folge leisten; **to abolish/ brogate a l.** Gesetz aufheben, ~ außer Kraft setzen; **to apply a l.** Gesetz anwenden, ~ zur Durchführung bringen; **to be protected by l.** Rechtsschutz genießen, gesetzlich geschützt sein; **to become l.** rechtskräftig/Gesetz werden; **to bend the l.** Recht beugen; **to break the l.** Gesetz brechen; **to circumvent a l.** Gesetz umgehen, unterlaufen; **to comply with the l.** Gesetz einhalten/beachten; **to construe a l.** Gesetz auslegen/deuten;

L

to contravene a l. Gesetz übertreten; **to enact a l.** Gesetz erlassen; **to enforce a l.** aus einem Gesetz klagen, einem Gesetz Geltung verschaffen, Gesetz zur Durchführung bringen; **to enforce the l.** Recht durchsetzen; **to evade a l.** Gesetz umgehen; **to go to l.** vor Gericht gehen, Gericht anrufen, den Rechtsweg beschreiten; **to handle the l.** Recht handhaben; **to infringe a l.** gegen ein Gesetz verstoßen, Gesetz verletzen; **to observe a l.** Gesetz befolgen; **to pass a l.** Gesetz verabschieden/annehmen; **to practise l.** als Anwalt arbeiten, Anwaltspraxis haben; **to promulgate a l.** Gesetz verkünden; **to provide for by l.** gesetzlich regeln; **to put a l. into force** Gesetz in Kraft setzen

to read law Jura studieren; **to regulate by l.** gesetzlich regeln; **to repeal a l.** Gesetz aufheben, ~ außer Kraft setzen; **to rescind a l.** Gesetz außer Kraft setzen; **to sue under a l.** aus einem Gesetz klagen; **~ so. at l.** jdn belangen/verklagen; **to take the l. into one's own hands** Selbstjustiz üben, zur Selbsthilfe greifen, Faustrecht ausüben, das Recht selbst in die Hand nehmen; **to twist the l.** Recht verdrehen; **to violate the l.** 1. Gesetz brechen; 2. gegen geltendes Recht verstoßen

L

adjective law Prozess-, Verfahrensrecht *nt*, formelles Recht; **in ~ and substantive l.** formell und materiell; **administrative l.** Verwaltungsrecht *nt*; **agricultural l.** Agrarrecht *nt*; **amending l.** (Gesetzes-) Novelle *f*; **antitrust l.s** Kartellgesetze; **applicable l.** anwendbares/anzuwendendes Recht; **binding l.** verbindliches/bindendes/zwingendes Recht; **canon l.** Kirchenrecht *nt*, kanonisches Recht; **civil l.** bürgerliches Recht, Zivilrecht *nt*, ius civile *(lat.)*; **commercial l.** Wirtschafts-, Handelsrecht *nt*, lex mercatoria *(lat.)*; **common l.** allgemeines Recht, Landrecht *nt*; **comparative l.** Rechtsvergleichung *f*; **constitutional l.** Verfassungs-, Staatsrecht *nt*; **consular l.** Konsularrecht *nt*; **corporate l.** *[US]* Unternehmensrecht *nt*

criminal law Strafrecht *nt*, **international c. l.** Völkerstrafrecht *nt*; **c. l. on sexual offences** Sexualstrafrecht *nt*; **c. l. on tax matters** Steuerstrafrecht *nt*; **c. l. on traffic offences** Verkehrsstrafrecht *nt*

customary law Gewohnheitsrecht *nt*; **according to ~** gewohnheitsrechtlich; **disciplinary l.** Disziplinarrecht *nt*; **dispositive/flexible l** dispositives Recht, ius dispositivum *(lat.)*; **domestic l.** innerstaatliches/einzelstaatliches/inländisches/nationales Recht

enacted law Gesetzesrecht *nt*; **environmental l.** Umweltrecht *nt*; **established l.** geltendes Recht; **European l.** Europarecht *nt*, europäisches Recht; **federal l.** Bundesrecht *nt*; **fiscal l.** Finanz-, Steuerrecht *nt*; **foreign l.** ausländisches Recht; **under German l.** nach deutschem Recht; **governing l.** anwendbares Recht; **institutional l.** institutionelles Recht; **international l.** internationales Recht; **public ~** Völkerrecht *nt*; **judge-made l.** Richterrecht *nt*; **local l.** Ortsrecht *nt*; **mandatory l.** zwingendes Recht; **maritime l.** Seerecht *nt*; **martial l.** Kriegsrecht *nt*; **matrimonial l.** Eherecht *nt*; **medical l.** Arztrecht *nt*; **mercantile l.** Handelsrecht *nt*; **military l.** Standrecht *nt*; **moral l.** Sittengesetz *nt*; **municipal l.** Kommunalrecht *nt*; **national l.** nationales Recht; **to translate into ~** in nationales Recht umsetzen; **natural l.** Naturrecht *nt*, natürliches Recht

penal law 1. Strafrecht *nt*; 2. Strafgesetz *nt*; **p. l. concerning business matters** Wirtschaftsstrafrecht *nt*; **environmental p. l.** Umweltstrafrecht *nt*; **juvenile p. l.** Jugendstrafrecht *f*; **military p. l.** Militärstrafrecht *nt*; **p. l. amendment** Strafrechtsänderung *f*

peremptory law zwingendes/unabdingbares Recht; **pertinent l.** einschlägiges Recht; **positive l.** positives Recht

private law Privatrecht *nt*, privates/persönliches Recht, ius privatum *(lat.)*; **formal p. l.** formelles Privatrecht; **international p. l.** internationales Privatrecht; **material p. l.** materielles Privatrecht; **substantive p. l.** materielles Privatrecht

procedural law Prozess-, Verfahrensrecht *nt*; **prohibitive l.** Verbotsgesetz *nt*

public law öffentliches/staatliches Recht, Staatsrecht *nt*, ius publicum *(lat.)*; **under p. l.** öffentlich-rechtlich; **p. international l.** Völkerrecht *nt*; **in terms of p. l.** völkerrechtlich

real law Sachenrecht *nt*; **retroactive l.** rückwirkendes Recht; **Roman l.** römisches Recht; **special l.** Partikularrecht *nt*; **statutory l.** Gesetzesrecht *nt*, geschriebenes/kodifiziertes Recht, gesetzliches/gesetztes Recht; **substantive l.** materielles/sachliches Recht; **transitional l.** Übergangsrecht *nt*; **~ for procedures** Übergangsrecht für Verfahren; **unwritten l.** ungeschriebenes Gesetz

law-abiding *adj* gesetzestreu

lawbreak|er *n* Gesetz-, Rechtsbrecher(in) *m/f*, Gesetzesübertreter *m*; **l.ing** *n* 1. Gesetzesübertretung *f*; 2. Rechtsverletzung *f*

law case Rechtsfall *m*; **l. centre** Rechtsberatungsstelle *f*; **l. consultancy** (firm) Rechtsberatungsunternehmen *nt*; **l. course** Jurastudium *nt*; **l. court** 1. Gericht(shof) *nt/m*; 2. Justizgebäude *nt*, Justizpalast *m*; **l. dictionary** Rechtswörterbuch *nt*

law enforcement 1. Gesetzesvollzug *m*, Rechtsdurchsetzung *f*; 2. *(Polizei)* Strafverfolgung *f*; **l. e. agency** Vollstreckungs-, Strafverfolgungsbehörde *f*, Sicherheitsorgan *nt*; **l. e. officer/official** Vollzugs-, Vollstreckungsbeamter *m*, Vollstreckungsbeamtin *f*, Strafverfolgungsbeamter *m*, Strafverfolgungsbeamtin *f*, Gesetzeshüter(in) *m/f*

law faculty juristische Fakultät; **l. firm** (Rechtsanwalts)Kanzlei *f*, (Rechts)Anwaltssozietät *f*

lawful *adj* gesetz-, rechtmäßig, gesetzlich, legal, rechtsgültig, rechtens, erlaubt, zulässig; **l.ness** *n* Gesetz-, Rechtmäßigkeit *f*, Rechtswirksamkeit *f*, Legalität *f*, Zulässigkeit *f*

law gazette Gesetzblatt *nt*

lawless *adj* gesetzlos; **l.ness** Gesetz-, Rechtlosigkeit *f*

lawmaking *n* 1. Rechtsetzung *f*, Rechtsschöpfung *f*, Rechtsgestaltung *f*; 2. Gesetzgebung *f*

law merchant Handelsrecht *nt*, lex mercatoria *(lat.)*; **l. office** (Anwalts)Kanzlei *f*, Anwaltsbüro *nt*; **l. partnership** (Rechts)-Anwaltskanzlei *f*, (Rechts)Anwaltssozietät *f*; **l. practice** Anwaltspraxis *f*; **l. reform** Rechtsreform *f*; **l. reports** *[GB]* Urteils-, Entscheidungssammlung *f*; **l. school** 1. *[US]* juristische Fakultät; 2. *[GB]* Ausbildungsanstalt für Anwälte *(solicitors)*

Law Society *[GB]* Anwaltschaft *f*, (Rechts)-Anwaltskammer *f*, Selbstverwaltungsorganisation der Anwälte *(solicitors)*

law student Jurastudent(in) *m/f*

lawsuit *n* (Zivil)Klage, (Zivil)Prozess *m*, Klage(sache) *f*, Streitsache *f*, Rechtsstreit(igkeit) *m/f*; **pending the l.** während der Dauer des Prozesses

to abandon a lawsuit Klage zurückziehen/fallen lassen; **to bring/file/institute a l. against so.** gegen jdn einen Prozess anstrengen; **to stay a l.** Prozess unterbrechen; **class-action/group-action l.** Verbandsklage *f*

law session/term Gerichtsperiode *f*

lawyer *n* 1. (Rechts)Anwalt *m*, (Rechts-)Anwältin *f*; 2. Jurist(in) *m/f*; 3. Rechtsgelehrte(r) *f/m*; **l. acting as agent (for another lawyer)** Korrespondenzanwalt *m*; **l. specializing in ...** Fachanwalt *m*; **~ family law** Familienrechtler(in) *m/f*

to appoint/mandate/retain a lawyer (Rechts-)Anwalt nehmen/mandieren

canon lawyer Kirchenrechtler(in) *m/f*, Kanonist *m*; **commercial l.** Wirtschaftsjurist(in) *m/f*; **criminal l.** Strafrechtler(in) *m/f*; **female l.** Juristin *f*; **in-house l.** Justiziar(in) *m/f*; **fully qualified l.** Volljurist(in) *m/f*

lawyer|s' association Anwaltsverein *m*; **l.'s clerk** Anwaltsgehilfe *m*; **l.s' congress** Anwaltstag *m*; **l.'s fees** Anwaltsgebühren, Anwaltshonorar *nt*, Anwaltskosten; **~ office** Anwaltsbüro *nt*, Kanzlei *f*; **~ retaining lien** Zurückbehaltungsrecht des Anwalts; **~ robe** Anwaltsrobe *f*

lay *v/t* 1. legen; 2. auferlegen; 3. *(Beschwerde)* vorbringen; 4. *(Anzeige)* erstatten; 5. *(Anklage)* erheben

lay assessor Laienbeisitzer(in) *m/f*, Schöffe *m*; **substitute l. a.** Ersatzschöffe *m*

lay-by *n* 1. Halte-, Parkbucht *f*, Parkstreifen *m*

lay down *v/prep* niederlegen, aufstellen, festlegen

laying (of) an information *n* Einreichung/Erstattung einer (Straf)Anzeige

lay judge *[US]***/magistrate** *[GB]* Laienrichter(in) *m/f*

layman *n* Laie *m*, Nichtfachmann *m*

lead *n* 1. Hinweis *m*, Anhaltspunkt *m*; 2. *(Hund)* Leine *f*; 3. Spur *f*; **to follow a l.** Spur verfolgen; **false l.** falsche Spur

lead astray *v/t* irreleiten

leading *adj* leitend, federführend

lead-manager (of a consortium) *n* Konsortialführer(in) *m/f*

leaflet *n* 1. (Falt)Prospekt *m*; 2. Merkblatt *nt*; 3. Flugblatt *nt*

leak *n* undichte Stelle, Leck *nt*
leapfrog *v/i* (Instanzen) überspringen; **l. appeal; l.ging** *n* Sprungrevision *f*
lease *v/t* vermieten, verpachten
lease *n* 1. Miet-, Pachtverhältnis *nt*, Miet-, Pachtvertrag *m*; 2. Miete *f*, Pacht *f*; 3. Verpachtung *f*; **l. of a hunting ground** Jagdpacht *f*; **l. in perpetuity** Erbpacht *f*
to cancel/rescind a lease Miet-/Pachtvertrag aufheben; **to extend/renew a l.** Miet-/Pachtvertrag verlängern; **to have sth. on l.** etw. zur Pacht haben; **to let on l.** verpachten; **to sign a l.** Mietvertrag abschließen
agricultural lease Landpacht *f*; **commercial l.** Miet-/Pachtvertrag für gewerblich genutzte Räume; **lifetime l.** Pacht auf Lebenszeit; **permanent/perpetual l.** Dauerlehen *nt*, Dauernutzungsrecht *nt*; **standard-(form) l.** Einheitsmietvertrag *m*
lease agreement Miet-, Pachtvertrag *m*, Pacht-, Mietvereinbarung *f*; **l. deed** Miet-, Pachturkunde *f*

L

leasehold *n* Mietbesitz *m*, Pacht(besitz) *f/m*, Zeit-, Erbpacht *f*; **l. contract** Erbpachtvertrag *m*; **l. law** Erbbau-, Erbpachtrecht *nt*; **l. plot/property** Miet-, Pachtgrundstück *nt*; **l. residential property** Mietwohngrundstück *nt*; **l. tenancy agreement** Pachtvertrag *m*
leaseholder *n* (Erb-/Grund-/Zeit)Pächter(in) *m/f*, Pachtbesitzer *m*, Mieter(in) *m/f*; **l. tenant** Erbbauberechtigte(r) *f/m*
lease tenure Pachtdauer *f*
leash *n [US] (Hund)* Leine *f*
leasing *n* 1. Vermietung *f*, Verpachtung *f*; 2. Leasing *nt*, Anmietung *f*, Anpachtung *f*
leave *v/t* 1. (be)lassen, überlassen; 2. hinterlassen, vermachen, vererben; 3. erlauben, gestatten; 4. verlassen, räumen; 5. *(Posten)* aufgeben, ausscheiden; **l. blank** *(Formular)* unausgefüllt lassen; **l. out** auslassen; **l. so. to sth.** jdm etw. vererben
leave *n* 1. Genehmigung *f*, Erlaubnis *f*, Zulassung *f*; 2. Beurlaubung *f*, Urlaub *m*; **l. of absence** (genehmigter) Urlaub
leave to appeal Berufungs-, Rechtsmittelzulassung *f*, Zulassung der Revision; **to grant ~ (on a point of law)** Revision zulassen
leave of court gerichtliche Erlaubnis/Genehmigung, Genehmigung des Gerichts
annual leave Jahresurlaub *m*; **exceptional l.** Annahmebewilligung *f*; **prenatal l.** Schwangerschaftsurlaub *m*; **sick l.** Krankheitsurlaub *m*; **on ~** krankgeschrieben
ledger *n* 1. Haupt-, Geschäftsbuch *nt*; 2. Journal *nt*, Register *nt*
leeway *n* Spielraum *m*
legacy *n (bewegliche Sachen, Geld)* Vermächtnis *nt*, Erbe *nt*, Legat *nt*, Hinterlassenschaft *f*; **l. subject to conditions** Vermächtnis mit Auflagen
to accept a legacy Vermächtnis annehmen; **to disclaim a l.** Vermächtnis ausschlagen; **to grant a l.** Vermächtnis/Legat aussetzen; **to leave a l. to** Vermächtnis/Legat aussetzen für; **to refuse (to accept) a l.** Vermächtnis ausschlagen
alternative legacy Alternativvermächtnis *nt*; **civil-law l.** Damnationslegat *nt*; **contingent l.** bedingtes Vermächtnis; **demonstrative l.** Verschaffungsvermächtnis *nt*; **general l.** Gattungsvermächtnis *nt*; **joint l.** Mitvermächtnis *nt*; **optional l.** Wahlvermächtnis *nt*; **preferential l.** Vorausvermächtnis *nt*, Prälegat *nt*; **reversionary l.** Nachvermächtnis *nt*; **specific l.** Einzel-, Sonder-, Speziesvermächtnis *nt*, bedingtes Vermächtnis; **substitute l.** Ersatzvermächtnis *nt*; **total l.** Gesamtvermächtnis *nt*; **universal l.** Gesamtvermächtnis *nt*; **unspecified l.** Gattungsvermächtnis *nt*
legacy hunter Erbschleicher *m*; **l. hunting** Erberschleichung *f*
legal *adj* 1. rechtlich, gesetzlich, gesetz-, rechtmäßig, rechtsgültig, legal; 2. juristisch, Rechts-, Gerichts-
legalese *n (coll)* Juristen-, Rechtssprache *f*, Juristenjargon *m*
legal|ism *n* 1. juristischer Dogmatismus, strikte Einhaltung der Gesetze; 2. Amtsschimmel *m (coll)*; **l.istic** *adj* legalistisch
legality *n* Gesetz-, Rechtmäßigkeit *f*, Gesetzlichkeit *f*, Legalität *f*; **l. check** Legalitätskontrolle *f*; **l. principle** Legalitätsprinzip *nt*
legalization *n* 1. Legalisierung *f*; 2. (amtliche/gerichtliche) Beglaubigung, ~ Beurkundung
legalize *v/t* 1. legalisieren; 2. (amtlich) beglaubigen
legatee *n* Vermächtnisnehmer *m*, Legatar *m*, Bedachter *m*; **residuary l.** Erbe des Restnachlasses; **reversionary l.** Nachvermächtnisnehmer *m*; **sole l.** Einzelvermächtnisnehmer(in) *m/f*; **universal l.** Gesamtvermächtnisnehmer(in) *m/f*

legator *n* 1. Vermächtnisgeber *m*; 2. Erblasser *m*
legible *adj* leserlich, lesbar
legislate *v/i* Gesetze erlassen/machen/verabschieden
legislation *n* Gesetzgebung *f*; **l. on competition** Wettbewerbsgesetze *pl*; **l. against monopolies** Kartellgesetze *pl*; **to initiate l.** Gesetze einbringen/vorschlagen; **to overturn/repeal l.** Gesetze aufheben
amending legislation Novellierung *f*; **antitrust l.** *[US]* Kartellgesetzgebung *f*; **civil l.** Zivilgesetzgebung *f*; **concurrent l.** konkurrierende Gesetzgebung; **delegated l.** delegierte Gesetzgebung; **domestic l.** inländische/innerstaatliche Gesetzgebung; **economic l.** Wirtschaftsgesetzgebung *f*; **environmental l.** Umwelt(schutz)gesetzgebung *f*; **exclusive l.** ausschließliche Gesetzgebung; **federal l.** Bundesgesetzgebung *f*, Gesetzgebung des Bundes; **industrial l.** Arbeitsgesetzgebung *f*, arbeitsrechtliche Gesetzgebung; **penal l.** Strafgesetzgebung *f*; **proscriptive l.** Verbotsgesetzgebung *f*; **racial l.** Rassengesetzgebung *f*; **retroactive l.** rückwirkende Gesetzgebung; **social l.** Sozialgesetzgebung *f*, Sozialgesetze *pl*; **subordinate l.** unter-/nachgeordnete Gesetzgebung
legislative *n* Legislative *f*, gesetzgebende Gewalt; *adj* gesetzgebend, gesetzgeberisch, legislativ
legislator *n* Gesetzgeber *m*
legislature *n* 1. Gesetzgeber *m*, gesetzgebende Gewalt, Legislative *f*; 2. Gesetzgebungs-, Legislaturperiode *f*
legitimacy *n* 1. Legitimität *f*, Recht-, Gesetzmäßigkeit *f*; 2. Berechtigung *f*; 3. Ehelichkeit *f*
legitimate *adj* 1. rechtmäßig, legitim, gesetzlich zulässig; 2. berechtigt; 3. *(Kind)* ehelich
legitimate *v/t* legitimieren
legitimation *n* 1. Legitimierung *f*; 2. Legitimation *f*; 3. Ehelichkeitserklärung *f*; **l. of illegitimate children** Legitimation nichtehelicher Kinder; **l. by subsequent marriage** Legitimation durch nachfolgende Ehe
legitimize sth. etw. für rechtmäßig erklären
legum baccalaureus *(lat.)* **(LLB)** *n* Bakkalaureus der Rechtswissenschaften; **l. doctor** *(lat.)* **(LLD)** Doktor der Rechtswissenschaften; **l. magister** *(lat.)* **(LLM)** Magister der Rechtswissenschaften
leisure (time) *n* Freizeit *f*; **l. (time) activity** Freizeitgestaltung *f*; **~ pursuit** Freizeitbeschäftigung *f*
lend *v/t* (aus-/ver)leihen; **l. itself to** sich eignen für; **l. os. to sth.** sich für etw. hergeben
lender *n* 1. Darlehens-, Kreditgeber(in) *m/f*; 2. Ver-, Ausleiher *m*
lending Kreditgewährung *f*; **l. on goods** Warenbeleihung *f*; **l. without recourse** Kreditvergabe ohne Rückgriffsmöglichkeit auf den Schuldner; **l. against/on securities** Wertpapierbeleihung *f*, Effektenlombardierung *f*, Lombardgeschäft *nt*; **l. against security** Beleihung gegen Sicherheit
lending ceiling Beleihungsgrenze *f*; **l. commitment** Kreditzusage *f*; **l. obligation** Kreditverpflichtung *f*; **l. period** Leihfrist *f*, Leihzeit *f*; **base l. rate** Mindestzinssatz *m*; **l. right(s)** Verleihrecht *nt*; **l. terms** Kreditbedingungen, Zinskonditionen; **l. transaction** Darlehensgeschäft *nt*
length *n* Dauer *f*, Länge *f*; **l. of commitment** *(Psychiatrie)* Dauer der Unterbringung; **~ a holiday** Urlaubsdauer *f*; **~ life** Lebensdauer *f*, Lebenserwartung *f*; **~ sentence** Strafdauer *f*; **~ custodial sentence** Dauer der Freiheits-/Haftstrafe; **~ juvenile sentence** Dauer der Jugendstrafe; **~ service** 1. Dienstalter *nt*, Dienstzeit *f*; 2. (Dauer der) Betriebs-, Firmenzugehörigkeit *f*; **~ time** (Zeit)Dauer *f*
leniency *n* 1. Nachsicht *f*; 2. *(Richter)* Milde *f*; **to exercise l.** Milde/Nachsicht walten lassen
lenient *adj* 1. nachsichtig; 2. *(Strafe)* milde
less *adv/prep* 1. weniger; 2. abzüglich
lessee *n* Mieter(in) *m/f*, Pächter(in) *m/f*, Leasingnehmer(in) *m/f*; **l. rights** Pachtrechte
lessen *v/ti* 1. (ver)mindern, verringern; 2. abmildern, abschwächen, lindern; 3. nachlassen
lesson *n* 1. Lektion *f*, Unterrichtseinheit *f*; 2. *(Erfahrung)* Lehre *f*, Denkzettel *m*
lessor *n* Vermieter(in) *m/f*, Verpächter(in) *m/f*, Leasinggeber(in) *m/f*; **l.'s lien** Verpächterpfandrecht *nt*
let *v/t* 1. (zu)lassen; 2. vermieten, mietweise überlassen, verpachten
let off *v/prep* 1. (ohne Bestrafung) gehen

lassen; 2. *(Strafe)* erlassen; **I'll l. you off this time** diesmal drücke ich noch ein Auge zu *(coll)*

without let or hindrance *n* ohne jede Beschränkung

lethal *adj* tödlich, todbringend

lettable *adj* vermietbar

letter *n* 1. Brief *m*, Schreiben *nt*; 2. Buchstabe *m*; **l. of acknowledgment** Bestätigungsschreiben *nt*; **l. before action** anwaltliches Anforderungsschreiben; **l. of allocation/allotment** Zuteilungsanzeige *f*; **~ apology** Entschuldigungsschreiben *nt*; **l.(s) of appointment** Ernennungs-, Bestallungsurkunde *f*, Einstellungsschreiben *nt*; **l. of approval** Genehmigungsschreiben *nt*; **~ attorney** Vollmachtsurkunde *f*; **~ authority** Ermächtigungsschreiben *nt*; **~ complaint** Beschwerdebrief *m*; **~ condolence** Kondolenzbrief *m*; **~ safe conduct** Geleitbrief *m*; **~ confirmation** Bestätigungsschreiben *nt*, Bestätigungsbrief *m*

letter of credit (L/C) Akkreditiv *nt*, Kreditbrief *m*; **commercial l. of c.** Warenakkreditiv *nt*; **irrevocable l. of c.** unwiderrufliches Akkreditiv

L

letter of dismissal *(Arbeitgeber)* Kündigungsschreiben *nt*; **~ hypothecation** Pfand-, Verpfändungsurkunde *f*

letter of indemnity 1. Indemnitätsbrief *m*, Ausfallbürgschaftserklärung *f*, Schadloshaltungserklärung *f*, Versprechen der Schadloshaltung, Garantieerklärung *f*; 2. Konnossementsgarantie *f*

letter of intent Absichtserklärung *f*, (schriftliche) Willenserklärung

letter of the law Buchstabe des Gesetzes; **in accordance with the ~** formalrechtlich; **l.s of request** Rechtshilfeersuchen *nt* *(an ausländische Gerichte)*; **International L. of Request (ILOR)** internationales Rechtshilfeersuchen; **l. of resignation** *(Arbeitnehmer)* Kündigungsschreiben *nt*; **~ respite** Stundungszusage *f*; **~ sympathy** Kondolenzbrief *m*; **~ understanding** Vorvertrag *m*; **~ undertaking** Verpflichtungserklärung *f*; **(formal) ~ warning** Abmahnung *f*

circular letter Rundbrief *m*; **covering l.** Begleitschreiben *nt*, Begleitbrief *m*; **dunning l.** Mahnschreiben *nt*, Mahnung *f*; **follow-up l.** Folge-, Nachfass-, Erinnerungsschreiben *nt*; **handwritten l.** Handschreiben *nt*; **official l.** amtliches Schreiben; **recorded-delivery l.** Einschreiben/Einschreibebrief mit Rückschein; **registered l.** Einschreiben *nt*, Einschreibebrief *m*; **threatening l.** Drohbrief *m*

letters patent *pl* Patent(urkunde) *nt/f*; **l. rogatory** Amts-, Auskunfts-, Rechtshilfeersuchen *nt*

letting Vermietung *f*, Verpachtung *f*; **l. and leasing** Vermietung und Verpachtung; **l. agency** Wohnungsmakler *m*; **l. time** Mietdauer *f*; **l. value** Mietwert *m*

level *n* Stand *f*, Niveau *nt*, Höhe *f*; **l. of indebtedness** Verschuldungsgrad *m*; **~ pollution** Schadstoffbelastung *f*; **~ sentence** Strafhöhe *f*; **~ training** Ausbildungsstand *m*

level *v/t* gleichmachen, nivellieren

level crossing *[GB]* (Bahn)Übergang *m*; **l.-headed** *adj* ausgeglichen, ausgewogen, umsichtig

leviable *adj* pfändbar

levy *n* 1. (Steuer)Abgabe *f*, Belastung *f*, Umlage *f*, Erhebung *f*; 2. Beschlagnahmung *f*, Pfändung *f*

compulsory levy Zwangsabgabe *f*; **countervailing l.** Ausgleichsabgabe *f*; **environmental l.** Umweltabgabe *f*; **special ~** Umweltsonderabgabe *f*; **second l.** Nachpfändung *f*; **special l.** Sonderabgabe *f*; **supplementary l.** Ergänzungsabgabe *f*

levy *v/t* 1. *(Abgaben)* erheben; 2. beschlagnahmen, pfänden; **l. again** nachpfänden

levying upon cash funds *n* Kassenpfändung *f*; **l. of charges** Gebührenerhebung *f*; **l. upon the debtor's purse** Taschenpfändung *f*; **l. of execution** (Fahrnis-)Pfändung *f*; **anticipated ~** Vorwegpfändung *f*; **l. of a tax** Erhebung einer Steuer

lex fori *n* *(lat.)* Recht des Gerichtsstandes; **l. loci contractus** *(lat.)* Recht des Erfüllungsortes; **l. patriae** Recht des Heimatlandes; **l. rei sitae** *(lat.)* Realstatut *nt*; **l. situs** *(lat.)* Recht der belegenen Sache; **l. territorialis** *(lat.)* 1. Gebietsstatut *nt*; 2. *(Staatsbürgerschaft)* Recht der Herkunft

liabilities *pl* 1. (Haftungs)Verbindlichkeiten; 2. *(Bilanz)* Passiva, Passivmasse *f*; 3. Schulden; **accrued l.** aufgelaufene Verbindlichkeiten; **contingent l.** Haftungsverbindlichkeiten, Haftungsverhältnisse; **corporate l.** *[US]* Gesellschaftsverbindlichkeiten; **joint l.** Gesamtverbindlichkeit *f*; **medium and long-term l.** mittel- und langfristige Verbindlichkeiten; **stated l.**

ausgewiesene Verbindlichkeiten, Buchschuld *f*; **unrecorded l.** unverbuchte Verbindlichkeiten

liabilities of the estate (assets); l. arising from the estate Nachlassverbindlichkeiten; **l. incurred** eingegangene Verpflichtungen

liability *n* 1. Haftung *f*, Haftbarkeit *f*, Haftpflicht *f*, Haftungsfähigkeit *f*; 2. Schuld *f*, Verbindlichkeit *f*; 3. Verantwortlichkeit *f*, (zivilrechtliche) Verantwortung

liability for accidents Unfallhaftpflicht *f*; **~ industrial accidents** Haftung für Arbeitsunfälle; **strict ~ acts endangering public safety** Handlungshaftung *f*; **~ animals** Tierhalterhaftung *f*; **l. of the association** Vereinshaftung *f*; **l. on bills** Wechselobligo *nt*; **l. for public bodies** Organhaftung *f*; **l. of the common carrier** Spediteurhaftung *f*; **l. for a claim** Schadenshaftung *f*; **~ compensation** Ausgleichs-, Entschädigungs-, Regresspflicht *f*; **~ the consequences** Kausalhaftung *f*; **l. to make subsequent contributions** Nachschusshaftung *f*; **l. for costs** Kostenhaftung *f*; **~ damage caused by animals** Tierschadenshaftung *f*; **~ damages** Schaden(s)ersatzpflicht *f*, Verpflichtung zum Schaden(s)ersatz; **~ (contracted) debts** Schuldenhaftung *f*; **~ default** Verzugshaftung *f*

liability for defects (Sach)Mängelhaftung *f*; **~ in law** Haftung für Rechtsmängel; **~ in rem** *(lat.)* Haftung für Sachmängel; **l. to remedy a defect** Nachbesserungsanspruch *m*

liability for deficiencies Mankohaftung *f*; **l. in the second degree** subsidiäre Haftung; **l. to discover** Auskunftspflicht *f*; **~ make discovery** Vorlagepflicht *f*; **l. of the drug manufacturer** Arzneimittelhaftung *f*; **l. for endorsements** Wechselhaftung *f*; **l. in equity** Billigkeitshaftung *f*

liability for accidental/fortuitous events Zufallshaftung *f*; **~ fault; l. based on fault** Verschuldenshaftung *f*; **l. for own fault** Haftung für eigenes Verschulden; **l. is based on fault** Haftung setzt ein Verschulden voraus; **l. without fault** verschuldensunabhängige Haftung

liability under a guarantee Garantiehaftung *f*; **l. of heirs** Erbenhaftung *f*; **unlimited ~** unbeschränkte Erbenhaftung; **l. of the bona-fide holder** Haftung des redlichen Besitzers

liability for income tax Einkommensteuerhaftung *f*; **l. attaching to the inheritance** Nachlassverbindlichkeit *f*; **legal l. for injury** gesetzliche Schaden(s)ersatzpflicht *f*; **~ personal injury and property damage** Haftung bei Personen- und Sachschaden; **~ insolvency** Haftung für Zahlungsfähigkeit; **~ loss** Haftung für Schaden; **~ maintenance; l. to provide maintenance** Unterhaltspflicht *f*; **l. of members** Mitgliederhaftung *f*

liability for negligence Haftung für Fahrlässigkeit; **~ contributory negligence** Haftung bei Mitverschulden; **~ culpable negligence** Haftung bei Verschulden

liability of an official Amtshaftung *f*; **~ the owner** *(Kfz, Tiere)* Halterhaftung *f*; **~ the registered owner/user** Halterhaftung *f*; **l. to penalty** Strafbarkeit *f*; **l. for causing pollution** Umwelthaftung *f*; **l. to punishment** Straffälligkeit *f*; **l. on recourse** Rückgriffs-, Regresshaftung *f*, Regresspflicht *f*; **l. in rem** *(lat.)* dingliche Haftung; **l. of a civil servant** Beamtenhaftung *f*; **l. for a shortage** Mankohaftung *f*; **l. of states** Staatenhaftung *f*; **l. to be sued** Prozessfähigkeit *f*, Passivlegitimation *f*; **~ pay tax** Steuerpflicht *f*; **l. for third-party risks** Haftpflichtverbindlichkeit *f*

liability in tort Delikthaftung *f*, deliktische (Schadens)Haftung, Haftung aus unerlaubter Handlung, Verschuldenshaftung *f*; **l. arising from warranty of title** Rechtsmängelhaftung *f*

to absolve/free so. from a liability jdn von einer Haftung/Haftpflicht befreien; **to accept/assume l. for** Verantwortung/Haftung übernehmen für; **~ l. jointly** Haftung gemeinsam übernehmen; **to contract a l.** Haftung eingehen; **to disclaim l.** 1. Haftung ablehnen; 2. *(Vers.)* Deckung ablehnen; **to discharge a l.** 1. einer Verbindlichkeit nachkommen; 2. Verpflichtung erfüllen; **to establish l.** Haftung nachweisen; **to exclude l.** Haftung ausschließen; **~ one's l.** sich freizeichnen; **to be exonerated from l.** von der Haftung befreit werden; **to extend l.** Haftung erweitern; **to incur a l.** 1. haften; 2. Verbindlichkeit eingehen; 3. Verpflichtung eingehen/übernehmen/auf sich

L

nehmen; **to limit l.** Haftung beschränken; **to meet one's l.** seiner Verpflichtung/Verbindlichkeit nachkommen; **to negate l.** Haftung/Haftpflicht ausschließen; **to release so. from l.** jdn enthaften, ~ von einer Haftung/Haftpflicht befreien; **to repudiate l.** Haftung ablehnen

absolute liability Gefährdungshaftung *f*, unbeschränkte Haftpflicht; **accidental l.** Unfallhaftung *f*; **civil l.** zivilrechtliche Haftung; **~ of the polluter** Haftpflicht des Verursachers; **collective l.** Kollektivhaftung *f*; **contingent l.** Ausfall-, Eventualhaftung *f*, Eventualverbindlichkeit *f*, Eventualverpflichtung *f*; **contractual l.** Haftpflicht *f*, vertragliche Haftung/Haftpflicht, Haftung aus Vertrag, schuldrechtliche Verpflichtung, Vertragshaftung *f*; **contributory l.** Ausgleichshaftung *f*; **criminal l.** Strafbarkeit *f*; **cross l.** wechselseitiges Haftungsverhältnis; **culpable l.** Haftung bei Verschulden; **custodial l.** Obhutshaftung *f*; **direct l.** Durchgriffshaftung *f*; **environmental l. act** Umwelthaftungsgesetz *nt*; **existing l.** Altverbindlichkeit *f*; **extended l.** erweiterte/weitergehende Haftung; **full l.** Vollhaftung *f*; **general l.** allgemeine Haftung; **~ insurance** allgemeine Haftpflichtversicherung; **hazardous l.** Zufallshaftung *f*; **industrial l.** arbeitsrechtliche Haftung

joint liability Kollektiv-, Mithaftung *f*; **~ and several l.** Gesamt-, Solidarhaftung *f*, gesamtschuldnerische/solidarische Haftung, Solidarverbindlichkeit *f*; **legal l.** (gesetzliche) Haftpflicht; **limited l.** beschränkte Haftung/Haftpflicht, Beschränkung der Haftung; **to have ~** beschränkt haftbar sein; **~ cover** Rechtsschutzversicherung *f*; **maximum l.** Haftungshöchstbetrag *m*; **medical l.** Arzthaftung *f*; **~ case/proceedings** Arzthaftungsprozess *m*; **non-contractual l.** außervertragliche Haftung; **original l.** ursprüngliches Schuldverhältnis; **parental l.** Haftung der Eltern; **partial l.** Teilhaftung *f*; **penal l.** *[US]* strafrechtliche Verantwortlichkeit; **personal l.** persönliche Haftung, Individualhaftung *f*; **pre-contractual l.** vorvertragliche Haftung; **pre-existing l.** bereits bestehende Haftung; **primary l.** Vorausshaftung *f*; **prior l.** Vorhaftung *f*; **professional l.** Berufshaftung *f*; **pubic l.** 1. allgemeine Haftpflicht, gesetzliche Haftung/Haftpflicht; 2. Amts-, Staatshaftung *f*; **~ insurance** allgemeine Haftpflichtversicherung

secondary liability Nach(folge)-, Mithaftung *f*; **several l.** Einzel-, Individualhaftung *f*; **simultaneous l.** Simultanhaftung *f*; **statutory l.** Haftpflicht, gesetzliche Haftung/Haftpflicht; **strict l.** strenge/unbedingte/verschuldensunabhängige Haftung, Gefährdungs-, Erfolgshaftung *f*; **~ offence/tort** Gefährdungsdelikt *nt*; **subsequent l.** Nachhaftung *f*; **substitute l.** Ersatzhaftung *f*, Ersatzverbindlichkeit *f*; **third-party l.** Dritt-, Fremdhaftung *f*, Haftung gegenüber Dritten; **tortious l.** Delikt-, Verschuldenshaftung *f*, deliktische Haftung, Haftung aus unerlaubter Handlung; **capable of ~** deliktfähig; **unlimited l.** unbeschränkte Haftung/Haftpflicht; **vicarious l.** Haftung für den (Erfüllungs-/Verrichtungs)Gehilfen, ~ Dritte, ~ fremdes Verschulden, stellvertretende Haftung

liability action Haftungsklage *f*; **l. case** Haftpflichtprozess *m*; **l. claim** Haftungsanspruch *m*, Schaden(s)ersatzforderung *f*; **l. clause** Haftungsklausel *f*; **l. cover(age)** Haftungssumme *f*

liability insurance Haftpflichtversicherung *f*; **covered by l. i.** haftpflichtversichert; **personal l. i.** (Privat)Haftpflichtversicherung *f*; **professional l. i.** Berufshaftpflichtversicherung *f*

liability insurer Haftpflichtversicherer *m*; **l. order** Pfändungsbeschluss *m*; **l. period** Haftungsfrist *f*, Haftungszeitraum *m*; **l. privilege** Haftungsprivileg *nt*; **l. provisions** Haftungsbestimmungen; **l. ranking** Haftungsordnung *f*; **l. risk** Haftungsrisiko *nt*; **l. system** Haftungssystem *nt*

liable *adj* 1. haftbar, haftpflichtig, haftend; 2. verantwortlich, verpflichtet; **to be l. for** 1. haften/haftpflichtig sein für; 2. einstehen für; 3. unterworfen/ausgesetzt sein, unterliegen; **l. for os.** selbsthaftend

liable to pay alimony alimentenpflichtig; **l. to compensation** entschädigungspflichtig; **~ make further contributions** nachschusspflichtig; **~ disclose** auskunftspflichtig; **~ indemnifty** (schaden)ersatzpflichtig; **l. for insurance** versicherungspflichtig; **l. to pay** zahlungspflichtig; **~ pay the costs** kostenpflichtig; **~ prosecution** strafrechtlicher Verfolgung unterlie-

gend; ~ **proceedings** belangbar; ~ **punishment** strafbar; ~ **recourse** regresspflichtig
to be contingently liable bedingt haften; **criminally l.** strafrechtlich haftbar; **directly l.** unmittelbar haftbar, selbstschuldnerisch; **to be fully l.** unbeschränkt haften; ~ **jointly l.** mithaften; **jointly and severally l.** gesamtschuldnerisch, gesamtschuldnerisch/gesamtverbindlich/solidarisch haftbar; **to be personally l.** persönlich haften; ~ **severally l.** einzeln haften, ~ haftbar sein; ~ **vicariously l.** für den Erfüllungsgehilfen haften; **to hold so. l.** jdn haftbar machen
liaison *n* Verbindung *f*, Zusammenarbeit *f*; **l. with competent authorities** Verbindung mit zuständigen Behörden; **l. office** Verbindungsbüro *nt*; **l. officer** Verbindungsbeamter *m*, Verbindungsbeamtin *f*, Verbindungsoffizier *f*
liar *n* Lügner(in) *m/f*
libel *n* *(dauerhaft, schriftlich)* Verleumdung *f*, üble Nachrede, Beleidigung *f*, Ehrverletzung *f*, ehrenrührige Behauptung, Diffamierung *f*, Anschwärzung *f*; **collective l.** Kollektivbeleidigung *f*
libel *v/t* diffamieren, verleumden; **l. action/suit** Verleumdungsklage *f*
libellous *adj* diffamierend, verleumderisch
liberaliz|ation *n* Liberalisierung *f*; **l.e** *v/t* liberalisieren
liberat|e *v/t* befreien; **l.ion** Befreiung *f*
civil liberties *pl* Grundrechte
liberty *n* Freiheit *f*; **to be at l. (to)** freie Hand haben, Erlaubnis haben, freistehen; **l. of conscience** Gewissensfreiheit *f*; **l. to come and go** Freizügigkeit *f*; ~ **move** Bewegungsfreiheit *f*; **civil l.** Grundfreiheit *f*; **personal l.** Freizügigkeit *f*
licence *[GB]*; **license** *[US]* *n* 1. Erlaubnis *f*, Lizenz *f*, Genehmigung *f*, Berechtigung *f*, Gestattung *f*, Lizenzrecht *nt*; 2. *(Dokument)* Zulassung *f*; 3. *(Urheberrecht)* Nutzungsrecht *nt*; 4. Zulassungsurkunde *f*; **subject to a l.** lizenz-, konzessionspflichtig
licence to exploit Ausbeutungslizenz *f*; ~ **possess firearms** Waffenbesitzkarte *f*; ~ **kill** Freibrief zum Töten; ~ **marry** Heiratserlaubnis *f*; ~ **operate** Betriebsgenehmigung *f*, Konzession *f*; **l. under a patent** Lizenz an einem Patent; **l. to practise** Approbation *f*; **to revoke so.'s ~** jdm die Approbation entziehen; **l. to sell** Verkaufslizenz *f*; ~ **alcohol** Schankerlaubnis *f*; ~ **ales, beers, wines, spirits and intoxicating liquors** *[GB]* (Getränke)-Ausschankgenehmigung *f*; **l. to trade** Gewerbeberechtigung *f*, Gewerbeerlaubnis *f*, Gewerbekonzession *f*, Gewerbeschein *m*; Gewerbezulassung *f*
to acquire/take out a licence Lizenz erwerben; **to apply for a l.** Konzession beantragen, um Konzessionserteilung bitten; **to grant a l.** Konzession/Lizenz erteilen; **to manufacture under l.** in Lizenz (nach)bauen; **to obtain a l.** Konzession erhalten; **to revoke/withdraw so.'s l.** jds Zulassung/Konzession entziehen
expired licence abgelaufene Zulassung; **multiple l.** Mehrfachlizenz *f*; **non-exclusive l.** einfache Lizenz; **official l.** behördliche Genehmigung; **professional l.** Genehmigung zur Ausübung eines Berufs; **royalty-free l.** unentgeltliche Lizenz; **statutory l.** gesetzliche Lizenz
licence agreement Lizenzvertrag *m*, Lizenzabkommen *nt*; **l. award** Konzessions-, Lizenzvergabe *f*; **l. duty/fee** 1. Lizenzgebühr *f*, Konzessionsabgabe *f*; 2. Kfz-Steuer *f*; **l. holder** Lizenzinhaber(in) *m/f*, Lizenznehmer(in) *m/f*; **l. plate** *(Kfz)* amtliches Kennzeichen, Nummern-, Kennzeichenschild *nt*; **l. requirement** Genehmigungspflicht *f*; **l. tax** Lizenzgebühr *f*, Konzessionssteuer *f*
license *v/t* (amtlich) genehmigen, lizensieren, konzessionieren, Lizenz erteilen
licensed *adj* *(Arzt, Kfz)* zugelassen; **l. to hunt** jagdberechtigt; ~ **practise (in) sth.** für etw. zugelassen sein
licensee *n* Konzessions-, Lizenzinhaber(in) *m/f*, Lizenznehmer(in) *m/f*
licensing *n* 1. Konzessionierung *f*, Konzessionserteilung *f*, Konzessionsvergabe *f*, Lizensierung *f*, Lizenzbewilligung *f*, Lizenzeinräumung *f*, Lizenzgewährung *f*, Lizenzvergabe *f*; 2. *(Vorgang)* Zulassung(serteilung) *f*; **not subject to l.; compulsory l.** Zwangslizenz *f*; genehmigungsfrei; **subject to l.** erlaubnis-, genehmigungspflichtig
licensing act Gaststättengesetz *nt*; **l. agreement/contract** Gestattungs-, Konzessions-, Lizenzvertrag *m*, Lizenzabkommen *nt*; **l. authority** Zulassungs-, Genehmigungsbehörde *f*; **l. hours** (Aus)Schankzeiten;

L

l. law Lizenzrecht *nt*; **l. laws** *[GB]* Schankgesetze; **L. Office** *[GB] (Kfz)* Zulassungsstelle *f*; **l. procedure** Bewilligungs-, Genehmigungs-, Zulassungsverfahren *nt*; **l. requirement** Lizenzvorschrift *f*, Genehmigungserfordernis *f*; **l. r.s** Zulassungserfordernisse, Zulassungsordnung *f*, Zulassungsvoraussetzungen; **l. system** Konzessionssystem *nt*

licensor *n* Lizenzgeber(in) *m/f*

licensure *n [US]* Zulassungsverfahren *nt*, Konzessionierung *f*, Konzessionserteilung *f*, Konzessionsvergabe *f*, Lizensierung *f*, Lizenzbewilligung *f*, Lizenzeinräumung *f*, Lizenzgewährung *f*, Lizenzvergabe *f*

lie *n* Lüge *f*; **l. to cover os.** Schutzbehauptung *f*; **to give so. the l.** jdn Lügen strafen; **white l.** Notlüge *f*; **l. detector** Lügendetektor *m*

lie *v/i* 1. lügen, Unwahrheit sagen; 2. liegen

lien *n* Pfand(recht) *nt*, Zurückbehaltungsrecht *nt*; **l. on cargo** Ladungspfandrecht *nt*; **~ chattels** Mobiliarpfandrecht *nt*; **~ property** Grundpfandrecht *nt*

to create a lien Pfandrecht bestellen; **to enforce a l.** Zurückbehaltungsrecht geltend machen

contractual/contractually agreed lien vertragliches Pfand(recht); **commercial/mercantile l.** kaufmännisches Pfandrecht; **extended l.** erweitertes Pfandrecht; **general l.** allgemeines Zurückbehaltungsrecht; **junior l.** nachrangiges Pfandrecht; **maritime l.** Schiffs-, Seepfandrecht *nt*; **possessory l.** Besitzpfandrecht *nt*; **registered l.** Registerpfandrecht *nt*; **statutory l.** gesetzliches Pfandrecht

lienholder; lienor *n* Pfandgläubiger(in) *m/f*

in lieu of *prep* anstelle von, anstatt

life *n* 1. Leben(sdauer) *nt/f*; 2. *(Vers.)* Laufzeit *f*; **during the l. of** zu Lebzeiten von; **for l.** lebenslänglich, auf Lebenszeit; **appointed ~** auf Lebenszeit ernannt; **useful l.** Nutzungsdauer *f*

life of the contract Vertragslaufzeit *f*, Laufzeit des Vertrags; **combined l. and endowment insurance** *(auf Todes- und Erlebensfall)* abgekürzte Lebensversicherung; **l. of a patent** Patentdauer *f*; **~ the policy** Laufzeit der Versicherung

conjugal/marital life Lebensgemeinschaft *f*, eheliche Lebensverhältnisse; **double l.** Doppelleben *nt*; **human l.** Menschenleben *nt*; **private l.** Privatleben *nt*, Privatsphäre *f*; **public l.** öffentliches Leben; **remaining l.** Restlaufzeit *f*; **useful l.** Lebens-, Nutzungsdauer *f*; **ordinary ~** betriebsgewöhnliche Nutzungsdauer; **remaining ~** Restnutzungsdauer *f*

life annuity Lebens-, Leibrente *f*, lebenslängliche Rente; **l. assurance** Lebensversicherung *f*; **~ contract** Lebensversicherungsvertrag *m*; **to take out a ~ contract** Lebensversicherungsvertrag abschließen; **l. contract** Vertrag auf Lebenszeit

life-endangering *adj* lebensgefährlich

life endowment Leibgedinge *nt*; **l. expectancy** Lebenserwartung *f*; **l. experience** Lebenserfahrung *f*; **to sentence so. to l. imprisonment** jdn lebenslänglich verurteilen, ~ zu einer lebenslänglichen (Haft)Strafe verurteilen

life insurance Lebensversicherung *f*; **mutual l. i.** Lebensversicherung auf Gegenseitigkeit; **l. i. premium** Lebensversicherungsprämie *f*

the life insured *(Lebensvers.)* der/die Versicherte

life interest lebenslänglicher Nießbrauch, lebenslängliches (Nutzungs)Recht; **l. member** Mitglied auf Lebenszeit

life sentence lebenslange/lebenslängliche Freiheitsstrafe; **to receive a l. s.** zu lebenslänglicher Freiheitsstrafe verurteilt werden; **to serve a l. s.** eine lebenslängliche Freiheitsstrafe verbüßen

life tenant Nießbraucher(in) *m/f*, lebenslänglicher Pächter; **l. tenure** lebenslängliche Anstellung, Anstellung auf Lebenszeit

lifelong *adj* lebenslang, lebenslänglich

lifer *n (coll)* Lebenslängliche(r) *f/m*, lebenslänglich Verurteilte(r) *f/m*

slovenly lifestyle *n* Lotterleben *nt*

life-threatening *adj* lebensgefährlich

lifetime *n* Lebenszeit *f*; **l. transfer** Schenkung zu Lebenszeiten

lift *n* Mitfahrgelegenheit *f*; **to give so. a l.** jdn (im Kfz) mitnehmen

lift *v/t* 1. (auf-/an)heben; 2. *(Genehmigung, Verbot)* aufheben; 3. *(coll)* klauen, stehlen; 4. plagiieren, Plagiat begehen

lifting *(Bestimmung, Verbot, Zensur)* Aufhebung *f*; **l. of restrictions** Aufhebung/Beseitigung von Beschränkungen

light *n* 1. Licht *nt*; 2. Lampe *f*; 3. *(Zigarette)*

Feuer *nt*; **to come to l.** zutage treten; **ancient l.s** *[GB]* Licht-, und Fensterrecht *nt*; **red l. district** Bordell-, Rotlichtbezirk *m*; **l.ing** *n* Beleuchtung; **~ conditions** Lichtverhältnisse

lightning *n* Blitzschlag *m*; **l. damage** Blitzschaden *m*

likelihood *n* Wahrscheinlichkeit *f*; **l. of confusion** *(Warenzeichen)* Verwechslungsgefahr *f*

likely *adj* wahrscheinlich

limb *n* Glied *nt*

limit *n* 1. Grenze *f*, Höchstbetrag *m*, Rahmen *m*; 2. Begrenzung *f*, Beschränkung *f*, Schranke *f*; 3. Grenzwert *m*

limit of authority Vollmachtsbeschränkung *f*; **~ exemption from execution** Pfändungsfreigrenze *f*; **~ indemnity** Haftungsgrenze *f*; **aggregate ~ liability** Haftungsobergrenze *f*

to be way over the limit weit über der Promillegrenze liegen

prescribed limit gesetzlicher Grenzwert; **prescriptive l.** Ersitzungsfrist *f*; **statutory l.** Pflichtgrenze *f*; **upper l.** Obergrenze *f*

limit *v/t* begrenzen, beschränken, einschränken, befristen

limitation *n* 1. Begrenzung *f*, Beschränkung *f*; 2. Einschränkung *f*; 3. Verjährung *f*; **l. of actions** Verjährung *f*; **~ action for warranty claims** Verjährung der Gewährleistungsansprüche; **~ authority** Vollmachtsbeschränkung *f*; **~ a claim** Ausschlussfrist *f*, Anspruchsverjährung *f*; **~ freedom to contract** Beschränkung der Vertragsfreiheit; **~ jurisdiction** Beschränkung der Zuständigkeit; **~ liability** Haftungsbeschränkung *f*, Haftungsbegrenzung *f*; Beschränkung der Haftung, Haftungsgrenze *f*; **~ ownership** Begrenzung des Eigentums; **~ the statutory portion** Pflichtteilsbeschränkung *f*; **~ prescription** Feststellungsverjährung *f*; **~ (criminal) prosecution** (Straf)Verfolgungsverjährung *f*, Verjährung der Strafverfolgung, Verjährbarkeit *f*; **~ remedy** Verjährung von Rechtsbehelfen; **~ the right to ...** Beschränkung des Rechts auf ...; **~ sentence** Vollstreckungsverjährung *f*; **~ time** Verjährung *f*

contractual limitation vertraglich vereinbarte Haftungsbeschränkung; **statutory l.** Verjährung *f*

limitation act Verjährungsgesetz *nt*; **l. period** Verjährungsfrist *f*; **the ~ runs from ...** die Verjährungsfrist beginnt am ...; **l. provision** Verjährungsklausel *f*, Verjährungsbestimmung *f*

limited *adj* 1. *(Geschäftsfähigkeit, Haftung)* beschränkt, begrenzt; 2. *(Angebot, Garantie)* befristet; 3. *(Gesellschaft)* mit beschränkter Haftung

limiting *adj* *(Klausel)* be-, einschränkend

line *n* 1. Linie *f*, Strich *m*, Zeile *f*; 2. Verwandtschaftslinie *f*; 3. Leitung *f*, Verbindung *f*; 4. Arbeitsgebiet *nt*, Fach *nt*; 5. Art und Weise *f*

line of action Vorgehens-, Handlungsweise *f*; **~ argument** Beweisführung *f*, Argumentation *f*; **~ attack** Taktik *f*; **~ business** Branche *f*; **l.s of communication** Verbindungswege; **l. of inquiry** *(Polizei)* Richtung der Ermittlung; **~ succession** Erblinie *f*

to bring into line gleichschalten; **to hold the l.** *(Telefon)* am Apparat bleiben; **to read between the l.s** zwischen den Zeilen lesen; **to sign on the dotted l.** (auf der gepunkteten Linie) unterschreiben; **to take the l.** die Ansicht vertreten; **~ a strong l.** energisch vorgehen; **to toe the l.** sich einfügen/unterwerfen

collateral line *(Familie)* Nebenlinie *f*; **side-of-pavement l.** *(Fahrbahnrand)* Leitlinie *f*; **guiding l.** Richtlinie *f*

line gremlin *(coll)* unerklärlicher Datenverlust; **l. spacing** Zeilenabstand *m*

lineal *adj* *(Abstammung)* direkt, in gerader Linie

line-up *n* 1. Gruppierung *f*; 2. Schlange *f*; 3. *[US]* polizeiliche Gegenüberstellung, Wahlgegenüberstellung *f*

link *n* 1. Verbindung(sstück) *f/nt*; 2. (Binde-/Ketten)Glied *nt*; **l. between offenders** Täterverbindung *f*

linked *adj* verbunden

link road (Autobahn)Zubringer *m*, Verbindungsstraße *f*

lip-service *n* Lippenbekenntnis *nt*; **to pay l.-s.** Lippenbekenntnis ablegen

liquid *adj* 1. liquide, flüssig; 2. *(Finanzen)* verfügbar, solvent, liquide, flüssig *(coll)*

liquidate *v/t* 1. *(Firma)* auflösen, abwickeln, liquidieren; 2. verflüssigen, flüssig machen

liquidation *n* 1. Auflösung *f*, Liquidation *f*; 2. Tilgung *f*; 3. Töten *nt*, Liquidieren *nt*, Beseitigen *nt*; **in l.** in Abwicklung/Liquidation; **to go into l.** in Liquidation gehen; **compulsory l.** Zwangsliquidation *f*, Zwangsauflösung *f*

involuntary liquidation Gesellschaftskonkurs *m*; **voluntary l.** freiwillige Liquidation

liquidation proceedings Liquidationsverfahren *nt*; **l. sale** Verkauf wegen Geschäftsaufgabe *f*; **l. value** Liquidations-, Veräußerungswert *m*

liquidator *n* Abwickler *m*, Liquidator *m*; **court-appointed l.** gerichtlich bestellter Abwickler

liquor *n* Alkohol *m*, Spirituosen *pl*; **intoxicating l.s** alkoholische/berauschende Getränke; **l. licence** Ausschanklizenz *f*, Schankerlaubnis *f*, Schankkonzession *f*, Getränkeausschankgenehmigung *f*

lis (alibi) pendens *(lat.) n* (anderweitig) anhängiger Rechtsstreit

list *n* Liste *f*, Verzeichnis *nt*, Aufstellung *f*; **to be on the short l.** in der engeren Wahl sein

L

to close a list Liste schließen; **to compile a l.** Liste zusammenstellen, Verzeichnis anlegen; **to delete from the l.** von der Liste streichen/löschen; **to enter in a l.** in eine Liste eintragen; **to strike off the l.** von der Liste streichen; **electoral l.** Wählerliste *f*, Wahlliste *f*; **‚wanted' l.** Steckbrief *m*; **to be on the ~** steckbrieflich gesucht werden

list of assets Vermögensverzeichnis *nt*; **~ adjudicated bankrupts** Konkursschuldnerverzeichnis *nt*; **~ candidates** Kandidatenliste *f*; **~ cases** Fallsammlung *f*; **~ charges** Gebührenordnung *f*; **~ previous convictions** Vorstrafenregister *nt*; **~ creditors** Gläubigerverzeichnis *nt*; **~ creditors' claims** Konkurstabelle *f*; **~ prohibited items** Verbotsliste *f*; **~ names** Namensverzeichnis *nt*; **~ penalties** Bußgeldkatalog *m*; **representative ~ rents** Mietspiegel *m*; **~ civil rights** Grundrechtskatalog *m*; **~ solicitors** Anwaltsliste *f*

listen in *v/prep (zweiter Telefonhörer)* mithören

listed *adj* 1. *(Gebäude)* unter Denkmalschutz stehend; 2. *(Unternehmen)* an der Börse notiert, börsengängig; **officially l.** amtlich zugelassen

listing(s) officer *n [GB]* Verwaltungsbeamter *m (für Listen, wann und wo die Verhandlungen stattfinden)*

list price Listenpreis *m*

literal *adj* buchstäblich, wörtlich

literature *n* Literatur *f*; **obscene l.** unzüchtige Literatur

litigable *adj* justitiabel

litigant *adj (ZR)* prozessführend; *n* prozessführende Partei, aktive Prozesspartei, Prozessführende(r) *f/m*, Streitpartei *f*, Streitender *m*; **l. in person** Naturalpartei *f*

joint litigant Streitgenosse *m*, Streitgenossin *f*; **successful l.** obsiegende Partei; **vexatious l.** Querulant(in) *m/f*, Prozesshansel *m (coll)*

litigate *v/i (ZR)* prozessieren, Prozess führen/anstrengen/betreiben, Rechtsstreit führen, Streit vor Gericht austragen

litigation *n* 1. *(ZR)* Prozess *m*, Rechtsstreit(igkeiten) *m/pl*, Streitsache *f*, Streitverfahren *nt*; 2. Prozessführung *f*, Prozessieren *nt*; 3. Rechts-, Klageweg *m*; **in l.** streitbefangen; **l. between two public bodies** Organstreit *m*; **l. about an inheritance** Erbschaftsstreit *m*; **l. with necessary representation by lawyers** Anwaltsprozess *m*

to resort to litigation Klage erheben, Rechtsweg beschreiten; **to (seek to) recover by l.** ausklagen; **to settle the l.** Rechtsstreit beilegen

civil litigation Zivilprozess *m*; **frivolous/vexatious l.** mutwillige/schikanöse Klage; **pending l.** anhängiger Rechtsstreit

litigation costs Prozesskosten; **l. friend** Prozesspfleger(in) *m/f*; **l. insurance** Rechtsschutzversicherung *f*

litigator *n* (aktive) Prozesspartei

litigious *adj* 1. strittig, streitig, streitbefangen; 2. prozesssüchtig, querulatorisch; **l. person** Querulant(in) *m/f*; **l.ness** Prozesssucht *f*

live *v/i* 1. leben; 2. wohnen; **l. apart** getrennt leben

livelihood *n* Lebensunterhalt *m*, Auskommen *nt*, Erwerbsgrundlage *f*; **to earn one's l.** seinen Lebensunterhalt verdienen; **to secure one's l.** seinen Lebensunterhalt sichern

livery *n* 1. Besitzübergabe *f*, Besitzübertragung *f*; 2. Dienst-, Amtskleidung *f*; **l. of seisin** Besitzeinweisung *f*

livestock *n* Vieh(bestand) *nt/m*, lebendes Inventar; **l. dealer** Viehhändler(in) *m/f*; **l. farming** Viehhaltung *f*; **intensive ~** Massentierhaltung *f*

post-mortem lividity *n* Leichen-, Totenfleck *m*
living *n* Lebensunterhalt *m*, Existenz *f*, **l. (separate and) apart** Getrenntleben *nt*; **~** *adj* getrennt lebend
living allowance Unterhaltszuschuss *m*; **l. conditions** Wohnverhältnisse; **l. together as husband and wife** eheähnlich; **l. person** Lebende(r) *f/m*; **l. space** Wohn-, Lebensraum *m*; **l. standard** Lebensstandard *m*; **l. wage** Existenzminimum *nt*, ausreichender Lohn
load *n* 1. Last *f*; 2. (Zu)Ladung *f*; 3. Belastung *f*; **permissible/maximum/safe l.** Höchstbelastung *f*, Höchstlast *f*, zulässige Belastung; **total l.** Gesamtgewicht *nt*
loan *n* 1. Kredit *m*, Darlehen *nt*; 2. Leihe *f*, Leihgabe *f*; **on l.** 1. ausgeliehen; 2. leihweise
loan against collateral Darlehen gegen Pfandbestellung; **l. secured on land** Bodenkredit *m*; **l.s and mortgages** Darlehen und Hypotheken; **l. subject to notice** kündbares Darlehen; **l. secured by property** Immobiliarkredit *m*; **l. on collateral securities** Wertpapierdarlehen *nt*; **l. with a term of ...** Darlehen mit einer Laufzeit von ...
to cancel a loan Darlehen kündigen; **to collateralize a l.** Darlehen besichern; **to extend a l.** Kredit verlängern; **to grant a l.** Kredit gewähren, Darlehen geben; **to pay off/redeem a l.** Kredit/Darlehen zurückzahlen, ~ tilgen; **to raise a l.** Darlehen/Kredit aufnehmen; **to securitize a l.** Darlehen besichern
amortized loan abgeschriebenes Darlehen; **bridging l.** Überbrückungsdarlehen *nt*; **collateral l.** Lombard-, Realkredit *m*; **collateralized l.** besichertes Darlehen; **contractual l.** vertragliches Darlehen; **convertible l.** Wandelanleihe *f*; **fiduciary l.** Personalkredit *m*, ungesichertes Darlehen; **frozen l.** eingefrorenes Darlehen; **interest-bearing l.** verzinsliches Darlehen; **interest-free l.** unverzinsliches Darlehen; **interest-only l.** tilgungsfreies Darlehen; **irredeemable l.** unkündbares Darlehen; **junior l.** nachrangiges Darlehen; **non-performing l.** notleidender Kredit; **personal l.** Klein-, Personalkredit *m*; **redeemable l.** Tilgungsdarlehen *nt*; **residual l.** Restdarlehen *nt*; **secured l.** gesichertes Darlehen; **securitized l.** besichertes Darlehen; **small l.** Kleinkredit *m*; **tax-favoured l.** steuerbegünstigte Anleihe; **tied l.** (projekt)gebundener Kredit; **undated l.** unbefristetes Darlehen; **unsecured l.** ungesichertes Darlehen, ungedeckter Kredit
loan *v/t* (ver)leihen
loan agreement Darlehens-, Kreditvereinbarung *f*, Darlehens-, Kreditvertrag *m*; **l. application** Darlehens-, Kreditantrag *m*; **l. ceiling** Kreditgrenze *f*; **l. commitment/covenant** Darlehens-, Kreditzusage *f*; **l. contract** 1. Darlehens-, Kreditvertrag *m*; 2. Leihvertrag *m*; **l. facility** Kreditrahmen *m*; **l. guarantee** Darlehensbürgschaft *f*; **l. repayment** Darlehens-, Kredittilgung *f*; **l. shark** *(coll)* Kredithai *m (coll)*, Zinswucherer *m*; **l. society** Kreditverein *m*; **l. terms** Darlehens-, Kreditbedingungen
loathe *v/t* verabscheuen
local *adj* örtlich, ortsansässig, hiesig; **l.ity** 1. Örtlichkeit *f*; 2. Ortschaft *f*
locate *v/t* ausfindig machen, orten
location *n* 1. (Stand)Ort *m*, Lage *f*, Position *f*, Platz *m*; 2. Auffinden *nt*, Positionsbestimmung *f*, Feststellung *f*; **exact/precise l.** genaue Ortsangabe; **~ of the accident** genauer Unfallort; **residential l.** Wohnlage *f*
lock *n* Schloss *nt*, Verschluss *m*; **under l. and key** unter Verschluss, hinter Schloss und Riegel
lock *v/t* verschließen; **l. away** *v/t* wegschließen
locked *adj* verschlossen, abgeschlossen
lock out *v/prep* aussperren; **l. out** *n* Aussperrung *f*; **l. up** *v/prep* einsperren; **l.up** *n* Gewahrsamszelle *f*, Karzer *m (coll)*
loco citato (loc. cit.) *n (lat.)* *(Buch)* am angegebenen Ort (a.a.O.); **in l. parentis** *adj (lat.)* an Eltern Statt
locum *n (lat.)* *(Arzt, Apotheker)* Urlaubsvertretung *f*, Stellvertreter(in) *m/f*
locus rei sitae *n (lat.)* Belegenheit *f*
lodge *v/t* 1. *(Antrag, Berufung, Beschwerde)* einreichen; 2. *(Geld)* deponieren, einlegen; 3. *(Gegenstand)* hinterlegen; 4. unterbringen; **l.r** *n* Untermieter(in) *m/f*; **to take so. in as a ~** jdn in Untermiete nehmen
lodging *n* 1. Unterkunft f, Beherbergung *f*, Obdach *nt*; 2. Einlegung *f*, Erhebung *f*; **l. (of) an appeal** Einlegung der Berufung, Beschwerde-, Rechtsmittel-, Revisions-

einlegung *f*; **~ a claim** Erhebung eines Anspruchs; **~ a complaint** Erhebung einer Beschwerde; **~ an objection** Einspruchseinlegung *f*; **~ legal remedy** Einlegung eines Rechtsbehelfs;**~ a security** Hinterlegung einer Sicherheit

to live in lodgings möbliert/zur Untermiete wohnen

lodgment *n* Deponierung *f*, Hinterlegung bei Gericht; **l. order** Hinterlegungsverfügung *f*

loft *n* Speicher *m*, Dachgeschoss *nt*, Dachboden *m*

logbook *n* Fahrtenbuch *nt*

loiter *v/i* sich herumtreiben; **l.ing** *n* Stadtstreicherei *f*; **~ with intent** Verdacht erregendes Herumstehen

loner *n* Einzelgänger(in) *m/f*

long-standing *adj* langjährig

long-term *adj* langfristig

look after *v/prep* 1. *(Interessen)* wahrnehmen; 2. sich kümmern um, pflegen, versorgen; 3. sich (für etw.) einsetzen; 4. aufpassen auf, beaufsichtigen; **l. for** *v/prep* suchen; **l. the other way** wegschauen, wegsehen

L

looking after *n* Wahrnehmung *f*, Vertretung *f*; **l. a. so.'s interests** Wahrnehmung von jds Interessen

lookout *n* Ausguck *m*; **to act as a l.** Schmiere stehen *(coll)*

loophole *n* Hintertürchen *nt*, Ausweg *m*; **l. in a contract** Vertragslücke *f*; **~ the law** Gesetzeslücke *f*, Lücke im Gesetz

loot *n* Beute *f*, Diebes-, Raubgut *nt*; *v/t* plündern; **l.er** *n* Plünderer *m*; **l.ing** *n* Plünderung *f*, Schaufenstereinbruch *m*

Lord of Appeal in Ordinary *n [GB]* richterliches Oberhausmitglied; **L. Advocate** *n* oberster Staatsanwalt, Generalstaatsanwalt *m*; **L. Chancellor** *n* Lordkanzler *m*; **L. Chancellor's Department** Justizministerium *nt*; **L. Chief Justice** *n* Lordoberrichter *m*; **L. Justice** *n* Lordrichter *m*, Richter des Court of Appeal

Your Lordship *n [GB] (Anrede/Richter)* Euer Ehren

lose *v/t* verlieren, einbüßen

loss *n* 1. Verlust *m*, Abhandenkommen *nt*; 2. Schaden *m*; 3. Einbuße *f*, Schwund *m*; 4. *(Anspruch)* Verwirkung *f*; 5. *(Miete, Verdienst)* Ausfall *m*; 6. *(Schiff)* Untergang *m*; **in the event of l.** bei Eintritt des Schadensfalls

loss of business entgangene(s) Geschäft(e), Geschäftsverlust *m*; **~ a client** Mandatsverlust *ml*; **~ custom** Kundenschwund *m*; **l. or damage** Schaden jeder Art; **l. to so.'s detriment** Schaden zu jds Nachteil; **l. of driving licence** Fahrverbot *nt*; **~ earning capacity** Verlust der Erwerbsfähigkeit; **~ earnings** Lohn-, Verdienstausfall *m*, entgangener Gewinn, entgangene Einkünfte; **l. by fire** Feuerschaden *m*; **l. of income** Einkommensausfall *m*; **~ limb(s)** Gliederverlust *m*; **~ memory** Gedächtnisschwund *m*; **~ money** Verlust von Geld, Geldverlust *m*; **~ nationality** Verlust der Staatsbürgerschaft; **~ ownership** Eigentumsverlust *m*; **~ pension** entgangene Rente, Versorgungsausfall *m*; **~ possession** Besitzverlust *m*; **~ profits** Gewinnausfall *m*, Gewinnentgang *m*; **~ property** Besitzverlust *m*; **~ rent** Mietausfall *m*; **~ a right** Rechtsverlust *m*; **~ civic rights** Verlust der bürgerlichen Ehrenrechte; **l. at sea** Havarie *f*, Seeschaden *m*; **l. of services of the spouse** Verlust der Arbeitskraft des Ehegatten; **~ sight** Verlust des Augenlichts/Sehvermögens; **~ moral standards** Werteverfall *m*; **l. in transit/transport** Transportverlust *m*, Transportschaden *m*; **l. of use** Nutzungsausfall *m*, Nutzungsentgang *m*; **~ value** Verminderung des Wertes, Werteinbuße *f*; **~ a wage claim** Verwirkung des Lohnanspruchs; **~ wages** Lohnausfall *m*; **~ weight** Gewichtsverlust *m*, Gewichtsschwund *m*; **~ working hours** Arbeits(zeit)ausfall *m*

loss brought forward Verlustvortrag *m*; **l. incurred** eingetretener/entstandener Schaden; **l. prevention** Schadensverhütung *f*

to answer for a loss für einen Schaden eintreten; **to assess a. l.** Schaden abschätzen/festsetzen; **to be liable for a l.** für Schaden haften; **to bear a. l.** Schaden/Verlust tragen; **to cause/occasion a l.** Schaden verursachen; **to cover a l.** Schaden abdecken; **to cut one's l.es** Schaden begrenzen; **to incur a l.** Schaden/Verlust erleiden; **to inflict a l.** Schaden/Verlust zufügen; **to offset a l.** Verlust ausgleichen; **to pay for the l.** für den Schaden aufkommen; **to prevent a l.** Schaden abwenden; **to recoup a l.** Verlust ausgleichen; **to report a l.** Schadens-

fall melden; **to suffer/sustain a l.** Schaden/Verlust erleiden, einbüßen
accidental loss Unfallschaden *m*; **actionable l.** einklagbarer Schaden; **actual l.** materieller Schaden; **avoidable l.** vermeidbarer Schaden; **consequential l.** Folgeschaden *m*; **constructive l.** in Geld abzulösender Schaden; **direct l.** unmittelbarer Schaden; **heavy l.** schwerer Verlust; **immaterial/intangible l.** immaterieller/ideeller Schaden; **indirect l.** mittelbarer Schaden; **irreparable l.** nicht wieder gutzumachender Schaden, unersetzbarer Verlust; **irretrievable l.** uneinbringlicher Verlust; **major l.** erheblicher Schaden; **minor/petty l.** geringfügiger Schaden, Bagatell-, Kleinschaden *m*; **net l.** Nettoschaden *m*; **non-recurring l.** einmaliger Verlust; **partial l.** Partial-, Teilschaden *m*, Teilverlust *m*; **pecuniary l.** finanzieller Verlust, Vermögensschaden *m*, Vermögensnachteil *m*, geldwerter Schaden; **recoverable l.** erstattungsfähiger Schaden; **reported l.** ausgewiesener Verlust; **substantiated l.** nachgewiesener Schaden; **sustained l.** erlittener Verlust; **total l.** Gesamt-, Totalverlust *m*, Gesamt-, Totalschaden *m*; **constructive ~** angenommener Totalverlust
loss adjuster Schadens-, Versicherungsregulierer(in) *m/f*; **l. adjustment** Schadensregulierung *f*, Regulierung eines Schadens; **~ expenses** Schadensbearbeitungskosten; **l. advice** Schadensanzeige *f*; **l. apportionment** Verlustumlage *f*; **l. appraisal** Schadensbegutachtung *f*; **l. assessment** Schadensbemessung *f*, Schadensfeststellung *f*, Schadensschätzung *f*; **l. settlement** Schadensregulierung *f*; **l. sustained** erlittener Schaden
lost *adj* 1. verloren; 2. *(Gewinn)* entgangen; 3. verschollen
lot *n* 1. Los *nt*; 2. Parzelle *f*, Grundstück *nt*, (Bau)Platz *m*, Stück Land *nt*; 3. Anteil *m*, Partie *f*, Posten *m*; 4. Los *nt*, Schicksal *nt*, Geschick *nt*; 5. Menge *f*, Haufen *m*; **to decide by l.(s)** durch (das) Los entscheiden; **to divide into l.s** parzellieren; **to draw l.s** aus-, verlosen
lottery *n* Lotterie *f*, Lotto *nt*, Verlosung *f*; **illegal l.** unerlaubte Lotterie
loudhailer *n* Megafon *nt*, Flüstertüte *f* *(coll)*
lounge *n* Wohnzimmer *nt*
lout *n* Rüpel *m*, Flegel *m*; **l.ish** *adj* rüpel-, flegelhaft
love *n* Liebe f; **l. of justice** Gerechtigkeitsliebe *f*; **unrequited l.** unerwiderte/verschmähte Liebe; **l.-hate relationship** Hassliebe *f*
lover *n* 1. Geliebte(r) *f/m*; 2. Liebhaber *m*
low *adj* niedrig, tief, gering; **l.-cost** *adj* 1. billig, preiswert; 2. wirtschaftlich, kostengünstig; **l.-emission** *adj* schadstoffarm; **l.-key** *adj* besonnen, unaufdringlich, reserviert; **l.-quality** *adj* minderwertig
loyal *adj* loyal, treu
loyalty *n* 1. Treue *f*, Treupflicht *f*; 2. Redlichkeit *f*; **l. to the constitution** Verfassungstreue *f*; **l. and good faith** Treu und Glauben; **conflicting loyalties** nicht zu vereinbarende Treuepflichten; **mutual l.** Treuepflicht *f*
loyalty arrangement Treuevertrag *m*; **l. bonus** Vertrauensprämie *f*; **l. clause** Loyalitätsklausel *f*; **l. rebate** Treuerabatt
lucrative *adj* einträglich, lukrativ, vorteilhaft
luggage *n* Gepäck *nt*; **l. insurance** Reisegepäckversicherung *f*; **l. locker** (Gepäck)-Schließfach *nt*
lumber *n [US]* (Bau)Holz *nt*; **l.jack** *n* Holzfäller *m*; **l. room** Rumpelkammer *f*
lump *n* 1. Masse *f*, Menge *f*; 2. Klumpen *m*, Stück *nt*; 3. *(Medizin)* Geschwulst *f*, Knoten *m*; **l. together** *v/prep* in einen Topf werfen *(fig)*, über einen Kamm scheren *(fig)*
lump sum Pauschalbetrag *m*, Pauschale *f*; **l.-s. basis** Pauschalbasis *f*; **l.-s. compensation/indemnity** einmalige Entschädigung, Pauschalentschädigung *f*; **~ payment** Pauschalzahlung *f*, einmalige Zahlung; **~ taxation** Steuerpauschale *f*
lunacy *n* Geisteskrankheit *f*, Geistesgestörtheit *f*, Wahnsinn *m*; **l. proceedings** Entmündigungsverfahren *nt*
lunatic *n* Geisteskranke(r) *f/m*
lunchtime *n* Mittag(spause) *m/f*
lure *n* Köder *m*, Lockvogel *m*, Lockmittel *nt*; *v/t* (an)locken
lying by *adj* *(Grundstück)* anliegend
lynch *v/t* lynchen; **l. law** Lynch-, Volksjustiz *f*

M

machinations *pl* Machenschaften; **evil m.** üble Machenschaften; **illegal m.** illegale Machenschaften; **sinister m.** dunkle Machenschaften
machine failure *n* Maschinenschaden *m*
machinery *n* Maschinenpark *m*; **m. of justice; legal m.** Justizapparat *m*
mad *adj* wahnsinnig; **m.ness** *n* Wahnsinn *m*
magistracy *n [GB] (Amtsgericht)* Richteramt *nt*
magistrate *n [GB]* Amtsrichter(in) *m/f*, Richter(in) am Amtsgericht; **m. in a juvenile court** Jugendrichter(in) *m/f*; **committing m.** Haftrichter(in) *m/f*; **examining m.** Untersuchungs-, Vernehmungs-, Ermittlungsrichter(in) *m/f*; **lay m.** Schöffe *m*, Schöffin *f*; **presiding m.** vorsitzender Richter; **stipendiary m.** Berufsrichter(in) *m/f*, besoldete(r) Amtsrichter(in)
magistrates' clerk juristischer Beisitzer, Rechtspfleger *m*; **m. court** Amts-, Schöffengericht *nt*; **~ proceedings** amtsgerichtliches Verfahren
maiden name *n* Mädchenname *m*
mail *v/t* absenden
mail (service) *n* Post *f*; **incoming m.** eingehende Post; **outgoing m.** ausgehende Post; **m.-order company** Versandhaus *nt*; **~ purchase** Versendungskauf *m*; **~ trade** Versandhandel *m*; **m. theft** Postdiebstahl *m*
maim *v/t* verstümmeln
maintain *v/t* 1. aufrechterhalten, beibehalten; 2. behaupten; 3. warten, instand halten; 4. unterhalten; 5. (*Datei*) pflegen, warten
maintenance *n* 1. Aufrechterhaltung *f*, Beibehaltung *f*; 2. Alimente *pl*, Unterhalt *m*, Versorgung *f*; 3. Betreuung *f*; 4. Erhaltung *f*, Instandhaltung *f*, Pflege *f*, Wartung *f*; **entitled to m.** unterhaltsberechtigt; **m. for reasons of sickness or ailments** Unterhalt wegen Krankheit oder Gebrechen; **m. of good relations** Kontaktpflege *f*; **~ a spouse** Unterhalt eines Ehegatten; **m. pending suit** Unterhalt während eines Prozesses; **m. at subsistence level** notdürftiger Unterhalt
to claim maintenance Unterhalt verlangen; **to pay m.** Unterhalt zahlen; **to provide m.** Unterhalt gewähren/leisten; **liable to ~** unterhaltspflichtig; **to secure m.** Unterhalt sichern; **to sue so. for m.** jdn wegen Unterhalt verklagen
adequate maintenance angemessener Unterhalt; **current m.** laufender Unterhalt; **planned/preventive m.** vorbeugende Wartung; **post-nuptial m.** nachehelicher Unterhalt; **rental m.** Wartung von Mietgegenständen; **routine m.** laufende Wartung; **third-party m.** Wartung durch Fremdfirmen
maintenance action Unterhaltsklage *f*; **m. agreement** 1.Unterhaltsvereinbarung *f*; 2. Wartungsvertrag *m*, Wartungsvereinbarung *f*; **m. case** Unterhaltssache *f*; **m. claim** Unterhaltsanspruch *m*, Unterhaltsforderung *f*; **m. clause** 1. Unterhaltsklausel *f*; 2. Wartungsklausel *f*; **m. contract** Instandhaltungs-, Unterhalts-, Wartungsvertrag *m*; **m. costs** Erhaltungs-, Instandhaltungs-, Unterhaltskosten; **m. expense** Erhaltungsaufwand *m*; **m.-free** *adj* wartungsfrei; **m. grant** Unterhaltsbeihilfe *f*; **m. law** Unterhaltsrecht *nt*; **m. obligation** Unterhaltspflicht *f*; **~ towards an illegitimate child** Unterhaltspflicht gegenüber einem nichtehelichen Kind; **m. order** *[GB]* Unterhaltsurteil *nt*; **m. payment** Unterhaltszahlung *f*; **standard m. payments (for a child)** Regelunterhalt *m*; **m. proceedings** Unterhaltsverfahren *nt*; **to institute ~** Unterhaltsklage erheben; **m. suit** Unterhaltsprozess *m*
major *adj* wesentlich, maßgeblich
majority *n* 1. Mehrheit *f*, Mehrzahl *f*; 2. Mündigkeit *f*, Volljährigkeit *f*; **on reaching m.** bei Eintritt der Volljährigkeit; **m. of shares** Kapitalmehrheit *f*; **~ votes** Mehrheit der Stimmen, Stimmenmehrheit *f*
narrow majority knappe Mehrheit; **qualified m.** qualifizierte Mehrheit
majority decision Mehrheitsbeschluss *m*, Mehrheitsentscheid *m*; **m. interest** Mehrheitsbeteiligung *f*; **m. opinion** Mehrheitsvotum *nt*; **m. verdict** *(Geschworene)* Mehrheitsentscheidung *f*; **m. vote** Mehrheitsbeschluss *m*; **by ~** durch Mehrheitsbeschluss
make *v/t* 1. erstellen, fertigen, herstellen; 2. *(Anordnung)* erlassen; **m. certain** sich vergewissern; **m. good** 1. ausgleichen; 2.

M

(Schaden) decken; **m. out** ausfertigen; **m. sth. over to so.** etw. auf jdn überschreiben; **m. up** auf-, nachholen
maker *n* Aussteller *m*; **m. of a cheque** Scheckaussteller(in) *m/f*
makeshift *n* (Not)Behelf *m*; *adj* notdürftig, provisorisch
making off (without payment) *n* Prellerei *f*
making a declaration *n* Abgabe einer Erklärung; **~ deposit** Hinterlegung einer Kaution; **~ will** Errichtung eines Testaments, Testamentserrichtung *f*
mala fide *adj (lat.)* bösgläubig; **m. fides** *n (lat.)* Bösgläubigkeit *f*, böser Glaube
maladjusted *adj* milieugeschädigt
malefactor *n* Übeltäter(in) *m/f*
malevolen|t *adj* böswillig; **m.ce** *n* Böswilligkeit *f*
malfeasance (in office) *n* Dienst-, Amtsvergehen *nt*, Amts-, Dienstpflichtverletzung *f*
malice n Arglist *f*, Böswilligkeit *f*, Mutwillen *m*, Vorsatz *m*, Dolus *m (lat.)*; **out of pure m.** aus reinem Mutwillen; **actual m.** Schädigungsabsicht *f*; **constructive m.** vermuteter Vorsatz; **express m.** ausdrückliche böse Absicht
malice aforethought böse Absicht, verbrecherischer Vorsatz; **with m. a.** arglistig, mit verbrecherischem Vorsatz, vorsätzlich
malicious *adj* in böser Absicht, arglistig, böswillig, heimtückisch, mutwillig, vorsätzlich, dolos
malinger *v/i* Kranksein vortäuschen
malpractice *n* Verletzung von Berufspflichten, Berufsvergehen *n*, Verstoß gegen das Berufsethos; **m. in office** Amtspflichtverletzung *f*; **legal m. insurance** Berufshaftpflichtversicherung für Anwälte; **medical m.** (ärztlicher) Kunstfehler, medizinisch fehlerhafte Behandlung; **professional m.** Kunstfehler *m*; **m. insurance** Versicherung gegen Kunstfehler
maltreat *v/t* misshandeln; **m.ment** *n* Misshandlung *f*
malversation *n* Amtsunterschlagung *f*, Veruntreuung *f*
mammoth trial *n* Mammutverfahren *nt*
manacles *pl* Handfesseln
manage *v/t* 1. bewirtschaften; 2. verwalten, Verwaltung führen
management *n* 1. Bewirtschaftung *f*; 2. Direktion *f*, Führung der Geschäfte, (Geschäfts)Führung *f*, (Geschäfts)Leitung *f*, Verwaltung *f*; **m. and labour** Sozialpartner *pl*; **m. without mandate** Geschäftsführung ohne Auftrag; **m. of a tenement** Hausverwaltung *f*
management board Vorstand *m*, Verwaltungsrat *m*; **m. buy-in** Unternehmenskauf (durch die zukünftige Geschäftsführung); **m. buy-out** Unternehmensübernahme (durch Firmenangehörige); **m. company** Verwaltungsgesellschaft *f*; **m. contract** Verwaltungsvertrag *m*; **m. costs** Verwaltungskosten; **m. plan** Wirtschaftsplan *m*
manager *n* 1. Direktor *m*; 2. Geschäftsführer(in) *m/f*, (Geschäfts)Leiter(in) *m/f*; 3. Verwalter *m*
manag|erial *adj* leitend; **m.ing** *adj* feder-, geschäftsführend
mandamus *n (lat.)* gerichtliche Verfügung an ein untergeordnetes Gericht
mandatary *n* Beauftragte(r) *f/m*, Mandatar *m*
mandate *v/t* beauftragen
mandate *n* 1. Anweisung *f*; 2. (Wähler)-Auftrag *m*, Beauftragung *f*; 3. Gerichtsbefehl *m*; 4. Mandat *nt*, Prozessvollmacht *f*; 5. schriftliche Verfügung; **m. to provide credit for a third party** Kreditauftrag *m*
mandator *n* Vollmachtgeber(in) *m/f*
mandatory *n* Mandatar *m*, Vollmachtnehmer *m*; *adj* obligatorisch, unabdingbar, vorgeschrieben, zwingend; **not m.** abdingbar
actual manhours *pl* Iststunden
manhunt *n* (Ring)Fahndung *f*, Verbrecherjagd *f*; **m. for a high-profile criminal** Zielfahndung *f*; **to launch a m.** Ringfahndung einleiten; **large-scale m.** Großfahndung *f*
manifest *adj* augenscheinlich, offenkundig; **to make m.** kundtun, offenbaren
manifest *v/t* offenbaren
manifest *n* Ladeschein *m*, Lade-, Ladungsverzeichnis *nt*, (Ladungs)Manifest *nt*
manifestation of intent/will *n* Willensäußerung *f*
manipulation *n* Handhabung *f*, Manipulation *f*
manner *n* Weise *f*; **in an exemplary m.** vorbildlich; **~ equitable m.** in angemessener Weise
manslaughter *n* Totschlag *m*, Tötung *f*;

attempted m. versuchter Totschlag, versuchtes Tötungsdelikt; **culpable/involuntary m.** fahrlässige/unbeabsichtigte/zufällige Tötung; **voluntary/wilful m.** vorsätzliche Tötung
manu propria *n* *(lat.)* eigenhändig
manual *n* Handbuch *nt*
manufacture *v/t* erzeugen, fertigen, herstellen, produzieren
manufacture *n* 1. Fertigung *f*, Herstellung *f*; 2. Fabrikat *nt*, **m. under licence** Lizenzfertigung *f*
manufacturer *n* (Waren)Hersteller *m*, Produzent *m*, Herstellerfirma *f*; **m.'s liability** Haftpflicht des Herstellers, Hersteller-, Produzenten-, Produkthaftung *f*; **~ act** Produkthaftungsgesetz *nt*
manufacturing *n* Herstellung *f*; **m. costs** Herstellungskosten; **m. defect** Fabrikationsfehler *m*; **m. facility/plant** Fabrik *f*, gewerblicher Betrieb; **m. licence** Herstellungslizenz *f*; **m. right(s)** Herstellungsrecht *nt*
map *n* Karte *f*
margin *n* Rand *m*; **as per m.** wie nebenstehend; **m. of profit** Gewinnmarge *f*, Handels-, Verdienstspanne *f*
marijuana *n* Marihuana *nt*
marital *adj* ehelich
mark *v/t* kennzeichnen, markieren, mit Zeichen versehen; **m. down** *(Preis)* senken; **m. up** heraufsetzen, erhöhen
mark *n* 1. *(*Kenn*)*Zeichen *nt*; 2. *(Note)* Zensur *f*; **m. of origin** Herkunftsbezeichnung *f*; **~ quality** Qualitätsmarke *f*
arbitrary mark Phantasiemarke *f*, keine beschreibende Qualität; **collective m.** Gruppenmarke *f*; **composite m.** zusammengesetzte Marke; **descriptive m.** beschreibende Marke; **distinctive/identifying m.** besonderes Merkmal/Kennzeichen
marked *adj* 1. ausgezeichnet; 2. gezeichnet
market *n* Markt *m*; **to dominate the m.** Markt beherrschen; **to be put on the m.** in den Handel kommen;
market *v/t* auf den Markt bringen, verkaufen, vertreiben
marketab|ility *n* Verkehrsfähigkeit *f*; **m.le** *adj* handelbar, verkehrsfähig
market abuse Marktmissbrauch *m*; **m. domination** Marktbeherrschung *f*
marketing agreement Vertriebsabkommen *nt*, Vertriebsvereinbarung *f*; **m. cartel** Verkaufskartell *nt*; **m. contract** Vertriebsvertrag *m*; **m. cooperative** Verkaufsgenossenschaft *f*
market monopoly Marktmonopol *nt*; **m. price** Marktpreis *m*; **m. regime** Marktordnung *f*; **m. rigging** *(Börse)* Kurstreiberei *f*; **m. sharing** Marktaufteilung *f*; **~ agreement** Marktaufteilungsabsprache *f*; **m. stall** Marktstand *m*; **m. value** Verkaufs-, Verkehrswert *m*; **current ~** Tageswert *m*
marking *n* Markierung *f*; **m. the boundary** Abmarkung *f*; **to cross the m.** *(Verkehr)* Markierung überfahren
marksman *n* *(Polizei)* Scharfschütze *m*
mark-up *n* Gewinnaufschlag *m*
marriage *n* Ehe *f*, Eheschließung *f*, Heirat *f*, Trauung *f*; **related by m.** angeheiratet, verschwägert; **m. which has broken down irretrievably** unheilbar zerrüttete Ehe; **m. on paper** Scheinehe *f*
to annul/dissolve a marriage Ehe aufheben/scheiden; **to contract a m.** Ehe schließen; **to enter into a m.** Ehe eingehen
bigamous marriage Doppelehe *f*; **broken m.** zerrüttete Ehe; **civil m.** Zivilehe *f*; **common-law m.** freie Ehe; **consummated m.** vollzogene Ehe; **fictitious m.** Scheinehe *f*; **homoerotic m.** gleichgeschlechtliche Partnerschaft; **mixed m.** Mischehe *f*; **polygamous m.** Mehrehe *f*; **register-office m.** Zivilehe *f*; **sham m.** Scheinehe *f*; **void m.** nichtige Ehe; **voidable m.** anfechtbare Ehe
marriageable *adj* ehefähig
marriage act Ehegesetz *nt*; **m. allowance** Heiratszuschuss *m*; **m. broker** Heiratsvermittler(in) *m/f*; **m. brokerage/broking** Heiratsvermittlung *f*; **m. ceremony** Trauung *f*; **m. certificate** Trau-, Heiratsschein *m*, Heiratsurkunde *f*; **m. contract** Ehe-, Heiratsvertrag *m*; **m. counsellor** Eheberater(in) *m/f*; **m. impostor** Heiratsschwindler *m*; **m. licence** 1. Heiratserlaubnis *f*; 2. *(Befreiung von Eheverboten)* Ehedispens *m*; **m. portion** Mitgift *f*; **m. property law** Ehegüterrecht *nt*; **m. settlement** Heiratsabfindung *f*
married *adj* verheiratet
marry *v/ti* Ehe eingehen/schließen, ehelichen, heiraten
marshal *n* *(Veranstaltung)* Ordner *m*; **m.ling of creditors** *n* Rangbestimmung von Gläubigern; **~ evidence** Beweisführung *f*

mask *n* *(Gesicht)* Maske *f*; *v/t* verschleiern; **m.ed** *adj* maskiert, vermummt
mass *n* Masse *f*; **m. arrests** Massenverhaftungen; **m. crime** Massenkriminalität *f*; **m. grave** Massengrab *nt*; **m. jailbreak** *(Gefängnis)* Massenausbruch *m*; **m. killer** Massenmörder(in) *m/f*; **m. meeting** Massenversammlung *f*; **m. murder** Massenmord *m*; **m. murderer** Massenmörder *m*; **m. murderess** Massenmörderin *f*; **m. persecution** Massenverfolgung *f*
master *n* Dienstherr *m*; **m. of an apprentice** Lehrherr *m*; **m. copy** *(Dokument)* Original *nt*; **m. craftsman** (Handwerks)-Meister *m*; **m. file** Grundakte *f*
mastermind *n* führender Kopf; **m. behind a crime** Schreibtischtäter(in) *m/f*
master rental agreement Hauptmietvertrag *m*; **m. policy** Rahmenpolice *f*
match *v/t* *(gleichkommen)* entsprechen
material *adj* (vertrags)wesentlich, (rechts)-erheblich, relevant
material *n* Material *nt*; **hazardous m.s** Gefahrstoffe; **offensive m.** anstößiges Material; **racially ~** rassistisches Material
material fatigue Material-, Werkstoffermüdung *f*; **m.(s) testing** Werkstoffprüfung *f*
materialize *v/i* zustandekommen
maternity *n* Mutterschaft *f*; **m. allowance** *[GB]*/**benefit** Mutterschaftsbeihilfe *f*; **m. grant** *[GB]* *(einmalig)* Mutterschaftsbeihilfe *f*; **m. leave** Mutterschaftsurlaub *m*
matricide *n* Muttermord *m*
matrimon|ial *adj* ehelich; **M.ial Causes Act** *[GB]* Ehescheidungsgesetz *nt*; **m.y** *n* Ehe *f*, Ehestand *m*
matter *n* 1. Angelegenheit *f*; 2. Rechtssache *f*, Fall *m*; **m. of public concern** Angelegenheit von öffentlichem Belang; **~ conscience** Gewissenssache *f*; **m. in controversy** Streitgegenstand *m*, Streitobjekt *nt*; **~ dispute** strittiger Fall; **in the ~ the estate of** in der Nachlasssache von; **m. at issue** Streitsache *f*; **m. of public interest** Gegenstand des öffentlichen Interesses; **~ interpretation** Auslegungssache *f*; **~ opinion** Ansichtssache *f*
to clarify matter|s Sachverhalt klären; **to settle a m. amicably** Angelegenheit gütlich regeln
civil matter Zivilsache *f*; **classified m.** Verschlusssache *f*; **contentious m.** streitige Angelegenheit; **criminal m.** Strafsache *f*; **legal m.** Rechtsangelegenheit *f*, Rechtssache *f*; **private m.** Privatangelegenheit *f*, Privatsache *f*
matter *v/i* von Belang sein
maturity *n* 1. Fälligkeit(stermin) *f/m*, Fristigkeit *f*; 2. Laufzeit *f*; 3. Reife *f*; 4. *(Scheck, Wechsel)* Verfall *m*; **at m.** bei (Eintritt der) Fälligkeit; **prior to m.** vor Fälligkeit
maturity of a chattel mortgage Pfandreife *f*; **~ a loan** Laufzeit eines Darlehens
maturity date Verfallstag *m*; **m. value** Fälligkeitswert *m*
mayhem *n* *[US]* schwere Körperverletzung
maxim *n* Grundsatz *m*; **m. of party disposition** Dispositionsmaxime *f*; **legal m.** Rechts(grund)satz *m*
maximize *v/t* maximieren
maximum claim *n* Maximalforderung *f*; **m. damage** Höchst-, Maximalschaden *m*; **m. limit** Höchstgrenze *f*; **~ of liability** Haftungshöchstgrenze *f*
mayor(ess) *n* Bürgermeister(in) *m/f*
last meal *n* Henkersmahlzeit *f*
mean *v/t* bedeuten
mean *adj* gemein
meaning *n* Bedeutung *f*, Sinn *m*; **m. of the law** Sinn des Gesetzes; **within the ~** im Sinne des Gesetzes; **legal m.** rechtliche Bedeutung
means *n/pl* 1. Mittel *nt*; 2. Geldmittel *pl*, Vermögensverhältnisse *pl*; **by m. of** mittels; **without m.** unbemittelt; **m. of coercion** Beuge-, Zwangsmittel *nt*; **~ defence** Verteidigungsmittel *nt*; **~ identification** Nämlichkeitsmittel *nt*; **~ payment** Zahlungsmittel *nt*; **~ proof** Beweismittel *nt*; **~ subsistence** Existenzmittel *nt*; **~ transport** Verkehrsmittel *nt*
by appropriate means durch geeignete Mittel; **~ illegal m.** auf illegalem Wege; **inadmissible m.** unzulässige Mittel; **by judicial m.** auf gerichtlichem Wege; **~ peaceful m.** auf friedlichem Wege
means test *(Sozialhilfe)* Bedürfnisprüfung *f*, Vermögensveranlagung *f*
measure *n* 1. Maß *nt*; 2. Maßnahme *f*, Schritt *m*; **m. to maintain order** Ordnungsmaßnahme *f*; **m. for the prevention of crime and reformation of offenders** Maßregel der Besserung und Sicherung; **m. to maintain the leased/rented property** Maßnahme zur Erhaltung der Mietsache

administrative measure behördliche Maßnahme; **appropriate m.s** geeignete Maßnahmen; **coercive m.** Beugemittel *nt*, Zwangsmaßnahme *f*; **covert m.** verdeckte Maßnahme; **degrading m.** entwürdigende Maßnahme; **disciplinary m.** Disziplinarmaßnahme *f*, Maßregelung *f*; **discriminatory m.** diskriminierende Maßnahme; **executorial m.** Zwangsvollstreckungsmaßnahme *f*; **interim m.** einstweilige Maßnahme; **investigative m.s** Ermittlungsmaßnahmen; **legislative m.** gesetzgeberische Maßnahme; **necessary m.** notwendige Maßnahme; **penal m.** Strafmaßnahme *f*; **precautionary/preventive m.** vorsorgliche Maßnahme, Vorkehrung *f*, Vorsichts-, Vorsorgemaßnahme *f*; **provisional m.** vorläufige Maßnahme; **punitive m.** Strafmaßnahme *f*; **remedial m.** Hilfsmaßnahme *f*; **retaliatory m.** Vergeltungsmaßnahme *f*

measures *pl* Maßnahmen; **m. restricting entry** Einreisebeschränkungen; **m. to preserve the estate** Nachlasssicherung *f*; **m. of rehabilitation and security** Maßregeln der Besserung und Sicherung; **m. easing restrictions** Lockerungsmaßnahmen

M

to take measures Maßnahmen ergreifen; **~ disciplinary m.** disziplinarische Maßnahmen ergreifen

interim measures Überbrückungsmaßnahmen; **precautionary m.** vorbeugende Maßnahmen, Schutzmaßnahmen; **~ for minors** vorsorgliche Maßnahmen für Minderjährige; **transitional m.** Übergangsmaßnahmen

mechanic's lien *n* gewerbliches Zurückbehaltungsrecht, Unternehmerpfandrecht *nt*

media *pl* Medien; **m. law** Medienrecht *nt*

median *n* *[US]* Mittelstreifen *m*

mediate *adj* mittelbar

mediate *v/i* schlichten, vermitteln

mediation *n* Schlichtung *f*, Vermittlung *f*, Mediation *f*; **m. agency** Vermittlungsstelle *f*; **m. committee** Vermittlungsausschuss *m*; **m. proceedings** Mediationsverfahren *nt*

mediator *n* Schlichter(in) *m/f*, Vermittler(in) *m/f*, Vermittlungsagent(in) *m/f*, Vermittlungsvertreter(in) *m/f*, Mediator(in) *m/f*

medical *adj* ärztlich

forensic medicine *n* Gerichts-, Rechtsmedizin *f*, gerichtliche Medizin

medium-term *adj* mittelfristig

meet *v/ti* 1. *(Anspruch)* erfüllen; 2. tagen

meeting *n* 1. Sitzung *f*, Tagung *f*; 2. *(Treffen)* Verabredung *f*; 3. Versammlung *f*, Zusammenkunft *f*; **m. of creditors** Gläubigerversammlung *f*; **m. (of) a deadline** Einhaltung/Wahrung einer Frist, Fristeinhaltung *f*; **m. of minds** Willenseinigung *f*; **m. the requirements** Bedarfserfüllung *f*

to adjourn a meeting Sitzung vertagen; **to convene a m.** Sitzung/Versammlung einberufen; **to make a m. public** Öffentlichkeit einer Sitzung herstellen; **to open a m.** Sitzung eröffnen; **to preside over a m.** Sitzung leiten

annual general meeting (AGM) Gesellschafts-, (Jahres)Hauptversammlung *f*; **extraordinary m.** außerordentliche Sitzung/Versammlung; **general m.** Haupt-, Generalversammlung *f*; **~ of cooperative society members** Genossenschaftsversammlung *f*; **open-air m.** Versammlung unter freiem Himmel; **public m.** öffentliche Versammlung

member *n* 1. Angehörige(r) *f/m*, Genosse *m*, Mitglied *nt*; 2. Glied *nt*; **m. of the supervisory board** Aufsichtsratsmitglied *nt*; **m. of the family** Familienmitglied *nt*; **~ a gang** Bandenmitglied *nt*; **~ the household** Haushaltsangehörige(r) *f/m*; **~ the jury** Geschworene(r) *f/m*; **~ parliament** Abgeordnete(r) *m/f*

advisory member beratendes Mitglied; **ex officio m.** Mitglied kraft Amtes; **paying m.** zahlendes Mitglied; **private m.'s bill** *[GB]* Initiativgesetzesvorlage *f*

members *pl* Mitglieder; **m. only** nur für Mitglieder; **m.' meeting** Mitgliederversammlung *f*; **m. present** erschienene Mitglieder; **m.' rights** Mitglieder-, Mitgliedschaftsrechte

membership *n* 1. Mitgliedschaft *f*; 2. Mitgliederzahl *f*; **m. of a household** Haushaltszugehörigkeit *f*

compulsory membership Mitgliedschaftszwang *m*, Pflicht-, Zwangsmitgliedschaft *f*; **full m.** Vollmitgliedschaft *f*; **m. dues** Mitgliedsbeitrag *m*; **m. duties** Mitgliedschaftspflichten

memo *n* Gesprächsnotiz *f*, Vermerk *m*

memorandum *n* 1. Niederschrift eines

Vertrages; 2. Vermerk *m*; **m. of the agreement** Vertragsniederschrift *f*; **m. of association** Gesellschafts-, Gründungsvertrag *m*; **~ satisfaction** *(Grundbucheintrag)* Löschungsantrag *m*; **~ understanding** *(Völkerrecht)* Vereinbarung *f*
memorandum sale Kauf auf Probe, ~ mit Rückgaberecht
memorial *n* Mahnmal *nt*
memory *n* 1. Erinnerung *f*; 2. Gedächtnis *nt*
menace *v/t* bedrohen; *n* (Be)Drohung *f*
mendacious *adj* lügnerisch
menopause *n* Wechseljahre *pl*
mens rea *n (lat.)* *(StR)* Zurechnungsfähigkeit *f*
mental *adj* mental, seelisch
look-the-other-way mentality *n* Wegguckmentalität *f*
mention *v/t* erwähnen; **m.(ing)** *n* Erwähnung *f*; **m.ed above/below** *adj* oben/unten erwähnt
mercantile *adj* kaufmännisch, merkantil
merchandise *n* (Handels)Ware *f*
merchant *n* Kaufmann *m*; **non-registrable m.** Minderkaufmann *m*; **registered m.** Vollkaufmann *m*; **M. Shipping Act** *[GB]* Handelsschifffahrtsgesetz *nt*; **m. status** Kaufmannseigenschaft *f*
merciless *adj* unbarmherzig
mercy *n* Gnade *f*; **to be at so.'s m.** jdm hilflos ausgeliefert sein; **m. killing** Euthanasie *f*
merger *n* 1. Fusion *f*; 2. *(Schuldrecht)* Konfusion *f*; 3. (Unternehmens)Zusammenschluss *m*, Konzentration *f*; **m. of rights in one hand** *(Sachenrecht)* Konsolidation *f*; **m. agreement** Fusions-, Verschmelzungsvertrag *m*; **minor m. clause** Toleranzklausel *f*; **m. control** Kontrolle von Unternehmenszusammenschlüssen, Fusions-, Konzentrationskontrolle *f*
merit *v/t* verdienen
merit *n* Verdienst *m*, Leistung *f*; **m.s** *pl* sachlicher Gehalt; **on its m.s** materiellrechtlich; **(up)on the m.s of the case** in der Sache selbst, nach materiellem Recht, in materieller Hinsicht, nach Lage des Falles; **to decide ~** nach Sachlage entscheiden; **to plead ~** zur Sache ausführen
mess *n* Unordnung *f*
message *n* Nachricht *f*, Meldung *f*
mete out *v/t* *(Strafe)* auferlegen, zumessen
meter maid *n* *[US] (coll)* Politesse *f*; **m. reading** Zählerstand *m*
method *n* Methode *f*; **dilatory m.s** Prozessverschleppung *f*
methodology *n* Methodenlehre *f*; **legal m.** Rechtsmethodologie *f*
midday *n* Mittag *m*
middleman *n* Mittelsmann *m*, Vermittler *m*
might is right *n* *(prov.)* Macht geht vor Recht *(prov.)*
economic migrant *n* Wirtschaftsflüchtling *m*
per mil limit *n* Promillegrenze *f*
mileage *n* Tachometerstand *m*
military *adj* militärisch; *n* Militär *nt*, **M. Grievance Code** *[GB]* Wehrbeschwerdeordnung *f*
mind *n* Psyche *f*; **of unsound m.** geisteskrank, unzurechnungsfähig; **being of sound m. and memory** im Vollbesitz seiner geistigen Kräfte
mine *n* Bergwerk *nt*; **m. property** Bergwerkseigentum *nt*
minibus *n* Kleinbus *m*
minimum amount *n* Mindestbetrag *m*; **m. capital** Mindeskapital *nt;* **m. conditions** Mindestbedingungen; **m. distance** Mindestabstand *m*; **m. holiday** Mindesturlaub *m*; **statutory ~** gesetzlicher Mindesturlaub; **m. income** Mindesteinkommen *nt*; **m. information** Mindestinformation *f*; **m. length of separation** Mindesttrennungsdauer *f*; **m. membership** Mindestmitgliederzahl *f*; **m. number** Mindestzahl *f*; **m. period of separation** Mindesttrennungsdauer *f*; **m. price** Mindestpreis m; **m. hourly rate of pay** Mindeststundenlohn *m*; **m. requirement** Mindesterfordernis *nt*; **m. retiring age** Mindestrentenalter *nt*; **m. sentence** Mindeststrafe *f*; **m. speed** Mindestgeschwindigkeit *f*; **m. sum insured** Mindesversicherungssumme *f*; **m. use of force** Mindestmaß an Gewalt; **m. wage** Mindestlohn *m*
mining company *n* bergrechtliche Gewerkschaft, Bergbauunternehmen *nt*; **m. law** Bergrecht *nt*; **m. right** Abbau-, Schürfrecht *nt*
minister of justice *n* Justizminister(in) *m/f*, *(Berlin, Hamburg, Bremen)* Justizsenator *f*; **~ the interior** Innenminister *m*
ministry *n* Ministerium *nt*; **M. of Transport test (MOT)** *[GB]* TÜV-Prüfung *f*

minor *adj* 1. geringfügig, leicht; 2. geringfügig, minder; 3. minderjährig
minor *n* Minderjährige(r) *f/m*, Unmündige(r) *f/m*; **morally harmful to m.s.** jugendgefährdend
minority *n* 1. Minderheit *f*; 2. Minderjährigkeit *f*; **m. report** Sondergutachten *nt*; **m. rights** Minderheitenrechte
in mint condition *n* in makellosem/tadellosem Zustand
minute *v/t* protokollieren
minutes *pl* Niederschrift *f*, Protokoll *nt*; **m. of the meeting** Sitzungsniederschrift *f*, Sitzungsprotokoll *nt*; **~ proceedings** (*Gerichtsverhandlung*) Sitzungsniederschrift *f*, Sitzungsprotokoll *nt*
to enter in the minutes ins Protokoll aufnehmen; **to keep the m.** Protokoll führen; **to have sth. recorded in the m.** etw. im Protokoll vermerken; **to take down the m.** Protokoll führen, protokollieren; **joint m.** *(Völkerrecht)* gemeinsame Niederschrift
misadventure *n* Missgeschick *nt*, Unglücksfall *m*
to labour under a misapprehension *n* sich im Irrtum befinden
misappropriate *v/t* 1. sich rechtswidrig aneignen; 2. entwenden; 3. unterschlagen, veruntreuen; 4. widerrechtlich verwenden, zweckentfremden; **m.d** *adj* zweckentfremdet
misappropriation *n* 1. widerrechtliche Aneignung; 2. Unterschlagung *f*, Veruntreuung *f*; 3. Zweckentfremdung *f*; **m. in an official capacity** Amtsunterschlagung *f*; **m. of goods under attachment** Pfandentstrickung *f*; **m. by a public official** Veruntreuung im Amt; **m. of a trademark** *[US]* Markenverletzung *f*
misbehaviour *n* Fehlverhalten *nt*
miscalculat|e *v/ti* 1. falsch rechnen; 2. sich verrechnen; **m.ion** *n* Rechenfehler *m*, Kalkulationsirrtum *m*
miscarriage *n* Fehlgeburt *f*, Abort *m*; **m. of justice** 1. Fehlspruch *m*, Fehlurteil *nt*; 2. Justizirrtum *m*; 3. Rechtsbeugung *f*; 4. Versagen der Justiz
miscellaneous *adj* *(Tagesordnung)* Verschiedenes *nt*
mischief *n* 1. Mutwillen *m*; 2. Unfug *m*; **criminal m.** *[US]* Sachbeschädigung *f*; **public m.** grober Unfug
mischievous *adj* mutwillig

misconduct *n* ungebührliches Benehmen, Fehl-, Missverhalten *nt*, Verfehlung *f*; **gross m.** grobe/schwere Verfehlung; **professional m.** Berufsvergehen *nt*, Standeswidrigkeit *f*
misconstru|ction *n* Missdeutung *f*; **m.e** *v/t* missdeuten
misdeed *n* Missetat *f*, Übeltat *f*
misdemeanour *n* 1. Amtsdelikt *m*, Amtsmissbrauch *m*; 2. Missetat *f*, Übertretung *f*, Verfehlung *f*, Vergehen *nt*
misdirection *n* Falschbelehrung *f*, falsche/unrichtige (Rechts)Belehrung
misfeasance *n* Missbrauch der Amtsgewalt, Pflichtverletzung *f*
misfortune *n* Unglück *nt*, Pech *nt*
misgivings *pl* Bedenken
misidentification *n* *(Person)* Verwechslung *f*
misinformation *n* falsche Information, Fehlinformation *f*
misinterpret *v/t* falsch auslegen, missdeuten; **m.ation** *n* Missdeutung *f*; **fraudulent ~** arglistige Täuschung
misjudg|e *v/t* falsch beurteilen, verkennen; **m.ment** *n* 1. Fehlbeurteilung *f*, Verkennung *f*; 2. Fehlurteil *nt*; **~ of the facts** Verkennung der Tatsachen
mislead *v/t* irreführen, irreleiten, täuschen, verführen; **m.ing** *adj* irreführend, missverständlich
misnomer *n* Falschbezeichnung *f*
misprision *n* Nichtanzeige von Straftaten; **m. of treason** Nichtanzeige von Hochverrat
misrepresent *v/t* unrichtige tatsächliche Angaben machen, falsch darstellen, irreführen, vorspiegeln
misrepresentation *n* 1. falsche Angabe/Darstellung, Falsch-, Fehldarstellung *f*, falsche Tatsachenerklärung; 2. Täuschung *f*, Vorspiegelung *f*; **m. of facts** Entstellung/Vortäuschung von Tatsachen, Vorspiegelung falscher Tatsachen
fraudulent misrepresentation Vorspiegelung falscher Tatsachen, wissentliche Falschdarstellung, (Irreführung durch) Täuschung *f*; **innocent m.** unwissentliche Falschdarstellung, schuldlose Fehldarstellung, unwissentlich abgegebene Tatsachenerklärung; **negligent m.** fahrlässige Falschdarstellung
miss *v/t* 1. versäumen; 2. verfehlen
missile *n* Wurfgeschoss *nt*

missing *adj* fehlend, unauffindbar, vermisst, verschollen, verschwunden; **m. person** Vermisste(r) *m/f*, Verschollene(r) *f/m*; **m. persons act** Verschollenheitsgesetz *nt*; **m. person report** Suchanzeige *f*
mistake *v/t* missverstehen; **m. so. for** jdn irrtürmlich halten für
mistake *n* 1. Fehler *m*, Irrtum *m*, Unrichtigkeit *f*; 2. Täuschung *f*; 3. Versehen *nt*; **by m.** irrtümlich, aus Versehen; **m. of fact** Tatirrtum *m*; **m. in law** rechtlicher Irrtum, Rechtsirrtum *m*; **~ the utterance** Erklärungsirrtum *m*
common mistake *(Vertrag)* gemeinsamer Irrtum; **factual m.** Tatbestandsirrtum *m*
mistaken *adj* irrig, irrtümlich; **to be m.** sich im Irrtum befinden
mistrial *n* Fehlprozess *m*
mistrust *v/t* misstrauen; **m.ful** *adj* misstrauisch
misunderstand *v/t* missverstehen; **m.ing** *n* Missverständnis *nt*
misuse *v/t* 1. missbrauchen, missbräuchlich benutzen, zweckentfremden; 2. misshandeln
misuse *n* missbräuchliche Benutzung, falscher Gebrauch, Missbrauch *m*, Zweckentfremdung *f*; **m. of cheque and credit cards** Missbrauch von Scheck- und Kreditkarten; **~ data** Datenmissbrauch *m*; **~ a flag** Flaggenmissbrauch *m*; **~ identity papers** Missbrauch von Ausweispapieren; **~ a legal right** missbräuchliche Rechtsausübung; **~ slot/vending machines** Automatenmissbrauch *m*; **~ titles, professional names and symbols** Missbrauch von Titeln, Berufsbezeichnungen und Abzeichen
mitigat|e *v/t* mildern; **m.ing** *adj* (straf-)mildernd
mitigation *n* (Straf)Milderung *f*; **m. of punishment; ~ a sentence** Strafmilderung *f*, Milderung der Strafe; **to plead in m.** auf Strafmilderung plädieren
mix-up *n* *(Sache)* Verwechslung *f*
mob *n* aufgebrachte Menschenmenge; **m. law** Lynchjustiz *f*
mock trial *n* Scheinprozess *m*
modality *n* Modalität *f*
mode of payment *n* Zahlungsmodalität *f*, Zahlungsweise *f*; **~ procedure** Verfahrensweise *f*
model os. on so. *v/refl* sich jdn zum Vorbild nehmen
modification *n* (teilweise) Abänderung, Abwandelung *f*, (Ver)Änderung *f*; **m. of the articles of association** Änderung der Satzung; **~ a contract** Vertragsänderung *f*
modify *v/t* abwandeln, (ver)ändern
mole *n* Muttermal *nt*
molest *v/t* belästigen; **m.ation** *n* Belästigung *f*
moment of shock *n* Schrecksekunde *f*
monetary *adj* geldlich
money *n* Geld *nt*; **m. held in trust for a ward** Mündelgeld *nt*; **to convert into m.** in Geld umsetzen, versilbern *(coll)*
counterfeit money Falschgeld *nt*, falsches Geld; **entrusted m.** anvertrautes Geld; **false m.** Falschgeld *nt*; **hot m.** heißes Geld; **lawful m.** *[US]* gesetzliches Zahlungsmittel, **used m.** verwendetes Geld
money award *n* zugesprochener Geldbetrag
money broker Kreditvermittler *m*; **m. brokerage agreement** Kreditvermittlungsvertrag *m*; **m. claim** Geldforderung *f*
money-grubbing *adj* raffgierig
money-laundering *n* Geldwäsche *f*; **~ act** Geldwäschegesetz *nt*
moneylend|er *n* Geldverleiher *m*; **m.ing** *n* Geldverleih *m*
money order Postanweisung *f*; **m. wage** Nominallohn *m*
monies paid in escrow Hinterlegungsgelder, hinterlegte Gelder
monitoring *n* Überwachung *f*, Kontrolle *f*; **m. by closed circuit TV (CCTV)** Videoüberwachung *f*; **m. body** Kontrollinstanz *f*; **m. measure** Überwachungsmaßnahme *f*; **m. system** Überwachungssystem *nt*
Monopolies and Mergers Commission (MMC) *[GB]* Kartellamt *nt*, Kartellbehörde *f*
monopoly *n* Monopol *nt*; **m. of production** Alleinherstellungsrecht *nt*; **m. abuse** Monopolmissbrauch *m*
monstrous *adj* ungeheuerlich
moonlighting *n* *(coll)* Schwarzarbeit *f*
morals *pl* Moral *f*
moratorium *n* 1. Moratorium *nt*; 2. Stillhalteabkommen *nt*, Stillhaltevereinbarung *f*; **to grant a m.** stillhalten
mores *pl (lat.)* Sitten
morgue *n* Leichenhalle *f*, Leichenschauhaus *nt*
mortal *adj* tödlich

mortgage Hypothek *f*, Grundpfand(recht) *nt*, Grundschuld *f*, Belastung *f*; **by way of m.** hypothekarisch; **partial m. for the benefit of the owner** Eigentümerteilhypothek *f*

to cancel a mortgage Hypothek löschen; **~ in the land register** Hypothek im Grundbuch löschen (lassen); **to create a m.** Hypothek bestellen; **to foreclose on a m.** Zwangsvollstreckung aus einer Hypothek betreiben; **to redeem a m.** Hypothek ablösen/tilgen; **to register a m.** Hypothek eintragen; **to take out a m.** Grundschuld bestellen

certified mortgage Briefhypothek *f*; **collateral m.** Sicherungshypothek *f*; **defaulted m.** überfällige Hypothek; **first m.** Ersthypothek *f*; **interest-bearing m.** Zinshypothek *f*; **interest-only m.** tilgungsfreie Hypothek; **junior m.** nachrangige Hypothek; **maximum m.** Höchstbetragshypothek *f*; **ordinary m.** Verkehrshypothek *f*; **recorded m.** *[US]* eingetragene Hypothek; **registered m.** 1. Briefhypothek *f*; 2. *[GB]* eingetragene Hypothek; **~ but uncertified m.** Buchhypothek *f*; **senior m.** Ersthypothek *f*, erstrangige Hypothek; **variable m.** variable Hypothek; **Welsh m.** Nutzungspfandrecht *nt*, Antichrese *f*

mortgage *v/t* 1. (hypothekarisch) belasten, Hypothek aufnehmen, dinglich sichern; 2. verpfänden

mortgage bond *n* Pfandbrief *m*, Hypotheken(pfand)brief *m*, Grundschuldbrief *m*, Hypothekenschuldverschreibung *f*; **m. b. institution** Pfandbriefanstalt *f*; **to issue a m.b.** Hypothekenbrief ausgeben

mortgage charge Hypothekenbelastung *f*; **m. claim** (Grund)Pfandforderung *f*; **m. creditor** Hypothekengläubiger *m*; **m. debenture** (Hypotheken)Pfandbrief *m*; **m. debt** hypothekarisch gesicherte Forderung, Grundpfand-, Hypothekenschuld *f*, Hypothekenforderung *f*; **to call in a ~** Hypothek kündigen; **m. deed** 1. Hypotheken(bestellungs)urkunde *f*, Hypothekenbrief *m*; 2. Verpfändungsurkunde *f*; **m. interest** Hypothekenzinsen; **m. loan** Bodenkredit *m*, Darlehenshypothek *f*, Hypothekardarlehen *nt*, Hypothekarkredit *m*, Hypothekenanleihe *f*; **m. redemption** Hypothekentilgung *f*; **m. security** Grundpfandsicherheit *f*

mortgageable *adj* mit einer Hypothek belastbar

mortgaged *adj* belastet, verpfändet

mortgagee *n* 1. Grundschuld-, Hypothekengläubiger *m*; 2. Inhaber des Grundpfandrechts, Grundpfandgläubiger *m*, Pfandinhaber *m*; 3. Sicherungsnehmer *m*

mortgaging *n* Verpfändung *f*; **m. of real estate** Grundstücksverpfändung *f*

mortgagor *n* 1. Grundpfandbesteller *m*; 2. Grundpfand-, Hypothekenschuldner(in) *m/f*; 3. Sicherungsgeber *m*, Verpfänder *m*

mortis causa *n* *(lat.)* von Todes wegen

mortmain *n* tote Hand

mortuary *n* Leichenhalle *f*, Leichenschauhaus *nt*

M.O.T. (Ministry of Transport) test *[GB]* Fahrzeugabnahme *f*, Fahrzeugüberprüfung *f*, TÜV-Test *m*; **M. certificate/decal** *[GB]* TÜV-Plakette *f*; **to pass the M.** durch den TÜV kommen

mother *n* Mutter *f*; **expectant m.** werdende Mutter; **surrogate m.** Leihmutter *f*; **m.hood** *n* Mutterschaft *f*; **m. tongue** Muttersprache *f*

motion *n* 1. Antrag *m*; 2. *[US] (Rechtsmittel)* Einspruch *m*; **m. for adjournment** Antrag auf Vertagung, Vertagungsantrag *m*; **~ vacation of award** Antrag auf Aussetzung eines Schiedsspruchs; **m. to dismiss** Abweisungsbegehren *nt*, Antrag auf Klageabweisung; **~ dismiss the claim** Antrag auf Abweisung der Klage; **~ lift immunity** Antrag auf Aufhebung der Immunität; **m. on a point of order** Antrag zur Geschäftsordnung, Verfahrensantrag *m*; **m. for relief** Hilfsantrag *m*; **~ a vote of confidence** Vertrauensantrag *m*

to decline a motion Antrag ablehnen; **to pass a m.** Antrag annehmen; **to reject a m.** Antrag zurückweisen; **to second a m.** einen Antrag unterstützen; **to sustain a m.** einem Antrag stattgeben; **to table a m.** Antrag einbringen; **to withdraw a m.** Antrag zurücknehmen

alternative motion Alternativantrag *m*; **precautionary m.** Hilfsantrag *m*; **procedural m.** Verfahrensantrag *m*; **subsidiary m.** Hilfsantrag *m*; **substantive m.** Sachantrag *m*

motivate *v/t* motivieren

motive *n* Beweggrund *m*, Motiv *nt*; **m. for the act** Tatmotiv *nt*; **without any apparent m.** ohne erkennbares Motiv

base motive|s niedere Beweggründe; **ulterior m.** Hintergedanke *m*
motor caravan *n* Wohnmobil *nt*; **m. insurance** Kraftfahrzeugversicherung *f*; **~ with a no-claims bonus** Kraftfahrzeugversicherung mit Schaden(s)freiheitsrabatt
motor|bike *n* Motor-, Kraftrad *nt*; **m.car** *n* Auto *nt*, Kraftfahrzeug *nt*; **m.home** *n* Wohnmobil *nt*
motoring accident *n* Autounfall *m*; **m. case** Verkehrsstrafsache *f*; **m. conviction** Verurteilung wegen eines Verkehrsdelikts; **m. offence** Verkehrsdelikt *nt*, Verkehrsverstoß *m*
motorist *n* Auto-, Kraftfahrer(in) *m/f*
motor vehicle Kraftfahrzeug *nt*; **to deregister a m. v.** Kraftfahrzeug abmelden; **to drive a m. v.** Kraftfahrzeug führen; **to register a m. v.** Kraftfahrzeug anmelden
motor vehicle accident Auto-, Kraftfahrzeugunfall *m*; **m. v. certificate** Kraftfahrzeugschein *m*; **m. v. documents** Kraftfahrzeugpapiere; **m. v. excise duty** Kraftfahrzeugsteuer *f*; **m. v. insurance** Kraftfahrzeugversicherung *f*; **m. v. license bureau** *[US]* Kfz-Zulassungsstelle *f*; **m. v. licensing** Kraftfahrzeugzulassung *f*; **~ office** Kraftfahrzeugzulassungsstelle *f*
motor vehicle registration 1. Kraftfahrzeuganmeldung *f*; 2. *[US]* Kraftfahrzeugbrief *m*; **~ book** *[GB]* Kraftfahrzeugbrief *m*; **~ certificate** Kraftfahrzeugschein *m*
motor vehicle third-party liability Kraftfahrzeughaftpflicht *f*
mount *v/ti* 1. montieren; 2. *(Spannung, Unruhe)* wachsen
moustache *n* Oberlippenbart *m*
mouth-to-mouth resuscitation *n* Mund-zu-Mund-Beatmung *f*
movable *adj* beweglich; **m.s** *pl* 1. Fahrnis *f*; 2. bewegliche Habe/Sachen
move *n* 1. Maßnahme *f*; 2. Umzug *m*
move *v/ti* 1. verlegen; 2. *(räumlich)* verschieben; 3. umziehen; **m. away** wegziehen
movement *n* Bewegung *f*; **m. of goods** Warenverkehr *m*; **~ goods and services** Waren- und Dienstleistungsverkehr *m*; **free ~ goods** Warenverkehrsfreiheit *f*; **free ~ labour** *(EU)* freie Wahl des Arbeitsplatzes; **m. certificate** Warenverkehrsbescheinigung *f*
mover *n* *(Prozess)* Antragssteller(in) *m/f*
moving expenses *pl* *[US]* Umzugskosten
mud and snow tyre *n* M&S-Reifen *m*
mudguard *n* 1. Kotflügel *m*; 2. *(Fahrrad)* Schutzblech *nt*
mug *v/t* (auf offener Straße) überfallen, niederschlagen (und berauben)
mug shot *n (coll)* Verbrecher-, Fahndungsfoto *nt*
mugging *n* Straßenraub *m*, (Raub)Überfall *m*
mulct *v/t* mit einer Geldstrafe belegen
multi|lateral *adj* mehrseitig; **m.-lane** *adj* *(Verkehr)* mehrspurig
multiple *adj* mehrfach
multiplicity of claims *n* Anspruchshäufung *f*
mumble *v/t* nuscheln
municipal *adj* kommunal, städtisch
municipality *n* Kommune *f*, Stadt(Gemeinde) *f*; **to incorporate within a m.** eingemeinden
muniments *pl* Urkunde *f*
murder *v/t* (er)morden
murder *n* Ermordung *f*, Mord *m*; **m. by poisoning** Giftmord *m*; **m. in conjunction with robbery** Raubmord *m*
to be charged with murder unter Mordanklage stehen; **~ suspected of m.** in Mordverdacht geraten
attempted murder Mordversuch *m*, Mordanschlag *m*; **first-degree m.** Mord *m*; **insidious m.** Meuchelmord *m*; **judicial m.** Justizmord *m*; **sexually motivated m.** Lustmord *m*; **premeditated m.** vorsätzlicher Mord *m*; **secret m.** Fememord *m*; **unsolved m.** ungelöster Mord
murder attempt Mordanschlag *m*; **m. charge** Mordanklage *f*; **to lay a ~ against so.** Mordanklage gegen jdn erheben; **m. clear-ups** aufgeklärte Morde
murdered person *n* Mordopfer *nt*
murderer Mörder *m*; **to hire a m.** Mörder dingen
murder squad *n* Mordkommission *f*; **m. suspect** Mordverdächtige(r) *f/m*; **m. trial** Mordprozess *m*; **m. victim** Mordopfer *nt*; **m. weapon** Mord-, Tatwaffe *f*
mutilat|e *v/t* verstümmeln; **m.ion** *n* Verstümmelung *f*
mutin|eer *n* Meuterer *m*; *v/t* meutern; **m.y** *n* Meuterei *f*
mutual *adj* beider-, gegen-, wechselseitig, auf Gegenseitigkeit; **m.ity** *n* Gegenseitigkeit *f*
muzzle *n* Maulkorb *m*

N

naked *adj* nackt, unbekleidet
name *v/t* benennen
name *n* 1. Name *m*; 2. Ruf *m*; **by n.** namentlich; **in the n. of** im Namen von; **~ of the law** im Namen des Gesetzes; **~ and on behalf of** namens und im Auftrag von; **n. at birth** Geburtsname *m*
to assume a new name einen anderen Namen annehmen; **to blacken so.'s n.** jdn diffamieren; **to give so. a bad n.** jdn in Verruf bringen; **to register sth. in so.'s n.** etw. auf jdn zulassen; **to withhold so.'s n.** jds Namen nicht nennen
assumed name Deckname *m*, angenommener Name; **Christian/first n.** Vor-, Ruf-, Taufname *m*; **corporate n.** Gesellschaftsfirma *f*; **under a false n.** unter falschem Namen; **full n.** vollständiger Name; **last n.** *[US]* Nachname *m*; **married n.** Ehename *m*; **proper n.** Eigenname *m*; **proprietary n.** gesetzlich geschützter Name
namely *adv* nämlich
naming *n* Benennung *f*, Namhaftmachung *f*; **n. of witnesses** Benennung von Zeugen
narcotic *n* Betäubungsmittel *nt*, Narkotikum *nt*; **n.s act** Betäubungsmittelgesetz (BtMG) *nt*; **~ addict** *[US]* Rauschgiftsüchtige(r) *f/m*; **~ agent** *[US]* Rauschgiftfahnder(in) *m/f*; **n.s squad** *[US]* Rauschgiftdezernat *nt*
narcotize *v/t* betäuben
narrowing of a claim *n* Beschränkung eines Anspruchs
nasty *adj* gemein
most-favoured nation clause *n* Meistbegünstigungsklausel *f*
national *adj* innerstaatlich; *n* Inländer, Staatsangehörige(r) *f/m*; **n. of the United Kingdom** britischer Staatsangehöriger
dual national *n* Doppelstaatler(in) *m/f*; **foreign n.** Ausländer(in) *m/f*; **multiple n.** Mehrstaatler(in) *m/f*
National Criminal Intelligence Service (NCIS) *[GB]* zentrale Verbrechensdatei; **N. Insurance Act** *[GB]* Sozialversicherungsgesetz *nt*; **~ card** *[GB]* Sozialversicherungsausweis *m*; **~ Contributions (NIC)** *[GB]* Sozialversicherungsbeiträge
nationality *n* Staatsangehörigkeit *f*; **dual n.** Doppelstaatsangehörigkeit *f*, doppelte Staatsangehörigkeit
nationwide *adj* landesweit
natural *adj* 1. natürlich; 2. *(Eltern)* leiblich
naturaliz|ation *n* Einbürgerung *f*, Naturalisation *f*, Naturalisierung *f*; **n.e** *v/t* einbürgern, naturalisieren; **n.ed** *adj* eingebürgert
nature conservation *n* Naturschutz *m*; **n. reserve** Landschafts-, Naturschutzgebiet *nt*
navigation *n* Schifffahrt *f*, Schiffsverkehr *m*; **n. act** Schifffahrtsgesetz *nt*; **n. law** Schifffahrtsrecht *nt*; **n. treaty** Schifffahrtsabkommen *nt*
neat *adj* *(Mensch, Zimmer)* ordentlich
necessaries *pl* Bedürfnisse
necessary *adv* geboten, nötig, notwendig; **if n.** nötigenfalls
necessitate *v/t* erfordern, notwendig machen
necessities of life *pl* Lebensbedarf *m*, Lebensbedürfnisse; **to endanger the n. of l.** Lebensbedarf gefährden
necessity *n* 1. Erforderlichkeit *f*, Erfordernis *nt*; 2. Notwendigkeit *f*; 3. *(ZR, StR)* Notstand *m*; **from n.** aus Not; **of n.** notgedrungen; **n. in criminal law** strafrechtlicher Notstand
absolute necessity unbedingtes Erfordernis; **imaginary n.** Putativnotstand *m*
necrophilia *n* Leichenschändung *f*
née *adj* *(frz.)* geborene
need *v/t* bedürfen, benötigen; **if n. be** wenn nötig
need *n* 1. Not *f*; 2. Notwendigkeit *f*; **in case of n.** nötigenfalls; **urgent n.** dringende Notwendigkeit
needling *n* Stichelei *f*
needs *pl* Bedarf *m*, Bedürfnisse; **to satisfy n.** Bedürfnisse befriedigen; **essential n.** Lebensbedarf *m*, Lebensbedürfnisse; **personal n.** 1. persönliche Bedürfnisse; 2. Eigenbedarf *m*
needy *adj* notleidend; **n. person** Bedürftige(r) *f/m*
negat|e *v/t* negieren, verneinen; **n.ion** *n* Verneinung *f*
negative *adj* abschlägig, negativ; **to answer in the n.** abschlägig bescheiden, verneinen
neglect *v/t* 1. vernachlässigen; 2. ver(ab)säumen; 3. verwahrlosen lassen

neglect *n* 1. Vernachlässigung *f*; 2. Unterlassung *f*; 3. Verwahrlosung *f*; **n. of duty** Dienstvergehen *nt*, Dienstversäumnis *nt*, Nichterfüllung einer Pflicht, Obliegenheits-, Pflichtverletzung *f*, Pflichtversäumnis *nt*; **~ supervisory duties** Vernachlässigung der Aufsichtspflicht; **culpable n.** schuldhafte Vernachlässigung; **wilful n.** vorsätzliche Unterlassung

neglected *adj* verwahrlost

negligence *n* Fahrlässigkeit *f*, Leichtfertigkeit *f*, Nachlässigkeit *f*, Sorgfaltspflichtverletzung *f*, fahrlässiges Verhalten, Verletzung der gesetzlichen Sorgfaltspflicht, fahrlässiges Verschulden; **n. in contracting** Verschulden bei Vertragsabschluss, culpa in contrahendo *(lat.)*

actionable negligence rechtserhebliche Fahrlässigkeit; **comparative n.** *[US]* Mitverschulden *nt*; **concurrent n.** konkurrierendes Verschulden; **contributory n.** mitursächliche Fahrlässigkeit, Mitschuld *f*, Mitverschulden des Geschädigten/Verletzten, konkurrierendes/mitwirkendes Verschulden; **criminal n.** (strafbare) Fahrlässigkeit, sträfliche Nachlässigkeit, strafrechtliches Verschulden; **culpable n.** schuldhafte Fahrlässigkeit; **gross n.** grobe Fahrlässigkeit/Nachlässigkeit, grob fahrlässiges Handeln; **imputed n.** *(Haftung für fremdes Verschulden)* zurechenbare Fahrlässigkeit; **medical n.** medizinische Fahrlässigkeit; **ordinary n.** gewöhnliche Fahrlässigkeit; **ordinary n.** leichte Fahrlässigkeit; **passive n.** *[US]* fahrlässige Unterlassung; **punishable n.** strafbare Fahrlässigkeit; **wanton/wilful n.** bewusste/vorsätzliche Fahrlässigkeit

negligence clause Fahrlässigkeitsklausel *f*; **n. claim** Schaden(s)ersatzforderung wegen Fahrlässigkeit; **n. offence** Fahrlässigkeitsdelikt *nt*

negligent *adj* fahrlässig, leichtfertig, nachlässig, sorgfaltswidrig; **criminally n.** kriminell fahrlässig; **grossly n.** grob fahrlässig

negligible *adj* geringfügig, nebensächlich

negotiability *n* Handelbarkeit *f*, Verkehrsfähigkeit *f*

negotiable *adj* handelbar, begebbar, indossabel, negoziabel, negoziierbar, verkehrsfähig; **N. Instruments Act** *[US]* Wechselgesetz *nt*; **n. instruments law** Wechselrecht *nt*

negotiat|e *v/t* 1. verhandeln; 2. girieren, übertragen; **n.ed** *adj (Lohn)* tariflich; **n.-ing power(s)** *n* Verhandlungsvollmacht *f*; **n.ion** *n* 1. *(Unterhandlung)* Verhandlung *f*; 2. Übertragung *f*, Girierung *f*, Negoziierung *f*

neighbour *n* Nachbar *m/f*; **next-door n.** unmittelbarer Nachbar

neighbour law Nachbarrecht *nt*; **n.hood** *n* 1. *(Leute, Ort)* Nachbarschaft *f*; 2. Gegend *f*, Umgebung *f*; **~ warden** Leiter/Mitglied einer Nachbarschaftshilfe; **~ watch** Nachbarschaftshilfe zur Kriminalitätsvorbeugung; **n.ing** *adj* angrenzend, benachbart; **n.'s fence** Nachbarzaun *m*

nepotism *n* Vetternwirtschaft *f*

net *adj* netto

neutral *adj* neutral; **n.ity** *n* Neutralität *f*

new *adj* neu

news ban *n* Nachrichtensperre *f*; **n. blackout/embargo** Nachrichtensperre *f*; **n. letter** *n* Rundbrief *m*

next *adj* nächst; **n. to** neben; **n. entitled** nächstberechtigt; **n. of kin** nächste(r) (Familien)Angehörige(r)/Verwandte(r); **n.-door** *adj* nebenan

nick *n* *[GB] (coll)* 1. Gefängnis *nt*; 2. Polizeigewahrsam *m*; *v/t* einlochen *(coll)*

night *n* Nacht *f*; **n. duty** Nachtdienst *m*; **n.'s rest** Nachtruhe *f*; **to disturb the ~** Nachtruhe stören; **to keep the ~** Nachtruhe einhalten; **n. shelter** Obdachlosenasyl *nt*; **n.-time** *n* Nachtzeit *f*; **~ disturbance** nächtliche Ruhestörung; **n. work** Nachtarbeit *f*

nisi prius *(lat.) [US]* erste Instanz

noise *n* Geräusch *nt*, Lärm *m*; **disturbed by n.** lärmbeeinträchtigt; **sensitive to n.** lärmempfindlich

noise abatement Lärmbekämpfung *f*; **n. barrier** Lärmschutzwand *f*; **n. disturbance** ruhestörender Lärm, Lärmbeeinträchtigung *f*; **n. level** Lärmpegel *m*; **n. pollution** Lärmbelästigung *f*; **n.-reducing** *adj* lärmdämpfend

nolle prosequi *n (lat.)* *(StR)* Einstellung des Ermittlungsverfahrens, Einstellungsverfügung *f*

no-man's land *n* Niemandsland *nt*

nomenclature of goods *n* Warennomenklatur *f*

nominal *adj* nominal, nominell

nominat|e *v/t* 1. benennen, ernennen, namhaft machen; 2. nominieren, zur

N

Wahl vorschlagen; **n.ion of a subsequent heir** *n* Einsetzung eines Nacherben

nominee *n* 1. Begünstigte(r) *f/m*, Benannte(r) *f/m*; 2. Nominierte(r) *f/m*; **n. account** Anderkonto *nt*

non compos mentis *adj (lat.)* unzurechnungsfähig

non|-acceptance *n* Ausschlagung *f*, Nichtannahme *f*, Verweigerung der Annahme; **n.-actionable** *adj* nicht einklagbar; **n.-admission** *n* Nichtzulassung *f*; **~ as a joint plaintiff** Nichtzulassung als Nebenkläger; **n.-alienation** *n* Nichtveräußerung *f*; **n.-allowable** *adj (Steuer)* nicht absetzbar; **n.-appealable** *adj* unaufhebbar, unanfechtbar, rechtskräftig; **n.-appealability** *n* Unanfechtbarkeit *f*; **n.-assignment** Nichtübertragung *f*

non-appearance *n* 1. Ausbleiben *nt*, Nichteinlassung *f*; 2. *(Gericht)* Nichterscheinen *nt*, Terminversäumnis *nt*

non|-applicability *n* Nichtanwendbarkeit *f*; **n.-application** *n* Nichtanwendung *f*; **n.-assignability** *n* Unabtretbarkeit *f*; **n.-assignable** *adj* unabtretbar; **n.-attachable** *adj (Sache)* unpfändbar; **n.-attendance** *n* Nichterscheinen *nt*, Versäumnis *nt*, Fortbleiben *nt*; **n.-binding** *adj* nichtbindend, unverbindlich; **n.-bonded** *adj* unverbrieft; **n.-commercial** *adj* nicht gewerblich

N

non-competition clause *n* Wettbewerbs(verbots)klausel *f*

non-compliance *n* Missachtung *f*, Nicht(be)achtung *f*, Nichtbefolgung *f*, Nichteinhaltung *f*, Zuwiderhandlung *f*; **n. with the formalities; ~ the formal requirements** Formverletzung *f*, Verletzung der Formvorschriften; **~ one's contractual obligations** Nichterfüllung der Vertragspflichten

non-conformity *n* Nichtübereinstimmung *f*, Nichtübertragbarkeit *f*; **n. with the contract** Nichtvertragsgemäßheit *f*; **~ sample** Nichtübereinstimmung mit dem Muster

non-consummation of marriage *n* Nichtvollzug der Ehe

non|-contention *n* Nichtbestreiten *nt*; **n.-contentious** *adj* nicht streitig

non|-convertible *adj* nicht konvertierbar; **n.-declaration** *n* Nichtangabe *f*; **n.-denial** *n* Nichtbestreiten *nt*; **n.descript** *adj* unscheinbar

non-disclosure *n* Nichtanzeige *f*, Unterlassung einer Mitteilung, Verletzung der Anzeige-/Offenbarungspflicht, Verschweigen *nt*; **n. of material facts; material n.** Unterdrückung wesentlicher Tatsachen, Verschweigen rechtserheblicher Umstände; **malicious n.** arglistiges Verschweigen

non-discrimination *n* Gleichbehandlung *f*

non-discriminatory *adj* nicht diskriminierend

non|-enforceab|ility *n* Nichteinklagbarkeit *f*, Nichtvollstreckbarkeit *f*, Verweigerung des Rechtsschutzes; **n.-enforceable** *adj* nicht vollstreckbar; **n.-execution** *n* Nichtausführung *f*; **n.-exercise** *n* Nichtausübung *f*; **n.-existence** *n* Nichtbestehen *nt*, Nichtvorhandensein *nt*; **n.-extradition** *n* Nichtauslieferung *f*; **n.feasance** *n* pflichtwidrige/schuldhafte Unterlassung, Nichterfüllung einer Pflicht

non|-forfeitability *n* *(Lebensvers.)* Unverfallbarkeit *f*; **n.-forfeitable** *adj* unverfallbar

non|-interest-bearing *adj* unverzinslich; **n.-lawyer** *n* Nichtjurist *m*, Nichtjuristin *f*; **n.-leviable** *adj* unpfändbar; **n.-liability** *n* Nichthaftung *f*, Haftungsausschluss *m*; **n.-mandatory** *adj* dispositiv; **n.-negotiable** *adj* 1. nicht verhandelbar; 2.nicht begebbar; **n.-objection** *n* Nichtwiderspruch *m*

non|-observance *n* Nicht(be)achtung *f*, Nichtbefolgung *f*, Nichteinhaltung *f*; **n.-occurrence** *n* Nichteintritt *m*; **n.-partisan** *adj* überparteilich; **n.-payment** *n* Nichtbezahlen *nt*, Nichtzahlung *f*

non-performance *n* Nichterfüllung *f*; **to be liable for n.** für Nichterfüllung haften; **partial n.** teilweise Nichterfüllung

non-perishable *adj* nicht verderblich, haltbar; **n.-polluted** *adj (Umwelt)* unbelastet; **n.-profit-making** *adj* 1. nicht auf die Erzielung eines Gewinns ausgerichtet; 2. gemeinnützig; **n.-proliferation treaty** *n* Nichtweitergabevertrag *m*; **n.-prosecution** *n (StR)* Nichtverfolgung *f*; **n.-recognition** *n (Völkerrecht)* Nichtanerkennung *f*; **n.-recourse** *adj* regresslos; **n.-recurrent** *adj* einmalig; **n.-refundable** *adj* nicht erstattungsfähig; **n.-repealable** *adj (Gesetz)* unaufhebbar; **n.-resident** *adj* auswärtig; *n* Nichtansässige(r) *f/m*; **n.-returnable** *adj* Einweg-;

n.-reversible *adj* irreversibel; **n.sense** *n* Unsinn *m*; **n.-standard** *adj* norm(en)-widrig; **n.-support** *n [US]* Verletzung/Vernachlässigung der Unterhaltspflicht; **n.-trader** *n* Nichtkaufmann *m*

non|-transferability *n* Unübertragbarkeit *f*; **n.-transferable** *adj* unübertragbar

non|-use *n* Nichtbenutzung *f*; **n.-violent** *adj* gewaltlos; **n.-warranty clause** *n* Ausschluss der Sachmängelhaftung

noon *n* Mittag *m*

norm *n* Norm *f*; **binding n.** zwingende Norm; **jurisdictional n.** Kompetenznorm *f*; **legal n.** Rechtsnorm *f*; **procedural n.** Verfahrensnorm *f*

normal *adj* normal

normative *adj* normativ

notar|ial *adj* notariell; **n.iate** *n* Notariat *nt*; **n.ization** *n* notarielle Beglaubigung/Beurkundung; **n.ize** *v/t* notariell beglaubigen

notary (public) *n* Notar(in) *m/f*; **n. who does not practise advocacy** Nurnotar *m*; **attested/recorded by a n.** notariell beurkundet; **attesting/authenticating/recording n.** Urkundsnotar *m*, beglaubigender/beurkundender Notar

notary|-advocate *n* Anwaltsnotar *m*; **n.'s certificate** notarielle Bescheinigung; **~ fees** Beurkundungs-, Notariatsgebühren; **~ office** *(Kanzlei)* Notariat *nt*; **~ roll of documents** Urkundenrolle *f*; **~ seal** Notar(iats)siegel *nt*; **n.ship** *n (Amt)* Notariat *nt*

note *v/t* notieren, ver-, vormerken

note *n* Vermerk *m*; **n. of travelling expenses** Reisekostenabrechnung *f*; **n. in the files** (Akten)Vermerk; **counterfeit n.** falsche Banknote, Blüte *f (coll)*; **interim n.** Zwischenbescheid *m*; **marginal n.** Randbemerkung *f*; **promissory n. (P/N)** Eigen-, Inhaber-, Solawechsel *m*, Schuld-, Verpflichtungsschein *m*; **~ payable to bearer** Legitimationspapier *nt*

notice *n* Ankündigung *f*, Anzeige *f*, Benachrichtigung *f*, Kundmachung *f*, Mitteilung *f*, Nachricht *f*, Notifikation *f*; **at short n.** kurzfristig; **subject to n.** kündbar; **not ~** unkündbar; **until further n.** bis auf weiteres; **to defer ~** bis auf Weiteres zurückstellen; **without n.** fristlos

notice of action Klageankündigung *f*; **~ admission** Zulassungsbescheid *m*; **~ appeal** Berufungs-, Beschwerde-, Rechtsmittel-, Revisionsschrift *f*, **~ appeal on points of law** Revisionsantrag *m*; **~ appearance** Ladungsfrist *f*; **~ apportionment** Zerlegungsbescheid *m*; **~ approval** Genehmigungsbescheid *m*; **~ assessment** Veranlagungsbescheid *m*; **~ assignment** Abtretungsanzeige *f*; **~ avoidance** Anfechtungserklärung *f*; **~ cancellation** Löschungsanzeige *f*, Löschungsvermerk *m*, Wandlungserklärung *f*; **~ claim** 1. Streitverkündigung *f*; 2. *(Vers.)* Schadenanzeige *f*; **n. to complete** Leistungsaufforderung *f*; **n. of completion** Fertigstellungsanzeige *f*; **~ confirmation** Bestätigungsanzeige *f*; **n. as per contract** vertragsgemäße Kündigung; **n. to terminate a contract** Kündigung eines Vertrages

notice of defect Mängelrüge *f*, Mängelanzeige *f*; **~ in quality** Qualitätsbeanstandung *f*; **immediate ~** unverzügliche Mängelrüge

notice of deficiency *(Steuer)* Nachforderungsbescheid *m*; **~ delivery** Zustellungsurkunde *f*; **~ distraint** Beschlagnahmebescheid *m*; **~ execution** Pfändungsanzeige *f*; **~ exemption** *(Steuer)* Freistellungsbescheid *m*; **~ expropriation** Enteignungsbescheid *m*; **~ a fine** Bußgeldbescheid *m*; **n. of hearing** Ladung zur mündlichen Verhandlung; **n. for judgment in an appeal on a point of law** Revisionsantrag *m*; **n. of liability** Haftungsbescheid *m*; **~ loss** Schadensanzeige *f*, Schadensmeldung *f*; **~ marriage** *[US]* (Heirats)Aufgebot *nt*; **~ non-liability for tax** *(Steuer)* Freistellungsbescheid *m*; **~ opposition** Einspruchseinlegung *f*, Widerspruchsbescheid *m*; **n. to pay** Zahlungsaufforderung *f*, Zahlungsbefehl *m*; **n. of protest** Protestanzeige *f*; **~ intended prosecution** Ordnungswidrigkeitenanzeige *f*; **n. to quit** Kündigung (durch den Vermieter), Mietaufkündigung *f*, Mietkündigung *f*; **n. of receipt** Empfangsanzeige *f*; **~ redemption of the mortgage debt** Kündigung der Hypothek; **~ rejection** Ablehnungsbescheid *m*; **~ restitution** Erstattungsbescheid *m*; **~ sale by the pledgee** Verkaufsandrohung durch den Pfandgläubiger

notice of termination Kündigung *f*; **~ pending a change of contract** Änderungskündigung *f*; **~ of employment** *(Arbeitgeber)* Kündigungsschreiben *nt*; **~ of tenancy** Mietkündigung *f*

notice of trial Ladung zum Termin; **~ withdrawal** Austrittserklärung *f*
to bring to the notice of zur Kenntnis bringen; **to dismiss without n.** fristlos entlassen
to give notice (of termination) kündigen; **~ in writing** schriftlich kündigen; **to give n. of** avisieren; **~ a claim** Schaden anmelden; **~ termination** aufkündigen; **to give an employee n.** einem Angestellten kündigen; **~ fair n.** form- und fristgerecht informieren/kündigen; **to be given n.** Kündigung erhalten; **n. is hereby given** hierdurch wird bekannt gemacht; **if n. is given** im Falle der Kündigung
to put so. on notice jdn mahnen; **to serve a n.** eine Mitteilung zustellen; **to take n. (of sth.)** zur Kenntnis nehmen; **to terminate without n.** fristlos kündigen
actual notice *(Rechte Dritter)* tatsächliche Kenntnis; **advance n.** vorherige Ankündigung; **constructive n.** gesetzlich unterstellte Kenntnis, vermutete Kenntnis, *(Rechte Dritter)* zurechenbare Kenntnis; **due n.** ordentliche Kündigung; **to give ~** ordnungsgemäß kündigen; **fixed-penalty n.** Bußgeldbescheid *m*; **imputed n.** *(Rechte Dritter)* zurechenbare Kenntnis; **judicial c.** Kenntnis des Gerichts; **obituary n.** *(Zeitung)* Todesanzeige *f*; **official n.** amtliche Mitteilung; **public n.** öffentliche Bekanntgabe/Bekanntmachung, Aushang *m*, Aufgebot *nt*; **~ for creditors of an estate** Aufgebot der Nachlassgläubiger; **~ to all creditors** Gläubigeraufgebot *nt*, Gläubigeraufruf *m*; **~ of the mortgage deed** Aufgebot des Hypothekenbriefs; **~ procedure** Aufgebotsverfahren *nt*; **third-party n.** Streitverkündigung *f*; **three months' n.** vierteljährliche Kündigung; **written n.** Abmahnungsschreiben *nt*
notice *v/t* bemerken, wahrnehmen; **n.able** *adj* merklich
notifiable *adj* (an)melde-, anzeigepflichtig
notification *n* Anzeige *f*, Bekanntgabe *f*, Benachrichtigung *f*, Bescheid *m*, Meldung *f*, Mitteilung *f*, Notifikation *f*, Vorladung *f*; **n. of a claim** Anzeige des Versicherungsfalls; **n. in writing** schriftliche Mitteilung; **official n.** dienstliche Meldung; **oral n.** mündliche Anzeige/Mitteilung; **provisional n.** Zwischenbescheid *m*; **written n.** schriftlicher Bescheid, schriftliche Anzeige
notification procedure Benachrichtigungsverfahren *nt*; **n. requirement** Anmeldepflicht *f*; **n. sheet** Notifizierungsbogen *m*
notify *v/t* anzeigen, benachrichtigen, bescheiden, Kenntnis geben, in Kenntnis setzen, zur Kenntnis bringen, mitteilen, notifizieren, Anzeige machen; **n. so. of sth.** jdm etw. anzeigen; **n. in writing** schriftlich benachrichtigen
notion *n* Begriff *m*; **n.al** *adj* begrifflich, ideell
notorious *adj* berüchtigt, gerichtskundig, (gerichts)notorisch
notwithstanding *prep* nichtsdestoweniger, trotz, unbeschadet, ungeachtet; **n. this** in Abweichung hiervon
novation *n* Novation *f*, Schuldersetzung *f*, Schuldumwandlung *f*
novel *adj* *(Patentrecht)* neu
novelty *n* Neuheit *f*; **detrimental as to n.** neuheitsschädlich; **n. value** Neuheitswert *m*
novus actus interveniens *n (lat.)* Unterbrechung des Kausalzusammenhangs
now and then *adv* öfter(s)
from now *adv* ex nunc *(lat.)*; **~ on** von jetzt ab
noxious *adj* schädlich, umweltschädigend
nubile *adj* *(Frau)* heiratsfähig
nugatory *adj* gegenstandlos
nuisance *n* Ärgernis *nt*, Beeinträchtigung *f*, Belästigung *f*, Missstand *m*, Störung *f*, Unfug *m*; **n. caused by smoke** Rauchbelästigung *f*; **to abate a n.** Ärgernis/Störung/Missstand abstellen, ~ beseitigen
actionable nuisance rechtserhebliche Belästigung/Störung, Eigentumsstörung *f*; **civil n.** Besitzstörung *f*; **olfactory n.** Geruchsbelästigung *f*; **ongoing n.** Dauerbelästigung *f*; **private n.** verbotene Eigenmacht, Eigentumsstörung *f*; **public n.** öffentliches Ärgernis, Störung der Allgemeinheit, grober Unfug
null and void *adj* (null und) nichtig
nulla bona *adj (lat.)* fruchtlos gepfändet; *n* keine pfändbare Habe, fruchtlose Pfändung, Unpfändbarkeitsbescheinigung *f*, Pfändungsversuch erfolglos; **n. poena sine lege** *(lat.)* keine Strafe ohne gesetzliche Grundlage
nullification *n* Nichtigkeitserklärung *f*
nullify *v/t* annullieren, nichtig machen, für ~ erklären

nullity *n* Kraftlosigkeit *f*, Nichtigkeit *f*, Unwirksamkeit *f*; **n. of a marriage** Ehenichtigkeit *f*; **~ transactions** Nichtigkeit von Rechtsgeschäften; **partial n.** Teilnichtigkeit *f*, teilweise Unwirksamkeit; **pending n.** schwebende Unwirksamkeit; **relative n.** relative Unwirksamkeit

nullity appeal *(Patentrecht)* Nichtigkeitsbeschwerde *f*; **n. board** *(EU Patentamt)* Nichtigkeitssenat *m*; **n. clause** Unwirksamkeitsklausel *f*; **n. proceedings/suit** Nichtigkeitsprozess *m*, Nichtigkeitsverfahren *nt*

number *n* Nummer *f*, Zahl *f*; **n. of members** Mitgliederzahl *f*; **estimated ~ undetected/unreported cases** Dunkelziffer *f*; **consecutive n.** laufende Nummer

numberplate *n* *[GB]* Kennzeichen *nt*, amtliches Kennzeichen, Nummernschild *nt*; **seasonal n.** Saisonkennzeichen *nt*

numbers game *n* Lotto *nt*

numerical *adj* zahlenmäßig

nuncupative *adj* *(Testament)* mündlich

nurse *n* Krankenschwester *f*; *v/t* pflegen; **male n.** (Kranken)Pfleger *m*; **state-registered n.** staatlich geprüfte Krankenschwester

nurse *v/t* pflegen

nursing *n* Pflege *f*; **n.-care insurance** Pflegeversicherung *f*; **n. staff** (Kranken)Pflegepersonal *nt*

O

oath *n* Eid *m*, Schwur *m*; **in lieu of an o.** an Eides Statt, eidesstattlich; **on/under o.** eidlich; **to deny ~** eidlich ableugnen

oath of allegiance Fahnen-, Loyalitäts-, Treueeid *m*; **~ disclosure/manifestation** Offenbarungseid *m*; **to swear an ~ disclosure/manifestation** Offenbarungseid leisten; **o. in litem** *(lat.)* Prozesseid *m*; **o. by negligence** fahrlässiger Eid; **o. of office** Amtseid *m*; **o. (administered) after a statement** Nacheid *m*

oath sworn by an expert Sachverständigeneid *m*; **o. taken by a witness** Zeugeneid *m*; **eligible for taking an o. (before the court)** eidesfähig

to administer an oath beeidigen; **~ to so.** jdm einen Eid abnehmen; **to affirm on/under o.** beschwören, durch Eid bekräftigen, eidlich versichern/bekräftigen; **to be on/under o.** unter Eid stehen; **to break an o.** Eid brechen; **to confirm on/under o.** beeiden; **to declare on/under o.** eidlich erklären; **to examine so. on/under o.** jdn eidlich vernehmen; **to swear/take an o.** schwören, Eid ablegen; **to testify on/under o.** unter Eid aussagen, eidliche Zeugenaussage machen

assertory oath Bekräftigungseid *m*, Beteuerung unter Eid, assertorischer Eid; **confirmatory o.** Bekräftigungseid *m*; **false o.** Falscheid *m*; **official o.** Diensteid *m*; **promissory o.** Verpflichtungseid *m*, Voreid *m*, promissorischer Eid; **suppletory o.** Ergänzungseid *m*, Parteieid *m*

obedience *n* Gehorsam *m*; **to owe so. o.** jdm Gehorsam schulden; **total o.** absoluter Gehorsam

obedient *adj* gehorsam

obey *v/t* befolgen, gehorchen

obfuscation *n* Verdunkelung *f*

obiter dicta *pl (lat.)* nicht tragende Entscheidungsgründe, Nebenbemerkungen des Richters nach Urteilsverkündung

obiter dictum *n (lat.)* beiläufige Bemerkung des Richters nach Urteilsverkündung *(im Ggs. zu ratio decidendi)*, Randbemerkung *f*

object to *v/prep* 1. Einspruch einlegen/erheben, einwenden, protestieren, Widerspruch einlegen/erheben, widersprechen; 2. rügen, beanstanden

object *n* 1. Gegenstand *m*, Objekt *nt*; 2. Zweck *m*; **o.(s) of the company** Gegenstand der Gesellschaft; **o. of the contract** Vertragszweck *m*; **~ performance** Leistungsgegenstand *m*; **~ legal protection** Rechtsgut *nt*; **found o.** Fundsache *f*; **generic o.** Gattungsware *f*; **precious o.** Kostbarkeit *f*

objection *n* Einspruch *m*, Einwendung *f*, Einwurf *m*, (Rechts)Einwand *m*, Widerspruch *m*, Beanstandung *f*; **o. overruled** dem Einspruch wird nicht stattgegeben; **o. to an election** Wahleinspruch *m*; **~ the jury** Geschworenenablehnung *f*; **o. on a point of law** rechtliche Einwendung; **~ order** Formaleinwand *m*; **o. against the standing rules** Einspruch gegen die Geschäftsordnung; **o. to a juror** Ablehnung eines Geschworenen; **~ a witness** Zeugenablehnung *f*

to disallow an objection Einspruch verwerfen; **to dismiss an o.** Einspruch zurückweisen; **to file/lodge/make an o.** Einspruch einlegen/vorbringen; **to overrule an o.** Einspruch verwerfen; **to raise an o.** Einwand machen/erheben/vorbringen, Widerspruch erheben; **to refute an o.** Einwand entkräften; **to withdraw an o.** Einspruch zurücknehmen

conscientious objection Kriegsdienstverweigerung *f*; **inadmissible o.** unzulässige Einwendung; **legal o. to an action** prozesshindernde Einrede; **procedural o.** Verfahrensrüge *f*; **well-founded o.** begründeter Einspruch

objective *adj* objektiv, sachlich

objective *n* Ziel *nt*; **to achieve an o.** Ziel erreichen; **to pursue an o.** Ziel verfolgen

objectivity *n* Objektivität *f*

conscientious objector *n* Kriegs-, Wehrdienstverweigerer *m*

objects clause *n* Kompetenzartikel *m*; **o. of the company** Unternehmensziele, Gesellschaftszweck *m*

obligate *v/i* verpflichten

obligation *n* 1. Verpflichtung *f*, Obliegenheit *f*, Pflicht *f*, Auflage *f*; 2. Schuld *f*, Schuldverhältnis *nt*, Schuldverpflichtung *f*

obligation to buy Kaufzwang *m*; **no ~** kein Kaufzwang; **o. to carry identity papers** Ausweispflicht *f*; **~ caution** Belehrungspflicht *f*; **~ conclude a contract; ~ contract; ~ enter into a contract** Abschluss-, Kontrahierungszwang *m*; **o. under a contract** Vertragspflicht *f*; **o. to contribute** Beitragspflicht *f*; **o. to cooperate** Mitwirkungspflicht *f*; **~ deliver** Ablieferungspflicht *f*; **~ be discharged by remittance** Schickschuld *f*; **~ file an opposition** Widerspruchsverpflichtung *f*; **o. under a guarantee** Garantieverpflichtung *f*; **o. of the guardian to render an account** Rechnungslegungspflicht des Vormundes; **o. to have and carry a driving licence** Führerscheinpflicht *f*; **~ keep the peace** Friedenspflicht *f*; **o. in kind** Gattungs-, Sachschuld *f*; **o. under public law** öffentlich-rechtliche Verpflichtung; **o. to maintain secrecy** Geheimhaltungspflicht *f*; **~ notify** Anzeigepflicht *f*; **~ obtain a licence** Konzessionspflicht *f*

obligation to pay Leistungs-, Zahlungspflicht *f*, Zahlungsverpflichtung *f*; **to incur an ~** Zahlungsverpflichtung eingehen

obligation to perform Verpflichtung zur Vornahme einer Handlung; **~ a contract** Leistungspflicht *f*; **o. to be performed at the debtor's place of business** Bringschuld *f*

obligation to present Vorlegungspflicht *f*; **~ the case to the court** Darlegungspflicht *f*; **o. to produce supporting documents** Nachweispflicht *f*

obligation to provide compensation Verpflichtung zum Ersatz; **~ maintenance** Verpflichtung zum Familienunterhalt

obligation to refund Rückzahlungspflicht *f*; **~ register with the police** polizeiliche Meldepflicht; **~ reimburse** Rückzahlungspflicht *f*; **o. in rem** *(lat.)* dingliche Verpflichtung; **o. to sell** Verkaufszwang *m*; **o. to supply a particular item** Stückschuld *f*; **~ unascertained goods** Gattungsschuld *f*

obligation to surrender Ablieferungspflicht *f*; **~ possession** Herausgabepflicht *f*

obligation to teach Lehrverpflichtung *f*; **~ tell the truth** Wahrheitspflicht *f*; **~ tolerate** Duldungspflicht *f*; **~ treat** Anbietungspflicht *f*; **o. under a warranty** Garantieverpflichtung *f*, Gewährleistungspflicht *f*; **o. to work** Arbeitspflicht *f*

obligation incumbent on so. jdm obliegende Verpflichtung

to assume an obligation Verpflichtung übernehmen, Verbindlichkeit eingehen; **to be under an o. to so.** jdm gegenüber verpflichtet sein; **to breach an o.** Verpflichtung verletzen; **to create an o.** Schuld begründen; **to discharge an o.** Verpflichtung abgelten; **to enter into an o.** Verbindlichkeit eingehen; **to honour an o.** Verbindlichkeit/Verpflichtung erfüllen; **to impose an o.** Verpflichtung auferlegen; **to incur an o.** Verpflichtung auf sich nehmen, ~ übernehmen; **to lift an o.** Verpflichtung aufheben; **to meet an o.** Verpflichtung erfüllen; **to release so. from an o.** jdn aus einer Verpflichtung entlassen, ~ von einer Verpflichtung entbinden; **to undertake an o.** Verpflichtung übernehmen

abstract obligation abstrakte Verpflichtung; **accessory o.** akzessorische Verpflichtung, Zusatzverpflichtung *f*; **alternative o.** Wahlschuld *f*; **conditional o.** bedingte Verpflichtung; **continuous o.**

Dauerschuldverhältnis *nt*; **contractual o.** vertragliche Pflicht, vertragliches Schuldverhältnis, Vertragspflicht *f*, Vertragsverpflichtung *f*; **joint ~** gemeinschaftliche vertragliche Verpflichtung; **equitable o.** Billigkeitsverpflichtung *f*; **express o.** ausdrückliche Pflicht/Verpflichtung; **financial o.** Zahlungsverpflichtung *f*; **formal o.** Verpflichtungserklärung *f*; **imperfect o.** Naturalobligation *f*; **implied o.** stillschweigende Pflicht/Verpflichtung; **incumbent o.** obliegende Verpflichtung; **indeterminable o.** Gattungsschuld *f*; **joint o.** Gesamtschuld *f*, gemeinsame Verpflichtung; **~ and several o.** Solidarverpflichtung *f*, gesamtverbindliche Verpflichtung; **legal o.** Rechtspflicht *f*, gesetzliche Verpflichtung; **moral o.** moralische Verpflichtung; **mutual o.** gegenseitige Verpflichtung; **pecuniary o.** finanzielle Verpflichtung; **primary o.** Hauptpflicht *f*, Hauptschuld *f*; **real o.** dingliche Schuld; **secondary o.** Nebenpflicht *f*; **separate and severable o.** eigenständige Verpflichtung; **specific o.** Speziesschuld *f*; **statutory o.** gesetzliche Verpflichtung; **subsidiary o.** Nebenverpflichtung *f*; **unconditional o.** unbedingte Verpflichtung; **unenforceable o.** nicht einklagbare Verpflichtung; **unilateral o.** einseitige Verpflichtung

obligatory *adj* obligatorisch, verpflichtend

oblige *v/t* verpflichten; **o.d** *adj* verpflichtet; **~ to pay** zahlungspflichtig; **o.e** *n* Forderungsberechtigte(r) *f/m*

obliging *adj* entgegenkommend, umgänglich

obligee *n* Verpflichtungsnehmer(in) *m/f*, Gläubiger(in) *m/f*

obligor *n* Verpflichtungsgeber(in) *m/f*, Haftende(r) *f/m*, (Leistungs)Schuldner(in) *m/f*

obliterat|e *v/t* auslöschen; **o.ion** *n* Löschung *f*, Unkenntlichmachung *f*

obscen|e *adj* obszön, unanständig, unzüchtig; **o.ity** *n* Obszönität *f*, Unanständigkeit *f*

obscur|ation *n* Verdunkelung *f*; **o.e** *adj* zweifelhaft, undurchsichtig; *v/t* verschleiern, verdunkeln

observance *n* Befolgung *f*, Einhaltung *f*, Observanz *f*, Wahrung *f*; **o. of human rights** Achtung der Menschenrechte

observation *n* Beobachtung *f*; **cross-border o.** grenzüberschreitende Observation; **o. point** Warte *f*

observe *v/t* befolgen, einhalten, beobachten; **to have so. o.d** jdn observieren lassen

obsessive *adj* zwanghaft

obsol|escence *n* Veralterung *f*; **o.ete** *adj* überholt, veraltet

obstacle *n* Hindernis *nt*, Hürde *f*

obstruct *v/t* (be)hindern, hemmen, vereiteln, Widerstand leisten; **o.ing the course of justice** *n* Strafvereitelung *f*; **~ an election** Wahlbehinderung *f*; **~ execution** Vollstreckungsvereitelung *f*, Vereitelung der (Zwangs)Vollstreckung; **~ an officer (in the execution of his duty)** Widerstand gegen die Staatsgewalt; **~ the police** Behinderung der Polizei, Widerstand gegen Vollstreckungsbeamte; **~ (of) the traffic** Verkehrsbehinderung *f*, Behinderung des öffentlichen Verkehrs

obstruction *n* Behinderung *f*, (Verkehrs)-Hindernis *nt*; **o. of bankruptcy proceedings** Behinderung des Konkursverfahrens; **~ (the course) of justice** Behinderung der Justiz/Rechtspflege; **~ execution** Strafvereitelung *f*; **~ an officer** Widerstand gegen die Staatsgewalt; **~ polling** Wahlbehinderung *f*; **o. to road users** Verkehrshindernis *nt*; **o. of visibility** Sichtbehinderung *f*

wilful obstruction vorsätzliche Behinderung

obtain *v/ti* 1. beziehen, erhalten, erlangen, erwirken, sich verschaffen; 2. gelten; **o. surreptitiously** erschleichen; **o.ing benefits by artifice** *n* Leistungserschleichung *f*; **~ through fraud** Erlangung durch Betrug; **~ (of) information** Informationsbeschaffung *f*; **~ (of) knowledge** Erlangung der Kenntnis; **~ a patent surreptitiously** Patenterschleichung *f*; **~ (of) possession** Erlangung des Besitzes, Besitzerwerb *m*; **~ surreptitiously** Erschleichen *nt*; **~ (of) services surreptitiously** Erschleichen von Leistungen

obvious *adj* offenkundig, offensichtlich; **o.ness** *n* Offenkundigkeit *f*

occasion *n* Anlass *m*, Gelegenheit *f*; **on o.** öfter(s); **~ the o. of** aus Anlass; **to give so. o. to** jdm Anlass geben zu; **o.al** *adj* Gelegenheits-

occupancy *n* 1. Besitz *m*, *(Wohnung)* Innehaben *nt*; 2. Besitzergreifung *f*; **ready for o.** beziehbar

occupant *n* 1. Besitzer(in) *m/f*, (Wohnungs)-Inhaber(in) *m/f*, Bewohner(in) *m/f*, 2. *(Fahrzeug)* Insasse *m*; **o. of a house** Hausbewohner(in) *m/f*; **o.s of a house** Hausgemeinschaft *f*; **o. at will** prekarischer Besitzer; **former o.** früherer Besitzer; **lawful o.** rechtmäßiger Besitzer; **previous o.** Vorbesitzer(in) *m/f*

occupants' safety cell Sicherheitsfahrgastzelle *f*

occupation *n* 1. *(Fabrik, Haus)* Besetzung *f*, Besitznahme *f*, Okkupation *f*; 2. Beschäftigung *f*, Betätigung *f*, Tätigkeit *f*; 3. Innehaben *nt*, Gewahrsam *m*; **to have a regular o.** einer geregelten Tätigkeit nachgehen; **chief o.** Hauptbeschäftigung *f*; **gainful o.** Erwerbstätigkeit *f*; **hazardous o.** gefahrgeneigte Tätigkeit; **practised o.** ausgeübter Beruf; **professional o.** berufliche Tätigkeit; **secondary o.** Nebenberuf *m*, Nebenbeschäftigung *f*, Nebenerwerb *m*; **unlawful o.** unerlaubte Inbesitznahme

occupier *n* 1. *(Wohnung)* Inhaber(in) *m/f*, Besitzer(in) *m/f*, Bewohner(in) *m/f*; 2. Gewahrsamsinhaber *m*; **o. of a house** Hausbesitzer(in) *m/f*; **~ land** Landbesitzer(in) *m/f*; **~ property** Grundstücksbesitzer *m*; **lawful o.** rechtmäßiger Besitzer; **previous o.** früherer Besitzer

O

occupier's liability Haftung/Haftpflicht des Besitzers, Gebäudehaftung *f*, Haftung für Verkehrssicherheit, Hausbesitzerhaftpflicht *f*, Unfallhaftpflicht *f*

occupy *v/t* 1. besetzen, okkupieren; 2. besitzen, bewohnen, innehaben

occur *v/i* sich ereignen, eintreten, geschehen

occurrence *n* 1. Ereignis *nt*, Vorfall *m*, Vorkommnis *nt*; 2. Eintreten *nt*, Eintritt *m*; **the o. giving rise to the claim** das den Anspruch begründende Ereignis

occurrence of the accident Eintritt des Unfalls; **~ the cause of action** Eintritt des die Klage begründenden Ereignisses; **~ the legal consequences** Eintritt der Rechtsfolgen; **~ the contingency** Eintritt des Versicherungsfalls; **~ damage** Schadenseintritt *m*, Schadensentstehung *f*; **~ default** Eintritt des Verzuges, Verzugseintritt *m*; **~ the event** Eintritt der Bedingung; **~ the event insured** Eintritt des Versicherungsfalls; **~ force majeure** *(frz.)* Eintritt höherer Gewalt; **~ loss** Entstehung des Schadens, Eintritt eines schädigenden Ereignisses, ~ Schadensfalls; **~ pendency** Eintritt der Rechtshängigkeit; **on ~ pendency** nach Eintritt der Rechtshängigkeit

ocean *n* (Hoch)See *f*; **o. floor** Meeresboden *m*; **o. transport contract** Seebeförderungs-, Seefrachtvertrag *m*

odd-job man *n* Gelegenheitsarbeiter *m*

offence *n* Vergehen *nt*, Verstoß *m*, (Straf)-Tat *f*, Delikt *nt*, Verfehlung *f*, Zuwiderhandlung *f*; **o. committed abroad** Auslandsstraftat *f*, Auslandsdelikt *nt*, Auslandstat *f*; **o. under the Official Secrets Act** *[GB]* Geheimnisverrat *m*; **o. connected by causation to a previous act** Erfolgsdelikt *nt*; **o. committed subsequent to the cause** Erfolgsdelikt *nt*; **o. by commission** Tätigkeitsdelikt *nt*; **o. committed under the influence of drugs** Rauschgiftstraftat *f*; **o. of intoxication** Rauschtat *f*; **o. committed in a state of intoxication** Rauschtat *f*; **o. in law** Gesetzesverstoß *m*; **o. committed under a different jurisdiction** Distanzdelikt *nt*; **o. against morality** sittenwidriges Vergehen; **o. of a continuing nature** Dauerdelikt *nt*; **o. committed through negligence** Fahrlässigkeitsdelikt *nt*; **~ by a public official** Vergehen im Amt; **o. against the person** Körperverletzungsdelikt *nt*; **~ personal liberty** Freiheitsdelikt *nt*; **o. by press publication** Pressedelikt *nt*; **o. against property** Eigentumsvergehen *nt*, Vermögensdelikt *nt*; **o. liable to private prosecution** Privatklagedelikt *m*; **o. against public order** Verstoß gegen die öffentliche Ordnung; **o. requiring a request for prosecution from the victim** Antragsdelikt *nt*; **o. typical of the affluent society** Wohlstandsdelikt *nt*; **o. relative to personal status** Straftat gegen den Personenstand; **o. of false swearing** Eidesdelikt *nt*; **o.s against tax laws** Steuerordnungswidrigkeiten; **o. of usury** Wuchertatbestand *m*

the offence is completed die Straftat ist vollendet

to cause/give offence Anstoß/Ärgernis erregen; **to commit an o.** Delikt/Straftat/Verstoß begehen, Straftat verüben, sich vergehen; **to constitute an o.** Tatbestand erfüllen; **to disrupt an o.** Straftat unterbrechen; **to report an o.** Straftat anzeigen; **to substantiate an o. involving relapse into crime** Rückfalldelikt begründen; **to be suspected of having committed an o.** tatverdächtig sein; **to take o.** Anstoß nehmen

administrative offence Ordnungswidrigkeit *f*; **aggravated o.** qualifizierte Staftat; **completed o.** vollendete Straftat; **construed o.** angenommener Straftatbestand; **continued o.** fortgesetzte Straftat; **continuing o.** Dauerstraftat *f*

criminal offence Straftat *f*, strafbare Handlung, schweres Vergehen; **to commit a c. o.** straffällig werden; **to publicly incite people to commit a c. o.** öffentlich zu Straftaten auffordern

disciplinary offence Dienst-, Disziplinarvergehen *nt*; **drink-related o.** Straftat unter Alkoholeinwirkung; **economic o.** Wirtschaftsvergehen *nt*; **environmental o.** Umweltdelikt *nt*, Umweltvergehen *nt*; **fiscal o.** Steuerdelikt *nt*, Steuerstraftat *f*, **hit-and-run o.** unerlaubtes Entfernen vom Unfallort, Verkehrsunfall-, Fahrerflucht *f*; **inchoate o.** unvollendete Straftat; **indictable o.** Offizialdelikt *m*, Verbrechen *nt*; **matrimonial o.** Eheverfehlung *f*; **minor o.** Bagatellvergehen *m*, Ordnungswidrigkeit (OWI) *f*, geringfügiger Verstoß; **racially motivated o.** rassistische Straftat; **negligent o.** Fahrlässigkeitsdelikt *nt*; **notifiable o.** anzeigepflichtiges Vergehen; **petty o.** geringfügiges Delikt, Bagatell-, Kavaliersdelikt *nt*; **postal o.** Postvergehen *nt*; **premeditated o.** Vorsatzdelikt *nt*; **similar previous o.s** einschlägiges Vorstrafenregister; **prior o.** Vortat *f*; **punishable o.** Begehungsdelikt *nt*; **to make sth. a ~** etwas bei Strafe verbieten; **qualified o.** qualifizierte Straftat; **regulatory o.** Ordnungswidrigkeit (OWI) *f*; **~ o.s act** Ordnungswidrigkeitengesetz *nt*; **repeated/recidivist o.** Rückfalltat *f*; **second o. of theft** Rückfalldiebstahl *m*; **in the case of a second o.** bei Rückfall; **sexual o.** Sexual-, Sittlichkeitsdelikt *nt*, Sexualverbrechen *nt*; **subsequent o.** Nachtat *f*, nachfolgende Straftat; **summary o.** Bagatelldelikt *nt*, Bagatell(straf)-, Bußgeldsache *f*, Ordnungswidrigkeit (OWI) *f*, summarisch verfolgbare leichte Straftat; **technical o.** Formaldelikt *nt*; **terminated o.** beendete Straftat; **trivial o.** Bagatell-, Kavaliersdelikt *nt*

offend *v/t* verstoßen; **o. again** rückfällig werden; **o. against** verstoßen gegen

offender *n* (Straf)Täter *m*, Delinquent(in) *m/f*, Zuwiderhandelnde(r) *f/m*; **o. by conviction** Überzeugungstäter(in) *m/f*; **o. on probation** Proband *m*

alleged offender mutmaßlicher Straftäter; **compulsive o.** Triebtäter(in) *m/f*; **first-time o.** Ersttäter *m*; **habitual/hardened/seasoned o.** Gewohnheitstäter *m*; **infrequent o.** Gelegenheitstäter(in) *m/f*, Gelegenheitsverbrecher(in) *m/f*; **joint o.** Komplize *m*, Mittäter(in) *m/f*; **~ o.s** Tätermehrheit *f*; **juvenile o.** jugendlicher Täter; **old o.** amtsbekannte Person, mehrfach Vorbestrafte(r) *f/m*; **persistent o.** Gewohnheitsverbrecher(in) *m/f*, *(mehr als zweimalig)* Wiederholungstäter(in) *m/f*; **principal o.** Haupttäter(in) *m*; **second o.** Rückfalltäter(in) *m/f*; **serial o.** Serientäter(in) *m/f*; **sexual o.** Triebtäter(-in) *m/f*; **suspected o.** Verdächtigter *m*; **young o.** Jugendstraftäter(in) *m/f*; **~ o.s' institution** *[GB]* Jugendstrafanstalt *f*

offensive *adj* 1. Anstoß erregend, anstößig, belästigend; 2. *(Waffe)* gefährlich; **o.ness** *n* Widerwärtigkeit *f*

offer *v/t* (an)bieten, andienen, ausloben, sich erbieten, offerieren

offer *n* 1. Angebot *nt*; 2. Gebot *nt*, Offerte *f*; 3. Andienung *f*, Anerbieten *nt*, Antrag *m*; **o. subject to availability** Angebot solange Vorrat reicht; **o. to buy** Kaufangebot *nt*; **o. of evidence; o. to furnish evidence** Beweisantritt *m*, Beweisangebot *nt*; **o. of marriage** Heiratsantrag *m*; **o. to negotiate** Verhandlungsangebot *nt*; **o. of performance** Angebot der Leistung; **~ resignation** Rücktrittsgesuch *nt*; **(public) o. (of a reward)** Auslobung *f*; **o. to sell** Verkaufsangebot *nt*; **~ settle** Einigungsangebot *nt*; **o. for subscription** Zeichnungsangebot *nt*; **to revoke an o.** Angebot widerrufen

conditional offer bedingtes Angebot; **firm o.** verbindliches Angebot; **special o.** Sonderangebot *nt*; **unsolicited o.** unverlangtes Angebot; **valid o.** verbindliches Angebot

offeree *n* Angebotsnehmer(in) *m/f*

offer price Angebotspreis *m*

offeror *n* Offerent *m*

O

office *n* 1. Amt *nt*; 2. Geschäftsstelle *f*; **by virtue of his o.** kraft seines Amtes; **O. of Fair Trading (OFT)** *[GB]* Kartellamt *nt*, Amt für Verbraucherschutz; **~ Weights and Measures** *[GB]* Eichamt *nt*; **to hold o.** Amt bekleiden; **to remove so. from o.** jdn aus dem Amt entfernen

cadastral office Vermessungsamt *nt*; **fixed-penalty o.** Bußgeldstelle *f*; **judicial o.** Richteramt *nt*; **lost-property o.** Fundbüro *nt*; **public o.** Staatsamt *nt*; **registered o.** Firmensitz *m*, Sitz (des Unternehmens) *m*, eingetragener/juristischer Sitz, Gesellschaftssitz *m*; **supervisory o.** Aufsichtsamt *nt*

office-holder *n* Amtsinhaber *m*, Amtsträger(in) *m/f*

officer *n* Offizier *m*; **o. of the court** Gerichtsvollzieher(in) *m/f*, Justizbeamter *m*; **certifying o.** Urkundsperson *f*; **chief executive o. (CEO)** Vorstandsvorsitzende(r) *f/m*, geschäftsführender Direktor; **forensic o.** Erkennungsdienstbeamter *m*; **investigating o.** Ermittlungsbeamter *m*; **judicial o.** Justizbeamter *m*, Rechtspfleger(in) *m/f*; **junior ~** Gerichtsassessor(in) *m/f*; **legal o.** Syndikus *m*; **medical o.** Amtsarzt *m*; **~ of health (MOH)** *[GB]* Amtsarzt *m*

official *adj* amtlich, behördlich, dienstlich, offiziell

O

official *n* Amtsperson *f*, Amtsträger(in) *m/f*; **o. in charge** *(Behörde)* Sachbearbeiter(in) *m/f*; **~ of enforcement** Vollstreckungsleiter(in) *m/f*; **o. sworn to secrecy** Geheimnisträger(in) *m/f*

administrative official Verwaltungsbeamter *m*; **authenticating o.** Urkundsbeamter *m*, Urkundsbeamtin *f*; **consular o.** Konsularbeamter *m*; **public o.** Beamter *m*

offset *n* Aufrechnung *f*

offset *v/t* auf-, verrechnen, ausgleichen, kompensieren; **o. plea** Verrechnungseinrede *f*; **o.table** *adj* aufrechenbar; **o.ting** *n* Verrechnung *f*; **~ against a claim** Aufrechnung mit einem Anspruch; **~ of claims** Verrechnung von Ansprüchen

offshore *adj* der Küste vorgelagert

offspring *n* Nachkommen(schaft) *pl/f*

oil *n* Öl *nt*; **o. pollution** Ölverschmutzung *f*; **o. spill** Öllache *f*

ombuds|man *n* Beschwerdekommissar *m*, Ombudsmann *m*; **o.woman** *n* Ombudsfrau *f*

omission *n* 1. Auslassung *f*, Lücke *f*, Übergehung *f*; 2. Unterlassung *f*, Versäumnis *nt*; 3. Wegfall *m*, Weglassen *nt*

omit *v/t* 1. auslassen; 2. unterlassen; 3. versäumen

omnibus act *n* *[US]* Rahmengesetz *nt*; **o. clause** Auffangtatbestand *m*, General-, Sammelklausel *f*

on-carriage *n* Weiterbeförderung *f*

onerous *adj* lästig, einseitig verpflichtend

one-sidedness *n* Einseitigkeit *f*

onlooker *n* Schaulustiger *m*, Zuschauer(in) *m/f*

onus *n* Last *f*, Verpflichtung *f*; **o. of presentation** Darlegungslast *f*; **~ proof** Beweisführungs-, Beweislast *f*

open *v/ti* (er)öffnen, einleiten; *adj* 1. offen; 2. *(Fall)* ungelöst; **to leave o.** offen lassen; **o.-air** *adj* unter freiem Himmel

opening *adj* einleitend; *n* Eröffnung *f*; **o. of a (letter of) credit** Eröffnung eines Akkreditivs; **~ the hearing** Verhandlungseröffnung *f*; **~ the trial** Eröffnung des Hauptverfahrens; **~ the will** Testamentseröffnung *f*

opening bid Eröffnungsgebot *nt*; **o. hours** Öffnungszeiten; **o. session** Eröffnungssitzung *f*; **o. times** Öffnungszeiten

operate *v/t* 1. betreiben, bewirtschaften, operieren; 2. wirken; **to be o.d on** operiert werden

not in operating condition betriebsunfähig; **o. cost(s)/expenditure(s)** *n* Betriebsausgabe *f*, betrieblicher Aufwand, Betriebs-, Geschäftskosten; **o. income** Betriebseinnahme *f*; **o. instructions** Bedienungsanweisungen; **o. licence** Betriebserlaubnis *f*; **o. profit** Geschäftsgewinn *m*; **o. receipts** Betriebseinnahmen; **o. room** *[US]*/**theatre** *[GB]* Operationssaal *m*; **o. scar** Operationsnarbe *f*

operation *n* 1. Betreiben *nt*, Betrieb *m*, Bewirtschaftung *f*; 2. Bedienung *f*, Einsatz *m*; 3. Operation *f*; 4. Unternehmen *nt*; **by o. of** kraft; **to be in o.** gelten; **to come into o.** in Kraft treten; **to commence o.s** Betrieb aufnehmen; **to conduct an o.** Operation durchführen

commercial operation (wirtschaftlicher) Geschäftsbetrieb; **independent o.** selbstständiger Betrieb; **large-scale o.** Großeinsatz *m*

operational *adj* *(Maschinen)* einsatzfähig

operative *adj* wirksam; **to become o.** wirksam werden
operator *n* (Geschäfts)Betreiber(in) *m/f*, Veranstalter *m*
opinion *n* 1. Meinung *f*, Ansicht, Befinden, Erachten *nt*, Dafürhalten *nt*; 2. (Rechts)Gutachten *nt*, Beurteilung *f*, Stellungnahme *f*, Votum *nt (lat.)*; **o. of the court** *[US]* Ansicht des Gerichts, Urteilsbegründung *f*; **in the ~** nach Ansicht des Gerichts; **o. on paternity** Vaterschaftsgutachten *nt*
to concur in so.'s opinion sich jds Ansicht anschließen; **to express an o.** Stellung nehmen; **to furnish an o.** Gutachten erstatten; **to render an o.** Meinung abgeben
adverse opinion ablehnendes Gutachten; **dissenting o.** *(Richter)* abweichende Meinung/Stellungnahme; **judicial o.** Urteilsbegründung *f*; **legal o.** Anwalts-, Rechtsgutachten *nt*, Rechtsansicht *f*, Rechtsauffassung *f*; **to seek/take (a) ~** Rechtsgutachten einholen; **medical o.** ärztliches/medizinisches Gutachten; **public o.** öffentliche Meinung; **reasoned o.** mit Gründen versehene Stellungnahme; **second o.** Hilfs-, Zweitgutachten *nt*; **unanimous o.** einstimmige Meinung; **written o.** schriftliche Stellungnahme
opium *n* Opium *nt*
opponent *n* Gegner(in) *m/f*, Opponent *m*; **o.'s version of events** Gegendarstellung *f*
opportunity *n* Gelegenheit *f*; **equal o. employer** Arbeitgeber, der Männer und Frauen gleichberechtigt einstellt
oppos|e *v/t* einsprechen, Einspruch erheben, opponieren, sich widersetzen; **o.ing** *adj* gegnerisch; **o.ite** *n* Gegenteil *nt*; *adj* gegenteilig, gegnerisch
opposition *n* *(Patentrecht)* Einspruch *m*, Opposition *f*, Widerspruch *m*; **o. (lodged) by a neighbour** Nachbarwiderspruch *m*; **o. to a patent** Patenteinspruch *m*; **admissible o.** zulässiger Einspruch; **third-party o.** Drittwiderspruch *m*
opposition period Widerspruchsfrist *f*; **to allow the ~ to lapse** Widerspruchsfrist verstreichen lassen; **o. proceedings** Einspruchsverfahren *nt*
oppress *v/t* *(politisch)* unterdrücken; **o.ion** *n* Unterdrückung *f*
opt *v/t* optieren; **o. for sth.** für etw. optieren
option *n* 1. Option *f*, Wahl(möglichkeit) *f*; 2. Options-, Bezugsrecht *nt*; **at his o.** nach seiner Wahl; **~ so.'s o.** nach jds freier Wahl; **o. to purchase land** Optionsrecht auf Kauf eines Grundstücks; **to exercise an o.** Option(srecht) ausüben; **to have no o.** keine Wahl haben; **first o.** Vorhand *f*
option agreement Optionsvertrag *m*; **o. bond** Optionsanleihe *f*; **o. clause** Optionsklausel *f*; **o. order** Auftrag auf Abruf; **o. period** Optionsfrist *f*, Optionszeit *f*; **o. warrant** Genussschein *m*
optional *adj* wahlweise, fakultativ, dispositiv
optionee *n* Optionsberechtigte(r) *f/m*
oral *adj* mündlich; **o.ity** *n* Mündlichkeit *f*
ordain *v/t* verordnen
ordeal *n* Qual *f*, Quälerei *f*
order *v/t* 1. anordnen, anweisen, befehlen, erlassen, verfügen; 2. bestellen
order *n* 1. Anordnung *f*, Anweisung *f*, Befehl *m*; 2. Auftrag *m*, Order *f*, Bestellung *f*; 3. (gerichtliche) Entscheidung, Beschluss *m*, Erlass *m*, Verfügung *f*, Verordnung *f*; 4. Bescheid *m*, Gebot *nt*, Dekret *nt*; 5. Ordnung *f*, Rang *m*, Reihe(nfolge) *f*, Weisung *f*; **by o. of** im Auftrag; **~ of the court** durch Beschluss; **~ and for account of** im Auftrag und für Rechnung von, auf Weisung und für Rechnung von; **next in o. of entitlement** nächstberechtigt; **on the o. of** auf Anordnung von; **~ o.s from** auf Weisung von; **~ a point of o.** zur Geschäftsordnung; **out of o.** kaputt; **payable to o.** zahlbar an Order
order to transfer an action Verweisungsbeschluss *m*; **o. of adjudication in bankruptcy** Konkurseröffnungsbeschluss *m*, Beschluss über die Eröffnung des Konkursverfahrens; **~ arrest** Haftbefehl *m*; **~ attachment for debts** Forderungsarrest *m*; **o. in bankruptcy** Konkurseröffnungsbeschluss *m*, Beschluss über die Eröffnung des Konkursverfahrens; **o. certifying so. legally incapable** Entmündigungsbeschluss *m*; **o. of certiorari** *(lat.)* Aktenanforderung *f*; **o. in chambers** Beschluss im Bürowege; **o. for collection** Inkassoauftrag *m*; **o. concerning costs** Kostenfestsetzungsbeschluss *m*, Kostenanordnung *f*; **o. of the court** Gerichtsbeschluss *m*, gerichtliche Verfügung; **o. to dismiss a case; o. of dismissal** Einstellungsbe-

schluss *m*; **o. of distribution** Auseinandersetzungsbeschluss *m*; **~ enforcement** Vollstreckungsverfügung *f*; **o. to levy execution** Vollstreckungsauftrag *m*; **~ relinquish the floor** Wortentziehung *f*; **o. of guardianship** Entmündigungsbeschluss *m*; **~ the judge** Anordnung des Richters; **~ mandamus** gerichtliche Verfügung zur Vornahme oder Unterlassung einer Handlung

order to pay Zahlungsbefehl *m*, Zahlungsanordnung *f*, Zahlungsanweisung *f*, Zahlungsauftrag *m*; **~ a bill of exchange** Wechselzahlungsbefehl *m*, Wechselmahnbescheid *m*; **~ costs** Kostenauferlegung *f*, Verurteilung zu den Kosten

order for payment of a bill of exchange Wechselzahlungsbefehl *m*, Wechselmahnbescheid *m*; **~ possession** *[GB]* Räumungsbefehl *m*; **o. of priority of encumbrances** Rangverhältnis von Grundstücksbelastungen; **~ summary punishment** Strafbefehl *m*; **~ rank** Rangfolge *f*; **o. to refer the matter to another court** Verweisungsbeschluss *m*; **~ refrain** *[GB]* Unterlassungsanordnung *f*; **~ refund** Erstattungsbeschluss *m*; **o. of registration** Reihenfolge der Eintragungen; **o. for release from detention** Haftentlassungsbeschluss *m*; **o. of revivor** *(lat.)* Beschluss auf Wiederaufnahme des Verfahrens; **o. to stay proceedings** *(Verfahren)* Einstellungsbeschluss *m*; **o. committing so. for trial** Eröffnungsbeschluss *m*

O

to book an order Auftrag verbuchen; **to be called to o.** Ordnungsruf bekommen; **to be made out to o.** an Order lauten; **to cancel an o.** Auftrag stornieren; **to comply with an o.** einer Anordnung Folge leisten, Verfügung befolgen; **to execute an o.** Auftrag ausführen; **to implement an o.** Beschluss durchführen; **to issue/make (out) an o.** Verfügung/Beschluss erlassen, Anordnung treffen; **to place an o.** Auftrag erteilen; **to put in o.** regeln; **~ sth. in o.** etw. in Ordnung bringen, ~ ordnen; **to reconsider an o.** gerichtliche Entscheidung überprüfen; **to refuse to obey an o.** Befehl verweigern; **to rescind an o.** Auftrag stornieren; **to set aside an o.** Beschluss aufheben; **to solicit an o.** sich um einen Auftrag bemühen/bewerben

administrative order Verwaltungsanordnung *f*

amending order Änderungsbeschluss *m*; **anti-social behaviour o. (asbo)** gerichtliche Verfügung (mit Auflagen) wegen unsozialen Verhaltens; **ascending o.** aufsteigende Reihenfolge; **binding o.** verbindliche Anweisung; **bind-over o.** gerichtliche Verwarnung mit Strafvorbehalt; **call-up o.** Einberufungsbescheid *m*; **cease and desist o.** Unterlassungsverfügung *f*; **circular o.** Runderlass *m*; **confiscatory o.** Beschlagnahmeverfügung *f*; **constitutional o.** Verfassungsordnung *f*; **definitive o.** gültiger Beschluss; **descending o.** absteigende Reihenfolge; **exempting o.** Ausnahmeverfügung *f*; **ex officio o.** Anordnung von Amts wegen; **ex parte o.** Beschluss auf einseitigen Antrag; **exclusive o.** Alleinauftrag *m*; **executive o.** Exekutivorder *f*, Verordnung *f*, Vollzugsanordnung *f*; **firm o.** fester Auftrag, verbindliche Bestellung; **apparent good o.** äußerlich guter Zustand; **~ and condition** einwandfreier äußerer Zustand; **in good o. and condition** in gutem/ordnungsgemäßem Zustand; **interim o.** einstweilige Anordnung, Zwischenverfügung *f*; **interlocutory order** Zwischenurteil *nt*; **declaratory ~** Feststellungszwischenurteil *nt*; **judicial o.** gerichtliche/richterliche Anordnung, Gerichtsbeschluss *m*; **legal o.** Rechtsordnung *f*; **official o.** amtliche Verfügung, Dienstanweisung *f*; **open o.** auf Widerruf gültiger Auftrag; **peremptory o.** zwingender Beschluss; **procedural o.** Verfahrensbeschluss *m*; **prohibitive o.** Untersagungsverfügung *f*; **provisional o.** einstweilige Anordnung/Verfügung; **public o.** öffentliche Ordnung; **~ law** Ordnungsrecht *nt*; **~ offence** Ordnungswidrigkeit (OWI) *f*, Störung der öffentlichen Ordnung, Verstoß gegen die öffentliche Ordnung; **restraining o.** Verfügungsverbot *nt*; **reverse o.** umgekehrte Reihenfolge; **shoot-to-kill o.** Schießbefehl *m*; **special o.** Sonderauftrag *m*; **statutory o.** 1. Rechtsverordnung *f*; 2. gesetzliche Anordnung; **subsequent o.** Nachtragsverfügung *f*

order check *[US]*/**cheque** *[GB]* Orderscheck *m*; **o. clause** Orderklausel *f*

ordered *adj* bestellt; **it is (hereby) o. and adjudged/decreed as follows** es ergeht folgender Beschluss

order form Auftragsschein *m*, Auftragsformular *nt*
orderly *adj* ordentlich, ordnungsgemäß
ordinance *n* (Gesetzes-/Rechts)Verordnung *f*; **to issue an o.** Verordnung erlassen; **municipal o.** Gemeindeverordnung *f*, städtische Verordnung
ordinances *pl* Satzungen
ordinary *adj* ordentlich
organ *n* Organ *nt*; **o. of the association** Vereinsorgan *nt*; **~ a foundation** Stiftungsorgan *nt*; **~ sovereign power** Hoheitsträger *m*
administrative organ Verwaltungsorgan *nt*; **collegial o.** Kollegialorgan *nt*; **constitutional o.** Verfassungsorgan *nt*; **executive o.** Exekutivorgan *nt*, ausführendes Organ; **federal o.** Bundesorgan *nt*; **lawmaking o.** Rechtsetzungsorgan *nt*; **legislative o.** Gesetzgebungsorgan *nt*, gesetzgebendes Organ; **official o.** Amtsorgan *nt*, amtliches Organ; **subordinate o.** nachgeordnetes Organ
organ donation Organspende *f*; **o. donor** Organspender(in) *m/f*; **o. removal** Organentnahme *f*
organism *n* Organismus *m*
organization *n* Organisation *f*; **charitable o.** gemeinnütziger Verein; **criminal o.** kriminelle Vereinigung; **o. chart** Organogramm *nt*
organize *v/t* organisieren
orient|(ate) os. *v/refl* sich orientieren; **o.ation** *n* Orientierung *f*
origin *n* Herkunft *f*, Entstehen *nt*, Quelle *f*
original *adj* ursprünglich, originär, urschriftlich; *n* Erstausfertigung *f*, Erst-, Urschrift *f*, Original *nt*; **o. or certified copy** Original oder beglaubigte Abschrift; **to make out the o.** Urschrift anfertigen
originat|e *v/i* entstehen, herstammen; **o.or** *n* 1. Urheber *m*; 2. *(Abbuchungsverfahren)* Rechnungssteller(in) *m/f*
orphan *n* Waisenkind *nt*, (Voll)Waise *f*; **o. and widow's stocks** mündelsichere Obligationen; **o.age** *n* Waisenhaus *nt*; **o.'s allowance/benefit** Waisenrente *f*; **~ pension** Waisengeld *nt*
ostracize *v/t* verfemen, ächten
otherwise *adv* anderweitig; **except as o. provided** vorbehaltlich anderweitiger Bestimmungen
oust *v/t* Besitz entziehen, (aus dem Besitz) vertreiben, entfernen; **o.er** *n* Vertreibung *f*, Besitzentziehung *f*, Besitzvorenthaltung *f*, Entfernung *f*, (Zwangs-) Räumung *f*; **o.ing the jurisdiction of a court** *n* Ausschluss des Rechtsweges
outbid *v/t* *(Angebot)* überbieten; **o.ding** *n* Übergebot *nt*
outbuilding *n* Nebengebäude *nt*
outburst of rage *n* Wutausbruch *m*
outcome *n* Ausgang *m*, Effekt *m*, Ergebnis *nt*; **o. of a lawsuit** Ausgang eines Prozesses
outdated *adj* überholt
outhouse *n* *[GB]* Nebengebäude *nt*
outlaw *n* Gesetzlose(r) *f/m*; *v/t* ächten, verbieten, verfemen; **o.ed** *adj* geächtet, vogelfrei
outlay *n* Aufwendungen *pl*, Auslage *f*
outline *v/t* entwerfen; *n* Entwurf *m*, Rahmen *m*; **o. conditions** Rahmenbedingungen; **o. permission** *(Baurecht)* Vorbescheid *m*
out-of-court *adj* außergerichtlich, gütlich
out-patient *adj* ambulant
output tax *n* Umsatzsteuer *f*
outrage *n* Frevel *m*, Frevel-, Gräueltat *f*; **to commit an o.** Freveltat begehen, freveln
outside *adv* außen
outskirts *pl* Randbezirk(e) *m/pl*
outsourc|e *v/t* verdingen, *(Auftrag)* nach außerhalb vergeben; **o.ing** *n* Verdingung *f*, Vergabe von Unteraufträgen
outstanding *adj* *(Forderung)* offen stehend
outvote *v/t* überstimmen
over and above that *adv* darüber hinaus
overall *adj* pauschal
deliberate overcharging *n* Preistreiberei *f*
overdevelopment *n* Zersied(e)lung *f*
overdraft *n* (Konto)Überziehung *f*; **o. facility** Dispositions-, Überziehungskredit *m*
overdraw *v/t* überziehen
overdue *v/t* überfällig
overestimate *v/t* überschätzen
overgearing *n* Überschuldung *f*, Gefährdung des Eigenkapitals
overhaul *v/t* reparieren, überholen; **in need of o.** überholungsbedürftig
overheads *pl* Gemeinkosten
overhear *v/t* zufällig mithören
overindebtedness *n* Überschuldung *f*
overlap *v/i* sich überschneiden; **o.ping** *n* Überschneidung *f*; **~ of laws** Gesetzeskonkurrenz *f*
overleaf *adv* umseitig
overleverage *n* Überschuldung *f*

overlook *v/t* hinwegsehen; **o.ed** *adj* unbeachtet
overpower *v/t* überwältigen; **o.ing** *n* Überwältigung *f*
overrate *v/t* überbewerten
overrule *v/t* *(Gerichtsentscheidung)* abweichen, aufheben, außer Kraft setzen, überstimmen
oversight *n* Versehen *nt*
overstrain *v/t* überbeanspruchen
over-subtle *adj* spitzfindig
overtake *v/t* überholen
overtaking *n* *(Verkehr)* Überholen *nt*; **no o.** Überholen verboten; **incorrect/improper o.** falsches Überholen; **o. manoeuvre** Überholmanöver *nt*
overtax *v/t* überbeanspruchen
over-the-counter (OTC) *adj* *(Medikament)* nicht rezeptpflichtig
overtime *n* Überstunden; **to work o.** Überstunden machen; **o. allowance/bonus** Überstundenzuschlag *m*
overturn *v/t* aufheben
overvalue *v/t* überbewerten
overview *n* Übersicht *f*
overwork os. *v/refl* sich überarbeiten
owe *v/t* 1. schulden; 2. verdanken; **o. so. sth.** jdm etw. schuldig sein; **o.d** *adj* geschuldet; **to be ~** ausstehen
owing *adj* ausstehend, fällig, offen stehend; **o. to which** *prep* demzufolge, auf Grund dessen

O

own *adj* eigen
own *v/t* (als Eigentum) besitzen; **o. outright** ohne jede Einschränkung als Eigentum besitzen; **o. up to** *v/prep (Geständnis)* gestehen, zugeben, sich bekennen zu; **jointly o.ed** *adj* im gemeinsamen Eigentum
owner *n* 1. Eigentümer *m*, Eigner *m*; 2. *(Kfz, Tier)* Inhaber(in) *m/f*, Halter(in) *m/f*; **o. of a collateral** Sicherungseigentümer *m*; **o. in fee simple** Grundstückseigentümer(in) *m/f*; **o. for life** Eigentümer auf Lebenszeit; **o. of a patent** Patentinhaber(in) *m/f*; **~ rear property** Hinterlieger(in) *m/f*; **~ record** eingetragener Eigentümer; **o. authorized to dispose (of)** verfügungsbefugter Eigentümer
adjoining owner Anlieger *m*; **absolute o.** unumschränkter Eigentümer, Volleigentümer(in) *m/f*; **abutting o.** Anlieger *m*; **adjacent o.** Nachbareigentümer(in) *m/f*; **bona-fide o.** gutgläubiger Eigentümer; **conditional o.** Vorbehaltseigentümer(in) *m/f*; **equitable o.** Eigentümer im Innenverhältnis; **fiduciary o.** treuhänderischer Eigentümer; **joint o.** Miteigentümer(in) *m/f*; **~ o.s** Gesamthandseigentümer; **lawful/legal o.** rechtmäßiger Eigentümer; **neighbouring o.** angrenzender Eigentümer; **periodic o.** Eigentümer auf Zeit; **present o.** derzeitiger Eigentümer; **previous o.** Vorbesitzer(in) *m/f*; **putative o.** mutmaßlicher/vermutlicher Eigentümer; **registered o.** eingetragener Eigentümer, (Fahrzeug)Halter(in) *m/f*; **rightful o.** rechtmäßiger Eigentümer; **sole o.** Alleineigentümer(in) *m/f*, alleiniger Eigentümer; **subsequent o.** Nachbesitzer(in) *m/f*; **true o.** wirklicher Eigentümer
owner|-driver *n* Selbstfahrer *m*; **o.'s land charge** Eigentümergrundschuld *f*; **o.less** *adj* herrenlos; **o.'s liability** Eigentümerhaftung *f*; **~ mortgage** Eigentümerhypothek *f*; **o.-occupier** *n* Eigen(heim)besitzer(in) *m/f*; **o.-possessor relationship** *n* Eigentümer-Besitzer-Verhältnis *nt*; **o.'right of usufruct** Eigentümernießbrauch *m*; **~ rights** Eigentümerrechte; **~ risk** Eigengefahr *f*; **at ~ risk** auf eigene Gefahr; **o.-user relationship** *n* Nutzungsverhältnis *nt*
ownership *n* Eigentum *nt*, (rechtliche) Sachherrschaft; **o. in common** Miteigentum *nt*; **o. of land** Eigentum an einem Grundstück; **o. in fractional shares** Miteigentum nach Bruchteilen; **o. by way of security** Sicherungseigentum *nt*
to abandon ownership derelinquieren; **to claim o.** vindizieren; **to convey/transfer o.** Eigentum übertragen, übereignen
absolute ownership unbeschränktes Eigentum, Volleigentum *nt*; **fractional o.** Bruchteilseigentum *nt*; **joint o.** Eigentum zur gesamten Hand, gemeinschaftliches Eigentum, Gesamthands-, Kollektiv-, Miteigentum *nt*; **private o.** Individual-, Privateigentum *nt*; **to transfer to ~** privatisieren; **public o.** öffentliches Eigentum, Kollektiv-, Staatseigentum *nt*; **in ~** in öffentlicher Hand; **registered o.** Bucheigentum *nt*; **restricted o.** beschränktes Eigentum; **sole o.** Alleineigentum *nt*

P

package *n* Päckchen *nt*; **disposable p.** Wegwerfverpackung *f*; **p. licence** Zusammenfassung von Lizenzen; **reusable p.** Mehrwegverpackung *f*
packet *n* Päckchen *nt*
padlock *n* Vorhängeschloss *nt*
paedophil|e *n* Pädophiler *m*; **p.ia** *n* Unzucht mit Kindern
paid *adj* gezahlt; **p.-up** (ein)bezahlt, eingezahlt
pain (and suffering) *n* Schmerz *m*; **on p. of** bei Vermeidung von Strafen; **to inflict p.** Schmerz(en) zufügen; **p.ful** *adj* schmerzhaft; **p.killer** *n* schmerzstillendes Mittel; **phantom p.** Phantomschmerz *m*
paint damage *n* Lackschaden *m*
palimony suit Klage auf Unterhalt für einen nichtehelichen Lebenspartner
pall *n* Leichentuch *nt*; **p. of smoke** Rauchglocke *f*
palliative *n* schmerzlinderndes Mittel
pamphlet *n* Flugblatt *nt*
panda car *n* *[GB]* Streifenwagen *m*
pandects *pl* Pandekten
pander *n* Kuppler *m*; **p.ess** *n* Kupplerin *f*; **p.ing** *n* 1. Kuppelei *f*; 2. Zuhälterei *f*
panel *n* Forum *nt (lat.)*; **p. of lay assessors** Schöffenliste *f*; **~ experts** Expertengruppe *f*; **~ judges** Kollegialgericht *nt*, Spruchkörper *m*; **~ jurors** Jury *f*; **disciplinary p.** Disziplinarausschuss *m*; **p. doctor** Kassenarzt *m*, Kassenärztin *f*
pangs of conscience *pl* Gewissensbisse
paper *n* Papier *nt*; **recycled p.** Umweltpapier *nt*; **initiating p.s** verfahrenseinleitende Dokumente
par *adj* pari; **above p.** über pari; **at p.** zu pari; **below p.** unter pari; **to put on a p.** gleichstellen; **p. value** Nenn-, Nominalwert *m*
paragraph *n* Absatz *m*, Abschnitt *m*, Paragraf *m*
paralegal *n* *[US]* Anwaltsassistent *m*, Justiz-, Rechtspfleger(in) *m/f*, Rechtsanwaltsgehilfe *m*
parallel *adj* parallel
paralyze *v/t* lahm legen
paramedic *n* Rettungssanitäter(in) *m/f*
paramount *adj* vorrangig
parcel *n* Partie *f*; **p. of land** (Grundstücks-/Land)Parzelle *f*; **p. out** *v/t* parzellieren, aufteilen; **small p.** Päckchen *nt*
pardon *n* Begnadigung *f*, Gnadenerweis *m*; *v/t* begnadigen; **p.able** *adj* entschuldbar
parent *n* 1. Elternteil *m*; 2. Erziehungsberechtigte(r) *f/m*; **p. (not) having the care and custody of a child** (nicht) sorgeberechtigter Elternteil; **p. and child case** Kindschaftssache *f*; **~ relation** Kindschaft *f*; **p. and subsidiary** *(Unternehmen)* Mutter und Tochter; **p. obliged to provide maintenance** unterhaltpflichtiger Elternteil; **single p.** Alleinerzieher(in) *m/f*, alleinerziehender Elternteil; **p.al** *adj* elterlich; **p. company** Muttergesellschaft *f*
parenticide *n* Elternmord *m*
parents *pl* Eltern; **p. living apart; separated p.** getrennt lebende Eltern; **p.' assets** Elternvermögen *nt*; **~ rights** Elternrecht *nt*; **p.-in-law** *pl* Schwiegereltern
parish *n* Gemeinde *f*
parity *n* Parität *f*
to be parked illegally *adj* im Parkverbot stehen
short-stay parker *n* Kurzparker(in) *m/f*
illegal parking *n* Falschparken *nt*, falsches Parken
parking ban Parkverbot *nt*; **p. bay** Parkbucht *f*; **p. disk** Parkscheibe *f*; **p. facilities** Parkmöglichkeiten; **p. fee** Parkgebühr *f*; **p. fine** Bußgeld für falsches Parken; **p. lot** Parkplatz *m*; **p. meter** Parkuhr *f*; **p. offence** Parkverstoß *m*; **p. offender** Falschparker(in) *m/f*, Parksünder(in) *m/f* *(coll)*; **p. permit** Parkausweis *m*; **p. regulations** Parkvorschriften; **p. restrictions** Parkbeschränkungen; **p. ticket** Strafzettel für falsches Parken, Knöllchen *nt (coll)*
parliament *n* Parlament *nt*; **p.arian** *n* Parlamentarier(in) *m/f*; **p.ary** *adj* parlamentarisch
parol *adj* mündlich
parole *n* 1. Haftaussetzung *f*; 2. Hafturlaub *m*; 3. *(Gefangener)* Ehrenwort *nt*; **without p.** ohne vorzeitige Entlassung; **to break one's p.** Ehrenwort brechen
parole board Ausschuss zur Gewährung der bedingten Haftentlassung; **p. officer** *[US]* Bewährungshelfer(in) *m/f*; **p. violation** Verstoß gegen Bewährung(sauflage)
parricide *n* Vatermord *m*

part *n* 1. (Einzel)Teil *m*; 2. Komponente *f*, Bestandteil *m*; **p. and parcel** Bestandteil *m*; **(constituent) p. of the contract** Bestandteil des Vertrages; **operative p. of the judgment** Urteilsformel *f*; **to take p. (in)** teilnehmen

constituent part Bestandteil *m*; **in equal p.s** zu gleichen Teilen; **essential/integral p.** wesentlicher Bestandteil; **fractional p.** Bruchteil *m*; **private p.s** Geschlechtsteile, Intimbereich *m*; **substantive p.** wesentlicher Teil

part|claim *n* Teilforderung *f*; **p.-compensation** *n* Teilentschädigung *f*; **p.-debt** *n* *(ZR)* Teilschuld *f*; **p.-debtor** *n* Teilschuldner(in) *m/f*; **p.-delivery** *n* Teillieferung *f*; **to give sth. in p. exchange** etw. in Zahlung geben; **to take sth. in p. exchange** etw. in Zahlung nehmen; **p.-judgment** *n* Teilurteil *nt*; **p.-mortgage** *n* Teilhypothek *f*; **p.-owner** *n* Bruchteils-, Teileigentümer(in) *m/f*; **p.-ownership** *n* Teileigentum *nt*; **p.-payment** *n* Teilzahlung *f*; **p.-performance** *n* teilweise Erfüllung, Teilerfüllung *f*, Teilleistung *f*; **p.-possession** *n* Teilbesitz *m*; **p.-time** *adj* Teilzeit-; **~ employment** Teilzeitbeschäftigung *f*; **p.-timer** *n* Teilzeit-, Halbtagskraft *f*

part with sth. *v/prep* sich von etw. trennen

partial *adj* 1. parteiisch; 2. teilweise, partiell

participant 1. Beteiligte(r) *f/m*; 2. Teilhaber(in) *m/f*; 3. Teilnehmer(in) *m/f*

PQ

participat|e (in) *v/prep* 1. sich beteiligen; 2. beteiligt sein, teilhaben; 3. teilnehmen; **p.ing** *adj* gewinnbeteiligt; **~ rights** Gewinnberechtigung *f*

participation *n* 1. (Mit)Beteiligung *f*; 2. Mitwirkung *f*, Teilnahme *f*; 3. Teilhaberschaft *f*; **active p. in a crime** aktive Tathilfe; **personal p.** persönliche Beteiligung

participator *n* 1. Teilhaber(in) *m/f*; 2. Teilnehmer(in) *m/f*

particle *n* Teilchen *nt*

in particular *adj* insbesondere

particulars *pl* Einzelheiten, nähere Umstände; **without giving p.** ohne nähere Angaben zu machen; **p. of a claim** Klagegebegründung *f*; **~ the complaint** Klagepunkte; **~ pleadings** Einzelheiten der Schriftsätze; **to establish the p.** Personalien feststellen; **to state p.** detaillieren; **to take down the p.** Personalien aufnehmen

parties to the contract *pl* Vertragsparteien; **to caution the p.** Parteien belehren; **unless otherwise agreed by the p.** vorbehaltlich einer abweichenden Vereinbarung; **contracting p.** vertragschließende Parteien; **opposing p.** streitende Parteien

partisan *adj* parteiisch

partition *v/t* auseinandersetzen

partition *n* 1. (Auf)Teilung *f*; 2. Auseinandersetzung *f*; **p. of an estate** Erb(schafts)-teilung *f*, Nachlassauseinandersetzung *f*; **~ land** Grundstücksteilung *f*; **p. wall** Trenn-, Zwischenwand *f*

partner 1. Partner(in) *m/f*, Sozius *m*; 2. Teilhaber(in) *m/f*, Gesellschafter(in) *m/f*; 3. Lebensgefährte *m*, Lebensgefährtin *f*, Lebenspartner(in) *m/f*; **p. by estoppel** Gesellschafter kraft Rechtsscheins; **p. with limited liability** Kommandist(in) *m/f*; **to buy out a p.** Teilhaber abfinden

acting partner geschäftsführender Teilhaber; **civil p.** Lebenspartner(in) *m/f*; **registered ~** eingetragene(r) Lebenspartner(in); **dormant/silent/sleeping p.** stiller Gesellschafter/Teilhaber; **general p.** *(KG)* Komplementär(gesellschafter) *m*, Vollhafter(in) *m/f*, unbeschränkt Haftende(r); **~'s interest** Komplementäranteil *m*; **incoming p.** neu eintretender Gesellschafter; **fully liable p.** persönlich haftender Gesellschafter/Teilhaber, Vollhafter(in) *m/f*; **limited p.** Kommandist(in) *m/f*, Teilhafter(in) *m/f*, beschränkt Haftende(r); **managing p.** geschäftsführender Gesellschafter/Teilhaber; **marital p.** Ehegatte *m*; **ostensible p.** vorgeblicher Gesellschafter; **outgoing/withdrawing p.** ausscheidender Gesellschafter; **p. swapping** Partnertausch *m*

partner|s' contributions Beiträge der Gesellschafter; **p.'s debt** Teilhaberschuld *f*; **~ interest** Gesellschafteranteil *m*; **p.s' liability** Haftung der Gesellschafter; **~ meeting** Gesellschafter-, Gesellschaftsversammlung *f*; **~ resolution** Gesellschafterbeschluss *m*, Beschluss der Gesellschafter

partnership *n* 1. Partnerschaft *f*, Sozietät *f*, Teilhaberschaft *f*; 2. Personengesellschaft *f*, Personalhandelsgesellschaft *f*; 3. Lebensgemeinschaft *f*; **p. of convenience** Zweckgemeinschaft *f*; **p. at will** kündbare

Gesellschaft; **civil p.** nichteheliche/lebenspartnerschaftliche Lebensgemeinschaft; **civil-law p.** Gesellschaft bürgerlichen Rechts (GbR); **dormant p.** stille Gesellschaft; **~ interest** stille Beteiligung; **general p.** offene Handelsgesellschaft (OHG); **limited p.** Kommanditgesellschaft (KG) *f*; **non-trading/professional p.** BGB-Gesellschaft *f*, Gesellschaft bürgerlichen Rechts (GbR); **revocable p.** Gesellschaft auf Widerruf; **trading p.** Personenhandelsgesellschaft *f*; **undisclosed p.** Innengesellschaft *f*

partnership agreement 1. Partnerschaftsabkommen *nt*; 2. Gesellschafts-, Sozietätsvertrag *m*; **p. assets** Vermögen der Gesellschaft; **p. contract** 1. Partnerschaftsvertrag *m*; 2. Gesellschaftsvertrag *m*; **p. interest** Gesellschaftsanteil *m*; **p. property** Gesellschaftsvermögen *nt*

part-performance *n* 1. Teilerfüllung *f*; 2. Teilleistung *f*

part-waiver *n* Teilverzicht *m*

party *n* (Prozess)Partei *f*; **let the other p. also be heard** audiatur et altera pars *(lat.)*

party to a contract Vertragspartei *f*, Vertragspartner(in) *m/f*; **~ of sale** Partei eines Kaufvertrages; **p. in breach of contract** vertragsbrüchige Partei; **p. entitled to terminate a contract** Rücktrittsberechtigte(r) *f/m*

party causing/responsible for the accident (Unfall)Verursacher(in) *m/f*; **p. concerned** Betroffene(r) *f/m*; **p. to a contract** Vertragspartei *f*; **to become ~** in einen Vertrag eintreten; **p. entitled to damages** Schaden(s)ersatzberechtigte(r) *f/m*; **p. liable for damages** Schaden(s)ersatzpflichtige(r) *f/m*; **p. to a dispute** Streit-, Prozesspartei *f*; **p. at fault** Schuldige(r) *f/m*, schuldiger Teil; **p. involved** Beteiligte(r) *f/m*, beteiligte Partei; **p. liable for payment; ~ to pay** Zahlungspflichtige(r) *f/m*; **~ to pay costs** Kostenschuldner(in) *m/f*; **p. intervening on the side of a litigant; p. supporting a litigant** Streitgehilfe *m*, Streithelfer(in) *m/f*; **p. to the litigation** Streitpartei *f*; **~ the proceedings** Prozesspartei *f*, Verfahrensbeteiligte(r) *f/m*; **p. furnishing security** Sicherungsgeber *m*; **p. on strike** Streikpartei *f*; **p. suing in forma pauperis** *(lat.)* Kläger nach Armenrecht; **p. to a wage agreement** Tarif(vertrags)partei *f*

to be a party (to sth.) beteiligt sein, teilnehmen

adversary party Kontrahent(in) *m/f*, Gegenpartei *f*, (Prozess)Gegner(in) *m/f*; **aggrieved p.** Be-, Geschädigte(r) *f/m*, Beschwerte(r) *f/m*, beschwerte Partei, Verletzte(r) *f/m*; **appearing p.** erschienene Partei; **coinsured p.** Mitversicherte(r) *f/m*; **contracting p.** Vertragspartei *f*, Vertragspartner(in) *m/f*, vertragschließende Partei, Vertrags(ab)schließende(r) *f/m*, Kontrahent(in) *m/f*; **damaging p.** Schädiger *m*; **defaulting p.** säumige Partei; **defending p.** Antragsgegner(in) *m/f*; **dismissed p.** abgewiesene Partei; **entitled p.** Berechtigte(r) *f/m*; **guilty p.** Schuldige(r) *f/m*, schuldiger Teil, Verursacher *m*; **injured p.** Geschädigte(r) *f/m*, Verletzte(r) *f/m*; **interested p.** Interessent *m*; **intervening p.** (Neben)Intervenient *m*, Streithelfer(in) *m/f*; **liable p.** Haftende(r) *f/m*, Haftpflichtige(r) *f/m*, Haftungs-, Leistungsträger(in) *m/f*, Schuldner(in) *m/f*; **primarily ~** Erstverpflichtete(r) *f/m*; **litigant/litigating p.** Prozesspartei *f*, streitender Teil; **moving p.** Antragsteller(in) *m/f*; **non-entitled p.** Nichtberechtigte(r) *f/m*; **nonsuited p.** abgewiesene Partei; **obligated p.** Verpflichteter *m*; **opposing p.** Gegenseite *f*, (Prozess)Gegner(in) *m/f*, Kontrahent(in) *m/f*, Gegenpartei *f*; **proper p.** eigentliche Partei; **prosecuting p.** betreibende Partei; **responsible p.** Verantwortliche(r) *f/m*; **secured p.** Sicherungsnehmer *m*; **self-contracting p.** Selbstkontrahent *m*; **subsidiary p.** Nebenpartei *f*; **suing p.** klägerische Partei, klagender Teil; **summoned p.** geladene Partei

third party Dritte(r) *f/m*; **t. p. acting in good faith** gutgläubige(r) Dritte(r); **innocent t. p.** gutgläubige(r) Dritte(r)

unsuccessful party unterlegene Partei, Verlierer *m*; **wronged p.** Verletzte(r) *f/m*

party wall gemeinsame (Grenz)Mauer

pass *n* Passierschein *m*

pass *v/ti* 1. *(Gesetz)* erlassen, verabschieden; 2. *(Urteil)* fällen; 3. *(Antrag, Gesetz)* durchkommen; 4. überholen; **p. on** 1. weiterleiten; 2. abwälzen; **p. out** ohnmächtig werden

passage *n* Weg *m*; **p. of a bill** Verabschiedung eines Gesetzes; **~ time** Zeitablauf *m*

passbook *n* Sparbuch *nt*

to be passed *adj* *(Antrag, Gesetz)* durchkommen
passenger *n* 1. Mit-, Beifahrer(in) *m/f*, Insasse *m*; 2. Fahrgast *m*; **p. accident insurance** Insassenunfallversicherung *f*; **p. car** Personenkraftwagen *m*; **p. fare** Personentarif *m*; **p. insurance** Insassenversicherung *f*; **p. traffic** Personenverkehr *m*; **p. transport(ation)** Personenbeförderung *f*; **~ act** Personenbeförderungsgesetz *nt*
passer-by *n* Passant(in) *m/f*
passing of a bill *n* Verabschiedung eines Gesetzes; **~ risk** Gefahrenübergang *m*, Übergang der Gefahr; **p. off** Warenzeichenmissbrauch *m*; **fraudulent ~** Irreführung über die Herkunft der Ware(n); **p. on** Weitergabe *f*
no passing *[US]* Überholen verboten
passive *adj* passiv
passport *n* (Reise)Pass *m*; **expired p.** abgelaufener Pass; **substitute p.** Passersatz *m*
passport forgery Passfälschung *f*; **p. holder** Passinhaber(in) *m/f*; **p. offence** Passvergehen *nt*; **p. office** Passbehörde *f*
past *n* Vergangenheit *f*; *adj* vergangen
pasture *n* Weide *f*
patch so. up *v/t* *(coll)* jdn verarzten
patent *adj* offenkundig
patent *n* Patent *nt*; **p. pending** zum Patent angemeldet, anhängiges Patentverfahren
to apply for a patent on an invention Erfindung zum Patent anmelden, Patent auf eine Erfindung anmelden; **to contest a p. by an infringement suit** ein Patent anfechten im Zuge einer Patenteingriffsklage; **to issu a p.** ein Patent erteilen; **to register a p.** Patent anmelden; **to take out a p.** Patent erhalten

PQ

confirming patent Bestätigungspatent *nt*; **ineffective p.** mangelhaftes Patent; **interfering p.** Kollisionspatent *nt*; **invalid p.** nichtiges Patent; **lapsed p.** verfallenes Patent; **original p.** Hauptpatent *nt*; **prior p.** älteres Patent
patent *v/t* patentieren, patentrechtlich schützen; **p.ability** *n* Patentierbarkeit *f*; **to deny ~** die Patentfähigkeit verneinen; **p.able** *adj* patentierbar
patent act Patentgesetz *nt*; **p. action** Patentklage *f*; **p. advocate/agent** *[GB]* Patentanwalt *m*, Patentanwältin *f*; **p.ability** *n* Patentfähigkeit *f*; **p.able** *adj* patentfähig, patentierbar; **p. applicant** Patentanmelder *m*; **p. application** Patentanmeldung *f*, Patentantrag *m*; **p. attorney** *[US]*/**lawyer** *[GB]* Patentanwalt *m*, Patentanwältin *f*; **p. charges** Patentgebühren; **p. claim** Patentanspruch *m*, Patentbegehren *nt*; **p.(s) court** Patentgericht *nt*; **p.ee; p. holder** *n* Patentbesitzer(in) *m/f*, Patentinhaber(in) *m/f*; **potential ~** Patentwerber(in) *m/f*; **p. grant** Patenterteilung *f*; **p. infringement** Patentverletzung *f*; **p. law** Patentrecht *nt*; **p. licence** Patentlizenz *f*; **p. litigation** Patentrechtsstreit *m*; **P. Office** *[GB]* Patentamt *nt*; **p. opposition proceedings** Patenteinspruchsverfahren *nt*; **p. proceedings.** Patentprozess *m*, Patentverfahren *nt*; **p. protection** Patentschutz *m*; **p. register** Patentrolle *f*; **p. right** Patentrecht *nt*; **p. specification** Auslage-, Patentschrift *f*; **p. term** Patentdauer *f*
paternity *n* Vaterschaft *f*; **to acknowledge p.** Vaterschaft anerkennen; **to deny p.** Vaterschaft bestreiten, ~ nicht anerkennen
paternity leave Vaterschaftsurlaub *m*; **p. suit** Vaterschaftsklage *f*, Klage auf Anerkennung der Vaterschaft, Vaterschaftsprozess *m*; **p. test** Vaterschaftsfeststellung *f*
path *n* Pfad *m*, Weg *m*
patient *n* Patient(in) *m/f*; **p. care** Krankenfürsorge *f*
patricide *n* 1. Vatermord *m*; 2. Vatermörder(in) *m/f*
patrimony *n* Patrimonium *nt (lat.)*
patrol *n* *(Polizei)* Kontrollgang *m*, (Verkehrs)Streife *f*; **on p.** auf Streife; **plain-clothes p.** Zivilstreife *f*; **p. car** *[GB]* Streifenwagen *m*
patron *n* Schirmherr(in) *m/f*, Patron(in) *m/f*; **p.age** *n* Patronat *nt*; **under the ~ of** unter der Schirmherrschaft von; **p.izing** *adj* herablassend
pattern *n* Muster *nt*
patting-down *n* Abtasten *nt*, Personendurchsuchung *f*
pauper *n* Partei im Armenrecht, arme Partei; **p.ization** *n* Verarmung *f*
pavement *n* Gehweg *m*
pawn *n* (Faust)Pfand *nt*; **in p.** verpfändet; **to redeem a p.** Pfand aus-/einlösen; **to take out of p.** aus der Verpfändung auslösen
pawn *v/t* verpfänden, versetzen; **p.able** *adj* verpfändbar; **p.ed** *adj* verpfändet

pawn|broker *n* Pfandleiher *m*; **~'s shop** Leih-, Pfandhaus *nt*; **p.broking** *n* Pfandleihe *f*; **p.ee** *n* (Faust)Pfandgläubiger(in) *m/f*, Pfandbesitzer *m*, Pfandhalter *m*, Pfandinhaber *m*, Pfandnehmer *m*; **p.ing** *n* Pfandbestellung *f*, Verpfändung *f*; **p.or** *n* Pfandbesteller *m*, Pfandgeber(in) *m/f*, Pfandschuldner *m*, Verpfänder *m*; **p.shop** *n* Leih-, Pfandhaus *nt*, Pfandleihanstalt *f*; **p. ticket** Leih-, Pfandschein *m*

pay *v/t* 1. (be)zahlen, begleichen; 2. abführen, entrichten; 3. entlohnen, besolden; **unable to p.** zahlungsunfähig; **p. down** anzahlen; **p. in** *v/prep* ein(be)zahlen; **p. off** *v/prep* 1. ausbezahlen; 2. abfinden; **~ (in instalments)** abzahlen, abtragen; **p. out** *v/prep* auszahlen; **p. sth. in advance** etw. voraus(be)zahlen, ~ im Voraus zahlen; **p. instantly** sofort bezahlen; **p. retrospectively** nachzahlen; **p. subsequently** nachentrichten

pay *n* 1. Bezahlung *f*; 2. Lohn *m*, Dienstbezüge *pl*, Heuer *f*; **extra p.** Zulage *f*, Zusatzvergütung *f*

pay|able *adj* fällig, zahlbar

payee *n* Zahlungs-, Scheckempfänger(in) *m/f*, Scheck-, Wechselnehmer(in) *m/f*; **p.'s duty to notify** Anzeigepflicht des Anweisungsempfängers

payer *n* Zahler *m*; **defaulting p.** säumiger Zahler; **prompt p.** pünktlicher Zahler; **slow p.** säumiger Zahler

pay dispute Tarifkonflikt *m*

paying *n* Entrichtung *f*; **p. habits** Zahlungsmoral *f*; **p. off** Abzahlung *f*

payload *n* Nutzlast *f*, Zuladung *f*; **p. of the towing vehicle** Nutzlast des Zugfahrzeugs; **permissible p.** maximale Zuladung

payment *n* 1. Zahlung *f*, Begleichung *f*, Entrichtung *f*, Abführung *f*; 2. Bezahlung *f*, Entlohnung *f*; **against p.** gegen Bezahlung; **p. when due** Zahlung bei Fälligkeit; **in lieu of p.** an Zahlungs Statt, statt der Zahlung; **for want of p.** mangels Zahlung

payment on account Abschlagszahlung *f*; **p. of the annuity** Zahlung der Rente; **p.s in arrears** Zahlungsrückstände; **p. of arrears** *(Rückstände)* Nachzahlung *f*; **~ the balance** Restzahlung *f*; **p. in cash** Barzahlung *f*; **p. of charges** Gebührenzahlung *f*; **retroactive ~ contributions** Nachentrichtung von Beiträgen; **~ subsequent contributions** Nachschusszahlung *f*; **p. in due course** ordnungsmäßige Zahlung; **p. of damages** Schaden(s)ersatzzahlung *f*; **p. on delivery** Zahlung bei Lieferung; **p. in full** vollständige Bezahlung; **~ instalments** Ratenzahlung *f*; **~ kind** Naturalentlohnung *f*, Natural-, Sachleistung *f*, Naturallohn *m*, Naturalvergütung *f*; **p. per line** Zeilenhonorar *nt*; **p. of money** Geldzahlung *f*; **~ the pension** Rentenzahlung *f*, Zahlung der Rente; **~ pension arrears** Rentennachzahlung *f*; **p. upon performance** (Be)Zahlung nach Leistung; **p. under protest** (Be)Zahlung unter Vorbehalt; **p. on receipt of goods** Zahlung bei Eingang der Waren; **p. by results** Zahlung nach Erfolg; **p. in (full) settlement** Abfindungszahlung *f*; **p. of tax** Versteuerung *f*; **~ arrears** Steuernachzahlung *f*

to demand payment Zahlung verlangen, zur ~ auffordern; **to effect p.** Zahlung leisten; **to fall behind with one's p.s** mit seinen Zahlungen in Rückstand geraten; **to postpone p.** Zahlung hinausschieben; **to press so. for p.** jdn zur Zahlung drängen; **to promise p.** Zahlung versprechen; **to resume p.** Zahlung wiederaufnehmen; **to stop p.** Zahlung einstellen; **to sue for p.** Zahlung einklagen, auf ~ klagen; **to suspend p.** Zahlung aussetzen

back payment *(Gehalt, Pension)* Nachzahlung *f*; **compensatory p.** Ausgleichs-, An-, Abschlagszahlung *f*; **due p.** fällige Zahlung; **ex gratia** *(lat.)* **p.** 1. freiwillige Zahlung/Abfindung/Entschädigung *(ohne Anerkennung einer Rechtspflicht)*; 2. *(Vers.)* Kulanzregulierung *f*; **extra p.** Zuzahlung *f*; **interim/intermediate p.** Übergangs-, Zwischenzahlung *f*; **lump-sum p.** Pauschalzahlung *f*; **non-recurring/one-off p.** einmalige Zahlung; **part(ial) p.** Abschlagszahlung *f*; **pro-rata** *(lat.)* **p.** anteilige Zahlung; **prompt p.** sofortige/prompte Bezahlung; **retrospective p.** *(rückwirkend)* Nachzahlung *f*; **special p.** Sonderzahlung *f*; **subsequent p.** Nachzahlung *f*, Nachentrichtung *f*, Nachschuss *m*; **voluntary p.** freiwillige Zahlung

payment agreement Zahlungsvereinbarung *f*; **p. appropriation** Zahlungsermächtigung *f*; **p. bond** Zahlungsbürgschaft *f*; **p. habits** Zahlungsgepflogenheiten;

p. notice Zahlungsmitteilung *f*; **international p. transactions** internationaler Zahlungsverkehr

pay|out *n* Auszahlung *f*; **p.roll** *n* 1. Belegschaft *f*; 2. Gehalts-, Lohnliste *f*; **~ deduction** Gehalts-, Lohnabzug *m*; **p. round** Tarifrunde *f*; **p. scale** Lohn-, Gehaltstarif *m*

peace *n* Frieden *m*; **p. and liberty** Frieden und Freiheit; **to bind so. over to keep the p.** jdn verwarnen

domestic peace häuslicher Frieden, Hausfrieden *m*; **to disturb the ~** Hausfrieden stören; **public p.** öffentlicher Frieden, Rechts-, Landfrieden *m*, (Ruhe und) Ordnung *f*; **p. treaty** Friedensvertrag *m*

peculat|e *v/t* unterschlagen, veruntreuen; **p.ion** *n* (Geld)Unterschlagung *f*, Veruntreuung *f*; **p.or** *n* Veruntreuer *m*

peculiarity *n* Eigenart *f*

pecuniary *adj* geldlich

pedant *n* Paragrafenreiter *(coll) m*

peddl|e *v/t* hausieren; **p.er** *n [GB]* Reisegewerbetreibende(r) *f/m*, Hausierer(in) *m/f*; **~'s licence** Hausierschein *m*; **p.ing** *n* Hausieren *nt*

pedestrian *n* Fußgänger *m*; **p. crossing** Fußgängerübergang *m*, Überweg *m*, Zebrastreifen *m*; **p. mall** *[US]*/**precinct** *[GB]* Fußgängerzone *f*; **p. traffic lights** Fußgängerampel *f*

pedlar *n [US]* Reisegewerbetreibender(in) *m/f*, Hausierer(in) *m/f*; **p.'s license** Hausierschein *m*

PQ

pedophil|e *n* Kinderschänder *m*; **p.ia** Unzucht mit Kindern

peeping Tom *n (coll)* Spanner *m (coll)*

peer *n* Gleiche(r) *f/m*

penal *adj* strafrechtlich, Straf-; **p.ize** *v/t* 1. (be)strafen, pönalisieren; 2. benachteiligen

penalty *n* Bußgeld *nt*, (Geld)Buße *f*, (Geld-/Konventional-/Vertrags-/Wirtschafts)Strafe *f*, Pönalie *f*; **on p. of** bei Strafe von, ~ Vermeidung von Strafen; **p. for breach of contract** Konventionalstrafe *f*; **~ contempt of court** *Gericht)* Ordnungsstrafe *f*; **~ default** Verzugsfolge *f*; **on p. of a fine** bei Androhung einer Geldstrafe; **p. in case of recidivism** Rückfallstrafe *f*; **p. for tax offences** Steuerstrafe *f*; **to stipulate a p.** Vertragsstrafe vereinbaren

additional penalty Nebenstrafe *f*; **administrative p.** Ordnungsstrafe *f*; **coercive p.** Beugestrafe *f*; **contractual p.** Konventional-, Vertragsstrafe *f*; **disciplinary p.** Disziplinarstrafe *f*; **fixed p.** Bußgeld *nt*; **inadmissible p.** unzulässige Vertragsstrafe; **internal p.** Hausstrafe *f*; **maximum p.** Höchststrafe *f*; **normal p.** Regelstrafe *f*; **secondary/supplementary p.** Nebenstrafe *f*; **substitute p.** Ersatzstrafe *f*

penalty agreement Vertragsstrafenvereinbarung *f*; **p. charge notice** Strafzettel für falsches Parken, Knöllchen *nt (coll)*; **p. clause** Strafklausel *f*, Vertragsstrafenklausel *f*, Vereinbarung einer Konventional-/Vertragsstrafe; **p. notice** Bußgeld-, Strafbescheid *m*; **p. point** *(Verkehrszentralregister)* (Straf)Punkt *m*; **p. reservation** Vertragsstrafenvorbehalt *m*

penance *n* Buße *f*

pendency *n* Rechtshängigkeit *f*; **p. of a case** Streitbefangenheit *f*

pendente lite *adv (lat.)* anhängig, während des Verfahren, ~ der Dauer des Prozesses, in einem schwebenden Verfahren

pending *adj* (bei Gericht) anhängig, rechtshängig, schwebend, noch nicht entschieden, ausstehend, unerledigt

penetrat|e *v/t* eindringen; **p.ion** *n (auch sexuell)* Eindringen *nt*

penitentiary *n [US]* Zuchthaus *nt*, Justizvollzugs-, Gefangenenanstalt *f*, Gefängnis *nt*

penologist *n* Strafrechtler(in) *m/f*

pension *n* Rente *f*, Pension *f*, Ruhegehalt *nt*, Ruhegeld *nt*, (Alters)Versorgung *f*; **entitled to a p.** pensions-, versorgungsberechtigt; **to draw a p.** Ruhegeld beziehen

basic pension Sozial-, Unterhaltsrente *f*; **compensatory p.** Ausgleichsrente *f*; **index-linked p.** Indexrente *f*, dynamische Rente; **old-age p.** Altersrente *f*, Altersruhegeld *nt*

pensionable *adj* pensionsfähig, rentenberechtigt

Pension|s Act *[GB]* Rentengesetz *nt*; **p. adjustment** Rentenanpassung *f*; **p. age** Pensionsalter *nt*; **statutory ~** gesetzliches Rentenalter; **p. claim** Rentenanspruch *m*; **p. computation base** Rentenbemessungsgrundlage *f*; **p. entitlement** Pensions-, Rentenanspruch *m*, Pensionsberechtigung *f*, Ruhegehalts-, Versorgungsanspruch *m*, Versorgungsanrecht *nt*

pensioner *n* Rentner(in) *m/f*, Renten-,

Versorgungsempfänger(in) *m/f*; **old-age p.** Altersrentner(in) *m/f*, Pensionär(in) *m/f*
pension expectancy Pensions-, Renten-, Versorgungsanwartschaft *f*; **p. fund** 1. Rentenfonds *m*; 2. Versorgungsanstalt *f*, Versorgungskasse *f*, Versorgungsträger *m*; **p. insurance (scheme)** Rentenversicherung *f*; **statutory ~** gesetzliche Rentenversicherung; **p. payment** Rentenzahlung *f*, Versorgungsleistung *f*; **p. scheme** Rentenversicherung *f*
pensioning *n* Versetzung in den Ruhestand
people *pl* Menschen; **p. smuggler** Schlepper *m*
per *(lat.)* laut; **p annum** *(lat.)* pro Jahr; **p. capita** *(lat.)* pro Kopf/Person; **p. curiam** *(lat.)* gerichtlich; **p. diem** *(lat.)* pro Tag, täglich; **p. mille** Promille *f*; **p. pro; p. procurationem (p.p.)** *(lat.)* per Prokura
perceive *v/t* erkennen, bemerken, wahrnehmen
percept|ible *adj* wahrnehmbar; **p.ion** *n* Wahrnehmung *f*
peremptory *adj* peremptorisch
perfid|ious *adj* heimtückisch; **p.y** *n* Heimtücke *f*
perform *v/t* 1. *(Pflicht)* ausüben, erfüllen; 2. erbringen, leisten, verrichten; **liable to p.** leistungspflichtig
performance *n* 1. Erfüllung *f*, Erbringung *f*, Verrichtung *f*; 2. (Arbeits)Leistung *f*; **in p. of** erfüllungshalber; **p. owed** geschuldete Leistung
performance of an act Erbringung/Vornahme einer Handlung; **~ a contract** Vertragserfüllung *f*, Erfüllung eines Vertrags; **defective ~ a contract** mangelnde Vertragserfüllung; **p. pursuant to the contract** vertragsgetreue Erfüllung; **p. and counter-p.** Leistung und Gegenleistung; **p. of duties** Wahrnehmung von Aufgaben; **~ a guarantee obligation; p. pursuant to an award** Erfüllung eines Schiedsspruchs; **~ to a guarantee** Garantieleistung *f*; **p. in kind** Sachleistung *f*; **p. of an obligation** Erfüllung einer Verpflichtung; **p. by a third party** Leistung durch einen Dritten; **p. in lieu of payment** Leistung an Zahlungs Statt; **p. of service** Diensterfüllung *f*; **~ services** Erbringung von Dienstleistungen; **~ transport services** Beförderungsleistung *f*
to assure performance Leistung zusichern; **to demand p.** Leistung fordern/verlangen; **to effect p.** Leistung bewirken/erbringen; **to evade p.** sich der Leistung entziehen; **to promise p.** Leistung versprechen; **to refuse p.** Leistung verweigern
additional performance Sonder-, Zusatzleistung *f*; **agreed p.** vereinbarte Leistung; **ancillary/collateral p.** Nebenleistung *f*; **contemporaneous p.** Zug-um-Zug-Erfüllung *f*; **contractual p.** vertragsgemäße Leistung; **defective p.** Leistungsstörung *f*, mangelhafte Erfüllung, Fehlleistung *f*, Schlechterfüllung *f*; **delayed p.** späte Erfüllung; **due p.** gebührende Leistung; **full p.** restlose Erfüllung; **gratuitous p.** unentgeltliche Leistung; **impaired p.** Leistungsstörung *f*; **impossible p.** unmögliche Leistung; **insufficient p.** Schlechtleistung *f*; **partial p.** teilweise Erfüllung; **promised p.** versprochene Leistung; **recurrent p.** wiederkehrende Leistung; **simultaneous p.** Erfüllung Zug um Zug; **specific p.** 1. vertragsgemäße Erfüllung, Leistung des vertraglich Geschuldeten, genaue Vertragserfüllung; 2. Naturalerfüllung *f*, Naturalrestitution *f*; **to sue for ~** auf Erfüllung klagen; **subsequent p.** Nacherfüllung *f*, Nachleistung *f*; **substantial p.** im Wesentlichen dem Vertrag entsprechende Erfüllung; **substitute p.** Ersatzvornahme *f*; **third-party p.** Fremdleistung *f*; **vicarious p.** Erfüllungsübernahme *f*
performance assessment Leistungsbewertung *f*; **p. bond** Bietungs-/Erfüllungs-/Leistungsgarantie *f*; **p. bonus** Leistungszulage *f*; **p. guarantee/warranty** Leistungsgarantie *f*; **p. rating** Leistungsbeurteilung *f*; **p. risk** Leistungsgefahr *f*
periculum in mora *(lat.)* Gefahr in Verzug
peril *n* Gefahr *f*, Risiko *nt*; **at one's own p.** auf eigene Gefahr; **p.s clause** *(Vers.)* Risikoklausel *f*
period *n* Frist *f*, Laufzeit *f*; **p. of time** Zeitabschnitt *m*; **for an indefinite p.** unbefristet, auf unbestimmte Zeit; **~ unforeseeable p.** auf unabsehbare Zeit; **within the stipulated p.** fristgerecht
period (allowed) for abandonment Abandonfrist *f*; **~ acceptance** Annahmefrist *f*; **~ bringing an action** Klagefrist *f*; **~ (filing an) appeal** Rechtsmittelfrist *f*;

~ filing an application Anmeldungs-, Antragsfrist *f*; **p. of good behaviour** Wohlverhaltensfrist *f*; **p. (allowed) for cancellation** Rücktrittsfrist *f*; **~ filing a claim** Klagefrist *f*; **p. of a contract** Vertragszeit *f*, Kontraktfrist *f*; **p. (allowed) for filing a defence** Einlassungsfrist *f*; **~ remedying defects** Nachbesserungsfrist *f*; **~ execution** Ausführungsfrist *f*; **p. of extension/grace** Stundungs-, Gnaden-, Nach-, Schonfrist *f*; **to allow so. a ~** *(Respekttage)* jdm Aufschub gewähren; **p. of inspection** Untersuchungsfrist *f*; **~ insurance** Versicherungszeit *f*; **~ lease** Pachtdauer *f*; **~ limitation** Verjährungszeit *f*; **~ marriage** Ehezeit *f*

period of notice Kündigungsfrist *f*; **p. of n. to terminate a lease (of land)** Kündigungsfrist bei Grundstücken; **to observe the p. of n.** Kündigungsfrist einhalten; **reasonable p. of n.** angemessene Kündigungsfrist; **statutory p. of n.** gesetzliche Kündigungsfrist; **stipulated p. of n.** vereinbarte Kündigungsfrist

period of occupancy Besitzdauer *f*; **~ office** Amtszeit *f*; **p. for performance** Leistungsfrist *f*; **~ filing a petition** Eingabefrist *f*; **p. of prescription** Ersitzungs-, Verjährungsfrist *f*; **~ probation** Bewährungsfrist *f*, Bewährungszeit *f*; **~ qualification** Zulassungsfrist *f*; **~ summons** Ladungsfrist *f*; **~ tenancy** Mietzeit *f*; **~ time** Zeitraum *m*, Frist *f*; **~ transition** Übergangsfrist *f*; **p. allowed for transport** Beförderungsfrist *f*; **p. of use** Nutzungszeitraum *m*; **~ validity** Geltungs-, Gültigkeitsdauer *f*, Laufzeit *f*; **~ warning** Abmahnungsfrist *f*

claim-free period *(Vers.)* schadensfreie Zeit; **cooling-off p.** 1. Überlegungsfrist *f*; 2. *(Streik)* Wartezeit *f*; **cut-off p. for rescission** Ausschlussfrist für Wandelung; **legislative p.** Legislaturperiode *f*; **one-year p.** Jahresfrist *f*; **preclusive p.** Ausschlussfrist *f*; **qualifying p.** Wartezeit *f*; **statutory p.** gesetzliche Frist; **transitional p.** Übergangszeit *f*, Ü.frist *f*

periodically *adv* in regelmäßigen Zeitabständen

perishable *adj* *(nicht lange haltbar)* verderblich

perjure os. *v/refl* Meineid leisten/schwören; **p.er** *n* Eidbrüchige(r) *f/m*, Meineidige(r) *f/m*

perjury *n* Meineid *m*, vorsätzlich falscher Schwur; **p. is punishable by imprisonment** auf Meineid steht Gefängnis; **to suborn so. to commit p.** jdn zum Meineid anstiften/verleiten

permanent *adj* 1. dauernd; 2. *(Visum)* unbefristet

permissible *adj* erlaubt, statthaft, zulässig

permission *n* Erlaubnis *f*, Genehmigung *f*, Gestattung *f*; **in the obsence of p.** mangels Genehmigung; **by kind p. of** mit freundlicher Genehmigung von; **subject to p.** genehmigungsbedürftig

permission to accept Annahmegenehmigung *f*; **~ drive** Fahrerlaubnis *f*; **~ give evidence** Aussagegenehmigung *f*; **~ hunt** Jagdberechtigung *f*, Jagderlaubnis *f*; **~ marry** Heiratserlaubnis *f*; **~ hold a meeting** Versammlungserlaubnis *f*; **p. for a partition (of land)** Teilungsgenehmigung *f*; **p. to take up residence** Zuzugsgenehmigung *f*

to grant permission Genehmigung erteilen; **to (seek and) obtain p.** Erlaubnis/Genehmigung einholen, Erlaubnis erwirken; **to refuse p.** Erlaubnis/Genehmigung/Gestattung verweigern; **to revoke p.** Genehmigung widerrufen; **to seek p.** Genehmigung beantragen; **special p.** Sondergenehmigung *f*; **subsequent p.** Nachgenehmigung *f*

permit *v/t* erlauben, genehmigen, gestatten, stattgeben, zulassen

permit *n* 1. (schriftliche) Erlaubnis, Lizenz *f*; 2. (Fahr)Erlaubnisschein *m*; 3. Passierschein *m*; **the p. shall expire** die Erlaubnis erlischt; **official p.** amtlicher Ausweis; **p. holder** Erlaubnisscheininhaber(in) *m/f*

permitted *adj* erlaubt, zugelassen

perpetrate *v/t* verüben

perpetration *n* Verübung *f*, Vornahme *f*; **p. of damage** Schadensverursachung *f*; **~ an offence** Täterschaft *f*; **~ an offence by several offenders** Mehrtäterschaft *f*; **~ an offence using an innocent agent** mittelbare Täterschaft

perpetrator *n* Täter(in) *m/f*, Verursacher(in) *m/f*; **p. for ideological reasons** Gesinnungstäter *m*; **joint p.** Mittäter(in) *m/f*

persecut|e *v/t* *(Minderheit)* verfolgen; **p.ion** *n* Verfolgung *f*; **political ~** politische Verfolgung; **racial ~** Verfolgung aus rassistischen Gründen

person *n* Person *f*; **p. charged** Beschuldig-

PQ

te(r) *f/m*; **p. held liable** Haftungsschuldner(in) *m/f*; **p. hereinafter referred to** nachfolgend bezeichnete Person; **irrespective of a p.'s status** ohne Ansehen der Person

person entitled to appeal Anfechtungsberechtigter *m*; **~ file an application** Antragsberechtigte(r) *f/m*; **p. offering board** Kostgeber *m*; **p. of limited capacity** beschränkt Geschäftsfähige(r); **p. entitled to a claim** Anspruchsberechtigter(r) *f/m*; **p. liable for compensation; ~ to provide compensation** Ausgleichs-, Ersatzpflichtige(r) *f/m*; **~ pay a contribution** Beitragspflichtige(r) *f/m*; **p. with a previous conviction** Vorbestrafte(r) *f/m*; **p. entitled to custody** Sorgeberechtigte(r) *f/m*; **~ damages** Ersatzberechtigte(r) *f/m*; **p. presumed dead** Totgeglaubte(r) *f/m*; **p. entitled to dispose** Verfügungsbefugte(r) *f/m*, Verfügungsberechtigte(r) *f/m*; **p. dying at the same time as another** Kommorient *m*; **p. to be evicted** Räumungsschuldner *m*; **p. entitled to housing benefit** Wohngeldberechtigte(r) *f/m*; **~ inherit** Erbberechtigte(r) *f/m*; **p. unworthy to inherit** Erbunwürdige(r) *f/m*; **p. holding a licence** Lizenzinhaber(in) *m/f*; **p. entitled to maintenance** Unterhaltsberechtigte(r) *f/m*; **p. liable/obliged to provide maintenance** Unterhaltspflichtiger *m*; **p. convicted of manslaughter** Totschläger(in) *m/f*; **p. of unsound mind** Geistesgestörte(r) *f/m*; **p. owing money** Geldschuldner(in) *m/f*; **p. exercising an option** Optant *m*; **p. possessing part or all of deceased's estate under a claim of title as heir** Erbschaftsbesitzer(in) *m/f*; **p. entitled to a statutory portion** Pflichtteilsberechtigte(r) *f/m*; **p. seeking recourse** Regressnehmer *m*; **p. entitled in rem** *(lat.)* dinglich Berechtigte(r); **~ to permanent residence** Dauerwohnberechtigte(r) *f/m*; **p. acting behind the scenes** Hintermann *m*; **p. entitled to service(s)** Dienstberechtigte(r) *f/m*; **p. liable for military service** Wehrpflichtiger *m*; **p. performing substitute military service** Zivildienstpflichtiger *m*; **p. firing the fatal shot** Todesschütze *m*; **p. authorized to sign** Zeichnungsberechtigte(r) *f/m*; **p. pulling the strings** *(coll)* Hintermann *m*; **p. entitled to public support** Versorgungsberechtigte(r) *f/m*; **p. liable to surrender** Herausgabeschuldner *m*; **p. entitled to use** Nutzungsberechtigte(r) *f/m*; **~ vote** Wahlberechtigte(r) *f/m*

to appear in person persönlich auftreten

legally aided person Partei im Armenrecht; **artificial p.** juristische Person; **auxiliary p.** Hilfsperson *f*; **previously convicted p.** Rückfällige(r) *f/m*; **dead p.** Tote(r) *f/m*; **unknown ~** unbekannter Toter; **elderly p.** ältere Person; **guilty p.** Schuldige(r) *f/m*; **insured p.** Versicherungsnehmer(in) *m/f*; **juridical/juristic/legal p.** juristische Person, Rechtspersönlichkeit *f*; **missing p.** vermisste Person; **natural p.** natürliche Person; **private p.** Privatperson *f*, Individuum *nt*; **litigious/querulous p.** Querulant(in) *m/f*; **released p.** Freigelassene(r) *f/m*; **self-opinionated p.** Rechthaber(in) *m/f*; **suitable p.** geeignete Person; **suspicious p.** verdächtige Person; **unauthorized p.** Unbefugte(r) *f/m*; **underage p.** Minderjährige(r) *f/m*; **unidentified p.** Unbekannte(r) *f/m*; **unknown p.** unbekannte Person; **wounded p.** Verwundete(r) *f/m*

persona non grata *(lat.)* unerwünschte Person, persona non grata *(lat.)*

personal *adj* persönlich, privat

personality *n* Persönlichkeit *f*; **judicial/legal p.** Rechtspersönlichkeit *f*, Rechtssubjekt *nt*, juristische Person; **distinct ~** eigene Rechtspersönlichkeit; **p. defect** Persönlichkeitsmangel *m*

personally *adv* höchstpersönlich

personnel *n* Personal *nt*; **legal p.** Justizpersonal *nt*; **p. committee** Personalvertretung *f*; **p. costs** Personalaufwendungen

persons not gainfully employed Nichterwerbstätige; **displaced p.** (Heimat)Vertriebene

persua|de *v/t* überreden, überzeugen; **p.sion** 1. Überzeugung *f*; 2. Überredung *f*; **political p.** politische Überzeugung; **p.-sive** *adj* überzeugend

pertain to *v/prep* betreffen

pertinen|cy *n* Sachdienlichkeit *f*; **p.t** *adj* einschlägig, relevant, sachdienlich, zur Sache gehörig

perver|se *adj* pervers, widernatürlich; **p.sion** *n* Entstellung *f*, Verdrehung *f*; **~ of (the course of) justice** Rechtsbeugung *f*; **p.t** *v/t* entstellen, verdrehen

pest *n* Ungeziefer *nt*; **p. control** Ungezieferbekämpfung *f*
pester so. *v/t* jdm zusetzen, jdn quälen
petition *v/t* begehren
petition *n* 1. Antrag *m*, Bittschrift *f*, Eingabe *f*, Gesuch *nt*, Petitum *nt*, Petition *f*; 2. Klageantrag *m*, Rechtsbegehren *nt*; 3. Strafantrag *m*; **p. for annulment of marriage** Klage auf Aufhebung der Ehe; **~ appeal** Berufungsantrag *m*; **p. in bankruptcy** Insolvenzantrag *m*, Antrag auf Eröffnung des Konkursverfahrens, Konkurseröffnungsantrag *m*; **to file a ~** Antrag auf Konkurseröffnung stellen, Insolvenzantrag stellen, Insolvenz/Konkurs anmelden, Konkurseröffnung beantragen; **p. for clemency** Begnadigungs-, Gnadengesuch *nt*; **~ compensation** Entschädigungsantrag *m*; **p. for composition proceedings** Vergleichsantrag *m*; **to file a ~** Vergleichsverfahren beantragen; **p. to the constitutional court** Verfassungsbeschwerde *f*; **to file a p. with the constitutional court** Verfassungsbeschwerde einlegen; **p. for an interlocutory decision** Zwischenfeststellungsklage *f*; **~ dissolution** Auflösungsklage *f*
petition for divorce (Ehe)Scheidungsantrag *m*, (Ehe)Scheidungsklage *f*, Scheidungsbegehren *nt*; **to file a ~** Scheidung einreichen
petition to cancel an entry Löschungsklage *f*; **p. for an injunction** Antrag auf Erlass einer einstweiligen Verfügung; **p. to modify a judgment** *[US]* Abänderungsklage *f*; **p. for leave to appeal** Antrag auf Zulassung der Berufung; **~ liquidation** Liquidationsantrag *m*; **p. in lunacy** Antrag auf Entmündigung, Entmündigungsantrag *m*; **p. for nullity** *(Eherecht)* Nichtigkeitsklage *f*; **~ prosecution** Antrag auf Verfolgung; **p. to institute proceedings** Eröffnungsantrag *m*; **p. for release from custody** Antrag auf Haftentlassung; **~ a referendum** Volksbegehren *nt*; **~ relief** Abhilfegesuch *nt*; **~ relief by the court** Rechtsschutzbegehren *nt*; **~ a reprieve** Antrag auf Vollstreckungsaufschub; **~ rescission of contract** Klage auf Aufhebung des Vertrags; **~ the restitution of the conjugal community** Klage auf Wiederherstellung der ehelichen Gemeinschaft; **~ review** Rechtsmittelschrift *f*; **~ revivor** *(lat.)* Antrag auf Nachprüfung; **~ an amicable settlement** Güteantrag *m*
to present a petition Gesuch einreichen; **to refuse a p.** Gesuch ablehnen; **to support a p.** Gesuch befürworten
alternative petition Eventualantrag *m*; **secondary p.** Nebenantrag *m*
petition|ary *adj* petitorisch; **p.er** *n* Antrags-, Bitt-, Gesuchsteller(in) *m/f*, Kläger(in) *m/f*, Petent *m*; **~ for a divorce** Scheidungskläger(in) *m/f*
no pets allowed Tierhaltung verboten
pettifogg|er *n* Rechtsverdreher(in) *m/f*, Rabulist *m*, Winkeladvokat *m*; **p.ing** *n* Rechtsverdrehung *f*; **p.ing** *adj* rabulistisch
petty *adj* geringfügig, leicht, Bagatell-
phase out *v/t* 1. (allmählich) abschaffen; 2. (schrittweise) einstellen
Philadelphia lawyer *[US] (coll)* Rechtsverdreher *m*
legal philosophy *n* Rechtsphilosophie *f*
cordless phone *n* schnurloses Telefon; **p. booth; p. box** Telefonzelle *f*
photo(graph) *n* Foto *nt*; **p. of a wanted person** Fahndungsfoto *nt*
phras|e *v/t* formulieren; **p.ing** *n* Formulierung *f*
physical *adj* körperlich
physician *n* Arzt *m*
picket *n* Streikposten *m*; *v/t* mit Streikposten besetzen/versperren
pick|lock *n* Dietrich *m*; **p.pocket** *n* Taschendieb(in) *m/f*, Langfinger *m (coll)*
picture *n* Bild *nt*; **distorted p.** Zerrbild *nt*; **photofit p.** Phantombild *nt*
piece *n* Stück *nt*; **p. of advice** Ratschlag *m*; **~ evidence** Beweisanzeichen *nt*, Beweisgegenstand *m*; **~ land** Grundstück *nt*, Parzelle *f*; **~ lost property** *(Fundbüro)* Fundsache *f*; **p.work** *n* Akkordarbeit *f*
pile-up *n* Massen(auffahr)unfall *m*, Massenkarambolage *f*
pilfer *v/t (coll)* entwenden, klauen *(coll)*; **p.age** *n* Bagatelldiebstahl *m*, Diebstahl/Entwendung geringwertiger Sachen; **p.-ing in transit** *n* Transportdiebstahl *m*
pillager *n* Plünderer *m*
pillory *n* Pranger *m*; *v/t* anprangern, (jdn) an den Pranger stellen
pimp *n* Zuhälter *m*; **p.ing** *n* Zuhälterei *f*
pinch *v/t (coll)* stehlen, stibitzen *(coll)*, klauen *(coll)*; **p. sth.** etw. mitgehen lassen *(coll)*

pira|cy Seeräuberei *f*, Piraterie *f*; 2. geistiger Diebstahl; **p. of an invention** Diebstahl einer Erfindung; **p.te** *n* Seeräuber *m*, Pirat *m*; *v/t* (unerlaubt) nachahmen/nachdrucken
pistol *n* Pistole *f*; **p. for blanks** Schreckschusspistole *f*
place *v/t* vermitteln
place *n* 1. Ort *m*; 2. Ortschaft *f*; **in p. of** an Stelle von; **~ p.s** stellenweise; **p. of apprehension** Ergreifungsort *m*; **~ auction** Versteigerungsort *m*; **~ business** Geschäftssitz *m*, Niederlassung *f*; **~ contracting** Abschlussort *m*; **~ custody** Verwahrungsort *m*; **~ delivery** Liefer-, Erfüllungsort *m*; **~ deposit** Hinterlegungsort *m*, Hinterlegungsstelle *f*; **~ effect** Erfolgsort *m*; **~ employment** Arbeitsstelle *f*; **~ establishment** Niederlassungsort *m*; **~ jurisdiction** Gerichtsstand *m*; **~ origin** Herkunftsort *m*; **~ payment** Zahlungs-, Erfüllungsort *m*; **~ performance** Erfüllungs-, Leistungsort *m*, Ort der Erfüllung/Leistung; **~ (the) proceedings** Verfahrensort *nt*; **~ production** Herstellungsort *m*; **~ refuge** Zufluchtsort *m*
place of residence Wohn-, Aufenthaltsort *m*; **main p. of r.** Hauptwohnsitz *m*; **usual p. of r.** gewöhnlicher Aufenthaltsort
place of restitution Rückgabeort *m*; **~ safekeeping** Aufbewahrungsort *m*; **~ service** Zustellungsort *m*; **~ storage** Lagerort *m*; **~ work** Arbeitsplatz *m*
to take so.' place an jds Stelle treten
plac|eable *adj* vermittelbar; **p.ing of an order** *n* Auftragserteilung *f*; **~ contracts by tender** Verdingung *f*
plagiari|sm *n* Diebstahl geistigen Eigentums, geistiger Diebstahl, Plagiat *nt*; **p.st** *n* Plagiator *m*; **p.ze** *v/t* plagiieren, ein Plagiat begehen
plague *v/t* drangsalieren
plain *adj* offenbar
plaintiff *n* Kläger(in) *m/f*, Klagepartei *f*; **p. entitled to legal aid** Kläger nach Armenrecht; **p. in attachment proceedings** Arrestkläger *m*
to appear as plaintiff als Kläger auftreten; **~ for the p.** für den Kläger erscheinen; **to find for the p.** zugunsten des Klägers entscheiden; **to nonsuit a p.** Kläger abweisen
chief plaintiff Hauptkläger(in) *m/f*; **female p.** Klägerin *f*; **joint p.** Mit-, Nebenkläger(in) *m/f*, Streitgenosse *m*; **nominal p.** Kläger in Prozessstandschaft; **unsuccessful p.** abgewiesene Partei; **p.'s application** Klageantrag *m*
plan *n* Plan *m*; **to go according to p.** nach Plan verlaufen
planning *n* Planung *f*; **regional p.** Raumordnung(spolitik) *f*, Regionalplanung *f*; **~ act** Raumordnungsgesetz *nt*
planning application Bauantrag *m*; **p. authority** Bau-, Planungs-, Raumordnungsbehörde *f*; **p. and building laws and regulations** Baurecht *nt*; **p. consent** Baugenehmigung *f*; **p. department** Bau-, Planungsamt *nt*; **p. law** Planungsrecht *nt*; **p. permission** Baugenehmigung *f*, Baubewilligung *f*, Bauerlaubnis *f*; **p. procedure** Planfeststellungs-, Raumordnungsverfahren *nt*; **p. regulations** Bau-, Planungsvorschriften; **p. restrictions** Baubeschränkungen
plant *n* Betrieb *m*, Fabrik *f*, Werk *nt*; **p. hire/leasing** Vermietung von Betriebsanlagen
plant (sth. on so.) *v/t* *(Beweismaterial, Drogen)* unterschieben
first-aid plaster *n* Verbandpflaster *nt*
plate-glass insurance Spiegelglasversicherung *f*
play down *v/t* verharmlosen
plea *n* 1. Fürsprache *f*; 2. Einrede *f*, Einwand *m*, Einwendung *f*; 3. Plädoyer *nt*, Vorbringen *nt*; **p. that the claim is statute-barred** Einrede der Verjährung; **p. by way of confession and avoidance** rechtsvernichtende Einwendung; **p. that the defendant is not the proper party** Einrede der mangelnden Passivlegitimation; **~ the goods are defective** Mängeleinrede *f*; **~ the plaintiff is not the proper party** Einrede der mangelnden Aktivlegitimation; **subject to a p.** einredebehaftet
plea in bar of trial prozesshindernde Einrede; **p. of demurrer** Bestreiten der Schlüssigkeit; **~ discharge** Einrede der Erfüllung; **~ diversity** Bestreiten der Identität; **~ estoppel** Einwand der unzulässigen Rechtsausübung; **~ exception** Verfahrenseinwand *m*; **dilatory ~ exception** dilatorische/rechtshemmende Einrede; **peremptory ~ exception** peremptorische/rechtsausschließende Einrede; **~ exhaustion of remedies** Erschöpfungseinrede *f*; **~ fraud** Arglisteinrede *f*, ex-

ceptio doli *(lat.)*; **p. of guilt/guilty** Schuld(ein)geständnis *nt*, Schuldanerkenntnis *f*; **to enter a ~** sich schuldig bekennen; **p. of ignorance** Bestreiten von Nichtwissen; **to put in a ~ impossibility** Unmöglichkeit der Leistung einwenden; **~ insanity** Einrede der Unzurechnungsfähigkeit, ~ der mangelnden Geschäftsfähigkeit wegen Geisteskrankheit; **~ insufficiency** Unzulänglichkeitseinrede *f*; **~ insufficient assets (in an estate)** Dürftigkeitseinrede *f*; **~ want of jurisdiction** Einrede der Unzuständigkeit

plea of lack of capacity Einrede der Unzurechnungsfähigkeit; **~ to sue and be sued** Einrede der mangelnden Prozessfähigkeit

plea in law rechtshindernde Einrede; **p. on the grounds of malice** Einrede der Arglist; **~ the merits of the claim** Einlassung zur Hauptsache; **p. of non-performance** Einrede des nicht erfüllten Vertrages; **~ not guilty** Nichtschuldigerklärung *f*; **~ nullity** Einwand/Einwendung der Nichtigkeit, (Patent)Nichtigkeitsklage *f*; **~ onerari no** *(lat.)* Bestreiten der Schuldverpflichtung; **~ pendente lite** *(lat.)* Einrede der Rechtshängigkeit; **~ privilege** Geltendmachung des Zeugnisverweigerungsrechts; **~ prior publication** Einrede der Vorveröffentlichung; **~ res judicata** *(lat.)* Einwand der Rechtskraft(wirkung); **~ retorsion** Kompensationseinrede *f*; **~ self-defence** *(StR)* Notwehr *f*; **p. on the substance of a claim** Einlassung zur Sache; **p. by way of traverse** rechtsverhindernde Einwendung

to enter a plea Einrede erheben; **to put in a p.** Einrede geltend machen

deceitful plea Prozessbetrug *m*; **dilatory p.** aufschiebende/dilatorische/verzögernde Einrede, ~ Einwendung; **improper p.** unzulässige Einrede; **jurisdictional p.** Rüge der Unzuständigkeit; **peremptory p.** absolute/peremptorische/rechtsvernichtende Einrede; **preliminary p.** Zwischenstreit *m*; **substitute p.** Hilfseinwendung *f*; **three months' p.** Dreimonatseinrede *f*; **unfounded p.** unbegründete Einrede; **vexatious p.** schikanöser Einwand

plea bargaining Absprache zwischen Anklage und Verteidigung, Rechtsgespräch *nt*

plead *v/i* 1. einlassen, vortragen, vorbringen, plädieren, geltend machen; 2. einwenden; 3. sich zur Anklage äußern; 4. *(als Anwalt)* verhandeln; **p. guilty** sich schuldig bekennen; **p. not guilty** sich für nicht schuldig erklären; **unable/unfit to p.** verhandlungsunfähig

pleading *n* 1. Einlassung *f*; 2. Vorbringen *nt*; **p. in the alternative** Hilfsantrag *m*; **p. to the charge** Einlassung *f*; **to file a p.** Schriftsatz einreichen; **alternative p.** *[US]* Hilfsantrag *m*

pleadings *pl* 1. Ausführungen, Vortrag *m*, Vorbringen *nt*; 2. (Prozess)Schriftsätze, Vorbereitung der mündlichen Verhandlung; **subsequent p.** nachträgliches Vorbringen; **written p.** Schriftsatz *m*

plebiscite *n* Volksabstimmung *f*, Volksentscheid *m*

pledge *n* 1. (Faust)Pfand *nt*, Gelöbnis *nt*, Gelübde *nt*, (feierliches) Versprechen; **p. for the debt of another person** Interzession *f*

pledge *v/ti* 1. geloben, versprechen; 2. verpfänden, versetzen; **p.able** *adj* verpfändbar; **p.d** *adj* verpfändet; **~ as security** sicherungsübereignet

pledg|ee *n* (Faust)Pfandgläubiger *m*, Pfandbesitzer *m*, Pfandhalter *m*, Pfandinhaber *m*, Pfandnehmer *m*; **p.ing** *n* Pfandbestellung *f*, Verpfändung *f*; **~ of debts** Verpfändung von Schulden; **~ of chattels** Verpfändung von beweglichen Sachen; **~ of a claim** Verpfändung einer Forderung; **p.or** *n* Pfandbesteller *m*, Pfandgeber(in) *m/f*, Pfandschuldner *m*, Verpfänder *m*

plight *n* Notlage *f*

plot *n* 1. Anschlag *m*, Komplott *nt*, Konspiration *f*, Verschwörung *f*; 2. Baugrund-, Flurstück *nt*; **p. of land** Grundstück *nt*, (Grundstücks)Parzelle *f*; **to devise a p.** Anschlag anzetteln; **to foil a p.** Komplott vereiteln; **to hatch a p.** Komplott schmieden

plot *v/i* Komplott schmieden, konspirieren; **(secret) p.ting** *n* Intrige *f*

ploy *n* Täuschungsmanöver *nt*

plunder *v/t* plündern; **p.er** *n* Plünderer *m*; **p.ing** *n* Plünderung *f*

plurality *n* Mehrheit *f*; **p. of acts** Tatmehrheit *f*; **~ claims** Mehrheit von Forderungen; **~ creditors** Mehrheit von Gläubigern, Gläubigermehrheit *f*; **~ heirs** Erbenmehrheit *f*, Mehrheit der Erben; **~ offices** Ämterhäufung *f*, Häufung von Ämtern;

~ rules Normenhäufung *f*; **~ votes** Stimmenmehrheit *f*, Mehrheit der Stimmen
to be a plus *n* *(Bewerbung)* von Vorteil sein
poach *v/i* wildern, Jagdwilderei begehen; **p.er** Wilddieb *m*, Wilderer *m*; **p.ing** *n* (Jagd)Wilderei *f*, Jagdfrevel *m*
pocket *n* Tasche *f*; **p. money** Taschengeld *nt*
point *n* Punkt *m*; **at this p. in time** zu diesem Zeitpunkt; **p. of impact** Ort des Aufpralls; **p. at issue** strittiger Punkt; **p. of law** Rechtsargument *nt*, Rechtsfrage *f*; **to appeal on a ~** Rechtsbeschwerde/Revision einlegen; **p. of order** Verfahrensfrage *f*; **on a ~ order** zur Geschäftsordnung; **~ time** Zeitpunkt *m*; **to come to the p.** zur Sache kommen
break-even point Nutz-, Rentabilitätsgrenze *f*, Nutz-, Rentabilitätsschwelle *f*; **moot p.** offene Frage
point out/to *v/prep* hinweisen auf
pointer *n* Indiz *nt*
points system for traffic offences *pl* Punktesystem *nt*
poison *n* Gift *nt*; **to administer p.** Gift beibringen
poison *v/t* vergiften; **p.ing** *n* Vergiftung *f*; **p.ous** *adj* giftig
police *n* Polizei *f*; **wanted by the p.** steckbrieflich gesucht; **to be arrested by the p.** von der Polizei festgenommen werden; **~ questioned by the p.** von der Polizei verhört/vernommen werden; **to give os. up to the p.** sich der Polizei stellen; **to help the p. with their inquiries** von der Polizei verhört/vernommen werden; **to notify the p. of a change of address** sich polizeilich ummelden; **to register with the p.** sich polizeilich anmelden; **to report so. to the p.** jdn bei der Polizei anzeigen, gegen ~ Anzeige erstatten; **to have ~ regularly to the p.** unter Polizeiaufsicht stehen
local police Ortspolizei *f*; **military p.** Feldjäger *pl*, Militärpolizei *f*; **secret p.** Geheimpolizei *f*
police action polizeiliche Maßnahme; **p. administration** Polizeiverwaltung *f*; **~ act** Polizeiverwaltungsgesetz *nt*; **p. agent** Vertrauensmann *m*; **p. authority** Ordnungs-, Polizeibehörde *f*; **p. car** Polizeifahrzeug *nt*; **unmarked ~** Zivilfahrzeug der Polizei; **p. caution** polizeiliche Verwarnung; **p. clearance** (polizeiliches) Führungszeugnis; **P. Complaints Board** *[GB]* Beschwerdeinstanz zur Untersuchung polizeilicher Vergehen; **p. constable** Polizist *m*; **p. cordon** Polizeikette *f*; **p. court** Schnellgericht *nt*; **p. custody** Polizeigewahrsam *m*, polizeilicher Gewahrsam; **p. detachment** Polizeiaufgebot *nt*; **p. district** *[US]* (Polizei)Revier *nt*; **p. dragnet search** Schleppnetzfahndung *f*; **p. escort** Geleitschutz *m*; **p. force** Polizei *f*; **p. headquarters** Polizeipräsidium *nt*; **p. informer** Polizeispitzel *m*; **p. inspector** Polizeikommissar(in) *m/f*; **p. interrogation** polizeiliche Vernehmung; **p. investigation** polizeiliche Ermittlung; **p. law** Polizeirecht *nt*
policeman *n* Polizist *m*; **p. on the beat** Streifenpolizist *m*; **plain-clothes p.** Detektiv(in) *m/f*, Zivilfahnder(in) *m/f*; **sleeping p.** *(coll)* (Fahrbahn)Schwelle *f*
police officer Polizeibeamter *m*, Polizist *m*; **auxiliary p. o.** Hilfspolizist *m*
police order Polizeianordnung *f*, Polizeiverfügung *f*, polizeiliche Verfügung; **p. ordinance** Polizeiverordnung *f*; **p. patrol** Polizeistreife *f*; **p. protection** Polizeischutz *m*; **to place under ~** unter Polizeischutz stellen; **p. raid** (Polizei)Razzia *f*; **with no p. record** unbescholten; **p. records department** Erkennungsdienst *m*; **p. regulations** Polizeiordnung *f*; **p. report** polizeiliche Meldung; **p. siren** Polizeisirene *f*, Martinshorn *nt*; **p. state** Polizeistaat *m*; **p. station** (Polizei)Revier *nt*, (Polizei)Wache *f*; **main ~** Hauptwache *f*; **p. supervision** Polizeiaufsicht *f*
policewoman *n* Polizistin *f*; **p. on the beat** Streifenpolizistin *f*
policy *n* 1. (Versicherungs)Police *f*; 2. *(Vorgehensweise)* Politik *f*; **the p. matures** die Versicherung wird fällig; **p. of wait and see** abwartende Haltung; **to cash the p.** sich die Versicherungssumme auszahlen lassen
comprehensive policy 1. Mantelpolice *f*; 2. Vollkaskoversicherung *f*; **contingent p.** Eventual-, Risikoversicherung *f*; **environment(al) p.** Umweltpolitik *f*; **legal p.** Rechtspolitik *f*; **marine p.** Seeversicherungspolice *f*; **contrary to public p.** sittenwidrig
policyholder *n* Policeninhaber *m*, Versicherungsnehmer(in) *m/f*
political *adj* politisch

politics *n* *(allgemein)* Politik *f*
poll tax *n* Kopfsteuer *f*
to go to the polls *pl* zur Wahl gehen
polling booth *n* Wahlkabine *f*; **p. card** Wahlbenachrichtigung *f*; **p. place** *[US]***/ station** *[GB]* Wahllokal *nt*
pollut|ants *pl* Schadstoffe; **p.e** *v/t* verschmutzen; **p.er** *n* Umweltverschmutzer *m*; **~ pays principle (PPP)** Verursacherprinzip *nt*; **p.ing** *adj* umweltverschmutzend
pollution *n* (Umwelt)Verschmutzung *f*, Umweltschädigung *f*, Schadstoff-, Umweltbelastung *f*; **p. of the soil** Bodenverunreinigung *f*; **~ waters** Gewässerverunreinigung *f*
coastal pollution Küstenverschmutzung *f*; **industrial p.** Umweltverschmutzung durch die Industrie; **marine p.** Meeresverschmutzung *f*
pollution control Umweltschutz *m*; **p. damage** Verschmutzungsschäden *pl*; **p. level** Verschmutzungsgrad *m*; **p. permit** Verschmutzungszertifikat *nt*
poly|gamy *n* Polygamie *f*; **p.graph** *n* Lügendetektor *m*
pool *v/t* *(Mittel)* zusammenlegen
poor *adj* arm, bedürftig, minderbemittelt
poppy *n* Mohn *m*
porch *n* Windfang *m*
pornograph|ic *adj* pornografisch; **p.y** *n* Pornografie *f*
port of embarkation *n* Einschiffungshafen *m*
portion *n* (An)Teil *m*; **p. of the inheritance** Erbanteil *m*; **compulsory p.** Pflichtteil *m*; **~ for spouses** Ehegattenpflichtteil *m*; **~ of parents** Elternpflichtteil *m*; **legal/statutory p.** Pflichtteil *m*, gesetzlicher Erbteil
pose as *v/i* sich ausgeben als
position *n* 1. Lage *f*, Position *f*; 2. Stellung *f*, Stelle *f*, Posten *m*; 3. *(Ansehen)* Stellung *f*, Rang *m*; **p. of assets and liabilities** Vermögensstand *m*; **~ authority** verantwortungsvolle Stelle; **~ trust** 1. Vertrauensstelle *f*; 2. Vertrauensstellung *f*; **to be in the p.** in der Lage sein
factual position Sachlage *f*; **fiduciary p.** Vertrauensstellung *f*; **legal p.** 1. rechtliche Stellung, Rechtsstellung *f*; 2. Rechtslage *f*; **current ~** aktuelle Rechtslage; **official p.** Dienststellung *f*
legal positivism *n* Rechtspositivismus *m*
possess *v/t* besitzen, innehaben; **p. jointly** mitbesitzen

PQ

possession *n* 1. Besitz *m*, (tatsächliche) Sachherrschaft, Innehaben *nt*; 2. Besitzgegenstand *m*, Besitztum *nt*; 3. Inbesitznahme *f*; **in (full) p. of one's faculties** im vollen Besitz seiner geistigen Kräfte; **p. for another** Fremdbesitz *m*; **p. and enjoyment** Besitz und Gebrauchsvorteile; **p. as a bailee** Fremdbesitz *m*; **p. of an estate** Nachlassbesitz *m*; **~ real estate** Grundstücksbesitz *m*; **p. in good faith** redlicher Besitz; **p. of firearms** Waffenbesitz *m*; **~ land** Landbesitz *m*; **p. as of right** Eigenbesitz *m*
to acquire possession Besitz erwerben; **to claim p.** Herausgabe verlangen; **to gain p.** Besitz erlangen; **to give p.** Besitz verschaffen; **to lose p.** Besitz verlieren; **to obtain p.** Besitz erlangen; **to recover p.** Besitz wiedererlangen; **to sue for p.** auf Räumung klagen; **to surrender p.** Besitz aufgeben; **to take p.** in Besitz nehmen, Besitz ergreifen, besetzen; **~ of something** etw. in Besitz nehmen; **to trespass on so.'s p.** jdn im Besitz stören
actual possession tatsächlicher/unmittelbarer Besitz; **adverse p.** fehlerhafter/rechtswidriger Besitz, Ersitzungsbesitz *m*; **to acquire by ~** ersitzen; **bona-fide p.** gutgläubiger/redlicher Besitz; **constructive p.** Besitzkonstitut *nt*, Besitzmittelungsverhältnis *nt*; **continuous p.** fortwährender Besitz; **derivative p.** abgeleiteter Besitz; **direct p.** unmittelbarer Besitz; **exclusive p.** ausschließlicher Besitz; **faulty p.** fehlerhafter Besitz; **fictitious p.** fiktiver/fingierter Besitz; **fiduciary p.** treuhänderischer Besitz; **indirect p.** mittelbarer Besitz; **joint p.** gemeinschaftlicher Besitz, Gemeinschafts-, Gesamthands-, Mitbesitz *m*; **lawful p.** rechtmäßiger Besitz; **leasehold p.** Pachtbesitz *m*; **legal p.** Besitz im Rechtssinn; **naked p.** Besitz ohne Rechtstitel, reiner Besitz; **proprietary p.** Eigenbesitz *m*; **sole p.** Alleinbesitz *m*; **unauthorized p.** unbefugter Besitz; **unlawful p.** rechtswidriger/unrechtmäßiger/widerrechtlicher Besitz; **vacant p.** 1. ungenutzte Immobilie; 2. *(Anzeige)* sofort beziehbar
possessions *pl* Habe *f*
possessor *n* Besitzer(in) *m/f*, Inhaber(in) *m/f*; **p. as a bailee** Fremdbesitzer(in) *m/f*; **p. of a thing** Besitzer einer Sache; **adverse p.** nicht berechtigter Besitzer; **indirect p.**

mittelbarer Besitzer; **subsequent p.** Besitznachfolger *m;* **p.'s agent** Besitzdiener *m;* **~ lien** Besitzpfand *nt;* **p.y** *adj* besitzrechtlich, possessorisch

possib|ility *n* Möglichkeit *f;* **p.le** *adj* möglich

post *v/t* 1. absenden; 2. verbuchen

post *n* 1. Post *f;* 2. Stelle *f,* Posten *m,* Stellung *f;* **established p.** Planstelle *f;* **p.date** *v/t* nachdatieren; **p.mark** *n* Poststempel *m;* **p. office** 1. Post *f;* 2. Postamt *nt;* **p.al** *adj* postalisch

poste restante *n (frz.)* postlagernd

posting *n* 1. Absendung *f;* 2. Verbuchung *f;* **p. to an account** Verbuchung auf einem Konto

post-mortem *(lat.)* **(examination)** *n* Autopsie *f,* Leichenöffnung *f,* Leichenschau *f,* Obduktion *f;* **to carry out/conduct/perform a p.-m.** Obduktion vornehmen; **~ on so.** jdn obduzieren

postpone *v/t* auf-, hinaus-, verschieben, *(Termin)* verlegen, vertagen, zurückstellen; **p. sth.** etw. auf einen späteren Termin verschieben

postponement *n* Auf-, Verschiebung *f,* Aufschub *m,* Verlegung *f,* Vertagung *f,* Zurückstellung *f;* **p. of a prison sentence** Haftaufschub *m;* **~ priority** *(Grundbuch)* Rangrücktritt *m;* **~ the trial** Verlegung der Hauptverhandlung

postulate *n* Postulat *nt; v/t* postulieren

potential *adj* potenziell

poverty *n* Armut *f,* Bedürftigkeit *f,* Not *f;* **p.-stricken** *adj* verarmt

power *n* 1. Ermächtigung *f,* Vollmacht *f;* 2. Gewalt *f;* 3. Herrschaft *f;* 4. Macht *f,* (Macht)Befugnis *f;* **p. is a law unto itself** *(prov.)* Macht geht vor Recht *(prov.)*; **p. of acceptance; p. to accept** Annahmevollmacht *f;* **p. to act** Handlungsvollmacht *f;* **p. of agency** Vertretungsmacht *f;* **limited ~** Beschränkung der Vertretungsmacht; **p. of alienation** Veräußerungsbefugnis *f;* **p. to amend** Abänderungsbefugnis *f;* **p. of appointment** Ernennungsbefugnis *f,* Ernennungsrecht *nt*

power of attorney 1. Handlungs-, Vertretungsvollmacht *f,* Vertretungsbefugnis *f;* 2. *(Schriftstück)* Vollmacht(surkunde) *f;* **p. of a. for legal proceedings** Prozessvollmacht *f;* **to furnish/produce p. of a.** Vollmacht vorlegen; **to grant p. of a.** Vollmacht ausstellen; **to revoke p. of a.** Vollmacht widerrufen

apparent power of attorney Scheinvollmacht *f;* **comprehensive p. of a.** Gesamtvollmacht *f;* **corporate p. of a.** Prokura *f;* **general p. of a.** Generalvollmacht *f;* **joint p. of a.** Kollektiv(handlungs)vollmacht *f,* Kollektivprokura *f;* **permanent p. of a.** 1. Dauervollmacht *f;* 2. *(Anwalt)* Dauermandat *nt;* **sole p. of a.** alleinige Vollmacht, Einzelvollmacht *f*

power of certification Beurkundungsbefugnis *f;* **~ collection** Einziehungsvollmacht *f;* **~ command** Befehlsbefugnis *f,* Befehlsgewalt *f;* **p. to contract** Vertragsbefugnis *f,* Vertragsschließungskompetenz *f,* Vertragsvollmacht *f;* **p. of control** 1. Dispositionsbefugnis *f;* 2. Herrschaftsgewalt *f;* **~ and disposition** Herrschafts- und Verfügungsgewalt *f;* **p. of conveyance** Auflassungsvollmacht *f;* **~ disposition** Verfügungsgewalt *f,* Verfügungsbefugnis *f,* Verfügungsberechtigung *f;* **~ entry and search** Durchsuchungsvollmacht *f;* **p.s of intervention** Eingriffsbefugnisse; **p. of investigation** Ermittlungsbefugnis *f;* **p.s of the owner** Befugnisse des Eigentümers; **to confer p. of procuration on so.** jdm Prokura erteilen; **p. to reject a remedy** Verwerfungskompetenz *f;* **p. of representation** Vertretungsbefugnis *f;* **sole ~ representation** Alleinvertretungsmacht *f;* **~ revocation** Entziehungs-, Widerrufsrecht *nt;* **p.(s) of search** Durchsuchungsbefugnis *f;* **p. to sell** Veräußerungsbefugnis *f,* Verkaufsvollmacht *f;* **p. of sentencing** Strafgewalt *f;* **p. to sign; p. of signature** Unterschriftsbefugnis *f,* Unterschrifts-, Zeichnungsvollmacht *f,* Unterschriftsberechtigung *f;* **p. to stop and frisk** *[US]*/**search** *[UK]* Anhalte- und Durchsuchungsbefugnis *f*

to confer power|(s) (on so.) Ermächtigung erteilen; **to exceed one's p.s** seine Kompetenzen überschreiten; **to exercise p.** Macht ausüben; **to hold p.** Gewalt/Macht innehaben; **to seize p.** Macht ergreifen

belligerent power kriegführende Macht; **budgetary p.s** Haushaltsbefugnisse; **catch-all p.s** umfassende Vollmachten; **commercial p.** Handelsvollmacht *f;* **decision-making p.(s)** Entscheidungsgewalt *f;* **disciplinary p.(s)** Disziplinargewalt *f,* Disziplinarbefugnis *f;* **discretionary p.(s)**

PQ

Verfügungs-, Ermessensfreiheit *f*, Ermessensbefugnis *f*, Ermessensrecht *nt*, Beurteilungsspielraum *m*; **exceeding one's ~** Ermessensüberschreitung *f*; **dispositive p.** Verfügungsbefugnis *f*, Verfügungsgewalt *f*, Verfügungsmacht *f*; **executive p.** Exekutive *f*, Exekutivgewalt *f*, ausführende/vollziehende Gewalt, Regierungsgewalt *f*; **executory p.** Vollzugsgewalt *f*; **judicial p.** rechtsprechende/ richterliche Gewalt; **legislative p.** Gesetzgebungsbefugnis *f*, gesetzgebende Gewalt; **impaired mental p.** verminderte geistige Fähigkeit; **notarial p.** notarielle Vollmacht; **occupying p.** Besatzungsmacht *f*; **official p.(s)** Amtsvollmacht *f*, Amtsbefugnis *f*, Amtsgewalt *f*; **organizational p.** Organisationsgewalt *f*; **parental p.** elterliche Gewalt; **persuasive p.** Überzeugungskraft *f*; **signatory p.** vertragschließende Macht; **sovereign p.** Hoheitsbefugnis *f*, Hoheitsgewalt *f*; **special p.(s)** Spezialvollmacht *f*, außerordentliche Vollmacht; **statutory p.(s)** gesetzliche Befugnis/Ermächtigung, Satzungsbefugnis *f*; **supervisory p.s** Kontroll-, Überwachungsbefugnisse, Aufsichtsgewalt *f*; **treaty-making p.s** *(Völkerrecht)* Kompetenz zum Abschluss von Verträgen

practicable *adj* ausführbar

practice *n* 1. Gebrauch *m*, Gepflogenheit *f*, Gewohnheit *f*; 2. Praxis *f*; **p. of religion** Religionsausübung *f*; **to put into p.** realisieren

commercial practice Geschäftspraxis *f*; **usual in ~** handelsüblich; **common p.** allgemein übliches Verfahren; **to be ~** üblich sein; **legal p.** Rechtspraxis *f*

practice directions richterliche Verfahrensrichtlinien

practices *pl* Machenschaften, Praktiken; **abusive p.** missbräuchliche Praktiken; **criminal p.** verbrecherische Machenschaften; **dishonest p.** unlauteres Geschäftsgebaren; **fraudulent p.** betrügerische Machenschaften, betrügerisches Geschäftsgebaren, unlautere Wettbewerbshandlungen; **to obtain sth. by ~** etw. durch betrügerische Machenschaften erwirken; **industrial p.** Industriepraktiken; **restrictive p.** wettbewerbsbeschränkende Maßnahmen; **sharp p.** unlautere Machenschaften; **third-party p.** verschärftes Verhör

practis|e *v/t* 1. praktizieren; 2. *(Beruf)* ausüben; **p.ing** *adj* ausübend; **~ certificate** Anwaltszulassung *f*

prayer *n* Petitum *nt*; **p. for relief** Klagebegehren *nt*

preamble *n* einleitende Bestimmungen, Präambel *f*

precatory *adj* ersuchend

precaution *n* Vorkehrung *f*, Vorsichtsmaßnahme *f*, Vorsichtsmaßregel *f*, Vorsorge *f*; **as a p.** vorsorglich; **to take p.s** Vorkehrungen treffen; **p.ary** *adj* vorbeugend, vorsorglich, Vorsichts-

precede *v/t* Vortritt haben

precedence *n* 1. Vorrang *m*, Vortritt *m*; 2. Präzedenz *f*; **p. of statute law** Vorrang des Gesetzes; **to take p.** Vorrang/Vortritt haben, vorgehen

precedent *n* Präzedenzfall *m*, einschlägige/grundsätzliche Entscheidung, Präjudiz *nt*; **to overrule a p.** sich über einen Präzedenzfall hinwegsetzen; **to set a p.** Präzedenzfall schaffen

binding precedent maßgebliche Entscheidung; **judicial p.** Präjudiz *nt*, Präzedenzfall *m*; **legal p.s** Vorentscheidungen, Rechtsprechung *f*; **persuasive p.** *[GB]* nicht verbindlicher Präzendenzfall

precept *n* 1. *(Anordnung)* Gebot *nt*; 2. Zahlungsbefehl für Kommunalsteuern

precious *adj* kostbar

preclu|de *v/t* ausschließen, präkludieren; **p.sion** Ausschließung *f*, Ausschluss *m*, Präklusion *f*

preconceived *adj* vorgefasst

precondition *n* Voraussetzung *f*, Vorbedingung *f*

precontractual *adj* vorvertraglich

precursor *n* Wegbereiter(in) *m/f*

predatory *adj* räuberisch

predecease *v/t* vorversterben; **p. so.** vor jdm sterben

predecessor *n* Vorgänger(in) *m/f*; **p. in office** Vorgänger im Amt; **~ title; legal p.** Rechtsvorgänger *m*; **p. company** Vorgesellschaft *f*

predicament *n* Not-, Zwangslage *f*

predomina|nt *adj* vorherrschend, vorwiegend; **p.te** *v/i* überwiegen, vorherrschen

pre-empt *v/t* 1. durch Vorkaufsrecht erwerben; 2. verhindern, zuvorkommen; **p.ion** *n* Vorkauf *m*; **p.or** *n* Vorkaufsberechtigte(r) *f/m*

prefer *v/t* bevorzugen

PQ

preference *n* Vorrang *m*, Prioritätsrecht *nt*; **to attach p. (to sth.)** Vorrang beilegen; **third-party p.** Drittbegünstigung *f*
preference share *[GB]* Vorzugsaktie *f*; **p. tariff** Vorzugstarif *m*
preferential *adj* bevorrechtigt, bevorzugt, Vorzugs-
preferment of a charge *n* Anklageerhebung *f*
prefinancing *n* Vorfinanzierung *f*
preferred *adj* bevorzugt
preferring a charge *n* Anklageerhebung *f*
pregnan|cy Schwangerschaft *f*; **surrogate ~** Leihschwangerschaft *f*; **p.t** *adj* schwanger
prejud|ge *v/t* präjudizieren; **p.ication** *n* Präjudiz *nt*
prejudice *n* 1. Befangenheit *f*; 2. Benachteiligung *f*, Nachteil *m*; 3. Vorentscheid *m*, Präjudiz *nt*, Rechtsnachteil *m*; 4. Schaden *m*, Schädigung *f*; 5. Voreingenommenheit *f*, Vorurteil *nt*; **without p.** ohne Obligo/Nachteil, unbeschadet; **~ to our rights** unter Wahrung unserer Rechte; **~ the rights (of)** ohne Rechtsnachteil (für); **to the p. of** zum Schaden von
legal prejudice Rechtsnachteil *m*; **racial p.** Rassenvorurteil *nt*
prejudic|e *v/t* schädigen; **p.ed** *adj* befangen, voreingenommen; **p.ial** *adj* 1. nachteilig; 2. präjudizierend, vorgreiflich
preliminar|ies (prelims) *pl* Einleitung(sformel) *f*, Präambel *f*, Präliminarien, Vorbemerkungen; **p.y** *adj* einleitend, vorläufig
premarital *adj* vorehelich
premature *adj* vorzeitig
premeditat|ed *adj* mit Vorbedacht, vorsätzlich; **p.ion** *n* Vorbedacht *m*, Vorsatz *m*
premise *n* Annahme, Voraussetzung *f*
premises *pl* Anwesen *nt*, Haus *nt (mit Nebengebäuden)*, Lokal *nt*, Räumlichkeiten; **on the p.** an Ort und Stelle; **to render p. unusable** den Mietgegenstand unbenutzbar machen
commercial/industrial premises gewerbliche Räume; **rented p.** Mieträume
premium *n* 1. Abstandssumme *f*, Agio *nt*, Auf-, Draufgeld *nt*; 2. *(Vers.)* Beitrag *m*, Prämie *f*; **annual p.** Jahresprämie *f*; **stipulated p.** Vertragsprämie *f*
premonition *n* Vorahnung *f*
prepaid (ppd) *adj* vorausbezahlt
preparation *n* Vorbereitung *f*; **p. of a case** Prozessvorbereitung *f*; **~ contract** Vertragsgestaltung *f*
prepar|e *v/t* verfassen, vorbereiten; **p.ing a war of aggression** *n* Vorbereitung eines Angriffskrieges
prepay *v/t* voraus(be)zahlen
prepayment *n* Vorausentrichtung *f*, Vorauszahlung *f*; **p. of tax** Steuervorauszahlung *f*; **adequate p.** angemessene Vorauszahlung
prerequisite *n* Vorbedingung *f*, Voraussetzung *f*; **absolute p.** unbedingte Voraussetzung; **essential p.** unabdingbare Voraussetzung
prerogative *n* Prärogativ *f*, Vorrang *m*, Vorrecht *nt*; **p. of mercy** Begnadigungs-, Gnadenrecht *nt*
presciption of a surrogate *n* Verschreibung eines Subsitutionsmittels
prescrib|able *adj* ersitzbar; **p.e** *v/t* 1. verschreiben; 2. vorschreiben, festsetzen, festlegen; 3. ersitzen; **p.d** *adj* vorgeschrieben
prescriptab|le *adj* verjährbar; **p.ility** *n* Verjährbarkeit *f*
prescription *n* 1. Ersitzung *f*, praescriptio *(lat.)*; 2. Rezept *nt*, Verschreibung *f*; 3. Verjährung *f*; **p.-only** *adj*; **obtainable only on p.** rezeptpflichtig
prescription of a bill Wechselverjährung *f*; **~ claim** Verjährung eines Anspruchs; **to acquire by p.** ersitzen; **to plead p.** sich auf Ersitzung berufen; **to write out a p.** Rezept ausstellen
dental prescription Verschreibung durch einen Zahnarzt; **extinctive p.** Versitzung *f*; **medical p.** Verschreibung durch einen Arzt; **negative p.** Versitzung *f*; **veterinary p.** Verschreibung durch einen Tierarzt; **p. charges** Rezeptgebühren
presence *n* Anwesenheit *f*; **in so.'s p.** in jds Gegenwart; **~ the p. of** im Beisein von, in Gegenwart von
present *adj* 1. anwesend; 2. derzeit, gegenwärtig; 3. vorliegend; **at p.** zurzeit; **those p.** Anwesende *pl*
present *v/t* einreichen, vorlegen
present *n* 1. Gegenwart *f*; 2. Geschenk *nt*
presentation *n* Einreichung *f*, Vorlage *f*; **p. of a claim** Anspruchserhebung *f*; **~ a document** Urkundenvorlegung *f*; **~ the evidence** Beweisführung *f*; **oral p.** Mündlichkeit *f*
presenter *n* Einreicher *m*

preservation *n* (Aufrecht)Erhaltung *f*; **p. of banking secrets** Wahrung des Bankgeheimnisses; **~ natural beauty** Naturschutz *m*; **~ evidence** Beweissicherung *f*; **~ privileged interests** Wahrnehmung berechtigter Interessen; **~ trade secrets** Wahrung von Betriebsgeheimnissen
preservation order Veränderungssperre *f*
preservatives *pl* Konservierungsstoffe
preside *v/i* präsidieren, Sitzung leiten; **p. over** Vorsitz haben, vorstehen
presid|ency *n* Vorsitz *m*; **p.ent of the court** *n* Vorsitzender des Gerichts; **p.ing** *adj (Richter)* vorsitzend
presidium *n* Präsidium *nt*
press *n* Presse *f*; **to release to the p.** der Presse mitteilen
press act Pressegesetz *nt*; **p. censorship** Pressezensur *f*; **p. law** Presserecht *nt*; **p. offence** Pressevergehen *nt*; **p. office** Pressestelle *f*; **p. privilege** Pressegeheimnis *nt*; **p. release** Presseerklärung *f*, Pressemitteilung *f*, Presseverlautbarung *f*
to exert pressure on so. *n* Zwang auf jdn ausüben; **direct p.** unmittelbarer Zwang; **indirect p.** mittelbarer Zwang; **undue p.** Nötigung *f*; **p. group** Interessengruppe *f*, Interessenverband *m*
presume *v/t* 1. mutmaßen, vermuten; 2. unterstellen; **p.d** *adj* mutmaßlich; **~ dead** verschollen
presumption *n* 1. Vermutung *f*, Annahme *f*, Mutmaßung *f*, Präsumtion *f*; 2. Unterstellung *f*
presumption of absence Abwesenheitsvermutung *f*; **~ irretrievable breakdown** *(Ehe)* Zerrüttungsvermutung *f*; **~ causation** Kausalitäts-, Verursachungsvermutung *f*; **~ copyright** Urheberrechtsvermutung *f*; **~ death** Todesvermutung *f*; **~ defect** Mängelvermutung *f*; **~ a donation** Schenkungsvermutung *f*; **~ fact** Tatsachenvermutung *f*; **~ fault** Verschuldensvermutung *f*; **~ guilt** Schuldvermutung *f*; **~ inheritance** Erbvermutung *f*; **~ innocence** Unschuldsvermutung *f*; **~ law** Rechtsvermutung *f*; **~ life** Lebensvermutung *f*; **~ a dominant market position** Marktbeherrschungsvermutung *f*; **~ ownership** Eigentumsvermutung *f*; **~ patent validity** Rechtsvermutung des aufrechten Patentbestands; **~ paternity** Vaterschaftsvermutung *f*; **~ survival** Vermutung des Überlebens, Überlebensvermutung *f*; **~ title** Eigentumsvermutung *f*; **~ validity** Gültigkeitsvermutung *f*
to rebut a presumption Vermutung widerlegen
irrebuttable/irrefutable presumption unwiderlegbare (Rechts)Vermutung; **legal p.** Rechtsvermutung *f*; **rebuttable p.** widerlegbare (Rechts)Vermutung; **statutory p.** gesetzliche Vermutung
presumptive *adj* mutmaßlich, vermutlich
presuppose *v/t* voraussetzen, zur Voraussetzung haben
pretence *n* Vortäuschen *nt*, Vortäuschung *f*, Vorspiegelung *f*; **under the p. of sth.** unter Vorspiegelung von etw.; **~ false p.s** unter falschem Vorwand, ~ Vorspiegelung/Vortäuschung falscher Tatsachen
pretend *v/t* vortäuschen, vorgeben, vorschützen, vorspiegeln; **p.er** *n* Prätendent *m*
pretext *n* Ausrede *f*, Vorwand *m*; **to serve as a p.** als Vorwand dienen
pre-trial *adj* vorprozessual
prevail *v/i* (vor)herrschen, obwalten; **p. against/over** *v/prep* obsiegen; **p.ing** *adj* (vor)herrschend
prevaricat|e *v/t* Ausflüchte machen, Wahrheit verdrehen; **p.ion** *n* 1. Parteiverrat *m*; 2. Prävarikation *f*, Rechts-, Tatsachen-, Wortverdrehung *f*; **p.or** *n* Rechts-, Wortverdreher(in) *m/f*
prevent *v/t* verhindern, vorbeugen, verhüten, vereiteln, abwenden
prevention *n* Verhinderung *f*, Vorbeugung *f*, Verhütung *f*, Vereitelung *f*, Prävention *f*, Vermeidung *f*, Unterbindung *f*; **p. of damage/loss** Schadensverhütung *f*; **~ hardship** Vermeidung von Härten; **~ punishment** Strafvereitelung *f*; **p. from work** Dienstverhinderung *f*
preventive *adj* vorbeugend, präventiv
previous *adj* früher, vorausgegangen, vorig
price *n* (Kauf)Preis *m*; **p. per item** Stückpreis *m*
all-inclusive price Pauschalpreis *m*; **excessive p.** überhöhter Preis; **extortionate p.** Wucherpreis *m*; **inclusive p.** Pauschalpreis *m*; **maximum p.** Höchstpreis *m*; **recommended p.** Richtpreis *m*; **total p.** Gesamtpreis *m*; **unjustified p.** ungerechter Preis
price cartel Preiskartell *nt*; **p. control** Preisbindung *f*; **p. fixing** Preisbindung *f*, Preisfestsetzung *f*; **p. maintenance** Preis-

PQ

bindung *f*; **p. recommendation** Preisempfehlung *f*; **p. ring** Preiskartell *nt*

pric|ed *adj (Ware)* (mit einem Preis) ausgezeichnet; **p.ing** *n* 1. Preisgestaltung *f*; 2. Preisangabe *f*; **~ offence** Preisverstoß *m*; **~ regulations** Preisvorschriften

prima facie *adj (lat.)* auf den ersten Anschein, Anscheins-

primacy *n* Primat *m*

primogeniture *n* Erstgeburtsrecht *nt*

principal *n* 1. *(StR)* Anführer *m*; 2. Bauträger *m*; 3. Besteller(in) *m/f*; 4. Dienst-, Geschäftsherr(in) *m/f*; 5. Darlehens-, Kreditbetrag *m*, Darlehenssumme *f*; 6. Kapital(betrag) *nt/m*; 7. Vertretene(r) *f/m*, Vollmachtgeber(in) *m/f*; 8. Auftraggeber(in) *m/f*, Anweisender *m*; 8. Vorgesetzte(r) *f/m*, Prinzipal *m*; **p. and accomplice(s)** Haupttäter und Mittäter; **~ agent** Vollmachtgeber(in) und -nehmer(in) *m/f*; **acting as ~** Selbstkontrahieren *nt*; **p. in the first degree** Haupttäter(in) *m/f*; **~ second degree** Mittäter(in) *m/f*

principle *n* Grundsatz *m*, Prinzip *nt*; **in p.** im Prinzip, prinzipiell; **as a matter of/ on p.** aus Prinzip, prinzipiell; **p. that administrative decisions should be definite and unambiguous** Bestimmtheitsgrundsatz *m*

principle of abuse *(Kartellrecht)* Missbrauchsprinzip *nt*; **~ asperity** Asperationsprinzip *nt*; **~ irretrievable breakdown** *[GB]***/irreconcilability** *[US] (Ehe)* Zerrüttungsprinzip *nt*; **~ cost recovery** Kostendeckungsprinzip *nt*; **~ public disclosure** Publizitätsprinzip *nt*; **~ equality** Gleichheitsgrundsatz *m*; **~ immediacy** Unmittelbarkeitsgrundsatz *m*; **~ law** Rechtsgrundsatz *m*; **established ~ law** bestehender Rechtsgrundsatz; **~ liability** Haftungsgrundsatz *m*; **~ majority rule** Mehrheitsgrundsatz *m*; **~ orality** Mündlichkeitsgrundsatz *m*, Mündlichkeitsprinzip *nt*; **~ party disposition** Dispositionsgrundsatz *m*; **~ presentation** *(Zivilprozess)* Verhandlungsgrundsatz *m*; **~ representation** Vertretungsgrundsatz *m*; **~ personality** Personalitätsprinzip *nt*; **~ priority** Prioritätsprinzip *nt*; **~ proscription** Verbotsprinzip *nt*; **~ ex officio** *(lat.)* **proceedings** Offizialmaxime *f*, Amtsprinzip *nt*

principle of discretionary prosecution Opportunitätsprinzip *nt*; **~ international prosecution** Weltrechtspflegeprinzip *nt*; **~ mandatory prosecution** Legalitätsprinzip *nt*

principle of equal treatment Gleichbehandlungsgrundsatz *m*; **~ public trial** Öffentlichkeitsgrundsatz *m*, Öffentlichkeitsprinzip *nt*; **~ territoriality** Territorialitätsprinzip *nt*; **~ unanimity** Konsensprinzip *nt*

accusatory principle Offizialmaxime *f*; **basic p.** Grundprinzip *nt*, Leitsatz *m*; **constitutional p.** Verfassungsgrundsatz *m*; **ethical p.s** moralische Grundsätze; **guiding p.** Leitsatz *m*; **legal p.** Rechtsgrundsatz *m*; **procedural p.** Verfahrensgrundsatz *m*

fine *[US]***/small** *[GB]* **print** *n* Kleingedrucktes *nt*

printed matter *n* Drucksache *f*

prior *adj* vorherig

priority *n* Vorrang *m*, Priorität *f*, Rangverhältnis *nt*; **to enter a p.** Vorrang vermerken; **to have p. (over sth.)** im Rang vorgehen

priority caution *(Grundbuch)* Rangvormerkung *f*; **p. note/notice** Rangstellenvermerkung *f*, Vormerkung *f*; **to enter a ~ in the Land Register** *[GB]* Vormerkung in das Grundbuch eintragen; **~ of conveyance** Auflassungsvormerkung *f*; **p. rating** Dringlichkeitsstufe *f*

prise *n (Seerecht)* Prise *f*

prison *n* Gefängnis *nt*, Haft-, Gefangenen-, Justizvollzugs-, Strafvollzugsanstalt *f*, Knast *m (coll)*; **p. for juvenile delinquents/offenders** Jugendstrafanstalt *f*, Jugendgefängnis *nt*

to commit so. to prison jdn in Haft nehmen; **to release so. from p.** jdn aus der Haft entlassen

high-security prison Hochsicherheitsgefängnis *nt*; **military p.** Militärgefängnis *nt*; **open p.** offener Arrest/Strafvollzug

prison authority Strafvollzugsbehörde *f*; **p. camp** Gefangenenlager *nt*; **p. cell** (Gefängnis)Zelle *f*, Haftraum *m*

prisoner *n* (Straf)Gefangene(r) *f/m*, Häftling *m*; **p. at the bar** Angeklagter, der aus der Untersuchungshaft vorgeführt wird, in Haft befindlicher Angeklagter, Häftling auf der Anklagebank; **p. for life** Lebenslängliche(r) *f/m*; **p. (released) on parole** bedingt Strafentlassener; **p. on remand** Untersuchungsgefangene(r) *f/m*;

p. awaiting trial Untersuchungsgefangene(r) *f/m*, Untersuchungshäftling *m*; **p. of war** Kriegsgefangener *m*
discharged prisoner Strafentlassene(r) *f/m*; **escaped p.** Ausbrecher *m*; **p.'s evidence/statement** Gefangenenaussage *f*
prison governor *[UK]* Gefängnisdirektor(in) *m/f*; **p. guard** Gefangenenaufseher *m*; **p. inmate** Gefangene(r) *f/m*, Gefängnisinsasse *m*, Häftling *m*; **smuggled p. message** Kassiber *m*; **p. mutiny** (Gefangenen)Meuterei *f*, Gefängnisrevolte *f*; **p. officer** (Gefängnis)Wärter(in) *m/f*; **p. regulations** Strafvollzugsordnung *f*; **p. riot** (Gefängnis)Meuterei *f*; **p. rules** Gefängnisordnung *f*
prison sentence Freiheits-, Gefängnisstrafe *f*, Vollstreckungshaft *f*; **to begin to serve a p. s.** Haft antreten; **short p. s.** kurze Freiheitsstrafe; **suspended p. s.** Haftaussetzung *f*
prison service *(Gefängnis)* Vollzugsdienst *m*; **p. staff** Gefängnispersonal *nt*; **p. term** Gefängnis-, Haftstrafe *f*; **p. warden** *[US]* Gefängnisdirektor(in) *m/f*; **p. warder** Gefängnisaufseher(in) *m/f*, Gefängniswärter(in) *m/f*
privacy *n* Privats-, Intimsphäre *f*; **p. of correspondence** Korrespondenzgeheimnis *nt*; **to invade so.'s p.** in jds Privatsphäre eindringen; **P. Act** *[US]* Datenschutzgesetz *nt*
private *adj* persönlich, privat; **p. and confidential** vertraulich; **p-law** *adj* privatrechtlich; **p.ly** *adv* unter der Hand
privatiz|ation *n* Privatisierung *f*; **p.e** *v/t* privatisieren
privilege *n* 1. Bevorrechtigung *f*, Vorrecht *nt*; 2. Dringlichkeitsfolge *f*; 3. Immunität *f*; 4. Privileg *nt*; 5. *(Sonderrecht)* Vergünstigung *f*; **p.s, exemptions and immunities** Vorrechte, Befreiungen und Immunitätsrechte; **p. of non-disclosure** Auskunftsverweigerungsrecht *nt*; **p. by reason of occasion** *[US]* Wahrnehmung berechtigter Interessen; **p. of self-defence** Notwehr *f*
to grant a privilege Privileg gewähren; **~ so. a p.** jdm ein Vorrecht einräumen; **to waive a p.** auf ein Vorrecht verzichten; **~ one's p.** auf sein Zeugnisverweigerungsrecht verzichten
absolute privilege absoluter Rechtfertigungsgrund; **diplomatic p.** diplomatische Immunität; **judicial p.** Richterprivileg *nt*; **parliamentary p.** Abgeordnetenimmunität *f*; **postal p.** Postprivileg *nt*; **professional p.** berufliches Aussageverweigerungsrecht; **special p.** Sonderrecht *nt*
privilege *v/t* privilegieren, bevorrechtigen; **p.d** *adj* 1. bevorrechtigt; 2. bevorzugt; unter die Immunität fallend; **to be ~ from testifying** Zeugnisverweigerungsrecht haben
privity *n* 1. vertragliches Rechtsverhältnis, gemeinsame Interessenbeziehung; 2. Mitwissen *nt*, Mitwisserschaft *f*; **p. of contract** Vertragsprinzip *nt*, Rechtsbeziehung *f*
privy (person) *n* Mitwisser(in) *m/f*; **P. Council (PC)** *[GB]* Kronrat *m*; **p. councillor** Geheimrat *m*, Geheimrätin *f*
prize *n* 1. *(Belohnung)* Preis *m*; 2. Prise *f*; **to promise as a p.** ausloben
pro rata *adj* *(lat.)* anteilig, verhältnismäßig, proportional, pro rata
probab|ility *n* Wahrscheinlichkeit *f*; **in all p.** aller Wahrscheinlichkeit nach, mit an Sicherheit grenzender Wahrscheinlichkeit, allem Anschein nach; **p.le** *adj* wahrscheinlich
probate *n* 1. Erbschaftssache *f*; 2. Erbschein *m*; 3. Eröffnung des Testaments durch das Nachlassgericht, (formelle) Testamentsbestätigung; **p. case** Erbschafts-, Nachlass-, Testamentssache *f*; **p. court** Nachlassgericht *nt*; **p. judge** Nachlassrichter *m*; **p. law** Nachlass-, Testamentsrecht *nt*; **p. matters** Erbschaftssachen *(z.B. Anfechtung des Testaments)*; **p. proceedings** 1. Nachlassverfahren *nt*; 2. Eröffnungsprotokoll *nt*; **contentious ~** streitige Testamentssachen; **principal p. registry** *[GB]* Nachlassgericht *nt*
probation *n* (Strafaussetzung zur) Bewährung; **to put on p.** unter Bewährung stellen; **to release on p.** auf Bewährung entlassen
probation officer *[GB]* Bewährungshelfer *m*; **p. period** Probezeit *f*; **p. service** Bewährungshilfe *f*
probationer *n* auf Bewährung Entlassene(r), Proband(in) *m/f*
probative *adj* beweiskräftig
problem *n* 1. Frage *f*; 2. Problem *nt*; **legal p.** juristisches Problem
procedural *adj* verfahrensmäßig, formell, prozessual, Verfahrens-

PQ

procedure *n* Verfahren *nt*, Verfahrensweise *f*, Verfahrensablauf *m*, Verfahrensweg *m*, Prozedur *f*, Prozess *m*; **p. for taking evidence** Beweisaufnahmeverfahren *nt*, Verfahren der Beweisaufnahme; **~ the preservation of evidence** Beweissicherungsverfahren *nt*

adhesive procedure Adhäsionsverfahren *nt*; **administrative p.** Verwaltungsverfahren *nt*; **appellate p.** Berufungs-, Rechtsbeschwerde-, Rechtsmittel-, Widerspruchsverfahren *nt*, Rechtsmittelweg *m*; **civil p.** Zivilprozess *m*, Zivil(rechts)verfahren *nt*; **~ agreement** Übereinkommen über den Zivilprozess; **contracting p.** Vertragschließungsverfahren *nt*; **criminal p.** Strafprozess *m*, Strafverfahren *nt*; **electoral p.** Wahlverfahren *nt*; **evidentiary p.** Beweisermittlungsverfahren *nt*; **inquisitorial p.** Inquisitionsverfahren *nt*, inquisitorisches Verfahren, Gerichtsverfahren *nt*; **legal p.** Rechtsverfahren *nt*; **by ~** auf dem Rechtsweg; **legislative p.** Gesetzgebungsverfahren *nt*; **oral p.** mündliches Verfahren; **standard p.** Normalverfahren *nt*; **summary p.** Dringlichkeitsverfahren *nt*; **written p.** schriftliches Verfahren

proceed *v/i* 1. verfahren; 2. klagen, Klage/Prozess anstrengen, Verfahren betreiben, vorgehen; **p. against** verklagen; **~ so.** gegen jdn gerichtlich vorgehen; **p. cautiously** vorsichtig operieren; **p. to (doing) sth.** zu etw. übergehen

proceeding *n [US]* 1. Vorgang *m*; 2. Prozess *m*, Gerichtsverhandlung *f*, Verfahren *nt*

proceedings *pl [GB]* 1. Prozess *m*, Gerichtsverhandlung *f*, Verfahren *nt*; 2. Sitzungsverlauf *m*; 3. Prozessakten; **p. in the absence of the defendant; p. against an absentee** Kontumazial-, Abwesenheitsverfahren *nt*; **p. on appeal** Berufungs-, Rechtsmittel-, Revisionsverfahren *nt*; **~ appeal on points of law** Rechtsbeschwerdeverfahren *nt*; **p. in bankruptcy** Konkursverfahren *nt*; **~ a juvenile court** Jugendstrafverfahren *nt*; **p. for fines** Bußgeldverfahren *nt*; **~ the preservation of evidence** Beweissicherungsverfahren *nt*

to continue proceedings Verfahren fortsetzen; **to expedite p.** Verfahren beschleunigen; **to institute p. against so.** Verfahren gegen jdn einleiten; **to interrupt p.** Verfahren unterbrechen; **to open p.** Verfahren eröffnen; **to quash p.** Verfahren einstellen/niederschlagen, Strafverfolgung niederschlagen; **to stay/suspend p.** Verfahren/Verhandlung aussetzen

accelerated proceedings beschleunigtes Verfahren; **adhesive p.** Adhäsionsverfahren *nt*; **administrative p.** Verwaltungsverfahren *nt*; **ancillary p.** Nachverfahren *nt*, Folgesachen *pl*; **antitrust p.** Kartellverfahren *nt*; **appellate p.** Anfechtungs-, Berufungs-, Rechtsmittel-, Revisionsverfahren *nt*; **civil p.** Zivilprozess *m*, Zivilverfahren *nt*, Privatklageverfahren *nt*; **coercive c.** Zwangsverfahren *nt*; **collateral p.** Nebenverfahren *nt (außerhalb der Streitverhandlung)*; **compulsory p.** Zwangsverfahren *nt*; **conciliatory p.** Güteverfahren *nt*; **contentious p.** Erkenntnis-, Streitverfahren *nt*, kontradiktorisches Verfahren; **costly p.** kostspieliges Verfahren

criminal proceedings Strafprozess *m*, Strafverfahren *nt*, strafrechtliches Verfahren; **pending c. p.** anhängiges Strafverfahren; **to institute c. p.** Strafantrag stellen, Strafverfahren einleiten; **c. p. for tax offences** Steuerstrafverfahren *nt*

declaratory proceedings Feststellungsstreit *m*, Feststellungsverfahren *nt*; **disciplinary p.** Dienstaufsichts-, Disziplinarverfahren *nt*; **to institute ~** Disziplinarverfahren einleiten; **executory p.** Vollstreckbarkeitsverfahren *nt*; **in rem** *(lat.)* **p.** objektives Verfahren; **inquisitional p.** inquisitorisches Verfahren, Inquisitionsverfahren *nt*; **interlocutory p.** Neben-, Vor-, Zwischenverfahren *nt*; **inter-se** *(lat.)* **p.** Insichprozess *m*; **investigative p.** Ermittlungs-, Untersuchungsverfahren *nt*; **irregular p.** fehlerhaftes Verfahren; **judicial p.** Gerichtsverfahren *nt*

legal proceedings Gerichtsverfahren *nt*, Prozess *m*, Rechtsgang *m*; **to be immune from l. p.** Immunität gegen gerichtliche Verfolgung genießen; **to institute l. p.** Prozess anstrengen/einleiten, Klage anstrengen/erheben, klagen, prozessieren, Verfahren anstrengen/einleiten, verklagen

lengthy proceedings langwieriges Verfahren; **litigious p.** streitiges Verfahren; **main p.** Hauptverfahren *nt*; **marital p.** Verfahren in Ehesachen; **multi-stage p.**

Stufenklage *f*; **non-contentious p.** nichtstreitiges Verfahren; **oral p.** mündliche Verhandlung; **penal p.** Strafverfahren *nt*; **pending p.** schwebendes Verfahren; **preliminary p.** Ermittlungs-, Vorverfahren *nt*, Voruntersuchung *f*, Vorverhandlung *f*; **private-law p.** Privat(klage)verfahren *nt*; **probate p.** Erbscheinverfahren *nt*; **special p.** Sonderverfahren *nt*; **subsequent p.** Anschlussverfahren *nt*

summary proceedings abgekürztes/beschleunigtes/kurzes/summarisches Verfahren, Eil-, Schnell-, Bußgeldverfahren *nt*

supplementary proceedings Anhänge-, Offenbarungsverfahren *nt*; **written p.** 1. schriftliches Verfahren; 2. *(Gerichtsverhandlung)* Sitzungsbericht *m*

proceeds *pl* Erlös *m*, Ertrag *m*; **p. of an auction** Versteigerungserlös *m*; **p. resulting from depreciation** Abschreibungserlös(e) *m/f*; **p. of the sale** (Veräußerungs)-Erlös *m*; **gross p.** Bruttoerlös *m*; **net p.** Netto-, Real-, Reinerlös *m*

process *n* Prozedur *f*; **due p.** Rechtsstaatlichkeit *f*; **~ of law** vorgeschriebener Rechtsweg, ordnungsmäßiges/rechtsstaatliches Verfahren; **by ~ of law** in einem ordentlichen Rechtsverfahren

decision-making process Entscheidungsfindung *f*; **judicial ~** Rechtsweg *m*, richterliche Entscheidungsfindung; **executory p.** Vollstreckungsverfahren *nt*; **legal p.** Rechtsweg *m*; **due ~** Rechtsweg *m*, rechtsstaatliches Verfahren

PQ

process *v/t* verarbeiten

process application *(Patentrecht)* Verfahrensanmeldung *f*; **p. licence** Verfahrenslizenz *f*; **p. server** Zustellung einer gerichtlichen Verfügung

processing *n* Verarbeitung *f*; **p. instructions** Verarbeitungsvorschriften; **p. permit** Weiterverarbeitungsbefugnis *f*

proclaim *v/t* ausrufen, proklamieren, verkünden

proclamation *n* Aufruf *m*, Ausrufung *f*, Proklamation *f*, Verkünd(ig)ung *f*

procrastin|ate *v/t* *(Prozess)* verschleppen; **p.ation** *n* Verschleppung *f*

proctor *n* Prokurator *m*

procuration *n* 1. Vollmacht(serteilung) *f*, Prokura *f*; 2. Zuhälterei *f*, Kuppelei *f*, Verkuppelung *f*; **p. endorsement** Vollmachtsindossament *nt*

procurator *n* Prokurator *m*; **P. Fiscal** *[Scot.]* 1. Staatsanwalt *m*; 2. Staatsanwaltschaft *f*

procure *v/t* 1. be-, verschaffen, besorgen; 2. Kuppelei betreiben, verkuppeln; **p. sth. for so.** jdm etw. verschaffen

procurement *n* Be-, Verschaffung *f*, Besorgung *f*; **p. contract** Beschaffungsvertrag *m*; **p. of goods** Bezug von Sachen; **p. risk** Beschaffungsrisiko *nt*

procur|er *n* Zuhälter *m*, Kuppler *m*; **p.ess** Zuhälterin *f*, Kupplerin *f*; **p.ing** *n* Kuppelei *f*; **~ (of) forged (official) documents** Verschaffen von falschen (amtlichen) Ausweisen

produce *v/t* 1. beibringen, vorlegen, vorzeigen; 2. erzeugen, fertigen, herstellen, produzieren

produce of the soil *n* Bodenerzeugnis *nt*, Bodenfrüchte *pl*; **p.d** *adj* hergestellt; **p.r** *n* Erzeuger(in) *m/f*, Hersteller(in) *m/f*, Produzent *m*; **~'s liability** Produzentenhaftung *f*

product *n* Erzeugnis *nt*, Fabrikat *nt*, Produkt *nt*, Ware *f*; **p.s and services** Waren und Dienstleistungen

competing product Konkurrenzerzeugnis *nt*; **defective/faulty p.** mangelhaftes Produkt; **high-grade p.** Qualitätsprodukt *nt*; **indigenous p.** einheimisches Erzeugnis

product defects Produktmängel *pl*

production *n* 1. Beibringung *f*, Vorlage *f*, Vorlegung *f*; 2. *(Gericht)* Vorführung *f*; 3. Erstellung *f*, Erzeugung *f*, Herstellung *f*, Fertigung *f*, Gewinnung *f*, Herstellen *nt*; **on p. of** bei Vorlage von

production of a document Urkundenvorlage *f*; **~ counterfeit money** Herstellung von Falschgeld; **~ the deed** Vorlegung der Urkunde; **~ evidence** Vorlegung von Beweismitteln; **~ fresh evidence** Vorbringen neuer Beweise; **~ the letter** Vorlegung des Briefes; **~ minerals** Gewinnung von Bodenschätzen; **~ proof** Erbringen des Nachweises; **~ a witness** Zeugenvorführung *f*

production contract Herstellungsvertrag *m*; **p. cost(s)** Gestehungs-, Gewinnungs-, Herstellungskosten

product liability Hersteller-, Produkt-, Produzentenhaftung *f*; **p. l. act** Produkthaftungsgesetz *nt*; **p. l. action/suit** Produkthaftungsklage *f*; **p. l. case** Produkthaftungsfall *m*; **p. l. insurance** Versicherung für Produzentenhaftung

product piracy Produktpiraterie *f*

profanation *n* Entweihung *f*; **p. of a church** Kirchenschändung *f*
profane *v/t* entweihen
profession *n* (akademischer) Beruf; **legal p.** 1. Anwaltsberuf *m*; 2. Anwaltsstand *m*; **the ~** (Rechts)Anwaltschaft *f*; **regular p.** Hauptberuf *m*
professional *adj* beruflich, gewerbsmäßig
profit *n* 1. Gewinn *m*, Ertrag *m*, Erlös *m*, Ergebnis *nt*; 2. Nutzen *m*; **p. for the year** Jahresgewinn *m*; **p. and loss account** Gewinn- und Verlustrechnung (GuV) *f*; **p. à prendre** *(frz.)* Nutzungsrecht an fremdem Grundstück
to make a profit Gewinn erzielen; **to yield a p.** Gewinn abwerfen
annual profit|(s) Jahresgewinn *m*; **corporate p.(s)** *[US]* Gesellschafts-, Unternehmensgewinn *m*; **declared p.** ausgewiesener Gewinn; **distributed p.** ausgeschütteter Gewinn; **fictitious p.** Scheingewinn *m*; **illicit p.s** unerlaubter Gewinn; **net p.** Reinertrag *m*, Reingewinn *m*; **personal p.** Eigennutz *m*; **usurious p.** wucherischer Gewinn
profit appropriation(s) Gewinnverwendung *f*; **statutory p. a.** gesetzliche Gewinnverwendung
profit distribution Gewinnausschüttung *f*, Gewinnverteilung *f*; **p.-making** *adj* gewinnbringend; *n* Gewinnerzielung *f*; **p. margin** Gewinnspanne *f*, Gewinnmarge *f*; **p. motive** Gewinnerzielungsabsicht *f*; **p.-related** *adj* gewinnbezogen; **p. share** Gewinnanteil *m*; **p.-sharing** Gewinnbeteiligung *f*, Beteiligung am Gewinn; *adj* gewinnbeteiligt; **p. transfer** Gewinnabführung *f*; **~ agreement** Gewinnabführungsvertrag *m*
profitab|ility Rentabilität *f*; **p.le** einträglich, ertragreich, nutzbringend, rentabel
profiteering *n* (Preis)Wucher *m*
prognosis *n* Prognose *f*
prohibit *v/t* verbieten, untersagen; **p. so. from doing sth.** jdm etw. untersagen; **p.ed** *adj* verboten
prohibition *n* Verbot *nt*, Untersagung *f*; **p. per se** *(lat.)* Verbotsprinzip *nt*; **p. of excessive (re)action** Übermaßverbot *nt*; **p. to worsen the appellant's position** Verschlechterungsverbot *nt*; **p. of assembly** Versammlungsverbot *nt*; **~ censorship** Zensurverbot *nt*; **~ competition** Konkurrenz-, Wettbewerbsverbot *nt*; **statutory ~ competition** gesetzliches Wettbewerbsverbot; **~ arbitrary decision-making** Willkürverbot *nt*; **~ dismissal** Kündigungsverbot *nt*; **p. to donate** Schenkungsverbot *nt*; **p. of driving on Sunday** Sonntagsfahrverbot *nt*; **~ employment** Arbeitsverbot *nt*; **~ prior encumbrance** *(Grundstück)* Vorbelastungsverbot *f*; **p. to carry firearms** Waffen(tragungs)-verbot *nt*; **p. of double jeopardy** *[US]* Doppelverfolgungsverbot *nt*, Strafklageverbot *nt*; **p. of market abuse** Marktmissbrauchsverbot *nt*; **~ merger** Fusionsverbot *nt*; **~ overtaking** Überholverbot *nt*; **~ payment** Zahlungsverbot *nt*; **p. to practise** Berufsverbot *nt*; **p. of restraints of trade** Kartellverbot *nt*; **~ restrictive practices** Missbrauchsverbot *nt*; **p. to enter licensed premises** Gaststättenverbot *nt*; **p. to sell** Markt-, Veräußerungsverbot *nt*, Veräußerungssperre *f*; **~ set off** Aufrechnungsverbot *nt*; **p. of strikes** Streikverbot *nt*; **~ Sunday work(ing)** Sonntagsarbeitsverbot *nt*; **~ wearing a uniform** Uniformverbot *nt*
to violate a prohibition gegen ein Verbot verstoßen; **statutory p.** gesetzliches Verbot; **p. act** Verbotsgesetz *nt*
prohibitive *adj* negatorisch
project *v/t* herausragen, überstehen
project *n* 1. Vorhaben *nt*, Projekt *nt*; 2. *[US]* Sozialwohnung *f*; **p. approval** Planfeststellung *f*
prolong *v/t* 1. verlängern, prolongieren; 2. verzögern, verschleppen; **p.ation** *n* Verlängerung *f*, Prolongation *f*; **~ of (a) contract** Vertragsverlängerung *f*; **~ payment** Stundung *f*
promise *v/t* versprechen, geloben, zusagen; *n* Versprechen *nt*, Zusage *f*, Zusicherung *f*, Gelöbnis *nt*; **p. to deliver** Lieferzusage *f*; **~ make a gift** Schenkungsversprechen *nt*; **p. of a loan; p. to grant a loan** Darlehenszusage *f*, Darlehensversprechen *nt*; **p. of marriage** Eheversprechen *nt*; **p. to pay** Schuld-, Zahlungsversprechen *nt*; **abstract ~ pay** abstraktes Zahlungsversprechen; **~ render performance** Leistungsversprechen *nt*; **(public) p. of a reward** Auslobung *f*
binding promise bindendes Versprechen; **gratuitous p.** Versprechen ohne Verpflichtung; **unconditional p.** unbedingtes Versprechen

PQ

promis|ee *n* Versprechensempfänger(in) *m/f*; **p.or** *n* Versprechender *m*
promot|e *v/t* *(Position)* befördern; **p.er** *n* Gründer *m*; **~s' meeting** Gründungsversammlung *f*; **p.ion** *n* Beförderung *f*
prompt *adj* unverzüglich
promulgate *v/t* *(Gesetz)* verkünden, bekannt machen, veröffentlichen, promulgieren
promulgation *n* *(Gesetz)* Verkünd(ig)ung *f*, Bekanntmachung *f*, Veröffentlichung *f*; **p. of a law** Gesetzesverkündung *f*, Verkünd(ig)ung eines Gesetzes
prone *adj* anfällig; **to be p. to** neigen zu
pronounce *v/t* *(Urteil)* fällen, verkünden; **p. so. dead** jds Tod feststellen; **~ guilty** jdn schuldig sprechen
pronouncement Verkünd(ig)ung *f*, Erklärung *f*; **p. of a judgment** Urteilsverkünd(ig)ung *f*; **~ sentence** *(StR)* Urteilsverkündung *f*
pronouncing a judgment/sentence *n* Verkünd(ig)ung eines Urteils, Urteilsverkündung *f*
proof *n* Aus-, Be-, Nachweis *m*, Beleg *m*, Beweismittel *nt*; **as p. of** zum Nachweis von; **in the absence of p.** mangels Beweises; **~ to the contrary** bis zum Beweis des Gegenteils; **failing p.** mangels Beweises; **satisfactory p. has been furnished** der Nachweis ist einwandfrei erbracht
proof of authenticity Echtheitsbeweis *m*, Nachweis der Echtheit; **p. in bankruptcy** Nachweis einer Konkursforderung; **p. of (a) claim** *(Vers.)* Anspruchsbegründung *f*, Forderungsnachweis *m*; **p. to the contrary** Gegenbeweis *m*; **p. of damage** Schadensnachweis *m*; **~ death** Nachweis des Todes, Todesbeweis *m*, Todesnachweis *m*; **to lodge (a) ~ debt (in bankruptcy)** Konkursforderung anmelden; **~ fault** Verschuldensbeweis *m*; **~ guilt** Schuldbeweis *m*; **~ identity** Identitätsnachweis *m*, Ausweis *m*, Legitimierung *f*; **to show ~ identity** sich legitimieren; **p. of inheritance** Erbnachweis *m*; **~ likelihood** Wahrscheinlichkeitsbeweis *m*; **~ loss** Schadens-, Verlustnachweis *m*; **~ need** Nachweis der Bedürftigkeit; **~ novelty** Neuheitsbeweis *m*; **~ origin** Herkunftsnachweis *m*; **~ ownership** Eigentumsnachweis *m*; **~ paternity** Vaterschaftsnachweis *m*; **~ payment** Leistungs-, Zahlungsnachweis *m*; **~ possession** Besitznachweis *m*; **~ qualification** Qualifikationsnachweis *m*; **~ a right** Nachweis eines Rechts; **~ service** Zustellungsnachweis *m*; **~ the truth (of the alleged facts)** Wahrheitsbeweis *m*; **~ title** Nachweis des Eigentums(rechts), Feststellung des Rechtsanspruchs; **p. in writing** schriftlicher Beweis
to adduce proof Beweis anführen; **to furnish p.** Beweis antreten/erbringen, nachweisen; **to require p.** Nachweis benötigen; **to supply p.** Beweis liefern; **preliminary p.** Glaubhaftmachung *f*; **written p.** Urkundenbeweis *m*
proof positive eindeutiger Beweis
propensity *n* Hang *m*, Neigung *f*
proper *adj* 1. angebracht, angemessen, gebührend, gehörig; 2. eigentlich; 3. ordnungs-, sachgemäß
property *n* 1. Anwesen *nt*, Grundbesitz(ung) *m/f*, Grundeigentum *nt*, Grundstück *nt*, Immobilie *f*, Objekt *nt*; 2. Eigentum *nt*, Besitz *m*, Besitztum *nt*, Habe *f*; 3. Eigenschaft *f*; 4. Vermögen *nt*, Vermögensbesitz *m*; 5. Hab und Gut *nt*; **p. in abeyance** herrenloses Grundstück; **p. of another** fremdes Grundstück; **p. as security** Sicherungsgut *nt*; **p. encumbered with a usufruct** mit einem Nießbrauch belastetes Vermögen
to administrate a property Vermögen verwalten; **to assign p.** Eigentum abtreten; **to convey a p.** Grundstück auflassen; **to disencumber a p.** Grundstück freigeben; **to dispose of/sell p.** Eigentum veräußern; **to encumber a p.** Grundstück belasten; **to join properties** Grundstücke vereinigen; **to own p.** Immobilie(n) besitzen; **to seize p.** Vermögen beschlagnahmen; **to transfer a p.** Grundstück übereignen
adjacent/adjoining property angrenzendes Grundstück, Nachbargrundstück *nt*; **agricultural p.** landwirtschaftlich genutztes Anwesen; **attached p.** beschlagnahmte Sache; **common p.** Gemein-, Gesamtgut *nt*; **communal p.** gemeinschaftliches Eigentum; **derelict p.** herrenloses Gut, herrenlose Sache; **enclosed p.** be-/eingefriedetes Grundstück; **encumbered p.** belastetes Eigentum/Grundstück; **immovable p.** Immobilie *f*, unbewegliche Sache; **inalienable p.** unveräußerliche Sache; **inheritable p.** vererbliches Ver-

PQ

mögen; **inherited p.** Erbgut *nt*; **intellectual p.** geistiges Eigentum; **~ right** geistiges Eigentumsrecht; **joint p.** Gesamtgut *nt*, gemeinschaftliches Vermögen; **landed p.** Grundvermögen *nt*, Landbesitz *m*; **leased p.** 1. Miet-, Pachtgegenstand *m*, Mietsache *f*; 2. Pachtgrundstück *nt*; **joint marital p.** Gesamtgut *nt*, Gütergemeinschaft *f*

matrimonial property agreement Güterrechtsvereinbarung *f*, Ehevertrag *m*; **~ regime** vertragliches Güterrecht, (ehelicher/gesetzlicher) Güterstand; **~ register** Güterrechtsregister *nt*; **~ relation** Güterrechtsverhältnis *nt*

mortgageable property hypothekarisch belastbares Grundstück; **mortgaged p.** hypothekarisch belastetes Grundstück, Sicherungsgut *nt*; **municipal p.** Gemeindeeigentum *nt*; **neighbouring p.** Nachbargrundstück *nt*; **owner-occupied p.** eigengenutztes Grundstück; **personal p.** persönliches Eigentum, Eigentum an beweglichen Sachen, Fahrnis *f*, bewegliche Habe, Mobiliarvermögen *nt*; **private p.** *(Objekt)* Privateigentum *nt*, Privatbesitz *m*; **public p.** öffentliches Eigentum, Eigentum der öffentlichen Hand, öffentliches Gut, Gemeingut *nt*, Volkseigentum *nt*; **real p.** Immobilie(n) *f/pl*, Liegenschaft *f*; **adjoining ~** Anliegergrundstück *nt*; **rented p.** Mietgegenstand *m*; **residential p.** 1. Wohngrundstück *nt*; 2. Wohn(ungs)eigentum *nt*; **~ act** Wohnungseigentumsgesetz (WEG) *nt*; **separate p.** *(Gütergemeinschaft)* Sondergut *nt*; **sequestrated p.** Sequestervermögen *nt*; **situated p.** belegene Sache; **stolen p.** Diebesgut *nt*; **third-party p.** fremdes Eigentum, fremde Sache; **unencumbered p.** lastenfreies Eigentum

property crime 1. Eigentumsdelikt *nt*; 2. Eigentumskriminalität *f*; **p. curatorship** Güterpflegschaft *f*; **p. damage** Sachbeschädigung *f*, Beschädigung von Sachen, Immobiliar-, Sach-, Vermögensschaden *m*; **p. dispute** Eigentumsstreitigkeit *f*; **p. law** Grundbuch-, Grundstücks-, Güterrecht *nt*; **intellectual ~** Immaterialgüterrecht *nt*; **p. levy** Vermögensabgabe *f*; **p. management** Hausverwaltung *f*; **p. manager** Hausverwalter *m*; **p. offence** Eigentums-, Vermögensdelikt *nt*; **p. owner** Grund-, Gebäudebesitzer(in) *m/f*, Grund(stücks)eigentümer(in) *m/f*; **~'s liability** Gebäudehaftung *f*; **p. ownership** Sach-, Gebäudeeigentum *nt*, Grundstückseigentum *nt*; **p. right** dingliches Recht; **intangible ~** immaterielles Güterrecht, Immaterialgüterrecht *nt*; **p. suit** Grundstücksklage *f*; **p. tax** Grund-, Besitzsteuer *f*; **personal ~** Vermögenssteuer *f*; **p. transaction** Grundstücksgeschäft *nt*; **p. transaction** Grundstücksgeschäft *nt*; **p. value** Grundstücks-, Kataster-, Vermögenswert *m*

proponent *n* Antragsteller(in) *m/f*

proportion *n* Verhältnis *nt*, Quote *f*; **p.al** *adj* proportional; **p.ate** *adj* verhältnismäßig, proportional

proposal *n* 1. Angebot *nt*, Vorschlag *m*; 2. Antrag *m*; 3. Heiratsantrag *m*; **p. document** Angebotsschreiben *nt*; **p. form** Versicherungsantrag *m*

propose *v/t* vorschlagen; **p.r** *n* Proponent *m*

proposition *n* Prozessbehauptung *f*

proprietary *adj* *(Marke)* (gesetzlich) geschützt

proprietor *n* Eigentümer *m*, Eigner *m*, Inhaber(in) *m/f*, Besitzer(in) *m/f*; **p. of a trademark** Inhaber eines Warenzeichens; **landed p.** Grundeigentümer *m*; **registered p.** eingetragener Inhaber; **sole p.** Alleineigentümer(in) *m/f*

proprietorship *n* Eigentumsrecht an Grundbesitz, Rechtsinhaberschaft *nt*; **single p.** Einzelfirma *f*

proprietress *n* Eigentümerin *f*

propriety *n* 1. Anstand *m*; 2. Ordnungsgemäßheit *f*

proprio motu *adv* *(lat.)* auf eigenen Antrag

prorate (among) *v/t* umlegen (auf)

prorogation *n* Prorogation *f*; **p. of the court** prorogatio fori *(lat.)*; **~ jurisdiction** Prorogation *f*

proscri|be *v/t* ächten, verbieten; **p.ption** *n* Ächtung *f*, Verbot *nt*, Proskription *f*; **~ of a party** Parteiverbot *nt*

prosecutable *adj* strafbar

prosecute *v/t* anklagen, (gerichtlich/strafrechtlich) verfolgen

prosecution *n* 1. Anklage *f*, Belangung *f*; 2. Staatsanwaltschaft *f*; 3. Strafverfahren *nt*, (Straf)Verfolgung *f*; 4. Rechtsverfolgung *f*; **exempt from p.** unverfolgbar; **liable/subject to p.** straf-, verfolgbar; **not ~** straffrei

prosecution of an action Rechtsverfolgung *f*; **~ a claim** Rechtsdurchsetzung *f*;

~ human rights abuses Verfolgung von Menschenrechtsverletzungen; **p. in the public interest** Strafverfolgung von Amts wegen

to authorize prosecution Strafverfolgung veranlassen; **to discontinue/drop the p.** Strafverfolgung einstellen

accessory prosecution Nebenklage *f*; **criminal p.** strafrechtliche Verfolgung; **to be immune from ~** *(Kronzeuge)* straffrei bleiben; **discretionary p.** Opportunitätsprinzip *nt*; **discriminating p.** diskriminierende Strafverfolgung; **private p.** *(Strafverfahren)* Privatklage *f*; **to bring a ~** Privatklage erheben; **public p.** Offizialklage *f*

federal prosecution department Bundesanwaltschaft *f*; **p.'s report on criminal appeal** Übersendungsbericht *m*; **p. service** Staatsanwaltschaft *f*, Anklage-, Strafverfolgungsbehörde *f*

prosecutor *n* Ankläger *m*, Anklagevertreter(in) *m/f*, Staatsanwalt *m*, Staatsanwältin *f*; **p. in a juvenile court** Jugendstaatsanwalt *m*

accessory prosecutor Nebenkläger(in) *m/f*; **chief p.** Chefankläger(in) *m/f*; **private p.** Anzeigeerstatter *m*, Neben-, Privatkläger(in) *m/f*; **public p.** Staatsanwalt *m*, Staatsanwältin *f*, Ankläger *m*, Anklagevertreter(in) *m/f*, Strafverfolger(in) *m/f*; **senior ~** Oberstaatsanwalt *m*, Oberstaatsanwältin *f*

PQ

prospectus *n* Prospekt *nt*; **p. liability** Prospekthaftung *f*

prostitut|e *n* Prostituierte *f*, Dirne *f*, Hure *f*; **p.ion** *n* Prostitution *f*, Erwerbsunzucht *f*, gewerbsmäßige Unzucht; **drug-related p.** Drogenstrich *m*; **p. act** Prostitutionsgesetz *nt*

protect *v/t* 1. schützen, (ab)sichern, wahren; 2. *(Interessen)* wahrnehmen

protection *n* Schutz *m*; **for the p. of life and limb** zum Schutz von Leib und Leben; **requiring p.** schutzbedürftig; **worthy of p.** schutzwürdig

protection of bona-fide acts Vertrauensschutz *m*; **~ animals** Tierschutz *m*; **~ buildings** Objektschutz *m*; **~ children and adolescents; ~ young persons** Jugendschutz *m*; **~ the constitution** Verfassungsschutz *m*; **p. from creditors** Gläubigerschutz *m*; **p. of creditors' claims** Wahrung von Gläubigerinteressen; **~ registered designs** Gebrauchsmuster-, Geschmacksmuster-, Modell-, Musterschutz *m*; **p. against unfair/unlawful dismissal** *(Arbeitnehmer)* Kündigungsschutz *m*; **p. of the environment** Umweltschutz *m*; **p. against eviction** *(Mieter)* Kündigungs-, Räumungsschutz *m*; **p. of goods** Güterschutz *m*; **~ homeworkers** Heimarbeitsschutz *m*; **p. against noxious intrusions** Immissionsschutz *m*; **p. of minorities** Minderheitenschutz *m*; **~ minors at work; ~ minors in employment** Jugendarbeitsschutz *m*; **(legal) ~ names** Namensschutz *m*; **~ nature** Naturschutz *m*; **p. by dint of patent registration** Patentschutz *m*; **p. of personality** Persönlichkeitsschutz *m*; **~ persons** Personenschutz *m*; **~ possession** Besitzschutz *m*; **~ privacy** Schutz der Privatsphäre; **~ property** Eigentums-, Objektschutz *m*, Schutz des Eigentums, ~ von Eigentum; **~ rights** Wahrnehmung von Rechten; **~ constitutional rights** Schutz der Grundrechte; **~ tenants** Mieterschutz *m*; **~ trademarks** Markenschutz *m*, Schutz gewerblicher Bezeichnungen; **~ victims** Opferschutz *m*; **P. of Young Persons Act** *[GB]* Jugendschutzgesetz *nt*

to afford protection Schutz gewähren

coastal protection Küstenschutz *m*; **environmental p.** Umweltschutz *m*; **~ agency** Umweltbehörde *f*; **legal p.** Rechtsschutz *m*; **~ insurance** Rechtsschutzversicherung *f*; **personal p.** Personen-, Individualschutz *m*; **special p.** Sonderschutz *m*

protection money Schutzgeld *nt*; **p. racket** Schutzgelderpressung *f*

protector *n* Patron(in) *m/f*; **p.ate** *n* Protektorat *nt*

protest *v/t* 1. protestieren, Protest erheben; 2. Widerspruch einlegen/erheben; 3. beteuern

protest *n* 1. Protest *m*; 2. Ein-, Widerspruch *m*; **p. in due course** rechtzeitig erhobener Wechselprotest; **p. against dismissal** Kündigungseinspruch *m*; **p. for non-acceptance** Protest mangels Annahme; **~ non-payment** Protest mangels Zahlung

protestation *n* Beteuerung *f*; **p. of innocence** Unschuldsbeteuerung *f*

protest demonstration Protestdemonstration *f*

protesting a bill of exchange *n* Wechselprotest *m*
protocol Protokoll *nt*; **additional p.** Zusatzprotokoll *nt*
protract *v/t* verschleppen, verzögern; **p.ed** *adj* langwierig; **p.ing (of) a lawsuit** *n* Prozessverschleppung *f*; **p.ion** *n* Verschleppung *f*, Verzögerung *f*
provab|ility *n* Nachweisbarkeit *f*; **p.le** *adj* be-, nachweisbar, nachweislich
prove *v/ti* 1. belegen, be-, nachweisen, Nachweis erbringen/führen; 2. sich erweisen; **p. true** sich als wahr erweisen; **p.d** *adj* be-, erwiesen; **as has been ~** nachgewiesenermaßen; **not ~** unbewiesen, unerwiesen; **to consider ~** als erwiesen ansehen
proven *adj [US] [Scot.]* erwiesen, bewiesen, nachgewiesen; **not p.** unerwiesen, unbewiesen
legal proverb *n* Rechtssprichwort *nt*
provide *v/t* 1. erstellen; 2. ver-, vorsorgen; **p. for** 1. vorsehen; 2. vorschreiben, festlegen
provided (that) *conj* vorausgesetzt, unter dem Vorbehalt, ~ der Bedingung, dass; **always ~** mit dem Vorbehalt; **as hereinafter p.** *adj* gemäß den nachstehenden Bestimmungen; **except as otherwise p.** vorbehaltlich anderslautender Bestimmungen; **unless otherwise p.** soweit nichts anderes bestimmt ist
provider of benefits *n* Leistungsträger *m*, Leistungserbringer *m*, Leistungsanstalt *f*; **p. of capital** Kapitalaufbringer *m*
providing (of) bail/security *n* Kautionsleistung *f*, Kautionsstellung *f*
provision *n* 1. Bereithalten *nt*, Bereit-, Ge-, Erstellung *f*; 2. Bestimmung *f*, Vorschrift *f*; 3. Versorgung *f*; 4. Vorsorge *f*; **in the absence of any p.s to the contrary** mangels gegenteiliger Bestimmungen
provision of the articles Satzungsbestimmung *f*; **~ capital** Kapitalbeschaffung *f*, Kapitalaufbringung *f*, Kapitalbereitstellung *f*; **~ a contract** Vertragsbestimmung *f*; **p. for surviving dependants** Hinterbliebenenversorgung *f*; **p. of (a) law** gesetzliche Bestimmung, Gesetzesbestimmung *f*; **p. for one's/so.'s livelihood** Daseinsvorsorge *f*; **p. of maintenance** Unterhaltsleistung *f*; **p. in favour of a third party** Verfügung zu Gunsten eines Dritten; **p. of security** Bürgschaftsleistung *f*, Kautionsstellung *f*, Besicherung *f*; **~ a will** testamentarische Verfügung, Testamentsbestimmung *f*
to make provision for sth. Fürsorge/Vorkehrungen für etw. treffen
administrative provision Verwaltungsvorschrift *f*; **applicable p.** anwendbare Vorschrift; **catch-all p.** Auffangvorschrift *f*; **contractual p.** Vertragsbestimmung *f*, vertragliche Bestimmung/Vereinbarung; **discretionary p.** Kannvorschrift *f*; **diverging p.** abweichende Bestimmung/Regelung; **enabling p.** Blankettvorschrift *f*; **exempting p.** Ausnahmeregelung *f*; **to come under an ~** unter eine Ausnahmeregelung fallen; **explicit p.** eindeutige Bestimmung; **final p.** Schlussbestimmung *f*; **implementing p.s** Ausführungsbestimmungen; **incidental p.** Nebenbestimmung *f*; **legal p.** Rechtsvorschrift *f*, gesetzliche Regelung; **mandatory p.** zwingende Klausel/Bestimmung, Mussbestimmung *f*, Sollvorschrift *f*; **omnibus p.** Auffangvorschrift *f*; **optional p.** Kannvorschrift *f*; **outline p.** Blankettvorschrift *f*; **penal p.** Strafbestimmung *f*, Strafvorschrift *f*; **prevailing p.s** bestehende Bestimmungen; **procedural p.** Verfahrensbestimmung *f*; **prohibitory p.** Verbotsbestimmung *f*; **protective p.** Schutzbestimmung *f*; **regulatory p.** Verwaltungsvorschrift *f*; **special p.** besondere Bestimmung, Sonderbestimmung *f*, Sondervorschrift *f*; **statutory p.** 1. gesetzliche Bestimmung/Regelung/Vorschrift, Gesetzesvorschrift *f*; 2. Satzungsbestimmung *f*; **supplementary p.** Zusatzbestimmung *f*, ergänzende Vorschrift; **transitional p.** Übergangsvorschrift *f*, Übergangsregelung *f*; **valid p.** geltende Vorschrift
provisional *adj* einstweilig, provisorisch, vorläufig
provisions *pl* 1. Bestimmungen; 2. *(Bilanz)* Rückstellungen; **p. of the act** Vorschriften des Gesetzes; **~ a contract** Vertragsbestimmungen, Bestimmungen eines Vertrags; **p. in force** bestehende/gültiges/geltendes Bestimmungen; **p. for contingent liabilities** Rückstellungen für Eventualverbindlichkeiten
applicable provisions anwendbare/anzuwendende Vorschriften; **binding p.** zwingende Vorschriften; **exceptional p.**

Ausnahmevorschriften; **general/outline p.** allgemeine Vorschriften, Rahmenvorschriften; **legal p.** Rechtsvorschriften; **procedural p.** Verfahrensvorschriften; **statutory p.** gesetzliche Vorschriften; **subordinate p.** subsidäre Bestimmungen; **supplementary p.** Ergänzungsbestimmungen; **transitional p.** Übergangsbestimmungen; **valid p.** geltende Vorschriften

proviso *n* (Vertrags)Vorbehalt *m*, Vorbehaltsklausel *f*, Vorbehaltserklärung *f*, Bedingung *f*, Kautel *f*; **p. of cancellation** Widerrufsvorbehalt *m*; **p. concerning errors** Irrtumsvorbehalt *m*; **legal p.** Rechtsvorbehalt *m*; **p. clause** Vorbehaltsklausel *f*

provocation *n* Provokation *f*

provoke *v/t* provozieren, herausfordern; **p. sth.** etw. vom Zaun brechen

(voyeuristic) prowler *n* Spanner *m (coll)*; **p. car** *[US]* Streifenwagen *m*

proximity *n* Nähe *f*; **in the p. of** in der Nähe von

proxy *n* 1. Bevollmächtigte(r) *f/m*, Beauftragte(r) *f/m*; 2. *(Stimmausübung)* Stellvertreter(in) *m/f*; 3. Vertretungsbefugnis *f*, (Handlungs)Vollmacht *f*, Prokura *f*, Stellvertretung *f*, Stimmrechtsvollmacht *f*

to revoke a proxy Vollmacht widerrufen; **to vote by p.** sich bei einer Wahl vertreten lassen; **exclusive/sole p.** Alleinvertretungsvollmacht *f*; **irrevocable p.** unwiderrufliche Vollmacht

PQ

proxy|holder *n* Inhaber einer Vollmacht, Vollmachtnehmer(in) *m/f*, Vollmachtsbesitzer(in) *m/f*; **p. marriage** Handschuhehe *f*; **p. statement** Berechtigungs-, Legitimationsnachweis *m*

pruden|ce *n* Sorgfalt *f*, Umsicht *f*; **p.t** *adj* umsichtig

pseudonym *n* Deckname *m*, Pseudonym *nt*

psych|e *n* Psyche *f*; **p.iatry** *n* Psychiatrie *f*; **p.ic** *adj* psychisch

psychopath *n* Psychopath(in) *m/f*; **p.ic** *adj* psychopathisch; **p.y** *n* Psychopathie *f*

psychosis *n* Psychose *f*

pub brawl *m* Kneipenschlägerei *f*

public *adj* 1. öffentlich, publik; 2. staatlich; *n* Öffentlichkeit *f*, Publikum *nt*; **the p. at large** die breite Öffentlichkeit; **dangerous to the p.** gemeingefährlich

to exclude the public die Öffentlichkeit ausschließen; **to go p.** *(Unternehmen)* an die Börse gehen; **~ with sth.** mit etw. an die Öffentlichkeit treten; **to readmit the p.** die Öffentlichkeit wiederherstellen

general public Allgemeinheit *f*, Öffentlichkeit *f*; **the ~** die Allgemeinheit, die breite Öffentlichkeit; **p.-law** *adj* öffentlich-rechtlich; **P. Liability Act** *[GB]* Haftpflichtgesetz *nt*

publican *n* Gastwirt *m*; **p.'s liability** Haftung des Gastwirtes; **~ licence** Schankerlaubnis *f*; **~ lien** Pfandrecht des Gastwirtes

publication *n* 1. Bekanntmachung *f*, Verkünd(ig)ung *f*; 2. Veröffentlichung *f*, Schrift *f*; **p.s** Schrifttum *nt*; **p. of obscene writings** Verbreitung pornografischer Schriften

libellous publication Schmähschrift *f*; **obscene p.** pornografische Veröffentlichung; **official p.** amtliche Veröffentlichung

publicity *n* Publizität *f*; **to shun p.** die Öffentlichkeit scheuen; **adverse p.** negative Publizität

publicize *v/t* bekannt machen, veröffentlichen

publish *v/t* veröffentlichen; **p.er** *n* Verlag *m*, Verleger *m*; **p.ing conctract** *n* Verlagsvertrag *m*; **~ house** Verlag *m*; **~ law** Verlagsrecht *nt*

puisne judge *n [GB]* einfacher Richter am High Court

pull a fast one on so. *v/t* *(coll)* jdn übertölpeln

punch *n* Schlag *m*; **p. so.** *v/t* jdm (mit der Faust) einen Hieb versetzen; **p.-up** *n (coll)* Prügelei *f*

punish *v/t* (be)strafen, ahnden; **p.ability** *n* Strafbarkeit *f*, Strafwürdigkeit *f*; **p.able** *adj* strafbar, strafwürdig

punishment *n* 1. Bestrafung *f*, Ahndung *f*; 2. Strafe *f*; **exempt from p.** straffrei, straflos; **to declare so. ~** jdn für straffrei erklären; **liable to p.** straffällig

to be liable to punishment sich der Bestrafung aussetzen; **to levy a p.** Strafe verhängen; **to refrain from p.** von einer Bestrafung absehen, **to remit a p.** Strafe erlassen

adequate punishment angemessene Strafe, **capital p.** Todesstrafe *f*; **collective p.** Kollektivstrafe *f*; **corporal p.** Leibes-, Prügelstrafe *f*; Züchtigung *f*; **disciplinary p.** Disziplinarstrafe *f*; **extra p.** Zusatzstrafe *f*; **just p.** gerechte Strafe; **lawful p.** (rechtlich) zulässige Strafe; **reserved p.** Strafvorbehalt *m*; **severe p.** strenge Strafe; **summary p.** Strafbefehlsverfahren *nt*

pupil *n* Pupille *f*; **dilated p.** erweiterte Pupille

purchase *v/t* (an)kaufen

purchase *n* (An)Kauf *m*, Erwerb *m*; **p. of an animal** Tierkauf *m*; **p. on commission** Kommissionskauf *m*; **p. by description; p. of generic goods** Gattungskauf *m*; **~ goodwill** Mantelkauf *m*; **~ an accrued inheritance** Erbschaftskauf *m*; **~ property** Grundstückskauf *m*

to cancel a purchase Kauf rückgängig machen

compulsory purchase *(Grundbesitz)* Enteignung *f*; **~ by operation of law** Legalenteignung *f*; **~ order** Enteignungsanordnung *f*, Enteignungsbeschluss *m*; **executed p.** Realkauf *m*; **illicit p.** Schwarzkauf *m*; **simulated p.** Scheinkauf *m*

purchase agreement Kaufvereinbarung *f*, Kaufvertrag *m*; **p. money** Kaufgeld *nt*; **p. order** Kaufauftrag *m*; **p. price** Erwerbs-, Kaufpreis *m*; **to pay the ~** Kaufpreis entrichten; **p. tax** Kaufsteuer *f*

purchaser *n* (An)Käufer *m*, Erwerber(in) *m/f*; **p. of an inheritance** Erbschaftserwerber(in) *m/f*; **third-party p.** Direkterwerber(in) *m/f*; **p.'s rights** Rechte des Käufers

purchasing power *n* Kaufkraft *f*

pure *adj* rein

purloin *v/t* entwenden, stehlen

purport to do sth. *v/t* vorgeben, etw. zu tun; **p.ed** *adj* angeblich

purpose *n* Zweck *m*; **for a specific p.** zweckgebunden; **~ legal p.s** im Rechtsverkehr; **to answer the p.** dem Zweck entsprechen; **to serve a particular p.** einem bestimmten Zweck dienen

inadmissible purpose unzulässiger Zweck; **charitable p.** wohltätiger Zweck, Wohltätigkeitszweck *m*; **commercial p.** gewerblicher Zweck; **primary p.** Hauptzweck *m*; **for residential p.s** für Wohnzwecke; **sole p.** ausschließlicher Zweck

purposeful *adj* entschlossen, zielbewusst

purposive *adj* gezielt

purse *n* Geldbörse *f*; **public p.** Staatskasse *f*; **p.r** *n* Zahlmeister(in) *m/f*

pursuance *n* *(Bezweckung)* Verfolgung *f*

pursuant to *adj* gemäß, nach Maßgabe von, entsprechend, in Ausführung von, laut

pursue *v/t* 1. verfolgen, nachlaufen, nachfahren; 2. *(Ziel)* verfolgen; **p.r** *n* 1. Verfolger(in) *m/f*; 2. *[Scot.]* Kläger(in) *m/f*

pursuit *n* 1. Verfolgung *f*; 2. Verfolgungsfahrt *f*, Verfolgungsjagd *f*; **p. of fugitives** Verfolgung von Flüchtigen; **~ profit** Gewinnstreben *nt*; **hot p.** *(Polizei)* 1. Verfolgung auf frischer Tat; 2. (grenzüberschreitende) Nacheile

purvey *v/t* liefern, verkaufen; **p.ance** *n* Lieferung *f*; **p.or** *n* Lieferant *m*

purview *n* (Geltungs-/Zuständigkeits)Bereich *m*, Geltungsgebiet *nt*, Wirkungskreis *m*; **p. of the act** Geltungsbereich des Gesetzes

put away *v/t (coll)* einsperren; **p. down in writing** schriftlich niederlegen; **p. off** 1. hinhalten; 2. *(zeitlich)* verschieben; **p. up with** hinnehmen

putative *adj* mutmaßlich, vermeintlich, vermutlich, putativ

putsch *n* Putsch *m*; **to carry out a p.** putschen

putting into circulation *n* Inverkehrbringen *nt*; **~ force** Inkraftsetzen *nt*, Inkraftsetzung *f*; **~ operation** Inbetriebsetzung *f*; **p. together** *(Häftlinge, Patienten)* Zusammenlegung *f*

Q

qualification *n* 1. Befähigung *f*, Eignung *f*, Qualifikation *f*; 2. Qualifizierung *f*; **q. for university** Hochschulreife *f*; **occupational/professional q.** 1. fachliche Eignung; 2. berufliche/fachliche Qualifizierung; **q. profile** *(Arbeitnehmer)* Qualifikationsprofil *nt*

qualified *adj* 1. ausgebildet; 2. *(Geständnis, Mehrheit)* qualifiziert

qualify *v/ti* 1. *(Vorbehalt)* einschränken; 2. (sich) qualifizieren; **q. so. for sth.** jdn für etw. qualifizieren; **q. sth. as sth.** etw. als etw. qualifizieren

qualifying period *n* Anrechnungs-, Anwartschaftszeit *f*, Karenzzeit *f*

quality *n* 1. Beschaffenheit *f*, Eigenschaft *f*; 2. Güte *f*, Qualität *f*; **q. as per sample** Qualität laut Muster; **q. subject to approval** Qualität laut Besicht

assured quality zugesicherte Qualität; **defective q.** mangelhafte Beschaffenheit, Qualitätsmangel *m*; **essential q.** wesentliche Eigenschaft; **inferior q.** minderwertige Qualität; **merchantable q.** handelsübliche Güte und Beschaffenheit, ~ Qualität; **good ~ and condition** gute Qualität und Beschaffenheit; **prime q.** erstklassige Qualität; **standard q.** handelsübliche Qualität; **stipulated q.** vereinbarte Qualität; **unsatisfactory q.** unzureichende Qualität; **warranted q.** zugesicherte Eigenschaft/Qualität
quality assessment Qualitätsbeurteilung *f*; **q. assurance** Eigenschafts-, Qualitätszusicherung *f*, Qualitätssicherung (QS) *f*; **q. control** Qualitätskontrolle *f*, Qualitätsüberwachung *f*; **q. level** Qualitätsniveau *nt*; **q. mark** Qualitätszeichen *nt*; **q. rating** Qualitätsbeurteilung *f*; **q. specification** Qualitätsvorschrift *f*; **q. standard** Qualitätsnorm *f*
quantif|iable *adj* quantifizierbar; **q.y** *v/t* beziffern, quantifizieren
quantity *n* Menge *f*; **in terms of q.** quantitativ
quantum *n (lat.)* 1. *(Schaden(s)ersatz)* Anteil *m*, Betrag *m*; **q. of damages** Betrag/Höhe/Umfang des Schaden(s)ersatzes, Entschädigungssumme *f*, Schaden(s)ersatzbetrag *m*, Schaden(s)ersatzsumme *f*; **agreed ~** vereinbarter Schaden(s)ersatzbetrag; **q. meruit** *(lat.) (Teilleistung)* angemessene Vergütung
quarantine *n* Quarantäne *f*; **to discharge from q.** aus der Quarantäne entlassen; **to lift the q.** Quarantäne aufheben; **to put in/under q.** unter Quarantäne stellen
quarantine *v/t* unter Quarantäne stellen
quarantine inspection Quarantäneprüfung *f*; **q. regulations** Quarantänebestimmungen; **q. ward** Quarantänestation *f*
quare clausum fregit *(lat.)* Hausfriedensbruch *m*
quarrel *n* Streit *m*, Streitigkeit *f*, Hader *m*; *v/i* streiten, zanken; **q.some** *adj* streit-, zanksüchtig
quarter *n* Viertel *nt*; **q.s** *n* Quartier *nt*
quash *v/t* 1. annullieren, aufheben; 2. *(Verfahren)* einstellen, niederschlagen; 3. *(Urteil)* widerrufen
quashing *n* *(Verfahren)* Kassation *f*, Niederschlagung *f*; **q. of a decision** Kassation *f*; **~ a judgment** Urteilsaufhebung *f*; **~ criminal proceedings** Niederschlagung von Strafverfahren
quasi|-contract *n* Quasikontrakt *m*; **q.-contratual** *adj* quasivertraglich, vertragsähnlich; **q.-judicial** *adj* quasigerichtlich; **q.-marriage** *n* eheänliches Verhältnis; **q.-money** *n* Quasigeld *nt*; **q.-public** *adj* quasiöffentlich; **q.-purchase** *adj* kaufähnlich; **q.-tort** *n* Quasidelikt *nt*
Queen's Counsel (QC) *n* *[GB]* Kronanwalt *m*, Anwalt der Krone; **Q.'s evidence** Kronzeuge (der Anklage) *m*
query *v/t* beanstanden; *n* Beanstandung *f*
question *v/t* 1. (aus)fragen, befragen, verhören, vernehmen, Vernehmung durchführen; 2. in Frage stellen
question *n* Frage *f*; **in q.** fraglich; **q. of construction** Auslegungsfrage *f*; **~ discretion** Ermessensfrage *f*; **~ fact** Tatfrage *f*; **~ guilt** Schuldfrage *f*; **q. at issue** *(Prozess)* Streitfrage *f*; **q. of law** Rechtsfrage *f*; **~ substantive law** materiell-rechtliche Frage; **~ liability** Haftungsfrage *f*; **~ merit** Sachfrage *f*; **q. in point** strittige Frage; **q. of principle** Grundsatzfrage *f*
to allow a question Frage zulassen; **to raise a q.** Frage aufwerfen
basic/fundamental question Grundsatzfrage *f*; **jurisdictional q.** Zuständigkeitsfrage *f*; **leading q.** Suggestivfrage *f*; **legal q.** juristische Frage, Rechtsfrage *f*; **loaded q.** Fangfrage *f*; **pending q.** schwebende Frage; **vexed q.** schwierige Frage
question|able *adj* bedenklich, fraglich; **q.er** *n* Fragesteller(in) *m/f*
questioning *n* Ausforschung *f*, Befragung *f*, Einvernahme *f*, Verhör *nt*, Vernehmung *f*; **q. (of) the defendant on the substance of the charge** Vernehmung des Angeklagten zur Sache; **~ witness(es)** Zeugenverhör *nt*, Zeugenbefragung *f*
to jump the queue *n* sich vordrängen
quiet *n* Ruhe *f*; *adj* ungestört
quit *v/t* 1. verlassen, räumen; 2. *(Dienst)* quittieren
quorate *adj* beschlussfähig
quorum *n (lat.)* 1. Beschlussfähigkeit *f*, beschlussfähige Mindestzahl, beschlussfähiges Gremium, Quorum *nt*; **to form a q.** Quorum bilden
quota *n* Kontingent *nt*, Quote *f*; **subject to a q.** kontingentiert; **to fix a q.** kontingentieren; **liable q.** Haftungsquote *f*; **mandatory q.** verbindliche Quote

quota agreement Quotenvereinbarung *f*; **q. allocation** Quotenzuteilung *f*; **q. preference** Quotenvorrecht *nt*; **q. regime/ system** Quotenregelung *f*; **q. review** Quotenüberprüfung *f*; **q. volume** Kontingentsmenge *f*
quotation *n* 1. (detailliertes) Angebot, Quotierung *f*; 2. (wörtliches) Zitat
quote *v/t* 1. Angebot spezifizieren; 2. zitieren, anführen; **q. literally** wörtlich zitieren
quotient *n* Quotient *m*
quo warranto *(lat.)* auf Grund welcher Vollmacht?

R

rabble *n* Gesindel *nt*, Pöbel *m*; **r.-rousing** *n* Aufhetzung *f*, Volksverhetzung *f*
rabi|d *adj* tollwütig; **r.es** *n* Tollwut *f*
race *n* Rasse *f*; **irrespective of r.** ohne Rücksicht auf die Rasse; **r. hatred** Rassenhass *m*; **r. riot** Rassenkrawall *m*
raci|sm *n* Rassismus *m*; **r.st** *n* rassistisch
rack jobbing *n* Streckengeschäft *nt*
rack rent; r.renting *n* Mietwucher *m*
racket *n* Gaunerei *f*, Schiebergeschäft *nt*; **r.eer** n 1. Gauner(in) *m/f*, Betrüger(in) *m/f*; 2. Erpresser(in) *m/f*
radar camera *n* Radarkamera *f*; **r. trap** Auto-, Radarfalle *f*
radiation *n* Strahlung; **ionizing r.** ionisierende Strahlung; **non-ionizing r.** nicht ionisierende Strahlung
radical *n* Radikaler *m*; **r.ism** *n* Radikalismus *m*
radio *n* Rundfunk *m*; *v/t* funken, (über Funk) durchgeben
radioactive *adj* radioaktiv
radio announcement Rundfunkdurchsage *f*; **r. car** Funkstreifenwagen *m*; **r. contact** Funkverbindung *f*; **r. patrol car** Funkstreifenwagen *m*
rage *n* Wut *f*, Rage *f*; **in a r.** in einem Wutanfall; **to vent one's r. on so.** seine Wut an jdm auslassen
raid *v/t* 1. überfallen, Überfall machen auf; 2. Razzia durchführen/machen
raid *n* 1. (Raub)Überfall *m*, Raubzug *m*; 2. Razzia *f*; **to carry out a r.** 1. Überfall machen; 2. Razzia durchführen/machen; **smash-and-grab r.** Laden-, Schaufenster (blitz)einbruch *m*; **terrorist r.** Terrorangriff *m*
raider *n* Bankräuber(in) *m/f*, Einbrecher(in) *m/f*, Gangster *m*
railway *n* Bahn *f*; **r. traffic** Bahnverkehr *m*
rain-slickened *adj* *(Straße)* regennass
rais|e *v/t* 1. heben, hochziehen; 2. *(Preis, Standard)* erhöhen, anheben, heraufsetzen; 3. *(Geldmittel)* aufbringen, beschaffen; 4. *(Gehalt)* aufbessern; 5. *(Gebäude)* errichten; 6. *(Frage, Problem)* vorbringen, aufwerfen; 7. *(Hoffnung, Verdacht)* (er)wecken; 8. *(Einwand)* erheben; 9. *(Kinder)* auf-, großziehen
rally *n* Massenversammlung *f*, Kundgebung *f*
ram *v/t* rammen
to go on the rampage *n* randalieren
ramshackle *adj* baufällig
random *adj* willkürlich, Zufalls-
range *n* Bereich *m*; **at close r.** aus nächster Nähe; **r. of application** Anwendungs-, Verwendungsbereich *m*; **~ benefits** *(Vers.)* Leistungsumfang *m*; **r. of punishment(s)/ sentence(s)** Strafrahmen *m*; **statutory ~** gesetzlicher Strafrahmen
rank *n* 1. Dienstgrad *m*, Rang *m*; 2. Rang(stelle) *f*, Stellung *f*; **r. of a debt** Rang einer Forderung; **~ the lien** Rang des Pfandrechts; **~ a mortgage** Rang einer Hypothek; **of equal r.** ranggleich; **higher r.** höherer Dienstgrad; **prior r.** älterer Rang
rank after *v/prep* im Rang nachstehen; **r. before** vorgehen
ranking *n* 1. Rangordnung *f*; 2. Rangbestimmung *f*; **r. of claims** Reihenfolge der Forderungen; **~ creditors** Gläubigerrang *m*, Rangfolge der Gläubiger; **~ liabilities** Haftungsfolge *f*; **~ liens** Rangordnung von Pfandrechten; **~ mortgages** Hypothekenrang *m*
ransack *v/t* plündern
ransom *v/t* frei-, loskaufen
ransom *n* 1. Lösegeld *nt*; 2. Freilassung *f*; **to demand a r.** Lösegeld fordern; **to hold so. to r.** jdn gegen Lösegeld festhalten
ransom demand Lösegeldforderung *f*; **r. money** Lösegeld *nt*; **r. note** Lösegeldforderung *f*
rant *n* Schimpfkanonade *f*
rap sheet *n* *(coll)* 1. Kriminalakte *f*; 2. *[US]* Vorstrafenregister *nt*

rape *v/t* vergewaltigen, notzüchtigen
rape *n* Vergewaltigung *f*, Notzucht *f*; **r. resulting in death** Notzucht mit Todesfolge; **attempted r.** versuchte Vergewaltigung, Notzuchtversuch *m*; **statutory r.** *[US]* Geschlechtsverkehr mit Minderjährigen; **r. victim** Opfer einer Vergewaltigung
rapist *n* Vergewaltiger *m*
rare *adj* selten
rash *adj* überstürzt, übereilt, unüberlegt
rat(e)able *adj* *(Kommunalsteuer)* steuerpflichtig
to smell a rat *n (coll)* Lunte riechen *(coll)*
rate *v/t* 1. (be)werten, schätzen, beurteilen; 2. *(Steuer)* veranlagen
rate *n* 1. *(Anteil)* Rate *f*; 2. Quote *f*; 3. *(Gebühren)* Satz *m*; 4. (Kauf)Preis *m*; 5. Tarif *m*; **r. of compensation** Vergütungssatz *m*; **~ distribution** Verteilerschlüssel *m*; **nil ~ duty** *(Steuer)* Nullsatz *m*; **~ exchange** Umrechnungssatz *m*, (Wechsel)Kurs *m*; **~ interest** Zins(satz) *m*; **~ recidivism** Rückfallrate *f*
base rate *n* Leitzins *m*; **flat r.** Einheitssatz *m*, Pauschale *f*, Pauschalsatz *m*, Pauschaltarif *m*; **preferential r.** Vorzugstarif *m*; **standard r.** Einheitssatz *m*; **~ r.s** *(Sozialhilfe)* Regelsätze; **r. scale** Tarif *m*
rates *pl* *[GB]* Gemeinde-, Kommunalabgaben, Kommunalsteuern; **commercial r.** Gewerbesteuer *f*; **excessive r.** Gebührenüberhebung *f*; **graduated r.** abgestufte Steuersätze; **local r.** Gemeinde-, Kommunalabgaben
ratification *n* Ratifikation *f*, Ratifizierung *f*; **r. instrument** Ratifikationsurkunde *f*
ratify *v/t* ratifizieren, billigen, genehmigen
ratio *n* 1. *(Zahl)* Verhältnis *nt*; 2. (Verteiler)-Schlüssel *m*, Anteil *m*; **r. decidendi** *(lat.)* *(Urteil)* Entscheidungsgrund *m*
ration *v/t* rationieren, zuteilen
rationalize *v/t* rationalisieren
rationing *n* Rationierung *f*, Kontingentierung *f*
ray *n* Strahl *m*
reach *v/t* erreichen, gelangen; **r.ing a verdict** *n* Urteilsfindung *f*
reacquisition *n* Wiedererwerb *m*
react *v/i* reagieren
reaction *n* Reaktion *f*; **r. time** Reaktionszeit *f*
reactor facilities *pl* Reaktoranlagen

read *v/ti* 1. (vor)lesen; 2. lauten; **r. and approved** gelesen und genehmigt; **r. as follows** wie folgt lauten; **r. out (aloud)** vorlesen; **~, agreed to and signed** vorgelegt, genehmigt und unterschrieben
readiness to negotiate *n* Verhandlungsbereitschaft *f*; **~ pay** Zahlungsbereitschaft *f*; **~ resort to violence** Gewaltbereitschaft *f*; **~ work** Arbeits-, Leistungsbereitschaft *f*
reading *n* 1. Lesart *f*; 2. (Ver-/Vor)Lesung *f*; 3. gemessener Wert; **r. of a bill** Lesung eines Gesetzentwurfes; **~ a document** Urkundenverlesung *f*; **~ the indictment** Verlesung der Anklage; **~ the will** Testamentseröffnung *f*
first reading *(Parlament)* erste Lesung; **r. error** Messfehler *m*
readmission *n* Wiederaufnahme *f*, Wiederzulassung *f*
ready *adj* fertig, bereit
reaffirm *v/t* bekräftigen, beteuern
real *adj* dinglich, konkret
realization *n* 1. Verwirklichung *f*, Umsetzung *f*, Durchführung *f*, Realisierung *f*; 2. Erkenntnis *f*; 3. Veräußerung *f*, Verkauf *f*; **r. of a claim** Verwirklichung eines Anspruchs; **~ distrained goods** Pfandverwertung *f*
realization gain/proceeds Veräußerungsgewinn *m*; **r. proceeds** Verwertungserlös *m*; **r. value** Verkaufs-, Realisationswert *m*
realize *v/t* 1. erkennen, begreifen; 2. aus-, durchführen, realisieren; 3. veräußern, verkaufen, zu Geld machen
reallocation of land *n* Flurbereinigung *f*
realty *n* *[US]* Realien *pl*, Grund-, Immobiliar-, Realvermögen *nt*, Grundbesitz(ung) *m/f*, Grundeigentum *nt*, Immobilien *pl*, Liegenschaft *f*, unbewegliches Vermögen, unbewegliche Habe
reappointment *n* Wiedereinstellung *f*
reason *n* 1. Grund *m*, Motiv *nt*, Begründung *f*; 2. Vernunft *f*; **by r. of** auf Grund; **for a major r.** aus wichtigem Grund; **~ no r. at all** ohne jeden Anlass; **r. for so.'s arrest** Haftgrund *m*; **r. to assume** Grund zu der Annahme; **r. for opening bankruptcy proceedings** Konkursgrund *m*; **~ complaint** Beschwerdegrund *m*; **~ a decision** Begründung einer Entscheidung; **~ dismissal** Entlassungs-, Kündigungsgrund *m*; **~ exemption from punishment** Strafausschließungsgrund *m*; **~ exoneration** Schuldausschließungs-

grund *m*; **~ termination** Kündigungsgrund *m*; **~ the verdict** Urteilsgrund *m*; **~ withdrawal of punishment** Strafaufhebungsgrund *m*

cogent reason schlüssige Begründung; **compelling r.** zwingender Grund; **convincing r.** überzeugender Grund; **decisive r.** ausschlaggebender Grund; **good r.** gewichtiger/stichhaltiger Grund; **legal r.** Rechtsgrund *m*; **procedural r.** verfahrenstechnischer Grund; **specious r.** Scheingrund *m*; **sufficient r.** ausreichender/hinreichender Grund

reasonable *adj* 1. vernünftig; 2. zumutbar, angemessen, vertretbar; **r.ness** *n* 1. Verhältnismäßigkeit *f*; 2. Zumutbarkeit *f*

reasoning *n* Argumentation *f*

reasons *pl* Begründung *f*, Gründe; **r. for the application** Begründung des Antrags; **r. given for the decision** Entscheidungs-, Urteilsbegründung *f*; **r. of equity** Billigkeitsgründe; **r. for the judgment** Urteilsbegründung *f*

to advance reasons Gründe vorbringen; **to give r. for** begründen; **grave r.** schwerwiegende Gründe; **to state the r. for the decision** Entscheidung mit Gründen versehen; **stating (the) r.** unter Angabe der Gründe

reassessment *n* Neufestsetzung *f*

reassign *v/t* wieder abtreten; **r.ment** *n* Rück-, Wiederabtretung *f*, Rückübertragung *f*

rebate *n* 1. Abschlag *m*, Preisnachlass *m*, Vergünstigung *f*; 2. Rückerstattung *f*

rebellion *n* Rebellion *f*

rebuke *v/t* vorhalten, tadeln; *n* Rüge *f*, Vorhaltung *f*, Vorwurf *m*, Zurechtweisung *f*

rebut *v/t* widerlegen; **r.table** *adj* widerlegbar; **r.tal** *n* Widerlegung *f*, Zurückweisung *f*; **~ of a claim** Abwehr eines Anspruchs

recall *n* 1. (Waren)Rückruf *m*, Rückrufaktion *f*; 2. *(Kapital, Kredit)* Kündigung *f*; 3. Widerruf *m*; **r. action** Rückrufaktion *f*

recapture *n* Wiederergreifung *f*; *v/t* wieder ergreifen

receipt *n* 1. Annahme *f*, Eingang *m*, Empfang *m*, Empfang-, Entgegennahme *f*, Erhalt *m*; 2. Beleg *m*, Empfangsschein *m*, (Kassen)Quittung *f*, Wareneingangs-, Empfangsbescheinigung *f*, Empfangsbestätigung *f*; 3. Vereinnahmung *f*; **against (a) r.** gegen Quittung; **payable on r.** zahlbar bei Empfang

receipt of benefits Leistungsbezug *m*; **on ~ notice** nach Eingang der Kündigung; **~ order** Auftragseingang *m*; **~ payment** Zahlungseingang *m*

to acknowledge receipt Empfang bestätigen; **to be in r. of sth.** in den Genuss von etw. kommen; **to issue a r.; to make out a r.** Quittung ausstellen; **to retain a r.** Quittung aufheben

advance receipt Vorausempfang *m*; **actual r.s** Isteinnahmen; **additional r.s** Mehrerlös *m*; **gross r.s** Bruttoeinnahmen; **net r.s** Nettoeinnahmen; **postal r.** Posteinlieferungsschein *m*; **proper r.** ordnungsgemäße Quittung; **rental r.s** Miet-, Pachteinnahmen; **statutory r.** löschungsfähige Quittung

receipt *v/t* (Empfang) quittieren; **r. holder** Quittungsinhaber(in) *m/f*

receivables *pl* Außenstände, Buchforderungen

receive *v/t* empfangen, erhalten, vereinnahmen

receiver *n* 1. Empfänger(in) *m/f*; 2. Hehler(in) *m/f*; 3. Konkurs-, Insolvenz-, Masseverwalter(in) *m/f*, Liquidator *m*; 4. Pfleger *m*; **r. in bankruptcy** Insolvenz-, Konkursverwalter *m*; **r. of housing benefit** *[GB]* Sozialmieter(in) *m/f*; **~ stolen goods** Hehler(in) *m/f*; **to appoint a r.** Verwalter bestellen

judicial receiver gerichtlicher Verwalter; **official r.** Konkursverwalter(in) *m/f*, Sequester *m*, (gerichtlich bestellter) Liquidator

receivership *n* 1. Insolvenz-, Konkursverwaltung *f*, Sequestration *f*; 2. (vorläufige) (Vermögens)Verwaltung; 3. Verwalteramt *nt*; 4. Zwangsverwaltung *f*; **under r.** zwangsverwaltet

receiving (of) stolen goods Hehlerei *f*; **~ for gain** gewerbsmäßige Hehlerei

receiving order 1. Konkurseröffnungsbeschluss *m*; 2. Zwangsverwaltungsverfügung *f*; **to grant a r. o.** Konkursverfahren eröffnen/einleiten

until recently *adv* bis vor kurzem

recept|ion *n* 1. *(Gäste)* Empfang *m*; 2. Aufnahme *f*; **r.ive** *adj* empfänglich

recess *n* 1. *(Gerichte, Parlament)* Ferien *f*; 2. Sitzungspause *f*; **r. court** *[US]* *(Gericht)* Ferienkammer *f*

recidivism *n* Rückfallkriminalität *f*, Rückfälligkeit *f*; **in case of r.** bei Rückfall
recidivist *adj* rückfällig; *n* Rückfällige(r) *f/m*, Rückfall-, Wiederholungstäter(in) *m/f*, rückfälliger Täter/Verbrecher
recidivous *adj* rückfällig; **to become r.** rückfällig werden
recipient *n* Empfänger(in) *m/f*; **r. of benefits** Versorgungs-, Leistungsempfänger(in) *m/f*; **authorized r.** Empfangsberechtigte(r) *f/m*, Empfangsbevollmächtigte(r) *f/m*
reciprocal *adj* beider-, gegen-, wechselseitig, wechselbezüglich, reziprok, korrespektiv
reciprocity *n* Gegenseitigkeit *f*, Reziprozität *f*; **to guarantee r.** Gegenseitigkeit verbürgen; **r. agreement** Gegenseitigkeitsabkommen *nt*; **r. clause** Gegenseitigkeits-, Reziprozitätsklausel *f*; **r. principle** Grundsatz der Gegenseitigkeit
recitals *pl* 1. *(Urteil)* Rubrum *nt*; 2. formelle Vertragseinleitungsklauseln
reckless *adj* rücksichtslos, bewusst fahrlässig; **r.ness** *n* 1. *(StR)* (grobe) Fahrlässigkeit, Leichtfertigkeit *f*; 2. Rücksichtslosigkeit *f*
reckon with sth. *v/prep* mit etw. rechnen
reclaim *v/t* zurückfordern, heraus-, zurückverlangen, reklamieren
reclamation of the goods sold *n* Rückforderung der Kaufsache
recognition *n* Anerkenntnis *nt*, Anerkennung *f*; **beyond r.** bis zur Unkenntlichkeit; **de jure r.** De-jure-Anerkennung *f*; **r. of a claim** Forderungsanerkennung *f*; **r. and enforcement of a foreign judgment** Anerkennung und Vollstreckung eines ausländischen Urteils
recognize *v/t* 1. anerkennen; 2. erkennen; **r.d** *adj* anerkannt
recoil *v/i* zurückweichen, zurückschrecken
recollect *v/t* sich erinnern; **r.ion** *n* Erinnerung *f*; **to have no ~** sich nicht erinnern können
recommend *v/t* empfehlen; **r.ation** *n* Empfehlung *f*
recommit|ment *n* *(Gesetzesvorlage)* (Zu)-Rückverweisung *f*; **r.tal** *n (Fall)* (Zu)Rückverweisung *f*
recompense *n* 1. Belohnung *f*; 2. Entschädigung *f*; 3. Wiedergutmachung *f*
reconcilable *adj* vereinbar
reconcile *v/t* 1. abstimmen, in Einklang bringen, vereinbaren; 2. versöhnen; **r. sth. with sth.** etw. mit etw. vereinbaren
reconciliation *n* Versöhnung *f*; **r. of interests** Interessenausgleich *m*
recondition *v/t* *(reparieren)* überholen; **r.-ing** *n* Instandsetzung *f*
reconsider *v/t* überdenken, überprüfen
reconstruction *n* 1. Wiederaufbau *m*; 2. Rekonstruktion *f*; **r. of an incident** Tatrekonstruktion *f*
reconvey *v/t* rückübereignen; **r.ance** *n* Rückauflassung *f*, Rückübereignung *f*
reconvict *v/t* erneut verurteilen; **r.ion** *n* erneute Verurteilung
record *v/t* 1. auf-, verzeichnen, notieren, protokollieren; 2. beurkunden, verbriefen; **r. in writing** niederschreiben
record *n* 1. Aufzeichnung *f*; 2. *(Gericht)* Protokoll *nt*, Niederschrift *f*; 3. *(Leistung in der Vergangenheit)* Ruf *m*; 4. Vergangenheit *f*, Vorgeschichte *f*, Vorleben *nt*; **for the r.** für das Protokoll; **off the r.** inoffiziell, nicht für die Öffentlichkeit bestimmt, ~ zur Veröffentlichung bestimmt; **on r.** aktenkundig, urkundlich nachweisbar, registriert; **the r. as it stands** Aktenlage *f*
record of attendance Anwesenheitsnachweis *m*; **~ delivery** Übergabeprotokoll *nt*; **~ destruction (of files)** Vernichtungsprotokoll *nt*; **~ inspection** Besichtigungsprotokoll *nt*; **~ interrogation** Vernehmungsprotokoll *nt*; **~ payment** Zahlungsnachweis *m*; **~ the proceedings** *(Gericht)* Verhandlungsniederschrift *f*, (Verhandlungs)Protokoll *nt*
to decide on the record nach Aktenlage entscheiden, ~ Lage der Akten entscheiden; **to have a clean r.** nicht vorbestraft sein; **to place on r.** beurkunden; **to put on r.** ins Protokoll aufnehmen, zu Protokoll nehmen
criminal record *n* 1. kriminelle Vergangenheit; 2. Vorstrafenregister *nt*, Vorstrafenverzeichnis *nt*, Strafregister *nt*, Strafakte *f*; **to have a ~ r.** vorbestraft sein; **~ r.s** Verbrecherkartei *f*; **notarial r.** Notariatsprotokoll *nt*, notarielle Niederschrift; **verbatim r.** wortgetreue Niederschrift
record date Stichtag *m*; **r.ed** *adj* beurkundet; **to have sth. ~** etw. zu Protokoll geben; **r.er** *n* 1. Archivar *m*, Registerführer *m*; 2. Protokollführer *m*; 3. *[GB]* nebenamtlicher Richter (vor einem höheren Gericht)

recording *n* Beurkundung *f*, Eintragung *f*, Verbriefung *f*; **r. of attendance** Feststellung der Anwesenheit; **~ evidence** Beweissicherung *f*; **~ the proceedings** *(Gericht)* Protokollführung *f*; **notarial r.** notarielle Beurkundung

records department *n* Erkennungsdienst *m*; **central r. division** Zentralarchiv *nt*; **r. of the trial** Verhandlungsakten; **personal r.** Personalakte *f*

recoup *v/t* zurückerhalten, zurückerlangen

recourse *n* 1. Einschaltung *f*; 2. Inanspruchnahme *f*, Zuflucht *f*; 3. Rechtsbehelf *m*; 4. (Wechsel)Regress *m*, Schadloshaltung *f*, Rückgriff *m*; **liable to r.** regresspflichtig; **no r.** Ausschluss jeder Haftung, ohne Regress; **without r.** ohne Gewähr/Obligo/Regress; **~ possible r. to legal action** unter Ausschluss des Rechtsweges; **r. to arbitration** Anrufung der Schiedsstelle; **to have ~** Schiedsstelle anrufen

recourse to the courts (of law) Rechts-, Klageweg *m*, Inanspruchnahme der Gerichte; **no ~ the courts of law** Ausschluss des Rechtsweges; **~ the courts of ordinary jurisdiction** ordentlicher Rechtstitel; **~ civil courts** Privatrechtsweg *m*

recourse in default of payment Regress mangels Zahlung; **r. to the law** Klage-, Rechtsweg *m*; **to have ~** Klage-/ Rechtsweg beschreiten; **r. for want of acceptance** Rückgriff mangels Annahme

to have recourse Regress nehmen; **~ against so.** jdn in Regress nehmen; **~ to so.** *(Schaden(s)ersatz)* sich an jdn halten; **~ to sth.** Zuflucht zu etw. nehmen; **to seek r.** Regress geltend machen, (jdn) in Regress nehmen

recourse claim Regressanspruch *m*, Regress-, Rückgriffsforderung *f*

recover *v/t* 1. bei-, eintreiben, einziehen; 2. erstreiten; 3. *(Diebesgut)* sicherstellen; 4. wieder-, zurückerlangen, zurückerhalten; **r.able** *adj* 1. beitreib-, eintreib-, einziehbar; 2. klagbar; 3. wiedererlangbar

recovery *n* 1. Bei-, Eintreibung *f*, Einziehung *f*; 2. (Wieder)Erlangung *f*, Wiedergewinnung *f*; 3. Wiederauffindung *f*, Wiederbeschaffung *f*; 4. Erholung *f*, Genesung *f*; **r. of damages** Erlangung von Schaden(s)ersatz; **~ debts** Eintreibung von Schulden; **unlawful ~ pledged items** Pfandkehr *f*

recovery service Abschleppdienst *m*; **r. suit** Regressklage *f*

recrimination *n* Gegenbeschuldigung *f*, Gegenklage *f*; **mutual r.** gegenseitige Beschuldigungen

recruit *v/t* anwerben; **r.ment** *n* Anwerbung *f*

rectifiable *adj* behebbar

rectification *n* 1. Behebung *f*; 2. Berichtigung *f*; 3. Wiedergutmachung *f*; **r. of a judgment** Berichtigung eines Urteils; **~ faulty transactions** Heilung fehlerhafter Rechtsgeschäfte; **~ the land (charges) register** Grundbuchberichtigung *f*

rectify *v/t* berichtigen, richtig stellen, verbessern; **r.ing minutes** *n* Berichtigungsprotokoll *nt*

recurrence *n* Wiederholung *f*; **in the event of r.** im Wiederholungsfall

recurrent; recurring *adj* wiederholt, wiederkehrend

recycling plant *n* Rückgewinnungs-, Wiederaufarbeitungsanlage *f*

redeem *v/t* 1. ab-, aus-, ein-, erlösen; 2. abzahlen, tilgen; **r.ability** *n* 1. Einlösbarkeit *f*; 2. *(Anleihe)* Kündbarkeit *f*; **r.able** *adj* kündbar

redemption *n* 1. Ab-, Aus-, Einlösung *f*; 2. (Forderungs)Tilgung *f*, Rück-, Wiederkauf *m*, Rückzahlung *f*; **r. of a mortgage** Hypothekenablösung *f*, Hypothekentilgung *f*, Rückzahlung einer Hypothek; **~ a pawn/pledge** Pfandaus-, Pfandeinlösung *f*; **~ debts** Schuldenablösung *f*, Schuldentilgung *f*

(early) redemption charge/penalty Vorfälligkeitsentschädigung *f*; **r. clause** Einlösungsklausel *f*; **r. date** Tilgungstermin *m*, Zeitpunkt der Einlösung; **r. period** Einlösungsfrist *f*; **r. right** Wiederkaufsrecht *nt*; **r. value** Rückkaufs-, Rückzahlungswert *m*

redeploy *v/t* *(Arbeitskräfte)* verlegen

redevelopment *n* Sanierung *f*

red-handed *adj* auf frischer Tat, in flagranti *(lat.)*

redhibition *n* Rücktritt vom Kaufvertrag, Wandelung *f*, Minderung (des Kaufpreises) *f*

redirect *v/t* *(Post)* nachsenden, umleiten

redistribut|e *v/t* umverteilen; **r.ion** *n* Umverteilung *f*; **~ of loss** Schadensabwälzung *f*

redraft *v/t* *(Vertrag)* neu fassen

redress *v/t* 1. abhelfen, Abhilfe schaffen; 2. entschädigen, wiedergutmachen

redress *n* 1. Abhilfe *f*; 2. Entschädigung *f*, Regress *m*, Wiedergutmachung *f*; **to seek r.** Regress(anspruch) geltend machen; **~ in court** Regressanspruch gerichtlich geltend machen; **legal r.** Rechtsbehelf *m*, (gerichtlicher) Rechtsschutz

reduce *v/t* herabsetzen, kürzen, (ver)mindern, ermäßigen, heruntersetzen, drosseln, schmälern

reduction *n* 1. Ermäßigung *f*; 2. *(Preis)* Minderung, Herabsetzung *f*, Heruntersetzung *f*; 3. *(Arbeitszeit, Gehälter)* Kürzung *f*; 4. Reduktion *f*, Verminderung *f*; 5. Schmälerung *f*; **r. of benefits** Versorgungsabschlag *m*; **~ damages** Herabsetzung des Schaden(s)ersatzes; **~ liability** Haftungsminderung *f*; **~ the purchase price** Herabsetzung/Minderung des Kaufpreises; **~ a sentence** Strafnachlass *m*, Strafverkürzung *f*, Strafermäßigung *f*, Strafherabsetzung *f*, Herabsetzung der Strafe

redundancy pay *n* Entlassungsgeld *nt*, Entlassungsabfindung *f*; **r. scheme** *[GB]* Sozialplan *m*

redundant *adj* 1. überflüssig; 2. entlassen

re-employment *n* Wiedereinstellung *f*

re-enactment *n* *(Gesetz)* Wiederinkraftsetzung *f*

reestablish *v/t* wiederherstellen

re|-examin|ation *n* erneute Überprüfung; **r.-examine** *v/t* nachprüfen

refer (to) *v/t* 1. hinweisen/verweisen auf; 2. sich berufen/beziehen auf, Bezug nehmen auf; **r. back** zurückverweisen

referee *n* 1. Kampf-, Schiedsrichter *m*; 2. Gutachter *m*; **r. in bankruptcy** *[US]* Konkursrichter(in) *m/f*; **medical r.** 1. Vertrauensarzt *m*; 2. *[US]* Amtsarzt *m*

reference *n* 1. (Akten)Zeichen *nt*, Betreff *m*, Bezug *m*, Bezugnahme *f*; 2. Erwähnung *f*, Verweis *m*; 3. *(Arbeit)* Zeugnis *nt*, Referenz *f*; **r. to** Bezugnahme auf; **with ~** betreffend, betreffs, in/unter Bezug auf; **~ the authorization for registration** Bezugnahme auf die Eintragungsbewilligung

to give so. a reference jdm ein Zeugnis ausstellen; **to have good r.s** gute Zeugnisse haben; **to obtain r.s on so.** über jdn Referenzen einholen

reference figure *n* Bezugsgröße *f*; **r. file** Handakte *f*; **to quote a r. number** ein Aktenzeichen angeben; **r. rent** Vergleichsmiete *f*, Mietrichtsatz *m*

referendum *n* Volksbefragung *f*, Volksentscheid *m*, Volksabstimmung *f*

referral *n* Verweisung *f*; **r. to arbitration** Überweisung/Verweisung an ein Schiedsgericht; **~ a higher court** Verweisung an ein höheres Gericht; **r. of jurisdiction** Zuständigkeitsverweisung *f*; **partial r.** Teilverweisung *f*

referring the case to another court *n* Weiterverweisung *f*

refinance *v/t* umschulden

reflect on so. *v/prep* auf jdn zurückfallen

reflector *n* *(Kfz)* Rückstrahler *m*, Katzenauge *nt (coll)*

reflex action *n* Reflexbewegung *f*

reform *v/t* reformieren

reform *n* Reform *f*; **constitutional r.** Verfassungsreform *f*; **judicial r.** Justizreform *f*; **legal r.** Rechtsreform *f*; **r. act** Reformgesetz *nt*

reformatory *n* *[US]* Jugendstrafanstalt *f*

refrain from *v/prep* unterlassen, absehen von, Abstand nehmen von

refresher *n* zusätzliches Anwaltshonorar, Sonderhonorar für den Anwalt

refuge *n* Zuflucht *f*; **r. for homeless persons** Obdachlosenasyl *nt*; **~ battered wives/women** Frauenhaus *nt*

refugee *n* Flüchtling *m*; **economic r.** Wirtschaftsflüchtling *m*; **r. camp** Flüchtlingslager *nt*; **r. status** Flüchtlingsstatus *m*

refund *v/t* (rück)erstatten, (rück)vergüten, wieder-, zurückerstatten, zurückgewähren

refund *n* Erstattung (von Kosten), Rückerstattung *f*, (Rück)Vergütung *f*, Rückzahlung *f*; **r. of charges** Gebührenerstattung *f*; **~ costs** Kostenerstattung *f*; **~ expenses** Aufwendungserstattung *f*; **~ purchase price** Erstattung des Kaufpreises; **~ prepaid rent** Rückerstattung vorausbezahlter Miete; **person entitled to a r.** Erstattungsberechtigte(r) *f/m*; **r.able** *adj* erstattungsfähig; **r. claim** (Rück)Erstattungsanspruch *m*

refurbish *v/t* renovieren, umgestalten; **r.ment** *n* Renovierung *f*, Umgestaltung *f*

refusal *n* (Ver)Weigerung *f*, Ablehnung *f*, Absage *f*, Versagung *f*; **in the event of r.** im Weigerungsfall; **r. of acceptance** Annahmeverweigerung *f*; **~ assistance** Versagung der Hilfe; **r. to take delivery** Nichtabnahme *f*; **~ disclose/divulge (information)** Auskunftsverweigerung *f*; **~**

give evidence Aussage-, Zeugnisverweigerung *f*, Verweigerung der Zeugenaussage; **~ accept an inheritance** Erbschaftsausschlagung *f*; **~ accept a legacy** Vermächtnisausschlagung *f*; **~ obey** Gehorsamsverweigerung *f*; **~ obey orders** Befehlsverweigerung *f*; **r.of a patent** Patentversagung *f*, Patentverweigerung *f*; **r. to pay** Zahlungsverweigerung *f*

refusal to perform Leistungsverweigerung *f*; **~ perform and compensation for expenses** Leistungsverweigerung und Aufwendungsersatz; **~ perform due to gross inequity** Leistungsverweigerung wegen grober Unbilligkeit; **~ discharge a performance** Erfüllungs-, Leistungsverweigerung *f*

refusal to do military service Wehrdienstverweigerung *f*; **~ surrender** Herausgabeverweigerung *f*; **~ testify** Aussage-, Zeugnisverweigerung *f*, Verweigerung der Zeugenaussage; **~ work** Arbeitsverweigerung *f*; **persistent ~ work** beharrliche Arbeitsverweigerung

to meet with a refusal abschlägig beschieden werden

refuse *v/t* ablehnen, verweigern; **r. to testify** Zeugenaussage verweigern

refuse *n* Abfall *m*, Müll *m*; **r. collection** Müllabfuhr *f*; **r. disposal** Abfallbeseitigung *f*; **r. dump** Müllkippe *f*

refut|ation *n* Entkräftung *f*, Widerlegung *f*; **r.e** *v/t* entkräften, widerlegen

regard *v/t* ansehen

regard *n* 1. Ansehung *f*; 2. Hin-, Rücksicht *f*; **having r. to** mit Rücksicht auf; **with r. to** im Hinblick auf, hinsichtlich; **~ due r. to** unter gebührender Berücksichtung von

regard|ing *prep* hinsichtlich; **r.less of** *prep* ungeachtet, unabhängig von, unbeschadet

matrimonial regime of separate possessions and accrued gains *n* Zugewinngemeinschaft *f*

region *n* Gebiet *nt*, Raum *m*, Region *f*; **r.al** *adj* regional

register *v/ti* 1. sich (an)melden; 2. sich einschreiben/immatrikulieren; 3. eintragen, registrieren

register *n* Register *nt*, Verzeichnis *nt*, Eintragungsbuch *m*; **central r. of aliens** Ausländerzentralregister *nt*; **r. of associations** Vereinsregister *nt*; **~ births** Geburtenbuch *m*; **~ births, deaths and marriages** *[GB]*; **~ births, marriages and burials** *[US]* Personenstands-, Standesregister *nt*, Personenstandsbuch *nt*; **~ cartels** Kartellregister *nt*; **~ companies (and partnerships)** Firmen-, Gesellschafts-, Unternehmensregister *nt*; **~ convictions** Strafregister *nt*; **~ copyrights** Urheberrolle *f*; **~ craftsmen** Handwerksrolle *f*; **~ deaths** Sterbebuch *nt*, Sterberegister *nt*; **~ debtors** Schuldnerverzeichnis *nt*; **~ designs** Geschmacksmusterrolle *f*; **~ electors** Wählerverzeichnis *nt*, Wählerliste *f*; **~ marriages** Heiratsregister *nt*; **~ patents** Patentrolle *f*; **~ residents** (Einwohner)Melderegister *nt*; **~ cooperative societies** Genossenschaftsregister *nt*; **~ titles** Grundbuch *nt*; **~ trademarks** Markenregister *nt*

to be admitted to the register als Kassenarzt zugelassen sein; **to delete sth. in the r.** etw. im Register löschen; **to inspect the r.** Register einsehen; **to keep the r.** Register führen; **to strike sth. off the r.** etw. im Register löschen

baptismal register Taufregister *nt*; **cadastral r.** Katasterbuch *nt*; **central r.** Zentralregister *nt*; **~ of traffic offenders** Verkehrszentralregister (VZR) *nt*; **commercial r.** Handelsregister *nt*; **genealogical r.** Familienbuch *nt*; **official r.** amtliches Verzeichnis

registered *adj* 1. angemeldet, eingeschrieben, eingetragen, registriert; 2. *(Arzt, Kfz)* zugelassen

registrability *n* Eintragungsfähigkeit *f*

registrant *n* 1. Anmelder *m*; 2. registrierter Markeninhaber

registrar *n* 1. Rechtspfleger *m*; 2. Registerführer *m*; 3. Registerbehörde *f*; **r. in bankruptcy** *[GB]* Konkursrichter(in) *m/f*; **r. of the court registry** Urkundsbeamter *m*, Urkundsbeamtin *f*

registration *n* 1. Eintragung *f*, Registrierung *f*; 2. Erfassung *f*; 3. Anmeldung *f*, Vormerkung *f*; 4. Immatrikulation *f*, Zulassung *f*; **subject to r.** eintragungspflichtig

registration of aliens ausländerrechtliche Erfassung (bei der Ausländerbehörde); **~ a business** Gewerbeanmeldung *f*; **~ a change of address** Ummeldung *f*; **~ a (land) charge** *(Grundbuch)* Eintragung einer Belastung; **~ a cartel** Kartellanmeldung *f*; **~ a design** Geschmacksmuster-

R

eintragung *f*; **r. as a doctor** Zulassung als Arzt; **r. of the mortgage** Eintragung der Hypothek; **~ a trademark** Anmeldung eines Warenzeichens, Markenanmeldung *f*, Warenzeicheneintragung *f*

to be subject to registration registrierpflichtig; **to file sth. for r.** etw. zum Register anmelden; **to require r.** der Eintragung bedürfen

compulsory/mandatory registration Eintragungszwang *m*, Meldepflicht *f*; **new r.** Neuzulassung *f*; **supplementary r.** Nach(an)meldung *f*

registration act *n* Meldegesetz *nt*; **r. authority** Meldebehörde *f*; **r. court** Registergericht *nt*; **r. date** Anmeldedatum *nt*; **r. department** Registratur *f*; **r. document** Zulassungspapier *nt*; **r. fee** Anmelde-, Eintragungs-, Registergebühr *f*; **r. form** Anmeldeformular *nt*; **r. number** 1. *(Kfz)* Autokennzeichen *nt*, amtliches Kennzeichen; 2. Eintragungs-, Zulassungsnummer *f*; **personalized ~** Wunschkennzeichen *nt*; **r. office** (Einwohner)Meldeamt *nt*, Meldebehörde *f*, Meldestelle *f*; **r. order** Eintragungsbeschluss *m*; **r. papers** Fahrzeugpapiere; **r. plate** *(Kfz)* Kennzeichen *nt*, Nummernschild *nt*; **military ~** Militärkennzeichen *nt*; **personalized ~** Wunschkennzeichen *nt*; **r. procedure** Eintragungsverfahren *nt*; **r. requirement** 1. Anmeldungspflicht *f*; 2. Eintragungsvoraussetzung *f*; **r. rules** Meldebestimmungen

registry *n* Register *nt*; **official r.** Amtsregister *nt*; **r. marriage** Zivilehe *f*; **r. office** *[GB]* Standesamt *nt*

R

regret *v/t* bereuen, bedauern

regular *adj* ordentlich, regelmäßig; **r.ity** *n* Regelmäßigkeit *f*

regulate *v/t* regeln, reglementieren, regulieren

regulation *n* 1. Bestimmung *f*, Maßregel *f*, Regelung *f*, Reglementierung *f*, Regulierung *f*, Vorschrift *f*; 2. Rechtsverordnung *f*; **in accordance with r.s** vorschriftsgemäß; **r. to prevent abuse** Missbrauchsregelung *f*; **contrary to r.s** ordnungswidrig; **r. concerning free gifts** Zugabeverordnung *f*; **~ persons who turn King's/Queen's evidence** Kronzeugenregelung *f*

directive but non-obligatory regulation Sollvorschrift *f*; **discretionary r.** Kannvorschrift *f*; **valid r.** gültige Vorschrift

regulations *pl* Vorschriften, Regularien; **according to the r.** vorschriftsmäßig; **against the r.; contrary to r.** vorschriftswidrig, den Vorschriften zuwider; **r. governing construction contracts** Verdingungsordnung *f*; **r. for the prevention of accidents** Unfallverhütungsvorschriften; **r. governing working time** Arbeitszeitordnung *f*

applicable regulations anzuwendene Vorschriften; **commercial r.** Handelsvorschriften; **environmental r.** Umweltauflagen; **general r.** Rahmenvorschriften; **municipal r.** Gemeindeordnung *f*; **official r.** Dienstvorschriften; **postal r.** Postordnung *f*; **transitional r.** Übergangsvorschriften

regulator *n* Aufsichtsbehörde *f*; **r.y** *adj* regulativ, regelnd, Aufsichts-, Kontroll-

rehabilitat|e *v/t* rehabilitieren, resozialisieren; **r.ion** *n* Rehabilitation *f*, Resozialisierung *f*, Wiedereingliederung *f*

rehear *v/t* nochmals verhandeln; **r.ing** *n* 1. nochmalige/erneute Verhandlung; 2. Berufung(sverfahren) *f/nt*

reimbursable *adj* erstattungspflichtig

reimburse *v/t* entschädigen, ersetzen, (rück)vergüten, (zurück)erstatten

reimbursement *n* Entschädigung *f*, (Rück)Erstattung *f*, (Rück)Vergütung *f*, Rückzahlung *f*; **r.of costs** Kostenerstattung *f*, (Rück)Erstattung der Kosten; **~ expenses** Aufwendungsersatz *m*, Ausgaben-, Auslagenerstattung *f*; **r. proceedings** Erstattungsverfahren *nt*

reinstate *v/t* 1. wieder in Kraft setzen, wiederherstellen; 2. wiedereinstellen; 3. wiedereinsetzen

reinstatement *n* 1. Wiederherstellung *f*, Wiederinkraftsetzung *f*; 2. *(nach ungerechtfertigter Entlassung)* Wiedereinstellung *f*; 3. Wiedereinsetzung (in den vorherigen Stand)

reinsur|ance *n* Rückversicherung *f*; **r.e** *v/t* rückversichern

reintegration *n* Wiedereingliederung *f*

reinterpret *v/t* umdeuten; **r.ation** *n* Umdeutung *f*

reject *v/t* ablehnen, ab-, zurückweisen, verwerfen

rejection n Ablehnung *f*, Ab-, Zurückweisung *f*, Verwerfung *f*; **r. of a judge** Richterablehnung *f*; **r. without giving reasons** Ablehnung ohne Angabe von

Gründen; **r. of responsibility** Ablehnung der Verantwortung; **unfounded r.** unbegründete Ablehnung

rejects *pl* beanstandete Ware(n)

rejoinder *n* Erwiderung *f*, Entgegnung *f*, Entgegenhaltung *f*, Gegenerklärung *f*, Duplik *f*; **r. by the defendant** Erwiderung des Beklagten; **r. to an objection** Einspruchserwiderung *f*

relapse *n* *(StR)* Rückfall *m*; **r. into the same type of crime** Rückfall in das gleiche Vergehen

relapse *v/t* rückfällig/erneut straffällig werden

related *adj* verwandt

relation *n* 1. Beziehung *f*, Verhältnis *nt*; 2. Verwandte(r) *f/m*; **r.s pursuant to the law of contract** schuldrechtliche Beziehungen; **r. to third parties** Außenverhältnis *nt*; **to keep up good neighbourly r.s** gute Nachbarschaft pflegen

extramarital relations außereheliche Beziehungen; **fiduciary r.** Treueverhältnis *nt*; **industrial r. law** Arbeitsrecht *nt*; **international legal r.** internationaler Rechtsverkehr; **inter-company r.** Organschaft *f*; **intimate r.** Intimverkehr *m*; **legal r.** Rechtsverhältnis *nt*, Rechtsverkehr *m*, Rechtsbeziehungen; **existing ~** bestehendes Rechtsverhältnis; **extinct ~** erloschenes Rechtsverhältnis; **marital r.** eheliche Beziehungen; **sexual r.** geschlechtliche Beziehungen

relationship *n* 1. Beziehung *f*, Verhältnis *nt*; 2. Verwandtschaft *f*; **r. between several offences committed by one act or a series of acts** Konkurrenz von Straftaten; **~ plaintiff and defendant** Streitverhältnis *nt*; **r. based on trust** Vertrauensverhältnis *nt*

adoptive relationship Annahmeverhältnis *nt*; **adulterous r.** ehebrecherisches Verhältnis; **causal r.** ursächlicher Zusammenhang; **commercial r.** Geschäftsverhältnis *nt*; **confidential r.** Vertrauensverhältnis *nt*; **contractual r.** Vertragsverhältnis *nt*, Vertragsbeziehung *f*; **existing ~** bestehendes Vertragsverhältnis; **external r.** Außenverhältnis *nt*; **fiduciary r.** Treuhandverhältnis *nt*; **internal r.** Binnenbeziehung *f*, Innenverhältnis *nt*; **legal r.** Rechtsbeziehung *f*, Rechtsverhältnis *nt*, rechtliches Verhältnis; **to establish a ~** Rechtsverhältnis begründen; **marital r.** eheliches Verhältnis; **quasi-contractual r.** vertragsähnliches Rechtsverhältnis

relative *n* Angehörige(r) *f/m*, Verwandte(r) *f/m*; **r. by marriage** angeheiratete(r) Verwandte(r); **collateral r.** Seitenverwandte(r) *f/m*

relative to *adj* im Verhältnis zu

relatives *pl* Verwandte, Angehörige

relator action *n* Popularklage *f*

relax *v/t* *(Beschränkungen)* abbauen, lockern; **r.ation** *n* Lockerung *f*; **r.ing (of) the ban** *n* Lockerung des Verbots

re-lease *v/t* weiterverpachten

release *v/t* befreien, entbinden, ent-, freilassen

release *n* 1. Entbindung *f*, Ent-, Freilassung *f*; 2. Freigabe (zur Veröffentlichung) *f*; 3. Freisetzen *nt*; 4. Freistellung *f*; **r. from attachment** Entstrickung *f*; **r. on bail** Aufhebung des Haftbefehls gegen Sicherheitsleistung, Haftentlassung gegen Sicherheitsleistung; **r. from custody** Haftentlassung *f*, Haftaufhebung *f*, Entlassung aus der Haft; **~ distraint** Aufhebung der Pfändung; **r. of an expectancy** *[US]* Erbverzicht *m*; **r. from liability** Enthaftung *f*, Entlassung aus der Haftung; **~ a lien** Pfandentstrickung *f*, Pfandfreigabe *f*; **r. of a mortgage** *[US] (Grundbucheintrag)* Löschungsbewilligung *f*

conditional release bedingte Ent-/Freilassung; **general r.** Abfindungserklärung *f*; **unconditional r.** unbedingte Freilassung

release agreement *n* Erlassvertrag *m*; **r. order** Beschluss über die Aufhebung des Haftbefehls; **r. payment** Abstandszahlung *f*

re|-let *v/t* rückvermieten; **r.-letting** *n* Rück-, Weitervermietung *f*

relevance *n* Bedeutung *f*, Belang *m*, Relevanz *f*, Entscheidungserheblichkeit *f*; **r. in law** Rechtserheblichkeit *f*

relevant *adj* 1. bedeutend, einschlägig, relevant, (entscheidungs)erheblich; 2. gerichtsverwertbar; 3. sach-, zweckdienlich; **legally r.** rechtserheblich

reliab|ility *n* 1. Zuverlässigkeit *f*, Vertrauenswürdigkeit *f*; 2. *(Auskunft)* Verbindlichkeit *f*; **r.le** *adj* vertrauenswürdig, zuverlässig

reliance *n* Vertrauen *nt*

relicensing *n* *(Kfz)* Wiederzulassung *f*

relief *n* 1. Abhilfe *f*, Ablösung *f*; 2. Entlastung *f*, Erleichterung *f*, Linderung *f*; 3.

Fürsorge *f*; 4. Rechtshilfe *f*, Klagebegehren *nt*, gerichtlicher Rechtsschutz; **r. of distress** Linderung der Not; **to grant r.** Erleichterung gewähren

equitable relief Rechtsbehelf nach Billigkeit; **judicial r.** Rechtsschutz *m*; **marginal r.** *(Steuer)* ermäßigter Steuersatz für geringe Einkommen; **temporary r.** 1. Abhilfe; 2. vorläufiger Rechtsschutz

relief fund *n* Härte-, Unterstützungsfonds *m*; **r. measures** Hilfsmaßnahmen; **r. organisation** Hilfswerk *nt*; **r. payment** Unterstützungszahlung *f*

relieve *v/t* abhelfen, ablösen, entheben, entlasten

religion *n* Religion *f*

relinquish *v/t* 1. *(Hoffnung, Plan, Stelle)* aufgeben; 2. *(Besitz, Recht)* aufgeben, verzichten auf, preisgeben, abtreten, überlassen, abandonieren

relinquishment *n* *(Amt, Eigentum)* Verzicht *m*, Abandon *m*; **r.of an inheritance** Erbverzicht *m*; **~ ownership** Eigentumsverzicht *m*; **~ a right** Aufgabe eines Rechts, Verzicht auf ein Recht; **~ title** Eigentumsaufgabe *f*, Eigentumsverzicht *m*

relocat|e *v/t* 1. umsiedeln; 2. (Betrieb) verlegen, verlagern; **r.ion** *n* (Betriebs)Verlagerung *f*

reluctant *adj* widerwillig

remain *v/i* (ver)bleiben

remainder *n* 1. *(Erbrecht)* Anwartschaft(srecht) *f/nt*; 2. (Rest)Betrag *m*, Restsumme *f*, Überrest *m*; **r. of a sentence** Reststrafe *f*, Strafrest m; **contingent r.** bedingte Anwartschaft

R

remainderman *n* Anwartschaftsberechtigter *m*

remaining *adj* übrig, verbleibend; **r. in force** Inkraftbleiben *nt*

remains *pl* Reste; **mortal r.** sterbliche Überreste

remand *v/t* 1. Untersuchungshaft anordnen, in ~ nehmen, in Haft überstellen; 2. überweisen, (zurück)verweisen

remand *n* 1. (Zurücksendung in) Untersuchungshaft; 2. Überweisung *f*, Überstellung *f*, (Zurück)Verweisung *f*; **r. in custody** 1. Haftfortdauer *f*; 2. Sicherungshaft *f*

to appear on remand im Haftprüfungsverfahren vorgeführt werden; **to be on r.** in Untersuchungshaft sein/sitzen; **extended r.** Haftfortdauer *f*

remand centre/home Jugendstrafanstalt *f*; **r. court** Haftprüfungsgericht *nt*

remanding *n* *[US] (Rechtssache)* Zurückverweisung *f*

remand order Haftanordnung *f*; **r. prison** Untersuchungsgefängnis *nt*, Untersuchungshaftanstalt *f*; **r. prisoner** Untersuchungsgefangene(r) *f/m*, Untersuchungshäftling *m*; **r. proceedings** Haftprüfungsverfahren *nt*

remark *n* Bemerkung *f*; **r. to that effect** dementsprechende Bemerkung; **derogatory r.** abfällige Bemerkung

re-marriage *n* Wiederheirat *f*, Wiederverheiratung *f*; **r. of the surviving spouse** Wiederverheiratung des überlebenden Ehegatten; **r. clause** Wiederverheiratungsklausel *f*

remediable *adj* behebbar

remed|ial *adj* Abhilfe gewährend; **not r.ied** *adj* unbehoben

remedies *pl* Rechtsmittel, Rechtsbehelfe; **to exhaust the r.** Rechtsbehelfe erschöpfen; **domestic r.** innerstaatliche Rechtsbehelfe; **judicial r.** gerichtliche Rechtsbehelfe; **local ~** innerstaatliche Rechtsmittel

remedy *v/t* 1. abhelfen, Abhilfe schaffen; 2. abstellen, beheben, beseitigen; 3. heilen

remedy *n* 1. Abhilfe *f*; 2. Beseitigung *f*; 3. (Hilfs)Mittel *nt*; 4. Rechtsbehelf *m*, Rechtsmittel *nt*; 5. Heilmittel *nt*, Medikament *nt*; **r. of non-compliance with the required form** Heilung des Formmangels

extrajudicial remedy außergerichtlicher Rechtsbehelf; **legal r.** Rechtsbehelf *m*, gerichtlicher Rechtsschutz; **proven r.** bewährtes Mittel

remedying *n* Behebung *f*; **r. (of) a defect; ~ defects** Mängelheilung *f*, Mängelbeseitigung *f*, Nachbesserung *f*

remember *v/t* sich erinnern

remind *v/t* 1. (an)mahnen; 2. erinnern

reminder *n* 1. Anmahnung *f*, Mahnbrief *m*, Mahnschreiben *nt*, (Ab)Mahnung *f*; 2. (Zahlungs)Erinnerung *f*

remiss *adj* säumig

remission *n* 1. Erlass *m*, Erlassung *f*; 2. Niederschlagung *f*; 3. *(Rechtssache)* Zurückverweisung *f*; **r. of a claim** Forderungsverzicht *m*; **~ a debt** Schuldenerlass *m*; **~ rent** Mietermäßigung *f*; **~ the sentence** Erlass der Strafe, Straferlass *m*;

~ the remaining sentence Erlass der Reststrafe; **~ tax** Steuererlass *m*
remit *v/t* 1. *(Schulden)* erlassen, nachlassen; 2. überweisen
remit *n* Aufgabenkreis *m*
remitt|al *n* Verweisung *f*; **r.ance** *n (Geld)* Überweisung *f*; **r.ee** *n* Überweisungsempfänger(in) *m/f*
remnants *pl* Restposten
remonstrance *n* 1. Beschwerde *f*, Vorhaltung *f*; 2. Gegenvorstellung *f*
remonstrate *v/t* protestieren; **r. with so.** jdm Vorhaltungen machen
remorseful *adj* reumütig
remote *adj* abgelegen, entlegen, fern; **r.-ness** *n* Entlegenheit *f*, Ferne *f*; **~ of damage** Nichtzurechenbarkeit eines Schadens
removal *n* 1. Beseitigung *f*, Entfernung *f*, Fortschaffen *nt*; 2. Mit-, Wegnahme *f*; **r. of a damage** Schadensbeseitigung *f*; **~ defects** *(Werkvertrag)* Mängelbeseitigung *f*; **r. from office** Entfernung/Entlassung aus dem Amt; **r. of organs (of the body)** Entnahme von Körperorganen; **~ a seal** Siegelabnahme *f*; **secrect r.** Beiseiteschaffen *nt*; **~ of evidence** Beiseiteschaffen von Beweismitteln; **unlawful r. of a pawned/pledged item** Pfandverschleppung *f*
removal costs *[GB]* Umzugskosten
remove *v/t* 1. *(Tagesordnung)* absetzen; 2. beseitigen, entfernen, verlegen, wegnehmen, wegschaffen; **r. secretly** beiseite schaffen
removing by stealth *n* Beiseiteschaffen *nt*; **r. (of) defects of title** Beseitigung von Rechtsmängeln
remunerate *v/t* besolden, entgelten, entlohnen, vergüten
remuneration *n* Besoldung *f*, Bezahlung *f*, Bezüge *pl*, Entgelt *nt*, Entlohnung *f*, Lohn *m*, Vergütung *f*, Honorar *nt*; **r. in kind** Sachbezüge *pl*; **r. for labour/work** Arbeitsvergütung *f*; **~ services rendered** Entlohnung von Dienstleistungen, Entgelt für Leistungen
adequate remuneration angemessenes Entgelt; **lump-sum r.** Pauschalentgelt *nt*; **standard/usual r.** übliches Entgelt
remunerative *adj* einträglich, gewinnbringend
rename *v/t* umbenennen
render *v/t* 1. erbringen, leisten; 2. erlassen; 3. *(Urteil)* fällen; **to be r.ed** *(Urteil)* ergehen
rendering (of an) account *n* Rechenschaftslegung *f*; **r. (of) a service** Erbringung einer (Dienst)Leistung, **r. unserviceable** Unbrauchbarmachung *f*
rendit|e *v/t (Gefangene)* überstellen; **r.ion** *n* Überstellung *f*
rendition of proof *n* Erbringen des Nachweises
renege (on sth.) *v/t* wortbrüchig werden
renew *v/t* erneuern, prolongieren, verlängern; **r.able** *adj* verlängerbar
renewal *n* Erneuerung *f*, Prolongation *f*, Verlängerung *f*; **r. of a contract** Vertragserneuerung *f*, Erneuerung eines Vertrags; **~ copyright** Urheberrechtsverlängerung *f*; **~ the lease** Pachtverlängerung *f*; **~ a licence** Konzessions-, Lizenzverlängerung *f*; **~ the patent** Patentverlängerung *f*; Verlängerung des Patents; **~ a tenancy** Mietverlängerung *f*; **tacit r.** stillschweigende Verlängerung
renewal clause *n* Verlängerungsklausel *f*; **r. slip** *(Vers.)* Erneuerungsschein *m*
renounce *v/t* 1. *(Verbrechen)* abschwören; 2. ausschlagen, sich (von etw.) lossagen
renovat|e *v/t* renovieren; **r.ion** *n* Instandsetzung *f*, Renovierung *f*, Umbau *m*; **~ work** Renovierungsarbeiten *pl*
rent *v/t* 1. mieten, pachten, in Pacht nehmen; 2. *[US] (Immobilien)* vermieten; **r. out** vermieten, in Pacht geben
rent *n* Miete *f*, Mietgeld *nt*, Mietpreis *m*, Mietzins *m*, Pacht *f*, Pachtzins *m*, Raummiete *f*; **r. due** fällige Miete, zu zahlende Miete; **r. for business premises** Miete für gewerblich genutzte Räume; **r. exclusive of heating** Kaltmiete *f*; **r. including heating** Warmmiete *f*
accrued rent aufgelaufene Miete; **agreed r.** vereinbarte Miete, vereinbarter Mietzins; **annual r.** Jahresmiete *f*; **comparative r.** Vergleichsmiete *f*; **controlled r.** gebundene Miete; **delinquent r.** *[US]* fällige Miete, Mietrückstand *m*; **economic r.** Kostenmiete *f*; **exorbitant r.** überhöhte Miete; **extortionate/usurious r.** Mietwucher *m*; **fair r.** angemessene Miete; **local r.** ortsübliche Miete; **staggered r.** Staffelmiete *f*; **uncontrolled r.** freie Miete
rentable *adj [US]* vermietbar
rental *n* Miete *f*
rental agreement *n (bewegliche Sache)* Mietvertrag *m*; **r. charge** Leih-, Mietgebühr *f*; **r. fees** Mietgebühren; **r. income**

Mietertrag *m*; **r. value** (Miet)Ertragswert *m*; **r. table** Mietspiegel *m*

rent allowance Miet(kosten)zuschuss *m*; **r. arrears** fällige/rückständige Miete, Miet-, Pachtrückstände, Mietschuld *f*, Mietrückstand *m*; **r. collection** Mieteinzug *m*; **r. control** Mitpreisbindung *f*; **r. demand** Miet-, Pacht(zins)forderung *f*; **r. deposit** Mietkaution *f*, Mietsicherheit *f*; **r. dispute** Mietstreitigkeit *f*; **r. escalator clause** Miet(zins)anpassungsklausel *f*; **r. freeze** Mietfestschreibung *f*, Mietpreisstopp *m*; **r. increase** Miet(preis)-, Pacht(zins)erhöhung *f*; **r. payment** Miet-, Pachtzahlung *f*; **r. rebate** 1. Mieterstattung *f*; 2. Mietnachlass *m*; **to grant a r. respite** Miete stunden; **r. restriction** Mietbindung *f*, Mieterschutz *m*; **r. review** Mietanpassung *f*; **r. subsidy** Mietzuschuss *m*; **r. tribunal** Schiedsgericht für Mietstreitigkeiten

renunciation *n* Verzicht *m*; **r. of a(n) (future) inheritance** Erbverzicht *m*

renvoi *n* *(frz.)* Weiterverweisung *f*

reo absente *(lat.)* in Abwesenheit des/der Angeklagten

re-offend *v/i* rückfällig werden; **r.er** Wiederholungstäter(in) *m/f*; **r.ing** *adj* rückfällig

re-opener clause *n* Revisionsklausel *f*

reopening *n* Wiedereröffnung *f*; **r. of the case** Wiederaufnahme des Verfahrens; **~ trial** Wiederaufnahme der Verhandlung, ~ des Verfahrens

reorder *v/t* nachbestellen

R

reorganiz|ation *n* Sanierung *f*, Umbildung *f*; **r.e** *v/t* umbilden, umstrukturieren

repair *v/t* ausbessern, instand setzen, reparieren

repair *n* Ausbesserung *f*, Instandsetzung *f*, Reparatur *f*; **in good r.** *(Gebäude)* in gutem Zustand; **in need of r.** reparaturbedürftig; **to be beyond r.** nicht mehr zu reparieren sein; **to keep in reasonable r.** in gebrauchsfähigem Zustand erhalten; **major r.s** größere Reparaturen; **ordinary r.s** gewöhnliche Reparaturen; **r. contract** Reparaturauftrag *m*, Instandsetzungs-, Reparaturvertrag *m*; **r. costs** Instandsetzungskosten

repairs *pl* Instandsetzungsarbeiten

reparation *n* Reparation *f*

repatriat|e *v/t* (ins Heimatland) zurückführen; **r.ion** *n* 1. Heimschaffung *f*; 2. Zurückweisung (ins Herkunftsland) *f*

repay *v/t* (rück)erstatten, rückvergüten, tilgen; **r.able** *adj* rückzahl-, tilgbar

repayment *n* 1. *(Schulden)* Rückzahlung *f*, Tilgung *f*; 2. (Rück)Erstattung *f*, Rückgewähr *f*, Rückvergütung *f*; **r. of debts** Schuldentilgung *f*, Schuldenrückzahlung *f*; **liable to make r.** (rück)erstattungspflichtig

repayment claim Rückzahlungsanspruch *m*; **r. clause** Rückzahlungsklausel *f*; **r. guarantee** Rückerstattungsgarantie *f*

repeal *v/t* *(Gesetz)* abschaffen, aufheben, außer Kraft setzen

repeal *n* Abschaffung *f*, Aufhebung *f*, Rücknahme *f*

repeated *adj* mehrmalig

repeat offence *n* Wiederholungstat *f*; **r. offender** Wiederholungstäter(in) *m/f*; **r. order** Nachbestellung *f*

repent *v/i* bereuen; **r.ance** *n* Reue *f*; **active r.** tätige Reue; **r.ant** *adj* reumütig

repetition *n* Wiederholung *f*; **in case of r.** im Wiederholungsfall

rephrase *v/t* umformulieren

replace *v/t* ersetzen; **r.able** *adj* ersatzfähig

replacement *n* Ersatz *m*, Ersetzung *f*, Wiederbeschaffung *f*; **r. clause** Wiederherstellungsklausel *f*; **r. costs** Wiederbeschaffungskosten; **r. value** Wiederbeschaffungswert *m*; **~ insurance** Neuwertversicherung *f*

replevin *n* Herausgabeklage *f*, Klage auf Herausgabe gepfändeter Sachen an den Eigentümer; *v/t* auf Herausgabe klagen

replica *n* Nachbildung *f*; **r. firearm** Imitationswaffe *f*

replication *n* Entgegnung *f*, Gegenvorbringen *nt*; **r. by the plaintiff** Erwiderung des Klägers

reply *v/ti* (be)antworten, entgegnen, erwidern, entgegenhalten

reply 1. Antwort *f*, Beantwortung *f*; 2. Entgegenhaltung *f*, Erwiderung *f*, Replik *f*; **r. and rejoinder** Replik und Duplik; **to await the r.** Antwort abwarten; **to give an evasive r.** Ausflüchte machen

report *v/ti* 1. berichten, Bericht erstatten; 2. (sich) melden; **r. about** Meldung machen über; **r. on** referieren über; **r. sick** sich krank melden

report *n* 1. (Geschäfts)Bericht *m*, Protokoll *nt*, Befund *m*; 2. (An)Meldung *f*, Anzeige *f*; **r. of the directors** Vorstandsbericht *m*; **r.s and disclosures** Meldungen und Auskünfte; **r. on the investigation** Untersuchungsbericht *m*; **r. of a loss** Verlustanzeige *f*

annual report *n* Jahres-, Rechenschaftsbericht *m*; **final r.** Schlussbericht *m*; **medical r.** ärztlicher Befund; **official r.** dienstliche Meldung

reportable *adj* anzeigepflichtig

reporter *n* Berichterstatter(in) *m/f*, Referent(in) *m/f*

reporting *n* Berichterstattung *f*; **r. of an accident** Unfallanzeige *f*; **r. sick** Krankmeldung *f*; **r. period** Berichtszeitraum *m*; **r. requirements** Meldepflichten, Berichtspflichten

repository *n* Verwahrungsort *m*

repossess *v/t* wieder in Besitz nehmen

repossession *n* (Wieder)Inbesitznahme *f*; **r. action** Räumungsklage *f*; **r. order** Räumungsanordnung *f*, Räumungsbefehl *m*; **r. proceedings** Räumungsverfahren *nt*

reprehensib|ility *n* Verwerflichkeit *f*; **r.le** *adj* tadelnswert, verwerflich

represent *v/t* 1. vertreten; 2. darstellen; 3. verkörpern; 4. gewährleisten, verbindlich zusichern; **r. wrongly** falsch darstellen; **to be legally r.ed; ~ r.ed by a lawyer** durch einen Anwalt vertreten sein, sich ~ vertreten lassen

representation *n* 1. (Stell)Vertretung *f*; 2. Darstellung *f*; 3. *(Vertrag)* Erklärung *f*; 4. Repräsentation *f*; **r. in court** Prozessvertretung *f*; **R. of the People Act** *[GB]* Wahlgesetz *nt*; **r. of violence** Gewaltdarstellung *f*

to decline representation Vertretung ablehnen; **to make r.s** vorstellig werden, Vorstellungen erheben; **to resign r.** Vertretung niederlegen; **to take over r.** Vertretung übernehmen

adequate representation *n* angemessene Vertretung; **compulsory r.** Anwalts-, Vertretungszwang *m*; **consular r.** Konsularvertretung *f*; **legal r.** Vertretung vor Gericht, anwaltliche/gesetzliche/rechtliche Vertretung; **mandatory r. (by a lawyer)** Anwaltszwang *m*; **material r.s** wesentliche Angaben; **official r.** amtliche Vertretung; **pictorial r.** bildliche Darstellung, Bild *nt*; **professional r.** berufsständische Vertretung; **proportional r.** 1. Proporz *m*; 2. Verhältniswahlrecht *nt*

representative *adj* repräsentativ, stellvertretend

representative *n* Beauftragte(r) *f/m*, (Stell)Vertreter(in) *m/f*; **to appoint a r.** Vertreter bestellen

authorized representative Bevollmächtigte(r) *f/m*, bevollmächtigter Vertreter, Vertretungsberechtigte(r) *f/m*; **commercial r.** Handelsvertreter(in) *m/f*; **consular r.** Konsularvertreter *m*; **legal r.** 1. Beistand *m*, Rechtsvertreter(in) *m/f*; 2. gesetzlicher Vertreter; **permanent r.** ständiger Vertreter; **personal r.** persönlicher Vertreter; **statutory r.** gesetzlicher Vertreter; **unauthorized r.** Vertreter ohne Vertretungsmacht; **r.s' meeting** Vertreterversammlung *f*

representee *n* Vertretene(r) *f/m*

repressi|on *n* Repression *f*, Unterdrückung *f*; **r.ve** *adj* repressiv

reprieve *v/t* 1. Urteilsvollstreckung aussetzen, Strafvollstreckungsaufschub gewähren; 2. begnadigen; *n* 1. Aufschub *m*, Straf-, Vollstreckungsaufschub *m*; 2. Begnadigung *f*; 3. Gnadenfrist *f*

reprimand *v/t* ermahnen, maßregeln, rügen, tadeln, verwarnen, Verweis erteilen, zurechtweisen; *n* Ermahnung *f*, Maßregelung *f*, Rüge *f*, Tadel *m*, Verwarnung *f*, Verweis *m*, Zurechtweisung *f*

reprint *v/t* ab-, nachdrucken; *n* Ab-, Nachdruck *m*

reprisal *n* Repressalie *f*, Vergeltung(smaßnahme) *f*

reproach *v/t* vorhalten, vorwerfen; *n* Vorhaltung *f*, Vorwurf *m*; **to be above r.** über jeden Vorwurf erhaben sein

reprocessing plant *n* *(Atommüll)* Wiederaufarbeitungsanlage *f*

reproduce *v/t* 1. ab, nachbilden, nachbauen; 2. nachdrucken, vervielfältigen

reproduction *n* 1. Abbildung *f*, Nachbau *m*, Nachbildung *f*; 2. Nachdruck *m*, Vervielfältigung *f*; 3. *(Ton, Bild)* Wiedergabe *f*; **unlicensed r.** unerlaubter Nachdruck

repudiate *v/t* 1. *(Anspruch)* ablehnen, ab-, zurückweisen, nicht anerkennen; 2. bestreiten, leugnen

repudiation *n* 1. Ablehnung *f*, Abweisung *f*; 2. *(Schuld)* Bestreiten *nt*; 3. *(Anspruch)* Nichtanerkennung *f*, Zurückweisung *f*; **r. of a contract** Erfüllungsverweigerung *f*, Rücktritt vom Vertrag; **~ debt** Nichtanerkennung einer Schuld

repulsive *adj* widerwärtig; **r.ness** *n* Widerwärtigkeit *f*
repurchase *v/t* zurückkaufen; *n* Rückkauf *m*, Rücknahme *f*; **r. agreement** Rückkaufvereinbarung *f*
reputable *adj* angesehen
reputation *n* Ansehen *nt*, Leumund *m*, Ruf *m*; **to expose so.'s r. to risk** jdn kompromittieren; **to have a good r.** guten Namen haben; **so.'s r. is tarnished** jdm haftet ein Makel an
repute *n* Leumund *m*; **good r.** einwandfreier Leumund; **ill r.** schlechter Leumund; **of ~** von schlechtem Ruf; übel beleumdet
reputed *adj* beleumundet
request *n* 1. Anforderung *f*; 2. Antrag *m*, Bitte *f*, Ersuchen *nt*, Gesuch *nt*, Petitum *nt*, Wunsch *m*; **at so.'s r.** auf jds Ersuchen; **~ the r. of** auf Anforderung/Antrag von; **~ the special r. of** auf besonderen Antrag von; **on r.** auf Wunsch
request for arbitration Schiedsantrag *m*; **~ judicial assistance** Rechtshilfeersuchen *nt*; **~ mutual assistance** *(StR)* Rechtshilfeersuchen *nt*; **~ extradition** Auslieferungsantrag *m*; **~ an extension of time** Fristverlängerungsantrag *m*; **~ extradition** Auslieferungsbegehren *nt*, Auslieferungsersuchen *nt*; **~ files** Aktenanforderung *f*; **~ information** Auskunftsersuchen *nt*; **r. to interrogate** Vernehmungsersuchen *nt*; **r. for leave to speak** Wortmeldung *f*; **~ payment** Mahnung *f*, Zahlungsaufforderung *f*; **~ a reference** Referenzanforderung *f*; **~ service** Zustellungsersuchen *nt*; **~ summons** Ladungsgesuch *nt*; **~ a transfer** Versetzungsantrag *m*
to refuse a request (Gesuch) abschlägig bescheiden
request *v/t* bitten um, er-, nachsuchen um; **as r.ed** wunschgemäß
require *v/t* bedürfen, benötigen, erfordern, gebieten, notwendig machen
required *adj* erforderlich, vorgeschrieben; **r. to report** berichtspflichtig
requirement *n* 1. Erfordernis *nt*, Anforderung *f*, Voraussetzung *f*; 2. Bedarf *m*, Bedürfnis *nt*; 3. Forderung *f*; **r.s of the law** gesetzliche Anforderungen; **r. to produce (a document)** Vorlegungspflicht *f*
to comply with the requirements den Anforderungen entsprechen; **to meet the r.** Voraussetzungen erfüllen
constitutional requirement verfassungsmäßiges Erfordernis, verfassungsmäßige Voraussetzung; **de facto r.** tatsächliche Vorraussetzung; **formal r.** Formerfordernis *nt*, Formvorschrift *f*; **legal r.** rechtliche Voraussetzung; **personal r.s** Eigenbedarf *m*; **procedural r.** Prozessvoraussetzung *f*, Verfahrenserfordernis *f*, verfahrensrechtliche Voraussetzung; **statutory r.s** gesetzliche Voraussetzungen; **technical r.** Formerfordernis *nt*
requisite *adj* erforderlich, notwendig
requisition *v/t* beschlagnahmen, requirieren; **r.ing** *n* Beschlagnahme *f*, Requisition *f*
re-rental *n* Wiedervermietung *f*
re-route *v/t* *(Sendung)* umleiten
res *n (lat.)* Sache *f*; **r. judicata** *(lat.)* entschiedene Sache
resale *n* Weiterverkauf *m*, Weiterveräußerung *f*, Weitervertrieb *m*, Wiederveräußerung *f*, Wiederverkauf *m*; **r. price** Wiederverkaufspreis *m*; **~ maintenance (RPM)** Preisbindung der zweiten Hand; **r. restriction** Vertriebsbindung *f*
rescind *v/t* 1. anfechten; 2. aufheben, außer Kraft setzen, für ungültig erklären; 3. *(Vertrag)* rückgängig machen, vom Vertrag zurücktreten
rescission *n* 1. Anfechtung *f*; 2. Annullierung *f*, Aufhebung *f*, Auflösung *f*, Nichtig-, Ungültigkeitserklärung *f*, Rückgängigmachung *f*; 3. *(Vertrag)* Rücktritt *m*, Wandelung *f*; **r. for breach of warranty** Rückgängigmachung wegen Gewährleistungsbruch; **r. of a contract** Vertragsanfechtung *f*, Rücktritt vom Vertrag, Vertragsannullierung *f*, Rückgängigmachung eines Vertrages; **r. on the grounds of non-performance** Rücktritt wegen Nichterfüllung; **r. for misrepresentation** Anfechtung wegen falscher Darstellung von Tatsachen
partial rescission Teilrücktritt *m*
rescue *v/t* 1. bergen; 2. sanieren
rescue *n* Rettung *f*; **r. of goods lawfully distrained** Verstrickungsbruch *m*; **~ prisoners** Gefangenenbefreiung *f*
rescue operation *n* Bergung *f*, Rettungsaktion *f*; **r. party** Rettungsmannschaft *f*; **r. service** Rettungsdienst *m*
resell *v/t* weiterverkaufen, weiterveräußern;

R

r.er *n* Wiederverkäufer *m*; **~'s liability** Haftung des Wiederverkäufers

resentment *n* Ressentiment *nt*

reservation *n* 1. (Vertrags)Vorbehalt *m*, Vorbehaltserklärung *f*, Einschränkung *f*, Ausbedingung *f*; 2. Bedenken *nt*, Zweifel *m*; **with r.s** unter Vorbehalt; **r. of assent/consent** Einwilligungs-, Zustimmungsvorbehalt *m*; **~ discharge** Befreiungsvorbehalt *m*; **~ ownership** Eigentumsvorbehalt *m*; **~ priority/rank** Rangvorbehalt *m*

reservation of a right Rechtsvorbehalt *m*; **~ to cancel** Rücktrittsvorbehalt *m*; **~ to rescind** Rücktrittsvorbehalt *m*

reservation of title Eigentumsvorbehalt *m*; **with ~** unter Eigentumsvorbehalt; **~ clause** Eigentumsvorbehaltsklausel *f*

central reservation *n* *[GB]* Mittelstreifen *m*; **legal r.** 1. Gesetzesvorbehalt *m*; 2. Rechtsvorbehalt *m*; **mental r.** geheimer Vorbehalt, Mentalreservation *f*, reservatio mentalis *(lat.)*; **r. clause** Vorbehaltsklausel *f*

reserve *v/t* 1. *(Recht)* ausbedingen, vorbehalten; 2. vorbestellen

reserve *n* 1. Reserve *f*, Rücklage *f*; 2. Zurückhaltung *f*

reserve|s pursuant to the articles in der Satzung festgelegte Rücklage(n); **r.s for depreciation** Rücklage(n) für Wertminderung; **~ replacements** Rücklage(n) für Ersatzbeschaffung; **to draw on the r.s** Reserven angreifen

appropriated reserve|s zweckgebundene Rücklagen; **declared r.s** ausgewiesene Rücklagen; **open r.s** offene Rücklage(n); **statutory r.s** gesetzliche Rücklage(n); **uncommitted r.s** freie Rücklage(n); **undisclosed r.s** stille Rücklage(n)

reserve bid Mindestgebot *nt*; **r. fund** Rücklage *f*; **r. juror** *n* Hilfsschöffe *m*

residence *n* Wohnsitz *m*; **r. abroad** Auslandswohnsitz *m*; **r. for tax purposes** Steuerwohnsitz *m*

to change one's residence Aufenthalt ändern; **to take up r.** sich niederlassen, Wohnsitz begründen

dual residence *n* Doppelwohnsitz *m*; **privately owned r.** Eigenheim *nt*; **permanent r.** ständiger Wohnsitz, Dauerwohnsitz *m*, dauerhafter Aufenthalt; **temporary r.** vorübergehender Aufenthalt

residence ban Aufenthaltsverbot *nt*; **r. certificate** Aufenthaltsbescheinigung *f*; **r. check** Wohnsitzüberprüfung *f*; **r. documents/papers** aufenthaltsrechtliche Papiere, Aufenthaltspapiere; **r. law** Aufenthaltsrecht *nt*; **in terms of ~** aufenthaltsrechtlich; **r. permit** Aufenthaltserlaubnis *f*, Aufenthaltsgenehmigung *f*; **temporary ~** Aufenthaltsgestattung *f*; **private r. purposes** private Wohnzwecke; **r. requirement** Wohnsitzerfordernis *f*; **r. restriction** Aufenthaltsbeschränkung *f*

resident *adj* (orts)ansässig, wohnhaft, beheimatet; **to be r. in/at ...** seinen Wohnsitz haben in ...; **r. abroad** im Ausland wohnhaft

resident *n* 1. Anlieger *m*, An-, Be-, Einwohner(in) *m/f*, Mitbewohner(in) *m/f*; 2. (Gebiets)Ansässige(r) *f/m*, Inländer *m*; **r. in a home** Heimbewohner(in) *m/f*; **local r.** Ortsansässige(r) *f/m*

residents only *pl*; **open to r.** Anlieger frei; **r.' registration office** Einwohnermeldeamt *nt*

residual *adj* übrig

residue *n* Rest *m*; **r.s** Rückstände

resign *v/ti* 1. ab-, aus-, zurücktreten, aufgeben; 2. Amt niederlegen

resignation *n* 1. Austritt *m*; 2. *(Amt)* Rücktritt *m*; **to hand in one's r.** Rücktrittsgesuch einreichen; **to tender one's r.** Rücktritt anbieten

resist *v/t* Widerstand leisten, sich wehren; **r.ing an officer** *n* Widerstand gegen die Staatsgewalt

resistance *n* Gegenwehr *f*, Widerstand *m*; **r. to state authority** Widerstand gegen die Staatsgewalt; **armed r.** bewaffneter Widerstand; **passive r.** passiver Widerstand

resisting bailiffs *n* Widerstand gegen Vollstreckungsbeamte

resolution *n* 1. Entschließung *f*, Resolution *f*; 2. Beschluss *m*; 3. Entschluss *m*; **r. of the annual general meeting** Hauptversammlungsbeschluss *m*; **~ managing board** Vorstandsbeschluss *m*

resolve *v/t* beschließen, sich entschließen; **be it r.d** es ergeht folgender Beschluss

resonance *n* Resonanz *f*

resort *n* Zuflucht *f*, Inanspruchnahme *f*; **last r.** letztes Mittel; **as a ~** als letzter Ausweg; **to be so.'s ~** jds letzte Zuflucht sein

resort to sth. *v/prep* Zuflucht zu etw. nehmen

resources *pl* *(Geld)* Mittel, Ressourcen; **natural r.** Bodenschätze
respect *n* 1. Respekt *m*; 2. Hinsicht *f*; 3. Ansehung *f*, **in r. of; with r. to** hinsichtlich; **r. of human rights** Achtung der Menschenrechte
respective *adj* jeweilig; **r.ly** *adv* beziehungsweise
respite *n* 1. Fristverlängerung *f*, Nachfrist *f*; 2. (Forderungs)Stundung *f*, Frist-, Vollstreckungs-, Zahlungsaufschub *m*; **r. for payment** Zahlungsaufschub *m*
to grant a respite Aufschub/Frist bewilligen, Frist/Stundung gewähren, stunden, Zahlungsaufschub einräumen, Nachfrist setzen; **~ for the payment of a debt** Zahlung stunden; **additional r.** Nachfrist *f*, **final r.** Galgenfrist *f (coll)*
respond to *v/prep* reagieren auf; **r.eat superior** *(lat.)* Haftung für den Verrichtungsgehilfen
respondent *n* 1. Anfechtungs-, Beschwerdegegner *m*, (Revisions)Beklagte(r) *f/m*; 2. *(Scheidung)* Antragsgegner(in) *m/f*; **r. in arrest proceedings** Arrestschuldner *m*; **~ divorce proceedings** Scheidungsbeklagte(r) *f/m*
response *n* Reaktion *f*; **pupillary r.** Pupillenreaktion *f*
responsibility *n* 1. Verantwortung *f*, Verantwortlichkeit *f*, Haftung *f*; 2. Obliegenheit *f*, Kompetenz *f*; 3. *(StR)* Zurechnungsfähigkeit *f*; **own r.** Selbstverantwortung *f*; **on one's ~** auf eigene Verantwortung; **the r. lies with** die Verantwortung liegt bei; **r. for executive organs** Organhaftung *f*; **r. of a third party** Fremdverschulden *nt*; **r. for torts/civil wrongs** Deliktfähigkeit *f*
to accept responsibility for sth. etw. verantworten; **to assume r.** Verantwortung übernehmen; **to bear r.** Verantwortung tragen; **to decline r.** Verantwortung ablehnen; **to delegate r.** Verantwortlichkeit delegieren; **to deny/disclaim r.** Verantwortung ablehnen; **to evade r.** sich aus der Verantwortung stehlen; **to shift r.** Verantwortung abwälzen; **to shirk r.** sich aus der Verantwortung stehlen; **to take r. for sth.** Verantwortung für etw. übernehmen
chief responsibility *n* Hauptverantwortung *f*; **collective r.** Kollektivverantwortung *f*; **criminal r.** strafrechtliche Haftung/Verantwortung, Schuld-, Zurechnungsfähigkeit *f*; **below the age of ~** strafunmündig; **diminished r.** verminderte Schuldfähigkeit/Zurechnungsfähigkeit; **joint r.** Kollektivverantwortung *f*, Mitverantwortung *f*, Verbundszuständigkeit *f*; **overall r.** Gesamtverantwortung *f*; **overriding r.** übergeordnete Zuständigkeit; **sole r.** alleinige Verantwortung; **having ~** eigenverantwortlich
responsible *adj* 1. verantwortlich, zuständig; 2. verantwortungsbewusst; **to be r.** verschulden; **~ for** aufkommen für, zu vertreten haben, verantwortlich zeichnen für; **not ~ for sth.** etw. nicht zu vertreten haben; **to hold so. r.** jdn zur Verantwortung ziehen, ~ verantwortlich machen
civilly responsible haftend; **criminally r.** 1. strafrechtlich verantwortlich; 2. schuld-, zurechnungsfähig; **jointly r.** gemeinsam verantwortlich
rest *n* 1. Ruhepause *f*; 2. Rest *m*; **r. area** Ruhezone *f*; **r. period** Ruhepause *f*, Ruhezeit *f*, Arbeitspause *f*; **~ for drivers** Ruhezeit für Kraftfahrzeugführer
restitute *v/t* herausgeben
restitution *n* 1. Entschädigung *f*; 2. Ersatz *m*, Erstattung *f*; 3. Herausgabe *f*; 4. Rückgabe *f*, Restitution *f*; 5. *(früherer Rechtszustand)* Wiederherstellung *f*; 6. Rückerstattung *f*, Rückgewähr *f*; **r. to the previous condition** Wiedereinsetzung in den vorherigen Stand, restitutio in integrum *(lat.)*; **r. of an item** Herausgabe eines Gegenstandes; **~ confiscated items** Herausgabe beschlagnahmter Sachen; **~ conjugal life** Wiederherstellung der ehelichen Lebensgemeinschaft; **r. in kind** Naturalrestitution *f*; **r. of property** Rückerstattung von Vermögen, Rückgabe des Eigentums; **~ the original state** Wiederherstellen des eigentlichen/früheren Zustandes
liable to make restitution rückerstattungspflichtig
restitution claim Rückerstattungsanspruch *m*; **r. duty** Wiederherstellungspflicht *f*; **r. order** Rückerstattungsbeschluss *m*; **r. proceedings** Rückerstattungsverfahren *nt*; **r. suit** Wiederherstellungsklage *f*
restoration *n* 1. Herausgabe *f*, Rückgabe *f*; 2. Wiederherstellung *f*, Instandsetzung *f*; 3. Wiedereinsetzung *f*; **r. of possession** Wiedereinräumung des Besitzes, Wieder-

R

einsetzung in den Besitz; **~ one's rights** Wiedereinsetzung in seine Rechte

restor|e *v/t* 1. heraus-, zurückgeben; 2. wiederherstellen; **r.ing law and order** *n* Wiederherstellung der öffentlichen Ordnung

restrain os. *v/refl* sich zurückhalten/zügeln

restraint *n* 1. Einschränkung *f*, Freiheitsbeschränkung *f*, Hemmung *f*; 2. Verbot *nt*; **r. on alienation** Veräußerungsverbot *nt*; **statutory ~** gesetzliches Veräußerungsverbot; **r. of competition** Behinderung des Wettbewerbs; **~ disposal** Veräußerungsbeschränkung *f*; **~ disposition** Verfügungsverbot *nt*; **~ marriage** Eheverbot *nt*; **~ trade** 1. Einschränkung des Wettbewerbs, Handels-, Wettbewerbsbeschränkung *f*; 2. Wettbewerbsverbot *nt*; **~ use** Nutzungsuntersagung *f*

restrict *v/t* 1. be-, einschränken; 2. begrenzen, drosseln; **r.ed** *adj* befristet, begrenzt, be-, eingeschränkt

restriction *n* Begrenzung *f*, Be-, Einschränkung *f*; **r. of admission(s)** Zulassungsbeschränkung *f*; **~ distribution** Vertriebsbeschränkung *f*; **~ the establishment of a business** Niederlassungsbeschränkung *f*; **~ freedom** Einschränkung der Freiheit; **~ civil liberties** Einschränkung von Grundrechten; **~ trade** Handelsbeschränkung *f*; **~ transferability** Vinkulation *f*, Vinkulierung *f*

to impose restrictions Beschränkungen auferlegen; **to lift r.** Beschränkungen aufheben

statutory restriction gesetzliche Beschränkung

restrictive *adj* be-, einschränkend, restriktiv, wettbewerbsbeschränkend; **R. Practices Court** *[GB]* Kartellgericht *nt*; **R. Trade Practices Act** *[GB]* Kartellgesetz *nt*

restructure *v/t* umstrukturieren

resubmission *n* Wiedervorlage *f*

result from *v/prep* folgen/sich ergeben aus

result *n* 1. Ergebnis *nt*, Ausgang *m*; 2. Effekt *m*, Folge *f*; **r.s** *pl* Gewinnergebnis *nt*; **r. of the accident** Unfallfolge *f*; **~ investigation** Ermittlungsergebnis *nt*

resume *v/t* wiederaufnehmen

resumé *n (frz.)* 1. *[US]* Lebenslauf *m*; 2. Zusammenfassung *f*, Resümee *nt*

resumption *n* 1. Wiederaufgreifen *nt*; 2. *(Arbeit, Beziehungen, Verfahren, Verhandlungen)* Wiederaufnahme *f*; **r. of business** Wiederaufnahme der Geschäftstätigkeit; **~ possession** Wiederinbesitznahme *f*; **~ work** Wiederaufnahme der Arbeit

resuscitate so. *v/t* jdn wiederbeleben

retailer *n* Einzelhändler *m*

retail outlet *n* Einzelhandels-, Ladengeschäft *nt*; **r. price maintenance (RPM)** Preisbindung der zweiten Hand; **r. shop/store** Einzelhandelsgeschäft *f*; **r. trade** Einzelhandel *m*

retain *v/t* 1. beibehalten; 2. *(Anwalt)* beauftragen; 3. *(Gewinn)* ein-, zurückbehalten, thesaurieren; 4. aufbewahren

retainer *n* (Anwalts-/Gebühren)Honorar *nt*, Honorarvorschuss *m*

retaining fee *n* *(Anwalt)* Honorarvorschuss *m*; **r. (of) a lawyer** Mandierung *f*; **r. lien** Zurück(be)haltungsrecht *nt*

retaliat|e *v/i* vergelten, Vergeltung üben; **r.ion** *n* Vergeltung *f*, Retorsion *f*

retarded *adj* (geistig) zurückgeblieben

retention *n* 1. *(Vers.)* Eigen-, Selbstbehalt *m*, Selbstbeteiligung *f*; 2. Ein-, Zurückbehaltung *f*; 3. Thesaurierung *f*; **r. of ownership/title** Eigentumsvorbehalt *m*; **r. period** Aufbewahrungsfrist *f*

retire *v/i* 1. in den Ruhestand treten; 2. sich zurückziehen; **r. for deliberation** sich zur Beratung zurückziehen; **r. prematurely** vorzeitig in den Ruhestand treten

retir|ed *adj* pensioniert, im Ruhestand (i. R.); **r.ee** *n [US]* Rentner(in) *m/f*, Pensionär(in) *m/f*

retirement *n* 1. Rücktritt *m*; 2. Ruhestand(sverhältnis) *m/nt*; **r. on medical grounds** Verrentung/Pensionierung aus gesundheitlichen Gründen; **r. by rotation** turnusmäßiger Rücktritt

early retirement *n* Vorruhestand *m*; **to take ~** vorzeitig in den Ruhestand treten; **~ scheme** Vorruhestandsregelung *f*; **involuntary r.** Zwangspensionierung *f*

retirement age *n* Pensions-, Renten-, Ruhestandsalter *nt*; **r. benefits** Pensionsbezüge; **r. insurance** Renten-, Pensionsversicherung *f*; **r. pension** (Alters)Rente, Pension *f*, Ruhegehalt *nt*, Ruhegeld *nt*; **r. scheme** Ruhestandsregelung *f*

retort *v/t* entgegnen, erwidern

retract *v/t* *(Äußerung)* zurücknehmen, widerrufen

retraction *n* (Zu)Rücknahme *f*, Widerruf *m*; **r. of the confession** Widerruf des Geständnisses; **~ an insult** Zurücknahme einer Beleidigung; **~ a promise** Zurücknahme eines Versprechens; **~ false statements** Widerruf falscher Aussagen; **~ testimony** Widerruf der Zeugenaussage
retrain *v/t* umschulen; **r.ing scheme** *n* Umschulung(smaßnahme) *f*
retransfer *v/t* rückübereignen, (zu)rückübertragen, zurücküberweisen; *n* Rückübertragung *f*
retrial *n* *(Gericht)* Neuverhandlung *f*, Wiederaufnahmeverfahren *nt*
retribution *n* Vergeltung *f*
retriev|al *n* Wiedererlangung *f*, Wiedergewinnung *f*; **r.e** *v/t* zurückerhalten, zurückerlangen
retroactive *adj* rückwirkend
retroce|de *v/t* retrozedieren, zurückabtreten; **r.dent** n Retrozedent *m*; **r.ssion** *n* Retrozession *f*, Rückabtretung *f*
retrofication *n* Retrofizierung *f*; **r. proceedings** Retrofizierungsverfahren *nt*
in retrospect *n* im Nachhinein; **r.ive** *adj* rückwirkend
retry *v/t* neu verhandeln
return *v/t* 1. heraus-, zurückgeben, (zu)-rückgewähren; 2. *(Urteil)* fällen
return *n* 1. Ertrag *m*, Gewinn *m*; 2. Heraus-, (Zu)Rückgabe *f*, Rückerstattung *f*, Rückgewähr *f*; **by r. of mail/post** postwendend; **r. unsatisfied** 1. *(nach Konkursanmeldung)* mangels Masse; 2. Pfandabstand *m*; **r. on capital employed** Kapitalrendite *f*; **~ equity (ROE)** Eigenkapitalrendite *f*; **r. of gifts** Rückgabe der Geschenke; **r. on investment** Kapitalrendite *f*; **r. of a pledged item** Pfandrückgabe *f*; **~ the rented item** Rückgabe der Mietsache; **~ nihil** *(lat.)* Mitteilung der Unzustellbarkeit
joint return gemeinsame Steuererklärung; **to file ~/separate r.s** sich gemeinsam/getrennt veranlagen lassen; **nil r.** Fehlanzeige *f*
return journey/trip Rückfahrt *m*
returning officer *n* *[GB]* Wahl(amts)leiter(in) *m/f*
reuniting *n* Zusammenführung *f*; **r. (of) divided families** Familienzusammenführung *f*
revaluation *n* 1. Neubewertung *f*; 2. *(Währung)* Aufwertung *f*

R

revalue *v/t* 1. neu bewerten; 2. aufwerten
reveal *v/t* 1. enthüllen, entlarven, offen legen, offenbaren, preisgeben; 2. ausweisen
revelation *n* Enthüllung *f*, Offenbarung *f*, Offenlegung *f*
revenge *n* Rache *f*
revenue *n* Einkommen *nt*; **r.s** Einnahme(n) *f/pl*, Einkünfte *pl*; **r. law** Abgaben-, Steuerrecht *nt*; **r. offence** Steuerstraftat *f*; **r. officer** Steuerbeamter *m*, Steuerbeamtin *f*; **r. stamp** Steuermarke *f*; **r. tribunal** Steuergericht *nt*
reversal *n* *(Urteil)* Aufhebung *f*, Kassation *f*; 2. Umkehr(ung) *f*, Umschwung *m*; **r. of the burden of proof** Umkehr(ung) der Beweislast
reverse *adj* entgegengesetzt; *v/ti* 1. rückwärts fahren; 2. *(Entscheidung)* umstoßen
reversible *adj* umkehrbar
reversion *n* 1. Heimfall *m*, Nacherbschaft *f*; 2. Übergang *m*; **r. of a sentence** *(Urteil)* Nichtigkeitserklärung *f*; **r. clause** Heimfallsklausel *f*
revert *v/i* *(Eigentum)* heimfallen, (an jdn) zurückfallen
review *v/t* nach-, überprüfen, erneut bedenken
review *n* Nach-, Überprüfung *f*, Revision *f*; **r. on appeal** Überprüfung durch die Rechtsmittelinstanz; **R. of Elections Act** *[GB]* Wahlprüfungsgesetz *nt*; **r. of a pretrial order for committal to custody** Haftprüfungsverfahren *nt*; **~ quotas** Überprüfung der Quoten; **~remand (in custody); r. under writ of habeas corpus** *(lat.)* Haftprüfung *f*
judicial review *n* 1. gerichtliche/richterliche Nachprüfung, ~ Überpüfung, Überprüfung durch die ordentlichen Gerichte; 2. Revision *f*, Normenkontrolle *f*; **j. r. of an arrest** Haftprüfung *f*; **~ a legal norm** Normenkontrolle *f*; **~ remand (in custody)** Haftprüfung *f*; **j. r. procedure** Normenkontrollverfahren *nt*
pre-trial review Vorverfahren *nt*
review board Berufungsausschuss *m*; **r. procedure/proceedings** Normenkontrollverfahren *nt*
reviewable *adj* rechtsmittelfähig
reviling the memory of the dead *n* Verunglimpfung des Andenkens Verstorbener
revindicat|e *v/t* revindizieren; **r.ion** *n* Revindikation *f*

revise *v/t* 1. abändern, überarbeiten; 2. neu regeln
revision *n* 1. Abänderung *f*, Überarbeitung *f*; 2. Neuregelung *f*; **liable to r.** revisibel; **r. of contract** Vertragsrevision *f*; **interlocutory r.** Abhilfe *f*
revival *n* *(Recht)* Wiederaufleben *nt*, Wiederinkraftsetzung *f*; **r. of the maintenance claim** Wiederaufleben des Unterhaltsanspruchs; **~ extinct legal relations** Wiederauflebenerloschener Rechtsverhältnisse; **r. clause** Wiederauflebensklausel *f*
revocability *n* Widerruflichkeit *f*, Widerrufbarkeit *f*; **r. of consent** Widerruflichkeit der Einwilligung
revocable *adj* widerruflich, widerrufbar
revocation *n* 1. Rücknahme *f*, Widerruf *m*; 2. *(Patentrecht)* Aberkennung *f*, Nichtigkeitserklärung *f*; **subject to r.** bis auf Widerruf, vorbehaltlich des Widerrufs; **r. of the adoption order** gerichtliche Aufhebung der Adoption; **~ agency** Widerruf der Vertretung; **~ authority** Vollmachtsentzug *m*; **~ the gift** Widerruf der Schenkung; **~ a legacy** Legatsentziehung *f*; **~ a licence** Konzessions-, Lizenzentzug *m*, Lizenzentziehung *f*;**~ an offer** Rücknahme eines Angebots; **~ a patent** Patententziehung *f*; **~ power of attorney** Vollmachtswiderruf *m*, Entziehung/Widerruf der Vertretungsmacht; **~ probation** Widerruf der Strafaussetzung; **~ probate** Einziehung des Erbscheins; **~ a will** Testamentswiderruf *m*, Widerruf eines Testaments
constructive revocation Widerruf kraft Gesetzes
revocation action Nichtigkeitsklage *f*; **r. clause** Widerrufsklausel *f*; **r. division** Nichtigkeitsabteilung *f*; **r. proceedings** *(Patentrecht)* Nichtigkeitsverfahren *nt*
revoke *v/t* 1. aberkennen; 2. *(Vertrag)* aufheben; 3. widerrufen, zurücknehmen, zurückziehen; **until r.d** widerruflich, bis auf Widerruf
revolt *n* Rebellion *f*
revolution *n* Umsturz *m*
reward *v/t* belohnen
reward *n* Belohnung *f*; **r. paid for the capture of a criminal** Kopfgeld *nt*; **to offer a r.** Belohnung aussetzen/ausloben; **fair r.** angemessene Belohnung
rework *v/t* nach-, überarbeiten; **r. expense** Nacharbeitungskosten
ride *n* *[US]* Mitfahrgelegenheit *f*
rider *n* 1. *(Urkunde)* Nachtrag *m*; 2. Vertragsergänzung *f*; 3. *(Gesetzentwurf)* Zusatz(klausel) *m/f*, Zusatzparagraf *m*; 4. *(Vers.)* Zusatzpolice *f*, ergänzende Bestimmungen
riffraff *n* *(pej)* Lumpengesindel *nt (pej)*
rifle *n* Gewehr *nt*
right *n* 1. (subjektives) Recht; 2. Anrecht *nt*, Anspruch *m*, Berechtigung *f*; **as of r.; by r.s** von Rechts wegen, rechtens; **by what r.?** mit welchem Recht?; **without any r.s** rechtlos; **all r.s** sämtliche Rechte; **~ reserved** alle Rechte vorbehalten, freibleibend
right to abatement of a nuisance Beseitigungsanspruch *m*; **r. of abode** Aufenthaltsrecht *nt*; **~ access** *n* 1. Recht auf Zutritt, Zugangs-, Zutrittsrecht *nt*; 2. *(Kinder)* Besuchs-, Umgangs-, Verkehrsrecht *nt*; **to have ~ access** (rechtsmäßigen) Zugang/Zutritt haben
right to accruals Anwachsungsrecht *nt*; **r. to have an act terminated and prohibited** Beseitigungs- und Unterlassungsanspruch *m*; **~ bring an action** Klagerecht *nt*; **~ alienate** Veräußerungsrecht *nt*; **r. of appeal** Berufungs-, Beschwerderecht *nt*, Rechtsmittel *nt*; **~ approach** *(Völkerrecht)* Recht auf Flaggenerkundung; **~ appropriation** Aneignungsrecht *nt*; **~ approval** Bestätigungsrecht *nt*; **~ assembly** Versammlungsfreiheit *f*; **r. to follow the asset** Folgerecht *nt*; **r. of assignment** Zuweisungsrecht *nt*; **~ asylum** Asylberechtigung *f*, Asylrecht *nt*, Recht auf Asyl; **~ attachment** Forderungspfandrecht *nt*; **~ audience** *(Anwalt, Gericht)* Auftrittsrecht *nt*, Postulationsfähigkeit *f*; **r. to augmentation of the compulsory/statutory portion** Pflichtteilergänzungsanspruch *m*; **r. of free collective bargaining** Tarifautonomie *f*; **r. to benefits** Leistungsanspruch *m*
right of cancellation 1. Kündigungs-, Rücktrittsrecht *nt*; 2. Löschungsanspruch *m*; **statutory r. of c.** gesetzliches Rücktrittsrecht; **stipulated r. of c.** vereinbartes Rücktrittsrecht
right of capture Beuterecht *nt*; **~ public citation** Vortragsrecht *nt*; **r. to claim** Forderungsrecht *nt*; **r.s giving a prior claim to satisfaction** Konkursvorrechte
right of codetermination Mitbestimmungs-, Mitspracherecht *nt*; **~ command** Befehls-

recht *nt*; **r. to compensation** Recht auf Entschädigung; **r. of complaint** Beschwerderecht *nt*; **r. to answer a complaint as the competent party** Passivlegitimation *f*; **r. of consumption** Verbrauchsrecht *nt*; **r. to cancel/rescind a contract** Vertragsaufhebungsrecht *nt*; **~ terminate a contract** *(Vertrag)* Kündigungsrecht *nt*

right of control Kontrollrecht *nt*; **~ of partners** *(OHG, KG)* Kontrollrecht der Teilhaber; **~ of shareholders** *(GmbH, AG)* Kontrollrecht der Gesellschafter/Aktionäre

right of conversion Konversions-, Wandlungsrecht *nt*; **r. to counsel** Recht auf Hinzuziehung eines Verteidigers; **r. of custody** Verwahrungsrecht *nt*; **~ custody (of the children)** Sorgerecht *nt*; **r. to recover damages** Recht auf Schaden(s)ersatz; **sole r. of decision** Alleinentscheidungsrecht *nt*; **r. to make a decision** Entscheidungsrecht *nt*; **r. of ultimate decision** Letztentscheidungsrecht *nt*; **r. to be a legitimate defendant** Passivlegitimation *f*; **~ demonstrate** Demonstrationsrecht *nt*; **r. of discovery** *(Prozessrecht)* Recht auf Auskunfterteilung; **~ disposal** Veräußerungs-, Verkaufsrecht *nt*; **~ disposition** Verfügungsrecht *nt*; **~ distribution** *(Urheberrecht)* Verbreitungsrecht *nt*; **~ domicile** Heimatrecht *nt*; **r.s and duties** Rechte und Pflichten

right of education Erziehungsrecht *nt*; **parental ~** elterliches Erziehungsrecht; **r. to education** Recht auf Bildung/Erziehung

R

right to stand for election passives Wahlrecht; **r. of emption** Kaufrecht *nt*; **~ enclosure** Einhegungsrecht *nt*; **~ enjoyment** Genussrecht *nt*; **~ quiet enjoyment** Recht auf ungestörte Nutzung; **~ entry** Eintrittsrecht *nt*, Zutrittsrecht *nt*; **r. to have an entry expunged from a register** Löschungsanspruch *m*; **r. of escheat** Heimfallrecht *nt*; **~ establishment** Niederlassungsrecht *nt*

right to refuse to give evidence Aussage-, Zeugnisverweigerungsrecht *nt*

right of exclusion Ausschließungs-, Ausschlussrecht *nt*; **~ execution** Exekutionsrecht *nt*; **~ exemption** Befreiungsanspruch *m*; **~ exchange** Umtauschrecht *nt*; **~ exploitation** Verwertungsrecht *nt*; **~ expropriation** Enteignungsrecht *nt*; **r. to inspect the files** Recht auf Akteneinsicht; **~ foreclose** Zwangsvollstreckungsrecht *nt*; **~ be heard** Anhörungsrecht *nt*, Recht auf rechtliches Gehör; **r. of a reversionary heir** Nacherbenrecht *nt*; **~ indemnity** Befreiungs-, Freistellungsanspruch *m*; **r. to obtain information** Informationsrecht *nt*; **~ withhold information** Auskunftsverweigerungsrecht *nt*; **~ be informed** Auskunftsanspruch *m*, Auskunfts-, Informationsrecht *nt*, Recht auf Auskunft(erteilung); **~ a prohibitory injunction** Unterlassungsanspruch *m*; **~ make inquiries** Informationsrecht *nt*; **r. of inspection** Recht auf Einsichtnahme, Einsichts-, Prüfungs-, Überwachungsrecht *nt*; **r. to issue instructions** Direktions-, Weisungsrecht *nt*; **~ a future interest** Anwartschaftsrecht *nt*; **r. of interpellation** Interpellationsrecht *nt*; **~ intervention** Interventions-, Investigationsrecht *nt*; **r. to have justice administered** Justizgewährungsanspruch *m*; **r.s attached to land** *[GB]* Realrechte

right to initiate legislation *(Parlament)* Initiativrecht *nt*; **r. of lien** Pfandrecht *nt*; **r. to life** Recht auf Leben; **~ light** Lichtrecht *nt*; **~ marry** Recht auf Eheschließung; **r.s of minorities** Minderheitenrechte; **r. of notice; r. to give notice** Kündigungsrecht *nt*; **r. to object** Einspruchs-, Widerspruchsrecht *nt*; **(contractual) r.s and obligations** Rechte und Pflichten (aus dem Vertrag); **r. of opposition** Widerspruchsrecht *nt*

right to organize *(Arbeitsrecht)* Organfreiheit *f*; **r. of ownership** Eigentums-, Herrschaftsrecht *nt*, Eigentumsanspruch *nt*; **~ participation; r. to participate** Beteiligungs-, Mitwirkungsrecht *nt*, Teilnahmeberechtigung *f*; **r. of passage** Durchfahrts-, Wegerecht *nt*; **~ pasture** Weiderecht *nt*; **r. to a pension** Renten-, Pensionsanspruch *m*; **~ refuse to perform; ~ withhold performance** Leistungsverweigerungsrecht *nt*; **r. of personality** Persönlichkeitsrecht *nt*; **~ petition** Petitionsrecht *nt*; **r. to a statutory portion** Pflichtteilsrecht *nt*

right of possession Besitzrecht *nt*; **r. to abandon possession** Recht zur Besitzaufgabe; **~ possession** Recht auf Besitz, Herausgabeanspruch *m*

right of precedence Vorrang *m*, Vortrittsrecht *nt*; ~ **preemption** Vorkaufsrecht *nt*, Vorkaufsberechtigung *f*; **statutory ~ preemption** gesetzliches Vorkaufsrecht; **r. to have premises vacated** Räumungsanspruch *m*; **r. of privacy** Persönlichkeitsrecht *nt*; **r. to a share in the profits** Recht auf Gewinnbeteiligung; **r.s attached to real property** *[US]* Realrechte; **r. of protection** Sicherungsrecht *nt*; ~ **publication** Veröffentlichungsrecht *nt*; ~ **purchase** Kaufrecht *nt*; ~ **pursuit** *(Polizei)* (grenzüberschreitendes) Nacheile-, Verfolgungsrecht *nt*; **r. to ask questions** Fragerecht *nt*; ~ **reclaim** Rückforderungsrecht *nt*

right of recourse Regress-, Rückgriffsrecht *nt*; ~ **to a court** Justizgewährungsanspruch *m*; **r. of recovery** Aussonderungs-, Einziehungsrecht *nt*; ~ **redemption** 1. Ablösungs-, Einlösungsrecht *nt*; 2. Rückkauf-, Tilgungsrecht *nt*; ~ **re-entry** Recht zur Wiedereinreise; ~ **referral** Zuweisungsrecht *nt*; ~ **refusal** Ablehnungs-, Weigerungsrecht *nt*; ~ **first refusal** Vorkaufsrecht *nt*, Option *f*; **r. to reject; r. of rejection** Zurückweisungsrecht *nt*, Recht auf Annahmeverweigerung

right in rem *(lat.)* dinglicher Anspruch, Recht an der Sache, ~ Sachen, dingliches Recht; **absolute ~** unbeschränktes dingliches Recht

right to remain silent Aussage-, Zeugnisverweigerungsrecht *nt*, Recht auf Verweigerung der Aussage; ~ **on the grounds of privilege** Aussage-/Zeugnisverweigerungsrecht aus beruflichen Gründen; ~ **on the grounds of privilege** Aussage-/Zeugnisverweigerungsrecht aus persönlichen Gründen

right to renew; r. of renewal Verlängerungs-, Prolongationsrecht *nt*; ~ **reply** Erwiderungsrecht *nt*; **r. to repossess** Wegnahmerecht *nt*; **r. of repurchase** Rückkaufs-, Wiederkaufsrecht *nt*

right of resale Wiederverkaufsrecht *nt*; **joint ~** gemeinsames Wiederverkaufsrecht

right of rescission Anfechtungs-, Aufhebungs-, Rücktrittsrecht *nt*; **r. to resell** Weiterverkaufsrecht *nt*; ~ **review** Überprüfungsrecht *nt*

right of residence 1. Aufenthaltsrecht *nt*, Recht auf Aufenthalt; 2. Wohnrecht *nt*; ~ **continued/permanent r.** 1. Dauerwohnrecht *nt*; 2. Verbleiberecht *nt*; ~ **lifetime/permanent r.** Dauerwohnrecht *nt*, uneingeschränktes Wohnrecht; **right to resist** Widerstandsrecht *nt*; **r. of retention** Zurück(be)haltungs-, Retentionsrecht *nt*; **r. to return (sth/goods)** Rückgaberecht *nt*; **r. of reversion** Heimfallrecht *nt*; ~ **review** Revisions-, Nachprüfungsrecht *nt*; ~ **judicial review** richterliches Prüfungsrecht; ~ **revocation** Recht des Widerrufs; ~ **salvage** Bergungs-, Strandrecht *nt*; ~ **sanctuary** *(Anspruch)* Asylrecht *n*; ~ **satisfaction** Befriedigungsrecht *nt*; **r. to preferential satisfaction** Recht auf vorzugsweise Befriedigung; **r. of search** Durchsuchungsrecht *nt*; ~ **seizure** Beschlagnahme-, Wegnahmerecht *nt*; ~ **self-defence** Recht auf Notwehr *f*, Notwehrrecht *nt*; ~ **self-determination** Selbstbestimmungsrecht *nt*; ~ **self-redress** Selbsthilferecht *nt*; **r. to sell** Verkaufsrecht *nt*, Verkaufsberechtigung *f*, Recht zum Verkauf

right of set-off Aufrechnungsrecht *nt*, Aufrechnungsbefugnis *f*; ~ **and retention** Aufrechnungs- und Zurückbehaltungsrecht *nt*

right to sever Recht auf Abtrennung; **r. of silence** Schweigerecht *nt*; **r. to strike** Streikrecht *nt*

right of stoppage (in transit/transitu *(lat.)***)** 1. Anhalterecht *nt*; 2. *(Konkurs)* Verfolgungsrecht *nt*

right of succession Erbfolge-, Nachfolgerecht *nt*; **r. to sue** Aktivlegitimation *f*, Klagebefugnis *nt*, Prozessführungsrecht für Aktivprozesse, Recht auf Klageerhebung; ~ **sue and be sued** Prozessführungsrecht *nt*; ~ **be sued** Passivlegitimation *f*, Prozessführungsrecht für Passivprozesse; **r. of supervision** Aufsichtsrecht *nt*; **r. to support** Recht auf Unterhalt; ~ **levy tax(es)** Heberecht *nt*; ~ **termination of a tortious act** Beseitigungsanspruch *m*

right of (beneficial) use Nutzungsrecht *nt*, Nutzungsbefugnis *f*; ~ **common use** gemeinschaftliches Nutzungsrecht (an Grundbesitz); ~ **prior use** Vorbenutzungsrecht *nt*

right to use (Be)Nutzungsrecht *nt*, Recht auf (Be)Nutzung

right of usufruct Nießbrauch-, Nutzungsrecht *nt*; **permanent ~** Dauernutzungsrecht *nt*

right of veto Vetorecht *nt*, Zustimmungsvorbehalt *m*

right to vote (aktives) Wahl-, Stimmrecht, Wahl-, Stimmberechtigung *f*; **to exercise one's r. to v.** Wahlrecht ausüben; **to grant the r. to v.** Wahlrecht einräumen

right of way 1. Durchfahrts-, Durchgangs-, Wegerecht *nt*; 2. Vorfahrt *f*; **to have (the) r. of w.** Vorfahrt haben, vorfahrtberechtigt sein; **having the r. of w.** vorfahrtberechtigt; **pedestrian r. of w.** Vorrang für Fußgänger; **r. of w. sign** Vorfahrtsschild *nt*, Vorfahrtszeichen *nt*

right of withdrawal Austrittsrecht *nt*; **r. to withhold** Zurückbehaltungsrecht *nt*; **~ work** Recht auf Arbeit

to abandon a right Recht aufgeben; **to abolish a r.** Recht aufheben; **to abuse a r.** Recht missbrauchen; **to acquire a r.** Recht erwerben; **to arrogate a r.** sich ein Recht anmaßen; **to assert a r.** Recht geltend machen; **~ through the courts** Rechtsanspruch gerichtlich durchsetzen; **to assign a r.** Recht abtreten; **to be in the r.; ~ within one's r.s** im Recht sein; **to confer a r.** Recht übertragen/verleihen; **to deprive so. of his r.s** jdn entrechten; **to derive a r.** Recht herleiten; **to encroach upon so.'s r.s** jds Rechte beeinträchtigen; **to enjoy a r.** Recht genießen; **to exclude a r.** Recht ausschließen; **to exercise a r.** Recht ausüben; **to extinguish a r.** Recht löschen; **to forfeit a r.** Recht verwirken, eines Rechtes verlustig gehen; **to get one's r.s** Recht bekommen; **to grant a r.** Recht einräumen/erteilen/verleihen; **to infringe a r.** Recht verletzen; **to insist on a r.** auf einem Recht beharren; **~ one's r.** auf seinem Recht beharren; **to relinquish a r.** Recht aufgeben; **to reserve a r.** Recht vorbehalten, sich etw. vorbehalten; **to restrict a r.** Recht beschränken; **to safeguard r.s** Rechte schützen; **to substantiate a r.** Recht begründen; **to surrender a r.** Recht aufgeben; **to use a r.** Recht wahrnehmen; **to vest a r. (in so.)** Recht verleihen; **to waive a r.** Recht aufgeben, auf ein ~ verzichten

absolute right absolutes/uneingeschränktes Recht; **abstract r.** abstraktes Recht; **accessory r.** akzessorisches Recht; **accrued/acquired r.** *(Vers.)* erworbenes Recht; **alienable r.** veräußerliches Recht; **ancillary r.** Nebenrecht *nt*; **duly acquired r.** wohlerworbenes Recht; **basic r.s** Grundrechte; **beneficial r.** Nutznießungsrecht *nt*; **chartered r.** verbrieftes Recht; **civil r.s** staatsbürgerliche/politische Rechte, Bürger-, Grundrechte; **commercial r.s** wirtschaftliche Rechte; **conditional r.** bedingtes Recht; **conjugal r.** eheliches Recht; **constitutional r.** Grundrecht *nt*, verfassungsmäßiges Recht; **contingent r.** Anwartschaftsrecht *nt*; **contractual r.s** Vertragsrechte; **derived r.** abgeleitetes Recht; **disposable r.** abdingbares Recht; **dispositive r.** Gestaltungs-, Verfügungsrecht *nt*; **domiciliary r.s** Hausrecht *nt*; **enforceable r.** einklagbares Recht

equal rights gleiche Rechte, Gleichberechtigung *f*; **having e. r.** gleichberechtigt; **e. r. for all** gleiches Recht für alle

exclusive right Allein-, Ausschließlichkeits-, Exklusivrecht *nt*, ausschließliches Recht; **executive r.** Exekutivrecht *nt*; **existing r.** bestehendes Recht; **future r.** zukünftiges Recht; **human r.s** Menschenrechte; **imperfect r.** unvollkommenes Recht; **inalienable r.** unabdingbares/unveräußerliches Recht; **indefeasible/inviolable r.** unantastbares/unverletzliches Recht; **inherent r.** originäres Recht; **intangible r.** immaterielles Recht; **intervening r.** Zwischenbenutzungsrecht *nt*; **legal r.** Rechtsanspruch *m*; **marital r.** eheliches Recht; **mortgaged r.** verpfändetes Recht; **objective r.** objektives Recht; **other r.s** sonstige Rechte; **in one's own r.** aus eigenem Recht; **participatory r.** Mitwirkungsrecht *nt*; **personal r.** Individualrecht *nt*, persönliches Recht; **possessive r.** Recht auf Besitz; **possessory r.** Besitzrecht *nt*, possessorisches Recht; **preemptive r.** Options-, Vorkaufsrecht *nt*, Vorkaufsberechtigung *f*, Option *f*; **preferential r.** Absonderungs-, Vor-, Vorzugsrecht *nt*; **prescriptive r.** ersessenes Recht, durch Verjährung erworbenes Recht; **prevailing r.** Hauptrecht *nt*; **prior r.** älteres Recht; **proprietary r.** gewerbliches Eigentum, Eigentums-, Schutz-, Urheberrecht *nt*; **legally protected r.** Rechtsgut *nt*; **relative r.** relatives Recht; **reserved r.** Vorbehaltsrecht *nt*; **restitutory r.** Wiederherstellungsanspruch *m*; **restricted r.** beschränktes Recht; **reversionary r.** Heimfallrecht *nt*, Anrecht des Erben auf das Urheberrecht; **riparian r.s** Uferanliegerrechte; **senior r.** älteres

R

Recht, Prioritätsrecht *nt*; **social r.s** soziale Rechte; **sole r.** alleiniges Recht; **sovereign r.** Hoheits-, Souveränitätsrecht *nt*; **special r.** Privileg *nt*, besonderes Recht, Sonderrecht *nt*; **statute-barred r.** verjährter Rechtsanspruch; **statutory r.** gesetzlich verbrieftes Recht, gesetzliches Recht; **subjective r.** subjektives Recht; **subsidiary r.** Nebenrecht *nt*, subsidiäres Recht; **third-party r.** Recht des Dritten; **existing ~ r.s** bestehende Rechte Dritter; **transferable r.** übertragbares Recht; **unprescriptible r.** unverjährbares Recht; **unwritten r.** ungeschriebenes Recht; **usufructuary r.** Nießbrauch-, Nutznießungs-, Nutzungsrecht *nt*, Nutzungsbefugnis *f*; **~ in a thing** Nutzungsrecht an einer Sache; **vested r.** verbrieftes/wohlerworbenes Recht, (wohlerworbener) Besitzstand

rightful *adj* rechtmäßig; **r.ly** *adv* zu Recht

rigor mortis *n* *(lat.)* Leichen-, Totenstarre *f*

rigour of the law *n* Strenge des Gesetzes

ringleader *n* Anführer(in) (einer Bande) *m/f*, Banden-, Rädelsführer(in) *m/f*

riot *n* Aufruhr *m*, Krawall *m*, Ausschreitung *f*; **r. and civil commotion** Aufruhr und innere Unruhen; **civil r.** Landfriedensbruch *m*; **r. damage** Tumultschäden *pl*

riot|er *n* Aufrührer(in) *m/f*, Unruhestifter(in) *m/f*, Randalierer(in) *m/f*; **r.ous** *adj* aufrührerisch

rip-off *n (coll)* Nepp *m (coll)*

rip so. off *(coll)* jdn übers Ohr hauen *(coll)*

rise *n* 1. Anstieg *m*; 2. Erhöhung *f*; **to give r. to** hervorrufen, Anlass geben zu, führen zu

risk *n* 1. Gefahr *f*, Risiko *nt*, Wagnis *nt*; 2. versicherter Gegenstand; **at one's own r.** auf eigene Gefahr/Verantwortung, ~ eigenes Risiko; **without r.** unter Ausschluss der Gefahr; **the r. passes** die Gefahr geht über

risk of default/non-payment Ausfallrisiko *nt*; **~ escape/flight** Fluchtgefahr *f*; **~ fire** Brand-, Feuergefahr *f*; **~ injury** Verletzungsgefahr *f*; **~ litigation** Prozessrisiko *nt*; **~ loss** Verlustrisiko *nt*; **~ loss of rent** Mietausfallrisiko *nt*

to bear the risk Risiko tragen, für die Gefahr haften; **to calculate a r.** Risiko abwägen; **to cover a r.** Risiko abdecken; **to involve a r.** Risiko enthalten; **to offset a r.** Risiko ausgleichen; **to run a r.** Risiko eingehen; **~ the r.** Gefahr laufen; **to share in the r.** sich am Risiko beteiligen

aggravated risk *(Vers.)* erhöhtes Risiko; **attendant r.** Begleitrisiko *nt*; **commercial r.** Geschäftsrisiko *nt*; **customary r.s** handelsübliche Risiken; **discernible r.** erkennbare Gefahr; **excepted/excluded r.** ausgeschlossenes/unversichertes Risiko; **fair/insurable r.** versicherbares Risiko; **imputed r.** kalkulatorisches Wagnis; **insured r.** versicherte Gefahr; **occupational r.** Berufsrisiko *nt*; **own r.** Selbstbeteiligung *f*; **to act at one's ~** auf eigene Gefahr handeln; **personal r.** Eigengefahr *f*, persönliche Gefahr; **poor r.** *(Vers.)* unkalkulierbares Risiko *nt*; **professional r.** Berufsrisiko *nt*; **substandard r.** *(Vers.)* gefährliches Risiko; **third-party r.** Haftpflichtrisiko *nt*; **uncovered r.** ungedecktes Risiko; **unexpired r.** noch bestehendes Risiko

risk *v/t* riskieren, wagen

risk assessment Risikobewertung *f*; **r. bearer** Risikoträger *m*; **r.-bearing** *adj* risikotragend; **r. capital** haftendes Kapital; **r. category** Gefahrenklasse *f*; **r. disclosure** Risikoaufklärung *f*; **r. evaluation** Risikobewertung *f*, Abschätzung des Risikos; **r. limitation** Risikobegrenzung *f*; **r.-prone** *adj* risikoträchtig

risky *adj* risikoreich

rival *n* Konkurrent(in) *m/f*; **r. firm** Konkurrenzfirma *f*

river *n* Fluss *m*, Strom *m*; **r. police** Wasserschutzpolizei *f*

road *n* Straße *f*; **r.s and highways department** Straßenverkehrsbehörde *f*; **to take off the r.** *(Kfz)* aus dem Verkehr ziehen

bumpy road unebene Fahrbahn; **four-lane r.** vierspurige Straße; **hard-surface r.** befestigte Straße; **private r.** Privatstraße *f*

fatal road accident Verkehrsunfall mit Todesfolge; **work-related r. a.** Wegeunfall *m*; **r. a. victim(s)** Verkehrsopfer *nt/pl*

road behaviour Fahrverhalten *nt*; **r.block** *n* *(Polizei)* (Straßen)Sperre *f*; **r. bottleneck** Straßenverengung *f*; **r. casualty** Unfalltote(r) *f/m*; **r. charge** Straßenbenutzungsgebühr *f*, Maut *f*; **moving r. construction site** Wanderbaustelle *f*; **r. deaths** Verkehrstote; **r. haulage** Güterkraftverkehr *m*; **~ act** Güterkraftverkehrsgesetz *nt*; **r. junction** Straßenkreuzung *f*; **r. licence** *(Schein)* Fahrzeugzulassung *f*; **r. licensing regula-**

tions Straßenverkehrszulassungsordnung (StVZO) *f*; **r. markings** Straßenmarkierung *f*; **r. rage** aggressives Verhalten im Straßenverkehr; **r. safety** Sicherheit im Straßenverkehr; **~ instruction** Verkehrserziehung *f*; **r. surface** Fahrbahn *f*; **r. toll** Maut *f*, Wegezoll *m*

road traffic *n* Straßen-, Kraftverkehr *m*; **r. t. accident (RTA)** Verkehrsunfall *m*; **~ case** Verkehrsunfallsache *f*; **~ proceedings** Verkehrsunfallprozess *m*; **r. t. authority** Straßenverkehrsbehörde *f*; **r. t. law** Straßen(verkehrs)recht *nt*; **R. T. Licensing Department** *[GB]* Straßenverkehrsamt *nt*; **r. t. offence** Straßenverkehrsdelikt *nt*; **r. t. regulations** Straßenverkehrsordnung (StVO) *f*; **r. t. victim** Opfer des Straßenverkehrs, Unfallopfer *nt*

road user Verkehrsteilnehmer(in) *m/f*; **r.-way** *n* Fahrbahn *f*; **narrow(ing) ~** verengte Fahrbahn; **r.works** *n* Straßenarbeiten; **~ site** Straßenbaustelle *f*

roadworthiness *n* 1. *(Kfz)* Fahrsicherheit *f*, Fahrtauglichkeit *f*; 2. Verkehrssicherheit *f*, Verkehrstüchtigkeit *f*

roadworthy *(Kfz) adj* fahr-, straßentauglich, verkehrssicher, verkehrstüchtig; **not r.** fahruntüchtig

rob *v/t* (aus-/be)rauben; **r. so. of sth.** jdm etw. rauben

robber *n* Räuber *m*; **r. committing murder** Raubmörder *m*

robbery *n* Raub(überfall) *m*, Raubstraftat *f*; **r. resulting in death** Raub mit Todesfolge; **to commit a r.** rauben, Raub begehen; **aggravated r.** schwerer Raub(überfall)/Diebstahl; **armed r.** bewaffneter Raubüberfall/Diebstahl

R

robe *n* *(Anwalt, Richter)* Robe *f*, Talar *m*

round robin *n* *(Umlauf)* Rundbrief *m*

rogue *n* Schurke *m*, Halunke *m*; **r.s' gallery** Verbrecheralbum *nt*, Lichtbildsammlung *f*

roll *n* Liste *f*, Verzeichnis *nt*; **R. of Solicitors** *[GB]* Anwaltsliste; **to strike off the r.** von der Anwaltsliste streichen, disqualifizieren; **electoral r.** Wählerverzeichnis *nt*

emotional roller coaster *n* Wechselbad der Gefühle

Romalpa clause *n* *(Vertrag)* Vorbehaltsklausel bis zur vollständigen Zahlung

room *n* Raum *m*, Zimmer *nt*; **r. for manoeuvre** Bewegungs-, Handlungsspielraum *m*; **r. cancellation** Zimmerabbestellung *f*; **r.ing house** *n [US]* Wohnheim *nt*; **r. reservation** Zimmerbestellung *f*

root *n* Wurzel *f*, Ursache *f*; **r. of title** Eigentumsursprung *m*, urkundlicher Eigentumsnachweis von Grundbesitz; **r. cause** Hauptursache *f*

rope *n* Strang *m*, Strick *m*; **r. ladder** Strickleiter *f*

rota *n* 1. Turnus *m*; 2. Dienstplan *m*; **r.ry** *n [US]* Kreisverkehr *m*

rotat|e *v/i* 1. turnusmäßig wechseln; 2. sich drehen; **r.ion** *n* Turnus *m*, (turnusmäßiger) Wechsel; **in ~** im Turnus

rotten *adj* verdorben, verfault, faul

round *n* 1. Runde *f*; 2. Kontrollgang *m*; 3. *(Munition)* Ladung *f*; **r. of wage claims** Lohn-, Tarifrunde *f*; **to fire single r.s** Einzelfeuer schießen

roundabout *n* Kreisverkehr *m*

round up *v/t* *(festnehmen)* hochnehmen *(coll)*

roundup *n* Razzia *f*; **r. of criminals** Aushebung von Verbrechern, Hochnehmen *nt (coll)*

rouse *v/t* 1. (auf)wecken; 2. bewegen; 3. erregen, reizen

route *n* 1. Route *f*, Fahrstrecke *f*, (Reise)-Weg *m*; 2. (Verkehrs)Linie *f*; 3. Transportweg *m*; **en r.** *(frz.)* unterwegs

routine *n* Routine *f*; **r. check** Routineüberprüfung *f*; **r. duties** Routineaufgaben; **r. inspection** routinemäßige Überprüfung; **r. traffic check** Stand-, Verkehrskontrolle *f*

row *n* 1. Streit *m*, verbale Auseinandersetzung, Krach *m*, Zerwürfnis *nt*; 2. Reihe *f*; **r. of houses** Häuserzeile *f*; **to start a r.** Streit anfangen; **r. house** *[US]* Reihenhaus *nt*

rowdiness *n* rüpelhaftes/flegelhaftes Benehmen, Lärmen *nt*

royalties *pl* Konzessions-, Lizenzeinnahmen

royalty *n* 1. Konzessions-, Lizenzabgabe *f*, Lizenzgebühr *f*; 2. (Autoren)Honorar *nt*, Tantieme *f*, Erfinder-, Erfolgs-, Verfasseranteil *m*; **r. fees** Lizenz-, Patentgebühren; **r. tax** Tantiemenabgabe *f*

rubber *n* Gummi *nt*; **r. check** *[US] (coll)* ungedeckter Scheck; **r.-stamp** *v/t (fig)* (routinemäßig) abstempeln, genehmigen

rubric *n* Rubrum *nt (lat.)*

ruin *n* Zerfall *m*; *v/t* zerstören; **r.ous** *adj* ruinös

rule *n* 1. (Maß)Regel *f*, Richtlinie *f*,

Vorschrift *f*; Bestimmung *f*, Gebot *nt*; 2. gerichtliche Entscheidung; 3. *[US]* Rechtsverordnung *f*; 4. Herrschaft *f*, Regierungszeit *f*; **according to the r.s** ordnungsgemäß; **against the r.s** regelwidrig; **as a r.** in der Regel

rule|s for average Havariebestimmungen; **r.s of arbitration** Schieds(gerichts)ordnung *f*; **r.s of conduct** Verhaltensmaßregeln; **~ professional conduct** Standesregeln; **r. of construction/interpretation** Auslegungsregel *f*; **general ~** allgemeine Auslegungsregel; **~ the court** Gerichts-, Verfahrensordnung *f*, gerichtliche Verfahrensvorschriften; **~ disclosure** Publizitätsbestimmungen; **~ evidence** Beweis(führungs)regeln; **~ the house** Hausordnung *f*

rule of law 1. Rechtsstaatlichkeit *f*, Rechtsstaatprinzip *nt*; 2. (Rechts)Norm *f*, Rechtssatz *m*, Rechtsregel *f*; **in accordance with the r. of l.** rechtsstaatlich

rule|s of order and procedure Geschäfts- und Verfahrensordnung *f*; **~ practice** Prozessordnung *f*; **~ procedure** Verfahrensnormen, Verfahrensregeln, Verfahrensrichtlinien, Geschäfts-, Verfahrensordnung *f*, Verfahrensvorschriften; **~ procedure and form** Verfahrens- und Formvorschriften; **~ reasonableness** Übermaßverbot *nt*; **~ of the road** Straßenverkehrsregeln; **r.s and regulations** 1. Vorschriften; 2. Geschäftsordnung *f*, Geschäftsbedingungen *pl*; **R.s of the Supreme Court** *[US]* Verfahrensregeln des höchsten Gerichts; **r. of thumb** Faustregel *f*; **r. concerning uncertainties** Unklarheitenregel *f*

to apply a rule Vorschrift anwenden; **to breach/break/contravene a r.** gegen ein Gebot/eine Vorschrift verstoßen; **to comply with a r.** Vorschrift beachten; **to disregard a r.** Regel missachten; **to infringe a r.** Vorschrift verletzen; **to observe a r.** Regel beachten; **to relax r.s** Bestimmungen/Vorschriften lockern; **to work to r.** nach Vorschrift arbeiten, Dienst nach Vorschrift tun

administrative rule Verwaltungsvorschrift *f*; **binding r.** zwingende Vorschrift; **contractual r.** vertragliche Regelung; **disciplinary r.s** Dienstordnung *f*; **discretionary r.** Ermessensvorschrift *f*; **hard and fast r.** feste/verbindliche Regel; **legal r.** Rechtsnorm *f*, Rechtssatz *m*; **optional r.s** Dispositivnormen; **peremptory r.** zwingende Vorschrift; **procedural r.** Verfahrensregel *f*; **~ r.s** Verfahrensordnung *f*; **shop-floor r.s** Betriebssatzung *f*; **standing r.** feststehende Regel; **~ r.s** Geschäftsordnung *f*; **stare-decisis** *(lat.)* **r.** Regel der Präjudizienbindung; **uniform r.s** einheitliche Richtlinien

rule *v/ti* 1. entscheiden, Entscheidung/Urteil fällen, urteilen; 2. beschließen, regeln, anordnen; 3. herrschen; **r.d** *adj (Urteil)* erkannt

rule nigi *(lat.)* vorläufige Entscheidung

rule out *v/prep* ausschließen

ruler *n* Herrscher *m*

ruling *n* 1. (gerichtliche) Entscheidung, (Rechts)Spruch *m*, Urteil *nt*; 2. (richterliche) Verfügung, Bescheid *m*, Beschluss *m*; **r. on an objection** Widerspruchsbescheid *m*; **to deliver a r.** Urteil fällen

administrative ruling Verwaltungsentscheidung *f*; **final r.** rechtskräftiger Beschluss; **first r.** Erstbescheid *m*; **interim r.** Vorbescheid *m*; **judicial r.** Entscheidung durch den Richter, Rechtsfindung *f*; **jurisdictional r.** Bestimmung der Zuständigkeit; **preliminary r.** Vorabentscheidung *f*, Vorbescheid *m*; **supplemental/supplementary r.** Ergänzungsurteil *nt*, Ergänzungsbescheid *m*

ruling *adj* (vor)herrschend

rumble strip *n* *(Straße)* Rüttelschwelle *f*

rummage *n* Ausschuss *m*, Ramsch *m*; *v/i* (durch)wühlen, durchstöbern

rumour *n* Gerücht *nt*; **r. has it that ...** Gerüchten zufolge ...

run *n* 1. Fahrt *f*; 2. *(Maschine)* Durchlauf *m*; **on the r.** auf der Flucht, flüchtig; **in the long r.** auf lange Sicht

run *v/ti* 1. (ver)laufen; 2. leiten; 3. betreiben, bewirtschaften; 4. gelten, gültig sein; 5. bedienen; 6. kandidieren; **r. counter to sth.** einer Sache zuwiderlaufen; **r. so. over** jdn überfahren

running *n* 1. Laufen *nt*, Rennen *nt*; 2. Führung *f*, Leitung *f*, Betrieb *m*; 3. Laufzeit *f*; **r. of a period/term** Lauf einer Frist; **to interrupt the ~** Verjährung unterbrechen; **to suspend the ~** Frist/Verjährung hemmen; **r. amok** Amoklauf *m*; **r. two households** doppelte Haushaltsführung

run-up *n* Vorlauf *m*; **in the r. to sth.** im Vorfeld von etw.

ruse *n* Täuschungsmanöver *nt*, List *f*

rush *v/ti* 1. eilen, hetzen; 2. überstürzen; **r. through** schnell erledigen, durchpeitschen
rustl|er *n* Viehdieb(in) *m/f*; **r.ing** *n* Viehdiebstahl *m*
ruthless *adj* rücksichts-, schonungslos, unbarmherzig

S

sabot|age *n* Sabotage(tätigkeit) *f*; *v/t* sabotieren, Sabotage begehen; **s.eur** *n* Saboteur *m*
sachet *n* kleines Päckchen mit Drogen
sack *v/t (coll)* entlassen, hinauswerfen; **s.** *n* Entlassung *f*, Hinauswurf *m*; **to be given the s.** Kündigung erhalten; **s.ing** *n* Entlassung *f*
sacrifice *n* Opfer *nt*, Aufopferung *f*; *v/t* opfern
sacrilege *n* Sakrileg *nt*, Frevel *m*, Kirchenschändung *f*
sacrosanct *adj* unantastbar
safe *n* Geldschrank *m*, Tresor *m*; *adj* 1. sicher; 2. wohlbehalten, heil; 3. vorsichtig, zuverlässig; **s. and sound** unversehrt
safeguard *v/t* 1. schützen, sichern; 2. garantieren, sicherstellen; 3. wahren
safeguard *n* Sicherungs-, Sicherheitsmaßnahme *f*; **s. clause** Schutz-, Sicherungsklausel *f*
safeguarding *n* 1. Sicherstellung *f*, Sicherung *f*; 2. Wahrung *f*; **s. of banker's discretion** Wahrung des Bankgeheimnisses; **~ data** Datenschutz *m*; **~ evidence** Beweissicherung *f*; **~ interests** Wahrung/Wahrnehmung von Interessen, Interessenwahrnehmung *f*; **~ the public interest** Wahrung öffentlicher Belange; **~ jobs** Arbeitsplatzsicherung *f*; **~ the peace** Sicherung des Friedens; **~ rights** Wahrnehmung von Rechten
safekeeping *n* Aufbewahrung *f*, (sichere/gerichtliche) Verwahrung; **s. of securities and valuables** Verwahrung von Wertpapieren und Wertsachen; **~ a will** (sichere) Verwahrung eines Testaments; **s. charge** Aufbewahrungsgebühr *f*; **s. duty** Verwahrungspflicht *f*; **s. fee** Aufbewahrungsgebühr *f*; **s. period** Aufbewahrungsfrist *f*
safety *n* Sicherheit *f*, Schutz *m*; **s. at work** Sicherheit am Arbeitsplatz, Arbeitsschutz *m*; **s. of work** Betriebssicherheit *f*
industrial safety Arbeitsschutz *m*; **~ legislation** Arbeitsschutzgesetz; **public s.** öffentliche Sicherheit; **to endanger ~** öffentliche Sicherheit (und Ordnung) gefährden
safety appliances Sicherheitsvorrichtungen; **s. bar** Sicherheitsbügel *m*; **s. belt** Sicherheitsgurt *m*; **s. board** Sicherheitsbehörde *f*; **s. bond** Kaution *f*, Sicherheitsleistung *f*; **s. catch** Schutzvorrichtung *f*, Sicherung *f*; **s. check** Sicherungsüberprüfung *f*; **s. clause** Sicherheitsklausel *f*; **s. committee** Sicherheitsausschuss *m*; **s. cushion** Sicherheitspolster *nt*; s. **device** Sicherungsvorrichtung *f*; **s. guarantee** Sicherheitsgarantie *f*; **s. hazard** Sicherheitsrisiko *nt*, Gefahrenquelle *f*; **s. inspection** Sicherheitsinspektion *f*; **s. margin** Sicherheitsspielraum *m*; **s. measures** Schutz-, Sicherheitsmaßnahmen; **s. officer** Sicherheitsbeauftragte(r) *f/m*; **s. precaution** Sicherheitsvorkehrung *f*; **s. provisions/regulations** Sicherheitsbestimmungen, Sicherheits-, Unfallverhütungsvorschriften; **for s. reasons** aus Sicherheitsgründen, sicherheitshalber; **s. requirements** Sicherheitsanforderungen; **s. sign** Sicherheitshinweis *m*; **s. standards** Sicherheitsnormen; **s. valve** Sicherheitsklappe *f*; **s. work platform** Sicherheitsbühne *f*
salaried *adj* 1. besoldet, bezahlt; 2. fest angestellt, festes Gehalt beziehend
salary *n* Gehalt *nt*, Besoldung *f*, Dienstbezüge *pl*; **s. and other emoluments** Gehalt und andere Bezüge; **s. and wage ordinance** Tarifverordnung *f*; **to draw a s.** Gehalt beziehen; **accrued s.** Gehaltsrückstände *pl*; **annual s.** Jahresgehalt *nt*; **basic s.** Grundgehalt *nt*; **initial/starting s.** Anfangsgehalt *nt*
salary advance Gehaltsvorschuss *m*; **s. arrears** Gehaltsrückstände; **s. assignment** Gehaltsabtretung *f*; **s. attachment** Gehaltspfändung *f*; **s. bracket** Gehaltsstufe *f*; **s. claim** Gehaltsanspruch *m*, Gehaltsforderung *f*; **s. continuation** Gehaltsfortzahlung *f*; **s. cut** Gehaltskürzung *f*; **salary differentials** Sonderzulagen; **s. earner** Gehaltsempfänger(in) *m/f*; **s. increase** Gehaltserhöhung *f*; **s. increment** automatische Gehaltserhöhung; **s. level** Gehaltsstufe *f*, Besoldungsgruppe *f*; **s. payment** Gehaltszahlung *f*; **s. rise** Gehaltserhöhung *f*; **s. scale** Gehaltstarif *m*, Besoldungs-, Lohn-, Gehaltsordnung *f*

sale *n* 1. Verkauf(sgeschäft) *m/nt*, Veräußerung *f*, Kaufgeschäft *nt*; 2. Absatz *m*, Vertrieb *m*; 3. Aus-, Schlussverkauf *m*; **s.s** Absatz *m*, Umsatz *m*; **s. as seen** Kauf wie besehen; **for s.** (ver)käuflich, zum Verkauf, zu verkaufen; **not for s.** unverkäuflich

sale on approval Kauf auf Probe, Probekauf *m*, Bedingtlieferung *f*; **s. of assets** Veräußerung von Vermögenswerten/Vermögensgegenständen; **s. by auction** Versteigerung *f*; **s. of bankruptcy assets** Liquidationsverkauf *m*; **~ (alcoholic) beverages for consumption on the premises** Ausschank *m*; **~ a business** Geschäftsveräußerung *f*; **s. at buyer's risk** Käufer trägt die Gefahr; **s. without consent** Veräußerung ohne Zustimmung; **s. on a consignment basis** Kommissions-, Konsignationsverkauf *m*; **s. by private contract** Frei(hand)verkauf *m*; **s. under contract for goods and services** Werklieferung *f*; **s. by court order** Zwangsversteigerung *f*; **s. on credit (terms)** Verkauf auf Ziel; **s. for prompt delivery** Verkauf zur sorfortigen Lieferung; **s. by description** Kauf nach Beschreibung; **s. or encumbrance** Veräußerung oder Belastung; **~ exchange** Kauf mit Umtauschrecht; **s. by judicial execution** Veräußerung durch/im Wege der Zwangsvollstreckung; **s. with all faults** Kauf wie es steht und liegt, Kauf ohne Gewähr; **s. of foodstuffs** Lebensmittelverkauf *m*

sale of goods Verkauf beweglicher Sachen, Güterverkauf *m*, Warenabsatz *m*; **~ specific g.** Spezieskauf *m*; **organized ~ stolen g.** Bandenhehlerei *f*; **~ unascertained g.** Genuskauf *m*; **S. of G. Act** *[GB]* Warenverkaufs-, Kaufgesetz *nt*; **~ g. from the bankrupt's assets** Konkursverkauf *m*

sale of an accrued inheritance Erbschaftskauf *m*; **s. on inspection** Kauf wie besehen; **private s. of instruments to order** freihändiger Verkauf von Orderpapieren; **s. with option to repurchase** Verkauf mit Rückkaufsrecht; **s. of property** Grundstücksveräußerung *f*; **s. or return** Kauf auf Probe, ~ mit Rückgaberecht; **s. with right of redemption** Verkauf mit Rückkaufrecht; **to supply sth. on a ~ basis** in Kommission liefern; **s. by sample** Kauf nach Muster/Probe; **s. subject to existing tenancies** Kauf bricht nicht Miete; **s. by private treaty** freier/freihändiger Verkauf, freihändige Veräußerung; **s. by vending machine** Automatenverkauf *m*

to cancel a sale Kauf rückgängig machen, vom Kauf(vertrag) zurücktreten; **to conclude a s.** Kauf abschließen; **to offer for s.** feilbieten, feilhalten, zum Verkauf anbieten; **to rescind a s.** wandeln

commercial sale Handelskauf *m*; **compulsory s.** Zwangsverkauf *m*, Zwangsversteigerung *f*; **conditional s.** (Ver)Kauf unter Eigentumsvorbehalt, Vorbehaltskauf *m*; **court-ordered s.** Zwangsversteigerung *f*; **direct s.** Verkauf ohne Zwischenhändler; **distress of s.** Ausverkauf wegen Geschäftsaufgabe; **enforced s.** Zwangsverkauf *m*; **exclusive s.** Alleinvertrieb *m*; **executed s.** erfüllter Kaufvertrag, Realkauf *m*, Handverkauf *m*; **executory s.** zu erfüllender Kaufvertrag; **forced s.** Not-, Zwangsverkauf *m*; **fraudulent s.** Verkauf zur Gläubigerschädigung; **judicial s.** Zwangsversteigerung *f*, Zwangsverkauf *m*, gerichtliche Versteigerung, gerichtlicher Verkauf; **lawful s.** rechtsmäßige Veräußerung; **outright s.** Verkauf in Bausch und Bogen; **prior s.** Zwischenverkauf *m*; **subject to ~** Zwischenverkauf vorbehalten; **private s.** freier/freihändiger Verkauf; **public s.** Versteigerung *f*; **tie-in s.** Koppelungsverkauf *m*; **unconditional s.** Kaufvertrag ohne Eigentumsvorbehalt

sale|ability *n* Verkäuflichkeit *f*, Verkehrs-, Marktfähigkeit *f*; **s.able** *adj* veräußerbar, verkehrsfähig

sales *pl* Umsatz *m*; **s. account** Verkaufsabrechnung *f*; **s. agency** Verkaufsagentur *f*, Verkaufsniederlassung *f*; **s. agreement** Kaufvertrag *m*, Verkaufsvereinbarung *f*; **s. commission** Verkaufsprovision *f*; **s. contract** Kauf-, Liefervertrag *m*; **s. margin** Verkaufsspanne *f*; **s. monopoly** Verkaufsmonopol *nt*; **s. performance** Verkaufsleistung *f*; **s. premium** Verkaufsprämie *f*; **s. price** Kaufpreis *m*; **s. proceeds** Verkaufserlös *m*; **s. profit** Verkaufsgewinn *m*; **s. prospectus** Verkaufsprospekt *nt*; **s. regulations** Verkaufsvorschriften; **s. restrictions** Verkaufs-, Veräußerungsbeschränkungen; **s. slip** Kassenbeleg *m*, Kassenzettel *m*; **s. staff** Verkaufspersonal *nt*

sales tax Umsatzsteuer *f*; **liable to s. t.** umsatzsteuerpflichtig; **s. t. audit** Umsatzsteuerprüfung *f*; **s. t. return** Umsatzsteuererklärung *f*

doorstep sales team Drückerkolonne *f* *(pej)*; **s. value** Verkaufswert *m*
saliva *n* Speichel *m*; **s. sample** Speichelprobe *f*
salvage *n* Rettung *f*, Bergung *f*; **s. contract** Bergungsvertrag *m*; **s. costs** Rettungskosten; **s. loss** Bergungsschaden *m*; **s. value** Rest-, Schrott-, Veräußerungswert *m*; **s. work** Bergungsarbeiten *pl*
salvo *n* Vorbehaltsklausel *f*
Samaritans *pl* *[GB]* Telefonseelsorge *f*
sample *n* Muster *nt*, Probe *f*; **multiple random s.** Mehrfachstichprobe *f*
sampling *n* Probenahme *f*; **multiple s. inspection** Mehrfachstichprobenprüfung *f*
sanction *n* 1. (nachträgliche) Genehmigung, Billigung *f*; 2. Zwangsmaßnahme *f*, Strafandrohung *f*, Strafmaßnahme *f*, Sanktion *f*; **to impose s.s** Sanktionen verhängen; **to lift s.s** Sanktionen aufheben; **criminal s.** strafrechtliche Sanktion; **punitive s.** Strafsanktion *f*
sanction *v/t* 1. genehmigen, gutheißen; 2. sanktionieren
sanctity of contract Unantastbarkeit des Vertrags
sanctuary *n* Freistätte *f*, Asyl *nt*
sane *adj* 1. geistig gesund; 2. zurechnungsfähig; 3. vernünftig
sanitary *adj* hygienisch, Gesundheits-
sanity *n* 1. geistige Gesundheit; 2. Zurechnungsfähigkeit *f*; 3. Vernünftigkeit *f*
sans recours *n (frz.)* ohne Gewähr/Regress
satisfaction *n* 1. Befriedigung *f*, Zufriedenstellung *f*; 2. Zufriedenheit *f*, Genugtuung *f*; 3. *(Forderung, Verpflichtung, Vertrag)* Erfüllung *f*; 4. *(Schulden)* Bezahlung *f*, Begleichung *f*, Tilgung *f*; 5. Schadensabfindung *f*, Wiedergutmachung *f*; **in s. of** in Erfüllung von
satisfaction of a claim Befriedigung/Erfüllung eines Anspruchs, Anspruchserfüllung *f*, Erfüllung einer Forderung; **~ a condition** Erfüllung einer Bedingung; **~ contract** Vertragserfüllung *f*; **to the ~ the court** nach Überzeugung des Gerichts; **~ creditors** Befriedigung von Gläubigern, Gläubigerbefriedigung *f*; **~ a debt** Bezahlung einer Schuld; **~ a fine by serving time** Ersatzfreiheitsstrafe *f*; **~ judgment** Zahlung auf Grund eines Gerichtsurteils; **~ a mortgage** *(Grundbucheintrag)* Löschungsbewilligung *f*; **~ needs** Befriedigung von Bedürfnissen; **s. in part** teilweise Befriedigung
to demand satisfaction Befriedigung verlangen; **precuniary s.** Geldentschädigung *f*; **preferential s.** Vorwegbefriedigung *f*
not satisfied *adj* fruchtlos gepfändet
satisfy *v/t* 1. befriedigen, zufrieden stellen; 2. *(Anspruch, Bedingungen)* erfüllen; 3. *(Gläubiger)* abfinden; 3. *(Schuld)* tilgen, abgelten; 4. *(Richter)* überzeugen; **s. os.** *v/refl* sich Gewissheit verschaffen, ~ vergewissern; **to be satisfied** zu der Überzeugung gelangen
savage *adj* brutal, roh, grausam
save *v/t* 1. (ein)sparen; 2. retten, befreien; 3. *(Daten)* speichern, sichern; 4. *(Ruf, Schein)* wahren; 5. schonen; 6. *(Ärger)* ersparen
save *prep* außer, ausgenommen, mit Ausnahme von; **s. for** abgesehen von; **s. as aforesaid** mit Ausnahme des oben Gesagten
saver *n* Sparer(in) *m/f*
saving *prep* ausgenommen
saving *n* 1. Sparen *nt*; 2. Einsparung *f*, Ersparnis *f*; **s. of time** Zeitersparnis *f*; **s. clause** Vorbehaltsklausel *f*, salvatorische Klausel, einschränkende Bestimmung, Ausnahmebestimmung *f*
savings *pl* 1. Einsparungen; 2. Ersparnisse, Rücklage *f*, Sparguthaben *nt*; **to withdraw s.** Ersparnisse abheben
savings and loan association *[US]* Bausparkasse *f*; **s. account** Sparkonto *nt*; **s. agreement** Sparvertrag *m*; **s. bank** Sparkasse *f*
say *n* Mitspracherecht *nt*; **to have a s. in sth.** bei etw. ein Mitspracherecht haben
scab *n* Streikbrecher(in) *m/f*, unter Tarif Arbeitende(r) *f/m*
scald *v/t* verbrühen
scale *n* 1. Tabelle *f*, Skala *f*; 2. Ausmaß *nt*, Umfang *m*, Größenordnung *f*; **s. of charges/fees** Gebührenordnung *f*, Gebührentabelle *f*; **~ rates** Tarif(tabelle) *m/f*; **graduated s.** Stufentarif *m*
scam *n (coll)* Betrug *m*
scapegoat *n* Sündenbock *m*; **to make so. one's s.** jdm die Schuld zuschieben
scar *n* Narbe *f*
scarcity value *n* Seltenheitswert *m*
scare *v/t* verängstigen, in Angst und Schrecken versetzen; **s. so. off** jdn verscheuchen

S

scarred *adj* voller Narben, vernarbt
scene *n* 1. *(Unfall, Verbrechen)* (Ereignis-/Tat)Ort *m*; 2. Milieu *nt*; **at the s.** vor Ort; **on s.** am Tatort
scene of the accident Unfallort *m*; **to secure the ~** Unfallort absichern; **s. of the crime** Ort des Verbrechens, Ort der Tat, Tatort *m*; **to return to the ~** an den Ort des Verbrechens zurückkehren; **s. of the disaster** Unglücksort *m*; **~ the incident** Ort des Zwischenfalls; **~ the offence** *(Vergehen)* Ort der Handlung
to visit the scene Ortsbesichtigung vornehmen; **extremist s.** Extremistenmilieu *nt*
schedule *n* 1. Verzeichnis *nt*, Tabelle *f*, Aufstellung *f*; 2. *(Gesetz, Vertrag)* Anhang *m*; 3. Zeit-, Termin-, Arbeitsplan *m*; **according to s.** planmäßig, termingerecht; **behind s.** verspätet, im Rückstand; **on s.** termingemäß
schedule of the bankrupt's creditors Konkurstabelle *f*; **~ creditors** Gläubigerverzeichnis *nt*; **~ fees** Gebührenordnung *f*, Gebührenverzeichnis *nt*; **~ plights** *(Mietsache)* Mängelliste *f*; **~ property** Vermögensverzeichnis *nt*
schedule *v/t* anberaumen, ansetzen, planen; **s.d** *adj* vorgesehen, geplant
scheduling *n* Terminplanung *f*
scheme *n* 1. Plan *m*, Programm *nt*, Vorhaben *nt*; 2. Schema *nt*, systematische Anordnung; 3. Komplott *nt*, Verschwörung *f*, Intrige *f*, Anschlag *m*; 4. Anlage *f*; **s. of arrangement/composition** *(Konkurs)* Vergleichsplan *m*, Vergleichsregelung *f*; **~ partition** Teilungsplan *m*
to implement a scheme Vorhaben verwirklichen; **contractual s.** vertragliche Regelung
schemer *n* Intrigant(in) *m/f*
scheming *adj* raffiniert, durchtrieben
Schengen implementation agreement Schengener Durchführungsübereinkommen *nt*
scholar *n* Gelehrte(r) *f/m*; **legal s.** Rechtsgelehrte(r) *f/m*; **s.ship** *n* Stipendium *nt*
school *n* 1. Schule *f*; 2. *(Universität)* Fachbereich *m*, Fakultät *f*; **s. of motoring** Fahrschule *f*; **to expel so. from s.** jdn von der Schule verweisen; **elementary/primary s.** Grundschule *f*; **high s.** *[US]* höhere/weiterführende Schule; **~ diploma** *[US]* Abitur *nt*, Abschlusszeugnis *nt*; **private s.** Privatschule *f*; **public s.** *[GB]* Privatschule *f*; **secondary s.** höhere/weiterführende Schule; **~ modern s.** Hauptschule *f*; **vocational s.** Berufsschule *f*, berufsbildende Schule, Berufskolleg *nt*
school attendance Schulbesuch *m*; **s. certificate** Schulzeugnis *nt*; **s. crime** Straftaten an/in Schulen; **s. grounds** Schulgelände *nt*; **s. inspectorate** Schulaufsicht *f*; **s.-leaver** *n* Schulabgänger(in) *m/f*; **s. outing** Schulausflug *m*; **s. regulations** Schulordnung *f*
forensic science *n* Rechtsmedizin *f*, Kriminaltechnik *f*; **~ scientist** *n* Gerichts-, Rechtsmediziner(in) *m/f*
scope *n* 1. Umfang *m*, Rahmen *m*, Ausmaß *nt*; 2. (Geltungs-/Wirkungs)Bereich *m*, Wirkungskreis *m*, Reichweite *f*; 3. Beurteilungsspielraum *m*; 4. Kompetenz-, Zuständigkeitsbereich *m*; 5. (Entfaltungs)-Möglichkeit *f*, Spielraum *m*; **within the s. of** im Rahmen von; **to come/fall ~** in den Bereich fallen von, im Rahmen liegen von
scope of administration Zuständigkeitsbereich der Verwaltung; **~ the agreement** *(Vertrag)* Gestaltungsbereich *m*; **~ application** Anwendungs-, Gültigkeits-, Geltungsbereich *m*; **~ authority** Vollmachtsumfang *m*; **~ benefits** Leistungsumfang *m*; **~ a contract** Vertragsumfang *m*; **~ a decision** Tragweite einer Entscheidung; **~ discretion** Ermessensspielraum *m*, Ermessensbereich *m*; **~ duties/functions** Aufgabenbereich *m*; **~ (the) guarantee** Garantieumfang *m*; **~ the law** Rahmen des Gesetzes; **~ liability** Haftungsumfang *m*; **~ a patent** Patentumfang *m*; **~ the power of attorney** Umfang der Vollmacht; **~ policy** Versicherungsumfang *m*; **~ protection** Schutzbereich *m*; **~ risk** Risikoumfang *m*; **~ service** Leistungsumfang *m*; **~ supply** Lieferumfang *m*; **~ validity** Gültigkeitsbereich *m*
scorch *n* Brandfleck *m*, verbrannte/versengte Stelle; **s.ing** *adj* glühend heiß
scorn *n* Verachtung *f*, Hohn *m*; **s.ful** *adj* verächtlich, spöttisch, höhnisch
scot-free *adj* ungeschoren; **to get off s.-f.** ungeschoren davonkommen
Scots law schottisches Recht
scour *v/t* *(Gelände)* ab-, durchsuchen, ab-, durchkämmen
scrambler *n* Verschlüsselungsgerät *nt*, Zerhacker *m*

S

scrap *n* 1. Stückchen *nt*, Fetzen *m*, Spur *f*; 2. Schrott *m*, Abfall *m*; **not a s. of evidence** nicht der geringste Beweis; **s.ping** *n* Verschrottung *f*
scrap *v/t* verschrotten, ausmustern; **s. value** Schrottwert *m*
scratch *n* Kratzer *m*, Kratzwunde *f*; **s. mark** Kratzspur *f*
scream *n* 1. Schrei *m*; 2. Kreischen *nt*; 3. Heulen *nt*; *v/i* schreien
screen *n* 1. Schirm *m*, Schutz *m*; 2. (Trenn)-Wand *f*; 3. Windschutzscheibe *f*; **s. of smoke** Rauchschleier *m*
screen *v/t* 1. *(Person)* überprüfen; 2. *(Bewerber)* aussondern, sieben
screening *n* (Personen)Überprüfung *f*
scrounge *v/ti* schnorren *(coll)*, abstauben *(coll)*; **s.r** *n* Schnorrer(in) *f/m*
scruffy *adj* gammelig, vergammelt *(coll)*, schlampig, verwahrlost
scruple *n* Skrupel *m*, Hemmung *f*; **without s.** skrupel-, gewissenlos; **s.s** *pl* (moralische) Bedenken
scrupulous *adj* gewissenhaft, peinlich, genau
scrutineer *n* Wahlprüfer(in) *m/f*
scrutinize *v/t* (genau) prüfen, (genau) untersuchen, mustern
scrutiny *n* Untersuchung *f*, (Über)Prüfung *f*, Musterung *f*; **s. of votes; ~ the legitimacy of a ballot** Wahlprüfung *f*
scuffle *n* Rauferei *f*, Handgemenge *nt*, Handgreiflichkeit *f*, Prügelei *f*
scurrilous *adj* verleumderisch, ehrenrührig
scuttling *n* Selbstversenkung *f*
sea *n* See *f*, Meer *nt*; **s.bed** *n* Meeresboden *m*; **s. bill of lading** Seekonnossement *nt*, Seefrachtbrief *m*; **s.borne** *adj* auf dem Seewege; **s. change** totale Veränderung; **s.-damaged** *adj* havariert, seebeschädigt; **s. law** Seerecht *nt*
seal *n* 1. Siegel *nt*, Versiegelung *f*, Plombe *f*; 2. (Beglaubigungs)Stempel m; 3. Verschluss *m*, Dichtung *f*; **s. of office** Dienstsiegel *nt*; **~ quality** Güte-, Qualitätssiegel *nt*; **under the ~ secrecy** unter dem Siegel der Verschwiegenheit
to affix/put on a seal (ver)siegeln, Plombe/Siegel anbringen; **to break a s.** Siegel (auf)brechen, entsiegeln; **to remove a s.** Plombe/Siegel entfernen
embossed seal Prägesiegel *nt*; **official s.** Amts-, Dienstsiegel *nt*

S

seal *v/t* 1. (ver)siegeln, verplomben, plombieren; 2. fest verkleben, zukleben; **s. off** absperren, abriegeln
sealing *n* (Be-/Ver)Siegelung *f*; **s. (of) the deed** Siegelung der Urkunde; **official s.** amtliche Versiegelung
search *n* 1. Suche *f*, Nachforschung *f*; 2. Fahndung *f*, Suchaktion *f*; 3. (Personen)-Durchsuchung *f*, Haus(durch)suchung *f*; **in s. of** auf der Suche nach
search at the crime scene Tatortbereichsfahndung *f*; **s. of a house** Hausdurchsuchung *f*; **~ items** Durchsuchung von Sachen; **~ premises** Durchsuchung von Räumlichkeiten; **s. and seizure** Durchsuchung und Beschlagnahme; **s. of title** Ermittlung der Eigentumsverhältnisse an Grundbesitz
bodily/personal search Leibesvisitation *f*; **illegal s.** nicht genehmigte Durchsuchung; **intimate s.** körperliche Durchsuchung; **large-scale s.** Großfahndung *f*; **nationwide/statewide s.** Landesfahndung *f*; **preliminary s.** Vorprüfung *f*; **selective s.** Schwerpunktfahndung *f*; **vehicular s.** Durchsuchung eines Fahrzeugs
search *v/t* (ab-/durch-/unter)suchen, durch-, erforschen
search area Suchgebiet *nt*; **s. department** Fahndungsabteilung *f*; **s. gloves** Durchsuchungshandschuhe; **s. operation** Fahndungsaktion *f*; **s. order** Durchsuchungsbeschluss *m*; **s. party** Suchtrupp *m*, Such-, Rettungsmannschaft *f*; **s. procedure** Durchsuchungsverfahren *nt*; **s. report** Durchsuchungsprotokoll *nt*
search warrant Durchsuchungsbefehl *m*, Haus(durch)suchungsbefehl *m*, Anordnung der Durchsuchung; **to execute a s. w.** Durchsuchungsbefehl durchführen; **to issue a s. w.** Durchsuchungsbefehl ausstellen; **to obtain a s. w.** Durchsuchungsbefehl erwirken
search witness Durchsuchungszeuge *m*
season *n* Jahreszeit *f*, Saison *f*; **in s.** jagdbar; **closed s. (for game)** Schonzeit *f*; **open s.** Jagdzeit *f*
seasonal *adj* jahreszeitlich (bedingt), saisonabhängig
season ticket Dauer-, Zeitkarte *f*
seat *n* 1. Sitzplatz *m*, Sitzgelegenheit *f*; 2. (Wohn)Sitz *m*; 3. (Abgeordneten)Sitz *m*, Mandat *nt*
to win a seat *(Parl.)* Mandat gewinnen; **s.**

of business Firmen-, Geschäftssitz *m*; **~ government** Regierungssitz *m*
seat belt Sicherheitsgurt m; **to fasten one's s. b.** sich anschnallen; **s. b. offence** Nichtanlegen des Sicherheitsgurtes
secluded *adj* abgelegen, zurückgezogen, abgeschieden
seclusion *n* Abgeschiedenheit *f*, Abgeschlossenheit *f*, Zurückgezogenheit *f*; **to live in s.** in Zurückgezogenheit leben
second *v/t* 1. unterstützen, beistehen; 2. *(Antrag)* befürworten; 3. *(Person)* abordnen, abstellen
secondary *adj* 1. zweitrangig, weniger bedeutend; 2. *(Strafe, Ursache)* Neben-; 3. *(Beweismittel)* indirekt
second|-hand *adj* gebraucht, getragen, aus zweiter Hand; **s.-rate** *adj* zweitrangig, zweitklassig, mittelmäßig
secrecy *n* 1. Geheimnis *nt*, Geheimhaltung *f*, Verschwiegenheit *f*, Schweige-, Geheimhaltungspflicht *f*; 2. Heimlichkeit *f*, Geheimnistuerei *f*
secrecy of ballot geheime Abstimmung; **~ correspondence** Brief-, Korrespondenzgeheimnis *nt*; **~ election** Wahlgeheimnis *nt*; **~ letters** Briefgeheimnis *nt*; **to violate the ~ letters** Briefgeheimnis verletzen; **~ mail** Postgeheimnis *nt*; **~ telecommunications** Fernmelde-, Fernsprechgeheimnis *nt*; **~ telephone communications** Telefongeheimnis *nt*
to enjoin so. to secrecy jdn zur Verschwiegenheit/Geheimhaltung verpflichten; **to observe s.** Stillschweigen bewahren; **~ strict s.** strenge Verschwiegenheit wahren; **official s.** Amts-, Dienstverschwiegenheit *f*
secret *adj* geheim, heimlich
secret *n* Geheimnis *nt*; **in s.** im Geheimen, heimlich; **s. of manufacture** Fabrikationsgeheimnis *nt*; **~ state** Staatsgeheimnis *nt*
to betray/disclose a secret Geheimnis verraten/preisgeben; **to confide a s. to so.** jdm ein Geheimnis anvertrauen; **to keep a s.** Geheimnis wahren; **to make no s. of sth.** kein Geheimnis/keinen Hehl aus etw. machen
corporate secret Firmengeheimnis *nt*; **fiscal s.** Steuergeheimnis *nt*; **illegal s.** illegales Geheimnis; **official s.** Amts-, Dienst-, Staatsgeheimnis *nt*; **Official S.s Act** *[GB]* Gesetz über die Wahrung von Staatsgeheimnissen; **personal s.** Privatgeheimnis *nt*; **postal s.** Postgeheimnis *nt*; **professional s.** Berufsgeheimnis *nt*
secretary *n* 1. Schriftführer(in) *m/f*; 2. Sekretär(in) *m/f*; **S. of the Interior** *[US]* Innenminister *m*; **s. of state** *[GB]* (Kabinetts)Minister *m*; **legal s.** Sekretär(in) in einer Rechtsabteilung, ~ in einem Anwaltsbüro; **s. general** Generalsekretär(in) *m/f*
secretly *adv* unter der Hand, insgeheim
section 1. Absatz *m*, Abschnitt *m*; 2. *(Gesetz, Urkunde)* Paragraf *m*; 3. Dezernat *nt*, Abteilung *f*, Referat *nt*; 4. *(Vertrag)* Ziffer *f*; 5. Leichenöffnung *f*, Sektion *f*; 6. Teilstrecke *f*; 7. (Teil)Bereich *m*; **legal s.** Rechtsabteilung *f*; **s. head** Referent(in) *m/f*; **s. mark** Paragrafenzeichen *nt*; **S. 8 tenant** *[US]* Sozialmieter(in) *m/f*
section so. (under the Mental Health Act) *v/t* *[GB]* jdn zwangseinweisen
sector *n* 1. Sektor *m*, Bezirk *m*; 2. Gebiet *nt*, Bereich *m*, Branche *f*; **public s.** öffentliche Hand, öffentlicher Sektor
secure *v/t* 1. (ab)sichern, sicherstellen; 2. gewährleisten, garantieren, decken; 3. festnehmen, einsperren; 4. erwerben, (sich) beschaffen; 5. erlangen, erhalten, erringen, erzielen, erwirken; **s.d** *adj* 1. *(Darlehen)* besichert; 2. sichergestellt; **~ in rem** *(lat.)* dinglich gesichert
securing *n* 1. Sicherung *f*; 2. Sicherstellung *f*; **s. of claims** Sicherung von Ansprüchen; **~ the evidence** Spuren-, Beweissicherung *f*; **~ the scene of the accident** Sicherung des Unfallortes; **~ the scene of the crime** Tatortabsicherung *f*
securities *pl* Effekten, Wertpapiere; **to lodge s. as collateral** Wertpapiere als Sicherheit hinterlegen; **collateral s.** beliehene/lombardierte Wertpapiere; **gilt-edged s.** mündelsichere Wertpapiere; **s. broker** Effekten-, Wertpapiermakler *m*; **S. Act** *[US]* Wertpapiergesetz *nt*; **s. dealing/trading act** Wertpapierhandelsgesetz *nt*
securitiz|ation *n* Ab-, Besicherung *f*, Bestellung einer Sicherheit, Forderungs(be)sicherung *f*; **~ of a credit** Kreditsicherung *f*; **s.e** *v/t* besichern, dinglich sichern; **s.ed** *adj* *[GB]* *(Kredit)* abge-, besichert
security *n* 1. *(psychisch)* Sicherheit *f*, Geborgenheit *f*; 2. Sicherheitsvorkehrungen *pl*, Sicherheitsmaßnahmen *pl*; 3. Sicherheitsleistung *f*, Bürgschaft *f*, Kaution *f*, Pfand *nt*; 4. Wertpapier *nt*, Schuldverschreibung *f*;

against/by way of s. gegen Sicherheitsleistung

security for costs Sicherheitsleistung für Prozesskosten; **~ a debt** Sicherheit für eine Forderung; **s. backed by real estate** Immobiliarsicherheit *f*; **s. in rem** *(lat.)* dingliche Sicherheit; **s. for rent** Mietkaution *f*; **s. of tenure** 1. Kündigungs-, Mieterschutz *m*; 2. *(Beruf)* Unkündbarkeit *f*

to assign as security sicherungsübereignen; **to forfeit a s.** Kaution einbüßen; **to furnish/provide s.** sichern, Sicherheit bestellen/leisten; **to impair the s.** Sicherheit gefährden; **to lend against s.** beleihen; **to realize a s.** Sicherheit verwerten, sich aus einem Sicherungsgut befriedigen; **to stand s.** bürgen, Bürge stellen, Bürgschaft leisten; **~ for so.** für jdn bürgen

adequate security angemessene Sicherheit; **collateral s.** Nebenbürgschaft *f*

contractual security vertragliche Sicherheit; **financial s.** finanzielle Sicherheit; **legal s.** Rechtssicherheit *f*; **personal s.** persönliche Sicherheit; **real s.** dingliche Sicherheit; **secondary s.** Nebensicherheit *f*

social security 1. Sozialversicherung *f*; 2. soziale Sicherheit; **to claim s. s.** Sozialhilfe beantragen; **s. s. benefits** Sozialleistungen; **statutory s. s. benefits** gesetzliche Sozialleistungen; **s. s. claim** Anpruch auf Sozialleistungen; **s. s. code** Sozialgesetzbuch *nt*; **s. s. contribution** Sozialversicherungsabgabe *f*, Sozialversicherungsbeitrag *m*; **s. s. contributions** Sozialabgaben, Sozialbeiträge; **s. s. insurance** Sozialversicherung *f*; **~ act** Sozialversicherungsgesetz *nt*; **~ benefit** Sozialversicherungsleistung *f*; **~ scheme** Sozialversicherungsträger *m*; **s. s. law** Sozial(versicherungs)recht *nt*; **s. s. (insurance) number** Sozialversicherungsnummer *f*; **s. s. office** Sozialamt *nt*; **s. s. recipient** Sozialhilfeempfänger(in) *m/f*; **s. s. tax** *[US]* Sozialabgaben *pl*, Sozialbeiträge *pl*; **~ tribunal** Sozialgericht *nt*; **~ tribunal judge** Sozialrichter *m*

S

security agreement Sicherungsübereignungsvertrag *m*; **s. alarm** 1. Sicherheitsalarm *m*; 2. Alarmanlage *f*; **s. camera** Überwachungskamera *f*; **s. check** Sicherheitskontrolle *f*; **s. clearance** Sicherheitsüberprüfung *f*, Sicherheitsbescheid *m*; Einstufung als kein Sicherheitsrisiko; **s. deposit** Sicherheitshinterlegung *f*, Sicherheitsleistung *f*, Kaution *f*; **s. detention** Sicherheitsverwahrung *f*; **s. guarantee** Sicherheitsgarantie *f*; **s. guard** Wachmann *m*, Wache *f*, (Sicherheits)Wächter(in) *m/f*; **s. interests** Sicherheitsbelange; **s. matter** 1. Sicherheitsangelegenheit *f*; 2. Geheimsache *f*; **s. measures** Sicherheitsmaßnahmen; **s. note** Sicherungsschein *m*; **s. precaution** Sicherheitsvorkehrung *f*; **s. provisions** 1. Sicherungsvorkehrungen; 2. Geheimhaltungsvorschriften; **s. screening** Unbedenklichkeitsüberprüfung *f*; **s. service** Wachdienst *m*; **~ company** Wach- und Schließgesellschaft *f*; **s. staff** Sicherheitskräfte *pl*; **s. van** Geldtransportfahrzeug *nt*; **s. vetting** Sicherungsüberprüfung *f*; **s. zone** Sicherheitsbereich *m*

sediti|on *n* Aufwiegelung *f*, Volksverhetzung *f*; **s.ous** *adj* aufrührerisch, aufwieglerisch

seduce *v/t* verführen

seduction *n* Verführung *f*; **s. of minors** Verführung Minderjähriger

see fit *v/t* (es) für tunlich halten

seek *v/t* 1. erbitten, ersuchen, beantragen; 2. suchen

seen *adj* besehen, gesehen; **as s.** wie besehen; **s. and approved** gesehen und genehmigt

segregate *v/t* ab-, aussondern, trennen

segregation *n* 1. *(Eigentum)* Aussonderung *f*; 2. Isolierung *f*, Trennung *f*; **s. of prisoners** Absonderung von Gefangenen; **~ property** Vermögensabsonderung *f*; **racial s.** Rassentrennung *f*; **s. proceedings** Aussonderungsverfahren *nt*

seizable *adj* 1. konfiszierbar, einziehbar; 2. pfändbar

seize *v/t* 1. *(Person)* ergreifen; 2. beschlagnahmen, konfiszieren, sicherstellen; 3. pfänden

seizure *n* 1. Ergreifung *f*, Festnahme *f*; 2. Beschlagnahme *f*, Sicherstellung *f*, Konfiszierung *f*, Zugriff *m*; 3. Pfändung *f*; 4. (In)Besitznahme *f*; 5. *(Pass)* Einziehung *f*; 6. *(Medizin)* Schlaganfall *m*

seizure of assets/property dinglicher Arrest; **~ chattels** Mobiliarpfändung *f*; **~ all the debtor's goods** Kahlpfändung *f*; **s. by way of execution** Zwangsvollstreckung *f*; **s. of goods** Wegnahme von Sachen; **s. and sale of movable property** Mobiliarvollstreckung *f*; **s. for security**

Sicherheitsbeschlagnahme *f*, Sicherheitspfändung *f*
to effect a seizure Beschlagnahme vornehmen, beschlagnahmen; **to lift the s.** Beschlagnahme/Pfändung aufheben; **actual s.** Beschlagnahme durch Wegnahme; **constructive s.** Beschlagnahme durch Verfügungsverbot; **illegal s.** gesetzwidrige Wegnahme; **unlawful s.** rechtswidrige/widerrechtliche Beschlagnahme
selection *n* (Aus)Wahl *f*, Auslese *f*; **s. board/committee** Auswahlkomitee *nt*, Bewerbungsausschuss *m*; **s. interview** Vorstellungsgespräch *nt*; **s. procedure** Auswahlverfahren *nt*
selective *adj* punktuell, selektiv
self|-accusation *n* Selbstanklage *f*, Selbstbeschuldigung *f*; **s.-appraisal** *n* Selbstbeurteilung *f*; **s.-assessment** *n (Steuer)* Selbstveranlagung *f*; **s.-confessed** *adj* geständig; **s.-confession** *n* Selbstbekenntnis *nt*; **s.-confident** *adj* selbstbewusst, selbstsicher; **s.-conscious** *adj* befangen, gehemmt; **s.-contracting** *n* Insichgeschäft *nt*; **s.-control** *n* Selbstbeherrschung *f*, Selbstkontrolle *f*; **s.-dealing** *n* Insichgeschäft *nt*
self-defence *n* Notwehr *f*, Selbstverteidigung *f*; **in s.-d.** zum eigenen Schutz; **to act ~** in Notwehr handeln; **excessive s.-d.** Notwehrüberschreitung *f*; **imaginary s.-d.** Putativnotwehr *f*; **justifiable s.-d.** zulässige Notwehr
self|-denunciation *n* Selbstanzeige *f*; **s.-denial** *n* Selbstverleugnung *f*; **s.-determination** *n* Selbstbestimmung *f*; **sexual ~** sexuelle Selbstbestimmung
self|-employed *adj* selbstständig; **~ person** Selbstständige(r) *f/m*, Freiberufler *m*, selbstständiger Kaufmann; **s.-employment** *n* freiberufliche/selbstständige (Erwerbs)Tätigkeit, Selbstständigkeit *f*
self|-endangering *n* Selbstgefährdung *f*; **s.-esteem** *n* Selbstachtung *f*; **s.-help** *n* Selbsthilfe *f*; **s.-incrimination** *n* Selbstbezichtigung *f*, Selbstanklage *f*, Selbstanzeige *f*; **s.-induced** *adj* selbstverursacht; **s.-inflicted** *adj* 1. *(Wunde, Schaden)* sich selbst zugefügt/beigebracht; 2. *(Belastung)* sich freiwillig auferlegt; **s.-interest** *n* Eigennutz *m*; **s.-mutilation** *n* Selbstverstümmelung *f*; **s.-opinionated** *adj* rechthaberisch; **s.-preservation** *n* Selbsterhaltung *f*; **s.-redress** *n* Selbsthilfe *f*; **s.-restraint** *n* Selbstbeschränkung *m*; **s.-retention** *(Vers.)* Selbst-, Eigenbehalt *m*; **s.-righteous** *adj* selbstgerecht; **s.-righteousness** Selbstgerechtigkeit *f*; **s.-rule** *n* Selbstverwaltung *f*; **s.-sustaining** *adj (Umwelt)* nachhaltig
sell *v/t* verkaufen, veräußern, Veräußerung vornehmen, vertreiben; **s. privately** unter der Hand verkaufen
seller *n* Verkäufer(in) *m/f*, Veräußerer *m*; **s.'s duty to notify** Anzeigepflicht des Verkäufers; **~ headquarters/head office** Hauptsitz des Verkäufers; **~ liability** Haftung des Verkäufers, Händlerhaftung *f*; **~ lien** Zurückbehaltungsrecht des Verkäufers; **~ limited liability** beschränkte Haftung des Verkäufers; **~ option** Verkaufsoption *f*; **~ warranty** Mängelhaftung *f*, Gewährleistung(spflicht) des Verkäufers
selling *n* Verkauf *m*, Verkäufe *pl*, Absatz *m*; **forced s.** Zwangsversteigerung *f*; **s. agreement** Veräußerungsvertrag *m*; **s. licence** Verkaufslizenz *f*; **s. order** Verkaufsauftrag *m*; **s. price** Verkaufspreis *m*; **s. restriction** Veräußerungsbeschränkung *f*; **s. right** Verkaufs-, Absatzrecht *nt*; **exclusive ~** Alleinverkaufsrecht *nt*; **s. value** Veräußerungs-, Verkaufswert *m*
semblance *n* Anschein *m*
semen *n* Sperma *nt*, Samenflüssigkeit *f*
semi|-official *adj* halbamtlich; **s.-public** *adj* halböffentlich; **s.-skilled** *adj* angelernt; **s.-trailer** *n* Auflieger *m*, Sattelanhänger *m*
senate *n* Senat *m*; **s. committee** Senatsausschuss *m*
send *v/t* ab-, zusenden; **s. in** einsenden
sender *n* Ab-, Einsender *m*
senior *n* 1. Vorgesetzte(r) *f/m*; 2. Dienst-, Rangälteste(r) *f/m*; *adj* 1. älter; 2. vorgesetzt, übergeordnet, leitend; 3. dienstälter; 4. ranghöher; 5. *(Pfandrecht)* vorrangig, bevorrechtigt, bevorzugt; **s.ity** *n* höheres Dienstalter; **~ principle** Dienstaltersprinzip *nt*
sense *n* 1. Bedeutung *f*, Sinn *m*; 2. (praktische) Vernunft
sense of decency Anstandsgefühl *nt*; **s. of direction** Orientierungssinn *m*; **~ duty** Pflichtgefühl *nt*, Pflichtbewusstsein *nt*; **~ guilt** Schuldbewusstsein *nt*; **~ justice** Rechtsempfinden *nt*, Rechts-, Gerechtigkeitsgefühl *nt*; **natural ~ justice** natürliches Gerechtigkeitsempfinden; **in the ~ the law** im Sinne des Gesetzes; **~ respon-**

sibility Verantwortungsbewusstsein *nt*; **~ right and wrong** Rechtsbewusstsein *nt*; **~ shame** Schamgefühl *nt*
common sense gesunder Menschenverstand; **in the legal s.** im rechtlichen Sinne; **literal s.** wörtliche Bedeutung
sensible *adj* vernünftig, einsichtig
sensitive *adj* 1. empfindlich; 2. anfällig; 3. heikel, prekär
sentence *v/t* ab-, verurteilen, bestrafen, Urteil fällen/sprechen über; **s. so. to sth.** jdn zu etw. verurteilen
sentence *n* 1. (Gerichts-/Straf)Urteil *nt*; 2. Strafmaß *nt*, Strafe *f*; **in lieu of a s.** anstelle einer Strafe, ersatzweise; **subsumed in another s.** mitbestraft
sentence in absence Abwesenheitsurteil *nt*; **s. for a crime** Kriminalstrafe *f*; **~ juvenile delinquents** Jugendstrafe *f*; **s. of imprisonment** Gefängnis-, Freiheitsstrafe *f*; **extended ~ imprisonment** Sicherheitsverwahrung *f*; **s. demanded by the prosecution** Strafantrag *m*
to affirm/confirm a sentence Urteil bestätigen; **to award a s.** auf Strafe erkennen; **to carry out/execute a s.** Urteil/Strafe vollstrecken; **to commute a s.** Strafe umwandeln; **to deliver a s.** Urteil fällen/verkünden; **to determine the s.** Strafe/Strafhöhe festsetzen; **to execute a s.** Strafe vollstrecken, aus einem Urteil vollstrecken; **to impose/inflict a s.** Strafe auferlegen/verhängen, Strafe zumessen; **to pass/pronounce a s.** Urteil fallen; **to reduce a s.** Strafe herabsetzen/mildern; **to remit a s.** Strafe erlassen; **to serve a s.** (Freiheits-/Haft)Strafe verbüßen, ~ absitzen; **to serve a s. in full** Strafe voll absitzen/verbüßen; **to suspend a s.** Strafe zur Bewährung aussetzen, Bewährung gewähren; **to uphold a s.** Urteil bestätigen
compound sentence Gesamtstrafe *f*; **concurrent s.** Gesamtstrafe *f*, gleichzeitig zu verbüßende Freiheitsstrafe, gleichzeitige Verbüßung zweier Freiheitsstrafen; **consecutive s.s** nacheinander zu verbüßende Freiheitsstrafen; **cumulative s.** Gesamtstrafe *f*
custodial sentence Freiheits-, Gefängnis-, Haftstrafe *f*; **fit for a c. s.** haftfähig; **unfit for a c. s.** haftunfähig; **to serve a c. s.** Haftstrafe verbüßen/absitzen; **serving the c. s.** Verbüßung der Haftstrafe
interlocutory sentence Zwischenurteil *nt*; **lenient s.** milde Strafe; **maximum s.** Höchststrafe *f*; **minimum s.** Mindeststrafe *f*; **non-custodial s.** Strafe ohne Freiheitsentzug; **partly-served s.** teilverbüßte Freiheitsstrafe; **reduced s.** Haftverkürzung *f*; **remaining s.** Reststrafe *f*; **reserved s.** vorbehaltene Strafe; **single s.** Einzelstrafe *f*; **subsidiary s.** Nebenstrafe *f*; **summary s.** Strafbefehl *m*; **suspended s.** Bewährungsstrafe *f*, (Freiheits)Strafe auf Bewährung, Strafe/Verurteilung mit Bewährung, zur Bewährung ausgesetzte Strafe, Aussetzung der Bewährung
sentence imposed Strafmaß *nt*, Strafererkenntnis *f*
sentenced *adj* verurteilt
sentencing *n* Verurteilung *f*, Straffestsetzung *f*, Strafmaßverkündigung *f*; Strafmaßpraxis *f*; **s. guidelines** Richtlinien für das Strafmaß; **s. power(s)** Strafbefugnis *f*, Strafgewalt *f*; **s. procedure** Urteilsverfahren *nt*
separab|ility *n* Trennbarkeit *f*; **s.le** *adj* teilbar, trennbar
separability clause salvatorische Klausel
separate *v/ti* 1. trennen, absondern; 2. (auf)teilen; 3. *(Eheleute)* sich trennen; **judicially s.d** *adj* gerichtlich getrennt, getrennt von Tisch und Bett
separate *adj* 1. getrennt, gesondert; 2. einzeln, Einzel-; 3. *(Vereinbarung, Vertrag)* Sonder-; 4. *(Klage)* selbstständig; **to live s.** getrennt leben; **s. and apart** getrennt
separation *n* 1. (Ab)Trennung *f*, Teilung *f*, Aus-, Absonderung *f*; 2. *(Eherecht)* Trennung *f*, Getrenntleben *nt*; 3. *[US]* Aufgabe einer Stellung
separation of claims *(Konkurs)* Absonderung *f*; **s. by consent** einverständliche Trennung; **2 years s. and consent** *[GB]* zweijährige Trennung und Einwilligung (des/der Beklagten); **s. of (the) estate** Gütertrennung *f*; **~ households** Haushaltstrennung *f*; **s. a mensa et thoro** *(lat.)*; **s. from bed and board** Trennung von Tisch und Bett; **s. of powers** Gewaltenteilung *f*, Gewaltentrennung *f*, Trennung der Gewalten; **s. of property** *[US]* Gütertrennung *f*
consensual separation einvernehmliches Getrenntleben; **judicial/legal s.** Aufhebung der ehelichen Gemeinschaft, ge-

richtliche Trennung, gerichtlich gestaltetes Getrenntleben, Trennung von Tisch und Bett; **voluntary s.** *[US]* einverständliche Trennung

separation agreement Vereinbarung über das Getrenntleben; **s. allowance** Trennungsentschädigung *f*, Trennungsbeihilfe *f*; **s. order** gerichtliche Anordnung des Getrenntlebens

sequence *n* (Aufeinander-/Reihen)Folge *f*; **in s.** aufeinanderfolgend; **s. of authorities/instances/courts** Instanzenweg *m*, Instanzenzug *m*; **~ events** Tathergang *m*, Aufeinanderfolge der Ereignisse; **~ priority** Rangfolge *f*

sequestrate *v/t* beschlagnahmen, konfiszieren, sequestrieren

sequestration *n* 1. Beschlagnahme *f*, Konfiszierung *f*, Sequestration *f*, Vollstreckung durch Gerichtsvollzieher; 2. Zwangsverwaltung *f*; **s. of assets** Vermögensbeschlagnahme *f*; **to award s. of the estate** Vermögensbeschlagnahme anordnen; **to put under s.** unter Zwangsverwaltung stellen; **court-ordered s.** gerichtliche Beschlagnahme; **judicial s.** Zwangsverwaltung *f*, Aufbewahrung durch das Gericht; **s. order** Beschlagnahmeanordnung *f*, Beschlagnahmeverfügung *f*

sequestrator *n* 1. Gerichtsvollzieher *m*, Sequester *m*; 2. Zwangsverwalter *m*

serial *adj* 1. *(Mörder)* Serien-; 2. serienmäßig

series *n* Reihe *f*, Serie *f*, Folge *f*

serious *adj* 1. ernst, schwer, gravierend; 2. seriös, ernst zu nehmend; 3. erheblich, bedeutend

seriousness n Ernst *m*, Schwere *f*; **s. of an offence** Schwere einer Straftat

servant *n* Diener(in) *m/f*, Bedienstete(r) *f/m*, Verrichtungsgehilfe *m*; **civil s.** Beamter *m*; **female ~** Beamtin *f*; **domestic s.** Hausangestellte(r) *f/m*; **public s.** Angestellte(r) im öffentlichen Dienst; **possessory s.** Besitzdiener *m*

serve *v/t* 1. (be)dienen; 2. *(Strafe)* verbüßen, absitzen; 3. *(Ladung)* zustellen; 4. dienlich sein, nützen; 5. versorgen; **s. as** fungieren als; **it s.s you right!** das geschieht dir recht!

service *n* 1. Dienst(leistung) *m/f*; 2. Dienstverhältnis *nt*; 3. Zustellung *f*; 4. Inspektion *f*, Wartung *f*; 5. Gefälligkeit *f*; **fit for s.** dienstfähig; **liable for s.** leistungspflichtig **unfit for s.** dienstunfähig; **s.s to be provided** zu erbringende Leistungen

service of action Klagezustellung *f*; **~ default** Inverzugsetzung *f*; **~ documents by a party** Parteizustellung *f*; **s. under a guarantee** Garantieinanspruchnahme *f*; **s. of an heir** *[Scot.]* Erbenanerkennung *f*; **~ a judgment** Urteilszustellung *f*; **s. between lawyers** Zustellung von Anwalt zu Anwalt; **s. of notice** Zustellung einer Kündigung; **s. by public notice** öffentliche Zustellung; **s. of process** Zustellung der Klageschrift, ~ von Gerichtsdokumenten; **s. by publication** *[US]* öffentliche Zustellung; **s. in return** Gegenleistung *f*; **s. of (a writ of) summons** Zustellung einer Ladung, Ladungszustellung *f*

to accept service Zustellung annehmen; **to evade s.** sich der Zustellung entziehen; **to owe a s.** Leistung schulden; **to render a s.** Dienst erweisen/leisten, Dienstleistung erbringen

civil service öffentlicher Dienst; **civil alternative s.** Zivildienst *m*; **civil s. law** Beamten-, Dienstrecht *nt*, öffentliches Dienstrecht; **in terms of ~** beamtenrechtlich; **civil s. pay** Beamtenbesoldung *f*; **~ status** Beamtenstatus *m*; **compulsory military s.** Wehrpflicht *f*; **contracted s.** vereinbarte Leistung; **free/gratuitous s.** unentgeltliche Leistung; **full s.** vollständige Zustellung; **funeral s.** Trauerfeier *f*; **military s.** Militär-, Wehrdienst *m*; **exempt from ~** vom Wehrdienst befreit; **fit for ~** wehrdiensttauglich; **national s.** *[GB]* Militär-, Wehrdienst *m*; **alternative ~** Wehrersatzdienst *m*; **personal s.** Zustellung zu eigenen Händen des Beklagten; **personal s.s** persönliche Dienstleistungen; **postal s.** Post *f*; **~ s.s act** Postgesetz *nt*; **proper s.** ordnungsgemäße Zustellung; **public s.** öffentlicher Dienst; **~ obligation (PSO)** 1. öffentlicher (Dienstleistungs)-Auftrag; 2. Beförderungspflicht *f*; **secret s.** Geheimdienst *m*; **social s.s** 1. Sozialleistungen *pl*; 2. Sozialwesen *nt*, soziale Einrichtungen; **~ department** Sozialamt *nt*; **special s.** Sonderzustellung *f*; **substituted s.** Ersatzzustellung *f*; **supervisory s.** Überwachungsdienst *m*

service *v/t* 1. warten, instandhalten

serviceab|ility *n* Gebrauchsfähigkeit *f*; **s.le** *adj* tauglich, gebrauchsfähig, zweckdienlich

service agreement Dienstleistungs-, Wartungsvertrag *m*, Dienstleistungsabkommen *nt*; **s. check** Inspektion *f*; **s. charge** Bearbeitungs-, Verwaltungsgebühr *f*; **s. company** Dienstleistungsunternehmen *nt*; **s. contract** Dienst(leistungs)-, Wartungsvertrag *m*; **~ law** Dienstvertragsrecht *nt*; **s. contractor** Wartungsunternehmen *nt*; **s. fee** 1. Zustellungsgebühr; 2. Dienstleistungs-, Bearbeitungsgebühr *f*; **s. hours lost** entgangener Dienst; **s. impossible** *(Notiz)* unzustellbar; **s. industry** Dienstleistungsgewerbe *nt*; **s. mark** Dienstleistungsmarke *f*; **s. pistol** Dienstwaffe *f*, Dienstpistole *f*; **s. provider/renderer** Dienstleister(in) *m/f*, Erbringer von Dienstleistungen, Leistungsträger *m*; **s. regulation(s)** Dienstvorschrift *f*, Dienstordnung *f*; **s. rendering** Erbringung von Dienstleistungen; **s. status** Wehrdienstverhältnis *nt*; **s. trade** Dienstleistungsgewerbe *nt*

serving a sentence *n* Strafverbüßung *f*; Verbüßen einer Straftat

servitude *n* Dienstbarkeit *f*, Servitut *nt*; **personal s.** persönliche Dienstbarkeit; **real s.** Grunddienstbarkeit *f*; **statutory s.** Legalservitut *f*

session *n* *(Gericht, Parlament)* Sitzung(speriode) *f*; **to be in s.** *(Gericht)* tagen, Sitzung abhalten; **s. of a court** Gerichtssitzung *f*; **to adjourn a s.** Sitzung vertagen; **to attend a s.** an einer Sitzung teilnehmen; **to call/convene a s.** Sitzung einberufen; **closed s.** nichtöffentliche Sitzung; **plenary s.** Plenum *nt*

set *v/t* bestimmen, festlegen, anberaumen; **s. aside** 1. *(Urteil)* aufheben, annullieren, für unwirksam erklären; 2. *(Klage, Berufung)* abweisen, verwerfen; 3. absondern; 4. *(landwirtschaftliche Nutzfläche)* stilllegen; **s. forth** anführen, darlegen, dartun, vorbringen; **s. free** freilassen; **s. off** auf-, verrechnen, ausgleichen, kompensieren; **~ against** verrechnen mit; **s. out** darlegen, auseinandersetzen; **s. up** einrichten, errichten, bilden, gründen

set *n* 1. Satz *m*, Sammlung *f*; 2. Gruppe *f*; 3. Reihe *f*, Folge *f*; 4. Clique *f*, Bande *f*; **s. of chambers** Gemeinschaftspraxis *f*, Sozietät *f*; **~ circumstances** Tatumstände *pl*; **~ instruments** Instrumentarium *nt*

set-aside scheme *n* Flächenstilllegung *f*

setback *n* Rückschlag *m*

set-off *n* Aufrechnung *f*, Anrechnung einer Gegenforderung, Entschädigung *f*; **s.-o. claim** Aufrechnungsanspruch *m*

setting aside *n* *(Entscheidung)* Aufhebung

setting fire (to sth.) *n* Inbrandsetzen *nt*

setting forth the facts *n* (unter) Darlegung der Tatsachen

setting free *n* Freilassung *f*

setting-off (of) a claim *n* Aufrechnung mit einem Anspruch; **cautionary s.-o.** Eventualaufrechnung *f*

setting up *n* 1. Gründung *f*; 2. Einsetzung *f*, Bildung *f*; **~ a home** Begründung des Wohnsitzes; **~ as a lawyer** Niederlassung als Anwalt

settle *v/ti* 1. abrechnen, begleichen, abfinden; 2. *(Streit)* beilegen, schlichten; 3. *(Anspruch, Schaden)* regulieren, befriedigen; 4. *(Erbschaft)* aussetzen; 5. erledigen, regeln; 6. sich vergleichen; 7. sich niederlassen; **s. amicably** sich gütlich einigen, einvernehmlich/gütlich regeln, schlichten

settled *adj* 1. sesshaft, ansässig; 2. geregelt, beschlossen, entschieden, abgemacht; 3. bezahlt, beglichen

settlement *n* 1. Begleichung *f*, Bezahlung *f*, Abfindung *f*, Abrechnung *f*, Zahlungsabwicklung *f*; 2. Beilegung *f*, Regelung *f*, Schlichtung *f*; 3. (außergerichtlicher) Vergleich; 4. (Vermögens)Übertragung *f*; 5. Aussetzung *f*; 6. (An)Siedlung *f*; 7. Besiedlung *f*; **pending s.** bis zur Erledigung

settlement of accident claims Abwicklung von Schadensfällen; **~ an action** Prozessvergleich *m*; **s. by arbitration; s. in arbitration proceedings** schiedsgerichtliche Beilegung, Schiedsvergleich *m*; **s. of a claim** Forderungsbefriedigung *f*; **preferential ~ a claim** abgesonderte Befriedigung; **s. by contract** vertragliche Regelung; **s. with one's creditors** Gläubigerabfindung *f*; **s. of damages** Schadensregulierung *f*; **~ debts** Bezahlung von Schulden, Schuldenregulierung *f*; **~ a (legal) dispute** Erledigung/Regelung eines Rechtsstreites, Streitbeilegung *f*; **s. in full** Gesamtausgleich *m*; **s. of hardship cases** Härteregelung *f*; **~ an inheritance** Erbabfindung *f*; **s. in kind** Naturalausgleich *m*, Ausgleich durch Sachleistungen; **s. without prejudice** *(Vers.)* Regulierung ohne Anerkennung einer Rechtspflicht; **s. of property** (urkundliche) Verfügung über Vermögen; **s. in rem** *(lat.)* dingliche Einigung; **s. of third-party damage** Drittschadensliquidation *f*; **s. by will** testamentarische Verfügung

amicable settlement gütliche Beilegung/Einigung/Erledigung/Regelung, gütlicher Vergleich; **compulsory s.** Zwangsausgleich *m*; **contractual s.** vertragliche Regelung; **final s.** vollständige Erledigung; **lump-sum s.** Pauschalabfindung *f*, Pauschalentschädigung *f*; **out-of-court s.** außergerichtliche Abmachung/Einigung/Regelung/Streitbeilegung/Vereinbarung, außergerichtlicher Vergleich; **peaceful s.** friedliche Beilegung; **permanent s.** Dauerregelung *f*; **satisfactory s.** befriedigende Regelung; **voluntary s.** außergerichtlicher Vergleich, außergerichtliche Einigung

settlement agreement Abfindungsvertrag *m*; **s. day** Abrechnungs-, Verrechnungs-, Zahlungstag *m*; **s. option** Wahlrecht für die Entschädigungsform

sever *v/t* 1. (ab)trennen, absondern; 2. (ab)teilen; 3. *(Beziehungen)* abbrechen, auflösen; 4. *(Satzung)* aufheben

severability *n* Teilnichtigkeit *f*; **s. clause** Teilnichtigkeitsklausel *f*

severable *adj* 1. (ab)trennbar; 2. teilbar

several *adj* 1. *(Forderung, Haftung)* einzeln, gesondert, getrennt, Einzel-; 2. verschiedene, mehrere; **s.ly** *adv* einzeln, gesondert, getrennt

severalty *n* Bruchteilseigentum *nt*, Sonderbesitz *m*; **s. owner** Bruchteilseigentümer(in) *m/f*

severance *n* 1. Trennung *f*; 2. Abtrennung *f*; **s. of action** Prozess-, Verfahrenstrennung *f*; **s. claim** Abfindungsanspruch *m*; **s. benefit** Trennungsentschädigung *f*; **s. pay** 1. Entlassungsabfindung *f*, Entlassungsgeld *nt*; 2. Trennungsentschädigung *f*, Trennungszulage *f*; **s. scheme** *[US]* Sozialplan *m*

severe *adj* 1. streng, hart; 2. schwer, gravierend

severity *n* 1. Strenge *f*, Härte *f*; 2. Schwere *f*

sewage *n* Abwasser *nt*; **s. disposal** Abwässerbeseitigung *f*; **s. plant** Kläranlage *f*

sewerage *n* 1. Abwässerbeseitigung *f*; 2. Kanalisation(snetz) *f/nt*

sex *n* Geschlecht *nt*; **s. crime** Sexualverbrechen *nt*; **s. discrimination** Benachteiligung/Diskriminierung aufgrund des Geschlechts; **S. Discrimination Act** *[GB]* Gleichberechtigungsgesetz *nt*; **s. fiend** Sexual-, Sittlichkeitsverbrecher *m*, Sittenstrolch *m (obs)*; **s. killer** Lustmörder *m*; **s. murder** Lustmord *m*; **s. murderer** Lustmörder *m*

sexual *adj* sexuell

shackle *v/t* fesseln, in Ketten legen; **s.s** *pl* Fußfesseln

shady *adj (coll)* zwielichtig, fragwürdig, zweifelhaft

shaky *adj* wackelig

sham *n* Täuschung *f*, Schein *m*, Nachahmung *f*, Schwindel *m*; *adj* unecht, nachgemacht, falsch, vorgetäuscht, Schein-; **s. contract** Scheinvertrag *m*; **s. marriage** Scheinehe *f*; **s. payment** fingierte Zahlung; **s. transaction** Scheingeschäft *nt*

shame *n* 1. Scham *f*; 2. Schande *f*; **s.ful** *adj* schändlich, niederträchtig; **s.less** *adj* schamlos

shape *v/t* gestalten

share *v/t* 1. teilen; 2. gemeinsam haben; **s. in** teilhaben an; **s. out** verteilen

share *n* 1. (An)Teil *m*; 2. Beteiligung *f*; 3. Aktie *f*; 4. Kapitalanteil *m*

share of the blame Mitschuld *f*; **s. in/of the estate** Erb(an)teil *nt*, Erbschaftsanteil *m*; **accrued ~** angewachsener Erbteil; **s. under an intestacy** gesetzlicher Erbteil; **s. in the liability** Haftungsanteil *m*; **~ profits** Gewinnbeteiligung *f*, Beteiligung am Gewinn; **to have a ~ the profits** am Gewinn beteiligt sein; **~ the success** Erfolgsanteil *m*; **~ a syndicate** Konsortialanteil *m*, Konsortialbeteiligung *f*

to have a share in teilhaben an; **entitled to a s.** anteilsberechtigt

appropriate share gebührender Teil; **equal s.s.** gleiche Anteile; **fair s.** angemessene Beteiligung; **hereditary s.** Erb(an)teil *m*; **intestate s.** gesetzlicher Erbteil; **ordinary s.** Stammaktie *f*

share certificate Kapitalanteilschein *m*, Aktienzertifikat *nt*; **s.cropper** *n* Natural-, Teilpächter *m*; **s.cropping** *n* Natural-, Teilpacht *f*

shareholder *n* 1. Anteilseigner *m/f*, Anteilsinhaber *m/f*; 2. *(AG)* Aktionär(in) *m/f*; 3. *(GmbH)* Gesellschafter(in) *m/f*, Teilhaber(in) *m/f*; **s.s' action** Aktionärsklage *f*; **~ meeting** Gesellschafter-, Hauptversammlung *f*

share purchase agreement Aktienkaufvertrag *m*
share tenancy Teilpacht *f*
sharing *n* 1. Teilung *f*; 2. Beteiligung *f*; **s. of loss** Verlustbeteiligung *f*
sharp *adj* unehrlich, skrupellos
sheet *n* Blatt *nt*
shelf life *n* Haltbarkeit *f*, Lagerfähigkeit *f*
shell of a burnt-out car *n* Wrack eines ausgebrannten Kfz
shell company Firmenmantel *m*
shelter *n* 1. Zuflucht(sort) *f/m*; 2. Obdach *nt*, Unterkunft *f*; 3. Unterstand *m*; 4. *(fig)* Schutz *m*; **s. for the homeless** Obdachlosenheim *nt*
sheriff *n* 1. *[US]* Sheriff *m*, oberster Vollstreckungsbeamter eines Bezirks; 2. *[Scot]* Friedensrichter(in) *m/f*; **s. court** *[Scot]* Amtsgericht *nt*, niedriges Gericht; **s.dom** *n* Gerichtsbezirk *m*; **s.'s officer** Gerichtsvollzieher(in) *m/f*
shift *v/t* 1. verschieben; 2. *(Verantwortung)* abwälzen
shift *n* 1. (Ver)Änderung *f*, Wechsel *m*; 2. *(räumlich)* Verlegung *f*, Verschiebung *f*; 3. Schicht *f*; **s. of the burden of proof** Beweislastverschiebung *f*; **s. allowance** Schichtzulage *f*; **s. work** (Wechsel)-Schichtdienst *m*, Schichtarbeit *f*
shifting *n* Verlagerung *f*, Verschiebung *f*; **s. the burden of proof** Beweislastumkehrung *f*; **s. of property** Vermögensverschiebung; **s. of risk** Risikoabwälzung *f*
shifty *adj (pej)* hinterhältig, verstohlen, zwielichtig
ship *v/t* versenden, verfrachten, verschiffen
ship *n* Schiff *nt*; **to arrest a s.** Schiff mit Beschlag belegen
shipment *n* 1. Versand *m*, Verschiffung *f*; 2. Sendung *f*, Fracht *f*
ship mortgage Schiffshypothek *f*
shipowner *n* Reeder *m*; **s.'s liability** *n* Reederhaftung *f*
shipper *n* Be-, Verfrachter *m*
shipping *n* 1. Schifffahrt *f*; 2. Verschiffung *f*, Verladung *f*, Befrachtung *f*; **s. company** Reederei *f*; **s. contract** Schifffahrtsvertrag *m*; **s. documents** Versand-, Verschiffungsdokumente
ship's articles *n* Heuervertrag *m*; **~ creditor** Schiffsgläubiger *m*; **~ passport** Schiffsbrief *m*, Schiffspass *m*; **~ register** Schiffsregister *nt*
shock *n* Schock *m*; **nervous s.** seelischer Schaden; **psychological s.** seelischer Schock
shoot *v/ti* (er)schießen; **s.ing** *n* Schießerei *f*; **lawful s.** gerechtfertigter Waffengebrauch; **unlawful s.** ungerechtfertigter Waffengebrauch; **s. incident** Schießerei *f*; **s. scene** Ort der Schießerei
shop *v/t* 1. (ein)kaufen; 2. *(coll)* verpfeifen *(coll)*
shop *n* Laden *m*; **s. agreement** Betriebsvereinbarung *f*; **closed s.** *[GB]* Betrieb mit Zwangsmitgliedschaft in einer Gewerkschaft; **~ clause** Organisationsklausel *f*
shop closing act Ladenschlussgesetz *nt*; **~ hours** Ladenschlusszeiten; **~ time** Ladenschluss *m*; **s.keeper** *n* Ladeninhaber(in) *m/f*
shoplift *v/i* Ladendiebstahl begehen; **s.er** *n* Laden-, Warenhausdieb *m*; **s.ing** *n* Laden-, Warenhausdiebstahl *m*
shop premises Ladenlokal *nt*; **s. steward** *(Gewerkschaft)* Vertrauensmann *m*, (Betriebs)Obmann *m*
shore *n* Küste *f*; **s. leave** Landgang *m*
short *adj* kurz
shortage *n* Knappheit *f*, Mangel *m*, Manko *nt*; **s. of liquid assets** Illiquidität *f*
shortcomings *pl* Unzulänglichkeiten, Mängel
shorten *v/t* verkürzen
shortfall *n* Fehlbetrag *m*, Fehlmenge *f*, Defizit *nt*
shorthand *n* Kurzschrift *f*
shortlist *v/t* in die engere Wahl einbeziehen; **to be s.ed** in die engere Wahl kommen
short-lived *adj* kurzlebig, von kurzer Dauer
short-term *adj* kurzfristig
shot *n* 1. Schuss *m*; 2. Foto *nt*; **aimed s.** gezielter Schuss; **fatal s.** Todesschuss *m*; **s. to kill** gezielter Todesschuss
shoulder *n* 1. Schulter *f*; 2. *(Straße)* Straßenrand *m*, Seitenstreifen *m*; **hard s.** befestigter Seitenstreifen; **soft s.** unbefestigter Seitenstreifen
show *n* 1. Vorführung *f*, Schau *f*; 2. Kundgebung *f*; 3. Messe *f*, Ausstellung *f*; **s. of hands** *(Abstimmung)* Handzeichen *nt*, Handaufheben *nt*
show *v/t* 1. zeigen; 2. vorführen; 3. aus-, vorweisen; 4. beweisen; 5. dartun; **s. up** erscheinen

shown below *adj* nachstehend aufgeführt; **as has been s.** nachgewiesenermaßen
showpiece *n* Vorzeigeobjekt *nt*
show trial Schauprozess *m*
shredder *n* Reißwolf *m*
shyster *n* *[US] (pej)* Winkeladvokat *m (pej)*
sick *adj* krank; **s. leave** Krankheitsurlaub *m*; **to be on ~** wegen Krankheit beurlaubt sein; **~ benefit** Krankengeld *nt*; **to put so. on the s. list** jdn krankschreiben
sickness *n* Krankheit *f*, Erkrankung *f*; **s. allowance/benefit(s)** 1. Krankengeld *nt*; 2. Leistung(en) im Krankheitsfall
sick note Krankmeldung *f*, Arbeitsunfähigkeitsbescheinigung *f*; **to issue so. with a ~** jdn krankschreiben; **s. pay** Krankengeld *nt*; **s. person** Kranke(r) *f/m*
side *n* Seite *f*; **s. with** *v/prep* Partei ergreifen/nehmen für; **to take s.s** Partei ergreifen; **opposite s.** Gegenseite *f*; **reverse s.** Rückseite *f*
side agreement Nebenabrede *f*, Sonderabmachung *f*; **s. arms** Hieb- und Stoßwaffen; **s. effect** Nebenwirkung *f*; **s. issue** Nebenfrage *f*; **s.line** *n (Familie)* Neben-, Seitenlinie *f*; **s. street** Nebenstraße *f*; **s.walk** *n [US]* Gehweg *m*
sight *n* 1. Sicht *f*; 2. Sehvermögen *nt*; 3. Sehenswürdigkeit *f*; **at s.** bei/nach Sicht, bei Vorlage; **payable ~** zahlbar bei Sicht; **telescopic s.** Zielfernrohr *nt*
sight deposit Sichteinlage *f*; **s. draft** Sichtwechsel *m*, befristeter Wechsel; **s. unseen** *(Kauf)* unbesehen, ohne Besicht; **to buy ~** ohne Besicht/unbesehen kaufen
sign *v/t* unterzeichnen, unterschreiben, signieren; **s. jointly** mitunterschreiben; **s. sth. over to so.** etw. auf jdn überschreiben; **s. up** anheuern; **s.ed, sealed and delivered** unterzeichnet, gesiegelt und ausgehändigt
sign *n* 1. Zeichen *nt*; 2. Hinweisschild *nt*; **s.s of violence** Spuren von Gewalteinwirkung; **s. of wear** Verschleißerscheinung *f*
unmistakable sign untrügliches Zeichen; **mandatory s.** Gebotszeichen *nt*; **manual s.** Handzeichen *nt*; **prohibitory s.** *(Verkehr)* Verbotszeichen *nt*; **~ and restrictive s.s** Verbots- und Beschränkungszeichen
signal *n* Signal *nt*, Zeichen *nt*
signatory *n* Unterzeichner(in) *m/f*, Unterzeichneter *m*, Signatar *m*, Unterfertiger *m*; **s. to a contract** Vertragsunterzeichner(in) *m/f*; **authorized s.** Unterschrifts-, Zeichnungsberechtigte(r) *f/m*, Prokurist(in) *m/f*, Bevollmächtigte(r) *f/m*
signature *n* Unterschrift *f*, Unterzeichnung *f*, Paraphe *f*; **ready for s.** unterschriftsreif; **s. by procuration** Unterschrift in Vollmacht
to affix one's signature Unterschrift leisten; **to authenticate a s.** Unterschrift beglaubigen
forged signature gefälschte Unterschrift, Unterschriftsfälschung *f*; **full s.** Namensunterschrift *f*; **joint s.** Mitunterschrift *f*; **official s.** amtliche Unterschrift
signed *adj* ge-, unterzeichnet; **s. and sealed** unterschrieben und besiegelt
significance *n* Bedeutung *f*, Tragweite *f*, Belang *m*, Aussagekraft *f*; **legal s.** rechtliche Bedeutung
significant *adj* 1. bedeutend; 2. bezeichnend
signing *n* (Unter)Zeichnung *f*; **s. up** Anheuerung *f*; **s. of a contract** Vertragsunterzeichnung *f*; **s. authority** Zeichnungsvollmacht *f*
signpost *n* Wegweiser *m*
silence *n* (Still)Schweigen *nt*; **to maintain s.** Stillschweigen bewahren
silence so. *v/t* jdn mundtot machen
silencer *n* Schalldämpfer *m*
silent *adj* ruhig, still; **to remain s.** schweigen
to take silk *n [GB]* Kronanwalt/Queen's Counsel werden
similar *adj* gleichartig, ähnlich; **s.ity** Gleichartigkeit *f*, Ähnlichkeit *f*
simple *adj* einfach
simulat|e *v/t* vortäuschen, vorspiegeln; **s.ing a criminal offence** *n* Vortäuschen einer Straftat
simultan|eity *n* Gleichzeitigkeit *f*; **s.eous** *adj* gleichzeitig, simultan
sine die *adv (lat.)* auf unbestimmte Zeit
sinecure *n* Pfründe *f*
single *adj* 1. einzeln; 2. alleinstehend, ledig, unverheiratet; **S. European Act** Einheitliche Europäische Akte
sister *n* Schwester *f*; **s.-in-law** *n* Schwägerin; **s.s and brothers** Geschwister
sit *v/i* *(Gericht)* tagen, Sitzung abhalten; **s. in camera** *(lat.)* in geheimer Sitzung beraten
site *n* 1. Sitz *m*, Standort *m*; 2. *(Unfall,*

Verbrechen) Ort *m*, Stelle *f*; 3. Baustelle *f*; 4. Gelände *nt*, **s. of the accident** Unfallstelle *f*
commercial site Gewerbegrundstück *nt*; **contaminated s.** verseuchtes Gelände; **industrial s.** Industriegelände *nt*; **fully serviced s.** voll erschlossenes Grundstück; **vacant s.** unbebautes Grundstück; **s. development** (Bauland)Erschließung *f*; **s. notice** Baustellenverfügung *f*
sitting *n* Sitzung *f*; **s. in camera** *(lat.)* nichtöffentliche Sitzung; **s. of a court** Gerichtssitzung *f*; **public ~** öffentliche Sitzung des Gerichtshofes
sitting fee Verhandlungsgebühr *f*; **s. room** Wohnzimmer *nt*
situate *v/t* legen; **s.(d)** *adj* gelegen
situation n 1. Lage *f*, Situation *f*; 2. *(Posten, Stelle)* Stellung *f*, Stelle *f*; **to remedy the s.** Lage bereinigen; **to stabilize the s.** Lage stabilisieren
economic situation Wirtschaftslage *f*; **financial s.** Vermögenslage *f*; **legal s.** Rechtslage *f*, Rechtszustand *m*; **s. report** Lagemeldung *f*
situs *n (lat.)* Ort *m*
size *n* Größe *f*, Umfang *m*; **s. of the property** Grundstücksgröße *f*; **prescribed s.** vorschriftsmäßige Größe
skeleton *n* Skelett *nt*, Gerippe *nt*, **to have a s. in the closet** *(fig)* Leiche im Keller haben *(fig)*; **s. agreement/contract** Mantel-, Rahmenvertrag *m*, Rahmenabkommen *nt*; **s. key** Dietrich *m*, Nachschlüssel *m*; **s. law** 1. Rahmenrecht *nt*; 2. Rahmengesetz *nt*; **s. legislation** Rahmengesetzgebung *f*; **s. wage agreement** Manteltarifvertrag *m*, Rahmentarif *m*
sketch of the collision *n* Verkehrsunfallskizze *f*
skilful *adj* geschickt, gewandt, fachgerecht
skilled *adj* fach-, sachkundig, gelernt, qualifiziert
skimming off (of) profits *n* Gewinnabschöpfung *f*
skin *n* Haut *f*; **s. colour** Hautfarbe *f*
sky *n* Himmel *m*
slander *v/t* 1. *(nicht dauerhaft, mündlich)* verleumden, verunglimpfen, beleidigen; 2. anschwärzen, in falschen Verdacht bringen
slander *n* 1. Verleumdung *f*, Verunglimpfung *f*, Beleidigung *f*, ehrenrührige Behauptung, Ehrverletzung *f*, üble Nachrede; 2. Anschwärzung *f*; **s. of goods** Herabsetzung der Ware eines Konkurrenten; **~ title** böswillige Eigentumsverleugnung
slanderous *adj* verleumderisch, verunglimpfend, diffamierend
slap in the face *n* Ohrfeige *f*
slate *n* *(fig)* Vorstrafenregister *nt*; **to clean the s.** *(fig)* reinen Tisch machen; **to wipe the s. clean** *(fig)* Vorstrafenregister tilgen; **clean s.** *(fig)* saubere Weste *(fig)*
slave *n* Sklave *m*; **s. trade** Menschenhandel *m*; **white ~** Mädchenhandel *m*; **s.ry** *n* Sklaverei *f*
slay *v/t* erschlagen
sleep|er *n* *(Terrorismus)* Schläfer *m*
slight *adj* geringfügig
slip-up *n (coll)* Fehler *m*
slur *n* 1. Makel *m*, Schandfleck *m*; 2. Beleidigung *f*; **to cast a s. on so.** jdn verunglimpfen; **s.ring** *adj (Sprache)* lallend
slush and snow tyre *n* M&S-Reifen *m*; **s. fund** Schmiergeldfonds *m*
smack *n* Ohrfeige *f*; *v/t* ohrfeigen
smash *v/t* zertrümmern; **s. to bits** kaputt schlagen; **multiple s.-up** *n* Massenunfall *m*
smear *n* Verunglimpfung *f*, Herabsetzung *f*; **s. campaign** *n* Verleumdungskampagne *f*
smoke *n* Rauch *m*; **s. alarm/detector** Rauchmelder *m*; **s. poisoning** Rauchvergiftung *f*
smoking area *n* Raucherzone *f*; **s. ban** Rauchverbot *nt*
smooth *adj* glatt, reibungslos
smuggle *v/t* schmuggeln; **s. in** einschleusen; **s.r of illegal immigrants** *n* Schlepper *m*
smuggling *n* Schmuggel *m*, Schleichhandel *m*; **s. in** Einschleusung *f*; **s. of narcotics** Rauschgiftschmuggel *m*
snatch *v/t* 1. greifen; 2. ergattern; 3. entführen; **s. away** wegreißen
sniffer dog *n* (Rauschgift)Spürhund *m*
sniper *n (pej)* Heckenschütze *m*
snow *n* Schnee *m*; **fresh s.** Neuschnee *m*; **s.drift** *n* Schneeverwehung *f*
sober *adj* nüchtern; **s. (up)** *v/i* nüchtern werden, ausnüchtern
sociable *adj* gesellig, umgänglich, freundlich
society *n* 1. Gesellschaft *f*; 2. Verein *m*, Vereinigung *f*, Verband *m*; 3. Umgang *m*, Verkehr *m*; **charitable s.** Wohltätigkeitsverein *m*; **cooperative s.** Genossenschaft *f*;

S

registered ~ eingetragene Genossenschaft (e. G.); **friendly s.** gemeinnützige Gesellschaft, Gegenseitigkeitsgesellschaft *f*; **incorporated s. (Inc)** *[US]* rechtsfähige Gesellschaft, juristische Person; **mutual s.** Gesellschaft auf Gegenseitigkeit, Gegenseitigkeitsgesellschaft *f*; **non-profit-making s.** gemeinnütziger Verein; **non-trading s.** Idealverein *m*; **professional s.** Berufsverband *m*; **registered s.** eingetragener Verein (e. V.); **unincorporated s.** nicht rechtsfähige Gesellschaft; **unregistered s.** nicht eingetragener Verein; **s. assets** Vereinsvermögen *nt*

sodomy *n* Sodomie *f*

soil *n* Boden *m*; **contaminated s.** Altlast *f*

sojourn *n* Aufenthalt *m*

solace *n* 1. Trost *m*; 2. Entschädigung für immateriellen Schaden

solatium *n (lat.)* Schmerzensgeld *nt*

solicit *v/t* 1. (an-/um)werben; 2. erbitten; 3. *(Prostitution)* ansprechen; **s.ation of customers; s.ting of customers** *n* Kundenwerbung *f*, Werbung von Kunden; **s.ing** *n* Ausfforderung zur Unzucht

solicitor *n [GB]* (Rechts)Anwalt *m*, (Rechts)Anwältin *f*; **s. of record** prozessbevollmächtigter Anwalt; **to brief a s.** Anwalt mit der Vertretung beauftragen; **official s.** Amtsanwalt *m*; **specialized s.** Fachanwalt *m*

solicitor general *n* 1. *[GB]* zweiter Kronanwalt *m*; 2. *[US]* Generalstaatsanwalt *m*; **s.'s trust account** *[GB]* Notar-, (Rechts) Anwaltsanderkonto *nt*

solidarity *n* Solidarität *f*, Gesamtschuldverhältnis *nt*

solidary *adj* gesamtschuldnerisch, solidarisch

solution *n* Lösung *f*

solven|cy *n* Zahlungsfähigkeit *f*, Solvenz *f*; **s.t** *adj* zahlungsfähig, solvent, liquide

solvent *n* Lösungsmittel *nt*; **s. abuse** Lösungsmittelmissbrauch *m*; **s.-free** *adj* lösungsmittelfrei

sophist|icated *adj* raffiniert; **s.ry** *n* Spitzfindigkeit *f*, Raffinesse *f*

sort sth. out *v/t* etw. ordnen, ~ in Ordnung bringen

sound so. out *v/t* jdn ausforschen

sound *adj* stichhaltig; **s. of mind** geistig gesund, zurechnungsfähig

sound *n* Ton *m*; **s. recording** Tonaufnahme *f*

soundness *n* Stichhaltigkeit *f*; **s. of mind** Zurechnungsfähigkeit *f*

source *n* Quelle *f*; **s. of danger** Gefahrenquelle *f*; **~ income** Einkommensquelle *f*; **~ information** Informationsquelle *f*; **~ money** Geldquelle *f*; **to tax at s.** Quellenabzugssteuer erheben; **legal s.s; s.s of (the) law** Rechtsquellen; **from an official s.** aus amtlicher Quelle; **s. country** Quellenstaat

sovereign *n* Souverän *m*; *adj* hoheitlich, souverän

sovereignty *n* Hoheitsgewalt *f*, Oberherrschaft *f*, Souveränität *f*, (Staats)Hoheit *f*; **s. over air space** Lufthoheit *f*; **s. in tax matters** Steuerhoheit *f*

joint sovereignty *n* Kondominium *nt*; **monetary s.** Währungshoheit *f*; **territorial s.** Gebietsherrschaft *f*, Gebietshoheit *f*

space *n* Raum *m*; **enclosed/walled-in s.** umbauter Raum; **s.-saving** *adj* raumsparend; **s. law** Weltraumrecht *nt*

spate of litigation *n* Klagewelle *f*

speak *v/i* reden; **not being on s.ing terms** *n* zerstritten

Special Branch *n* *[GB] (Organisation)* Verfassungsschutz *m*

specialist *n* 1. Facharzt *m*; 2. Sachverständige(r) *f/m*

specialty *n* Vertrag in gesiegelter Form; **s. contract** gesiegelter, formalisierter Vertrag

in specie *n* in Münzen

species *n* Gattung *f*

specification *n* Spezifikation *f*, Spezifizierung *f*; **s. of errors** Aufführung von Revisionsrügen; **s. of witness** Zeugenbenennung *f*; **defective s.s** mangelnde Patentbeschreibung

S

specify *v/t* genau angeben, festlegen, spezifizieren

specimen *n* Blankett *nt*, Muster *nt*, Probe *f*; **s. contract** Vertragsmuster *nt*; **s. signature** Musterunterschrift *f*, Unterschriftsprobe *f*

spectator *n* Zuschauer(in) *m/f*

speculation *n* Spekulation *f*, Mutmaßung *f*

speech *n* Rede *f*; **inflammatory s.** Hetzrede *f*

speed *n* Geschwindigkeit *f*, Tempo *nt*; **excessive s.** überhöhte Geschwindigkeit; **maximum s.** Höchstgeschwindigkeit *f*; **permissible s.** zulässige Geschwindigkeit; **recommended s.** Richtgeschwindigkeit *f*

speed camera *n* Radarkamera *f*; **s. check** Geschwindigkeitskontrolle *f*
speeding *n* Überschreiten der zulässigen Geschwindigkeit; **s. up of proceedings** Verfahrensbeschleunigung *f*
speed limit Geschwindigkeitsbegrenzung *f*, Geschwindigkeitsbeschränkung *f*, zulässige Höchstgeschwindigkeit, Tempolimit *nt*
speedometer *n* Tachometer *m*
speed restriction Geschwindigkeitsbegrenzung *f*; **s. trap** Auto-, Radarfalle *f*
spend *v/t* ausgeben; **s.ing power** *n* Kaufkraft *f*
sperm bank *n* Samenbank *f*; **s. donor** Samenspender *m*
sphere *n* Sachbereich *m*, Sachgebiet *nt*; **s. of activity** Tätigkeitsbereich *m*; **(geographical) ~ application** (räumlicher) Anwendungsbereich; **relevant ~ application** sachlicher Anwendungsbereich; **~ influence** Einflussbereich *m*; **~ interest** Interessensphäre *f*; **~ jurisdiction** Kompetenzbereich *m*; **~ responsibility** Kompetenz-, Verantwortungsbereich *m*
jurisdictional sphere Geltungsbereich *m*; **personal/private s.** (persönlicher) Lebensbereich
spirit of the law *n* Geist/Sinn des Gesetzes
split up *v/ti* (sich) trennen; **~ with so.** sich von jdm trennen
splitting *n* Teilung *f*; **s. a cause of action** Aufspaltung in Teilklagen; **s. of an inheritance** Nachlassspaltung *f*; **~ spouses' future pension rights** Quasisplitting *nt*
spokesman *n* Sprecher *m*
sponsor *n* Patron(in) *m/f*, Schirmherr(in) *m/f*; **s.ed by** *adj* unter der Schirmherrschaft von; **s.ship** *n* 1. Förderung *f*; 2. Patenschaft *f*, Patronat *nt*
spot *n* *(Unfall, Verbrechen)* Ort *m*; **on the s.** an Ort und Stelle, vor Ort; **blind s.** toter Winkel
spot check *n* Stichprobe *f*; **s. contract** Platzgeschäft *nt*; **s. transaction** Lokogeschäft *nt*
spouse n Ehepartner *m*, Gatte *m*, Gattin *f*; **divorced s.** geschiedener Ehegatte; **surviving s.** überlebender Ehegatte
spouses *pl* Ehegatten, Eheleute
spread *v/t* 1. streuen, verteilen; 2. *(Informationen)* verbreiten; *n* Streuung, Verteilung *f*; **s.ing of risks** *n* Risikostreuung *f*
spy *n* Spion(in) *m/f*; **s. in the cab** *(coll)* Tachograph *m*; **s.(ing) charge** *n* Anklage wegen Spionage
spy on so. *v/prep* jdm nachschnüffeln
squad *n* Dezernat *nt*; **flying s.** *[GB]* Überfallkommando *nt*; **homicide s.** Mordkommission *f*; **s. car** Funkstreifenwagen *m*
squander *v/t* verschwenden
squat *v/i* sich ohne Rechtstitel ansiedeln; **s.ter** *n* Haus-, Wohnungsbesetzer(in) *m/f*; **s.ting** *n* Hausbesetzung *f*; **~ fraternity** *(coll)* Hausbesetzerszene *f*
squeal *v/i* *(coll)* verpfeifen *(coll)*
squeamish *adj* zimperlich; **s.ness** *n* Zimperlichkeit *f*
stab *n* (Messer)Stich *m*; **s. wound** Dolchstoß *m*, Stichwunde *f*; **s.bing weapon** *n* Stichwaffe *f*
staff *n* Belegschaft *f*, Personal *nt*; **temporary s.** Aushilfskräfte *pl*, Aushilfspersonal *nt*
staff council *n* Personalrat *m*; **s. meeting** Personalversammlung *f*; **s. member** Betriebsangehörige(r) *f/m*; **s. membership** Betriebsangehörigkeit *f*; **s. representation** Personalvertretung *f*
at this stage *n* zu diesem Zeitpunkt; **s. in the proceedings** *n* Verfahrensstadium *nt*; Verfahrensschritt *m*; **intermediate s.** Zwischenstufe *f*; **transitional s.** Übergangszustand *m*
stage rights Aufführungsrechte
stages of appeal *pl* *(Gericht)* Instanzenweg *m*, Instanzen-, Rechtszug *m*; **~ (the) proceedings** Prozessstadium *nt*
stagger *v/i* taumeln; **s.ed** *adj* zeitversetzt, zeitverteilt
staggering *n* Staffelung *f*; **s. of credit** Kreditstaffelung *f*
to be at stake *n* auf dem Spiel stehen
stakeout *n* Observation *f*; **to work a s.** observieren
stale *adj* *(Anspruch)* verjährt
stalemate *n* *(Verhandlung)* Stillstand *m*
stalk so. *v/t* jdm nachstellen
stamp *n* 1. Stempel *m*; 2. (Post)Wertzeichen *nt*; **to endorse with a s.** mit einem Stempel versehen; **s. duty** Wechselsteuer *f*
to take the stand *n [US]* in den Zeugenstand treten
standard *adj* einheitlich
standard *n* Norm *f*; **s. of care** Sorgfaltsmaßstab *m*; **~ living** Lebensstandard *m*, Lebenshaltung *f*; **~ need** Bedürftigkeitsschwelle *f*; **~ proof** Grad der Beweislast,

Anforderung auf Grund der Beweislast; **s.s of (fair) trading** Wettbewerbsregeln; **to set s.s** Normen festlegen; **established s.s** anerkannte Normen; **moral s.s** Wertvorstellung *f*; **professional s.s.** standesrechtliche Richtlinien

standard amount Regelbetrag *m*; **s.s cartel** Normen- und Typenkartell *nt*; **s.s committee** *n* Normenausschuss *m*; **s. conditions** Einheits-, Normativbedingungen; **s. contract** Formal-, Mustervertrag *m*

standardiz|ation *n* Normung *f*, Vereinheitlichung *f*; **s.e** *v/t* normen, vereinheitlichen

standard letter Formbrief *m*; **s. measure** Normalmaß *nt*; **s. practice** Gepflogenheit *f*, übliches Verfahren; **s. price** Normalpreis *m*; **s. procedure** übliche Vorgehensweise; **to be ~** üblich sein; **s. provisions** Normativbestimmungen; **s. rate** Normalsatz *m*; **s. salary** Tarifgehalt *nt*; **s. size** Norm(al)größe *f*; **s. tenancy agreement** Mustermietvertrag *m*; **s. terms of contract** Mustervertragsbedingungen; **s. wage** Normallohn *m*; **~ rate** Tariflohn *m*

standby (duty) *n* Verfügungs-, Rufbereitschaft *m*

standing *n* *(Firma)* Ansehen *nt*, Ruf *m*, Status *m*, Stellung *f*; **s. to sue** Prozessführungsbefugnis *f*, Prozessstandschaft *f*; **to be of good s.** angesehen sein; **financial s.** Bonität *f*; **s. order** *(Bank)* Dauerauftrag *m*

standstill *n* Stillstand *m*; **to bring to a s.** *(Verkehr)* lahm legen; **s. agreement** Stillhalteabkommen *nt*

staples *pl* Waren des Grundbedarfs

Stars and Stripes *pl* amerikanische Nationalflagge

start of insolvency proceedings *n* Insolvenzverfahrenseröffnung *f*

starting capital *n* Grundkapital *nt*; **s. date** Anfangstermin *m*; **s. day** Anfangstag *m*

stash *n (coll)* geheimes Lager

state *v/t* angeben, darlegen, erklären, feststellen, konstatieren

state *n* 1. Staat *m*, öffentliche Hand; 2. Zustand *m*; **for reasons of s.** aus Gründen der Staatsräson; **permanent s. of affairs** Dauerzustand *m*; **s. of the art** Stand der Technik; **~ dependence** Abhängigkeitsverhältnis *nt*; **~ disrepair** Baufälligkeit *f*, schlechter Zustand

state of emergency *n* Ausnahmezustand *m*, Notstand *m*; **legislative s. of e.** Gesetzgebungsnotstand *m*; **to declare/proclaim a s. of e.** Ausnahmezustand verhängen, Notstand erklären

state of health Gesundheitszustand *m*; **~ mind** (geistige) Verfassung, Geisteszustand *m*; **~ origin** Heimatstaat *m*; **~ repair** Beschaffenheit *f*, Erhaltungszustand *m*, baulicher Zustand; **~ war** Kriegszustand *m*

bordering state *n* Anliegerstaat *m*; **constitutional s.** Rechtsstaat *m*; **contracting s.** Vertragsstaat *m*; **federal s.** 1. Bundesland *nt*; 2. Bundesstaat *m*; **flawless s.** mangelfreier Zustand; **foreign s.s** ausländische Staaten; **hostile s.** Feindesstaat *m*; **legal s.** Rechtszustand *m*; **mental s.** Geisteszustand *m*; **neighbouring s.** Nachbarstaat *m*; **non-contracting s.s** Nichtvertragsstaaten; **original s.** ursprünglicher Zustand; **persecuting s.** *(Asyl)* Verfolgerstaat *m*; **sending s.** Entsendestaat *m*; **signatory s.** Signatar-, Unterzeichnerstaat *m*; **territoral s.** Territorialstaat *m*

state administration of justice Landesjustizverwaltung *f*; **s. agency** staatliches Organ; **s. authority** Landesbehörde *f*; **s. autonomy** Landeshoheit *f*; **s. border** Staatsgrenze *f*; **s. building code** Landesbauordnung *f*; **s. bureau of criminal investigation** Landeskriminalamt *nt*; **s. constitution** Landesverfassung *f*

state administrative court *n* Landesverwaltungsgericht (LVG) *nt*; **s. constitutional court** Landesverfassungsgericht *nt*; **supreme s. court** Oberlandesgericht (OLG) *nt*; **s. governed by the rule of law** Rechtsstaat *m*

state's evidende *[US]* Kronzeuge (der Anklage)

state law Landesrecht *nt*; **s. legislation** Landesgesetzgebung *f*; **s. level** Landesebene *f*

stateless *adj* staatenlos; **s. person** Staatenlose(r) *f/m*; **s.ness** *n* Staatenlosigkeit *f*

statement *n* 1. Aussage *f*, Äußerung *f*, Behauptung *f*, Darlegung *f*, Darstellung *f*, Erklärung *f*, Feststellung *f*; 2. *(Polizei)* Protokoll *nt*; **s. concerning the case as such** Angaben zur Sache; **s. of account** 1. Kontoauszug *m*; 2. Rechenschaftsbericht *m*; **~ assets and liabilities** Status *m*, Vermögensaufstellung *f*, Vermögensausweis *m*, Vermögensbilanz *f*, Vermögensübersicht *f*; **~ (the) case** Darlegung des Falls/Sachverhalts, Schriftsatz *m*; **~ the claimant's case** Darlegung der Ansprüche des Klägers; **~ claim** Klageschrift *f*, Klagebegründung *f*; **~ confession** Unterwerfungserklärung *f*; **~ damage** Schadensaufstellung *f*; **~ defence** Klagebeantwortung *f*, Klageerwiderung *f*, Verteidigungsschrift *f*; **~ the facts** Darstellung der Tatsachen; **~ forfeiture** gerichtliche Verfallerklärung; **~ grounds for appeal** Revisionsbegründung *f*; **~ loss** Schadensangabe *f*; **s. in intervention** Streithilfeschriftsatz *m*; **s. by a party** Parteivorbringen *nt*, Parteivortrag *m*; **s. on oath** Aussage unter Eid, eidliche Erklärung

to make a statement aussagen, Erklärung abgeben, (Zeugen)Aussage machen; **~ regarding the accusation** sich zum Vorwurf äußern; **to retract a s.** Aussage widerrufen; **to say sth. in a s. (to the police)** etw. zu Protokoll geben; **to take down a s.** Aussage protokollieren

annual statement *n* Jahresabrechnung *f*, Jahresabschluss *m*; **closing s.(s)** Schlussvorbringen, abschließendes Vorbringen; **conflicting s.s** sich widersprechende Angaben/Aussagen; **defamatory s.** beleidigende Behauptung; **disparaging s.** ehrenrührige/herabsetzende Äußerung; **incriminating s.** belastende Erklärung; **official s.** amtliche Erklärung; **opening s.(s)** einleitendes Vorbringen; **parol s.** mündliche Erklärung; **preliminary s.s** einleitende Feststellungen; **reasoned s.** begründete Erklärung; **summary s.** kurze Darlegung; **unsworn s.** nichteidliche/unbeeidigte/uneidliche Aussage; **~ false s.** *(Zeugen, Sachverständige)* uneidliche Falschaussage; **voluntary s.** freiwillige Erklärung; **written s.** schriftliche Erklärung, Schriftstück *nt*; **~ of the case** Schriftsatz *m*; **to make a ~** schriftlich aussagen; **to submit a ~** Schriftsatz einreichen

state office Landesamt *nt*; **s. ordinance** Landesverordnung *f*; **s.-owned** *adj* staatseigen; **s. parliament** Landtag *m*; **s. pension** 1. staatliche Rente; 2. *[GB]* Sozialrente *f*; **s. police force** Landespolizei *f*; **s. power** Staatsmacht *f*; **s. seal** Staatssiegel *nt*; **s. secret** Staatsgeheimnis *nt*; **s.'s evidence** *[US]* Kronzeuge(nregelung) *m/f*; **s. social security tribunal** Landessozialgericht *nt*; **s. statute** Landesgesetz *nt*; **s. supervision** staatliche Aufsicht; **s. territory** Staatsgebiet *nt*

statewide *adj* landesweit

stating *adj* unter Angabe von

stationary *adj* 1. *(Kfz)* stillstehend; 2. *(Verkehr)* ruhend

stature *n* *(Person)* Statur *f*

status *n* Rang *m*, Status *m*, Stellung *f*; **s. quo ante** *(lat.)* vorheriger Zustand; **s. of the case** Aktenlage *f*; **~ the child** (rechtliche) Stellung des Kindes; **s. in the land register** grundbuchrechtliche Stellung; **s. of marital property** güterstandsrechtliche Stellung; **~ possession** Besitzstand *m*

civil status *n* Personenstand *m*; **~ act** Personenstandsgesetz *nt*; **legal s.** Rechtsposition *f*, Rechtsstand *m*, Rechtsstatus *m*, rechtliche Stellung; **marital s.** Ehe-, Familien-, Personenstand *m*, ehelicher Status; **personal s.** Personenstand *m*; **special s.** Sonderstatus *m*

status inquiry Kreditauskunft *f*; **s. judgment** Statusurteil *nt*

statute *n* 1. Gesetz *nt*; 2. Statut *nt*; **S. of Fraud** *[GB]* Wirtschaftsstrafgesetz (WiStG) *nt*

statute of limitations Verjährungsgesetz *nt*; **subject to the ~** verjährbar; **not subject to the ~** unverjährbar; **to fall under the s. of l.** verjähren; **to invoke the s. of l.** Verjährung einwenden

civil statute Zivilgesetz *nt*; **criminal s.** Strafgesetz *nt*; **electoral s.** Wahlordnung *f*; **enabling s.** Ermächtigungs-, Blankettgesetz *nt*; **mandatory s.** zwingendes Gesetz; **special s.** Sondergesetz *nt*, Sonderstatut *nt*, Spezialgesetz *nt*; **supplementary s.** Nebengesetz *nt*; **temporary s.** befristetes Gesetz; **transitional s.** Übergangsgesetz *nt*

statute|-barred *adj* verjährt; **not s.-barred** unverjährt; **to become s.-barred** verjähren, der Verjährung unterliegen; **s.-barring of execution** *n* Vollstreckungsverjährung *f*

statute book Gesetzbuch *nt*, Gesetzessammlung *f*

statute law Gesetzesrecht *nt*, kodifiziertes Recht; **above s. l.** übergesetzlich; **s. l. of corporations and local authorities** Satzungsrecht *nt*

statutes *pl* Satzung *f*; **according to the s.** satzungsgemäß; **corporate s.** *[US]* Gesellschaftssatzung *f*; **local s.** Ortssatzung *f*; **municipal s.** Gemeindesatzung *f*

statutory *adj* 1. gesetzlich (vorgeschrieben), statutarisch; 2. satzungsgemäß
stave off *v/prep* abwenden
stay *v/t* 1. aussetzen; 2. *(Verfahren)* einstellen; 3. sistieren, unterbinden; 4. suspendieren; **s. away** wegbleiben
stay *n* 1. Aufenthalt *m*; 2. Aussetzung *f*, Einstellung *f*, Suspendierung *f*; **s. abroad** Auslandsaufenthalt *m*; **s. of bankruptcy proceedings** Konkurseinstellung *f*; **~ eviction** Räumungsaufschub *m*
stay of execution *n* 1. Aufschub/Aussetzung der Vollstreckung, Sistierung *f*, Straf-, Vollstreckungsaufschub *m*, Straf-, Vollstreckungsaussetzung *f*, Zurückstellung der Strafvollstreckung, (vorläufige) Einstellung der Zwangsvollstreckung; 2. Unterbrechung des Strafvollzugs; **~ on probation** Strafaussetzung zur Bewährung; **to grant (a) ~** Zwangsvollstreckung aussetzen
stay of imprisonment n Haftaufschub *m*; **~ proceedings** Aussetzung/Einstellung/Ruhen/Unterbrechung des Verfahrens
steal *v/t* stehlen, entwenden, klauen *(coll)*; **s.ing from premises** *n* Ladendiebstahl *m*; **~ the dead** Leichenfledderei *f*; **s.ing goods from vehicles** Ladungsdiebstahl *m*
steer *v/t* lenken
steering *n* *(Kfz)* Lenkung *f*, **s. lock** Lenkradsperre *f*; **s. wheel** Lenkrad *nt*
step *n* *(Schritt)* Maßnahme *f*, Schritt *m*; **first s.** einleitender Schritt; **s. in the proceedings** Prozesshandlung *f*
to take steps *pl* Maßnahmen ergreifen; **~ legal s.** gerichtliche Schritte ergreifen
appropriate steps geeignete Maßnahmen/Schritte; **preventive s.** vorbeugende Maßnahmen
stepbrother *n* Stiefbruder *m*; **s.child** *n* Stiefkind *nt*; **s.father** *n* Stiefvater *m*; **s.mother** *n* Stiefmutter *f*; **s.parents** *pl* Stiefeltern; **s.sister** *n* Stiefschwester *f*
steril|e *adj* *(Frau)* zeugungsunfähig; **s.ity** *n* Zeugungsunfähigkeit *f*
sterilizlation *n* Sterilisation *f*, Sterilisierung *f*; **s.e** *v/t* sterilisieren
steward *n* *(Veranstaltung)* Ordner *m*
stigma *n* Makel *m*; **s. compensation/damages** Entschädigung/Schadenersatz für Rufschädigung
still|birth *n* Totgeburt *f*; **s.born** *adj* tot geboren
stimulant *n* anregendes Mittel
stipend *n* Besoldung *f*; **s.iary** *adj [GB]* *(Richter)* besoldet, hauptberuflich
stipulate *v/t* 1. abmachen, (aus)bedingen, vereinbaren; 2. Bestimmung treffen, vorschreiben; 3. (vertraglich) festlegen, festsetzen; **s. expressly** ausdrücklich vereinbaren; **s. in writing** schriftlich vereinbaren; **s.ed** *adj* vereinbart, vorgeschrieben
stipulation *n* 1. Auflage *f*, Bedingung *f*; 2. Bestimmung *f*, Festsetzung *f*, Vereinbarung *f*, Stipulieren *nt*; 3. Vertragsbestimmung *f*, (Vertrags)Klausel *f*, stipulatio *(lat.)*; **s. to the contrary** gegenteilige Bestimmung; **s.s of a contract** Vertragsbestimmungen; **contrary to the ~** vertragswidrig; **s. prohibiting company penalties after strikes** Maßregelungsklausel *f*; **s. as to time** Zeitbestimmung *f*
to abrogate a stipulation Vereinbarung aufheben
contractual stipulation vertragliche Abmachung/Vereinbarung, Vertragsabrede *f*, Vertragsbedingung *f*, Vertragsbestimmung *f*
stock *n* Aktie *f*; **s. certificate** Aktienzertifikat *nt*, Kapitalanteilschein *m*; **s. exchange** (Wertpapier)Börse *f*; **~ act** Börsengesetz *nt*; **~ price** Börsenpreis *m*; **~ law** Börsenrecht *nt*; **s. option** Bezugsrecht *nt*
stock|(s) Inventar *nt*, Lager *nt*, Vorrat *m*; **s.s and shares** *pl* Wertpapiere; **to take s.** Bestand aufnehmen, inventarisieren; **dead s.** totes Inventar; **preferred s.** Vorzugsaktie *f*
stockholder *n* Aktionär *m*, Anteilseigner *m*; **s.s' action** Aktionärsklage *f*
stocking mask *n* Strumpfmaske *f*
stockpile *n* Halde *f*; *v/t* auf Halde nehmen
stocktaking *n* Bestandsaufnahme *f*, Inventur *f*
stolen *adj* gestohlen
stop *v/ti* 1. anhalten; 2. *(Scheck)* sperren; 3. unterbinden; **s. and go** zähfließender Verkehr
stopgap *adj* notdürftig, Überbrückungs-; **s. measure** Notbehelf *m*
stoppage *n* 1. Betriebsstörung *f*; 2. Sperrung *f*; **s. of mail** Briefsperre *f*; **~ payment(s)** *(Scheck)* Zahlungssperre *f*
stopping *n* Halten *nt*; **no s.** Halteverbot *nt*; **s. (of) a cheque** Schecksperre *f*
storage *n* Lagerung *f*, Speicherung *f*; **s. of data** Speicherung von Daten

store *n* Laden *m*; **s. detective** Laden-, Kaufhausdetektiv(in) *m/f*; **s.room for court exhibits** *n* Asservatenkammer *f*
storing *n* Lagerung *f*
stowaway *n* blinder Passagier
straight *adj* *(fig)* redlich; **to wander from the s. and narrow** *(fig)* vom rechten Weg abkommen *(fig)*
strain *n* Anspannung *f*
straitjacket *n* Zwangsjacke *f*
to be stranded *adj* Panne haben
stranger *n* Ortsfremde(r) *f/m*, Unbekannte(r) *f/m*
strangle *v/t* erdrosseln, erwürgen; **s.hold** *n* Würgegriff *m*
strangling mark *n* Würgemal *nt*
strangulat|e *v/t* erdrosseln, erwürgen; **s.ion** *n* Erdrosselung *f*, Erwürgung *f*
straw man *n* Strohmann *m*
stray *v/i* *(Tier)* streunen
streamline *v/t* rationalisieren
street *n* Straße *f*; **to walk the s.s** auf den Strich gehen
street crime Straßenkriminalität *f*; **s. prostitution** Strich *m*; **s. vending** Straßenverkauf *m*; **s. vendor** Straßenhändler(in) *m/f*
streetwalker *n* (Straßen)Prostituierte *f*
probative strength *n* Aussagekraft *f*
strict *adj* peremptorisch, strikt
strife *n* Unfrieden *m*
strike *v/t* streiken; **s. off** streichen; **s. out** löschen
strike *n* Streik *m*, Ausstand *m*; **to call a s.** Streik ausrufen; **to go on s.** in den Streik treten, streiken
illegal strike widerrechtlicher Streik; **sit-down s.** Sitzstreik *m*
strike ballot *n* Urabstimmung *f*; **s. ban** Streikverbot *nt*
striker *n* Streikender *m*
striking off *n* *(Register)* Löschung *f*, Streichung *f*; **s. off the roll of solicitors** Streichung von der Anwaltsliste
string of murders *n* Mordserie *f*
strongroom *n* Tresorraum *m*
structure *n* 1. Bauwerk *nt*, Gebäude *nt*; 2. Struktur *f*; **legal s.** Rechtsform *f*
stumble *v/i* stolpern
stun *v/t* betäuben
sturdy *adj* stämmig
suab|ility *n* (Ein)Klagbarkeit *f*; **s.le** *adj* belangbar, ein-, verklagbar
sub-agent *n* Unterbevollmächtigte(r) *f/m*
subcontract *n* Neben-, Untervertrag *m*, Unterauftrag *m*; *v/t* (durch) Unterauftrag vergeben; **s.ing** *n* Vergabe von Unteraufträgen, Weitergabe von Arbeit; **s.or** *n* 1. Nach-, Subunternehmer(in) *m/f*, Unterauftragnehmer *m*; 2. Zulieferer *m*
subcription right *n* Bezugsrecht *nt*
subject *n* 1. Fach *nt*; 2. Staatsangehörige(r) *f/m*; 3. Subjekt *nt*; **s. of the action** Gegenstand der Klage; **~ the contract** Gegenstand des Vertrages, Vertragsinhalt *m*; **~ litigation** Streitgegenstand *m*, Streitobjekt *nt*
subject to *adj* abhängig von, gemäß, nach Maßgabe von, vorbehaltlich; **to be ~** unterliegen
legal subject *n* Rechtssubjekt *nt*; **optional s.** *(Ausbildung)* Wahlfach *nt*
subjective *adj* subjektiv
subject matter *n* *(Thema)* Materie *f*, Gegenstand *m*; **s. m. of the action** Klagegegenstand *m*; **~ a contract** Vertragsgegenstand *m*; **~ the proceedings** Streitgegenstand *m*
sub judice *adj* *(lat.)* rechtshängig
sublease *n* Untermiete *f*, Unterpacht *f*, Weiterverpachtung *f*
sublessee *n* Untermieter(in) *m/f*
sublet *v/t* unter-, weitervermieten; **s.ting** *n* Untervermietung *f*
sub-licence *n* Unterlizenz *f*
subliminal *adj* *(Werbung)* unterschwellig
submission *n* 1. *(Gericht)* Anrufung *f*, Vorbringen *nt*; 2. Antrag *m*; 3. Behauptung (einer Partei) vor Gericht; 4. Beibringung *f*, Darlegung *f*; 5. Einreichung *f*, Submission *f*; 6. Unterwerfung *f*; 7. Vorlage *f*, Vorlegung *f*; 8. Vortrag *m*; **s. of a document** Urkundenvorlage *f*; **~ documents** Vorlage von Urkunden; **~ evidence** Beweisantritt *m*, Vorbringen/Vorlage von Beweismaterial; **s. to execution** Vollstreckungsunterwerfung *f*; **s. by a party** Parteivorbringen *nt*; **s. of the parties** Vorbringen der Parteien; **~ pleadings** Einreichung von Schriftsätzen; **subsequent ~ reasons** Nachschieben von Gründen
late submission verspätetes Vorbringen; **later s.** Nachschieben *nt*
submissions *pl* Sachvortrag *m*, Ausführungen; **alternative s.** Hilfsvorbringen *nt*; **final s.** Schlussantrag *m*; **legal s.** Rechtsausführungen
submissive *adj* gefügig

S

submit *v/t* 1. beantragen; 2. darlegen, einreichen, unterbreiten; 3. geltend machen; 4. vorbringen, vorlegen, vortragen; **s. later** nachschieben

subordinat|e *adj* *(Behörde)* nachgeordnet, subsidiär; *n* Untergebene(r) *f/m*; *v/t* unterordnen; **s.ion** *n* Unterordnung *f*

suborn *v/t* (jdn zu etw.) anstiften/verleiten

subornation *n* Anstiftung *f*, Verleitung *f*; **s. to give false evidence** Verleitung zur Falschaussage; **~ commit perjury** Anstiftung/Verleitung zum Meineid; **~ of a witness** Zeugenbeeinflussung *f*, Zeugenbestechung *f*

suborner *n* *(Meineid)* Anstifter *m*

sub-paragraph *n* (Unter)Absatz *m*

subpoena *n* (Bei-/Vor)Ladung unter Strafandrohung; **s. ad testificandum** *(lat.)* Zeugenladung unter Strafandrohung

subpoena so. *v/t* jdn unter Strafandrohung vorladen

subpurchaser *n* *(Produzentenhaftung)* mittelbarer Käufer

subreption of authority *n* Zuständigkeitserschleichung *f*; **~ a judgment** Urteilserschleichung *f*

subrog|ation *n* 1. Subrogation *f*, Abtretung auf Grund rechtlicher Verpflichtungen, Eintritt in Rechte, Rechtsübergang *m*; 2. Sonder(rechts)nachfolge *f*; **~ of rights** Rechtseintritt *m*; **s.ee** *n* Sonder(rechts)-nachfolger *m*

subscribe *v/t* 1. *(Wertpapier)* zeichnen; 2. abonnieren, **s.r** *n* 1. Abonnent *m*, Subskribent *m*; 2. Zeichner *m*

subscription *n* 1. Abonnement *nt*, Subskription *f*; 2. *(Wertpapier)* Zeichnung *f*; **s. of capital** Kapitalzeichnung *f*; **annual s.** Jahresabonnement *nt*; **joint s.** Mitzeichnung *f*

subscription contract Zeichnungsvertrag *m*; **s. offer** Zeichnungsangebot *nt*; **s. period** Zeichnungsfrist *f*; **s. terms** Zeichnungsbedingungen

subsection *n* Teil-, Unterabschnitt *m*

subsequent *adj* anschließend, (nach)folgend, nachträglich

subsidence *n* Bergschaden *m*

subsidiarity *n* Subsidiarität *f*

subsidiary *adj* subsidiär; *n* Tochtergesellschaft *f*

subsidy *n* Subvention *f*, Zuschuss *m*; **s. fraud** Subventionsbetrug *m*

subsistence *n* Auskommen *nt*, (Lebens)-Unterhalt *m*; **s. allowance** Unterhaltszuschuss *m*; **s. level** Existenzminimum *nt*

substance *n* 1. Stoff *m*, Substanz *f*; 2. Tenor *m*; **s. of a crime** objektiver Tatbestand; **controlled s.s act** Betäubungsmittelgesetz (BtMG) *nt*; **dangerous s.s** Gefahrstoffe; **harmful s.** Schadstoff *m*; **environmentally hazardous s.s** umweltgefährdende Stoffe; **radioactive s.** radioaktiver Stoff; **toxic s.s** giftige Stoffe

substantial *adj* beträchtlich, erheblich, (vertrags)wesentlich

substantiate *v/t* (näher) begründen, belegen, nachweisen, substantiieren; **s. by prima facie evidence** glaubhaft machen

substantiation *n* Glaubhaftmachung *f*, nähere Begründung, Nachweis *m*, Substantiierung *f*; **s. of a claim** Glaubhaftmachung eines Anspruchs; **s. by prima facie evidence** Glaubhaftmachung *f*

substantive *adj* materiell(-rechtlich)

substitute *v/t* ersetzen, substituieren; **s. for** an die Stelle setzen von; *adj* stellvertretend

substitute *n* 1. Ersatz(mann) *m*, Stellvertreter(in) *m/f*, Substitut *nt*; 2. Surrogat *nt*; **as a s.** ersatzweise

substitution n Novation *f*, Substitution *f*, Surrogation *f*; **s. of a child** Kindesunterschiebung *f*; **~ goods** (absichtliches) Vertauschen von Waren; **~ an heir** Einsetzung eines Ersatzerben; **s. by operation of the law** Surrogation kraft Gesetzes; **s. of a party during court proceedings** Parteiwechsel *m*; **s. in rem** *(lat.)* dingliche Surrogation; **fraudulent s.** Unterschieben *nt*

sub|sume *v/t* subsumieren; **s.sumption** *n* Subsumtion *f*

subtenan|cy *n* Untermiete *f*, Untermietverhältnis *nt*; **~ contract** Untermietvertrag *m*; **s.t** *n* Untermieter(in) *m/f*

subtotal *n* Zwischensumme *f*

suburb *n* Vorstadt *f*

subvers|ion *n* Zersetzung *f*; **s.ive** *adj* subversiv, umstürzlerisch

subway *n* *[GB]* (Fußgänger)Unterführung *f*

succeed to *v/prep* beerben, Nachfolge antreten von

success *n* Erfolg *m*; **s. fee** Erfolgshonorar *nt*; **to be s.ful** *adj* obsiegen

succession *n* 1. Erbfall *m*, Erbgang *m*, Nachfolge *f*, Sukzession *f*; 2. Reihe(nfolge) *f*; **entitled to s.** nachfolgeberechtigt; **s. per**

stirpes *(lat.)* Erbfolge nach Stämmen; **s. in title** Rechtsnachfolge *f*
anticipated succession vorweggenommene Erbfolge; **intestate/statutory s.** gesetzliche Erbfolge, Intestatserbfolge *f*; **legal s.** Rechtsnachfolge *f*; **provisional s.** Vorerbschaft *f*; **exempt ~** befreite Vorerbschaft; **reversionary s.** Ersatzerbfolge *f*, Nacherbfolge *f*; **single s.** Einzelrechtsnachfolge *f*; **substitute s.** Ersatznacherbfolge *f*; **testamentary/testate s.** testamentarische Erbfolge, testamentarisch festgelegte Erbfolge; **universal s.** Gesamt(rechts)nachfolge *f*, Universalsukzession *f*; **vacant s.** herrenloser Nachlass; **wilful s.** gewillkürte Erbfolge
successive *adj* sukzessiv; **s.ly** *adv* der Reihe nach
successor *n* (Rechts)Nachfolger(in) *m/f*; **s. in title** Rechtsnachfolger(in) *m/f*; **intestate s.** Intestatserbe *m*; **universal s.** Gesamtrechtsnachfolger(in) *m/f*, Universalerbe *m*
successor company/firm Nachfolgefirma *f*, Nachfolgegesellschaft *f*
sue *v/t* (ver)klagen, belangen, prozessieren, vor Gericht gehen; **s. for** einklagen, **s. jointly** mitverklagen **s. and be sued** klagen und verklagt werden
suffer *v/t* dulden, erleiden
sufferance *n* Duldung *f*; **s. note** Duldungsbescheid *m*
suffic|e *v/i* genügen; **s.iency** *n* Angemessenheit *f*; **s.ient** *adj* genügend, hinlänglich, hinreichend
suffrage *n* Wahlrecht *nt*; **universal s.** allgemeines Wahlrecht
suggest *v/t* 1. vorschlagen, anheim stellen; 2. den Anschein erwecken; **s.ion** *n* Vorschlag *m*
suicidal *adj* selbstmörderisch
suicide *n* 1. Freitod *m*, Selbstmord *m*, Selbsttötung *f*, Suizid *m*; 2. Selbstmörder *m*; **assisted s.** Tötung auf Verlangen, Beihilfe zum Selbstmord; **attempted s.** Selbstmordversuch *m*; **to commit s.** Selbstmord begehen
sui iuris *adv* *(lat.)* aus eigenem Recht
suit *n* Prozess *m*; **s. in rem** *(lat.)* dingliches Verfahren
to bring suit Klage erheben; **to file a s.** Klage beantragen/einreichen/erheben; **~ for support** Unterhaltsklage erheben; **to uphold a s.** der Klage stattgeben; **to withdraw a s.** Klage zurücknehmen/zurückziehen
civil suit *n* Zivilklage *f*; **pending s.** anhängiger Prozess/Rechtsstreit; **prohibitory s.** vorbeugende Unterlassungsklage; **vexatious s.** schikanöser Prozess
suitab|ility *n* Eignung *f*, Geeignetheit *f*, Tauglichkeit *f*; **s.le** *adj* geeignet, tauglich, zweckmäßig
suitor *n* Kläger(in) *m/f*
sum *n* Summe *f*, (Geld)Betrag *m*; **s. in dispute** Streitwert *m*, Streitsumme *f*; **s. insured** Deckungs-, Versicherungssumme *f*; **s. paid into court** Hinterlegungssumme *f*; **s. total** Gesamtbetrag *m*, Gesamtsumme *f*
annual sum Jahresbetrag *m*; **fixed s.** Fixum *nt*; **nominal s.** Nominalbetrag *m*; **small s.** Bagatellbetrag *m*
sum up *v/t* zusammenfassen, resümieren
summarily *adv* ohne Formalitäten
summarize *v/t* *(Text)* zusammenfassen
summary *n* 1. Zusammen-, Kurzfassung *f*; 2. Auszug *m*; **s. of the judgment** Urteilsformel *f*
summary *adj* *(Verfahren)* summarisch, beschleunigt, abgekürzt
summation *n* *[US]* 1. Schlussplädoyer *nt*, Schlussvortrag *m*; 2. Zusammenfassung *f*
summing up *n* 1. *[GB]* (Schluss)Plädoyer *nt*, Schlussvortrag *m*; 2. Zusammenfassung *f*
summon *v/t* 1. (vor)laden, vor Gericht laden, zitieren; 2. kommen lassen, herbestellen; 3. aufrufen, auffordern; 4. *(Sitzung, Tagung)* einberufen; **to be s.ed (to appear in court)** geladen werden; **s.ed person** Geladene(r) *f/m*
summoning *n* *(Vorgang)* Vorladung *f*; **s. (of) the accused** Beschuldigtenvorladung *f*; **s. by publication** Ladung durch öffentliche Zustellung; **s. of witnesses** Ladung von Zeugen
summons *n* 1. (Vor)ladung *f*, gerichtliche Vor-/Beiladung; 2. Einberufung *f*; 3. Aufruf *m*, Aufforderung *f*; **s. to appear** Vorladung *f*; **s. for questioning** Vorladung zur Vernehmung; **s. of a witness** Zeugenladung *f*
to answer a summons einer (Vor)Ladung Folge leisten; **to issue a s.** (Vor)Ladung ergehen lassen; **to serve a s.** (Vor)Ladung zustellen, laden; **~ on so.** jdn vorladen; **to take out a s.** (Vor)Ladung erwirken; **~ against so.** jdn vorladen lassen
Sunday work(ing) *n* Sonntagsarbeit *f*

S

superannuation benefits *n* Versorgungsbezüge
superfluous *adj* überflüssig
superintendent *n* Oberaufseher(in) *m/f*; **chief s.** Hauptkommissar *m*; **s.'s office** *(Polizei)* Kommissariat *nt*
superior *n* Vorgesetzte(r) *f/m*, Dienst-, Disziplinarvorgesetzte(r) *f/m*
supersede *v/t* an die Stelle treten von, ersetzen; **s. so.** an jds Stelle treten
supersedeas *n (lat.)* gerichtliche Verfügung zur Einstellung des Verfahrens
supervene *v/i* dazwischenkommen, eintreten
supervis|e *v/t* beaufsichtigen, überwachen, kontrollieren; **s.ing duty** *n* Aufsichtspflicht *f*
supervision *n* Aufsicht *f*, Beaufsichtigung *f*, Überwachung *f*, Kontrolle *f*, Betreuung *f*; **requiring s.** überwachungsbedürftig; **s. to prevent abuse** Missbrauchsaufsicht *f*; **s. of local authorities (by the state)** Kommunalaufsicht *f*; **~ cartels** Kartellaufsicht *f*; **~ conduct** Führungsaufsicht *f*; **~ a foundation** Stiftungsaufsicht *f*
federal supervision Bundesaufsicht *f*; **governmental s.** Regierungsaufsicht *f*; **judicial/legal s.** Rechtsaufsicht *f*; **probationary s.** *(bei Bewährungsstrafe)* Führungsaufsicht *f*; **s. order** Überwachungsverfügung *f*
supervisor *n* Aufsichtsbeamte(r) *f/m*, Aufsichtsperson *f*, Oberaufseher(in) *m/f*; **educational s.** Erziehungsbeistand *m*
supervisory *adj* Aufsichts-
supplement *n* 1. Anhang *m*, Ergänzung *f*, Nachtrag *m*; 2. Zuschlag *m*; *v/t* ergänzen, nachtragen; **s.al; s.ary** *adj* ergänzend, zusätzlich, nachträglich, Zusatz-; **~ to; s.ing** *adj* in Ergänzung von; **s.s to an agreement** Nebenabreden zu einem Vertrag
supplier *n* Lieferant *m*, Zulieferer *m*; **s. of goods** Warenlieferant *m*; **s. contract** Liefervertrag *m*
supplies *pl* Lieferungen
supply *v/t* liefern, versorgen; **s. so. with sth.** *v/t* jdn mit etw. versorgen; **s. subsequently** nachliefern
supply *n* Lieferung *f*, Versorgung *f*; **subsequent s.** Nachlieferung *f*; **s. agreement** Versorgungsvertrag *m*; **s. contract** Liefer-, Zulieferervertrag *m*; **s. guarantee** Zuliefergarantie *f*
support *v/t* 1. befürworten, eintreten für; 2. beistehen, Hilfe leisten; 3. fördern, unterstützen, subventionieren; 4. unterhalten, ernähren; 5. bestätigen, begründen, belegen, untermauern, erhärten
support *n* 1. Befürwortung *f*; 2. Beistand *m*, Hilfe *f*; 3. Förderung *f*, Unterstützung *f*; 4. Versorgung *f*, Unterhalt *m*; 5. Bestätigung *f*, Erhärtung *f*, Beleg *m*; **in s. of** zur Verteidigung/Begründung von, zum Beweis dafür; **entitled to s.** unterhaltsberechtigt
supporter *n* 1. Befürworter(in) *m/f*; 2. Helfer *m*, Beistand *m*; 3. Förderer *m*; 4. Ernährer *m*; 5. *(Sport)* Anhänger (eines Vereins) *m*
supposed *adj* angeblich, vermutlich, mutmaßlich
suppress *v/t* 1. *(Beweise, Informationen)* unterschlagen, verschweigen, verheimlichen; 2. *(Protest)* niederschlagen, unterdrücken
suppression *n* 1. Unterschlagung *f*, Verschweigen *nt*, Verheimlichung *f*; 2. Niederschlagung *f*; 3. Unterdrückung *f*; **s. of complaints** Zurückhalten von Beschwerden; **~ documents** Urkundenunterdrückung *f*; **~ evidence** Beweisunterschlagung *f*, Unterdrückung/Zurückhalten von Beweismaterial, Verdunkelung *f*
supranational *adj* überstaatlich
supremacy *n* Oberherrschaft *f*, Oberhoheit *f*
supreme *adj* höherrangig
surcharge *n* Aufschlag *m*, (Teuerungs)Zuschlag *m*, Nach-, Strafgebühr *f*
surety *n* 1. Bürgschaft *f*, Garantie(leistung) *f*, Kaution *f*; 2. (Ausfall)Bürge *m*; **collateral s.** Nach-, Nebenbürge *m*, Nebenbürgschaft *f*
surety bond Bürgschafts-, Kautionserklärung *f*, Bürgschaftsschein *m*; **s. contract** Bürgschaftsvertrag *m*
suretyship *n* Bürgschaft *f*; **absolute s.** selbstschuldnerische Bürgschaft; **joint and several s.** solidarische Bürgschaft
veterinary surgeon *n* Tierarzt *m*, Tierärztin *f*
surmise *v/t* vermuten, mutmaßen
surname *n* Eigen-, Familien-, Nachname *m*
surplus *n* 1. (Gewinn)Überschuss *m*, Mehrertrag *m*, Zugewinn *m*; 2. Überhang *m*, Überbestand *m*; **s. brought forward** Gewinnvortrag *m*; **annual s.** Jahresüberschuss *m*

surpris|e *n* Überraschung *f*; **s.ing** *adj* überraschend
surrejoinder *n* Triplik *f*, Anwort auf eine Duplik
surrender *v/ti* 1. sich ergeben, aufgeben, kapitulieren; 2.übergeben, überlassen, aushändigen, abgeben, herausgeben, abliefern; 3. *(vor Ablauf des Miet- oder Pachtvertrages)* räumen; 4. *(der Polizei)* überantworten, übergeben
surrender *n* 1. Aufgabe *f*, Kapitulation *f*, Preisgabe *f*; 2. Aushändigung *f*, Ablieferung *f*, Überlassung *f*, Übergabe *f*; 3. *(Besitzübertragung)* Herausgabe *f*; 4. Überantwortung *f*; 5. *(Lebensvers.)* Rückkauf *m*
surrender of a child Herausgabe eines Kindes; **~ a document** Übergabe einer Schrift, Dokumentenübergabe *f*; **~ the goods** Herausgabe der Ware; **~ land** Grundabtretung *f*; **~ ownership** Aufgabe des Eigentums, Besitzaufgabe *f*, Überlassung des Besitzes; **s. in lieu of payment** Hingabe an Zahlungs Statt; **s. of a pledge** Pfandherausgabe *f*; **~ profits** Gewinnherausgabe *f*; **~ property** Aufgabe des Eigentums, Grundstücksüberlassung *f*, Vermögensherausgabe *f*; **~ a right** Aufgabe/Abtretung eines Rechts; **~ the use and benefit (of sth.)** Nutzungsüberlassung *f*
compulsory surrender Zwangsenteignung *f*; **unconditional s.** bedingungslose Kapitulation/Übergabe
surrender privilege *(Vers.)* Rückkaufsberechtigung *m*; **s. terms** Kapitulationsbedingungen; **s. value** *(Vers.)* Rückkaufswert *m*
surreptitious *adj* heimlich, betrügerisch
surrogate *n* Substitutionsmittel *nt*; **s.'s court** *n [US]* Nachlassgericht *nt*
surrogation *n* Surrogation *f*; **s. by contract** Surrogation kraft Vereinbarung
surround sth. *v/t* etw. umstellen; **s.ing** *adj* umliegend; **s.ings** *pl* Umgebung *f*, Umgegend *f*
surtax *n* Zusatzsteuer *f*
surveillance *n* 1. Aufsicht *f*, Beaufsichtigung *f*, Kontrolle *f*; 2. Observation *f*, Überwachung *f*; **to have kept so. under s.** jdn observieren lassen; **to put so. under s.** jdn observieren lassen
covert surveillance verdeckte Observation; **electronic s.** elektronische Überwachung; **overt s.** offene Observation
surveillance apparatus Überwachungsapparat *m*; **s. device** Abhörvorrichtung *f*; **s. personnel** Observationskräfte *pl*; **closed-circuit s. system** Videoüberwachungssystem *nt*
survey *n* 1. Umfrage *f*, Befragung *f*, Erhebung *f*, Studie *f*; 2. Bericht *m*, Gutachten *nt*; 3. Übersicht *f*; 4. Vermessung *f*; 5. Inspektion *f*, Prüfung *f*
survey *v/t* begutachten; **cadastral s.** Katasterplan *m*; **judicial s.** richterliche Inaugenscheinnahme, Ortsbesichtigung *f*
survey certificate Vermessungsschein *m*; **s. charges** Vermessungsgebühren; **s. map** Lageplan *m*; **s.ing** *n* (Land)Vermessung *f*
surveyor *n* 1. (Bau)Gutachter(in) *m/f*; 2. Vermessungsingenieur(in) *m/f*; **s.'s office** Vermessungsamt *nt*
survival *n* Überleben *nt*; **in case of s.** im Überlebensfall
survive *v/t* überleben; **able to s.** überlebensfähig
survivor *n* Überlebende(r) *f/m*, Hinterbliebene(r) *f/m*; **s.'s pension** Hinterbliebenenrente *f*
susceptible *adj* anfällig, zugänglich, empfänglich; **s. of proof** beweisfähig
suspect *n* (Tat)Verdächtige(r) *f/m*, Verdachtsperson *f*, verdächtige Person, mutmaßlicher Täter
suspect *v/t* 1. verdächtigen, im Verdacht haben, Verdacht schöpfen; 2. vermuten, mutmaßen, annehmen; **s. so. of (having done) s.th.** jdn verdächtigen etw. getan zu haben; **s. so. wrongly** jdn zu Unrecht verdächtigen
to apprehend a suspect Verdächtigen festnehmen; **to arrest a s.** Verdächtigen festnehmen; **to be a s.** tatverdächtig sein; **to tail a s.** Verdächtigen beschatten
suspected *adj* mutmaßlich, (tat)verdächtig; **to be s.** in Verdacht greaten, unter Verdacht stehen; **~ of having done sth.** im Verdacht stehen, etw. getan zu haben
suspend *v/t* 1. *(Urteil, Vollstreckung, Zahlung)* aussetzen; 2. (vorübergehend) einstellen; 3 (einstweilig) außer Kraft setzen, aufheben; 4. *(Amt, Dienst)* suspendieren, beurlauben; 5. unterbinden, sistieren; 6. *(Verjährung)* hemmen
suspense *n* 1. Ungewissheit *f*; 2. Schwebe *f*; 3. Spannung *f*; **in s.** schwebend; **s. account** Asservatenkonto *nt*

S

suspension *n* 1. Aussetzung *f*; 2. (vorläufige) Einstellung, Unterbrechung *f*; 3. Aufhebung *f*, Außerkraftsetzung *f*; 4. vorläufige Entlassung, Amts-, Dienstenthebung *f*, Beurlaubung *f*; 5. Sistierung *f*, Unterbindung *f*; 6. Hemmung *f*
suspension of the administration of justice Justitium *nt*; **~ benefits** *(Vers.)* Ruhen von Leistungen; **~ the driving licence** Entziehung der Fahrerlaubnis, Führerscheinentzug *m*; **~ execution** Vollstreckungseinstellung *f*, Vollstreckungsaussetzung *f*, Aussetzung der (Zwangs)Vollstreckung; **~ expiration of prescription** Ablaufhemmung *f*; **~ mail** Postsperre *f*; **compulsory s. from office** Zwangsbeurlaubung *f*; **~ payment** Zahlungseinstellung *f*; **~ the period of limitation** Ruhen der Verjährung; **~ the period of prescription** Hemmung der Ersitzung; **~ proceedings** einstweilige Verfahrenseinstellung, Aussetzung des Verfahrens; **~ criminal proceedings; ~ the prosecution** Aussetzung des Strafverfahrens; **~ the remainder of a sentence (in case of life imprisonment)** Aussetzung des Strafrestes (bei lebenslanger Freiheitsstrafe); **~ the running of time** Hemmung des Laufes einer Frist
suspension of a sentence Strafaufschub *m*, Strafaussetzung *f*; **~ a sentence on probation** (Straf)Aussetzung zur Bewährung; **~ a statute** (vorläufige) Außerkraftsetzung eines Gesetzes; **~ the statute of limitations** Hemmung der Verjährung; **~ the time limit** Fristbestimmung *f*; **~ the time limitation** Ruhen der Verjährung; **~ voting rights** Ausschluss vom Stimmrecht; **s. without salary** vorläufige Dienstenthebung ohne Dienstbezüge; **s. order** Aussetzungsbeschluss *m*
suspensive *adj* *(Bedingung)* aufschiebend, unterbrechend
suspicion *n* (Tat)Verdacht *m*; **above s.** über jeden Verdacht erhaben; **under s.** unter Verdacht, tatverdächtig
suspicion of absconding Fluchtverdacht *m*; **~ murder** Mordverdacht *m*; **to be under ~ murder** unter Mordverdacht stehen; **reasonable ~ an offence** hinreichender Tatverdacht; **strong ~ an offence** dringender Tatverdacht; **on ~ treachery** unter dem Verdacht des Verrats; **there are grounds for s.** es besteht Tatverdacht; **s. that so. might abscond** Fluchtverdacht *m*
to arouse suspicion Verdacht erregen; **to cast s. on so.** Verdacht auf jdn lenken; **to corroborate a s.** Verdacht erhärten; **to deflect/divert s. (away) from os. onto so. else** Verdacht von sich auf jdn/andere lenken; **to dispel a s.** Verdacht zerstreuen; **to lay os. open to s.** ins Zwielicht geraten
faint suspicion geringer (Tat)Verdacht; **justifiable s.** begründeter (Tat)Verdacht; **reasonable s.** hinreichender (Tat)Verdacht; **strong s.** dringender (Tat)Verdacht; **sufficient s.** hinreichender (Tat)Verdacht; **unfounded s.** grundloser/unbegründeter (Tat)Verdacht
suspicious *adj* misstrauisch, verdächtig
sustain *v/t* 1. *(Anspruch)* aufrechterhalten; 2. erleiden, erdulden, ertragen; 3. bestätigen, bekräftigen; 4. (als rechtsgültig) anerkennen; 5. *(Leben)* erhalten
sustainable *adj* 1. *(Umwelt)* nachhaltig, umweltverträglich; 2. haltbar, vertretbar
sustained *adj* ausdauernd, anhaltend, nachhaltig
swap *n* Tausch *m*; **s. contract** Swapabschluss *m*
swear *v/ti* 1. *(Eid, Rache)* schwören; 2. fluchen; **s. to sth.** etw. beschwören, Eid auf etw. ablegen/leisten/schwören; **s. falsely** falsch schwören; **s. in** be-, vereidigen; **s. ring an oath** *n* Eidesleistung *f*
swearing|-in *n* Be-, Vereidigung *f*; **s.-in of witnesses** Zeugenvereidigung *f*
swindle *n* Schwindel *m*, Betrug *m*, Hochstapelei *f*; *v/t* beschwindeln, betrügen; **s.r** *n* Betrüger(in) *m/f*, Gauner *m*, Hochstapler(in) *m/f*
swipe *v/t (coll)* klauen *(coll)*, stibitzen *(coll)*
swoop *n* Razzia *f*
sworn *adj* beeidet, vereidigt
syllabus *n [US]* Zusammenfassung eines Falles
sympathizer *n* Sympathisant(in) *m/f*
sympathy *n* Mitgefühl *nt*, Teilnahme *f*; **to express one's s.** kondolieren, sein Mitgefühl ausdrücken
symptom *n* (An)Zeichen *nt*
syndicate *n* Konsortium *nt*, Syndikat *nt*; **by way of s.** konsortialiter; **s. member** Konsortialmitglied *nt*, Konsorte *m*; **s. system** *(Vers.)* Konsortialsystem *nt*; **s. transaction** Konsortialgeschäft *nt*

system *n* System *nt*, Methode *f*, Verfahren *nt*, (An)Ordnung *f*; **s. of government** Regierungssystem *nt*, Staatsordnung *f*; **~ judicature** Gerichtsordnung *f*; **~ private law** Privatrechtsordnung *f*; **~ taxation** Steuer-, Abgabewesen *nt*
adversarial system *(Zivilprozess)* Verhandlungsgrundsatz *m*; **economic s.** Wirtschaftsordnung *f*; **electoral s.** Wahlsystem *nt*; **legal s.** Rechtsordnung *f*, Rechtssystem *nt*; **moral s.** Wertordnung *f*; **pay-as-you-earn s. (PAYE)** *[GB]*; **pay-as-you go s.** *[US]* Lohn-/Einkommensteuerabzugsverfahren *nt*; **penal s.** 1. Strafrechtssystem *nt*; 2. Strafvollzug *m*

T

table *n* Tabelle *f*; **t. of cases** Prozessliste *f*; **~ charges** Gebührentabelle *f*, Gebührenverzeichnis *nt*; **~ costs** Gebührentabelle *f*
taboo *n* Tabu *nt*
tabular *adj* tabellarisch
tachograph *n* Fahrtenschreiber *m*, Tachograph *m*; **to manipulate the t.** Tachograph manipulieren
tacit *adj* stillschweigend
tacking of mortgages *n* Zusammenfassung von Hypotheken
tackling sth. *n* Inangriffnahme *f*
dilatory tactics *n* Verzögerungstaktik *f*, Verschleppung *f*
tactlessness *n* Taktlosigkeit *f*
electronic tags *pl* elektronische Fußfesseln
tail *v/t* observieren; **to put a t. on so.** *n* jdn observieren lassen; **t.back** *n* Rückstau *m*
taint of a previous conviction *n* Strafmakel *m*
take *v/t* *(Risiko)* tragen; **t. along** mitnehmen; **t. away** wegnehmen; **t. back** *(Äußerung)* zurücknehmen; **t. in** 1. hereinnehmen; 2. hereinlegen; **t. over** übernehmen; **t. part** teilnehmen, mitmachen
takeover *n* Übernahme *f*; **t. resolution** Übernahmebeschluss *m*; **t. suit** Übernahmeklage *f*
taker *n* (Herein)Nehmer(in) *m/f*; **t. of an option** Optionsnehmer(in) *m/f*; **t.'s liability** Übernahmehaftung *f*
taking into account *n* Anrechnung *f*; **t. away** Wegnahme *f*; **t. back** Rücknahme *f*; **t. into custody** Arrest *m*, Inhaftierung *f*; **t. of drugs** Medikamenteneinnahme *f*; **~ evidence** Beweisaufnahme *f*; **t. in** Hereinnahme *f*; **t. (of) the minutes** Protokollierung *f*, Aufnahme der Niederschrift; **t. of notice** Kenntnisnahme *f*; **~ judicial notice** Kenntnisnahme des Gerichts; **t. an oath** Eidesleistung *f*; **t. without the owner's consent (twoc)** unerlaubte Aneignung, unbefugter Gebrauch; **t. over of costs** Kostentragung *f*; **t. possession** (In)Besitznahme *f*, Besitzantritt *m*, Besitzergreifung *f*, Ergreifung des Besitzes, Übernahme *f*; **t. up of residence** Niederlassung *f*; **t. (of) testimony** Zeugenvernehmung *f*
unlawful taking widerrechtliche Wegnahme
talk *n* Gespräch *nt*; **t. one's way out of it** *v/t* sich herausreden
tamper with *v/prep* *(Bericht, Rechnungen, Testament)* fälschen; **t.ing with evidence** *n* Verdunkelung *f*; **~ jurors** Geschworenenbeeinflussung *f*; **~ witnesses** Beeinflussung von Zeugen, Zeugenbeeinflussung *f*; **t.-proof** *adj* beweissicher
tangible *adj* beweglich, konkret
tanker *n* 1. Tanker *m*, Tankschiff *nt*; 2. Tanklaster *m*, Tanklastzug *m*; **t. spill** *(Meer)* Ölpest *f*
tap *v/t* abhören, anzapfen
target *n* Ziel *nt*; **t. area** Zielgebiet *nt*; **t. person** Zielperson *f*; **t.ed** *adj* zielgerichtet
tariff *n* 1. Gebührenordnung *f*, Gebührensatz *m*, Preis *m*, Tarif *m*; 2. *(Zoll)* Tarif *m*; **as per t.** laut Tarif; **preferential t.** Vorzugstarif *m*, Vorzugszoll *m*
tariff commitment Tarifbindung *f*; **t. law** Zolltarifrecht *nt*; **t. provisions** Zolltarifbestimmungen; **t. regulations** Zollvorschriften
task *n* Aufgabe *f*; **to carry out a t.** Aufgabe wahrnehmen; **public t.** Gemeinschaftsaufgabe *f*; **t. force** Einsatzkommando *nt*
taste *n* Geschmack *m*
tatty *adj (coll)* vergammelt *(coll)*
tax *n* Steuer *f*; **liable for t.** steuerpflichtig; **t. on holiday homes** Zweitwohnungssteuer *f*; **~ hunting** Jagdsteuer *f*; **t. deducted at source** Quellensteuer *f*
to avoid tax Steuer umgehen; **to collect a t.** Steuer eintreiben; **to evade t.** Steuer hinterziehen

local taxes *pl* Gemeindesteuern, Kommunalabgaben
municipal tax Gemeindesteuer *f*, Kommunalabgabe *f*; **prepaid t.** Vorsteuer *f*; **supplementary t.** Ergänzungsabgabe *f*, Zusatzsteuer *f*
value-added tax (VAT) Mehrwertsteuer *f*; **VAT assessment** Mehrwertsteuerveranlagung *f*; **VAT rebate** Mehrwertsteuererstattung *f*
tax *v/t* besteuern; **t.able** *adj* be-, versteuerbar, steuerpflichtig, veranlagungsfähig
tax accrual Steuerrückstellung *f*; **t. advantages** Steuervorteile; **t. advisor** Steuerberater(in) *m/f*; **t. agreement** Steuerabkommen *nt*; **personal t. allowance** Freibetrag *m*; **t. appeal** Steuereinspruch *m*; **t. assessment** Steuerbescheid *m*, Steuerfestsetzung *f*, Steuerveranlagung *f*, steuerliche Veranlagung; **t. attorney** Anwalt für Steuersachen; **t. authorities** Fiskus *m*; **t. authority** Steuerbehörde *f*; **t. avoidance** Steuerumgehung *f*
taxation *n* Be-, Versteuerung *f*; **t. of costs** *(Gericht)* Kostenfestsetzung *f*; **~ households** Haushaltsbesteuerung *f*; **~ interest** Zinsbesteuerung *f*; **t. at source** Quellenbesteuerung *f*
double taxation Doppelbesteuerung *f*; **multiple t.** Mehrfachbesteuerung *f*; **retrospective t.** Nachversteuerung *f*; **separate t.** getrennte Veranlagung, Individualveranlagung *f*; **t. fee** *(von unterliegender Partei an obsiegende Partei zu erstatten)* Prozesskosten
tax base Steuerberechnungs-, Veranlagungsgrundlage *f*; **t. benefits** Steuervorteile; **t. bracket** Steuerklasse *f*; **t. burden** Steuerlast *f*; **t. card** Steuerkarte *f*; **t. category** Steuerklasse *f*; **t. code** Abgabenordnung *f*; **t. collection** Steuerbeitreibung *f*, Steuereinziehung *f*, Steuererhebung *f*; **t. concession** Steuervergünstigung *f*; **t. consultant** Steuerbevollmächtigter *m*; **tax-deductible** *adj* steuerlich absetzbar; **t. deduction (at source)** Steuerabzug *m*; **t. deferral** Steueraufschub *m*; **t. delinquency** Steuersäumnis *nt*; **t. disc** 1. *(Hund)* Steuermarke *f*; 2. *(Kfz)* Steuerplakette *f*; **t. dodging** Steuerflucht *f*; **t. due** Steuerschuld *f*
taxed *adj* besteuert
tax evader Steuerhinterzieher(in) *m/f*, Steuersünder(in) *m/f*; **t. evasion** Steuerhinterziehung *f*, Steuerflucht *f*, Steuerhehlerei *f*, Steuerverkürzung *f*; **t.-exempt; t.-free** *adj* steuerbefreit, steuerfrei; **t. exemption** Steuerbefreiung *f*; **t. form** Steuervordruck *m*; **t. fraud** Steuerbetrug *m*, Steuerhinterziehung *f*; **t. haven** Steuerparadies *nt*, Steueroase *f*; **t. investigation** Steuerermittlung *f*, Steuerfahndung *f*; **t. investigator** Steuerfahnder(in) *m/f*; **t. law** Steuerrecht *nt*; **t. lawyer** Steueranwalt *m*, Fachanwalt für Steuerrecht, Steuerjurist *m*; **t. legislation** Steuergesetzgebung *f*; **t. liabilities** Steuerverbindlichkeiten; **t. liability** Steuerpflicht *f*, Steuerschuld *f*; **t. litigation** Steuerprozess *m*; **t. loophole** Steuerschlupfloch *nt*; **t. offence** Steuerdelikt *nt*, Steuerstraftat *f*, Steuervergehen *nt*, fiskalisches Delikt; **t.payer** *n* Steuerzahler *m*; **t. payment** Steuerzahlung *f*; **~ date** Steuertermin *m*; **t. ploy** Steuertrick *m*; **t. prepayment** Steuervorauszahlung *f*; **t. privilege** Steuervergünstigung *f*; **t.-privileged** *adj* steuerbegünstigt; **t. proceedings** Steuerverfahren *nt*; **t. provisions/regulations** Steuervorschriften; **t. rate** Steuersatz *m*; **t. rebate** Steuerrückvergütung *f*; **t. refund** Steuerrückerstattung *f*; **t. regulations** Steuerbestimmungen; **t. relief** Steuererleichterung *f*, Steuernachlass *m*; **t. return** Steuererklärung *f*; **to file one's ~** Steuererklärung einreichen; **t. year** Steuerjahr *nt*
taxi rank *n* Taxistand *m*
taxing (of) costs *n* Kostenfestsetzung *f*, Festsetzung der Prozesskosten; **t. officer** Kostenbeamter *m*
taxpayer *n* Steuerpflichtige(r) *f/m*, Steuerschuldner(in) *m/f*, Steuerzahler(in) *m/f*; **t.'s suit** Popularklage *f*
teaching *n* Lehrtätigkeit *f*; **t. qualifications** Lehrbefähigung *f*
tear gas *n* Tränengas *nt*
technical *adj* formal; **t.ity** *n* Formsache *f*
telecommunication(s) *n* Telekommunikation *f*
telephone *n* Telefon *nt*, Fernsprecher *m*; **t. answering-machine** Telefonbeantworter *m*; **t. surveillance/tapping** Telefonüberwachung *f*, Abhören von Telefongesprächen
television law *n* Fernsehrecht *nt*
telework|er *n* Heimarbeiter(in) *m/f*; **t.ing** *n* Heimarbeit *f*
telex *n* Fernschreiben *nt*; **by t.** fernschriftlich

teller *n* Kassierer *m*; **automated t. machine (ATM)** Bargeldautomat *m*, Bankomat *m*
temp *n (coll)* Leih-, Zeitarbeitnehmer(in) *m/f*; **t.ing agency** *n* Zeitarbeitsfirma *f*
temporary *adj* befristet, einstweilig, vorläufig, vorübergehend
tempt *v/t* in Versuchung führen; **t.ation** *n* Versuchung *f*
tenable *adj* haltbar, vertretbar
tenancy *n* 1. Miet-, Pachtverhältnis *nt*; 2. Dauer eines Miet-/Pachtverhältnisses, Mietzeit *f*; 3. Mietbesitz *m*; 4. Miete *f*; **t. in common** Eigentum nach Bruchteilen; **t. at sufferance** 1. stillschweigend verlängertes Mietverhältnis; 2. jederzeit kündbarer Mietvertrag; **~ will** 1. geduldeter Besitz; 2. jederzeit kündbares Mietverhältnis
contingent tenancy bedingtes Mietverhältnis; **hereditary t.** Erbpacht *f*; **joint t.** Eigentum zur gesamten Hand, Mitbesitz *m*; **~ of spouses** gemeinsamer Mietvertrag von Ehegatten; **limited t.** befristetes Mietverhältnis; **periodic t.** zeitlich begrenztes Miet-/Nutzungsverhältnis; **permanent t.** Dauermiete *f*; **protected t.** dem Mieterschutz unterliegendes Mietverhältnis; **several t.** Einzelbesitzverhältnis *nt*; **sole t.** Alleinpacht *f*; **fixed-term t.** befristetes Mietverhältnis
tenancy agreement Mietvereinbarung *f*, Mietvertrag *m*; **agricultural ~** Landpachtvertrag *m*; **t. dispute** Mietstreitigkeit *f*
tenant *n* 1. Mieter(in) *m/f*, Hausbewohner *m*, Mietpartei *f*; 2. *(Immobilie)* Pächter(in) *m/f*; **t. in common** Eigentümer zu Bruchteilen; **to evict a t.** Mieter(in) hinauswerfen; **to give a t. notice (to quit)** Mieter(in) kündigen
incoming tenant einziehende(r)/neue(r) Mieter(in); **joint t.s** Eigentümer zur gesamten Hand; **lifetime t.** Dauermieter(in) *m/f*; **new t.** Nachpächter *m*; **outgoing t.** ausziehende(r) Mieter(in); **previous t.** Vormieter(in) *m/f*; **sole t.** alleinige(r) Mieter(in); **statutory t.** unter Kündigungsschutz stehende(r) Mieter(in); **subsequent t.** Nachmieter *m*; **subsidized t.** *[US]* Sozialmieter(in) *m/f*
tenant|able *adj* vermietbar; **t.s' association** Mieterbund *f*, Mietervereinigung *f*; **t.'s improvements** Einbauten durch Mieter; **t.'s liability** Mieterhaftung *f*; **~ insurance** Mieterhaftpflichtversicherung *f*; **t.'s right of notice and protection against eviction** Kündigungsrecht und Kündigungsschutz des Mieters; **~ pre-emption** Vorkaufsrecht des Mieters; **t.'s rights** Mieterrechte
tend to *v/prep* neigen zu
tendency *n* Richtung *f*, Tendenz *f*
tender *n* Submission(sangebot) *f/nt*, Offerte *f*, Andienung *f*; **t. of payment** Zahlungsanerbieten *nt*; **~ performance** Erfüllungsangebot *nt*; **by way of t.** auf dem Submissionsweg; **to invite t.s** ausschreiben; **legal t.** gesetzliche Währung/Zahlungsmittel; **public t.** Ausschreibung *f*
tender *v/t* *(Zahlung, Leistung)* anbieten, andienen, offerieren
tenderer *n* Submittent *m*
collusive tendering *n* Absprache bei Angebotsabgabe; **t. terms** Submissionsbedingungen
tenement *n* Mietshaus *nt*; **dominant t.** Grundstück des Berechtigten, herrschendes Grundstück; **servient t.** dienendes Grundstück
tenet *n* Grundsatz *m*
tenor *n* 1. (wesentlicher) Inhalt, Sinngehalt *m*, Tenor *m*; 2. Text *m*, Wortlaut *m*; **t. of a bill** Wechsellaufzeit *f*; **~ deed** genauer Wortlaut einer Urkunde; **of the same t.** gleich lautend, inhaltsgleich
tenure *n* 1. Amtszeit *f*; 2. *(Amt, Grundbesitz)* Besitzverhältnis *nt*, Innehaben *nt*; 3. unkündbare Stellung, unbefristete Beschäftigung, Lebensstellung *f*
term *n* 1. Ausdruck *m*, Begriff *m*, Bestimmung *f*; 2. Dauer *f*, Frist *f*, Laufzeit *f*; **t. of a bill** Laufzeit eines Wechsels; **~ contract** Vertragsdauer *f*, Vertragslaufzeit *f*; **express ~** ausdrückliche Vertragsvereinbarung; **t. of bailment** Hinterlegungszeit *f*; **t.s of delivery** Liefer(ungs)bedingungen; **t. of guarantee** Garantiefrist *f*; **~ imprisonment** Haftdauer *f*, Haft-, Strafzeit *f*, Höhe der Gefängnisstrafe, Zeitstrafe *f*; **~ insurance** Versicherungsdauer *f*; **~ lease** Dauer eines Mietvertrages, Miet(lauf)zeit *f*; **~ the mortgage** Laufzeit der Hypothek; **~ notice** Kündigungsfrist *f*; **~ office** Amtsdauer *f*, Amtsperiode *f*, Amtszeit *f*; **~ payment** Zahlungsfrist *f*; **to keep the ~ payment** Zahlungsfrist einhalten; **~ protection** Schutzfrist *f*; **~ tenancy**

T

Mietdauer *f*, Miet(lauf)zeit *f*, Laufzeit des Mietvertrages

contractual term *[US]* Vertragsbedingung *f*; **on equal t.s** zu gleichen Bedingungen; **essential t.** wesentliche Bedingung; **generic t.** Gattungsbegriff *m*; **legal t.** juristischer Begriff, Ausdruck der Rechtssprache; **legislative t.** Legislaturperiode *f*; **in the long/short t.** auf lange/kurze Sicht; **material t.** wesentliche (Vertrags)Bedingung; **peremptory t.** *[US]* Notfrist *f*; **technical t.** Fachausdruck *m*; **usual t.s (u.t.)** übliche Bedingungen; **under the ~** zu den üblichen Konditionen

to agree terms Bedingungen vereinbaren; **to amend the t.** Bedingungen abändern; **to comply with the t.** Bedingungen einhalten

term assurance *[GB]*/**insurance** Risikolebensversicherung *f*, befristete (Lebens)-Versicherung; **t. contract** Zeitvertrag *m*; **t. loan** befristetes Darlehen

terminab|ility *n* Kündbarkeit *f*; **t.le** *adj* auflös-, kündbar; **not ~** unkündbar

terminate *v/ti* 1. enden, ablaufen, außer Kraft treten; 2. auflösen, beendigen, kündigen

termination *n* 1. Ablauf *m*, Ende *nt*, Schluss *m*; 2. Beendigung *f*, Kündigung *f*; **not subject to t.** *(Vertrag)* unkündbar; **upon t.** bei Beendigung; **t. of contract** 1. Ablauf eines Vertrages; 2. Beendigung/Kündigung des Vertrags, Vertragsbeendigung *f*, Vertragsauflösung *f*, Lösung vom Vertrag; **premature unilateral ~** vorzeitige einseitige Kündigung des Vertrages; **t. due to disability** Kündigung bei Berufsunfähigkeit; **t. of employment** Beendigung des Dienst-/Arbeitsverhältnisses; **~ act** Kündigungsschutzgesetz *nt*; **t. by execution creditor** Kündigung durch Pfändungspfandgläubiger; **t. and renewal of lease** Ende und Verlängerung der Pacht; **t. of a mandate** Mandatsentzug *m*; **t. without notice** fristlose Kündigung; **t. of the partnership by a partner** Kündigung durch Gesellschafter; **~ possession** Beendigung des Besitzes; **~ pregnancy** Abtreibung *f*, Schwangerschaftsabbruch *m*; **t. for a valid reason** Kündigung aus wichtigem Grund; **t. of the marital property regime** Beendigung des Güterstandes; **~ tenancy** Ende des Mietverhältnisses, Mietaufhebung *f*; **~ usufruct** Beendigung des Nießbrauchs

termination agreement Aufhebungsvertrag *m*; **t. clause** Kündigungsklausel *f*; **t. payment** Abfindung *f*

in terms of hinsichtlich; **in accordance with the t.** bestimmungsgemäß; **by the t. of the act** nach dem Wortlaut des Gesetzes; **subject to the t.** vorbehaltlich der Bestimmungen; **under the t. of** nach Maßgabe von

terms of (the) agreement Vertragsbedingungen; **~ assignment** Übertragungsbedingungen; **~ auction** Versteigerungsbedingungen; **t. and conditions** Allgemeine Geschäftsbedingungen (AGB)

terms of contract Vertragsbestimmungen, Vertragsbedingungen; **to vary the t. of c.** die Vertragsbestimmungen abändern; **to observe the t. of c.** Vertragsbestimmungen einhalten; **general t. of c.** allgemeine Vertragsbestimmungen; **essential t. of c.** wesentliche Vertragsbestimmungen

terms and conditions Konditionen, allgemeine Bedingungen, (allgemeine) Geschäftsbedingungen, Vertragsbedingungen; **t. and c. of insurance** Versicherungsbedingungen; **~ of transport** Transportbedingungen; **general ~** allgemeine Geschäftsbedingungen

terms of delivery Lieferbedingungen; **~ employment** Anstellungs-, Arbeitsvertragsbedingungen; **~ employment agreed on in a collective agreement** tarifvertraglich vereinbarte Arbeitsbedingungen; **~ hire** *(Gegenstand)* Mietbedingungen; **~ interest** Zinsbedingungen; **~ issue** Ausgabebedingungen; **~ lease** Pachtbedingungen; **~ payment** Zahlungsbedingungen; **t. of reference** Richtlinien; **~ repayment** Rückzahlungsbedingungen; **~ sale** Verkaufsbedingungen; **~ settlement** Vergleichsbedingungen; **~ subscription** Zeichnungsbedingungen; **~ tenancy** Mietbedingungen

to come to terms (with sth.) etw. verarbeiten

agreed terms vereinbarte Vertragsbedingungen; **easy t.** Zahlungserleichterungen; **on equal t.** paritätisch; **exact t.** genauer Wortlaut; **agreed in precise t.** genau vereinbart; **in real t.** real; **special t.** Sonderbedingungen

terra nullius *n (lat.)* Niemandsland *nt*

territory *n* (Hoheits)Gebiet *nt*; **within the t. of a state** im Hoheitsgebiet eines Staates; **sovereign t.** Herrschaftsbereich *m*, Herrschafts-, Hoheitsgebiet *nt*
terror *n* Terror *m*; **t.ism** *n* Terrorismus *m*; **to renounce ~** dem Terrorismus abschwören; **environmental ~** Umweltterrorismus *m*; **t.ist** *n* Terrorist(in) *m/f*; *adj* terroristisch; **t.ize** *v/t* terrorisieren
test *n* Probe *f*, Prüfung *f*, Versuch *m*; **t. case** Leit-, Probefall *m*, Musterprozess *m*
test *v/t* prüfen; **t.able** *adj* testierfähig
testament *n* Testament *nt*; **by t.** letztwillig; **t.ary** *adj* letztwillig, testamentarisch
testat|e *v/t* Testament errichten; **t.or** *n* Erblasser *m*, Testator *m*; **t.or's children** Kinder des Erblassers; **~ instructions to apportion the estate** Teilungsanordnung *f*; **t.rix** *n* Erblasserin *f*, Testatorin *f*
test case Musterprozess *m*, Musterverfahren *nt*
test|ed *adj* geprüft; **t.er** *n* Prüfer(in) *m/f*
testify *v/t* aussagen, bezeugen; **t. for so.** für jdn zeugen
testimonial *n* Attest *nt*, (Dienst)Zeugnis *nt*, Referenz *f*, Testat *nt*; **to give so. a t.** jdm ein Zeugnis ausstellen
conflicting/divergent testimonies *pl* sich widersprechende Zeugenaussagen, von einander abweichende Zeugenaussagen
testimony *n* (Zeugen)Aussage *f*, Bekundung *f*, Beweis *m*, Zeugnis *nt*; **t. to the contrary** Gegenaussage *f*; **t. on/under oath** eidliche (Zeugen)Aussage; **t. is taken** Zeugenvernehmung findet statt
to give testimony aussagen, bezeugen; **to record the t. of a witness** Zeugenaussage zu Protokoll nehmen; **to retract/withdraw one's t.** seine Zeugenaussage widerrufen
direct testimony Zeugenaussage über Selbsterlebtes; **false t.** Falschaussage *f*, falsche Zeugenaussage; **~ not on oath; unsworn ~** falsche uneidliche Aussage, falsa demonstratio *(lat.)*; **oral t.** mündlicher Beweis; **rebutting t.** gegenbeweisliche Zeugenaussage; **sworn t.** eidliche Aussage; **unsworn t.** uneidliche Aussage; **written t.** schriftliche (Zeugen)Aussage
text *n* Text *m*; **t. of the act** Gesetzestext *m*; **authoritative t.** maßgeblicher/verbindlicher Text, ~ Wortlaut; **original t.** Urschrift *f*
theft *n* Diebstahl *m*, Entwendung(sschaden) *f/m*; **t. of small change** Wechselgelddiebstahl *m*; **t. from a church** Kirchendiebstahl *m*; **t. of crops** Felddiebstahl *m*; **t. by a member of the family** Familiendiebstahl *m*; **t. of food(stuffs) for personal consumption** Mundraub *m*; **t. by using false keys** Nachschlüsseldiebstahl *m*; **t. of number-plates** Kennzeichendiebstahl *m*; **t. for temporary use** Gebrauchsdiebstahl *m*
to be indicted for theft wegen Diebstahls angeklagt sein; **to charge so. with t.** jdn des Diebstahls beschuldigen
theft committed during a fire Branddiebstahl *m*; **t. accompanied by the use of force** räuberischer Diebstahl
aggravated theft qualifizierter/schwerer Diebstahl; **jointly committed t.** gemeinschaftlich begangener Diebstahl; **grand t.** schwerer Diebstahl; **occasional t.** Gelegenheitsdiebstahl *m*; **petty t.** Klein-, Bagatelldiebstahl *m*, einfacher Diebstahl; **~ committed for reasons of distress** Notentwendung *f*; **recidivous t.** Rückfalldiebstahl *m*
theft-proof *adj* diebstahlsicher
theory of deterrence *n* Abschreckungstheorie *f*; **~ legal fiction** Fiktionstheorie *f*; **legal t.** Rechtstheorie *f*
there|by *adv* dadurch; **t.for** *adv* dafür; **t.-fore** *adv* deshalb, zu diesem Zweck, ergo *(lat.)*; **t.in** *adv* darin; **t.of** *adv* davon; **t.to** *adv* dazu; **t.tofore** *adv* zuvor; **t.with** *adv* damit
thief *n* Dieb *m*; **to be convicted as a t.** als Dieb verurteilt werden; **habitual t.** Gewohnheitsdieb *m*; **opportunist t.** Gelegenheitsdieb(in) *m/f*; **petty t.** kleiner Dieb
thief-proof *adj* diebstahlsicher
little thieves are hanged but great one's escape *(prov.)* die kleinen Diebe hängt man, die großen lässt man laufen
thieves' snare *n* Diebesfalle *f*
thing *n* Ding *nt*, Gegenstand *m*, Objekt *nt*, Sache *f*; **as t.s stand** (clausula) rebus sic stantibus *(lat)*; **to surrender a t.** Sache herausgeben
incorporeal thing immaterieller Gegenstand
think sth. fit *v/t* etw. (nach pflichtgemäßen Ermessen) für richtig halten, ~ für tunlich halten
thinking distance *n* *(Anhalteweg)* Reaktionszeit *f*; **legal t.** Rechtsdenken *nt*

third-party *adj* fremd, Dritt-
this shall apply analogously *pron* Entsprechendes gilt
thought *n* Gedanke *m*; **t.less** *adj* leichtfertig, unachtsam, unbedacht; **t.lessness** *n* Unachtsamkeit *f*
threat *n* (An-/Be)Drohung *f*; **t. of bankruptcy** Gefahr der Insolvenz, Pleitegeier *m (fig)*; **~ deception** Täuschungsgefahr *f*; **t. against so.'s life** Morddrohung *f*; **t. to life and limb** Gefahr für Leib und Leben; **t. of legal proceedings** Klageandrohung *f*; **proportionate to the t.** im Verhältnis zur Bedrohung; **t. of punishment** Strafandrohung *f*; **~ violence** Gewaltandrohung *f*
environmental threat Umweltgefährdung *f*; **public t.** Gefährdung des Gemeinwohls; **veiled t.** versteckte Drohung
threaten *v/t* (an-/be)drohen; **t.ing** *adj* drohend
throw out *v/prep* hinauswerfen
thug *n* Raufbold *m*, Schläger *m*
thwart *v/t* vereiteln; **t.ing** *n* Vereitelung *f*; **~ a plot** Vereitelung eines Anschlags
tick where applicable *v/t* Zutreffendes bitte ankreuzen
ticket *n* 1. Fahrausweis *m*; 2. Strafmandat *nt*, Strafzettel *m*, Knöllchen *nt (coll)*; **to buy a supplementary t.** *(Fahrkarte)* nachlösen
tide of crime *n* Verbrechensflut *f*
tidiness is half the battle *n (prov.)* Ordnung ist das halbe Leben *(prov.)*
tidy *adj (Mensch, Zimmer)* ordentlich
tie *v/t* binden; **t.d** *adj* gebunden
tighten up *v/prep* verschärfen
till *n* (Laden)Kasse *f*
timber *n* Holz *nt*
time *n* Zeit *f*; **at the t.** seinerzeit; **~ of reaching agreement** bei Vertragsabschluss; **for the t. being** bis auf weiteres; **~ some t.** seit einiger Zeit; **in the course of t.** mit der Zeit
time of absence Ausfallzeit *f*; **~ the act** Zeit der Handlung; **t. for (lodging an) appeal** Berufungs-, Revisions-, Beschwerdefrist *f*; **the ~ has elapsed** die Rechtsmittelfrist ist abgelaufen; **to extend the ~** Rechtsmittelfrist verlängern
time for (making an) application Anmeldefrist *f*; **~ commencement of action** Frist zur Klageerhebung; **t. of conclusion of the contract** Zeitpunkt des Vertragsabschlusses; **t. to consider** Überlegungsfrist *f*; **at the t. of contracting** bei Vertragsabschluss; **t. of the crime/incident** Tatzeit *f*; **~ death** Todeszeitpunkt *m*; **~ delivery** Liefer(ungs)zeit *f*; **~ detention** Haftdauer *f*, Haftzeit *f*; **~ determination** Feststellungszeitpunkt *m*; **~ lease** Pachtzeit *f*; **t. for filing an objection** Widerspruchsfrist *f*; **t. of occupancy** Besitzzeit *f*
time for payment Zahlungsfrist *f*; **to allow t. for p.** Zahlungsziel einräumen; **to extend the t. for p.** Zahlungsfrist verlängern
time for performance Erfüllungsfrist *f*; **agreed ~** Leistungszeit *f*; **t. of preclusion** Ausschlussfrist *f*; **t. for presentation** Vorlegungsfrist *f*; **t. in question** fragliche Zeit; **t. for stating reasons** Begründungsfrist *f*; **t. for reflection** Überlegungsfrist *f*; **~ registration** Meldefrist *f*; **~ repayment** Rückzahlungsfrist *f*; **~ reply** Erwiderungsfrist *f*; **t. of competitive restriction** *(Arbeitsrecht)* Karenzzeit *f*; **~ validity** Geltungsdauer *f*
time allowed for payment (offenes) Zahlungsziel; **~ registration** Anmeldefrist *f*; **t. ceases to run** *(Verjährung)* der Ablauf wird gehemmt
to fix a time Zeit bestimmen; **to have set t.s** feste Zeiten haben; **to serve one's t.** 1. *(Lehre)* seine Zeit abdienen; 2. seine Strafe absitzen
allowed time Vorgabezeit *f*; **appointed t.** Termin *m*, festgesetzte Zeit; **at a definite/fixed t.** zu einer bestimmten/festgesetzten Zeit; **in due t.** fristgemäß, frist-, termingerecht, rechtzeitig, zur gegebenen Zeit; **idle t.** *(nach Maschinenschaden)* betrieblich bedingte Wartezeit; **at an inopportune t.** zur Unzeit *f*; **local t.** Ortszeit *f*; **material t.** 1. *(StR)* Tatzeit *f*; 2. entscheidungserheblicher Zeitpunkt; **reasonable t.** angemessene(r) Frist/Zeitraum; **within a ~** in angemessener Zeit; **statutory t.** gesetzliche Frist; **at the stipulated t.** zur festgesetzten Zeit
time allowance Zeitvorgabe *f*, Zeitzuschlag *m*; **t.-barred** *adj* verjährt; **t. charter** Zeitfrachtvertrag *m*; **t.-consuming** *adj* zeitaufwändig; **t. contract** Abschluss auf Termin; **t. frame** zeitlicher Rahmen; **t. lag** (zeitliche) Verzögerung
time limit (Be)Frist(ung) *f*, Fristende *nt*,

Zeitbegrenzung *f*; **t. l. for avoiding** Anfechtungsfrist *f*; **~ a claim** Rügefrist *f*; **~ lodging an objection** Widerspruchsfrist *f*; **to extend the t. l.** Frist verlängern; **to set a t. l.** befristen

time off (duty) arbeitsfreie Zeit; **t. period** Frist *f*; **t.-related** *adj* zeitbezogen; **t. restriction** Befristung *f*; **t.scale** *n* Zeitrahmen *m*; **t.-share** *n* Teilzeitwohnrecht *nt*; **t.span** *n* Zeitdauer *f*; **t.table** *n* 1. Fahrplan; 2. Zeitplan *m*; **t. wage** Zeitlohn *m*; **t. work** nach Zeit bezahlte Arbeit

tip-off *n* Tipp *m*, Hinweis (aus der Bevölkerung)

tipstaff *n* Justizwachtmeister *m*

title *n* 1. (Rechts)Anspruch *m*, Eigentumsrecht *nt*, (Eigentums)Titel *m*, Recht *nt*; 2. *(Gesetzesbezeichnung)* Titel *m*; **t. of the act** Gesetzestitel *m*; **~ an action** Klagerubrum *nt*; **t. to a claim** Recht an einer Forderung; **t. by discovery** Fundeigentum *nt*; **t. to an estate** Erbberechtigung *f*; **~ real estate** Eigentum an unbeweglichen Sachen; **~ the goods** Eigentum/Recht an der Ware; **~ land** Eigentum(srecht) an einem Grundstück/Grundbesitz; **to convey ~ land** *(Grundeigentum)* Eigentum übertragen; **~ performance** Recht auf Leistung; **t. by prescription** Ersitzungseigentum *nt*, Ersitzungsrecht *nt*; **t. to property** Eigentumsanspruch *m*, Recht an einem Grundstück; **~ tangible property** Eigentum an der Sache; **~ a thing** Recht an einem Gegenstand; **~ a trademark** Markenrecht *nt*

to acquire title Eigentum erwerben, in das Eigentum gelangen; **to claim t. (to sth.)** Recht anmelden; **to dispute so.'s t.** jds Recht streitig machen; **to procure t.** Eigentum verschaffen; **to reserve t. (to sth.)** sich das Eigentum vorbehalten; **to transfer t.** übereignen, übertragen

adverse title Gegenrecht *nt*; **bad t.** Rechtsmangel *m*, mit Rechtsmängeln behaftetes Eigentum, mangelhafter Rechtstitel; **clear t.** lastenfreies Eigentum; **colourable t.** Rechtscheinsanspruch *m*; **defective t.** fehlerhafter Rechtstitel, Rechtsmangel *m*; **derivate t.** abgeleiteter Eigentumstitel; **dormant t.** ruhender Rechtstitel; **doubtful t.** zweifelhafter Rechtstitel; **enforceable t.** vollstreckbarer Titel; **good t.** rechtsmäßiges/volles Eigentum, hinreichender Rechtstitel; **imperfect t.** fehlerhafter Eigentumstitel; **joint t.** Gesamthand *f*; **legal t.** Rechtstitel *m*; **marketable t.** *(ohne Rechtsmängel und Belastungen)* Eigentumsrecht *nt*; **official t.** Amtsbezeichnung *f*; **paramount t.** stärkeres Recht; **possessory t.** Besitzanspruch *m*, Besitztitel *m*, Recht zum Besitz; **prima facie** *(lat.)* **t.** Rechtsschein *m*; **short t.** kurze Bezeichnung; **valid t.** rechtskräftiger Titel

title deed (Grundstücks)Eigentumsurkunde *f*; **t. record** Eigentumsnachweis *m*; **t. reference** *(Urteil)* Rubrum *nt*; **t. search** *(Grundstück)* Rechtstitelüberprüfung *f*

token *n* Zeichen *nt*; **t. of esteem** Zeichen der Wertschätzung; **t. fee** Schutzgebühr *f*; **t. money** Zeichengeld *nt*; **t. payment** symbolische Zahlung; **t. strike** Warnstreik *m*

tolerat|e *v/t* dulden; **t.ion** *n* Duldung *f*

toll *n* Maut *f*; **t.age** *n* Mautrecht *nt*; **t. bar** Schlagbaum *m*; **t.booth; t.gate** *n* Mautstelle *f*; **t. bridge** Mautbrücke *f*; **t.-free** *adj* gebührenfrei; **t. road** Mautstraße *f*

tolling of the statute of limitations *n* *[US]* Ablaufhemmung *f*

tool *n* Werkzeug *nt*; **t.s of the trade** Arbeitsmittel

top secret *adj* streng geheim

torment *n* Quälerei *f*; *v/t* peinigen, quälen

tort *n* *(ZR)* Delikt *nt*, unerlaubte Handlung; **in t.** deliktisch; **t. of negligence** Fahrlässigkeitsdelikt *nt*; **responsible for t.s** delikts-, zurechnungsfähig

actionable tort zivilrechtliches Delikt; **strict-liability t.** Gefährdungsdelikt *nt*

tort|s act Deliktstatut *nt*; **t. action** Deliktklage *f*, deliktische Klage; **t.feasor** *n* Delikttäter(in) *m/f*, Schädiger *m*, Täter(in) *m/f*; **t.ious** *adj* deliktisch; **t. law** Recht der unerlaubten Handlung

torture *n* Folter *f*; *v/t* foltern, quälen

(grand) total *n* End-, Gesamtbetrag *m*

touch *v/t* berühren, betreffen

tour operator *n* Reiseveranstalter *m*

tower of flats *n* Wohnhochhaus *nt*; **t. block** Hochhaus *nt*

to wit *adv* das heißt

town *n* Ortschaft *f*, Stadt *f*; **t. and country planning** Landschafts-, Raumplanung *f*; Raumordnung *f*; **Town and Country Planning Act** *[GB]* Städtebauförderungsgesetz *nt*, Flächennutzungsgesetz *nt*; **t.-ship** *n* *[US]* Stadtgemeinde *f*

T

toxic *adj* toxisch

toy *n* Spielzeug *nt*; **t. weapon** Spielzeugwaffe *f*

trace *n* Spur *f*; **to preserve t.s** Spuren sichern; **to remove t.s** Spuren verwischen; **t.r** *n* Leuchtspurmunition *f*

trace *v/t* aufspüren, ausfindig machen; **t. sth. back** etw. zurückverfolgen

track *n* Spur *f*; **to be on the wrong t.** falsche Spur verfolgen; **t.er dog** *n* Spürhund *m*

track down *v/prep* aufspüren

tract of land *n* Gelände *nt*; **fractional t. of l.** Parzelle *f*

trade *n* 1. Beruf *m*; 2. (Handels)Gewerbe *nt*, Gewerbezweig *m*; 3. Handel *m*, Handels-, Wirtschaftsverkehr *m*; 4. Handwerk *nt*; **by t.** von Beruf; **customary in the t.** handelsüblich; **t. in children** Kinderhandel *m*; **~ goods** Warenhandel *m*; **t. subject to compulsory registration** anmeldepflichtiges Gewerbe

to carry on a trade Geschäft/Gewerbe ausüben, ~ betreiben

trade *v/i* Handel treiben, handeln; **t. in** in Zahlung geben

illicit trade Schleich-, Schwarzhandel *m*, rechtswidriger Handel; **itinerant t.** ambulantes Gewerbe, Reise-, Wandergewerbe *nt*; **~ licence** Wandergewerbeschein *m*; **~ tax** Wandergewerbesteuer *f*; **lawful t.** erlaubter Handel; **licensed t.** konzessioniertes Gewerbe; **unlawful t.** unerlaubter Handel

trade acceptance Handelswechsel *m*; **t. accounts receivable** Forderungen aus Lieferungen und Leistungen, Warenforderungen; **t. agreement** Handels-, Tarif-, Wirtschaftsabkommen *nt*; **to conclude a ~** Handelsabkommen abschließen; **t. convention** Wirtschaftsabkommen *nt*; **t. custom** Handelsbrauch *m*, Handelssitte *f*; **t. debts** Geschäftsschulden; **t. description** handelsübliche Bezeichnung, Warenbezeichnung *f*; **false ~** Falschbezeichnung von Waren; **T. Description Act** *[GB]* Warenbeschreibungsgesetz *nt*; **to accept sth. as t.-in** *n* etw. in Zahlung nehmen; **t. inspection** Gewerbeaufsicht *f*; **t. libel** *(Konkurrent)* Anschwärzung *f*, Geschäftsschädigung *f*; **t. name** Geschäfts-, Handelsbezeichnung *f*, Handelsname *m*; **t. practices** Handelspraktiken; **t. process** Geschäftsverfahren *nt*; **t. reference** Kreditauskunft *f*; **t. regulations** Gewerbeordnung *f*; **t. secret** Geschäftsgeheimnis *nt*; **t. tax** Gewerbesteuer *f*; **t. union** *[GB]* Gewerkschaft *f*; **~ law** Gewerkschaftsrecht *nt*; **t. usage** Handelsbrauch *m*, Handelssitte *f*; **in accordance with ~** handelsüblich; **t. value** Handelswert *m*; **t. watchdog** Wettbewerbsaufsicht *f*

trademark *n* (Handels)Marke *f*, (Marken-/Waren)Zeichen *nt*; **to cancel a t.** Warenzeichen löschen; **to infringe a t.** Warenzeichen verletzen; **to pirate a t.** Warenzeichen nachahmen; **to register a t.** Warenzeichen anmelden/eintragen

deceptive trademark irreführendes Warenzeichen; **distinctive t.** unterscheidungskräftiges Warenzeichen; **forged t.** gefälschtes Warenzeichen; **non-distinctive t.** Warenzeichen ohne Unterscheidungskraft; **registered t.** eingetragenes (Waren)Zeichen

trademark|s act Markengesetz *nt*; **t. agreement** Markenabkommen *nt*; **t. counterfeiting** Warenzeichenfälschung *f*; **t. infringement** Verletzung des Warenzeichens, (Waren)Zeichenverletzung *f*, Markeneingriff *m*; **t. law** Markenrecht *nt*, (Waren)Zeichenrecht *nt*; **t. licence** Warenzeichenlizenz *f*; **t. owner** Markeninhaber(in) *m/f*; **t. piracy** Markenpiraterie *f*; **t. proprietor** Warenzeichen-, Markeninhaber(in) *m/f*; **t. protection** (Waren)-Zeichenschutz *m*; **t. register** Warenzeichenregister *nt*, Zeichenrolle *f*; **t. registration** Markeneintragung *f*, Markenanmeldung *f*; **t. rights** Markenrechte; **t. suit** Warenzeichenprozess *m*

trader *n* Geschäfts-, Kaufmann *m*, Gewerbetreibende(r) *f/m*, Handelnder *m*, Händler(in) *m/f*; **t. on own account** Eigen-, Properhändler *m*; **t. registrable by law** Sollkaufmann *m*; **itinerant t.** Reise-, Wandergewerbetreibende(r) *f/m*; **small t.** Minderkaufmann *m*; **optionally registrable t.** Kannkaufmann *m*; **sole t.** Allein-, Eigenhändler *m*, Einmanngesellschaft *f*, Einzelfirma *f*, Einzelkaufmann *m*, Einzelunternehmen *nt*, Einzelunternehmung *f*; **statutory t.** Formkaufmann *m*; **t.'s liability** Händlerhaftung *f*

tradespeople *pl* Gewerbetreibende

trading *n* Handel *m*; **t. on one's own account** *n* Eigenhandel *m*; **fair t.** lauterer

Wettbewerb; **fraudulent t.** unlautere Wettbewerbshandlungen

trading company/enterprise/firm Erwerbs-, Handelsgesellschaft *f*, Handelsbetrieb *m*; **t. cooperative** Handelsgenossenschaft *f*; **fraudulent t.** Gläubigerbenachteiligung *f*; **t. law** Handelsrecht *nt*; **t. licence** 1. Gewerbebefugnis *f*, Gewerbekonzession *f*, Handelserlaubnis *f*; 2. Gewerbeschein *m*; **t. profit** Handelsgewinn *m*; **t. year** Geschäftsjahr *nt*

traditional *adj* herkömmlich

traffic *n* (Kraftfahrzeug)Verkehr *m*; **to divert t.** Verkehr umleiten; **to obstruct or endanger t.** Verkehr behindern oder gefährden

cross-border traffic grenzüberschreitender Verkehr; **local t.** Ortsverkehr *m*; **maritime t.** Seeverkehr *m*; **slow-moving t.** zäh fließender Verkehr; **oncoming t.** Gegenverkehr *m*; **through t.** Durchgangsverkehr *m*; **two-way t.** Verkehr in beide Richtungen; **vehicular t.** Fahrzeugverkehr *m*

traffic accident (Verkehrs)Unfall *m*; **to abscond after a ~** sich unerlaubt vom Unfallort entfernen, Fahrerflucht begehen; **t. ban** Verkehrsverbot *nt*; **t.-calmed** *adj* verkehrsberuhigt; **t. calming** Verkehrsberuhigung *f*; **t. case** Verkehrssache *f*; **penal ~** Verkehrsstrafsache *f*; **t. convention** Verkehrsabkommen *nt*; **t. court** Verkehrsgericht *nt*; **flat t. delineator** *(an Baustellen)* gelbe Linie; **(minor) t. infraction** Verkehrsordnungswidrigkeit *f*; **t. infringement** Verkehrsübertretung *f*; **t. island** Verkehrsinsel *f*; **t. jam** Stau *m*; **t. lane** Fahrstreifen *m*; **~ marking** Markierung von Fahrstreifen; **t. legislation** Verkehrsgesetzgebung *f*; **t. light(s)** Verkehrsampel *f*; **~ offence** Rotlichtverstoß *m*; **t. magistrate** Verkehrsrichter(in) *m/f*; **t. obstruction** Verkehrsbehinderung *f*; **t. offence** Verkehrsdelikt *nt*, Verkehrsordnungswidrigkeit *f*; **t. offender** Verkehrssünder(in) *m/f*; **t. regulations/rules** Verkehrsordnung *f*, Verkehrsregeln, Verkehrsvorschriften; **contrary to ~** verkehrswidrig; **t. restrictions** Verkehrsbeschränkungen; **t. route** Verkehrsweg *m*; **t. sign** Verkehrszeichen *nt*; **t. situation** Verkehrslage *f*; **t. violation** Verkehrsverletzung *f*, Verkehrswidrigkeit *f*; **t. violator** *[US]* Verkehrssünder(in) *m/f*; **t. warden** Politesse *f*

trafficker *n* *(Drogen, Waffen)* Schieber *f*; **t. in human beings** Schlepper *m*, Schleuser *m*

trafficking in human beings; human t. *n* Menschenhandel *m*; **~ women** Frauenhandel *m*

hot trail *n* heiße Spur

trailer *n* 1. Anhänger *m*; 2. *[US]* Wohnwagen *m*; **t. payload** Nutzlast des Anhängers

train *n* Zug *m*

train *v/t* ausbilden; **t.ee** *n* Auszubildende(r) *f/m*, Lehrling *m*, Praktikant(in) *m/f*; **judicial ~** Gerichtsreferendar(in) *m/f*; **~ lawyer** Rechtsreferendar(in) *m/f*; **t.eeship** *n* Ausbildungsverhältnis *nt*

training *n* Ausbildung *f*; **to complete one's t.** seine Ausbildung abschließen; **appropriate t.** angemessene Ausbildung; **further t.** Fortbildung *f*; **in-house/on-the-job t.** innerbetriebliche Weiterbildung; **legal t.** juristische Ausbildung, Juristen-, Justizausbildung *f*; **vocational t.** Ausbildung *f*

training contract Ausbildungs-, Lehrvertrag *m*; **t. costs** Ausbildungskosten; **t. regulations** Ausbildungsverordnung *f*

traitor *n* (Hoch-/Landes)Verräter *m*

tramp *n* Landstreicher(in) *m/f*, Penner *m* *(coll)*

transact *v/t* tätigen

transaction *n* (Rechts)Geschäft *nt*, Handlung *f*, Transaktion *f*, Verkehr *m*; **t. on one's own account** Eigengeschäft *nt*; **~ a consignment basis** Kommissionsgeschäft *nt*; **t. to perform a contract** Erfüllungsgeschäft *nt*; **t. involving a guarantee** Garantiegeschäft *nt*; **t. contra bonos mores** *(lat.)* sittenwidriges (Rechts)Geschäft; **t. mortis causa** *(lat.)* Rechtsgeschäft von Todes wegen; **t. with simultaneous performance** Zug-um-Zug-Geschäft *nt*; **t. in rem** *(lat.)* dingliches Rechtsgeschäft; **t. inter vivos** *(lat.)* Rechtsgeschäft unter Lebenden

to authenticate a (legal) transaction Rechtsgeschäft beurkunden; **to effect a t.** Geschäft besorgen; **to enter into a t.** (Rechts)Geschäft abschließen/eingehen/vornehmen

absolute transaction bedingungsfeindliches Geschäft; **avoidable t.** anfecht-

T

bares Rechtsgeschäft; **blank t.** Blankogeschäft *nt*; **commercial t.** Erwerbs-, Handels-, Bedingtgeschäft *nt*; **~ t.s** Geschäftsverkehr *m*; **contractual t.** schuldrechtliches Rechtsgeschäft; **covert t.** verdecktes Rechtsgeschäft; **direct t.** Direktgeschäft *nt*; **dummy t.** Scheingeschäft *nt*; **electronic t.s** elektronischer Geschäftsverkehr; **exceptional t.s** außergewöhnliche Geschäfte; **executory t.** Verpflichtungsgeschäft *nt*; **fiduciary t.** fiduziarisches Rechtsgeschäft; **illicit t.** unerlaubtes (Rechts)Geschäft; **inadmissible t.** unzulässiges (Rechts)Geschäft; **legal t.** Rechtsgeschäft *nt*; **indefeasible ~** absolutes (Rechts)Geschäft; **local t.** Platzgeschäft *nt*; **monetary t.s** Zahlungsverkehr *m*; **notarized t.** notariell beurkundetes (Rechts)Geschäft; **other t.s** sonstige Geschäfte; **pending t.** schwebendes Geschäft; **reciprocal t.** Gegenseitigkeitsgeschäft *nt*; **tie-in t.** Koppelungsgeschäft *nt*; **unconditional t.** bedingungsfeindliches Geschäft; **unethical t.** sittenwidriges (Rechts)Geschäft; **unilateral t.** einseitiges (Rechts)Geschäft; **usual t.s** gewöhnliche Geschäfte; **usurious t.** wucherähnliches Geschäft, Wuchergeschäft *nt*; **void (and voidable) t.** unwirksames/nichtiges (Rechts)Geschäft

transaction endorsement Vertragsergänzung *f*

transborder *adj* grenzüberschreitend

transcript *n* Protokoll *nt*; **t. of the evidence/testimony** Beweis(aufnahme)protokoll *nt*

transfer *v/t* 1. übertragen, überweisen, überleiten; 2. versetzen, überstellen, verlegen; 3. abführen; **t. in writing** überschreiben

transfer *n* 1. Übertragung *f*, Überweisung *f*, Überstellung *f*, Übergabe *f*, Transfer *m*; 2. Verlegung *f*, Versetzung *f*; 3. Zession *f*, Abführung *f*; 4. Verweisung *f*; 5. Übergang *m*; 6. Negoziierung *f*; **t. of a case to the competent court** Abgabe einer Rechtssache an das zuständige Gericht; **~ assets** Übertragung von Vermögensgegenständen; **fraudulent ~ assets** Vermögensverschiebung *f*; **~ the claim** Übergang der Forderung; **~ a company** Betriebsübergang *m*; **~ competence** Kompetenzübertragung *f*; **~ contract** Vertragsübertragung *f*; **~ copyright** Urheberrechtsübertragung *f*; **t. by/on death** Übergang von Todes wegen, Übereignung im Todesfall; **t. of encumbrances** Lastenübergang *m*; **~ an enterprise** 1. Betriebsübertragung *f*; 2. Betriebsübergang *m*; **t. by gift** schenkungsweise Veräußerung; **t. of jurisdiction** Übertragung der Zuständigkeit; **~ liability** Haftungsübergang *m*; **~ lien** Pfandrechtsübergang *m*; **~ money** Geldübergabe *f*; **~ ownership** Eigentumsübergang *m*, Grundstücksauflassung *f*, Übereignung *f*, Übertragung des Eigentums; **t. to private ownership** Privatisierung *f*; **t. of a patent** Rechtsübergang eines Patents; **t. in lieu of performance** Hingabe an Erfüllungs Statt; **t. to a different position** Versetzung *f*; **t. of possession** Besitzübertragung *f*; **t. of prisoners** Häftlingsverlegung *f*; **~ property** Eigentums-, Grundstücksübertragung *f*, Übergang von Vermögen, Vermögensübergang *m*; **~ right(s)** Rechtsübertragung *f*, Rechtsübergang *m*; **~ risk** Gefahrübergang *m*; **~ shares** Aktienübertragung *f*; **t. of title** Eigentumsübergang *m*, Eigentums-, Grundstücksübertragung *f*, Übereignung *f*, Übergang des Eigentums, Übertragung eines Rechts, Übertragung von Rechten; **~ by constructive delivery** brevi manu traditio *(lat.)*; **~ in the land (charges) register** Grundbuchumschreibung *f*; **t. for use** Gebrauchsüberlassung *f*

blank transfer Blankozession *f*; **gratuitous t.** unentgeltliche Übertragung/Veräußerung; **specific-purpose t.** Zweckzuwendung *f*

transferability *n* Übertragbarkeit *f*; **to restrict t.** vinkulieren

transferable *adj* negoziabel, negoziier-, übertragbar

transfer|ee *n* (Überweisungs)Empfänger(in) *m/f*, Über(trags)nehmer *m*, Zessionar(in) *m/f*; **t.or** *n* Remittent *m*, Veräußerer *m*, Übertragsgeber *m*, Zedent *m*

transfer order Über-, Verweisungsbeschluss *m*

transform *v/t* umwandeln

transgress *v/t* übertreten; **t.ion** *n* Überschreitung *f*, Übertretung *f*; **t.or** *n* Zuwiderhandelnde(r) *f/m*

transit *n* Durchfuhr *f*, Transit *m*; **in t.** auf dem Transportweg; **t. right** Durchfahrtsrecht *nt*

transition *n* Überleitung *f*; **t. act** Überleitungsgesetz *nt*; **t. period** Übergangsfrist *f*

T

translate *v/t* übersetzen
translation *n* Übersetzung *f*; **authoritative t.** maßgebliche Übersetzung; **certified t.** beglaubigte Übersetzung; **literal t.** wörtliche Übersetzung; **t. error** Übersetzungsfehler *m*; **t. rights** Übersetzungsrechte
translator *n* Übersetzer(in) *m/f*; **freelance t.** freiberuflicher Übersetzer; **specialized t.** Fachübersetzer(in) *m/f*; **sworn t.** be-/vereidigter Übersetzer
transmission *n* 1. Weiterleitung *f*, Weitergabe *f*, Fortleitung *f*, Übermittlung *f*; 2. Übertragung *f*, Sendung *f*; 3. Übergang *m*; **t. of claims** Forderungsübergang *m*; **false t.** falsche Übermittlung
transmit *v/t* übermitteln
transnational *adj* transnational
transparency *n* Transparenz *f*
transplant *n* Transplantation *f*
transport *v/t* befördern
transport *n* *[GB]* 1. Transport *m*, Beförderung *f*; 2. Verkehr *m*; **t. of goods** Güterbeförderung *f*; **cross-border t. of waste** grenzüberschreitendes Verbringen von Abfall; **commercial t.** gewerblicher Verkehr; **domestic t.** inländischer Verkehr; **public t.** öffentliche Verkehrsmittel
transport authority Verkehrsbehörde *f*; **t. company** Verkehrsgesellschaft *f*; **t. facilities** Verkehrseinrichtungen, Verkehrsanlagen; **t. hazard** Transportgefahr *f*; **t. industry** Verkehrsgewerbe *nt*; **t. law** Transportrecht *nt*; **t. risk** Transportgefahr *f*; **t. route** Transportweg *m*; **t. terms** Beförderungs-, Transportbedingungen; **t. undertaking** Verkehrsbetrieb *m*
transportation *n* *[US]* 1. Transport *m*, Beförderung *f*; 2. Verkehr *m*
transshipment *n* Umschlag *m*
trash *n* *[US]* Müll *m*
travel allowance *n* Reiseentschädigung *f*; **t. contract** Reisevertrag *m*; **~ law** Reisevertragsrecht *nt*; **t. costs** Reisekosten; **to reimburse ~** Fahrkosten erstatten; **t. document(s)** Reiseausweis *m*, Reisepapiere *pl*; **t. and maintenance expenses** Reise- und Tagegelder; **t. insurance** Reiseversicherung *f*; **international ~ cover** Auslandsschutzbrief *m*; **t. law** Reiserecht *nt*; **t. regulations** Reisebestimmungen; **t. restrictions** Reisebeschränkungen
traveller *n* Reisender; **t.'s accident insurance** Reiseunfallversicherung *f*
travelling allowance *n* Reisekostenpauschale *f*, Fahrkostenzuschuss *m*; **t. expenses** Fahr-, Reisekosten, Wegegeld *nt*; **to reimburse ~** Reisekosten erstatten
traverse *n* Bestreiten *nt*; **general t.** allgemeines Bestreiten; **special t.** substantiiertes Bestreiten; **technical t.** Formaleinwand *m*
travesty of justice *n* Justizskandal *m*
tread *n* Reifenprofil *nt*
treason *n* (Geheimnis-/Landes)Verrat *m*; **t. against the constitution** Verfassungsverrat *m*; **high t.** Hochverrat *m*; **t.able** *adj* (hoch)verräterisch
treasure *n* Schatz *m*; **t.r** *n* Kämmerer *m*, Kassenführer *m*, Kassenwart *m*; **t.r's report** Kassenbericht *m*; **t. trove** Schatzfund *m*
treasury *n* Fiskus *m*, öffentliche Kasse, Staatskasse *f*; **t. certificate** Kassenschein *m*
treat *v/t* behandeln; **t. as confidential** vertraulich behandeln; **t. equally** gleich behandeln
treatment *n* Behandlung *f*; **competent t.** fachgerechte Behandlung; **discriminatory t.** diskriminierende Behandlung; **equal t.** Gleichbehandlung *f*; **follow-up t.** Nachbehandlung *f*; **humiliating t.** entwürdigende Behandlung; **medical/therapeutic t.** Heil-, Krankenbehandlung *f*, Heilverfahren *nt*
preferential treatment 1. bevorzugte Behandlung, Vorzugsbehandlung *f*, Bevorzugung *f*, Begünstigung *f*, Absonderung *f*; 2. Vorleistung *f*, Vergünstigung *f*; **p. t. of creditors** Gläubigerbegünstigung *f*, Gläubigerbevorzugung *f*; **p. t. for residents** Inländerprivilegierung *f*
to grant reciprocal treatment Gegenseitigkeit gewähren; **unequal t.** Ungleichbehandlung *f*
treaty *n* (Staats)Vertrag *m*, Ab-, Übereinkommen *nt*, Übereinkunft *f*, Konvention *f*, pactum *(lat.)*; **t. of accession** Beitrittsvertrag *m*; **t. on business establishment** Niederlassungsabkommen *nt*; **t. of friendship** Freundschaftsvertrag *m*; **~ transition** Überleitungsvertrag *m*
to abrogate a treaty *(Völkerrecht)* einen Vertrag aufheben; **to accede to a t.** einem Vertrag beitreten
commercial treaty Handelsvertrag *m*; **consular t.** Konsularabkommen *nt*, Konsular-, Konsulatsvertrag *m*; **internation-**

al t. internationales Übereinkommen, völkerrechtliche Vereinbarung, völkerrechtlicher Vertrag; **secret t.** Geheimvertrag *m*; **t. states** Vertragsstaaten

trespass *n* Besitz-, Eigentumsstörung *f*, unbefugtes/widerrechtliches Betreten, Hausfriedensbruch *m*, Übergriff *m*, Übertretung *f*, Verletzung des Eigentums

trespass v/*t* Hausrecht verletzen

trespass action Klage wegen Besitzstörung; **t. claim** Besitzstörungsanspruch *m*; **t.er** *n* Besitzstörer *m*, Eindringling *m*, Unbefugte(r) *f/m*, Zuwiderhandelnde(r) *f/m*; **~s will be prosecuted** Betreten bei Strafe verboten; **t.ing** *n* Hausfriedensbruch *m*; **no ~** Betreten verboten

triable *adj* *(StR)* verhandelbar

trial *n* 1. Gerichts-, Hauptverhandlung *f*, (Straf)Verhandlung *f*, (Gerichts)Verfahren *nt*, Prozess *m*, Erkenntnisverfahren *nt*; 2. Erprobung *f*, Prüfung *f*, Versuch *m*, Probe *f*; **on t.** angeklagt; **t. in the absence of the accused** *(StR)* Kontumazialverfahren *nt*; **t. in camera** *(lat.)* nichtöffentliche Verhandlung; **t. by jury** Geschworenenprozess *m*, Geschworenen-, Schwurgerichtsverfahren *nt*, Verhandlung vor einem Gericht mit Schöffen; **t. by record** Urkundenprozess *m*; **t. for treason** Hochverratsprozess *m*

to be on trial unter Anklage stehen, vor Gericht stehen; **to bring so. to t.** jdn vor Gericht bringen; **to commit so. for t.** jdn der Justiz überstellen; **to put on t.** vor Gericht stellen; **to stand t.** sich vor Gericht verantworten müssen, vor Gericht stehen

criminal trial Strafverfahren *nt*; **departmental t.** *[US]* Disziplinarverfahren *nt*; **fair t.** gerechtes/ordentliches Verfahren; **follow-up t.** Folgeprozess *m*; **main t.** Hauptprozess *m*, Hauptverfahren *nt*; **new t.** Wiederaufnahmeverfahren *nt*; **public t.** öffentliche Verhandlung; **summary t.** abgekürztes/beschleunigtes Strafverfahren; **unfair t.** ungerechtes Verfahren

trial conduct Prozessführung *f*; **t. court** Prozessgericht *nt*, Tatsacheninstanz *f*; **t. date** Termin *m*; **t. judge** Erst-, Spruchrichter(in) *m/f*, erkennender Richter; **t. lawyer** Prozessanwalt *m*

tribunal *n* (Schieds)Gericht *nt*, Fachgericht *nt*, Tribunal *nt*; **administrative t.** Verwaltungsgericht *nt*, Verwaltungsgerichtshof *m*, **~ judge** Verwaltungsrichter *m*; **agricultural t.** Landwirtschaftsgericht *nt*; **consular t.** Konsulargericht *nt*; **disciplinary t.** Disziplinargericht *nt*; **professional ~** Berufs-, Standesgericht *nt*; **industrial t.** Arbeitsgericht *nt*; **regional ~** Landesarbeitsgericht *nt*; **military t.** Militärgericht *nt*; **professional t.** Berufs-, Standesgericht *nt*; **special t.** Sondergericht *nt*

trick *n* Trick *m*

trip *n* Fahrt *f*, Reise *f*

trip over sth. *v/prep* über etw. stolpern

in triplicate *adv* in dreifacher Ausfertigung

trouble *n (coll)* Unfrieden *m*; **to cause t.** Unfrieden stiften; **t.-free** *adj* reibungslos; **t.maker** *n* Unruhestifter(in) *m/f*, Störer(in) *m/f*, Querulant(in) *m/f*

truancy *n* Schulversäumnis *nt*; **t. sweep** Suche nach Schulschwänzern

truism *n* Binsenwahrheit *f*

truncheon *n* (Polizei)Knüppel *m*, Schlagstock *m*

trunk *n* Oberkörper *m*, Rumpf *m*

trust *v/t* vertrauen

trust *n* 1. Vertrauen *nt*; 2. Treuhand *f*, Stiftung *f*, Vermögensverwaltung *f*; **in t.** treuhänderisch; **on t.** auf Treu und Glauben; **to hold i. t.** treuhänderisch besitzen; **to release from t.** Sicherungsübereignung aufheben

charitable trust Stiftung für gemeinnützige Zwecke; **permanent t.** Dauertreuhand *f*; **public t.** öffentlich-rechtliche Stiftung

trust account Anderkonto *nt*; **t. administration** treuhänderische Verwaltung; **t. agency** Treuhandanstalt *f*; **t. agreement** Treuhandvertrag *m*; **t. company** Treuhandgesellschaft *f*; **t. deposit** Anderdepot *nt*; **t. fund** Stiftungsfonds *m*; **t. instrument** Treuhandurkunde *f*; **t. money** Mündelgeld *nt*; **t. property** treuhänderisches Eigentum, Treugut *nt*, Treuhandeigentum *nt*, Treuhandvermögen *nt*; **t. receipt** *[US]* Sicherungsübereignungsvertrag *m*

trustee *n* (Stiftungs)Treuhänder *m*, treuhänderischer Verwalter, Sachverwalter *m*, Kurator *m*, Fiduziar *m*; **t. in bankruptcy** *[GB]* endgültige(r) Konkursverwalter(in); **~ composition proceedings** Vergleichsverwalter *m*

to appoint a trustee Treuhänder bestellen/ einsetzen
constructive trustee mutmaßlicher Treuhänder; **joint t.s** Vereinbarungstreuhand *f*; **judicial t.** richterlich bestellter Treuhänder; **sole t.** Einzeltreuhänder *m*
trustee's liability Treuhänderhaftung *f*; **t.ship** *n* 1. Treuhandverwaltung *f*, Treuhandschaft *f*; 2. Kuratel *f*, Pflegschaft *f*
trustor *n* Treugeber *m*
trustworth|iness *n* Vertrauenswürdigkeit *f*; **t.y** *adj* vertrauenswürdig
truth *n* Wahrheit *f*; **a grain of t.** ein Körnchen Wahrheit; **half the t.** die halbe Wahrheit; **nothing but the t.; the plain/unvarnished t.** die reine Wahrheit
to admonish so. to tell the truth jdn zur Wahrheit ermahnen; **to ascertain the t.** Wahrheit ermitteln; **to prove the t.** Wahrheit beweisen, Wahrheitsbeweis antreten; **to suppress the t.** Wahrheit unterdrücken/verheimlichen; **to swear to tell the t., the whole t. and nothing but the t.** schwören, die reine Wahrheit zu sagen, nichts zu verschweigen und nichts hinzuzufügen; **to tell the t.** die Wahrheit sagen
truthful *adj* wahrheitsgemäß, wahrheitsgetreu
try *v/t* verhandeln
tuition assistance *n* *[US]* Erziehungsbeihilfe *f*
turn *n* Reihenfolge *f*, Turnus *m*; **in t.** der Reihe nach, turnusmäßig; **t. for the better** Wendung zum Besseren
turn back *v/prep* umkehren; **t. down** *v/prep* *(Gesuch)* ablehnen, ausschlagen; **t. out** *v/prep* sich herausstellen, ausgehen
left-hand turn *n* Linkskurve *f*; **sharp t.** scharfe Kurve
turnover *n* Umsatz *m*; **tax-exempt t.** steuerfreier Umsatz
moral turpitude *n* Verwerflichkeit *f*
tutelage *n* Vormundschaft *f*, Pflegschaft *f*, Kuratel *f*
two|-digit *adj* zweistellig; **t.-stage; t.-tier** *adj* zweistufig; **t.-year** *adj* zweijährig
type *n* Gattung *f*, Genus *nt (lat.)*; **t. of claim** Anspruchsart *f*; **~ contract** Vertragstyp *m*; **t. and appearance** Marke und Aussehen; **t. approval** Bauart-, Typengenehmigung *f*
tyrannize *v/t* tyrannisieren
tyre *n* Reifen *m*; **flat t.** platter Reifen; **t. tread** Reifenprofil *nt*

U

ultra vires *adj (lat.)* unbefugt, außerhalb der Vollmacht(en)
umbrella agreement *n* 1. Rahmenabkommen *nt*; 2. Manteltarifvertrag *m*
umpire *n* Kampfrichter *m*
un|abated *adj* unvermindert; **u.able** *adj* außerstande; **u.acceptable** *adj* unannehmbar; **u.adulterated** *adj* unverfälscht, rein; **u.affected** *adj (Rechte)* unberührt; **to remain ~** unberührt bleiben; **u.alterable** *adj* unumstößlich; **u.ambiguous** *adj* eindeutig
unanim|ity *n* Einstimmigkeit *f*; **u.ous** *adj* einhellig, einstimmig, übereinstimmend
un|armed *adj* unbewaffnet; **u.ascertained** *adj* unermittelt; **u.assailable** *adj* unangreifbar; **u.attended** *adj* unbeaufsichtigt, unbewacht; **u.authenticated** *adj* unverbürgt
unauthorized *adj* nicht bevollmächtigt/berechtigt, unbefugt, unberechtigt, unerlaubt; **u. person** Nichtberechtigte(r) *f/m*
unavailable *adj* unabkömmlich
unavoidab|ility *n* Unvermeidlichkeit *f*; **~ of errors** Unvermeidlichkeit von Irrtümern; **u.le** *adj* unumgänglich, unvermeidbar, unweigerlich
un|balanced *adj* unausgewogen; **u.bearable** *adj* unerträglich; **u.beknownst** *adj* ohne Wissen; **~ to me** ohne mein Wissen; **u.believable** *adj* unglaublich
unbiased *adj* unbefangen, unvoreingenommen, vorurteils-, wertfrei
unblemished *adj* makellos, unbescholten
uncertain *adj* unsicher, ungewiss, unbestimmbar; **u.ty** *n* Ungewissheit *f*; **void for ~** wegen Unklarheit nichtig; **legal ~** Rechtsunsicherheit *f*
un|challenged *adj* unwiderlegt; **u.changing** *adj* gleichbleibend; **u.checked** *adj* unkontrolliert; **u.claimed** *adj* herrenlos; **u.clear** *adj* unklar; **u.collectible** *adj* *(Schulden)* uneinbringlich, uneintreibbar; **u.compromising** *adj* kompromisslos
unconditional *adj* bedingungslos, unbedingt, ohne Vorbehalt, vorbehaltlos
unconfirmed *adj* unbestätigt

unconscionability *n* Sittenwidrigkeit *f*, Übervorteilung *f*
unconscious *adj* bewusstlos, ohnmächtig; **u.ness** *n* Bewusstlosigkeit *f*
un|constitutional *adj* verfassungswidrig; **u.contested** *adj* unumstritten; **u.controlled** *adj* unbeherrscht, unkontrolliert; **u.controversial** *adj* unumstritten; **u.cover** *v/t* aufdecken; **u.damaged** *adj* unbeschädigt, unversehrt; **u.dated** *adj* 1. nicht datiert, undatiert; 2. *(Vertrag)* unbefristet; **u.declared** *adj* undeklariert; **u.defended** *adj* unwidersprochen; **u.deniable** *adj* unbestreitbar, unbezweifelbar, unleugbar
under|age *adj* minderjährig, unmündig; **u.cover** *adj (geheim)* verdeckt; **u.go sth.** *v/t* sich etw. unterziehen; **u.hand** *adj* hinterhältig; **u.insurance** *n* Unterversicherung *f*; **u.mine** *v/t* aushöhlen; **u.mining** *n* Aushöhlung *f*
undersign *v/t* unterschreiben; **the u.ed** *n* Unterfertiger *m*, Unterzeichneter *m*
understanding *n* 1. Abrede *f*, Absprache *f*, Abstimmung *f*, Einvernehmen *nt*, Übereinkommen *nt*, Übereinkunft *f*, Verständigung *f*, Auffassung *f*; 2. Verständnis *nt*; 3. Einsicht *f*; **to come to/reach an u.** zu einer Verständigung gelangen, sich verständigen; **human u.** Menschenverstand *m*; **mutual u.** Gegenabrede *f*
understanding *adj* einsichtig
it is understood that *adj* es gilt als vereinbart
undertak|e *v/t* eingehen, *(Aufgabe)* übernehmen, sich verpflichten; **u.er** *n* (Leichen)-Bestatter *m*
undertaking *n* 1. Zusage *f*, Versprechen *nt*, Verpflichtung *f*, Verpflichtungserklärung *f*, Garantie *f*; 2. Unternehmen *nt*; **u. to pay** Zahlungszusage *f*
commercial undertaking Erwerbs-, Gewerbe-, Wirtschaftsbetrieb *m*, Erwerbsgeschäft *nt*, Geschäftsunternehmung *f*, gewerblicher Betrieb, gewerbliches Unternehmen; **contractual u.** vertragliches Versprechen, Vertragszusage *f*; **fraudulent u.** Schwindelunternehmen *nt*; **municipal u.** Kommunalbetrieb *m*; **public-sector u.** Unternehmen der öffentlichen Hand; **solemn u.** feierliche Verpflichtung; **written u.** Revers *m*
underwear *n* (Unter)Wäsche *f*
underwrit|e *v/t* 1. versichern; 2. garantieren
underwriter *n* 1. Versicherer *m*, Versicherungsträger *m*; 2. Garant *m*, Garantiegeber *m*; 3. *(Emission)* Zeichner *m*; **u.'s commission** Konsortialprovison *f*
underwriting agreement *n* Konsortialvertrag *m*; **u. commitment** Konsortialverpflichtung *f*; **u. limit** *(Vers.)* Zeichnungsgrenze *f*; **u. transaction** Konsortialgeschäft *nt*
un|developed *adj* *(Land)* unbebaut; **u.disciplined** *adj* disziplinlos; **u.disclosed** *adj* *(Auftraggeber)* ungenannt; **u.disputable** *adj* unbezweifelbar; **u.disputed** *adj* unbestritten, unstreitig; **u.disturbed** *adj* unbehelligt, ungestört; **u.do sth.** *v/t* etw. ungeschehen machen; **u.doubtedly** *adv* zweifellos; **u.earned** *adj* unverdient; **u.economic** *adj* nicht wirtschaftlich, unwirtschaftlich
unemployed *adj* arbeits-, erwerbslos; **u. person** Arbeits-, Erwerbslose(r) *f/m*; **long-term ~** Langzeitarbeitslose(r) *f/m*
unemployment *n* Arbeits-, Erwerbslosigkeit *f*; **long-term u.** Langzeitarbeitslosigkeit *f*
unemployment benefit Arbeitslosengeld *nt*; **u. insurance** Arbeitslosenversicherung *f*; **u. support** Arbeitslosenhilfe *f*, Arbeitslosenunterstützung *f*
unencumbered *adj* hypotheken-, lasten-, schuldenfrei, unbelastet, frei von Hypotheken
unenforceab|ility *n* Unvollziehbarkeit *f*; **~ due to lapse of time** Verjährbarkeit *f*; **u.le** *adj* nicht durchsetzbar/einklagbar, undurchsetzbar, unvollziehbar
un|equal *adj* ungleich; **u.equivocal** *adj* eindeutig, unmissverständlich; **u.ethical** *adj* sitten-, standeswidrig; **u.excused** *adj* unentschuldigt; **u.expected** *adj* unvermutet
unfair *adj* 1. unangemesen; 2. *(Kündigung)* ungerecht, (sozial) nicht gerechtfertigt; 3. *(Wettbewerb)* unlauter; **u.ness** *n* Unbilligkeit *f*
unfaithful *adj* *(Ehe)* untreu; **to be u.** hintergehen
unfinished *adj* unerledigt
unfit *adj* unfähig, ungeeignet, untauglich; **u. for human consumption** ungenießbar; **u. to drive** *(Person)* fahruntüchtig; **~ plead** prozessunfähig
unfitness *n* Ungeeignetheit *f*, Untauglichkeit *f*; **u. to drive** Fahruntüchtigkeit *f*;

absolute ~ absolute Fahruntüchtigkeit; **relative ~** relative Fahruntüchtigkeit; **u. to be kept in prison on health grounds; ~ serve a prison sentence** Haftunfähigkeit *f*, Haftuntauglichkeit *f*; **u. for service** Dienstunfähigkeit *f*; **u. to work** Arbeitsunfähigkeit *f*

unforesee|ability *n* Unvorhersehbarkeit *f*; **u.able** *adf* unabsehbar, unvorhersehbar; **u.n** *adj* uvermutet, unvorhergesehen

un|forgiving *adj* nachtragend; **u.founded** *adj (Anspruch)* grund-, gegenstandslos, unbegründet, unberechtigt; **u.furnished** *adj* unmöbliert; **u.garnishable** *adj (Forderung)* unpfändbar; **u.grateful** *adj* undankbar; **u.guarded** *adj* unbewacht; **u.harmed** *adj* schadlos, unversehrt; **u.hindered** *adj* ungehindert; **u.hurt** *adj* unverletzt; **u.identifiable** *adj* unkenntlich

Unification Treaty (FRG/GDR) *n* Einigungsvertrag *m*

uniform *n* Uniform *f*; *adj* einheitlich, gleichmäßig; **U. Commercial Code (UCC)** *[US]* Handelsgesetzbuch *nt* (HGB); **u.ity** *n* Einheitlichkeit *f*, Gleichmäßigkeit *f*; **~ in the application of law** Einheitlichkeit der Rechtsanwendung; **legal ~** Rechtseinheit *f*

unilateral *adj* einseitig

un|impeded *adj* ungehindert; **u.important** *adj* unwichtig; **u.incorporated** *adj* nicht eingetragen; **u.inhabitable** *adj* unbewohnbar; **u.injured** *adj* heil, unverletzt, unversehrt; **u.intentional** *adj* unabsichtlich, unbeabsichtigt, ungewollt; **u.interrupted** *adj* ununterbrochen

union *n* 1. Verbund *m*; 2. Gewerkschaft *f*; **personal u.** Personalunion *f*; **u. agreement** (Flächen)Tarifvertrag *m*

unionized *adj* (gewerkschaftlich) organisiert

Union Jack britische Nationalflagge; **u. member** Gewerkschaftsmitglied *nt*; **u. membership agreement** *[GB]* Vereinbarung über Gewerkschaftszwang; **u. representative** Gewerkschaftsvertreter/in *m/f*

unit *n* Einheit *f*; **u. of account** Rechnungseinheit *f*

administrative unit Verwaltungseinheit *f*; **economic u.** wirtschaftliche Einheit; **taxable u.** Steuergegenstand *m*; **territorial u.** Gebietseinheit *f*

unit trust *[GB]* Investmentfonds *m*, Kapitalanlagegesellschaft (KAG) *f*

U

unite *v/t* vereinigen; **U.d Nations (UN)** *n* Vereinte Nationen; **U.d States Attorney** *[US]* Bundesanwalt *m*

university *n* Universität *f*, Hochschule *f*; **u. and college act** Hochschulgesetz *nt*; **u. graduate** Hochschulabsolvent(in) *m/f*

unjust *adj (Bereicherung, Urteil)* ungerecht; **u.ified** *adj (Vorwurf)* unberechtigt, ungerechtfertigt

unknow|ingly *adv* unwissentlich; **u.n** *adj* unbekannt; **~ person** *n* Unbekannte(r) *f/m*

UN law of emption UN-Kaufrecht *nt*

unlawful *adj* gesetz-, rechtswidrig, illegal, illegitim, ungesetzlich, unrechtmäßig, widerrechtlich; **u.ness** *n* Gesetz-, Rechtswidrigkeit *f*, Illegalität *f*, Widerrechtlichkeit *f*

unless *conj* es sei denn, dass

unlike *prep* im Gegensatz zu

unlimited *adj* unbefristet, unbegrenzt, unbe-, uneinge-, unumschränkt

unmarried *adj* ledig, unverheiratet; **u. woman** Ledige *f*

un|merited *adj* unverdient; **u.mistak(e)able** *adj* unmissverständlich, unverkennbar; **u.molested** *adj* unbehelligt; **u.motivated** *adj* unmotiviert; **u.moved** *adj* ungerührt; **u.named** *adj* ungenannt; **u.noticed** *adj* unbemerkt

un|objectionable *adj* unbedenklich; **u.obtrusive** *adj* unauffällig; **u.occupied** *adj* unbewohnt

unofficial *adj* inoffiziell; **u.ly** *adv* unter der Hand

unopposed *adj* unwidersprochen

unpre|cedented *adj* beispiellos; **u.dictability** *n* Unberechenbarkeit *f*; **u.dictable** *adj* unberechenbar; **u.judiced** *adj* unbefangen, unvoreingenommen, vorurteilsfrei; **u.meditated** *adj* unüberlegt

un|professional *adj* standeswidrig; **u.provoked** *adj* unmotiviert

unpunished *adj* straflos, unbe-, ungestraft, ungeahndet

un|quantifiable *adj* unbestimmbar; **u.questionably** *adv* fraglos

unreasonable *adj* unangemessen, ungebührlich, unzumutbar; **u.ness** *n* Unangemessenheit *f*, Unzumutbarkeit *f*

un|recognized *adj* unerkannt; **u.redeemed** *adj* uneingelöst; **u.registered** *adj* nicht eingetragen

unreliab|ility *n* Unglaubwürdigkeit *f*; **u.le** *adj* 1. *(Zeuge)* unglaubwürdig; 2. unzuverlässig

un|remitting *adj* unablässig; **u.reserved** *adj* vorbehaltslos
unrest *n* Unruhe *f*; **civil u.** bürgerliche/innere Unruhen
un|restrained *adj* zügellos; **u.restricted** *adj* freizügig, uneinge-, unumschränkt
un|ruly *adj* disziplinlos; **u.safe** *adj (gefährlich)* unsicher; **u.saleable** *adj* unveräußerlich, unverkäuflich; **u.scheduled** *adj* außerplanmäßig; **u.scrupulous** *adj* skrupellos, hemmungslos
unseal *v/t* entsiegeln; **u.ing** *n* Entsiegelung *f*
un|secured *adj* ungesichert; **u.seemly** *adj* ungebührlich, unziemlich; **u.seizable** *adj* unpfändbar; **u.settled** *adj* unausgeglichen, unbeglichen; **u.solicited** *adj* unaufgefordert; **u.solved** *adj (Fall)* ungelöst
unsoundness of mind *n* Unzurechnungsfähigkeit *f*
un|spoiled *adj (Naturzustand)* unberührt; **u.stable** *adj* (psychisch) labil; **u.successful** *adj* 1. erfolglos; 2. *(Prozesspartei)* unterlegen
unsuitab|ility *n* Ungeeignetheit *f*; **u.le** *adj* ungeeignet, untauglich
un|supervised *adj* unkontrolliert; **u.suspecting** *adj* arglos; **u.sworn** *adj* unbeeidigt, uneidlich; **u.tarnished** *adj* makellos; **u.tenable** *adj (Theorie, Zustand)* unhaltbar
until and including *prep* bis einschließlich
un|touched *adj (nicht benutzt)* unberührt; **u.traceable** *adj* unauffindbar; **u.true** *adj* unrichtig, unwahr; **u.trustworthy** *adj (Person)* unglaubwürdig
untruth *n* Unwahrheit *f*; **u.ful** *adj* wahrheitswidrig
un|used *adj* unausge-, unbenutzt; **u.warranted** *adj* 1. *(Maßnahme)* unbegründet; 2. *(Vorwurf)* unberechtigt
unwilling to pay *adj* zahlungsunwillig
unwise *adj* unklug
unwitting *adj* unbewusst; **u.ly** *adv* unwissentlich
unworth|iness to inherit *n* Erbunwürdigkeit *f*; **u.y to inherit** *adj* erbunwürdig
upgrading *n* Höhergruppierung *f*
uphold *v/t* 1. *(Urteil)* bestätigen; 2. *(Revision)* stattgeben
upkeep *n* Instandhaltung *f*, Unterhalt *m*; **u. of the family** Unterhalt der Familie
upright *adj* unbescholten; **u.ness** *n* Rechtschaffenheit *f*
uproar *n* Tumult *m*
upside down *adv* auf dem Kopf
urban *adj* städtisch
destructive urge *n* Zerstörungstrieb *m*; **instinctive u.** Triebverlangen *nt*
urgency *n* Dringlichkeit *f*; **u. clause** Dringlichkeitsklausel *f*; **u. motion** Dringlichkeitsantrag *m*
urgent *adj* (vor)dringlich
usage *n* 1. Brauch *m*, Gebrauch *m*, Gepflogenheit *f*, Gewohnheit *f*, Usance *f*; 2. Verwendung *f*; **accepted u.** üblicher Gebrauch; **common u.** Verkehrssitte *f*; **international u.** internationaler Brauch; **local u.** Ortsgebrauch *m*
usage property Gebrauchsfähigkeit *f*
usance (of a bill) *n* Wechsellaufzeit *f*, Wechselfrist *f*
use *v/t* (aus-, be)nutzen, verwenden, verwerten; **u. jointly** mitbenutzen
use *n* (Be)Nutzung *f*, Gebrauch *m*, Einsatz *m*, Genuss *f*, Inanspruchnahme *f*, Nutznießung *f*, Nutzungsrecht *nt*, Verwendung *f*, Verwertung *f*; **of u.** nützlich; **out of u.** außer Gebrauch; **entitled to u.** nutzungsberechtigt
use of data Datennutzung *f*; **improper ~** missbräuchliche Datennutzung; **u. of firearms** (Schuss)Waffengebrauch *m*, Waffeneinsatz *m*
use of force Anwendung von Gewalt, Gewalt-, Zwangsanwendung *f*; **appropriate u. of f.** Verhältnismäßigkeit der Mittel bei Gewaltanwendung; **improper/undue u. of f.** unangemessene Gewaltanwendung
use of the invention Benutzung der Erfindung; **~ (a plot of) land** (Be)Nutzung eines Grundstücks, Grundstücksnutzung *f*; **~ a name** Führung eines Namens, Namensführung *f*; **u. and occupation** Nutzung und Besitz; **u. of the soil** Bodennutzung *f*; **~ a title** Führen eines Titels; **~ a weapon** Waffengewalt *f*
to bar later use späteren Gebrauch ausschließen; **to be of u.** von Nutzen sein; **to make u. of** in Anspruch nehmen, Gebrauch machen von, nutzen
abusive use missbräuchliche Benutzung; **alternative u.** Verwendungsersatz *m*; **beneficial u.** Nutzung des Eigentümers; **commercial u.** 1. gewerbliche Nutzung; 2. Handelsgebrauch *m*, Handelsgepflogenheit *f*; **continued u.** *(Patentrecht)* Weiterbenutzung *f*; **contractual u.** bestimmungs-/

vertragsgemäßer Gebrauch; **domestic u.** Hausgebrauch *m*; **exclusive u.** Alleingebrauch *m*, alleinige Nutzung; **fair u.** zulässige Nutzung; **first u.** Erstgebrauch *m*; **illicit u.** widerrechtliche Benutzung, Gebrauchsanmaßung *f*; **improper u.** 1. unsachgemäße Behandlung/Handhabung, unsachgemäßer Gebrauch; 2. missbräuchliche Benutzung/Verwendung, Missbrauch *m*; **intended u.** Bestimmungs-, Gebrauchs-, Verwendungszweck *m*, Zweckbestimmung *f*; **joint u.** gemeinschaftlicher Gebrauch, Gesamt-, Mitbenutzung *f*, gemeinsame Nutzung; **lawful u.** rechtmäßiger Gebrauch; **malicious u. of process** Prozessbetrug *m*; **official u.** Dienstgebrauch *m*; **ordinary u.** gewöhnliche(r) Benutzung/Gebrauch; **own u.** Eigengebrauch *m*, eigene Nutzung, eigennützige Verwendung; **prior u.** *(Patentrecht)* Vorbenutzung *f*; **proper u.** ordnungsgemäße (Be)Nutzung, sachgemäßer Gebrauch

public use öffentliche(r) Benutzung/Gebrauch, Gemeingebrauch *m*; **to withdraw from p. u.** entwidmen; **unrestricted p. u.** Gemeingebrauch *m*

sole use alleinige (Be)Nutzung; **special u.** Sondernutzung *f*; **unauthorized u.** unbefugter Gebrauch, Gebrauchsanmaßung *f*; **unlawful u.** widerrechtlicher Gebrauch; **wrong u.** Fehlgebrauch *m*

used *adj* gebraucht, genutzt

useful *adj* nutzbar, nutzbringend, nützlich, verwertbar, (zweck)dienlich; **u.ness** *n* Brauchbar-, Nutzbar-, Nützlich-, Zweckmäßigkeit *f*; **to impair the ~** die Brauchbarkeit beeinträchtigen

useless *adj* unbrauchbar; **u.ness** *n* Unbrauchbarkeit *f*

user *n* (Be)Nutzer *m*, Verwender *m*; **u. in good faith** gutgläubiger Benutzer; **registered u.** Halter(in) *m/f*; **~ of a motor vehicle** Fahrzeughalter(in) *m/f*; **joint u.s** Mitbenutzer

usher Gerichtsdiener *m*

using all the available means *n* Einsatz aller zur Verfügung stehenden Mittel; **u. a false name** falsche Namensführung; **u. false or forged numberplates** Kennzeichenmissbrauch *m*

usual *adj* gewöhnlich, üblich

usucaption *n* Ersitzung *f*

usufruct *n* Nießbrauch *m*, Nutznießung *f*; **u. in an insurance claim** Nießbrauch an einer Versicherungsforderung; **~ choses in action** Nießbrauch an Rechten; **u. of an estate** Nießbrauch an einem Vermögen; **~ a deceased's estate** Nießbrauch an einer Erbschaft; **~ land** Grundstücksnießbrauch *m*; **~ a right** Rechtsfrüchte *pl*; **u. in intangibles** Nießbrauch an Rechten; **u. of immovable property** Nutzungsrecht an unbeweglichem Vermögen; **u. in intangible property** Nießbrauch an Sachen

to create a usufruct Nießbrauch bestellen

lifetime usufruct Nießbrauch auf Lebenszeit, lebenslanger Nießbrauch

usufructuary *n* Nießbraucher(in) *m/f*, Nutznießer(in) *m/f*; **u.'s duty to notify** Anzeigepflicht des Nießbrauchers; **~ of restitution** Rückgabepflicht des Nießbrauchers

usufructuary|'s good faith guter Glaube des Nießbrauchers; **u.'s statutory insurance** Versicherungspflicht des Nießbrauchers; **u.'s liability** Haftung des Nießbrauchers

usur|er *n* Wucherer *m*; **u.ious** *adj* wucherisch

usurpation (of office) *n* (Amts)Anmaßung *f*

usury *n* (Kredit)Wucher *m*; **u. act** Wuchergesetz *nt*

utility *n* 1. Nutzen *m*; 2. Versorgungsbetrieb *m*; **municipal u. (company)** Stadtwerke; **public u.** (öffentlicher) Versorgungsbetrieb *m*, Versorgungsunternehmen *nt*, öffentliche Versorgungsgesellschaft

utility expenses Aufwand für Strom, Gas und Wasser; **u. patent** Gebrauchsmuster *nt*; **u. value** Gebrauchs-, Nutzungs-, Nutzwert *m*

utilization *n* (Aus-/Be)Nutzung *f*, Inanspruchnahme *f*, Nutzbarmachung *f*, Verwertung *f*; **u. rights** Verwertungsrechte

utilize *v/t* benutzen, verwerten

utter *v/t* 1. äußern; 2. *(Falschgeld)* in Umlauf bringen; **u.ance** *n* Äußerung *f*; **u.ing (of) counterfeit money** *n* Inverkehrbringen/Verbreitung von Falschgeld

U-turns (are) prohibited *n* *(Straßenverkehr)* Wenden (ist) verboten

U

V

vacan|cy *n* 1. offene Stelle, Vakanz *f*; 2. freies Zimmer; **v.t** *adj* 1. *(Stelle)* unbesetzt, frei; 2. *(Wohnung)* leer stehend, vakant; 3. *(Grundstück)* unbebaut
vacate *v/t* räumen, verlassen
vacation *n* 1. Ferien *f*, Urlaub *m*; 2. Räumung *f*; **v. of an award** Aufhebung eines Schiedsspruchs; **~ a position** Niederlegung eines Amtes; **v. business** Feriensache *f*; **v. court** *[GB] (Gericht)* Ferienkammer *f*; **v. pay** Urlaubsentgelt *nt*, Urlaubsgeld *nt*, Urlaubsvergütung *f*
vaccination *n* Impfung *f*; **liable to v.** impfpflichtig; **compulsory v.** Impfpflicht *f*
vaccine *n* Impfstoff *m*
legal vacuum *n* rechtsfreier Raum
vagrancy *n* Land-, Stadtstreicherei *f*
vagrant *adj* obdachlos; *n* Landstreicher(in) *m/f*, Obdachlose(r) *f/m*, Penner *m (coll)*
vague *adj* unbestimmbar, vage
in vain *adv* vergebens
valid *adj* geltend, gültig, stichhaltig, triftig, (rechts)wirksam; **v. as regards form** formgültig; **v. until cancelled** widerrufgültig; **to be v.** gelten; **legally v.** rechtsgültig, rechtswirksam
validat|e *v/t* für rechtsgültig erklären; **v.ion** *n* Gültigkeitserklärung *f*, *(schriftliches Anerkennen)* Zeichnen *nt*
validity *n* Geltung *f*, (Rechts)Gültigkeit *f*, *(Patent)* Rechtsbeständigkeit *f*, *(Argument)* Stichhaltigkeit *f*, Wirksamkeit *f*; **v. of a claim** Anspruchsberechtigung *f*; **~ a contract** Gültigkeit/Wirksamkeit eines Vertrages; **v. in law** Rechtsgültigkeit *f*
continued validity Weiter-, Fortgeltung *f*; **legal v.** Rechtsgültigkeit *f*
valuable *adj* kostbar; **v.s** *pl* Wertgegenstände, Wertsachen
valuation *n* (Ab)Schätzung *f*, (Be)Wertung *f*, Wertbestimmung *f*; **v. by an expert** Abschätzung durch einen Sachverständigen; **assessed v.** *[US]* steuerliche Vermögensbewertung; **new v.** Neubewertung *f*
valuation appraisal Bewertungsgutachten *nt*; **v. law** Bewertungsgesetz *nt*; **v. privilege** Bewertungsfreiheit *f*; **v. reserve** Wertberichtigung *f*; **v. rules** Bewertungsvorschriften
value *v/t* (ab)schätzen, taxieren, valutieren
value *n* Wert *m*; **v. of an action; v. in dispute** Streitwert *m*; **v. at cost** Einstandswert *m*; **v. of the estate** Nachlasswert *m*, Wert des Nachlasses; **~ the item** Gegenstandswert *m*; **~ the matter in dispute** Höhe des Streitwertes; **~ the merchandise** Warenwert *m*; **~ an object** Sachwert *m*
to determine the value Wert bestimmen; **to refund the v.** Wert ersetzen; **to rise in v.** im Wert steigen
added value Mehrwert *m*, Wertschöpfung *f*; **assessed v.** Schätz(ungs)wert *m*; **commercial v.** Handelswert *m*; **current v.** Zeitwert *m*; **declared v.** deklarierter Wert; **economic v.** wirtschaftlicher Wert; **of equal v.** gleichwertig; **equivalent v.** Gegenwert *m*; **estimated v.** Schätz(ungs)wert *m*; **evidentiary v.** Aussage-, Erkenntniswert *m*; **fair v.** angemessener Wert; **fictitious v.** fiktiver Wert; **intangible v.** immaterieller Wert; **intrinsic v.** Eigenwert *m*, innerer Wert; **material v.** Sachwert *m*; **monetary v.** Geldwert *m*; **net v.** Nettowert *m*; **nominal v.** Nenn-, Nominalwert *m*; **overall v.** Pauschalwert *m*; **present v.** Gegenwartswert *m*; **probative v.** Beweiskraft *f*, Beweiswert *m*; **rat(e)able v.** *(Kommunalsteuer)* Einheits-, Steuermesswert *m*; **real v.** Realwert *m*; **rental v.** Miet-, Pachtwert *m*; **residual/residuary v.** Restwert *m*; **sentimental v.** Liebhaberwert *m*; **stable v. clause** Warenpreis-, Inflationsklausel *f*; **taxable v.** Einheits-, Steuermesswert *m*; **total v.** Gesamtwert *m*; **useful v.** Nutzungswert *m*
value-added tax (VAT) Mehrwert-, Wertschöpfungssteuer *f*
value adjustment Wertberichtigung *f*; **v. guarantee** Wertsicherung *f*; **v. judgment** Werturteil *nt*; **v.r** *n* Abschätzer *m*, Taxator *m*
vandal *n* Vandale *m*; **environmental v.** Ökokriminelle(r) *f/m*
vandalism *n* Sachbeschädigung *f*, Vandalismus *m*, mutwillige Beschädigung/Zerstörung; **to commit (an act of) v.** Sachbeschädigung begehen
at variance with *n* im Widerspruch zu
vary *v/ti* 1. (ver)ändern; 2. sich (ver)ändern
VAT (value added tax) *n* Mehrwertsteuer (MWSt) *f*; **exempt(ed) from VAT** mehrwertsteuerbefreit; **VAT base** Mehrwert-

steuerbemessungsgrundlage *f*; **VAT Directive** *(EU)* Mehrwertsteuerrichtlinie *f*
vault *n* Tresorraum *m*
vehicle *n* Fahrzeug *nt*; **to drive a v.** Fahrzeug führen
commercial vehicle gewerblich genutztes Fahrzeug, Nutzfahrzeug *nt*; **recreational v. (RV)** Campingfahrzeug *nt*; **rental v.** Mietfahrzeug *nt*; **roadworthy v.** fahrfähiges Fahrzeug; **substitute v.** Ersatzfahrzeug *nt*
vehicle disc *(Kfz)* Steuerplakette *f*; **v. documents** Fahrzeugpapiere; **v. driver** Fahrzeugführer(in) *m/f*; **v. fleet** Fuhr-, Wagenpark *m*; **(registered) v. owner** Fahrzeughalter(in) *m/f*, Kraftfahrzeugeigentümer(in) *m/f*; **v. registration number** Fahrzeugnummer *f*; **~ office (VRO)** *[GB]* Kfz-Zulassungsstelle *f*; **v. smuggling** Verschiebung von Kfz; **v. licensing statutes** Straßenverkehrszulassungsordnung *f*; **v. taking** Fahrzeug-, Kfz-Diebstahl *m*; **aggravated ~** schwerer Fahrzeugdiebstahl; **v. title document** Fahrzeugbrief *m*; **v. trafficking** Kfz-Verschiebung *f*; **registered v. user** Kraftfahrzeughalter(in) *m/f*
venal *adj* bestechlich, käuflich; **v.ity** *n* Bestechlichkeit *f*, Käuflichkeit *f*
vend *v/t* verkaufen; **v.ee** *n* Käufer *m*
vendetta *n* Blutrache *f*
vend|ing machine *n* (Waren)Automat *m*; **v.or** *n* Verkäufer(in) *m/f*
vengeance *n* Rache *f*
joint venture *n* Gelegenheitsgesellschaft *f*, Gemeinschaftsunternehmen *nt*, Metageschäft *nt*, Zweckverband *f*
venue *n* 1. Gerichtsstand *m*, Gerichts-, Tagungsort *m*; 2. *(Strafprozess)* örtliche Zuständigkeit; 3. Veranstaltungsort *m*; **v. of arbitration** Ort des Schiedsverfahrens
contractual venue Vertragsgericht *nt*; **domestic v.** Gerichtsstand im Inland; **elective v.** Wahlgerichtsstand *m*; **exclusive v.** ausschließlicher Gerichtsstand; **stipulated v.** vereinbarter Gerichtsstand
venue agreement Gerichtsstandvereinbarung *f*; **v. clause** Gerichtsstandsklausel *f*
veracity *n* Wahrheitsgehalt *m*
verbatim *adj* wortgetreu, wörtlich
verdict *n* 1. (Urteils-/Wahr)Spruch *m*, Beschluss *m*, Verdikt *nt*; 2. *(StR)* Geschworenen-, Schuldspruch *m*, (Geschworenen)Urteil *nt*; **v. on a part of the charge** Teilverurteilung *f*; **v. of guilty** Schuldsprechung *f*, Schuldspruch *m*; **~ not guilty** Freispruch *m*; **v. in a summary trial** Strafbefehl *m*
to accept a verdict Urteil annehmen; **to give a v.** Urteil(sspruch) fällen; **to reach a v.** zu einem Urteil gelangen; **to return a v.** Urteil(sspruch) fällen/verkünden
partial verdict Teilurteil *nt*
verifiab|ility *n* Nachprüfbarkeit *f*; **v.le** *adj* beweisbar, nach-, überprüfbar
verification *n* Nach-, Überprüfung *f*, Verifizierung *f*, Feststellung der Echtheit, Belegung *f*; **v. of qualifications** Qualifikationsnachweis *m*
if verified *adj* nach Richtigbefund
verify *v/t* (nach-/über)prüfen, verifizieren, Richtigkeit bestätigen
verity *n* Wahrheit *f*
vermin *n* Ungeziefer *nt*
version *n* *(Text)* Fassung *f*; **the German v. shall be binding** die deutsche Fassung ist verbindlich
abridged version Kurzfassung *f*; **authoritative v.** geltende/verbindliche Fassung; **full v.** vollständige Fassung; **official v.** Sprachregelung *f*; **revised v.** Neufassung *f*
versus *prep (lat.)* gegen, contra *(lat.)*
vessel *n* 1. Behältnis *nt*; 2. Schiff *nt*; **ocean-going v.** (Hoch)Seeschiff *nt*
bullet-proof vest *n* kugelsichere Weste
vest|ed *adj* wohlerworben; **v.ing day** *n* Tag des Eigentumsübergangs; **~ deed** Übertragungsurkunde *f*
vet *n (coll)* Tierarzt *m*, Tierärztin *f*
vet *v/t* *(Person)* überprüfen
veto *n* Einspruchsrecht *nt*, Veto *nt*; *v/t* Veto einlegen
vetting *n* Personenüberprüfung *f*
vexatious *adj* schikanös, querulatorisch
viable *adj* lebensfähig, realisierbar
viator *(lat.)* Reisende(r) *f/m*
vicarious *adj* stellvertretend
vice *n* Laster *nt*; **inherent v.** innerer Fehler; **v. squad** Sittenpolizei *f*
vice versa *adv* umgekehrt
vicinity *n* Nähe *f*, Nachbarschaft *f*, Umgebung *f*; **in the v. of** im Umkreis von, in der Nähe von; **~ immediate v.** in nächster Umgebung
vicious *adj* 1. gehässig; 2. bösartig
vicissitudes of life *pl* Wechselfälle des Lebens
victim *n* (Tat)Opfer *nt*; **v. of a road acci-**

dent Unfallopfer *nt*, Opfer des Straßenverkehrs; **~ persecution** Verfolgte(r) *f/m*; **~ violence** Opfer der Gewalt
to fall victim to sth. Opfer einer Sache werden; **v. care/support** Opferbetreuung *f*
victimize *v/t* schikanieren
violent video; v. nasty *n (coll)* Gewaltvideo *nt*; **v. ID parade** Wahlgegenüberstellung per Video; **v. surveillance** Videoüberwachung *f*
view *v/t* besichtigen
view *n* Ansicht *f*, Dafürhalten *nt*, Erachten *nt*; **in v. of** in Ansehung von, im Hinblick auf; **partial v.** Teilansicht *f*; **prevailing v.** herrschende Meinung
viewing *n* Besichtigung *f*; **v. the scene (of the crime)** Lokaltermin *m*, Tatortbesichtigung *f*, Besichtigung des Tatorts; **legal v.** Rechtsstandpunkt *m*
vigilan|ce *n* Wachsamkeit *f*; **v.t** *adj* wachsam; **v.te** *n* Mitglied einer Selbstschutzorganisation; **v.tism** *n* Selbstjustiz *f*
vilification *n* Schmähung *f*, Verleumdung *f*, Verunglimpfung *f*
village *n* Dorf *nt*, Ortschaft *f*
vindicat|e *v/t* rechtfertigen; **v.ion** *n* 1. Rechtfertigung *f*; 2. *(Ruf)* Rehabilitation *f*; **~ legacy** Vindikationslegat *nt*
violate *v/t* *(Gesetz)* übertreten, verletzen, verstoßen gegen
violation *n* Bruch *m*, Übertretung *f*, Verletzung *f*, Verstoß *m*, Zuwiderhandlung *f*; **v. of bonos mores** *(lat.)* Sittenwidrigkeit *f*; **~ postal confidentiality** Verletzung des Postgeheimnisses; **~ the constitution** Verfassungsbruch *m*; **~ duty** Pflichtverstoß *m*; **~ official duty** Amtspflichtverletzung *f*; **~ the frontier** Grenzverletzung *f*; **~ human rights** Menschenrechtsverletzung *f*; **~ a law** Verstoß gegen ein Gesetz; **~ the law** Rechtsverletzung *f*; **~ law and order** Verletzung der öffentlichen Ruhe und Ordnung; **~ civil liberties** Grundrechtsverletzung *f*; **~ a legally protected matter** Rechtsgutsverletzung *f*; **~ neutrality** Neutralitätsverletzung *f*; **~ an oath** Eidesverletzung *f*; **~ a maintenance obligation** Unterhaltspflichtverletzung *f*; **~ privacy** Verletzung der Intim-/Privatsphäre; **~ property rights** Eigentumsverletzung *f*; **~ personal rights** Persönlichkeitsverletzung *f*
violation of secrecy Geheimnisverletzung *f*, Verletzung der Vertraulichkeit; **v. of s. of correspondence** Verletzung des Briefgeheimnisses; **v. of professional s.** Verletzung des Berufsgeheimnisses
violation of personal status Verletzung des Personenstandes; **~ sovereign rights** Hoheitsverletzung *f*; **~ a treaty** *(Völkerrecht)* Vertragsbruch *m*, Vertragsverletzung *f*
antitrust violation Kartellverstoß *m*; **flagrant v.** eklatante Verletzung; **gross v.** schwere Verletzung
violence *n* Ausschreitung *f*, Gewalt(tätigkeit) *f*, Handgreiflichkeit *f*, Tätlichkeit *f*; **sexual v.** sexuelle Gewalt
violent *adj* gewaltsam, gewalttätig, handgreiflich, tätlich; **to become v.** handgreiflich werden
by virtue of *prep* kraft, vermöge
vis major *n (lat.)* höhere Gewalt
visa *n* Sichtvermerk *m*, Visum *nt*; **consular v.** Konsulatssichtvermerk *m*; **v. application** Visumantrag *m*
vis-à-vis *prep (frz.)* gegenüber
visibility *n* Sichtverhältnisse
visit|ing right *n* Besuchs-, Verkehrsrecht *nt*; **v.or** *n* Besucher *m*; **~'s pass/permit** Besuchs-, Sprecherlaubnis *f*; **~' visa** Besuchsvisum *nt*
vitiat|e *v/t* ungültig/rechtsunwirksam machen; **v.ion** *n* Ungültigmachung *f*
vocation *n* Beruf *m*
void *adv* *(Klausel)* hinfällig, kraftlos, nichtig, (rechts)ungültig, (rechts)unwirksam; **v. ab initio** *(lat.)* von Anfang an nichtig; **to declare v.** für nichtig erklären
void|ability *n* Anfechtbarkeit *f*; **v.able** *adj* annullierbar, aufhebbar
voidance petition *n* Normenkontrollklage *f*
voidness *n* Unwirksamkeit *f*; **v. of a contract** Nichtigkeit eines Vertrages; **~ transaction** Unwirksamkeit eines Rechtsgeschäfts
volition *n* Wille *m*
volume *n* 1. *(Inhalt)* Raum *m*, Umfang *m*; 2. Lautstärke *f*; **v. of traffic** Verkehrsaufkommen *nt*; **low v.** Zimmerlautstärke *f*; **v. crime** häufig begangenes Verbrechen
voluntary *adj* 1. freiwillig; 2. *(Verfügung)* unentgeltlich
vote *v/t* (ab)stimmen, wählen; **v. on** abstimmen über; **entitled to v.** stimmberechtigt
vote *n* Abstimmung *f*, Stimmabgabe *f*,

(Wahl)Stimme *f*, Votum *nt (lat.)*; **v. by show of hands** Abstimmung durch Handaufheben/Handzeichen
to canvass for votes um Wahlstimmen werben
casting vote ausschlaggebende Stimme; **valid v.** gültige Stimme; **v. against** Gegenstimme *f*
voter *n* Wähler(in) *m/f*; **to bribe v.s** Wähler bestechen; **floating v.** Wechselwähler(in) *m/f*
voting *n* Stimmabgabe *f*; **v. by acclamation** Wahl durch Zuruf; **~ show of hands** Wahl durch Handaufheben
voting age Wahlalter *nt*; **v. right** Stimmrecht *nt*; **maximum ~** Höchststimmrecht *nt*; **preferential ~** Vorzugsstimmrecht *nt*; **V. Rights Act** *[US]* Wahlrechtsgesetz *nt*
vouch for *v/t* (sich ver)bürgen für; **v.er** *n* 1. Beleg *m*; 2. Gutschein *m*
vow *v/t* geloben; *n* Gelöbnis *nt*, Gelübde *nt*, Schwur *m*; **to take a v.** Gelübde ablegen
voyage *n* Fahrt *f*, Reise *f*
vulnerable *adj* anfällig, verletzbar

W

wage *n* (Arbeits)Lohn *m*, Heuer *f*; **basic w.** Grundlohn *m*; **gross w.** Bruttolohn *m*; **guaranteed minimum w.** Garantielohn *m*; **local w.** ortsüblicher Lohn; **net w.** Nettolohn *m*
wage agreement Lohn-, Tarifabkommen *nt*, Lohn-, Tarifvereinbarung *f*, Tarifabschluss *m*, Tarifvertrag *m*; **collective w. a.** Tarifvertrag *m*; **industry-wide w. a.** Manteltarifvertrag *m*
wage arbitration Lohnschlichtung *f*; **w. assignment** Lohnabtretung *f*; **w. bargaining** Tarifauseinandersetzung *f*, Tarifverhandlung(en) *f/pl*; **w. bracket** Lohnklasse *f*, Tarifgruppe *f*; **w. claim** Lohnanspruch *m*, Lohnforderung *f*; **w. continuation** Lohnfortzahlung *f*; **ancillary w. costs** Lohnnebenkosten; **w. demand** Lohnforderung *f*; **w. differential** Tarifunterschied *m*; **w. dispute** Tarifstreit(igkeit) *m/f*; **w. earner** Lohnempfänger(in) *m/f*; **w. increase** Lohnerhöhung *f*; **w. payment** Lohnzahlung *f*; **w. scale** Lohntarif *m*; **w. settlement** Tarifabkommen *nt*; **w. statement** Lohnabrechnung *f*
wage tax Lohnsteuer *f*; **liable to w. t.** lohnsteuerpflichtig; **annual w. t. adjustment** Lohnsteuerjahresausgleich *m*; **w. t. card** Lohnsteuerkarte *f*
wager *n* Wetteinsatz *m*
waistcoat *n* Weste *f*
wait *v/t* warten; **to lie in w.** *n* auf der Lauer liegen
waiting allowance *n* Karenzentschädigung *f*; **w. list** Warteliste *f*; **w. period** Karenz-, Wartezeit *f*; **w. time** Wartefrist *f*
waive *v/t* *(Recht)* aufgeben, ausschlagen, verzichten
waiver *n* Ausschlagung *f*, Erlass *m*, Verzicht(s)erklärung *f*, Verzicht(s)leistung *f*; **w. of action** Klage-, Prozessverzicht *m*; **w. to file an appeal; w. of the right of appeal** Rechtsmittelverzicht *m*; **w. of the benefit of discussion** Verzicht auf die Einrede der Vorausklage; **~ a claim** Anspruchs-, Forderungsverzicht *m*; **~ claims for damages** Verzicht auf Ersatzansprüche; **~ costs** Kostenerlass *m*, Kostenniederschlagung *f*; **~ a debt** Erlass der Schuld; **~ exemption** Verzicht auf Pfändungsschutz; **~ interest** Zinsverzicht *m*; **~ liability** Erlass der Haftung, Haftungsverzicht *m*; **~ objections** Unbedenklichkeitsbescheinigung *f*; **~ planning restrictions** Baudispens *m*; **~ recourse** Regressverzicht *m*; **~ a right; ~ title** Rechtsverzicht *m*; **~ hereditary titles** Erbverzicht *m*
express waiver ausdrücklicher Verzicht
waiver clause (Forderungs)Verzichtsklausel *f*; **w. judgment** Verzicht(s)urteil *nt*; **w. period** Ausschlagungsfrist *f*
walk off with sth. *v/i (coll)* etw. mitgehen lassen *(coll)*
wall *n* Mauer *f*
wander from the straight and narrow *v/i (fig)* vom rechten Weg abkommen *(fig)*
want *n* Bedürfnis *nt*, Not *f*; **for w. of** in Ermangelung von, mangels; **w. of care/ diligence** mangelnde Sorgfalt, Mangel an Sorgfalt
wanted *adj* gesucht; **most w.** meistgesucht; **w. person** Gesuchte(r) *f/m*; **w. persons file/list** Fahndungskartei *f*, Fahndungsliste *f*; **w. poster** Steckbrief *m*
wanton *adj* mutwillig, willkürlich
war *n* Krieg *m*; **w. of aggression** An-

griffskrieg *m*; **~ attrition** Zermürbungskrieg *m*

war crime Kriegsverbrechen *nt*; **w. criminal** Kriegsverbrecher *m*; **w. crimes tribunal** Kriegsverbrechertribunal *nt*; **w. damage** Kriegsschaden *m*; **w. indemnity** Kriegsentschädigung *f*; **w. victim** Kriegsopfer *nt*

ward *n* 1. Mündel *nt*; 2. *(Krankenhaus)* Station *f*; 3. Wahlbezirk *m*; **w. of court** Amtsmündel *m*, Mündel unter Aufsicht des Gerichts, Pflege-, Schutzbefohlener *m*, Pflegling *m*; **to be a ~** unter Vormundschaft stehen; **w.'s assets** Mündelvermögen *nt*

ward off *v/prep* abwehren

warder *n* *[GB]* Aufseher(in) *m/f*, Vollzugsbeamter *m*, Vollzugsbeamtin *f*, Wärter(in) *m/f*

warding off a danger *n* Abwehr einer Gefahr

wardress *n* Wärterin *f*

wardship *n* Vormundschaft(sverhältnis) *f/nt*; **w. case** Vormundschaftssache *f*

warehouse *n* (Waren)Lager *nt*; **bonded w.** Zolllager *nt*

warehouse keeper Lagerhalter(in) *m/f*; **w. warrant** Lager(pfand)schein *m*; **w.-man's lien** *n* Lagerhalterpfandrecht *nt*

warehousing *n* Lagerung *f*; **w. operation** Lagergeschäft *nt*

warn *v/t* (ab-/er)mahnen, (ver)warnen

warning *n* (Ab-/Er)Mahnung *f*, (Ver)Warnung *f*; **w. to initiate criminal proceedings** Strafandrohung *f*; **to heed a w.** Warnung beachten; **to issue a w.** Verwarnung aussprechen; **to sound a dire w.** ernste Warnung aussprechen

ample warning hinreichende Warnung; **verbal w.** gebührenfreie/mündliche Verwarnung; **written w.** schriftliche Verwarnung

warning charge/fine Verwarn(ungs)geld *nt*, gebührenpflichtige Verwarnung, Verwarnungsgebühr *f*; **w. label** Warnhinweis *m*; **w. letter/notice** Abmahnung(sschreiben) *f/nt*, Mahnbrief *m*, Mahnschreiben *nt*; **w. shot** Warnschuss *m*; **w. shout** Warnruf *m*; **w. sign** Warnzeichen *nt*, Warnschild *nt*; **w. strike** Warnstreik *m*

warrant *v/t* garantieren, Gewähr(leistung) übernehmen, gewährleisten, rechtfertigen, verbürgen, vertreten, zusichern

warrant *n* (richterlicher) Befehl; **w. to appear** Vorführbefehl *m*, Vorladung *f*; **w. of arrest** Haftbefehl *m*, Festnahmeanordnung *f*; **a w. for so.'s arrest has been issued** jd ist zur Fahndung ausgeschrieben; **w. of attachment** Zwangsvollstreckungsbefehl *m*; **~ attorney** Unterwerfungserklärung *f*; **w. to bring so. to court** Vorführungsbefehl *m*; **w. to place so. in an institution** Unterbringungshaftbefehl *m*

to have a warrant out for so.'s arrest jdn mit Haftbefehl suchen; **executory w.** Vollstreckungsbefehl *m*

warrant|ed *adj* mit Gewähr; **w.ee** *n* Garantienehmer(in) *m/f*, Zusicherungsempfänger(in) *m/f*; **w.or** *n* Garantiegeber *m*, Garant *m*, Gewährleistende(r) *f/m*, Gewährsmann *m*, Gewährsträger *m*, Zusicherungsgeber(in) *m/f*

warranty *n* Garantie *f*, Gewähr(leistung) *f*, Gewährleistungspflicht *f*, Zusicherung(sabrede) *f*; **w. for defects** Mängelgewährleistung *m*, Mängelgarantie *f*; **w. of quiet enjoyment** Zusicherung der ungestörten Nutzung; **w. implied by law** stillschweigende Zusicherung; **w. of fitness** Tauglichkeitsgewährleistung *f*; **~ merchantability; ~ merchantable quality** Gewährleistung/Zusicherung durchschnittlicher Qualität, ~ handelsüblicher Qualität; **~ a quality** Zusicherung einer Eigenschaft; **~ title** Gewährleistung für Rechtsmängel, Rechtsgarantie *f*, Rechtsmängelgewähr *f*, Rechtsmängelhaftung *f*; **~ title and quality** Rechts- und Sachmängelgewähr *f*

to break a warranty Zusicherung nicht einhalten; **to disclaim a w.** Zusicherung abbedingen; **to exclude a w.** Garantie ausschließen

affirmative warranty *(Vers.)* positive Zusicherung; **express w.** Mängelgewähr *f*, ausdrückliche Garantie; **implied w.** stillschweigende Gewähr(leistung)/Mängelhaftung; **statutory w.** gesetzliche Gewährleistung

warranty case/proceedings Gewährleistungsprozess *m*; **w. claim** Gewährleistungsanspruch *m*; **w. clause** Garantie-, Gewährleistungsklausel *f*; **w. commitment** Garantiezusage *f*; **w. contract** Gewährleistungsvertrag *m*; **w. exclusion** Gewährleistungsausschluss *m*; **w. express or implied** ausdrückliche oder stillschweigende Gewährleistung; **w. obligations** Gewährleistungsverpflichtungen; **w. period/term** Garantie-, Gewähr(leistungs)frist *f*, Garantiezeit *f*; **w. provision** Garantievorschrift *f*; **w. reserves** Rücklagen für Gewährleistungsansprüche; **w. rule** Gewährleistungsregel *f*

waste *n* 1. Abfall *m*, Müll *m*; 2. Schwund *m*; 3. Verschwendung *f*; **hazardous w.** gefährlicher Abfall, Sondermüll *m*

waste *v/t* verschwenden

waste collection Müllabfuhr *f*; **w. disposal** Abfallbeseitigung *f*, Müllentsorgung *f*; **~ site** Müllkippe *f*; **w. incineration** Müllverbrennung *f*; **w.land** *n* Brache *f*; Ödland *nt*; **w. management** Abfallwirtschaft *f*; **w. water** Abwasser *nt*; **industrial ~** Industrieabwässer

watch *v/t* observieren; **w.dog** *n* 1. Wachhund *m*; 2. Aufsichtsbehörde *f*; **w.ful** *adj* wachsam; **w.man** *n* Wächter *m*

water cannon *n* Wasserwerfer *m*; **w. company** Wasserversorger *m*; **w. meter** Wasserzähler *m*; **w. pollution** Wasserverunreinigung *f*; **w. protection area** Wasserschutzgebiet *nt*; **W. Resources Act** *[GB]* Wasserhaushaltsgesetz *nt*; **w. right** Wasser(nutzungs)recht *nt*

waters *pl* Gewässer *nt*; **coastal w.** Küstengewässer *nt*; **inland w.** Binnengewässer; **private w.** Privatgewässer *nt*; **territorial w.** Hoheitsgewässer *nt*; **outside ~** außerhalb der Hoheitsgewässer

watertight *adj* *(Alibi)* wasserdicht; **legally w.** juristisch einwandfrei

waterway *n* Wasserstraße *f*

wave on *v/prep* weiterwinken

way *n* *(Methode, Route, Strecke)* Weg *m*; **w. of life** Lebenswandel *m*; **dishonourable ~** ehrloser Lebenswandel; **immoral ~** unsittlicher Lebenswandel; **w.s and means** Mittel und Wege

to block/bar so.'s way jdm den Weg versperren; **to fail to give w. to so.** jdm die Vorfahrt nehmen; **to lose one's w.** sich verirren; **to shoot one's w. out** den Weg frei schießen

W

waybill (WB) *n* Frachtbrief *m*, Warenbegleitschein *m*

weakness of will *n* Willensschwäche *f*

the public weal *n* öffentliches Wohl

wealth *n* Vermögen *nt*; **w. tax** Vermögenssteuer *f*; **w.y** *adj* vermögend

weapon *n* Waffe *f*; **w. used in a crime** Tatwaffe *f*; **w.s of mass destruction (WMD)** Massenvernichtungswaffen; **to search so. for w.s** jdn nach Waffen durchsuchen

back-up weapon Zweitwaffe *f*; **dangerous w.** gefährliche Waffe; **deadly/lethal w.** tödliche Waffe; **offensive w.** Angriffswaffe *f*, gefährliche Waffe

weapons depot Waffenlager *nt*

wear *v/t* *(Kleidung)* tragen; **w. and tear** *n* Abnutzung *f*, Verschleiß *m*, Abnutzungs- und Verschleißerscheinungen *pl*; **to be subject to ~** abnutzen; **normal ~** gewöhnliche Abnutzung

wed *v/t* ehelichen; **civil w.ding** *n* Ziviltrauung *f*; **w.lock** *n* Ehe(stand) *f/m*; **born out of ~** unehelich

week *n* Woche *f*; **w.end arrest** *n* Freizeitarrest *m*

weigh *v/t* ab-, erwägen; **w.ing of interests** *n* Interessenabwägung *f*; **~ pros and cons** Güterabwägung *f*

weight *n* Gewicht *nt*; **live w.** Lebendgewicht *nt*

weight *v/t* gewichten; **w.ed** *adj* gewichtet, gewogen; **w.ing** *n* Gewichtung *f*

welfare *n* (Sozial)Fürsorge *f*, Sozialhilfe *f*, Wohl(fahrt) *nt/f*; **public w.** Wohlfahrt(spflege) *f*

welfare act Sozialgesetz *nt*; **w. bonus** Sozialzulage *f*; **w. case** Unterstützungsfall *m*; **w. institution** Sozialeinrichtung *f*; **w. law** Sozialrecht *nt*; **w. legislation** Sozialgesetzgebung *f*; **w. principle** Fürsorgeprinzip *nt*; **w. provisions** Fürsorgebestimmungen; **w. recipient** Wohlfahrtsempfänger(in) *m/f*; **w. state** Wohlfahrts-, Sozialstaat *m*

well|-deserved *adj* verdient; **w.-established** *adj (Tatsache)* unabänderlich; **less w.-off** *adj* minderbemittelt

behind the wheel *n* am Steuer; **w. clamp** Parkkralle *f*

whereabouts *n* Aufenthaltsort *m*, Verbleib *m*

where|as *conj* in Anbetracht dass; **w.by** *conj* wodurch, wonach; **w.in** *conj* worin; **w.of** *conj* woraus; **w.on; w.upon** *conj* worauf

once in a while *n* öfter(s)

whining *n* Quengelei *f*

whip *v/t* (ver)prügeln; **w.ping** *n* Prügelstrafe *f*

whisper sth. to so. *v/t* jdm etw. zuflüstern

White Paper *n* *[GB]* Weißbuch *nt*

whole *adj* heil
wholesale trade *n* Großhandel *m*; **w.r** *n* Großhändler *m*
whore *n* Hure *f*; **w.house** *(coll)* Bordell *nt*, Puff *m (coll)*
widow *n* Witwe *f*; **w.'s benefits** Witwengeld *nt*; **~ pension** Witwenrente *f*; **w.s' and orphans' pension** Witwen- und Waisenrente *f*
widow|ed *adj* verwitwet; **w.er** *n* Witwer *m*
wife *n* Ehefrau *f*, Gattin *f*; **common-law w.** Lebensgefährtin *f*; **w.-battering** *n* Misshandlung der Ehefrau
wildcat strike *n* wilder Streik
wilful *adj* absichtlich, mutwillig, vorsätzlich; **w.ness** *n* Vorsatz *m*, Vorsätzlichkeit *f*
will *n* 1. Testament *nt*; 2. Wille *m*; **by w.** letztwillig; **capable of making a w.** testierfähig; **of one's own free w.** aus freien Stücken; **terminable at w.** jederzeit kündbar
to administer a will Testament vollstrecken; **to alter a w.** Testament ändern; **to carry out the provisions of a w.** Testament vollstrecken; **to dispose by w.** letztwillig/testamentarisch verfügen, vermachen; **to draw up a w.** Testament aufsetzen; **to make a w.** Testament errichten/machen, testieren; **to open a w.** Testament eröffnen; **to revoke a w.** Testament widerrufen; **to specify sth. in a w.** etwas testamentarisch festlegen; **to suppress a. w.** Testament unterschlagen; **to vitiate a w.** Testament umstoßen
ambulatory will widerrufliches Testament; **free w.** freier Wille; **holographic w.** eigenhändiges/holografisches Testament; **joint w.** gemeinsames Testament; **last w. (and testament)** letzter Wille, Testament *nt*, letztwillige Verfügung; **later w.** jüngeres Testament; **mutual (of spouses) w.** gegenseitiges/gemeinschaftliches/gegenseitiges/Berliner Testament, Ehegattentestament *nt*; **nautical w.** Seetestament *nt*; **notarial w.** öffentliches Testament; **nuncupative w.** Nottestament *nt*, außerordentliches/mündliches Testament; **ordinary w.** Zeugentestament *nt*; **original w.** Originaltestament *nt*; **reciprocal w.** wechselbezügliches/gegenseitiges/reziprokes/Berliner Testament; **substitute w.** Ersatztestament *nt*; **valid w.** gültiges Testament; **voidable w.** anfechtbares Testament
willing *adj* willens; **w.ness to pay** *n* Zahlungsbereitschaft *f*
wind up *v/prep* abwickeln, auflösen, liquidieren
windfall profit(s) *n* Zufallsgewinn *m*, unerwarteter Gewinn; **w. receipts** Zufallseinnahmen
winding up *n* Abwicklung *f*, Liquidation *f*; **w. u. by court order** Liquidation durch Gerichtsbeschluss; **compulsory w. u.** Zwangsauflösung *f*; **w. u. order/resolution** Konkurseröffnungs-, Liquidationsbeschluss *m*; **w. u. petition** Antrag auf Liquidation, Liquidationsantrag *m*; **w. u. proceeds** Liquidationserlös *m*; **w. u. rules** Liquidationsvorschriften
window display *n* *(Laden)* Warenauslage *f*; **w. dressing** Bilanzfrisur *f*
winter clearance sale *n* Winterschlussverkauf *m*; **w. tyre** M&S-Reifen *m*
wipe away *v/prep* wegwischen
wire mesh *n* Maschendraht *m*; **w.less** *adj* Radio *nt*; **w.-netting fence** *n* Maschendrahtzaun *m*; **w.tapping** *n* Abhören von Telefongesprächen, Anzapfen von Telefonleitungen; **~ operation** Lauschangriff *m*
wish *n* Wunsch *m*
withdraw *v/ti* 1. sich zurückziehen, zurücktreten, austreten; 2. widerrufen, zurück-, entziehen, streichen; 3. abheben, entnehmen
withdrawal *n* 1. Rücktritt *m*, Austritt *m*; 2. Ent-, (Zu)Rücknahme *f*, Entziehung *f*, Entzug *m*; 3. Abhebung *f*; **w. of the action** (Zu)Rücknahme der Klage, Klagerücknahme *f*; **~ the appeal** Rücknahme der Berufung, Beschwerderücknahme *f*, Zurücknahme des Rechtsmittels; **~ an application** Antragsrücknahme *f*; **~ authority** Entziehung der Vollmacht; **w. from a case** Mandatsniederlegung *f*; **~ capital** Kapitalentnahme *f*; **w. of the charge** Rücknahme der Anklage; **~ a complaint** Beschwerderücknahme *f*; **~ a licence** Konzessionsentziehung *f*; **~ the driving licence** Entziehung der Fahrerlaubnis; **~ a thing** Entziehung einer Sache; **~ notice** (Zu)Rücknahme der Kündigung; **~ profits** Gewinnentnahme *f*; **~ prosecution** *(Strafprozess)* Einstellung des Verfahrens; **~ remedy** Rücknahme eines Rechtsmittels; **w. and revocation** Rücknahme und Widerruf; **w. of false statements** Widerruf falscher Aussagen; **w. from public use** Entwidmung *f*

private withdrawal|s Privatentnahmen; **w. cure** Entziehungskur *f*
withhold *v/t* 1. *(Steuer)* einbehalten; 2. *(Beweise, Briefe)* unterschlagen; 3. *(Informationen)* verschweigen, vorent-, zurückbehalten
withholding *n* 1. Einbehaltung *f*, Quellenabzug *m*; 2. Verschweigen *nt*, Vorenthaltung *f*; **~ of wages** Lohnabzug *m*, Lohneinbehaltung *f*; **~ wages scheme** Quellenabzugsverfahren *nt*; **w. tax** Quellenbesteuerung *f*
within *prep* binnen, innerhalb
witness *v/t* bezeugen; **w. my hand** von mir unterzeichnet
witness *n* Zeuge *m*; **as w. hereto** als Zeuge hiervon; **in front of w.es** vor Zeugen; **in w. thereof/whereof** zur Urkunde dessen, zum Beweis dafür, zur Bezeugung dessen; **w.es differ** Zeugenaussagen widersprechen sich
witness of an accident Unfallzeuge *m*, Unfallzeugin *f*; **w. to the crime/incident** Tatzeuge *m*, Tatzeugin *f*; **w. for the defence** Entlastungszeuge *m*; **~ the opposing party** Gegenzeuge *m*, Gegenzeugin *f*; **w. rejected by a party** abgelehnter Zeuge; **w. for the prosecution** Belastungszeuge *m*, Zeuge der Anklage; **principal ~** Hauptbelastungszeuge *m*; **w. to a search** Durchsuchungszeuge *m*; **~ a will** Testamentszeuge *m*
to admonish a witness to tell the truth Zeugen zur Wahrheit ermahnen; **to appear as a w.** als Zeuge auftreten; **to be w. to sth.** Zeuge einer Sache sein; **to bear false w.** falsches Zeugnis ablegen; **to call a w.** jdn in den Zeugenstand rufen; **to be called as a w. before the court** als Zeuge vor Gericht geladen werden; **to compel a w. to appear in court** Zeugen zwangsweise vorführen; **to confront w.es** Zeugen gegenüberstellen; **to cross-examine a w.** Zeugen ins Kreuzverhör nehmen; **to examine a w. on commission** Zeugen kommissarisch vernehmen; **to interfere/tamper with a w.** Zeugen beeinflussen; **to interrogate/interview/question a w.** Zeugen verhören/vernehmen; **to name/nominate a w.** Zeugen benennen; **to object to a w.** Zeugen ablehnen; **sworn in as a w.** als Zeuge be-/vereidigt
adverse witness Zeuge der Gegenseite; **attesting w.** Unterschriftszeuge *m*, Zeuge bei der Unterschriftsleistung; **auricular w.** Ohrenzeuge *m*; **biased w.** befangener Zeuge; **compellable w.** aussagepflichtiger Zeuge; **competent w.** (rechtlich) zulässiger/geeigneter Zeuge; **contumacious w.** nicht erschienener Zeuge, unentschuldigt ausgebliebener Zeuge; **convenient w.** Berufszeuge *m*; **credible w.** glaubwürdiger Zeuge; **defaulting w.** ausbleibender Zeuge; **female w.** Zeugin *f*; **friendly w.** eigener Zeuge; **hostile w.** Zeuge der Gegenseite; **interested w.** parteiischer Zeuge; **main w.** Hauptzeuge *m*; **material w.** wichtiger Zeuge; **reliable w.** glaubwürdiger Zeuge; **sworn w.** vereidigter Zeuge; **unsworn w.** nicht vereidigter Zeuge; **unwilling w.** widersetzlicher Zeuge
witness allowance Zeugenentschädigung *f*; **w. box** *[GB]* Zeugenbank *f*, Zeugenstand *m*; **to go into the ~** in den Zeugenstand treten; **w. citation** Zeugenladung *f*; **w.es' fees** Zeugengebühren
witnessing *n* Bezeugung *f*
witness protection Zeugenschutz *m*; **~ scheme** Zeugenschutzprogramm *nt*; **w.'s refusal (to testify)** Aussageverweigerung des Zeugen; **w. stand** *[US]* Zeugenstand *m*, Zeugenbank *f*; **w. summons** Zeugenladung *f*
wobbly *adj* wackelig
woman *n* Frau *f*; **convicted w.** Verurteilte *f*; **divorced w.** geschiedene Frau; **unmarried w.** ledige/unverheiratete Frau; **w. barrister** *[GB]* (Rechts)Anwältin vor höheren Gerichten; **w. lawyer** (Rechts)Anwältin *f*; **w. police officer** Polizeibeamtin *f*
word *n* Wort *nt*; **in w. and deed** in Wort und Tat; **w.-for-w.** *adj* wörtlich
word|s of affirmation Bekräftigungsformel *f*; **w. of honour** Ehrenwort *nt*; **to exchange w.s** Wortwechsel haben
defamatory word|s beleidigende Worte; **last w.** letztes Wort; **obscene w.s** unzüchtige Worte; **operative w.s** rechtsgestaltende Worte
word *v/t* formulieren
wording *n* *(Ausdrucksweise)* Fassung *f*, Formulierung *f*, Text *m*, Wortlaut *m*; **w. of the act** Gesetzeswortlaut *m*; **~ a contract** Vertragstext *m*; **~ the oath** Eidesformel *f*
work *v/i* arbeiten

work *n* 1. Arbeit *f*; 2. *(Literatur, Kunst)* Werk *nt*; **w. of art** Kunstwerk *nt*; **to do/perform w.** Arbeiten ausführen; **to skive off w.** *(coll)* sich drücken *(coll)*
additional work Mehrarbeit *f*; **casual w.** Aushilfs-, Gelegenheitsarbeit *f*, Aushilfstätigkeit *f*; **commissioned w.** Auftragsarbeit *f*; **compulsory w.** Zwangsarbeit *f*; **creative w.** schöpferische Tätigkeit; **derivative w.(s)** abgeleitete Werke; **freelance w.** freiberufliche Tätigkeit; **illicit w.** Schwarzarbeit *f*; **painstaking w.** Kleinarbeit *f*; **part-time w.** Teilzeitarbeit *f*; **reasonable w.** zumutbare Arbeit; **short-time w.** Kurzarbeit *f*; **temporary w.** Zeitarbeit *f*
worker *n* Arbeiter(in) *m/f*; **to reinstate a w.** Arbeiter wieder einstellen; **casual w.** Aushilfs-, Gelegenheitsarbeiter(in) *m/f*; **migrant w.** Wanderarbeitnehmer(in) *m/f*; **part-time w.** Halbtagskraft *f*; **seasonal w.s** Saisonarbeitskräfte; **semi-skilled w.** angelernte(r) Arbeiter(in); **short-time w.** Kurzarbeiter(in) *m/f*; **social w.** Sozialarbeiter *m*; **subcontracted w.** Leiharbeiter(in) *m/f*; **temporary w.** Zeitarbeitnehmer(in) *m/f*, Zeitarbeits-, Aushilfskraft *f*; **unskilled w.** ungelernte(r) Arbeiter(in)
worker participation act Mitbestimmungsgesetz *nt*
workforce *n* Belegschaft *f*
working conditions *n* Arbeitsbedingungen; **in good w. condition** *(Maschine)* einsatzfähig; **w. day** Arbeits-, Werktag *m*; **w. directive** *(EU)* Arbeitszeitrichtlinie *f*; **regular w. hours** Normalarbeitszeit *f*; **weekly w. hours** Wochenarbeitszeit *f*; **w. majority** arbeitsfähige Mehrheit; **w. order** einsatzbereiter Zustand; **not in ~** betriebsunfähig; **in good ~** in funktionstüchtigem Zustand; **w. process** Arbeitsprozess *m*; **w. time** Arbeitszeit *f*; **w. times act** Arbeitszeitrechtsgesetz *nt*; **w. week** Arbeitswoche *f*; **w. year** Arbeits-, Betriebsjahr *nt*
excessive workload *n* Arbeitsüberlastung *f*
workman|like *adj* fachgemäß; **w.ship** *n* Fertigungsqualität *f*, Verarbeitung *f*; **defective ~** mangelhafte Ausführung/Verarbeitung
work permit Arbeitserlaubnis *f*, Arbeitsberechtigung *f*
works *n* Fabrik *f*; **w. agreement** Betriebs-, Dienstvereinbarung *f*; **w. constitution** Betriebsverfassung *f*; **~ act** Betriebsverfassungsgesetz (BtVG) *nt*; **w. council** Betriebsrat *m*; **~ electoral committee** Wahlvorstand des Betriebsrates; **w. premises** Werksgelände *nt*
world *n* Welt *f*; **W. Copyright Convention** Genfer Welturheberrechtsabkommen; **w. law** Weltrecht *nt*
worsen *v/ti* 1. verschlechtern; 2. sich verschlechtern
worth *n* Wert *m*
wound *n* Verwundung *f*, Wunde *f*; *v/t* verwunden; **w.ed** *adj* verwundet; **w.ing with intent** *n* vorsätzliche Körperverletzung
to be wound up *adj* *(Gesellschaft)* in Konkurs gehen
wreck *n* Wrack *nt*; **w. commissioner** Strandvogt *m*; **w.age** *n* Trümmer *pl*, Wrackteile *pl*
wristlock *n* Polizeigriff *m*
to slash one's wrists *pl* sich die Pulsadern aufschneiden
writ *n* Gerichtsbefehl *m*, gerichtliche/richterliche Verfügung; **w. of attachment** Arrestbeschluss *m*; **to obtain a ~ attachment** die Anordnung des dinglichen Arrests erwirken; **~ certiorari** *(lat.)* Aktenanforderung *f*, Revisionsbeschluss *m*; **~ habeas corpus** *(lat.)* Haftbeschwerde *f*, Haftprüfung *f*; **w. for an election** Wahlausschreibung *f*; **w. of elegit** *(lat.)* Anordnung der Zwangsverwaltung eines Grundstücks, Zwangsvollstreckungsbefehl *m*; **~ enforcement** Vollstreckungstitel *m*; **~ entry** Besitzklage *f*; **~ error coram vobis** *(lat.)* Aktenanforderung *f*, Urteilsberichtigungsbeschluss *m*; **~ escheat** Heimfallsklage *f*; **w. of execution** Vollstreckungsbefehl *m*, Vollstreckungsbeschluss *m*, Vollstreckungstitel *m*, Vollstreckungsurteil *nt*, Vollstreckbarkeits-, Vollstreckungsanordnung *f*, Vollstreckungsauftrag *m*, Vollstreckbarkeitserklärung *f*; **to grant a ~** für vollstreckbar erklären; **w. of extraditon** Auslieferungsbeschluss *m*; **~ fieri facias** *(lat.)* Pfändungsanordnung *f*; **~ mandamus** *(lat.)* Anweisung eines übergeordneten Gerichts an ein untergeordnetes Gericht, Verpflichtungsurteil *nt*; **w. for payment** Mahnbescheid *m*; **w. of possession** Besitzeinweisung *f*; **~ process** (Vor)Ladung *f*; **~ revivor** *(lat.)* erneuter Vollstreckbarkeitsbeschluss, neue Vollstreckungsklausel;

~ sequestration Beschlagnahmeanordnung *f*; **~ subpoena** *(lat.)* Vorladung unter Strafandrohung; **~ summons** Ladung(sschreiben) *f/nt*, Vorladungsbefehl *m*; **~ supersedeas** *(lat.)* Einstellungsverfügung *f*

to issue a writ Verfügung erlassen; **concurrent w.** zweite Ausfertigung einer Klage

write *v/t* schreiben, verfassen; **w. down** *v/prep* ab-, niederschreiben; **w.-down** *n* (degressive) Abschreibung; **w. off** *v/prep* abschreiben

writer *n* Schreiber *m*, Schriftsteller *m*, Verfasser *m*

write-off *n* 1. Abschreibung *f*; 2. *(Kfz)* Totalschaden *m*

writing *n* Schreiben *nt*, Schrift *f*; **in w.** in schriftlicher Form, schriftlich; **obscene w.s** pornografische Schriften; **w.-down allowances** Abschreibungsfreibeträge

written *adj* schriftlich

wrong *n* 1. Unrecht *nt*, Rechtswidrigkeit *f*; 2. Delikt *nt*, Übel(tat) *nt/f*; **to commit a w.** Unrecht begehen/tun; **to put os. in the w.** sich ins Unrecht setzen; **to right a w.** Unrecht wiedergutmachen

civil wrong *(ZR)* Delikt *nt*

wrong *adj* falsch, unrichtig; **w.doer** *n* Übel-, Missetäter(in) *m/f*, Rechtsverletzer *m*, Schädiger *m*; **w.doing** *n* Missetat *f*; **w.ful** *adj* unrechtmäßig, illegitim; **w.ly** *adv* zu Unrecht

X

xenophobi|a *n* Fremdenfeindlichkeit *f*; **x.c** *adj* fremdenfeindlich

X-ray *v/t* röntgen, durchleuchten; **~ examination** *n* Röntgenuntersuchung *f*

Y

year *n* Jahr *nt*; **per y.** pro Jahr; **within one y.** binnen Jahresfrist; **y. and a day** Jahr und Tag; **y.s of service** Dienstzeit *f*; **y.-on-y.** *adj* im Jahresvergleich, gegenüber dem Vorjahr; **financial y.** Geschäfts-, Wirtschaftsjahr *nt*; **fiscal y.** Steuerjahr *nt*; **previous y.** Vorjahr *nt*

yell *n* (Auf)Schrei *m*, gellendes Geschrei; **to give a y.** aufschreien, Schrei ausstoßen

yes *adv* ja

yield *n* Ausbeute *f*, Ertrag *m*; *v/t* 1. ein-, erbringen; 2. *(Rechte, Privilegien)* verzichten, überlassen; 3. nachgeben

yob|(bo) *n* *[GB]* *(coll)* Rowdy *m*, Rüpel *m*; **y.bishness** *n* Rowdytum *nt*

yoke *n* Joch *nt*

young person *n* Jugendliche(r) *f/m*

youth *n* Jugend *f*; **y. attendance centre** Jugendarrestanstalt *f*; **y. custody** Jugendgewahrsam *m*; **y. employment act** Jugendarbeitsschutzgesetz *nt*; **y. custody order** Verurteilung zum Jugendarrest

youth welfare Jugendfürsorge *f*, Jugendhilfe *f*, Jugendpflege *f*, Jugendwohlfahrt *f*; **y. w. department** Jugendamt *nt*; **y. w. office** Jugendamt *nt*

Z

zeal *n* Eifer *m*; **missionary z.** missionarischer Eifer

zebra crossing *n* Zebrastreifen *m*

zero|-rated *adj* mehrwertsteuerfrei; **z.-rating** *n* Nulltarifierung *f*

zip code *n* *[US]* Postleitzahl (PLZ) *f*

zipper clause *n* *[US]* Arbeitsvertragsklausel, die eine Diskussion der Arbeitsbedingungen untersagt

zone *n* Zone *f*; **contiguous z.** angrenzende Zone, Anschluss-, Kontiguitätszone *f*; **duty-free z.** Zollfreizone *f*; **industrial z.** Industriegebiet *nt*; **no-stopping z.** absolutes Halteverbot; **no-waiting z.** eingeschränktes Halteverbot; **parliamentary z.** Bannmeile *f*; **prohibited z.** Verbotszone *f*; **protected z.** Bannkreis *m*

zoning law *n* *[US]* Bau-, Flächennutzungsgesetz *nt*; **z. plan** Bauleitplan *m*, Bebauungs-, Flächennutzungsplan *m*; **z. restriction** Planungsbeschränkung *f*

Anhang

Juristisch relevante englische Abkürzungen

ABA	**American Bar Association** Amerikanische Anwaltsvereinigung
ABH	**actual bodily harm** einfache Körperverletzung
ACAS	**Advisory Conciliation and Arbitration Service** *[GB]* Beratungs-, Schlichtungs-, und Schiedsgerichtsdienst
ACC	**Assistant Chief Constable** *[GB]* stellvertretender Polizeipräsident
a/d	**after date** Dato bis heute
ADR	**alternative dispute resolution** Schlichtungsverfahren *(ohne Einschaltung des Gerichts)*
AGM	**Annual General Meeting** (Jahres)Hauptversammlung (HV)
aka	**also known as** alias
a. m.	**ante meridiem** *(lat.)* vormittags
AOB	**any other business** Verschiedenes
ATM	**automated teller machine** Geldautomat
AWOL	**absent without leave** unerlaubtes Fernbleiben vom Dienst
B/B	**both-to-blame** beiderseitiges Verschulden
B.D.	**bank(er's) draft** Bankscheck
B/E	**bill of exchange** Wechsel
BFP	**bona fide purchaser** gutgläubiger Erwerber
B/L	**bill of lading** Konnossement
BVC	**Bar Vocational Course** *[GB]* juristisches Aufbaustudium
CA	**Court of Appeal** Berufungs-, Revisionsgericht
CAA	**Civil Aviation Authority** *[GB]* Luftverkehrsbehörde
CAB	**Civil Aeronautics Board** *[US]* Luftverkehrsbehörde
CAC	**Central Arbitration Committee** *[GB]* zentraler Schlichtungsausschuss
CAD	**cash against documents** Kasse gegen Dokumente
c.b.d.	**cash before delivery** Vorkasse
C.C.	**civil commotion** Aufruhr
CCP	**code of civil procedure** Zivilprozessordnung (ZPO)
CCTV	**closed-circuit TV** Videoüberwachung
C/D	**Certificate of Deposit** Hinterlegungsschein
c.e.	**caveat emptor** *(lat.)* Ausschluss der Gewährleistung
CEO	**chief executive officer** Hauptgeschäftsführer(in), Vorstandsvorsitzende(r)
CFR	**cost and freight** Kosten und Fracht
CGT	**capital gains tax** Veräußerungsgewinnsteuer
CID	**Criminal Investigation Department** *[GB]* Kriminalpolizei
CIF	**cost, insurance, freight** Kosten, Versicherung und Fracht
C.J.	**Chief Justice** *[GB]* Vorsitzende(r) eines hohen Gerichts
CN	**cover note** vorläufige Deckungszusage
c.o.d.	**cash** *[GB]***/collect** *[US]* **on delivery** (Verkauf) gegen Nachnahme
C/P	**charter party** Befrachtungsvertrag
c.p.d.	**charterer pays dues** Befrachter zahlt Gebühren
CPA	**certified public accountant** *[US]* Wirtschaftsprüfer
CPS	**Crown Prosecution Service** *[GB]* Staatsanwaltschaft
cr.	**creditor** Gläubiger
CSA	**Child Support Agency** *[GB]* Amt für Unterhaltszahlungen
CT	**corporation tax** Körperschaftssteuer
CTT	**capital transfer tax** Kapitalverkehrssteuer
CV	**curriculum vitae** Lebenslauf
DA	**District Attorney** *[US]* Bezirksstaatsanwalt, Staatsanwalt eines Einzelstaates
DAF	**delivered at frontier** geliefert Grenze
d.a.p.	**delivery against payment** Lieferung gegen Zahlung
DC	**Detective Constable** Kriminalmeister(in)

D/C **documents against cash** Dokumente gegen Kasse
DCC **Deputy Chief Constable** stellvertretender Polizeipräsident
D.D. **demand draft** Sichtwechsel
DDP **delivered duty paid** geliefert verzollt (benannter Bestimmungsort)
DDU **delivered duty unpaid** geliefert unverzollt (benannter Bestimmungsort)
DEQ **delivered ex quay** geliefert ab Kai (benannter Bestimmungshafen)
DES **delivered ex ship** geliefert ab Schiff (benannter Bestimmungshafen)
D/P **documents against payment** Dokumente gegen Bezahlung
DPP **Director of Public Prosecutions** Generalstaatsanwalt
D/R **depository receipt** Depotschein
dr. **debtor** Schuldner
DSgt **Detective Sergeant** Kriminalmeister(in)
DVLA **Driver and Vehicle Licensing Agency** *[GB]* Führerschein- und Kfz-Zulassungsbehörde
DWI **driving while intoxicated** *[US]* Trunkenheit am Steuer
e. & o. e **errors and omissions excepted** Irrtümer und Auslassungen vorbehalten
EAT **Employment Appeal Tribunal** *[GB]* (Landes)Arbeitsgericht, Appellationstribunal
ECJ **European Court of Justice** Europäischer Gerichtshof
e.e. **errors excepted** Irrtümer vorbehalten
E.E.A. **European Economic Area** Europäischer Wirtschaftsraum
e.g. **exempli gratia** *(lat.)* zum Beispiel (z. B.)
EGM **Extraordinary General Meeting** außerordentliche Hauptversammlung
EU **European Union** Europäische Union
ex. **excluding** ausgeschlossen
ex p. **ex parte** seitens einer Partei, einseitig
FAQ **free alongside quay** frei Längsseite Kai (des Abgangshafens)
FAS **free alongside ship** frei Längsseite Schiff oder Binnenschiff (benannter Verschiffshafen)
FB **freight bill** Frachtbrief
FBI **Federal Bureau of Investigation** *[US]* Bundespolizei
f.co. **fair copy** ordentliches Exemplar *(Vertrag)*
f/d **free delivery** freie Zustellung
F.O. **firm offer** Festangebot
F/O **free in and out** frei Laden und Löschen
FOB **free on board** frei an Bord, frei Schiff
FOC **flag of convenience** billige Flagge
FOC **free of charge** gebührenfrei, kostenlos
FOD **free of damage** unbeschädigt
GATT **General Agreement on Tariffs and Trade** Allgemeines Zoll- und Handelsabkommen
GBH **grievous bodily harm** schwere Körperverletzung
GM **genetically modified** genetisch verändert
HGV **heavy goods vehicle** Lastkraftwagen (Lkw)
HL **House of Lords** *[GB]* Oberhaus
HLKO **Hague Land Warfare Convention** Haager Landkriegsordnung
HMSO **Her Majesty's Stationery Office** staatliche Behörde für den Verkauf von Veröffentlichungen der Regierung
H.P. **hire purchase** Mietkauf
i.e. **id est** *(lat.)* das heißt (d.h.)
I.T. **income tax** Einkommensteuer
i/c **in charge of** verantwortlich für
ICJ **International Court of Justice** Internationaler Gerichtshof
ID (card) **identity (card)** Personalausweis

I/F	**insufficient funds** ungenügende Deckung
ILC	**International Law Commission** Internationale Rechtskommission (IRK)
ILOR	**International Letter of Request** internationales Rechtshilfeersuchen
IOU	**I owe you** Schuldschein
IPO	**initial public offering** Börsengang
IR	**Inland Revenue** *[GB]* Finanzbehörde
IRS	**Internal Revenue Service** *[US]* Finanzbehörde
ISO	**International Standardization Organization** Internationale Standardorganisation (ISO)
IT	**industrial tribunal** Arbeitsgericht
IVF	**in vitro fertilization** künstliche Befruchtung
J	**Justice** Richter *(am High Court)*
JD	**juris doctor** *(lat.) [US]* Doktor der Rechte
JP	**Justice of the Peace** *[GB]* Friedensrichter *(Magistrates' Court)*
KC	**King´s Counsel** *[GB]* Anwalt der Krone
L/C	**letter of credit** Kreditbrief
LC	**Lord Chancellor** *[GB]* Lordkanzler
LCJ	**Lord Chief Justice** *[GB]* Lordoberrichter *(High Court)*
LJ	**Lord Justice (of Appeal)** *[GB]* Lordrichter
LJJ	**Lord Justices** *[GB]* Lordrichter *(pl)*
LLB	**legum baccalaureus** *(lat.)* **Bachelor of Laws** Bakkalaureus der Rechtswissenschaften
LLD	**legum doctor** *(lat.)* **Doctor of Laws** Doktor der Rechtswissenschaften
LLM	**legum magister** *(lat.)* **Master of Laws** Magister der Rechtswissenschaften
LP	**limited partnership** Kommanditgesellschaft
LPC	**Legal Practice Course** *[GB]* juristisches Aufbaustudium
L.S.	**Law Society** *[GB]* Anwaltsverein (*solicitors*)
LSAT	**Law School Admission Test** *[US]* Zulassungsprüfung für ein rechtswissenschaftliches Studium
Ltd	**private limited company** *[GB]* Gesellschaft mit beschränkter Haftung (GmbH)
MEP	**Member of the European Parliament** *[GB]* Mitglied/Abgeordnete(r) des Europäischen Parlaments
MMC	**Monopolies and Mergers Commission** *[GB]* Kartellbehörde
M.O.	**money order** Zahlkarte *(Post)*
MOH	**Medical Officer of Health** *[GB]* Amtsarzt
MOT	**Ministry of Transport** *[GB]* Verkehrsministerium
MP	**Member of Parliament** *[GB]* Abgeordnete(r), Mitglied des Unterhauses
MR	**Master of the Rolls** Vorsitzender des *Court of Appeal [GB]*
n/a	**not applicable** nicht zutreffend
n.b.	**nota bene** *(lat.)* Nachtrag
n/c	**no charge** gebührenfrei, kostenlos
NCIS	**National Criminal Intelligence Service** *[GB]* zentrale Verbrechensdatei
n/d	**no date** ohne Datum
n/e	**no effects** kein Guthaben
N/F	**no funds** kein Guthaben
NHS	**National Health Service** *[GB]* staatlicher Gesundheitsdienst
NHTSA	**National Highway Traffic Safety Administration** *[US]* Straßenverkehrsbehörde
NI	**National Insurance** *[GB]* Sozialversicherung
n/o	**no orders** keine Anweisungen
NP	**no protest** ohne Protest
N.P.	**notary public** Notar
n.p.	**net personality** bewegliches Vermögen

n/p	**net proceeds** Reinerlös
n/s	**not sufficient (funds)** kein ausreichendes Guthaben
o/a	**on account of** wegen
OAP	**old-age pensioner** Rentner(in)
OFT	**Office of Fair Trading** Wettbewerbsaufsichtsbehörde, Kartellamt
o.n.o.	**or near offer** Verhandlungsbasis (VB)
OTC	**over-the-counter** nicht rezeptpflichtig
PA	**power of attorney** Vollmacht
p.a.	**per annum** *(lat.)* pro Jahr
p. a.	**power of attorney** (Vertretungs)Vollmacht
PAYE	**pay as you earn** Lohnsteuerabzugsverfahren
PC	**police constable** Polizeiwachtmeister
PC	**Privy Council** *[GB]* Geheimer Staatsrat, Kronrat
p.c.	**per cent** Prozent
p.d.	**per diem** *(lat.)* pro Tag
plc	**public limited company** *[GB]* Aktiengesellschaft (AG)
PM	**Prime Minister** Premierminister
p.m.	**post meridiem** *(lat.)* nachmittags bzw. abends
P/N	**promissory note** Inhaberwechsel
P.O.A.	**power of attorney** (Vertretungs)Vollmacht
p.p.; p.pro	**per procurationem** *(lat.)* per Procura, im Auftrag von
PPP	**polluter pays principle** Verursacherprinzip
PRP	**profit-related pay** Beteiligungslohn
P.S.	**post scriptum** *(lat.)* Nachtrag
PSO	**public service obligation** Beförderungspflicht
PTO	**Patent and Trademark Office** *[US]* Bundespatentamt
PTO	**please turn over** bitte wenden/umblättern
Pty	**proprietary company** Dach-, Holdinggesellschaft
QB/QBD	**Queen's Bench Division** *[GB]* Abteilung des *High Court*
QC	**Queen's Counsel** *[GB]* Anwalt der Krone
q.v.	**quod vide** *(lat.)* siehe diesbezüglich
R	**Regina, Rex** *[GB]* König(in)
R&CC	**riot and civil commotion** Krawalle und öffentlicher Aufruhr
R/D;r/d	**refer to drawer** an den Aussteller zurück
re; ref.	**reference** Bezug
R.P.	**reply paid** Anwort bezahlt
RPM	**resale price maintenance** Preisbindung der zweiten Hand
RTA	**road traffic accident** Verkehrsunfall
RV	**recreational vehicle** Freizeitfahrzeug
S/A	**statement of account** Konto-, Rechnungsauszug
S/A	**subject to approval** Zustimmung vorbehalten
SAE	**stamped addressed envelope** frankierter (Brief)Umschlag mit Adresse
SAG	**Sale of Goods Act** *[GB]* Gesetz über den Warenverkauf
SB	**Senate bill** *[US]* von Senat verabschiedetes Gesetz
sd.	**signed** unterzeichnet
S/D	**sight draft** Sichtwechsel
SEAO	**saving errors and omissions** Freizeichnungsklausel
SFO	**Serious Fraud Office** *[GB]* staatliche Behörde zur Aufdeckung von Wirtschaftskriminalität
S/R	**sale or return** Verkauf mit Rückgaberecht
SR&CC	**strikes, riots and civil commotion** Streiks, Aufruhr und innere Unruhen
SRT	**spousal remainder trust** *[US]* Treuhandverwaltung für den Ehegatten
SSP	**statutory sick pay** Krankengeld
TAC	**Tax Court of the United States** *[US]* Bundesfinanzgericht

TC	**till cancelled** bis auf Widerruf
T.L.	**total loss** Totalverlust, Totalschaden
T.T.	**testamentary trust** *[US]* Treuhandvermögen
UCC	**Uniform Commercial Code** *[US]* Handelsgesetzbuch *nt* (HGB)
UK	**United Kingdom** *[GB]* Vereinigtes Königreich
u/m	**under-mentioned** unten erwähnt
v.	**versus** *(lat.)* gegen
VAT	**value-added tax** Mehrwertsteuer
VIN	**vehicle identification number** Fahrgestellnummer
VOR	**vehicle registration office** *[GB]* Kfz-Zulassungsstelle
vs.	**versus** *(lat.)* gegen
W/B	**waybill** Frachtbrief
WMD	**weapons of mass destruction** Massenvernichtungswaffen
w/o	**without** ohne
WOC	**without compensation** ohne Entschädigung
W.P.	**without prejudice** unbeschadet (irgendwelcher Ansprüche)
WPC	**woman police constable** Polizeibeamtin
yr.	**year** Jahr
ZIP	**zone improvement plan (code)** *[US]* Postleitzahl (PLZ)

Juristisch relevante deutsche Abkürzungen

a.o.	**außerordentlich** extraordinary
AG	**Aktiengesellschaft** public limited company (plc)
AGB	**Allgemeine Geschäftsbedingungen** general terms and conditions
AktG	**Aktiengesetz** Companies Act *[GB]*
AVB	**Allgemeine Versicherungsbedingungen** general insurance conditions
Az.	**Aktenzeichen** reference number (Ref. No.)
b.w.	**bitte wenden** please turn over (pto)
Begl.	**beglaubigt** certified, authenticated
Betr.	**Betreff** subject, re
BFH	**Bundesfinanzhof** federal fiscal court
BGB	**Bürgerliches Gesetzbuch** German civil code
BGH	**Bundesgerichtshof** federal high court of justice
BJM	**Bundesjustizministerium** federal ministry of justice
BKA	**Bundeskartellamt** federal cartel office
BKA	**Bundeskriminalamt** federal bureau of investigation
BND	**Bundesnachrichtendienst** German intelligence service
BRD	**Bundesrepublik Deutschland** Federal Republic of Germany
BtmG	**Betäubungsmittelgesetz** narcotics act
BtVG	**Betriebsverfassungsgesetz** industrial constitution act
BverfG	**Bundesverfassungsgericht** federal constitutional court
d.h.	**das heißt** that is, id est (i.e.)
d.J.	**des Jahres** of this year
d.M.	**des Monats** of this month, instant (inst.)
e. G.	**eingetragene Genossenschaft** registered cooperative society
e. V.	**eingetragener Verein** registered society
EDV	**elektronische Datenverarbeitung** electronic data processing (EDP)
eGmbH	**eingetragene Genossenschaft mit beschränkter Haftung** registered cooperative with limited liability
ff.	**folgende** following
Gbl	**Gesetzblatt** gazette
GbR	**Gesellschaft bürgerlichen Rechts** civil-law partnership
geb.	**geboren** born, née
ges. gesch.	**gesetzlich geschützt** protected by law, patented, registered (reg.)
gest.	**gestorben** deceased (decd.)
gez.	**gezeichnet** signed (sgd)
GG	**Grundgesetz** basic law, federal constitution
ggf.	**gegebenenfalls** if appropriate/applicable
GmbH	**Gesellschaft mit beschränkter Haftung** private limited company (Ltd)
HGB	**Handelsgesetzbuch** German commercial code
HR	**Handelsregister** register of companies, commercial register
HV	**Hauptversammlung** general meeting
i.R.	**im Ruhestand** retired
i.S.	**in Sachen** in the matter of, re
I.v.	**Irrtum vorbehalten** errors and omissions excepted (e.&o.e.)
i.V.	**in Vertretung** on behalf of, by authority, for
i.W.	**in Worten** in words
IHK	**Industrie- und Handelskammer** chamber of industry and commerce
incl.	**inklusiv, einschließlich** inclusive (of) (inc., incl.)
IRK	**Internationale Rechtskommission** International Law Commission (ILC)
ISO	**Internationale Standardorganisation** International Standardization Organization (ISO)

Jg.	**Jahrgang** year
JVA	**Justizvollzugsanstalt** prison, penal institution
Kfz	**Kraftfahrzeug** motor vehicle
KG	**Kommanditgesellschaft** limited partnership
KO	**Konkursordnung** Bankruptcy Act *[GB]*, Chandler Act *[US]*
Konn.	**Konnossement** bill of lading (B/L)
Kto.	**Konto** account (a/c)
Kto.Nr.	**Kontonummer** account number (acct. no.)
KWG	**Kreditwesengesetz** Banking Act *[GB]*
lfd.	**laufend** current
lfd. Nr.	**laufende Nummer** serial number
LG	**Landgericht** regional court
LKW	**Lastkraftwagen** truck, lorry
lt.	**laut, gemäß** according to
LVG	**Landesverwaltungsgericht** state administrative court
m.E.	**meines Erachtens** in my opinion
m.W.	**meines Wissens** to my knowledge
mfG	**mit freundlichem Gruß** yours sincerely
mtl.	**monatlich** monthly
MWSt.	**Mehrwertsteuer** value added tax (VAT)
N.B.	**nota bene, Anmerkung** note well, nota bene (N.B.)
n.St.	**nach Steuer** after tax
n.v.	**nicht verfügbar** not available
Nachf.	**Nachfolger** successor
nom.	**nominal** nominal
o.a.	**oben angeführt** above-mentioned (a/m)
o.G.	**ohne Gewähr** subject to correction, without guarantee
o.g.	**oben genannt** above-mentioned (a/m)
OEG	**Opferentschädigungsgesetz** crime victims compensation act
OHG	**Offene Handelsgesellschaft** general partnership
OLG	**Oberlandesgericht** supreme higher regional court
OWI	**Ordnungswidrigkeit** public order offence
PA	**Patentanmeldung** patent application
pers. haft.	**persönlich haftend** personally liable
PLZ	**Postleitzahl** postal/zip code
ppa.	**per Prokura** per procurationem (p.p., p.pro.), by procuration, per proxy
RA	**Rechtsanwalt** lawyer
Rae	**Rechtsanwälte** lawyers
resp.	**respektive, beziehungsweise** respectively
rev.	**revidiert** revised
s.	**siehe** see
s.u.	**siehe unten** see below
Schufa	**Schutzgemeinschaft für allgemeine Kreditsicherung** credit protection agency
Sen.	**Senior** senior
sog.	**sogenannt** so-called
SRO	**Selbstregulierungsorganisation** self-governing body
St.Nr.	**Steuernummer** tax number
stfr.	**steuerfrei** tax-free, tax-exempt
StPO	**Strafprozessordnung** code of criminal procedure
StR	**Strafrecht** criminal law
stv.	**stellvertretend** acting
StVG	**Straßenverkehrsgesetz** Highway Code *[GB]*, driving code *[US]*
StVO	**Straßenverkehrsordnung** Highway Code *[GB]*, driving code *[US]*

teilw.	**teilweise** partly
tgl.	**täglich** daily, per day, per diem *(lat.)* (p.d.)
TO	**Tagesordnung** agenda
TÜV	**Technischer Überwachungsverein** industrial and automotive safety association
ult.	**ultimo** last day of the month
usf.	**und so fort** and so forth, et cetera *(lat.)* (etc.)
usw.	**und so weiter** and so on, et cetera *(lat.)* (etc.)
UZ	**Ursprungszeugnis** certificate of origin (C/O)
v.H.	**von Hundert** per cent (p.c.)
VB	**Verhandlungsbasis** or nearest offer (o.n.o.)
VerbrKG	**Verbraucherkreditgesetz** consumer credit act
VermSt.	**Vermögenssteuer** wealth tax
vgl.	**vergleiche** compare (cf.)
VO	**Verordnung** decree
Vors.	**Vorsitzende(r)** chairman, chairperson
VVaG	**Versicherungsverein auf Gegenseitigkeit** mutual insurance society
VZR	**Verkehrszentralregister** central register of traffic offenders
WEG	**Wohnungseigentumsgesetz** residential property act
WiStG	**Wirtschaftsstrafgesetz** Statute of Frauds *[GB]*
WP	**Wirtschaftsprüfer** auditor, certified public accountant
Wv.	**Wiedervorlage** resubmission
Ww.	**Witwer** widower
Wwe.	**Witwe** widow
z.B.	**zum Beispiel** for example (e.g.)
z.d.A.	**zu den Akten** to be filed
z.G.	**zu Gunsten** in favour of
z.H./z.Hd.	**zu Händen** for the attention of (attn.)
z.K.	**zur Kenntnis** for the attention of (attn.)
ZPO	**Zivilprozessordnung** Code of Civil Procedure (CCP)
ZR	**Zivilrecht** civil law
zus.	**zusammen** together

English Civil Court Structure

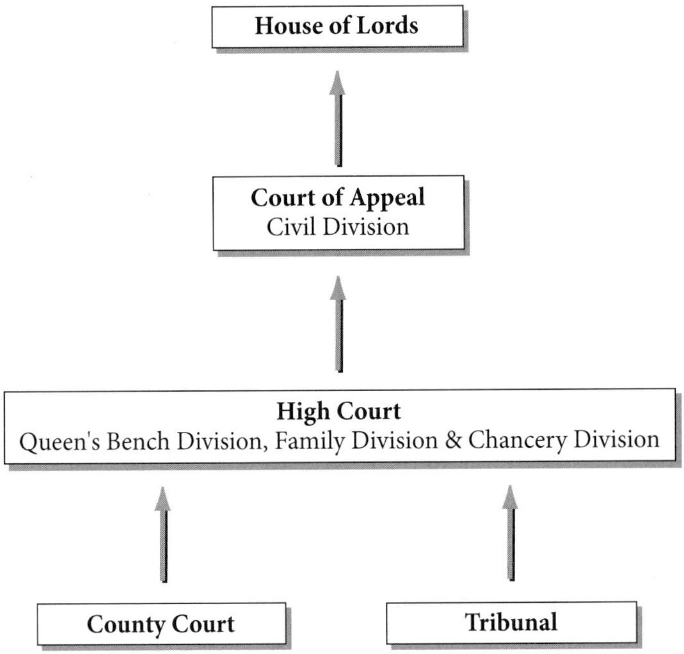

English Civil Court Structure

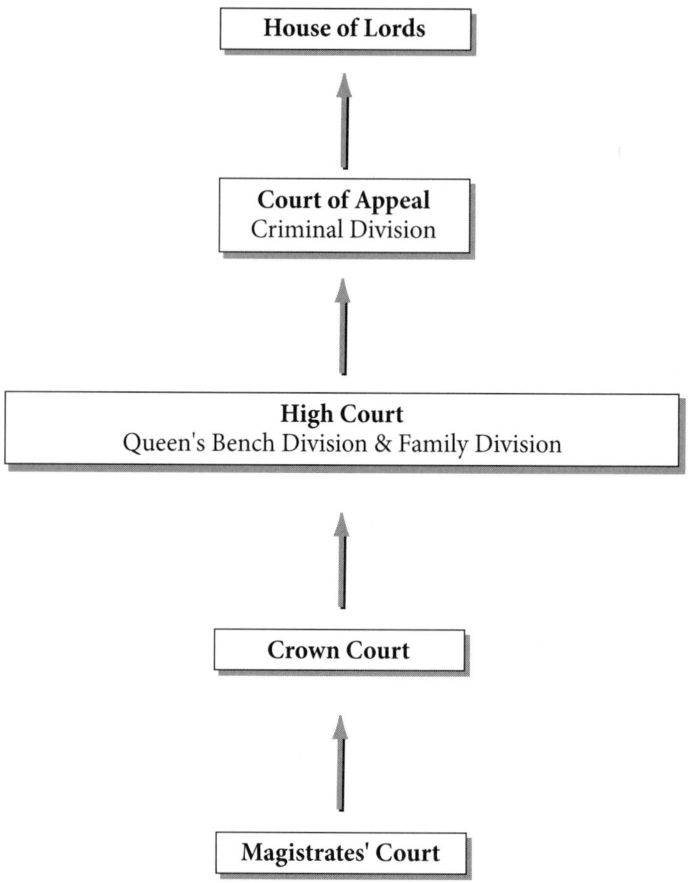

Scottish Civil Court Structure

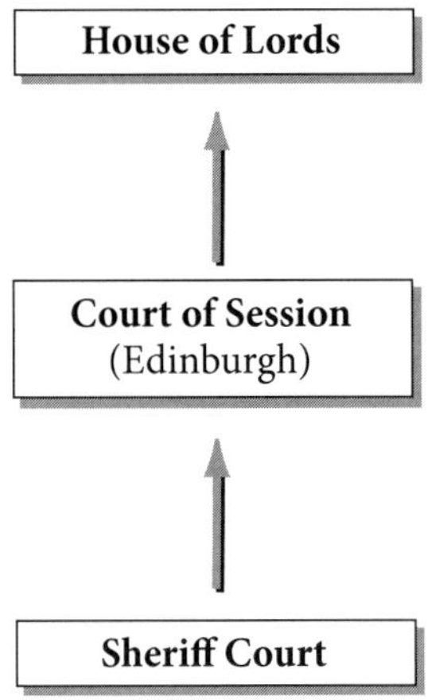

Scottish Criminal Court Structure

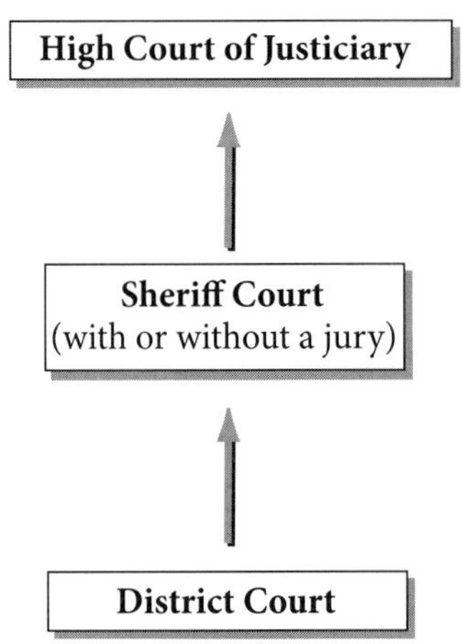

U.S. Court Structure

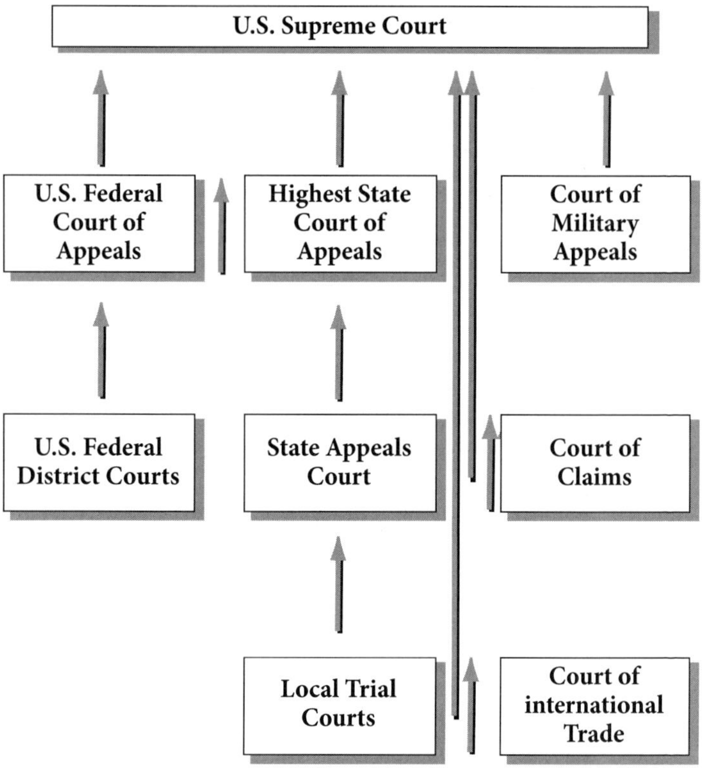